जैसलमेर के प्राचीन जैन ग्रंथभंडारों की सूची

A CATALOGUE OF MANUSCRIPTS IN JAISALMER JAIN BHANDARAS

A Catalogue of Manuscripts in Jaisalmer Jain Bhandaras

Edited by

Muni Jambuvijay

Disciple of His Holiness Muniraja Shri Bhuvanavijayaji Maharaja

MOTILAL BANARSIDASS PUBLISHERS PRIVATE LIMITED, DELHI
BHOGILAL LEHARCHAND INSTITUTE OF INDOLOGY, DELHI
SHREE JAISALMER - LODRAVPUR PARSHVANATH JAIN SHWETAMBAR TRUST, JAISALMER (RAJASTHAN)

जैसलमेर के प्राचीन जैन ग्रंथभंडारों की सूची

संपादक

पूज्यपादाचार्यदेवश्रीमद्विजयसिद्धिसूरीश्वरजीमहाराजपट्टालङ्कार-
पूज्यपादाचार्यदेवश्रीमद्विजयमेघसूरीश्वरजीमहाराजशिष्यरत्न-
पूज्यपाद गुरुदेव एवं पिता मुनिराज श्री भुवनविजयजी महाराज के अन्तेवासी

मुनि जम्बूविजय

सहायक

मुनिराज श्री धर्मचंद्रविजय-पुण्डरीकरत्नविजय-धर्मघोषविजयजी महाराज

आर्थिक सौजन्य

श्री सिद्धि भुवन मनोहर जैन ट्रस्ट, अहमदाबाद द्वारा

पू०आ०म० श्री रत्नसुंदरसूरीश्वरजी महाराज की प्रेरणा से
श्री माटुंगा जैन श्वेतांबर मूर्तिपूजक तपगच्छ संघ,
माटुंगा (सेन्ट्रल), मुंबई—४०००१९

प्रकाशक

मोतीलाल बनारसीदास पब्लीशर्स प्राइवेट लिमिटेड, दिल्ली
भोगीलाल लेहरचंद इन्स्टीट्यूट ऑफ इण्डोलॉजी, (दिल्ली)
जैसलमेर लोद्रवपुर पार्श्वनाथ जैन श्वेतांबर ट्रस्ट, जैसलमेर (राजस्थान)

प्रथम संस्करण : दिल्ली, वीर संवत् २५२६, विक्रम संवत् २०५६ पौष वदी दशमी, श्री पार्श्वनाथ-जन्म-कल्याणक, ईसवी सन् - २०००

आर्थिक सौजन्य : श्री सिद्धि भुवन मनोहर जैन ट्रस्ट, अहमदाबाद द्वारा पू०आ०म० श्री रत्नसुंदरसूरीश्वरजी महाराज की प्रेरणा से
श्री माटुंगा जैन श्वेतांबर मूर्तिपूजक तपगच्छ संघ, माटुंगा (सेन्ट्रल) मुंबई - ४०००१९

ISBN: 81-208-1742-7

वितरक

मोतीलाल बनारसीदास

४१ यू० ए० बंगलो रोड, जवाहर नगर, दिल्ली ११० ००७
२३६ नाइंथ मेन III ब्लाक, जयनगर, बंगलौर ५६० ०११
सनाज प्लाजा, १३०२ बाजीराव रोड, पुणे ४११ ००२
८ महालक्ष्मी चैम्बर, वार्डेन रोड, मुम्बई ४०० ०२६
१२० रायपेट्टा हाई रोड, मैलापुर, चेन्नई ६०० ००४
८ केमेक स्ट्रीट, कलकत्ता ७०० ०१७
अशोक राजपथ, पटना ८०० ००४
चौक, वाराणसी २२१ ००१

मूल्य : रु० १५००.००

नरेन्द्रप्रकाश जैन, मोतीलाल बनारसीदास, बंगलो रोड, दिल्ली ११० ००७, भोगीलाल लहरचंद इन्स्टीट्यूट ऑफ इन्डोलॉजी, दिल्ली एवं जैसलमेर लोद्रवपुर पार्श्वनाथ जैन श्वेताम्बर ट्रस्ट, जैसलमेर (राजस्थान) द्वारा प्रकाशित तथा जैनेन्द्रप्रकाश जैन, श्री जैनेन्द्र प्रेस, ए-४५ नारायणा, फेज-१, नई दिल्ली ११० ०२८ द्वारा मुद्रित तथा कम्प्युटर टाईपसेटींग
श्री पार्श्व कम्प्युटर्स, अहमदाबाद, फोन : ५४७०५७८

मूलनायक श्री चिंतामणि पार्श्वनाथ भगवान जैसलमेर दुर्ग—बालू और रेत से निर्मित व विशुद्ध मोतियों से विलेपन किया गया है।

मूलनायक श्री लोद्रवपुर पार्श्वनाथ भगवान—लोद्रवपुर। कसौटी के श्याम पत्थर से निर्मित

मूलनायक श्री चिंतामणि पार्श्वनाथ भगवान हरिद्वार। प्रतिष्ठा दिन – ५ फरवरी १९९५

तापगच्छीय श्री श्रमणसंघ के बहुत बड़े हिस्से के श्रमण भगवं
गुरुदेव परमपूज्य पूज्यपाद तपस्वीप्रवर
पं० श्री मणिविजयजी गणि (दादा)

जन्म—वि०सं० १८५२ भाद्रपद सुदि, अघार
(विरमगाम-गुजरात के पास)
दीक्षा—वि०सं० १८७७, पाली (मारवाड)
पन्यासपद—वि०सं० १९२२, ज्येष्ठ सुदि १३, अहमदाबाद
स्वर्गवास—वि०सं० १९३५, अश्विन सुदि ८, अहमदाबाद

पूज्यपाद महातपस्वी गणिवर पं० श्री मणिविजयजी महाराज
(दादा) के शिष्यरत्न पूज्यपाद संघस्थविर आचार्य श्री १००८
विजय सिद्धिसूरीश्वरजी (बापजी) महाराज

जन्म—वि०सं० १९११ श्रावण सुदि १५, वळाद
(अहमदाबाद के पास)
दीक्षा—वि०सं० १९३४ ज्येष्ठ बदि २, अहमदाबाद (गुजरात)
पन्यासपद—विसं १९५७, सूरत (गुजरात)
आचार्यपद—वि०सं० १९७५, महासुदि ५, महेसाणा (गुजरात)
स्वर्गवास—वि०सं० २०१५, भाद्रपद बदि १४, अहमदाबाद

पूज्यपाद संघस्थविर आचार्यदेव श्री १००८ विजय
सिद्धिसूरीश्वरजी (बापजी) महाराज के पट्टालंकार पूज्यपाद
आचार्य देव श्री विजयमेघसूरीश्वरजी महाराज

जन्म—वि०सं० १९३२ मार्गशीर्ष सुदि ८, रांदेर
दीक्षा—वि०सं० १९५८, कार्तिक बदि ९, मीयागाम-करजण
पन्यासपद—वि०सं० १९६९ कार्तिक बदि ४, छाणी
आचार्यपद—वि०सं० १९८१, मार्गशीर्ष सुदि ५, अहमदाबाद
स्वर्गवास—वि०सं० १९९९ आश्विन सुदि १, अहमदाबाद

पूज्य आगमप्रभाकर मुनिराज श्री पुण्यविजयजी महाराज

जन्म—वि०सं० १९५२ कार्तिक सुदि ५, कपडवंज
दीक्षा—वि०सं० १९६५ महाबदि ५, छाणी
स्वर्गवास—वि०सं० २०२७ ज्येष्ठ बदि ६, मुंबई, दिनांक १४-६-१९७१ सोमवार

पूज्यपाद आचार्यदेव श्री विजयसिद्धिसूरीश्वरजी (बापजी) महाराज के पट्टालंकार पूज्यपाद आचार्यदेव श्री विजयमेघसूरीश्वरजी महाराज के शिष्यरत्न **पूज्यपाद गुरुदेव मुनिराज श्री भुवनविजयजी महाराज**
(मुनिराज श्री जंबूविजयजी के पिताजी एवं गुरु महाराज)

जन्म—वि०सं० १९५१ श्रावण बदि ५, शनिवार, दिनांक १०-८-१८९५, मांडल
दीक्षा—वि०सं० १९८८ ज्येष्ठ बदि ६, शुक्रवार, दिनांक २४-६-१९३२, अहमदाबाद
स्वर्गवास—वि०सं० २०१५, महा सुदि ८, सोमवार, दिनांक १६-२-१९५९, शंखेश्वर तीर्थ

पूज्यपाद साध्वीजी श्री लाभश्रीजी महाराज (सरकारी उपाश्रय वाले) की शिष्या **पूज्यपाद साध्वीजी श्री मनोहरश्रीजी महाराज**
(मुनिराज श्री जंबूविजयजी की माताजी)

जन्म—वि०सं० १९५१ मार्गशीर्ष बदि २, शुक्रवार दिनांक १४-१२-१८९४ झींझुवाडा
दीक्षा—वि०सं० १९९५, महावदि १२, बुधवार, दिनांक १५-२-१९३९, अहमदाबाद
स्वर्गवास—वि०सं० २०५१, पौष सुदि १०, बुधवार, दिनांक ११-१-१९९५ रात को ८-५४ बजे, वीशानीमाभवन, जैन उपाश्रय, सिद्धक्षेत्र, पालीताणा तीर्थ

जैसलमेर दुर्ग स्थित
जैन मंदिर

लोद्रवपुर (जैसलमेर से १६ कि०मी० दूर) स्थित पार्श्वनाथ जैन
मंदिर (नलिनीगुल्म देव विमान के आकारका अष्टभुजीय)

जैसलमेर दुर्ग स्थित संभवनाथ जैन मंदिर के तल घर
स्थित ग्रंथभंडार का दृश्य

लोद्रवपुर तीर्थ के अधिष्ठायक नागदेव

लोद्रवपुर पार्श्वनाथ मंदिर की बाहरी भमती में समवसरण मंदिर एवं कल्पवृक्ष

लोद्रवपुर पार्श्वनाथ मंदिर के बाहर का मुख्य प्रवेशद्वार ८ वीं शताब्दी में बना सूक्ष्म खुदाईकाम युक्त मनोहर तोरणद्वार

अमरसागर (जैसलमेर से ६ कि०मी० दूर) स्थित जैन मंदिर

जैसलमेर का गदीसर तालाब व दुर्ग का विहंगम दृश्य

सूक्ष्म खुदाई काम के नमूने स्वरुप सालमसिंह दिवान की हवेली, जैसलमेर

बादलविलास, जवाहर पैलेस, जैसलमेर

तपागच्छ मंदिर का उपासरा (कोठारीपाडा, जैसलमेर)

थाहरुशाह भंसाली का उपासरा (काछबापाडा-जैसलमेर)

खरतरगच्छीय वृद्धिचंद्रजी का उपासरा (जगानीपाडा-जैसलमेर)

लोंकागच्छ का उपासरा

विमलनाथजी मंदिर का उपासरा (दालोतपाडा-जैसलमेर)

लोद्रवा जैन मंदिर में कमलबंध शिलालेख

पूज्य श्री जिनदत्त सूरिजी महाराज की चादर, चोलपट्टा एवं मुहपत्ति,
जो अग्नि संस्कार के समय जली नहीं
(जैसलमेर ज्ञान भंडार)

अनुक्रमणिका

1. पु०सू०–मुनिराजश्री पुण्यविजयजी द्वारा संपादित, लालभाई दलपतभाई भारतीय संस्कृति विद्यामंदिर, अहमदाबाद–९, द्वारा ईसवी सन् १९७२ में प्रकाशित **"New catlogue of sanskrit & prakrit Manuscripts Jesalmer collection"** नाम के सूचीपत्र से उद्धृत॥ २. जौहरीमलजी पारख संपादित एवं सेवामंदिर रावटी, जोधपुर, द्वारा ईसवी सन् १९८८ में प्रकाशित **'जिनभद्रसूरि ज्ञान भंडार जैसलमेर हस्तलिखित ग्रंथों का सूचीपत्र द्वितीयखंड'** से उद्धृत। ३. श्रीमान् महेन्द्रभाई बाफना – जैसलमेर, द्वारा प्रकाशित **"जैसलमेर जुहारिये स्मारिका १९९७"** से उद्धृत॥ ४. श्रीमान् सी०डी० दलाल संपादित एवं गायकवाड ओरिएंटल सीरीज, सेन्ट्रल लायब्रेरी, बडोदरा, द्वारा ईसवी सन् १९२३ में प्रकाशित **'जैसलमेर जैन भांडागारीयग्रन्थांना सूचीपत्रम्'** से उद्धृत।

1. जैहरीमलजी पारख संपादित एवं सेवा मंदिर रावटी, जोधपुर, द्वारा ईसवी सन् १९८८ में प्रकाशित **'जिनभद्रसूरि ज्ञान भंडार जैसलमेर हस्तलिखित ग्रंथों का सूचीपत्र द्वितीय खंड'** से उद्धृत। **२.** पु०सू० मुनिराजश्री पुण्यविजयजी द्वारा संपादित एवं लालभाई दलपतभाई भारतीय संस्कृति विद्यामंदिर अहमदाबाद-९, द्वारा ईसवी सन् १९७२ में प्रकाशित **"New catlogue of sanskrit & prakrit Manuscripts Jesalmer collection"** नाम के सूचीपत्र से उद्धृत॥

। सिद्धाचलमण्डनश्री**ऋषभदेव**स्वामिने नमः । श्री चिन्तामणि**पार्श्व**नाथाय नमः । श्री शङ्खेश्वर**पार्श्व**नाथाय नमः । श्री **महावीर**स्वामिने नमः । श्री **गौतम**स्वामिने नमः ।

। पूज्यपादाचार्यदेवश्रीमद्विजय**सिद्धि**सूरीश्वरजीपादपद्मेभ्यो नमः । पूज्यपादाचार्यदेवश्रीमद्विजय**मेघ**सूरीश्वरजीपादपद्मेभ्यो नमः ।

। पूज्यपादसद्गुरुदेवमुनिराजश्री**भुवनविजयजी**पादपद्मेभ्यो नमः ।

-: प्रस्तावना :-

'**जैसलमेर** जुहारीये दुःख वारिये रे, अरिहंत बिंब अनेक, तीरथ ते नमुं रे.'

उपाध्याय श्री **समयसुंदरजी** महाराजकी यह उक्ति सर्वत्र प्रसिद्ध है । जैन समाजमें जैसलमेर तीर्थके तौर पर तो प्रसिद्ध है ही, किन्तु वहाँ रहे प्राचीन ग्रंथ भंडारोंके कारण भी जैसलमेर विश्वमें विख्यात है । इन ग्रंथभंडारोंके प्रति जैनों का आकर्षण हो यह स्वाभाविक ही है, किन्तु विश्वके प्राचीन साहित्य संशोधक विद्वानों व अनुसंधानकर्ताओं का भी अधिक आकर्षण रहा है ।

विशेषतः इस भंडार में विद्यमान ग्रंथोंको दिखाने के विषयमें वहाँ प्रवर्तमान अति कडे नियमोंके कारण भंडारमें क्या है और कैसे कैसे ग्रंथ है यह जानने के लिए अति आकर्षण और कुतूहल विश्वके विद्वानोंमें रहा है ।

जैसलमेर भारतमें राजस्थानकी सीमा पर आये हुए जैसलमेर जिलेमें अक्षांश २६-५५ तथा रेखांश ७०-५४ पर बसा हुआ शहर है । उसमें भी **भारत** के विभाजन के बाद अभी **पाकिस्तान** की सीमा पर होने से राजकीय और सैनिकी दृष्टिसे उसका महत्व बहुतही बढ गया है । वहाँ का आकाश दिन-रात विमानोंकी कवायतसे हमेशा धमधमाता रहता है । वहाँ अनेक प्रकारकी हस्तकलाओंके कारण और वहाँ के मकानोंमे रहे पत्थरके अद्भुत सूक्ष्म विविध खुदाईकाम के कारण पर्यटकों का अत्यंत आकर्षण रहता है । जहाँ देखो वहाँ परदेशी पर्यटकों की टोलियां देखनेको मिलती है । खादीउद्योग भी वहाँ बडे पैमाने पर चलता है । प्रवासियोंके लिए वहाँ स्थान स्थान पर अनेक होटलें भी खडी हो गई हैं । फिलहाल अंदाजन पचास साठ हजार की आबादीवाला जैसलमेर शहर विश्व के मानचित्र पर आकर्षण का केन्द्र बना हुआ है ।

जैसलमेर शहरके ही एक तरफ के भागमें ऊंची विशाल टेकरी है । उसपर चारों ओर किला है । इस किलेमें जानेके लिए अनेक द्वार (पोल) है । इसलिए यह भाग किलेके नामसे पहचाना. जाता है । इस किलेमें ही राजाका महल तथा राजसभा आदि थे जो आज भी है ही, लेकिन फिलहाल वहाँ के राजा किलेके बाहर आये हुए महलमें रहते है । इस बाहर के महलके साथ ही राजकुटुंब के सदस्यों के लिए मंदिर होनेसे यह **'मंदिर पेलेस'** (मंदिर महल) के नामसे पहचाना जाता है ।

इस किलेमें जैनोंके आठ प्राचीन मंदिर हैं । किलेमें ब्राह्मण तथा राजपूतोंकी बस्ती है। जैनोंकी कोई बस्ती है ही नहीं । जैनी किलेके बाहर आये हुए अलग अलग पाडोंमें बसते है । कहा जाता है की, सौ देढसौ साल पहले वहाँ २७०० जैनोंके घर थे । फिलहाल तो ज्यादातर जैनी व्यापारके लिए बाहर चले जाने से लगभग २७ घर रहे है ।

किलेमें आठ जैनमंदिरोंमें से सात तो बिलकुल पास पास में ही है । कईमें तो एकमेंसे दूसरे मंदिरमें जा सकते हैं । उसमें **चिंतामणि पार्श्वनाथ** भगवानका मंदिर मुख्य है । उसमें से बायीं तरफ **संभवनाथ** भगवानके मंदिरमें और दायी तरफ **शांतिनाथ**के मंदिरमें जा सकते है । बाहर निकलनेके बाद बायीं ओर **अष्टापदजी**का मंदिर है । उपर मंजिल पर **शांतिनाथ** भगवानका मंदिर है । श्री **चिंतामणि पार्श्वनाथ** भगवानके मंदिर से पहले **चंद्रप्रभ** भगवानका चौमुखजीवाला मंदिर है । उसमें तीन मंजिलें है । सर्वत्र चंद्रप्रभ भगवान ही चौमुखजीके रुपमें बिराजमान है । प्रदक्षिणा (भमती) में भी लगभग सभी मंदिरोमें चंद्रप्रभ भगवानकी मूर्तियाँ है। उसकी बगलमें ही आदिनाथका मंदिर है जिसमें अनेक प्रकारके पट आये हुए हैं । उसके बाहर स्नानागारकी नजदीकमें ही मेहमान स्वरूप बिराजमान **सीमंधरस्वामी** आदि अनेक भगवानकी प्रतिमायें पबासन पर बिराजमान है । सीमंधर स्वामी, संभवनाथ भगवान और शांतिनाथ भगवानके मंदिरोमें प्रदक्षिणा (भमती) नहीं है ।

किलेमें प्रवेश करने के बाद राजमहलकी नजदीक की गलिमें श्री **महावीर**स्वामी भगवानका छोटा मंदिर है ।

इन मंदिरोंमे पट, तोरण, स्तंभ आदि पर खुदाई की हुई प्रतिमाओंको मिलाकर छोटी मोटी लगभग छः हजार प्रतिमाएँ है ।

चिंतामणि पार्श्वनाथ भगवानके मंदिरकी बगल में जो **संभवनाथ भगवान** का मंदिर है **उसके तलघरमें पार्श्वनाथ** भगवानकी नीलमकी प्रतिमा तथा सच्चे मोती जडे हुए **सिद्धचक्र**जीके **प्राचीन गट्टे** तथा अन्य कई चित्र तथा हस्तलिखित ताडपत्रोंके थोडे बहुत नमुने शीशेकी दर्शनीय **पेटीयोंमें** (शो केसमें) रखे गये हैं । एक दर्शनीय पेटीमें दादा गुरुदेव श्री **जिनदत्त**सूरिजीके **अग्निसंस्कार**के समय नहीं जले हुए वस्त्र ओघा आदि भी रखे गये हैं । इस तलघरमें से **दूसरे** तलघरमें जाया जाता है । उसमें कागज के हस्तलिखित ग्रंथ अलमारियोंमें रखे गये हैं।

दूसरे तलघरमें एक छोटी खिडकी जैसे द्वारसे तीसरे तलघरमें जाया जाता है । बैठे बैठे ही प्रवेश हो सकता है । स्थूल शरीरवाला तो उसमें बडी मुश्कील से प्रवेश कर सकता है । इस तीसरे तलघरमें लोहे की चार पांच अलमारियाँ है, जिसमें ताडपत्रीय प्राचीन हस्तलिखित प्रतियाँ अल्युमिनियमकी पेटीयोंमें सुरक्षित ढंगसे रखी गयी हैं । यह भाग बहुत छोटा है । उसमें एक छोर पर खोखला गुप्त स्तंभ है । इस गुप्त स्तंभमें क्या है उसका कीसीको पता नहीं। कोई कहे उसमें पारसमणि है, कोई कहे उसमें कीमती जवाहरात है, कोई कहे उसमें प्राचीन महत्त्वपूर्ण ग्रंथ है । सब कल्पनाका विषय है । उसको खोलनेकी चेष्टा करनेसे आदमी विक्षिप्त या अंधा हो जाता है ऐसी किंवदन्तीयाँ चलती हैं इस कारण यह खोखला स्तंभ आज भी एक रहस्य बना हुआ है।

जैसलमेर के पश्चिममें ६ कि.मी. पर **अमरसागर** नामक स्थान है । उसमेंभी जैसलमेरके पटवा हवेली के मालिक बाफना परिवार द्वारा बँधवाया हुआ सुंदर प्राचीन, मुलनायक श्री **आदिनाथ** भगवानका मंदिर है । वहाँसे आगे लगभग १० किमी. पर लौद्रवा नामका प्राचीन स्थान है । वहाँ श्रेष्ठी श्री **थाहरुशाहजी** द्वारा बँधवाया हुआ **लौद्रवा पार्श्वनाथ** भगवानका अत्यंत भव्य कला कौशल युक्त मंदिर है । मंदिर की भमतीमें बायीं ओर **अष्टापदजी** (समवसरण) मंदिर के उपर **कल्पवृक्ष** अत्यंत दर्शनीय है। वहाँके अधिष्ठायक **नागराज** (सर्प) संबंधी भी बहुत बातें प्रचलित हैं ।

इन सब मंदिर, ग्रंथभंडार आदिकी व्यवस्था श्री **जैसलमेर लौद्रवपुर पार्श्वनाथ जैन श्वेतांबर ट्रस्ट**, जैन भवन, जैसलमेर की ओरसे हो रही है ।

अब ग्रंथभंडारोंकी बात पर आते है ।

जैसलमेरमें हमने देव-गुरु-कृपा से जो कार्य किया उसकी संक्षिप्त रूपरेखा

चातुर्मास के लिए जैसलमेर में विक्रम संवत् २०५४ (मारवाडी २०५५) अषाढ शुक्ल ९ मी के दिन हमने प्रवेश किया । जैन ट्रस्ट की मीटींग सन् १९९८ के जुलाई के अंतिम सप्ताह में हुई और स्केनींग करने की विधिवत् संमति उसमें हमको दी गई । बाद में सभी मशीनरी जुटाने के बाद दि. ३-८-९८ के दिन स्केनींग के कार्य का कुछ ही प्रारंभ हुआ । ओगस्त १५, १९९८ करीब ही व्यवस्थित कार्य प्रारंभ हुआ । भिन्न भिन्न व्यवधान आते रहे । भंडार में से हमको कुछ कुछ थोडे थोडे ग्रंथ ट्रस्ट के रजिस्टर में लिखकर देते थे । उनका स्केनींग करके वापस लौटाने के बाद कुछ दुसरे ग्रंथ हमको मिलते थे । इन सभी की दर्ज (Note) ट्रस्ट के रजिस्टर में ट्रस्टीओं की सही (Signature) के साथ होती थी । भिन्न भिन्न कारणों से कार्य में विलंब भी होता था । सात सात कोम्प्युटर्स लगवाए थें । कार्य तो किसी भी तरह पूर्ण करना ही था । सो सभी ताडपत्रीओं का और कुछ महत्त्व की कागजकी प्रतिओं का स्केनींग करवाया और महत्त्व के सभी ग्रंथो की फोटोस्टेट (Xerox) अनेक मशीनें लगवाकर जर्मन आलाबास्टर कागज पर करवाई । स्तवन-सज्झाय-रास-ज्योतिष के अर्वाचीन ग्रंथ-गुटकों-सारस्वत-चन्द्रिका व्याकरण आदि के ग्रंथ-छुटक-छुटक पन्नें और जिनकी अनेक अनेक हस्तलिखित प्रतियाँ है वैसे हस्तलिखित ग्रंथों में से कुछ कुछ प्राचीन ग्रंथों को छोडकर शेष प्रतियाँ-ऐसे ऐसे सामान्य सामान्य स्वरूप के ग्रंथों को छोडकर सभी महत्त्व के ग्रंथों की स्केनींग द्वारा सी.डी. या फोटोस्टेट हमने करवाई है । कुछ ग्रंथों की सिर्फ स्केनींग द्वारा सी.डी., कुछ ग्रंथों की स्केनींग द्वारा सी.डी. एवम् फोटोस्टेट उभय, कुछ ग्रंथो की सिर्फ फोटोस्टेट करवाई है । ये सब करने के बाद फिर उसकी जाँच (कार्य बराबर हुआ है या नहीं ? कुछ पन्ने छुट तो नहिं गये ? इत्यादि बातों की चौकशी) में बहुत बहुत बहुत समय लगा । इस कार्य में **वर्धमान संस्कृति धाम, विनियोग परिवार ट्रस्ट** मुंबई से **अरविन्दभाई पारेख** की प्रेरणा एवं केतनभाई के प्रयत्न से आए हुए सेवाभावी युवकोंने एवं **मुंबई** से **मिहिरभाई विनुभाई कांतिलाल** एवं अन्य सेवाभावी सज्जनों तथा **अहमदाबाद** आदि से आये अनेक अनेक श्रावकोंने रात-दिन परिश्रम करके यह कार्य पूर्ण किया था । सभी साधु और सभी दस साध्वीजीयाँ तो इस कार्य में प्रारंभ से ही रात-दिन लगे ही हुए थे ।

यह सर्व कार्य पूर्ण कर, यह सभी सामग्री जैन ट्रस्ट, जैसलमेर को दि. २८-१२-९८ के दिन समर्पण करके एवं उसको व्यवस्थित रखकर हम ने दि. ३१-१२-९८ के दिन जैसलमेर से प्रस्थान किया और पोकरण-फलोदी-ओसियाँजी-नागोर-बिकानेर-दिल्ली होकर हस्तिनापुर तीर्थ में अक्षय तृतीया करके हरिद्वार में आकर हमने चतुर्मास किया है ।

अब इन्हीं बातों को विस्तार से देखें —

विक्रम संवत् **२०५२** में हम **अमदावादमें जैन सोसायटी**में चातुर्मास कर रहे थे तब जैन ट्रस्ट-जैसलमेर के अध्यक्ष शेठश्री **बुद्ध-सिंहजी** बाफना हमें मिलने आये और उन्होंने बिनति की कि आप जैसलमेर पधारो और ग्रंथभंडारको व्यवस्थित एवं सुरक्षित करो । अवसर आने पर सोचेंगे ऐसा कहकर उनकी बिनतिका स्वीकार करके हम वहाँ से **कच्छमें** गयें । वहाँ विक्रम संवत् **२०५३** का चातुर्मास **नाना आसंबीया** (ता. मांडवी, कच्छ) में करके संवत् २०५४ में श्री **शंखेश्वरपार्श्वनाथ**के दर्शन करके संवत् २०५४ के चैत्र वदि ७ को वहाँ से प्रस्थान किया और चैत्र बैशाख की सख्त रेगिस्तानी गरमी और अनेक बिच्छु आदि जहरीले जंतुओंके उपद्रवोंसे गुजरते हुए वाव-थराद-सांचोर-धोरीमणा-बाडमेर होते हुए जैसलमेर पहुँचे । वहाँ थोडे दिन रहकर लौद्रवाजीकी यात्रा करके सं.**२०५४** आषाढ सुदि नवमी के दिन जैन भवन, जैन ट्रस्ट, **जैसलमेरमें**

हमने **चातुर्मास** के लिए प्रवेश किया ।

प्राचीन ज्ञान-भंडारोंको व्यवस्थित और सुरक्षित कैसे किया जाय उसके लिए अनेक विचार चल रहे थे । लगभग एक वर्ष से उसके लिए अलग अलग तलाशें चल रही थी । जैसलमेर पहुँचे तब तक अमदावाद तथा मुंबई आदिमें फोटो एवं कम्प्युटर तकनीकी के विशेषज्ञोंसे संपर्क व परामर्श चल रहा था । अंतमें तुरंत शक्य और सरल उपाय स्केनींग करनेका लगा । जैसलमेर जैन ट्रस्ट की ओरसे स्केनींगकामके लिए सन् १९९८ के जुलाई के अंतिम सप्ताह में हमे को अनुमति मिली । उसके बाद ही स्केनर के लिए तलाश की गई और यथा शीघ्र दो स्कैनर आ गयें । आने के बाद दि. ३-८-९८ से काम का प्रारंभ किया गया । जैसे जैसे जरुरत महसूस हुई वैसे वैसे अधिक स्केनर, कम्प्युटर आदि खरीदते गये । उसके बाद भी अनेकानेक व्यवधानोंसे गुजरते हुए जिन जिन ग्रंथोंकी स्केनींग करके सी.डी. बनायी गई और जिन जिन ग्रंथोंकी फोटोस्टेट करनेमें आयी और जिन ग्रंथों पर कुछ भी कार्य नहीं किया जा सका उन सभी ग्रंथो का सूचिपत्र यहाँ दीया गया है।

पूज्य आगमप्रभाकर मुनिप्रवरश्री **पुण्यविजयजी** महाराज जैसलमेर ग्रंथभंडारोंको व्यवस्थित करने के लिए विक्रमसंवत् **२००६** में जैसलमेर पधारे थे । वहाँ १६ महिने रहकर उन्होंने अथक परिश्रम करके ग्रंथ भंडारोंको व्यवस्थित किया था । उसके बाद श्री जिनभद्रसूरि ग्रंथभंडारकी ताडपत्रीय तथा कागज पर लिखित प्रतियोंका **सूचिपत्र** इसवी सन् १९७२ में लालभाई दलपतभाई भारतीय संस्कृति विद्यामंदिर- अमदावाद-९ से प्रकाशित हुआ था । उसका नाम "**CATALOGUE OF SANSKRIT & PRAKRIT MANUSCRIPTS OF JESALMER COLLECTION**" है । उसकी प्रस्तावनामें उसके सहायक संदापक पंडित श्री **अमृतभाई मोहनलाल भोजक**ने ग्रंथ-भंडारोंका गुजराती भाषामें जो वर्णन किया है उसका कुछ अंश हिंदीमें अनुवादित करके अक्षरशः यहाँ दीया जाता है । विस्तृत और अधिक जानकारी जिज्ञासुवर्ग उस सूचिपत्र से प्राप्त करे ।

अमृतलाल भोजक लिखित प्रस्तावना का कुछ अंश

"जैसलमेरके ग्रंथभंडारोंकी विशेष महत्ता उसमें रही हुई प्राचीन-प्राचीनतम प्रतियाँ और कईं अन्यत्र अप्राप्य ग्रंथोंके कारण से है । इसका मतलब यह नहीं कि गुजरात आदि प्रदेशोंके ग्रंथभंडारोंका महत्त्व उससे कम है । पाटण, खंभात, अमदाबाद, सूरत और अन्यत्र रहे हुए ग्रंथभंडारोंमें ऐसे अनेक ग्रंथ हैं जिनका मूल्यांकन हम जैसलमेर के ग्रंथोंसे जरा भी कम नहीं कर सकते । अर्थात् पाटण-खंभातादि के ताडपत्रीय ग्रंथभंडारोंके समान ही जैसलमेरके ग्रंथभंडार का महत्त्व है । जैसे जैसलमेर के भंडारमें अन्यत्र अप्राप्य और प्राचीनतम विशिष्ट ग्रंथ है वैसे पाटण-खंभातादि के भंडारोंके संबंध में भी है । जैसलमेर के ग्रंथभंडारका सविशेष महत्व उस कारण से है की, सर्वप्रथम तो वहाँ जाना मुश्कील है, वहाँ जानेके बाद भी उन भंडारोंको देखनेकी सुविधा (अनुकूलता) मिलनी मुश्कील है और पूरे धैर्य के साथ संपूर्ण भंडारकी जाँच करने का काम तो बहुत ही कठिन है । इस परिस्थितिमें उन ग्रंथभंडारोंका निरीक्षण बहुत कम होने से उसके साहित्यका अनुमान और उपयोग बहुत कम लोग कर सके हैं । इसलिए विद्वानोंमें उसका आकर्षण आज भी रहा है । जो जो विद्वान वहाँ गये उन्होंने अपने लिए ही कुछ काम करनेसे उसका व्यापक परिचय सभीको नहीं मिल सका, इस कारण भी इन भंडारोंकी जिज्ञासा विद्वद्वर्गमें हमेशा बनी रही है । इस भंडारकी महत्ताका अलग उपलक्षण यही है । वैसे तो भारतमें स्थान-स्थानमें जो ताडपत्र या कागज पर लिखे हुए ग्रंथोंके संग्रह हैं वे सब अनेकानेक दृष्टिसे महत्त्वपूर्ण हैं । संक्षेपमें ऐसा भी कह सकते हैं की, गुजरात आदि के भंडार कइ बार अपने देखनेमें आने से उनके प्रति मानसिक खिंचाव (लगाव) उतना नहीं रहता जितना की नवीनताकी तरफ रहता है । यह स्वाभाविक है ।

जैसलमेरमें कुल मिलाकर निम्नोक्त दस ज्ञान भंडार विद्यमान है ।

१) किलेमें श्री संभवनाथजी के मंदिरमें भूमिगृह में आया हुआ श्री **जिनभद्रसूरिग्रंथभंडार** ।

२) वेगडगच्छीय ग्रंथभंडार ।

३) खरतरगच्छीय बडे उपाश्रयका या पंचका ग्रंथभंडार ।

४-५) खरतरगच्छीय बडे उपाश्रयमें आचार्य श्री वृद्धिचंद्रजी यतिश्रीका ग्रंथभंडार और यतिश्री लक्ष्मीचंद्रजी महाराज का ग्रंथभंडार ।

६) आचार्यगच्छ के उपाश्रयका ग्रंथभंडार ।

७) खरतरगच्छीय श्री थाहरूशाहजीका ग्रंथभंडार ।

८) यति श्री डुंगरजीका ग्रंथभंडार ।

९) लौंकागच्छका ग्रंथभंडार ।

१०) तपागच्छका ग्रंथभंडार ।

इन भंडारोंमें से लौंकागच्छीय और तपागच्छीय ग्रंथभंडारके सिवा अन्य आठों भंडार खरतरगच्छीय है ।

प्रथम दो नंबरोंके ग्रंथभंडार तो किलेमें साथ ही है, जब की तीसरे क्रमांकका बडा उपाश्रयका ग्रंथभंडार पूज्यपाद **आगमप्रभाकरश्रीजी**ने जैसलमेरके श्री संघको समझाकर किले में रखवाया है। पाँचवे क्रमांकका यतिश्री **लक्ष्मीचंद्रजी** महाराजका भंडार उन्होंने स्वयंने विक्रमसंवत् २००७ में श्री **हेमचंद्राचार्य जैन ज्ञानमंदिर** (पाटण-गुजरात) को समर्पित कर देने से फिलहाल वह भंडार **पाटण**में है ।

यहाँ निदर्शित जैसलमेरके तथा अन्यान्य स्थानोंमे स्थित प्राचीन ग्रंथभंडार केवल जैनधर्मके ग्रंथोंके संग्रह रुप ही नहीं, बल्कि उसमें ब्राह्मण और बौद्ध ग्रंथोंको भी जैनोंने लिखवाकर संगृहीत किया हैं । इनमें ऐसे भीं कोई ग्रंथ हैं जिसकी प्रति अन्यत्र उपलब्ध नहीं है, और ऐसे भी अजैन ग्रंथ हैं जिनकी सबसे प्राचीन प्रति जैनभंडारोंमें ही मिलती है । इस दृष्टिसे इन भंडारोंमें भारतीय वाङ्मयके प्राचीनतम ग्रंथ सुरक्षित है, उसमें कोइ सन्देह नहीं, फिरभी इनमें जैनधर्मके ग्रंथोंकी विपुलता हो यह स्वाभाविक है ।

१) जिनभद्रसूरि जैन ग्रंथभंडार

इस भंडारकी स्थापना खरतरगच्छीय युगप्रधान आचार्य श्री **जिनभद्र**सूरिजीने विक्रम के १५ वें शतकके उतरार्धमें की थी । व्यवहारमें यह भंडार **'बडो भंडार'** के नामसे प्रसिद्ध है । आचार्यश्री के उपदेशसे खंभातनिवासी परीक्षक-**परीख धरणाशाह**ने बहुत ग्रंथोंको ताडपत्रों पर लिखवाये थे जिसमें से ४८ ग्रंथ आज भी इस भंडारमें विद्यमान है । उनके उपरांत खंभातनिवासी श्रेष्ठी श्री **उदयराज** और श्रेष्ठी श्री **बलिराज** नामक बंधुयुगलने भी इन आचार्यश्री के उपदेशसे अनेक ग्रंथोंको ताडपत्र पर लिखवाये होंगे । इन दो बंधुओंके लिखवाये हुए छः (६) ग्रंथ इस भंडारमें विद्यमान है ।

श्री **हेमचंद्राचार्य ज्ञानमंदिर (पाटण)** में स्थित श्री **वाडीपार्श्वनाथग्रंथभंडार**की स्थापना भी इन्हीं आचार्यश्रीकी प्रेरणासे हुई थी । इस भंडारमें विक्रमके १५ वें शतक के अंतमें श्री **जिनभद्रसूरि**के उपदेशसे कागज पर लिखे जैन आगमादि साहित्यके अतिरिक्त काव्य, कोश, अलंकार, छंद और दर्शनशास्त्रके भी महत्वपूर्ण ग्रंथ हैं । इससे इन आचार्यश्रीकी विविध विद्याशाखाओंके प्रति रुचि, आदर और प्रेरणा विशेष उल्लेखनीय है । वाडीपार्श्वनाथग्रंथभंडारमें कई ग्रंथ ऐसे हैं जो जैसलमेरके ग्रंथभंडारकी ताडपत्रीय प्रतिकी नकल स्वरुप है । आचार्यश्री **जिनभद्र**सूरिजीके उपदेशसे जैसलमेर, जावाल, देवगिरि, अहिपुर (आहोर), पाटण (गुजरात), मंडपदुर्ग, आशापल्ली और खंभातके ग्रंथभंडारोंकी स्थापना हुई थी ।[1]

प्रस्तुत श्री **जिनभद्र**सूरिग्रंथभंडारमें परीख **धरणाशाह** और श्रेष्ठीश्री **उदयराज-बलिराज** ने नही लिखवायी वैसी प्रतियाँ विक्रमके १२ वें शतक के पूर्वार्द्ध से लेकर १५ वें शतकके उत्तरार्द्ध तक अलग अलग महानुभावोंने लिखवायी है । सबसे प्राचीनतम प्रति **विशेषावश्यक महाभाष्यकी** है, जो विक्रमके दसवे शतकके पूर्वार्द्धमें लिखवायी है, (देखो जि.ता.क्रमांक ११६) । प्राचीनता और लिपिकी दृष्टिसे यह प्रति असाधारण महत्त्वकी है ।

१. देखो पुरातत्त्वाचार्य मुनि श्री जिनविजयजी संपादित 'विज्ञप्तित्रिवेणी'की प्रस्तावना पृ.५७ से ५८

इस भंडारमें लंबी और छोटे नापकी कुल मिलाके ४०३ ताडपत्रीय प्रतियाँ है, जबकी उनमें अंतर्गत छोटे बडे ग्रंथ मिलाकर कुल ग्रंथसंख्या लगभग ७५० से भी ज्यादा होती है ।

इसमें यहाँ बताये हुए विशेषावश्यकमहाभाष्य, सर्वसिद्धांतप्रवेश, तत्त्वसंग्रह, सांख्यकारिकाकी दो टीकायें, मल्लवादिका धर्मोत्तरटिप्पन, पादलिप्तसूरिकृत ज्योतिषकरण्डक की टीका, ओघनिर्युक्तिभाष्य, गुणपालकृत जंबूचरियं और चंद्रलेखाविजयप्रकरण आदि अनेक अलभ्य-दुर्लभ्य ग्रंथ इस भंडारमें है। उसके अतिरिक्त जैन आगम उसकी व्याख्यायें, व्याकरण, काव्य कोश, अलंकार, छंद और दर्शनशास्त्रके प्राचीन-प्राचीनतम महत्त्वपूर्ण ग्रंथ इसमें हैं, जो अभ्यासी, अन्वेषक इस सूचीपत्रमें से जान सकेंगे।

२) वेगडगच्छीय ग्रंथभंडार

खरतरगच्छकी **वेगडशाखा**के विद्वानोंने इस भंडारकी स्थापना की थी । इसमें विक्रमके १३ वें शतकसे २० वें शतक तक लिखे हुए ग्रंथ हैं । २० वे शतकमें लिखे हुए ग्रंथोंको आचार्य श्री **जिनकृपाचन्द्र**सूरिजीने लिखवाकर रखे हैं । इसमें विक्रमके १५ वें शतकमें **पाटण** (गुजरात) में लिखवाये हुए ग्रंथोंकी पुष्पिकाएँ देखते यह पता लगता है की, उस कालके **वेगडगच्छीय** आचार्योंने जैसलमेरके भंडारके लिए पाटण के प्राचीन ग्रंथोंकी नकलें करवाई हो । श्री **जिनभद्र**सूरिजीके पाटणमें स्थापित भंडार के लिए लिखवाई हुई प्रतियाँ भी इस भंडारमें है । (पृ.४७ से ११६)

इस भंडारके क्रमांक १ से १३३० तक के सभी कागजपर लिखवाये हुए ग्रंथ इसी भंडारके है । जि.का. ग्रंथांक १३२७ ज्योतिषके अपूर्ण और प्रकीर्णक पन्नोंके संग्रह स्वरूप है और जि.का.ग्रंथांक १३२८ से १३३० तककी तीनों प्रतियोंमें स्तवन-सज्झाय आदि के प्रकीर्णक पन्ने हैं ।

सूचीपत्रमें इस भंडारका नाम 'श्री **जैसलमेर**स्थित खरतरगच्छीय युगप्रधान श्री **जिनभद्रसूरि ग्रंथभंडार** स्थित कागजपर लिखे ग्रंथोंका सूचीपत्र' ऐसा शीर्षकमें दिया हुआ है, लेकिन वास्तवमें यह कागज पर लिखा हुआ ग्रंथभंडार वेगडगच्छीय ग्रंथभंडार है । पूज्यपाद **आगमप्रभाकर**श्रीजीसे भी पहले जिस कीसीने इस भंडारको देखा उन्होंने उसे किलेके तलघरमें ही देखा है, अर्थात् अनेक वर्षोंसे यह भंडार किलेमें ही रखा गया है । इसीलिये जैसे यहाँ बताया गया वैसे भंडारका शीर्षक दीया गया है ।

३) खरतरगच्छीय बडाउपाश्रयका या पंचका भंडार

प्रस्तुत सूचिपत्रमें ताडपत्रीय क्रमांक ४०४ से ४२६ तक के इस भंडारके ग्रंथोंको '**पंचका ग्रंथभंडार-जैसलमेर**' यह नामसे सूचित किया है । वास्तवमें यह ग्रंथ वडे उपाश्रयके भंडारके ही है । इन ग्रंथोंमें स्थविर श्री **अगस्त्यसिंह**गणिकृत **दशवैकालिकसूत्रकी चूर्णि**की अति महत्वपूर्ण प्राचीन प्रति है, **जिनभद्रसूरि** ताडपत्रीय ग्रंथांक ४१०/१, जो अन्यत्र कीसी भंडारमें नहीं है ।

उपरोक्त पंचके भंडारके बाद प्रस्तुत सूचिपत्रमें वेगडगच्छीय ग्रंथभंडारके ग्रंथोंकी सूचि दी गई है । उसके बाद कागजके ग्रंथांक १३३१ से २२५७ तक के ग्रंथ (पृ.११७ से १५८) **बडाउपाश्रयके ग्रंथभंडारके** है । ये ग्रंथ विक्रमके १५ वें शतक से १९ वें शतक तक लिखे गये हैं और उसका मुख्य भाग जैन आगम, प्रकरण, रास तथा स्तोत्रादि ग्रंथोंका है । ऐसा होते हुए भी व्याकरण, काव्य, छंद, आयुर्वेद और ज्योतिषादि विषयोंकी अजैन ग्रंथोंकी प्रतियाँ भी इस भंडारमें है ।

४) लोंकागच्छका ज्ञान भंडार

इस भंडारमें ताडपत्र पर लिखी हुई चार प्रतियाँ है । कागजपर लिखे हुए ग्रंथ विपुल प्रमाणमें हैं । ताडपत्रीय चार प्रतियोंमें कुल नव ग्रंथ है और वे जैन आगम और उसकी व्याख्याके हैं । उसमें भगवतीसूत्र (क्र.४, पृ.४६) अनुमानसे विक्रमके १२ वें शतकमें लिखा हुआ है और शेष ग्रंथ वि.सं.१३०७ में लिखे हुए हैं । प्राचीन प्रत्यंतरकी दृष्टिसे ये ग्रंथ महत्वपूर्ण है ।

५) तपागच्छका ग्रंथभंडार

इस भंडारमें ताडपत्री तथा कागजपर लिखे हुए ग्रंथ है । उसमें से ताडपत्रीय सभी याने सातों ग्रंथोंकी सूचि तथा कागज के ग्रंथोकी सूचि यहाँ दी गई है ।

६) थाहरूशाहका ग्रंथभंडार

विक्रमके १७ वें शतकमें जैसलमेर निवासी भंसालीगोत्रीय धनी, दानी और धर्मनिष्ठ श्रेष्ठी श्री **थाहरूशाह**ने जिनमंदिरनिर्माण आदि अनेक धर्मकृत्य किये थे जिसमें स्वयंका ग्रंथभंडारभी लिखवाया था । ....''

''जिनभद्रसूरि ग्रंथभंडार में ताडपत्रीय और ताडपत्रीय आकारके कागज पर लिखे हुए ग्रंथोंके अतिरिक्त कागजपर लिखे ग्रंथोंकी कुल मिलाके २२५७ हस्तलिखित प्रतियाँ है ।'' (**अमृतलाल भोजक** का विवेचन **समाप्त**)

ईसवी सन् १९८८ में सेवामंदिर-रावटी-जोघपुर-राजस्थान की ओर से महा त्यागी एवं तपस्वी स्व. **जौहरीमलजी पारख**ने **'जैसलमेर (राजस्थान) हस्तलिखित ग्रंथोंका सूची-पत्र द्वितीय खंड** इस नामसे एक सूचीपत्र प्रकाशित किया था । उसके प्राक्-कथन में उन्होंने ग्रंथभंडारोंकी तथा अन्य विस्तृत जानकारी दी है उसमेंसे कुछ अंश यहाँ अक्षरशः उद्धृत है ।

जौहरीमलजी पारख लिखित प्रस्तावना का कुछ अंश

"अब मुनि श्री **पुण्यविजयजी** के सूचीपत्रमें वर्णित २६८३ ग्रंथ और हमारे सूचीपत्रमें के ४४५२ ग्रंथ मिलकर (कुल ७१३५) पूरे जैसलमेर शहर के सभी जैन भण्डारोंको हम समेट लेते हैं । यति श्री **वृद्धिचंद्र**जी व उनके शिष्य यति श्री **लक्ष्मीचंद**जी का एक भंडार जैसलमेर में था जिसका मुनि श्री **पुण्यविजयजी** के सूचीपत्र की प्रस्तावना के पृष्ठ ५ पर चार व पांच दो क्रमांकोंसे उल्लेख हुआ है पर वस्तुतः वह एक ही भंडार था ।

जिन पाँच भंडारोंका सूचीकरण हमारे द्वारा किया गया है उनमें श्री थाहरुशाहजी का ग्रंथभंडार लगभग विक्रम संवत् १६५० से १६७५ के बीच में उन्हीं के द्वारा स्थापित हुआ है। संघवी **थाहरुशाह**जी ओसवाल **भंसाली** गौत्र, खरतरगच्छीय, जैसलमेर राज्य के दीवान थे और उन्होंने शत्रुंजय तीर्थ का यात्रा संघ भी निकलवाया था । वे बहुमुखी प्रतिभा के धनी थे । इतने व्यस्त व उच्च पदासीन होते हुवे भी इनके भंडार के कुछ ग्रंथ स्वयं इनके हाथ के लिखे हुए हैं । यद्यपि इस भंडार के ग्रंथ अति प्राचीन नहीं हैं तो भी सही पाठ की दृष्टि से वे महत्त्वपूर्ण हैं । और फिर जब स्वयं **थाहरुशाहजी** ने इस कार्यमें रस लिया है तो प्रतियोंमें भूल होने की गुंजाइश कम है ।'

इस भंडारके और अन्य चारों भंडारोंके बहुतसे ग्रंथ यहीं जैसलमेर के मुख्य भंडार की प्राचीन ताडपत्र पर सुंदर, स्पष्ट व शुद्ध लिखी हुई प्रतियों की ही नकलें है अतः मुख्य भंडार में कोई ग्रंथ किसी कारण वश आज यदि उपलब्ध नहीं है तो उसकी जगह यदि इन भंडारोंमें उस ग्रंथ की प्रतिलिपि हो तो वह अपेक्षाकृत माननीय होनी चाहिए ।

श्री **तपागच्छ जैन ग्रंथ भंडार** भी लगभग विक्रम संवत् १६५० से १६७५ के बीच ही स्थापित हुआ लगता है क्योंकि किसी भी भंडार की स्थापना आगम-ग्रंथों से होती है और इस भंडार के आगम-ग्रंथोंका जोडा (सेट) उन्हीं लिपिकों द्वारा लिखित है जिन्होंने **थाहरुशाहजी** के लिये ग्रंथ लिखे हैं । कागज, नाप, स्याही आदि सब एक सरीखी ही है । किस आचार्य महाराज ने इसकी स्थापना की, यह तो पता नहीं है, परंतु जैसलमेर निवासी **कोठारी**, **पारख** आदि गोत्रीय जैन ओसवालों ने ये प्रारंभिक ग्रंथ लिखवाकर भंडार को भेंट किये हैं । यह भंडार बाद में अधिक समृद्ध होता गया जब कि **थाहरुशाह** के भंडारमें स्थापना के वर्षोंके बाद नगण्य वृद्धि हुई है । इस भंडार की पुरानी सूचि पीछे परिशिष्ट में दी गई है ।

श्री **डुंगरजी** यति का भंडार उनकी परंपरागत खरतरगच्छ की संपत्ति है और अभी तक इनके नाम से ही प्रसिद्ध था । स्वर्गीय श्री डुंगरजी यति अपने समय में किले के मुख्य भंडार

के भी संरक्षक और विद्वान भी थे । उनके शिष्य द्वारा यह भंडार किले के मुख्य भंडार में दे दिया गया है ।

बाकी के दोनों (**गुजराती लुंकागच्छ** तथा **लघु आचार्य गच्छ** का) भंडार भी यहीं १७ वीं शताब्दी के आसपास ही स्थापित हुए लगते हैं । इनमें **गुजराती लुंकागच्छ** का (श्री लोंकाशाह के अनुयायियों का नहीं) और खरतरगच्छकी एक शाखा **लघु आचार्यगच्छ** का है । इन दोनों भंडारों की प्रतियाँ भी उच्चस्तरीय थी ।

जैसलमेर के ग्रंथभंडार पहले बहुत अधिक समृद्ध थे, परंतु जब से युरोपीय लोगोंका आगमन, शासन व वर्चस्व इस क्षेत्रमें बढा तब से इन भंडारों का ह्रास होना शुरु हो गया और सैंकडो की तादाद में महत्वपूर्ण ग्रंथ यहाँ से बाहर चले गये । लगभग देढ सो वर्ष पूर्व **कर्नल टॉड**, जो यतिजी का शिष्य बनकर रहा था, अपनी पुस्तक **'पश्चिमी भारत में प्रवास खण्ड-२** पृष्ठ २४९ पर लिखता है --

"लोगों को परिश्रम के लिये प्रोत्साहित करने के निमित्त मैं एक बात कह दूँ जो साधारणतया बार बार नहीं कही जा सकती कि मैं ने जैसलमेर से कागज और ताडपत्र की कितनी ही प्रतियाँ प्राप्त कर ली थी । ताडपत्र की प्रतियाँ तो ३-५ और ८ शताब्दियों तक पुरानी है जो रॉयल एशियाटिक सोसायटी के पुस्तकालय की अलमारियों में सुरक्षित रखी हुई अब भी शोभा बढा रही है ।' (जौहरीमलजी पारख लिखित प्रस्तावना का अंश यहाँ समाप्त होता है)

इस बात के तथ्यांश की परीक्षा **कलकत्ते** की **रोयल एशियाटिक सोसायटी** में जाकर उन प्रतियों को देखकर करनी चाहिये ।

जैसलमेर की विश्वविख्यात **'पटवा हवेली'** के मालिकोंमें से एक सुश्रावक **महेन्द्रभाई बाफना** ने ईसवी सन् १९९७ में **'जैसलमेर जुहारिये'** नामकी स्मारिका प्रकाशित की है जिसमें जैसलमेरके मंदिरोंकी, मंदिरके सर्जकोंकी तथा अन्य ऐतिहासिक दृष्टिसे महत्त्वपूर्ण बातोंका विस्तृत विवरण दिया है । वह खास पढने जैसा है । जैसलमेर तथा भारतके कई स्थानोंमें ग्रंथभंडारोंकी स्थापना करनेवाले प.पूज्य आचार्यदेव श्रीमद्विजय **जिनभद्रसूरीश्वरजी** महाराज साहबका तथा इन ग्रंथभंडारोंके सर्जकोंमें अद्भुत धर्मप्रेमी, आगमग्रंथोके रसिक श्रेष्ठी श्री **थाहरुशाहजी** का अद्भुत चरित्र **'जैसलमेर जुहारिये'** नामक स्मारिकासे उद्धृत करके यहाँ दिया जाता है ।

(''जैसलमेर जुहारिये'' स्मारिका से उद्धृत)

श्रुतोद्धारक प्रभावक श्री जिनभद्रसूरि

- श्री भँवरलाल नाहटा

आचार्य प्रवर श्री **जिनराज**सूरिजी के पद पर श्री **सागरचन्द्रा**चार्य ने श्री **जिनवर्द्धन**सूरि को स्थापित किया था, किन्तु उन पर दैवी प्रकोप हो गया अतः चौदह वर्ष पर्यन्त गच्छनायक रहने के अनन्तर गच्छोन्नति के हेतु सं. १४७५ में श्री जिनराजसूरि के पट्ट पर उन्हीं के शिष्य श्री **जिनभद्र**सूरिजी को स्थापित किया गया । श्री जिनभद्रसूरि जी पट्टाभिषेक रास के अनुसार आपका परिचय इस प्रकार है ।

मेवाड़ देश में **देउलपुर** नामक नगर है । वहाँ के राजा **लखपति** के राज्य में समृद्धिशाली **छाजहड** गोत्रीय श्रेष्ठी श्री **धीणिग** नामक व्यापारी निवास करते थे । उनकी शीलादिगुणविभूषिता सतीस्त्री का नाम **खेतलदेवी** था । इनकी रत्नगर्भा कोख से **रामण**कुमार ने जन्म लिया, ये असाधारण गुणसम्पन्न थे ।

एकबार श्री **जिनराज**सूरिजी महाराज उस नगर में पधारे । **रामण**कुमार के ह्रदय में आचार्यजी के उपदेशों से वैराग्य परिपूर्ण रुप से जागृत हो गया । कुमार ने अपनी मातुश्री से दीक्षा के लिए आज्ञा मांगी । माता ने अनेक प्रकार के प्रलोभन दिए, मिन्नत की, पर वह व्यर्थ हुई । अन्त में स्वेच्छानुसार आज्ञा प्राप्त कर ही ली । बड़े भारी समारोह पूर्वक दीक्षा की तैयारियां हुई । शुभमुहूर्त्त में श्री **जिनराज**सूरिजीने **रामण**कुमार को दीक्षित कर **कीर्तिसागर** नाम से प्रसिद्ध किया । सूरि महाराज ने समस्त शास्त्रों का अध्ययन करने के लिए उन्हें वाचक **शीलचन्द्र** गणि को सौंपा । उनके पास इन्होंने विद्याध्ययन किया ।

चंद्रगच्छ शृंगार आचार्य श्री **सागरचंद्र**सूरि ने गच्छाधिपति श्री जिनराजसूरिजी के पट्ट पर **कीर्तिसागर**जी को बैठाना तय किया । **भाणसउलीपुर** साहुकार **नाल्हिग** रहते थे जिनके पिता का नाम महुडा और माता का नाम **आंबणि** था । **लीलादेवी** के भरतार शाह ने सर्वत्र कुंकुमपत्रिकाएं भेजी । बाहर से संघ विशालरुप में आने लगा । सन् १४७५ में शुभमुहूर्त के समय श्री **सागरचंद्र**सूरि ने श्री **कीर्तिसागर** मुनि को **सूरि**पद पर प्रतिष्ठित किया । **नाल्हिग शाह** ने बडे समारोह पूर्वक पट्टाभिषेक उत्सव मनाया । नाना प्रकार के वाजिन्द्र बजाये । याचकों को मनोवांछित दान देकर सन्तुष्ट किया गया ।

क्षमाकल्याणजी की पट्टावली में आपका **जन्म** सं० **१४४६** चैत्र शुक्ल षष्ठी को आर्द्रा नक्षत्र में लिखते हुए, भणशाली गोत्र आदि सात भकार अक्षरों को मिलाकर सं. **१४७५** माघ

सुदि पूर्णिमा बुधवार को भणशाली **नाल्हाशाह** कारित नन्दी महोत्सव पूर्वक **सूरिपद** पर स्थापित किया था। इसमें सवालाख रुपये व्यय हुए थे । वे सात भकार ये है - भाणसोल नगर, भयाणशालिक गोत्र, भादोनाम, भरणी नक्षत्र, भद्राकरण, भट्टारक पद और **जिनभद्र**सूरिनाम ।

आपने जैसलमेर, देवगिरि, नागोर, पाटण, मांडवगढ, आशापल्ली, कर्णावती, खंभात आदि स्थानों पर हजारों प्राचीन और नवीन ग्रंथ लिखवाकर सुरक्षित भण्डार स्थापित किए जिनके लिए केवल जैन समाज ही नहीं किन्तु सारा साहित्य संसार भी चिरकृतज्ञ है । आपश्री ने आबू, गिरनार और जैसलमेर के जिनालयों की और प्रचुर परिमाण में जिनबिम्बों की प्रतिष्ठा की थी जिनमें सैंकड़ों प्रतिमाएं आज भी विद्यमान हैं ।

उ० **जयसोमीय** गुरुपर्वक्रम में **छाजहड** गोत्रीय सा० **धाणिक** भार्या **खेतलदे** का पुत्र लिखा है, माता-पिता के नामों में तो उच्चारण भेद है । भणशाली गोत्र के तो पदोत्सव कारक **नल्हिगशाह** थे जिससे सात भकार समर्थित हो जाते है । श्री जिनभद्रसूरिजी का **छाजहड़**गोत्र ही ठीक है । शुक्लपक्ष की जगह कृष्णपक्ष लिखा है । **बारह** वर्ष की आयु में दीक्षित हुए और **आचार्यपद** के समय २५ वर्ष के थे ।

श्री **भावप्रभाचार्य** और **कीर्तिरत्नाचार्य** को आपने ही आचार्यपद से अलंकृत किया था । सं० **१५१४** मार्गशीर्ष कृष्ण ६ के दिन **कुंभलमेर** में आपका **स्वर्गवास** हुआ ।

आचार्य श्री **जिनभद्र**सूरिजी उच्चकोटि के विद्वान और प्रतिष्ठित प्रभावक हो गये हैं । उन्होंने अपने ४० वर्ष के आचार्यत्व काल में अनेकों उन्नायक धर्मकार्य करवाये । विविध प्रान्त-नगरों में विचरण कर जिनशासन की सर्वाङ्गीण उन्नति का विशेष प्रयत्न किया । जैसलमेर के संभवनाथ-जिनालय की प्रशस्तिगत अष्टकादि में आपके सद्गुणों की बड़ी प्रशंसा की गई है । अनेक स्थानों में ज्ञानभण्डार स्थापित करने का उल्लेख ऊपर किया जा चुका है । राउल श्री **वैरिसिंह** और **त्र्यंबकदास** जैसे नृपति आपके चरणों में भक्तिपूर्वक प्रणाम करते थे । सं १४९४ में इस मन्दिर का निर्माण **चोपडा** गोत्रीय सा. हेमराज, पूना, दीता, पांचा के पुत्र शिवराज महाराज लोला और लाखण ने करवाया था । राउल वैरिसिंह ने इन चारों भ्राताओं को अपने भाई की तरह मान कर वस्त्रालंकार से सम्मानित किया था। सन् १४९७ में सूरिजी के करकमलों से प्रतिष्ठा अंजनशलाका कराई । इस अवसर पर ३०० जिनबिम्ब, ध्वजदण्ड शिखरादिकी प्रतिष्ठा हुई । इस ३५ पंक्तियों वाली प्रशस्ति का निर्माण **जयसागरो**पाध्याय के शिष्य **सोमकुंजर** ने किया और पं. **भानुप्रभ** ने आलेखित किया । इस प्रशस्ति दशवीं में लिखा है कि **आबू** पर्वत पर श्री **वर्द्धमानसूरि** जी के वचनों से मंत्रीश्वर **विमलशाह** ने जिनालय निर्माण करवाया था। श्री **जिनभद्र**सूरिजी ने उज्जयन्त, चितौड़, जाउर और मांडवगढ आदि में उपदेश देकर जिनालय निर्माण कराये व उपर्युक्त स्थानों में ज्ञानभण्डार स्थापित कराने का सर्वाधिक महत्त्वपूर्ण कार्य किया था । इस जिनालय के तलघर में ही विश्वविश्रुत श्री **जिनभद्रसूरि-ज्ञानभण्डार** है जिसमें प्राचीनतम **ताडपत्रीय ४००** प्रतियाँ सुरक्षित है । खंभात का भंडार परीक्षक (**पारख**गोत्रीय) **धरणाक** ने तैयार कराया था ।

मांडवगढ के **सोनिगिरा श्रीमाल** मंत्री मंडल और **धनदराज** आपश्री के परमभक्त विद्वान श्रावक थे । इन्होने भी एक विशाल सिद्धान्तकोश लिखवाया था जो आज विद्यमान नहीं है, पर पाटण भण्डार की भगवतीसूत्र की प्रशस्तियुक्त प्रति **मांडवगढ** के भण्डार की है । आपकी रचनाओं में **जिनसत्तरी प्रकरण** नामक २१० गाथाओं की प्राकृत रचना प्राप्त है । सन् १४८४ में **जयसागरो**पाध्याय ने नगर कोट **कांगडा** की यात्रा के विवरण स्वरूप **विज्ञप्ति त्रिवेणी** संज्ञक महत्वपूर्ण विज्ञप्तिपत्र आपको भेजा था । सन् १५०६ कार्तिक सुदि १३ को जैसलमेर के **चन्द्रप्रभ**जिनालय में प्रतिष्ठा की ।

श्रुतरक्षक आचार्यों में श्री **जिनभद्र**सूरिजी का नाम मूर्धन्य स्थान में है । खरतरगच्छ के दादा संज्ञक चारों गुरुदेवों की भाँति आपके चरण व मूर्तियाँ अनेक स्थानों में पूज्यमान है। श्री **जिनभद्र**सूरि शाखा(शिष्यपरम्परा) में अनेक विद्वान हुए है । खरतरगच्छ की वर्त्तमान में उभय **भट्टारकीय**, **आचार्यीय**, **भावहर्षीय** व **जिनरंगसूरि** आदि शाखाओं में आप ही पूर्व पुरुष हैं।

आपश्री ने **कीर्तिराज** उपाध्याय को आचार्यपद देकर श्री **कीर्त्तिरत्न**सूरि नाम से प्रसिद्ध किया था । ये **नेमिनाथ महाकाव्यादि** के रचयिता और बड़े प्रभावक आचार्य हुए हैं । इनके **गुणरत्न**सूरि और **कल्याणचन्द्रा**दि ५१ शिष्य थे । इनके भ्राताओं और वंशजों ने **जैसलमेर, जोधपुर**, **नाकोड़ा, बीकानेर** (**नाल**) आदि अनेक स्थानों में जिनालय निर्माण कराये व अनेक संघ-यात्रादि शासन प्रभावना के कार्य किये थे । श्री **कीर्त्तिरत्न**सूरि शाखा में (अनेक) विद्वान कवि आदि हुए हैं, गीतार्थ शिरोमणि श्री **जिनकृपाचंद्र**सूरि, श्री **जयसागर**सूरि, उ. **सुखसागर** व विद्वान साहित्यकार **कान्तिसागर** आदि **कीर्तिरत्न**सूरि परम्परा में ही हुए हैं ।

श्री **जयसागरजी** को जो श्री **जिनवर्द्धनजी** के शिष्य थे, आपने ही स० **१४७५** में **उपाध्यायपद** से अलंकृत किया । ये बड़े विद्वान और प्रभावक हुए हैं । आबू तीर्थ की खरतरवसही **दरडा** गोत्रीय सं. **मंडलिक** जो उपाध्याय जी के भ्राता थे, ने ही निर्माण करवाई थी । उपाध्यायजी की परम्परा में भी अनेकों विद्वान हुए हैं । उपाध्यायजी के निर्माण किए हुए अनेक ग्रंथ, स्तोत्र स्तवनादि उपलब्ध है ।

आचार्य श्री जिनचन्द्रसूरिजी

महान् प्रभावक आचार्य श्री **जिनभद्रसूरि**जी के पट्ट पर श्री **जिनचन्द्रसूरि** विराजमान हुए। इनका जन्म सं. १४८७ में जैसलमेर निवासी **चम्म** गोत्रीय साह **वच्छराज** के घर हुआ। इनकी माता का नाम **वाल्हा**देवी था। सं. **१४६२** में ये दीक्षित हुए। आपका जन्मनाम **करना** था और दीक्षा नाम **कनकध्वज**। सं. **१५१५** ज्येष्ठ बदि द्वितीया के दिन **कुंभजमेरु** निवासी **कूकड चोपड़ा** गोत्रीय शाह **समरसिंह**कृत नन्दीमहोत्सव में श्री **कीर्तिरत्न**सूरिजीने **पदस्थापना** की। सं. **१५१८** में जैसलमेर स्थित संभवनाथ जिनालय में मन्दिर निर्माता चोपड़ा परिवार ने शत्रुंजय-गिरनार-पट्टिकाएँ निर्माण कराके आपके करकमलों से प्रतिष्ठित करवाई। जयसागरोपाध्याय के भ्राताओं ने **अर्बुदाचल** पर नवफण **पार्श्वनाथ** स्वामी के सर्वोच्च तिमंजिले **खरतरवसही** संज्ञक जिनालय का निर्माण कराया जिसकी प्रतिष्ठा आपने ही की। श्री **धर्मरत्न**सूरि आदि अनेक मुनियों को आचार्यपदादि प्रदान करने वाले सूरि महाराज सिंध, सौराष्ट्र, मालव आदि देशों में विचर कर सन् **१५३६** में **स्वर्गवासी जैसलमेर** में हुए।''

(''जैसलमेर जुहारिये'' स्मारिका से उद्धृत)

कच्छवाहा सेठ रायजादा श्री थाहरूशाह जी भणशाली

- श्री मनोज कुमार भंसाली 'चेतन'

कच्छवाहा सेठ श्री **थाहरूशाह भंसाली** की गणना ओसवाल जाति के इतिहासपुरुषों में की जाती है। उनका जन्म विक्रम की १७ वीं शताब्दी में हुआ था। सेठ थाहरूशाह जी के व्यक्तित्व की प्रशंसा करते हुए सुप्रसिद्ध विद्वान श्री **पूर्णचन्द्रजी नाहर** ने अपनी पुस्तक 'जैन लेख संग्रह' भाग ३ पृ.१८ में लिखा है कि 'मेवाड के **भामाशाह** की तरह जैसलमेर में **थाहरूशाह** की भी विशेष ख्याति है।' जैसलमेर के राजदरबार में उनका विशिष्ट स्थान था। धार्मिक संस्कारों से ओत-प्रोत वे एक दानवीर एवं कर्मवीर युगपुरुष थे।

पारिवारिक पृष्ठभूमि

वर्तमान जैसलमेर नगर से १० मील दूर, **लौद्रवपुर** एक ऐतिहासिक तीर्थस्थान है। **लौद्रजाति** के परमार क्षत्रियों का यहां शासन था। इसी से इसका नाम 'लौद्रपुर' हुआ। लौद्रजाति के अंतिम शासक **नृपभानु** हुए। संवत् ९०० (घटियाला शिलालेखानुसार) के लगभग **यादव**कुल के **भाटी** राजपुत महारावल **देवराज** ने लौद्रं क्षत्रियों को परास्त कर इस क्षेत्र पर अधिकार कर लिया एवं लौद्रवपुर को अपनी राजधानी घोषित किया। इन्हीं के वंश में ११ वीं सदी में **सगर** हुए। उसके ग्यारह पुत्र थे, जिनमें आठ पुत्र मृगी नामक रोग से मृत्यु को प्राप्त हुए। राजकुमारों को बचाने का कोई भी उपाय सफल न होता देख राज्य के दीवान (मंत्री) ने राजा **सगर** को, खरतर बिरुद प्राप्तकर्त्ता आचार्य श्री **जिनेश्वरसूरि** के दर्शन करने का परामर्श दिया। **सगर** अपनी श्रीमती व अन्य परिवार जन के साथ गुरुदेव के दर्शनार्थ गये। अपने आठ पुत्रों के अकाल मृत्यु के विषय में बताते हुए अपने जीवित तीन पुत्रों की दीर्घायु का आशीर्वाद मांगा। गुरु महाराज ने कहा - 'इससे हमें क्या लाभ ?' राजा ने कहा - 'जैसा आप कहेंगे वैसा होगा।' गुरु महाराज ने कहा - 'अपने एक पुत्र को राज्य दो और दो पुत्रों को हमारे श्रावक बना दो, सब ठीक होगा।'

राजा ने गुरु महाराज से प्रतिबोध पाकर **कुलधर** का राज्याभिषेक किया। **श्रीधर** व **राजधर** ने श्रावक धर्म अंगीकार किया। श्री जिनेश्वरसूरि से वासक्षेप प्राप्त करने के पश्चात् श्रीधर व **राजधर** ने श्री **पार्श्वनाथ**जी के देरासर का निर्माण करवाया। श्री **जिनेश्वरसूरि** ने मंदिरजी की प्रतिष्ठा करी, भंडार की साल में वासक्षेप किया, इस प्रकार **भण्डसाली** गोत्र हुआ।

श्रीधर की उन्नीसवीं पीढ़ी में **थाहरूशाहजी** हुए। उनकी माता का नाम **चापलदे** व पिता का नाम श्री**मल्लजी** था।

काल निर्धारण

थाहरूशाहजी के जन्म-संवत् का कोई आलेख सम्प्राप्त नहीं हुआ है। सं० **१६७५** में उन्होंने **लौद्रवपुर** में **सहस्त्रफणा पार्श्वनाथ** भगवान के मंदिर की प्रतिष्ठा करवाई थी। प्रतिष्ठा के समय प्रति मनुष्य एक एक्र सोने की मुहर दान में दी थी। मूलनायक जी के शिलालेख में खुदा हुआ है कि - श्री लौद्रवनगर श्री बृहत् खरतरगच्छाधीशेः स० १६७५ मार्गशीर्ष सुदी १२ गुरी **भांदशालोक श्रीमल्ल** भार्या **चापलादे** पुत्ररत्न थाहरूसैन भार्या **करकादे** पुत्र **हरराज, मेघराजादि** पूतेव श्री चिंतामणिपार्श्वनाथबिंबका प्र० म० युग प्रधान श्री जिनसिहसूरिपट्टालंकार म० जिनराजसूरिजी (:) प्रतिष्ठित'

उपरोक्त आलेख से यह प्रतीत होता है कि सहस्त्रफणापार्श्वनाथ भगवान की बिंब प्रतिष्ठा के समय **थाहरूशाह** जी के पिता भंसाली **श्रीमल्लजी** व माता **चापलदे** दोनों उपस्थित थे। **थाहरूशाहजी** की पत्नी **कनकादे** व पुत्र **हरराज** व **मेघराज** भी प्रतिष्ठा में सम्मिलित थे। एक शिलालेख पर यह अंकित है कि सेठ **थाहरूशाह** ने अपनी पत्नी, पुत्र तथा पौत्र के

पुण्यार्थ इस मंदिर का निर्माण करवाया है । इस प्रकार यह स्पष्ट है कि प्रतिष्ठा के समय उनके पौत्र **मूलचन्द** भी थे इसके अतिरिक्त संघनायक के करने योग्य देवपूजा-गुरु उपासना साधर्मिवात्सल्य इत्यादि सभी प्रकार के धार्मिक कार्य किये थे । अतः यह मानना उपयुक्त होगा कि सेठ श्री थाहरूशाहजी का जन्म १७ वीं शताब्दी के पूर्वार्ध में हुआ ।

विक्रम संवत् **१६९७** में सहस्त्रफणापार्श्वनाथ भगवान के मूल मंदिर के चारों दिशा में श्री **आदिनाथ** भ०, श्री **अजितनाथ** भ०, श्री **संभवनाथ** भ० एवं श्री **चिन्तामणी पार्श्वनाथ** भ० के चार नूतन जिनालयों में बिम्ब प्रतिष्ठाएँ सेठ थाहरूशाहजी ने श्री **जिनराजसूरिजी** के द्वारा करवाई। अतः यह मानना उपयुक्त होगा कि सेठ थाहरूशाहजी का जीवनकाल १८ वीं शताब्दी तक तो रहा ही होगा ।

अन्य प्राप्त जानकारियों के अनुसार जं० यु० प्र० भट्टारक दादा साहब श्री **जिनचन्द्रसूरि** जी के आलेख, सेठ थाहरूशाहजी की अकबर से भेंट, श्री जिनराजसूरि द्वारा प्रतिष्ठाओं के आलेख, श्री महोपाध्याय श्री समयसुंदरजी के काव्यों में थाहरूशाहजी के वर्णन आदि प्रसंगों से यह मान्यता पुष्ट होती है कि सेठ श्री थाहरूशाहजी १७ वीं शताब्दी के सुप्रसिद्ध श्रावक एवं प्रतिष्ठित व्यवसायी थे ।

व्यवसाय

सेठ थाहरूशाहजी घी के व्यापार में संलग्न रहे । उनके लक्ष्मीपति बनने के विषय में यति **श्रीपालजी** ने अपनी पुस्तक 'जैन सम्प्रदाय शिक्षा' में एक कथा दी है, जिसके अनुसार-

एक बार एक स्त्री (रूपसिया गाँव से) घी बेचने के लिए थाहरूशाहजी के पास आई। राह में उसने एक हरी बेल को उखाड़ कर उसकी इंढोणी (ईडरी) बनाई । इस इंढोणी पर घी की हांडी रखकर वह थाहरूशाहजी के दुकान आई । थाहरूशाह ने उससे घी खरीद लिया। दुकान पर भीड़ होने के कारण उस स्त्री ने थाहरूशाह से घी के पैसे तो लिये और 'हांडी बाद में खाली हो जाने पर ले जाउंगी ।' ऐसा कहकर वह चली गई । बाद में भीड़ मिट जाने पर उस हांडी में से थाहरूशाह घी निकालने लगे । जब घी निकालते बहुत देर हो गई और उस हांडी से घी निकलता चला गया तब थाहरूशाह को संदेह हुआ । उन्होंने सोचा इस हांडी में से इतना घी कैसे निकलता जा रहा है । जब इंढोणी पर से हांडी हटा कर देखा तो हांडी में घी दिखाई नहीं दिया । यह स्पष्ट हो गया कि यह प्रभाव इंढोणी का है । कई वर्षों तक यह इंढोणी **थाहरूशाह** के पास रही क्योंकि वह स्त्री वापिस हांडी लेने कभी नहीं आई । इंढोणी के प्रभाव से थाहरूशाह लक्ष्मीपुत्र बन गये । वस्तुतः यह इंढोणी **चित्राबेल** की बनी थी ।

थार रेगिस्तान की कथा

जनश्रुति है कि, सेठ थाहरूशाहजी की बढ़ती समृद्धि से जैसलमेर महारावल **कल्याण** अत्यन्त प्रसन्न थे। अनेक जनहित के कार्य सम्पन्न हो रहे थे । राज्य के कोष में कर की आय में अभिवृद्धि हो रही थी । थाहरूशाहजी की सम्पन्नता का रहस्य ज्ञात किया । महारावल को सावधान किया गया कि थाहरूशाह की बढ़ती शक्ति उनके लिये हानिकारक हो सकती है, जब कि यदि **चित्राबेल** को महारावल प्राप्त कर लें तो वे अपने राज्य एवं शक्तिमें बढ़ोतरी कर सकते है । थाहरूशाहजी को जब महारावल की दुष्कामना की सूचना हुई तो उन्होंने **चित्रा बेल** की इंढोणी को ले जाकर रेत में दबा दिया । फलतः जैसलमेर के इर्द-गिर्द रेत की अभिवृद्धि हुई । मरूभूमि का विस्तार बढ़ गया । तब से यह मरूस्थल थाहरूशाहजी के नाम पर **थार रेगिस्तान** कहलाने लगा ।

थाहरूशाहजी द्वारा जैसलमेर दुर्ग के परकोटे का निर्माण

जैसलमेर-दुर्ग के वर्तमान में **लक्ष्मणविहारस्थित** श्री **पार्श्वनाथ** भगवान के मंदिर एवं श्री **अष्टापदजी** के मंदिर के बीच एक पुल निर्मित है । इसी पुल के नीचे से जैसलमेर महारावल की सवारी निकला करती थी ।

जैन धर्मानुयायियों के बढ़ते प्रभाव से चिंतित जैनेतर वर्ग के लोगों ने महारावल **मनोहर दास** को उकसाना चाहा और कहा कि - 'अन्नदाता ! सुबह सुबह आपको जैन नारियों के घाघरे के नीचे से अपनी सवारी निकालनी होती है जो कि आपकी गरिमा के प्रतिकूल है।'

महारावल ने आवेश में आकर जैन समाज से यह पुल गिराने को कहा । इस पर थाहरूशाहजी ने कहा 'अन्नदाता ! यह पुल तो पूजा अर्चना करने वाले नर-नारियों की सुविधा के लिये बना है अतः उसे तुड़वाना हमारी धार्मिक भावना को ठेस पहुँचाना होगा । अतः इसके एवज में जो सेवा आप कहें वह हम कर देंगे । वैसे भी दुर्ग की सुरक्षा के लिये कोई परकोटा नहीं है; सो आपका आदेश हो तो बनवा दिया जाये ।' महारावल इस सौदे पर राजी हो गये, सोचा कि परकोटा बनने के बाद पुल गिराया जा सकता है ।

थाहरूशाहजी ने **दुर्ग के परकोटे** का निर्माण करवा दिया । ९९ बुर्जो से युक्त दोहरी दीवार वाले इस दुर्भेद्य परकोटे का आकार घाघरे के घेरे की तरह गोल घुमता हुआ बनवाया गया । महारावल को यह अहसास कराया गया कि पूरे दुर्ग को ही जब घाघरे में घेर रखा

है तो अब पुल के नीचे सवारी निकालने में बाधा ही क्या है ?

महारावल को अपनी भूल का अहसास हुआ । उन्होंने सेठ थाहरूशाहजी को दुर्ग के परकोटे का निर्माण कराने के महद कार्य को सम्पन्न करने के उपलक्ष में उन्हें **काछबा** (कच्छवाहा) की उपाधि प्रदान की । तब से उनके वंशज काछबा कहलाने लगे । उनके मोहल्ले का नाम आज भी **काछबा पाड़ा** है ।

कहते हैं कि दुर्ग के **घाघरानुमा** परकोटे के निर्माण के पश्चात् स्थानीय ब्राह्मणसमाज ने दुर्ग में आना जाना यह कह कर बन्द कर दिया कि **पार्श्वनाथजी** के घाघरे में हम नहीं आयेंगे । तब जैन समाज ने धार्मिक समन्वय का अनूठा उदाहरण प्रस्तुत करते हुए **लक्ष्मीनाथजी** की प्रतिमा को दोनों मंदिर के बीच में सेतु पर स्थापित किया । तब से ब्राह्मण समाज ने अपना आवागमन पुनः प्रारम्भ किया । इस सम्बन्धित शिलालेख **शान्तिनाथजी** के मंदिर पर उपलब्ध है ।

थाहरूशाह जी की बादशाह अकबर से भेंट

सेठ श्री थाहरूशाह भंसाली की ख्याति सूर्य की किरण की भांति दसों दिशाओं में फैलने लगी । बादशाह **अकबर** ने उन्हें **दिल्ली** बुलवाया । श्रेष्ठिवर्य ने उस समय बादशाह को नौ हाथी, पाँच सौ घोड़े व स्वर्ण मुद्राऐं भेंट की । प्रसन्न हो बादशाह ने उन्हें **'रायजादा'** का खिताब दिया । तब से उनके वंशज **राय भंसाली** कहलाने लगे ।

लौद्रवपुर पाटन

वर्तमान जैसलमेर से १० मील पश्चिम स्थित **लौद्रवपुर लौद्र** जाति के **परमार राजपूतों** की **राजधानी** थी । लौद्र परमारों की राज्यस्थली होने के कारण इसका नामकरण **लौद्रवपुर** हुआ । स्थानीय जन इसे अपभ्रंश रूप लुधरवा, अथवा लुद्रवा नाम से पुकारते हैं । लौद्रवपुर के दुर्ग के बारह प्रवेश द्वार थे । इसके अंतिम लौद्र शासक **नृपभानु** को **भाटी देवराज** ने सं० ९०० के लगभग पराजित कर उस क्षेत्र पर अपना अधिकार स्थापित किया व लौद्रवपुर को अपनी राजधानी घोषित किया । लौद्रवपुरविजय के संदर्भ में श्री **नैनसी** मेहता ने लिखा है कि '**नृपभानु** (जसभाण) की पुत्री से भाटी देवराज का विवाह होना था । विवाह के बहाने भाटी देवराज सैनिकों की ही बारात बनाकर लौद्रवपुर पहुँचा तो लौद्र शासक को षड्यन्त्र का आभास हुआ । अतः उसने दुल्हे भाटी देवराज सहित मात्र सौ बारातियों को ही दुर्ग में प्रवेश की शर्त रखी । चतुर चालाक देवराज ने शर्त मानकर १२ दुल्हों व हर दुल्हे के साथ १०० बारातियों के रूप में सौ सैनिकों को दुर्ग के सभी १२ प्रवेश द्वारों से एक साथ प्रवेश करवा कर धोखे से दुर्ग पर अधिकार कर लिया ।

इन्हीं भाटी देवराज के वंश में राजा **सगर** हुए । उनके पुत्र **श्रीधर** व **राजधर** ने आचार्य **जिनेश्वरसूरि** के सान्निध्य में प्राचीन **पार्श्वनाथ** मंदिर की प्रतिष्ठा करवाई । कालान्तर में रावल **भोजदेव** के राज्यकाल में जब उनके चाचा (बड़े पिता) रावल **जैसल** ने **मोहम्मद गोरी** की सहायता से लौद्रवा पर आक्रमण कर अधिकार जमाया तब यह प्राचीन जैन **पार्श्वनाथजी** का मंदिर क्षतिग्रस्त हुआ । तत्कालीन जैन समाज ने सुरक्षा की दृष्टि से उस समय निर्माणाधीन जैसलमेर-दुर्ग में ले जाकर इस प्राचीन **बालू रेत** की बनी प्रभु **पार्श्वनाथ** की चमत्कारीक प्रतिमा को दुर्ग स्थित लक्ष्मण-विहार में भव्य मंदिर बनवाकर प्रतिष्ठित किया । लौद्रवपुर-स्थित इस प्राचीन **पार्श्वनाथ** मंदिर का जीर्णोद्धार सेठ थाहरूशाहजी ने करवाया, किन्तु अपनी दूरदर्शिता का प्रदर्शन करते हुए उन्होंने इसे जीर्णोद्धार की संज्ञा दी । इस प्रकार मंदिर की प्राचीनता का आभास अक्षुण्ण रहा तथा इस धार्मिक मान्यता का सबल उदाहरण प्रस्तुत हुआ कि नूतन मंदिर के निर्माण से आठ गुणा लाभ प्राचीन मंदिर के जीर्णोद्धार में है ।

श्री **समयसुंदर** उपाध्याय ने अपने प्रसिद्ध शत्रुंजयरास में लिखा है कि -

शत्रुंजय उपरि देहरउ, नवउ नीपावई कोय ।
जीर्णोद्धार करावतां, आठ गुणउ फल होय ।।

श्री सहस्त्रफणा चिंतामणी पार्श्वनाथ मंदिर के जीर्णोद्धार से सम्बन्धित कुछ घटनाए यहाँ दर्ज हैं -

लौद्रवा में, इस भव्य मंदिर के निर्माण के अन्तर्गत जब नीवें खोदी जा रही थी तब इस निर्माण के लिये नियुक्त सोमपुरा सेठ थाहरूशाहजी के पास आया । थाहरूशाहजी की पेढ़ी चढ़ने से पूर्व उसने देखा कि सेठ साहब जमीन पर गिरे एक बूंद घी को अपनी अंगुली पर लेकर जूती पर रगड़ रहे है । उन्होंने विचार किया कि जो व्यक्ति इतना कंजूस है कि एक बूंद घी भी नहीं छोड़ता, वह मंदिर का निर्माण क्या करायेगा ? अतः उसने सेठजी से निवेदन किया कि अगले दिन मंदिरजी के खाद मुहूर्त के लिये घी चाहियेगा । सेठ थाहरूशाहजी सोमपुरा के मंतव्य को समझ गये । उन्होंने अगले दिन बैलगाड़ी भर के घी के घड़े भिजवा दिये । सोमपुरा आश्चर्यचकित हुआ । उसने सेठजी से अपनी द्विविधा का निवारण चाहा । सेठजी ने कहा - 'वह जो एक बूंद घी नीचे गिरा था, उसे यदि वहीं छोड़ देता तो उससे सैंकड़ों चीटियां आती जो कि किसी के पाँव से कुचल दी जाती और हिंसा घटित होती, और जब उसे जूती पर रगड़ दिया तो उससे चमड़े की उम्र भी बढ़ गई और हिंसा भी बच

गई ।' इस प्रकार इस छोटी सी बात में छुपा गहरा रहस्य उद्घाटित हुआ व सेठ साहब ने अपने धर्म-विवेक का परिचय दिया । कहा जाता है कि लौद्रवा पार्श्वनाथ मंदिर की नींवे घी से सिंचित है ।

मंदिर में विराजित मूलनायक सहस्रफणा **पार्श्वनाथ**जी की प्रतिमा के विषय में कहा जाता है कि -

'जब लौद्रवपुर में मंदिर जी का निर्माण कार्य सम्पन्न होने लगा तब थाहरूशाहजी को चिंता हुई कि प्रतिमाजी तो अब तक आई नहीं है । थाहरूशाहजी उत्तम प्रतिमा की खोज में थे कि एक दिन पाटण से दो शिल्पकार प्रभु की सहस्रफणी प्रतिमायें लेकर रथ पर निकले थे । सेठ थाहरूशाहजी ने **कसौटी पत्थर** की बनी उन दो प्रतिमाओं में से एक को **रथ सहित स्वर्ण** से बराबर तोल कर ले ली । एक प्रतिमा उनकी धर्म पत्नी कनकारे सेठानी ने द्विगुणित स्वर्ण से तोलकर लेने का विचार किया । परन्तु लोकापवाद को दृष्टिगत कर, कि लोग यह न समझ बैठें कि सेठजी से सेठानीजी आगे निकल गई हैं, उन्होंने वह प्रतिमा स्वर्ण के बराबर तोलकर ले ली । ये दोनों प्रतिमाएं दिखने में एक समान हैं कहते हैं कि वे दोनों शिल्पकार पिता-पुत्र थे ।'

लौद्रवपुर का पार्श्वनाथ जैन-मंदिर नलिनी विमान के आकार का अष्टभुजीय बना हुआ है। प्रवेश पर बना विशालकाय पैंतीस फुट लम्बा तोरण द्वार देखते ही बनता है । द्वार के अंग में इतनी बारीक शिल्पकारी की हुई है कि समग्रता में मानो मंदिर का ही रूप दिखाई पड़ता है । श्रेष्ठिवर्य श्री थाहरूशाहजी ने संवत् **१६९७** में मूल मंदिर के चारों दिशा में चार नूतन जिनालय की प्रतिष्ठा आचार्य श्री **जिनराजसूरी** की निश्रा में करवाई ।

थाहरूशाह जी ने लौद्रवा से पालीताणा छः री पालित संघ निकाला

लौद्रवा में पार्श्वनाथजी के मूल मंदिर के निर्माण के पश्चात् सं० **१६८२** की जेठ बदी १० शुक्रवार के दिन खरतरगच्छ के आचार्य **जिनराज**सूरि के नेतृत्व में लौद्रवपुर से **शत्रुञ्जय** का छः री पालित संघ निकाला । वहाँ २४ तीर्थंकरों व पुण्डरीक आदि उनके **१४५२ गणधरों** के चरण युगलों की स्थापना का अपूर्व कार्य संपन्न किया, जिसका शिलालेख पालीताणा के खरतरवसही में मिलता है, जो कि यथा स्वरूप नीचे दिया है -

।। ॐ नमः श्री मारूदेवादि वर्द्धमानांत तीर्थंकराणां श्रीपुंडरीकाद्य गौतम स्वामीपर्य्यंतेभ्यो गणधरेभ्यः सभ्यजनैः पूज्यमानेभ्यः सेव्यमानेभ्यश्च । संवत् १६८२ ज्येष्ठ वदि १० शुक्रे श्रीजेसलमेरू वास्तव्योपकेशवंशीय भांडशालिके सुश्रावक कर्त्तव्यता प्रवीण धुरीण साश्रीमल्ल भार्या **चापलदे** पुत्र पवित्र चरित्र लौद्रवापत्तन कारित जीर्णोद्धार विहार मंडन श्री चिंतामणी नाम पार्श्वनाथाभिराम प्रतिष्ठा विधायक प्रतिष्ठा समयाई सुवर्णलंभनिप्रदायक संघनायक करणीय देवगुरुसाधर्म्मिक वात्सल्य विधान प्रभासित सित सम्यक्त्वशुद्धि प्रसिद्ध सप्तक्षेत्रव्ययविहित श्री शत्रुंजयसंघलब्धसंघाधिपतितिलक से थाहडूनामको द्विपंचाशदुत्तर चतुर्दशशत १४५२ गणधराणां श्री पुंडरीकादि गौतमानानां पादुका स्थानमजात पूर्वमचीकरत् स्वपुत्र हरराज मेघराज सहितः समेधमान पुण्योदयाय प्रतिष्ठितं च श्री बृहत् खरतरगच्छाधिराज श्री **जिनराजसूरि**राजैः पूज्यमानं चिरं नंदतात्। (एपिग्राफिया इंडिया द्वितीय खंड नं० २६ से)

सेठ थाहरूशाहजी के इस भव्य छः री पालित संघ के आयोजन की प्रशंसा करते हुए **समयसुन्दरजी** महाराज ने अपने सुप्रसिद्ध शत्रुञ्जय रास में लिखा है -

'भणसाली **थिरू** अति भलो ए, दयावनत दातार । से ।।
सेत्रुञ्ज संघ करानीउ ए, जैसलमेर मझार ।।से।।'

उपसंहार

रायजायदा सेठ श्री थाहरूशाह भंसाली का जीवन जैन श्रावक वर्ग के लिये ही नहीं अपितु समस्त मानव समाज के लिये एक अनुकरणीय उदाहरण है । यहाँ एक और थाहरूशाहजी ने धनाढ्य होने के नाते मंदिर, उपाश्रय का निर्माण करवाया, जनकल्याण के कार्य सम्पन्न करवाये वहीं जैन श्रावक के मौलिक गुणों का परिचय देते हुए उन्होंने सामायिक, प्रतिक्रमण, पौषध, उपवास आदि अनेक तप किये । सं० १६५१ से १६८४ में बीच उन्होंने अनेक ग्रंथ लिपिबद्ध किये व करवाये । अनेक मूल्यवान ग्रंथों की हस्तलिखित प्रतियों के अन्त में **'थाहरू साहे संशोधितम्'** उल्लेख मिलता है । अध्यात्मरस निमग्न ज्ञानयोगी स्व० श्री **जौहरीमलजी** पारख का यह मत था कि तत्कालीन सभी हस्तलिखित ग्रंथों के अवलोकन के बाद यह कहा जा सकता है कि सेठ थाहरूशाहजी की **हस्तलिपि** अत्यन्त सुन्दर थी ।

महोपाध्याय श्री **समयसुन्दर**जी म० से सेठ श्री **थाहरूशाह**जी के निकट सम्बन्ध रहे । समयसुन्दरजीने अनेक स्तोत्रों में थाहरूशाहजी की प्रशंसा की है ।

श्री लौद्रवपुर सहस्रफणा पार्श्वनाथ स्तवन में वे कहते हैं कि —
सीहमल नई सुत थाहरूसाह, धरम धुरंधर अधि उच्छाहा
जीर्णउद्धार रायो जास, सहसफणा चिंतामणी पास ।।४।।

जैन सिद्धान्तों के अपने ग्रंथ; समाचारीशतकम् की लेख प्रशस्ति में समयसुन्दरजी ने थाहरूशाहजी के परिवार की प्रशस्ति प्रकाशित की है व उसमें सेठसाहब की भूरि भूरि प्रशंसा करते हुए

वे लिखते हैं कि -

काछबा सेठ श्री थाहरूशाह १७ वीं शताब्दी में जैसलमेर राज्य के सशक्त श्रेष्ठि हुए वे अत्यन्त लोकप्रिय एवं जैन समाज के प्रमुख श्रावक थे । (यहाँ 'जैसलमेर जुहारीये' स्मारिका से उद्धृत थाहरुशाहजीका जीवन चरित्र समाप्त हुआ)

अब मूल बात पर आते है —

सं. २०१८ में जैसलमेर लौद्रवपुर पार्श्वनाथ श्वेतांबर जैन ट्रस्टकी स्थापना होने के बाद सभी ग्रंथभंडार ट्रस्टको समर्पित कर दिये गये है और वे सभी ग्रंथभंडार उपर किलेमें रखे गये हैं । सिर्फ तपागच्छका भंडार नीचे जैसलमेर शहरमें तपागच्छके **सुपार्श्वनाथ** जैन मंदिर के उपाश्रयमें रखा गया है । सभी ताडपत्रीय ग्रंथ भी उपर किलेके जिनभद्रसूरि ग्रंथभंडारमें ही रखे हुए हैं । सिर्फ तपागच्छके ताडपत्रीय सात ग्रंथ शहरमें तपागच्छके मंदीर के उपाश्रय में रखे हैं ।

आज से लगभग ८० साल पूर्व **सी.डी. दलाल**ने (चीमनलाल डाह्याभाई दलाल) ईसवी सन १९१६ विक्रम संवत् १९७३ में कई महिनों तक जैसलमेरमें रहकर भंडारके मुख्य मुख्य ग्रंथोंकी सूचि तैयार की थी । वह विक्रम संवत् १९७९ (इसवी सन् १९२३) में गायकवाड ओरियेंटल सीरीज में प्रकाशित हुई थी । उसमें लिखित अंग्रेजी प्रस्तावना एवं विद्वान पंडित **लालचंदभाई भगवानदास गांधी**ने संस्कृतमें प्रस्तावना लिखी है उसमें जो इस भंडारके बारेमें संस्कृतमें लिखा है वह अक्षरशः यहाँ दिया जाता है । और सी.डी. दलालके सूचीपत्रमें जैसलमेर लौद्रवा के भव्य मंदिरोंमें स्थित प्रतिमाजी के लेख दिये गये है वे भी यहाँ दीये हैं और लौद्रवा पार्श्वनाथ मंदिरके गभारेमें प्रवेश करतेही दायीं ओर पथ्थरकी दीवारमें एक बडा शतदल कमलाकार शिलालेख है वह भी यहाँ दीया जाता है ।

इन शिलालेखोंको सी.डी. दलालने कैसे पढे होंगे यह सोचकर ही हमें बहुत बहुत अचरिज हो रहा है । पत्थरकी दीवारमें कमलबंध लेखको पढना अत्यंत अत्यंत दुष्कर कार्य है ।

सी.डी. दलाल के सूचिपत्रसे उद्घृत करके निम्नलिखित बातें यहाँ दी जाती है ।

(१) PREFACE अंग्रेजी प्रस्तावना ।

(२) लालचंद भगवानदास गांधी द्वारा लिखित 'संस्कृत प्रस्तावना' ।

(३) जैसलमेर लौद्रवा आदि मंदिरों के शिलालेख ।

(४) लौद्रवा-पार्श्वनाथ के गभारे के बाहर ही स्थित शतदल कमलस्थ शिलालेख ।

*English Preface from C. D. Dalal's Jaisalmer Catalogue**

PREFACE

The Jain Bhandars in Jesalmere have long been famous throughout India. They appear, however, to have escaped the notice of Western scholars until Colonel James Tod drew attention to their importance. In *Travels in Western India* (1829), a delightful work which deals largely with the sacred places of the Jains and which deserves to be reprinted, he remarks :-

"Until we have some insight into the subterranean 'bindar' of Anhulwarra, and a more extended knolwedge of the Oswals of Jessulmer, with access to its library, which is equally numerous and probably more select than that of Pattun; above all, until we have formed some acquaintance with the dignitaries of the Jain sect and their learned librarians, we are not in a condition to appreciate the intellectual riches of the Jains, and can only pity the overweening vanity which has promited the assertion that the Hindus possess no historical records, and which seeks to quench the spirit of enquiry by proclaiming such research a vain labour."

The first Europeans to have examined these bhandars were Dr. Buhler and Dr. Jacobi. In a short letter to the 'Indian Antiquary Dr. Buhler says :-

"I have succeeded in seeing a portion of the famous Bhandar of the Osval Jains of this town, and have obtained already results which repay me for the tedious journey, and the not less tedious stay in this country of sand, bad water and guinea worms. A large portion of the Bhandar consists of palmleaf Mss. dated from circa 1140 to 1340 A. D. We have worked six days in the Bhandar and have not yet done.... The Panch of the Osval, to whom the great Bhandar belongs, is very tough, and requires frequent admonitions from the Rawal, but I believe finally we shall see everything."

* "A Catlogue of Manuscripts in the Jain Bhandars at Jesalmer" edited by C. D. Dalal, Published by Gaekwad's Oriental Series, Central Library, Baroda. A.D. 1923.

Dr. Buhler was under the impression that he had seen all the contents of all the bhandars. As a matter of fact, he inspected only a small portion of one, viz, the Bada (Big) Bhandar, the contents of which he estimates as about 400 or so, whereas even Professor S.R. Bhandarkar knew of 2,200 works in the Big Bhandar. In a letter written in Bikanir to the Berlin Academy,[1] and dated Februrary 14th 1874, only fourteen days after his communication to the Indian Antiquary, Dr. Buhler remarks :-

"In Jessalmir, which was founded about the middle of the twelfth century...there is a large colony of Jains...A temple was built under the pontificate of Jina Bhadrasuri, to which were gradually added six other temples. Through this temple and the wealth of the Jain community....Jessalmir has obtained a high fame as one of the principal seats of the Jain faith. Especially, however, is the renown of the Bhandar everywhere celebrated, which according to the statements of the Gujaratis, surpasses all similar Bhandars in the world. It was therefore one of the chief objcts of my journey to obtain admittance to this Bhandar, and to make its contents accessible to science. After some trouble I succeeded in solving the mystery, and it turns out that the magnitude of the Bhandar has been very much exaggerated, but its contents are nevertheless of great value."

About thirty years after Dr. Buhler's visit, he was followed by Professor Shridhar R. Bhandarkar, who has given us the result of his labours in the "Report of a second tour in search of manuscripts in Rajputana and Central India in 1904-5 and 1905-6", published in 1909. Professor Bhandarkar's Report is very interesting and important one. However, it is somewhat unfortunate that he placed so much reliance on a catalogue of Jesalmere manuscripts compiled by one of the Conference pandits, and has thereby occasionally been led into error, for, as the Conference itself confessed in its "Granthavali," the catlogue was a very faulty and imperfect piece of work. In the present Catalogue an attempt has been made to rectify these errors.

The "Descriptive Catalogue" now offered to the public is believed to be pretty exhaustive, and to mention all the important palm leaf and paper manuscripts in Jesalmere. It is the work of a scholarly young Jain, the late Mr. C.D.Dalal, Sanskrit Librarain, Baroda Central Library. Mr. Dalal was well equipped for his arduous task. He was held in high esteem by the learned of his community, and had been touring in Western India, doing similar research work in the Jain bhandars of Pattan, Baroda, Camaby, Ahmedabad, Channi and elsewhere. Moreover, for some years he had been engaged in handling, collating and cataloguing the manuscript collection of the Baroda Central Library.

During his visit to Jesalmere in 1916 he carefully examined all the contents of the Big Bhandar and of three other bhandars. Acknowledgement is due to the Agent-General for Rajputana, the Residents at Bikanir and Jesalmere, the Jesalmere Darbar and the Panches and Yatis of that city, for assistance given to him during his visit.

During a brief space of three years this brilliant young scholar found time to edit wholly or in part no less than fourteen works in the Gaekwad's Oriental Series, only one half of which, however, had been published at his death. It is feared that his incessant labours seriously weakened his health, never very robust, and indirectly shortened his life.

It is unfortunate that he never found time to prepare the press copy of this Catalogue. At his death in October 1918 only rough and undigested notes were available, a portion being in pencil which had somewhat faded. However, every effort has been made by the compiler to make the List as complete and correct as possible, and he alone is responsible for the Sanskrit Preface, Introduction and Appendices.

A Descriptive catalogue of the Jain Bhandars of Patan, together with Mr. Dalal's report on his work in that town, is in hand, and will appear in due course in the Gaekwad's Oriental Series.

N.M.D.

(सी.डी.दलाल के सूचीपत्र से उद्धृत श्री लालचंद भगवानदास गांधी लिखित)[१]

संस्कृत प्रस्तावना

प्रत्नपुस्तकरत्नान्वेषिणः प्राज्ञवतंसाः !

प्रमोदं प्राप्नुवन्तु प्रतिभावन्तो भवन्तोऽद्याद्ययावदप्रकाशितरहस्यस्य प्रचुरप्रयासेनाप्यप्राप्यदर्शनस्य गुप्तिगुप्तजीर्णविशीर्णलुप्तावशिष्टस्य जेसलमेरुदुर्गस्थजैनभाण्डागारीयदुष्प्रापग्रन्थरत्नस ङ्ग्रहस्य प्रारम्भप्रान्तोल्लेखाद्युपेतसूचिपत्रसमीक्षणेन ।

प्रत्यक्षीकृत्य चैतत् समर्पयन्तु सहस्रशो धन्यवादान् विद्याविलासिने साहित्यसागरसमुल्लासनचन्द्राय महाराजाय श्रीमते सरकारसयाजीरावगायकवाडमहोदयाय; यत्प्रसादप्राग्भाराद् भारतवर्षेऽद्वितीयस्य पाश्चात्यैरैतद्देशीयैश्च प्रभूतैः प्राज्ञपुङ्गवैश्चिरादहमहमिकया दिदृक्षितस्याद्दृष्टाज्ञाताश्रुतपूर्वप्राचीनपुस्तकरत्नानामागारस्यापि रहस्यमेतदात्मसात् कर्तुं सम्प्राप्तोऽयं शुभोऽवसरः ।

प्रसिद्ध्यर्थं सत्वरमभिलषितस्याप्यस्य विलम्बेऽवारितप्रसरोऽतर्कितोऽनिष्टनिघ्न एव कारणम् । श्रीमतां महाराजानां समाज्ञया येन साहित्यसमुपासकेन दुर्गममपि जेसलमेरुदुर्गं गत्वा १९१६ तमख्रिस्ताब्दस्य नवममासादेतत्सूचिसङ्कलनकार्यं प्रारभ्य सततप्रयासेन तस्यैव वर्षस्य द्वादशमे मासि पूर्णमकारि; हन्त ! एम्. ए. इत्युपाधिविभूषितः साक्षररत्नं स डाह्याभाईतनुज चीमनलालदलालमहाशयोऽघटितघटनाघटकस्य दुर्विधेर्वशादेतदसज्ञमेवानाधारमिव मुक्त्वा १९१८ तमख्रिस्ताब्दस्य दशमे मासि दिवं गतवान् ।

यशःशेष एव दलालमहाशयो यद्यप्येतत्सूचिसङ्कलनानन्तरं पादोनवर्षद्वयं यावत् स्वजीवनमधारयत्, तथाप्यन्यान्यकार्यव्यापृततयाऽन्त्यावस्थायां प्रकृतेरस्वास्थ्यादिना चैतद्विषयकं किमपि विशिष्टं निवेदनं नोल्लिलेख, न च मुद्रायन्त्रार्हां शुद्धां प्रतिकृतिं कर्तुं कारयितुं वा प्राभवत् । स्वस्मृतियोग्यो य उल्लेखो यथाकथञ्चिदनेन तत्र त्वरयाऽकारि, तस्यापूर्णरूपा कतिचित्पत्रविरहिता चैका प्रतिकृतिस्तत्स्वर्गमनाद् वर्षद्वये व्यतीते जातायां मन्त्रियोजनायां मयाऽवालोकि । अव्यवस्थितायां च तस्यां प्रतिकृतौ प्रथमतोऽप्यस्पष्टरूपाणि तदक्षराणि विशेषतो दुर्बोधान्यतिकृच्छ्रेण वाच्यान्यभवन् । ज्ञातपरिस्थितिरहं तद्भाण्डागारस्य स्वयं समीक्षणमकृत्वाऽस्य प्रकाशनं दुष्करं प्रचुरपरिश्रमेण विलम्बेन च साध्यमज्ञासिषम्, किन्तु तद्भाण्डागारस्य दर्शनं ततोऽपि दुर्घटं व्यचारयम्; ततः एम्. ए. एल्.एल्.बी. पदाङ्कितस्याचिरादमरालयमुपेयुषः जे. एस. कुडालकर (क्युरेटर ओफ स्टेटलाईब्रेरीझ) महाशयस्य प्रेरणया पूर्वोक्तप्रतिकृत्येतस्ततो यत्किञ्चित्प्राप्तान्यसामग्र्या च प्रस्तुतकार्ये प्रायतिषि ।

हंसविजयसमभिख्येन जैनमुनिना वि. सं. १९५० वर्षे (१८९४ ख्रिस्ताब्दे) जेलसमेरुदुर्गे चातुर्मासस्थितिरक्रियत, तदा तेन मुनिवर्येणैतद्भाण्डागारस्यैका सूचिः सङ्कलिताऽऽसीत्, कतिपयादर्शपुस्तकानां प्रतिकृतयश्चाकार्यन्त । गवेषिताऽपि सा सूची न लब्धा, तथापि तस्य मुनिवर्यस्यात्रत्यजैनज्ञानमन्दिरस्थाः काश्चन पूर्वोक्ताः प्रतिकृतीर्व्यलोकयम् ।

जैनश्वेताम्बरकोन्फरन्ससंज्ञकसंस्थया १९०४-५ ख्रिस्ताब्दे हीरालाल हंसराज इत्याह्वं जैनपण्डितं प्रेष्यास्य बृहद्भाण्डागारस्य शतद्वयाधिकसहस्रद्वयग्रन्थानां सूचिपत्रमकार्यत, यच्च तयैव संस्थया प्रकाशितायां जैनग्रन्थावल्यामविश्वसनीयत्वेन नैकवारं निरदेशि; तदित एव कालान्तरेणोपलब्धम् । दलालेन ( ) एतादृक्कोष्ठके क्वचिदस्य क्रमाङ्को दर्शितो दृष्टिगोचरीभवति । मुम्बापुरीराजकीयनिदेशात् प्रो. श्रीधरभाण्डारकरश्च तदैव (१९०४-५ ख्रिस्ताब्दे) जेलसमेरौ गतवान् । तद्यात्रासम्बन्धि भाण्डागारदर्शनविषयकं च स्वानुभूतं तेन महाशयेन १९०४-५,५-६ ख्रिस्तवर्षीये रीपोर्ट-नामकपुस्तके प्रकाशितम्, तदपराणि च प्रो. पिटर्सनादिकृतानि रिपोर्ट-क्योटलोगसंज्ञकानि पुस्तकानि मयाऽस्मिन् कार्ये ग्रन्थपरिचयादावुपयोजितानि, तानि तत्तत्स्थले संक्षिप्तसंज्ञया समसूच्यन्त; तत्सङ्केताभिज्ञानं त्वन्यत्राकारि ।

एतत्सूचिपत्रदर्शितानां भाण्डागाराणां स्थापन-संरक्षण-संवर्धनादिना विहितस्वपरोपकाराणां जैनाचार्य-मुनि-गृहस्थानामितिवृत्तप्रतिपादका जेसलमेरुदुर्गीयनृपाणां च सम्बद्धा दलालसङ्गृहीता ये केऽपि शिलालेखा मयेह दृष्टास्ते चात्र परिशिष्टे समुपवेशिताः । १,२,३,४,५,१३ परिशिष्टदर्शिता लेखा यद्यपि प्रो. श्रीधरभाण्डारकरेण स्वपुस्तके (रि० २, पृ० ९३-९७) दर्शितास्तथापि न ते परिपूर्णा यथास्थिताश्चेति सूक्ष्मदर्शिभिर्द्रक्ष्यते । १-२-३-५-६-१९-२०-२१-२२ परिशिष्टप्रदर्शिता लेखास्तु दलालेन यथाप्रतिच्छन्दं (Impression) सङ्गृहीता आसन् । तेषामन्येषां च लेखानां प्रतिकृतिं सावधानतयाऽतिपरिश्रमेणाकार्षम्, यथायुक्तं चैतान्यवेशयम्, एषामुपयुक्तता त्वग्रे प्रतिप्रसङ्गं प्रादर्शयम् ।

प्रो. श्रीधरभाण्डारकरेण स्वकीये पुस्तके (रि० २, पृ० १०) दशानां जेलसमेरुपुस्तकसङ्ग्रहाणां नामावल्युदलेखि । दलालेन तु निम्ननिर्दिष्टानां चतुर्णामेव जैनपुस्तकभाण्डागाराणां पुस्तकान्यत्र संसूचितानि; अन्येषां तु विशेषमहत्त्वरहितत्वादथवा श्री. भाण्डारकरेण तद्विषय उल्लिखितत्वादुपेक्षाऽक्रियतेति सम्भाव्यते ।

१. श्रीमान् सी.डी. दलाल संपादित गायकवाड ओरिएंटल सीरीझ, सेन्ट्रल लायब्ररी, बडोदरा द्वारा ईसवी सन् १९२३ में प्रकाशित 'जैसलमेर जैन भांडागारीयग्रन्थानां सूचीपत्रम्' से उद्धृत

(१)

बृहद्भाण्डागारः ।

अस्यैवात्र प्राधान्यम्, प्राचीनपुस्तकगवेषिणः साक्षरा अस्यैव दर्शनार्थं समुत्कण्ठन्ते । दुर्गमोऽपि स मरुदेशप्रदेश एतत्सौरभेणैवाकर्षति प्राज्ञमधुपान् । पूर्वं डो. बूल्हरमहाशयेन १८७४ तमे ख्रिस्ताब्देऽस्य दर्शनं व्यधायि, तदा तेन ततो नवतिवर्षप्राचीनाऽस्य द्वाविंशत्यधिकचतुःशतीपुस्तकानां संक्षिप्ता टिप्पनिका व्यलोकि, सं. ११६० वर्षीयं तालपत्रपुस्तकं च प्राचीनतमत्वेन प्राबोधि (GOWSH पृ. ११७) । तदनन्तरं १९०४-५, ख्रिस्ताब्दे ही. हं. जैनपण्डितेन स्वसूचिपत्रे, तदवलम्ब्य श्री. भाण्डारकरेण च निजे पुस्तके (रि० २, पृ० १४) ततोऽपि प्राचीनानि सं. ९२४,१००५,११२०,११२७,११३९,११४४,११५५ तमवर्षेषु लिखितानि तालपत्रपुस्तकानि सूचितानि । किन्त्वेषु केवलं सं. ११३९ वर्षीयं विहायान्यदेकमपि विश्वस्तवर्षसङ्ख्याकं न प्रतिभाति । एतत्सूचिपत्रानुसारेण तु ३-४-२७ पृष्ठेषु दर्शितानि सं. १११-(?), सं. ११३०, सं. ११३९ वर्षेषु लिखितानि क्रमेण भगवतीसूत्र-तिलकमञ्जरी-कुवलयमालाऽऽख्यानि पुस्तकानि प्राचीनतमानि प्रतिभान्ति । १५०(१) क्रमाङ्के दर्शितं सं. १११५ वर्षीयं तु शङ्कितं भाति ।

सर्वेष्वपि ताडपत्रेष्वर्वाचीनं सं. १४९३ वर्षे लिखितं सर्वसिद्धान्तविषमपदपर्यायसंज्ञकं पुस्तकमत्र विलोक्यते (पृ.२३) इत्यतः सं. १४५८ वर्षीयं कुमारपालप्रतिबोधनामकं ताडपत्रपुस्तकमुद्दिश्य तत्प्रस्तावकेन 'प्रायस्ताडपत्रात्मकेषु पुस्तकसमूहेषु इदं पुस्तकमपश्चिमं प्रतिभात्यस्माकम् । यतः, एतस्मात् पुस्तकादर्वाचीनं नान्यत् पुस्तकमस्माकं दृष्टिपथमायातं कर्णगोचरीभूतं वा कुत्रापि जैनग्रन्थागारे ।' (कु० प्रस्ता०) विहितोऽयमुल्लेखो निरस्तो भवति ।

जेसलमेरुस्थापना सं. १२१५ वर्षे जेसलनृपाज्ञातेति राजस्थानादीतिवृत्तवेदिनां प्रायः सुविदितमेव । ततोऽपि प्राचीनलेखनकालानि प्रभूतानि पुस्तकान्यत्र प्रेक्ष्यन्ते । येषु लेखनस्थलं निर्दिष्टं विलोक्यते, तेषु क्वापि जेसलमेरुनाम नोपलभ्यते; नवरं जेसलमेरुदुर्गे रचितानि त्रीणि पुस्तकान्यत्रावलोक्यन्ते । तेषु प्रथमं तावत् पूर्णभद्रगणिना सं. १२८५ वर्षे रचितं धन्य-शालिभद्रचरितं तालपत्रीयम्, द्वितीयं गुणसमृद्धिमहत्तरया सं. १४०७ वर्षे विरचितमञ्जणासुन्दरीचरियम्, तृतीयं तु पुण्यसागरोपाध्यायेन सं. १६४५ वर्षे विहिताया जम्बूद्वीपप्रज्ञप्तिवृत्तेः पुस्तकम् ।

खरतरगच्छीयजिनराजसूरिशिष्यस्य जिनभद्रसूरेरुपदेशात् स्तम्भतीर्थे परीक्षिगूजरपुत्रधरणादिसुश्रावकैः सं. १४८५ तमवर्षादारभ्य सं. १४९३ तमवर्षपर्यन्तं लेखितानां तालपत्रपुस्तकानामत्र भाण्डागारे प्राचुर्यं वर्तते । तेषामन्तिमो लेखः प्रायः सदृशोऽतः क्वचित् क्वचिद् दलालेनायं संक्षिप्तो दृश्यते (पृ.१८,१९,३३,३४,३६) । सं. १४९७ वर्षे जिनभद्रसूरिणा प्रतिष्ठितस्य सम्भवजिनालयस्यैकस्मिन् प्रदेशेऽयं भाण्डागारो वर्तते । अनेन सूरिवर्येण सम्भवजिनालयप्रतिष्ठायाः प्रागणहिल्लपाटकपुरादिषु विधिपक्ष(खरतरगच्छ) श्राद्धसङ्घेन ज्ञानरत्नकोशा अकार्यन्त (परि. ३) इत्यादिनाऽयमपि बृहद्भाण्डागारोऽस्यैव सूरिवर्यस्य सदुपदेशाद् वैक्रमवत्सरपञ्चदशशतकप्रान्ते स्थापितः सम्भाव्यते । स्तम्भतीर्थाणहिलपाटकादिस्थानेषु लेखितानि सङ्गृहीतानि च तालपत्रीयादिविविधपुस्तकानि तदानीं कुतोऽपि कारणवशात् तत्र नीतानि, पाश्चात्यैश्च तदनुयायिभिर्वृद्धिं नीतानीत्यनुमीयते । पुस्तकसंग्रहस्य तत्र नयने मुख्यं कारणं तु म्लेच्छनृपाणामाक्रमणरूपं तर्क्यते; यतोऽत्याचारिभिरनेकैस्तैर्नृपापसदैरसकृदत्याहितमिति जनप्रसिद्धम् । जेसलमेरुदुर्गस्तु बलवद्भिरपि म्लेच्छावनीपैर्दुर्ग्रह आसीत् (परि. ३, श्लो. ५) । जेसलमेरुस्थापनाया अनन्तरमचिरेणैव तत्र धनाढ्या जैनगृहस्था विशेषतश्च खरतरगच्छानुयायिनो न्यवसन्, यैस्तत्र जिनालयजिनपतिगुरुस्तूपाद्यपि चक्रे (दशश्रावकचरितप्रशस्तिः; प्रा. लेखसङ्ग्रहः २। ४४७) । जेसलमेरुपुरीयो लक्ष्मणनृपो जिनराजसूरिनिदेशात् सं. १४५९ वर्षे पार्श्वजिनालये जैनबिम्बस्थापयितुः सागरचन्द्रसूरेर्भक्त आसीत् (परि. १, श्लो. १४-२१) । यदीये राज्यकाल एव सं. १४७३ वर्षे जिनवर्धनसूरिणा लक्ष्मणविहाराख्यस्य पार्श्वजिनालयस्य शान्तिजिनालयस्य च प्रतिष्ठाऽकारि (परि. १-२) । अयं स एव जिनवर्धनसूरिर्यं सागरचन्द्रसूरिः सं. १४६१ वर्षे जिनराजसूरेः स्वर्गमनानन्तरं जिनराजसूरिपट्टे स्थापितवान् (ख.) । सप्तपदार्थीटीका-वाग्भटालङ्कारटीकाकर्त्रा च येन जिनवर्धनसूरिणा सं. १४६९ वर्षे प्रतिष्ठिता जिनराजसूरिमूर्तिरद्यापि देवकुलपाटके विद्यते । सागरचन्द्रसूरिर्व्यन्तरदर्श्यमानमस्य जिनवर्धनसूरेर्व्रतमालिन्यं विशङ्क्यामुं पश्चात् समुदायात् पृथक्कृत्य तत्स्थाने जिनभद्रसूरिं सं. १४७५ वर्षे प्रतिष्ठितवान्, यत्प्रभृति जिनवर्धनसूरितः पिप्पलखरतरशाखा निर्गता (ख.) । जेसलमेरौ पञ्चायतप्रासादप्रतिकृत् (परि. ४) लक्ष्मणनृपस्य पुत्रो वैरिसिंहनृपश्छत्रधर-त्र्यम्बकदासौ च नृपती जिनभद्रसूरेर्भक्ता आसन् (परि. ३) । तदानीन्तनास्तत्रत्या जैनगृहस्था राजमान्या गच्छपतिजिनभद्रसूरिं

प्रति श्रद्धावन्तश्चाभूवन्नित्याद्यपि परिशिष्टलेखदर्शनेन स्फुटमवगम्यते इत्यतः पुस्तकानां संरक्षणे तत् स्थानं निरुपद्रवं निरूप्य विचक्षणोऽयं जिनभद्रसूरिः[1] सारभूतं स्वपुस्तककलापं गुर्जरधरायास्तत्र नीतवानित्यनुमानं न निर्विचारम् । तथा च सप्तदशशताब्दीभवैर्गुणविनयगणि-समयसुन्दरादिभिरप्यस्य[2] सूरिवर्यस्य ज्ञानकोशलेखनदक्षत्व-भाण्डागारपोषकत्वादिगुणोऽस्मारि, जेसलमेरुस्थस्यास्य भाण्डागारस्यापि च स्मरणमकारि । स्थाने[3] स्थाने ज्ञानकोशान् कारयितुरस्य सूरिवर्यस्य जन्म सं. १४५० वर्षे, दीक्षा सं. १४६१ वर्षे, सूरिपदं सं. १४७५ वर्षे, स्वर्गमनं च सं. १५१४ (५) वर्षे समजनि । अनेन दीक्षा खरतरगच्छीयजिनराजसूरिपार्श्वे जगृहे । विद्याध्ययनं तु वाचकशीलचन्द्रगणिपार्श्वेऽकारि (ख.) । सूरिवर्यस्यास्य विद्वत्ता-सच्चरित्रता-जिनमन्दिर-जिनबिम्ब-ज्ञानकोशप्रतिष्ठाकृत्त्व-व्याख्यातृत्व-राजमान्यत्वादिगुणानां वर्णनमत्र (परि. ३) विहितमिति नेह पुनः प्रतन्यते । अनेन सूरिणा सूरिपदानन्तरं यावज्जीवं सं. १५१५ वर्षपर्यन्तं प्रतिष्ठितानि प्रभूतानि जैनबिम्बानि लेखितानि च पुस्तकानि यत्र तत्र प्रेक्षणपथपान्थीभवन्ति । सं. १५१८ वर्षे ऊकेशवंशीयेन केनचित् कारिताऽस्य सूरेः प्रतिमा नगरग्रामे जैनमन्दिरभूमिगृहे स्थापिता वर्तते (भावनगरप्राचीनशोधसङ्ग्रहभा० १, पृ.७१) । सं. १५२४ वर्षे जिनचन्द्रसूरेर्गच्छाधिपत्ये तदादेशात् कमलसंयमोपाध्यायेन प्रतिष्ठिते जिनभद्रसूरिपादुके वैभारगिरौ (राजगृहे) च विद्येते (जैनलेखसङ्ग्रहले. २५७) । येन कमलसंयमेन सं. १४७६ वर्षे जिनभद्रसूरिपार्श्वे दीक्षाऽग्राहि,[4] सं. १५४४ वर्षे[5] जेसलमेरुदुर्गे सर्वार्थसिद्धिसंज्ञिकोत्तराध्ययनसूत्रवृत्तिश्च विनिर्ममे । सं. १४८४ वर्षे[1] पत्तनस्थमेनं जिनभद्रसूरिं प्रति जयसागरोपाध्यायः सिन्धुदेशान्तर्गतमल्लिकवाहणपुराद् विद्वत्तापरिपूर्णां विज्ञप्तित्रिवेणिं प्रहितवान्, यस्मा उपाध्यायपदं जिनभद्रसूरिणा व्यतारि (पृ. ५७) । सं.[2] १४९५ वर्षे जयसागरोपाध्यायविहिता सन्देहदोलावलिवृत्तिश्चैतेन व्यशोधि,[3] स्वयं च जिनसप्ततिसंज्ञकं[4] प्रकरणं प्राणायि । सं. १४८७ वर्षे जेसलमेरौ जन्मभाक्, सं. १५३० वर्षे तत्रैव स्वर्गामी जिनचन्द्रसूरिरस्य पट्टधर आसीत् (ख.) सं. १५१८ वर्षे यत्प्रतिष्ठितानां तीर्थपट्टिकानां लेखा अत्र प्रोद्धृताः (परि० १४,१५,१६,१७,१८) । सं. १५१२-१९ वर्षे पुष्पमालावृत्ति, (पृ.५८)-चरित्रपञ्चकवृत्तिविधातुः साधुसोमगणिनो गुरुर्यासदीनसाहिसभायां वादिविजेता सिद्धान्तरुच्युपाध्यायोऽप्यस्य[5] जिनभद्रसूरेः शिष्य आसीत् । भावप्रभाचार्य-कीर्तिरत्नाचार्यादीनयं जिनभद्रसूरिः सूरिपदेऽस्थापयत् (ख.) । अष्टादश[6] विद्वांसोऽस्य शिष्या आसन् । सं. १५३६ वर्षे जेसलमेरुदुर्गे देवकर्णराज्येऽष्टापदप्रासादप्रतिष्ठाकारको जिनचन्द्रसूरेः शिष्यः (परि०५) जिनसमुद्रसूरिर्जिनभद्रसूरेः[7] प्रशिष्य आसीत् । परमहंससम्बोधचरित्रकारो नयरङ्गो जिनभद्रसूरेः सन्तानीयः (पृ. ५७) । महेश्वरकविः कविवरमण्डनचरिते, धनदश्च[8] निजनिर्मिते नीतिशतके स्वसमकालीनजिनभद्रसूरेर्गुणानवर्णयत् ।

एवं पुस्तकलेखन-सङ्ग्रहार्थमुपदिश्य भाण्डागारं बिभ्रता जिनभद्रसूरिमहाशयेन, तदुपदेशमनुसृत्य निजद्रव्यव्ययेन पुस्तकानि लेखयित्वा संगृह्य च समर्पयित्रा धरणाऽऽदिगृहस्थगणेन च साहित्यसमुपासकानां

---

१. श्रीज्ञानकोशलेखनदक्षा **जिनभद्रसूरयो** मुख्याः ।
तत्पट्टे सञ्जातास्ततोऽद्युतन् दिव्यगुणजाताः ।। - सम्बोधसप्ततिवृत्तिप्र.
अणहिल्लपत्तन-जेसलमेरुस्थितसमयकोशवीक्षायाः ।
समवसितगोप्यगम्भीरभावश्रुतनिकरसङ्घाराः ।। - विचाररत्नसङ्ग्रहः P.P. ३ । ३१०

२. श्रीमज्**जेसलमेरु**दुर्गनगरे **जावालपुर्यां** तथा श्रीमद्**देवगिरौ** तथा **अहिपुरे** श्रीपत्तने **पत्तने** ।
भाण्डागारमबीभरद् वरतरैर्नानाविधैः पुस्तकैः स श्रीमज्**जिनभद्रसूरि**सुगुरुर्भाग्याद्भुतोऽभूद् भुवि ।। -अष्टलक्षी P.P.४। ७२.

३. स्थाने स्थाने स्थापितसारज्ञानभाण्डागारश्री**जिनभद्रसूरि**- पत्तनीयवाडीपार्श्वनाथमन्दिरप्रशस्तिः (एपिग्राफिआ इण्डिका १।३७)
स्थाने स्थाने पुस्तकभाण्डागारस्थापकाः श्री**जिनभद्रसूरयः** - ख.

४. कीर्तिः श्री**जिनभद्रसूरि**सुगुरोः सिद्धान्तकन्दोद्भवा व्याख्यानालवती जनोन्नतिदला...... ।
विश्वद्रहव्या विसिनीव भव्यमधुपैः सौभाग्यसौगन्ध्यभाग् भाग्यादित्यमहोदयाद् विजयते नित्यप्रबुद्धाऽद्भुतम् ।।
षट्-सप्ताम्बुनिधि-क्षपाकरमिते संवत्सरे वैक्रमे तैरस्मि स्वकरेण मोहजलधिपोतं व्रतं ग्राहितः ।
शास्त्रं वा परमेष्ठिपञ्चकनमस्कारागमं पाठितो वात्सल्यं कथयामि वा कियदहं यत् प्रत्यहं तैः कृतम् ।। -उत्तरा. वृ.प्र.

५. अम्भोधि-वारिनिधि-बाण-शशाङ्कवर्षे श्री **उत्तराध्ययनवृत्तिमि**मां चकार ।
जेसलमेरौ दुर्गे विजयदशम्यां समर्थिता सेयम् । श्री**जिनभद्र**मुनीश्वरचरणस्मरणप्रसादेन ।।-उत्तरा.वृ.प्रशस्ति.

---

१. जलधि-वसु-भुवन-सङ्ख्ये वर्षे माघे सिताष्टमीदिवसे । रविसुतवारे रुचिरे समर्थितोऽयं महालेखः ।। -विज्ञप्तित्रिवेणिप्र.

२. विक्रमतः पञ्चनवत्यधिकचतुर्दशशतेषु वर्षेषु । ग्रथितेयं श्लोकैरिह पञ्चदश शतानि सार्धानि ।। -सन्देहदोलावलीवृत्तिः

३. जैनेन्द्रागमतत्त्ववेदिभिरभिप्रेतार्थकल्पद्रुभिः । सद्भिः श्री**जिनभद्रसूरि**भिरियं वृत्तिर्विशुद्धीकृता ।। -सन्देहदोलावलीवृत्तिः

४. गणहरसुहम्मवंसे कमेण जिणरायसूरिसीसेहिं । पयरणमिणं हियट्ठं रइयं **जिणभद्द**सूरीहिं ।। - जिनसप्ततिप्रकरणम्

५. श्री**खरतरगच्छे**श्रीमज्**जिनभद्रसूरि**शिष्याणाम् । **जीरापल्लीपार्श्व**प्रभुलब्धवरप्रसादानाम् ।।
श्री**ग्यासदीन**साहेर्महासभालब्धवादिविजयानाम् । श्री**सिद्धान्तरुचि**महोपाध्यायानां विनेयेन ।।
साधु**सोमगणीशे**नाक्लेशेनार्थप्रबोधिनी । श्री**वीरचरिते** चक्रे वृत्तिश्चित्तप्रमोदिनी ।।
चार्वी चरित्रपञ्चकवृत्तिविहिता नवेकतिथिवर्षे । हर्षेण महर्षिगणैः प्रवाच्यमाना चिरं जयतु ।। -जिनवल्लभीयमहावीरचरितवृत्तिः

६. तस्य अष्टादश शिष्याः श्री**सिद्धान्तरुचि**पाठक-श्री**कमलसंयमो**पाध्यायादयो विद्वांसः । - पट्टावली (विनयवल्लभीया)

७. चिन्तामणिः सम्प्रति भक्तिभाजां तपस्यया त्रासितदेवनाथः ।
दयोदयः प्रीणितसर्वलोकः सिद्धो गरीयाञ्**जिनभद्रसूरिः** ।। -धनदनीतिशतकम् (श्लो.९४)

८. जयत्यतः श्री**जिनभद्रसूरिः** श्रीमालवंशोद्भवदत्तमानः ।
गाम्भीरचारुश्रुतराजमानस्तीर्थाटनैः सन्ततपूतमूर्तिः ।। -काव्यमनोहरम् (सर्ग ७, श्लो.३५)

समाजोऽतीवानुगृहीत एतद्विषये केन किं वक्तव्यम् ? । किन्तु तादृगलभ्यदुर्लभपुस्तकरत्नानामगारं साम्प्रतं कारागारमिव क्रियमाणं श्रुत्वा वा महापुरुषोद्गीर्णानामगणितगुणगणाकीर्णानां तेषां ग्रन्थानां दुर्दैववशात् कालक्रमेणासावधानतया जन्तुजातेन च जनितां जीर्णविशीर्णलुप्तप्रायां स्थितिं शृण्वतां केषां सहृदयानां बत ! शोको न समुत्पद्येत ? । सङ्ग्रहकर्तृणामुदारमाशयमनवबुध्यतां देश-क्षेत्र-काल-भावादिकमननुसरतां स्वयं तदुपयोगं कर्तुमशक्नुवतामन्यांश्चानुपयोजयतां पूर्वोक्तां दुरवस्थितिं दृग्गोचरीकुर्वतामपि भाण्डागाररक्षकाणां दुरन्ता गजनिमीलिका कस्य सहृदयस्य न दुःखाय ? । आशास्महेऽतः परमप्रसिद्धग्रन्थप्रकाशनप्रसङ्गे प्रशस्तपद्धत्या प्राचीनान् ग्रन्थान् प्रकाशयित्र्यै विश्वासार्हायै संस्थाया आदर्शपुस्तकप्रेषणप्रदानप्रवणा प्रशस्ता मतिरेषां प्रादुर्भवेत् ।

(२)

तपागच्छ-भाण्डागारः ।

तपागच्छोपाश्रयसत्कोऽयं भाण्डागारः केन कदा भृत इति स्फुटं न ज्ञायते, तथापि तपागच्छीयानन्दविमलसूरिशिष्यपं. वानरगणिशिष्यपं. आनन्दविजयगणिना सं. १६५९ वर्षे प्रतिमोचनेनायं चित्कोशो वृद्धिं प्रापितो ज्ञायते (पृ. ५३,५५) । हीरविजयसूरिमूर्तिरेतदुपाश्रये वर्तते । सप्तदशशताब्द्यां तपागच्छीयसाधूनां विचरणमित आसीदिति स्पष्टमवबुध्यते । तपागच्छाश्रितः सुपार्श्वजिनालयस्त्वर्वाचीनः सं. १८६९ वर्षे प्रतिष्ठितः (परि. २२) । बृहद्भाण्डागारादपि प्राचीनं सं. ११०९ वर्षे लिखितं पञ्चमीकहाग्रन्थस्य ताडपत्रीयमादर्शपुस्तकमत्र वर्तते (पृ. ५२); अस्मादेवादर्शात् सं. १५६१ वर्षे पं. आनन्दविजयगणिशिष्यपं. बुद्धिविमलेनानुलेखिते पत्तनभाण्डागारस्थे पुस्तके तु सं. १००९ वर्षे तत्ताडपत्रपुस्तकलेखनं समसूचि । एतस्मात् प्राचीनं ताडपत्रपुस्तकं नाद्यावधि कुत्राप्युपलब्धं श्रुतं वाऽस्माभिः । सं. १११५ वर्षे लिखिता हरिभद्रसूरिरचितपञ्चाशकानां प्रतिरपि प्राचीनाऽत्र वर्तते (पृ. ५१) । एषां वृत्तिः सं. ११२४ वर्षे नवाङ्गवृत्तिकर्त्राऽभयदेवसूरिणा विहिता ।

(३)

डुंगरजीयति-सङ्ग्रहः ।

जेसलमेरुदुर्गे विवेकसमुद्रगणिना सं. १३३४ वर्षे विहितायाः पुण्यसारकथायाः पुस्तकमत्र प्रेक्ष्यते। उनविंशशताब्दीप्रणीतानि पुस्तकान्यपि सङ्गृहीतान्यत्र विलोक्यन्ते । सङ्ग्रहकर्तृविषये ज्ञातव्यं न किञ्चिदपि ज्ञातम् ।

(४)

थीरु(थाहरु)शाह-भाण्डागारः ।

प्रो.श्रीधरभाण्डारकरेण चीमनलालदलालेन चैतद्भाण्डागारस्वामिनो नाम 'थीरुशा' इति दर्शितम्, किन्तु शिलालेखाद्युल्लेखानुसारेण सप्तदशशताब्द्युत्तरार्धे विद्यमानो जेसलमेरुनिवासी जैनश्रेष्ठी थाहरुनामधेयः स विज्ञायते; येन सं. १६७५ वर्षे लोद्रवापत्तने चिन्तामणिपार्श्वजिनालयस्योद्धारः कारितः (परि. ६), चिन्तामणिपार्श्वजिनबिम्बमपि कारितम् । सं. १६८२ वर्षे यश्च सङ्घपतिर्भूत्वा शत्रुञ्जये गणधराणां पादुकाः स्थापयामास (एपिग्राफिआ इण्डिका २ । ६८) । यश्च पुनः सं. १६९३ वर्षे लोद्रवापुरि स्वजनश्रेयोऽर्थं नैकानि देवगृहानि कारयामास (परि. ७, ८, ९, १०, ११, १२) ।

चतुर्ष्वप्येषु पुस्तकसङ्ग्रहेषु यानि पुस्तकान्यत्युपयुक्तान्यवगतानि, तानि सर्वाण्यपि दलालेन प्रायोऽत्र संसूचितानि । एतन्मध्यात् केचिद् ग्रन्थाः सूचिपत्रसङ्कलनकाले मुद्रिता आसन्, केचिद् ग्रन्थाश्च सू.सङ्कलन-मुद्रणकालयोः षड्वर्षप्रमाणेऽन्तराले मुद्रितास्तेषां समुपवेशनं न नाम निरर्थकम्; यतस्तत्तद्ग्रन्थानां पुनर्मुद्रणादिप्रसङ्गेऽशुद्धिसंशोधनाय त्रुटित-स्खलितांशपरिपूर्तये क्वचित् सन्देहापनोदादिप्रयोजनाय च स्फुटं वरिवृतीत्यावश्यकता । अत्र निर्दिष्टाश्च ये ग्रन्था मुद्रिता ज्ञातास्तान् तत्रैव (मु.) संज्ञया समज्ञापयम् । सौकर्येण ग्रन्थनामज्ञानार्थं सर्वेषामपि प्रायः षट्शतीग्रन्थानां वर्णानुपूर्व्या सूचीं निबद्ध्य प्रान्ते न्यवेशयम्, तत्राप्यप्रसिद्धग्रन्थान् चिन्हाङ्कितान् कृत्वा प्रादर्शयम् । तदनन्तरं तु जैन-जैनेतरग्रन्थकर्तृणां तद्ग्रन्थनामोपेतानि नामानि समुपावेशयम् । अवशिष्टानीतिवृत्तोपयुक्तानि विशिष्टनामानि षड्विभागेन प्रान्ते समसूचयम् । अत्र सूचितान् विविधविषयकानप्रसिद्धान् अङ्गोपाङ्ग-मूलसूत्र-च्छेदसूत्र-

प्रकीर्णकादिजैनसिद्धान्तग्रन्थान्, जैनन्याय-वादग्रन्थान्, बौद्ध-नैयायिक-वैशेषिक-साङ्ख्य-वेदान्तादिदर्शनग्रन्थान्, जैनद्रव्यानुयोग-गणितानुयोग-चरणकरणानुयोगोपदेश-धर्मकथानुयोगग्रन्थान्, जैनेतरकथा-चरितादि, व्याकरण-काव्य-च्छन्दो-ऽलङ्कार-कोश-नाटक-प्रकीर्णग्रन्थान्, कल्प-मन्त्र-शकुन-काम-योग-स्तुति-स्तोत्रादिग्रन्थान्, गूर्जरभाषाग्रन्थांश्च पृथक्कृत्य यथाविषयं विभज्य यावज्ज्ञातं तत्तद्विषयकं रचनासमयपौर्वापर्यमनतिक्रम्य च ग्रन्थकर्तृपरिचयेन साकं पृथक् पर्यचाययम्, यथाप्रसङ्गं पूर्वसूचिपत्रजाः स्खलनाश्च तत्रैव समशोधयम्। विक्रमीयपञ्चदशशताब्द्या ऊनविंशशताब्दीं यावज्जातानां लक्ष्मण-वैरिसिंह-चाचिगदेव-देवकर्ण-जयतसिंह-लूणकर्ण-कल्याणाक्षयसिंह-मूलराजसंज्ञकानां जेसलमेरुपुरीयनृपाणां तत्पूर्वजानां च सत्तासमयादि परि. १,२,३,४,५,१३,१४,१५,१६,१७,१८,१९,२१,२२ लेखपरिपठनेन ज्ञास्यत इति नात्र पुनरुल्लिख्यते।

जेसलमेरुदुर्गे गत्वा येनैतत् सूचिपत्रं परिश्रमेण सङ्कलितम्, यशःशेषः स चीमनलालदलाल-महाशयः, यैश्चैतत्कार्येऽनल्पां सहायतां वितीर्यैतत्पन्था निर्विघ्नं सुसरलो व्यधायि; तेऽर्बुदगिरिप्रष्ठाधिकारिणः (जोधपुररेसिडेन्सी), भाण्डागारनियुक्ताश्च कथं नाम धन्यवादं नार्हन्ति ? ।

कार्ये चास्मिन् प्रसङ्गोचितं साहाय्यं प्रदाय येनाहं प्रोत्साहितस्तस्यैतत्संस्कृतपुस्तकालयाध्यक्षस्य (संस्कृतलाइब्रेरियन्) एम्. ए. पदप्रतिष्ठितस्य जी.के.श्रीगोन्देकरमहाशयस्य, के.पी.मोदी. बी. ए. एल्. एल्. बी. इत्यस्य, के. रङ्गस्वामिप्रभृतेस्तथा स्वसङ्ग्रहपुस्तकानि प्रदर्शयित्रोः प्रवर्तककान्तिविजय-हंसविजयमुनीशयोश्चोपकृतिः स्मृतिपथात् कथमपि नापैति ।

सावधानतया प्रयत्नेन संशोध्य कृतेऽप्यत्युपयोगिन्यस्मिन् कर्तव्ये मम मतिमान्द्यात् प्रमादाद् वा जाता याः काश्चन स्खलना मतिमतां मतिमार्गारूढा भवेयुस्ताः प्रकृतिकृपालवः परिश्रमवेदिनः सहृदयाः 'न हि सर्वत्र पाण्डित्यं सुलभं पुरुषे क्वचित्' इत्यभियुक्तोक्तिं हृद्यवधार्य संशोधयिष्यन्ति मां च संसूचयिष्यन्तीत्याशास्ते-

गान्धीत्युपाह्वो भगवान्दासतनुजः

लालचन्द्रः

ता. १-९-२२

सेन्ट्रल लाइब्रेरी,

बडौदा.

(सी.डी.दलाल के सूचिपत्र के परिशिष्ट से उद्धृत जैसलमेर, लौद्रवा आदि मंदिरों के शिलालेख)

जेसलमेरुमन्दिरस्थशिलालेखाः ।

(१)

पार्श्वजिनालयस्य प्रशस्तिः ।

ऐं नमः **श्रीपार्श्वनाथाय** सर्वकल्याणकारिणे ।
अर्हते जितरागाय सर्वज्ञाय महात्मने ।। १
विज्ञानदूतेन निवेदिताया मुक्त्यंगनाया विरहादिवात्र ।
रात्रिदिवं यो विगतप्रमीलो विघ्नापनोदं स तनोतु पार्श्वः ।। २
समस्ति शस्तं परमर्द्धिपात्रं परं पुरं **जेसलमेरुनाम** ।
यदाह सर्वस्वमिव क्षमायाः कुलांगनाया इव सौवकांतं ।। ३
तत्राभुवन्नखंडा यदुकुलकमलोल्लासमार्त्तंडचंडा
दोर्दंडाक्रांतचंडाहितनरपतयः पुष्कला भूमिपालाः ।
येषामद्यापि लोकैः श्रुतिततिपुटकैः पीयते श्लोकयूष-
स्तत्पूर्णं विश्वभांडं कुतुकमिह यतो जायते नैव रिक्तं ।। ४
तत्र क्रमादभवदुग्रसमग्रतेजाः **श्रीजैत्रसिंह**नरराज इति प्रतीतः ।
चिच्छेद शात्रवनृपानसिनांजसा यो
वज्रेण शैलनिवहानिव वज्रपाणिः ।। ५
तस्य प्रशस्यौ तनयावभूतां **श्रीमूलदेवो**ऽथ च **रत्नसिंहः** ।
न्यायेन भुंक्तः स्म तथा भुवं यौ यथा पुरा **लक्ष्मण-रामदेवौ** ।। ६
श्रीरत्नसिंहस्य महीधवस्य बभूव पुत्रो **घटसिंहनामा** ।
यः सिंहवन् म्लेच्छगजान् विदार्य बलादलाद्वप्रदरीमरिभ्यः ।। ७
सुनंदनत्वाद्विबुधैर्नुतत्वाद् गोरक्षणाच् श्रीदसमाश्रितत्वात् ।
श्रीमूलराजक्षितिपालसूनुर्यथार्थनामाऽजनि **देवराजः** ।।८

तदंगजो निर्भयचित्तवृत्तिः परैरधृष्यप्रगुणानुवृत्तिः ।
पराक्रमक्रांतपरद्विपेंद्रः **श्रीकेहरिः** केशरिणा समोऽभूत् ।। ९
तस्यास्ति सूनुः स्वगुणैरनूनः **श्रीलक्ष्मणाख्यः** क्षितिपालमुख्यः ।
राज्ञोऽपि यस्यातिविसारितेजश्चित्रं न्यकार्षीद्रविबिंबलक्ष्मीं ।। १०
शत्रुघ्नबंधुरिह सन्नपि **लक्ष्मणो**ऽपि **रामाभि**धानजिनभक्तिपरायणोऽपि।
एतत् कुतूहलमहो मनसाप्यसौ यन्नापीडयन्निबिडपुण्यजनान्
कदाचित् ।। ११
तथा सुमित्रामितनंददायी नदीनबंधे निरतोऽवतीर्णः ।
पुनः प्रजां पालयितुं किलायं **श्रीलक्ष्मणो** लक्ष्मणदेव एव ।। १२
यद्गुणैर्गुंफिता भाति नवीनेयं यशःपटी ।
व्याप्रोत्येकापि यद्विश्वं न मालिन्यं कदाप्यधात् ।। १३
गांभीर्यवत्त्वात्परमोदकत्वाद्दधार यः सागरचंद्रलक्ष्मीं ।
युक्तं स भेजे तदिदं कृतज्ञः सूरीश्वरान् **सागरचंद्र**पादान् ।। १४
प्रासाददेवालयधर्म्मशालामठाद्यमेवं सुकृतास्पदं तु ।
सार्द्धं कुलेनोद्धृतमार्यलोकैर्यत्रावनिं शासति भूमिपाले ।। १५
इतश्च । चांद्रे कुले यतींद्रः **श्रीमज्जिनदत्त**सूरिराराध्यः ।
तस्यान्वयशृंगारः समजनि **जिनकुशलगुरुसूरिः** ।। १६
जिनपद्मसूरि-जिनलब्धिसूरि-जिनचंद्रसूरयो जाताः ।
समुदैयरुरिह गच्छे जिनोदया मोदयासुर्नः (?) ।। १७
तदासनांभोरुहराजहंसः श्रीसाधुलोकस्य शिरोवतंसः ।
...धामानिरासहंसो बभूव सूरिर्जि**नराजराजः** ।। १८
क्रूरग्रहैरनाक्रांतः सदा सर्वकलान्वितः ।
नवीन...नो यो नालीकस्य प्रकाशकः ।। १९
तस्य श्रीजिनराजसूरिसुगुरोरादेशतः सर्वतो
राज्ये **लक्ष्मण**भूपतेर्विजयिनि प्राप्तप्रतिष्ठोदये ।

अर्हद्धर्म्मधुरंधरः **खरतरः** श्रीसंघभट्टारकः
प्रासादं जिनपुंगवस्य विशदं प्रारब्धवान् श्रीपदं ।। २०
नवेषुवार्द्धीदुमितेऽथ वर्षे १४५९ निदेशतः **श्रीजिनराज**सूरेः ।
अस्थापयन् गर्भगृहेऽत्र बिंबं मुनीश्वराः **सागरचंद्र**साराः ।। २१
ये चक्रुर्मुनिपा विहारममलं श्रीपूर्वदेशे पुरा
ये गच्छं च समुन्नतौ **खरतरं** संप्रापयन् सर्वतः ।
मिथ्यावादबलोन्मदद्विपकुले यैः सिंहलीलायितं
येषां चंद्रकलाकलान् गुणगणान् स्तोतुं क्षमः कोऽथवा ।। २२
तेषां **श्रीजिनवर्द्धना**भिधगणाधीशां समादेशतः
श्रीसंघो गुरुभक्तियुक्तिनलिनीलीलन्मरालोपमः ।
संपूर्णीकृतवानमुं खरतरप्रासादचूडामणि
त्रिद्वीपांबुधियामिनीपतिमिते संवत्सरे विक्रमात् ।। २३
अंकतोऽपि संवत् १४७३ ।
वर्ण्यं तन्नगरं जिनेशभवनं यत्रेदमालोक्यते
स श्लाध्यः कृतिनां महीपतिरिदं राज्ये यदीयेऽजनि ।
येनेदं निरमायि सौवविभवैर्धन्यः स संघः क्षितौ
तेभ्यो धन्यतरास्तु ते सुकृतिनः पश्यंति येऽदः सदा ।। २४
श्रीलक्ष्मणविहारोऽयमिति ख्यातो जिनालयः ।
श्रीनंदीवर्द्धमानश्च वास्तुविद्यानुसारतः ।। २५
यावद् गगनशृंगारौ सूर्यचंद्रौ विराजतः ।
तावदापूज्यमानोऽयं प्रासादो नंदताच्चिरं ।। २६
प्रशस्तिर्विहिता चेयं **कीर्त्तिराजेन** साधुना ।
धन्नाकेन समुत्कीर्णा सूत्रधारेण सा मुदा ।। २७
शोधिता वा० **जयसागरगणिना** श्रीः ।

(२)

शान्तिजिनालयस्य प्रशस्तिः ।

।। जगदभिमतफलवितरणविधिना निरवधिगुणेन यशसा च ।
यः पूरितविश्वाशः स कोपि भगवान् जिनो जयति ।। १
मनोभीष्टार्थसिद्ध्यर्थं कृतनम्यनमस्कृतिः ।
प्रशस्तिमथ वक्ष्येहं प्रतिष्ठादिमहःकृतां ।। २
ऊकेशवंशे विशदप्रशंसे रंकान्वये श्रेष्ठिकुलप्रदीपौ ।
श्रीजाषदेवः पुनरासदेवस्तज्ञाषदेवोद्भवज्ञांबटोऽभूत् ।। ३
विश्वत्रयीविश्रुतनामधेयस्तदंगजो **धांधल**नामधेयः ।
ततोऽपि च द्वौ तनयावभूतां **गजू**स्तथान्यः किल **भीमसिंहः** ।। ४
सुतौ **गजूजौ गणदेव-मोषदेवौ** च तत्र प्रथमस्य जाताः ।
मेघस्तथा **जेसल-मोहणौ** च **वेडू**रितीमे तनया नयाढ्याः ।। ५
तन्मध्ये **जेशल**स्यासन् विशिष्टाः सूनवस्त्रयः ।
आंबः प्राच्योऽपरो **जींदो मूलराज**स्तृतीयकः ।। ६ ।।
तत्र **श्रीजिनोदयसूरि**प्रवरादेशसलिलेशकेशवः संवत् १४२५ वर्षे **श्रीदेवराजपुर**कृतसविस्तरतीर्थयात्रोत्सवस्तथा संवत् १४२७ वर्षे श्री **जिनोदयसूरि**संसूत्रितप्रतिष्ठोत्सवांभोदोदकपल्लवितकमनीयकीर्तिवल्लीवलयः सं. १४३६ वर्षे **श्रीजिनराजसूरि**सदुपदेशमकरंदमापीय संजात-संघपतिपदवीको राजहंस इव सं. **आंबाकः** श्री **शत्रुंजयोज्जयंता-चलादितीर्थ**-मानसरो यात्रां चकृवान् । तथा

मोहणस्य पुनः पुत्राः **कीहटः पासदत्तकः** ।
देल्हो धन्नश्च चत्वारश्चतुर्वर्गा इवांगिनः ।।१।।
शिवराजो महीराजो जातावाद्यसुतावुभौ ।
मूलराजभवश्चास्ति सहस्रराजनामकः ।।२।।

तथा तत्र श्रीजिनराजसूरिसदाज्ञासरसीहंसेन संवत् १४४९ वर्षे श्री **शत्रुंजयगिरनार**तीर्थयात्रा निरमापि सं० **कीहटे**नेति ।

धामा कान्हा जगन्मल्ला इत्येते **कीहटां**गजाः ।
वीरदत्तश्च विमलदत्त-कर्मण-हेमकाः ।।१।।
ठाकुरसिंह इत्येते **पासदत्त**सुता मताः ।।२।।
देल्हजौ साधु**जीवंदकुंपौ धन्नां**गजाः पुनः ।
जगपालस्तथा **नाथूरमर**श्चेति विश्रुताः ।।३।।

तथा ।। **भीमसिंहस्य** पुत्रोऽभूल्लाषणस्तस्य **मम्मणः** ।
जयसिंहो नरसिंहो माम्मणी श्रेष्ठिनावुभौ ।।४।।
तत्र स्तो **जयसिंह**स्य **रूपाधिल्हा**भिधौ सुतौ ।
नारसिंह पुन**र्भोजो हरिराज**श्च राजतः ।।५।।
इत्थं पुरुषरत्नौघाकुलं श्रेष्ठिकुलं कलौ ।
जयत्यधर्मविच्छेदि निःकलंकमदः कलं ।।६।।

इतश्च । श्री**वीर**तीर्थे श्री**सुधर्मस्वामि**वंशे युगप्रधानश्री**जिनदत्तसूर्य**न्वये। **श्रीजिनकुशल**सूरि-श्री**जिनपद्मसूरि**-श्री**जिनलब्धि**सूरि-श्री**जिनचंद्रसूरि**-श्री**जिनोदय**सूरयो जाताः । तत्पट्टे श्री**जिनराज**सूरय उदैषुः । अथ तत्पट्टे श्री**खरतर**गणशृंगारसाराः कृतश्रीपूर्वदेशविहाराः श्री**जिनवर्द्धन**सूरयो जयंति । अथ श्री**जेशलमेरौ** श्री**लक्ष्मणराज**राज्ये विजयिनि सं० १४७३ वर्षे चैत्रसुदि १५ दिने तैः श्री**जिनवर्धनसूरि**भिः प्रागुक्तान्वयास्ते श्रेष्ठि**धना-जयसिंह-नरसिंह-धामाः** समुदायकारितप्रासादप्रतिष्ठया सह जिनबिंबप्रतिष्ठां कारितवंत इति ।। वा० **जयसागर**गणिविरचिता प्रशस्तिरियमुत्कीर्णा सूत्रधार**हापाके**नेति नंदतात् ।।

(३)

सम्भवजिनालयस्य प्रशस्तिः ।

।।अर्हं।। स्वस्ति श्री**स्तंभनपार्श्वनाथ**पादकल्पद्रुमेभ्यः ।।
प्रत्यक्षः कल्पवृक्षस्त्रिजगदधिपतिः **पार्श्वनाथो** जिनेंद्रः
श्रीसंघस्येप्सितानि प्रथयतु स सदा शक्रचक्राभिवंद्यः ।
प्रोत्सर्पति प्रकामातिशयकिशलया मंगलश्रीफलाढ्याः
स्फूर्ज्जद्धर्म्मार्थवल्ल्यो यदनुपमतमध्यानशीर्षं श्रयंत्यः ।।१।।
श्री**शांति**तीर्थंकरवासरेश्वरः सुप्रातमाविष्कुरुतां स्फुरद्द्युतिः ।
यस्य प्रतापादशिवक्षपाक्षये पुण्यप्रकाशः प्रससार सर्वतः ।।२।।
कल्याणकल्पद्रुममेरुभूमिः संपल्लतोल्लासनवारिवाहः ।
प्रभारत्नावलिरोहणाद्रिः श्री**संभवेशः** शिवतातिरस्तु ।।३।।
प्रासादत्रितये नत्वा मूलनाथत्रयं मुदा ।
रत्नत्रयमिवाध्यक्षं प्रशस्तिं रचयाम्यहं ।।४।।
यत्प्राकारवरं विलोक्य बलिनो म्लेच्छावनीपा अपि
प्रोद्यत्सैन्यसहस्रदुर्ग्रहमिदं गेहं हि गोस्वामिनः ।
भग्नोपायबला वदंत इति ते मुंचंति मानं निजं
तच् श्री**जेसलमेरु**नाम नगरं जीयाज्जगत्त्रायकं ।।५।।
वंशो यद्यदुनायकैर्नरवरैः श्री**नेमि-कृष्णा**दिभि-
र्जन्मेव प्रवरावदातनिकरैरत्यद्भुतैराख्यतः ।
तेनासौ लभते गुणं त्रिभुवनं सन्नादतो रंजयेत्
को वा ह्युत्तममानितो न भवति श्लाघापदं सर्वतः ।।६।।
श्री**नेमि-नारायण-रौहिणेया** दुःखत्रयात् त्रातुमिव त्रिलोकं ।
यत्रोदिताः श्रीपुरुषोत्तमास्ते स वर्ण्णनीयो **यदुराजवंशः** ।।७।।

तस्मिन् श्रीयादववंशे राउलश्री**जइतसिंह-मूलराज-रत्नसिंह**-राउलश्री**दूदा**-राउलश्री**घटसिंह-मूलराजपुत्रदेवराज**नामानो राजानोऽभूवन् ।
ततोऽभू**त्केसरी** राजा केसरीव पराक्रमी ।
वैरिवारणसंहारं यश्चकारासिदंष्ट्रया ।।१
श्रीमत्**केसरि**राजसूनुरभवच् श्री**लक्ष्मणो** भूपति-
विद्वल्लक्ष्मणलक्षतोषणशरच् श्रीलक्ष्मणस्तेजसा ।
दानाशाय करग्रहाच्च सकलं लोकं व्यधाल्लक्ष्मणं
यो बिंबे मृगलक्ष्मणोऽपि यशसा सौवाभिधानं व्यधाति ।।२
तदीयसिंहासनपूर्वशैलप्राप्तोदयो ह्युग्रतरप्रतापः ।
श्री**वैरसिंह**क्षितिपालभानुर्विभासते वैरितमो निरस्यन् ।।३
इतश्च ।। **चंद्र**कुले श्री**खरतरविधिपक्षे** ।।
श्री**वर्धमाना**भिधसूरिराजो जातः क्रमाद**र्बुद**पर्वताग्रे ।
मंत्रीश्वरश्री**विमला**भिधानः प्राचीकरद्यद्वचनेन चैत्यं ।।१।।
अणहिल्लपाटकपुरे यै**र्दुर्लभराज**पर्षदि विवादे ।
प्राप्तं **खरतर**बिरुदं **जिनेश्वरा**स्सूरयो जज्ञुः ।।२।।
ततः क्रमेण श्री**जिनचंद्र**सूरि-नवांगीवृत्तिकारश्रीस्तंभनपार्श्वनाथप्रकटीकारश्री**अभयदेवसूरि**-श्रीपिंडविशुद्ध्यादिप्रकरणकारश्री**जिनवल्लभसूरि**-श्री**अंबिका**देवतप्रकाशितयुगप्रधानपदश्री**जिनदत्त**सूरि-श्री**जिनचंद्रसूरि**-श्री**जिनपतिसूरि**-श्री**जिनेश्वरसूरि**-श्री**जिनप्रबोध**सूरि-श्री**जिनचंद्रसूरि**-श्री**जिनकुशलसूरि**-श्री**जिनपद्म**सूरि-श्री**जिनलब्धि**सूरि-श्री**जिनचंद्र**सूरयः श्रीजिनशासनं प्रभासितवंतः ।। ततः ।।

श्रीगच्छलक्ष्मीधरणे जिनोदयाः प्रकाशितप्राज्ञसभाजिनोदयाः ।
कल्याणवार्द्धौ दशवाजिनोदयाः पाथोजहंसा अभवञ् **जिनोदयाः** ।।१।।

जिनराजसूरिराजः कलहंसा इव बभुर्जिनमताब्जे ।
सन्मानसहितगतयः सदामरालीश्रिता विमलाः ।।२।।
तत्पट्टे ।। ये सिद्धांतविचारसारचतुरा यानाश्रयन् पंडिताः
सत्यं शीलगुणेन यैरनुकृतः **श्रीस्थूलभद्रो** मुनिः ।
येभ्यः शं वितनोति शासनसुरी श्रीसंघदीप्तिर्यतो
येषां सार्वजनीनमाप्तवचनं येष्वद्भुतं सौभगं ।।१।।
श्री**उज्जयंता**चल-**चित्रकूट-मांडव्यपूर्जाउर**मुख्यकेषु ।
स्थानेषु येषामुपदेशवाक्यान्निर्मापिताः श्राद्धवरैर्विहाराः ।।२।।
अणहिल्लपाटकपुरप्रमुखस्थानेषु यैरकार्यंत ।
श्रीज्ञानरत्नकोशा विधिपक्षश्राद्धसंघेन ।।३
मंडपदुर्ग्ग-प्रल्हादनपुर-तलपाटकादिनगरेषु ।
यैर्जिनवरबिंबानां विधिप्रतिष्ठाः क्रियंते स्म ।।४
यैर्निजबुद्ध्याऽ**नेकांतजयपताका**दिका महाग्रंथाः ।
पाठ्यंते च **विशेषावश्यक**मुख्या अपि मुनीनां ।।५।।
कर्मप्रकृतिप्रमुखग्रंथार्थविचारसारकथनेन ।
परपक्षमुनीनामपि यैश्चितचमत्कृतिः क्रियते ।।६।।
छत्रधर**वैरिसिंह-त्र्यंबकदास**क्षितींद्रमहिपालैः ।
येषां चरणद्वंद्वं प्रणम्यते भक्तिपूरेण ।।७।।
शमदमसंयमनिधयः सिद्धांतसमुद्रपारदृश्वानः ।
श्री**जिनभद्र**यतींद्रा विजयंते ते गणाधीशाः ।।८।।
इति श्रीगुरुवर्ण्णनाष्टकं ।।
इतश्च ।।
श्रीमानूकेशवंशोऽयं वर्धतां सरलाशयः ।
नरमुक्ताफलं यत्र जायते जनमंडनं ।।१।।

तस्मिन् श्रीऊकेशवंशे **चोपडागोत्रे** । सा० **हेमराजः** तदंगजः सा० **पूनाक**स्तदात्मजः सा० **दीताख्य**स्तत्पुत्राः सा० **सोहड-कर्मण-गणदेव महिपा** सा० **पांचा** सा० **ठाकुरसिंह**नामानः षट् । तत्र सा० **पांचा**भार्या **रूपादे,** तत्पुत्रा इमे यथा ।।

शिवराज-महीराज-लोला-लाषणनामकाः ।
चत्वारः श्री चतुर्वर्ग्गसाधकाः संति पांचयः ।।१

एतेषां भगिनी श्राविका **गेली** । तत्र सा० **शिवा** भार्या **सूहवदे** तयोः पुत्रः **थिराख्यः** पुत्री **हीराई** । **महिरा**भार्या **महधलदे** तयोरंगजाः **सादा-सहसा-साजणा**ख्याः सुते **नारंगदे-बल्ही**नाम्नौ । **लोला**भार्या **लीलादे,** पुत्रौ **सहजपाल-मेलाकौ,** पुत्री **लाषाई** । **लाषण**भार्या **लषमादे,** तदात्मजाः **शिखरा-समरा-माला**ख्याः ।।

इत्यादिपरिवारेण संयुताः श्रावका इमे ।
कुर्वंति धर्मकार्याणि शासनोन्नतिहेतवे ।।१
विक्रमवर्षचतुर्दशसप्ताशीतौ १४८७ विनिर्ममे यात्रा ।
शत्रुंजय-रैवतगिरितीर्थे संघान्वितैरेभिः ।।२
पंचम्युद्यापनं चक्रे वत्सरे नवतौ पुनः ।
चतुर्भिबांधवैरेभिश्चतुर्धा धर्मकारकैः ।।३

अथ संवत् १४९४ वर्षे श्री**वैरिसिंह**राउलराज्ये श्री**जिनभद्रसूरीणा**-मुपदेशेन नवीनः प्रासादः कारितः । ततः संवत् १४९७ वर्षे कुंकुमपत्रिकाभिः सर्वदेशवास्तव्यपरःसहस्रश्रावकानामंत्र्य प्रतिष्ठामहोत्सवः सा० **शिवाद्यैः** कारितः । तत्र च महसि श्री**जिनभद्रसूरि**भिः श्री**संभवनाथ**प्रमुखबिंबानि ३०० प्रतिष्ठितानि प्रासादश्च ध्वजशेखरः प्रतिष्ठितः । तत्र श्री**संभवनाथो** मूलनायकत्वेन स्थापितः । तत्र चावसरे सा० **शिवा-महिरा-लोला-लाषण**श्राद्धैः दिन ७ साधर्मिकवात्सल्यं कृतं राउलश्री**वैरसिंहेन** साकं श्रीसंघो विविधवस्त्रैः परिधापितः । राउलश्री**वैरसिंहे**नापि चत्वारस्ते बांधवाः स्वबांधववद्वस्त्रालंकारादिदानेन सम्मानिता इति ।।

।। अथ जिनपति**पार्श्वो** राजतां यत्प्रसादात्
सकलसुकृतकार्यं सिध्यति ध्यायकानां।
जिनकुशलमुनींद्रास्ते जयंतु त्रिलोक्यां
खरतरविधिपक्षे तन्वते ये सुखानि ।।१।।
सरस्यामिव रोदस्यां पुष्पदंतौ विराजतः ।
हंसवन्नंदतात्तावत् प्रासादः **संभवेशितुः** ।।२।।
प्रासादकारकाणां प्रासादविधिप्रतिष्ठितिकराणां ।
सूरीणां श्राद्धानां दिने दिने वर्द्धतां संपत् ।।३।।
सेवायै त्रिजगज्जनान् जिनपतेर्यच्छृंगमूले स्थिता
दंडव्याजभृतस्त्रयः सुपुरुषा आमंत्रयंति ध्रुवं ।
प्रेंखोलद्ध्वजपाणिभी रणरणद्घंटानिनादेन तत्
प्रासादत्रितयं त्रिलोकतिलकं वंदे मुदाहं त्रिधा ।।४।।
प्रासादत्रितयं नंद्यात् त्रिलोकीतलमंडनं ।
त्रिविधेन त्रिधा शुद्ध्या वंदितं त्रिजगज्जनैः ।।५।।
सौभाग्यभाग्यनिधयो मम विद्यादायकाः कविगजेंद्राः ।
श्री**जयसागर**गुरवो विजयंते वाचकगरिष्ठाः ।।६।।
तच्छिष्यो वाचनाचार्यो वर्त्तते **सोमकुंजरः** ।
प्रशस्तिर्विहिता तेन वाचनीया विचक्षणैः ।।७।।श्रीः।।श्रीः।।श्रीः।।
लिखिता च पं० **भानुप्रभ**गणिना ।। सर्वसंख्यायां कवित्वानि ३३ ।।
शुभं भवतु संघस्य ।।८।।

जिनसेनगणिश्चात्र चैत्येऽकार्षीद् बहूद्यमं ।
सूत्रभृच्छि**वदेवेन** प्रशस्तिरुदकारि च ।।१।।
After this is added in a different hand
प्रासादे क्रियमाणेऽथ बहुविघ्नोपशांतये ।
विज्ञानं रचयामास **जिनसेनो** महामुनिः ।।२।। शुभं ।

(४)

लक्ष्मीकान्तप्रासादस्य प्रशस्तिः ।

स्वस्ति श्रीगणेशाय नमः । स्वस्तिश्रीजयोऽभ्युदयश्च ।।
ददातु वः स देवेशः शंखभूषणभूषितः ।
निपतंती दिवो येन केन मंदाकिनी धृता ।।१।।
सलिलनिधिसुधाया हृत्सरस्यां वगाढो
लवणिमजलभाजि स्वेष्टकांताविनोदः ।
विकचकुचसरोजे मंजु गुंजन् षडंघ्रिः
सजलजलदनीलः पातु वः **शार्ङ्गपाणिः** ।।२।।
श्रीम**ज्जेसलमेरु**नाम नगरं पृथ्व्याः परं मंडनं
भोग्यं यादवभूभुजामिव नवं चारु स्वभर्तुर्वयः ।
शूरै**र्यादव**वंशजैरुपचितं स्वाकारशुद्धैर्नृपै-
र्नानावित्तवणिग्विशां विजयतेऽजेयं परैस्तच्चिरं ।।३।।
सम्राट् श्री**जैत्रसिंहो** यदुकुलजलधिप्रोल्लसत्पार्वणेंदु-
स्तत्सूनु**र्मूलराजो** जगति सुविदितो **देवराजो** नृराजः ।
तद्वंशे यादवेंद्रः समभवदसकौ **केहरि**स्तत्तनूजः
श्रीमद्रामाभिरामः समजनि तनयो **लक्ष्मणो** लक्ष्मणेशः ।।४।।
लक्ष्मणस्य तनयो विराजते **वैरिसिंह** इति विश्रुतः सदा ।
तेन देवभवनं प्रतिष्ठितं राज्यवृद्ध्याखिलपापशुद्धये ।।५।।
वेदांकाब्धींदुवर्षे १४९४ शिशिरऋतुवरे माघशुक्ले च पक्षे
षष्ठ्यां वै शुक्रवारेऽश्विनिभ उदग्यान इंदौ तु मेषे ।
भूपः श्री**वैरिसिंहः** सुरवरभवनेऽकारयत्सुप्रतिष्ठा-
मृत्विग्भिर्वेदविद्भिर्नृपतिभिरनिशं वंदितांघ्रयब्जयुग्मः ।।६।।
संवत् श्रीविक्रमार्कसमयातीतसंवत् १४९४ वर्षे भाटिके संवत् ८१२ प्रवर्तमाने महामांगल्यमाघशुदि ६ शुक्रवारे अश्विनीनक्षत्रे शुक्लाख्ययोगे तीतलाख्यकरणे मेषस्थे चंद्रे महाराजाधिराजश्रीयादववंशीयराउल **श्रीजेतसिंह**-राउलश्री**मूलराज**राज-राउलश्री**देवराज**-राउलश्री**केहरि**-राउलश्री**लक्ष्मण**-तत्पद(ट्ट)पूर्वाचलप्रचंडमार्तंडायमान-महाराजाधिराजश्री**वैरसिंहेन** सर्वकामसिद्ध्यर्थ श्री**लक्ष्मीकांत**प्रीत्यर्थं पंचायतप्रासादः प्रतिष्ठितः ।

प्रासादसत्कूपसरःप्रतिष्ठा विधापिता येन यदुत्तमेन ।
प्रजाः सुखेन प्रतिपाल्यते यः षड्दर्शनाधारपरः स जीयात् ।। १ ।।
पौर्वैरमीभिः खलु भूमिपालैः व्य(र्व्य)स्मारि यद्यद्भुवि ।
मत्वैव तत्कार्यसमर्थमेनं श्री**वैरिसिंहं** व्यदधाद्विधाता ।। २ ।।
शुभं भवतु ।
श्री...पंचाली**साल्हा**सुत**शिवदास**भाटी**देपा**सुत**भोजा**.....

(५)

अष्टापदप्रासादस्य प्रशस्तिः ।

।। स्वस्ति ।। श्री**पार्श्वनाथस्य** जिनेश्वरस्य प्रसादतः संतु समीहितानि ।
श्री**शांतिनाथ**स्य पदप्रसादाद्विघ्नानि नश्यंतु भवेच्च शांतिः ।। १ ।।

संवत् १५८३ वर्षे मागसिरसुदि ११ दिने श्री**जेसलमेरु**महादुर्गे राउलश्री**चाचिगदेव**पट्टे राउलश्री**देवकर्ण**पट्टे महाराजाधिराज-राउलश्री**जयतसिंह**विजयिराज्ये कुमरश्री**लूणकर्ण**युवराज्ये श्रीऊकेशवंशे श्री **संखवाल**गोत्रे सं. **आंबा**पुत्र सं. **कोचर** हूया । जिणइ **कोरंटइ** नगरि अनइ **संखवाली**गामइ उत्तंगतोरण जैनप्रासाद कराव्या । **आबू जीराउलइ** श्रीसंघिसुं यात्रा कीधी । जिणइ आपणइ उदारगुणइ आपणा घरनउ सर्व धन लोकनं देई **कोरंटइ कर्ण**नामना लीधी । सं. **कोचर**पुत्र सं. **मूला,** तत्पुत्र सं. **रउला** सं. **हीरा**। सं.रउलाभार्या सं. **माणिकदे,** पुत्र सं. **आपमल्ल** सं. **देपमल्ल**। सं.आपमल्लभार्या **कमलादे,** पुत्र सं. **पेथा** सं. **भीमा** सं. **जेठा** । सं.**पेथा**भार्या **पूनादे,** पुत्र सं. **आसराज** सं. **मूंधराज,** पुत्रिका **स्याणी**। सं.**आसराजइ** श्री**शत्रुंजय**महातीर्थि श्रीसंघसहित यात्रा करी आपणा वित्त सफल कीधा । सं.**आसराज**भार्या चो. सं. **पांचा**पुत्री **गेली** जिणइ श्री**शत्रुंजय गिरनार आबू**तीर्थे यात्रा कीधी । श्री**शत्रुंजया**दितीर्थावतारपाटी करावी । सतोरण सपरिकर श्री**नेमिनाथनां** बिंब भरावी श्री**संभवनाथ**नइ देहरइ मंडाव्या । समस्तकल्याणकादिक तपनी पाटी सैलमय करावी । सं.**आसराज**पुत्र **सं.षेता सं. पाता** । सं.**षेतइ** सं. १५११ श्री**शत्रुंजयगिरनार**तीर्थइ श्रीसंघसहित यात्रा कीधी। इम वरसइ २ तीर्थयात्रा करता सं. १५२४ तेरमी यात्रा करी श्री**शत्रुंजय** ऊपरि छ अरी पालता श्री**आदिनाथ**प्रमुखतीर्थकरनी पूजा करता छट्ठतप करी बिलाष नवकार गुणी चतुर्विधसंघनी भक्ति करी आंपणा वित्त सफल कीधा ।। वली चोपडा सं. **पांचा**पुत्र सं.**सिवराज** सं.**महिराज** सं.**लोला** संघवी**लाषण,** पुत्रिका सं.**गेली** । सं.**लाषण**पुत्र सं.**सिषरा** सं.**समरा** सं.**माला** सं.**महणा** सं.**सहणा** सं.**कुंरां** प्रमुखपरिवारसहित चो.सं.**लाषण संखवाल**

सं.**आसराज**पुत्र सं.**षेता** ए बिहु मिली श्री**जेसलमेरु**नगरि गढ उपरि बिभूमिक श्री**अष्टापदमहातीर्थप्रासाद** कराव्या । सं. १५३६ वर्षे फागुणसुदि ३ दिने राउलश्री **देवकर्ण**राज्ये समस्तदेसना संघ मेलवी **श्रीजिनचंद्रसूरि-श्रीजिनसमुद्रसूरि**कन्हलि प्रतिष्ठा करावी **श्रीकुंथुनाथ श्रीशांतिनाथ** मूलनायक थपाव्या । चउवीस तीर्थकरनी अनेक प्रतिमा भरावी । सं. **षेतइ** समस्त **मारुयाडि**माहि रुपानाणासहित समकितलाडू लाह्या । **सोनाने** आषरे श्री**कल्पसिद्धांत**नां पोथां लिखाव्यां। **श्रीजिनसमुद्रसूरि**कन्हां **श्रीशांतिसागरसूरि** आचार्यनी पदस्थापना करावी । **श्रीअष्टापद**तीर्थइ बिहु भूमिकाए जगति करावी बिंब मंडाव्या। सं.षेताभार्या सं.**सरसति**, पुत्र सं.**वीदा** सं.**नोडा**, पुत्रिका **धानू वीजू** । सं.**नोडा**भार्या सं. **नायकदे** सं. **पूनी** । सं. **वीदा**भार्या सं. **अमरादे** सं.**विमलादे**, सं. **विमलादे**पुत्र सं. **सहसमल्ल सं. करणा सं. धरणा** । पुत्रिका **हरषू सलषू हस्तू** । सं. **सहसमल्ल**भार्या सं. **कुंरी**पुत्र **भोला** सं.**सवीरी**पुत्र **डाहा** सं.**करणा** सं. **कनकादे**पुत्र **षीदा** । पुत्रिका **लाला**, सं.**धरणा**भार्या **धरणिगदे** पुत्रिका **वाल्ही** । इत्यादि परिवारसहित सं.**वीदइ** श्री **शत्रुंजय गिरनार आबूतीर्थे** यात्रा कीधी । समकितमोदक घृत षांड साकरनी लाहिणि कीधी । **श्रीजिनहंससूरि**गच्छनायकनी वर्षग्रंथिमहोछव करी **अल्ली** घर २ प्रतइ लाही । पांचमिनां ऊजमणा कीधा। पांच सोनइया प्रमुख अनेक वस्तु ऊजमणइ मांडी । **श्रीकल्पसिद्धांत**पुस्तक घणीवार वंचाव्यां । पांचवार लाष नवकार गुणी चारसो जोडी **अल्लीनी** लाहिणि कीधी । सं.**सहसमल्ल** श्री**शत्रुंजय**तीर्थइ यात्रा करी **जूनइगढि राणपुर वीरमगाम पाटण पारकरि** षांड **अल्ली** लाहणि करी घरे आव्या पछइ सं. **वीदइ** घर २ प्रतइ दस २ सेर घृत लाह्या । **अष्टापद**प्रासादइ बिहु भूमिकाए जगतिना बारणानी चउकी करावी । **पउडसाण** जाली १४ सुहणा देहरा उपरि कांगुरा **अष्टापदइ** कराव्या । काउसग्गीया श्री**पार्श्वनाथ**नां बि कराव्या। बिहुं हाथिए सं. **षेता** सं. **सरसति**नी मूर्ति करावी । सं. १५८१ वर्षे मागसिरवदि १०. रविवारे महाराजाधिराज राउलश्री**जयतसिंह** तथा कुमरश्री**लूणकर्ण**वचनात् **श्रीपार्श्वनाथ अष्टापद**विचालइ सं. **वीदइ** सेरी छावी । कुतना वड बंधाव्या । बारणा **पउडसाण** कराव्या । वेईबंध छज्जावलि करावी । **कोहर** एक कराव्या । गाइसहस १ जोडी घृत अन्न गुल रुत घणी वार षट्दरसणब्राह्मणादिकनां दीधा । **श्रीजेसलमेरु**गढनी दक्षिणदिसइ **घाघरा** बंधाव्या । देहरानी सेरीनइ **घाघरा** बे कु. श्री**जयतसिंह**राउलनइ आदेसइ सं. **वीदइ** कराव्या । गउष करावी दस अवतार सहित लषमीनारायणनी मूर्त्ति गउखइ मंडावी ।।

जिनो दशावतारोऽप्यवतारारहितस्य तु ।
श्रीषोडशजिनेंद्रस्य समियाय परीष्टये ।। १
शुद्धसम्यक्त्वधारित्वाद्भावितीर्थकरत्वतः ।
सलक्ष्मीकः समायातो जिनो दातुमिव श्रियं ।। २

मंडपादिकनी कमठा सं. **सहसमल्ल** सं. **करणा** सं. **धरणा** कराविस्यइ ।। इत्येषा प्रशस्तिः श्री**बृहत्खरतर**गच्छे **श्रीजिनहंससूरि**पट्टालंकार-**श्रीजिनमाणिक्य**सूरिविजयिराज्ये श्री**देवतिलको**पाध्यायेन लिखिता चिरं नंदतु ।।

सूत्रधार**मनसुख**पुत्रसूत्रधार**षेताकेन** मुदकारि प्रशस्तिरेषा कोरीतं ।।ः ।। श्रीर्भवतु ।।

(६)

लोद्रवपुरे शतदलकमलान्तःस्थो लेखः ।

श्रीनिवासं सुरश्रेणिसेव्यक्रमं **वा**मकामाग्निसंतापनीरोपमं ।
माधवेशादिदेवाधिकोपक्रमं **त**त्त्वसंज्ञानविज्ञानभव्याश्रमं ।। १ ।।
नव्यनीरागताकेलिकर्म्मक्षमं **यं**(य)स्य भव्यैर्भजे नाम संपद्रमं ।
नीरसं पापहं स्मर्यते सत्तमं **ति**ग्ममोहातिविध्वंसतापाभ्रमं ।। २ ।।
लब्धप्रमोदजनकादरसा(?)स्वधामं **ता**पाधिकप्रमदसागरमस्तकामं ।
घंटारवप्रकटिताद्भुतकीतिरामं
नक्षत्रराजिरजनाय लता(नीशप्रभा)भिरामं।।३।।
घंटापथप्रथितकीतिरमोपयामं **ना**गाधिपः परमभक्तिवशात् सवामं ।
गंभीरधीरसमतामयमातंगमं
मं(म)त्त्यानतं नमत तं जिनपं निकामं ।। ४ ।।
संसारकांतारमपास्य नाम **क**ल्याणमालास्पदमस्तशामं ।
लाभाय बभ्राम तवाभिरामं **लो**भाभिभूतः श्रितरागधूमः ।। ५ ।।
कर्म्मणां राशिरस्तोकलोकोद्गमः **सं**सृतेः कारणं मे जिनेशावमं ।
पूर्ण्णपुण्याढ्य दुःखं विधत्तेऽतिमं
र्ण्ण(न) क्षमस्त्वां विना कोऽपि तं दुर्गमं ।। ६ ।।
कार्म्मणं निर्वृतेर्हेतुमन्योऽसमः **यं**(य)क्षराट्पूज्य तेनोच्यते निर्मम ।
श्रीपते तं जहि द्राग् विधायोद्यमं
दानशौंडाद्य मे देहि शं...प्रमं ।। ७ ।।

यस्य कृपाजलधेर्विश्रामं **कं**ठगताशुसुभटसंग्रामं ।
भयजनकव्याया.....मं **जे**तारं जगतः श्रितधामं ।। ८ ।।
कक्षीकृतवसुभृत......पुर्ग्रामं **ला**पोच्चारमहा...... ।
केशोच्चयमिह नयने क्षमं **लिं**गति कमला कुरु मे क्षेमं ।। ९ ।।
कलयति जगतः......प्रेमं **लं**भयति सौख्यपटलमुद्दामं ।
कालं हंति च गतपरिणामं **म**हे तं महियसो.....मं ।। १० ।।
रसनयेप्सितदानसुरद्रुमं **हि**तमहा....द्विजलोत्तमं ।
तं सदा पुण्यरमोदयसंगमं **स**मरसामृतसुंदरसंयमं ।। ११ ।।
हिनस्ति सद्ध्यानावस्थितस्य मध्यमं **तं** तीर्थनाथं समरप्लवंगमं ।
सुरासुराधीशम.........यमं **रैं**नाथसंपूजितपदयुगसुमं ।। १२ ।।
संसारमालाकुलचित्तमादिमं **सा**स्त्रार्थसंवेदनशून्यमश्रमं ।
रम्याप्ततावस्थितपूर्णचिद्घनं **स**र्पांकितः शोषितपापकर्द्दमः ।।१३ ।।
रत्नत्रयालंकृतनित्यहेम **सी**माद्रिसारोपमसत्त्वसोम ।
शोभामयो ज्ञानमयं विसामं **ष**ड्वर्ग मां देव विधेह्यकामं ।। १४ ।।
भावविभासकनष्टविलोमं **स्कं**दितस्कंदलतं प्रणमाम ।
रंगपतंगनिवारण सुभीमं **कं**बुदानं(गलं) जिनप...हत ते भौमं ।।१५।।
मंत्रेश्वरः **पार्श्वपति**परिश्रमं **ला**लाश्रितस्यापनया मनोरमं ।
कर्मोत्थितं मे जिन साधु नैगमं **रं**भाविलासालसनेत्रनिर्गमं ।। १६ ।।
समितिसारशरीरमविभ्रमं **ह**रिनतोत्तमभूरिगमागमं ।
श्रयत तं जितमानभुजंगमं **फ**लसमृद्धिविपीनपराक्रमं ।। १७ ।।

णम्रैर्यशः सृजति शं जिनसार्व्वभौमः
तारस्वरेण विबुधैः श्रित......होम ।
शोकारिमारिविरहय.....वातस(दा?)मं
भव्यैः स्तुतं निहतदुर्मतदंडषव(?)मं ।। १८ ।।
माद्यांबुजध्वंसविधौ महद्धिमं **न** वाजयत्याशु मनस्तुरंगमं ।
मंत्रोपमं ते जिन राम(ग)पंचमं **स्त**वेन युक्तं गुणरत्नकुट्टिमं ।। १९ ।।
कलिशैलोरु व्यधाम(?) **मा**हात्म्यं हृदयंगमं ।
लब्धश्रितवसुत्राम **यं**तिवर्गस्तुतं नुमः ।। २० ।।
लोकोत्पत्तिविनाशसंस्थितिविदां मुख्यं जिनं वै स्तुमः
द्रव्यारक्तसमाधरं नमत भो पूजां वरां पाश्चिमं ।
परपक्षस्य तव स्तवं त्वन्निमित्त करींद्रग्रे(?)
तत्त्वद्भावमयं वस....तस्मै....काप्यस्तर्वदे ।। २१ ।।
नयनाननसद्रोमं **सं**ततिं तव जंगम ।
स्थावराशु(सु)मतां स्याम(?) **न**यते शमकृत्रिमं ।। २२ ।।
दासानुदासस्य मम **न**वानंदविहंगमं ।
माद्यति प्राप्य सुमं **नं**पा(नया)क्षत्तां महाद्रुमं ।। २३ ।।
क्षमाबोहित्थनिर्यामं **मा**नवार्च्यं महाक्षमं ।
गुणिपूज्यं प्रीणयाम **रुं**(रु)चिं स्तौमि नमं नमं ।। २४ ।।
स्मरंति यं सुंदरयक्षकर्द्दमं **रा**गात् समादाय महंति कौंकुमं ।
मिथो मिलित्वा मवु(धु?)जाड्यकुंकुमं
चंद्राननं तं प्रविलोकताद्रमं ।। २५ ।।*

लोद्रवपुरे शतदलकमलबहिःस्थो लेखः ।

इत्थं **पार्श्व**जिनेश्वरो भुवनदिक्कुंभ्यंगचंद्रात्मके
वर्षे वाचकर**त्नसार**कृपया राकादिने कार्त्तिके ।
मासे **लोद्रपुर**स्थितः शतदलोपेतेन पद्मेन सन्
नूतोऽयं **सहजादिकीर्त्ति**गणिना कल्याणमालाप्रदः ।। २५ ।।
ऐं नमः ।। श्रीसाहिर्गुणयोगतो युगवरेत्यट्टं(?ह्वं)पदं दत्तवान्
येभ्यः श्री**जिनचंद्र**सूरय इलाविख्यातसत्कीर्त्तयः ।
तत्पट्टेऽमिततेजसो युगवराः श्री**जैनसिंहा**भिधा-
स्तत्पट्टांबुजभास्करा गणधराः श्री**जैनराजाः** श्रुताः ।। १
तैर्भाग्योदयसुंदरैरिषुसरस्वत्षोडशाब्दे १६७५ सित-
द्वादश्यां सहसः प्रतिष्ठितमिदं चैत्यं स्वहस्तश्रिया ।
यस्य प्रौढतरप्रतापतरणेः श्री**पार्श्वनाथे**शितुः
सोऽयं पुण्यभरां तनोतु विपुलां लक्ष्मीं जिनः सर्वदा ।। २
पूर्वं श्री**सगरो** नृपोऽभवदलंकारोऽन्वये यादवे
पुत्रौ **श्रीधर-राजपूर्वकधरौ** तस्याथ ताभ्यां क्षितौ ।
श्रीमल्लोद्रपुरे जिनेशभवनं सत्कारितं **षीमसी**
तत्पुत्रस्तदनु क्रमेण सुकृती जातः सुतः **पूनसी** ।। ३
तत्पुत्रो वरधर्म्मकर्म्मणि रतः ख्यातोऽखिलैस्सद्गुणैः
श्रीमल्लस्तनयोऽथ तस्य सुकृती श्री**थाहरू**नामकः ।
श्री**शत्रुंजय**तीर्थसंघरचनादीन्युत्तमानि ध्रुवं
यः कार्याण्यकरोत्तथा त्वसरफी पूर्णा प्रतिष्ठाक्षणे ।। ४
प्रादात्सर्वजनस्य जैनसमयं चालेखयत् पुस्तकं
सर्वं पुण्यभरेण पावनमलं जन्म स्वकीयं व्यधात् ।

तेनायं भवनस्य यस्य जिनपस्योद्धारकः कारितः
सार्द्धं **सद्धरराज-मेघ**तनयाभ्यां **पार्श्वनाथो** मुदे ।। ५ ।। श्रीः ।।*

(७)

श्रीलोध्रवानगरे श्री**बृहत्खरतरा**धीशैः सं. १६७५ मार्गशीर्षसुदि १२ तिथौ गुरौ **भांडशालिक** सा. **श्रीमल(ल्ल)**भा० **चांपलदे**पुत्ररत्न**थाहरू**केण भार्या**कनकादे**पुत्र**हरराज-मेघराजा**दियुतेन श्री**चिंतामणिपार्श्वनाथ**बिंबं का०.......युगप्रधानश्री**जिनसिंहसूरि**पट्टप्रभाकर भ० **श्रीजिनराजसूरिभिः** प्रतिष्ठितं ।।।*

(८)

संवत् १६७५ मार्गशीर्षसुदि १२ गुरौ श्री**अजितनाथ**बिंबं का० भ० **थाहरू**भार्या**कनकादे**पुत्ररत्न**हरराजेन** प्र० युगप्रधानश्री**जिनसिंह**-पट्टप्रभाकर-श्री**जिनराजसूरिभिः** ।।।*

(९)

सं. १६९३ मार्गसीरसुदि ९ **भणसाली**संघवी**थाहरूकेण** श्री**पार्श्वनाथ**देवगृहं स्ववृद्धभार्या**कनकादेवी**पुण्यार्थमकारि प्र० श्री**जिनराजसूरिभिः**।।।*

(१०)

सं. १६९३ मार्गशीर्षसुदि ९ **भणसाली**संघवी**थाहरूकेण** श्री**आदिनाथ**देवगृहं स्वलघुभार्या**सुहागदेवी**पुण्यार्थमकारि प्रतिष्ठितं श्री**जिनराजसूरिभिः** ।।।*

(११)

सं. १६९३ मार्गशीर्षसुदि ९ **भणसाली** संघवी**थाहरूकेण** श्री**अजितदेवगृहं** पुत्ररत्न**हरराज**पुण्यार्थमकारि प्र० श्री**जिनराजसूरिभिः**।।*

(१२)

सं. १६९३ मार्गशीर्षशुदि ९ संघवी**थाहरूकेण** श्री**संभवनाथ**-देवगृहं पुत्र**मेघराज**पौत्र**भोजराज** सुखम(?)स्य पुण्यार्थं प्र० श्री**जिनराजसूरिभिः** ।।*

(१३)

श्री**महावीरतीर्थे** श्री**सुधर्मस्वामि**संताने श्री**खरतरगच्छे** श्री**उद्योतनसूरि**-श्री**वर्धमानसूरि**-श्री**जिनेश्वरसूरि**-श्री**जिनचंद्रसूरि**-श्री**अभयदेवसूरि**-श्री**जिनवल्लभसूरि**-श्री**जिनदत्तसूरि**-श्री**जिनचंद्रसूरि**-श्री**जिनपतिसूरि**-श्री**जिनेश्वरसूरि**-श्री**जिनप्रबोधसूरि**-श्री**जिनचंद्रसूरि**-श्री**जिनकुशलसूरि**-श्री**जिनपद्मसूरि**-श्री**जिनलब्धिसूरि**-श्री**जिनचंद्रसूरि**-श्री**जिनोदयसूरि**-श्री**जिनराजसूरि**-सुगुरुपट्टालंकारश्री**जिनभद्रसूरि**विजयराज्ये श्री**जेसलमेरुदुर्गे** श्री**चाचिगदेवे** पृथिवीं शासति सति संवत् १५०५ वर्षे श्री**शंखवाल**गोत्रे सा० **पेथा**पुत्र सा० **आसराज**भार्यया सा० **षेता** सा० **पाता**जनन्या **गेली**श्राविकया वाचनाचार्य**रत्नमूर्तिगणि**सदुपदेशेन वा० **जिनसेनगणि**रम्योद्यमेन श्रीतपःपट्टिका कारिता । लिखिता च पं० **मेरुसुंदरगणि**ना शुभमस्तु । सद्भिर्वाच्यमाना चिरं नंद्यात् । श्री**कीर्तिरत्नसूरि**.......

(१४)

संवत् १५१८ वर्षे वैशाषसुदि १० दिने राउलश्री**वयरसिंह**पुत्रराउल-श्री**चाचिगदेव**विजयराज्ये **चोपडा**गोत्रे सा० **सिवराज-महिराज-लोला**बांधवसं० **लाषण**सुश्रावकेण सं० **थिरा** सं० **सहसा** सं० **सहजपाल** सा०**सिषरा** सा० **समरा-माला-सहणाकुंरा**पौत्र-श्री**करण-उदयकरण**-प्रमुखपरिवारसहितेन श्री**सित्तुजय-गिरनारा**वतारपट्टिका **समरा**भार्या**सहजदे**श्राविकापुण्यार्थं कारिता प्रतिष्ठिता **खरतरगच्छे** श्री**जिनभद्रसूरि**पट्टालंकारश्री**जिनचंद्र**सूरिभिः । वाचनाचार्य**कमलराजगणयः** प्रत्यहं प्रणमंति ।।

(१५)

संवत् १५१८ वर्षे वैशाषसुदि १० दिने **गणधर**गोत्रे सा० **नाथू** पुत्र सं. **पासड**भार्या**प्रेमलदे** पुत्र सं. **जीवंद**सुश्रावकेण पुत्र**सधारण-धीरा**-प्रमुखपरिवारसहितेन निजमात्रा**प्रेमलदे**पुण्यार्थं **नंदीश्वरपट्टिका** कारिता प्रतिष्ठिता श्री**खरतरगच्छे** श्री**जिनभद्रसूरि**पट्टे श्री**जिनचंद्रसूरिभिः** । वा० **कमलराज**गणिवराणां शिष्य **उत्तमलाभ**गणिः प्रणमति ।।

(१६)

संवत् १५१८ वर्षे वैशाषसुदि १० दिने **संखवाल**गोत्रे सा० **पेथा**पुत्र सा० **आसराज**श्रावकेण पुत्र **षेता पाता** पौत्र **दीदा हेमराज** प्रमुखपरिवारसहितेन निजभार्या**गेली**पुण्यार्थं वा० **कमलराजगणी**-श्वराणामुपदेशेन श्री**शंत्रुजय-गिरनारावतार**पट्टिका कारिता प्रतिष्ठिता श्री**खरतरगच्छे** श्री**जिनभद्रसूरि**पट्टालंकारश्री**जिनचंद्रसूरिभिः** । **उत्तमलाभ**गणिः प्रणमति सादरं ।।

* एतच्चिह्नाङ्किताः सप्तापि लेखा **लोद्रवपुरमन्दिरसत्काः** ।

(१७)

राउलश्रीवयरसिंहपुत्रराउलश्रीचाचिगदेवविजयिराज्ये विक्रमात् सं. १५१८ वर्षे वैशाषसुदि १० दिने.....**समरापुत्र** सं० **सजाकेन** सं० **सद्धारुहदे सोठा** (?) **राणा जावड भावड** सं० **सोही रांभू वीजू**प्रमुखपुत्रपुत्रिकादि-परिवारसहितेन श्री**मंडोवर**नगरवास्तव्येन भार्या**सूहवदे**पुण्यार्थं श्रीनंदीश्वरपट्टिका कारिता **खरतर**गच्छे श्री**जिनचंद्रसूरिभिः** ।।

(१८)

संवत् १५१८ वर्षे ज्येष्ठवदि ४ दिने श्री**चाचिगदेव**विजयराज्ये **गणधर**गोत्रे **जगसी**पुत्र**नाथू** तत्पुत्रसं० **सच्चराज**भार्या सं० **धविणि सिंगारदे** पुत्रसं० **धरमा** सं० **जिणदत्त देवसी भीमसी** पौत्र **लाषा रिणमल्ल देव अमरा भउणा सूरा सामला**दिपरिवारयुतेन श्री**शत्रुंजय-गिरनाराव**-तारपट्टिका कारिता प्रतिष्ठिता श्री**खरतरगच्छे** श्री**जिनभद्रसूरि**पट्टालंकार-श्री**जिनचंद्रसूरिभिः**। **अखात्रीज**दिने लिखितं ।।

(१९)

श्री**पार्श्वनाथाय** नमः ।। संवत् १६ चैत्रादि ७३ वर्षे जेठसुदि १५ **सोमवारे** मूलनक्षत्रे । श्री**जेसलमेरु**नगरे राउलश्री**कल्याणजी**विजयराज्ये । श्री**खरतरवेगडगच्छे** । भ० श्री**जिनेश्वरसूरिविजयराज्ये** । **छाजहड**गोत्रे सं० **कुलधर**.......**वेगडा**पुत्र मं.........**सुर**....**देवद**.....पुत्र मंत्री **गुणदत्त** तत्पुत्र **नं**........**सरजन** पुत्र मं. जी......के....तत्पुत्र मं. **चांपसी** मं. **उदयसिंह** मं. **ठाकरसी**......**चांपसी**पुत्र......**कर्ण उदयसीह**पुत्र......उपासर......पदं कारितं चिरं जयतु । श्रीसंघस्य.....सूत्रधार**पाचागेन**.....

(२०)

श्री**खरतरवेगडगच्छे** भट्टारक श्री**जिनेश्वरसूरि** संताने भट्टारकश्री**जिनगुणप्रभुसूरि**पट्टे भ० श्री**जिनेशरसूरि** तत्पट्टे भट्टारकश्री ५ **जिनचंद्रसूरि**पट्टे भट्टारकश्री**जिनसमुद्रसूरि** तत्पट्टालंकारहारसारभट्टारक श्री १०७ श्री**जिनसुंदरसूरि** तत्पट्टे युगप्रधानभट्टारकश्री ७ श्री**जिनउदयसूरि**विजयराज्ये प्राज्यसम्राज्ये ।। श्रीरस्तु: ।। श्रीः

(२१)

।। उं नमः श्री**पार्श्वनाथाय** नमः ।। श्री**वागडेशाय** नमः ।। संवत् १७८१ वर्षे शाके १६४६ प्रवर्त्तमाने महामांगल्यप्रदे मासोत्तमचैत्रमासे लीलविलासे शुक्लपक्षे त्रयोदश्यां गुरुवारे उत्तराफाल्गुनीनक्षत्रे वृद्धिनामयोगे एवं शुभदिने श्री**जेसलमेरुगढ**महादुर्गे राउलश्री ५ **अषैसिंघजी** विजैराज्ये।।

(२२)

सुपार्श्वजिनालयस्य प्रशस्तिः ।

ॐ नमः श्री**सुपार्श्वनाथाय** ।।
श्री**नाभेय**मनुं वृषांकिततनुं पापारिनाशे धनुं
श्रीम**च्छांति**जिनं तमोभरदिनं लोकत्रयीस्वामिनं ।।
सर्वानंदकरं महाभयहरं श्री**नेमिनाथं** परं
वंदे **पार्श्वप्रभुं** सुरासुरविभुं श्री**वर्द्धमानं** सु(शु)भं ।। १ ।।
भुवनभवनपापध्वांतदीपायमानं
परमतप्रतिघातप्रत्यनीकायमानं ।
धृतिकुवलयनेत्रावश्यमंत्रायमानं
भजत विदितकीर्तिं श्री**सुपार्श्वं** विमानं ।। २ ।।
अर्हंत ईशाः सकलाश्च सिद्धा आचार्यवर्या अपि पाठकेंद्राः ।
मुनीश्वराः सर्वसमीहितानि कुर्वंतु रत्नत्रययुक्तिभाजः ।। ३ ।।
गजारूढा पीना द्विगुणभुजयुग्मेन सहिता ।
लसद्विद्युत्कान्तिर्नरसुरभरैः पादमहिता
ददाना भक्तेभ्यः प्रतिदिवसमुच्चैरमरतां
शुभं शांता संघस्य दिशतु सदानंदजननी ।। ४ ।।
सत्सर्वर्द्धिसमन्विते शुभयुते दुर्ष्टैर्जनैर्विच्युते
धर्माधिष्ठितचित्तलोकलसिते विद्याविनीतोचिते ।
श्रीम**ज्जैशलमेरु**नाम्नि नगरे चैत्यं सुजातं कथं
तं वक्ष्ये ह्यधुना सुपार्श्वजिनपस्याहं तपागच्छके ।। ५ ।।
गांभीर्यौदार्यधैर्यादिगुणसमुदयैः सद्गुरोर्धर्मचर्यां
श्रुत्वा युक्तस्य वाणीं दुरितशतदलारामकामे हिमानीं ।
कंदर्पस्तेपि(?) घस्त्रां नवजिनभवनोत्पादनेनेत्यजस्त्रं
मर्त्यः प्राप्नोति नित्यं प्रतिभवकृतं यत्पापमाहत्य मुक्तिं ।। ६ ।।
ब्रह्मेंद्रेंद्वीशदेवासुरनरनिकरैः सेवितांह्रिद्वयस्य ।
भक्तानां मंगलाय प्रमथितदनुजेंद्रस्य मायायुतस्य ।
श्रीमद्विष्णोः पदाब्जामलकलनजलैः क्षालितस्वांतकस्य ।
सन्न्यायाध्वप्रकर्तुर्जगति च विदितस्यारिवर्गांतकस्य ।। ७ ।।
निश्शेषोर्व्वीशमान्यस्य जनसुखकृतो **मूलराजा**भिधान-
राज्ञः संप्राप्य चाज्ञां द्रुतहतसमघः कारयामास संघः ।
सत्प्रासादं प्रसादं सुरभवनसमं नष्टदुष्कृद्विषादं
युक्तं पापाद्विमुक्तं गतकुमतमतं जालिकातोरणाद्यैः ।। ८ ।।
शुभं श्रीमच्छ्री**विक्रम**स्य क्षितिपतिशुभात् प्राज्यसाम्राज्यराज्या-

द्रर्षव्राते सुजाते वह(द?)नरसगजोर्व्वीमिते १८६६ सौम्यमार्गे
सूर्ये मासोत्तमाश्वियुजि सितदले कर्मवाट्यां दशम्यां ।
रम्यां सद्योगगम्यां वसुपतिभयुजि सोम्यवारान्वितायां ।। ९ ।।
.........जातं हि पूर्णं गतवत्सु तूर्णं
चैत्यं हि पंचस्वपि हायनेषु
जाता प्रतिष्ठा बलिनोऽतरायात्
ततोऽतरायस्य गता निवृत्तिः ।। १० ।।
राजेंद्रक्षय**सिंह**नामनृपतेः पट्टोदयाद्रौ रवेः
श्रीयद्रन्वयक्षीरनीरधिविधोः सर्व्वर्द्धिविद्योदधेः ।
श्रीनाथस्य पदांबुजालिसदृशस्यामर्दितासन्म....
श्वंडाखंडकुमित्रपद्मिदलने दुर्दंतपंचास्यिनः ।। ११ ।।
सत्रासादतडागयागप्रभृतिश्रेयस्कृतेर्वद्धिता-
मंदानंदकृदुत्तमानघपयःपुण्यीकृतप्राणिनः ।
जाग्रत्प्रोत्कटयत्प्रतापतपना नष्टारिजांधकृतौ
राज्ये राउल**मूल**नामनृपतेर्वै विद्यमाने चिरं ।। १२ ।।
सर्वाकृत्यनिवर्तिते शुभमते सद्यौवराज्यांकिते
गोषड्दर्शनपालके गज....वाख्ये कुमारे स्थिते ।
श्री**नारायण**भक्तितत्परमतिर्माहेश्वरीयेऽन्वये
प्राबोभूत्करुणामृतार्द्रहृदयः प्राप्तप्रतिष्ठाश्रयः ।। १३ ।।
आख्येनेव **सुरूपसिंह** इति तत्सूना अमात्योत्तमे
स्वज्ञातौ तिलकोत्तमे सुहृदयानंदप्रकंदोपमे ।
सर्वक्षोणिमलब्धसल्लतिसमे सत्पुण्यपुष्पद्रुमे
नाम्ना **सालिमसिंहके** मतवरे विख्यातपृथ्वीतले ।। १४ ।।
वर्षे हर्षजनप्रदे नवरसाष्टेंदौ मिते संमते १८६९

श्रीमद्विक्रमभूपतेः सुललितस्यादभ्रराज्याद्भुतात् ।
ग्रीष्मर्त्तौ वृषराशिगे ग्रहपत्तौ सौम्यायने भास्करे
सत्सद्राशिनवांशगेषु सकलेषु व्योमगेषु क्रमात् ।। १५ ।।
राधे मासि समन्विते सुविशदे पक्षे बलक्षे सखे
श्रीमन्नाभिसुतस्य पारणदिने शुद्धे तृतीयातिथौ ।
वारे चंद्रसुते शुभर्क्षसहिते सद्योगवेलायुते
दिग्वामा मृदुमंजुलाख्यविशदे जाते...निजे ।।१६ ।।
सव्रीडीकृतनाकिनागवनिताव्राताभिरत्यद्भुते
गीतिसप्तस्वरान्विते वग(?)दिने सीमंतिनीभिः शुभे ।
काल्याणीयमहोत्सवे बहुकृते जाते महाडंबरे
वादित्रध्वनिपूरिते जयरवे बंदीजनोच्चारिते ।। १७ ।।
सद्वंशेषु **तपागणस्य** निखिलेषूत्पत्तिभाजां स्त्र.....
वृद्धाचार्यमतानुगतसुहृदां पुण्यात्मनामाग्रहात् ।
श्राद्धानां सुखदा मया **नगजयेनेष्टा** प्रतिष्ठा मुदे
चैत्यस्य ध्वजदंडयोश्च कलस(श)स्याकारि सु(शु)भा हिता ।।१८।।
अष्टभिः कुलकं
श्रीम**त्तपागण**सरोजविकाशहंसाः प्राभूवनार्षशुचिमानसराजहंसाः ।
सिद्धांतसिंधुमथनैकनिबद्धकक्षाः सूरीश**हीरविजया** हतदुष्टमक्षाः।।१९।।
दिल्लयामकब्बरसमस्तकुसार्वभौमे-
नासेव्यमानचरणाः करुणार्द्रचित्ताः ।
यद्बोधनाज्जगति त्यक्तमृताकरेण
व्यादत्तराज्यनवचिह्नत्रिदिग्पुरेण ।। २० ।। युग्मं
तत्पश्चात्संव्यतीते कतिपयसुसुमे **श्रीजिनेंद्राख्यसूरिः**
कालेऽस्मिन् सन्निकर्षे विजितमहदनेकाभिमानिव्रवृंदः ।

श्रेष्ठानंतक्षितीशाः सदननरभृतां माननीयो मुनींद्रो
जैनं चर्कर्द्धि राज्यं सुकृतयुतजनानंदजं पुण्ययुक्तं ।। २१ ।।
शांतो दांतो धीमान् गीतार्थो मानवर्जितः सुचेताः ।
लोके हि लब्धसुयशा दृगछुतमहागाधजलधितटः ।। २२ ।।
श्रीहीरविजयसूरेः शाखायां **श्रीगुलालविजयो**ऽस्ति ।
पुरवर**जेशलमेरो**स्तच्छिष्यौ द्वौ समायातौ ।। २३ ।।
दीपविजय-नगविजयौ संघस्य तपागणस्य विज्ञप्तेः ।
ताभ्यामिमाः प्रतिष्ठाश्चैत्यध्वजदंडकलशानां ।। २४ ।।
सुपार्श्व-पार्श्वभगवतो ह्यात्महितार्थं कृतास्सकल्याणं ।
बह्वाडंबरयुक्ते कृते महातूर्यसंरावे ।। २५ ।।
जाते जयजयशब्दे दत्ते बंदीजनेषु सद्दाने ।
मिष्टान्नभोजनेन संतुष्टे सकलभूतगणे ।। २६ ।।
प्रतिष्ठाकृत्ये संपूर्णे सिद्धे सर्वमनोरथे ।
स्वपूर्वजकृताचारविधिज्ञेन महौजसा ।। २७ ।।
राज्ञा **श्रीमूलराजेन** गृहमागत्य सन्मुदा ।
वस्त्रादिकृतसत्कारः परोपकृतिकर्मठः ।। २८ ।।
अवर्ण्णवादी न कापि देवगुर्वोश्च पूजकः ।
कृतसंगः सदाचारैः शृण्वानो धर्ममन्वहं ।। २९ ।।
दीनानाथादिहृदुःखे दयार्द्रीकृतमानसः ।
पापभीरुः प्रसिद्धं च देशाचारं समाचरन् ।। ३० ।।
सर्वमिष्टान्नसंपूर्णं सर्वव्यंजनसंयुतं ।
सर्वसुष्ठुरसोपेतं सर्वचित्तसुखप्रदं ।। ३१ ।।
संघः साधर्मिकवात्सल्यं चकारामंदभोजनं ।
ईदृक्छुभेन कार्येण नरः प्राप्नोति निश्चितं ।। ३२।।

इहलोके धनं चायुर्वृद्धिं कीर्तिं सुतं सुखं ।
परत्र देववैभव्यं परमां शिवसंपदां ।। ३३ ।। षड्भिः कुलकं ।।
भद्रं कुरुष्व परिपालय सर्वविश्वं
विघ्नं हरस्व विपुलां कमलां प्रयच्छ ।
जैवातृकार्कसुरसिद्धजलानि यावत्
स्थैर्यं भजस्व हि **सुपार्श्वज(जि)नस्य** नित्यं ।। ३४ ।।
रविचंद्रधरासुतसौम्यगुरूशनसः
शनिराहुशिखिप्रमुखा दिविगाः ।
दिविगास्सततं मम हर्षयुताः
प्रदिशंत्वयि भद्रभरं भवतां ।। ३५ ।।
क्षेत्राधीश्वरयोगिनीजनगणैः सिद्धैः समाराधितो
ध्यातो देवगणैस्तथा मुनिगणैः कार्यार्थिभिः सर्वदा ।
साम्राज्यार्थकरश्चतुर्भुजधरः खड्गादिशस्त्रैर्वरः
श्रीसंघस्य सुखं ददातु सततं **श्रीमाणिभद्रो** द्रुतं ।। ३६ ।।
क्षोण्यां चाखिलदेवता गजमुखाः क्षेत्राधिपा भैरवा
योगिन्यो बटुकाश्च सिद्ध....तरपैशाचकाश्चेटकाः ।
अन्ये भूचरखेचरामृत(ता)पगा वेतालभूतग्रहाः
सानंदाः प्रदिशंतु मंगलवरं संघस्य मे सत्वरं ।। ३७ ।।
यासां संस्मरणाद् भवंति सकलाः संपद्गणा देहीनां
याः सर्वा दुः(?)खं दिनास्त्रिजगतामाधारभूताश्च याः ।
संघस्याप्यखिलस्य दुःखनिवहं कुर्वंतु दूरं सदा
श्रीमच्छासनदेवताः सुनयनाः संपूर्णचंद्राननाः ।। ३८ ।।
उद्यच्छारदचंद्रास्या सूर्यकांतिसमप्रभा ।
सुखाय मे च संघस्य भूयाच्छ्रीशांतिदेवता ।। ३९ ।।
यावद्विष्णुपदं ध्रुवस्थितियुतं वर्वर्त्ति तेजोनिधी
यावच्चंद्रदिवाकरौ दिविसरो यावद्धरित्रीधरौ ।
यावत्संति धरांबुवह्निखमरुद्धाराधरामंडलं
यावत्तावदिदं प्रमोदभरदं चैत्यं चिरं तिष्ठतु ।। ४० ।।
येषां लग्नं द्रव्यं यैश्चेयं कारिता प्रतिष्ठा ।
तेषां कुलस्य नित्यं वृद्धिर्भूयाद्धनयशसोः ।। ४१ ।।
सुवृष्टास्संतु जलदाः सुवातास्संतु वायवः ।
बहुधान्यास्तु पृथिवी सुस्थितोऽस्तु जनोऽखिलः ।। ४२ ।।
सर्वेऽपि संतु सुखिनः सर्वे संतु निरामयाः ।
सर्वे भद्राणि पश्यंतु मा कश्चिद्दुःखभाग् भवेत् ।। ४३ ।।
नगविजयेन मयैषा कृता प्रतिष्ठाप्रशस्तिरवशेषा ।
भूयाद्वृद्धिरशेषा संघस्य मे शस्यशुभरेखा ।। ४४ ।।
विनयनतकोटिकोट्यमरनरभरसेविताह्निकमलस्य ।
श्रीमत्**संखेश्वरस्य**........... ।। ४५ ।।
संवत् १८६९ वर्षे वैशाखसुदि ३ दिने
श्रीसंघेन प्रतिष्ठा कारिता ।।

(यहाँ सी. डी. दलाल के सूचीपत्रसे उद्धृत लेख समाप्त होते है ।)

अभी मूल बात पर आते है —

आ.प्र.मुनिराजश्री**पुण्यविजयजी** महाराजने जिनभद्रसूरि ज्ञानभंडारको व्यवस्थित करने के कुछ समय बाद विक्रम सं० २०१८ ईसवी सन् १९६१ में जैन ट्रस्ट गठित हुआ । उसके पूर्व सभी भंडार वे वे गच्छ या ओसवाल पंच आदिके कब्जेमें, किलेमें तथा जैसलमेर शहरमें उन उन गच्छोंके उपाश्रय या मकानोंमें ये भंडार थे । जैन ट्रस्ट का गठन होने के बाद जैसलमेर के सभी ज्ञानभंडार जैन ट्रस्टको सौंपे गये ।

उसके बाद ताडपत्रीय ज्ञानभंडार तो जितना व्यवस्थित था वैसे ही आज भी व्यवस्थित है । परंतु कागजकी हस्तलिखित प्रतियाँ भिन्न भिन्न ज्ञानभंडारोमें थी उनके हस्तलिखित सूचिपत्र भी हर एक भंडारके भिन्न भिन्न थे किन्तु आज से १७ वर्ष पूर्व ईसवी **सन् १९८३** में जोधपुरके श्री **जौहरीमलजी पारख**ने विषयवार तथा नामवार ग्रंथ ढुंढनेमें अनुकूलता रहे इसलिए सभी ज्ञानभंडारोंके कागज पर लिखे हस्तलिखित ग्रंथोंको एकत्रित कर दिये । नंबर बदल दिये । कईके नाम बदल दिये । कई अलग अलग नंबर पर रहे ग्रंथों को एकत्रित कर दिये और कई एक नंबरके ग्रंथको अनेक विभागमें बाँट दिये और पुराने नंबर भी मिटा दिये । इतना करने के बाद वे उन्हें अलमारीयोंमें व्यवस्थित ढंगसे रख नहीं पाये और कपडोंके लगभग १०० जितने बस्तोंमें अस्तव्यस्त अवस्थामें लगभग ५००० आसपासकी संख्याके छोटे बडे ग्रंथ जैसलमेरमें उपर किलेके भंडारमें एक कमरेमें रखे थे । यह काम पूर्ण करनेसे पहले उनका स्वर्गवास हो गया था । इससे पुराने सूचिपत्रसे एक भी ग्रंथ मिले ऐसी स्थिति नहीं थी और नये दिये गये क्रमांकोंके मुताबिक ग्रंथोको व्यवस्थित ढंगसे जमा नहीं पाये, इस तरह कागजकी हस्तप्रतियोंके सभी भंडार अस्तव्यस्त हो गये । बस्तोंमें दीमक लगी, जंतु पडे । किले के नीचे जैसलमेर शहरमें **तपागच्छके ज्ञानभंडार**के कइ बंडलोंमें दीमक लग गई । लगभग ३०-४० ग्रंथ निकम्मे हो चुके । यदि हम समयपर वहाँ नहीं पहुंचते तो तपागच्छका भंडार तो पूरा नष्ट हो जाता, ऐसी स्थिति थी । इन सभी ग्रंथोंके मूल भंडारका नाम, नंबर, और ग्रंथनाम ढुंढना और भंडारके पुराने सूचिपत्रके अनुसार उनको ढंगसे रखनेका काम अत्यंत अत्यंत दुष्कर था । हम सब दिन-रात इसी काममें जुटे । हम सब साधु, दस साध्वीजीयाँ तथा कंई श्रावक महिनों तक इसी काममें जुटनेके बावजूद कई थोडे ग्रंथ पुराने सूचिपत्र अनुसार इस ग्रंथोंकी राशीमें से हमें नहीं मिले । और कंई नये नामके ग्रंथ मिले जिसे हमने **तपागच्छ**के ग्रंथोंको तपागच्छकी पुरानी प्रविष्टियोंमें नयी प्रविष्टियाँ (तपागच्छ भंडार क्रं.१२७९ से क्रं.१३३७ तक) जोडकर

उसके साथ रखें और अन्य भंडारोंके सभी ऐसे नये नामके ग्रंथोंको **आचार्यगच्छ**के पुराने सूचीपत्रमें (आचार्यगच्छ कागज ग्रंथ भंडार के ग्रंथांक १९७ से ३७१ तक) नयी प्रविष्टियाँ करके उनके साथ रखे है । इसलिये इस नये सूचिपत्रमें आपको ऐसे उल्लेख भी मिलेंगे । इस तरह, बहुत बहुत काम, तथा करनेवाले कम, और मर्यादित काल में सब कार्य पूर्ण करना था, इसलिये ग्रंथ का नाम पढने में या कर्ता या लेखकका नाम ढुंढनेमें हमारी भी कंई गलतीयाँ हुई होगी ऐसा हमें लगता है ।

पुनः जैसलमेरसे विहार करनेके बाद हमने इस सूचिपत्रको तैयार करनेके कामका प्रारंभ किया । हम जैसलमेरसे लगभग १२०० कि.मी. दूर **हरिद्वार**में बैठे हैं । इसलिये जहाँ भी हमें शक हो वह दूर करनेके लिये मूल ग्रंथोंको देख सकें यह किसी भी तरीके से संभव नहीं है । और हमने जब ये सभी ग्रंथभंडार ढंगसे जमाकर ट्रस्टको सुप्रत कीये तब वे सभी ग्रंथ थोडे समयके लिये जैन भवनके एक कमरे में रखे गये थे । बाद में उस कमरेके द्वार पर ही बहुत बडा मधुमक्खीयोंका घर (छत्ता) बन जानेसे वहाँ कीसीको भेजकर शंकाका समाधान करना भी शक्य नहीं था । इसलिये ऐसी भूलें और क्षतियोंके लिए वाचक हमें क्षमा करें ऐसी हमारी बिनति है । अभी भी जैसलमेर ग्रंथ भंडारमें कपडेमें बंधे हुए बस्ते हैं जिनमें केवल गुटके हैं । इन गुटकोंमें कोई ग्रंथ, स्तवन, सज्झाय, मंत्र, तंत्र आदि यतियोंके युगमें जो प्रचलित साहित्य था वह है ।

यह सूचिपत्र तैयार करनेका सभी काम तथा आयोजन मेरे शिष्य मुनिराजश्री **धर्मचन्द्र**विजयजी महाराजके शिष्य मुनिश्री **पुंडरीकरत्न**विजयजी तथा **धर्मघोष**विजयजी महाराजने ही कीया है। इस काम में मेरी माता शतवर्षाधिकायु संघमाता साध्वीजी श्री**मनोहरश्रीजी** महाराज की शिष्या साध्वीजीश्री **सूर्यप्रभाश्रीजी** की शिष्या साध्वीजीश्री **जिनेन्द्रप्रभाश्रीजी** आदि **साध्वीजीगण** का भी बहुत बडा हिस्सा है । **खरतरगच्छ** के मुनिराजश्री **मणिप्रभसागरजी** म.सा. एवं साध्वीजीश्री **चंद्रप्रभाश्रीजी** म.सा. एवं साध्वीजीश्री **मणिप्रभाश्रीजी** म.सा. आदि का भी इस कार्य में बहुमूल्य सहकार रहा है । पू.आ.म.श्री **हेमचंद्रसूरीश्वरजी** म.सा. की प्रेरणा से संचालित **श्री जिनशासन आराधना ट्रस्ट** तथा उसके कार्यकर **चंद्रकान्तभाई** पंडित(पाटण) तथा **रोहितभाई** अभेचंद-(मुंबई)ने भी इस कार्य में बहुत सहयोग दिया है । पू.आ.म.श्री **भुवनभानुसूरीश्वरजी** म.सा. के प्रशिष्य पू.आ.म.श्री **रत्नसुंदरसूरीश्वरजी** म.सा.की प्रेरणा से **माटुंगा जैन श्वे.मू. संघ** तथा **सांताक्रुज जैन संघ मुंबई** की ओरसे बहुत बडा आर्थिक सहयोग प्राप्त हुआ । **वर्धमान संस्कृति धाम, विनियोग परिवार ट्रस्ट** (मुंबई) के **अरविंदभाई पारेख**, **केतनभाई** तथा अनेक स्वयंसेवकोंने वहाँ कई दिन रहकर तन-मन-धन से कार्यमें सहयोग दिया तथा मुंबईमें **देवकरण मूळजी जैनसंघ** (मलाड) तथा **सांताक्रुज जैन संघ**को प्रेरणा करके फोटोस्टेट आदि कार्योमे बहुत बडा आर्थिक सहयोग प्राप्त करवाया । **उमेशभाई जयंतिलाल भोगिलाल देवचंद वासणवाला**(अमदावाद)ने ग्रंथोंको और सी.डी.योंको सुरक्षित रखनेकी स्टीलकी पेटीयाँ बनवाने में तथा **मिहिर विनुभाई**-बोरीवली, **प्रतिक** आसरा-नई मुंबई, **राजीव बगडीया**, **नितिन बगडीया**-बोरीवली, **नानालालभाई देवराज** (आधोईवाले) बम्बई, **पारस विनोदभाई** संघवी तथा **आशीष महेन्द्रभाई**-अमदावाद, **नरेंद्रभाई पटवा** (पाटण), **कच्छ तुंबडी** निवासी **मेहुल रमणिकलाल**, **लक्ष्मणभाई** भोजक तथा **अमृतभाई** पटेल (अमदावाद), **शारदाबेन चीमनलाल एज्युकेशनल रीसर्च सेन्टर**-अहमदाबाद वाले **पं. जितेन्द्रभाई बाबुलाल** शाह तथा **अमदावाद** के अनेक स्वयंसेवकोंने हमें बहुत बहुत प्रकार का सहयोग दिया है, अन्य भी अनेक नामी अनामी सद्गृहस्थोंने अपनी शक्तियाँ इस काममे लगाई है ।

मेरी माता साध्वीजी की शिष्या **सूर्यप्रभाश्रीजी**का भाई **जितेन्द्र मणिलाल संघवी** आदरियाणा, निवासी तो शुरुसे अंत तक सभी छोटे मोटे कार्योंमें जुटे थे और कम्प्युटर तथा फोटोस्टेट मशीनोंकी सभी जरुरतोंके पीछे **मांडल** निवासी **अशोकभाई संघवी**ने अपना समय और शक्ति लगाई । इस काममें शेठश्री **श्रेणिकभाई कस्तूरचंदभाई लालभाई** की प्रेरणा से **श्रुतनिधि ट्रस्ट**, अमदावाद, तथा शेठश्री **वर्धमानभाई** एवं **भरतभाई** (माणसावाले) की प्रेरणा से **पंकज सोसायटी जैन संघ** (अमदावाद)ने कम्प्युटर तथा अन्य सामग्री खरीदने के लिये बहुत बडा आर्थिक सहयोग दीया । **पुनडी (कच्छ)** निवासी **रविभाई संगोई** की प्रेरणा से **श्री सहस्रफणा पार्श्वनाथ श्वेतांबर कच्छी जैन संघ माटुंगा** (सेन्ट्रल) मुंबई की और से भी अच्छा आर्थिक सहयोग प्राप्त हुआ । **श्री पार्श्व कोम्प्युटर्स** (अहमदाबाद) वाले **अजयभाई चीनुभाई** शाह तथा **विमलकुमार बीपीनचंद्र** पटेलने जैसलमेर में स्केनींग आदि तथा इस सूचीपत्रके टाईपसेटींग का अत्यंत जटिल कार्य अतिप्रसन्नतापूर्वक पूर्ण किया है । हजारों फोटोस्टेट कापीओंको प्लास्टीककी थैलीयोंमें ढंगसे जमाकर उसके पेकींगके काममें साध्वीजीगण ने बहुत मेहनत की है । उन सबको मेरे हजारों धन्यवाद है । इस ग्रंथ की हिंदी प्रस्तावना का परिमार्जन करनेवाले दिवाकर प्रकाशन (आगरा) वाले श्रीमान् **श्रीचंद सुराना**जीके हम ऋणी है । विश्व प्रसिद्ध **मोतीलाल बनारसीदास पब्लीसर्स** (दिल्ली)ने इसका सुंदर मुद्रण एवं प्रकाशन-कार्य करके बहुत बडा सहयोग दिया है ।

अंतमें **जैसलमेर लौद्रवपुर पार्श्वनाथ श्वेतांबर जैन ट्रस्ट**के संचालकोंने श्रुतज्ञानकी आराधनाका जो अपूर्व मौका दिया है उसके लिये उन्हें भी हजारों धन्यवाद देता हूँ । इन ग्रंथोंका संशोधनादि कार्योमें सदुपयोग हो और अभ्यासु वाचकगणके हाथोंमें ऐसा संशोधित साहित्य शीघ्र पहुंचे ऐसी परमात्माको प्रार्थना करके **जैसलमेर दुर्गमंडन** एवं **हरिद्वार तीर्थमंडन** श्री **चिंतामणि पार्श्वनाथ** प्रभुजी के करकमलों में यह सूचिपत्र रूप ग्रंथ अर्पण करता हूँ ।

श्री चिन्तामणि पार्श्वनाथ जैन श्वे. मन्दिर,
ऋषिकेश रोड, भूपतवाला, हरिद्वार, उत्तरप्रदेश,
पीन-२४९४१०. INDIA.
विक्रमसंवत् २०५६ मार्गशीर्ष वदि २, दि. २४-१२-९९

पूज्यपादगुरुदेवमुनिराजश्रीभुवनविजयान्तेवासी
मुनि जम्बूविजय

सूचीपत्रका उपयोग करनेसे पहले अवश्य पढ़ें

(१) जिस भंडार की सूचि चल रही है वह नाम उस भंडारके हर पन्ने पर सबसे उपर दीया गया है ।

(२) पहली कॉलम ग्रंथ नंबरकी है । उसमें एकही नंबरमें जहाँ एक से अधिक ग्रंथ रखे है वहाँ उस नंबर के साथ स्लेश करके A, B, या १, २, ऐसे नंबर दिये गये है। उदा० _ _ _ _ _ /A.

अकारादि क्रममें एकही नंबर के अंतर्गत आये हुए प्रायः सभी ग्रंथोंको वही नंबरकी तहत रखके उसका अन्य विवरण अकारादि सूचीमें नहीं दिया है । याने-अकारादि क्रम में जहाँ नंबरके सामने नामकी दूसरी कॉलममें सिर्फ नाम ही है और अन्य कॉलममें (पत्र, कर्ता, संवत् आदिमें) कोई भी विवरण नहीं दीया है, वह सूचीत करता है की यह ग्रंथ एकही ग्रंथके अंतर्गत रखे हुए है ।

जिन नंबरोंके साथ '◆' ऐसा निशान दीया गया है वे ग्रंथ मूल हस्तलिखित भंडारमें विद्यमान नहीं है ऐसा सूचित करता है ।

अकारादि क्रमकी सूचि सभी भंडारोंको एकत्रित करके की गई है । उससे एक नामके ग्रंथ अलग अलग सभी भंडारोंमें कितने है यह एकही जगह देखनेको मिलता है। साथ ही वह नंबर कौनसे भंडारके है यह सूचित करनेवाले संकेत (जि.ता., जि.का., त.ता., त.का.... आदि) रखे गये है जिससे उस ग्रंथका विशेष विवरण मूल क्रमवार सूचिमें देख सकते है ।

(३) दूसरी कॉलम ग्रंथनाम की है, वहाँ ग्रंथ का नाम दीया हुआ है ।

(४) तीसरी कॉलम 'कर्ता' की कॉलम के अंतर्गत ग्रंथ के कर्ता, लेखक, वृत्तिकार, बालावबोधकार, मूल कर्ता, चूर्णि कर्ता, अवचूरिकर्ता आदि सभी नाम लिये गये है । जहाँ सिर्फ नाम लिखा है विशेष जानकारी नहीं लिखी है वहाँ वह नाम लेखक या कर्ता का है । जहाँ स्पष्ट जानकारी मिली है वहाँ वह (वृत्तिकार, चूर्णिकार आदि) स्पष्ट कीया गया है। कर्तावारी अकारादि सूचिमें एक ग्रंथके अंतर्गत आये अनेक प्रकारके कर्ता नामों को भी समाविष्ट कीया गया है ।

(५) चौथी कॉलम संवत् की है उसमें रचना संवत् और लेखन संवत् दोनों समाविष्ट कीये गये है । जहाँ एकही संवत् मिला है वह प्रायः लेखन संवत् ही है फिरभी कहीं कही रचना संवत् भी हो सकता है । क्योंकी मूल ग्रंथमें उसका स्पष्टिकरण न होने से हमने उसका स्पष्टीकरण नहीं कीया है। संवत्वार अकारादि सूचि भी परिशिष्ट में दी गई है ।

(६) पाँचवी कॉलम पत्र संख्या की है । वहाँ ग्रंथके कुल पत्रोंकी संख्या तथा कहाँ से कहाँ तक के पत्रांक संबंधित ग्रंथमें है यह सूचित कीया गया है । कम या अतिरिक्त पत्रोंका विवरण 'विशेषनोंध' नामक अंतिम कॉलम में दीया गया है ।

(७) छठ्ठी कॉलममें झेरोक्ष (फोटोस्टेट) का विवरण दिया गया है । जिन ग्रंथोंकी फोटोस्टेट नकल (कापी) बनायी गई है वह ग्रंथांक के सामने इस कॉलममें वह ग्रंथका नंबर दिया गया है । सिर्फ ग्रंथका ही एक नंबर इस कॉलममें हो तो यह सूचित करता है की संबंधीत ग्रंथकी फोटोस्टेट कापी के सभी पन्ने प्लास्टीककी एक ही थैलीमें रखे गये है। जिस ग्रंथांक के सामने इस (झेरोक्ष) कॉलममें एकसे ज्यादा नंबर लिखे है वहाँ अगर दोनों नंबर के बीच 'से' या 'थी' लिखा है वहाँ संबंधित ग्रंथकी फोटोस्टेट कॉपी एक ही प्लास्टीक की थैलीमें क्रमशः उन सभी ग्रंथोके साथ रखी गयी है । जहाँ दो नंबर के बीच + (अधिक) का चिन्ह है वहाँ वह नंबरके ग्रंथके साथ दूसरा भी निर्देशित ग्रंथ एक ही प्लास्टीक की थैलीमें रखा गया है । जहाँ दो नंबरके बीच (....) ऐसा निशान किया गया है वहाँ वह ग्रंथ उन दो नंबर के बीच आये हुए कोई कोई (क्रमशः सभी नंबर के ग्रंथ नहीं) दूसरे ग्रंथोंके साथ एक ही प्लास्टीक की थैलीमें रखा गया है । जहाँ इस (झेरोक्ष) कॉलममें पहले ग्रंथका नंबर लिखके कंस में (१, २, या ३ आदि) नंबर लिखा है वहाँ वह ग्रंथ बडा होने से संबंधित ग्रंथके फोटोस्टेट कापी के पन्ने एक से ज्यादा प्लास्टीक थैलीयोंमें बाँटकर रखे है । कंसमें जितने नंबर दिये है वह सब अलग अलग थैलीयाँ मिलाकर वह पूरा ग्रंथ होता है ।

उदा० (i) जि.ता. ग्रंथांक १ झेरोक्ष कॉलममें **'१ (१, २, ३)'** – यह सूचीत करता है की १ **नंबर** के ग्रंथकी फोटोस्टेट कॉपी तीन प्लास्टीक की थैलीयोंमें बांटके रखी गयी है ।

(ii) डुंका० - ग्रंथांक १ के सामने झेरोक्ष कॉलममें '१' यह सूचीत करता है की, इस ग्रंथकी फोटोस्टेट कॉपी एक ही प्लास्टीक थैलीमें रखी है ।

(iii) डुंका. ग्रंथांक नं. २ के सामने झेरोक्ष कॉलममें **'२+६+१०/१'** यह सूचीत करता है कि यह ग्रंथकी फोटोस्टेट कापी उसी भंडार के ६ और १०/१ नंबर के ग्रंथोंकी फोटोस्टेट कॉपी के साथ एक ही प्लास्टीक की थैलीमें रखी है ।

(iv) डुंका. ग्रंथांक ४२ के सामने झेरोक्ष कॉलममें '**४१ थी ४५**' लिखा है वह यह सूचीत करता है की, ४२ नंबर के ग्रंथ की फोटोस्टेट कॉपी उसी भंडार के ४१, ४२, ४३, ४४ और ४५ नंबरके पांचो ग्रंथोंकी फोटोस्टेट कॉपी के साथ एक ही प्लास्टीक की थैलीमें रखी गयी है ।

(v) डु.का. ग्रंथांक ६५ के सामने झेरोक्ष कॉलममें '**६२...६९**' लिखा है वह यह सूचित करता है की, उसी भंडार के ६२ से ६९ तक के कोई कोई ग्रंथ (क्रमशः सभी नहीं) की फोटोस्टेट कॉपीयोंके समूह के साथ यह नंबरका ग्रंथ एक ही प्लास्टीक की थैलीमें रखा गया है । और उस समूह में जो जो ग्रंथ रखे है उन उन नंबरों के सामने झेरोक्ष कॉलममें यही समूह सूचित कीया गया है ।

(8) सातवी कॉलम सी.डी. नं. की है । उसमें जिन ग्रंथोंकी सीडी बनी है उस नंबर के ग्रंथके सामने इस कॉलममें वह ग्रंथ कौन से नंबरकी (कम्प्युटर स्केन द्वारा) सी.डी. में है यह जानकारी मिलती है । जहाँ एक ही ग्रंथ के सामने सी.डी. नंबर दो या अधिक है वहाँ वह ग्रंथ दोनों या अधिक सीडी में मिलाके पूरा होता है । याने एक ही ग्रंथका एक हिस्सा एक सीडीमें और दूसरा हिस्सा अलग सी.डी. में है ऐसा सूचीत होता है । परिशिष्ट क्र.६ सी.डी. वाइझ सूची में जहाँ ग्रंथ नंबर के साथे अधिक '+' यह चिन्ह है वह यह सुचित करता है की उस ग्रंथ का शेषभाग दूसरी सी.डी.में है। याने वह ग्रंथ दो या अधिक सी.डी.में मिलकर पूरा होता है ।

(९) आठवी कॉलम 'ग्रंथाग्र' की है । उसमें संबंधित ग्रंथमें कुल कीतने श्लोक, काव्य, आर्या, ग्रंथाग्र, गाथा आदि है यह सूचित कीया गया है । जहाँ सिर्फ नंबर ही सूचित किया है, वह ग्रंथाग्र सूचित करता है ।

(१०) नववी कॉलम 'विशेष नोंध' नामकी है । इस कॉलममें संबंधित ग्रंथकी विशेष जानकारीयाँ पत्रोंकी कम ज्यादा संख्या, चित्र, ग्रंथकी स्थिति, स्थान, सोनेरी, रूपेरी आदि बातोंका विवरण दिया गया है ।

कई भंडारोंमें यतियों के समयके कई गुटके है । वे अलग अलग बस्तोंमें अस्तव्यस्त बांधके रखे हुए है । उन्हें हमें ध्यानसे देखनेका मौका और समय न मिलनेसे उसका विवरण हमने सूचीपत्र में नहीं दीया है । गुटकोंके सामने सूचीपत्रमें यह ग्रंथ भंडारमें नहीं है ऐसा निशान ◆ दिया हुआ है और विशेष नोंध की कोलम में उसका स्पष्टीकरण किया है इसलिये जहाँ एसा स्पष्टीकरण विशेषनोंध की कोलममें है वहा वास्तवमें उनमें से कई गुटके भंडार में विद्यमान हो सकते है। फिरभी ध्यानसे हमने देखे न होने से वे भंडारमें नहीं है ऐसा सूचीपत्रमें सूचित कीया है ।

ग्रंथोंका अकारादिक्रम, संवत्वार सूचि तथा कर्तावार सूचि कोम्प्युटर द्वारा की गई है । इसलिए कोम्प्युटर की स्वाभाविक ह्रस्व, दीर्घ या नामोंको थोडा उपर नीचे करने की भूलें उससे होती है वह यथावत् रखी है । तो वाचकवर्ग उसे सुधारकर पढें और इस सूचिपत्र में हमने कहीं गुजराती और कहीं हिन्दी भाषाका प्रयोग किया है तो इस मिश्र भाषा प्रयोग के लिए वाचकवर्ग हमें क्षमा करे ।

संकेत सूची

संकेत ....सूची

◆. .... यह निशालवाले नंबरोंके ग्रंथ ग्रंथभंडारमें वर्तमान में विद्यमान नहीं है।
□. .... सिर्फ फोटोस्टेट किये गये ग्रंथ
☯. .... सी. डी. और फोटोस्टेट दोनों किये गये ग्रंथ
●. .... सिर्फ सी.डी. में लिये गये ग्रंथ
अ. .... अन्ययोग व्यवच्छेद, अवचूरि कर्ता, अपूर्ण
अप. .... अपभ्रंश भाषा
आ. .... आर्या
आ.का. .... आचार्यगच्छ का हस्तलिखित कागजका ग्रंथ भंडार
आ.ता. .... आचार्यगच्छ का ताडपत्रीय ग्रंथ भंडार
उ. .... उपाध्याय
क. .... कर्ता
का. .... कारिका/काव्य
ग. .... गणि
गा. .... गाथा
गु. .... गुप्तसंवत्
गु./गुज. .... गुजराती/गुर्जर भाषा
ग्रं. .... ग्रंथाग्र
चू. .... चूर्णि कर्ता

जि.का.	जिनभद्रसूरि का हस्तलिखित कागज का ग्रंथ भंडार
जि.ता.	जिनभद्रसूरी का ताडपत्रीय ग्रंथ भंडार
जौहरीमलजी पारख	जौहरीमलजी पारख द्वारा संपादित, सेवा मंदिर, रावटी, जोधपुर द्वारा ईसवी.सन् १९८८ में प्रकाशित, 'जिनभद्रसूरि ग्रंथभंडार जैसलमेर हस्तलिखित
जेसलमेर जुहरीये	श्रीमान् महेन्द्रभाई बाफना-जैसलमेर द्वारा ई.सन् १९९७ में प्रकाशित समारिका ग्रंथोंका सूचीपत्र द्वितीय खंड'
टी.	टीकाकार
डि०	डिङ्गलभाषा
डु.का.	डुंगरजी यति का हस्तलिखित कागजका ग्रंथ भंडार
त.का.	तपागच्छ का हस्तलिखित कागज का ग्रंथ भंडार
त.ता.	तपागच्छ ताडपत्रीय ग्रंथ भंडार
तृ.	तृतीय
त्रू.	त्रूटक
था.का.	थाहरूशाह का हस्तलिखित कागज का ग्रंथ भंडार
द.पे.नं.	जैसलमेर जिनभद्रसूरि ग्रंथभंडार की दर्शनीय पेटी (शो केस) में रखे गये ग्रंथ के नंबर पु.सु. के आधार से दीये है ।
द्वि.	द्वितीय
दी.	दीपिका कर्ता
नि.	निर्युक्ति कर्ता
पं.	पंडित/पन्यास
पत्र सं.	पत्र संख्या
पु.सु.	पू.आ.प्र. मुनिराज श्री पुण्यविजयजी महाराज द्वारा संपादित, लालभाई दलपतभाई संस्कृति विद्यामंदिर, अहमदाबाद-९ द्वारा ईसवी सन् १९७२ में प्रकाशित Catlogue of Sanskrits Prakrit Manuscripts, Jesalmer Conection
प्र.	प्रथम
प्रा.	प्राकृत भाषा
बा	बालबोध भाषा /बालावबोध कर्ता
भा.	भाष्य कर्ता
मा.	मागधी भाषा
मार	मारु गुर्जर भाषा
मू.	मूलकर्ता
मू.गा.	मूल सूत्र की गाथा संख्या
र.	रचना संवत्
लघु.	लघुवृत्ति कर्ता
रा.	राजस्थानी भाषा
ले.	लेखक / लेखनसंवत
लों.का.	लोंकागच्छ का हस्तलिखित कागज का ग्रंथभंडार
लों.ता.	लोंकागच्छ का ताडपत्रीय ग्रंथ भंडार
वि.	विवरण/विवृत्ति कर्ता
वृ.	वृत्ति कर्ता
श्लो.	श्लोक
संवत्	विक्रम संवत्
संशो.	संशोधक
स.	संस्कृत भाषा
सा.	साध्वीजी
सी.डी.दलाल	श्रीमान् सी. डी. दलाल द्वारा संपादित, गायकवाड सीरीझ, सेन्ट्रल लायब्रेरी, वडोदरा द्वारा ईसवी सन १९२३ में प्रकाशित 'जैसलमेर जैन भांडागारीय ग्रन्थानो सूचीपत्रम्'
सी.डी. नं.	सी.डी.(कोम्पेक्ट डीस्क) का सीरीयल नंबर
स्त.	स्तबक कर्ता
हिं	हिंदी भाषा
AGR/T	आचार्यगच्छ ग्रंथभंडार का ताडपत्रीय ग्रंथ नंबर
AGRN/AGR	आचार्यगच्छ ग्रंथभंडार का हस्तलिखित कागजका ग्रंथ नंबर
DGRN/DGR	डुंगरजी यति ग्रंथभंडार का हस्तलिखित कागजका ग्रंथ नंबर
GRN	जिनभद्रसूरि ग्रंथभंडार का ताडपत्रीय ग्रंथ नंबर
LGRN/LGR	लोंकागच्छ ग्रंथभंडार का हस्तलिखित कागजका ग्रंथ नंबर
LGR/T-	लोंकागच्छ ग्रंथभंडार का ताडपत्रीय ग्रंथ नंबर
PGRN/PGR	जिनभद्रसूरि ग्रंथभंडार का हस्तलिखित कागजका ग्रंथ नंबर
SR	सी.डी. का सीरीयल नंबर
TGR/T	तपागच्छ ग्रंथभंडार का ताडपत्रीय ग्रंथ नंबर
THGRN/THGR	थाहरूशाह ग्रन्थानो का हस्तलिखित कागजका ग्रंथ नंबर
TGRN/TGR	तपागच्छ ग्रन्थानो का कागजका हस्तलिखित ग्रंथ नंबर

ग्रंथांक	ग्रंथनुं नाम	कर्ता	भाषा	संवत्	पत्र संख्या	झेरोक्ष	सी.डी.	ग्रंथाग्र	विशेष नोंध
१/१	आचारांगसूत्र		प्रा		१-७१	१(१-२-३)		२६५४	श्रेष्ठ
१/२	आचारांगसूत्रनिर्युक्ति	भद्रबाहुस्वामी	प्रा		७२-८७	१(१-२-३)	१	गा. ३६६	
१/३	आचारांगसूत्रवृत्ति	शीलांकाचार्य	सं	१४८५	१-४२१	१(१-२-३)	१	१२०००	
२/१	आचारांगसूत्र		प्रा		१-७६	२(१-२)	२		पत्र ७०मुं नथी. आ ग्रंथ बे पेटीमां मुकेल छे. स्थिति मध्यम छे.
२/२	आचारांगसूत्रनिर्युक्ति अपूर्ण	भद्रबाहुस्वामी	प्रा		१-१३	२(१-२)	२	गा. ३५४ पर्यंत	
२/३	आचारांगसूत्रवृत्ति अपूर्ण	शीलांकाचार्य	सं		२-३०२	२(१-२)	२		पत्र ९,५७,८०,८४,८५ नथी.
३	आचारांगसूत्रचूर्णी		प्रा	१४८९	२६०	३	३		पत्र ६,९,१२,१४,१५,१७,१९,२०,२७,२८,४०, ४१, ४५,४८,५८,५९,६९,८३,८४,८८,१६७, २२३, २२६ नथी. ७४,१२६,१३६,१६०,२०८ नंबरना बे पत्रो छे.
४	सूत्रकृतांगसूत्रवृत्ति अपूर्ण	शीलांकाचार्य	सं	१२००	४१४	४(१-२)	३/४		पत्र ३५९ मुं नथी. आ प्रतिना ताडपत्र अत्यंत सुकुमार पातळां अने सरस छे.
५/१	सूत्रकृतांगसूत्र		प्रा	१५००	१-५३	५(१-२)	५		आ प्रतिनां ताडपत्र स्थूल छे. घणा पानाना टुकडा थई गयेला छे. पत्र १,३,४,९, १०,१३,१८,१९,२३,२९,३१,३४,३८,५५थी ५९, ६६,६९,३४२,३४६,३४९,३५२,३५३ नथी.
५/२	सूत्रकृतांगसूत्रनिर्युक्ति	भद्रबाहुस्वामी	प्रा		५४-५८	५(१-२)	५	गा.२०८	
५/३	सूत्रकृतांगसूत्रवृत्ति किंचिदपूर्ण	शीलांकाचार्य	सं		५९-३५६	५(१,२)	५		
६	स्थानांगसूत्रवृत्ति	अभयदेवाचार्य	सं	र.११२०,ले.१३००	३४९	६(१-२)	५/६	१४२५०	पत्र ६,८,३९,३३४ नथी श्रेष्ठ
७/१	स्थानांगसूत्र		प्रा		१-८७	७(१,२)	७	३७५०	
७/२	स्थानांगसूत्रवृत्ति	अभयदेवाचार्य	सं	र.११२०,ले.१४८६	१-३४९	७(१-२)	७	१४२५०	३४५,३४६,३४७ पत्र नथी.
८/१	समवायांगसूत्र		प्रा		१-४५	८	८	१६६७	१५ मुं पत्र नथी
८/२	समवायांगसूत्रवृत्ति	अभयदेवाचार्य	सं	र.११२०,ले.१४८७	४६-१३४	८	८	३५७५	श्रेष्ठ
९/१	समवायांगसूत्र		प्रा		१-६४	९	८	१६००	पत्र २४ मुं नथी
९/२	समवायांगसूत्रवृत्ति	अभयदेवाचार्य	सं	र.११२०,ले.१४७१[1]	६५-२१५	९	८	३५७५	प्रति शुद्ध छे. श्रेष्ठ
१०	भगवतीसूत्र		प्रा	ले.१२३१	३४८	१०(१-२)	९/१०		अंतिम पत्रमां शोभन अने प्रतिशुद्ध छे. श्रेष्ठ
११	भगवतीसूत्र		प्रा	ले.१४८८	२९३	११(१-२)	१०		पत्र २८५ टुकडो तथा २८८ नथी श्रेष्ठ

१. वि.सं. १४०१ में मूल्य देकर खरीदी गई थी ।

ग्रंथांक	ग्रंथनुं नाम	कर्ता	भाषा	संवत्	पत्र संख्या	झेरोक्ष	सी.डी.	ग्रंथाग्र	विशेष नोंध
१२	भगवतीसूत्रवृत्ति, प्रथम खंड, अष्टमशतक पर्यन्त	अभयदेवाचार्य	सं.	र.११२८-ले.११९५	२५६	१२	११	९४३८	आ प्रतिना केटलाक पाना गुम थवाथी आशरे १३मा सैकामां ते पाना नवा लखायेल देखाय छे.
१३	भगवतीसूत्रवृत्ति, द्वितीयखंड, नवमा शतकथी संपूर्ण	अभयदेवाचार्य	सं.	र.११२८-ले.११९५	२५५	१३(१-२)	१२	सर्व ग्रं. १८६१६ ग्रं. ९१७८	आ पोथी उधईए खाधेली छे श्रेष्ठ
१४	भगवतीसूत्रवृत्ति, २६ शतक पर्यन्त	अभयदेवाचार्य	सं.	१२००	४३७	१४(१-२-३)	१३/१४		पत्र ४३३, ४३५ नथी. ४३६, ३३३ थी ३४२, ४३७ थी ४५३ सुधी टुकडाओ छे. श्रेष्ठ प्रतिशुद्ध छे.
१५	भगवतीसूत्रवृत्ति	अभयदेवाचार्य	सं.	र.११२८-ले१२०४	४३५	१५(१-२-३)	१५/१६	१८६१६	आ प्रतिना पानां पहोळा अने अति सुकुमार छे.
१६	भगवतीसूत्रवृत्ति	अभयदेवाचार्य	सं.	र.११२८-ले१४८८	३९७	१६(१-२)	१७/१८	१८६१६	श्रेष्ठ
१७/१	ज्ञाताधर्मकथांगसूत्र		प्रा.		१-१४८	१७	१८/१९		पत्र २,३,२०,२१,१६८ नथी. ३०-३१ अने १८०-१८१ पाना भेगा छे. पत्र २६४मां देवीनुं शोभन छे.
१७/२	ज्ञाताधर्मकथांगसूत्रवृत्ति किंचिदपूर्ण	अभयदेवाचार्य	सं.	ले.१३००	१४९-२६४	१७	१८/१९		
१८/१	ज्ञाताधर्मकथांगसूत्र		प्रा.		१-११४	१७	२०	५४६४	पत्र १,१२ नथी. १७मां पानानो टुकडो छे. तथा १५४ नं. ना पाना बे छे.
१८/२	ज्ञाताधर्मकथांगसूत्रवृत्ति	अभयदेवाचार्य	सं.	र.११२०-ले.१५००	११४-११७	१७	२०	३८००	
१९/१	ज्ञाताधर्मकथांगसूत्रवृत्ति	अभयदेवाचार्य	सं.	र.११२०	१-१४५	१९(१-२)	२१/२२	३७००	
१९/२	उपासकदशांगसूत्रवृत्ति	अभयदेवाचार्य	सं.		१४५-१७८	१९(१-२)	२१/२२	९००	
१९/३	अंतकृद्दशांगसूत्रवृत्ति	अभयदेवाचार्य	सं.		१७८-१८९	१९(१-२)	२१/२२		
१९/४	अनुत्तरौपपातिकदशांगसूत्रवृत्ति	अभयदेवाचार्य	सं.		१८९-१९३	१९(१-२)	२१/२२	१३००	
१९/५	प्रश्नव्याकरणसूत्रवृत्ति	अभयदेवाचार्य	सं.		१९३-३५०	१९(१-२)	२१/२२		
१९/६	विपाकसूत्रवृत्ति	अभयदेवाचार्य	सं.		३५१-३७५	२० + २१	२१/२२	९००	श्रेष्ठ
२०/१	उपासकदशांगसूत्र		प्रा.		१-१९	२० + २१	२२	८१२	
२०/२	अंतकृद्दशांगसूत्र		प्रा.		१९-३७	२० + २१	२२	८९०	
२०/३	अनुत्तरौपपातिकदशांगसूत्र		प्रा.		३७-४१	२० + २१	२२	१९२	
२०/४	प्रश्नव्याकरणदशांगसूत्र		प्रा.		४१-६७	२० + २१	२२		
२०/५	विपाकसूत्र		प्रा.	ले.१५००	६७-९५	२० + २१	२२		

ग्रंथांक	ग्रंथनुं नाम	कर्ता	भाषा	संवत्	पत्र संख्या	झेरोक्ष	सी.डी.	ग्रंथाग्र	विशेष नोंध
२१/१	उपासकदशांगवृत्ति	अभयदेवाचार्य	सं.		१-१९	२० + २१	२३		
२१/२	अंतकृद्दशांगवृत्ति	अभयदेवाचार्य	सं.		१९-२६	२० + २१	२३		
२१/३	अनुत्तरौपपातिकदशांगवृत्ति	अभयदेवाचार्य	सं.		२६-२८	२० + २१	२३		
२१/४	प्रश्नव्याकरणवृत्ति	अभयदेवाचार्य	सं.		२८-१२६	२० + २१	२३	४६३०	
२१/५	विपाकसूत्रवृत्ति	अभयदेवसूरि	सं.	ले.१४९०	१२६-१४४	२० + २१	२३		
२२/१	उपासकदशांगसूत्रवृत्ति	अभयदेवाचार्य	सं.		१-२३	२२(१-२)	२३/२४		श्रेष्ठ
२२/२	अंतकृद्दशांगसूत्रवृत्ति	अभयदेवाचार्य	सं.		२३-३१	२२(१-२)	२३/२४		
२२/३	अनुत्तरौपपातिकदशांगसूत्रवृत्ति	अभयदेवाचार्य	सं.		३१-३४	२२(१-२)	२३/२४	१३००	
२२/४	प्रश्नव्याकरणदशांगसूत्रवृत्ति	अभयदेवाचार्य	सं.		३५-१५९	२२(१-२)	२३/२४	४६००	
२२/५	विपाकसूत्रवृत्ति	अभयदेवाचार्य	सं.	११८५	१५९-१८१	२२(१-२)	२३/२४	९००	
२२/६	उपासकदशांगसूत्र		प्रा.		१८२-२०२	२२(१-२)	२३/२४	८१२	
२२/७	अंतकृद्दशांगसूत्र		प्रा.		२०३-२२२	२२(१-२)	२३/२४	७९०	
२२/८	अनुत्तरौपपातिकदशांगसूत्र		प्रा.		२२३-२२८	२२(१-२)	२३/२४		
२२/९	प्रश्नव्याकरणदशांगसूत्र		प्रा.		२२८-२५१	२२(१-२)	२३/२४	१२५०	
२२/१०	विपाकसूत्र		प्रा.	ले.११८६	२५१-२८५	२२(१-२)	२३/२४	१२१६	श्रेष्ठ
२३/१	उपासकदशांगसूत्रवृत्ति	अभयदेवाचार्य	सं.		६१-६८	२३	२४		पत्र १ थी ६०, १५१ थी १७९, १८१ थी १८५ नथी.
२३/२	अंतकृद्दशांगसूत्रवृत्ति	अभयदेवाचार्य	सं.		६९-९५	२३	२४		
२३/३	प्रश्नव्याकरणदशांगसूत्रवृत्ति, अपूर्ण	अभयदेवाचार्य	सं.	१३००	९५-२७२	२३	२४		श्रेष्ठ
२४/१	औपपातिकोपांगसूत्र		प्रा.		१-४३	२४(१-२)	२५/२६		
२४/२	औपपातिकोपांगसूत्रवृत्ति	अभयदेवाचार्य	सं.		४४-१५८	२४(१-२)	२५/२६	३१३५	२६०मुं पानुं नथी.
२४/३	राजप्रश्नीयोपांगसूत्र		प्रा.		१५९-२२९	२४(१-२)	२५/२६	२०७९	
२४/४	राजप्रश्नीयसूत्रवृत्ति	मलयगिरि आचार्य	सं.	ले.१४८९	२३०-३४५	२४(१-२)	२५/२६		श्रेष्ठ
२५/१	जीवाभिगमसूत्र		प्रा.		१-१०२	२५(१-२)	२६		
२५/२	जीवाभिगमसूत्र - लघुवृत्ति	हरिभद्राचार्य	सं.		१०३-१३५	२५(१-२)	२६		
२५/३	जंबूद्वीपप्रज्ञप्तिसूत्र		प्रा.	ले.१४८९	१३६-२६५	२५(१-२)	२६	३८५०	
२५/४	जंबूद्वीपप्रज्ञप्ति चूर्णि		सं.	ले.१४८९	२६६-३२९	२५(१-२)	२६		श्रेष्ठ
२६	जीवाभिगमसूत्रवृत्ति	मलयगिरि आचार्य	सं.	ले.१४८९	३३६	२६(१-२)	२७	१४०००	श्रेष्ठ

ग्रंथांक	ग्रंथनुं नाम	कर्ता	भाषा	संवत्	पत्र संख्या	झेरोक्ष	सी.डी.	ग्रंथाग्र	विशेष नोंध
२७	प्रज्ञापनासूत्र	श्यामाचार्य	प्रा.	ले.१३८९	१७०	२७	२८	७८८७	श्रेष्ठ
२८	प्रज्ञापनासूत्रवृत्ति	मलयगिरि आचार्य	सं.	१४००	२२९	२८(१-२)	२८/२९		
२९/१	प्रज्ञापनासूत्र	श्यामाचार्य	प्रा.		२३३	२९(१-२)	३०	ग्रं.८०२०	पत्र ७,१५,१६,१९,५६,२४७,२४९,२५३,
									२६१ थी २६३ नथी. घणा टुकडा छे.
२९/२	प्रज्ञापनासूत्रलघुवृत्ति	हरिभद्र आचार्य	सं.	ले.१४८९	२३४-३५०	२९(१-२)	३०	३९३८	
३०	प्रज्ञापनासूत्रवृत्ति	मलयगिरि आचार्य	सं.	ले.१४८९	३९५	३०(१-२)	३१/३२		श्रेष्ठ
३१/१	जंबूद्वीपप्रज्ञप्तिउपांगसूत्र		प्रा.		१-१६४	३१	३२	४१४६	
३१/२	जंबूद्वीपप्रज्ञप्तिउपांगसूत्र-चूर्णी		प्रा.	ले.१४००	१६५-२३३	३१	३२	१८६०	श्रेष्ठ
३२/१	जंबूद्वीपप्रज्ञप्तिउपांगसूत्र		प्रा.	ले.१३७८	९७	३२	३३	४१४६	पत्र ५७-५८ साथे छे.
३२/२	जंबूद्वीपप्रज्ञप्तिउपांगसूत्र-चूर्णी		प्रा.		१-४०	३२	३३	१८६०	
३२/३	सिद्धप्राभृतसूत्र		प्रा.		४१-४४	३२	३३	गा.१२१	
३२/४	सिद्धप्राभृतसूत्रवृत्ति		प्रा.		४४-६१	३२	३३		
३२/५	निर्यावलिकादिपंचोपांगसूत्र		प्रा.		१-२५	३२	३३	११००	श्रेष्ठ
३३/१	जंबूद्वीपप्रज्ञप्तिउपांगसूत्र		प्रा.		१-१०१	३३	३४	४१४६	
३३/२	जंबूद्वीपप्रज्ञप्तिउपांगसूत्र-चूर्णी		प्रा.		१०२-१४०	३३	३४	१८६०	
३३/३	सिद्धप्राभृतसूत्र		प्रा.		१४१-१४४	३३	३४	गा.१२१	श्रेष्ठ
३३/४	सिद्धप्राभृतसूत्रवृत्ति		प्रा.	ले.१४००	१४४-१६०	३३	३४		
३४/१	सूर्यप्रज्ञप्तिसूत्र		प्रा.		१-१०१	३४	३४		७१ नं. ना बे पानां छे.
३४/२	ज्योतिष्करंडकसूत्र वृत्तिसह	पादलिप्ताचार्य	प्रा.		१०२-१६५	३४	३४	१५८०	
३४/३	ज्योतिष्करंडकसूत्र		प्रा.		१६६-१७९	३४	३४		
३४/४	चंद्रप्रज्ञप्तिसूत्र		प्रा.	ले.१४८९	१८०-२५६	३४	३४	१८३१	
३५	सूर्यप्रज्ञप्तिसूत्रवृत्ति अपूर्ण	मलयगिरि आचार्य	सं.	ले.१४००	२७६	३५	३५	९१२५	पत्र १६३ नथी. ३८-३९ साथे छे. ६८,८३,८४,
									१६५ना टुकडा छे.
३६	सूर्यप्रज्ञप्तिसूत्रवृत्ति	मलयगिरि आचार्य	सं.	ले.१४८९	३१०	३६(१-२)	३६	९१२५	
३७	चंद्रप्रज्ञप्तिसूत्रवृत्ति	मलयगिरि आचार्य	सं.	ले.१४८९	३३५	३७(१-२)	३७	९५००	श्रेष्ठ
३८/१	जम्बूद्वीपप्रज्ञप्तिउपांगसूत्र-चूर्णी		प्रा.		७५	३८ + ३९	३७	१८६०	पत्र २५,२९,३४,४२,५३,६९,७१ नथी. १२,२८,
									५५,५७,६३ नंबरना टुकडा छे. अंक
									विनाना चार पत्र छे.

ग्रंथांक	ग्रंथनुं नाम	कर्ता	भाषा	संवत्	पत्र संख्या	झेरोक्ष	सी.डी.	ग्रंथाग्र	विशेष नोंध
३८/२	सिद्धप्राभृतसूत्र		प्रा.		१-८	३८ + ३९	३७	गा.१२१	पत्र २९ नथी
३८/३	सिद्धप्राभृतसूत्रवृत्ति		प्रा.	१५००	८-४४	३८ + ३९	३७		पत्र २९ नथी
३९/१	निरयावलिकादिउपांगसूत्रपंचक, संपूर्ण		प्रा.		२९-८३	३८ + ३९	३७	११०९	पत्र ११,४४,४५,५०,५१,५३,५५,५६,५८,६२, ६३, ६८,७१,७२,१०४,१०५ नथी.
३९/२	निरयावलिकादिउपांगसूत्रपंचकवृत्ति अपूर्ण	श्रीचंद्रसूरि	सं.	१५००	८३-११४	३८ + ३९	३७		
४०/१	कल्पसूत्र (पर्युषणाकल्प-दशाश्रुतस्कंधसूत्र अष्टमाध्ययन)	भद्रबाहुस्वामी	प्रा.		१-७४	४०	३७		
४०/२	कालिकाचार्यकथा पद्य		प्रा.		७५-८०	४०	३७	गा.८४	
४०/३	पर्युषणाकल्पनिर्युक्ति	भद्रबाहुस्वामी	प्रा.		८१-८६	४०	३७	गा.६७	
४०/४	पर्युषणाकल्पचूर्णी		प्रा.	१४०४	८६-१३३	४०	३७	७००	
४०/५	पर्युषणाकल्पटिप्पनक	पृथ्वीचन्द्रसूरि	सं.		१-२५	४०	३७	६७०	
४०/६	कालिकाचार्यकथा गद्य अपूर्ण		प्रा.		१०३-१२९	४०	३७		
४१/१	दशाश्रुतस्कंधसूत्रचूर्णी		प्रा.		१-५०	४१(१-२)	३८	२२५०	पत्र १६१,१६५,१६७ थी १७३ नथी.
४१/२	दशाश्रुतस्कंधसूत्र	भद्रबाहुस्वामी	प्रा.		५०-९२	४१(१-२)	३८	२०००	
४१/३	दशाश्रुतस्कंधनिर्युक्ति	भद्रबाहुस्वामी	प्रा.		९२-९६	४१(१-२)	३८		
४१/४	महत्पंचकल्प भाष्य	संघदास गणि क्षमाश्रमण	प्रा.		९७-१७४	४१(१-२)	३८	गा.२५७४	
४१/५	पंचकल्पचूर्णी		प्रा.	१३००	१७५-२४९	४१(१-२)	३८	३२३५	
४२/१	कल्पसूत्र (पर्युषणाकल्प-दशाश्रुतस्कंधसूत्र अष्टमाध्ययन)	भद्रबाहुस्वामी	प्रा.		१-१३७	४२ + ४३	३९	१२१६	पत्र ११-१२,१४,२३,३२,३४-३५,४१,४५,४६, ७१ थी ७४,८४,९१ थी ९४,९६,९८,१००,१२८, १५४,१५६ थी १५९,१६४,१६६-१६७ नथी.
४२/२	कालिकाचार्यकथा गद्य अपूर्ण		प्रा.	१४००	१३७-१७५	४२ + ४३	३९		
४३/१	कल्पसूत्र (पर्युषणाकल्प-दशाश्रुतस्कंधसूत्र अष्टमाध्ययन)	भद्रबाहुस्वामी	प्रा.		१-८५	४२ + ४३	३९	१२१६	
४३/२	कालिकाचार्यकथा गद्य		प्रा.		८६-१११	४२ + ४३	३९	३६०	कुल ग्रं. १५७६
४३/३	पर्युषणाकल्पचूर्णी		प्रा.	१४००	११२-१५७	४२ + ४३	३९		
४४/१	कल्पसूत्रवृत्ति (संदेहविषौपधि)	जिनप्रभसूरि	सं.		१-१४६	४४	३९	२१६८	

ग्रंथांक	ग्रंथनुं नाम	कर्ता	भाषा	संवत्	पत्र संख्या	झेरोक्ष	सी.डी.	ग्रंथाग्र	विशेष नोंध
४४/२	कल्पनिर्युक्तिवृत्ति	जिनप्रभसूरि	प्रा.	१५००	१४६-२०१	४४	३९		अंतिम पत्र नथी
४५◆	पर्युषणाकल्पचूर्णी		प्रा.	१५००	१-२७			७००	कागळ पर लखेली पोथी छे. (ताडपत्री भेगो नथी कागळनी पोथी भेगो छे एम लखेल छे पण त्यां पण ग्रंथ मळेल नथी)
४६	कल्पलघुभाष्य(बृहत्कल्पलघुभाष्य)अपूर्ण	संघदासगणि क्षमाश्रमण	प्रा.	१३००	१७९	४६	३९/१९८	६५६८	पत्र १६९, १७१, १७४, १८० थी १८३ नथी पत्र १६७ थी १८३ कागळ उपर नवा लखावेलां छे
४७/१	बृहत्कल्पसूत्र	भद्रबाहुस्वामी	प्रा.		१-१२	४७	४०		१६,२१,२२ बन्ने बाजु कोरा छे. २०,२३नी एक बाजु कोरी छे.
४७/२	कल्पलघुभाष्य	संघदासगणि क्षमाश्रमण	सं.	१४८८	१३-२३८	४७	४०	गा.६६००	
४८	कल्पबृहद्भाष्य प्रथम खंड		प्रा.	१५००	३११	४८(१-२)	४०/४१		पत्र १,२४,२७,२९,२९५ थी २९७,३००,३०९, ३११ नथी. २९०, २९३, २९५, ३०३, ३०६ना टुकडा छे.
४९	कल्पबृहद्भाष्य प्रथमखंड		प्रा.	१४९०	२०२	४९	४१		२५७ मुं पानुं नथी
५०	कल्पचूर्णी		प्रा.	१३८९	३३४	५०(१-२)	४२/४३	१४७८४	पत्र १५६, १६३,२५८,२६७,२७२,३०६ नथी. १४ नं.ना बे पत्र छे. ८८,१७१,३०६,३१३, ३२५ना टुकडा छे.
५१	कल्पचूर्णी अपूर्ण		प्रा.	१५००	२४-३५६	५१(१-२)	४३		पत्र ३ थी २३,२८,२९,४४,४५,४८,३२१, ३२६ थी ३२९,३३१,३३३ थी ३३५,३३८,३४२, ३४४,३४८,३५० थी ३५३ नथी. १,२६,३९,४७, ३०७,३०८,३३२,३३४,३५७ ना टुकडा छे.
५२	कल्पवृत्ति प्रथमखंड मासकल्पप्रकृतपर्यन्त	वृ.क.मलयगिरि आचार्य तथा क्षेमकीर्ति तपा	प्रा.	१४८८	३३१	५२(१-२)	४४/४५		
५३	कल्पवृत्ति द्वितीयखंड	वृ.क. क्षेमकीर्ति तपा.	प्रा.सं.	१४९०	३०८	५३(१-२)	४५	१४१६०	३०४नो टुकडो छे. ७२ नं. बे वार छे.
५४	कल्पवृत्ति तृतीयखंड	वृ.क. क्षेमकीर्ति आचार्य	प्रा.सं.	र.१३३२,१४८९	२९६	५४(१-२)	४६		२०६, २०७ भेगा छे.
५५	कल्पवृत्ति पीठिकासहित प्रथमखंड, मासकल्पप्रकृत पर्यन्त प्रथम उद्देश	वृ.मलयगिरि आचार्य क्षेमकीर्ति तपा	प्रा.सं.	१३७८	२०७	५५(१-२)	४७	१५०००	१ थी ९६ पाना कल्प पीठीकाना छे.

ग्रंथांक	ग्रंथनुं नाम	कर्ता	भाषा	संवत्	पत्र संख्या	झेरोक्ष	सी.डी.	ग्रंथाग्र	विशेष नोंध
५६	कल्पवृत्ति पीठिका अनंतरवर्ती विभाग अपूर्ण	वृ.क. क्षेमकीर्ति आचार्य	प्रा.सं.	१५००	३१५	५६(१-२)	४८		पत्र १,१४३-१४४,१४६,१५१,२०९,२८१ थी २८४,३०२ थी ३१०,३१२ नथी. ३,१४१,१४२, १४५,२८०,२९७,२९९,३०१ना टुकडा छे.
५७	कल्पवृत्ति तृतीयखंड	वृ.क. क्षेमकीर्ति आचार्य	प्रा.सं.	१५००	२८२	५७ (१-२)	४९		पत्र १,२५४,२५७,२७०,२७४,२७६,२७७,२८१ नथी. २५८नो टुकडो छे. अंतनी प्रशस्तिनो भाग अपूर्ण छे
५८/१	कल्पवृत्ति द्वितीयखंड		प्रा.सं.		२८९-३९६	५८	५०		
५८/२	कल्पवृत्ति द्वितीयखंड		प्रा.सं.	१४०३	२७६-४२२	५८	५०		वचमां घणां पाना नथी मात्र २५ जेटला पाना छे.
५८/३	कल्पविशेषचूर्णी		प्रा.		२९	५८	५०		
५८/४	कल्पविशेषचूर्णी		प्रा.		२४९-३०५	५८	५०	११०००	
५८/५	कल्पचूर्णी त्रूटक अपूर्ण		प्रा.			५८	५०		
५८/६	कल्पलघुभाष्य त्रूटक अपूर्ण		प्रा.			५८	५०		त्रूटक अपूर्ण ग्रंथोनी पोथी छे
५९/१	व्यवहारसूत्र	भद्रबाहुस्वामी	प्रा.	१२३६	१-९५	५९ (१-२)	५१/५२	६८८	
५९/२	व्यवहारसूत्र भाष्य		प्रा.		९६-१३६	५९(१-२)	५१/५२	६०००	पत्र १३० थी १४९ नथी. ५७-५८,१९८-१९९ साथे छे. १नं.नो टुकडो छे. १९४, २३१ बे वार छे.
५९/३	व्यवहार-चूर्णी		प्रा.	१२३६	१-२३१		५१/५२		पत्र १३०-१४९ नथी
६०/१	व्यवहारसूत्र	भद्रबाहुस्वामी	प्रा.		१-१९	६०(१-२)	५३		पत्र ४ नथी
६०/२	व्यवहारसूत्र चूर्णी		प्रा.	१४९०	१-३०१	६०(१-२)	५३	१२०००	
६१/१	व्यवहारभाष्य	जिनदासगणि क्षमाश्रमण	प्रा.	१४९०	१-१५५	६१	५४		
६१/२	दशाश्रुतस्कंधनिर्युक्ति	भद्रबाहुस्वामी	प्रा.		१५६-१६१	६१	५४		
६१/३	दशाश्रुतस्कंध चूर्णी		प्रा.		१६१-२२५	६१	५४		
६१/४	दशाश्रुतस्कंघसूत्र	भद्रबाहुस्वामी	प्रा.	१४९०	२२५-२८०	६१	५४		
६२	व्यवहारसूत्रवृत्ति प्रथमखंड प्रथम उद्देश पर्यन्त	वृ.क. मलयगिरि आचार्य	प्रा.सं.	१४८९	३५०	६२(१-२)	५४-५५	१०८७८	३४२ थी ३४४, ३४६,३४७ नथी. १नं नो टुकडो छे. १०५ नं. बे वार छे.
६३	व्यवहारसूत्र वृत्ति द्वितीयखंड २-६ उद्देश पर्यन्त	वृ.क. मलयगिरि आचार्य	प्रा.सं.	१४९०	३७५	६३	५६	१३७१९	पत्र नं. ११४ नथी.

ग्रंथांक	ग्रंथनुं नाम	कर्ता	भाषा	संवत्	पत्र संख्या	झेरोक्ष	सी.डी.	ग्रंथाग्र	विशेष नोंध
६४	व्यवहारसूत्रवृत्ति तृ.खंड ७-१० उद्देश पर्यन्त संपूर्ण	वृ.क. मलयगिरि आचार्य	प्रा.सं.	१४९०	३०७	६४(१-२)	५७		
६५/१	निशीथसूत्र	भद्रबाहुस्वामी	प्रा.		१-१५	६५	५८		
६५/२	निशीथसूत्र भाष्य		प्रा.	१२००	१-१७८	६५	५८	गा.६४३९,७४००	
६६	निशीथसूत्र भाष्य		प्रा.	१५००	२१४	६६	५९		
६७	निशीथसूत्रचूर्णी प्रथमखंड ११ मा उद्देश पर्यन्त किंचिद पूर्ण		प्रा.	१२००	४६४	६७(१-२)	६०		पत्र १८ थी २२,४६,४७,२७१ नथी. ३२,४१, ४३,१४६ना टुकडा छे.
६८/१	निशीथसूत्र	भद्रबाहुस्वामी	प्रा.		१८	६८(१-२)	६१/६२	८१२	पत्र ८,१०,७४,७७,२०८ थी २११,२१५,२२० थी २२३,२२५ थी २२८,२४१, ३२२ नथी.
६८/२	निशीथसूत्रचूर्णी प्रथमखंड अपूर्ण		प्रा.	१५००	१-३२४	६८ (१-२)	६१/६२		
६९	निशीथसूत्रचूर्णी द्वितीयखंड		प्रा.	१५००	२९४	६९(१-२)	६३		५५ नं. नथी.
७०	निशीथसूत्रचूर्णी प्रथमखंड दशम उद्देश पर्यंत		प्रा.	१३००	३३८	७० (१-२)	६३/६४	१७८८४	
७१	निशीथसूत्रचूर्णी द्वितीयखंड		प्रा.	१३००	४१९	७१(१-२)	६५/६६		
७२	महानिशीथसूत्र		प्रा.	१५००	८७	७२	६६	४५४४	
७३	निशीथसूत्र लघुभाष्य		प्रा.	१२००	४-१००	७३	६७		पत्र ९३, ९४ मुं नथी. चार टुकडा छे.
७४/१	दशवैकालिकसूत्र	शय्यंभवसूरि	प्रा.		१-९६	७४ + ७५	६७	७००	पत्र ८४ नथी.
७४/२	पाक्षिकसूत्र		प्रा.	१४००	९७-१४२	७४ + ७५	६७	३००	
७५	निशीथचूर्णी विंशोद्देशक व्याख्या अपूर्ण	श्रीचंद्रसूरि	सं.	१४००	१७२	७४ + ७५	६७		पत्र १ थी ५, ५५ थी ५८, ६०, ६१ नथी
७६	नंदीदुर्गपदवृत्ति	श्रीचंद्रसूरि	सं.	१२२६	३-२२१	७६	६७	३३००	
७७/१	नंदीसूत्र	देववाचक	प्रा.		२६	७७	६७	७००	
७७/२	नंदीसूत्रवृत्ति	मलयगिरि आचार्य	सं.	१४८८	१-२९७	७७	६७	७७३२	
७८	अनुयोगद्वारचूर्णी	जिनदासगणि महत्तर	प्रा.	१५००	६९	७८	६७	२२६८	
७९/१	अनुयोगद्वारसूत्र		प्रा.		१-६६	७९	६८		
७९/२	अनुयोगद्वारसूत्रलघुवृत्ति	हरिभद्र आचार्य	सं.	१५००	६७-१६३	७९	६८		
८०	अनुयोगद्वारसूत्रवृत्ति	मलधारी हेमचंद्रसूरि	सं.	१४००	१८१	८०	६८		संशोधिता प्रति
८१	अनुयोगद्वारसूत्रवृत्ति किंचिदपूर्ण	मलधारी हेमचंद्रसूरि	सं.	१५००	१९४	८१	६९		संशोधिता प्रति. पत्र २८,३६,१९१,१९२ नथी. २९,३०,३१,३२ना टुकडा छे.

ग्रंथांक	ग्रंथनुं नाम	कर्ता	भाषा	संवत्	पत्र संख्या	झेरोक्ष	सी.डी.	ग्रंथाग्र	विशेष नोंध
८२/१	दशवैकालिकसूत्र सटीक	मू.क. शय्यंभवसूरि							
		टी.क. तिलकाचार्य	प्रा.सं.	१३०४	१-१८६	८२(१-२)	७०	७०००	
८२/२	संग्रहणी प्रकरण सटीक	मू.क.श्रीचंद्रसूरी,							
		टी.क.देवभद्रसूरी	प्रा		१८७-२७५	८२(१-२)	७०	३५००	
८२/३	कल्पसूत्र (पर्युषणाकल्प)	भद्रबाहुस्वामी	प्रा		२७६-३०५	८२(१-२)	७०		
८२/४	कल्पसूत्रचूर्णी		प्रा		३०५-३२१	८२(१-२)	७०		
८२/५	कल्पसूत्रनिर्युक्ति	भद्रबाहुस्वामी	प्रा		३२१-३२३	८२(१-२)	७०	गा.६८, १९००	
८२/६	कल्पसूत्र टिप्पनक	पृथ्वीचंद्रसूरि	सं	१४००	३२३-३३८	८२(१-२)	७०		
८३/१	दशवैकालिकसूत्रवृत्ति	हरिभद्रसूरि	सं	१२८९	१-२०२	८३	७१	७०००	
८३/२	दशवैकालिकसूत्रनिर्युक्ति	भद्रबाहुस्वामी		१२८९	२०३-२२१	८३	७१	गा. ४४०	
८३/३	दशवैकालिकसूत्र	शय्यंभवसूरि	प्रा	१२८९	२२२-२४७	८३	७१	७०००	
८४/१	ओघनिर्युक्ति वृत्ति	द्रोणाचार्य	प्रा.सं.	१११७	१-१०५	८४(१-२)	७२		पत्र ८,२०८ नथी.१०, ४६ना टुकडा छे.
									पत्र १०५ मां हाथी अने कमळनां शोभनो छे
८४/२	दशवैकालिकसूत्रवृत्ति	हरिभद्र आचार्य	सं.		१०६-२१२	८४ (१-२)	७२		पत्र २१२ मां हाथी, कळश, श्रीदेवी आदि
									चित्ररूप शोभनो छे.
८४/३	दशवैकालिकनिर्युक्ति अपूर्ण	भद्रबाहुस्वामी	प्रा		१०	८४(१-२)	७२	गा.३७९	पत्र ८मुं नथी
८५/१	दशवैकालिकसूत्रवृत्ति	हरिभद्र आचार्य	सं.		१-१७३	८५(१-२)	७३	७००४	पत्र १७३ मां शोभन छे. पत्र १७५,१७६, १८१,
									१८५,१८६,३४१ नथी.
८५/२	दशवैकालिकचूर्णी	स्थविर अगस्त्यसिंह	प्रा.	१२००	१७४-३४१	८५ (१-२)	७३		पत्र ३३४ मां शोभन छे
८६	दशवैकालिकवृत्ति त्रुटक अपूर्ण	हरिभद्र आचार्य	प्रा.सं.	१३००	२०८	८६	७४		पत्र १ थी ५,७ थी १०,१४,१८,२३,२४,२७ थी
									३१,३३,३४,३७,४०,४१,५१,५४,५७,६६,६८,६९
									८२,१११,११९,१५१,१९२ नथी. ११९ अपूर्ण छे.
८७/१	दशवैकालिकनिर्युक्ति	भद्रबाहुस्वामी	प्रा.		१-१६	८७	७४		वचमां घणा पाना खंडित थएला. घणां पाना
									अनु. १५मी शताब्दीमां लखाएल छे.
									पत्र ६१ नथी.
८७/२	दशवैकालिकवृत्ति	आचार्य हरिभद्र	सं.	१४००	१-१७१	८७	७४	७०००	
८८/१	दशवैकालिकसूत्र निर्युक्ति वृत्ति सह	मू.शय्यंभवसूरि	प्रा.सं.		२७०	८८(१-२)	७५	वृ.ग्रं.७०००	सर्व ग्रं.८२७५. पत्र १३,२१५,२७१,२७२
		नि.भद्रबाहुस्वामी							पत्रो नथी.
		वृ.हरिभद्र आचार्य							

ग्रंथांक	ग्रंथनुं नाम	कर्ता	भाषा	संवत्	पत्र संख्या	झेरोक्ष	सी.डी.	ग्रंथाग्र	विशेष नोंध
८८/२	दशवैकालिक लघुवृत्ति	सुमतिसूरि	सं.	र.१२२०-ले.१४८८	२७२-३५८	८८ (१-२)	७५	२५००	
८९/१	दशवैकालिकचूर्णी		प्रा.	१४८९	१-३५५	८९(१-२)	७६	८४००	
८९/२	दशवैकालिक निर्युक्ति	भद्रबाहुस्वामी	प्रा.	१४९१	३५६-३८०	८९(१-२)	७६	गा.४५०	
९०/१	पिंडनिर्युक्ति (महल्लिया पिंडनिर्युक्ति)	भद्रबाहुस्वामी	प्रा.		१-३०	९०(१-२)	७७	गा. ६९७	
९०/२	पिंडनिर्युक्ति लघुवृत्ति		प्रा.		३१-१०२	९० (१-२)	७७		
९०/३	पिंडनिर्युक्तिबृहद्वृत्ति सह	वृ. मलयगिरि आचार्य	सं.	१४८९	१-२४१	९० (१-२)	७७	७५००	
९१	पिंडनिर्युक्ति वृत्तिसह	नि.क. भद्रबाहुस्वामी,							
		वृ.क. मलयगिरि	प्रा.सं.	१२८९	२००	९१	७८	७२५०	
९२	पिंडनिर्युक्तिवृत्ति	वीरसूरि	सं.	१४००	२४७	९२	७८	७६७१	पत्र २३५,२३७,२४२,२४४,२४६ नथी. बे पत्र
									नंबर विनानां छे.४७ थी ६५ साथे छे.
९३/१	पिंडनिर्युक्ति लघुवृत्ति		प्रा.		१-१३१	९३	७९	२९५०	
९३/२	पिंडनिर्युक्ति	भद्रबाहुस्वामी	प्रा.	१३००	१३२-१७५	९३	७९	गा.७०७	पत्र १, १३१, १३२, १७५ मां सुंदर शोभनो छे.
९४/१	आवश्यकनिर्युक्ति किंचिदपूर्ण	भद्रबाहुस्वामी	प्रा.		६६	९४	७९/८०		पत्र २४, ५४ नथी.
९४/२	उत्तराध्ययनसूत्र		प्रा.	१४८७	५०	९४	७९/८०		१,४,१४,२७,२९,३३,४९ नथी.५,१६,२१,२६
									टुकडा छे.
९५	उत्तराध्ययनसूत्र चूर्णी	गोपालिक महत्तर शिष्य	प्रा.	१४८९	२५३	९५	८०	५८५५	पत्र १६, १९५ नथी.
९६	उत्तराध्ययनसूत्र बृहद्वृत्ति	वादिवेताल शान्तिसूरि	प्रा.सं.	१३००	३९०	९६(१-२)	८१		पत्र १,१०,७८,३०९ नथी.
	पाइयटीका किंचिदपूर्ण	थारापद्रगच्छीय							
९७	उत्तराध्ययनसूत्र बृहद्वृत्ति	वादिवेताल शांतिसूरि	प्रा.सं.	१४९१	२०८	९७	८२		
	द्वितीयखंड (पाइयटीका)	थारापद्रगच्छीय							
९८	उत्तराध्ययनसूत्र सुखबोधावृत्तिसह	वृ.क.नेमिचंद्रसूरि	प्रा.सं.	१३५४	३९५	९८ (१-२)	८२/८३	१४०००	
			अप.						
९९	उत्तराध्ययन सुखबोधावृत्ति सह	वृ.क. नेमिचंद्रसूरि	प्रा.सं.	१४९१	४५५	९९ (१-२)	८४		पत्र ४३ नथी. १७-१८ साथे छे.
			अप.						
१००	उत्तराध्ययनसूत्र सुखावबोधा वृत्ति	नेमिचन्द्रसूरि	प्रा.सं.	१३००	३१७	१००(१-२)	८५		लगभग २०० जेटलां पाना छे. पत्र १थी१४,
	त्रूटक अपूर्ण								१६थी२१,२३थी३४,३७,३९,४३,४५थी४९,
									५१थी७२,७४,७६थी८३,१०४,१८०थी१८२,
									१८४,१८८,२४०,२५०,२९१ नथी.

ग्रंथांक	ग्रंथनुं नाम	कर्ता	भाषा	संवत्	पत्र संख्या	झेरोक्ष	सी.डी.	ग्रंथाग्र	विशेष नोंध
१०१	आवश्यक चूर्णी	जिनदासगणि महत्तर	प्रा.	१४८८	४१२	१०१(१-२)	८५/८६		पुष्पिका धरणाशाहनी घसाएली छे. ३१६ नंबरना बे पाना छे
१०२	आवश्यक चूर्णी अपूर्ण	जिनदासगणि महत्तर	प्रा.	१४००	२-३७९	१०२(१-२)	८७		वचमां घणां पाना खूटे छे. घणा पानाना टूकडा छे.१३७,२०१,२०४,२०५,२१५,२१७, २१९,२२३थी२३१,२३३,२८७,२८८,३१०,३१४, ३१७थी३२०,३३६थी३४०,३६३,३६६, ३७०थी३७७ नथी
१०३	आवश्यक चूर्णी	जिनदासगणि महत्तर	प्रा.	१४००	३३९	१०३ (१-२)	८८		पत्र २,९०,९२,११५,११६, ११८,१२२,२०३,२७८, २८० थी २८३,२८५,२९०,२९१,२९२-२९३, ३१३ नथी
१०४/१	आवश्यकवृत्ति शिष्यहिता प्रथमखंड	हरिभद्र आचार्य	प्रा.सं.	१४८९	३९६	१०४(१-२)	८९/९०/११८		
१०४/२	आवश्यकनिर्युक्ति अपूर्ण	भद्रबाहुस्वामी	प्रा.		९५	१०४(१-२)	८९/९०/११८		२३१ पानुं डबल छे.
१०५	आवश्यकवृत्ति शिष्यहिता द्वितीयखंड	हरिभद्र आचार्य	प्रा.सं.	१४८८	३३१	१०५(१-२)	९०		
१०६	आवश्यकवृत्ति प्रथमखंड	हरिभद्र आचार्य	प्रा.सं.	१४०७	३१३	१०६	९१		पत्र ३०,४६,४७,४९,५०,७४,७६,७९ थी ८१, ८३,८५ थी १२८,३०५,३०७,३०८,३०९, ३११ नथी
१०७	आवश्यकवृत्ति द्वितीयखंड	हरिभद्र आचार्य	प्रा.सं.	१५००	३१०	१०७ (१-२)	९२	१२४००	२७ थी ४०, ७७,२४४ पत्रो नथी.
१०८	आवश्यकवृत्ति टिप्पनक अपूर्ण	मलधारी हेमचंद्रसूरि	सं.		१४६	१०८	९२		पत्र १,६७,६९,७०, ८६ थी १०१,१०३,१०५, १०६,१०८ थी ११७,११९,१२० थी १२९,१३३ थी १४५ नथी. १०४ नं. टुकडो छे.
१०९	विशेषावश्यक महाभाष्य	जिनभद्रगणि क्षमाश्रमण	प्रा.	१५००	७-१०७	१०९	९३	गा.४३१४	पत्र ६१ मुं नथी
११०	आवश्यकवृत्ति प्रथमखंड	मलयगिरि आचार्य	प्रा.सं.	१४९०	२४२	११०	९३		पत्र १३२ मुं नथी
१११	आवश्यकवृत्ति द्वितीयखंड	मलयगिरि आचार्य	प्रा.सं.	१४९१	३२४	१११ (१-२)	९४		
११२	आवश्यकवृत्ति प्रथमखंड	मलयगिरि आचार्य	प्रा.सं.	१३००	२३६	११२ (१-२)	९५		
११३	आवश्यकवृत्ति द्वितीयखंड	मलयगिरि आचार्य	प्रा.सं.	१३००	३१०	११३(१-२)	९५/९६		

ग्रंथांक	ग्रंथनुं नाम	कर्ता	भाषा	संवत्	पत्र संख्या	झेरोक्ष	सी.डी.	ग्रंथाग्र	विशेष नोंध
११४	आवश्यकलघुवृत्ति	तिलकाचार्य	सं.	१४००	३०१	११४	९७		पत्र ५,९,१२,१३,३६,४१,४३,४८,५०,५६थी५८, ६६,६९, ७०,७२,७४,७८,९०,९४,९९,११३,१२४ १२४,१२९थी१३१,१३३थी१३५,१३७,१४० थी १४२,१४४,१४६,१५७,१६१,१६७थी१६९,१७२, १७६,१८९,१९१,२०१,२०३थी२०९,२१२थी२१४, २२३थी२२७,२२९,२३०,२३२थी२३५,२३९,२४१, २४२,२४५थी२४७,२५३थी२६१,२७१थी२७३, २७६,२७८,२८२,२९३,२९४,२९७थी२९९ नथी.
११५	आवश्यकलघुवृत्ति	तिलकाचार्य	सं.	१५००	३२२	११५(१-२)	९८		पत्र ९३,२९५,३२१ नथी. २५८-२५९ साथे छे.
११६	विशेषावश्यकमहाभाष्य	जिनभद्रगणि क्षमाश्रमण	प्रा.	१०००	२८४	११६	९९ / १	गा.४३००	पत्र १,६,८,२२ नथी.
११७	विशेषावश्यकवृत्ति अपूर्ण	कोट्याचार्य	सं.	१५००	३४०	११७	९९ / २		पत्र १४१,३०८,३१२,३१६,३२३,३२९ थी ३३१,३३७,३३८ नथी
११८	विशेषावश्यकवृत्ति प्रथमखंड	वृ. मलधारी हेमचंद्रसूरि	सं.	१५००	३३५	११८(१-२)	१००/१०१	१४०००	
११९	विशेषावश्यकवृत्ति द्वितीयखंड	वृ.क. मलधारी हेमचंद्रसूरि	सं.	११७५,१४८८	३२५	११९(१-२)	१०२	१४०००	पत्र १७४ नथी.
१२०	विशेषावश्यकवृत्ति सह प्रथमखंड अपूर्ण	मू.जिनभद्रगणि क्षमाश्रमण वृ. मलधारी हेमचंद्रसूरि	प्रा.सं.	१४००	३२२	१२०(१-२)	१०३/१०४		पत्र १२३,२९१,२९३ नथी. ५८-५९, १३१-१३२, १३३-१३४ भेगा छे. १२ नं ना बे पत्र छे.
१२१	विशेषावश्यकवृत्तिसह द्वितीयखंड	मू.जिनभद्रगणि क्षमाश्रमण वृ. मलधारी हेमचंद्रसूरि	प्रा.सं.	११७५,१४००	३६४	१२१	१०५		
१२२	ओघनिर्युक्तिबृहद्भाष्य		प्रा.	१४९१	१०१	१२२	१०६	२५१७	
१२३/१	ओघनिर्युक्ति	भद्रबाहुस्वामी	प्रा.		१-३६	१२३	१०६	११६३	पत्र ११, ३३ नथी
१२३/२	ओघनिर्युक्तिवृत्ति		प्रा.	१४८७	१६४	१२३	१०६	६८२५	पत्र १५१ नथी
१२४	ओघनिर्युक्तिवृत्ति	द्रोणाचार्य	प्रा.सं.	१२८९	२४१	१२४ (१-२)	१०७		
१२५	ओघनिर्युक्तिवृत्ति	द्रोणाचार्य	प्रा.सं.	१३००	२३४	१२५	१०८		१४५ थी १६४ पत्रो नथी.
१२६	ओघनिर्युक्ति वृत्तिसह	वृ.क. द्रोणाचार्य	प्रा.सं.	१३००	२३३	१२६	१०९		पत्र ५२ थी ६० नथी.
१२७	पाक्षिकसूत्र वृत्ति सह	वृ.क.यशोदेवसूरि	प्रा.सं.	११८०,१४८८	६८	१२७	१०९	२७००	पत्र ३ नथी
१२८	पाक्षिकसूत्र वृत्ति सह	वृ.क. यशोदेवसूरि	प्रा.सं.	११८०,१५००	८९	१२८	११०		
१२९	पाक्षिकसूत्र वृत्तिसह	वृ.क. यशोदेवसूरि	प्रा.सं.	११८०,१५००	८४	१२९	११०		पत्र ५७, ५८ नथी

ग्रंथांक	ग्रंथनुं नाम	कर्ता	भाषा	संवत्	पत्र संख्या	झेरोक्ष	सी.डी.	ग्रंथाग्र	विशेष नोंध
१३०	आवश्यकनिर्युक्ति अपूर्ण	भद्रबाहुस्वामी	प्रा.	१२००	१४०	१३०	११०		पत्र १ थी ७,९ थी १४,१६,१७,२१,२२,२४, २६,२९,३१,३७,३८,४०,४१,४३थी४५,५३,५७, ५९,६१,६२,६३,१२६,१३८,१३९ नथी.
१३१	आवश्यकनिर्युक्ति	भद्रबाहुस्वामी	प्रा.	११६६	१४१	१३१	११०		
१३२	आवश्यकवृत्तिटिप्पनक	मलधारी हेमचंद्रसूरि	सं.	१३००	३१५	१३२	१११		
१३३	आवश्यकनिर्युक्ति	भद्रबाहुस्वामी	प्रा.	१४००	२-२९१	१३३	१११		अंतिम पत्रना टूकडा थई गया छे
१३४	आवश्यकनिर्युक्ति	भद्रबाहुस्वामी	प्रा.	१४००	२६९	१३४ + १३५	१११	३२८४	पत्र ३२,४१ थी ४८,५६,७८,९७,१३२,१४१ थी १४८,१५६,२६३ नथी
१३५	आवश्यकनिर्युक्ति त्रुटक अपूर्ण	भद्रबाहुस्वामी	प्रा.	१५००	१८७	१३४ + १३५	१११		१,५२,५४,८७,८८,९५,९६,१०४,१०७, ११६,११८, १२५,१४५,१६१,१६३,१६५ थी १६७,१७१ थी १७३,१७६,१८९,१८१,१८४
१३६/१	षडावश्यकसूत्रवृत्ति	नमिसाधु	सं.	र.११२२-ले.१२९८	१-९१	१३६ + १३७	११२	१५५०	
१३६/२	श्रावकधर्मविधितंत्रप्रकरणवृत्ति		सं.		९१-१४६	१३६ + १३७	११२	९००	
१३६/३	श्रावकधर्मविधितंत्रप्रकरणवृत्ति मूल		प्रा.		१४६-१५२	१३६ + १३७	११२	गा.७७	
१३७	षडावश्यकसूत्रवृत्ति	नमिसाधु	सं.	र.११२२-ले.१४००	१४६	१३६ + १३७	११२	१५५०	पत्र ४,८४,९८,१०२,१२३ नथी.
१३८	ललितविस्तरावृत्तिसंक्षेप (चैत्यवंदनासूत्रवृत्ति)	हरिभद्र आचार्य	सं.	१३००	२८	१३८	११२		
१३९/१	चैत्यवंदनासूत्रचूर्णी	यशोदेवसूरि	प्रा.	र.११७४	१-६०	१३९	११२	८४०	पत्र १, २ नथी
१३९/२	वंदनकसूत्रचूर्णी अपूर्ण	यशोदेवसूरि	प्रा.		६०-८१	१३९	११२		
१३९/३	प्रत्याख्यानस्वरूपप्रकरण त्रूटक	यशोदेवसूरि	प्रा.	१४००	१४७-१५२	१३९	११२	गा.२५० थी ३२९	
१४०/१	चैत्यवंदनासूत्रचूर्णी	यशोदेवसूरि	प्रा.	र.११७४	६३	१४०	११२	८४०	
१४०/२	वंदनकसूत्रचूर्णी	यशोदेवसूरि	प्रा.		१-४८	१४०	११२	७०७	
१४०/३	इरियावहियादंडकचूर्णी	यशोदेवसूरि	प्रा.		४८-५८	१४०	११२	१५०	
१४०/४	प्रत्याख्यानस्वरूपप्रकरण गाथाबद्ध	यशोदेवसूरि	प्रा.		५८-८४	१४०	११२	गा.३२९,ग्रं४००	
१४१/१	चैत्यवंदनासूत्रवृत्ति	श्रीचंद्रसूरि	सं.		१-२८	१४१	११२	५४०	
१४१/२	वंदनकसूत्रवृत्ति	श्रीचंद्रसूरि	सं.		२८-६६	१४१	११२		
१४१/३	प्रत्याख्यानसूत्रवृत्ति	श्रीचंद्रसूरि	सं.		६६-७९	१४१	११२	९२०(त्रणेना)	

ग्रंथांक	ग्रंथनुं नाम	कर्ता	भाषा	संवत्	पत्र संख्या	झेरोक्ष	सी.डी.	ग्रंथाग्र	विशेष नोंध
१४१/४	श्राद्धप्रतिक्रमणसूत्रवृत्ति	श्रीचंद्रसूरि	सं.	र.१२२२-ले.१४००	८०-१८२	१४१	११२	१९५०	आ प्रतिमां जीर्ण थयेला अंतना पाना सं.
									१६६५मां नवा उमेरेला छे.
१४२	चैत्यवंदनादिविवरण अपूर्ण		सं.	१४००	५४	१४२ + १४३	११२		पत्र ३८,३९,४३,४५ थी ४८, ५१ नथी
१४३	यतिप्रतिक्रमणसूत्रवृत्ति		सं.	१५००	२८	१४२ + १४३	११२		
१४४	पाक्षिकसूत्रचूर्णी		प्रा.	१४००	२६	१४४ + १४५	११२	४१५	
१४५	पाक्षिकसूत्र वृत्तिसह	वृ.क.यशोदेवसूरि	प्रा.सं.	र.११८०-ले.१३००	९६	१४४ + १४५	११३		प्रशस्ति अपूर्ण छे. पत्र २ जुं नथी.
१४६/१	चतुःशरणप्रकीर्णक	वीरभद्रगणि	प्रा.		१-६	१४६ + १४७	११३	गा.६३	
१४६/२	आतुरप्रत्याख्यानप्रकीर्णक	वीरभद्रगणि	प्रा.		६-१२	१४६ + १४७	११३	गा.७७	
१४६/३	भक्तपरिज्ञाप्रकीर्णक	वीरभद्रगणि	प्रा.		१२-२६	१४६ + १४७	११३	गा.१७२	
१४६/४	संस्तारकप्रकीर्णक		प्रा.		२६-३५	१४६ + १४७	११३	गा.१२२	
१४६/५	गच्छाचारप्रकीर्णक		प्रा.		३५-४६	१४६ + १४७	११३	गा.१३७	
१४६/६	मरणविधिप्रकीर्णक		प्रा.		४६-९७	१४६ + १४७	११३	गा.६५३	
१४६/७	गणिविद्याप्रकीर्णक		प्रा.		९७-१०२	१४६ + १४७	११३		
१४६/८	चंद्रवेध्यकप्रकीर्णक		प्रा.		१०२-११५	१४६ + १४७	११३	गा.१७४	
१४६/९	चतुःशरणप्रकीर्णक	वीरभद्रगणि	प्रा.	१५००	११५-११८	१४६ + १४७	११३		पत्र १२,३६,५७,७० थी ७३, ११४ नथी.पत्र
									४,८,१०,३२,३९,४२,४४,६०,६७,७६,७९,८०,
									१०१ थी १०५ ना टुकडा छे.
१४७	सर्वसिद्धान्तविषमपदपर्याय		सं.	१४९३	१५२	१४६ + १४७	११३	२३६४	
१४७/१	नंदीविषमपदपर्याय		सं.		१-७	१४६ + १४७	११३		
१४७/२	आवश्यकवृत्तिविषमपदपर्याय		सं.		७-३९	१४६ + १४७	११३		
१४७/३	आवश्यकवृत्तिविषमपदपर्याय		सं.		३९-५४	१४६ + १४७	११३		
१४७/४	दशवैकालिकविषमपदपर्याय		सं.		५४-६४	१४६ + १४७	११३		
१४७/५	ओघनिर्युक्ति विषमपदपर्याय		सं.		६४-६६	१४६ + १४७	११३		
१४७/६	पिंडनिर्युक्ति विषमपदपर्याय		सं.		६६-६८	१४६ + १४७	११३		
१४७/७	पिंडनिर्युक्ति कतिचिद्गाथावृत्ति		सं.		६८-७७	१४६ + १४७	११३		
१४७/८	पिंडनिर्युक्ति विषमगाथाविवरण		सं.		७७-८३	१४६ + १४७	११३		
१४७/९	उत्तराध्ययनबृहद् वृत्तिपर्याय		सं.		८३-९५	१४६ + १४७	११३		
१४७/१०	आचारांगपर्याय		सं.		९५-१०३	१४६ + १४७	११३		

ग्रंथांक	ग्रंथनुं नाम	कर्ता	भाषा	संवत्	पत्र संख्या	झेरोक्ष	सी.डी.	ग्रंथाग्र	विशेष नोंध
१४७/११	सूत्रकृतांगपर्याय		सं.		१०३-१०५	१४६ + १४७	११३		
१४७/१२	स्थानाङ्गपर्याय		सं.		१०५-११४	१४६ + १४७	११३		
१४७/१३	समवायांगपर्याय		सं.		११५-१२१	१४६ + १४७	११३		
१४७/१४	भगवतीसूत्रपर्याय		सं.		१२१-१३१	१४६ + १४७	११३		
१४७/१५	जीवाभिगमसूत्रपर्याय		सं.		१३१-१३७	१४६ + १४७	११३		
१४७/१६	प्रज्ञापनासूत्रपर्याय		सं.		१३७-१३९	१४६ + १४७	११३		
१४७/१७	प्रज्ञापनाविवरणविषमपदपर्याय		सं.		१३९-१४३	१४६ + १४७	११३		
१४७/१८	जीतकल्पविषमपदपर्याय		सं.		१४३-१५२	१४६ + १४७	११३		
१४८	ज्योतिष्करंडकसूत्र वृत्तिसह	वृ.क.मलयगिरिसूरि	प्रा.सं.	१४८९	२३३	१४८(१-२)	११३	५०००	
१४९	अंगविद्याप्रकीर्णक		प्रा.	१४८८	२४१	१४९	११४	९०००	
१५०	प्रकरणपोथी		प्रा	१३००	२०५	१५० + १५१	११४		
१५०/१	बृहत्संग्रहणीप्रकरण	जिनभद्रगणि क्षमाश्रमण	प्रा.	१३००	१-५७	१५० + १५१	११४	गा.५७९	पत्र १,२ नथी.
१५०/२	बृहत्क्षेत्रसमासप्रकरण	जिनभद्रगणि क्षमाश्रमण	प्रा.	१३००	५८-१२१	१५० + १५१	११४	८७५, गा.६४०	
१५०/३	कर्मस्तव-प्राचीन द्वितीय कर्मग्रंथ		प्रा.	१३००	१२१-१३५	१५० + १५१	११४	गा.५८	
१५०/४	कर्मविपाक-प्राचीन प्रथमकर्मग्रंथ	गर्गर्षि	प्रा.		१२६-१४०	१५० + १५१	११४	गा. १६९	
१५०/५	शतक-प्राचीन पंचमकर्मग्रंथ	शिवशर्मसूरि	प्रा.	१३००	१४०-१५०	१५० + १५१	११४	गा.१११	
१५०/६	सित्तरी-षष्ठकर्मग्रंथ		प्रा.	१३००	१५०-१५८	१५० + १५१	११४	गा.९१	
१५०/७	आगमिकवस्तुविचारसारप्रकरण-प्राचीन चतुर्थकर्मग्रंथ	जिनवल्लभगणि	प्रा.	१३००	१५९-१७०	१५० + १५१	११४	गा.१०३	
१५०/८	सूक्ष्मार्थविचारसारप्रकरण (सार्धशतक)	जिनवल्लभगणि	प्रा.	१३००	१७०-१८५	१५० + १५१	११४	गा.१६४	
१५०/९	कर्मविचारसारप्रकरण		प्रा.	१३००	१८६-२००	१५० + १५१	११४	गा.१६५	
१५०/१०	बंधस्वामित्व-प्राचीन तृतीयकर्मग्रंथ		प्रा.	१३००	२००-२०५	१५० + १५१	११४	गा.५४	
१५१	प्रकरणपोथी		प्रा.	१४००	१५४	१५० + १५१	११४		
१५१/१	पर्यन्ताराधनाप्रकरण	सोमसूरि	प्रा.	१४००	१-९	१५० + १५१	११४	गा.६९	
१५१/२	विवेकमंजरीप्रकरण	आसड	प्रा.	१२४८,१४००	९-२९	१५० + १५१	११४		
१५१/३	चउसरण		प्रा.	१४००	२९-३३	१५० + १५१	११४	गा.२७	
१५१/४	आतुरप्रत्याख्यान		प्रा	१४००	३४-३९	१५० + १५१	११४		
१५१/५	आराधनाप्रकरण	अभयदेवसूरि	प्रा.	१४००	३९-५२	१५० + १५१	११४	गा.८५	

ग्रंथांक	ग्रंथनुं नाम	कर्ता	भाषा	संवत्	पत्र संख्या	झेरोक्ष	सी.डी.	ग्रंथाग्र	विशेष नोंध
१५१/६	वैराग्यकुलक-धर्माधर्मफलकुलक		प्रा.	१४००	५२-५४	१५० + १५१	११४	गा.१३	
१५१/७	मिथ्यादुष्कृतकुलक		प्रा.	१४००	५४-५६	१५० + १५१	११४	गा.१६	
१५१/८	आलोचनाकुलक		प्रा.	१४००	५६-५८	१५० + १५१	११४	गा.१२	
१५१/९	आत्मविशुद्धिकुलक		प्रा.	१४००	५८-६१	१५० + १५१	११४	गा.२४	
१५१/१०	आराधनाकुलक		प्रा.	१४००	६१-६३	१५० + १५१	११४	गा.११	
१५१/११	वैराग्यकुलक		प्रा.	१४००	६३-६७	१५० + १५१	११४	गा.२९	
१५१/१२	उपदेशकुलक		प्रा.	१४००	६७-७८	१५० + १५१	११४	गा.७४	
१५१/१३	नवकारफलकुलक		प्रा.	१४००	७८-८४	१५० + १५१	११४	गा.३३	
१५१/१४	मिथ्यादुष्कृतकुलक		प्रा.	१४००	८४-८६	१५० + १५१	११४	गा.२०	
१५१/१५	संवेगमंजरी	देवभद्रसूरि	प्रा.	१४००	८७-९२	१५० + १५१	११४	गा.३२	
१५१/१६	संजममंजरी	महेश्वरसूरि	अप.	१४००	९२-९७	१५० + १५१	११४	गा.३५	
१५१/१७	भावनाकुलक-वैराग्यकुलक	देवेन्द्रसूरि	प्रा.	१४००	९८-१०१	१५० + १५१	११४	गा.२२	
१५१/१८	भावनाकुलक		अप.	१४००	१०१-१०५	१५० + १५१	११४	गा.२१	
१५१/१९	उपदेशकुलक	जिनप्रभसूरि	अप.	१४००	१०६-११३	१५० + १५१	११४	गा.३२	
१५१/२०	आराधना		सं.	१४००	११३-१२०	१५० + १५१	११४	४०	
१५१/२१	भावनासंधि	जसदेवमुनि(यशोदेवमुनि)	अप.	१४००	१२१-१३६	१५० + १५१	११४	गा.११	
१५१/२२	आराधना		प्रा.	१४००	१४८-१४९	१५० + १५१	११४	गा.८	पत्र १३६ थी १४९ नथी
१५१/२३	भावनाकुलक	सोमदेव	प्रा.	१४००	१४९-१५१	१५० + १५१	११४	गा.१७	
१५१/२४	महर्षिकुलक		अप.	१४००	१५१-१५४	१५० + १५१	११४	गा.२७	
१५२	प्रवचनसारोद्धार	नेमिचन्द्रसूरि	प्रा.	१४००	१७४	१५२ + १५३	११५	२०००	
१५३/१	उपदेशपदप्रकरण	हरिभद्र आचार्य	प्रा.		१-८५	१५२ + १५३	११५	गा.१०४०	
१५३/२	जीवसमासप्रकरण		प्रा.		८५-११४	१५२ + १५३	११५	गा.२७०	
१५३/३	प्रवचनसंदोह		प्रा.	१३००	११४-१३७	१५२ + १५३	११५		
१५४	प्रकरणपोथी		प्रा.सं.	१२१०-१२१५	१६५ + १५ + ८=१८८				
१५४/१	श्रावकषडावश्यकसूत्र		प्रा.सं.	१२१०	१-१४	१५४	११५		
१५४/२	पंच्रलिंगीप्रकरण	जिनेश्वरसूरि	प्रा.	र.१२१०,१२१५	१४-२६	१५४	११५	गा.१०१	
१५४/३	श्रावक्रवक्तव्यताप्रकरण	जिनेश्वरसूरि	प्रा.	१२१०	२३-३५	१५४	११५	गा.१०३	

ग्रंथांक	ग्रंथनुं नाम	कर्ता	भाषा	संवत्	पत्र संख्या	झेरोक्ष	सी.डी.	ग्रंथाग्र	विशेष नोंध
१५४/४	पिंडविशुद्धिप्रकरण	जिनवल्लभगणि	प्रा.	१२१०	३५-४५	१५४	११५	गा.१०३	
१५४/५	आगमोद्धारगाथा		प्रा.	१२१०	४५-५१	१५४	११५	गा.७१	
१५४/६	पौषधविधिप्रकरण	जिनवल्लभगणि	प्रा.	१२१०	५२-६४	१५४	११५		
१५४/७	पंचकल्याणकस्तोत्र		प्रा.	१२१०	६५-६७	१५४	११५	गा.२६	
१५४/८	लघुअजितशांतिस्तव	जिनवल्लभगणि	प्रा.	१२१०	६७-७०	१५४	११५	गा.१७	
१५४/९	अजितशांतिस्तोत्र	नंदिषेण	प्रा.	१२१०	७०-७५	१५४	११५	गा.४०	
१५४/१०	पर्यन्ताराधनाप्रकरण	सोमसूरी	प्रा.	१२१०	७५-८२	१५४	११५	गा.८४	
१५४/११	आउरपच्चक्खाण		प्रा.	१२१०	८२-८६	१५४	११५		
१५४/१२	धर्मलक्षण		सं.	१२१०	८६-८७	१५४	११५		
१५४/१३	प्रश्नोत्तररत्नमालिका	विमलाचार्य	सं.	१२१०	८७-९०	१५४	११५	आ.२७	
१५४/१४	नवतत्त्वप्रकरण भाष्यसह	मू.देवगुप्तसूरि,							
......	(नवतत्त्वप्ररूपणाप्रकरण)	भा. अभयदेवसूरि	प्रा.	१२१०	९१-१०३	१५४	११५	गा.१५२	
१५४/१५	नवपदप्रकरण	जिनचन्द्रगणि	प्रा.	१२१०	१०३-११६	१५४	११५	गा.१३९	
१५४/१६	श्रावकधर्मविधिप्रकरण		प्रा.	१२१०	११६-१२१	१५४	११५	गा.१७०	
१५४/१७	कर्मप्रकृतिसंग्रहणी	शिवशर्मसूरि	प्रा.	१२१०	१२१-१६२	१५४	११५	गा.४७७	
१५४/१८	जिनविज्ञप्तिका	जिनवल्लभगणि	प्रा.	१२१०	१६२-१६५	१५४	११५	गा.३७	
१५४/१९	स्वप्नसप्ततिकाप्रकरणगत गाथा सटीक		प्रा.सं.	१२९५	१-१५	१५४	११५	२५०, मू.गा.३८	
१५४/२०	बोट्टिकनिराकरण		प्रा.	१२९५	१-८	१५४	११५	गा.११५	
१५५	प्रकरणपोथी		प्रा.	१२२२	१६२ + १७	१५५	११५		
......					+ ३१ = २१०				
१५५/१	श्राद्धदिनकृत्यप्रकरण	देवेन्द्रसूरि	प्रा.	१२२२	१-३७	१५५	११५	गा.५७०	पत्र १२५ नथी.
१५५/२	धर्मरत्नप्रकरण	शान्तिसूरि	प्रा.	१२२२	३७-४७	१५५	११५	गा.१४५	
१५५/३	नवतत्त्वप्रकरण भाष्यसह	मू.क.देवगुप्तसूरि							
......		भा.क. अभयदेवसूरि	प्रा.	१२२२	४७-५९	१५५	११५	गा.१५२	
१५५/४	धर्मोपदेशमालाप्रकरण	वीरचन्द्र शिष्य	प्रा.	१२२२	६०-९५	१५५	११५	गा.५०२	
१५५/५	शालिभद्रचरित्र गाथाबद्ध		प्रा.	१२२२	९५-१०५	१५५	११५		
१५५/६	श्रावकव्रतभंगकुलक		प्रा.	१२२२	१०५-१०७	१५५	११५	गा.३०	
१५५/७	उपदेशमालाप्रकरण-पुष्पमालाप्रकरण	मलधारी हेमचन्द्रसूरि	प्रा.	१२२२	१०७-१५५	१५५	११५	गा.५०५	

ग्रंथांक	ग्रंथनुं नाम	कर्ता	भाषा	संवत्	पत्र संख्या	झेरोक्ष	सी.डी.	ग्रंथाग्र	विशेष नोंध
१५५/८	तपश्चरणभेदस्वरूपप्रकरण	चक्रेश्वरसूरि	प्रा.	१२१३,१२२२	१५६-१६१	१५५	११५	गा.५४	
१५५/९	त्रयोदशभेदनवकारस्वरूपकुलक		प्रा.	१२२२	१६१-१६२	१५५	११५	गा.१४	
१५५/१०	विचारमुखप्रकरण	अमरचन्द्रसूरि	प्रा.	१२२२	१-१७	१५५	११५	गा.१४१	
१५५/११	बृहत्संग्रहणीप्रकरण	जिनभद्रगणि क्षमाश्रमण	प्रा.	१२२२	१-३१	१५५	११५	गा.३६६	
१५६	प्रकरणपोथी		प्रा.सं.	११९२	१२७+४+१० +६+३४=१८१	१५६	११६		
१५६/१	श्रावकवक्तव्यता-षट्स्थानकप्रकरण	जिनेश्वरसूरि	प्रा.	११९२	१-७	१५६	११६	गा.१०३	पत्र १,४,६०,६३ थी ६५ नथी.
१५६/२	पंचलिंगीप्रकरण	जिनेश्वरसूरि	प्रा.	११९२	७-१५	१५६	११६	गा.१०१	
१५६/३	आगमोद्धारगाथा		प्रा.	११९२	१५-१९	१५६	११६	गा.७१	
१५६/४	मिथ्यात्व मथना कुलक		प्रा.	११९२	१९-२१	१५६	११६	गा.२६	
१५६/५	दानविधिकुलक		प्रा.	११९२	२१-२३	१५६	११६	गा.२५	
१५६/६	धूमावलि		प्रा.अप	११९२	२३-२७	१५६	११६	गा.५४	
१५६/७	जिनस्नात्रविधि चतुष्पर्वात्मक	वादिवेताल शांतिसूरि	सं.	११९२	२७-३३	१५६	११६	का.७४	
१५६/८	प्रातिहार्यस्तोत्र कुसुमाञ्जलिस्तोत्र नंदीश्वरस्तोत्र	मानतुंगसूरि	प्रा.	११९२	३४-३७	१५६	११६	कडी ९ + ५ + १० = २४	
१५६/९	थेरावली-नन्दीसूत्रगता	देववाचक	प्रा	११९२	३७-४०	१५६	११६	गा.५०	
१५६/१०	श्रावकधर्मविधितन्त्रप्रकरण	हरिभद्रसूरि	प्रा.	११९२	४०-४८	१५६	११६	गा.१२०	
१५६/११	नाणाचित्तयप्रकरण		प्रा	११९२	४८-५३	१५६	११६	गा.८१	
१५६/१२	कथानककोशसूत्र	जिनेश्वराचार्य	प्रा.	११९२	५३-५६	१५६	११६	गा.३०	
१५६/१३	जिनदत्तसूरिस्वाध्याय अपूर्ण		अप	११९२	५७-५९	१५६	११६		पत्र ६० मुं नथी
१५६/१४	त्रूटक कुलक		प्रा.	११९२	६१-६२	१५६	११६	गा.३२	पत्र ६३-६५ नथी
१५६/१५	आराधना		प्रा.	११९२	६६-६९	१५६	११६	गा.३६	
१५६/१६	ज्ञानमाहात्म्यप्रकरण		प्रा.	११९२	६९-७३	१५६	११६	गा.५६	
१५६/१७	आराधनाप्रकरण अपूर्ण		प्रा.	११९२	७३-७५	१५६	११६		
१५६/१८	चतुर्विंशतिजिनकल्याणकस्तोत्र चतुर्विंशतिका		प्रा.	११९२	७६-८४	१५६	११६		
१५६/१९	ऋषभ-शान्ति-नेमि-पार्श्व-महावीरजिनपंचकस्तोत्रपंचक	जिनवल्लभसूरि	प्रा.	११९२	८४-९०	१५६	११६	गा.२५+३३+१५ +१५+१५=१०३	

ग्रंथांक	ग्रंथनुं नाम	कर्ता	भाषा	संवत्	पत्र संख्या	झेरोक्ष	सी.डी.	ग्रंथाग्र	विशेष नोंध
१५६/२०	अजितशांतिस्तव	जिनवल्लभसूरि	प्रा.	११९२	९०-९२	१५६	११६	गा.१७	
१५६/२१	जिनविज्ञप्तिका	जिनवल्लभसूरि	प्रा.	११९२	९२-९४	१५६	११६	गा.३७	
१५६/२२	लघुशांतिस्तोत्र	मानदेवसूरि	सं.	११९२	९५-९५/२	१५६	११६	आ.१७	
१५६/२३	महावीरपंचकल्याणकस्तोत्र		प्रा.	११९२	९५/२-९६	१५६	११६	गा.१३	
१५६/२४	प्रव्रज्याविधानकुलक		प्रा.	११९२	९६-९८	१५६	११६	गा.२८	
१५६/२५	चउसरण		प्रा.	११९२	९८-१००	१५६	११६	गा.२५	
१५६/२६	चतुर्जिनकल्याणस्तोत्र		प्रा.	११९२	१०० मुं	१५६	११६	गा.१०	
१५६/२७	जयतिहुयणस्तोत्र	अभयदेवसूरि	अप.	११९२	१०१-१०४	१५६	११६	कडी.३०	
१५६/२८	सुगुरुगुणसंथवसत्तरिया	सोमचंद्रसूरि	प्रा.	११९२	१०४-१०९	१५६	११६	गा.७५	
१५६/२९	चतुस्त्रिंशदतिशयस्तोत्र		प्रा.	११९२	१०९ मुं	१५६	११६	गा.१३	
१५६/३०	युगप्रधानगुरुसुरूपदेशिकुलक	जिनदत्तसूरि	प्रा.	११९२	११०-१११	१५६	११६	गा.३४	
१५६/३१	विश्रुतश्रुतस्तव	जिनदत्तसूरि	प्रा.	११९२	१११-११३	१५६	११६	गा.२७	
१५६/३२	श्रावकआवश्यकसूत्र		प्रा.	११९२	११३-१२२	१५६	११६		
१५६/३३	आलोयणाविधिप्रकरण	अभयदेवसूरि	प्रा.	११९२	१२२-१२३	१५६	११६	गा.२५	
१५६/३४	नमिऊणस्तोत्र		प्रा.	११९२	१२४-१२५	१५६	११६	गा.२१	
१५६/३५	पार्श्वनाथस्तोत्र	जिनचन्द्रसूरि	प्रा.	११९२	१२५-१२६	१५६	११६	गा.११	
१५६/३६	गुरुपारतंत्र्यकुलक		प्रा.	१११५	१२६-१२७	१५६	११६	गा.२१	
१५६/३७	गुरुपरिवाडी	पल्हकवि	अप.	११९२	४	१५६	११६	कडी १०	
१५६/३८	अजितशान्तिस्तोत्र	नंदिषेण	प्रा.	११९२	५-१०	१५६	११६	गा.३९	
१५६/३९	चतुर्विंशतितीर्थकरस्तुतिचतुर्विंशतिका	जिनवल्लभगणि	प्रा.	११९२	६	१५६	११६	गा.९६	
१५६/४०	आत्मानुशासन	जिनेश्वराचार्य	प्रा.	११९२	१-४	१५६	११६	गा.४०	
१५६/४१	उपदेशमालाप्रकरण	धर्मदासगणि	प्रा.	११९२	४-३४	१५६	११६	गा.५४१	
१५७	प्रकरणपोथी		प्रा.सं.	१३१०	२६१	१५७	११६		
१५७/१	उपदेशमालाप्रकरण	धर्मदासगणि	प्रा.	१३१०	१-४७	१५७	११६	गा.५४३	
१५७/२	बृहत्संग्रहणीप्रकरण	जिनभद्रगणि क्षमाश्रमण	प्रा.	१३१०	४८-१०२	१५७	११६	गा.५२४	
१५७/३	योगशास्त्र आद्यप्रकाशचतुष्टय	हेमचंद्र आचार्य	सं.	१३१०	१०२-१५०	१५७	११६		
१५७/४	पुष्पमालाप्रकरण	मलधारी हेमचन्द्रसूरि	प्रा.	१३१०	१५०-२०६	१५७	११६	गा.५०५	
१५७/५	हितोपदेशामृतप्रकरण	प्रभानन्दसूरि	प्रा.	१३१०	२०७-२६१	१५७	११६	गा.५२५	

ग्रंथांक	ग्रंथनुं नाम	कर्ता	भाषा	संवत्	पत्र संख्या	झेरोक्ष	सी.डी.	ग्रंथाग्र	विशेष नोंध
१५८	प्रकरणपोथी		प्रा.सं.	१४००	२०४	१५८ + १५९	११६		
१५८/१	उपदेशमालाप्रकरण टिप्पणीसह	धर्मदासगणि	प्रा.	१४००	१-४३	१५८ + १५९	११६	गा.५४१	पत्र १ तथा २ मां चित्र छे
१५८/२	योगशास्त्रआद्यप्रकाशचतुष्टय	हेमचन्द्राचार्य	सं.	१४००	४४-७५	१५८ + १५९	११६		
१५८/३	विवेकमंजरीप्रकरण	आसड	प्रा.	र.१२४८-ले.१४००	७५-८६	१५८ + १५९	११६	गा.१४४	
१५८/४	धर्मोपदेशमालाप्रकरण		प्रा.	१४००	८६-९४	१५८ + १५९	११६	गा.१०३	
१५८/५	षट्स्थानकप्रकरण	प्रद्युम्नसूरि	प्रा.	१४००	९४-१०८	१५८ + १५९	११६	२२०	
१५८/६	जंबूद्वीपक्षेत्रसमासप्रकरण		प्रा.	१४००	१०९-११६	१५८ + १५९	११६	गा.८६	
१५८/७	श्रावकप्रतिक्रमणसूत्र		प्रा.	१४००	११६-१२०	१५८ + १५९	११६	गा.६१	
१५८/८	पंचसूत्रसत्क प्रथमसूत्र		प्रा.	१४००	१२०-१२३	१५८ + १५९	११६		
१५८/९	गौतमपृच्छा		प्रा.	१४००	१२३-१२७	१५८ + १५९	११६	गा.५३	
१५८/१०	थेरावली (नंदीसूत्रान्तर्गता)	देववाचक	प्रा.	१४००	१२७-१३१	१५८ + १५९	११६	गा.५०	
१५८/११	अजितशांतिस्तोत्र	नंदिषेण	प्रा.	१४००	१३१-१३६	१५८ + १५९	११६	गा.४०	
१५८/१२	प्रश्नोत्तररत्नमाला	विमलाचार्य	सं.	१४००	१३६-१३८	१५८ + १५९	११६	आ.२८	
१५८/१३	धर्मलक्षण		सं.	१४००	१३८-१३९	१५८ + १५९	११६		
१५८/१४	उपदेशमालाप्रकरण-पुष्पमालाप्रकरण	मलधारी हेमचन्द्रसूरि	प्रा.	१४००	१४०-१८०	१५८ + १५९	११६	गा.५०५	
१५८/१५	आत्मानुशासन	पार्श्वनाग	सं.	१०४२,१४००	१८०-१८७	१५८ + १५९	११६	आ.७७	
१५८/१६	उपदेशकंदली	आसड	प्रा.	१४००	१८७-१९८	१५८ + १५९	११६	गा.१२४	
१५८/१७	भक्तामरस्तोत्र	मानतुंगसूरि	सं.	१४००	१९८-२०३	१५८ + १५९	११६	का.४४	
१५८/१८	नवकारसारस्तव	मानतुंगसूरि	प्रा.	१४००	२०३-२०४	१५८ + १५९	११६	गा.३१	
१५९	प्रकरणपुस्तिका		प्रा.	१३४५	१६७	१५८ + १५९	११६		
१५९/१	उपदेशमालाप्रकरण	धर्मदासगणि	प्रा.	१३४५	१-६९	१५८ + १५९	११६	गा.५४४	
१५९/२	धर्मोपदेशमालाप्रकरण	जयसिंहसूरि	प्रा.	१३४५	६९-८२	१५८ + १५९	११६	गा.१०३	
१५९/३	षट्स्थानप्रकरण	जिनेश्वरसूरि	प्रा.	१३४५	८२-१०८	१५८ + १५९	११६	गा.१९१	
१५९/४	मूलशुद्धिप्रकरण		प्रा.	१३४५	१०८-१११	१५८ + १५९	११६	गा.२२	
१५९/५	श्रावकप्रतिक्रमणसूत्र (वंदित्तासूत्र)		प्रा.	१३४५	१११-११७	१५८ + १५९	११६	गा.५०	
१५९/६	प्रव्रज्याविधानप्रकरण		प्रा.	१३४५	११८-१२०	१५८ + १५९	११६	गा.२४	
१५९/७	पंचसूत्रसत्क पापप्रतिघात-गुणबीजाधाननामक प्रथम सूत्र		प्रा.	१३४५	१२०-१२५	१५८ + १५९	११६		

ग्रंथांक	ग्रंथनुं नाम	कर्ता	भाषा	संवत्	पत्र संख्या	झेरोक्ष	सी.डी.	ग्रंथाग्र	विशेष नोंध
१५९/८	संक्षिप्त आराधना		प्रा.	१३४५	१२५-१३०	१५८ + १५९	११६	गा.३५	
१५९/९	चतुःशरणप्रकीर्णक		प्रा.	१३४५	१३१-१३४	१५८ + १५९	११६	गा.२७	
१५९/१०	भावनाकुलक		प्रा.	१३४५	१३४-१३७	१५८ + १५९	११६	का.२२	
१५९/११	विवेकमंजरीप्रकरण	आसड	प्रा.	१२४८,१३४५	१३८-१५८	१५८ + १५९	११६	गा.१४४	
१५९/१२	अजितशांतिस्तोत्र	नंदिषेण	प्रा.	१३४५	१५८-१६७	१५८ + १५९	११७	छं.४०	पत्र १ पार्श्वनाथनुं,२मां समवसरणनुं,१६६मां अजित-शांतिजीननुं अने पत्र १६७ मां जीनमंदिरनुं चित्र छे. आ चित्रोमां सोनेरी रंगनो उपयोग कर्यो छे.
१६०	प्रकरणपुस्तिका		प्रा.सं.	१३००	१६१	१६० + १६१	११७		
१६०/१	कर्मस्तव-प्राचीन द्वितीय कर्मग्रंथ		प्रा.	१३००	१-५	१६० + १६१	११७	गा.५७	
१६०/२	कर्मविपाक-प्राचीन प्रथमकर्मग्रंथ	गर्गर्षि	प्रा.	१३००	५-१८	१६० + १६१	११७	गा.१६६	
१६०/३	शतक-प्राचीन पंचम कर्मग्रंथ	शिवशर्मसूरि	प्रा.	१३००	१८-२५	१६० + १६१	११७	गा.१०७	
१६०/४	सित्तरी-षष्ठ कर्मग्रंथ		प्रा.	१३००	२५-३१	१६० + १६१	११७	गा.९१	
१६०/५	जंबूद्वीपक्षेत्रसमासप्रकरण		प्रा.		३१-३६	१६० + १६१	११७	गा.९०	
१६०/६	प्रवचनसंदोह		प्रा.	१३००	३६-५४	१६० + १६१	११७		
१६०/७	श्रावकप्रज्ञप्तिप्रकरण	उमास्वाति वाचक	प्रा.	१३००	५५-८०	१६० + १६१	११७	गा.४०१	
१६०/८	पंचाणुव्रतप्रकरण		प्रा.	१३००	८१-१०१	१६० + १६१	११७	गा.२०९	पत्र ८१ थी ८८ नथी. ९१ नं.ना बे पाना छे.
१६०/९	स्थविरावली (नंदीसूत्रगत)	देववाचक	प्रा.	१३००	१०१-१०५	१६० + १६१	११७	गा.५०	
१६०/१०	नवपदप्रकरण	उपकेशगच्छीय जिनचंद्रसूरि	प्रा.	१३००	१०५-११३	१६० + १६१	११७	गा.१३८	
१६०/११	आराधनाप्रकरण	अभयदेवसूरि	प्रा.	१३००	११३-१२४	१६० + १६१	११७	गा.१५९	
१६०/१२	उपदेशमालाप्रकरण	धर्मदासगणि	प्रा.	१३००	१२४-१६१	१६० + १६१	११७	गा.५४०	
१६१/१	प्रवचनसारोद्धार	नेमिचंद्रसूरि	प्रा.		९४	१६० + १६१	११७	गा.२०००	
१६१/२	श्रावकधर्मप्रकरण	जिनेश्वरसूरि	सं.	र.१३१३,१४००	२५	१६० + १६१	११७	२५०	
१६२/१	सूक्ष्मार्थविचारसारप्रकरण-सार्द्धशतकप्रकरण	जिनवल्लभगणि	प्रा.		१-१५	१६२ + १६३	११७	गा.१५३	
१६२/२	सूक्ष्मार्थविचारसारचूर्णि		प्रा.	१३००	१-६७	१६२ + १६३	११७		

ग्रंथांक	ग्रंथनुं नाम	कर्ता	भाषा	संवत्	पत्र संख्या	झेरोक्ष	सी.डी.	ग्रंथाग्र	विशेष नोंध
१६२/३	आगमिकवस्तुविचारसारप्रकरण- षडशीति चतुर्थ कर्मग्रंथ	जिनवल्लभगणि	प्रा.		पत्र ८	१६२ + १६३	११७	गा.९३	
१६२/४	जंबूद्वीपक्षेत्रसमासप्रकरण		प्रा.		८-१५	१६२ + १६३	११७	गा.९०	
१६३	उपदेशपदप्रकरण	हरिभद्रसूरि	प्रा.	११७८	११२	१६२ + १६३	११७	गा.१०४०	
१६४	पंचवस्तुकप्रकरण	हरिभद्रसूरि	प्रा.	१३००	१५२	१६४	११७	गा.१७१०	पत्र १३६,१३७,१४६ नथी.
१६५	उपदेशमालाप्रकरण	धर्मदासगणि	प्रा.	१४००	११३	१६५	११७	गा.५४०	पत्र १ थी ३,९,११,१२,१७,४३,११४,११५,११६थी १३४,१४० थी १५१,१६० थी १६४ नथी.
१६६	उपदेशपदप्रकरण	हरिभद्रसूरि	प्रा.	१३००	१०९	१६६ थी १६८	११७	गा.१०४०	पत्र १०८, १०९ मां चंद्र अने चोकडीना शोभनो छे.
१६७	प्रवचनसारोद्धार	नेमिचंद्रसूरि	प्रा.	१४००	१२७	१६६ थी १६८	११७		पत्र ८३, १०० नथी
१६८	उपदेशपदप्रकरण	हरिभद्रसूरि	प्रा.	१३५४	११३	१६६ थी १६८	११८	गा.१०४३	
१६९	कर्मप्रकृतिचूर्णी		प्रा.	१२२२	३०६	१६९	११८		पत्र ९५मुं नथी. २५२-२५३ साथे छे. अंतिम पत्रमां शोभन छे.
१७०	कर्मप्रकृतिचूर्णी		प्रा	१३००	१०४	१७०	११८		
१७१	प्रकरणपुस्तिका		प्रा.सं.	११६९	१८+१७+४+४ +२=४५	१७१	११८		
१७१/१	जीवोपदेशपंचाशिका		सं.	११६९	१-३	१७१	११८	का.५०	
१७१/२	उपदेशकुलक		प्रा	११६९	३-५	१७१	११८	गा.२५	
१७१/३	हितोपदेशकुलक		प्रा	११६९	५-६	१७१	११८	गा.२५	
१७१/४	हितोपदेशकुलक		प्रा.	११६९	६-७	१७१	११८	गा.२५	
१७१/५	पंचपरमेष्ठिस्तव		प्रा.	११६९	७-९	१७१	११८	गा.३७	
१७१/६	नवतत्त्वप्रकरणभाष्य	अभयदेवसूरि	प्रा.	११६९	९-१७	१७१	११८	गा.१५१	
१७१/७	प्रकीर्णकगाथाव्याख्या			११६९	१८मुं	१७१	११८		पत्र १७ मुं नथी. अन्त पत्रमां शोभन छे. घणा पत्र नंबर विनाना छे.
१७१/८	हरिवंशपुराणगत उद्देशद्वय		अप.	११६९	१७	१७१	११८		
१७१/९	संजमाख्यानक		प्रा.	११६९	४	१७१	११८		
१७१/१०	प्रश्नोत्तररत्नमालिका	विमलाचार्य	सं.	११६९	१५मुं	१७१	११८	आ.२८	

ग्रंथांक	ग्रंथनुं नाम	कर्ता	भाषा	संवत्	पत्र संख्या	झेरोक्ष	सी.डी.	ग्रंथाग्र	विशेष नोंध
१७१/११	नेमिनाथस्तोत्र	विजयसिंहाचार्य	सं.	११६९	१५-१८	१७१	११८	का.२३	पत्र १७ मुं नथी
१७१/१२	पद्मावतीस्तोत्र		अप.	११६९	१	१७१	११८		
१७१/१३	सरस्वतीस्तोत्र		अप.	११६९	१-२	१७१	११८		
१७२	प्रशमरतिप्रकरण सटीक अपूर्ण	उमास्वाति वाचक	सं.	१३००	२०१	१७२	११८		२४५ आर्या पर्यन्त छे. पत्र १९८ थी २०२ नथी.
१७३	कर्मप्रकृतिवृत्तिसह अपूर्ण	मू.क.शिवशर्मसूरि, वृ.क.मलयगिरिसूरि	प्रा.सं.	१३००	२२६	१७३(१-२)	११९		पत्र १,३,४ थी ११,३२,१६४,१६७,१७२,२२७, २२८ नथी.
१७४	पंचसंग्रह सटीक प्रथमखंड	मू.क. चन्द्रर्षि महत्तर, टी.क. आचार्य मलयगिरि	सं.	१४००	४३२	१७४ (१-२)	११९		पत्र १,२,३७,२०७,२३१ थी ३३०,३७०,४३० नथी. अंक विनाना २ पत्र वधारानां छे.
१७५	कर्मविपाक-प्राचीन प्रथमकर्मग्रंथ विवरण सहित		प्रा.सं.	१२२१	७१	१७५	१२०		
१७६/१	कर्मविपाक-प्राचीन प्रथम कर्मग्रंथ वृत्ति		सं.		४३	१७६	१२०		
१७६/२	कर्मस्तव-प्राचीन द्वितीय कर्मग्रंथ वृत्ति	गोविंदगणि	सं.		१-५२	१७६	१२०		
१७६/३	आगमिकवस्तुविचारसारप्रकरणवृत्ति-प्राचीन चतुर्थ कर्मग्रंथवृत्ति	हरिभद्रसूरि बृहद्गच्छीय	सं.	र.११७२-ले.१४००	४३	१७६	१२०	८५०	
१७७/१	कर्मस्तव-प्राचीन द्वितीय कर्मग्रंथ वृत्ति	गोविंदगणि	सं.		१०६	१७७	१२०	१०९०	
१७७/२	कर्मविपाक-प्राचीन प्रथम कर्मग्रंथवृत्ति		सं.	१२९५	१११	१७७	१२०		
१७८/१	बंधस्वामित्वप्रकरण-प्राचीन तृतीय कर्मग्रंथ वृत्ति	हरिभद्राचार्य बृहद्गच्छीय	सं.	र.११७२-ले.११७२	४-५०	१७८ + १७९	१२०	५६०	
१७८/२	आगमिकवस्तुविचारसारप्रकरणवृत्तिसह	मू.क.जिनवल्लभगणि, वृ.क. हरिभद्राचार्य बृहद्गच्छीय	प्रा.सं.	र.११७२,११७२	१-७८	१७८ + १७९	१२०	८५०	
१७९/१	कर्मस्तवन-प्राचीन द्वितीय कर्मग्रंथ वृत्ति	गोविंदगणि	सं.		१-५६	१७८ + १७९	१२०	१०९०	
१७९/२	शतक-प्राचीन पंचम कर्मग्रंथ चूर्णी		प्रा.	११७५	५७-१७५	१७८ + १७९	१२०		अंत्य पत्रमां शोभन छे.
१८०	शतक-प्राचीन पंचम कर्मग्रंथ चूर्णी		प्रा.	१३००	१४७	१८०	१२०	२२००	
१८१	शतक-प्राचीन पंचम कर्मग्रंथ चूर्णी		प्रा.	११९६	१७३	१८१	१२१		१२० थी १२३ नथी.
१८२	शतक-प्राचीन पंचम कर्मग्रंथ सटीक त्रूटक अपूर्ण	मू.क.शिवशर्मसूरि, वृ.क. मलधारी हेमचन्द्रसूरि	प्रा.सं.	१३००	२४४	१८२	१२१		आ प्रतिमां अर्धो अर्ध पानां नथी.

ग्रंथांक	ग्रंथनुं नाम	कर्ता	भाषा	संवत्	पत्र संख्या	झेरोक्ष	सी.डी.	ग्रंथाग्र	विशेष नोंध
१८३	शतक-प्राचीन पंचम कर्मग्रंथ वृत्ति सहित	मू.क. शिवशर्मसूरि, वृ.क. मलधारी हेमचन्द्रसूरि	प्रा.सं.	१४००	२९१	१८३	१२१		९७मु पत्र नथी.
१८४	शतक-प्राचीन पंचम कर्मग्रंथ वृत्ति अपूर्ण	मलधारी हेमचन्द्रसूरि	सं.	१३००	१८४	१८४	१२१		पत्र १,२,३,५,६,८१,९५ थी १०३,१०८,११०, १११,१२९,१३१,१३४,१३८,१४७,१४८,१५० थी १५२,१५७ थी १६०,१६३,१६४,१७६,१८२, १८३ नथी. प्रतिमां घणा टुकडा छे.
१८५	शतक-प्राचीन पंचम कर्मग्रंथ वृत्ति सहित	मू.क.शिवशर्मसूरि, वृ.क. मलधारी हेमचंद्रसूरि	प्रा.सं.	१३००	२३९	१८५	१२१		१६२ नथी.
१८६	सार्द्धशतकप्रकरण- सूक्ष्मार्थविचारसारप्रकरणवृत्ति सह	मू.क.जिनवल्लभगणि, वृ.क.चक्रेश्वरसूरि	प्रा.सं.	र.११७१-ले.१४००	२४६	१८६	१२२		
१८७	शतक-नव्य पंचम कर्मग्रंथ स्वोपज्ञवृत्ति सह	देवेन्द्रसूरि स्वोपज्ञ	प्रा.सं.	१३५४	१२८	१८७	१२२	४३४०	
१८८	आगमिकवस्तुविचारसारप्रकरण- प्राचीन चतुर्थ कर्मग्रंथ सटीक त्रूटक	मू.क.जिनवल्लभगणि, वृ.क. हरिभद्रसूरि	प्रा.सं.	र.११७२-ले.१३००	७४	१८८ थी १९१	१२२		आ प्रतिमां चोथा भाग जेटलां ज पाना छे. १७,२१,२२,२३,२४,२६ थी ३०, ३३ थी ४७, ४९ थी ५१,५३ थी ६२,६४,६६ थी ६७, ६९ थी ७२
१८९	सप्ततिका-षष्ठ कर्मग्रंथ टिप्पनक गाथाबद्ध	रामदेवगणि	प्रा	१२११	५६	१८८ थी १९१	१२२		
१९०	पंचसंग्रह त्रूटक अपूर्ण	चंद्रर्षि महत्तर	प्रा.	१३००	१३२	१८८ थी १९१	१२२		पत्र १थी४,६थी१०,१२,१४,१६,२०,२६,२७,२९, ३२,३४,३९,४१,४४,४६,५५,५७,५८,६४,६५, ६८, ६९,७१थी७८,८१,९७थी९९,११८,१२२,१२६, १२९,१३० नथी
१९१	प्रकरणपुस्तिका		प्रा.सं.	१४००	६८+१४+२ +२=८६				
१९१/१	जीवसमासप्रकरण		प्रा.	१४००	१-१७	१८८ थी १९१	१२२	गा.२९१	
१९१/२	पुलाकोद्देशसंग्रहणी-पंचनिर्ग्रंथीप्रकरण	अभयदेवसूरि	प्रा.	१४००	१७-२४	१८८ थी १९१	१२२	गा.१०६	
१९१/३	प्रज्ञापनातृतीयपदसंग्रहणी	अभयदेवसूरि	प्रा.	१४००	२४-३२	१८८ थी १९१	१२२	गा.१३३	
१९१/४	श्रावकप्रज्ञप्तिप्रकरण	उमास्वाति वाचक	प्रा.	१४००	३२-५८	१८८ थी १९१	१२२	गा.३९६	

ग्रंथांक	ग्रंथनुं नाम	कर्ता	भाषा	संवत्	पत्र संख्या	झेरोक्ष	सी.डी.	ग्रंथाग्र	विशेष नोंध
१९१/५	नाणाचित्तप्रकरण		प्रा.	१४००	५९-६४	१८८ थी १९१	१२२	गा.८१	
१९१/६	श्रावकविधिप्रकरण		प्रा.	१४००	६४-६६	१८८ थी १९१	१२२	गा.२२	
१९१/७	संजममंजरीप्रकरण		प्रा.	१४००	६६-६८	१८८ थी १९१	१२२	गा.३५	
१९१/८	धर्मपद-धर्मशिक्षाप्रकरण	जिनवल्लभगणि	सं.	१४००	१-११	१८८ थी १९१	१२२	का.४०	
१९१/९	सिग्धमवहरउस्तोत्र	जिनदत्तसूरि	प्रा.	१४००	११-१२	१८८ थी १९१	१२२	गा.१४	
१९१/१०	पार्श्वनाथस्तोत्र	जिनदत्तसूरि	सं.	१४००	१२-१४	१८८ थी १९१	१२२	का.१२	
१९१/११	सुभाषितगाथा		प्रा.	१४००	पत्र २	१८८ थी १९१	१२२	गा.१५	
१९१/१२	नेमिनाथस्तोत्र	जिनचन्द्रसूरि	सं.	१४००	पत्र २	१८८ थी १९१	१२२	१४	
१९२	बृहत्क्षेत्रसमासप्रकरण सटीक	मू.क.जिनभद्रगणि क्षमाश्रमण, वृ.क. मलयगिरि आचार्य	सं.प्रा.	१४८९	३४२	१९२ (१-२)	१२३		पत्र २, ५ नथी
१९३	बृहत्क्षेत्रसमासप्रकरण सटीक टिप्पणीसह	मू.क.जिनभद्रगणि क्षमाश्रमण, टी.क. मलयगिरिसूरि	सं.प्रा.	१३००	२४९	१९३ (१-२)	१२४		
१९४	बृहत्क्षेत्रसमासप्रकरण सटीक अपूर्ण	मू.क.जिनभद्रगणि क्षमाश्रमण, टी.क मलयगिरि आचार्य	प्रा.सं.	१४००	२६७	१९४	१२४		पत्र ३थी७,६१,६२,७२,७४,७५,१२०,१२१,१२३ थी१४४, १५४,१५७,१५८ नथी.
१९५	बृहत्क्षेत्रसमासप्रकरण सटीक	मू.क.जिनभद्रगणि क्षमाश्रमण वृ.क.सिद्धसूरि उपकेशगच्छीय	प्रा.सं.	र.११९२,१३००	२११	१९५ + १९६	१२५	३०८०	पत्र ७,३१,७५,७८,७९,१०५,१२४ थी १२७, १५० नथी.
१९६	जंबूद्वीपक्षेत्रसमासवृत्ति	हरिभद्राचार्य	प्रा.सं.	१४००	२६	१९५ + १९६	१२५		
१९७	जंबूद्वीपक्षेत्रसमासवृत्ति	वृ.क.विजयसिंहसूरि	प्रा.सं.	१४००	११४	१९७ + १९८	१२५		१ थी ७,१२,२८,३० थी ४८,५५,५७,५८,६१, ६२,६९,९६,१०८ पत्रो नथी. आ प्रतिमां अडधाथी पण ओछा पत्र छे.
१९८	बृहत्संग्रहणीप्रकरण सटीक	मू.क.जिनभद्रगणि क्षमाश्रमण,टी.क. मलयगिरि आचार्य	प्रा.सं.	१३००	११९	१९७ + १९८	१२५		

ग्रंथांक	ग्रंथनुं नाम	कर्ता	भाषा	संवत्	पत्र संख्या	झेरोक्ष	सी.डी.	ग्रंथाग्र	विशेष नोंध
१९९	बृहत्संग्रहणीप्रकरण सटीक	मू.क.जिनभद्रगणि क्षमाश्रमण, टी.क. मलयगिरि आचार्य	प्रा.सं.	१२९६	२६१	१९९	१२५	५०००	अंतिम पत्रमां शोभन छे.
२००	बृहत्संग्रहणीप्रकरण सटीक किंचिदपूर्ण	मू.क.जिनभद्रगणि क्षमाश्रमण, टी.क. शालिभद्रसूरि	प्रा.सं.	र.११३९-ले.१३००	१५६	२००	१२६	२५००	
२०१	बृहत्संग्रहणीप्रकरण सटीक	मू.क.जिनभद्रगणि क्षमाश्रमण, टी.क. शालिभद्रसूरि	प्रा.सं.	र.११३९-ले.१३००	१८९	२०१	१२६	२५००	अंत्य पत्र जीर्ण छे
२०२	बृहत्संग्रहणीप्रकरण सटीक	मू.क.जिनभद्रगणि क्षमाश्रमण, टी.क. शालिभद्रसूरि	प्रा.सं.	र.११३९-ले.१२०१	१५०	२०२ + २०३	१२६	२५००	१०१ अने १२७ डबल छे.
२०३	संग्रहणीप्रकरण सटीक	मू.क.श्रीचन्द्रसूरि, वृ.क.देवभद्रसूरि	प्रा.सं.	१४००	१३०-२५९	२०२ + २०३	१२६	३५००	आदिनां १२९ पत्र नथी
२०४	प्रवचनसारोद्धारवृत्ति प्रथमखंड	मू.क.नेमिचंद्रसूरि, वृ.क. सिद्धसेनाचार्य	सं.	१४००	१९५	२०४	१२६		
२०५	पिंडविशुद्धिप्रकरण सटीक	मू.क.जिनवल्लभगणि, टी.क.यशोदेवसूरि	प्रा.सं.	र.११७६-ले.१४००	१८४	२०५	१२७	टी.ग्रं.२८००	
२०६	प्रवचनसारोद्धार वृत्तिसह	मू.क.नेमिचन्द्रसूरि, वृ.क.सिद्धसेनगणि		र.१२४२-ले.१२९५	४३८	२०६(१-२)	१२७/१२८	१८०००	३५९मुं पत्र नथी. पत्र २मां भ. महावीरनुं,पत्र ४३६मां देवीनुं, ४३७मां आचार्यशिष्यने वाचना आपे छे. एम त्रण शोभनो छे
२०७	चैत्यवंदनभाष्य संघाचारटीकासह	मू.क.देवेन्द्रसूरि, टी.क. धर्मघोषसूरि	प्रा.सं.	१३२९	२६१	२०७(१-२)	१२८/१२९	७८०८	आ पोथी टीकाकार आ.श्री धर्मघोषसूरिनी पोतानी छे.
२०८	पंचाशकप्रकरण वृत्ति	वृ.क.अभयदेवाचार्य	सं.	१२००	२६२	२०८ (१-२)	१२९		आ प्रतिमां दरेक पंचाशकनी समाप्तिना सूचन तरीके वीसेक पत्रोमां विविध शोभनो छे. संवत १२०७मां अजयमेरुना भंग पछी आ प्रतिने फरीथी पूर्ण करवामां आवी छे.

ग्रंथांक	ग्रंथनुं नाम	कर्ता	भाषा	संवत्	पत्र संख्या	झेरोक्ष	सी.डी.	ग्रंथाग्र	विशेष नोंध
२०९	पंचाशकप्रकरणवृत्ति	अभयदेवाचार्य	सं.	१३००	१८१	२०९	१२९		पत्र ६२,९५,१२८,१३०,१३२ थी १३५,१५४,१५६, १५७,१५९,१६१ थी १६५,१६८-१७०,१७२ थी १७३,१७७,१७९,१८० नथी.
२१०	पिंडविशुद्धिप्रकरण सटीक	मू.क.जिनवल्लभगणि, टी.क.यशोदेवसूरि	प्रा.सं.	११७६,१४००	२०६	२१०	१३०	वृ.ग्रं.२८००	पत्र १,१९,२१थी२४,२६,२७,३५,४१थी४३,४५, ४७,६०,६१थी६४,६८,७३थी७६,७८थी८६,९३, ८८थी९०,१०३थी१०६,१०८,१११,११२,११४, ११६,१२४,१२७,१७७,१८१थी१८४,१८६ थी १८८,१९०थी१९२,१९४,१९५,१९७ नथी.४०,४८, ६१,१९३ ना टुकडा छे.
२११	पंचाशकप्रकरणलघुवृत्ति अष्टादशपंचाशकपर्यन्त	वृ.यशोभद्रसूरि	प्रा.	११२१	२६५	२११	१३०	३९२५	
२१२	प्रथमपंचाशकप्रकरण चूर्णि सह अपूर्ण	चू.क.यशोदेवसूरि	प्रा.	१३००	२१०	२१२	१३०		पत्र ७,८,१२थी१४,१७,१९थी२५,२७,३२,३६, ४१थी४७,५०,५३थी५५,५७,५८,६२,६३,६५,६७, ६९थी७१,७५थी७७,८०,८१,८३,८४,८६, ८७, ८९, ९४,९५,१२४,१२५,१६१,१६६,१९९,२०० नथी.
२१३	द्रव्यसंग्रह सटीक प्रथमखंड	नेमिचंद्रसूरि दिगंबर	प्रा.	१४००	६८	२१३	१३०		पत्र १, ७, ८, २२ नथी
२१४/१	उपदेशपदप्रकरणलघुटीका	टी.क.वर्धमानसूरि	सं.	र.१०५५-ले.१२१२	१९२	२१४ (१-२)	१३१	६५१३	अंतिम पत्रमां शोभन छे.
२१४/२	पंचवस्तुकप्रकरणवृत्ति अपूर्ण	हरिभद्रसूरि स्वोपज्ञ	सं.	१२००	१९३-३५०	२१४(१-२)	१३१		पत्र २३५,२३६,२८७,२८८,२९८,२९९,३०२, ३०५,३०६,३४८ नथी. ग्रंथनो प्रारंभ १९३ मां पत्रथी थाय छे. ३०३,३०४,३०७,३०९,३१२ ना टुकडा छे.
२१५	उपदेशपदप्रकरणलघुटीका	टी.क.वर्धमानसूरि	सं.	र.१०५५-ले.११९३	१४९-२९९	२१५	१३२ / २	टी.ग्रं.६५१३	
२१६	योगशास्त्र स्वोपज्ञवृत्तिसहित	हेमचन्द्रसूरि स्वोपज्ञ	सं.	१४०७	३१९	२१६(१-२)	१३२/१/२		पत्र १११,१३०,१३२,१३५,१४२थी१४४,१४६, १४८,१५६,२२६,३११,३१२,३१४थी३१७ नथी. २४ थी ३९ एकज पत्रमां छे.
२१७	प्रश्नोत्तररत्नमालिका वृत्तिसहित	मू.क.विमलसूरि, वृ.क.हेमप्रभसूरि	सं.	र.१२२३-ले.१४००	१८२	२१७	१३३	२१३४	पत्र १,२,५,१०६,१०७,११५,१३२,१६०,१६१, १६६,१६७,१७०थी१७२,१७४,१७५,१८० नथी. आ पोथी कागळ पर लखेली छे

ग्रंथांक	ग्रंथनुं नाम	कर्ता	भाषा	संवत्	पत्र संख्या	झेरोक्ष	सी.डी.	ग्रंथाग्र	विशेष नोंध
२१८/१	द्वादशकुलक विवरणसहित	मू.क.जिनवल्लभसूरि, वि.क.जिनपालोपाध्याय	प्रा.सं.		१-१५७	२१८	१३३	३३६३	
२१८/२	रत्नचूडकथा विषमपदविवरण टिप्पनक		सं.	१४००	१५७-१५८	२१८	१३३		आ प्रति कागळ उपर लखेली छे
२१९	स्वप्नसप्ततिका वृत्तिसहित अपूर्ण		प्रा.सं.	१४००	४८	२१९	१३३		पत्र ३,४,७,१६,१८,२१,२३,२४,२७,२९ थी ३१, ४५ थी ४७ नथी. केटलाक पानाना टुकडा थई गया छे
२२०	उपदेशमाला अवचूरि त्रूटक अपूर्ण		सं.	१३००	१११	२२०	१३३		पत्र ५७,६५,६८ थी ७६, ७८ थी ८० थी ८२,८४, ८६,८९ थी ९१,९४,९७,९८,१०२,१०५ थी ११० नथी
२२१	नवपदप्रकरण बृहदवृत्ति सहित	मू.क.जिनचंद्रसूरि, वृ.क.यशोदेवसूरि	प्रा.सं.	१३००	२६६	२२१	१३४	९५००	पत्र ६२,२६० मुं नथी.
२२२	नवपदप्रकरण बृहदवृत्तिसहित	मू.क.जिनचंद्रसूरि, वृ.क. देवेन्द्रसूरि	प्रा.सं.	र.११८२,१४००	२५९	२२२(१-२)	१३५	९०००	पत्र १००,२४०,२४८,२४९,२५१,२५७ नथी.
२२३	दर्शनशुद्धिप्रकरण विवरणसहित	मू.क.चन्द्रप्रभसूरि, वि.क.देवभद्रसूरि	प्रा.सं.	१४००	१८६	२२३	१३५		पत्र ५५,६८,६९,८३,८९,११२,१३९,१४३,१४५, १७७,१८३ नथी.
२२४	प्रकरणपुस्तिका		प्रा.सं.	१३००	१५ + ६४	२२४	१३५		
२२४/१	सुबाहुचरित		प्रा.सं.	१२००	१५	२२४	१३५	गा.२१६	पत्र ४४,५९ नथी.
२२४/२	लोकतत्त्वनिर्णय	आचार्य हरिभद्रसूरि	सं.	१३००	१-१६	२२४	१३५	१४४	
२२४/३	बोधप्रदीपपंचाशिका		सं.	१३००	१६-२५	२२४	१३५	का.५०	
२२४/४	पार्श्वजिनस्तोत्र	जिनवल्लभगणि	सं.	१३००	२५-२९	२२४	१३५	का.२४	
२२४/५	पार्श्वनाथस्तोत्र	जिनवल्लभगणि	सं.	१३००	२९-३२	२२४	१३५	का.१७	
२२४/६	पंचकल्याणकस्तव	जिनवल्लभगणि	सं.	१३००	३२-३५	२२४	१३५	का.१२	
२२४/७	धर्मशिक्षाप्रकरण	जिनवल्लभगणि	सं.	१३००	३५-४३	२२४	१३५	१०५-का.४०	
२२४/८	धर्मबिंदुप्रकरण	हरिभद्रसूरि आचार्य	सं.	१३००	४३-६४	२२४	१३५		
२२५	धर्मबिंदुप्रकरण वृत्तिसह	मू.क.हरिभद्रसूरि, वृ.क.मुनिचंद्रसूरि	सं.	१३००	१५५	२२५	१३६	३०००	
२२६	श्राद्धदिनकृत्य बृहद्वृत्तिसह अपूर्ण	देवेन्द्रसूरि स्वोपज्ञ	प्रा.सं.	१५००	२४८	२२६(१-२)	१३६		पत्र ३,१५१ थी १७१,१७३ थी २२१, २२३ थी २२७,२३१,२३२,२३९ नथी

ग्रंथांक	ग्रंथनुं नाम	कर्ता	भाषा	संवत्	पत्र संख्या	झेरोक्ष	सी.डी.	ग्रंथाग्र	विशेष नोंध
२२७	उपदेशमालादोघट्टीवृत्ति	रत्नप्रभाचार्य	प्रा.सं. अप.	१३००	३१८	२२७(१-२)	१३७		प्रशस्ति अपूर्ण छे. पत्र १नो टुकडो छे. पत्र १२६मुं नथी.
२२८	उपदेशमाला बृहदवृत्तिसह प्राकृतकथासह			१३००	३३१	२२८ (१-२)	१३८		पत्र २ जुं नथी.
२२९	उपदेशमाला बृहदवृत्तिसह प्राकृतकथासह अपूर्ण		प्रा.सं.	१३००	२७२	२२९(१-२)	१३९		पत्र २०४ नथी.
२३०	उपदेशमाला बृहदवृत्ति प्राकृतकथासह			१४००	२९०	२३० (१-२)	१४०	९५००	अंतिम पत्र नथी.
२३१	भवभावनाप्रकरण स्वोपज्ञवृत्तिसह	मलधारी हेमचंद्रसूरि स्वोपज्ञ	प्रा.सं.	र.११७०-ले.१३००	३५०	२३१(१-२)	१४१	१३०००	पत्र १८मुं नथी. २३७ पत्र डबल छे. ३२८-३२९ भेगा छे.
२३२	भवभावनाप्रकरण स्वोपज्ञवृत्तिसह	मलधारी हेमचंद्र स्वोपज्ञ	प्रा.सं.	र.११७०-ले.१२४०	३८६	२३२(१-२)	१४२	१३०००	
२३३	भवभावनाप्रकरण स्वोपज्ञवृत्तिसह	मलधारी हेमचन्द्रसूरि स्वोपज्ञ	प्रा.सं.	र.११७०-ले.१२६०	३८५	२३३ (१-२)	१४३	१३०००	आदिना दस पानाना टुकडा छे तथा पत्र ३३९ नो टुकडो नथी
२३४	धर्मरत्नप्रकरण बृहदवृत्तिसहित त्रूटक अपूर्ण	मू.क.शांतिसूरि, वृ.क.देवेन्द्रसूरि	प्रा.सं.	१४००	२९४	२३४	१४४		आ प्रतिना लगभग अर्धा जेटलां पानां नष्ट थइ गया छे. २६ पत्रो नंबर विनाना छे.
२३५	संवेगरंगशाला	जिनचंद्रसूरि	प्रा.	र.११२५-ले.१२०७	३४८	२३५ (१-२-३)	१४५	गा.१००५३	
२३६	धर्मविधिप्रकरण	नन्नसूरि	प्रा.	र.११९०-ले.११९०	१८६	२३६	१४६	६९५०	
२३७	चउपन्नमहापुरिसचरिय	मानदेवसूरिशिष्य शीलांकाचार्य	प्रा.	१२२७	३२४	२३७(१-२)	१४७	१४०००	पत्र ३२१ मां शोभन छे.
२३८	त्रिषष्टिशलाकापुरुषचरित्र तृतीयपर्व-पर्यन्त-शीतलनाथस्वामीचरित्र पर्यन्त	हेमचंद्राचार्य	सं.	१४००	२४८	२३८(१-२)	१४८		प्र.पर्व १-१२३, द्वि.पर्व १२४-२०६, तृ.पर्व २०७-२४८
२३९/१	त्रिषष्टिशलाकापुरुषचरित्र प्रथमपर्व	हेमचंद्र आचार्य		१३१९	१-१३१	२३९(१-२)	१४९		
२३९/२	त्रिषष्टिशलाकापुरुषचरित्र दशमपर्व	हेमचंद्र आचार्य		१३१९	१३२-३०९	२३९(१-२)	१४९	१३८६६	आ प्रतिमां घणां पानानां टुकडा थयेला छे अने घणा पाना खूटे छे
२४०	त्रिषष्टिशलाकापुरुषचरित्र तृ.पर्व संभव-नाथचरित्रथी शीतलनाथस्वामी पर्यंन्त	हेमचन्द्र आचार्य	सं.	१३००	२-१४०	२४०	१४९		
२४१	त्रिषष्टिशलाकापुरुषचरित्र महाकाव्य द्वि.तृतीयपर्व संभवनाथ अभिनंदन चरित्र	हेमचन्द्राचार्य	सं.	१३००	१०१	२४१	१५०		६१ मुं पानुं नथी.

ग्रंथांक	ग्रंथनुं नाम	कर्ता	भाषा	संवत्	पत्र संख्या	झेरोक्ष	सी.डी.	ग्रंथाग्र	विशेष नोंध
२४२	त्रिषष्टिशलाकापुरुषचरित्र सप्तमपर्व-रामायण प्रकीर्णक	हेमचन्द्राचार्य	सं.	१४००	२५	२४२ + २४३	१५०		आ पोथीमां २५ जेटलां पत्र छे.
२४३	कथाकोश सटीक त्रूटक अपूर्ण	मू.क.जिनेश्वरसूरि	प्रा.	१३००	१८५-३३९	२४२ + २४३	१५०		आ पोथीमां लगभग १०० जेटलां पाना छे.
२४४	त्रिषष्टिशलाकापुरुषचरित्र अष्टमपर्व नेमिनाथ चरित्रअपूर्ण	हेमचन्द्रसूरि	सं.	१४००	२६२	२४४	१५०		पत्र १मां नेमनाथ भगवाननुं चित्र, २मां आचार्य शिष्यने वाचना आपे ते भावनुं सामान्य कलामय चित्र छे. १६०,२४४,२५४ थी २५८ नथी.
२४५	जंबूस्वामिचरित्र गाथाबद्ध	गुणपाल	प्रा.	१४००	३२६	२४५	१५१		पत्र २६१ मुं नथी
२४६	त्रिषष्टिशलाकापुरुषचरित्र गद्य-शांतिनाथ चरित्र पर्यन्त	विमलसूरि	सं.	१४००	१६१	२४६	१५१		पत्र १५९ मुं नथी
२४७	द्वादशव्रतकथा गाथाबद्ध अपूर्ण		प्रा.	१३००	१२१	२४७	१५१		पत्र ५१,५५,५७ थी ५९,६१,६३ थी ७०, ७३ थी ७५,७८ थी ८२,८४ थी ८८,९०,९३, १०१,१०३, १०७ थी १११,११३,११४,११६ नथी. पत्र ७२नो टुकडो छे.
२४८	महावीरचरित्र गाथाबद्ध	नेमिचंद्रसूरि	प्रा.	र.११४१-ले.११६१	१५७	२४८	१५१	३०००	पत्र ४६,१०९ थी ११६, १२८, १४३, १७७ नथी.
२४९/१	अतिमुक्तकचरित्र	पूर्णभद्रगणि	सं.	१२८२	१-२१	२४९	१५१	२११	
२४९/२	धन्यशालिभद्रचरित्र	पूर्णभद्रगणि	सं.	१२८५	२२-१३८	२४९	१५१	१४९०	
२४९/३	कृतपुण्यचरित्र	पूर्णभद्रगणि	सं.	र.१३०५-ले.१५००	१३९-२२१	२४९	१५१		प्रति कागळ उपर लखाएली छे,पत्र १६६मुं नथी.
२५०	आदिनाथचरित्र गाथाबद्ध पंचावसरमय	वर्धमानसूरि	प्रा.	र.११६०-ले.१३३९	३६३	२५०(१-२)	१५२	११०००	
२५१	सुपार्श्वनाथचरित्र गाथाबद्ध अपूर्ण	लक्ष्मणगणि	प्रा.	१४००	३०१	२५१(१-२)	१५३		प्रति २४३ सुधी व्यवस्थित तथा ते पछी अव्यवस्थित अने केटलाक पानाना टुकडा छे
२५२	चंद्रप्रभस्वामिचरित्र गाथाबद्ध दशपर्वात्मक	यशोदेवसूरि	प्रा.	र.११७८-ले.११७८	१७८	२५२	१५३	६४००	
२५३	चंद्रप्रभस्वामिचरित्र पद्य	देवेन्द्रसूरि	सं.	१३००	२३९	२५३	१५४		पत्र १२,१६,१७,१९,७१,९३,१०१,१०२,१२९थी १३८,१४१,१५७ थी १६१, १६७ थी १७०,१७४, १७६,१७८ थी १८१,२१३,२३१ नथी
२५४	वासुपूज्यस्वामिचरित्र पद्य	वर्धमानसूरि	सं.	र.१२९९-ले.१३२७	३५९	२५४(१-२)	१५४	५४९४	
२५५	शांतिनाथचरित्र गाथाबद्ध	देवचन्द्रसूरि	प्रा.	र.११६०-ले.१३००	३९७	२५५(१-२)	१५५/१५६/१९८	१२१००	पत्र ३७७, ३७९ ना टुकडा छे. पत्र २९२ नथी.

ग्रंथांक	ग्रंथनुं नाम	कर्ता	भाषा	संवत्	पत्र संख्या	झेरोक्ष	सी.डी.	ग्रंथाग्र	विशेष नोंध
२५६	मुनिसुव्रतस्वामिचरित्र पद्य पर्वत्रयात्मक	पद्मप्रभसूरि	सं.	र.१२९४-ले.१३०४	१५७	२५६	१५६	५५६८	
२५७	मुनिसुव्रतस्वामिचरित्र पद्य पर्वत्रयात्मक	पद्मप्रभसूरि	सं.	र.१२९४-ले.१४००	१९१	२५७	१५६	५५६८	
२५८	मुनिसुव्रतस्वामिचरित्र पद्य पर्वत्रयात्मक	पद्मप्रभसूरि	सं.	र.१२९४-ले.१४००	२२१	२५८(१-२)	१५७	५५६८	पत्र ६,१४३ नथी. १ थी ५ नं ना पत्रो कागळ पर लखेल छे. तेनी पर नंबर लखेल नथी. पत्र ९० थी २२१ पण कागळ पर लखेल छे. प्रति शुद्ध छे.
२५९	नेमिनाहचरिउ	बृहद्गच्छरीय हरिभद्रसूरि	अप.	१२१६,१३००	३०४	२५९(१-२)	१५७/१५८	८०३२	
२६०/१	अरिष्टनेमिचरित्र (भवभावनावृत्त्यंतर्गत.)	मलधारी हेमचंद्रसूरि	प्रा.	११७०,१२४५	२५५	२६०(१-२)	१५८	५१००	
२६०/२	जिनदत्ताख्यान	सुमतिगणि	प्रा.	१२४६	२६५-२९४	२६० (१-२)	१५८	७५०	पत्र २५६-२६४ सुधीना अंको लेखकनी भूलथी रही गया छे.
२६१	पार्श्वनाथचरित्र	देवभद्रसूरि	प्रा.	१३००	२२९	२६१(१-२)	१५९		पत्र ३४ मुं नथी.ग्रन्थकारनी प्रशस्ति अपूर्ण छे
२६२	पार्श्वनाथचरित्र किंचिदपूर्ण	माणिक्यचंद्रसूरि	सं.	१५००	२९२	२६२(१-२)	१६०		पत्र १५,१२६,२६९,२८५,२८६ नथी. पत्र ३३ अने १२६ डबल छे. नवुं लखेल १२६मां पानानो संबंध बराबर जोडाय छे.
२६३	महावीरचरित्र गद्यपद्यबद्ध	गुणचन्द्रसूरि	प्रा.	र.११३९-ले.१२४२	३६३	२६३(१-२)	१६१	१२०२५	
२६४	पउमचरियं गाथाबद्ध	विमलाचार्य	प्रा.	५३०-ले.११९८	२६०	२६४(१-२)	१६२	१०३००	अंत्य पत्रमां शोभन छे.
२६५	समराइच्चकहा	हरिभद्रसूरि	प्रा.	१२५०	३०७	२६५(१-२)	१६३	१००००	
२६६	कुवलयमालाकथा	दाक्षिण्यांक उद्योतनसूरि	प्रा.	र.७००-ले.११३९	२५४	२६६(१-२)	१६४	१३०००	पत्र १५२ थी १५६ नथी.
२६७	विलासवईकहा	साधारणकवि	अप.	र.११२३-ले.१४००	२०६	२६७	१६४	३६२०	पत्र १०८ मुं नथी.
२६८	विलासवईकहा	साधारण कवि	अप.	र.११२३-ले.१४००	२०३	२६८	१६५	३६२०	प्रशस्ति अपूर्ण छे
२६९	आवश्यकादिगतकथासंग्रह गद्यपद्य		प्रा.	१४००	२५७	२६९	१६५		पत्र १६२, १८९ नथी
२७०/१	धन्यशालिभद्रचरित्र	पूर्णभद्र	सं.	र.१२८५-ले.१३०९	१-१५६	२७०	१६५	१४६०	प्रशस्ति सह ग्रंथाग्र १४९०
२७०/२	कृतपुण्यचरित्र	पूर्णभद्र	सं.	१३०५	१५७-३२८	२७०	१६५		
२७०/३	अतिमुक्तकचरित्र	पूर्णभद्र	सं.	१२८२	३२९-३४७	२७०	१६५		
२७०/४	दशश्रावकचरित्र गाथाबद्ध	पूर्णभद्र	प्रा.	१२७५	३४८-३७८	२७०	१६५		
२७०/५	दशश्रावकचरित्रचूर्णि	पूर्णभद्र	सं.	१३०९	३७८-३८४	२७०	१६५		
२७१	पृथ्वीचंद्रचरित्र	शांतिसूरि	प्रा.	र.११६१-ले.१२२५	२६०	२७१(१-२)	१६६	७५००	
२७२	प्रत्येकबुद्धचतुष्कचरित्र पद्य	लक्ष्मीतिलक	सं.	र.१३११-ले.१४००	२७०	२७२	१६६	१०१३०	

ग्रंथांक	ग्रंथनुं नाम	कर्ता	भाषा	संवत्	पत्र संख्या	झेरोक्ष	सी.डी.	ग्रंथाग्र	विशेष नोंध
२७३	प्रत्येकबुद्धचरित्र पद्य	लक्ष्मीतिलक	सं.	१५००	२४८	२७३	१६७		पत्र ६३थी६५,६७,६९,७५,७७थी७९,८३,८५, ८७, ९३,९५,९७थी९८,१००,१०१,१३०,१११, १३०,१३१,१४५,१४९,१५३थी१५८,१८४थी१८९, १९१,१९२,१९४,२०३,२११,२१३थी२१५,२३३ थी२३७,२४३,२४६,२४७ नथी. लगभग २० पानाना टुकडा छे.
२७४	नरवर्मचरित्र-सम्यक्त्वालंकार अपूर्ण	वाचनाचार्य विवेकसमुद्रगणि	सं.	१५००	३२४	२७४	१६७		पत्र ३,२१थी२४,५४,६४,६५,७२,७५,८२,८६,८७, १३०,१३२,१४९,१५१,१६६,१९१,१९२,१९४, १९५,२००,२१३,२१४,२१९,२२० थी २२२,२२९, २३४,२३७,२४४,२६१,२६४,२६५,२६९,२७१, २७६,२७८,२७९,२८०,२८१,२८६,२८८,२८९, २९२,२९३,३०२थी३०४,३२३ पत्रो नथी.
२७५	सामाचारि बीजकसह	तिलकाचार्य	सं.	१४०९	१८८	२७५	१६७		पत्र २३,५६,५७ नथी.
२७६	अभयकुमारचरित्र	चंद्रतिलकोपाध्याय	सं.	र.१३१२-ले.१५००	२२०	२७६	१६७	८९६४	पत्र २८,३४,५४,५५,१११,१४२,१४४,२०५ नथी. घणा पत्रोना टुकडा छे.
२७७	अभयकुमारचरित्र त्रूटक		सं.	१५००	२९४	२७७	१६८		वचमां घणां पानां नथी. अने केटलांकना पत्रांको नथी.
२७८	ऋषिमंडलप्रकरण वृत्तिसह प्रथम खंड		प्रा.सं.	१३८०	१९९	२७८	१६८		पत्र ९७,१०७ नथी.
२७९/१	आशापल्लीयउदयनविहारस्थजिनबिम्ब अवन्द्यत्वमतव्यवस्थापन	प्रद्युम्नसूरि	सं.		२-४२	२७९	१६८		पत्र ३१,३२ नथी
२७९/२	आशापल्लीयउदयनविहारस्थजिन-बिम्बावन्द्यत्वमतनिरास (अपूर्ण)		सं.	१४००	४३-१४९	२७९	१६८		पत्र ८५-८७,१३१ थी १३९,१४२,१४४ थी १४७ नथी. पट्टी उपर भूलथी पत्र १३० लखेल छे.
२८०	गणधरसार्द्धशतकप्रकरण वृत्तिसह द्वितीय खंड	मू.क.जिनदत्तसूरि, वृ.क.सुमतिगणि	प्रा.सं.	१४००	३१६	२८०(१-२)	१६८		
२८१	गणधरसार्द्धशतकप्रकरण वृत्तिसह तृतीयखंड	मू.क.जिनदत्तसूरि, वृ.क.सुमतिगणि	प्रा.सं.	र.१२९५-ले.१४००	३९३	२८१	१६९	१२१०५	
२८२	सुखबोधासामाचारी	श्रीचंद्रसूरि	प्रा.	१४००	१११	२८२ + २८३	१६९	१३११	पत्र १ थी ५,८१,९२ थी ९५,९७,१०३ नथी
२८३	अणुव्रतविधि		प्रा.	११६९	७७	२८२ + २८३	१६९	१७००	

ग्रंथांक	ग्रंथनुं नाम	कर्ता	भाषा	संवत्	पत्र संख्या	झेरोक्ष	सी.डी.	ग्रंथाग्र	विशेष नोंध
२८४/१	तपोटमतकुट्टनशत	जिनप्रभसूरि	सं.		१-७	२८४	१६९		
२८४/२	तपोटर्षिमतखंडन स्वोपज्ञवृत्ति सह	गुणप्रभसूरि	सं.	१६००	,७-२०	२८४	१६९		आ प्रतिना अक्षरो घसाई गया छे
२८५	कातंत्रव्याकरण दुर्गसिंहवृत्ति विवरणपंजिका टिप्पणी सह तद्धितपाद पर्यंत अपूर्ण	त्रिलोचनदास	सं.	१४००	१८१	२८५	१६९		पत्र १०७ नथी.
२८६	कातंत्रव्याकरण दुर्गसिंहवृत्ति विवरणपंजिका-आख्यातवृत्ति	त्रिलोचनदास	सं.	१३०८	२०३	२८६	१७०		
२८७	कातंत्रव्याकरणदुर्गसिंहवृत्ति विवरणपंजिका-आख्यातवृत्ति तथा कृद्वृत्ति	त्रिलोचनदास	सं.	१४११	१९६	२८७	१७०		
२८८/१	कातंत्रव्याकरणदुर्गसिंहवृत्ति विवरणपंजिका-आख्यातवृत्ति	त्रिलोचनदास	सं.		२७०	२८८	१७०		पत्र १८९ थी १९९ एक पत्र पर ज छे.
२८८/२	कातंत्रव्याकरणदुर्गसिंहवृत्ति विवरणपंजिका-कृदवृत्ति	त्रिलोचनदास	सं.	१४००	१६४	२८८	१७०		पत्र ५९,६०,१६० नथी
२८९	कातंत्रव्याकरणदुर्गसिंहवृत्ति दुर्गपदप्रबोध	प्रबोधमूर्ति गणि	सं.	र.१३२८-ले.१४००	१९१	२८९	१७१	७४९१	
२९०/१	कातंत्रोत्तर विद्यानंदिवृत्ति- पंचसंधिपर्यंत अपूर्ण	विजयानंद	सं.		७४	२९०	१७१		
२९०/२	कातंत्रोत्तर विद्यानंदिवृत्ति- नामद्वितीयपादपर्यंत टिप्पणी सह	क.विजयानंद	सं.	१२४५	४६	२९०(१-२)	१७१		
२९०/३	कातंत्रोत्तर विद्यानंदिवृत्ति- कारकप्रकरण	विजयानंद	सं.	१२४५	२७	२९०(१-२)	१७१		
२९१	कातंत्रोत्तर विद्यानंदिवृत्ति- तद्धितप्रकरण पर्यन्त	विजयानंद	सं.	१४००	२०९	२९१	१७२		
२९२	पंचग्रंथी-बुद्धिसागरव्याकरण	बुद्धिसागरसूरि	सं.	र.१०८०-ले.१३००	३७४	२९२	१७२	७०००	पत्र २०१,२४८,२५३ नथी
२९३	सिद्धहेमशब्दानुशासन बृहदवृत्ति सप्तमाध्याय	हेमचन्द्राचार्य	सं.	१४००	१९३	२९३	१७३ / १		
२९४	सिद्धहेमशब्दानुशासन बृहदवृत्ति- आख्यातवृत्ति तथा कृदवृत्ति	हेमचन्द्राचार्य	सं.	१४००	२७७	२९४	१७३ / १		

ग्रंथांक	ग्रंथनुं नाम	कर्ता	भाषा	संवत्	पत्र संख्या	झेरोक्ष	सी.डी.	ग्रंथाग्र	विशेष नोंध
२९५	सिद्धहेमशब्दानुशासन बृहद्वृत्ति-तद्धितप्रकरण अपूर्ण	हेमचन्द्राचार्य	सं.	१४००	२६५	२९५	१७३ / २		पत्र १५,२०,२५ नथी
२९६/१	सिद्धहेमशब्दानुशासन बृहद्वृत्ति-द्वितीयाध्याय तृतीयपाद	हेमचन्द्राचार्य	सं.	१३००	५४-८६	२९६	१७३ / १		६०,६२,८१ पत्रो नथी.
२९६/२	सिद्धहेमशब्दानुशासन बृहद्वृत्ति-तृतीयाध्याय द्वितीयपाद	हेमचन्द्राचार्य	सं.	१३००	२०४-२४८	२९६	१७३ / १	८१२	पत्र २४८मां सरस्वती देवीनुं ऊभी मुद्रामां सुंदर चित्र छे.
२९७	सिद्धहेमशब्दानुशासन लघुवृत्ति पंचमाध्याय-कृद्वृत्ति	हेमचन्द्राचार्य	सं.	१२०६	९१	२९७	१७४	१६७८	पत्र ७४मुं नथी.
२९८	सिद्धहेमशब्दानुशासनलघुवृत्ति तृतीयाध्याय तृतीयपादथी पंचमाध्याय चतुर्थपादपर्यन्त आख्यावृत्ति तथा कृद्वृति	हेमचंद्राचार्य	सं.	१४००	१२३	२९८	१७४	१६००	
२९९	सिद्धहेमशब्दानुशासन लघुवृत्ति-तद्धितवृत्ति अपूर्ण	हेमचन्द्राचार्य	सं.	१४००	१७१	२९९	१७४		पत्र ९९ थी १३२,१३७,१४८,१४९,१५२,१५९ नथी. पत्र ५२ अने ९३ डबल छे.
३००	सिद्धहेमशब्दानुशासन लघुवृत्ति षष्ठ सप्तमाध्याय तद्धितवृत्ति टिप्पणीसह	हेमचंद्राचार्य	सं.	१३००	१९८	३००	१७४		जिर्णप्रायः छे.
३०१	सिद्धहेमशब्दानुशासन रहस्यवृत्ति (सिद्धहेम लघुवृत्तिसंक्षेप)		सं.	१२१८	१६०	३०१	१७४		
३०२	सिद्धहेमशब्दानुशासन लघुन्यास (दुर्गपदव्याख्या)-व्याकरण-चतुष्का-वचूर्णि षष्ठपाद पर्यन्त	कनकप्रभसूरि	सं.	१२७१	१८६	३०२	१७४	२८१८	
३०३/१	धातुपाठ		सं.	१३००	१८	३०३ + ३०४	१७४		
३०३/२	विभक्तिविचार		सं.	१३००	१६	३०३ + ३०४	१७४		पत्र ८मुं नथी.
३०४	स्याद्यंतप्रक्रिया	सर्वधरोपाध्याय	सं.	१२०७	९४	३०३ + ३०४	१७५		
३०५	प्राकृतप्रकाश (अपूर्ण)	वररुचि	सं.	१४००	२८	३०५	१७५		पत्र २३ थी २८ नथी., जिर्णप्रायः छे.
३०६	हैमलिंगानुशासन स्वोपज्ञविवरणसह	हेमचंद्राचार्य स्वोपज्ञ	सं.	१४००	१०३	३०६	१७५	३३८४	
३०७	हैमउणादिगण स्वोपज्ञविवरणसह	हेमचंद्राचार्य	सं.	१४००	८३	३०७	१७५	३००२	
३०८	धातुपारायण	हेमचंद्राचार्य स्वोपज्ञ	सं.	१३००	१८१	३०८(१,२)	१७६/२१२	५५००	पत्र ६१ नथी.

ग्रंथांक	ग्रंथनुं नाम	कर्ता	भाषा	संवत्	पत्र संख्या	झेरोक्ष	सी.डी.	ग्रंथाग्र	विशेष नोंध
३०९	हैम अनेकार्थकोश अनेकार्थकैरवाकर- कौमुदीटीकासह प्रथमखंड त्रिस्वरकांड १२६ श्लोक पर्यन्त	मू.क.हेमचंद्राचार्य, टी.क.महेन्द्रसूरि	सं.	१४००	३३६	३०९	१७६		
३१०	हैम अनेकार्थकोश अनेकार्थकैरवाकर- कौमुदीवृत्तिसह द्विस्वरकाण्ड पर्यंत प्रथमखंड अपूर्ण	मू.हेमचंद्राचार्य, वृ.महेन्द्रसूरि	सं.	१३००	२६४	३१०	१७७		पत्र १९५,२०४,२२२ थी २२७ नथी. पत्र २६४नो टुकडो छे तथा पत्र ६६-६७ भेगा छे.
३११	हैम अनेकार्थकोश अनेकार्थकैरवाकर- कौमुदीवृत्तिसह त्रिस्वरकाण्ड द्वितीय खंड	मू.क.हेमचंद्राचार्य, वृ.क.महेन्द्रसूरि	सं.	१४००	२३९	३११	१७७		
३१२	हैम अनेकार्थकोश अनेकार्थकैरवाकर- कौमुदीवृत्तिसह तृतीयखंड चतुःस्वरकाण्डं से अंत पर्यंत	मू.क.हेमचंद्राचार्य, वृ.क.महेन्द्रसूरि	सं.	१२८६	१३४	३१२	१७७		
३१३/१	अभिधानचिंतामणिनाममाला स्वोपज्ञवृत्तिसह चतुर्थकांड	हेमचंद्राचार्य स्वोपज्ञ	सं.		१८३	३१३	१७८	२६३०	पत्र १२७मुं नथी
३१३/२	अभिधानचिंतामणिनाममाला स्वोपज्ञवृत्तिसह पंचमषष्ठकांड	हेमचंद्राचार्य स्वोपज्ञ	सं.	१३००	८९	३१३	१७८	११२०	पत्र ६५,६६ नथी.
३१४/१	जयदेवछंदःशास्त्र	जयदेव	सं.	११९०	१०	३१४	१७८		
३१४/२	जयदेवछंदःशास्त्र वृत्तिसह	मू.क.जयदेव, वृ.क.हर्षट	सं.	१३००	१-५५	३१४	१७८		
३१४/३	कइसिट्ठछंदःशास्त्र प्राकृत गाथाबद्ध	विरहाङ्क	प्रा.		५६-८९	३१४	१७८		
३१४/४	कइसिट्ठछंदःशास्त्रवृत्ति	भट्ट गोपाल	सं.	१३००	९०-१८३	३१४	१७८		
३१४/५	छंदोनुशासन	जयकीर्त्तिसूरि	सं.	११९२	२८	३१४	१७८		
३१४/६	वृत्तरत्नाकर	भट्ट केदार	सं.	१४००	१५	३१४	१७८		पत्र १० मुं नथी
३१५	छंदोनुशासन स्वोपज्ञ छंदश्चूडामणिवृत्तिसह	हेमचन्द्राचार्य स्वोपज्ञ	सं.	१४९०	२१४	३१५	१७८	४१००	
३१६/१	कल्पलताविवेक (कल्पपल्लवशेष) तृतीयपरिच्छेद अपूर्ण पर्यत		सं.	१३००	२५९	३१६	१७९		
३१६/२	कल्पलताविवेक (कल्पपल्लवशेष) चतुर्थ परिच्छेद		सं.	१३००	१४८	३१६	१७९		पत्र ७ थी ९, १७ नथी.

ग्रंथांक	ग्रंथनुं नाम	कर्ता	भाषा	संवत्	पत्र संख्या	झेरोक्ष	सी.डी.	ग्रंथाग्र	विशेष नोंध
३१७	कल्पलताविवेक (कल्पपल्लवशेष)		सं.	१२०५	३८९	३१७(१-२)	१८०	६५००	अंत्य पत्रमां शोभन छे.
३१८	काव्यमीमांसा (कविरहस्य)	राजशेखर	सं.	१२१६	९०	३१८	१८१		पत्र १७, ८७ नथी. जीर्णप्रायः छे.
३१९	काव्यादर्श (काव्यप्रकाशसंकेत)								
	सप्तम उल्लास पर्यन्त	सोमेश्वर भट्ट	सं.	१४००	२०७	३१९	१८१		
३२०	काव्यादर्श (काव्यप्रकाशसंकेत)	सोमेश्वर भट्ट	सं.	१२८३	२२२	३२०	१८१		
३२१	काव्यप्रकाशअवचूरि		सं.	१४००	५३	३२१	१८१		पत्र १ नो टूकडो, ८,११,१६,१९,२९, ३३,
									३७,४१,४३ नथी
३२२	काव्यप्रकाश टिप्पणीसह	राजानक मम्मट							
		अने अलक	सं.	१२१५	१७८	३२२ थी ३२४	१८१		
३२३	काव्यप्रकाश	राजानक मम्मट	सं.	१४००	१३९	३२२ थी ३२४			वचमां वचमां थईने ९० जेटलां पानां नथी.
		अने अलक							जीर्ण छे.
३२४	काव्यप्रकाश अवचूरि		सं.	१४००	९२	३२२ थी ३२४	१८१	१२५०	प्रथम पत्रनो टूकडो छे.
३२५	व्यक्तिविवेक काव्यालंकार	राजानक महिम	सं.	१३००	१९८	३२५ + ३२६	१८२		पत्र २,३,५,६,८,१९,२०,२३, ३१,३४,३७,३९,
									४१, ४४,४८ थी ५०,५३,५७,६४ थी ६६, ७१,
									७८,८० थी ८२,८६,९१,९२,९४,९५,१०४,
									११२,११५,११८,१२२,१२८,१२९,१४७,
									१४९,१५०,१८०,१९० नथी.
३२६/१	काव्यादर्श तृतीयपरिच्छेद पर्यन्त	दंडी कवि	सं.	११६१	३९	३२५ + ३२६	१८२		
३२६/२	अलंकारदर्पण		प्रा	१३००	१३	३२५ + ३२६	१८२	गा.१३४	
३२६/३	काव्यादर्श तृतीयपरिच्छेदटिप्पनक		सं.	१३००	२४	३२५ + ३२६	१८२	४५०	
३२७	वक्रोक्तिजीवित (काव्यालंकार)								
	सटीक त्रूटक अपूर्ण	कुत्तक कवि	सं.	१३००	२३४	३२७			प्रति आखी भांगी गएली अने अतिजीर्ण छे
३२८	वक्रोक्तिजीवित (काव्यालंकार)								
	सटीक अपूर्ण	कुत्तक कवि	सं.	१४००	३००	३२८	१८२		
३२९	उद्भटकाव्यालंकारलघुवृत्ति	वृ.क.प्रतीहारेदुराज	सं.	११६०	८६	३२९	१८२	१६३९	पत्र २७मुं नथी.
३३०	उद्भटालंकारलघुवृत्ति	वृ.क.प्रतीहारेंदुराज	सं.	१४००	१४२	३३०	१८२	१६३९	
३३१	अभिधावृत्तिमातृका	भट्ट मुकुल	सं.	१४००	३१	३३१ + ३३२	१८२	५१४	

ग्रंथांक	ग्रंथनुं नाम	कर्ता	भाषा	संवत्	पत्र संख्या	झेरोक्ष	सी.डी.	ग्रंथाग्र	विशेष नोंध
३३२	रुद्रटालंकारटिप्पनक तृतीयाध्यायथी पंचमाध्याय पर्यंत	श्वेतांबर (नमिसाधु)	सं.	१२०६	४६	३३१ + ३३२	१८२		
३३३	वामनीय काव्यालंकार स्वोपज्ञवृत्ति टिप्पणीसह	वामन स्वोपज्ञ	सं.	१३००	१२०	३३३	१८३		उंदरे करडेली पोथी. मध्यम स्थिति छे. पत्र ७,३१ नथी.
३३४	रघुवंश महाकाव्य	महाकवि कालिदास	सं.	१५००	२३०	३३४	१८३		
३३५	द्वयाश्रयमहाकाव्य वृत्तिसह प्रथमखंड पंचम सर्ग पर्यन्त	मू.क.हेमचंद्राचार्य, वृ.क. अभयतिलकगणि	सं.	र.१३१२-ले.१४००	२९७	३३५	१८३		पत्र १ मां भ.पार्श्वनाथनुं चित्र अने पत्र २ मां हेमचंद्रसूरि तथा अभयतिलकगणिनुं चित्र छे. पत्र ५०मुं नथी.
३३६	द्वयाश्रयमहाकाव्य वृत्तिसह द्वितीयखंड सर्ग ६-१२ मासर्ग पर्यन्त,	मू.क.हेमचंद्राचार्य, वृ.क.अभयतिलकगणि	सं.	र.१३१२-ले.१४००	३००	३३६	१८३		
३३७	कविरहस्य सटीक (कविगुह्यकाव्य अपरनाम अपशब्दाभास कूटकाव्य सटीक)	मू.क.हलायुध, टी.क.रविधर्म	सं.	१२१६	७४	३३७	१८३	१४००	अंत्य पत्रमां सुंदर शोभन छे. जीर्ण स्थितिमां छे.
३३८	भट्टिकाव्य (रामकाव्य)	भट्टि कविवल्लभीवास्तव्य	सं.	१४००	१४४	३३८	१८४		अंत्य पत्रमां शोभन छे.
३३९	भट्टिकाव्य वृत्ति सर्ग ८ थी १५ पर्यन्त	वृ.क. पंडित अनिरुद्ध	सं.	१३००	१८९-४१५	३३९	१८४		
३४०	द्वयाश्रयमहाकाव्य वृत्तिसह तृतीयखंड १३मा सर्गथी संपूर्ण	मू.क.हेमचंद्राचार्य, वृ.क.अभयतिलकगणि	सं.	१३१२,१४००	२७३	३४०	१८५	सर्व ग्रं.१७५७४	पत्र २७३ मां जिनेश्वरसूरि अने सा. विमलचंद्रनुं चित्र छे. पत्र २०८मुं नथी.
३४१	नैषधचरितमहाकाव्य (शशांकसंकीर्त्तन महाकाव्य)	श्रीहर्षकवि	सं.	खरीदी-१३७८[1]	३१७	३४१	१८६		पत्र २७७मुं नथी.
३४२	नैषधचरित्रमहाकाव्य	श्रीहर्षकवि	सं.	१४००	३४९	३४२	१८६		पत्र १८३,२०५ नथी.
३४३	नैषधीयमहाकाव्य साहित्यविद्याधरीटीका प्रथमखंड द्वादशसर्ग पर्यंत	विद्याधर पंडित		१४००	३७७	३४३	१८७		
३४४	नैषधीयमहाकाव्य साहित्यविद्याधरीटीका द्वितीयखंड १३ सर्गथी चालु अपूर्ण	विद्याधर पंडित	सं.	१४००	७७	३४४	१८७		वचमां घणां पाना नथी, त्रूटक छे. पत्र १, ५ थी ७,१२,१३,२० थी २३,२८,२९, ६१, ६३, ६५,६७ थी ६९,७१,७३ थी ७५ नथी.
३४५	नैषधचरित्रमहाकाव्य साहित्यविद्याधरीटीका चतुर्थसर्ग पर्यत	विद्याधर पंडित	सं.	१४००	६-२१८	३४५ + ३४६	१८८		
३४६/१	विक्रमांककाव्य टिप्पणीयुक्त	बिल्हणकवि	सं.		१५८	३४५ + ३४६	१८८	२५४५	
३४६/२	घटकर्परकाव्य		सं.		२	३४५ + ३४६	१८८	का.२१	

१. वि.सं. १३७८ में मूल्य देकर खरीदी गई थी ।

ग्रंथांक	ग्रंथनुं नाम	कर्ता	भाषा	संवत्	पत्र संख्या	झेरोक्ष	सी.डी.	ग्रंथाग्र	विशेष नोंध
३४६/३	मेघाभ्युदयकाव्य		सं.		३-६	३४५ + ३४६	१८८	का.३८	
३४६/४	वृन्दावनमहाकाव्य	मानांक कवि	सं.		६-१०	३४५ + ३४६	१८८	का.५२	
३४६/५	मधुवर्णनकाव्य	केलिकवि	सं.		१०-१५	३४५ + ३४६	१८८	का.६९	
३४६/६	विरहिणीप्रलापकाव्य (षड्ऋतुवर्णनकाव्य)	केलिकवि	सं.		१५-१८	३४५ + ३४६	१८८	का.५५	
३४६/७	चंद्रदूतकाव्य		सं.	१३४३	१८-२०	३४५ + ३४६	१८८	का.२३	
३४७/१	वृन्दावनकाव्य सटीक	मू.क.मानांक, टी.क. शांतिसूरि पूर्णतल्लगच्छीय	सं.	१२१५	१-३१	३४७ + ३४८	१८८/२१२		पत्र १५ थी ३१ नथी.
३४७/२	घटकर्परकाव्य सटीक	टी.क.शांतिसूरि पूर्णतल्लगच्छीय	सं.		३२-४२	३४७ + ३४८	१८८/२१२		पत्र ३२ थी ३८ नथी.
३४७/३	शिवभद्रकाव्य सटीक	मू.क.शिवभद्र कवि, टी.क. शांतिसूरि पूर्णतल्लगच्छीय	सं.		४३-८७	३४७ + ३४८	१८८/२१२		
३४७/४	मेघाभ्युदयकाव्य सटीक	टी.क.शांतिसूरि पूर्णतल्लगच्छीय	सं.		८८-११४	३४७ + ३४८	१८८/२१२		
३४७/५	चंद्रदूतकाव्य सटीक	मू.क.जंबूनाग, टी.क. शांतिसूरि पूर्णतल्लगच्छीय	सं.		११५-१३२	३४७ अ३४८	१८८/२१२		
३४७/६	राक्षसकाव्य सटीक	जिनचन्द्र	सं.		१३३-१४६	३४७ + ३४८	१८८/२१२		
३४७/७	घटकर्परकाव्य सटीक	टी.क.पूर्णतल्लगच्छीय शांतिसूरि	सं.		३९-५३	३४७ + ३४८	१८८/२१२		
३४८	वासवदत्ता आख्यायिका टिप्पणी सहिता	सुबंधु महाकवि	सं.	१२०७	४७	३४७ + ३४८	१८८		
३४९	चक्रपाणिविजयमहाकाव्य	लक्ष्मीधर भट्ट	सं.	१४००	११७	३४९ + ३५०	१८८		
३५०	शब्दभेदप्रकाश नाममाला किंचिदपूर्ण		सं.	१४००	३६	३४९ + ३५०	१८८		
३५१	निर्वाणलीलावतीमहाकथाउद्धार (लीलावतीसार) पद्य	जिनरत्नसूरि	सं.	१३४१,१४००	२६७	३५१	१८९		आ पोथी कागळ पर लखेली छे.
३५२	लीलावतीकथा गाथाबद्ध-महाराष्ट्रीय देशीभाषामय	भूषणभट्टपुत्र कुतूहलकवि	प्रा.	१२६५	१४३	३५२ + ३५३	१८९		पत्र ३७मुं नथी.
३५३	अपभ्रंशकाव्यत्रयी त्रूटक		अप.		१०७	३५२ + ३५३	१८९		
३५३/१	चर्चरीरासक सटीक	मू.क.जिनवल्लभगणि, टी.क. जिनपाल	अप.सं.	१२९४	१-३७	३५२ + ३५३	१८९		पत्र १७,२०,२२,२४ नथी.

ग्रंथांक	ग्रंथनुं नाम	कर्ता	भाषा	संवत्	पत्र संख्या	झेरोक्ष	सी.डी.	ग्रंथाग्र	विशेष नोंध
३५३/२	धर्मरसायनरासक सटीक		अप.सं.	१४००	३८ थी	३५२ + ३५३	१८९		पत्र ६१,६२,६५,६८,७०,७१,७३,७४,७६,७८ थी ८१, ८३ थी ८७,८९,९४,९६ थी १०३, १०५ नथी.
३५४	गउडवहोमहाकाव्य सटीक	मू.क.वाक्पतिराज,टी.क. भट्ट उपेन्द्रहरिपाल	प्रा.सं.	१३००	२४८	३५४ + ३५५	१८९		
३५५	अनर्घराघवनाटक	मुरारि कवि	प्रा.सं.	१४००	१६९	३५४ + ३५५	१९०		
३५६	अनर्घराघवनाटक टिप्पनक	मलधारी नरचंद्रसूरि	सं.	१४००	२०३	३५६	१९०		
३५७/१	मुद्राराक्षसनाटक टिप्पणी सह	विशाखदेव	प्रा.सं.	१३१४	१-९५	३५७ + ३५८	१९०		
३५७/२	प्रबोधचन्द्रोदयनाटक टिप्पणी सह	कृष्णमिश्र	प्रा.सं.	१३१८	९६-१६५	३५७ + ३५८	१९०		
३५८	वेणीसंहारनाटक	भट्ट नारायणकवि	प्रा.सं.	१४००	७३	३५७ + ३५८	१९१	१३५०	
३५९/१	हम्मीरमदमर्दननाटक	जयसिंहसूरि	प्रा.सं.	१२८६	९०	३५९	१९१	९००	
३५९/२	वस्तुपालप्रशस्ति	जयसिंहसूरि	सं.		१-१३	३५९	१९१	१८०, का.७७	
३५९/३	वस्तुपालस्तुतिकाव्य		सं.		१३-१६	३५९	१९१	का.१३	अंत्य पत्रमां शोभन छे.
३६०	नागानंदनाटक	श्रीहर्षकवि	प्रा.सं.	१३००	५६	३६०	१९१		
३६१	चंद्रलेखाविजयप्रकरणनाटक	देवचंद्रमुनि हेमचंद्रशिष्य	प्रा.सं.	१३००	२०३	३६१ + ३६२	१९१		पत्र १०६,११६,११८,१२३, १३३,१४४, १४८, १७०,१८१ नथी.
३६२	अनेकांतजयपताका टिप्पनक	मुनिचंद्रसूरि	सं.	११७१	१३१	३६१ + ३६२	१९१		
३६३	सन्मतितर्कप्रकरण तत्त्वबोधविधायिनी वृत्ति सह द्वितीयखंड किंचिदपूर्ण	मू.क.सिद्धसेन दिवाकर, वृ.क.अभयदेवसूरि तर्कपंचानन	प्रा.सं.	१२००	२-२५२	३६३	१९१		पत्र १,८,१५,२२,७६,१०९,२३० थी २३३ नथी. लीपी विशेष प्रकारनी छे.
३६४/१	न्यायावतारसूत्रवृत्ति टिप्पणी सह	वृ.क.सिद्ध साधु, टि.कर्त्री. ज्ञानश्री आर्यिका	सं.		१-१३७	३६४	१९२		
३६४/२	न्यायबिंदुवृत्ति टिप्पणी सह	धर्मोत्तर	सं.		१३७-२४५	३६४	१९२		
३६४/३	न्यायप्रवेशवृत्तिपंजिका	पार्श्वदेवगणि	सं.		२४५-३४७	३६४	१९२		
३६४/४	न्यायावतारसूत्र	सिद्धसेन दिवाकर	सं.		३४८-३५०	३६४	१९२	३२	
३६४/५	न्यायबिंदु	दिग्नाग आचार्य	सं.	१४९०	३५०-३५९	३६४	१९२		
३६५	न्यायकंदली टीका अपूर्ण	श्रीधर भट्ट	सं.	१३००	३८७	३६५	१९२		विशेष प्रकारनी लीपी छे.
३६६/१	द्रव्यालंकार सटीक द्वितीयपरिच्छेद	रामचंद्र-गुणचंद्र स्वोपज्ञ	सं.		१९७	३६६	१९२		पत्र ९१,९२, १२८ नथी

ग्रंथांक	ग्रंथनुं नाम	कर्ता	भाषा	संवत्	पत्र संख्या	झेरोक्ष	सी.डी.	ग्रंथाग्र	विशेष नोंध
३६६/२	द्रव्यालंकार सटीक तृतीयपरिच्छेद	रामचंद्र-गुणचंद्र स्वोपज्ञ	सं.	१२०२	११३	३६६	१९२		
३६७/१	प्रमाणमीमांसा स्वोपज्ञ टीका सह	हेमचन्द्राचार्य स्वोपज्ञ	सं.		१-१११	३६७	१९३		
३६७/२	परीक्षामुखसूत्र		सं.		११२-११९	३६७	१९३		
३६७/३	सर्वज्ञसिद्धि	हरिभद्रसूरि	सं.	१५००	१२०-१३९	३६७	१९३		पत्र १३८ मुं नथी
३६८	रत्नाकरावतारिका	रत्नप्रभाचार्य	सं.	१२२५	२६१	३६८	१९३		
३६९	प्रमालक्ष्मलक्षणसटीक	बुद्धिसागरसूरि	सं.	१२०१	२७२	३६९	१९३		पत्र २२२,२२३ नथी.
३७०	धर्मोत्तरटिप्पनक	मल्लवादी आचार्य	सं.	१२००	९४	३७० थी ३७४	१९३	१३००	पत्र ८७ थी ९३ नथी
३७१	धर्मोत्तरटिप्पनक	मल्लवादी आचार्य	सं.	१३००	७७	३७० थी ३७४	१९३	१३००	पत्र १ थी ४,६,७,३०,४४,५४,७५ नथी.
३७२	वार्तिकवृत्ति	शांतिसूरि	सं.	१३००	१५५	३७० थी ३७४	१९३		अंतनां ५ पत्र अति जीर्ण छे.
३७३	सर्वसिद्धांतप्रवेश (षडदर्शनसमुच्चय जेवो गद्य ग्रंथ)		सं.	१२००	१७	३७० थी ३७४	१९३		जीर्ण स्थिति छे.
३७४	न्यायप्रवेश	दिङ्नाग आचार्य	सं.	१३००	११	३७० थी ३७४	१९३		
३७५/१	न्यायप्रवेशसूत्र	दिङ्नाग	सं.		१-१७	३७५	१९८		
३७५/२	सर्वसिद्धांतप्रवेश		सं.		१७-४१	३७५	१९८		
३७५/३	न्यायप्रवेशटीका	हरिभद्र आचार्य	सं.	१२०१	४२-१३४	३७५	१९८	५९७	
३७६/१	न्यायबिंदु (लघुधर्मोत्तरसूत्र)	धर्मकीर्ति आचार्य	सं.		७	३७६	१९८		
३७६/२	न्यायबिंदु टीका	धर्मोत्तरपाद आचार्य	सं.	१३००	८१	३७६	१९८	१४७७	
३७७	तत्त्वसंग्रहसूत्र	शान्तरक्षित	सं.	१२००	१८७	३७७	१९४	३९९७	पत्र १८६ मुं नथी
३७८	तत्त्वसंग्रहपंजिकावृत्ति	कमलशील आचार्य	सं.	१२००	३१३	३७८(१-२)	१९४		पत्र ६१,११३,३०२,३११ नथी
३७९	न्यायकंदलीटीका	श्रीधर भट्ट	सं.	र-९१३,ले-१४००	२८९	३७९	१९५	३७१६	
३८०	न्यायकंदलीटीका	श्रीधर भट्ट	सं.	र.९१३-ले.१३००	२३९	३८०	१९५	३७१६	
३८१/१	न्यायकंदलीटिप्पनक	नरचंद्रसूरि मलधारी	सं.		१-१६४	३८१	१९६		
३८१/२	न्यायावतारटिप्पनक	मलधारी देवभद्रसूरि हर्षपुरीयगच्छ	सं.	१४८९	१६५-२३०	३८१	१९६		
३८२	न्यायवार्तिक	उद्योतकर	सं.	१४००	२-१५५	३८२ + ३८३	१९६		वचमां वचमां थईने लगभग अर्धोअर्ध पानां नथी
३८३/१	प्रशस्तपादभाष्य पदार्थधर्मसंग्रह अपूर्ण	प्रशस्तपाद	सं.	१२००	२३	३८२ + ३८३	१९६		विशेष प्रकारनी लीपी छे.
३८३/२	न्यायकन्दलीटीका अपूर्ण	श्रीधर भट्ट	सं.	र.९१३-ले.१२००	८७	३८२ + ३८३	१९६		पत्र ८५ मुं नथी

ग्रंथांक	ग्रंथनुं नाम	कर्ता	भाषा	संवत्	पत्र संख्या	झेरोक्ष	सी.डी.	ग्रंथाग्र	विशेष नोंध
३८४	खंडनखंडखाद्यशिष्यहितैषिणीवृत्ति टिप्पणीयुक्त		सं.	१३००	१८१	३८४	१९६	७०२५	प्रति शुद्ध छे.
३८५	खंडनखंडखाद्य	श्रीहर्ष	सं.	१२९१	२६१	३८५	१९६		
३८६	न्यायमंजरीग्रंथिभंग	चक्रधर	सं.	१३००	१८६	३८६ + ३८७	१९७		पत्र २ थी ५,१०,३३,३४,१०२,१०३,११०,११५, १२२,१२९ थी १३३,१३५,१३६,१३८,१३९, १६८ थी १७२,१७८,१८१ नथी. पत्र १३४ टूकडो छे. पत्र १२० डबल छे.
३८७/१	शाबरभाष्य प्रथम अध्याय		सं.		५१	३८६ + ३८७	१९७		
३८७/२	प्रमाणान्तर्भाव	देवभद्र तथा यशोदेव	सं.	११९४	५१-९७	३८६ + ३८७	१९७		
३८८/१	इष्टसिद्धि वृत्ति सह अपूर्ण	परमहंस विमुक्तात्माचार्य स्वोपज्ञ	सं.		८९	३८८	१९७		
३८८/२	भगवद्गीता भाष्य सह	भा.क.शंकरस्वामी	सं.	१२००	१३०	३८८	१९७		पत्र १२९,१३० मां शोभन छे.
३८९	गौतमीयन्यायसूत्रवृत्ति		सं.	१२०८	१२४	३८९	१९७		पत्र १२३ मां शोभन छे.
३९०	भाष्यवार्तिकवृत्तिविवरणपंजिका द्वितीयाध्यायथी पंचमाध्याय पर्यंत	अनिरुद्ध पंडित	सं.	१३००	११७	३९०	१९८		
३९१/१	सांख्यसप्ततिकाभाष्य	गौडपाद	सं.	१२००	१२-८३	३९१	१९९		पत्र १ थी ११, ३६ थी ४०,४२,४३,४५ थी ४७,४९, ६६ थी ७५,८२ नथी
३९१/२	सांख्यसप्ततिकाटीका-सांख्यतत्त्वकौमुदी	वाचस्पतिमिश्र	सं.		९०-१८४	३९१	१९९		पत्र ९३-९४,९६-९८,१०१-१०४,१०७,१०९, ११६-१३० नथी
३९१/३	सांख्यसप्ततिका	ईश्वरकृष्ण	सं.	१२००	९	३९१	१९९	आ.७२	
३९२/१	सांख्यसप्ततिका	ईश्वरकृष्ण	सं.		७	३९२ + ३९३	१९९	आ.७२	
३९२/२	सांख्यसप्ततिटीका-सांख्यतत्त्वकौमुदी	वाचस्पतिमिश्र	सं.		१-८०	३९२ + ३९३	१९९		पत्र ८० मां शोभन छे.
३९२/३	सांख्यसप्ततिकाभाष्य	गौडपाद	सं.	१३००	१-७०	३९२ + ३९३	१९९	८५५	
३९३	सांख्यसप्ततिका वृत्तिसह		सं.	११७६	८९	३९२ + ३९३	१९९	१३००	पत्र ५७,५८,६० थी ६३,६६ थी ७४,७६ थी ७९ नथी. ७०मां पत्रनो टुकडो छे.
३९४	सांख्यसप्ततिका वृत्तिसह	मू.क.ईश्वरकृष्ण	सं.	१२००	१०२	३९४ + ३९५	१९९		अंत्य पत्रमां शोभन छे.
३९५/१	पातंजलयोगदर्शनभाष्य वृत्ति	वृ.क.वाचस्पतिमिश्र	सं.		१-१६०	३९४ + ३९५	२००		

ग्रंथांक	ग्रंथनुं नाम	कर्ता	भाषा	संवत्	पत्र संख्या	झेरोक्ष	सी.डी.	ग्रंथाग्र	विशेष नोंध
३९५/२	पातंजलयोगदर्शनभाष्य किंचिदपूर्ण	भा.क.व्यासर्षि	सं.	१२००	१६१-२१७	३९४ + ३९५	२००		पत्र १,३४,६६ थी ७३,८५,९५,१०५,१२५, १२६,१३०,१३३,१३६थी१४०,१४३,१४४,१४९, १५२,१६६,१८०,१८२,१८९,१९२,१९३, २०५,२०७,२११,२१२ नथी
३९६/१	सुपार्श्वनाथचरित्र (सुपासनाह चरिय)		प्रा.			३९६	२००		पत्र घणा नथी तथा अस्तव्यस्त अने टुकडा थएल छे
३९६/२	ज्ञाताधर्मकथांग सूत्र अने वृत्ति		प्रा.			३९६	२००		जीर्ण अस्तव्यस्त पानां छे
३९६/३	कल्पलघुभाष्य		प्रा.		१५	३९६	२००		
३९६/४	कल्पचूर्णि		प्रा.		६	३९६	२००		त्रूटक पानां
३९७/१	प्रत्यंगिरास्तोत्र संपूर्ण		सं.	१३००	४-७	३९७ + ३९८	२००	का.२५	
३९७/२	सुभाषितषट्पंचाशिका		सं.	१३००	१२	३९७ + ३९८	२००	का.५६	
३९७/३	भक्तामरस्तोत्र	मानतुंगसूरि	सं.	१४००	५	३९७ + ३९८	२००	का.४४	
३९७/४	श्वानशकुनावलि		सं.	१४००	३	३९७ + ३९८	२००	३७	
३९७/५	श्रावक विध्युपदेश		प्रा.	१४००	२	३९७ + ३९८	२००		
३९७/६	ज्ञाननमस्कार		प्रा.		१७४मु	३९७ + ३९८	२००	गा.७	
३९७/७	ज्ञानस्तोत्र		प्रा.		१७४-१७५	३९७ + ३९८	२००	गा.६	
३९७/८	ज्ञानलवणादिवृत्तानि		सं.		१७५-१७६	३९७ + ३९८	२००	का.१३	
३९७/९	ज्ञानपरिधापनिकावृत्त		सं.		१७६मु	३९७ + ३९८	२००	का.२	
३९७/१०	पच्चक्खाण		सं.		१७७-१७८	३९७ + ३९८	२००		
३९७/११	गृहप्रतिमास्नात्रविधि		सं.		१७८मु	३९७ + ३९८	२००	का.३	
३९७/१२	सर्वजिनस्तोत्र		प्रा.	१५००	१७८मु	३९७ + ३९८	२००	गा.६	
३९८	अर्थशास्त्रवृत्ति		सं.	१४००	१२-८८	३९७ + ३९८	२००		आ प्रतिनां छूटक छूटक बधां मळीने ३२ पानां छे
३९९	शृंगारमंजरी	महाराजा भोजदेव	सं.	१२००	३	३९९ थी ४०१	२००		पत्र ३९, ९७, १५५ नथी.
४००/१	सूक्ष्मार्थविचारसारप्रकरण-सार्द्धशतकप्रकरण	जिनवल्लभगणि	प्रा.	१२००	पत्र ११	३९९ थी ४०१	२००	गा.१५१	पत्र २जुं नथी
४००/२	श्रावकधर्मविधितंत्रप्रकरण	हरिभद्रसूरि	प्रा.	१३००	८	३९९ थी ४०१	२००	गा.७७	
४००/३	श्रावकविधिप्रकरण		प्रा.	१३००	४	३९९ थी ४०१	२००	गा.२२	

ग्रंथांक	ग्रंथनुं नाम	कर्ता	भाषा	संवत्	पत्र संख्या	झेरोक्ष	सी.डी.	ग्रंथाग्र	विशेष नोंध
४००/४	ओम्कारपंचाशिका अपूर्ण		प्रा.	१३००	५	३९९ थी ४०१	२००	श्लो. ३९ पर्यन्त	
४००/५	सुभाषितपद्यसंग्रह		सं.		३	३९९ थी ४०१	२००		
४०१	दशवैकालिकलघुवृत्ति अपूर्ण	सुमतिसूरि	सं.	१४००	पत्र २५२	३९९ थी ४०१	२००		आ प्रतिमां बधां मळीने अर्धा उपरांत पानां
									नथी. जिर्णप्राय मध्यम छे.
४०२	तिलकमंजरी	धनपाल	सं.	११३०		४०२	२०१-२०२		अतिजीर्ण अने टूकडा थयेला पानां छे.
									सीडी नं. २०१-२०२ एकज सीडीने
									अपायेल नंबर छे.
४०३	उपभितभवप्रपंचाकथा								
	प्रतित्रिकपुष्पिकात्रिक आदि					४०३	२०१-२०२		
४०३/१	प्रथमप्रतिपुष्पिका		सं.	१३०५		४०३	२०१-२०२		
४०३/२	द्वितीयप्रतिपुष्पिका		सं.	१३०५		४०३	२०१-२०२		
४०३/३	तृतीयप्रतिपुष्पिका		सं.	१३०५		४०३	२०१-२०२		
४०३/४	प्रकीर्णकपत्रगता पुष्पिका		सं.	१३४८		४०३	२०१-२०२		
४०४	योगशास्त्र स्वोपज्ञटीकासह	हेमचंद्राचार्य स्वोपज्ञ	सं.	१३४३	३१८	४०४(१-२)	२०३		
४०५	स्याद्वादरत्नाकर प्रथमखंड	वादी देवसूरि स्वोपज्ञ	सं.	१३००	३७३	४०५(१-२)	२०४	१६०००	
४०६	मुनिसुव्रतस्वामिचरित्र गाथाबद्ध	श्रीचंद्रसूरि	प्रा.	र.११९३,११९८	३७९	४०६(१-२)	२०५	गा.१०९९४	
४०७/१	पंचकल्पमहाभाष्य	संघदासगणि क्षमाश्रमण	प्रा.		१-१०६	४०७	२०६/२०७	३२१८,गा.२५७४	
४०७/२	पंचकल्पचूर्णी		प्रा.	१३००	१०७-२०१	४०७	२०६/२०७	३१२५	
४०८	हरविजयमहाकाव्य	रत्नाकरकवि							
		वागीश्वराङ्क	सं.	१२२८	१०७	४०८	२०६/२०७		
४०९	वसुदेवहिंडी प्रथमखंड	संघदासगणि वाचक	प्रा.	१२२८	१५८	४०९	२०६	११२००	
४१०/१	दशवैकालिकसूत्रचूर्णि	स्थविर अगस्त्यसिंहसूरि	प्रा.		१८४	४१०(१-२)	२०७		
४१०/२	नंदीसूत्रचूर्णि	जिनदासगणि महत्तर	प्रा.	५१८	१८५-२२३	४१०(१-२)	२०७		
४१०/३	अनुयोगद्वारसूत्रचूर्णी	जिनदासगणि महत्तर	प्रा.	१३००	२२४-२७५	४१०(१-२)	२०७		
४११	त्रिषष्टिशलाकापुरुषचरित्रमहाकाव्य								
	अष्टमपर्व-नेमिनाथचरित्र	हेमचंद्राचार्य	सं.	१३००	१६१	४११	२०८		
४१२	त्रिषष्टिशलाकापुरुषचरित्रमहाकाव्य								
	दशमपर्व-महावीरचरित्र	हेमचंद्राचार्य	सं.	१३००	१७१	४१२	२०९		

ग्रंथांक	ग्रंथनुं नाम	कर्ता	भाषा	संवत्	पत्र संख्या	झेरोक्ष	सी.डी.	ग्रंथाग्र	विशेष नोंध
४१३/१	स्कंदपुराण उत्कलखंडगत पुरुषोत्तम माहात्म्य पूर्वार्द्ध २०मा अध्याय पर्यंत		सं.	१११०	१-८५	४१३	२०९		२० मा अध्याय पर्यंत
४१३/२	स्कंदपुराण उत्कलखंडगत पुरुषोत्तममाहात्म्य उत्तरार्द्ध		सं.	१११०	८६-१६५	४१३	२०९		२१ मा अध्यायथी संपूर्ण
४१४	अंगविज्जा प्रथमखंड ३१ अध्यायपर्यंत		प्रा.	१४००	२९९	४१४	२०९		
४१५/१	पंचाशकप्रकरण	हरिभद्रसूरि	प्रा.		१-५४	४१५	२१०	गा.१०००	
४१५/२	कर्मप्रकृतिसंग्रहणी	शिवशर्मसूरि	प्रा.		५४-७८	४१५	२१०	गा.४७५	
४१५/३	आगमिकवस्तुविचारसारप्रकरण-प्राचीन चतुर्थ कर्मग्रंथ	जिनवल्लभगणि	प्रा.		७८-८३	४१५	२१०		
४१५/४	सूक्ष्मार्थविचारसारप्रकरण-सार्धशतकप्रकरण	जिनवल्लभगणि	प्रा.		८३-९०	४१५	२१०	गा.१५०	
४१५/५	बृहत्संग्रहणीप्रकरण	जिनभद्रगणि क्षमाश्रमण	प्रा.		९१-१२०	४१५	२१०	गा.५१४	
४१५/६	प्रवचनसंदोह		प्रा.		१२९-१३८	४१५	२१०		
४१५/७	कर्मस्तवकर्मग्रंथ-प्राचीन द्वितीय कर्मग्रंथ		प्रा.		१३९-१४२	४१५	२१०		
४१५/८	कर्मविपाककर्मग्रंथ-प्राचीन प्रथम कर्मग्रंथ	गर्गर्षि	प्रा.		१४२-१५१	४१५	२१०	गा.१६६	
४१५/९	शतककर्मग्रंथ-प्राचीन पंचम कर्मग्रंथ	शिवशर्मसूरि	प्रा.		१५१-१५६	४१५	२१०	गा.११०	
४१५/१०	सप्ततिका कर्मग्रंथ-षष्ठ कर्मग्रंथ		प्रा.		१५६-१६१	४१५	२१०		
४१५/११	भवभावनाप्रकरण	मलधारी हेमचंद्रसूरि	प्रा.	१२०६	१६२-१९१	४१५	२१०	गा.५३१	
४१६	पाक्षिकसूत्र वृत्तिसह	वृ.क.यशोदेवसूरि	प्रा.सं.	११८०,१४००	२४०	४१६	२१०	२७००	
४१७/१	जीतकल्प चूर्णीसहित	मू.क.जिनभद्रगणि क्षमाश्रमण, चू.क. सिद्धसेनसूरि	प्रा.		१-११६	४१७	२१०	११००	
४१७/२	जीतकल्पचूर्णीटिप्पनक	श्रीचंद्रसूरि	सं.	१२२७,१५००	११६-१८७	४१७	२१०	११२०	
४१८/१	जीतकल्पसूत्र	जिनभद्रगणि क्षमाश्रमण	प्रा.		१-८	४१८	२१०	गा.१०५	
४१८/२	जीतकल्पसूत्र वृत्ति सह	मू.क.जिनभद्रगणि क्षमाश्रमण, वृ.क. तिलकाचार्य	प्रा.सं.	१२७४,१५००	८-१०१	४१८	२१०	१७००	

ग्रंथांक	ग्रंथनुं नाम	कर्ता	भाषा	संवत्	पत्र संख्या	झेरोक्ष	सी.डी.	ग्रंथाग्र	विशेष नोंध
४१८/३	श्राद्धजीतकल्पसूत्र-श्रावकसामाचारी	तिलकाचार्य	प्रा.		१०१-१०३	४१८	२१०	गा.२०	
४१८/४	श्राद्धजीतकल्पसूत्र-श्रावकसामाचारी वृत्ति स्वोपज्ञ	वृ.क.तिलकाचार्य स्वोपज्ञ	सं.	१५००	१०३-१०९	४१८	२१०		
४१९	पांडवचरित्रमहाकाव्य पद्य	मलधारी देवप्रभसूरि	सं.	१४२९	२४६	४१९(१-२)	२१०/२११		आ प्रति कागळ उपर लखेली छे.
४२०	कल्पसूत्र सचित्र रौप्याक्षरी	भद्रबाहुस्वामी	प्रा.	१५६२	१६९	-	२१४	१२१६	आ प्रति कागळ उपर लखेली छे. पत्र २,१९, ४४-४५,६०,६६,६७-७९,९६-९७,१००,१११, १२३,१२९,१३२,१४८,१५३,१६८ नथी.
४२१	कालिकाचार्यकथा सचित्र रौप्याक्षरी	भावदेवसूरि	प्रा.		१५		२१४	गा.१००	आ प्रति कागळ उपर लखेली छे.
४२२	कालिकाचार्यकथा सचित्र गद्यपद्य किंचिदपूर्ण		प्रा.		२१		२१५		कागळ उपर लखेली प्रति.
४२३	प्रकरणपोथी		प्रा.सं. अप.	१४००	९८-४४०	४२३	२१३		कागळ उपर लखेली प्रति.
४२४	देववंदनभाष्यादि प्रकरणसंग्रह		प्रा.सं.		१२०	४२४	२१३		कागळ उपर लखेली प्रति.
४२५/१	कल्पसूत्र सचित्र	भद्रबाहुस्वामी	प्रा.		१-११२		२१५	१२१६	मध्यम
४२५/२	कालिकाचार्यकथा गद्यपद्य सचित्र		प्रा.		११३-१४६		२१५	३६९	आ प्रति कागळ उपर लखेली छे. मध्यम
४२६	कल्पसूत्र संदेहविषौषधि वृत्ति	जिनप्रभसूरि	सं.	१३६४,१४९७	१०२	४२६	२१३		

तपागच्छ

ग्रंथांक	ग्रंथनुं नाम	कर्ता	भाषा	संवत्	पत्र संख्या	झेरोक्ष	सी.डी.	ग्रंथाग्र	विशेष नोंध
१	पंचाशकप्रकरण	हरिभद्रसूरि	प्रा.	१११५	७७	१	२४९		
२	ऋषभदेवचरित्र पद्य	जयसिंहसूरि	सं.	१३३०	१ थी २०४	२	२४९	३१००	प्रथम पत्रमां ऋषभदेव तथा २०३ नं. ना पत्रमां ग्रंथ लखनार श्रावक-श्राविकानुं चित्र छे.
३	महावीरचरित्र	जयसिंहसूरि	सं.	१३३०	२०६ थी ४०७	३	२४९		
४	धर्मरत्नप्रकरणस्वोपज्ञवृत्तिसह	शांतिसूरि	सं.	१३०९	१९८	४	२४९		
५	महानिशीथसूत्र		प्रा.	१४००	२१५	५	२४९		
६	उपदेशमाला हेयोपादेयाटीका	सिद्धर्षिगणि	सं.	१४००	२३५	६	२५०	४०६१	
७	हरिविक्रमचरित्र	जयतिलकसूरि	सं.	१४१५	३००	७	२५०		

ग्रंथांक	ग्रंथनुं नाम	कर्ता	भाषा	संवत्	पत्र संख्या	झेरोक्ष	सी.डी.	ग्रंथाग्र	विशेष नोंध
लोंकागच्छ									
१	ज्ञाताधर्मकथांग सूत्र		प्रा.		१-१५९	१	२५५	श्लो.५०६१	सं.श्रेष्ठ - द.श्रेष्ठ, पत्र २मां चतुर्विध संघने लगतां बे चित्रो छे.
२	ज्ञाताधर्मकथांगसूत्रवृत्ति	अभयदेवसूरि	सं.	र.११२०	१६० - ३०८	२	२५५	श्लो.३८००	सं.श्रेष्ठ - द.श्रेष्ठ
३/१	निरयावलिकादिपंचोपांगसूत्र		प्रा.		३०५ - ३२९	३	२५५		
३/२	निरयावलिकादिपंचोपांगसूत्रवृत्ति	श्रीचंद्रसूरि	सं.	र.१२२८	३३० - ३४७			श्लो.६४०	
३/३	कल्पसूत्रटिप्पनक	पृथ्वीचंद्रसूरि	सं.		३४८ - ३६६			श्लो.३७०	
३/४	कल्पसूत्र	भद्रबाहुस्वामि	प्रा.		३६७ - ४००			श्लो.१२१६	
३/५	कल्पसूत्रचूर्णि		प्रा.		४०० - ४१७				
३/६	कल्पसूत्रनिर्युक्ति	भद्रबाहुस्वामि	प्रा.	ले.१३०७	४१७ - ४१९			गा.६७	सं.श्रेष्ठ, द.श्रेष्ठ, पत्र ४१८ मां समवसरण नुं खंडित चित्र छे. अंतनां पत्रो उंदरे करडेल छे अने टुकडाओ छे.
४	भगवतीसूत्र		प्रा.	१२००	४२२	४	२५६	१५६००	पत्र ४२२ ना अंतमां त्रण शोभनो अतिसुंदर छे.
५/१	चित्रपट्टिका पहली						२१५		भगवान श्रीनेमिनाथके आठ पूर्वभवके चित्र
५/२	चित्रपट्टिका दूसरी						२१५		भगवान श्रीनेमिनाथके च्यवन-जन्म दीक्षाकल्याणकके चित्र
आचार्यगच्छ									
१	ताडपत्रीय ग्रन्थ (ज्ञाताधर्मकथांगसूत्र ज्ञातावृत्ति आदि पत्रे)					१	२५७		जीर्ण अवस्था
२	ताडपत्रीय ग्रन्थ					२	२५७	(अं.स.)२०७	जीर्ण अवस्था, पानीमें भीगा हुआ
३	ताडपत्रीय ग्रन्थ					३	२५७		जीर्ण अवस्था

ग्रंथांक	ग्रंथनुं नाम	स्थिति	कर्ता	भाषा	संवत्	पत्र संख्या	झेरोक्ष	सी.डी.	ग्रंथाग्र	विशेष नोंध
१[१]	आचारांगसूत्र	अतिजर्ण	सुधर्मास्वामी	प्रा		५-२७	१+२	२२१	२५५४	उंदरे खाधेली अने कपाई गएली छे
२	आचारांगसूत्रनिर्युक्ति	अतिजीर्ण	भद्रबाहुस्वामी	प्रा		४(२८-३१)	१+२	२२१	४००	कपाई गयेली छे
३	आचारांगसूत्रवृत्ति प्रथम खंड	जीर्णप्रायः	शीलांकाचार्य	सं.	गु.७७२-र.१४८८	१०३(३२-१३४)	३	२२१	९६६१	प्रथम श्रुतस्कंध वृत्यात्मक प्रथम खंड
४	आचारांगसूत्रवृत्ति द्वितीय खंड	मध्यम	शीलांक.चार्य	सं.	गु.७७२-र.१४८८	२७(१३५-१६१)	४	२२१	२३३९	(समग्र टीका १२०००) प्रति शोधेली छे
५	सूत्रकृतांगसूत्र	जीर्णप्रायः	सुधर्मास्वामी	प्रा		२२(१६२-१८३)	५	२२१		प्रतिशुद्ध करेली छे.
६	सूत्रकृतांगसूत्रनिर्युक्ति	जीर्णप्रायः	भद्रबाहुस्वामी	प्रा		३(१८४-१८६)	६	२२२	२०८	
७	सूत्रकृतांगसूत्रवृत्ति	श्रेष्ठ	शीलांकाचार्य	सं.	१४८९	१३४(१८७-३२२)	७ (१/२)	२२२	१२८५३	
८	स्थानांगसूत्र	मध्यम	सुधर्मास्वामी	प्रा	१४८९	३९(३२३-३६०)	८	२२२	३७५०	
९	स्थानांगसूत्रवृत्ति प्रथम खंड	श्रेष्ठ	अभयदेवसूरि	सं.		६०(३६१-४२०)	९	२६५		
१०	स्थानांगसूत्रवृत्ति द्वितीय खंड	श्रेष्ठ	अभयदेवसूरि	सं.	र. ११२०	९०(४२१-५१०)	१० थी १२	२६५	१४२५०	
११	समवायांगसूत्र	जीर्णप्रायः	सुधर्मस्वामी	प्रा		१७(५११-५२७)	१० थी १२	२२३	१६६७	
१२	समवायांगसूत्रवृत्ति	जीर्णप्रायः	अभयदेवसूरि	सं.	ले.१४८९-र.११२०	३९(५२८-५६५)	१० थी १२	२२३	३५७५	अंत्य पत्रना बे टूकडा छे
१३	भगवतीसूत्र	जीर्ण	सुधर्मस्वामी	प्रा	१४८९	१५८(५६६-७२३)	१३	२२३	१६०००	आदिनां बे पानां टूकडा थएलां छे
१४	भगवतीसूत्रवृत्ति	जीर्ण	अभयदेवसूरि	सं.	र.११२८-१४८८	२०७(७२४-९३०)	१४	२२३	१८६१६	
१५	ज्ञाताधर्मकथांगसूत्र	सारी	सुधर्मास्वामी	प्रा		४७(९३१-९७७)	१५	२२४	५४६५	
१६	ज्ञाताधर्मकथांगसूत्रवृत्ति	श्रेष्ठ	अभयदेवसूरि	सं.	र. ११२०-१४८९	४५(९७८-१०२२)	१६	२२४		अंतना बे पाना फाटी गयां छे
१७	उपासकदशांगादि सूत्र	जीर्ण	सुधर्मास्वामी			४३(१०२३-१०६६)	१७	२२४		
१७/१	उपासकदशांगसूत्र	जीर्ण	सुधर्मास्वामी	प्रा		१-९(१०२३-१०३२)	१७	२२४	८१२	
१७/२	अंतकृद्दशांगसूत्र	जीर्ण	सुधर्मास्वामी	प्रा		९-१७(१०३२-१०४०)	१७	२२४	७९०	
१७/३	अनुत्तरौपपातिकदशांगसूत्र	जीर्ण	सुधर्मास्वामी	प्रा		१७-१९(१०४०-१०४२)	१७	२२४	१९२	
१७/४	प्रश्नव्याकरणदशांगसूत्र	जीर्ण	सुधर्मास्वामी	प्रा		१९-३९(१०४२-१०५४)	१७	२२४		
१७/५	विपाकसूत्रांग	जीर्ण	सुधर्मास्वामी	प्रा		३२-४३(१०५५-१०६६)	१७	२२४	११७०	
१८	उपासकदशांगादि पंचागी सूत्रवृत्ति					७५(१०६७-११४२)	१७	२६५		
१८/१	उपासकदशांगसूत्रवृत्ति	जीर्ण	अभयदेवसूरि	सं.		१-११(१०६७-१०७७)	१८	२६५		
१८/२	अंतकृद्दशांगसूत्रवृत्ति	जीर्ण	अभयदेवसूरि	सं.		११-१५(१०७७-१०८१)	१८	२६५		
१८/३	अनुत्तरौपपातिकदशांगसूत्रवृत्ति	जीर्ण	अभयदेवसूरि	सं.		१५-१६(१०८१-१०८२)	१८	२६५	१३००	
१८/४	प्रश्नव्याकरणदशांगसूत्रवृत्ति	जीर्ण	अभयदेवसूरि	सं.		१६-६६(१०८२-११३३)	१८	२६५		

१. ग्रंथांक १ से १३३० तक के ग्रंथ वेगडगच्छीय ज्ञानभंडार के है ।

ग्रंथांक	ग्रंथनुं नाम	स्थिति	कर्ता	भाषा	संवत्	पत्र संख्या	झेरोक्ष	सी.डी.	ग्रंथाग्र	विशेष नोंध
१८/५	विपाकसूत्रवृत्ति	जीर्ण	अभयदेवसूरि	सं.		६६-७५(११३३-११४२)	१८	२६५	६४००	
१९	औपपातिकोपांगसूत्र	सारी		प्रा.		१२(११४३-११५४)	१९ + २०	२२४	११६७	
२०	औपपातिकोपांगसूत्रवृत्ति	सारी	अभयदेवसूरि	सं.	१४८९	३१(११५५-११८५)	१९ + २०	२२४	३१३५	
२१	राजप्रश्नीयोपांगसूत्र	सारी		प्रा.	१५मी सदी	२२(११८६-१२०७)	२१	२२४	२०७९	
२२	राजप्रश्नीयोपांगसूत्रवृत्ति	जीर्ण	मलयगिरि आचार्य	सं.	१४८९	३७(१२०८-१२४४)	२२ + २३	२२४	३७००	
२३	जीवाभिगमोपांगसूत्र	सारी		प्रा.		४८(१२४५-१२९२)	२२ + २३	२२४	४७००	
२४	जीवाभिगमोपांगसूत्रवृत्ति	सारी	मलयगिरि आचार्य	सं.	१४८९	१३०(१२९३-१४२२	२४	२२५		
२५	प्रज्ञापनोपांगसूत्र	मध्यम	श्यामाचार्य	प्रा.	१४८९	८३(१४२३-१५०५)	२५	२६५	७७८७	
२६	प्रज्ञापनोपांगसूत्रवृत्ति	मध्यम	मलयगिरि आचार्य	सं.	१४८९	१४४(१५०६-१६५०)	२६	२२५		
२७	जम्बूद्वीपप्रज्ञप्तिउपांगसूत्र	सारी		प्रा.	१५मी सदी	४६(१६५१-१६९६)	२७	२२५	४४५४	
२८	जंबूद्वीपप्रज्ञप्तिउपांगसूत्रचूर्णी	जीर्ण		प्रा.	१४८९	१६(१६९७-१७१२)	२८	२२५	१८६०	
२९	चंद्रप्रज्ञप्तिउपांगसूत्र	जीर्ण		प्रा.		१७(१७१३-१७२९)	२९ + ३०	२२६	२०००	
३०	चंद्रप्रज्ञप्तिउपांगसूत्रवृत्ति	मध्यम	मलयगिरि आचार्य	सं.	१४८९	९६(१७३०-१८२५)	२९ + ३०	२२६	९५००	
३१/१	निर्यावलिकाउपांगसूत्र	जीर्ण		प्रा.		१२(१८२६-१८३७)	३१ + ३२	२२६	११०९	
३१/२	निरयावलिकाउपांगसूत्रवृत्ति	जीर्ण	श्रीचंद्रसूरि	सं.		८(१८३७-१८४४)	३१ + ३२	२२६	६३७	
३२	बृहत्कल्पसूत्रनिर्युक्ति-लघुभाष्य-वृत्तिसह	जीर्ण	भद्रबाहुस्वामि -नि.,	प्रा.सं.	र.१३३२-ले.१४८८	१७१(१८४५-२०१५)	३१ + ३२	२२६		
	प्रथमखंड		संघदासगणि							
			क्षमाश्रमण -लघु.भा.,							
			मलयगिरि आचार्य -वृ.							
३३	बृहत्कल्पसूत्रनिर्युक्ति-लघुभाष्य-वृत्तिसह	जीर्ण	भद्रबाहुस्वामि -नि.,	प्रा.सं.	र. १३३२	१२८(२०१६-२१४६)	३३	२२७	१४१६०	
	द्वितीयखंड		संघदासगणि							
			क्षमाश्रमण -लघु.भा.,							
			क्षेमकीर्ति आचार्य -वृ.							
३४	बृहत्कल्पसूत्रनिर्युक्ति-लघुभाष्य-वृत्तिसह	जीर्ण	मू.,	प्रा.सं	१४८८	१२२(२१४७-२२६८)	३४	२२७	९५५१	
	तृतीयखंड		भद्रबाहुस्वामि तथा -नि.,							
			संघदासगणि							
			क्षमाश्रमण -लघु.भा.,							
			क्षेमकीर्ति आचार्य -वृ.							

ग्रंथांक	ग्रंथनुं नाम	स्थिति	कर्ता	भाषा	संवत्	पत्र संख्या	झेरोक्ष	सी.डी.	ग्रंथाग्र	विशेष नोंध
३५	आवश्यकसूत्रनिर्युक्ति	जीर्ण	भद्रबाहुस्वामि	प्रा.	१४८७	३३	३५	२२७	३१००	
३६	आवश्यकसूत्रलघुवृत्ति	जीर्ण	तिलकाचार्य	सं.	र.१२९६-ले.१४८८	१५३(३४-१७४)	३६	२२७	१२३२५	आदि अंतना पत्र अतिजीर्ण अने फाटेलां छे
३७	आवश्यकसूत्रबृहद्वृत्ति-शिष्यहिता प्रथमखंड	जीर्ण	हरिभद्रसूरि -वृ.	प्रा.सं.	१४८७	१३४(१७५-३०८)	३७	२२८	१२३८४	
३८	आवश्यकसूत्रबृहद्वृत्ति-शिष्यहिता द्वितीयखंड	जीर्ण	हरिभद्रसूरि -वृ.	प्रा.सं.		९२(३०९-४०१)	३८	२२८	१०६१६	
३९	आवश्यकसूत्रटिप्पनक	जीर्ण	मलधारी हेमचंद्रसूरि	सं.	१४८८	४१(४०२-४४२)	३९	२२८	४७२०	
४०	ओघनिर्युक्ति	श्रेष्ठ	भद्रबाहुस्वामि	प्रा.	१४८९	१४(४४३-४५६)	४० + ४१	२६५	१४३२	गाथा. ११४६
४१	ओघनिर्युक्तिभाष्य	जीर्ण		प्रा.		३०(४५७-४८६)	४० + ४१	२६५	गा.२५१७	
४२	ओघनिर्युक्तिवृत्ति	श्रेष्ठ	द्रोणाचार्य	प्रा.सं.	१४८८	७३(४८७-५५९)	४२	२२८	७०००	
४३	दशवैकालिकसूत्र	जीर्ण	शय्यंभवसूरि	प्रा.		७(५६०-५६६)	४३	२२८	७००	
४४◆	दशवैकालिकनिर्युक्ति	जीर्ण	भद्रबाहुस्वामि	प्रा.		५(५६७-५७१)			गा.४४०	
४५	दशवैकालिकसूत्रबृहद्वृत्ति	जीर्ण	हरिभद्रसूरि आचार्य	सं.	१४८७	७२(५७२-६४३)	४५	२२९		
४६	दशवैकालिकसूत्रचूर्णी	जीर्ण		प्रा.	१४८८	७५(६४४-७१७)	४६	२२९/ २६५		
४७	पिंडनिर्युक्ति वृत्तिसह	श्रेष्ठ	भद्रबाहुस्वामि -नि., मलयगिरि आचार्य -वृ.	प्रा.सं.	१४८९	७४(७१८-७९०)	४७	२२९/ २६५	७०००	
४८	नंदिसूत्र	अतिजीर्ण	देववाचक	प्रा.		८(७९१-७९८)	४८	२२९	७००	
४९	नंदिसूत्रवृत्ति	जीर्ण	मलयगिरि आचार्य	सं.		८५(७९९-८८३)	४९	२२९	७७३२	प्रति शुद्ध छे.
५०	अनुयोगद्वारसूत्र	श्रेष्ठ	आर्यरक्षितसूरि	प्रा.		१८(८८४-९०१)	५०	२३०	२०००	
५१	अनुयोगद्वारसूत्रवृत्ति	श्रेष्ठ	मलधारी हेमचंद्रसूरि	सं.	१४८९	५४(९०२-९५५)	५१	२३०	५७००	
५२	अनुयोगद्वारसूत्रलघुवृत्ति	श्रेष्ठ	हरिभद्रसूरि आचार्य	सं.		३१(९५६-९८६)	५२	२३०		
५३	उत्तराध्ययनसूत्र	जीर्ण		प्रा.		२४(९८७-१०१०)	५३ + ५४	२३०		
५४	उत्तराध्ययनसूत्रनिर्युक्ति	जीर्ण	भद्रबाहुस्वामि	प्रा.		७(१०११-१०१७)	५३ + ५४	२३०	७००	
५५	उत्तराध्ययनसूत्रबृहद्वृत्ति-पाइयटीका	जीर्ण	वादिवेताल शांतिसूरि	सं.		१८४(१०१८-१२०१)	५५	२३०		
५६	उत्तराध्ययनसूत्रचूर्णी	मध्यम	गोपालिकमहत्तरशिष्य	प्रा.	१४८८	५८(१२०२-१२५९)	५६	२३०	५८५०	
५७	विशेषावश्यकमहाभाष्य	जीर्ण	जिनभद्रगणि क्षमाश्रमण	प्रा.		४५(१२६०-१३०४)	५७	२३०	३६५०	

ग्रंथांक	ग्रंथनुं नाम	स्थिति	कर्ता	भाषा	संवत्	पत्र संख्या	झेरोक्ष	सी.डी.	ग्रंथाग्र	विशेष नोंध
५८	सन्मतितर्कप्रकरण तत्त्वबोध	जीर्ण	मू.सिद्धसेन दिवाकर,	प्रा.सं.	१४८७	१२६(१६३३-१७५७)	५८ + ५९	२३१	१२८३८	
	विधायिनीवृत्ति सह प्रथम खंड		अभयदेव आचार्य -वृ.							
			तर्कपंचानन							
५९	सन्मतितर्कप्रकरण	मध्यम	मू.सिद्धसेन दिवाकर,	प्रा.सं.		९६(१७५८-१८५३)	५८ + ५९	२३१	१२१६२	
	तत्त्वबोधविधायिनीवृत्तिसह		अभयदेव आचार्य -वृ.							
	द्वितीय खंड		तर्कपंचानन							
६०	ज्योतिष्करंडकप्रकीर्णक वृत्तिसह	जीर्ण	मलयगिरि आचार्य -वृ.	प्रा.सं.	१४८८	५३(१८५४-१९०८)	६०	२३१		
६१	आचारांगसूत्रचूर्णी	मध्यम		प्रा.	१४८८	८३(१९०९-१९९१)	६१	२३१		
६२	सूत्रकृतांगसूत्रचूर्णी	जीर्ण		प्रा.	१४८८	९८(१९९२-२०८९)	६२	२३१		
६३	कल्पविशेषचूर्णी	जीर्ण		प्रा.		१०४(२०९०-२१९८)	६३ + ६४	२३२	११०००	
६४	सूर्यप्रज्ञप्तिउपांगसूत्र	जीर्ण		प्रा.		२५(२१९९-२२३३)	६३ + ६४	२५८		
६५	सूर्यप्रज्ञप्तिउपांगसूत्रवृत्ति	मध्यम	मलयगिरि आचार्य	सं.	१४८९	९३(२२३४-२३३३)		२३२	९५००	अन्तनां बे पत्र अति जीर्ण छे.
६६	दर्शनसप्ततिकाप्रकरणवृत्ति	श्रेष्ठ	संघतिलकसूरि -वृ.	प्रा.सं.		५७(२९३-३४९)	६६	२३२		
६७	न्यायभाष्य टिप्पणीसह	जीर्ण	वात्स्यायनमुनि	सं.		५७	६७	२३२		
६८	न्यायवार्त्तिक टिप्पणीसह	जीर्ण	भारद्वाजमुनि	सं.		१४२(५८-२००)	६८	२३३		
६९	न्यायवार्त्तिकतात्पर्यवृत्ति टिप्पणीसह	जीर्ण	वाचस्पति मिश्र	सं.		२०१(२०१-४०१)	६९	२३३		अंतिम पत्रनो टूकडो छे.
७०	न्यायतात्पर्यपरिशुद्धि टिप्पणीसह	जीर्ण	उदयनाचार्य	सं.		१६५(४०२-५६६)	७० + ७१	२३३		पत्र ५४०, ५४९ मुं नथी.
७१	न्यायटिप्पनक श्रीकंठीय	जीर्ण	श्रीकंठ	सं.		४९(५६७-६१५)	७० + ७१	२३४		
७२	पंचप्रस्थान न्यायमहातर्कविषमपदव्याख्या	जीर्ण	अभयतिलकगणि	सं.		२०६(६१६-८२१)	७२	२३४		
	न्यायालंकार									
७३	न्यायवार्त्तिकभाष्यवृत्तिविवरण	जीर्ण	अनिरुद्ध पंडित	सं.		२६(८८२-८४७)	७३	२३४		
७४	नवतत्त्वप्रकरण भाष्यवृत्तियुक्त	अतिजीर्ण	देवगुप्तसूरि -मू.,	प्रा.सं.	र.११७४-ले.१४९९			२३४	२४००	प्रति अस्तव्यस्त अने खवाएली छे.
			अभयदेवसूरि -भा.,							
			यशोदेवसूरि -वृ.							
७५	धर्मसंग्रहणिप्रकरण वृत्तिसह	अतिजीर्ण	हरिभद्र आचार्य -मू.,	प्रा.सं.			७५	२५८		प्रति अस्तव्यस्य अने खवाएली छे
			मलयगिरि आचार्य -वृ.							
७६	सिद्धहेमशब्दानुशासनलघुवृत्ति									
	षष्ठाध्यायपर्यंत	मध्यम	हेमचन्द्राचार्य	सं.		५१-१२२		२३४		पत्र ५१ थी ६७ उंदरे करडेलां छे

ग्रंथांक	ग्रंथनुं नाम	स्थिति	कर्ता	भाषा	संवत्	पत्र संख्या	झेरोक्ष	सी.डी.	ग्रंथाग्र	विशेष नोंध
७७	संवेगरंगशाला (अपूर्ण)	अतिजीर्ण	जिनचन्द्रसूरि	प्रा.				२३४		प्रति अतिजीर्ण उधईए खाधेली अने अस्तव्यस्त छे.
७८	जीवसमास प्रकरणवृत्ति सह	अतिजीर्ण	मलधारी हेमचन्द्रसूरि -वृ.	प्रा.सं.	१४९९	१०८		२३५		प्रति उंदरे करडेली, भींजायेली, जीर्ण अने अस्तव्यस्त छे.
७९	सिद्धहेमशब्दानुशासन सूत्रपाठ, धातुपाठ तथा लिंगानुशासन	मध्यम	हेमचन्द्रसूरि	सं.		२२	७९			
८०	भगवतीसूत्र आलापक	मध्यम		प्रा.		५५	८०			
८१	आचारांगसूत्रवृत्ति	श्रेष्ठ	शीलांकाचार्य	सं.	गुप्त.७९८-१९८३	३३२	८१(१,२,३)		१२०००	
८२/१	उपासकदशांगसूत्र	श्रेष्ठ	सुधर्मास्वामी	प्रा.	१९८३	१-१६	८२		८१२	
८२/२	अंतकृद्दशांगसूत्र	श्रेष्ठ	सुधर्मास्वामी	प्रा.	१९८३	१६-३१	८२		७९०	
८२/३	अनुत्तरौपपातिकदशांगसूत्र	श्रेष्ठ	सुधर्मास्वामी	प्रा.	१९८३	३१-३५	८२		१९२	
८२/४	प्रश्नव्याकरणदशांगसूत्र	श्रेष्ठ	सुधर्मास्वामी	प्रा.	१९८३	३५-५८	८२		१२५०	
८२/५	विपाकसूत्र	श्रेष्ठ	सुधर्मास्वामी	प्रा.	१९८३	५८-८१	८२		१२१६	
८३	जम्बूद्वीपप्रज्ञप्तिउपांगसूत्रचूर्णी	श्रेष्ठ		प्रा.	१९८३	४०	८३ + ८४		१८६०	
८४	जंबूद्वीपप्रज्ञप्तिउपांगसूत्रचूर्णी	श्रेष्ठ		प्रा.	१९८३	३९	८३ + ८४		१८६०	
८५	जंबूद्वीपप्रज्ञप्तिउपांगसूत्रवृत्ति	श्रेष्ठ	पुण्यसागर महोपाध्याय	सं.	र.१६४५-ले.१९८५	२३५	८५ (१, २)		१३२७५	
८६	चंद्रप्रज्ञप्तिउपांगसूत्रवृत्ति	श्रेष्ठ	मलयगिरि आचार्य	सं.	१९८३	१६५	८६	२३५	९५००	
८७/१	गुरुगुणषटत्रिंशतषटत्रिंशिका सटीक	मध्यम	रत्नशेखरसूरि स्वोपज्ञ	प्रा.सं.		१-१६	८७	२३५		
८७/२	बलिनरेन्द्रकथा-भुवनभानुकेवलिचरित्र (भवभावनावृत्त्यंतर्गत)	मध्यम	मलधारी हेमचंद्रसूरि	सं.		१६-४०	८७	२३५		
८८	समरादित्यचरित्रसंक्षेप त्रूटक अपूर्ण पद्य	श्रेष्ठ	प्रद्युम्नसूरि	सं.		४२-८१	८८			
८९	शांतिनाथचरित्र पद्य	श्रेष्ठ	मुनिदेवसूरि	सं.		८०	८९	२३५		पत्र ३-२७ नथी
९०	उपदेशमाला दोघट्टी वृत्ति	श्रेष्ठ	रत्नप्रभसूरि	प्रा.सं.	र.१२३८-ले.१४८१	९२-२५४	९०	२४०	११८२९	
९१	आवश्यकसूत्रचूर्णी	श्रेष्ठ		प्रा.	१९८५	३३८	९१(१,२)		११५४५	
९२	आवश्यकसूत्रबृहद्वृत्ति द्वितीयखंड	श्रेष्ठ	मलयगिरि आचार्य	सं.	१९८६	२२३				श्रेष्ठ छे.
९३	आवश्यकसूत्रबृहद्वृत्ति द्वितीयखंड	श्रेष्ठ	मलयगिरि आचार्य	सं.	१९८५	२२१	९३			
९४	आवश्यकसूत्रलघुवृत्ति प्रथमखंड	श्रेष्ठ	तिलकाचार्य	सं.	१९८५	१५०	९४			
९५	दशवैकालिकसूत्रचूर्णी	श्रेष्ठ		प्रा.	१९८३	१५३	९५			

ग्रंथांक	ग्रंथनुं नाम	स्थिति	कर्ता	भाषा	संवत्	पत्र संख्या	झेरोक्ष	सी.डी.	ग्रंथाग्र	विशेष नोंध
९६/१	दशाश्रुतस्कंधसूत्रनिर्युक्ति	श्रेष्ठ	भद्रबाहुस्वामी	प्रा.	१९८२	१-४	९६			
९६/२	दशाश्रुतस्कंधसूत्रचूर्णी	श्रेष्ठ		प्रा.	१९८२	४-४१	९६			
९६/३	दशाश्रुतस्कंधसूत्र	श्रेष्ठ	भद्रबाहुस्वामी	प्रा.	१९८२	४१-७४	९६			
९७	कल्पचूर्णी	श्रेष्ठ		प्रा.	१९८४	२८५	९७ (१,२)		१४७८४	
९८	बृहत्कल्पसूत्र निर्युक्तिभाष्यवृत्तिसह पीठिकार्ध	श्रेष्ठ	भद्रबाहुस्वामी -मू.नि., संघदासगणि क्षमाश्रमण-भा. मलयगिरि-वृ.	प्रा.सं.	१९८४	७७	९८		४६००	
९९	बृहत्कल्पसूत्र निर्युक्तिभाष्यवृत्तिसह प्रथमखंड (पीठिकार्ध थी आगळ)	श्रेष्ठ	भद्रबाहुस्वामी -मू.नि., संघदासगणि क्षमा-श्रमण-भा. क्षेमकीर्ति -वृ.	प्रा.सं.	र.१३३२-ले.१९८४	१९१	९९		१५४००	
१००	बृहत्कल्पसूत्र निर्युक्तिभाष्यवृत्तिसह द्वितीयखंड	श्रेष्ठ	भद्रबाहुस्वामी -मू.नि., संघदासगणि क्षमा-श्रमण-भा. क्षेमकीर्ति -वृ.	प्रा.सं.	र.१३३२-ले.१९८३	३०५	१०० (१,२)		१४१६०	
१०१	बृहत्कल्पसूत्र निर्युक्ति भाष्यवृत्तिसह तृतीय खंड	श्रेष्ठ	भद्रबाहुस्वामी -मू.नि., संघदासगणि क्षमा-श्रमण-भा. क्षेमकीर्ति -वृ.	प्रा.सं.	र.१३३२-ले.१९८४	२८४	१०१ (१,२)		१२६५१	
१०२	पंचकल्पचूर्णी	श्रेष्ठ		प्रा.	१९८३	६४	१०२		३२३५	
१०३	व्यवहारसूत्रचूर्णी	श्रेष्ठ		प्रा.	१९८३	२२७	१०३ (१,२)		१२०००	
१०४	व्यवहारसूत्रवृत्ति द्वितीयखंड	श्रेष्ठ	मलयगिरि आचार्य -वृ.	प्रा.सं.	१९८४	२२७	१०४ (१,२)		१३७१९	
१०५	निशीथसूत्र	श्रेष्ठ	भद्रबाहुस्वामी	प्रा.	१९८३	१५	१०५		८१२	
१०६	निशीथसूत्रभाष्य	श्रेष्ठ		प्रा.	१९८३	१४३	१०६		७४००	
१०७	निशीथसूत्रचूर्णी द्वितीयखंड	श्रेष्ठ	जिनदासगणि महत्तर	प्रा.	१९८४	२८३	१०७ (१,२)			
१०८	निशीथसूत्रचूर्णी द्वितीयखंड	श्रेष्ठ	जिनदासगणि महत्तर	प्रा.	१९८३	३१९	१०८ (१,२)			
१०९	महानिशीथसूत्र	श्रेष्ठ		प्रा.	१९८३	८०	१०९		४५४४	
११०	अंगविद्याप्रकीर्णक	श्रेष्ठ		प्रा.	१९८४	१८७	११०		९०००	
१११	जीतकल्पसूत्र वृत्तिसह	श्रेष्ठ	जिनभद्रगणि क्षमाश्रमण -मू. तिलकाचार्य -वृ.	प्रा.सं.	१९८३	३६	१११			
११२/१	सिद्धप्राभृतसूत्र	श्रेष्ठ		प्रा.		१-४	११२ थी ११४		गा.१२१	

ग्रंथांक	ग्रंथनुं नाम	स्थिति	कर्ता	भाषा	संवत्	पत्र संख्या	झेरोक्ष	सी.डी.	ग्रंथाग्र	विशेष नोंध
११२/२	सिद्धप्राभृतसूत्रवृत्ति	श्रेष्ठ		प्रा.	१९८४	४-२२	११२ थी ११४			
११३/१	सिद्धप्राभृतसूत्र	श्रेष्ठ		प्रा.		४१-४४	११२ थी ११४		गा.१२१	
११३/२	सिद्धप्राभृतसूत्रवृत्ति	श्रेष्ठ		प्रा.	१९८३	४४-६३	११२ थी ११४			
११४	कर्मप्रकृतिचूर्णी	श्रेष्ठ		प्रा.	१९८३	११४	११२ थी ११४			
११५	शतककर्मग्रंथ वृत्तिसह	श्रेष्ठ	शिवशर्मसूरि -मू.,	प्रा.सं.	१९८३	७३	११५			
			मलधारि हेमचंद्रसूरि -वृ.							
११६	नवपदप्रकरण बृहद्वृत्तिसह	श्रेष्ठ	जिनचंद्रसूरि -मू.,	प्रा.सं.	र.११६५-ले.१९८३	१८३	११६		ग्रा.९५००	
			यशोदेवोपाध्याय -वृ.							
११७	उपदेशपदप्रकरणलघुवृत्ति	श्रेष्ठ	वर्धमानसूरि	सं.	र.१०५०-ले.१९८३	१३७	११७	२३५	६५००	
११८	उपदेशप्रकरणलघुवृत्ति	श्रेष्ठ	वर्धमानसूरि	सं.	र.१०५०-ले.१९८३	१४३	११८	२३६	६५००	
११९	चैत्यवंदनाभाष्य संघाचारवृत्तिसह	श्रेष्ठ	देवेन्द्रसूरि -मू.,	प्रा.सं.	१९८३	१८८	११९	२३६	७८००	
			धर्मघोषसूरि -वृ.							
१२०	ऋषिमंडलप्रकरण वृत्तिसह प्रथम खंड	श्रेष्ठ	धर्मघोषसूरि -मू.	प्रा.सं.	१९८३	७१	१२०			
१२१	उपदेशमाला हेयोपादेयावृत्तिकथासह	श्रेष्ठ		प्रा.सं.	१९८३	२११	१२१			
१२२	संयमाख्यान	श्रेष्ठ		प्रा.	१९८३	३	१२२			
१२३	चउपन्नमहापुरिसचरिय	श्रेष्ठ	शीलाचार्य	प्रा.	१९८३	१९६	१२३		१३३००	
१२४	समराइच्चकहा	श्रेष्ठ	हरिभद्रसूरि आचार्य	प्रा.	१९८३	२२७	१२४		१००००	
१२५	प्रत्येकबुद्धचरित्र पद्य	श्रेष्ठ	लक्ष्मीतिलकगणि	सं.		११४	१२५			
१२६	अतिमुक्तकचरित्र पद्य	श्रेष्ठ	पूर्णभद्रगणि	सं.	१९८३	७	१२६ + १२८		२३०	
१२७/१	दशउपासककथा	श्रेष्ठ	पूर्णभद्रगणि	प्रा.	१२७५	१-९			३४४	
१२७/२	दशउपासककथाचूर्णी	श्रेष्ठ	पूर्णभद्रगणि	सं.	१९८३	१०-१२			१०१	
१२८	गणधरसार्धशतक बृहद्वृत्तिसह	श्रेष्ठ	सुमतिगणि -वृ.	प्रा.सं.	र.१२९५-ले.१९८३	६८	१२६ + १२८			
	प्रथमखंड (प्रथमगाथाव्याख्या)									
१२९	गणधरसार्धशतकबृहद्वृत्तिसह	श्रेष्ठ	सुमतिगणि -वृ.	सं.	र. १२९५-१९८३	१९१	१२९		१२१०५	
	द्वितीय खंड									
१३०	विधिप्रपा	श्रेष्ठ	जिनप्रभसूरि	प्रा.सं.	र.१३६३-ले.१९८३	७३	१३०		३५७४	
१३१	कथासंग्रह	श्रेष्ठ		प्रा.सं.		७५	१३१			
१३२	अणुव्वयविहि	श्रेष्ठ		प्रा.	१९८३	३२	१३२ थी १३४			

ग्रंथांक	ग्रंथनुं नाम	स्थिति	कर्ता	भाषा	संवत्	पत्र संख्या	झेरोक्ष	सी.डी.	ग्रंथाग्र	विशेष नोंध
१३३/१	षडावश्यकसूत्र	श्रेष्ठ		प्रा.		१-४	१३२ थी १३४			
१३३/२	आवश्यकविधिप्रकरण-प्रतिक्रमणसामाचारी	श्रेष्ठ	जिनवल्लभगणि	प्रा.		४-५	१३२ थी १३४		गा.४०	
१३३/३	पंचगिंलीप्रकरण	श्रेष्ठ	जिनेश्वरसूरि	प्रा.		५-७	१३२ थी १३४		गा.१०१	
१३३/४	षट्स्थानकप्रकरण-श्रावकवक्तव्यता	श्रेष्ठ	जिनेश्वरसूरि	प्रा.		७-९	१३२ थी १३४		गा.१०३	
१३३/५	पिंडविशुद्धिप्रकरण	श्रेष्ठ	जिनवल्लभगणि	प्रा.		९-१२	१३२ थी १३४		गा.१०३	
१३३/६	आगमोद्धारगाथा	श्रेष्ठ		प्रा.		१२-१३	१३२ थी १३४		गा.७१	
१३३/७	पौषधविधिप्रकरण	श्रेष्ठ	जिनवल्लभगणि	प्रा.		१३-१७	१३२ थी १३४			
१३३/८	पंचकल्याणकस्तोत्र	श्रेष्ठ	जिनवल्लभगणि	प्रा.		१७-१८	१३२ थी १३४		गा.२६	
१३३/९	लघुअजितशांतिस्तव-उल्लासिक्कमनक्ख० स्तोत्र	श्रेष्ठ	जिनवल्लभगणि	प्रा.		१८ मु	१३२ थी १३४		गा.१७	
१३३/१०	अजितशांतिस्तव	श्रेष्ठ	नंदिषेण	प्रा.		१८-२०	१३२ थी १३४		गा.४०	
१३३/११	पर्यंताराधनाप्रकरण	श्रेष्ठ	अभयदेवसूरि	प्रा.		२०-२२	१३२ थी १३४		गा.८३	
१३३/१२	आतुरप्रत्याख्यान	श्रेष्ठ		प्रा.		२६मु	१३२ थी १३४		गा.१६	
१३३/१३	धर्मलक्षण	श्रेष्ठ		सं.		२२-२३	१३२ थी १३४			
१३३/१४	प्रश्नोत्तररत्नमालिका	श्रेष्ठ	विमलाचार्य	सं.		२३मु	१३२ थी १३४		आ.२७	
१३३/१५	नवतत्त्वप्रकरणभाष्य	श्रेष्ठ	अभयदेवसूरि	प्रा.		२३-२७	१३२ थी १३४		गा.१५२	
१३३/१६	नवपदप्रकरण	श्रेष्ठ	जिनचंद्रगणि	प्रा.		२७-३१	१३२ थी १३४		गा.१३९	
१३३/१७	श्रावकधर्मविधिप्रकरण	श्रेष्ठ	हरिभद्रसूरि	प्रा.		३१-३२	१३२ थी १३४		गा.७०	
१३३/१८	कर्मप्रकृतिसंग्रहणी	श्रेष्ठ	शिवशर्मसूरि	प्रा.		३२-४३	१३२ थी १३४		गा.४७६	
१३३/१९	विज्ञप्तिका	श्रेष्ठ	जिनवल्लभगणि	प्रा.		४३-४४	१३२ थी १३४		गा.३५	
१३३/२०	बोटिकनिराकरणप्रकरण	श्रेष्ठ		प्रा.		४४-४७	१३२ थी १३४		गा.११५	
१३३/२१	स्वप्नसप्ततिकागत अधिकार सटीक	श्रेष्ठ		प्रा.सं.	१९८३	४७-५१	१३२ थी १३४			
१३४/१	पर्यंताराधनाप्रकरण	श्रेष्ठ	सोमसूरि	प्रा.		१-३	१३२ थी १३४		गा.६९	
१३४/२	विवेकमंजरीप्रकरण	श्रेष्ठ	आसड	प्रा.	र. १२७८	३-७	१३२ थी १३४		गा.११४	
१३४/३	चतुःशरणप्रकीर्णक	श्रेष्ठ		प्रा.		७-८	१३२ थी १३४		गा.२७	
१३४/४	आउरपच्चक्खाणप्रकीर्णक	श्रेष्ठ		प्रा.		८-९	१३२ थी १३४			
१३४/५	आराधनाप्रकरण	श्रेष्ठ	अभयदेवसूरि	प्रा.		९-१२	१३२ थी १३४		गा.८५	

ग्रंथांक	ग्रंथनुं नाम	स्थिति	कर्ता	भाषा	संवत्	पत्र संख्या	झेरोक्ष	सी.डी.	ग्रंथाग्र	विशेष नोंध
१३४/६	क्षामणाकुलक	श्रेष्ठ		प्रा		१२मु	१३२ थी १३४		गा.१६,	आ कुलकना बीजा नामो मिथ्या-दुष्कृत अने भावना कुलक पण छे.
१३४/७	आलोचनाकुलक	श्रेष्ठ		प्रा		१२-१३	१३२ थी १३४		गा.१२	
१३४/८	आलोचनाकुलक	श्रेष्ठ		प्रा		१३मु	१३२ थी १३४		गा.२४	
१३४/९	भावनाकुलक	श्रेष्ठ		प्रा		१३-१४	१३२ थी १३४		गा.११	
१३४/१०	भावनाकुलक	श्रेष्ठ		प्रा		१४-१५	१३२ थी १३४		गा.२९	
१३४/११	सुलसआराधनाप्रकरण	श्रेष्ठ		प्रा		१५-१७	१३२ थी १३४		गा.७४	
१३४/१२	नवकारफलकुलक	श्रेष्ठ		प्रा		१७-१८	१३२ थी १३४		गा.३३	
१३४/१३	मिथ्यादुष्कृतकुलक	श्रेष्ठ		प्रा		१८मुं	१३२ थी १३४		गा.२०	
१३४/१४	संवेगमंजरीप्रकरण	श्रेष्ठ	देवभद्र	प्रा		१८-१९	१३२ थी १३४		गा.३२	
१३४/१५	संयममंजरीप्रकरण	श्रेष्ठ	महेश्वरसूरि	प्रा		१९-२०	१३२ थी १३४		गा.३५	
१३४/१६	सुगुरुदांगडउ	श्रेष्ठ		अप		२०-२१	१३२ थी १३४		गा.२१	
१३४/१७	सुगुरुदांगडउ	श्रेष्ठ	जिनप्रभसूरि	अप		२१-२३	१३२ थी १३४		गा.३२	
१३४/१८	आराधना	श्रेष्ठ		सं		२३-२४	१३२ थी १३४		४०	
१३४/१९	भावनासंधि	श्रेष्ठ	यशोदेव	अप		२४-२६	१३२ थी १३४		गा.५६	
१३४/२०	आराधना	श्रेष्ठ		प्रा		२६मु	१३२ थी १३४		गा.८	
१३४/२१	भावनाकुलक	श्रेष्ठ	सोमदेव	प्रा		२६-२७	१३२ थी १३४		गा.१७	
१३४/२२	आराधनाकुलक	श्रेष्ठ		प्रा	१९८३	२७-२८	१३२ थी १३४		गा.२७	
१३५	हरिवंशपुराणगत उद्देशद्वय	श्रेष्ठ		अप	१९८३	१०	१३५ थी १३७	२३६		
१३६/१	जीवोपदेशपंचाशिका	श्रेष्ठ		प्रा		१-२	१३५ थी १३७		का.५०	
१३६/२	उपदेशकुलक	श्रेष्ठ		प्रा		२-३	१३५ थी १३७		गा.२५	
१३६/३	हितोपदेशकुलक	श्रेष्ठ		प्रा		३जुं	१३५ थी १३७		गा.२५	
१३६/४	हितोपदेशकुलक	श्रेष्ठ		प्रा		३-४	१३५ थी १३७		गा.२५	
१३६/५	पंचपरमेष्ठिस्तव	श्रेष्ठ		प्रा		४-५	१३५ थी १३७		गा.३७	
१३६/६	नवतत्त्वप्रकरणभाष्य	श्रेष्ठ	अभयदेवसूरि	प्रा	१९८३	५-९	१३५ थी १३७		गा.१५१	
१३७	व्याकरणचतुष्कावचूरि-हैमलघुन्यास द्वितीयाध्याय द्वितीयपाद पर्यन्त,	श्रेष्ठ	कनकप्रभसूरि	सं	१९८३	५४	१३५ थी १३७	२३६	२८९८	

ग्रंथांक	ग्रंथनुं नाम	स्थिति	कर्ता	भाषा	संवत्	पत्र संख्या	झेरोक्ष	सी.डी.	ग्रंथाग्र	विशेष नोंध
१३८	अनेकार्थकोश अनेकार्थकैरवाकर-	श्रेष्ठ	हेमचंद्रसूरि -मू.,	सं.	१९८३	५२	१३८ + १३९	२३६		
	कौमुदीटीकायुक्त तृतीय खंड	श्रेष्ठ	महेंद्रसूरि -टी.							
१३९	कइसिट्ठवृत्ति	श्रेष्ठ	गोपाल पंडित	सं.	१९८३	३४	१३८ + १३९	२३६		
१४०	कविकल्पलताविवेक	श्रेष्ठ		सं.	१९८४	१५१				
१४१	कविकल्पलताविवेक द्वितीयखंड	श्रेष्ठ		सं.		४७				
१४२	कविकल्पलताविवेक	श्रेष्ठ		सं.		८५				वचमांनो केटलोक भाग
										आमां लखायेल नथी.
१४३	अभिधावृत्तिमातृका	श्रेष्ठ	मुकुल भट्ट	सं.	१९८३	९	१४३ थी १४५	२३६	५१४	
१४४/१	घटकर्परकाव्य	श्रेष्ठ		सं.		१-२	१४३ थी १४५	२३५-२३६	का.२१	
१४४/२	मेघाभ्युदयकाव्य	श्रेष्ठ		सं.		२-३	१४३ थी १४५	ʼʼ	का.३८	
१४४/३	वृंदावनमहाकाव्य	श्रेष्ठ		सं.		३-५	१४३ थी १४५	ʼʼ	का.५२	
१४४/४	मधुवर्णनकाव्य	श्रेष्ठ	केलिकवि	सं.		५-७	१४३ थी १४५	ʼʼ	का.६९	
१४४/५	विरहिणीप्रलापकाव्य	श्रेष्ठ	केलिकवि	सं.		७-९	१४३ थी १४५	ʼʼ	का.५३	
१४४/६	चंद्रदूतकाव्य	श्रेष्ठ		सं.		९-१०	१४३ थी १४५	ʼʼ	का.२३	
१४४/७	विक्रमांकमहाकाव्य	श्रेष्ठ	बिल्हणकवि	सं.	१९८३	१०-६६	१४३ थी १४५	ʼʼ	२५४५	
१४५	चक्रपाणिविजयकाव्य	श्रेष्ठ	लक्ष्मीधर	सं.	१९८४	४१	१४३ थी १४५	२३६		
१४६	कविरहस्य-अपशब्दाभासकाव्य सटीक	श्रेष्ठ	हलायुध -मू.,	सं.	१९८४	३३	१४६ + १४७	२३६		अपरनाम-कविगुह्य काव्य
			रविधर्म -टी.							
१४७	न्यायकंदलीटिप्पनक	श्रेष्ठ	नरचंद्रसूरि	सं.	१९८३	४७	१४६ + १४७	२३६		
१४८	न्यायभाष्यविवरण	श्रेष्ठ		सं.	१९८३	४६	१४८ + १४९	२३६		
१४९	न्यायप्रवेशवृत्तिपंजिका	श्रेष्ठ	पार्श्वदेवगणि	सं.	१९८३	३४	१४८ + १४९	२३६		
१५०	द्रव्यालंकार स्वोपज्ञवृत्ति सह									
	द्वितीयप्रकाश टिप्पणीसह	श्रेष्ठ	रामचंद्र गुणचंद्र	सं.	१९८४	५५	१५० थी १५२	२३६		
१५१	द्रव्यालंकार स्वोपज्ञवृत्ति सह									
	तृतीय प्रकाश टिप्पणीसह	श्रेष्ठ	रामचंद्र गुणचंद्र	सं.	१९८४	३५	१५० थी १५२	२३६		
१५२	प्रमाणमीमांसा स्वोपज्ञवृत्ति सह	श्रेष्ठ	हेमचंद्रसूरि स्वोपज्ञ -आ.	सं.		३९	१५० थी १५२	२३७		
१५३/१	प्रमाणमीमांसा स्वोपज्ञवृत्ति सह	श्रेष्ठ	हेमचंद्र आचार्य	सं.		१-४१	१५३ थी १५६	२३७		
१५३/२	परीक्षामुखप्रकरण	श्रेष्ठ		सं.		४१-४३	१५३ थी १५६	२३७		

ग्रंथांक	ग्रंथनुं नाम	स्थिति	कर्ता	भाषा	संवत्	पत्र संख्या	झेरोक्ष	सी.डी.	ग्रंथाग्र	विशेष नोंध
१५३/३	सर्वज्ञसिद्धिप्रकरण	श्रेष्ठ	हरिभद्रसूरि	सं.		४४-५०	१५३ थी १५६	२३७		
१५४	अनेकांतजयपताकावृत्तिटिप्पनक	श्रेष्ठ	मुनिचंद्रसूरि	सं.	१९८४	३४	१५३ थी १५६	२३७		
१५५	अनेकांतजयपताकावृत्तिटिप्पनक	श्रेष्ठ	मुनिचंद्रसूरि	सं.	१९८४	३५	१५३ थी १५६	२३७		
१५६	परीक्षामुखप्रकरण	श्रेष्ठ		सं.	१९८३	३	१५३ थी १५६	२३७		
१५७	सर्वज्ञसिद्धिप्रकरण	श्रेष्ठ	हरिभद्रसूरि	सं.	१९८३	७		२३७		
१५८	सर्वसिद्धांतप्रवेश	श्रेष्ठ		सं.	१९८३	४	१५८	२३७		
१५९	व्यवहारसूत्र निर्युक्तिभाष्यवृत्तिसह	श्रेष्ठ	भद्रबाहुस्वामी -मु.नि.,	प्रा.सं.	१९८३	७१६	१५९(१ थी ६)	२३७	३४०००	
			मलयगिरि आचार्य -वृ.							
१६०	परमात्मप्रकाश सस्तबक अपूर्ण	जीर्ण		अप.		३०	१६० थी १६४	२३८		पत्र ६,२८ तथा वचमां घणां
				गुज.						पाना नथी,
१६१/१	मीमांसासूत्र साबरभाष्य प्रथमअध्याय	श्रेष्ठ		सं.		१-१३	१६० थी १६४	२३८		
	प्रथमपाद									
१६१/२	प्रमाणान्तर्भाव	श्रेष्ठ	देवभद्रयशोदेव	सं.	१९८२	१३-२३	१६० थी १६४	२३८		
१६२	सर्वज्ञसिद्धि	श्रेष्ठ		सं.		४	१६० थी १६४	२३८		
१६३	कृतपुण्यमहर्षिचरित्र पद्य	श्रेष्ठ	पूर्णभद्रगणि	सं.	१३०५	४८	१६० थी १६४	२३८		
१६४	शालिभद्रचरित्र पद्य	श्रेष्ठ	पूर्णभद्रगणि	सं.	र.१२८५-ले.१९८३	३६	१६० थी १६४	२३८	१४९०	
१६५	भगवतीसूत्र		सुधर्मस्वामी	प्रा.		२-२६२	१६५ (१,२)			पत्र १,२०५,२०७ नथी,
										अंतिम पत्र नथी.
१६६	उपदेशमाला कर्णिकावृत्तिसह	अतिजीर्ण	धर्मदासगणि -मू.,	प्रा.सं.	१२९९	२०-२७५	१६६ (१,२)	२६६	१२२७४	पत्र १ थी १८ नथी.
			उदयप्रभसूरि -वृ.							
१६७	द्वीपसागरप्रज्ञप्तिसंग्रहणी	जीर्णप्रायः		प्रा.		५	१६७ थी १७०	२३८	२००	
१६८	निर्यावलिकासूत्रवृत्ति	मध्यम	श्रीचंद्रसूरि	सं.		११	१६७ थी १७०	२३८		
१६९	धातुपारायण	अतिजीर्ण	हेमचंद्रसूरि	सं.			१६७ थी १७०			अस्तव्यस्त,
१७०	वंदारुवृत्ति त्रुटक	अतिजीर्ण	देवेंद्रसूरि	सं.		४८	१६७ थी १७०	२३८	२२२७	पत्र ३ थी ७, ११, १३ थी ३७, ३९,
										४० नथी, प्रतिमां मात्र १३ पत्र छे,
१७१	संघपट्टकप्रकरण सटीक	मध्यम	जिनवल्लभसूरि -मू.,	सं.		४१	१७१	२३८	३६००	
			जिनपतिसूरि -वृ.							
१७२	ओघनिर्युक्तिवृत्ति	मध्यम	द्रोणाचार्य	प्रा.सं.	१६२९	९८	१७२	२३८	७०००	

ग्रंथांक	ग्रंथनुं नाम	स्थिति	कर्ता	भाषा	संवत्	पत्र संख्या	झेरोक्ष	सी.डी.	ग्रंथाग्र	विशेष नोंध
१७३	मुरारिनाटक टिप्पणीसह	श्रेष्ठ	मुरारि कवि	सं.		४०	१७३	२३८		
१७४	त्रिषष्टिशलाकापुरुषचरित्र महाकाव्य	श्रेष्ठ	हेमचंद्राचार्य	सं.		१३९	१७४	२३८		
	सप्तमपर्व-रामायण									
१७५	मलयसुंदरीचरित्र-ज्ञानरत्नोपाख्यान पद्य	श्रेष्ठ	जयतिलकसूरि	सं.	१५६८	९३	१७५	२३८	२४३०	
१७६	अभिधानचिंतामणि नाममाला									
	द्वितीयकांड	जीर्ण	हेमचंद्राचार्य	सं.		६				
१७७	अभिधानचिंतामणि नाममाला अपूर्ण	मध्यम	हेमचन्द्राचार्य	सं.		१३	१७७	२३९		
१७८	अभिधानचिंतामणि नाममाला									
	त्रूटक-अपूर्ण	मध्यम	हेमचंद्राचार्य	सं.		१०				
१७९	अभिधानचिंतामणिनाममाला	मध्यम	हेमचंद्रसूरि	सं.		१३-२८	१७९ + १८०	२३९		पत्र १ थी १२ नथी
१८०/१	पिंडविशुद्धिप्रकरण	मध्यम	जिनवल्लभगणि	प्रा.		१-३	१७९ + १८०	२३९	गा.१०३	
१८०/२	षटस्थान प्रकरण-श्रावक वक्तव्यता	मध्यम	जिनेश्वरसूरी	प्रा.		३-४	१७९ + १८०	२३९	गा.१०२	
१८०/३	पंचलिंगीप्रकरण	मध्यम	जिनेश्वरसूरि	प्रा.		४-६	१७९ + १८०	२३९	गा.१०२	
१८०/४	दर्शनसप्ततिकाप्रकरण-									
	श्रावकधर्मविधितंत्रप्रकरण	मध्यम	हरिभद्रसूरि	प्रा.		६-८	१७९ + १८०	२३९	गा.१२०	
१८०/५	आगमोद्धारगाथा	मध्यम		प्रा.		८-९	१७९ + १८०	२३९	गा.७१	
१८०/६	लघुक्षेत्रसमासप्रकरण	मध्यम		प्रा.		९-११	१७९ + १८०	२३९	गा.१०९	
१८०/७	संदेहदोलावलीप्रकरण	मध्यम	जिनदत्तसूरि	प्रा.		११-१४	१७९ + १८०	२३९	गा.१५१	
१८१	संदेहदोलावलीवृत्ति	श्रेष्ठ		सं.		७३	१८१ थी १८३	२३९	४७५०	पत्र ७३ मुं नथी.
१८२	शीलोपदेशमालाप्रकरण	मध्यम	जयकीर्त्तिसूरि	प्रा.		४	१८१ थी १८३	२३९	गा.११६	
१८३/१	शीलोपदेशमाला	श्रेष्ठ	जयकीर्त्तिसूरि	प्रा.		१-३	१८१ थी १८३	२३९	गा.११६	
१८३/२	आत्मानुशासन	श्रेष्ठ	पार्श्वनाग	सं.	र. १०४२	३-५	१८१ थी १८३	२३९	आ.७७	
१८४	कातंत्रव्याकरण दौर्गसिंहीवृत्ति-									
	तद्धितप्रकरणपर्यंत टिप्पणी सह	जीर्ण	दुर्गसिंह	सं.		३६				आदिनां १६ पत्र चोंटेला छे
१८५	सामाचारी-यतिदिनचर्या	मध्यम	देवसूरि	प्रा	१५६२	१२	१८५ थी १८८	२३९	७७५	
१८६	कर्मस्तवकर्मग्रंथावचूरि	मध्यम		सं.		११	१८५ थी १८८			
१८७	ओघनिर्युक्तिअवचूरि	मध्यम		सं.		२८	१८५ थी १८८	२३९		
१८८	श्रावकप्रतिक्रमणचूर्णी	मध्यम	विजयसिंहसूरि	प्रा.		३६-८४	१८५ थी १८८	२३९	४५९०	

ग्रंथांक	ग्रंथनुं नाम	स्थिति	कर्ता	भाषा	संवत्	पत्र संख्या	झेरोक्ष	सी.डी.	ग्रंथाग्र	विशेष नोंध
१८९	आवश्यकनिर्युक्ति	मध्यम	भद्रबाहुस्वामी	प्रा.	१५५५	५९	१८९ थी १९२	२३९		
१९०	कालिकाचार्यकथा गाथाबद्ध	मध्यम	भावदेवसूरि	प्रा.		४	१८९ थी १९२	२३९	गा.१०६	
१९१	कर्पूरमंजरीनाटिका टिप्पणीसह									
	पंचपाठ अपूर्ण	मध्यम	राजशेखर कवि	सं.		१६	१८९ थी १९२	२३९		
१९२	अध्यात्मकल्पद्रुम तथा	मध्यम	मुनिसुन्दरसूरि,	सं.		९	१८९ थी १९२	२३९	का.२७८	
	अन्ययोगव्यवच्छेदद्वात्रिंशिका		हेमचन्द्राचार्य -अ.द्वा.							
१९३	कर्पूरप्रकर	मध्यम	हरिकवि	सं.		१०	१९३ थी १९८	२३९	३४५	आ प्रति पाणीमां भींजायेल छे.
१९४/१	गणधरसार्द्धशतकप्रकरण	मध्यम	जिनदत्तसूरि	प्रा.		१-३	१९३ थी १९८	२६५	गा.१५०	
१९४/२	पंचनमस्कारफलस्तव	मध्यम	जिनचन्द्रसूरि	प्रा.		३-५	१९३ थी १९८	२६५	गा.११८	
१९४/३	नाणाचित्तप्रकरण	मध्यम		प्रा.		५-७	१९३ थी १९८	२६५	गा.८१	
१९४/४	कथानककोश	मध्यम	जिनेश्वरसूरि	प्रा.		७	१९३ थी १९८	२६५	गा.३०	
१९४/५	व्यवस्थाकुलक	मध्यम	जिनदत्तसूरि	प्रा.		७-८	१९३ थी १९८	२६५	गा.७५	
१९४/६	षष्टिशतप्रकरण	मध्यम	नेमिचंद्र भंडारी	प्रा.		८-११	१९३ थी १९८	२६५	गा.१६१	
१९४/७	विवेकमंजरीप्रकरण	मध्यम	आसड कवि	प्रा.	र. १२४८	११-१४	१९३ थी १९८	२६५	गा.१४४	
१९५	भावशतक	जीर्णप्रायः	नागराज	सं.		२-६	१९३ थी १९८	२६५	का.१०४	
१९६	कर्मस्तव द्वितीयकर्मग्रंथ	श्रेष्ठ	देवेन्द्रसूरि	प्रा		२	१९३ थी १९८		गा.३४	
१९७	कर्मग्रंथचतुष्क	जीर्णप्रायः	देवेन्द्रसूरि	प्रा		६	१९३ थी १९८			
१९८	नवतत्त्वप्रकरण सावचूरि पंचपाठ	जीर्णप्रायः		प्रा.सं.	१५३८	४	१९३ थी १९८	२६५	गा.२७	
१९९	आवश्यकसूत्रलघुवृत्ति	मध्यम	तिलकाचार्य	सं.		२२५	१९९ (१,२)	२६६		प्रथम पत्रना टुकडा छे.
२००	नैषधमहाकाव्य अपूर्ण	जीर्ण	श्रीहर्ष	सं.		३६	२०० थी २०३			आ प्रति पाणीमां भींजायेली छे.
२०१	उपदेशमालाप्रकरण सावचूरि पंचपाठ	अपूर्ण	धर्मदास गणि -मू.	प्रा.सं.	१४४८	५४	२०० थी २०३		मू.गा.५४३,	पत्र २,९,१०,३०,३१,५१,५४ नथी.
२०२	संग्रहणीप्रकरण सटीक अपूर्ण	श्रेष्ठ	श्रीचन्द्रसूरि -मू.,	प्रा.सं.		४६	२०० थी २०३			
			देवभद्रसूरि -वृ.							
२०३	सप्तपदार्थीटीका	जीर्णप्रायः		सं.	१५४६	१९	२०० थी २०३			
२०४	द्वादशकुलक	अतिजीर्ण	जिनवल्लभसूरि	प्रा	१६३१	४	२०४			चोंटेली छे.
२०५	योगशास्त्रविवरण	जीर्णप्रयः	हेमचन्द्राचार्य स्वोपज्ञ	सं.		२-३०	२०५ थी २१०	२६६		
२०६	लघुसंघपट्टकप्रकरण	मध्यम	जिनवल्लभगणि	सं.		३	२०५ थी २१०	२६६	का.४०	
२०७	सिंदूरप्रकर	जीर्ण	सोमप्रभाचार्य	सं.		१०	२०५ थी २१०	२६६	का.९८	पत्र ९ मुं नथी.

ग्रंथांक	ग्रंथनुं नाम	स्थिति	कर्ता	भाषा	संवत्	पत्र संख्या	झेरोक्ष	सी.डी.	ग्रंथाग्र	विशेष नोंध
२०८	सूक्ष्मार्थविचारसारप्रकरण-सार्धशतक-प्रकरण टिप्पणीसह पंचपाठ,	मध्यम	जिनवल्लभगणि	प्रा		७	२०५ थी २१०	२६६		
२०९	सूक्ष्मार्थविचारसारप्रकरणटिप्पनक	मध्यम		प्रा		२४	२०५ थी २१०	२६६	१४५७	
२१०	पंचलिंगीप्रकरण विवरणसहित	मध्यम	जिनेश्वरसूरि -मू., सर्वराजगणि वाचनाचार्य -वि.	प्रा	१५३५	१८	२०५ थी २१०	२६६	१४००	
२११	सामाचारी	जीर्णप्राय		प्रा		६	२११ थी २१४	२६६		
२१२	काव्यकल्पलता कविशिक्षावृत्तिसह	मध्यम	अमरचंद्रसूरि	सं.	१५१६	५२	२११ थी २१४	२६६		
२१३	काव्यकल्पलता	मध्यम	अमरचंद्रसूरि	सं.		३१	२११ थी २१४	२६६		
२१४	वाग्भटालंकार	मध्यम	वाग्भट	सं.	१५४८	११	२११ थी २१४	२६६		
२१५	साधुवंदनारास अपूर्ण	जीर्णप्राय		गुज.		१४	२१५ थी २१७	२६६		
२१६	सूत्रकृतांगसूत्रावचूरि अपूर्ण	जीर्ण		सं.		७५	२१५ थी २१७	२६७		
२१७	मुरारिनाटक टिप्पणीसह	मध्यम	मुरारि कवि	सं.	१५५४	५५	२१५ थी २१७	२६७		
२१८	षडावश्यकबालावबोध अपूर्ण	जीर्ण		प्रा.गु.		३१-६२	२१८ थी २२२			
२१९	अमरुशतक टिप्पणीसह	जीर्णप्राय	अमरुक कवि	सं.	१५४२	१०	२१८ थी २२२		२८०	
२२०	प्रयोगविवेकसंग्रह	मध्यम	वररुचि	सं.	१५४४	१५	२१८ थी २२२			व्याकरणविषयक औक्तिक जेवो ग्रंथ
२२१	बलाबलसूत्र	मध्यम		सं.		४	२१८ थी २२२			
२२२	बलाबलसूत्रवृत्ति टिप्पणीसह	जीर्ण		सं.		१४	२१८ थी २२२			
२२३	अष्टप्रकारपूजाकथा (विजयचंद्रकेवलिचरित्रांतर्गत)	मध्यम	चंद्रप्रभ महत्तर	प्रा		११	२२३ थी २२६			
२२४	दशवैकालिकसूत्र	मध्यम	शय्यंभवसूरि	प्रा		११	२२३ थी २२६		७००	
२२५	सिद्धान्तविचारसंग्रह (सिद्धांतगत आलापक)	मध्यम		सं.		१७	२२३ थी २२६			
२२६	अंतकृद्दशांगसूत्रवृत्ति	मध्यम	अभयदेवसूरि	सं.		६	२२३ थी २२६		३३७	
२२७/१	ज्ञाताधर्मकथांगसूत्रवृत्ति	श्रेष्ठ	अभयदेवसूरि	सं.	र.११२०-ले.१५५६	१-७४	२२७		४२५५	
२२७/२	उपासकदशांगसूत्रवृत्ति	श्रेष्ठ	अभयदेवसूरि	सं.		७४-८७	२२७			
२२८	त्रिषष्टिशलाकापुरुषचरित्र महाकाव्य दशमपर्व-महावीरचरित्र	मध्यम	हेमचंद्रसूरि	सं.	१५३६	११३	२२८	२६८	५५८५	

ग्रंथांक	ग्रंथनुं नाम	स्थिति	कर्ता	भाषा	संवत्	पत्र संख्या	झेरोक्ष	सी.डी.	ग्रंथाग्र	विशेष नोंध
२२९	सिद्धांतविचारगाथा	मध्यम		सं.		२	२२९ + २३०			
२३०	स्वप्नसप्ततिकाप्रकरण सावचूरि	मध्यम		प्रा.सं.		३	२२९ + २३०			
२३१	काव्यकल्पलता कविशिक्षावृत्तिसह	श्रेष्ठ	अमरचंद्रसूरि स्वोपज्ञ	सं.	१४८०	५७	२३१ थी २३३	२६७	३३५७	अगीयार पत्रो ओछा छे.
२३२	प्रश्नव्याकरणदशांगसूत्र	मध्यम	सुधर्मास्वामी	प्रा.	१६१५	२४	२३१ थी २३३	२६७	१२५०	
२३३	सूत्रकृतांगसूत्र	जीर्णप्रायः	सुधर्मास्वामी	प्रा.	१५४३	४१	२३१ थी २३३		२१००	
२३४	अनुत्तरोबवाइयसूत्रवृत्ति त्रूटक	जीर्ण	अभयदेवसूरि	सं.		२	२३४ थी २३६		११७	
२३५	आचारांगसूत्र	जीर्णप्रायः	सुधर्मास्वामी	प्रा.	१५४३	४८	२३४ थी २३६		२५७४	
२३६	स्थानांगसूत्र	जीर्ण	सुधर्मास्वामी	प्रा.		५८	२३४ थी २३६		३७७७	
२३७	अभिधानचिन्तामणिनाममाला	जीर्णप्रायः	हेमचन्द्रसूरि	सं.	१५४१	३९	२३७ + २३८			पत्र २७ थी ३६ नथी
२३८	पिंडनिर्युक्तिअवचूरि	मध्यम	जयकीर्तिसूरि							
			पूर्णिमापक्षीय	सं.		४७	२३७ + २३८	२६८	२८३२	
२३९	भवभावनाप्रकरण वृत्तिसह	मध्यम	मलधारी	सं.	र. ११७०-१५९५	१६४		२६८	१३०००	
			हेमचंद्रसूरि स्वोपज्ञ							
२४०	कातंत्रव्याकरण दौर्गसिंहीवृत्ति									
	टिप्पणीसह पंचपाठ चतुर्थ	श्रेष्ठ	दुर्गसिंह	सं.	१५६८	१५-६०	२४० + २४१	२६७		
२४१	कातंत्रव्याकरण बालावबोधवृत्ति	मध्यम	मेरुतुंगसूरि							
			अंचलगच्छीय	सं.	र. १४४४-१५३२	१६	२४० + २४१	२६७	५०९	पत्र १ तथा १५ नथी.
२४२	शत्रुंजयमाहात्म्य पद्य	श्रेष्ठ	धनेश्वरसूरि	सं.	१५९१	१७८	२४२		८८१२	पत्र ८,८५,८६,९१,९२,९७ नथी.
२४३	पार्श्वनाथविवाहलो	मध्यम	पेथो मंत्री	अप.गु.		५	२४३ + २४४	२६७	२५०	पत्र ५ मुं नथी.
२४४	नैषधीयमहाकाव्यदीपिका	मध्यम		सं.		३३	२४३ + २४४			
	द्वितीयसर्गपर्यन्त									
२४५	कातंत्रव्याकरणदौर्गसिंहीवृत्ति	श्रेष्ठ	दुर्गसिंह	सं.		३०६	२४५ (१,२)			
२४६	कर्पूरमंजरीनाटिका	मध्यम	राजशेखर कवि	सं.	१५३८	२०	२४६ थी २४९			
२४७	कर्पूरमंजरीनाटिका कर्पूरसुमभाष्य	मध्यम	प्रेमराज	सं.	१५३८	४६	२४६ थी २४९			
२४८	कातंत्रविभ्रम सटीक टिप्पणी सह	श्रेष्ठ	जिनप्रभसूरि -वृ.	सं.	र. १३५२-१४७८	१०	२४६ थी २४९	२६७	२६१	
२४९	कालापकव्याकरण वृत्तिसह	मध्यम		सं.	१५२६	९५	२४६ थी २४९	२६७		
२५०	पार्श्वनाथचरित्र पद्य	श्रेष्ठ	भावदेवसूरि	सं.		७९-१९१	२५०	२६८	७०००	
२५१	चंडीशतक सटीक	मध्यम	बाणभट्ट -टी.	सं.		३९	२५१ + २५२	२६७		

ग्रंथांक	ग्रंथनुं नाम	स्थिति	कर्ता	भाषा	संवत्	पत्र संख्या	झेरोक्ष	सी.डी.	ग्रंथाग्र	विशेष नोंध
२५२	नलदवदंतीचरित्र पद्य	मध्यम	देवभद्र मुनि	सं.	१५३५	२४	२५१ + २५२	२६७	८५४	
२५३	अनर्घराघवनाटक	श्रेष्ठ	मुरारि कवि	प्रा. गु.	१३७५	८६	२५३	२६७		
२५४	गौतमपृच्छा वालावबोधसह अपूर्ण	श्रेष्ठ		प्रा. गु.		४०	२५४ थी ६०			
२५५	संबोधसप्तति बालावबोधसह	जीर्ण		प्रा. गु.		६	२५४ थी ६०			
२५६	सप्तस्मरण खरतरगच्छीय									
	सावचूरक पंचपाठ	जीर्ण		प्रा. सं.		१२	२५४ थी ६०			
२५७	पर्युषणाकल्पनिर्युक्तिवृत्ति किंचिदपूर्ण	श्रेष्ठ	भद्रबाहुस्वामी -मू., जिनप्रभसूरि -वृ.	प्रा. सं.		४६-६०	२५४ थी ६०			
२५८	श्रावकाराधना	श्रेष्ठ		सं.		६	२५४ थी ६०	२३९		
२५९	तत्त्वसारगाथा	श्रेष्ठ		प्रा.	१७४५	५	२५४ थी ६०	२३९	गा.७४	
२६०	कल्याणमंदिरस्तोत्र सस्तबक	मध्यम		सं.गु.		७	२५४ थी ६०		मू.का.४४	
२६१/१	शत्रुंजयकल्प	श्रेष्ठ	जिनप्रभसूरि	सं.	१७३२	१-५	२६१ थी ६६	२३९	१३५	आनुं अपरनाम धर्मोपदेशशत अने जिनोपदेशशत पण छे.
२६१/२	उपदेशशतक	श्रेष्ठ		सं.		५-८	२६१ थी ६६	२३९	१०३	
२६१/३	सूक्तसंग्रह	श्रेष्ठ		सं.		८-१३	२६१ थी ६६	२३९	९९	पत्र १० मुं नथी.
२६२	उपदेशमालाकर्णिकावृत्ति अपूर्ण	जीर्ण	उदयप्रभसूरि	सं.		१४	२६१ थी ६६	२३९		
२६३	श्राद्धविधि विधिकौमुदीवृत्तिसह	श्रेष्ठ	रत्नशेखरसूरि स्वोपज्ञ	सं.	र. १५०६-१५३२	१२१	२६१ थी ६६		६७६१	पत्र ६८,७०,७१,७५,८८ थी ११५ नथी.
२६४	भगवतीसूत्रबीजक	श्रेष्ठ	हर्षकुलगणि	सं.	१६११-१६९८	३-१०	२६१ थी ६६	२३९		
२६५	प्रव्रज्याविधानकुलक	श्रेष्ठ		प्रा.	१७२३	८	२६१ थी ६६		गा.३४	
२६६	संघपट्टक सस्तबक	जीर्ण		सं.गु.	१७३५	९	२६१ थी ६६			प्रति चोंटीने नकामी थयेली छे
२६७/१	इंद्रियपराजयशतक सस्तबक	श्रेष्ठ		प्रा.गु.		१-१०	२६७ थी ७०		मू.गा.१००	
२६७/२	भववैराग्यशतक सस्तबक	श्रेष्ठ		प्रा.गु.		१०-१९	२६७ थी ७०		मू.गा.१०४	
२६७/३	आदिनाथदेशनोद्धार सस्तबक	श्रेष्ठ		प्रा.		१९-२७	२६७ थी ७०		मू.गा.८८	
२६८	विवेकमंजरी प्रकरण	श्रेष्ठ	आसड	प्रा.	र. १२४८	४	२६७ थी ७०		गा. १४४	
२६९	संदेहविषौषधि-कल्पसूत्रवृत्ति	श्रेष्ठ	जिनप्रभसूरि	प्रा.सं.	१३६४	५७	२६७ थी ७०	२६८/ २६९		
२७०	जीतकल्पसूत्र	श्रेष्ठ	जिनभद्रगणि क्षमाश्रमण	प्रा.		५	२६७ थी ७०		गा.१०७	

ग्रंथांक	ग्रंथनुं नाम	स्थिति	कर्ता	भाषा	संवत्	पत्र संख्या	झेरोक्ष	सी.डी.	ग्रंथाग्र	विशेष नोंध
२७१	जीतकल्पसूत्र सटीक	मध्यम	जिनभद्रगणि क्षमाश्रमण -मू. तिलकाचार्य -वृ.	प्रा.सं.		५२	२७१			पत्र ३ जु नथी. प्रतिना केटलाक पाना चोंटेला छे
२७२	बृहत्कल्पसूत्र	श्रेष्ठ	भद्रबाहुस्वामी	प्रा.	१६२३	९	२७२ थी ७६			
२७३	दशाश्रुतस्कंधसूत्रचूर्णी	मध्यम		प्रा.		४३	२७२ थी ७६		२२२५	
२७४	दशाश्रुतस्कंधसूत्र	श्रेष्ठ	भद्रबाहुस्वामी	प्रा.	१६६५	२६	२७२ थी ७६			
२७५	दशाश्रुतस्कंधसूत्र	श्रेष्ठ	भद्रबाहुस्वामी	प्रा.		१८	२७२ थी ७६			
२७६	दंडकप्रकरण स्वोपज्ञवृत्तिसह	मध्यम	गजसार -मू.-वृ.	प्रा. सं.	१५७९	३	२७२ थी ७६			
२७७	दंडकप्रकरण सस्तबक	मध्यम	गजसार -मू.	प्रा. गु.		६	२७७			पत्र १ लुं नथी.
२७८	दंडकप्रकरणअवचूरि	श्रेष्ठ		सं.		६	२७८ थी ८७	२६८		
२७९	कुमारसंभवमहाकाव्य सप्तमसर्गपर्यंत	जीर्णप्रायः	कालिदास	सं.	१५७५	१६	२७८ थी ८७			
२८०	कथासंग्रह	श्रेष्ठ		सं.		१६	२७८ थी ८७			पत्र १, १९, २० नथी.
२८१	कुमारसंभवमहाकाव्यअवचूरि सप्तमसर्गपर्यन्त	श्रेष्ठ		सं.		४५	२७८ थी ८७	२६८		
२८२	बिल्हणपंचाशिका	मध्यम	बिल्हण कवि	सं.		१	२७८ थी ८७	२६८	का. ५१	
२८३	बिल्हणपंचाशिका	जीर्णप्रायः	बिल्हण कवि	सं.		६	२७८ थी ८७		का. १२३	
२८४	द्वादशकथा त्रूटक अपूर्ण	जीर्ण		सं.		८९-१००	२७८ थी ८७			
२८५	सिन्दूरप्रकर	मध्यम	सोमप्रभाचार्य	सं.		७	२७८ थी ८७		का. ९९	
२८६	सिन्दूरप्रकर	मध्यम	सोमप्रभाचार्य	सं.		९	२७८ थी ८७		का.१००	
२८७	सिन्दूरप्रकर	श्रेष्ठ	सोमप्रभाचार्य	सं.		७	२७८ थी ८७		का.१००	
२८८	ज्ञाताधर्मकथांगसूत्र	मध्यम	सुधर्मास्वामी	प्रा.		१८-१५३	२८८			
२८९	आवश्यकसूत्रबृहद्‌वृत्ति	श्रेष्ठ	हरिभद्रसूरि	सं.	१६६४	५५३	२८९ (१,२)		२२०००	पत्र १८२ नथी.
२९०	कातंत्रव्याकरण दौर्गसिंहीवृत्ति ढुंढिकासह पंचपाठ	श्रेष्ठ	दुर्गसिंह -वृ.	सं.	१४७४	२०६	२९०	२६७		पत्र ७१ थी ७७, ८८, ९३, ९४, १४५, १५९, १६० नथी.
२९१	कल्पसूत्र कल्पलतावृत्ति अपूर्ण	श्रेष्ठ		सं.		२-११४	२९१			
२९२	कल्पसूत्र सस्तबक	श्रेष्ठ		प्रा.गु.		२-१००	२९२ थी ९४			
२९३	पर्युषणाकल्पदुर्गपदव्याख्या	जीर्णप्रायः		सं.		१३	२९२ थी ९४			
२९४	बृहत्कल्पसूत्र	श्रेष्ठ	भद्रबाहुस्वामी	प्रा.		१०	२९२ थी ९४			पत्र ८, ९ नथी.
२९५	शीलोपदेशमालाप्रकरण सस्तबक	श्रेष्ठ	जयकीर्त्तिसूरि -मू.	प्रा.गु.	१५५३	१२	२९५ थी ३००		मू.गा.११६	

ग्रंथांक	ग्रंथनुं नाम	स्थिति	कर्ता	भाषा	संवत्	पत्र संख्या	झेरोक्ष	सी.डी.	ग्रंथाग्र	विशेष नोंध
२९६	शीलोपदेशमालाप्रकरण	श्रेष्ठ	जयकीर्त्तिसूरि	प्रा.	१५०५	३	२९५ थी ३००		गा.११५	
२९७	शीलोपदेशमालाप्रकरण	मध्यम	जयकीर्त्तिसूरि	प्रा.		१०	२९५ थी ३००		गा.११५	
२९८	पुष्पमालाप्रकरण	जीर्णप्राय:	मलधारी हेमचंद्रसूरि	प्रा.		१५	२९५ थी ३००		गा.५०५	
२९९	श्रेणीकरास-सम्यक्त्वरास	श्रेष्ठ	सौभाग्यहर्षसूरिशिष्य	गु.	१६०३-१६३१	२२	२९५ थी ३००			पत्र ५ मुं नथी.
३००	गुणावलीकथानक रास	श्रेष्ठ	ज्ञानमेरु	गु.	१६७६	३	२९५ थी ३००			
३०१	ईषुकारीयचरित्ररास	मध्यम	क्षेमराजमुनि	गु.		३	३०१		कडी ४५	
३०२	जंबूस्वामिरास	श्रेष्ठ	देपाल	गु.	र. १५२२	९	३०२ थी ३०४		कडी १७८	
३०३	साधुवंदनारास	मध्यम	पुण्यसागर	गुज.		६	३०२ थी ३०४		कडी १०२	
३०४	जंबूस्वामिचरित्रबालावबोध	जीर्णप्राय		गुज.	१५६८	२-१४	३०२ थी ३०४			
३०५	चंदनमलयागिरिकथा वासवदत्ताकथा तथा बारव्रतकथा	मध्यम		सं.	१७३१	११	३०५			
३०६	मृगापुत्रचरित्रसंधि	जीर्णप्राय:	जिनसमुद्रसुरि	गुज.		३	३०६ थी ३०८			
३०७/१	वेलिपीराएली	जीर्णप्राय:	सिंहो	गुज.		१	३०६ थी ३०८		कडी १५	
३०७/२	जंबूस्वामिप्रबंध	जीर्णप्राय:		गुज.		१-२	३०६ थी ३०८		गा.१७	
३०८	श्रेणिकरास त्रूटक अपूर्ण	श्रेष्ठ		गुज.		२-७	३०६ थी ३०८			
३०९	ईश्वरशिक्षा	मध्यम		गुज.		३	३०९		कडी २९,	प्रति पाणीमां भींजाएली छे
३१०	रत्नसारकुमाररास	मध्यम	सहजसुंदर	गुज.	र. १५८२-१६६२	९	३१० थी ३१२		कडी ३१८	
३११	रत्नसारकुमाररास	मध्यम	सहजसुंदर	गुज.	र. १५८२-१६२१	१०	३१० थी ३१२		कडी ३०१	पत्र १ लुं नथी. प्रति पाणीमां भींजाएली छे
३१२	रत्नचूडरास	मध्यम	कमलप्रभसूरि	गुज.	१५७१	१२	३१० थी ३१२		कडी ३०८	पत्र ५ मुं नथी. प्रति पाणीमां भींजाएली छे
३१३	कयवन्नारास	श्रेष्ठ	गुणसागरसूरि	गुज.	१७३७	१०	३१३		कडी ३२९	
३१४	कलावतीरास	श्रेष्ठ	संयममूर्ति अंचलगच्छीय	गुज.	र. १५९४		३१४		कडी १९४	
३१५	चउगतिवेल	मध्यम		गुज.		७	३१५		कडी १३५	
३१६	प्रत्येकबुद्धरास त्रूटक अपूर्ण	जीर्णप्राय:		गुज.	२२		३१६			वचमां घणां पाना नथी
३१७	पार्श्वनाथविवाहलो त्रूटक	जीर्णप्राय:		गुज.	१५५१	४-५	३१७ + ३१८			
३१८	कर्मग्रंथपंचक	श्रेष्ठ	देवेन्द्रसूरि	प्रा.	१४८५	१८	३१७ + ३१८			
३१९	पगामसज्जाय तथा हरियालीगीत	मध्यम	रतनमुनि	प्रा. गु.		३	३१९ थी ३२१			

ग्रंथांक	ग्रंथनुं नाम	स्थिति	कर्ता	भाषा	संवत्	पत्र संख्या	झेरोक्ष	सी.डी.	ग्रंथाग्र	विशेष नोंध
३२०	दर्शनसप्ततिकाप्रकरण	श्रेष्ठ		प्रा		३	३१९ थी ३२१		गा.७०	
३२१	कर्मग्रंथपंचक	श्रेष्ठ	देवेन्द्रसूरि	प्रा		१२	३१९ थी ३२१			पत्र ११ मुं नथी.
३२२	कर्मस्तव द्वितीय कर्मग्रंथ	मध्यम	देवेन्द्रसूरि	प्रा		३	३२२		गा.३५	
३२३/१	षष्टिशतप्रकरण सावचूरि	मध्यम	नेमिचंद्र भंडारी -मू., गजसार -अ.	प्रा.सं		१-१५	३२३			
३२३/२	नवतत्त्वप्रकरण सावचूरि	मध्यम		प्रा.सं		१५-२६	३२३		गा.४१	
३२४	चतुर्थ पंचम कर्मग्रंथ	श्रेष्ठ	देवेन्द्रसूरि	प्रा	१६५७	१८	३२४ + ३२५		गा.१८६	पत्र १ थी ५ नथी.
३२५	काव्यकल्पलता कविशिक्षावृत्तिसह अपूर्ण	मध्यम	अमरचंद्रसूरि स्वोपज्ञ	सं		४८	३२४ + ३२५			पत्र २६, ३९ नथी.
३२६	लघुसंघपट्टकप्रकरण	मध्यम	जिनवल्लभसूरि	सं		२	३२६ + ३२७		का.४०	
३२७	पुष्पमालाप्रकरण	श्रेष्ठ	मलधारी हेमचंद्रसूरि	प्रा	१६८५	२९	३२६ + ३२७		गा.५०८	
३२८	कर्मविपाककर्मग्रंथ सावचूरि	मध्यम	देवेन्द्रसूरि -मू.	प्रा.गु		६	३२८ + ३२९			
३२९	संदेहदोलावलीप्रकरण संस्कृतस्तबक सह	मध्यम	जिनदत्तसूरि -मू.	प्रा.सं		१०	३२८ + ३२९	२६९	मू.गा.१५०	
३३०/१	उपदेशमालाप्रकरण		धर्मदासगणि	प्रा	१५७३	१-१९			गा.५४३	
३३०/२	चैत्यवंदनाविधिप्रकरण			प्रा		२०-२२			गा.३५	
३३०/३	नवतत्त्वप्रकरण			प्रा		२२-२३			गा.२७	
३३०/४	विवेकमंजरीप्रकरण		आसड	प्रा	र.१२४८	२३-२८			गा.१४४	
३३०/५	जंबूद्वीपक्षेत्रसमासप्रकरण	जीर्णप्रायः		प्रा		२९-३३			गा.१०९	
३३१	संग्रहणीप्रकरण अपूर्ण	मध्यम	श्रीचंद्रसूरि	प्रा.सं		१०	३३१			
३३२	शीलोपदेशमालाप्रकरण	मध्यम	जयकीर्तिसूरि	प्रा.सं		७	३३२ + ३३३		गा.११६	
३३३	शीलोपदेशमालाप्रकरण	जीर्णप्रायः	जयकीर्तिसूरि	प्रा		३	३३२ + ३३३		गा.११६	
३३४	पुष्पमालाप्रकरण	मध्यम	मलधारी हेमचंद्रसूरि	प्रा	१६६७	१९	३३४		गा.५०५	
३३५	वैद्यकसारोद्धार सन्निपाताधिकार अपूर्ण	मध्यम		सं		११	३३५ + ३३६		२३३	
३३६	अश्विनीकुमारसंहितागत त्रयोदशम प्रकरण सस्तबक	मध्यम		सं. गु.	१६८८	११	३३५ + ३३६		मू.ग्रं.४१	
३३७	समवायांगसूत्र	मध्यम	सुधर्मास्वामी	प्रा		३९	३३७		१७६७	
३३८	उपासकदशांगसूत्र	श्रेष्ठ	सुधर्मास्वामी	प्रा		२३	३३८ + ३३९			प्रति पाणीमां भींजाएली छे
३३९	सूत्रकृतांगसूत्र द्वितीयश्रुतस्कंध सस्तबक त्रिपाठ	मध्यम		प्रा. गु.		३४	३३८ + ३३९			

ग्रंथांक	ग्रंथनुं नाम	स्थिति	कर्ता	भाषा	संवत्	पत्र संख्या	झेरोक्ष	सी.डी.	ग्रंथाग्र	विशेष नोंध
३४०	आचारांगसूत्रदीपिका	श्रेष्ठ	जिनहंससूरि	सं.	र. १५७३	१९०-३०१	३४०	२६८	१०५००	
३४१/१	गुर्वावली	श्रेष्ठ	गुणविनय	गुज.		१-२	३४१ थी ३४७		गा.३१	
३४१/२	गौतमस्वामिगीत	श्रेष्ठ	गुणविनय	गुज.		२ जु	३४१ थी ३४७		कडी ४	
३४२/१	पार्श्वनाथस्तवन	श्रेष्ठ	जिनसुंदरसूरि	गुज.		१	३४१ थी ३४७		गा.७	
३४२/२	गोडीपार्श्वनाथस्तवन	श्रेष्ठ	जिनसुंदरसूरि	गुज.		१लुं	३४१ थी ३४७		गा.९	
३४२/३	पार्श्वनाथस्तवन	श्रेष्ठ	हर्षसमुद्र	गुज.	र. १७४१	१-२	३४१ थी ३४७		गा.७	
३४२/४	ऋषभदेवस्तवन बालेवामंडन	श्रेष्ठ	जिनसुंदरसूरि	गुज.		२-३	३४१ थी ३४७			
३४२/५	पार्श्वनाथमेघराजगीत	श्रेष्ठ	जिनसुंदरसूरि	गुज.	र. १७४९-१७४९	३जु	३४१ थी ३४७		गा.६	
३४३/१	थिरपुरमंडन शांतिजिनस्तवन									
	आलोचनाविनतीस्तोत्र	श्रेष्ठ	जिनसमुद्रसूरि	गुज.	र. १७३२	२	३४१ थी ३४७		गा.३९	
३४३/२	थिरपुरमंडन कुंथुजिनस्तवन	श्रेष्ठ	जिनसमुद्रसूरि	गुज.		३-४	३४१ थी ३४७		गा.४७	
३४४	पंचसमवायाधिकार	मध्यम	जिनसमुद्रसूरि	गुज.		३	३४१ थी ३४७		गा. ६९	
	(गुणसागरप्रबोधांतर्गत)									
३४५	पार्श्वजिनछंद	जीर्णप्राय	जेतसी	गुज.		३	३४१ थी ३४७			
३४६	चतुर्विंशतिजिनचतुर्विंशतिका									
	शांतिनाथजिनपर्यंत (अपूर्ण)	श्रेष्ठ	जिनसुंदरसूरि	गुज.		३ ३	४१ थी ४७			
३४७/१	मौनएकादशीतपगर्भित सर्वतीर्थंकर-									
	स्तुतिरूप श्रीमल्लिजिनस्तोत्र	श्रेष्ठ	जिनसमुद्रसूरि	गुज.		२	३४१ थी ४७		गा.४४	
३४७/२	मौनएकादशीस्तुति	श्रेष्ठ	जिनसमुद्रसूरि	गुज.		२-३	३४१ थी ४७		गा.४	
३४७/३	एकादशीनिर्णयगर्भित पार्श्वनाथस्तवन	श्रेष्ठ	जिनसमुद्रसूरि	गुज.		३-४	३४१ थी ४७		गा.१८	
३४८	श्रीपालचरित्रबालावबोध	श्रेष्ठ	रत्नसोम वेगडगच्छीय	गुज.	१७२५	१४	३४८ थी ५१			ग्रंथकर्ताए पोतेज लखेली प्रति छे
३४९/१	नेमीश्वरगीत	श्रेष्ठ	लाभोदय	गुज.		१लु	३४८ थी ५१		गा.५	
३४९/२	पंचासरापार्श्वनाथस्तवन	श्रेष्ठ	लाभोदय	गुज.		१लुं	३४८ थी ५१			
३४९/३	नारिंगापार्श्वनाथस्तवन	श्रेष्ठ	लाभोदय	गुज.		१-२	३४८ थी ५१		गा.७	
३४९/४	चिंतामणी पार्श्वनाथ स्तवन	श्रेष्ठ	लाभोदय	गुज.		२जु	३४८ थी ५१		गा. ७	
३४९/५	हरियाली	श्रेष्ठ	लाभोदय	गुज.		२-३	३४८ थी ५१			
३५०/१	नेमिनाथगीत	मध्यम	महिमराज	गुज.		१	३४८ थी ५१		गा.१३	
३५०/२	वैराग्यगीत	मध्यम	राजसमुद्र	गुज.		१-२	३४८ थी ५१		गा.८	

ग्रंथांक	ग्रंथनुं नाम	स्थिति	कर्ता	भाषा	संवत्	पत्र संख्या	झेरोक्ष	सी.डी.	ग्रंथाग्र	विशेष नोंध
३५०/३	संजमसुंदरीगीत	मध्यम	राजसमुद्र	गुज.		२जु	३४८ थी ५१		गा.१५	
३५१	गोडिचास्तवन	मध्यम	जिनसुंदरसूरि	गुज.	र. १७५३	५	३४८ थी ५१			
			वेगडगच्छीय							
३५२	चंद्रप्रज्ञप्तिसूत्र	मध्यम		प्रा.	१६२०	४५	३५२ + ५३		२०००	
३५३	औपपातिकोपांगसूत्र	श्रेष्ठ		प्रा.	१६१७	३५	३५२ + ५३	२६८	११६७	
३५४	औपपातिकोपांगसूत्रवृत्ति	श्रेष्ठ	अभयदेवसूरि	सं.	१६१७	७१	३५४ + ५५	२६८	३१३५	
३५५	गणधरसार्द्धशतकप्रकरण	श्रेष्ठ	जिनदत्तसूरि	प्रा.	१६८९	८	३५४ + ५५	२६९		
३५६/१	षष्टिशतप्रकरण सस्तबक	श्रेष्ठ	नेमिचंद्र भंडारी	प्रा. गु		१-१६	३५६ थी ६०		गा.१६१	
३५६/२	महर्षिकुलक (लुद्धा नरा०)	श्रेष्ठ		प्रा.		१६-१७	३५६ थी ६०		गा.२०	
३५७	पुष्पमालाप्रकरण	श्रेष्ठ	मलधारी हेमचंद्रसूरि	प्रा.		३०	३५६ थी ६०		गा.५०८	
३५८	प्रश्नोत्तररत्नमाला बालावबोधसह	मध्यम	विमलाचार्य -मू.	सं. गु.		३	३५६ थी ६०		मू.आ.२९	
३५९	चतुःशरणप्रकीर्णक सस्तबक	श्रेष्ठ	वीरभद्रगणि -मू.	प्रा. गु.		१२	३५६ थी ६०		गा.६३	
३६०	वैद्यमनोत्सव	मध्यम	नयनसुख	हिन्दी		४-११	३५६ थी ६०		६००	
३६१	सूत्रकृतांगसूत्रगत आर्द्रकीय									
	आदि अध्ययन	मध्यम		प्रा.		११	३६१ थी ६५			
३६२	चतुःशरणप्रकीर्णक	मध्यम	वीरभद्रगणि	प्रा.		३	३६१ थी ६५		गा.६३	
३६३	बुद्धिरास	श्रेष्ठ	शालिभद्रसूरि	गुज		४	३६१ थी ६५		१०७गा.५७	
३६४	जंबूस्वामिरास	श्रेष्ठ	रत्नसिंहसूरि शिष्य	गुज.	र. १५१६-१५४१	७	३६१ थी ३६५			
३६५	ललितांगकुमाररास	श्रेष्ठ	क्षमाकलश	गुज.	र. १५५३-१६४५	८	३६१ थी ३६५		गा.२१९	
३६६	उपदेशरत्नकोश सस्तबक	श्रेष्ठ		प्रा.गू		२	३६६ थी ३६९		गा.२५	
३६७	रत्नचूडरास	श्रेष्ठ		गुज		१८	३६६ थी ३६९		गा.३४३	
३६८	कलिकालरास	श्रेष्ठ	हीरानंदमुनि							
			पिप्पलगच्छीय	गुज.	र.१४२६	२	३६६ थी ३६९		गा.४७	
३६९	सुंदरशृंगार	मध्यम		हिन्दी	१७५३	१६	३६६ थी ३६९		गा.३५३	पत्र ८, ९, १२ नथी.
३७०	रघुवंशमहाकाव्यटीका	श्रेष्ठ	गुणरत्नगणि	सं.	र.१६६७-ले.१६८३	१२४	३७०		६०७०	पत्र ६ थी २७ नथी.
३७१	उत्तराध्ययनसूत्र सस्तबक	मध्यम		प्रा.गू.	१७११	३४-१३०	३७१			पत्र ३५ मुं नथी.
३७२	शीलोपदेशमाला शीलतरंगिणीवृत्तिसह	श्रेष्ठ	सोमतिलकसूरि -वृ.	प्रा.स.		१८-७७	३७२			पत्र ३४, ३७ तथा ७७ थी १०७ नथी.
	त्रूटक अपूर्ण		रुद्रपल्लीय							

ग्रंथांक	ग्रंथनुं नाम	स्थिति	कर्ता	भाषा	संवत्	पत्र संख्या	झेरोक्ष	सी.डी.	ग्रंथाग्र	विशेष नोंध
३७३	कल्पसूत्र बालावबोधसह अपूर्ण	श्रेष्ठ		प्रा. गू.		२-१८१	३७३			
३७४	शीलोपदेशमालाप्रकरण बालावबोधसह	मध्यम		प्रा. गू.	१५७८	१५३	३७४		६२५०	
३७५	ज्ञाताधर्मकथांगसूत्र	जीर्ण		प्रा. गू.		१२५-२४८	३७५			
	सस्तबक त्रूटक अपूर्ण									
३७६	कल्पसूत्र किरणावलिटीकासह त्रिपाठ	श्रेष्ठ	भद्रबाहुस्वामी -मू.,	प्रा. सं.	र. १६२८	२०१	३७६	२६९		
			धर्मसागरोपाध्याय -टी.							
३७७	रघुवंशमहाकाव्यवृत्ति	श्रेष्ठ	चारित्रवर्धन	सं.		१५३	३७७	२६९	८०००	
३७८	सामाचारीशतक बीजकसह	श्रेष्ठ	समयसुंदरोपाध्याय	सं.	१९८३	११०	३७८			
३७९	वक्रोक्तिजीवित अपूर्ण	श्रेष्ठ	कुत्तक महाकवि	सं.	१९८४	४४	३७९ थी ३८२			
३८०	जयदेवछंदःशास्त्र वृत्तिसह	श्रेष्ठ	जयदेव -मू., हर्षट -वृ.	सं.		१९	३७९ थी ३८२			
३८१	जयदेवछंदःशास्त्र	श्रेष्ठ	जयदेव	सं.	१९८३	४	३७९ थी ३८२			
३८२	कइसिट्ठछंदःशास्त्र	श्रेष्ठ		प्रा.	१९८३	१२	३७९ थी ३८२			
३८३	ज्योतिष्करंडकप्रकीर्णक वृत्तिसह	श्रेष्ठ	मलयगिरि आचार्य -वृ.	प्रा. सं.	१९८३	१३२	३८३			
३८४	नंदिसूत्रलघुवृत्तिदुर्गपदप्रबोध	श्रेष्ठ	श्रीचंद्रसूरि	सं.		७७	३८४		३३००	प्रथम पत्र नथी.
३८५	योगशास्त्र आद्यप्रकाशचतुष्टय	जीर्णप्रायः	हेमचन्द्रसूरि	सं.		१४	३८५ थी ३९०			पत्र २-३ नथी
३८६	वज्जालग	मध्यम		सं.	१५४१	२०	३८५ थी ३९०	२६९		
३८७	सूक्तसंग्रह-सम्यक्त्वकौमुदीकथागत	श्रेष्ठ		प्रा.		७	३८५ थी ३९०			
३८८	सप्तस्मरण-खरतरगच्छीय	श्रेष्ठ		प्रा.सं.	१५४७	७	३८५ थी ३९०			
३८९	दुरियरयसमीर महावीरचरित्रस्तोत्र	मध्यम	जिनवल्लभगणि	प्रा.		२	३८५ थी ३९०			
३९०	प्रवचनसारोद्धार अपूर्ण	मध्यम	नेमिचन्द्रसूरि	प्रा.		३५	३८५ थी ३९०			
३९१	धनपालपंचाशिका सावचूरि पंचपाठ	मध्यम	धनपाल -मू.	सं.		३	३९१ थी ३९३		मू.गा.५०	
३९२	जिनशतकमहाकाव्यं	जीर्णप्रायः	जंबूकवि	सं.		९	३९१ थी ३९३			
३९३	मलयसुंदरीचरित्र पद्य (अपूर्ण)	जीर्णप्रायः	जयतिलकसूरि							
			आगमिक	सं.		३०	३९१ थी ३९३	२६९		प्रति उंदरे करडेली छे
३९४	उपदेशमाला हेयोपादेयावृत्तिसह	सारी	धर्मदास गणि -मू.,	प्रा. सं.		३-१३५	३९४	२६९/		
			सिद्धर्षि -वृ.					२९१/		
								३३०		
३९५	कातंत्रव्याकरणदौर्गसिंहीवृत्ति									
	तद्धितपर्यंत टिप्पणीसह पंचपाठ	मध्यम		सं.	१५५२	९०	३९५	२६९		

ग्रंथांक	ग्रंथनुं नाम	स्थिति	कर्ता	भाषा	संवत्	पत्र संख्या	झेरोक्ष	सी.डी.	ग्रंथाग्र	विशेष नोंध
३९६	सप्तस्मरण संस्कृतस्तबकसह- खरतरगच्छीय	जीर्ण		प्रा. सं.		८	३९६ + ३९७			
३९७	कथासंग्रह	जीर्णप्रायः		सं.		९	३९६ + ३९७			
३९८	पंचतंत्र	श्रेष्ठ		सं.		२-२९८	३९८	२६९		
३९९/१	शत्रुंजयउद्धाररास	मध्यम	समयसुंदरोपाध्याय	गुज.	र. १६८२	१-१०	३९९			
३९९/२	गौतमस्वामिरास	मध्यम		गुज.	र. १४१२	११-१७	३९९		गा.४७	
३९९/३	महावीरस्वामितपपारणास्तवन	मध्यम		गुज.		१७-२०	३९९		गा.३१	
३९९/४	शांतिनाथस्तवन	मध्यम	गुणसागरसूरि	गुज.		२०-२२	३९९		गा.२२	
३९९/५	सोलसतीस्तवन	मध्यम		गुज.		२४-२५	३९९		गा.११	
३९९/६	नवकारनी सज्झाय	मध्यम	गुणसागरसूरि	गुज.		२४-२५	३९९		गा.९	
३९९/७	अष्टापदस्तवन	मध्यम	समयसुंदर	गुज.		२६मु	३९९		गा.५	प्रतिना पानां चोंटी जवाथी अक्षरो उखडी गया छे.
४००	ऋषिदत्ताचोपाई	मध्यम	वेगडगच्छीय महिमसमुद्र प्रारब्ध, वेगडगच्छीय क्षमासुंदर	गुज.	र.१६९८-ले.१७६६	२७				
४०१	हृदयप्रकाश	श्रेष्ठ	हृदयनारायणदेव	सं.	१७३८	२-७	४०१ थी ४०५			संगीतशास्त्र विषयक ग्रंथ छे.
४०२	पंचतंत्र	मध्यम		सं.		२३-४६	४०१ थी ४०५			
४०३	प्रक्रियाकौमुदी	श्रेष्ठ	रामचंद्राचार्य	सं.		१०३	४०१ थी ४०५			
४०४	सुभाषितश्लोकसंग्रह	जीर्णप्रायः		सं.	१६९९	३-१७	४०१ थी ४०५			
४०५	सूक्तावली	श्रेष्ठ		सं.		२७	४०१ थी ४०५		१०४६	प्रति पाणीमां भींजाईने खराब थयेली छे.
४०६	सुभाषितसंग्रह	श्रेष्ठ		सं.		९	४०६ थी ४०९		का.१४५	
४०७	वाग्भटालंकार	श्रेष्ठ		सं.		६२-७२	४०६ थी ४०९			
४०८	सुभाषितसंग्रह	श्रेष्ठ		सं.		८	४०६ थी ४०९			
४०९	गुणावलीगुणकरंडकरास	श्रेष्ठ	उदयसूरि वेगडगच्छीय	सं.	र. १७७३-१७७३	१२	४०६ थी ४०९			
४१०/१	सत्तरभेदीपूजा		जिनसमुद्रसूरि	गुज.	१७१८	१०				
४१०/२	गुर्वावली			प्रा.		१०मु			गा.८	
४१०/३	पंचतीर्थीस्तुति	श्रेष्ठ	जिनसमुद्रसूरि	गुज.		१०मु			कडी ४	

ग्रंथांक	ग्रंथनुं नाम	स्थिति	कर्ता	भाषा	संवत्	पत्र संख्या	झेरोक्ष	सी.डी.	ग्रंथाग्र	विशेष नोंध
४११	जंबूस्वामिचरितरास	जीर्णप्राय:	जिनेश्वरसूरि शिष्य	गुज.		२३			१२५०	प्रति पाणीमां भींजाईने खराब
			वेगडगच्छीय						गा.५८४	थयेली छे.
४१२	साधुवंदनारास	श्रेष्ठ	समयसुंदर	गुज.	१६९७	२२			५७०	गा.५१६
४१३	ऋषिदत्तारास	श्रेष्ठ	जयवंतसूरि	गुज.	१६४३	४-२६			गा.५४९	
४१४	शत्रुञ्जयमाहात्म्य	जीर्णप्राय:	धनेश्वरसूरि	सं.	१६५९	२९०			१०००	
४१५	सिद्धांतचंद्रिका पूर्वार्ध	श्रेष्ठ	रामचंद्राश्रम	सं.		३०				
४१६	द्रव्यगुणपर्यायरास सस्तबक अपूर्ण	मध्यम	यशोविजयोपाध्याय	गुज.		२७			गा.२७०	पर्यन्तपत्र ८, ९, २१ नथी
			स्वोपज्ञ							
४१७	उत्तराध्ययनसूत्र	मध्यम		प्रा.		७१				
४१८	चतुःशरणप्रकीर्णक सस्तबक	श्रेष्ठ	वीरभद्रगणि -मू.	प्रा.गू.		९				प्रति पाणीमां भींजाएली छे
४१९	कल्पसूत्रअवचूरि	श्रेष्ठ		सं.		६३				
४२०	ब्रह्मविलास		भगवतीदास	हिं.	१७५५	११६				
४२०/१	अष्टोत्तरीशतस्तोत्र कवितबद्ध अपूर्ण			हिं.		४-१२				
४२०/२	द्रव्यसंग्रह		भगवतीदास	हिं.	१७३१	१५-२३			कवित७७	
४२०/३	चेतनकर्मचरित्र		भगवतीदास	हिं.	१७३६	२३-३४			गा.२९६	
४२०/४	अक्षरबत्रीसी		भगवतीदास	हिं.		३४-३५			गा.३६	
४२०/५	ब्रह्मसमाधिशतक		भगवतीदास	हिं.	१७१६	३५-३८			गा.१००	
४२०/६	अष्टप्रकारीपूजाकवित			हिं.		३८-३९			कडी ११	
४२०/७	अष्टप्रातिहार्यकवित			हिं.		३९मु				
४२०/८	चित्रबद्धकवितत्रिक			हिं.		३९-४०				
४२०/९	वर्त्तमानजिनचोवीसी छप्पा			हिं.		४३-४५			छप्पा २५	
४२०/१०	विहरमानजिनवीसीछप्पा			हिं.		४५-४७			छप्पा२२	
४२०/११	परमातमजयमालिका			हिं.		४७-४८			कडी ९	
४२०/१२	मुनिराजजयमालिका			हिं.		४८मु			कडी १०	
४२०/१३	अहिछत्रापुरीपार्श्वनाथछंद			हिं.	१७३१	४८-४९			गा.७	
४२०/१४	परमारथपद सवैया दुहा		भैया	हिं.		४९-५२				
४२०/१५	शिष्यचतुर्दशी		भगवतीदास	हिं.		५२मु			गा.१४	
४२०/१६	मिथ्यात्वविध्वंसनचतुर्दशी		भैया	हिं.		५२-५४				छप्पा-सवैया-१५

ग्रंथांक	ग्रंथनुं नाम	स्थिति	कर्ता	भाषा	संवत्	पत्र संख्या	झेरोक्ष	सी.डी.	ग्रंथाग्र	विशेष नोंध
४२०/१७	जिनगुणमालिका		भैया	हिं.		५४-५५			गा.२१	
४२०/१८	गुणमंजरी		भैया	हिं.	१७४०	५५-५८			गा.७४	
४२०/१९	लोकक्षेत्ररज्जुचोपाई		भैया	हिं.	१७४०	५८मु			गा.२०	
४२०/२०	मधुबिंदुकथाचोपाई		भैया	हिं.	१७४०	५८-६१			गा.६२	
४२०/२१	सिद्धचतुर्दशी		भैया	हिं.		६१-६२			सवैया-१४	
४२०/२२	निर्वाणकांड		भैया	हिं.	१७४१	६२-६३				
४२०/२३	गुणस्थानएकादशचढ्या-पड्याकथकसज्झाय		भैया	हिं.		६३-६४			गा.२१	
४२०/२४	कालअष्टक		भैया	हिं.		६४मु			गा.८	
४२०/२५	उपदेशपच्चीसी		भैया	हिं.	१७४१	६४-६६			गा.२७	
४२०/२६	नंदीश्वरद्वीपजयमाल		भैया	हिं.		६५ मु			गा.१६	
४२०/२७	बारभावना		भैया	हिं.		६५-६६			गा.१५	
४२०/२८	कर्मभेदविवरण		भैया	हिं.		६६मु			गा.१५	
४२०/२९	सप्तभंगवाणी		भैया	हिं.		६६-६७			गा.१२	
४२०/३०	सुबुद्धिचोवीसी		भगवतीदास	हिं.		६७-७०			सवैया २५	
४२०/३१	शाश्वतचैत्यजयमाला		भैया	हिं.	१७४५	७०-७१			गा.३३	
४२०/३२	चौदगुणस्थानजीवसंख्याविचार सज्झाय अपूर्ण			हिं.		७१मु				
४२०/३३	नित्यपच्चीसी		भैया	हिं.		७५मु			सवैया २५	१८मा सवैयाथी शरु थाय छे.
४२०/३४	अष्टकर्मचोपाई		भैया	हिं.		७५-७६			गा.२७	
४२०/३५	सुपंथकुपंथपच्चीसी		भैया	हिं.		७६-७९			सवैया २५	
४२०/३६	मिथ्यादृष्टिसम्यग्दृष्टिवर्णन		भैया	हिं.		७९-८०			सवैया ११	
४२०/३७	आश्चर्यचतुर्दशी		भैया	हिं.		८०-८२			सवैया १४	
४२०/३८	रागादिनिर्णयाष्टक		भगवतीदास	हिं.		८२ मु			सवैया ८	
४२०/३९	पुण्यपापजगमूलपचीसी		भैया	हिं.		८२-८४			सवैया २७	
४२०/४०	बावीसपरीसहवर्णन		भैया	हिं.		८४-८७			स.३०	
४२०/४१	छेंतालीसदोषरहितआहारवर्णनपच्चीसी		भैया	हिं.	१७५०	८७-८९			गा.२५	
४२०/४२	जिनधर्मपच्चीसी		भैया	हिं.	१७५०	८९-९१			गा.२८	

ग्रंथांक	ग्रंथनुं नाम	स्थिति	कर्ता	भाषा	संवत्	पत्र संख्या	झेरोक्ष	सी.डी.	ग्रंथाग्र	विशेष नोंध
४२०/४३	अनादिबत्रीसी		भैया	हिं.	१७५०	९१-९२			गा.३३	
४२०/४४	समुद्घातस्वरूप		भैया	हिं.		९२			गा.११	
४२०/४५	मूढाष्टक		भैया	हिं.		९२-९३			गा.८८	
४२०/४६	सम्यक्त्वपच्चीसी		भैया	हिं.	१७५०	९३-९४			गा.२६	
४२०/४७	वैराग्यपच्चीसी		भैया	हिं.	१७५०	९४-९५			गा.२५	
४२०/४८	परमातमछत्रीसी		भैया	हिं.	१७५०	९५-९६			गा.३६	
४२०/४९	नाटकपच्चीसी		भैया	हिं.		९६मु			गा.२५	
४२०/५०	उपादानकारणनिमित्तकारणसंवाद		भैया	हिं.	१७५०	९६-९८			गा.४७	
४२०/५१	चोवीसतीर्थंकरजयमाल		भैया	हिं.		९८-९९			गा.१७	
४२०/५२	पंचइंद्रियचोपाई		भगवतीदास	हिं.	१७५१	९९-१०४			गा.१५५	
४२०/५३	ईश्वरनिर्णयपच्चीसी		भैया	हिं.		१०४-१०५			गा.२६	
४२०/५४	कर्त्ताअकर्तापच्चीसी		भैया	हिं.	१७५१	१०५-१०६			गा.२६	
४२०/५५	दृष्टांतपच्चीसी		भगवतीदास	हिं.	१७५२	१०६-१०७			गा.२५	
४२०/५६	मनबत्रीसी		भगवतीदास	हिं.		१०७-१०८			गा.३४	
४२०/५७	सुपनबत्रीसी		भगवतीदास	हिं.		१०९-११०			गा.३४	
४२०/५८	सूआबत्रीसी		भगवतीदास	हिं.	१७५३	११०-१११			गा.३४	
४२०/५९	प्रकीर्णक सवैया			हिं.		१११-११४			दोहा ४१	
४२०/६०	ग्रंथोपसंहार	श्रेष्ठ				११५-११६				१-३, १३-१४, २७, ४०-४२,
										७२-७४, ११६ नथी
४२१	गुणकरंडकगुणावलीरास	मध्यम	जिनहर्ष	गुज.	१७५१	१६				
४२२	कविप्रिया	जीर्णप्राय	केशवकवि	हिं.	१७११	१०९				
४२३	राजप्रश्नीयोपांगसूत्रवृत्ति	श्रेष्ठ	मलयगिरि	सं.	१६१७	७९	४२३		३७००	
४२४	नलदमयंतीरास	मध्यम	समयसुंदर	गुज.		३३				
४२५	धातुप्रक्रिया	श्रेष्ठ		सं.		२२	४२५ + ४२६			
४२६	कुमारसंभवमहाकाव्यटीका अपूर्ण	जीर्णप्राय	मल्लिनाथ	सं.		११६	४२५ + ४२६	२३९		अष्टमसर्ग ७७ श्लोक पर्यंत
४२७	सारावली		कल्याणवर्म	सं.		४-१०२				प्रति पाणीमां भीजाएली छे
										आदिना पानां चोंटी गया छे
४२८	प्रदेशीराजरास	जीर्णप्राय		गुज.		२-४९				१४-१९, ४४-४५ नथी

ग्रंथांक	ग्रंथनुं नाम	स्थिति	कर्ता	भाषा	संवत्	पत्र संख्या	झेरोक्ष	सी.डी.	ग्रंथाग्र	विशेष नोंध
४२९	भगवतीसूत्र सटीक त्रिपाठ									
	११मा शतक पर्यंत	मध्यम	सुधर्मास्वामी -मू.,	प्रा.सं.		३०२	४२९	२७०		पत्र ८, १२ थी १५ नथी
			अभयदेवसूरि -टी.							
४३०	सिद्धांतविचाररास	श्रेष्ठ		गुज.	१७२४	२-९९			गा.१८२८	प्रति पाणीमां भींजाएली छे
४३१	हरिबलरास	श्रेष्ठ	जिनसमुद्रसूरि							
			वेगडगच्छीय	गुज.		६४				
४३२	सिंहासनबत्रीसी	श्रेष्ठ	संघविजय	गुज.	र.१३७८-ले.१६७८	६३			गा.१५८१	
४३३	सारस्वतव्याकरणचंद्रकीर्त्तिटीका पूर्वार्द्ध	जीर्णप्रायः	चंद्रकीर्त्तिसूरि	सं.		१५५				७८-१२० नथी
४३४	प्रक्रियाकौमुदी	श्रेष्ठ	रामचंद्राचार्य	सं.	१७१७	१२८	४३४			
४३५	पद्मकोश	मध्यम		सं.	१६९३	८				
४३६	सारस्वतव्याकरणचंद्रकीर्त्तिटीका	श्रेष्ठ	चंद्रकीर्त्तिसूरि	सं.		२०३			ग्रं.७१००	केटलाक पत्रो उंदरे करडेला छे
४३७	वसंतराजशास्त्र सटीक	श्रेष्ठ	वसंतराज -मू.,	सं.		१०१	४३७ + ४३८	२७०	३७५०	३, २२, २७, ५७ नथी
			भानुचंद्र -टी.							
४३८	परिशिष्टपर्व अपूर्ण	श्रेष्ठ	हेमचंद्रसूरि	सं.		१३३	४३७ + ४३८			पत्र ८९ थी १०५, ११३ थी १२२ नथी
४३९	भरहेसर वृत्तिसह त्रूटक अपूर्ण	मध्यम	शुभशीलगणि -वृ.	सं.		२४८				प्रतिना बधां मळीने फक्त ५० पानां छे
४४०	उत्तराध्ययनसूत्र सस्तबक	अतिजीर्ण		प्रा.गु.	१७६७	१६१				
४४१	प्रश्नव्याकरणदशांगसूत्रटीका	श्रेष्ठ	अभयदेवसूरि	सं.		१७१	४४१		४६३०	पत्र १-२, ११ थी ३० नथी प्रतिना
										केटलाक पाना उंदरे करडेला छे
४४२	बोलविचार	मध्यम		गुज.		३९				प्रति चोंटी जवाथी अक्षरो
										उखडी गया छे
४४३	वंदारुवृत्ति	मध्यम	देवेन्द्रसूरि	सं.		७२	४४३ + ४४४	२७०	२७२८	पत्र २४ थी ३५ नथी.
४४४	दशवैकालिकसूत्र सटीक	श्रेष्ठ	शय्यंभवसूरि -मू.,	सं.		८८	४४३ + ४४४		३६००	
			सुमतिसूरि -वृ.							
४४५	उपदेशमालाप्रकरण सस्तबक	श्रेष्ठ	धर्मदासगणि	प्रा.गु.		४३				
४४६	अभिधानरत्नमाला	श्रेष्ठ	हलायुध भट्ट	सं.	१४५४	२-४७	४४६	२७०		
४४७	नंदीसूत्रवृत्ति	श्रेष्ठ	मलयगिरिसूरि	सं.	१६२७-२९	२०५	४४७	२७०	७७३२	
४४८	सारस्वतव्याकरणभाष्य	श्रेष्ठ	काशीनाथ	सं.	१७०९	११०	४४८		३२०१	प्रति पाणीमां भींजाएली छे

ग्रंथांक	ग्रंथनुं नाम	स्थिति	कर्ता	भाषा	संवत्	पत्र संख्या	झेरोक्ष	सी.डी.	ग्रंथाग्र	विशेष नोंध
४४९	सारस्वतव्याकरणचंद्रकीर्त्तिटीका	श्रेष्ठ	चंद्रकीर्त्ति	सं.	१६६२	१०३			ग्रं.७८००	
४५०	उपदेशमालाप्रकरण	श्रेष्ठ	धर्मदासगणि	प्रा.	१६५१	२६			गा.५४३	
४५१	सारस्वतव्याकरण अपूर्ण	श्रेष्ठ	अनुभूतिस्वरूपाचार्य	सं.		४५				
४५२	प्रश्नव्याकरणदशांगसूत्र सस्तबक	श्रेष्ठ		प्रा.गु.	१७७९	१००				
४५३	सूत्रकृतांगसूत्रसस्तबक अपूर्ण	श्रेष्ठ		प्रा.गु.		१००				प्रतिमां घणां पाना नथी
४५४	उपदेशमालाप्रकरण सस्तबक किंचिदपूर्ण	मध्यम	धर्मदासगणि -मू.	प्रा.गु.		२-६२				
४५५	कल्पसूत्र बारसा	श्रेष्ठ	भद्रबाहुस्वामी	प्रा.		३-१०१				अंतिम पत्र नथी
४५६	कल्पसूत्रबालावबोध सप्तम वाचना	मध्यम		गुज.		१७				
४५७	कालिकाचार्यकथा	श्रेष्ठ		गुज.	१६९३	३५				
४५८	कालिकाचार्यकथा बालावबोधसह	मध्यम		सं.गु.	१५८२	१०			मू.का.८१	
४५९	गीतगोविंद सटीक	मध्यम	जयदेवकवि -मू.,							
			जगद्धर -टी.	सं.		४८				प्रति पाणीमां भींजाएली छे
४६०	उत्तराध्ययनसूत्र प्रथम अध्ययन	जीर्ण		प्रा.		२				बंन्ने पत्रमां भगवाननुं तथा
										पर्षदासह आचार्यनुं सुंदर चित्र छे.
४६१	उत्तराध्ययनसूत्र बालावबोधसह									
	१३ अध्ययनपर्यंत	मध्यम		प्रा.गु.		४९				
४६२	निर्यावलिकासूत्र	श्रेष्ठ		प्रा.		२८	४६२ थी ४६४			प्रति पाणीमां भींजाएली छे
४६३	निर्यावलिकासूत्रवृत्ति	श्रेष्ठ	श्रीचंद्रसूरि	सं.		१४	४६२ थी ४६४			प्रति पाणीमां भींजाएली छे
४६४	राजप्रश्नीयोपांग	श्रेष्ठ		प्रा	१६१७	४८	४६२ थी ४६४		२०७९	
४६५	उपदेशमालाप्रकरण	श्रेष्ठ	धर्मदासगणि	प्रा.		२-२७			गा.५४४	पत्र १, १७-२३ नथी
४६६	अंतगडदशांगसूत्र	जीर्ण		प्रा		५८	४६६ + ४६७		८२५	
४६७	कालिकाचार्यकथा गद्यपद्य	जीर्ण		प्रा.	१५२६	२६	४६६ + ४६७		३६९	
४६८	महानिशीथसूत्रगत									
	कमलप्रभाचार्यअधिकार सस्तबक	जीर्ण		प्रा.गु.		१२				
४६९	अनेकविचारसंग्राह	जीर्ण		प्रा.सं.		९	४६९ + ४७०			
४७०	अंतकृद्दशांगसूत्र वृत्तिसह त्रिपाठ	श्रेष्ठ	सुधर्मास्वामी -मू.,	प्रा.सं.		३१	४६९ + ४७०			
			अभयदेवसूरि -वृ.							
४७१	उपदेशमालाप्रकरण	मध्यम	धर्मदासगणि	प्रा.		१३			गा.५४४	

ग्रंथांक	ग्रंथनुं नाम	स्थिति	कर्ता	भाषा	संवत्	पत्र संख्या	झेरोक्ष	सी.डी.	ग्रंथाग्र	विशेष नोंध
४७२	उपदेशमालाप्रकरण	श्रेष्ठ	धर्मदासगणि	प्रा		१५			गा.५४४	
४७३	स्थानांगसूत्र	श्रेष्ठ	सुधर्मास्वामी	प्रा	१५७०	१५४	४७३		३६००	
४७४	कल्पांतर्वाच्य	श्रेष्ठ		सं.		३१	४७४			
४७५/१	लब्धिकुशलसूरिगीत		कीर्त्तिवर्धन	गुज.		१लु			गा.७	
४७५/२	लब्धिकुशलसूरिगीत		सुमतिहंस	गुज.		१लु			गा.५	
४७५/३	लब्धिकुशलसूरिगीत		कीर्त्तिवर्धन	गुज.		१-२			गा.७	
४७५/४	लब्धिकुशलसूरिगीत		दयावर्धन	गुज.		२जु			गा.८	
४७५/५	लब्धिकुशलसूरिगीत	श्रेष्ठ	महिमाकीर्त्तिगणि	गुज.		२जु			गा.६	
४७६◆	सामवेदनिर्णय-द्वादशमहावाक्यनिर्णय	मध्यम		सं.		२१-३६				
४७७	जंबूद्वीपप्रज्ञप्तिउपांगसूत्र सटीक त्रिपाठ	श्रेष्ठ	शांतिचंद्रोपाध्याय -वृ.	प्रा.सं.		२७३-३८३	४७७			पत्र ३२१ मुं नथी.
४७८	भुवनभानुकेवलिचरित्र बालावबोध	श्रेष्ठ	हरिकलश धर्मघोषगच्छीय	गुज.	१७२५	८२				
४७९	ऋषिमंडलसूत्रबालावबोध अपूर्ण	जीर्णप्रायः		गुज.		४६				
४८०	त्याद्यंतप्रक्रिया अपूर्ण	मध्यम		सं.		२-२२९	४८० + ४८१			पत्र ७४-१६१ नथी. उंदरे करडेली छे.
४८१	कुंडेश्वरागम अपूर्ण	मध्यम		सं.		७	४८० + ४८१		१७९	
४८२	प्रत्येकबुद्धरास अपूर्ण	मध्यम	समयसुंदर	गुज.	१६६४	४०				
४८३	ऋषिदत्तारास	श्रेष्ठ	जयवंतसूरि	गुज.	र.१६४३-ले.१७०४	२३				
४८४	प्रत्येकबुद्धचोपाई त्रूटक अपूर्ण	श्रेष्ठ		गुज.		८-१२				
४८५	चंपकमालारास अपूर्ण	श्रेष्ठ	सौभाग्यसागरसूरिशिष्य	गुज.		२४				
४८६	वीरस्तुतिअध्ययन नरयविभक्तिअध्ययन सूत्रकृतांगसूत्रगत	मध्यम		प्रा		४				
४८७	पूर्णकलशस्थापनाविधि	श्रेष्ठ		सं.		९	४८७			
४८८	भर्तृहरिशतकबालावबोध अपूर्ण	श्रेष्ठ		गुज.		११				
४८९	विक्रमचोपाईरास	मध्यम	परमसागर	गुज	१७२४	२३-४१				
४९०	शालिभद्रचोपाई	जीर्ण	मतिसार	गुज	१६७८	२१				प्रति चोंटीने खराब थएली छे
४९१	जंबूस्वामिरास	श्रेष्ठ	नयविमल	गुज		१२-३०				
४९२	उत्तराध्ययनसूत्र	श्रेष्ठ		प्रा		५२				
४९३	कातंत्रव्याकरणदौर्गसिंहीवृत्ति अपूर्ण	जीर्ण	दुर्गसिंह	सं.		२७-१८०	४९३	२७०		पत्र ३१-३९ नथी.पाणीमां भींजाएली छे.

ग्रंथांक	ग्रंथनुं नाम	स्थिति	कर्ता	भाषा	संवत्	पत्र संख्या	झेरोक्ष	सी.डी.	ग्रंथाग्र	विशेष नोंध
४९४	प्रव्रज्याविधानकुलक बालावबोधसह	मध्यम	जिनेश्वरसूरि -बा वेगडगच्छीय	प्रा.गु.		५	४९४ थी ४९९	२७०		
४९५	पर्यताराधनाप्रकरण सस्तबक	मध्यम	सोमसूरि -मू.	प्रा.गु.		६	४९४ थी ४९९		मू.गा.७०	
४९६	पर्यताराधनाप्रकरण सस्तबक	श्रेष्ठ	सोमसूरि -मू.	प्रा.गु.	१७३३	६	४९४ थी ४९९		मू.गा.७०	
४९७	संबंधोद्योत	जीर्ण	रभसनंदि	सं.		८	४९४ थी ४९९			
४९८	अभिधानचिंतामणिनाममाला अपूर्ण	जीर्ण	हेमचंद्रसूरि	सं.		८	४९४ थी ४९९			
४९९/१	दानविधिप्रकरण	श्रेष्ठ		प्रा.		२जु	४९४ थी ४९९		गा.२२	
४९९/२	नवकारफलकुलक	श्रेष्ठ		प्रा.		२-३	४९४ थी ४९९		गा.२३	
४९९/३	आदिजिनस्तवन	श्रेष्ठ		प्रा.		३-४	४९४ थी ४९९		गा.१९	
४९९/४	आत्मानुशासन	श्रेष्ठ	पार्श्वनाग	सं.		४-६	४९४ थी ४९९		आर्या ७६	
४९९/५	प्रश्नोत्तररत्नमालिका	श्रेष्ठ	विमलाचार्य	सं.		६-७	४९४ थी ४९९		आर्या २९	
५००/१	सूक्ष्मार्थविचारसारप्रकरण		जिनवल्लभगणि	प्रा		१-७			गा.१५६	
५००/२	आगमिकवस्तुविचारसारप्रकरण (प्राचीन चतुर्थ कर्मग्रंथ)	मध्यम	जिनवल्लभगणि	प्रा.		७-११			गा.८६	
५०१	उत्तराध्ययनसूत्र सार्थ-अवचूरिसह	श्रेष्ठ		प्रा.सं.		१६३	५०१			
५०२	संस्तारकप्रकीर्णक बालावबोधसह त्रिपाठ	श्रेष्ठ	क्षेमराजऋषि -बा. पार्श्वचंद्रगच्छीय	प्रा.गु.		१२			मू.गा.१२१	
५०३	तीर्थोद्‌गारप्रकीर्णक	मध्यम		प्रा		२४	५०३ थी ५०७		गा.१२५४ /१५४१	चोंटेली तथा, पाणीमां भींजाएली छे, पाना चोंटेला छे.
५०४/१	चंदाविज्झयप्रकीर्णक	श्रेष्ठ		प्रा.		१-४	५०३ थी ५०७	२७०	गा.१७४	
५०४/२	तंदुलवेयालियप्रकीर्णक	श्रेष्ठ		प्रा.		५-११	५०३ थी ५०७	२७०		
५०४/३	पौषधविधि	श्रेष्ठ		प्रा.गु.		११मु	५०३ थी ५०७	२७०		
५०५	कातंत्रव्याकरण तद्धित अपूर्ण	जीर्ण		सं.		६	५०३ थी ५०७	२७०		पत्र २, ४ नथी
५०६	कातंत्रव्याकरण दौर्गसिंहीवृत्ति व्याख्यानकलाप्रदीपिका	श्रेष्ठ	गौतमपंडित -टी.	सं.		६७	५०३ थी ५०७	२७०	४०७०	
५०७	नवपदप्रकरण	श्रेष्ठ	जिनचंद्र	प्रा.		७	५०३ थी ५०७		गा.१३९	
५०८	योगशास्त्रस्वोपज्ञवृत्ति अपूर्ण	श्रेष्ठ	हेमचंद्रसूरि स्वोपज्ञ	सं.		३६				
५०९	सारस्वतव्याकरण सूत्रपाठ	श्रेष्ठ		सं.	१७११	९			८४	

ग्रंथांक	ग्रंथनुं नाम	स्थिति	कर्ता	भाषा	संवत्	पत्र संख्या	झेरोक्ष	सी.डी.	ग्रंथाग्र	विशेष नोंध
५१०	योगशास्त्र प्रथम प्रकाश	श्रेष्ठ	हेमचंद्रसूरि	सं.		४			ग्रं.५६	
५११/१	अनाथीमुनिसंधि		विमलविनय	गुज.	१६४७	१-३			गा.७१	
५११/२	सिंहलसुतचोपाई-प्रियमेलकचोपाई अपूर्ण	जीर्ण	समयसुंदर	गुज.		३-४				
५१२	संदेहदोलावली लघुटीकासह	श्रेष्ठ	जिनदत्तसूरि -मू., जयसागरोपाध्याय -वृ.	प्रा. सं.	र. १४९५-१५७४	३५	५१२	२७१	१५५०	
५१३◆	गणधरसार्धशतकप्रकरण	जीर्ण	जिनदत्तसूरि			८			गा.१५०	
५१४	दानादिकुलक सस्तबक अपूर्ण	श्रेष्ठ		गु. प्रा.		६	५१४			
५१५	ज्ञानार्णवसारोद्धार	मध्यम	शुभचंद्राचार्य	सं.		७	५१५ + ५१६		६२२	
५१६	प्रशमरतिप्रकरणअवचूरि	जीर्ण		सं.		११	५१५ + ५१६	२७१		
५१७	पर्यन्ताराधनाप्रकरण बालावबोधसह	जीर्णप्रायः	सोमसूरि -मू.	गुज.		७				
५१८	पर्यन्ताराधनाप्रकरण सस्तबक	जीर्ण	सोमसूरि -मू.	प्रा.गु.	१७३३	७				प्रति चोंटेली छे
५१९	पर्यन्ताराधनाप्रकरण	श्रेष्ठ	सोमसूरि	प्रा.		५			गा.७०.	
५२०	नैषधमहाकाव्य अपूर्ण	मध्यम	श्रीहर्षकवि	सं.		३१				
५२१	कातंत्रव्याकरण गोल्हणवृत्ति अपूर्ण	अतिजीर्ण	गोल्हण -वृ.	सं.		४८	५२१	२७१		
५२२	सारस्वतव्याकरण त्रूटक अपूर्ण	श्रेष्ठ		सं.		४३-४६				प्रति पाणीमां भींजाएली छे
५२३	रामकलशव्याकरण	जीर्णप्रायः		सं.		१०	५२३ थी ५२६	२७१		
५२४	संग्रहणीप्रकरण	जीर्ण	श्रीचंद्रसूरि	सं.		४-१०	५२३ थी ५२६			
५२५	संग्रहणीप्रकरण बालावबोधसह	जीर्णप्रायः	श्रीचंद्रसूरि -मू.	प्रा. गु.		३-२२	५२३ थी ५२६			प्रति पाणीमां भींजाएली छे
५२६	अनेकार्थतिलकनाममाला	श्रेष्ठ	महिप	सं.	१७८१	२३	५२३ थी ५२६	२७१	८९८	
५२७	कतिचिद्विचारबालावबोध	जीर्ण		गुज.		१४				
५२८	ज्ञाताधर्मकथांगसूत्र अपूर्ण	श्रेष्ठ	सुधर्मास्वामी	प्रा.		२५				११-१७ नथी
५२९	खंडनखंडखाद्य	श्रेष्ठ	श्रीहर्ष	सं.	१५५४	७२	५२९ थी ५३१	२७१		
५३०	तत्त्वचिंतामणीमंगलवाद	मध्यम	गंगेश भट्ट	सं.		४	५२९ थी ५३१	२७१		
५३१	संबंधोद्योत	मध्यम	रभसनंदी	सं.		७	५२९ थी ५३१	२७१		
५३२	वैद्यक ज्योतिष प्रकीर्णकसंग्रह	श्रेष्ठ		गुज.	१७०२	१९				पाना अस्त व्यस्त छे.
५३३/१	जीवविचारप्रकरण		शांतिसूरि	प्रा.		१५-१७				
५३३/२	नवतत्त्वविचारगाथा		जयशेखरसूरि	प्रा.		१७-१९			गा.३१	

ग्रंथांक	ग्रंथनुं नाम	स्थिति	कर्ता	भाषा	संवत्	पत्र संख्या	झेरोक्ष	सी.डी.	ग्रंथाग्र	विशेष नोंध
५३३/३	गौतमपृच्छा	श्रेष्ठ		प्रा		१९-२३			गा.६४	
५३४	गौतमपृच्छाप्रकरण सटीक त्रिपाठ	श्रेष्ठ	श्रीतिलक -वृ	प्रा.सं		२४			मू.गा.६४	
५३५	गौतमपृच्छा	मध्यम		प्रा		२			गा.६४	
५३६	दशवैकालिकसूत्र सावचूरिक पंचपाठ	श्रेष्ठ		प्रा.सं		४२				
५३७	गाथासंग्रह	श्रेष्ठ		प्रा		४				
५३८	कर्मस्तवकर्मग्रंथ(प्राचीन द्वितीय कर्मग्रंथ)	श्रेष्ठ		प्रा		१			गा.५८	
५३९	कर्मविपाककर्मग्रंथ	मध्यम	देवेंद्रसूरि	प्रा		४			गा.६१	
५४०	दशवैकालिकसूत्र	मध्यम	शय्यंभवसूरि	प्रा		२०			७००	
५४१	अनेकार्थध्वनिमंजरी-शब्दरत्नप्रदीप	जीर्ण		सं		६	५४१ थी ५४९		३५१	
५४२	एकविंशतिस्थानप्रकरण	श्रेष्ठ	सिद्धसेनसूरि	प्रा		५	५४१ थी ५४९		गा.६६	
५४३	विचारषटत्रिंशिका सस्तबक	जीर्ण	गजसार	प्रा		५	५४१ थी ५४९		मू.गा.३८	
५४४	प्रश्नोत्तरषष्टिशतप्रकरण	जीर्ण	जिनवल्लभगणि	सं		१०	५४१ थी ५४९		का.१६१	
५४५	क्षुल्लकभवावलिकाप्रकरण सावसूरिक पंचपाठ	जीर्णप्राय		सं		१	५४१ थी ५४९		मू.गा.२५	
५४६	सम्यक्त्वस्वरूपस्तवअवचूरि	श्रेष्ठ		सं		५	५४१ थी ५४९			
५४७	तत्त्वार्थसूत्र भाष्यसह	श्रेष्ठ	उमास्वातिवाचक स्वोपज्ञ	सं	१६४२	४५	५४१ थी ५४९	२७१	२२५०	
५४८	तत्त्वार्थसूत्र	श्रेष्ठ	उमास्वाति वाचक	सं	१६४२	५	५४१ थी ५४९	२७१		
५४९	भवभावनाप्रकरण	जीर्ण	मलधारी हेमचंद्रसूरि	प्रा		३१	५४१ थी ५४९	२७१	गा.५३१	
५५०	सुभाषितश्लोक	मध्यम		सं		५				
५५१	पाक्षिकक्षामणासूत्र	मध्यम		प्रा		२				
५५२	सिद्धहेमशब्दानुशासनलघुवृत्ति प्रथमाध्याय	मध्यम	हेमचन्द्राचार्य स्वोपज्ञ	सं		५	५५२			
५५३	सारस्वतव्याकरण बालावबोध सह अपूर्ण	जीर्णप्राय		सं.गु		१५				प्रति पाणीमां भींजाएली छे
५५४	योगवासिष्ठसार योगतरंगिणीटीका सह अपूर्ण	श्रेष्ठ		सं.हि		१५	५५४-५५५			जैन टीका छे.
५५५	षष्टिशतप्रकरण बालावबोधसह	मध्यम	नेमिचंद्र भंडारी -मू., सोमसुंदरसूरि -बा.	प्रा.गु	र. १४९६	२४	५५४-५५५		मू.गा.१६१	

ग्रंथांक	ग्रंथनुं नाम	स्थिति	कर्ता	भाषा	संवत्	पत्र संख्या	झेरोक्ष	सी.डी.	ग्रंथाग्र	विशेष नोंध
५५६	षष्टिशतप्रकरण बालावबोधसह		नेमिचन्द्र भंडारी -मू.,							
		मध्यम	सोमसुंदरसूरि -बा.	प्रा.गु.	१४९६	२५			मू.गा.१६१	
५५७	समुद्रप्रकाशविद्याविलासचोपाई	मध्यम	जिनभद्रसूरि	हि.		६				वैद्यक विषयक
५५८	नवतत्त्वप्रकरण	मध्यम		प्रा.		२			गा.४७	
५५९	नवतत्त्वप्रकरण सस्तबक पंचपाठ	श्रेष्ठ		प्रा.गु.		२			मू.गा.२७	
५६०/१	नवतत्त्वप्रकरण			प्रा		१-३			गा.५४	
५६०/२	उपदेशमालागाथासज्झाय			प्रा.		३-४			गा.३४	
५६०/३	तिजयपहुत्तस्तोत्र	श्रेष्ठ		प्रा.		४थुं			गा.१४	
५६१	सारस्वतव्याकरण	श्रेष्ठ	अनुभूतिस्वरूपाचार्य	सं.		३६				
५६२	उल्लंठवचननिर्लोठनचोपाई	मध्यम		गुज.		३	५६२ थी ६५		गा.७६	
५६३	तर्कभाषा	जीर्णप्रायः	केशवमिश्र	सं	१७७७	२१	५६२ थी ६५			
५६४	सारस्वतमंडन	जीर्णप्रायः	मंडन	सं		७८	५६२ थी ६५			
५६५	उपदेशमालाप्रकरण	जीर्णप्रायः	धर्मदासगणि	प्रा.	१५६८	१६	५६२ थी ६५		गा.५४३	
५६६	उपदेशमालाप्रकरण	श्रेष्ठ	धर्मदासगणि	प्रा.		१६			गा.५४३	
५६७	विदग्धमुखमंडनविषमपदव्याख्या अपूर्ण	मध्यम		सं.		७	५६७ + ६८			
५६८	अष्टोत्तरशतपार्श्वनाथनामस्तव	श्रेष्ठ	जिनभद्रसूरि	सं.		१	५६७ + ६८		का.१५	
५६९	आदिनाथधवल	मध्यम		गुज.	१५४५	३				
५७०	रामतियालाप्रबंध वज्रस्वामीनां फुलडां	मध्यम		गुज.		२			कडी २४	
५७१	साधुवंदना अपूर्ण	श्रेष्ठ		गुज.		२				
५७२	कुंयरिश्राविकाबारव्रतनियम	श्रेष्ठ		गुज.		३			कडी १८	
५७३	शत्रुंजयरास	श्रेष्ठ		गुज.		६				
५७४	कर्पटहेटकपार्श्वनाथरास	श्रेष्ठ	दयारत्न	गुज.	१६९४	७-९				
५७५	रत्नाकरावतारिका अपूर्ण	श्रेष्ठ		सं.		७८	५७५ + ७६			
५७६	तर्कभाषा	श्रेष्ठ	केशवमिश्र	सं.		२२	५७५ + ७६			
५७७	कर्मविपाककर्मग्रंथ अपूर्ण	जीर्णप्रायः	देवेन्द्रसूरि	प्रा.		९	५७७ + ७८			
५७८	ज्ञानपंचमीकथा	जीर्णप्रायः	कनककुशल	सं.	र. १६५५	७	५७७ + ७८		१५४	
५७९	वाग्भटालंकार सावचूरि पंचपाठ	मध्यम	वाग्भट -मू.	सं.		७	५७९			
५८०	दंडकबोलविचार	श्रेष्ठ		गुज.	१७३१	११				

ग्रंथांक	ग्रंथनुं नाम	स्थिति	कर्ता	भाषा	संवत्	पत्र संख्या	झेरोक्ष	सी.डी.	ग्रंथाग्र	विशेष नोंध
५८१	गुणस्थानविचार	श्रेष्ठ		सं.		३				
५८२	क्रियाकलाप	जीर्ण		सं.		२७	५८२	२७१		चोंटी गयेल पाना छे.
५८३	अनेकार्थनाममाला वृत्तिसह	श्रेष्ठ	हेमचद्रसूरि -मू.,	सं.		२२८	५८३	२७१		पत्र २ थी ६ तथा ५३ थी ८८ नथी.
	पंचपाठ अपूर्ण		महेंद्रसूरि -वृ.							
५८४	अव्यय	जीर्ण		सं.	१५११	५	५८४	२७१		
५८५	बोलसंग्रह	मध्यम		गुज.		७				
५८६	द्रव्यसंग्रह सस्तबक	मध्यम	नेमिचंद्रसूरि -स्त.	प्रा.		१२	५८६ + ५८८	२७१	मू.गा.५८	
५८७	प्रियंकरनृपकथा+उपसर्गहरस्तोत्रप्रभावे	मध्यम		सं.		११				प्रति पाणीमां भींजाएली छे
५८८	कथासंग्रह	श्रेष्ठ		सं.		७	५८६ + ५८८			
५८९	गौतमकुलक सस्तबक	मध्यम		प्रा.गु.		२			मू.गा.२०	
५९०	वनस्पतिसप्ततिकाप्रकरण	श्रेष्ठ	मुनिचंद्रसूरि	प्रा.		५	५९० थी ५९४	२७१	गा.७७	
५९१	सुसढचरित्र	श्रेष्ठ		प्रा.	१६०१	२-२२	५९० थी ५९४		गा.५११	
५९२	सुपात्रदानादिविषयककथासंग्रह	मध्यम		सं.	१५६५	१९	५९० थी ५९४			
५९३	समवायांगसूत्र	मध्यम	सुधर्मास्वामी	प्रा.		३७	५९० थी ५९४		१६६७	
५९४	दशवैकालिकसूत्र सस्तबक	श्रेष्ठ	शय्यंभवसूरि -मू.	प्रा. गु.		५५	५९० थी ५९४			
			राजचंद्रसूरि -स्त.							
			पार्श्वचंद्रगच्छीय							
५९५	पाक्षिकसूत्र	जीर्णप्रायः		प्रा.	१७०६	६				
५९६	अभिधानचिंतामणीनाममाला अपूर्ण	मध्यम	हेमचंद्राचार्य	सं.		३-४७				
५९७	अभिधानचिंतामणीनाममाला									
	सावचूरि पंचपाठ	श्रेष्ठ	हेमचंद्रसूरि -मू.	सं.	१५२५	३६	५९७			
५९८	अभिधानचिंतामणीनाममाला	श्रेष्ठ	हेमचंद्रसूरि	सं.	१७९१	२६-३६				
५९९	अभिधानचिंतामणीनाममालाअवचूरि	श्रेष्ठ		सं.		८				
	अपूर्ण									
६००	चंदनबालाचोपाई	मध्यम	देपालकवि	गुज.		६				
६०१	नवतत्त्वचोपाई	श्रेष्ठ	मेरुमुनि	गुज.		६			गा.९६	
६०२	बालशिक्षाव्याकरण	मध्यम	संग्रामसिंह	सं.	र. १३३६	३०	६०२			
६०३	ज्ञानपंचमीकथा	मध्यम	कनककुशल	सं.		२१	६०३		१५४	प्रति चोंटेली छे

ग्रंथांक	ग्रंथनुं नाम	स्थिति	कर्ता	भाषा	संवत्	पत्र संख्या	झेरोक्ष	सी.डी.	ग्रंथाग्र	विशेष नोंध
६०४	स्थूलभद्रस्वामिचरित्र	श्रेष्ठ		सं.		१२	६०४ थी ६०६	२७१	५४७	
६०५	श्रीपालचरित्र पद्य	श्रेष्ठ	सत्यराजगणि	सं.	र. १५१४-१५७५	१८	६०४ थी ६०६	२७१		
६०६/१	चंदनबालाभास	श्रेष्ठ		गुज.		३-५	६०४ थी ६०६		गा.२२	पत्र ३थी चालु गाथा
६०६/२	वीरजिनस्तवन आदि	श्रेष्ठ		गुज.		५-६	६०४ थी ६०६			
६०६/३	सिद्धांतगीत	श्रेष्ठ		सं.		६ठुं	६०४ थी ६०६			
६०६/४	चिहुंगतिनी वेल	श्रेष्ठ		गुज.		६-१५	६०४ थी ६०६		गा.१३५	
६०६/५	मृगावतीभास	श्रेष्ठ		गुज.		१५-१८	६०४ थी ६०६		गा.२२	
६०६/६	गौतमस्वामिगीत	श्रेष्ठ		गुज.		१८-१९	६०४ थी ६०६		गा.९	
६०६/७	शिवकुमारगीत	श्रेष्ठ		गुज.		१९-२१	६०४ थी ६०६		गा.१८	
६०६/८	गुरुगीत	श्रेष्ठ		गुज.		२१मु	६०४ थी ६०६			
६०६/९	सुकोशलमुनिभास	श्रेष्ठ		गुज.		२१-२४	६०४ थी ६०६		गा.२२	
६०६/१०	सप्तपदी चंदी	श्रेष्ठ		गुज.		२४-२५	६०४ थी ६०६			
६०६/११	पूजाविधिभाससंग्रह	श्रेष्ठ		गुज.		२६-३१	६०४ थी ६०६			
६०६/१२	पुण्याढ्यनरेसरभास	श्रेष्ठ		गुज.		३२-४३	६०४ थी ६०६			
६०६/१३	राजसिंहरत्नवतीरास-नवप्रकारभावे	श्रेष्ठ		गुज.		४३-४६	६०४ थी ६०६		गा.२८	
६०६/१४	आदिदेवस्तव	श्रेष्ठ		गुज.		४६-४८	६०४ थी ६०६		गा.२१	
६०६/१५	शांतिनाथविनती	श्रेष्ठ		गुज.		४९-५०	६०४ थी ६०६		गा.१५	
६०६/१६	भुवनतिलककुमारभास	श्रेष्ठ		गुज.		५१-५२	६०४ थी ६०६			
६०६/१७	नरवर्मकुमारभास	श्रेष्ठ		गुज.		५३-५६	६०४ थी ६०६		कडी २०	
६०६/१८	नागदत्तकुमारभास	श्रेष्ठ		गुज.		५६-५९	६०४ थी ६०६		कडी २३	पत्र ६०-६२ नथी
६०६/१९	मृगध्वजकुमारभास	श्रेष्ठ		गुज.		६३-६४	६०४ थी ६०६		गा.१८	गा.६ थी शरु थाय छे.
६०६/२०	मृगांकलेखाभास	श्रेष्ठ		गुज.		६४-६८	६०४ थी ६०६		गा.३४	
६०६/२१	विवेकचउपई	श्रेष्ठ		गुज.		६८-७०	६०४ थी ६०६		गा.१९	
६०६/२२	कर्मविचाचउपई	श्रेष्ठ		गुज.		७०-७१	६०४ थी ६०६		गा.१२	
६०७	सिद्धहेमशब्दानुशासन	श्रेष्ठ	हेमचंद्रसूरि स्वोपज्ञ	सं.		४८	६०७			
	अष्टमाध्याय अपूर्ण									
६०८	सिद्धांतचंद्रिका पूर्वार्ध	श्रेष्ठ	रामचंद्र	सं.		४४				
६०९	नेमिनाथचरित गद्य	श्रेष्ठ	गुणविजय	सं.	र.१६६८-ले.१७३५	२-१२३	६०९		५२५५	पत्र १२ थी १५, ३४, ३५ नथी.

ग्रंथांक	ग्रंथनुं नाम	स्थिति	कर्ता	भाषा	संवत्	पत्र संख्या	झेरोक्ष	सी.डी.	ग्रंथाग्र	विशेष नोंध
६१०	द्रव्यप्रकाश अपूर्ण	श्रेष्ठ	देवचन्द्र	हिन्दी		१८	६१०			
६११	योगशास्त्र आद्यप्रकाशचतुष्क	मध्यम	हेमचन्द्रसूरि	सं.		२७				
६१२	स्थानांगसूत्र अपूर्ण	श्रेष्ठ	सुधर्मास्वामी	प्रा.		४१				
६१३	साल्हाऋषिसज्झाय	मध्यम	शुभमंदिर	गुज.		१			गा.११.	
६१४	इलाकुमारचोपाई	मध्यम	न्यानसागर	गुज.	१८७०	७				
६१५	कुमारसंभवमहाकाव्य सप्तमसर्गपर्यंत	मध्यम	महाकवि कालीदास	सं.	१७२३	२९				
६१६	कर्मस्तवअवचूरि					७				
६१७	रंगरत्नाकर-नेमिनाथप्रबंध	श्रेष्ठ	लावण्यसमय	गुज.		८	६१७		४००	
६१८	सुबाहुकुमाररास अपूर्ण	श्रेष्ठ		गुज.		३				
६१९	प्रश्नोत्तररत्नमाला सस्तबक	जीर्ण	विमलाचार्य -मू.	सं.गु		३				
६२०	प्रश्नोत्तररत्नमाला सस्तबक	श्रेष्ठ	विमलाचार्य -मू.	सं.गु.		२	६२०			
६२१	ऋषभपंचाशिका सस्तबक	श्रेष्ठ	धनपाल -मू.	प्रा.गु.		४			मू.गा.५०.	
६२२	कायस्थितिप्रकरण सस्तबक	श्रेष्ठ		प्रा.गु.		३-७				
६२३	सिंदूरप्रकर	मध्यम	सोमप्रभाचार्य	सं.		७	६२३			
६२४	सिंदूरप्रकर	श्रेष्ठ	सोमप्रभाचार्य	सं.		५			ग्रं.२२०	प्रति पाणीमां भीजाएली छे
६२५	हलायुधनाममाला पंचमकांड	श्रेष्ठ	हलायुध	सं.		३	६२५	२७१		
६२६	कालज्ञान अपूर्ण	मध्यम		सं.		२				
६२७	शतश्लोकी अपूर्ण	श्रेष्ठ		सं.		११				
६२८	रामविनोद अपूर्ण	श्रेष्ठ	रामविनोद	हिन्दी		८				
६२९	सिद्धान्तालापक	मध्यम		प्रा.		८		२३९		
६३०	धन्यशालिभद्ररास	मध्यम	जिनराजसूरि	गुज.	र.१६७८-ले.१७७१	२५				९,१८,१९,२१-२५ सिवायनां पानां नथी
६३१	छंदमाला	श्रेष्ठ	हेमकवि	गुज.	१७०६	२-११	६३१ + ६३३		गा.१९४	
६३२	कथासंग्रह	श्रेष्ठ		हिन्दी		६				
६३३	ढोलामारुवार्त्ता	जीर्ण		गुज.		५	३६१ + ६३३			
६३४	प्रश्नोत्तररत्नमालिका सस्तबक	मध्यम	विमलाचार्य -मू.	सं.गु.		३				
६३५/१	कायस्थितिस्तोत्र प्रकरण			प्रा.		२-४			गा.२४.	
६३५/२	सम्यक्त्वस्तवपचीसी			प्रा.		४-५			गा.२५.	
६३५/३	नंदीसूत्रस्थविरावली			प्रा.		५-७			गा.५०.	

ग्रंथांक	ग्रंथनुं नाम	स्थिति	कर्ता	भाषा	संवत्	पत्र संख्या	झेरोक्ष	सी.डी.	ग्रंथाग्र	विशेष नोंध
६३५/४	आवश्यकनिर्युक्तिगतकतिविद्गाथा	श्रेष्ठ		प्रा.		७-८			गा.२९	
६३६	कर्मविपाककर्मग्रंथ सस्तबक	श्रेष्ठ	देवेंद्रसूरि -मू.	प्रा.गु.		११				
६३७	वाजसनेयीसंहिता	मध्यम		गुज.		१८६	६३७ + ६३८			वचमां घणां पाना खूटे छे
६३८	जिनबिंबनमस्कार	मध्यम		गुज.		२	६३७ + ६३८			
६३९	जिनमालिका	जीर्ण	सुमतिरंग	गुज.		३				
६४०	माधवानलकामकंदलाचोपाई	श्रेष्ठ	कुशललाभ	गुज.	र.१६१६-ले.१६६७	पत्र १९			गा.५५०	पत्र १०-११, १५-१६, १८ नथी
६४१	योगशास्त्र आद्यप्रकाशचतुष्टय	मध्यम	हेमचंद्रसूरि	सं.		१९				
६४२	कातंत्रव्याकरणसूत्रपाठ	जीर्णप्रायः		सं.		३	६४२	२७१		
६४३	भीमसेनचोपाई	मध्यम	जिनसुंदरसूरि	गुज.	१७५५	६४	६४३		गा.१४२८	
६४४	सूत्रकृतांगसूत्र	श्रेष्ठ	सुधर्मास्वामी	प्रा.		५१				
६४५	पंचपरमेष्ठिनमस्कार	मध्यम	जिनवल्लभसूरि	गुज.		२	६४५		गा.१३	
६४६	पंचसंवरगीत	जीर्णप्रायः	हीरदेव	गुज.		२	६४६ + ६४८		गा.२४	
६४७	श्रीपतिपद्धतिवृत्ति	जीर्ण		सं.		२-२०				प्रति चोंटीने खराब थई छे
६४८	नेमिनाथस्तव तथा देवगुरुगीत	जीर्णप्रायः		सं.		२	६४६ + ६४८			
६४९	अढारपापस्थानकभास	श्रेष्ठ	ब्रह्मकवि	गुज.	१६६८	२-८				प्रति उंदरे करडेली छे
६५०	संग्रहणीप्रकरण सटीक	श्रेष्ठ	श्रीचंद्रसूरि -मू., देवभद्रसूरि -टी.	सं.प्रा.		७१	६५०		३५००	
६५१	पिंडविशुद्धिप्रकरण	श्रेष्ठ	जिनवल्लभगणि	प्रा.		४	६५१ + ६५२		गा.१०३	
६५२	नव्यबृहत्क्षेत्रसमास	जीर्णप्रायः	सोमतिलकसूरि	प्रा.		७	६५१ + ६५२	२७१	गा.३८६	
६५३	नव्यबृहत्क्षेत्रसमास	मध्यम	सोमतिलकसूरि	प्रा.		११			गा.३८६	
६५४/१	पंचनिर्ग्रंथीप्रकरण	मध्यम	अभयदेवसूरि	प्रा		६	६५४		गा.१०६	
६५४/२	पार्श्वनाथविनती	मध्यम	जिनसमुद्रसूरि	गुज.		६ठु	६५४		गा.९	
६५५/१	लघुक्षेत्रसमासप्रकरण		रत्नशेखरसूरि	प्रा.		१-१४			गा.२६७	
६५५/२	दंडकप्रकरण		गजसारमुनि	प्रा.		१४-१६			गा.३८	
६५५/३	जीवविचारप्रकरण		शांतिसूरि	प्रा		१६-१८			गा.५१	
६५५/४	नवतत्त्वप्रकरण	श्रेष्ठ		प्रा.		१८-२०			गा.४७	
६५६	प्रज्ञापनातृतीयपदसंग्रहणी	मध्यम	अभयदेवसूरि	प्रा.		४			गा.१३२	
६५७	उत्तराध्ययननां गीतो	श्रेष्ठ	राजशील उपाध्याय	गुज.		१६				

ग्रंथांक	ग्रंथनुं नाम	स्थिति	कर्ता	भाषा	संवत्	पत्र संख्या	झेरोक्ष	सी.डी.	ग्रंथाग्र	विशेष नोंध
६५८	लीलावतीगणित	श्रेष्ठ	भास्कराचार्य	सं.	१७२१	३३	६५८	२७१		
६५९	अनुयोगद्वारसूत्र बालावबोधसह त्रिपाठ	मध्यम		प्रा.गु.		८५				
६६०	उववाईसूत्रपर्याय	श्रेष्ठ		गुज.	१६२२	१६-२६	६६०		६१५	
६६१	विधिप्रपा	श्रेष्ठ	जिनभद्रसूरि	सं.	र.१३६३-ले.१५५९	६६	६६१	२७२	३५७४	
६६२	योगशास्त्र आद्यप्रकाशचतुष्टय	मध्यम	हेमचंद्रसूरि	सं.		१७				
६६३	नवरससागर-									
	उत्तममहाराजर्षिचरित्ररास अपूर्ण	श्रेष्ठ	जिनसमुद्रसूरि	गुज		१६-७२				११ नथी
६६४	नवतत्त्वना बोल	श्रेष्ठ		गुज		४				
६६५	वसुदेवचरित्ररास	मध्यम	महिमासमुद्र	गुज.		१४				
६६६	गुणसुंदरचोपाई अपूर्ण	मध्यम	जिनसुंदरसूरि	गुज.		६				
६६७	सरस्वतीकुटुंबसंवाद	मध्यम			१७२६	२-३				
६६८/१	सज्जनचित्तवल्लभ	जीर्णप्राय	मल्लिषेणसूरि	सं.		१-२	६६८/१	२७२	का.२५	
६६८/२	पूजाप्रकरण	जीर्णप्राय	उमास्वाति वाचक	सं.		३जु	६६८/२	२७२	आर्या.१९	
६६९	उत्तराध्ययनसूत्रसावचूरिक पंचपाठ	श्रेष्ठ		प्रा.सं.	१५९८	१०९	६६९			
६७०	राजसिंहकुमारचोपाई	जीर्ण	जटमल नहार		१६९३	११			गा.२२५	प्रति चोंटीने अक्षरो उखडी गया छे
६७१	दशआश्चर्य	मध्यम		सं.		१०				
६७२	अनेकार्थध्वनिमंजरी अपूर्ण	श्रेष्ठ		सं.		४-१०				
६७३	पांचपांडवरास (द्रोपदीरास)	श्रेष्ठ	जिनचंद्रसूरि	गुज.	र.१६९८-ले.१७०९	३५	६७३ + ६८०	२७२	१३००,	
									गा.८७१	
६७४	चंद्रप्रज्ञप्तिसूत्र	मध्यम		प्रा		५२			ग्रं.२०००	पत्र २४ मुं नथी
६७५	आराधना	श्रेष्ठ		गुज.		५०				
६७६	जीवविचारप्रकरण अपूर्ण	श्रेष्ठ	शांतिसूरि	प्रा		९				
६७७	ऋषिमंडलप्रकरण	जीर्णप्राय	धर्मघोषसूरि	प्रा.		९			गा.२०८	
६७८	योगशास्त्र आद्यप्रकाशचतुष्टय	श्रेष्ठ	हेमचंद्राचार्य	सं.		१५				
६७९	रामायण	मध्यम		सं.		२-७				
६८०	सुधानिधियोगविवरण	मध्यम	यादवसूरि	सं.		१०	६७३ + ६८०	२७२		
६८१	नवतत्त्वप्रकरण सस्तबक अपूर्ण	जीर्ण		प्रा.गु.		२-१३				
६८२/१	एकविंशतिस्थानप्रकरण	मध्यम	सिद्धसेनसूरि	प्रा.		१-३	६८२		गा.६६	

ग्रंथांक	ग्रंथनुं नाम	स्थिति	कर्ता	भाषा	संवत्	पत्र संख्या	झेरोक्ष	सी.डी.	ग्रंथाग्र	विशेष नोंध
६८२/२	महावीरस्तवन	मध्यम	अभयदेवसूरि	प्रा.		३जु	६८२			
६८३	लघुक्षेत्रसमासप्रकरण	जीर्ण	रत्नशेखरसूरि	प्रा	१६००	१०			गा.२६३	
६८४	नवतत्त्वप्रकरण सस्तबक अपूर्ण	जीर्ण		प्रा.सं.		१३				
६८५	गौतमस्वामिसज्झाय	श्रेष्ठ	कांतिविजय	गुज.		३				
६८६	दिक्पटचोरासीबोलकवित	जीर्ण		हिन्दी	१७६४	८	६८६		गा.९०	
६८७	चौदस्वप्नबालावबोध	श्रेष्ठ		गुज.		४				
६८८	तपागच्छगुर्वावलि सटीक त्रिपाठ	श्रेष्ठ	धर्मसागरोपाध्याय -मू.टी. स्वोपज्ञ	प्रा.सं.		११	६८८	२७२		
६८९	सारस्वत आख्यातप्रक्रिया	श्रेष्ठ	अनुभूतिस्वरूपाचार्य	सं.		२०				
६९०	नवतत्त्वप्रकरण सस्तबक	मध्यम		प्रा.गु.	१७४८	७			मू.गा.५१	
६९१	नवतत्त्वप्रकरण	श्रेष्ठ		प्रा		२			गा.५३	
६९२	गणेशकथा अपूर्ण	श्रेष्ठ		हिन्दी		४				
६९३	स्नात्रपूजा	जीर्ण		अप्र.		१०	६९३	२७१		
६९४	तत्त्वप्रबोधनाटक	श्रेष्ठ	जिनसमुद्रसूरि	हिन्दी	र.१७३०-ले.१७३०	१३			गा.१८१	
६९५	ज्ञानपंचमीस्तवन	मध्यम	लब्धिहर्ष	गुज.		२	६९५		गा.७७	
६९६	योगशास्त्र अपूर्ण	मध्यम	हेमचंद्रसूरि	सं.		१०				
६९७	कल्पान्तर्वाच्य प्रथमवाचना	मध्यम	जिनभद्रसूरि	गुज.		११				प्रति पाणीमां भीजाएल छे
६९८	चउगतिचोपाई	मध्यम	वस्तिग	गुज.		५			गा.९६	
६९९	कातंत्रव्याकरणदौर्गसिंहीवृत्ति चतुष्कवृत्ति	अतिजीर्ण	दुर्गसिंह -वृ.	सं.		४६-६४	६९९			
७००	दशवैकालिकसूत्र	अतिजीर्ण	शय्यंभवसूरि	प्रा.	१७०१	११			७००	
७०१	योगचिंतामणि	श्रेष्ठ	हर्षकीर्त्तिसूरि	सं.गु.		४१	७०१			
७०२	अभिधानचिंतामणिनाममाला	मध्यम	हेमचन्द्राचार्य	सं.	१६९९	२-८२	७०२			
७०३◆	मृगावतीचरित्ररास अपूर्ण	मध्यम	समयसुंदरगणि	गुज.		३-२६				
७०४	रात्रिभोजनरास	मध्यम		गुज.		६			गा.२४९	
७०५	जीवविचारप्रकरण सस्तबक	श्रेष्ठ	शांतिसूरि -मू.	प्रा.गु.	१७७८	४			मू.गा.५१	
७०६	देशीनाममाला	श्रेष्ठ	हेमचन्द्राचार्य	प्रा.	१७०१	२५	७०६		श्लो.९२०	
७०७	परमात्मस्वरूपगीत तथा अध्यात्मगीत	श्रेष्ठ	यशोविजयोपाध्याय	हिंदी		१			गा.२१-५	

ग्रंथांक	ग्रंथनुं नाम	स्थिति	कर्ता	भाषा	संवत्	पत्र संख्या	झेरोक्ष	सी.डी.	ग्रंथाग्र	विशेष नोंध
७०८	प्रा.पिंगल अपूर्ण	श्रेष्ठ		अप्र.		४	७०८			
७०९	धातुपाठ अपूर्ण	श्रेष्ठ		सं.		९				
७१०	पंचमहाव्रतस्वाध्याय	श्रेष्ठ	कांतिविजय	गुज.		४			गा.२९.	
७११	परमानन्दपंचविंशतिका सस्तबक	जीर्णप्राय	यशोविजयोपाध्याय -मू.	सं.गु.		३	७११ + ७१२		मू.श्लो२५	
७१२	षडविंशति प्रश्नोत्तर चार्चिक	श्रेष्ठ	जयसोम उपाध्याय	प्रा.सं.गु.		२८	७११ + ७१२			
७१३	नवकारबालावबोध	मध्यम		गुज.		६				
७१४	कर्मस्तवकर्मग्रंथ ससत्बक	श्रेष्ठ	देवेन्द्रसूरि -मू.	प्रा.गु.		७			मू.गा.३५.	पत्र २ जुं नथी
७१५	भर्तृहरिवैराग्यशतक सटीक	जीर्णप्राय	भर्तृहरि -मू.	सं.हि.	१७४०	३५	७१५ + ७१६	२७२		
७१६	ऋग्वेदयजुर्वेदगतशब्दादिनिर्णय	जीर्णप्राय		सं.		२-२०	७१५ + ७१६			
७१७	शब्दभेदप्रकाशनाममाला	मध्यम	महेश्वर कवि	सं.	१७७२	७			श्लो.२७०.	
७१८	माधवानलकामकंदलाचोपाई किंचिदपूर्ण	मध्यम	कुशललाभ	गुज.		२-२०			गा. ५२९.	पर्यंत
७१९	हरिबलचरित्ररास-विबुधप्रिया अपूर्ण	मध्यम	महिमासमुद्रगणि	गुज.		६४			गा.१३१९.	पर्यंत
			जिनसमुद्रसूरि -टी.							
७२०	प्रश्नव्याकरणदशांगसूत्र									
	बालावबोधसह पंचपाठ	श्रेष्ठ		प्रा.गु.		१२				
७२१	ज्ञाताधर्मकथांगसूत्र	श्रेष्ठ		प्रा.	१५८२				ग्रं.४९५४.	
७२२	जीवाभिगमोपांगसूत्र सस्तबक	श्रेष्ठ		प्रा.गु.	१७८६	३६२			मू.४७५०	
									उ.१५०००.	
७२३	निरयावलिकादिपंचोपांगसूत्र सस्तबक	जीर्ण		प्रा.गु.		६९				
७२४	भक्तामरस्तोत्र भाषा कवित कल्प									
	षडविधानसहित	श्रेष्ठ		हिंदी		२७				
७२५◆	श्रावकाराधना	श्रेष्ठ		सं.	१७९५	९				
७२६	महादंडकबोल	मध्यम		गुज.	१८७०	३४				
७२७	सप्तपदार्थीमितभाषिणीटीका	श्रेष्ठ	माधव सरस्वती	सं.	१६८१	३०	७२७ / ७३७	२७२		
७२८	धन्वंतरीयनिघंटु	श्रेष्ठ	धन्वतरी	सं.	१६०४	४२			ग्रं.१३००.	
७२९	विपाकसूत्र सस्तबक	जीर्णप्राय		प्रा.गु.	१८१६	४४				
७३०	लघुक्षेत्रसमासप्रकरण यंत्र स्थापना									
	चित्रसह	श्रेष्ठ	रत्नशेखरसूरि	प्रा.		४४			गा.२६४.	

ग्रंथांक	ग्रंथनुं नाम	स्थिति	कर्ता	भाषा	संवत्	पत्र संख्या	झेरोक्ष	सी.डी.	ग्रंथाग्र	विशेष नोंध
७३१	प्रदेशीराजरास	श्रेष्ठ	ज्ञानसागर आंचलिक	गुज.		५४	७२७... ७३७		११००	गा. ७२१
७३२	उत्तराध्ययनसूत्र	श्रेष्ठ		प्रा.		८४			ग्रं.२१००	
७३३	उपासकदशांगसूत्र सस्तबक	श्रेष्ठ		प्रा.गु.	१६९६	५९			ग्रं.२०००	
७३४	अंतकृद्दशांगसूत्र	श्रेष्ठ		प्रा.		४८				
७३५	उपदेशमालाप्रकरण	मध्यम	धर्मदासगणि	प्रा.		१९			गा.५४३	प्रति पाणीमां भींजाएली छे
७३६	सुभाषितावलि	जीर्णप्रायः		प्रा.सं.		९				प्रति चोंटेली छे
७३७	नमस्कारवार्त्तिक	जीर्ण		गुज.		४	७२७... ७३७			
७३८	सप्तस्मरण सस्तबक अपूर्ण	जीर्ण		प्रा.गु.		२३				
७३९	सप्तस्मरण	जीर्णप्रायः		प्रा.		९				
७४०	देववन्दनादिभाष्यत्रय	श्रेष्ठ	देवेंद्रसूरि	प्रा.		५			गा.१५३	
७४१	वंदारुवृत्ति-श्रावकप्रतिक्रमणसूत्रवृत्ति	श्रेष्ठ	देवेन्द्रसूरि	सं.		६१	७४१	२७२		
७४२	सिंदूरप्रकर सस्तबक	श्रेष्ठ	सोमप्रभाचार्य -मू.	सं.गु.	१७७०	१८			मू.का.९९	
७४३	श्रावकविधिप्रकाश	श्रेष्ठ	क्षमाकल्याण	गुज.	र.१८३८-ले.१९०९	२३				
७४४/१	समाधितंत्रदुहा		यशोविजयोपाध्याय	गुज.		१-६			दुहा १०४	
७४४/२	हितशिक्षाद्वात्रिंशिका आदि	श्रेष्ठ	क्षमाकल्याण आदि	हिंदी		६-२०			गा.३२	
७४५	आगमसार	मध्यम	देवचन्द्र	हिंदी	१७७६	४८				
७४६	द्रव्यप्रकाश	श्रेष्ठ	देवचन्द्रगणि	हिंदी	र.१७१७-ले.१९०९	४१			ग्रं.७७५	
७४७	सुरसुंदरीरास अपूर्ण	श्रेष्ठ	नयनसुंदर	गुज.		१०				
७४८	जीवविचारप्रकरण सस्तबक	श्रेष्ठ	शांतिसूरि -मू.	प्रा.गु.	१८३६	८			मू.गा.५१	
७४९	मजलस	मध्यम		हिं.उर्दू		२				
७५०	सिद्धांतहुंडिका सटीक त्रिपाठ	श्रेष्ठ		प्रा.स.		४-२३				
७५१	उपासकदशांगसूत्र सस्तबक	जीर्णप्रायः		प्रा.गु.		३८				
७५२	तर्कसंग्रह दीपिका टीका	श्रेष्ठ	अन्नंभट्टोपाध्याय	सं.		११				
७५३	महावीरस्वामिचरित्रस्तोत्र बालावबोधसह	श्रेष्ठ	जिनवल्लभगणि -मू.	प्रा.गु.		१६	७५३... ७६७		मू.गा.४४	
७५४/१	षष्टिशतप्रकरण	श्रेष्ठ	नेमिचंद्र भंडारी	प्रा.		१-९	७५३... ७६७		गा.१६१	
७५४/२	चैत्यवंदनाकुलक	श्रेष्ठ		प्रा.		९-१२	७५३... ७६७		गा.३५	
७५५	वीतरागस्तव	श्रेष्ठ	हेमचंद्रसूरि	सं.		११	७५३... ७६७	२७२		
७५६	नवतत्त्वप्रकरण सस्तबक	श्रेष्ठ		प्रा.गु.	१७०९	५			मू.गा.४७	

ग्रंथांक	ग्रंथनुं नाम	स्थिति	कर्ता	भाषा	संवत्	पत्र संख्या	झेरोक्ष	सी.डी.	ग्रंथाग्र	विशेष नोंध
७५७	चतुःशरणप्रकीर्णक सस्तबक	मध्यम	वीरभद्रगणि -मू.	प्रा.गु.		९			मू.गा.६३	
७५८	आराधना अपूर्ण	मध्यम		गुज.		२-९				
७५९	रसिकप्रिया	श्रेष्ठ	केशवदास	सं.		३२				
७६०	रामविनोद वैद्यक अपूर्ण	जीर्ण		हिंदी		७५				
७६१/१	गणधरनमस्कार			गुज.		१			कडी ११	
७६१/२	एकादशगणधरस्तुति			सं.		१-२			का.१३	
७६१/३	एकादशगणधर एकादश भास	श्रेष्ठ	दानशेखर	गुज.		२-४			ग्रं.११५	
७६२	ज्ञानसुखडी	श्रेष्ठ	धर्मचन्द्र वेगडगच्छीय	गुज.	१७६७-१७८४	२०				
७६३	दशवैकालिकसूत्र	जीर्णप्राय	शय्यंभवसूरि	प्रा.		९			ग्रं.७००	
७६४	नेमिनाथस्तवन	श्रेष्ठ	धनचन्द्र	गुज.		२			गा.३५	
७६५	गौतमपृच्छा बालावबोधसह अपूर्ण	श्रेष्ठ		प्रा.गु.		५				प्रति पाणीमां भींजाएली छे
७६६◆	भक्तामरस्तोत्र बालावबोध अपूर्ण	श्रेष्ठ		गुज.		५				
७६७	नवकारबालावबोध	जीर्णप्राय		गुज.		७	७५३ ... ७६७			
७६८	लिंगानुशासन सावचूरि	श्रेष्ठ	हेमचन्द्रसूरि -मू.	सं.		१२				
७६९	जीवविचारप्रकरण सस्तबक अपूर्ण	मध्यम		प्रा.गु.		३				
७७०	दोढसो कल्याणकनुं गणणुं	जीर्णप्राय		सं.		२				
७७१	चैत्रीपूर्णिमाचैत्यवंदन अपूर्ण	श्रेष्ठ		गुज.		२				
७७२	अध्यात्मकल्पद्रुमवृत्ति	मध्यम	रत्नचंद्रगणि -वृ.		१६७४	३५			ग्रं.२४६०	वृत्तिनुं नाम अध्यात्मकल्पलत्ता छे
७७३	चतुःशरणप्रकीर्णक बालावबोधसह	श्रेष्ठ	वीरभद्रगणि -मू., जयचंद्रसूरि -बा.	प्रा.गु.	१५१८	६				
७७४	विनयचटकुमाररास त्रूटक अपूर्ण	मध्यम		गुज.		२-९				
७७५	व्रतविचार त्रूटक अपूर्ण	जीर्णप्राय		गुज.		१२				
७७६	कल्याणमंदिरस्तोत्र सावचूरि	जीर्णप्राय		सं.गु.		७				प्रति पाणीमां भींजाएली छे
७७७	पिंडविशुद्धिप्रकरणअवचूरि किंचिदपूर्ण	श्रेष्ठ		सं.		५				
७७८	कातंत्रद्व्याश्रयकाव्यअवचूरि	श्रेष्ठ		सं.		१६	७७८			
७७९	सिद्धांतसारोद्धार टिप्पनकसह	जीर्ण	कमलसंयमोपाध्याय	प्रा.गु.		२१				
७८०	प्रतिक्रमणसूत्र सस्तबक	श्रेष्ठ		प्रा.सं.गु	१७०८	३६				
७८१	गजसुकुमालरास	श्रेष्ठ	जिनराजसूरि	गुज.	१६९२	१८			गा.५५७	

ग्रंथांक	ग्रंथनुं नाम	स्थिति	कर्ता	भाषा	संवत्	पत्र संख्या	झेरोक्ष	सी.डी.	ग्रंथाग्र	विशेष नोंध
७८२	वंदारुवृत्ति-श्रावकप्रतिक्रमणसूत्रवृत्ति	जीर्णप्रायः	देवेन्द्रसूरि	सं.	१४७३	३-७९			ग्रं.२७००	
७८३	पुरंदरचतुष्पदी	मध्यम	मालदेव	गुज.		१०			गा.३०१	
७८४	जीवविचारप्रकरण सस्तबक अपूर्ण	जीर्णप्रायः		प्रा.गु.		५				
७८५	द्वादशव्रतविचार	जीर्ण		सं.		१६				
७८६	ओघनिर्युक्ति	श्रेष्ठ	भद्रबाहुस्वामि	प्रा.		२३			गा.११६४	
७८७	दर्शनसप्ततिकाप्रकरण	मध्यम		प्रा.		५			गा.७०	
७८८	ब्रह्मतुल्यज्योतिष	श्रेष्ठ		सं.		६				
७८९	द्रव्यसंग्रह	श्रेष्ठ	नेमिचंद्र भंडारी	प्रा.		५			गा.५९	
७९०	अनुत्तरौपपातिकदशांगसूत्र	श्रेष्ठ		प्रा.		५				
७९१	स्थविरावली	मध्यम		प्रा.		१२			गा.५०	
७९२	कुमारसंभवमहाकाव्य अवचूरि त्रू.अ.	मध्यम				२२				
७९३	कल्पसूत्रबालावबोध अपूर्ण	जीर्णप्रायः		गुज.		४०				
७९४	कल्पसूत्रबालावबोध	श्रेष्ठ		गुज		६४				
७९५	स्थानांगसूत्रचतुर्थस्थान सस्तबक अपूर्ण	श्रेष्ठ		प्रा.गु.		२०				
७९६	रत्नाकरावतारिका अपूर्ण	श्रेष्ठ	रत्नप्रभाचार्य	सं.		८६				प्रति चोंटेली छे
७९७	भक्तामरस्तोत्र	जीर्ण	मानतुंगसूरि	सं.		४			का.४४	
७९८/१	एकविंशतिस्थानप्रकरण		सिद्धसेनसूरि	प्रा.		१-८			गा.६६	
७९८/२	विचारषट्त्रिंशिकाप्रकरण सावचूरि पंचपाठ		गजसारमुनि स्वोपज्ञ	प्रा.सं.		८-१२				
७९८/३	प्रश्नोत्तररत्नमलिका अपूर्ण	श्रेष्ठ	विमलाचार्य	सं.		१२-१४				
७९९	धर्मरत्नप्रकरण बृहद्वृत्तिसह त्रू.अ.	श्रेष्ठ	शांतिसूरि -मू., देवेन्द्रसूरि -वृ.	प्रा.सं.		६५-२३५				७९-१६०, १७६-१८४, १९२, १९३, १९७-२०३ नथी
८००	सप्ततिशतस्थानप्रकरण सस्तबक अपूर्ण	श्रेष्ठ		प्रा.गु.		४१				१४ थी २२ नथी
८०१	गाथाकोश	जीर्णप्रायः		प्रा.		१			गा.४०	
८०२	श्रीचंद्रीयसंग्रहणीप्रकरण	जीर्ण	श्रीचंद्रसूरि	प्रा	१७२३	१३			गा.३१४	
८०३	भक्तामरस्तोत्र	श्रेष्ठ	मानतुंगसूरि	सं.		४			का.४४	
८०४	भक्तामरस्तोत्र	मध्यम	मानतुंगसूरि	सं.		४			का.४४	
८०५	भक्तामरस्तोत्र सार्थ	जीर्णप्रायः	मानतुंगसूरि -मू.	सं.		२१				प्रति पाणीमां भींजाएली छे

ग्रंथांक	ग्रंथनुं नाम	स्थिति	कर्ता	भाषा	संवत्	पत्र संख्या	झेरोक्ष	सी.डी.	ग्रंथाग्र	विशेष नोंध
८०६	सूर्यसहस्त्रनामस्तोत्र-स्कंदपुराणगत	जीर्णप्राय		सं.	१६९८	८	८०६		१३०	
८०७	दशआश्चर्य अपूर्ण	श्रेष्ठ				६				
८०८/१	द्वादशभावनासज्झायदेव	श्रेष्ठ	जयसोम	गुज.	१६७६	१-३	८०८... ८१७	२७२	गा.७३	
८०८/२	मेघकुमार चोढालीयुं	श्रेष्ठ	कनककवि	गुज.		३-४	८०८... ८१७	२७२	गा.४७	
८०८/३	अनाथीसंधि	श्रेष्ठ	विमलविनय	गुज.	१६४७	४-६	८०८... ८१७	२७२	गा.७१	
८०८/४	सुबाहुसंधि	श्रेष्ठ	पुण्यसागरोपाध्याय	गुज.	१६७४	६-९	८०८... ८१७	२७२	गा.९४	
८०८/५	पार्श्वनाथस्तोत्र	श्रेष्ठ	शिवलक्ष्मी	सं.		९ मु	८०८... ८१७	२७२	का.१३	
८०८/६	चंद्रप्रभजिनस्तोत्र षडभाषामय	श्रेष्ठ		सं.		९-१०	८०८... ८१७	२७२	का.१३	
८०८/७	वैराग्यस्तोत्र + रत्नाकरपचीसी	श्रेष्ठ	रत्नाकरसूरि	सं.		१०मु	८०८... ८१७	२७२	का.२५	
८०८/८	चतुर्विंशतिजिनस्तवन	श्रेष्ठ	जिनप्रभसूरि	सं.		१०-११	८०८... ८१७	२७२		
८०९/१	वीसविहरमानजिनगीत		जिनसागरसूरि	गुज.		५	८०८... ८१७	२७२		
८०९/२	षड्बांधवमुनिसज्झाय	मध्यम	प्रेममुनि	गुज.		५मुं				
८१०	आराधनाचउपई	श्रेष्ठ	हरिकलशमुनि	गुज		५			गा.८३	
८११	गौतमपृच्छाचउपई	जीर्णप्राय	नयरंग	गुज	१६७३	२				
८१२	ऋषभदेवविवाहलो	श्रेष्ठ		गुज		१३	८०८... ८१७		गा.२४५	
८१३	विद्याविलासपवाडो	जीर्णप्राय	हीरानंदसूरि	गुज	१४८५	१०			गा.१७३	
८१४	चतुर्गतिवेलि	मध्यम		गुज.		१०			गा.१३५	
८१५	छोतीकुलक	श्रेष्ठ	पाती	गुज		५			गा.८५	
८१६	रूपकमाला वृत्तिसह	जीर्णप्राय	पुण्यनंदि -मू., रत्नरंगोपाध्याय -वृ.	गु.सं.	१५८२	१७	८०८... ८१७			पत्र १३ तथा १६ मुं नथी
८१७/१	नंदीश्वरस्तवन	श्रेष्ठ		अप.	र. १५२१	४ थु	८०८... ८१७		गा.११	
८१७/२	सीमंधरस्तवन	श्रेष्ठ		अप.	र. १५२१	४-६	८०८... ८१७		गा.२१	
८१७/३	चोवीसजिनस्तवन	श्रेष्ठ		अप.	र. १५२१	६-७	८०८... ८१७		गा.१७	
८१७/४	चतुर्विंशतिजिनस्तवन	श्रेष्ठ		अप.	र. १५२१	७-९	८०८... ८१७		गा.२४	
८१७/५	आदिनाथस्तवन	श्रेष्ठ		अप.	र. १५२१	९-१०	८०८... ८१७		गा.२१	
८१७/६	अष्टापदस्तवन	श्रेष्ठ	समरो	अप.	र. १५२१	१०-११	८०८... ८१७		गा.२२	
८१७/७	सीमंधरजिनस्तुति	श्रेष्ठ		प्रा.	र. १५२१	११-१२	८०८... ८१७		का.४	
८१७/८	पंचतीर्थीस्तुति	श्रेष्ठ		सं.	र. १५२१	१२मु	८०८... ८१७		का.४	

ग्रंथांक	ग्रंथनुं नाम	स्थिति	कर्ता	भाषा	संवत्	पत्र संख्या	झेरोक्ष	सी.डी.	ग्रंथाग्र	विशेष नोंध
८१७/९	चतुर्विंशतिजिनस्तुति	श्रेष्ठ		सं.	र. १५२१	१२मु	८०८... ८१७		का.४	
८१७/१०	महावीरस्तवन	श्रेष्ठ	लखमण	अप	,	१६-२१	८०८... ८१७		गा.४-९१	पत्र १३-१५ नथी
८१८	श्रीपालचरित्रबालावबोध	मध्यम		गुज.		५				
८१९	नंदबत्रीसीचोपाई	श्रेष्ठ	ज्ञानशील	गुज.	१५६०	२-८			गा.१५७	
८२०	पुरंदरचोपाई	श्रेष्ठ	मालदेव	गुज.		९				
८२१/१	गौतमपृच्छाचउपई		नयरंग	गुज.		१-४			गा.४५	
८२१/२	द्वादशभावनासंधि	श्रेष्ठ	जयसोम	गुज.	र.१६४६,ले.१६९५	४-८			गा.७२	
८२२	नवतत्त्वविचार	श्रेष्ठ		गुज.		७				
८२३	कमलावतीचरित्रचोपाई	मध्यम	विजयभद्र	गुज.		४				
८२४	एकाक्षरीनाममाला	श्रेष्ठ	अमरचंद्र	सं.		१			ग्रं.२०	
८२५	सुकोशलऋषिसज्झाय	श्रेष्ठ	विद्याचारित्र	गुज.		२			गा.४९	
८२६	वाग्भटालंकार	जीर्णप्रायः	वाग्भट	सं.		६	८२६... ८३०			
८२७	चतुर्मुखश्रीधरणविहारश्रीआदिनाथस्तवन	जीर्णप्रायः	मेघो	गुज.	र. १४९९-१५४७	३	८२६... ८३०		गा.४८	
८२८	नमस्कारबालावबोध	मध्यम		गुज.		६				
८२९	आदिजिनस्तवन	श्रेष्ठ	विजयतिलक	गुज.		२			गा.२१	
८३०	भोज्यनामगर्भित जिनस्तुति	श्रेष्ठ	साधुराजगणि	सं.		१	८२६... ८३०		का.१२	
८३१	उत्तराध्ययनसूत्रछत्रीसभास	श्रेष्ठ	राजशीलोपाध्याय	गुज.	१६१२	४				
८३२	शांतिनाथस्तवन	श्रेष्ठ	प्रेमविजय	गुज.		२			गा.१७	
८३३	नंदीसूत्रगत द्वादशांगीआलापक	श्रेष्ठ	देववाचक	प्रा		१३				
८३४	रघुवंशमहाकाव्यअवचूरि	श्रेष्ठ		सं.		१७				
८३५	सीमंधरस्वामीरूपवर्णनस्तवन सस्तबक	श्रेष्ठ		गुज.		२			गा.१३	
८३६	आलोचनाविचार-योगविध्यन्तर्गत	मध्यम		गुज.		१५-२१				
८३७	सम्यक्त्वकौमुदी	अतिजीर्ण		गुज.	१७०३	१८	८३७,८३९,८४१	२७२	१३००	
८३८	शत्रुंजयउद्धार	श्रेष्ठ	नयसुंदर	गुज.	१६३८	४			गा.१२४	
८३९	देलवाडामंडनआदिजिनस्तवन सावचूरि पंचपाठ	जीर्ण	लक्ष्मीसागर -मू.	अप.सं.		२	८३७,८३९,८४१	२७२	मू.कडी२२	
८४०	जिनपालजिनरक्षितस्वाध्याय	मध्यम	आनंदप्रमोद	गुज.		३			गा.६९	
८४१	औक्तिक	मध्यम		सं.गु.	१७०२	८	८३७,८३९,८४१			

ग्रंथांक	ग्रंथनुं नाम	स्थिति	कर्ता	भाषा	संवत्	पत्र संख्या	झेरोक्ष	सी.डी.	ग्रंथाग्र	विशेष नोंध
८४२	चतुःशरणप्रकीर्णक बालावबोधसह	श्रेष्ठ		प्रा.गु		१७				
८४३	चंद्रलेखाचरित्ररास अपूर्ण	जीर्णप्राय		गुज		१५				प्रति उधइए खाधेली छे
८४४	चतुःशरणप्रकीर्णक	मध्यम	वीरभद्रगणि	गुज		३			गा.६३	
८४५	अंतरिक्षपार्श्वनाथस्तवन	मध्यम	सुमतिहंस	गुज		२	८४५	२७२	गा.३२	
८४६	रसमंजरी-अलंकारग्रंथ	श्रेष्ठ	भानुकर भट्ट	सं		१९	८४६ + ८५०	२७२		
८४७	चारित्रमनोरथमाला	श्रेष्ठ	खेमराजमुनि	गुज		३			गा.५३	
८४८◆	साधुवंदना	श्रेष्ठ	कुंवरजी	गुज		८				
८४९	सुदर्शनश्रेष्ठिरास	श्रेष्ठ	मुनिसुंदरसूरिशिष्य	गुज	१५७१	१०			गा.२६४	
८५०	कालिकाचार्यकथा	श्रेष्ठ		प्रा	१६५९	७	८४६ + ८५०		गा.५६	
८५१	एकाक्षरीनाममाला	श्रेष्ठ		सं	१७४९	१			ग्रं.३६	
८५२	जिनचंद्रसूरिगीतादि गुरुगीत	मध्यम		गुज		२				
८५३	विदग्धमुखमंडन	श्रेष्ठ	धर्मदास	सं		१६	८५३	२७२		
८५४	जयतिहुयणस्तोत्र सार्थ	मध्यम		अप.गु		५	८५४			
८५५	शांतिनाथचरित्र पद्य टिप्पणीसह	मध्यम	अजितप्रभसूरि	सं	१६९२	११२	८५५	२७२	४९११	
८५६	गुरुगुणषटत्रिंशिका सटीक	श्रेष्ठ		प्रा. सं	१६०२	२५	८५६	२७२		
८५७	संयममंजरीप्रकरण	श्रेष्ठ	महेश्वरसूरि	प्रा		२			गा.३५	
८५८/१	शीलरास		पार्श्वचंद्रीय विजयदेवसूरि	गुज		१-६			कडी ७८	
८५८/२	नेमिरास अपूर्ण			गुज		६-७				
८५८/३	द्वादशभावना	मध्यम	जयसोम		१६७६	११-१२			गा.७३	
८५९	इंद्रियपराजयशतक सस्तबक	श्रेष्ठ		प्रा.गु		१०				
८६०	चंदनबालाचउपई	श्रेष्ठ	देपालकवि	गुज		५			गा.१७६	
८६१	ध्यानस्वरूप	जीर्णप्राय		गुज		१	८६१			
८६२	रघुवंशमहाकाव्य सटीक त्रिपाठ	जीर्ण	कालिदास -मू., धर्ममेरु -टी.	सं		१७६	८६२	२७२	टी.८०००, कु.१००००	प्रतिना केटलाक पाना नथी, तथा चोंटी गयेला छे तथा टुकडा थयेल छे.
८६३	समाधितंत्रबालावबोध	श्रेष्ठ	पर्वत धर्मार्थी	गुज	१७७९	१५४				
८६४	न्यायप्रवेशवृत्ति टिप्पणीसह पंचपाठ	जीर्ण	हरिभद्रसूरि -वृ.	सं		५		२३९		
८६५	पिंडविशुद्धिप्रकरण सस्तबक	जीर्ण	जिनवल्लबगणि -मू.	प्रा. गु	१५९६	७	८६५		गा.१०३	
८६६/१	चतुर्विंशतिजिनवर्णलांछनादि अष्टक	श्रेष्ठ		अप		२	८६६ + ८६८		कडी ८	

ग्रंथांक	ग्रंथनुं नाम	स्थिति	कर्ता	भाषा	संवत्	पत्र संख्या	झेरोक्ष	सी.डी.	ग्रंथाग्र	विशेष नोंध
८६६/२	वर्धमानाष्टक	श्रेष्ठ		सं.		२जुं	८६६ + ८६८		कडी ८	
८६६/३	गुरुपरिवाडी	श्रेष्ठ		अप.		२-३	८६६ + ८६८		कडी ८	
८६७	नवतत्त्वप्रकरण सस्तबक			प्रा.गु.		७			गा.४६	
८६८	द्वारिकामाहात्म्य अपूर्ण	मध्यम		सं.		११	८६६ + ८६८			
८६९	भोजचरित्र पद्य	मध्यम	राजवल्लभोपाध्याय	सं.	१६३४	८-३६	८६९	२७२		
८७०/१	आगमोद्धारगाथा			प्रा.		११२-११४			गा.७१	
८७०/२	षटस्थानकप्रकरण अपूर्ण	जीर्ण		प्रा.		११४-१२०				
८७१	पुष्पमालाप्रकरण	मध्यम	मलधारी हेमचन्द्रसूरि	प्रा.	१५९६	३५	८७१	२७२	गा.५०६	
८७२	कल्याणमंदिरस्तोत्र वृत्तिसह	श्रेष्ठ	सिद्धसेनाचार्य -मू.	सं.	१८५१	१२	८७२,.. ८७८			
८७३/१	चतुःशरणप्रकीर्णक		वीरभद्रगणि	प्रा.		४-५			गा.६३	
८७३/२	नवतत्त्वप्रकरण			प्रा.		५-९			गा.४७	
८७३/३	जीवविचारप्रकरण		शांतिसूरि	प्रा.		९-१३			गा.५१	
८७३/४	शीलोपदेशमालाप्रकरण		जयकीर्त्तिसूरि	प्रा.		१३-२१			गा.११५	
८७३/५	स्थविरावली	श्रेष्ठ	देववाचक	प्रा.		२१-२४			गा.५०	
८७४	भक्तामरस्तोत्र वृत्तिसह त्रिपाठ	मध्यम	मानतुंगसूरि -मू., अमरप्रभसूरि -वृ.	सं.	१८५१	१३	८७२... ८७८		४०१	
८७५	कल्पसूत्र सस्तबक त्रू.अ.	श्रेष्ठ		प्रा.गु.		५-९२				
८७६	दशवैकालिकसूत्र अपूर्ण	मध्यम	शय्यंभवसूरि	प्रा.		५				
८७७	जीवविचारप्रकरण	मध्यम	शांतिसूरि	प्रा.		२			गा.५१	
८७८	अनुत्तरौपपातिकदशांगसूत्र वृत्तिसह पंचपाठ	श्रेष्ठ	अभयदेवसूरि -वृ.	प्रा.सं.		६	८७२... ८७८			
८७९	कल्पसूत्रवृत्ति त्रू.	मध्यम		सं.		६७-७८				
८८०	अमरदत्तमित्राणंदकथा बालावबोध अपूर्ण	श्रेष्ठ		गुज.		१३-१८				
८८१	चतुःशरणप्रकीर्णक बालावबोधसह	श्रेष्ठ	वीरभद्रगणि -मू.	प्रा.गु.		१०			गा.६३	
८८२	कल्याणमंदिरभाषास्तोत्र	मध्यम	बनारसीदास	हिंदी	१७७९	२				
८८३	सिद्धान्तआलापक	श्रेष्ठ		प्रा.		६				
८८४	मनोवेगवायुवेगचोपाई	श्रेष्ठ	दर्शनविजय	गुज.	र.१७०१-ले.१७५६	४-५६	८८४		१२५२ गा.९०८	

ग्रंथांक	ग्रंथनुं नाम	स्थिति	कर्ता	भाषा	संवत्	पत्र संख्या	झेरोक्ष	सी.डी.	ग्रंथाग्र	विशेष नोंध
८८५	वीरचरित्रस्तोत्र	श्रेष्ठ	जिनवल्लभगणि	प्रा.		३			गा.४५	
८८६	चन्द्रप्रभस्वामिषड्भाषामयस्तोत्र	श्रेष्ठ		षड्.		४	८८६	२७२	गा.१३	
८८७	जीवाभिगमोपांगसूत्र अपूर्ण	श्रेष्ठ		प्रा.		४२				
८८८	तत्त्वार्थसूत्र सस्तबक अपूर्ण	श्रेष्ठ	उमास्वाति वाचक -मू.	सं.गु.		२०				
८८९	तत्त्वार्थसूत्र सस्तबक अपूर्ण	श्रेष्ठ	उमास्वाति वाचक -मू.	प्रा.गु.		१४				
८९०	शत्रुंजयरास	श्रेष्ठ	समयसुंदरोपाध्याय	गुज.	र. १६८२	१४	८९०			प्रति पाणीमां भींजाएली छे
८९१	श्रीचंद्रीयसंग्रहणीप्रकरण	श्रेष्ठ	श्रीचंद्रसूरि -मू.	प्रा.गु.	१८८६	४४-७१				
	सस्तबक यंत्रसह									
८९२	कल्पसूत्र सस्तबक	जीर्णप्राय		प्रा.गु.	१८४९	१३२				
८९३	एकविंशतिस्थानप्रकरण किंचिदपूर्ण	श्रेष्ठ	सिद्धसेनसूरि	प्रा.		३				
८९४	भर्तृहरित्रिशती सुखबोधिनीटीकासह	श्रेष्ठ	भर्तृहरि -मू.,	सं.	र.१८१८-ले.१८७७	५०	८९४... ९१०	२७२	३०००	
			श्रीनाथव्यास -टी.	प्रा.गु.						
८९५	आचारांगसूत्रद्वितीयश्रुतस्कंध									
	बालावबोधसह पंचपाठ अपूर्ण	श्रेष्ठ		प्रा.गु.		३-१११				
८९६	रामचरित्ररास	श्रेष्ठ	केशराज मुनि	गुज.	र.१६८३-ले.१११५	९७			ग्रं.४५००	
८९७	सूत्रकृतांगसूत्र प्रथमश्रुतस्कंध सस्तबक	श्रेष्ठ		प्रा.गु.		६५				
८९८	सूत्रकृतांगसूत्र प्रथमस्कंध सस्तबक	श्रेष्ठ		प्रा.गु.	११४८	१०५				
८९९	सुभाषितसंग्रह	जीर्ण		सं.प्रा.गु.		४-१७				
९००	अनुत्तरौपपातिकसूत्र वृत्ति	श्रेष्ठ	अभयदेवसूरि -वृ.	सं.		३	८९४... ९१०			
९०१	लघुस्तव टीका सह	मध्यम	सोमतिलकसूरि -वृ.	सं.		२-१६	८९४... ९१०	२७२	४७४	
९०२	दंडकप्रकरण तथा नवतत्त्वप्रकरण	श्रेष्ठ		प्रा		१५				
९०३/१	सामायिकदोषनिवारणबत्रीसी		प्रमोदमाणिक्य	गुज.		२			गा.३२	
९०३/२	पौषधविधिस्वाध्याय अपूर्ण	मध्यम		गुज.		२-४				
९०४	कुमतिउत्थापनचर्चा	श्रेष्ठ		हिन्दी		१४	८९४... ९१०			
९०५	लघुक्षेत्रसमासप्रकरण सस्तबक									
	यंत्र स्थापना सह	अतिजीर्ण	रत्नशेखरसूरि -मू.	प्रा.गु.	१७४२	३२			मू.गा.२६२	
९०६	जीवविचारप्रकरण	श्रेष्ठ	शांतिसूरि	प्रा.	१९०९	८			गा.५१	
९०७	कल्पसूत्र अष्टभक्षण-वाचना	मध्यम		गुज.		१७				

ग्रंथांक	ग्रंथनुं नाम	स्थिति	कर्ता	भाषा	संवत्	पत्र संख्या	झेरोक्ष	सी.डी.	ग्रंथाग्र	विशेष नोंध
९०८	वीसस्थानकपूजा	मध्यम	जिनहर्षसूरि	गुज.	र.१८७१-ले.१८९५	१३	९९४... ९१०			
९०९	नमिराजर्षिचोपाई	श्रेष्ठ	समयसुंदर	गुज.	१७००	७			४७५	
									गा.३१९	
९१०	उपदेशमालाप्रकरण अवचूरि किंचिदपूर्ण	जीर्णप्रायः		सं.		१३	९९४... ९१०			
९११/१	सर्वज्ञस्तोत्र अवचूरि पंचपाठ	श्रेष्ठ	सोमतिलकसूरि -मू.	सं.		१	९११ (१,२)	२७२		
९११/२	पार्श्वनाथस्तोत्र महायमकमय		पद्मप्रभदेव -मू.							
	सावचूरि पंचपाठ	श्रेष्ठ	दिगंबर	सं.		१-२	९११ (१,२)	२७२		
९१२	उत्तमचरित्रकथानक गद्य	श्रेष्ठ		सं.	१७०१	१४				
९१३	नंदीसूत्र	मध्यम	देववाचक	प्रा.		१९			ग्रं.७००	
९१४	शारीरनिबंधसंग्रह-वैद्यक	श्रेष्ठ		सं.		३३				
९१५	सिद्धान्तचंद्रिका पूर्वार्द्ध	श्रेष्ठ	रामाश्रमाचार्य	सं.		२३-३७				
९१६	सप्ततिकाकर्मग्रंथभंगक	श्रेष्ठ		गुज.		२-८				
९१७	नंदीषेणचोपाई किंचिदपूर्ण	श्रेष्ठ	ज्ञानसागर	गुज		७				
९१८	पंचमषष्ठकर्मग्रंथ बालावबोध	श्रेष्ठ		गुज		५०-९३				
९१९	पाक्षिकसूत्र	जीर्णप्रायः		प्रा		५			ग्रं.३००	
९२०	देववंदनादिभाष्यत्रय बालावबोधसह									
	पंचपाठ किंचिदपूर्ण	श्रेष्ठ	देवेन्द्रसूरि -मू.	प्रा.गु.		१२				
९२१	संस्कृतमंजरी	जीर्णप्रायः		सं.		२-४	९२१			
९२२	कर्पूरप्रकर सावचूरि पंचपाठ अपूर्ण	जीर्ण	हरिकवि -मू.	सं.		५	९२२			
९२३	जिनयक्षयक्षणीवर्णादि									
	निर्वाणकलिकांतर्गत	मध्यम		सं.	१५०४	२				
९२४	नंदीसूत्रवृत्तिगत योग्यायोग्यपर्षदाविचार	श्रेष्ठ		सं.		२-८				
९२५	लघुस्तव वृत्तिसह	मध्यम	सोमतिलकसूरि -टी.	सं.	र.१३९७	८	९२५	२७२	४७४	
९२६	चित्रबद्धजिनस्तुति	मध्यम	जिनचन्द्रसूरि	सं.		१	९२६	२७२	५	प्रत एक बाजुथी खवाएल छे
९२७/१	भावारिवारणस्तोत्र बालावबोधसह		जिनवल्लभगणि -मू.	प्रा.गु.		६			मू.का.३०	
९२७/२	विद्वद्गोष्ठी	श्रेष्ठ		सं.		६ठुं			का.२१	
९२८	काव्यप्रकाश	श्रेष्ठ	मम्मट अने अलक	सं.	१७११	७	९२८	२७२		
९२९	रघुवंशमहाकाव्य	श्रेष्ठ	महाकवि कालिदास	सं.		१२-१८				
९३०	मुनिपतिचरित्र अपूर्ण	जीर्णप्रायः		प्रा.		१९				

ग्रंथांक	ग्रंथनुं नाम	स्थिति	कर्ता	भाषा	संवत्	पत्र संख्या	झेरोक्ष	सी.डी.	ग्रंथाग्र	विशेष नोंध
९३१	बुद्धिरास	जीर्णप्राय	शालिभद्रसूरि	गुज.		२			गा.८४	
९३२	चतुर्विंशतिजिनचरित्रस्तोत्र	श्रेष्ठ		सं.		२-१५	९३२			
९३३	कथासंग्रह	श्रेष्ठ		सं.		६-९				
९३४	सप्ततिशतस्थानप्रकरण	श्रेष्ठ		प्रा.		४				
९३५	कर्पूरप्रकर	श्रेष्ठ	हरिकवि	सं.		११			का.१७५	
९३६	उपदेशमालाप्रकरण	जीर्णप्राय	धर्मदासगणि	प्रा.		१२			गा.५४४	
९३७	शीलरास त्रु.अ.	श्रेष्ठ		गुज.		२-६				
९३८	शीलोपदेशमालाबालावबोध	श्रेष्ठ		गुज.		५९-७७				प्रति पाणीमां भींजाएली छे
९३९	वीसलरास	मध्यम		गुज.		११			गा.२०२	प्रति पाणीमां भींजाएली छे.
९४०	प्रश्नोत्तर चार्चिक	श्रेष्ठ		सं.		१४				
९४१	मल्लिज्ञाताध्ययनगत आलापक	श्रेष्ठ		प्रा		५				प्रति पाणीमां भींजाएली छे
९४२	अंतकृद्दशांगसूत्र	श्रेष्ठ		प्रा.		२३			ग्रं.७९०	
९४३	बोलसंग्रह	श्रेष्ठ		गुज.		१४				प्रति पाणीमां भींजाएली छे
९४४	पंचवर्गपरिहारनाममाला-अपवर्गनाममाला	श्रेष्ठ	जिनभद्रसूरि	सं.	१५२५	६	९४४	२७२	३६०	
९४५◆	औपपातिकसूत्र	श्रेष्ठ		गुज.		१५				
९४६	द्वादशव्रतस्वरूप आदि	श्रेष्ठ		गुज.		४-२९				
९४७	ज्योतिष्करंडकवृत्तिगत सप्तदश प्राभृत वृत्ति सह	मध्यम	मलयगिरिसूरि	प्रा.सं.		३				
९४८	चंद्रप्रभस्वामिस्तोत्र षड्भाषामय सटीक	जीर्णप्राय		षड्		४	९४८	२७२		
९४९	कालिकाचार्यकथाबालावबोध	जीर्णप्राय		गुज.		९				
९५०	दशवैकालिकसूत्र	श्रेष्ठ	शय्यंभवसूरि	प्रा.	१६११	२४			ग्रं.७००	
९५१/१	नवतत्त्वप्रकरण सस्तबक		विमलकीर्तिगणि वाचनाचार्य	प्रा.गु.		१-९			गा.५१	
९५१/२	जीवविचारप्रकरण सस्तबक	मध्यम	विमलकीर्तिगणि वाचनाचार्य	प्रा.गु.		९-१६			गा.५१	
९५२	सम्यक्त्वपंचविंशतिका-सम्यक्त्वस्वरूपस्तवन सटीक पंचपाठ	जीर्ण		प्रा.सं.		२				

ग्रंथांक	ग्रंथनुं नाम	स्थिति	कर्ता	भाषा	संवत्	पत्र संख्या	झेरोक्ष	सी.डी.	ग्रंथाग्र	विशेष नोंध
९५३	चतुःशरणप्रकीर्णक सस्तबक त्रिपाठ	श्रेष्ठ		प्रा.गु.		५				
९५४	हैमधातुपाठ	मध्यम	हेमचंद्राचार्य	सं.		९	९५४ + ९५५			
९५५	श्रीपालचरित्र प्राकृत गाथाबद्ध	मध्यम	रत्नशेखरसूरि	प्रा.		२६	९५४ + ९५५		१७००	पत्र १, ४ थी १३ नथी
९५६	कालिकाचार्यकथा	मध्यम		प्रा.		३			गा.१०२	
९५७	शांतिनाथविवाहलो	मध्यम		गुज.		१६	९५७ + ९६३			पत्र ४,५,१३,१५ नथी.
९५८	नेमिनाथशीलरास	जीर्णप्रायः		गुज.		७			गा.७१	प्रति चोंटी गएली छे
९५९	कल्पसूत्रबालावबोध त्रू.अ.	श्रेष्ठ		गुज.		७६-८५				
९६०	उत्तराध्ययनसूत्रवृत्ति त्रू.अ.	जीर्णप्रायः	कमलसंयमोपाध्याय -वृ.	सं.		२९९-३०८				
९६१	कल्पसूत्र-बारसा त्रू.अ.	मध्यम		प्रा.		२-२३				
९६२	कल्पसूत्र सामाचारी बालावबोध अपूर्ण	जीर्णप्रायः		गुज.		२-१३				
९६३	मात्रापताका	मध्यम		सं.		३	९५७ + ९६३			
९६४	चैत्यवंदनावंदनकप्रत्यारख्यानश्रावक-प्रतिक्रमणसूत्रवृत्ति	श्रेष्ठ	श्रीचंद्रसूरि -वृ.	सं.	१२३२	८६				
९६५	न्यायकंदलीटिप्पनक	श्रेष्ठ	नरचंद्रसूरि	सं.		६२	९६५	२७२		
९६६	श्रीपालरास	मध्यम	विनजविजय तथा यशोविजयोपाध्याय	गुज.	१७३८-१८७८	७५				
९६७	सर्वसिद्धांतविषमपदपर्याय	श्रेष्ठ		सं.	११८४	४८	९६७ + ९६८			
९६८	जीतकल्पसूत्र वृत्तिसह	श्रेष्ठ	तिलकाचार्य -वृ., मू.क. जिनभद्रगणि क्षमाश्रमण	प्रा. सं	११८४	४६	९६७ + ९६८			
९६९	श्रावकाचार कुलक आगमपाठसह	मध्यम	क्षेमकुशल	गुज.		२-४	९६९		गा.८०	
९७०/१	आतुरप्रत्यारख्यानप्रकीर्णक		वीरभद्रगणि	प्रा.		१-४			गा.५९	
९७०/२	आराधना	जीर्णप्रायः		प्रा.		४-५				
९७१	द्रव्यसंग्रह बालावबोधसह	श्रेष्ठ	नेमिचंद्र भंडारी -मू.	प्रा.गु.		१५				
९७२	वैद्यकविषयक प्रकीर्णक पानांओ	मध्यम		सं.गु.						
९७३	वीतरागस्तोत्र	श्रेष्ठ	हेमचंद्रसूरि	सं.		६	९७३			
९७४	हितोपदेशप्रकरण	श्रेष्ठ	प्रभानन्दसूरि	प्रा.	११८४	२७	९७४		गा.५२५	
९७५	बृहत्संग्रहणीप्रकरण	श्रेष्ठ	जिनभद्रगणि क्षमाश्रमण	प्रा.	११८४	१३			गा.५२४	
९७६	श्रावकधर्मप्रकरण	श्रेष्ठ	जिनेश्वरसूरि	सं.	१३१३	६	९७६		गा.२४५	

ग्रंथांक	ग्रंथनुं नाम	स्थिति	कर्ता	भाषा	संवत्	पत्र संख्या	झेरोक्ष	सी.डी.	ग्रंथाग्र	विशेष नोंध
९७७	पंचवस्तुकप्रकरण	श्रेष्ठ	हरिभद्रसूरि	प्रा.	१९८४	४७	९७७			
९७८	लघुक्षेत्रसमासप्रकरण टिप्पणीयंत्रसह	श्रेष्ठ	रत्नशेखरसूरि	प्रा.सं.	१८६९	४१			मू.गा.२६३	
९७९	दीवालीस्तवन	मध्यम	गुणहर्ष	गुज.	१९०२	१३			गा.१२२	
९८०	कल्पसूत्रवृत्ति त्रू.	जीर्ण		सं.		३०-६०				
९८१	गौतमस्वामिरास	श्रेष्ठ	विजयभद्र	गुज.	१४१२	६			गा.५२	प्रति पाणीमां भींजाएली छे
९८२	विचारपंचाशिका सावचूरि	श्रेष्ठ	विजयविमलगणि -अ. अपरनाम वानर्षिगणि स्वोपज्ञ	प्रा.सं.	१९०१	५	९८२... ९९७		२५०	
९८३	अनुत्तरौपपातिकदशांगसूत्र सस्तबक	श्रेष्ठ		प्रा.गु.	१९२४	१५			ग्रं.११००	
९८४	खंडाजोयणबोल	मध्यम		गुज.		५				
९८५	निशीथसूत्रवचनिका	श्रेष्ठ		गुज.	१९०८	२६				
९८६	राजनीतिवर्णनकवित	श्रेष्ठ	देवीदास	हिंदी	१९११	२०				
९८७	दीपालिकाकल्प	जीर्णप्राय	जिनसुंदरसूरि	सं.	र.१४८३-ले.१७४०	४-११	९८७ + ९८८	२७२		
९८८	आनंदसंधि	जीर्णप्राय	श्रीसारमुनि	गुज.	र.१६८१-ले.१७३१	९	९८७ + ९८८		गा.२४८	
९८९	जयतिहुअणस्तोत्र सटीक		अभयदेवसूरि -मू.	अप.सं.	१७८१	५	९८२... ९९७		२५०	
९९०	नवतत्त्वप्रकरण सस्तबक	श्रेष्ठ	मानविजयजी -स्त.	प्रा.गु.	१७७३	५०			मू.ग्रं.१२५, ग्रं.११५०	
९९१◆	सिद्धांतचंद्रिका उत्तरार्द्ध	श्रेष्ठ	रामचन्द्राश्रम	सं.	१७७९	४०				
९९२	नियतानियतिविचार	जीर्णप्राय	पार्श्वचन्द्रगणि	सं.		४	९८२... ९९७		१९२	पत्र २जु नथी प्रति चोंटी गएली छे
९९३	अनेकार्थतिलक	जीर्ण	महीप	सं.	१७१५	३८	९८२... ९९७		९०७	
९९४	स्याद्यंतप्रक्रिया	श्रेष्ठ	सर्वधर	सं.	१५२८	५४	९८२... ९९७			
९९५	सूत्रकृतांगसूत्र अपूर्ण	अतिजीर्ण		प्रा.		६३				
९९६	द्वादशभावना	श्रेष्ठ	सकलचंद्रगणि	गुज.	१७७३	५				
९९७	सिंहासनबत्रीसी	श्रेष्ठ		गुज.		४६	९८२... ९९७			
९९८	प्रश्नोत्तरषष्टिशतअवचूरि त्रू.अ.	अतिजीर्ण		सं.		२-५				
९९९	दशवैकालिकसूत्र सस्तबक	अतिजीर्ण		प्रा.गु.		६५				
१०००	सारस्वतव्याकरण	मध्यम	अनुभूत स्वरूपाचार्य	सं.		५४				
१००१	वैद्यकसारोद्धार सटीक अपूर्ण	जीर्णप्राय	हर्षकीर्तिसूरि	सं.		१०५	१००१			

ग्रंथांक	ग्रंथनुं नाम	स्थिति	कर्ता	भाषा	संवत्	पत्र संख्या	झेरोक्ष	सी.डी.	ग्रंथाग्र	विशेष नोंध
१००२	आवश्यकसूत्र	श्रेष्ठ		प्रा.सं.		२५	१००२ + १००३			
१००३	कातंत्रव्याकरण	मध्यम		सं.		२५	१००२ + १००३	२७३		अस्तव्यस्त पानां
१००४	नवतत्त्वविचार पार्श्वनाथस्तोत्र									
	क्षेत्रसमासचतुष्पदीआदि	मध्यम		प्रा.सं.गु.		२४८	१००४			वचमां घणा पानां नथी
१००५	बंधस्वामित्वप्रकरण वृत्तिसह-प्राचीन									
	तृतीय कर्मग्रंथ	जीर्णप्रायः		प्रा.सं.		१३	१००५		६५०	
१००६	पाक्षिकप्रतिक्रमणविधि	मध्यम		प्रा.गु.	१९०८	३				
१००७	समयसारप्रकरण अपूर्ण	मध्यम		प्रा.		५				
१००८	शालिभद्ररास अपूर्ण	श्रेष्ठ		गुज.		८				
१००९	संबोधसप्ततिकाप्रकरण अपूर्ण	जीर्ण		प्रा.		४				
१०१०	आराधनाबालावबोध	जीर्णप्रायः		गुज.		१०				
१०११	दशाश्रुतस्कंध सस्तबक	मध्यम		प्रा.गु.	१८३६	५२			मू.ग्रं.८००	स्त.३०००
१०१२	लुंकाचउपई	मध्यम	लावण्यसमय	गुज.		११	१०१२		गा.१८१	
१०१३	सुरसुंदरीरास	मध्यम	नयसुंदर	गुज.	र.१६४४-ले.१७०७	१७			गा.५०७	
१०१४	जीरणशेठरत्नपालचोपाई	मध्यम	सुमतिकमल	गुज.	र.१६४५-ले.१६४५	१२				
१०१५	ऋषिमंडलप्रकरण	श्रेष्ठ	धर्मघोषसूरि	प्रा.	१७२६	१४	१०१५ + १०१८		गा.२२५	
१०१६	नर्मदासुंदरीरास	श्रेष्ठ	मोहनविजय	गुज.	१८२१	५५				
१०१७	मनोरथमाला	मध्यम	जिनसमुद्र	गुज.	१७०८	१८				
१०१८	उपदेशमालाप्रकरण शब्दार्थसह	श्रेष्ठ	धर्मदासगणि	प्रा.गु.		२४	१०१५ + १०१८		गा.५४३	
१०१९	योगशास्त्रआद्यप्रकाशचतुष्टय	श्रेष्ठ	हेमचन्द्राचार्य	सं.	१५५०	१९				
१०२०	कातंत्रव्याकरणदौर्गसिंहीवृत्ति	जीर्ण	दुर्गसिंह -वृ.	सं.		१-१४२	१०२०	२७३		
१०२१	जीवसिद्धि	श्रेष्ठ		सं.		९	१०२१	२७३		
१०२२	कल्पसूत्रवृत्ति अपूर्ण	श्रेष्ठ		सं.		३१				
१०२३	विष्णुनामसहस्र-महाभारतशतसाहस्री-									
	संहितागत	मध्यम		सं.	१७३९	५			ग्रं.१२५	
१०२४	कल्पसूत्रबालावबोध षष्ठीवाचना	जीर्णप्रायः		गुज.		१५				
१०२५	राजसिंघकुमारचतुष्पदी	श्रेष्ठ	जिनचंद्रसूरि	गुज.	१६८७	१४				
१०२६	एकविंशतिस्थानप्रकरण सस्तबक	श्रेष्ठ	सिद्धसेनसूरि -मू.	प्रा.गु.		६				

ग्रंथांक	ग्रंथनुं नाम	स्थिति	कर्ता	भाषा	संवत्	पत्र संख्या	झेरोक्ष	सी.डी.	ग्रंथाग्र	विशेष नोंध
१०२७	समाधिशतक बालावबोधसह अपूर्ण	श्रेष्ठ	सोमसेनसूरि -मू.	प्रा.स.गु.		१४				
१०२८	भक्तामरस्तोत्र सस्तबक	मध्यम		सं.गु.		५				
१०२९	जीवविचारप्रकरण	साधारण	शांतिसूरि	प्रा	१८३८	११			गा.५१	
१०३०	नंदीसूत्र	श्रेष्ठ	देववाचक	प्रा		२६			ग्रं.७००	
१०३१	आवश्यकसूत्र सस्तबक	मध्यम		प्रा.गु.		२७				
१०३२◆	सिंहासनद्वात्रिंशिका त्रू.अ.	श्रेष्ठ				५२-६२				
१०३३	ढोलामारुवार्ता अपूर्ण	श्रेष्ठ		गुज.		२२				८, १२, १९, २० नथी
१०३४	एकविंशतिस्थानप्रकरणबालावबोध	श्रेष्ठ		गुज.	१७७१९	९				
१०३५	कल्पसूत्रसंक्षिप्तबालावबोध	श्रेष्ठ		गुज.		१४				
१०३६	नेमिनाथबारमासा तथा सवैया	श्रेष्ठ	तिलक गुसाई	हिं.		२-४				बारमासानी आदिनी १० गाथा नथी
१०३७/१	कर्मछत्रीसी			हिं.		१-२			गा.३७	
१०३७/२	अध्यात्मपयडीछत्रीसी		बनारसीदास	हिं.		२-३			गा.३५	
१०३७/३	कवितसंग्रह	मध्यम	ज्ञानरत्न	हिं.		३-५				प्रति पाणीमां भींजाएली छे
१०३८	दिक्पटचोरासीबोलविसंवाद	श्रेष्ठ	जिनसमुद्र	हिं.		५				प्रति पाणीमां भींजाएली छे
१०३९	मृगांकलेखारास	श्रेष्ठ		गुज.		१५			गा.४०८	पत्र ५-१२ नथी
१०४०	उत्तमकुमारचरित्र पद्य	श्रेष्ठ		सं.		३-११			ग्रं.५७५	
१०४१	कालज्ञान	श्रेष्ठ		सं.		१३				
१०४२	कातंत्रव्याकरण पंचसंधि	मध्यम		सं.		१०	१०४२	२७३		
१०४३	बृहत्संग्रहणीप्रकरण सटीक	जीर्ण	जिनभद्रगणि -मू.	प्रा.सं.						प्रति त्रूटक अपूर्ण, चोंटेली अने अस्तव्यस्त छे
१०४४	उत्तराध्ययनसूत्र	मध्यम		प्रा		८०				प्रति पाणीमां भींजाईने खराब थएली छे
१०४५	भावाध्याय अपूर्ण	श्रेष्ठ		सं.		१०				
१०४६	गोरक्षकप्रबोध अपूर्ण	मध्यम		सं.		२-१३	१०४६			पत्र ४, ५ नथी
१०४७	कातंत्रव्याकरणदौर्गसिंहीवृत्ति टिप्पणीसह	मध्यम	दुर्गसिंह -वृ.	सं.		१६१	१०४७ + १०४८	२७३		पत्र २, ३, ७-६४ नथी
१०४८	कातंत्रव्याकरणदौर्गसिंहीवृत्ति टिप्पणीसह	मध्यम	दुर्गसिंह -वृ.	सं.		१२३	१०४७ + १०४८	२७३		
१०४९	त्रिषष्टिशलाकापुरुषचरित्र परिशिष्टपर्व	जीर्णप्राय	हेमचन्द्रसूरि	सं.		७९	१०४९			

ग्रंथांक	ग्रंथनुं नाम	स्थिति	कर्ता	भाषा	संवत्	पत्र संख्या	झेरोक्ष	सी.डी.	ग्रंथाग्र	विशेष नोंध
१०५०	लघुजातक सटीक त्रिपाठ	मध्यम	वराहमिहिर -मू., उत्पलभट्ट -टी.	सं.	१७०१	६९	१०५० + १०५१			प्रति पाणीमां भींजाईने खराब थई छे
१०५१	दार्शनिकग्रंथ अज्ञात अपूर्ण	श्रेष्ठ		सं.		१८	१०५० + १०५१			
१०५२	प्रवचनसारोद्धार त्रूटक अपूर्ण	जीर्ण		सं.						प्रति पाणीमां भींजाएली छे, अस्तव्यस्त छे.
१०५३	कथासंग्रह गद्यपद्य	श्रेष्ठ		प्रा.सं.		२४०	१०५३			
१०५४	नारचंद्रज्योतिष द्वितीयप्रकरण	मध्यम	नरचंद्रसूरि	सं.		१३				
१०५५	कातंत्रव्याकरण दुर्गसिंही आख्यातवृत्ति	जीर्ण	दुर्गसिंह -वृ.	सं.		३१	१०५५			
१०५६	शालिभद्रकथा पद्य	श्रेष्ठ		सं.		२-४			ग्रं.१८१	
१०५७	जीरावलापार्श्वनाथस्तवन	मध्यम	भक्तिलाभ	गुज.		१			गा.१४	
१०५८	अष्टप्रकारपूजाकथा	मध्यम		प्रा		२४				
१०५९	शीलोपदेशमालाबालावबोध	मध्यम		गुज.		७				
१०६०	त्रिषष्टिशलाकापुरुषचरित्र परिशिष्टपर्व	श्रेष्ठ	हेमचंद्रसूरि	सं.		३१	१०६०		३५६४	
१०६१	जल्पमंजरी	श्रेष्ठ		सं.गु.		७				
१०६२	अल्पबहुत्वस्तवन	मध्यम	क्षांतिमंदिरशिष्य खरतर	अप.		२			गा.३७	
१०६३	षोडशकप्रकरण	मध्यम	हरिभद्रसूरि	सं.	१५४४	८	१०६३	२७३	२९६	
१०६४/१	देववंदनकप्रत्याख्यानप्रकरण	श्रेष्ठ	जिनप्रभसूरि	प्रा	१५४४	१८.			ग्रं.६७२	
१०६४/२	साधुसंघमर्यादापट्टक		जिनप्रभसूरि	सं.		१८मु				
१०६५	पिंडविशुद्धिप्रकरण	मध्यम	जिनवल्लभगणि	प्रा.		३			गा.१०३	
१०६६	वरदराजीटिप्पनक	श्रेष्ठ		सं.		६	१०६६			
१०६७	श्रीचंद्रीया संग्रहणी सावचूरि पंचपाठ	जीर्णप्रायः	श्रीचंद्रसूरि -मू., साधुसोम -अव.	प्रा.सं.	१५०१	१०	१०६७		मू.गा.२७६	
१०६८	मौनएकादशीकथा सस्तबक	मध्यम	सौभाग्यनंदी	सं.गु.	र.१५७६-ले.१८००	७			मू.ग्रं.११७	
१०६९	सारस्वतीयधातुपाठ वृत्तिसह	श्रेष्ठ		सं.		१९				
१०७०	चतुःशरणप्रकीर्णक सस्तबक	जीर्ण		प्रा.गु.		१०			२-६ नथी	
१०७१	हैमधातुपाठ सावचूरि पंचपाठ	श्रेष्ठ	हेमचंद्राचार्य	सं.	१४९७	४-८	१०७१	२७३		
१०७२	चंपकमालाकथा	मध्यम		प्रा		२१			३-८ नथी	प्रति चोंटी जवाथी अक्षरो उखडी गया छे

ग्रंथांक	ग्रंथनुं नाम	स्थिति	कर्ता	भाषा	संवत्	पत्र संख्या	झेरोक्ष	सी.डी.	ग्रंथाग्र	विशेष नोंध
१०७३	नमिराजर्षिकुलक	मध्यम	विनयसमुद्र वाचक	गुज.		३			गा.६३	
१०७४	अनाथीमुनिसज्झाय	जीर्ण	समयसुंदर	गुज.		१	१०७४ थी १०७८		गा.९	
१०७५/१	दानषट्त्रिंशिका वृत्तिसह	श्रेष्ठ	राजशेखर -मू.,	सं.	र.१५५२	१-९	१०७४ थी १०७८	२७३		
			दैवललामसाधु -वृ.							
१०७५/२	जीवविचारप्रकरण सटीक किंचिदपूर्ण	जीर्ण		प्रा. सं.		९-१५	१०७४ थी १०७८	२७३		
१०७६	लक्ष्मीआदिमंत्रसंग्रह	जीर्ण		प्रा. सं.		१	१०७४ थी १०७८			
१०७७	नवतत्त्वप्रकरण सावचूरि	श्रेष्ठ	साधुरत्नसूरि -अव.	प्रा. सं.	१७१९	६-१०	१०७४ थी १०७८			
१०७८	दमयंतीकथाचंपू सावचूरि पंचपाठ	जीर्ण	त्रिविक्रमभट्ट -मू.	सं.		३२	१०७४ थी १०७८	२७३		
१०७९/१	दमयंतीकथाचंपूविवरण	जीर्णप्राय	चंडपाल -वि.	सं.	१४८४	१-३९	१०७९ + १०८०	२७३	११००	
१०७९/२	कविगुह्यनामकाव्य	जीर्णप्राय	हलायुध	सं.		३९-४६	१०७९ + १०८०	२७३	३५०	
१०८०	संस्कृतिशब्दरूपावली	श्रेष्ठ		सं.	१५५५	१२	१०७९ + १०८०	२७३/		
								२८८		
१०८१	ऋषिमंडलप्रकरण	श्रेष्ठ	धर्मघोषसूरि	प्रा		३-९	१०८१			
१०८२	योगचिंतामणि वैद्यक	श्रेष्ठ	हर्षकीर्त्तिसूरि	सं.		५४	१०८२ + १०८३			
			नागपुरीय तपागच्छीय							
१०८३	बालशिक्षाव्याकरण	जीर्णप्राय	भक्तिलाभ	प्रा		८	१०८२ + १०८३	२७३		
१०८४/१	दशवैकालिकसूत्र		शय्यंभवसूरि	प्रा		६-१४				
१०८४/२	चतुर्विंशतिजिनस्तोत्र क्रियागुप्त	श्रेष्ठ	जयशेखरसूरि	सं.		१४मु			का.२६	
१०८५	नवतत्त्वविवरण तथा	जीर्णप्राय		अ.प्रा.गु						प्रति अस्तव्यस्त तथा पत्रांको
	चैत्यवंदनावंदनकादिविचारबालावबोध									भुंसाई गयेल छे
१०८६	अनुत्तरौपपातिकदशांगसूत्र	जीर्ण		प्रा		९	१०८६		२००	
१०८७	वैद्यकग्रंथ अपूर्ण	श्रेष्ठ		सं.		२-११				
१०८८	भववैराग्यशतक अपूर्ण	मध्यम		प्रा						
१०८९	चैत्यवंदनाभाष्य सस्तबक	मध्यम		प्रा		५			गा.५१	
१०९०	रामसीतासंबंध	मध्यम		गुज.		३				
१०९१	चैत्यवंदनभाष्य	मध्यम	देवेंद्रसूरि	प्रा					गा.६३	
१०९२	उपदेशमालाप्रकरण सस्तबक	जीर्ण		प्रा.गु.		२-३७			ग्रं.७५०	मू.गा.५४२,
१०९३	दशवैकालिकसूत्र	श्रेष्ठ		प्रा		११				

ग्रंथांक	ग्रंथनुं नाम	स्थिति	कर्ता	भाषा	संवत्	पत्र संख्या	झेरोक्ष	सी.डी.	ग्रंथाग्र	विशेष नोंध
१०९४	विनयचटरास	मध्यम	ऋषभसागर	गुज.	१८३२	५-४३				पत्र २१-३४ नथी
१०९५	शालिभद्रचरित्र पद्य	श्रेष्ठ	धर्मकुमार	सं.	र.१३३४-ले.१९५१	५६			१२२४	
१०९६	ज्ञाताधर्मकथांगसूत्र सस्तबक	श्रेष्ठ		प्रा.गु.	१९११	३००				
१०९७	संग्रहणीप्रकरण	जीर्णप्रायः	श्रीचंद्रसूरि	प्रा.		१९			गा.३१२	पत्र १६-१८ नथी
१०९८	वंकचूलचोपाई	मध्यम		गुज.	१७६०	४			गा.११६	
१०९९	सीमंधरजिनसवासोगाथानुं स्तवन	श्रेष्ठ	यशोविजयोपाध्याय	गुज.		३-११				पत्र १० मुं नथी
११००	ईषुकारीयचरित्ररास	जीर्णप्रायः	खेमराजमुनि	गुज.		३			गा.५१	
११०१	भक्तामरस्तोत्र सस्तबक	श्रेष्ठ	मानतुंगसूरि -मू.	सं.गु.		२-९			मू.का.४४	
११०२	अध्यात्मस्तुति सस्तबक (उठी सवेरा सामायिक लीधुं)	मध्यम	भावप्रभसूरि	गुज.		२				
११०३	नवकारबालावबोध अपूर्ण	श्रेष्ठ		गुज.		८				प्रति पाणीमां भींजाएली छे
११०४	एकविंशतिस्थानप्रकरण सस्तबक	मध्यम	सिद्धसेनसूरि -मू.	प्रा.गु.	१७७७	६			गा.६७	
११०५	अनेकविचारसंग्रह	श्रेष्ठ		सं.		६				
११०६	सुव्रतश्रेष्ठिकथानकबालावबोध	मध्यम		गुज.	१७८४	६				
११०७	भक्तामरस्तोत्र भाषाकवित्त	मध्यम	बनारसीदास	हिं.	१७८३	३				
११०८	गोडीपार्श्वनाथस्तवन	जीर्ण	प्रीतिविमल	गुज.	१७८३	२	११०८...११२६		गा.५५	
११०९	महावीरसत्तावीसभवस्तवन	मध्यम		अप.	र. १५३०	४	११०८...११२६		कडी ३२	
१११०	लघुचाणाक्यराजनीतिशास्त्र सस्तबक	मध्यम		सं. गु.		४	१११०			
११११	कविप्रिया	श्रेष्ठ	केशवदास	हिं.	१८३२	८०				
१११२	गौतमपृच्छाप्रकरण	जीर्णप्रायः		प्रा.		३			गा.६४	
१११३	अमरसेनवयरसेनरास	श्रेष्ठ	जिनहर्ष	गुज.	र.१७४२-ले.१७४७	१८			गा.४६३	
१११४	महर्षिकुलक सस्तबक	मध्यम		प्रा.गु.		३			मू.गा.२०	
१११५/१	पंचभावना सज्झाय			हिं.		३				
१११५/२	लघुभावना तथा तमाकुसज्झाय आदि	श्रेष्ठ		हिं.		३-४				
१११६	श्रावकअतिचार	श्रेष्ठ		गुज.		५	११०८...११२६			
१११७	संवत् १८२५ नुं पंचांग गुटकाकारे	मध्यम								
१११८	सारस्वतव्याकरण पंचसंधि	श्रेष्ठ	अनुभूतस्वरूपाचार्य	सं.	१९०२	९				प्रति पाणीमां भींजाएली छे
१११९	महावीरस्वामितपपारणुं	मध्यम		गुज.		३			गा.२८	प्रति पाणीमां भींजाएली छे

ग्रंथांक	ग्रंथनुं नाम	स्थिति	कर्ता	भाषा	संवत्	पत्र संख्या	झेरोक्ष	सी.डी.	ग्रंथाग्र	विशेष नोंध
११२०	शांतिजिनस्तवन	मध्यम	गुणसागर	गुज		२			गा.२१	प्रति पाणीमां भींजाएली छे
११२१	नवकारछंद	मध्यम	कुशललाभ	गुज		२			गा.१३	प्रति पाणीमां भींजाएली छे
११२२	कामधेनुज्योतिषग्रंथ तथा सारणी	मध्यम	रामचंद्राचार्य	सं.	१७०२	१६				
११२३/१	ग्रहरत्नाकरसारणी	मध्यम				४-१६				
११२३/२	ज्योतिषसारणी	मध्यम		सं.		४-१९				
११२३/३	खेटभूषणसारणी	मध्यम		सं.		१९				
११२३/४	ज्योतिषसारणी	मध्यम		सं.		६				
११२३/५	ज्योतिषसारणी	मध्यम		सं.		४				
११२४	यंत्रराजकोष्ठक	मध्यम				८				
११२५	यंत्रराजवृत्तिसह	जीर्णप्रायः	महेन्द्रसूरि -मू.	सं.		३२				
११२६	वीतरागसहस्त्रनाम	जीर्णप्रायः		सं.		४	११०८..११२६	२७३	१२८	
११२७	ज्योतिषग्रंथ	मध्यम		सं.		३-१३				
११२८	ग्रहणाधिकार	मध्यम	शतानंद	सं.		४				
११२९	शकुनावली	मध्यम		गुज		३				
११३०	कल्याणमंदिरस्तोत्र सस्तबक	मध्यम	सिद्धसेन दिवाकर -मू.	सं.गु.	१७३७	७				
११३१	ताजिकसार	मध्यम	हरिहर	सं.	१७२८	१६				प्रति पाणीमां भींजाएली छे
११३२	ग्रहसाधनप्रक्रिया	श्रेष्ठ		सं.		१४				
११३३	रत्नप्रदीप	श्रेष्ठ	गणपति	सं.	१७०३	१०				प्रति पाणीमां भींजाएली छे
११३४	जनावरशकुनावली	जीर्णप्रायः		हिं.		९				पत्र १, ५, ६ नथी
११३५	षट्पंचाशिका	श्रेष्ठ	पृथुयशा	सं.		३			ग्रं.५६	
११३६	कर्णकुतूहल	मध्यम		सं.	१७२८	१०				प्रति पाणीमां भींजाएली छे
११३७	विचाररत्नाकरज्योतिष	श्रेष्ठ		सं.		३				प्रति उंदरे करडेली छे
११३८	मुष्टिज्ञान	मध्यम		सं.		१				
११३९	महादेवीज्योतिषयंत्रावली	मध्यम		सं.		७७				प्रति पाणीथी भींजाएली छे
११४०	ग्रहभावप्रकाश	श्रेष्ठ	पद्मप्रभसूरि	सं.	१७०८	७			ग्रं.१७७	
११४१	यंत्रराज	मध्यम	महेन्द्रसूरि	सं.	१७२२	१८				
११४२	महादेवीवृत्ति	जीर्ण	धनराज -वृ.	सं.	१६९२	३८				
११४३	विष्णुकरण सटीक त्रिपाठ	मध्यम	त्र्यंबक -वृ.	सं.	१७१२	३८				प्रति पाणीथी भींजाएली छे

ग्रंथांक	ग्रंथनुं नाम	स्थिति	कर्ता	भाषा	संवत्	पत्र संख्या	झेरोक्ष	सी.डी.	ग्रंथाग्र	विशेष नोंध
११४४	ज्योतिषसारणी	मध्यम		सं.						प्रति पाणीथी भींजाएली छे
११४५	बासठमार्गणायंत्र	श्रेष्ठ				१८				
११४६	ऋषिमंडलस्तोत्र	श्रेष्ठ		सं.		३			ग्रं.७९	
११४७	अजितशांतिस्तोत्र तथा गोडीपार्श्वनाथस्तवन आदि	मध्यम				५				
११४८	नारचंद्रज्योतिष	श्रेष्ठ	नरचंद्रसूरि	सं.		७			ग्रं.२१३	
११४९	मुहूर्त्तचिंतामणि	श्रेष्ठ	रामदैवज्ञ	सं.		१४				
११५०	मुहूर्त्तदीपक	जीर्ण	भूद्रमादेव	सं.		३				
११५१	ज्योतिषसारणी	श्रेष्ठ		सं.						
११५२	किरातमहाकाव्य	मध्यम	भारवि	सं.	१५२५					
११५३	विवाहपटल सस्तबक	मध्यम		सं.						
११५४	विवाहपटल	मध्यम		सं.		११-१४	११५४ + ११८९			
११५५	कर्णकुतूहल वृत्तिसह	श्रेष्ठ	सुमतिहर्षगणि -वृ.	सं.	१६७८	५८			ग्रं.१८५०	
११५६	बृहज्जातक	जीर्ण		सं.	१६३४	७			ग्रं.७२	
११५७	षष्टिसंवत्सर	जीर्ण		गुज.		६				पत्र ३, ४ नथी
११५८	षष्टिसंवत्सरवृत्ति	जीर्ण		सं.		४				
११५९	भुवनदीपक	जीर्ण	पद्मप्रभसूरि	सं.		२-६			ग्रं.१७३	
११६०	पंचांगतत्त्व व्याख्यासह	श्रेष्ठ		सं.		८				
११६१	वृद्धग्रहरत्नाकरहृतिसंस्कारयंत्र	श्रेष्ठ				१६				
११६२	आशाधरसारणी	श्रेष्ठ				६१				
११६३◆	महादेवीसारणी	जीर्ण				१५				
११६४	कल्पसूत्रनवमव्याख्यानबालावबोध	जीर्ण		गुज.		१४-२७				
११६५	आशाधर	श्रेष्ठ		सं.		५				पत्र १, ४ नथी
११६६	सप्तस्मरणनी अनेक प्रतिओ			प्रा.सं.						
११६७	चंद्रार्कीपद्धति	मध्यम		सं.		३				
११६८	षटपंचाशिकाबालावबोध	जीर्ण		गुज.		५				
११६९	श्रीपतिसूत्रवृत्ति	जीर्णप्रायः		सं.		१४				

ग्रंथांक	ग्रंथनुं नाम	स्थिति	कर्ता	भाषा	संवत्	पत्र संख्या	झेरोक्ष	सी.डी.	ग्रंथाग्र	विशेष नोंध
११७०	कर्णकुतूहलवृत्ति	जीर्ण	भास्काचार्य-मू.	सं.		१८				
११७१	जीवविचारप्रकरण सावचूरि त्रिपाठ	श्रेष्ठ	शांतिसूरि -मू.	प्रा.सं.		५				
११७२	ज्योतिषरत्नमाला बालावबोधसह	अतिजीर्ण	श्रीपति	सं.	१७३४	२१			ग्रं.८८०	प्रति चोंटेली अने नकामी छे
११७३	षष्टिसंवत्सरटीका	मध्यम		सं.		४				
११७४	कर्णकुतूहल	मध्यम	भास्कराचार्य	सं.	१७०८	१३				
११७५	जातकपद्धति टिप्पणीसह	श्रेष्ठ	मिश्रप्रेम	सं.		४			ग्रं.५४	
११७६	कर्मविपाकज्योतिष	मध्यम		सं.		६				
११७७	भुवनदीपकवृत्ति अपूर्ण	श्रेष्ठ		सं.		१०				
११७८	जन्मपत्रीपद्धति	श्रेष्ठ	हर्षकीर्त्तिसूरि	सं.		७८				
११७९	विपाकसूत्र सस्तबक	श्रेष्ठ		प्रा.गु.		८०				
११८०	बृहद्ग्रहरत्नाकर	श्रेष्ठ	योगराज	सं.		२			का.२७	प्रति एक बाजुथी उंदरे करडेली छे
११८१	औपपातिकसूत्र सस्तबक	श्रेष्ठ		प्रा.गु.	१९२७	११६				
११८२	संवत् १७२७-१७४१ सुधीना पंचांगनी विशेष हकीकतोनो गुटको	श्रेष्ठ								
११८३	सीमंधरस्वामिस्तुति आदि स्तुतित्रय	मध्यम		प्रा.सं.		१				
११८४	जंबूद्वीपसंग्रहणी सस्तबक	श्रेष्ठ	हरिभद्रसूरि -मू.	प्रा.गु.	१८१७	८				
११८५	शिखामणस्वाध्याय अपूर्ण	मध्यम		गुज.		२				
११८६	ओंमकारबावनी अपूर्ण	श्रेष्ठ		गुज.		२				
११८७	षडावश्यकसूत्रबालावबोध	श्रेष्ठ		गुज.	१७४६	४-४३				
११८८	तत्त्वसंग्रहपंजिका	श्रेष्ठ	कमलशील	सं.	१९८३	३३८				
११८९	द्वादशकुलक विवरणसह	श्रेष्ठ	जिनवल्लभसूरि -मू., जिनपालोध्याय -वृ.	प्रा.सं.	१९८३	९१	११५४ + ११८९			
११९०	नयचक्रवचनिका अपूर्ण	मध्यम		हिं.		३				
११९१	उपदेशमालाशकुनावली	मध्यम		सं.		४				
११९२	चंडीशतक	जीर्ण	बाणभट्ट	गुज.	१५४६	९	११९२ थी ११९४		का.१०१	
११९३	ऋषभदेवविवाहलो	श्रेष्ठ		गुज.		१३	११९२ थी ११९४		गा.२४५	
११९४	भक्तामरस्तोत्र सावचूरिक पंचपाठ	अतिजीर्ण		सं.		४	११९२ थी ११९४	२७३		

ग्रंथांक	ग्रंथनुं नाम	स्थिति	कर्ता	भाषा	संवत्	पत्र संख्या	झेरोक्ष	सी.डी.	ग्रंथाग्र	विशेष नोंध
११९५◆	षष्टिसंवत्सर	जीर्ण		सं		३-७				
११९६	शकुनावली	मध्यम		गुज.		३				
११९७	विवाहपटल सस्तबक	जीर्ण		सं.गु.	१८१७	१९			ग्रं.२१७	
११९८	अनेक ग्रंथोनां प्रकीर्णक आदि अंत वगेरेनां पानां									
११९९	परचुरणकवितपदसंग्रह गुटको	मध्यम		हिं.						
१२००	गोपीचंदकी वारता	मध्यम		हिं.		८				
१२०१	नंददासनाममाला तथा दुहा सोरठा आदि									गुटको
१२०२	रसमंजरी तथा अष्टनायिकाभेद गुटको	मध्यम	नंददास र.	हिं.	१७११	३८				
१२०३	कोकशास्त्र	श्रेष्ठ	आनंद	हिं.		२४				
१२०४	रसिकप्रिया	श्रेष्ठ		हिं.		१०६				
१२०५	माधवानलकामकंदलाचोपाई	मध्यम		हिं.		५९				प्रति भींजाईने चोंटी गएली छे
१२०६	उपासकदशांगसूत्र अपूर्ण	मध्यम		प्रा		२३				
१२०७	चमत्कारचिंतामणि	जीर्ण		सं		१२	१२०७.. १२१९			
१२०८	भागवतदशमस्कंधपंचाध्यायी	मध्यम	वल्लभदीक्षित	सं.	१८२२	२-१०९				पत्र ६९-९४ नथी
१२०९	अर्घ्यकांड अपूर्ण	मध्यम		सं.		१२				
१२१०	भक्तामरस्तोत्रवृत्ति	जीर्ण	मानतुंगसूरि -मू., समयसुंदर -वृ.	सं.		३	१२०७.. १२१९	२७३		उत्तरार्ध मात्र छे.
१२११	दुर्गासप्तशती	जीर्ण		सं.	१७५३	४७	१२०७.. १२१९			
१२१२	विवाहपटल सस्तबक	श्रेष्ठ		सं.गु.	१७७०	१५			मू.ग्रं.१००	
१२१३	शीघ्रबोधसंग्रह ज्योतिष	श्रेष्ठ	काशीनाथ	सं.		८७				
१२१४	कोकसार	मध्यम		हिं.	१७४८	३६				
१२१५	योगदीपकवैद्यक	श्रेष्ठ		सं.		४०				पत्र २७-३९ नथी
१२१६	देवीगीत आदि पत्र	श्रेष्ठ		हिं.		६				
१२१७	शिक्षापत्री त्रू.अ.	मध्यम		सं		५०				पत्र ३२-४० नथी
१२१८	सारशिखामणरास	मध्यम		गुज.	१७७५	१८				
१२१९	रत्नाकरावतारिकाटिप्पनक	श्रेष्ठ	ज्ञानचंद्र	सं.	१५५१	१४०	१२०७.. १२१९		२१०४	
१२२०	खंडनखंडखाद्यटिप्पनक	श्रेष्ठ	परमानंदसूरि	सं.	१५५१	८९	१२२०		१२५०	

ग्रंथांक	ग्रंथनुं नाम	स्थिति	कर्ता	भाषा	संवत्	पत्र संख्या	झेरोक्ष	सी.डी.	ग्रंथाग्र	विशेष नोंध
१२२१	जिनागमपाठसंग्रह अस्तव्यस्त	अतिजीर्ण		प्रा.सं.						
१२२२	कथासंग्रह गद्यपद्य	मध्यम		सं.		७-२४				
१२२३	नैषधमहाकाव्य	मध्यम	हर्षकवि	सं.		११				
१२२४	लटकमेलकप्रहसन	श्रेष्ठ	शंखधर	सं.		१०	१२२४... १२३४			अपूर्ण, प्रति अनु. १६ सैकामां
										लखायेली छे.
१२२५	नैषधमहाकाव्य	श्रेष्ठ	श्रीहर्षकवि	सं.		९-२०१				पत्र १२७-१८१ नथी
१२२६	सिद्धहेमसूत्रपाठ आदि त्रूटक अपूर्ण	मध्यम								
१२२७	अनुत्तरौपपातिकसूत्र	जीर्ण		प्रा		६				
१२२८	सन्मतितर्कनी चार अपूर्ण प्रतिओ					५७ + ५९ + २९				वृत्ति पत्र १ थी ५७,प्रथमखंड पत्र १
	तथा अंगविज्जा अपूर्ण	श्रेष्ठ		सं.		+ ३९	१२२४... १२३४			थी ५९, बीजो खंड पत्र १ थी २९,
										अंगिवजन पत्र १ थी ३९
१२२९	नारदीयपुराण अपूर्ण	मध्यम		सं.	१४७६	२००	१२२९			पत्र, ७,९,११,१२,१४,१९,२०,३३,८५,
										८६,९१ थी ९६,१४३,१५५,१५७ नथी.
१२३०	प्रेतमंजरी	मध्यम		सं.		१६			ग्रं.१५४	
१२३१	विवेकविलास	मध्यम	जिनदत्तसूरि	सं.	र.१४९३-ले.१४९७	४५	१२२४... १२३४			
१२३२	एकादशीमाहात्म्य-मत्स्यपुराणगत	जीर्णप्रायः		सं.		१२			ग्रं.१४७	
१२३३	जीवाभिगमसूत्रवृत्ति द्वितीयखंड	मध्यम	मलयगिरि -वृ.	सं.		१५०-२१२	१२२४... १२३४			प्रतिमां १६३-१८७ पत्र नथी
१२३४	अष्टकप्रकरण	श्रेष्ठ	हरिभद्रसूरि	सं.		४	१२२४... १२३४		२५६	
१२३५	औपपातिकोपांगसूत्र	जीर्णप्रायः		प्रा.		२०	१२३५ थी १२३७			
१२३६	भयहरस्तोत्र वृत्तिसह	जीर्णप्रायः		प्रा. सं.		१२	१२३५ थी १२३७			
	मंत्रकल्पगर्भित अपूर्ण									
१२३७	श्रीपालचरित्रप्राकृत	मध्यम	हेमचंद्र	प्रा.	र. १४२८	२४	१२३५ थी १२३७		गा.१३४२	
१२३८	उत्तराध्ययनसूत्र	श्रेष्ठ		प्रा.	१५३९	३६				
१२३९	बप्पभट्टीस्तुतिचतुर्विंशतिका	मध्यम	बप्पभट्टीसूरि	सं.		३	१२३९... १२४६		का.९६	प्रथम पत्र नथी
१२४०	वीतरागस्तोत्रअष्टमप्रकाशवृत्ति त्रू.अ.	मध्यम				२-१३	१२३९... १२४६			४, ५ नथी
१२४१	वीतरागस्तोत्रअवचूरि-त्रयोदशप्रकाशथी									
	वीस प्रकाशपर्यंत	श्रेष्ठ		सं.		६				
१२४२	एक एक पानानां स्तवन, छंद, सज्झाय,									
	गीत, स्तुति आदि			गुज						
१२४३	भयहरस्तोत्र सटीक अपूर्ण	मध्यम		प्रा.सं.		६				

ग्रंथांक	ग्रंथनुं नाम	स्थिति	कर्ता	भाषा	संवत्	पत्र संख्या	झेरोक्ष	सी.डी.	ग्रंथाग्र	विशेष नोंध
१२४४	संग्रहणीप्रकरण सावचूरि त्रिपाठ	श्रेष्ठ	श्रीचंद्रसूरि -मू.	प्रा.सं.	१७६४	७-३६				
१२४५/१	कल्याणमंदिरस्तोत्र सावचूरि			सं.		१-७				
१२४५/२	भक्तामरस्तोत्र सावचूरि	मध्यम		सं.		७-९				
१२४६	भवानीसहस्त्रनामस्तोत्र तथा	श्रेष्ठ		सं.		७	१२३९ थी १२४६		भ.२०६,	
	जैनरक्षास्तोत्र								जै.ग्र.१७	
१२४७	धनंजयनाममाला अपूर्ण	श्रेष्ठ	धनंजय	सं.		२७				
१२४८	कथासंग्रह	श्रेष्ठ		प्रा.सं.		६				
१२४९	चंद्रार्कीटिप्पनिका	मध्यम		सं.		३				
१२५०	उल्लासिक्कमस्तोत्रबालावबोध	जीर्ण		गुज.		२				
१२५१	वृत्तरत्नाकर	श्रेष्ठ	केदारभट्ट	सं.		२-७				
१२५२	जयतिहुयणस्तोत्र	श्रेष्ठ	अभयदेवसूरि	अप.		३			कडी.३०	
१२५३	दुरियरस्तोत्र अपूर्ण	श्रेष्ठ	जिनवल्लभगणि	प्रा		६			गा.४४	
१२५४	भक्तामरस्तोत्र बालावबोधसह पंचपाठ	श्रेष्ठ		सं.गु.		६-२४				
१२५५	स्वप्नचिंतामणि	मध्यम	जगदेव	सं.		९	१२५५... १२७८		२५१	
१२५६	लग्नपत्रसारणी	श्रेष्ठ				३०				
१२५७	चैत्यवंदनावंदनकप्रत्याख्यानविवरण	श्रेष्ठ		सं.		२४-३५				
१२५८	शिशुपालकथा	मध्यम		गुज.		६-८				
१२५९	स्तोत्रस्तवनादिसंग्रह	मध्यम		अप.गु.		९				
१२६०	आचारांगसूत्रआलापक									
	बालावबोधसह पंचपाठ	श्रेष्ठ		प्रा.गु.		२-४				
१२६१	क्रांतिसाधन	मध्यम		सं.		३				
१२६२	सरस्वतीस्तवन	मध्यम		सं.		१			ग्रं.१२	
१२६३/१	नेमिनाथबारमासा गीत		धर्मकीर्त्ति	गुज.		१लुं	१२६३		गा.१७	
१२६३/२	जेसलमेरपार्श्वनाथगीत		धर्मकीर्त्ति	गुज		१-२	१२६३		गा.७	
१२६३/३	जिनचंद्रसूरिगीत		धर्मकीर्त्ति	गुज.		२जुं	१२६३		गा.९	
१२६३/४	सीमंधरगीत	जीर्ण	धर्मकीर्त्ति	गुज.		१-२	१२६३		गा.७	
१२६४	ज्योतिषरत्नमाला बालावबोधसह अपूर्ण	जीर्णप्रायः		सं.गु.		१०				
१२६५	ऋषिमंडलप्रकरण	श्रेष्ठ	धर्मघोषसूरि	प्रा.	१६५२	२-८			गा.११०	

ग्रंथांक	ग्रंथनुं नाम	स्थिति	कर्ता	भाषा	संवत्	पत्र संख्या	झेरोक्ष	सी.डी.	ग्रंथाग्र	विशेष नोंध
१२६६	शीतलामातागीत आदि	मध्यम	कानजी	गु.		१			गा.७	
१२६७	सिद्धांतशिरोमणिसूत्र	श्रेष्ठ	भास्कराचार्य	सं.		१५-२६	१२५५.. १२७८			
१२६८	उपधानविधिप्रकरण	जीर्णप्राय	मानदेवसूरि	प्रा.		३	१२५५.. १२७८		गा.५४	
१२६९	राशिचक्र	जीर्ण		सं.		३				
१२७०	नंदिताढ्यछंदःशास्त्र किंचिदपूर्ण	मध्यम		प्रा.		७				
१२७१	संवत् १८२२ नुं पंचांग	मध्यम								
१२७२	भागवतदशमस्कंधविवरण अपूर्ण	जीर्ण		सं.		४८				
१२७३	अंतःकरणप्रबोधवृत्ति	जीर्ण	वल्लभ	सं.		२-९			ग्रं.१७०	प्रति चोंटेली छे
१२७४/१	न्यायतात्पर्यटीका द्वितीयाध्यायपर्यन्त	श्रेष्ठ	वाचस्पतिमिश्र	सं.	१२७९	५ थी १८९	१२५५.. १२७८	२२०		अतिशुद्ध छे. पत्र ३७मुं नथी.
	टिप्पणी सह									
१२७४/२	न्यायतात्पर्यटीका तृतीयाध्यायपर्यन्तथी	श्रेष्ठ	वाचस्पतिमिश्र	सं.	१२७९	१९० थी २८०	१२५५.. १२७८	२२०		प्रति अतिशुद्ध छे.
	सम्पूर्ण टिप्पणी सह									
१२७४/३	न्यायभाष्य टिप्पणीसह अपूर्ण	श्रेष्ठ	वात्स्यायनमुनि		१२७९	२८१ थी ३५०	१२५५.. १२७८	२२०		प्रति अतिशुद्ध छे.
१२७५/१	न्यायवार्त्तिक टिप्पणीसह	श्रेष्ठ	भारद्वाज	सं.	१२७९	८ थी १५७	१२५५.. १२७८	२४१		नूतनलिखित सं. १७४५
१२७५/२	तात्पर्यपरिशुद्धि टिप्पणीसह अपूर्ण	श्रेष्ठ	उदयनाचार्य	सं.	१२७९	१५७ (२ थी ३२५)	१२५५.. १२७८	२४१		अतिशुद्ध छे.
१२७६	राजप्रश्नीयोपांगसूत्रवृत्ति		मलयगिरि आचार्य -वृ.		१४९०	७०				प्रति उधेईए खाधेली छे
१२७७	चैत्यवंदनाकुलक वृत्तिसहित अपूर्ण	श्रेष्ठ		सं.	१४००	२-१५	१२५५.. १२७८			
१२७८	अंजनासुंदरीकथानक	श्रेष्ठ	गुणसमृद्धि महत्तरा	प्रा.	र. १४०७	२३	१२५५.. १२७८			
१२७९	त्रिषष्टिशलाकापुरुषचरित्रमहाकाव्य									
	दशमपर्व महावीरचरित्र	श्रेष्ठ	हेमचन्द्रसूरि	सं.	१३८४	२४१	१२७९	२७३		
१२८०	संग्रहणीप्रकरण आदि संक्षिप्तटिप्पणी	जीर्ण		सं.	१५००	८	१२८० थी १२८२			
१२८१	त्रिषष्टिशलाकापुरुषचरित्रमहाकाव्य									
	प्रथमपर्व आदिनाथचरित्र	श्रेष्ठ	हेमचन्द्राचार्य	सं.	१५००	१०२	१२८० थी १२८२			
१२८२	दुर्गवृत्तिव्याश्रयमहाकाव्य	जीर्ण	जिनप्रभसूरि स्वोपज्ञ	सं.	१५००	१२२-२८२	१२८० थी १२८२	२७४		अपूर्ण
	स्वोपज्ञवृत्तिसह त्रू.अ.									
१२८३	पंचवस्तुकप्रकरणवृत्ति प्रथमखंड अपूर्ण	श्रेष्ठ	मुनिचंद्रसूरि	सं.	१४००	१९९	१२८३ + १२८४	२७४		
१२८४	कर्मप्रकृतिप्रकरण सटीक अपूर्ण	श्रेष्ठ	शिवशर्मसूरि -मू.,	प्रा.सं.	१४००	३४७	१२८३ + १२८४	२७४		पत्र ११७-११८,१५५,१६१-१६३,१९५,
			मलयगिरि आचार्य -टी.							१९७, २०४-३४६ नथी

ग्रंथांक	ग्रंथनुं नाम	स्थिति	कर्ता	भाषा	संवत्	पत्र संख्या	झेरोक्ष	सी.डी.	ग्रंथाग्र	विशेष नोंध
१२८५/१	प्रद्युम्नशांबचरित्र	श्रेष्ठ		प्रा.		३-५०	१२८५ + १२८६	२७४	गा.१०७०	पत्र २५-४६ नथी
१२८५/२	सीताचरित्र	श्रेष्ठ		प्रा.	१५००	५०-१४३	१२८५ + १२८६	२७४		पत्र ५५,५७-६१,६६-६९,७१,७३-७४, ७७,७९-८५,८९-९०,९७,१०६,१०८, ११०, ११५, १२२, १४२ नथी
१२८६	बृहत्संग्रहणीप्रकरण त्रू.अ.	अतिजीर्ण	जिनभद्रगणि क्षमाश्रमण	प्रा.	१४००	५६-७६	१२८५ + १२८६	२७३		
१२८७	पाणिनीव्याकरणमहाभाष्यप्रदीप त्रू.अ.	श्रेष्ठ	कैयट	सं.	१५००	४-१०८	१२८७			वचमां केटलांक पानां नथी
१२८८/१	कातंत्रव्याकरणदुर्गपदप्रबोधवृत्तिढुंढिका कारकपर्यन्त			सं.गु.		२०८				
१२८८/२	शास्त्रीयअनेकविचार			सं.गु.		२०९-२४३				
१२८८/३	कर्मविपाककर्मग्रंथबालावबोध			सं.गु.		२४४-२५७				
१२८८/४	लघुअजितशांतिस्तव भाषार्थसह		जिनदत्तसूरि	सं.गु.		२५७-२६१				
१२८८/५	प्रकीर्णकविचार	मध्यम		सं.	१५००	२६१-२६४				
१२८९	बृहत्संग्रहणी + वंदनविधि + पंचाशक + श्रावकवक्तव्य आ.प्रक	अतिजीर्ण			१४००	२२४				प्रति चोंटी गयेली अने उंदरे करडी खाधेली छे
१२९०	उपदेशमालाप्रकरण दोघट्टीवृत्तिसह अपूर्ण	श्रेष्ठ	रत्नप्रभाचार्य -टी.	प्रा.सं.	१४००	७-३७०				पत्र २१९, २२० नथी
१२९१	कातंत्रव्याकरण विद्यानंदिवृत्तिसह	मध्यम	विजयानंद	सं.	१३९२	३२३				प्रति पाणीमां भींजाईने खराब थई छे
१२९२	प्रवचनसारोद्धारप्रकरणवृत्ति द्वितीयखंड ३४ मा द्वारथी ८३मा द्वार पर्यंत	श्रेष्ठ		सं.	१५००	२३०	१२९२	२९०		अक्षरो उखडी गया छे.
१२९३	प्रवचनसारोद्धारप्रकरणवृत्ति तृतीयखंड ८४ मा द्वारथी २१७	अतिजीर्ण		सं.	१५००	२२८	१२९३	२७३		पत्र ६२-६४,७६,७८,८९,२२५,२२७ नथी, प्रति पाणीमां भींजाएली छे
१२९४	पंचवस्तुकप्रकरणवृत्ति प्रथमखंड	अतिजीर्ण			१४००	२१६				प्रति पाणीमां भींजाएली अने उधेईए खाधेली छे
१२९५	रुद्रटालंकार त्रू.अ.	अतिजीर्ण	रुद्रट	सं.	१४००	४६-५९	१२९५ + १२९६			
१२९६	शिशुपालवधमहाकाव्य-माघकाव्य टिप्पणीसह २० मा सर्ग पर्यंत अपूर्ण	अतिजीर्ण	महाकवि माघ	सं.	१४००	१०७	१२९५ + १२९६			
१२९७	कातंत्रव्याकरणदौर्गसिंहीवृत्ति अपूर्ण	श्रेष्ठ	दुर्गसिंह -वृ.	सं.	१५००	३-३२				

ग्रंथांक	ग्रंथनुं नाम	स्थिति	कर्ता	भाषा	संवत्	पत्र संख्या	झेरोक्ष	सी.डी.	ग्रंथाग्र	विशेष नोंध
१२९८	शतककर्मग्रंथ सटीक	अतिजीर्ण	शिवशर्मसूरि -मू.,	प्रा.सं.	१४००	७			ग्रं.३७००	प्रतिना अंको घसाई जवाथी
			मलधारी हेमचंद्रसूरि -टी.							पानां अस्तव्यस्त छे
१२९९/१	सर्वजिननमस्कार	श्रेष्ठ		सं.	१४००	१लुं	१२९९		६ काव्य	प्रति पाणीमां भींजाएली छे
१२९९/२	चतुर्विंशतिजिनस्तव	श्रेष्ठ	पूर्णभद्र	सं.	१४००	१-४	१२९९			प्रति पाणीमां भींजाएली छे
१२९९/३	जिननमस्कार	श्रेष्ठ		सं.	१४००	४-६	१२९९		का.२०	प्रति पाणीमां भींजाएली छे
१३००/१	दशवैकालिकसूत्रनिर्युक्ति	अतिजीर्ण	भद्रबाहुस्वामी	प्रा.		१-२१	१३००		गा.४४४	
१३००/२	उत्तराध्ययनसूत्रनिर्युक्ति	अतिजीर्ण	भद्रबाहुस्वामी	प्रा.	१२७७	२२-४७	१३००		गा.५९६	
१३००/३	आचारांगसूत्रनिर्युक्ति	अतिजीर्ण	भद्रबाहुस्वामी	प्रा.	१२७७	४८-६५	१३००		४७०	
१३००/४	सूत्रकृतांगसूत्रनिर्युक्ति	अतिजीर्ण	भद्रबाहुस्वामी	प्रा.		६६-७५	१३००		गा.२०८	
१३०१	सनत्कुमारचरित्र	श्रेष्ठ	जिनपालगणि	सं.	१२७८	१८४	१३०१	२९०		
१३०२	त्रिषष्टिशलाकापुरुषचरित्रमहाकाव्य									
	सप्तमपर्व-रामायण	श्रेष्ठ	हेमचंद्रसूरि आचार्य	सं.	१४००	२-१८५				पत्र १०-१३ नथी
१३०३	किरातार्जुनीयमहाकाव्य पंचदशसर्गपर्यंत	श्रेष्ठ	महाकवि भारवि	सं.	१४००	७६	१३०३	२७४		
१३०४	नैषधमहाकाव्य पंचसर्गपर्यन्त टिप्पणीसह	श्रेष्ठ	श्रीहर्ष	सं.	१४००	७८	१३०४	२७४	९३५	
१३०५/१	चच्चरीरासक सटीक	श्रेष्ठ	जिनदत्तसूरि -मू.,	अप.सं.	र. १२९४	१७-३९	१३०५ + १३०७	२७४		
			जिनपाल -टी.							
१३०५/२	उपदेशरसायनरासक सटीक	श्रेष्ठ	जिनदत्तसूरि -मू.,	अप.सं.	र. १२९४	३९-५९	१३०५ + १३०७	२७४		
			जिनपाल -टी.							
१३०५/३	कालस्वरूपकुलकविवरण	श्रेष्ठ	जिनपाल	अप.सं.	१४००	५९-६५	१३०५ + १३०७	२७४		पत्र ६५ मुं नथी.
१३०६	सामायिकप्राप्तिआदिविषयककथानकादि	मध्यम		प्रा.सं.	१४००	१३				
१३०७	तत्त्वप्रदीपिका चित्सुखी	जीर्णप्राय:	चित्सुखमुनि	सं.	१३००	१९५	१३०५ + १३०७	२४२		
१३०८	कातंत्रव्याकरणदौर्गसिंहीवृत्ति त्रू.अ.	जीर्णप्राय:	दुर्गसिंह -वृ.	सं.		१९९				पानां अस्त व्यस्त छे.
१३०९	सिंहासनद्वात्रिंशिका	श्रेष्ठ		सं.	१५००	३३-८०				आदि अने अंतनो थोडो भाग नथी
१३१०/१	पाक्षिकसूत्र	जीर्ण		प्रा.		१-१७			ग्रं.३००	
१३१०/२	यतिप्रतिक्रमणसूत्र	जीर्ण		प्रा.		१७-२२				
१३१०/३	स्थविरावलि	जीर्ण		प्रा.		२२-२५			गा.५०	
१३१०/४	पिंडविशुद्धिप्रकरण	जीर्ण	जिनवल्लभगणि	प्रा.		२५-३०			गा.१०३	
१३१०/५	दशवैकालिकसूत्र	जीर्ण	शय्यंभवसूरि	प्रा.		३०-६८			ग्रं.७००	

ग्रंथांक	ग्रंथनुं नाम	स्थिति	कर्ता	भाषा	संवत्	पत्र संख्या	झेरोक्ष	सी.डी.	ग्रंथाग्र	विशेष नोंध
१३१०/६	उपदेशमालाप्रकरण	जीर्ण	धर्मदासगणि	प्रा.	१५००	६९-१०३			गा.५४१	
१३११	षट्स्थानकप्रकरण वृत्तिसह त्रू.अ.	अतिजीर्ण	अभयदेवसूरि -मू.,	प्रा.सं.	१४००	९३	१३११	२७४		प्रति अत्यंत अस्तव्यस्त छे.
			जिनपाल -वृ.							
१३१२	पंचवस्तुकप्रकरण	श्रेष्ठ	हरिभद्रसूरि	प्रा.	१४००	१९१	१३१२	२७४		
१३१३	किरणावली	मध्यम		सं.	१४००	२२९	१३१३	२७४		
१३१४	दमयंतीकथाचंपू त्रू.अ.	अतिजीर्ण	त्रिविक्रमभट्ट	सं.	१३००	९४	१३१४	२७४		पत्रांको भुसाई गया छे
१३१५	बृहत्संग्रहणीप्रकरण अपूर्ण	जीर्णप्रायः	जिनभद्रगणि क्षमाश्रमण	प्रा.	१४००	७	१३१५			
१३१६/१	ऋषभदेव, शांतिनाथ, नेमिनाथ,									
	पार्श्वनाथ, महावीरजिनपंचस्त			प्रा.		१९२-१९४			गा.३१	
१३१६/२	धूमावलि			प्रा.		१९४-१९५			गा.१४	
१३१६/३	अजितशांतिस्तोत्र	जीर्ण	नन्दिषेण	प्रा.	१३३४	१९६-२०२			गा.४२	
१३१७/१	उपदेशमालाप्रकरण	श्रेष्ठ	धर्मदासगणि	प्रा.		३-३५	१३१७	२७५	गा.५४१	
१३१७/२	श्रावकधर्मविधितंत्रप्रकरण	श्रेष्ठ	हरिभद्रसूरि	प्रा.		३५-४२	१३१७	२७५	गा.१२०	
१३१७/३	आगमोद्धारगाथा-स्वप्नसप्ततिकाप्रकरण	श्रेष्ठ		प्रा.		४२-४६	१३१७	२७५	गा.७१	
१३१७/४	श्रावकवक्तव्यताप्रकरण-षट्स्थानकप्रकरण	श्रेष्ठ	अभयदेवसूरि	प्रा.		४६-५३	१३१७	२७५	गा.१०३	
१३१७/५	पंचलिंगीप्रकरण अपूर्ण	श्रेष्ठ		प्रा.		५३-५८	१३१७	२७५		
१३१७/६	द्वादशकुलक	श्रेष्ठ	जिनवल्लभसूरि	प्रा.		६९-८६	१३१७	२७५		
१३१७/७	प्रवचनसंदोह अपूर्ण	श्रेष्ठ		प्रा.		८६-१०३	१३१७	२७५		
१३१७/८	नाभेयस्तोत्र, शांतिनाथस्तोत्र, नेमिनाथ-									
	स्तोत्र, पार्श्वनाथ स्तोत्र, महावीर स्तोत्र	श्रेष्ठ	जिनवल्लभगणि	प्रा.		१११-१८	१३१७	२७५	गा.१३२	
१३१७/९	गणधरस्तव	श्रेष्ठ	जिनदत्तसूरि	प्रा.		११९-१२०	१३१७	२७५	गा.२१	
१३१७/१०	चैत्यवन्दनकुलक	श्रेष्ठ	जिनदत्तसूरि	प्रा.		१२०-१२२	१३१७	२७५	गा.३०	
१३१७/११	चैत्यवन्दनविधिकुलक	श्रेष्ठ		प्रा.		१२२-१२४	१३१७	२७५	गा.३३	
१३१७/१२	श्रावकआवश्यकसूत्र	श्रेष्ठ		प्रा.		१२४-१२७	१३१७	२७५		
१३१७/१३	चच्चरीप्रकरण	श्रेष्ठ	जिनदत्तसूरि	अप.		१२७-१३२	१३१७	२७५	गा.४७	
१३१७/१४	उपदेशरसायन	श्रेष्ठ	जिनदत्तसूरि	अप.		१३२-१३८	१३१७	२७५	गा.८०	
१३१७/१५	कालस्वरूपकुलक	श्रेष्ठ	जिनदत्तसूरि	अप.		१३८-१४१	१३१७	२७५	गा.३१	
१३१७/१६	गणधरसार्धशतकप्रकरण	श्रेष्ठ	जिनदत्तसूरि	अप.		१४१-१५०	१३१७	२७५	गा.१५०	

ग्रंथांक	ग्रंथनुं नाम	स्थिति	कर्ता	भाषा	संवत्	पत्र संख्या	झेरोक्ष	सी.डी.	ग्रंथाग्र	विशेष नोंध
१३१७/१७	संदेहदोलावलीप्रकरण	श्रेष्ठ	जिनवल्लभगणि	प्रा		१५०-१५९	१३१७	२७५	गा.१५०	
१३१७/१८	वन्दित्तुसूत्र	श्रेष्ठ		प्रा		१५९-१६३	१३१७	२७५	गा.५०	
१३१७/१९	प्रश्नोत्तररत्नमालिका अपूर्ण	श्रेष्ठ	विमलाचार्य	सं.		१६४-१६५	१३१७	२७५		
१३१७/२०	नवकारफल	श्रेष्ठ		प्रा		१७०मुंपत्र	१३१७	२७५	गा.२३	
१३१७/२१	अजितशांतिस्तव	श्रेष्ठ	नंदिषेण	प्रा		१७०-१७४	१३१७	२७५	गा.३९	
१३१७/२२	लघुअजितशांतिस्तोत्र	श्रेष्ठ	जिनवल्लभगणि	प्रा		१७७-१७८	१३१७	२७५	गा.१७	
१३१७/२३	स्नपनविधि	श्रेष्ठ		सं.		१८२-१९३	१३१७	२७५		
१३१७/२४	कथानककोश	श्रेष्ठ	जिनेश्वरसूरि	प्रा		१९३-१९५	१३१७	२७५	गा.३०	
१३१७/२५	चतुःशरणप्रकीर्णक	श्रेष्ठ		प्रा		१९५-१९६	१३१७	२७५	गा.२८	
१३१७/२६	आतुरप्रत्याख्यान	श्रेष्ठ		प्रा		१९६-१९९	१३१७	२७५	गा.१९	
१३१७/२७	भावनाप्रकरण	श्रेष्ठ		प्रा		१९९-२०१	१३१७	२७५	गा.२९	
१३१७/२८	प्रव्रज्याविधानप्रकरण	श्रेष्ठ		प्रा	१४००	२०१-२०३	१३१७	२७५	गा.३०	वचमां केटलांक पाना नथी
१३१८	कातंत्रसूत्रपाठ	श्रेष्ठ		सं.	१५००	४-१५	१३१८	२७५		वचमां केटलांक पानां नथी
१३१९	ऋषिदत्ताचरित्र अपूर्ण	अतिजीर्ण		प्रा	१४००					
१३२०	स्मरणस्तोत्रत्रिक	जीर्मप्रायः		प्रा	१४००	२४२-२४६				
१३२१	उपदेशमालाप्रकरण अपूर्ण	अतिजीर्ण	धर्मदासगणि	प्रा	१४००	१०५-११६				
१३२२	आवश्यकसूत्रनिर्युक्ति अपूर्ण	श्रेष्ठ	भद्रबाहुस्वामि	प्रा	१५००	२६				प्रति पाणीमां भींजाएली छे
१३२३	योगशास्त्र नवतत्त्व जीवविचारप्रकरण आदिनां प्रकीर्णक पानां अअपूर्णत्रूट	जीर्ण		सं.प्रा	१५१८					
१३२४/१	सूक्ष्मार्थविचारसारप्रकरण	श्रेष्ठ	चक्रेश्वरसूरि	प्रा	१२४६	७३	१३२४	२७५		
१३२४/२	षट्शीतिप्रकरण चतुर्थकर्मग्रंथ टिप्पनकसह	श्रेष्ठ	जिनवल्लभगणि -मू., टि.रामदेवगणि	प्रा	१२४६	७४-१०५	१३२४	२७५		
१३२५	मणिपतिराजर्षिचरित्र	जीर्णप्राय	जंबूकवि	सं.	१३००	१०७	१३२५			प्रति उधेईए खाधेली छे
१३२६/१	उपदेशमालाप्रकरण	श्रेष्ठ	धर्मदासगणि	प्रा		१-४२	१३२६ (१,२)	२७५	गा.५४१	
१३२६/२	पिंडविशुद्धिप्रकरण	श्रेष्ठ	जिनवल्लभगणि	प्रा		४२-५०	१३२६ (१,२)	२७५	गा.१०३	
१३२६/३	श्रावकवक्तव्यताप्रकरण-षट्स्थानकप्रकरण	श्रेष्ठ	जिनेश्वरसूरि	प्रा		५०-५८	१३२६ (१,२)	२७५	गा.१०३	
१३२६/४	पंचलिंगीप्रकरण	श्रेष्ठ	जिनेश्वरसूरि	प्रा		५८-६६	१३२६ (१,२)	२७५	गा.१०२	
१३२६/५	श्रावकधर्मविधितंत्रप्रकरण	श्रेष्ठ	हरिभद्रसूरि	प्रा		६६-७५	१३२६ (१,२)	२७५	गा.१२०	

ग्रंथांक	ग्रंथनुं नाम	स्थिति	कर्ता	भाषा	संवत्	पत्र संख्या	झेरोक्ष	सी.डी.	ग्रंथाग्र	विशेष नोंध
१३२६/६	आगमोद्धारगाथा-स्वप्नसप्ततिका	श्रेष्ठ		प्रा.		७५-८०	१३२६ (१,२)	२७५	गा.७१	
१३२६/७	जंबूद्वीपक्षेत्रसमासप्रकरण	श्रेष्ठ		प्रा.		८०-८८	१३२६ (१,२)	२७५	गा.१०९	
१३२६/८	संदेहदोलावलीप्रकरण	श्रेष्ठ	जिनदत्तसूरि	प्रा.		८८-१०१	१३२६ (१,२)	२७५	गा.१५०	
१३२६/९	गणधरसार्धशतकप्रकरण	श्रेष्ठ	जिनदत्तसूरि	प्रा.		१०१-११२	१३२६ (१,२)	२७५	गा.१५०	
१३२६/१०	पंचनमस्कारफलस्तव	श्रेष्ठ	जिनचंद्रसूरि	प्रा.		११२-१२१	१३२६ (१,२)	२७५	गा.११८	
१३२६/११	नाणाचित्तप्रकरण	श्रेष्ठ		प्रा.		१२१-१२७	१३२६ (१,२)	२७५	गा.८१	
१३२६/१२	कथानककोश	श्रेष्ठ	जिनेश्वरसूरि	प्रा.		१२८-१३०	१३२६ (१,२)	२७५	गा.३०	
१३२६/१३	व्यवस्थाकुलक	श्रेष्ठ	जिनदत्तसूरि	प्रा.		१३०-१३५	१३२६ (१,२)	२७५	गा.७५	
१३२६/१४	षष्टिशतप्रकरण	श्रेष्ठ	नेमिचंद्र भंडारी	प्रा.		१३५-१४७	१३२६ (१,२)	२७५	गा.१६१	
१३२६/१५	विवेकमंजरीप्रकरण	श्रेष्ठ	आसड	प्रा.	र. १२४८	१४७-१५८	१३२६ (१,२)	२७५	गा.१४४	
१३२६/१६	प्रवचनसंदोहप्रकरण	श्रेष्ठ		प्रा.		१५९-१८१	१३२६ (१,२)	२७५		
१३२६/१७	बालावबोधप्रकरण	श्रेष्ठ		अप.		१८१-१९२	१३२६ (१,२)	२७५	गा.११६	
१३२६/१८	चतुर्विंशतितीर्थकरनमस्कार	श्रेष्ठ		अप.		१९२-१९७	१३२६ (१,२)	२७५	गा.२५	
१३२६/१९	चतुर्विंशतिजिननमस्कार	श्रेष्ठ		अप.		१९७-२०२	१३२६ (१,२)	२७५	गा.२५	
१३२६/२०	श्रावकषडावश्यकसूत्र	श्रेष्ठ		प्रा.		२०२-२१९	१३२६ (१,२)	२७५		
				सं.गू.						
१३२६/२१	जयतिहुयणस्तोत्र	श्रेष्ठ	अभयदेवसूरि	अप.		२१९-२२४	१३२६ (१,२)	२७५	कडी.३०	
१३२६/२२	अजितशांतिजिनस्तोत्र	श्रेष्ठ	नंदिषेण	प्रा.		२२४-२३०	१३२६ (१,२)	२७५	गा.३९	
१३२६/२३	उल्लासिक्कमस्तोत्र-लघुअजितशांतिस्तोत्र	श्रेष्ठ	जिनवल्लभगणि	प्रा.		२३०-२३२	१३२६ (१,२)	२७५	गा.१७	
१३२६/२४	भयहरस्तोत्र	श्रेष्ठ	मानतुंगसूरि	प्रा.		२३२-२३४	१३२६ (१,२)	२७५	गा.२१	
१३२६/२५	स्मरणास्तोत्र	श्रेष्ठ	जिनदत्तसूरि	प्रा.		२३४-२३६	१३२६ (१,२)	२७५	गा.२६	
१३२६/२६	गुरुपारतंत्र्यस्मरण	श्रेष्ठ	जिनदत्तसूरि	प्रा.		२३६-२३८	१३२६ (१,२)	२७५	गा.२१	
१३२६/२७	सिग्घमवहरउपार्श्वजिनस्तोत्र	श्रेष्ठ	जिनवल्लभगणि	प्रा.		२३८-२३९	१३२६ (१,२)	२७५	गा.१४	
१३२६/२८	श्रावकविधिप्रकरण	श्रेष्ठ		प्रा		२३९-२४१	१३२६ (१,२)	२७५	गा.२२	
१३२६/२९	दानविधिकुलक	श्रेष्ठ		प्रा.		२४१-२४३	१३२६ (१,२)	२७५	गा.२५	
१३२६/३०	लघुनमस्कारफलस्तव	श्रेष्ठ		प्रा		२४३-२४५	१३२६ (१,२)	२७५	गा.२३	
१३२६/३१	चैत्यवंदनविधिकुलक	श्रेष्ठ		प्रा.		२४५-२४९	१३२६ (१,२)	२७५	गा.३५	

ग्रंथांक	ग्रंथनुं नाम	स्थिति	कर्ता	भाषा	संवत्	पत्र संख्या	झेरोक्ष	सी.डी.	ग्रंथाग्र	विशेष नोंध
१३२६/३२	चैत्यवंदननियमकुलक	श्रेष्ठ	जिनदत्तसूरि	प्रा		२४९-२५१	१३२६ (१,२)	२७५	गा.२८	
१३२६/३३	महर्षिकुलक	श्रेष्ठ		प्रा		२५१-२५४	१३२६ (१,२)	२७५	गा.३६	
१३२६/३४	महर्षिकुलक	श्रेष्ठ		प्रा		२५५-२५७	१३२६ (१,२)	२७५	गा.२६	
१३२६/३५	गुर्वावलि	श्रेष्ठ		प्रा		२५७-२५८	१३२६ (१,२)	२७५	गा.१०	
१३२६/३६	प्रव्रज्याविधानप्रकरण	श्रेष्ठ		प्रा		२५८-२६१	१३२६ (१,२)	२७५	गा.३४	
१३२६/३७	संजममंजरीप्रकरण	श्रेष्ठ	महेश्वरसूरि	अपभ्रंश		२६१-२६३	१३२६ (१,२)	२७५	गा.३५	
१३२६/३८	प्रश्नोत्तररत्नमाला	श्रेष्ठ	विमलाचार्य	सं.		२६३-२६६	१३२६ (१,२)	२७५	आर्या.२८	
१३२६/३९	धर्मलक्षण	श्रेष्ठ		सं.		२६६-२६७	१३२६ (१,२)	२७५		
१३२६/४०	साधर्मिकवात्सल्यकुलक	श्रेष्ठ	अभयदेवसूरि	प्रा		२६७-२६९	१३२६ (१,२)	२७५	गा.२६	
१३२६/४१	उपदेशमणिमालाकुलक	श्रेष्ठ	जिनेश्वरसूरि	प्रा		२६९-२७०	१३२६ (१,२)	२७५		
१३२६/४२	संवेगकुलक	श्रेष्ठ	धनेश्वरसूरि	प्रा		२७०-२७२	१३२६ (१,२)	२७५	गा.१५	
१३२६/४३	चिन्ताकुलक	श्रेष्ठ		प्रा		२७२-२७३	१३२६ (१,२)	२७५	गा.१३	
१३२६/४४	पुण्यलाभकुलक	श्रेष्ठ		प्रा		२७३-२७४	१३२६ (१,२)	२७५	गा.१०	
१३२६/४५	इगुणतीसीभावना	श्रेष्ठ		प्रा		२७४-२७६	१३२६ (१,२)	२७५	गा.२९	
१३२६/४६	चतुःशरणप्रकीर्णक	श्रेष्ठ		अप.		२७६-२७९	१३२६ (१,२)	२७५	गा.२८	
१३२६/४७	आतुरप्रत्याख्यानप्रकीर्णक	श्रेष्ठ		प्रा		२७९-२८२	१३२६ (१,२)	२७५	गा.२६	
१३२६/४८	द्वादशकुलक	श्रेष्ठ	जिनवल्लभसूरि	प्रा	१३८९	२८२-३०१	१३२६ (१,२)	२७५	गा.२३३	
१३२६/४९	आदीश्वरस्तवन	श्रेष्ठ	जिनचंद्रसूरि	सं.		४१२-४१३	१३२६ (१,२)	२७५	का.३-२५	
१३२६/५०	भक्तामरस्तोत्र अपूर्ण	श्रेष्ठ	मानतुंगसूरि	सं.		४१३-४१५	१३२६ (१,२)	२७५		
१३२६/५१	युगादिदेवस्तोत्र	श्रेष्ठ		अप	१३८५	४१७-४२०	१३२६ (१,२)	२७५	कडी ३०	वचमां केटलांक पानां नथी
१३२७	ज्योतिषग्रंथो अपूर्ण तथा प्रकीर्णक ज्योतिषविषयक पाना									
१३२८◆	अनेक ग्रंथोनां अने स्तवन सज्झाय आदिनां प्रकीर्णक पाना									
१३२९◆	अनेक ग्रंथोनां अने स्तवन सज्झाय आदिनां प्रकीर्णक पाना									
१३३०[१]◆	अनेक ग्रंथोनां अने स्तवन सज्झाय आदिनां प्रकीर्णक पाना									

१. ग्रंथांक १३३० तक के ग्रंथ वेगडगच्छीय ज्ञानभंडार के है ।

ग्रंथांक	ग्रंथनुं नाम	स्थिति	कर्ता	भाषा	संवत्	पत्र संख्या	झेरोक्ष	सी.डी.	ग्रंथाग्र	विशेष नोंध
१३३१[१]	गोमटसार कर्मकांड सटीक	श्रेष्ठ	नेमिचंद्र	प्रा.सं.		६४	१३३१ थी १३३५	२७५		
१३३२	तत्त्वसंग्रहलघुटीका	मध्यम	शिवाचार्य	सं.		१५	१३३१ थी १३३५	२७५		
१३३३	तत्त्वसंग्रहलघुटीका	मध्यम	शिवाचार्य	सं.		१८	१३३१ थी १३३५	२७५		
१३३४	न्यायग्रंथ	मध्यम		सं.		२५	१३३१ थी १३३५	२७५		
१३३५	न्यायग्रंथ	जीर्ण		सं.		६३	१३३१ थी १३३५			
१३३६	न्यायग्रंथ	मध्यम		सं.		२२	१३३६	२७५		
१३३७	न्यायग्रंथ	जीर्ण		सं.		१९	१३३७ + १३३८	२७५		
१३३८	द्वादशांशफल आदि ज्योतिष	जीर्ण		सं.		१२	१३३७ + १३३८	२७५		
१३३९	योगिनीदशाफलज्योतिष	जीर्ण		सं.		७				
१३४०	लोकतत्त्वनिर्णय सस्तबक	जीर्ण	हरिभद्रसूरि -मू.	सं.गुज		२१	१३४०	२७५		
१३४१	प्रकीर्णकविचारसंग्रह	मध्यम		सं.		२२				
१३४२	स्याद्वादरत्नाकर सावचूरिक त्रिपाठ	जीर्णप्रायः		सं.		१९				
१३४३	न्यायसिद्धांतमंजरी प्रत्यक्ष परिच्छेद	जीर्ण		सं.		९		२४२		
१३४४	वृत्तरत्नाकर सटीक पंचपाठ	जीर्ण	भट्ट केदार -मू.	सं.		८	१३४४ + १३४८			
१३४५	कल्पसूत्र सचित्र	श्रेष्ठ	भद्रबाहुस्वामि	प्रा.		२३-८८		२१४		ताडपत्रीय पेटी नं. ४१९/४२० मां मुकेल छे.
१३४६	आचारांगसूत्र	श्रेष्ठ		प्रा.		७९			२५५४	
१३४७	आचारांगसूत्र	श्रेष्ठ		प्रा.		७९	१३४७	२७५	२५५४	
१३४८	आचारांगसूत्रनिर्युक्ति	मध्यम		प्रा.	१५३३	११	१३४४ + १३४८	२७५		
१३४९	आचारांगसूत्रवृत्ति	मध्यम	शीलांकाचार्य -वृ.	सं.	१५३५	२०९	१३४९	२७५	१२०००	
१३५०	आचारांगसूत्रवृत्ति	श्रेष्ठ	शीलांकाचार्य -वृ.	सं.		३१६	१३५० (१,२)	२७६	१२०००	
१३५१	सूत्रकृतांगसूत्र प्रथमश्रुतस्कंध	श्रेष्ठ		प्रा.		३२	१३५१ थी १३५३	२७६		किनारी उंदरे करडेली छे
१३५२	सूत्रकृतांगसूत्र	श्रेष्ठ		प्रा.			१३५१ थी १३५३	२७६		
१३५३	सूत्रकृतांगसूत्र	श्रेष्ठ		प्रा.		५०	१३५१ थी १३५३	२७६	२१००	
१३५४	सूत्रकृतांगसूत्र	श्रेष्ठ		प्रा.		५७	१३५४ थी १३५६	२७६	२१००	
१३५५	सूत्रकृतांगसूत्रनिर्युक्ति	श्रेष्ठ	भद्रबाहुस्वामी	प्रा.		५	१३५४ थी १३५६	२७६		
१३५६	सूत्रकृतांगसूत्रवृत्ति	श्रेष्ठ	शीलांकाचार्य -वृ.	सं.		१६९	१३५४ थी १३५६	२७६	१३८४३	पत्र १९मुं नथी.
१३५७	सूत्रकृतांगसूत्रवृत्ति	श्रेष्ठ	शीलांकाचार्य -टी.	सं.		२६४	१३५७	२७७	१३८५३	

१. ग्रंथांक १३३१ से २२५७ तक के ग्रंथ वडोउपाश्रयके ज्ञानभंडार के है ।

ग्रंथांक	ग्रंथनुं नाम	स्थिति	कर्ता	भाषा	संवत्	पत्र संख्या	झेरोक्ष	सी.डी.	ग्रंथाग्र	विशेष नोंध
१३५८	सूत्रकृतांग सस्तबक	श्रेष्ठ		प्रा.गू.		१८९				
१३५९	स्थानांगसूत्र	मध्यम		प्रा		९३-११९				
१३६०	स्थानांगसूत्र	श्रेष्ठ		प्रा.	१६५३	७७	१३६०	२७७	४७५०	
१३६१	स्थानांगसूत्र	श्रेष्ठ		प्रा.	१६५९	१०४	१३६१	२७६	३७००	
१३६२	स्थानांगसूत्रवृत्ति	श्रेष्ठ	अभयदेवसूरि -टी.	सं.	र. ११२०-१६७६	२५५	१३६२ (१,२)	२७७	१४५००	
१३६३	स्थानांगसूत्रवृत्ति	श्रेष्ठ	अभयदेवसूरि -टी.	सं.	र. ११२०	२१२	१३६३	२७७	१४३५०	
१३६४	भगवतीसूत्रवृत्ति	मध्यम	अभयदेवसूरि -वृ.	सं.	र. ११२८	३०३	१३६४ (१,२)	२७८	१८६१६	
१३६५	भगवतीसूत्रवृत्ति	श्रेष्ठ	अभयदेवसूरि -वृ.	सं.	र.११२८-ले.१५७५	४२५	१३६५(१,२)	२७८	१८६१६	
१३६६	भगवतीसूत्र सस्तबक									
	त्रयोदशशतकतृतीयोद्देशपर्यंत	श्रेष्ठ		प्रा.गु.		३९५				
१३६७	स्थानांगसूत्रवृत्ति सह	श्रेष्ठ	अभयदेवसूरि	सं.प्रा	र. ११२०	३५३	१३६७ (१,२)	२७९	१८०००	
१३६८	समवायांगसूत्र	श्रेष्ठ		प्रा.		८१				
१३६९	भगवतीसूत्र	श्रेष्ठ		प्रा.	१६७६	४०८	१३६९ (१,२)	२७९	१५७५०	
१३७०	भगवतीसूत्रवृत्ति अपूर्ण	श्रेष्ठ	अभयदेवसूरि -टी.	सं.		१०३				
१३७१	भगवतीसूत्रवृत्ति अपूर्ण	श्रेष्ठ	अभयदेवसूरि	सं.		४९		२७९		
१३७२	ज्ञाताधर्मकथांगसूत्र	श्रेष्ठ		प्रा.	१६५६	१३२			५३७५	
१३७३	ज्ञाताधर्मकथांगसूत्र	मध्यम		प्रा.		२२०			५३७५	
१३७४	ज्ञाताकर्मकथांगसूत्र	मध्यम		प्रा.	१६६३	१४५			६०००	
१३७५	ज्ञाताधर्मकथांगसूत्र	श्रेष्ठ		प्रा.सं.		१४५			५६५०	
१३७६	ज्ञाताधर्मकथांगसूत्रवृत्ति	श्रेष्ठ	अभयदेवसूरि -वृ.	सं.	र. ११२०	१२३	१३७६	२७८	४२००	
१३७७	ज्ञाताधर्मकथांगसूत्रवृत्ति	श्रेष्ठ	अभयदेवसूरि -वृ.	सं.	र.११२०-ले.१६१६	१११	१३७७	२८०	४२००	
१३७८	ज्ञाताधर्मकथांगसूत्रवृत्ति	श्रेष्ठ	अभयदेवसूरि -वृ.	सं.	र.११२०	९९	१३७८	२८०	३८००	
१३७९	उपासकदशांगसूत्र	श्रेष्ठ		प्रा.		२४	१३७९	२८८	८१२	
१३८०	अंतकृद्दशांगसूत्र	श्रेष्ठ		प्रा.		२४	१३८०	२८०		
१३८१	अनुत्तरौपपातिकसूत्रवृत्ति	श्रेष्ठ	अभयदेवसूरि -वृ.	सं.	१६५३	३	१३८१	२८०	१००	
१३८२	प्रश्नव्याकरणदशांगसूत्र	मध्यम		प्रा.	१५९१	२३२	१३८२ + १३८५	२८०	१२५०	१, २८ नथी
१३८३	प्रश्नव्याकरणदशांगसूत्र	श्रेष्ठ		प्रा.		३६			१२५०	
१३८४	विपाकसूत्र सस्तबक	श्रेष्ठ		प्रा.गू.		७२			५०००	

ग्रंथांक	ग्रंथनुं नाम	स्थिति	कर्ता	भाषा	संवत्	पत्र संख्या	झेरोक्ष	सी.डी.	ग्रंथाग्र	विशेष नोंध
१३८५	उववाइसूत्र	मध्यम		प्रा.	१६४९	२९	१३८२ + १३८५	२८०		किनारी उंदरे खाधेली छे
१३८६	औपपातिकोपांगसूत्र सटीक त्रिपाठ अपूर्ण	श्रेष्ठ	अभयदेवसूरि -टी.	प्रा.,सं.		१५	१३८६	२८०		
१३८७	राजप्रश्नीयोपांगसूत्र	मध्यम		प्रा.	१५९०	४४			२०८९	
१३८८	राजप्रश्नीयोपांगसूत्रवृत्ति	श्रेष्ठ	मलयगिरि आचार्य -टी.	सं.		९३	१३८८ थी १३९०	२८०	३७००	
१३८९	राजप्रश्नीयोपांगसूत्र वृत्तिसह त्रिपाठ	श्रेष्ठ		प्रा,सं.		३७-९८	१३८८ थी १३९०	२८०		
१३९०	जीवाभिगमोपांगसूत्र	मध्यम		प्रा.		८५	१३८८ थी १३९०	२८०		
१३९१	जंबूद्वीपप्रज्ञप्तिउपांगसूत्र	मध्यम		प्रा.	१६५१	८१	१३९१	२८०		
१३९२	जंबूद्वीपप्रज्ञप्तिउपांगसूत्र	मध्यम		प्रा.		९६				किनारी उंदरे खाधेली छे.
१३९३	जंबूद्वीपप्रज्ञप्तिउपांगसूत्र	श्रेष्ठ		प्रा.		१३१			४१५४	
१३९४	सूर्यप्रज्ञप्तिउपांगसूत्र	मध्यम		प्रा.		१०२				
१३९५	कल्पसूत्रकल्पलतावृत्ति	श्रेष्ठ	समयसुंदरोपाध्याय -वृ.	सं.	र. १६८५	१४०	१३९५	२८१	६३७८	
१३९६	कल्पसूत्र कल्पमंजरी टीका	श्रेष्ठ	सहजकीर्ति -टी.	सं.	र.१६८५-ले.१७७१	१५७	१३९६.. १४३०	२८१		
१३९७	कल्पांतर्वाच्य अपूर्ण	श्रेष्ठ		सं.		३९				
१३९८	कल्पसूत्र भाषाटीकासह	श्रेष्ठ		प्रा.गू.	१५८६	१३५				
१३९९	कल्पसूत्र भाषाटीकासह	श्रेष्ठ	भद्रबाहुस्वामी	प्रा.गू.	१७८७	१८२				
१४००	कल्पसूत्र सस्तबक	श्रेष्ठ	भद्रबाहुस्वामी	प्रा.गू.	१७४०	१०४				
१४०१	कल्पसत्र सस्तबक अपूर्ण	श्रेष्ठ	भद्रबाहुस्वामी	प्रा.गू.		११०				
१४०२	सूत्रकृतांगसूत्र तथा सूत्रकृतांगनिर्युक्ति	जीर्ण	भद्रबाहुस्वामी	प्रा.	१५६६	५४				
१४०३	उपासकदशांगसूत्र	श्रेष्ठ		प्रा.		१६				
१४०४	उपासकदशांगसूत्र	श्रेष्ठ		प्रा.	१७९८	२५				
१४०५	प्रश्नव्याकरणदशांगसूत्र	श्रेष्ठ		प्रा.	१६६१	२०			१२५०	
१४०६	प्रश्नव्याकरणदशांगसूत्रवृत्ति	श्रेष्ठ	अभयदेवसूरि	सं.		८३				
१४०७	प्रश्नव्याकरण सस्तबक	श्रेष्ठ		प्रा.गू.		८७				
१४०८	समवायांगसूत्र अपूर्ण	श्रेष्ठ		प्रा.		३६				
१४०९	उपासकदशांगसूत्र सस्तबक	श्रेष्ठ		प्रा.गू.		६४				
१४१०	अनुत्तरौपपातिकदशांगसूत्र	मध्यम		प्रा.		९				

ग्रंथांक	ग्रंथनुं नाम	स्थिति	कर्ता	भाषा	संवत्	पत्र संख्या	झेरोक्ष	सी.डी.	ग्रंथाग्र	विशेष नोंध
१४११	प्रश्नव्याकरणदशांगसूत्र	श्रेष्ठ		प्रा.		५०			१२५०	
१४१२	अनुयोगद्वारसूत्र	श्रेष्ठ		प्रा.		३९				
१४१३	अनुयोगद्वारसूत्र अपूर्ण	श्रेष्ठ		प्रा.		२२				
१४१४	कल्पसूत्र सस्तबक			प्रा.गू.		८३				
१४१५	कल्पांतर्वाच्य	श्रेष्ठ		सं.		२४				
१४१६	कल्पांतर्वाच्य	मध्यम		सं.		४				
१४१७	कल्पसूत्र सस्तबक	श्रेष्ठ		प्रा.गु.		५४	१३९६.. १४३०			
१४१८	कल्पसूत्र सस्तबक अपूर्ण	श्रेष्ठ		प्रा.गू.		६६				
१४१९	कल्पसूत्र सप्तमव्याख्यान	श्रेष्ठ		सं.		१६				
१४२०	कल्पसूत्र नवमव्याख्यान सस्तबक	श्रेष्ठ		सं.गू.		१७				
१४२१	कल्पसूत्र अष्टमनवमव्याख्यानबालावबोध	मध्यम		गू.	१७७६	४४				
१४२२	श्राद्धजीतकल्प सटीक अपूर्ण	श्रेष्ठ		प्रा.सं.		२०				
१४२३	कल्पसूत्रसंदेहविषौषधिटीका	श्रेष्ठ	जिनप्रभसूरि	सं.	१५७०	३१	१३९६.. १४३०	२८१	२१६८	प्रति पाणीथी भींजाएली छे
१४२४	चतुःशरणप्रकीर्णक	श्रेष्ठ	वीरभद्रगणि	प्रा.		३	१३९६.. १४३०	२८१	गा.६३	
१४२५	चतुःशरणप्रकीर्णकादि	श्रेष्ठ				२	१३९६.. १४३०	२८१		
१४२५/१	चउसरणपयन्नो	श्रेष्ठ	वीरभद्र	प्रा.			१३९६.. १४३०	२८१	गा.६३	
१४२५/२	चउक्कसाय	श्रेष्ठ		अप.			१३९६.. १४३०	२८१	गा.२	
१४२५/३	संथारापोरिसी	श्रेष्ठ		प्रा.			१३९६.. १४३०	२८१	गा.२३	
१४२६	चतुःशरण-आउरपच्चक्खाण-भक्तपरिज्ञा-									
	संस्तारकप्रकीर्ण	श्रेष्ठ	विषमपदविवरण	सं.		१४				
१४२७	चतुःशरणप्रकीर्णक सस्तबक	मध्यम	वीरभद्रगणि -मू.	प्रा.गू.	१७२६	७			मू.गा.६३	
१४२८	चतुःशरणप्रकीर्णक बालावबोध	मध्यम	पार्श्वचंद्रसूरि	प्रा.गुज.	र.१५९७-ले.१६९८	१६	१३९६.. १४३०	२८१		प्रति उंदरे करडेली छे
१४२९	आतुरप्रत्याख्यानप्रकीर्ण	श्रेष्ठ	वीरभद्रगणि	प्रा.		४			गा.६०	
१४३०	संस्तारकप्रकीर्णक	श्रेष्ठ		प्रा.		४	१३९६.. १४३०	२८१	गा.१२२	
१४३१	तीर्थोद्‌गालिप्रकीर्णक	श्रेष्ठ		प्रा.	१५६२	३६	१४३१	२८१	गा.१२२३	
१४३२	तीर्थोद्‌गालिप्रकीर्णक	श्रेष्ठ		प्रा.		२२	१४३२ + १४३३	२८१	१५६५, गा.१२२३	प्रति उंदरे करडेली छे
१४३३	आवश्यकसूत्रनिर्युक्ति	श्रेष्ठ	भद्रबाहुस्वामी	प्रा.		१११	१४३२ + १४३३	२८१		
१४३४	आवश्यकसूत्रनिर्युक्ति	जीर्ण	भद्रबाहुस्वामी	प्रा.		५५				

ग्रंथांक	ग्रंथनुं नाम	स्थिति	कर्ता	भाषा	संवत्	पत्र संख्या	झेरोक्ष	सी.डी.	ग्रंथाग्र	विशेष नोंध
१४३५	आवश्यकसूत्रनिर्युक्ति	जीर्ण	भद्रबाहुस्वामी	प्रा.	१५३३	६३				
१४३६	आवश्यकसूत्रिनिर्युक्ति	श्रेष्ठ	भद्रबाहुस्वामि	प्रा.		१०४				
१४३७	आवश्यकसूत्रिनिर्युक्ति	जीर्ण	भद्रबाहुस्वामि	प्रा.	१५०३	४९-९५				
१४३८	आवश्यकसूत्र अवचूरि	श्रेष्ठ	ज्ञानसागरसूरि -अव.	सं.		७१	१४३८	२८१		
१४३९	विशेषावश्यकमहाभाष्य	श्रेष्ठ	जिनभद्रगणि क्षमाश्रमण	प्रा.	१६७९	११७	१४३९	२८२	४४१०	प्रति उंदरे करडेली छे
									गा.३६२५	
१४४०	ललितविस्तरावृत्ति	श्रेष्ठ	हरिभद्रसूरि	सं.	१५११	२४	१४४०	२८१	१२७०	
१४४१	श्राद्धप्रतिक्रमणसूत्र-वंदित्तुसूत्र									
	अर्थदीपिकाटीकासह	श्रेष्ठ	रत्नशेखरसूरि -टी.	प्रा,सं.	र. १४९६-	१४२	१४४१ + १४४२	२८२	४२६६	
१४४२	पाक्षिकसूत्र	मध्यम		प्रा.		९	१४४१ + १४४२	२८१		
१४४३	पाक्षिकसूत्र अपूर्ण	मध्यम		प्रा.		९				
१४४४	पाक्षिकसूत्र + दशवैकालिकसूत्र	जीर्ण	शय्यंभवसूरि	प्रा.		१०				
१४४५	पाक्षिकसूत्र सटीक	जीर्ण	यसोदेवसूरि	प्रा.सं.	११८०	८९			२२०७	
१४४६	पाक्षिकसूत्र सावचूरि पंचपाठ	श्रेष्ठ		प्रा.सं.		५				
१४४७	यतिप्रतिक्रमणसूत्रवृत्ति टिप्पनकसह	श्रेष्ठ		सं.		१४				
१४४८	पगामसज्झाय सस्तबक	मध्यम		प्रा.गू.	१६९४	६				
१४४९	ओघनिर्युक्ति	श्रेष्ठ	भद्रबाहुस्वामी	प्रा.	१६५७	१४				
१४५०	ओघनिर्युक्ति	मध्यम	भद्रबाहुस्वामी	प्रा.	१५९०	५३			गा.११६०	
१४५१	ओघनिर्युक्ति	श्रेष्ठ	भद्रबाहुस्वामी	प्रा.		३२			गा.११६०	
१४५२	ओघनिर्युक्तिवृत्ति	श्रेष्ठ	द्रोणाचार्य -वृ.	सं.	१५१०	६९	१४५२	२८२	७०००	
१४५३	ओघनिर्युक्ति सटीक	श्रेष्ठ	द्रोणाचार्य -टी.	प्रा,सं.	१५१४	१२५	१४५३	२८३	८३८५	
			भद्रबाहुस्वामी -मू.							
१४५४	साधुषडावश्यकसूत्र-स्मरणादि-	श्रेष्ठ		प्रा.सं.		४६				
	आवश्यकसूत्रसंग्रह									
१४५५	श्रावकषडावश्यकसूत्र	जीर्ण		प्रा.		६				
१४५६	श्रावकआवश्यकसूत्र	मध्यम		प्रा.		६				
१४५७	श्रावकषडावश्यकसूत्र अपूर्ण	जीर्ण		प्रा.		२-१३				प्रति उधईए खाधेली छे.
१४५८	षडावश्यकसूत्र अपूर्ण	मध्यम		प्रा.		५-२१				
१४५९	श्रावकआवश्यकसूत्र	मध्यम		प्रा.	१५३८	४				

ग्रंथांक	ग्रंथनुं नाम	स्थिति	कर्ता	भाषा	संवत्	पत्र संख्या	झेरोक्ष	सी.डी.	ग्रंथाग्र	विशेष नोंध
१४६०	षडावश्यकसूत्र सस्तबक	मध्यम		प्रा.गू.		९				
१४६१	श्रावकषडावश्यकसूत्र सस्तबक	श्रेष्ठ		प्रा.गू.		२-३०				
१४६२	श्रावकषडावश्यकसूत्र सस्तबक	श्रेष्ठ		प्रा.गू.		१५				
१४६३	आवश्यकसूत्रबालावबोध अपूर्ण	श्रेष्ठ		गू.		२६-५१				
१४६४	श्रावकप्राकृतअतिचार सस्तबक	मध्यम		प्रा.गू.		४				
१४६५	श्रावकअतिचार	जीर्ण		गू.		२-५				
१४६६	श्रावकअतिचार	श्रेष्ठ		गू.	१८१०	३-७				
१४६७	दशवैकालिकसूत्र	श्रेष्ठ	शय्यंभवसूरि	प्रा	१६५९	२९	१४६७	२८२	७००	
१४६८	दशवैकालिकसूत्र चारअध्ययनपर्यंत	मध्यम		प्रा		५				
१४६९	दशवैकालिकसूत्रवृत्ति	श्रेष्ठ	हरिभद्रसूरि -वृ.	सं.		१२५	१४६९	२८२	६८१०	
१४७०	आवश्यकसूत्रलघुवृत्ति	श्रेष्ठ	सुमतिसूरि	सं.	१५१६	५०	१४७०	२८२	२६००	
१४७१	उत्तराध्ययनसूत्र	श्रेष्ठ		प्रा		७६				
१४७२	उत्तराध्ययनसूत्र	श्रेष्ठ		प्रा		३-४०				
१४७३	उत्तराध्ययनसूत्र	श्रेष्ठ		प्रा		३६				
१४७४	उत्तराध्ययनसूत्र	श्रेष्ठ		प्रा.		५१				
१४७५	उत्तराध्ययनसूत्रनिर्युक्ति	श्रेष्ठ	भद्रबाहुस्वामी	प्रा.		१७			७००	
१४७६	उत्तराध्ययनसूत्र सुखबोधावृत्तिसह	श्रेष्ठ	नेमिचंद्रसूरि	प्रा.सं.	ले.१६२४,र.११२९	३०४			मू.१४००-टि.१२०००	
१४७७	उत्तराध्ययनसूत्र सुखबोधावृत्तिसह	श्रेष्ठ	नेमिचंद्रसूरि -वृ.	प्रा.सं.	र.११२९	२९५			१४०००	
१४७८	उत्तराध्ययनसूत्र सुखबोधावृत्तिसह	श्रेष्ठ	नेमिचंद्रसूरि -वृ.	प्रा,सं.	र.११२९-ले.१५८६	२८१	१४७८ (१,२)	२८२	१४०००	
१४७९	उत्तराध्ययनसूत्रिसुखबोधावृत्ति-नवम अध्ययन पर्यंत	श्रेष्ठ	नेमिचंद्रसूरि -वृ.	सं.	र.११२९	८३				
१४८०	उत्तराध्ययनसूत्र अवचूरिटिप्पणीसह	श्रेष्ठ	ज्ञानसागरसूरि -अव.	सं.	ले.१४८६,र.१४४१	३३				
१४८१	उत्तराध्ययनसूत्र प्रथमद्वितीयाद्ययन सस्तबक	मध्यम		प्रा.गू.		१२९				
१४८२	उत्तराध्ययनसूत्र स्तबक अपूर्ण	जीर्ण		प्रा.गू.		१२९				
१४८३	उत्तराध्ययनसूत्र दीपिकासह	श्रेष्ठ		प्रा,सं.	१६२८	२४४	१४८३ (१,२)	२८३	१०७७०	

ग्रंथांक	ग्रंथनुं नाम	स्थिति	कर्ता	भाषा	संवत्	पत्र संख्या	झेरोक्ष	सी.डी.	ग्रंथाग्र	विशेष नोंध
१४८४	उत्तराध्ययनसूत्र सावचूरि किंचिदपूर्ण	जीर्ण		प्रा.सं.		२१८				पाणीथी भींजायेली तथा उधेईए खाधेली छे.
१४८५	उत्तराध्ययनसूत्र सस्तबक	मध्यम		प्रा.गू.		१७४				
१४८६	दशवैकालिकसूत्र सस्तबक अपूर्ण	मध्यम		प्रा.गू.		२५				
१४८७	जीवविचार-नवतत्त्व-दंडकप्रकरण	मध्यम		प्रा.		७				
१४८८	जीवविचारप्रकरण सावचूरिक त्रिपाठ	जीर्ण	शांतिसूरि -मू.	प्रा.सं.		४				
१४८९	नवतत्त्वप्रकरण	मध्यम		प्रा.		२			गा.५४	
१४९०	नवतत्त्वप्रकरण सस्तबक	श्रेष्ठ		प्रा.गू.	१८५०	११			गा.६१	
१४९१	विचारषट्त्रिंशिकाप्रश्नोत्तर	जीर्ण	जिनाब्धिसूरि	सं.	र.१७२४	५				
१४९२	जंबूद्वीपसंग्रहणीप्रकरण सटीक, त्रिपाठ	श्रेष्ठ	हरिभद्रसूरि -मू., टी.प्रभानंदसूरि	प्रा,सं.	र. १३९०-	९	१४९२+१५०५	२८३	६६७	मू.गा.२९
१४९३	नवतत्त्वप्रकरण	जीर्ण		प्रा.		३			गा.४७	
१४९४	श्रीचंद्रीयासंग्रहणी	मध्यम	श्रीचंद्रसूरि -मू.	प्रा.		१४				
१४९५	श्रीचंद्रीयासंग्रहणी सटीक त्रिपाठ	श्रेष्ठ	श्रीचंद्रसूरि -मू.	प्रा.सं.		३४				
१४९६	श्रीचंद्रीयासंग्रहणी सस्तबक	जीर्ण	श्रीचंद्रसूरि -मू.	प्रा.गू.		४७				
१४९७	श्रीचंद्रीयासंग्रहणी	मध्यम	श्रीचंद्रसूरि	प्रा.	१८४९	३१				
१४९८	लघुक्षेत्रसमास	श्रेष्ठ	रत्नशेखरसूरि	प्रा	१८५८	१२			गा.२६४	
१४९९	लघुक्षेत्रसमासप्रकरण यंत्रसह		रत्नशेखरसूरि	प्रा.		२०			गा.२६३	
१५००	जंबूद्वीपक्षेत्रसमासप्रकरण	श्रेष्ठ		प्रा.		४			गा.१०९	
१५०१	जंबूद्वीपक्षेत्रसमासप्रकरण सस्तबक	मध्यम		प्रा.गू.	१७८३	१३			गा.१५४	
१५०२	कर्मविपाककर्मग्रंथ प्राचीन वृत्तिसह	श्रेष्ठ	परमानंदसूरि -वृ.	प्रा.सं.		१५			९२२	
१५०३	प्राचीन कर्मस्तव बंधस्वामित्वकर्मग्रंथवृत्ति	जीर्ण		सं.		२५				किनारी उंदरे करडेला छे.
१५०३/१	कर्मस्तबवृत्ति	जीर्ण		सं.		१-१६			ग्रं.१०९०	
१५०३/२	बंधस्वामित्वकर्मग्रंथवृत्ति					२५				
१५०४	आगमिकवस्तुविचारसारप्रकरण-प्राचीन चतुर्थ कर्मग्रंथ	मध्यम	जिनवल्लभगणि	प्रा.		६			गा.९२	
१५०५	आगमिकवस्तुविचारसारप्रकरण- प्राचीनषडशीतिचतुर्थकर्मग्रंथ	श्रेष्ठ	जिनवल्लभगणि -मू., टी.क.मलयगिरि	प्रा,सं.		३९	१४९२+१५०५	२८८		

ग्रंथांक	ग्रंथनुं नाम	स्थिति	कर्ता	भाषा	संवत्	पत्र संख्या	झेरोक्ष	सी.डी.	ग्रंथाग्र	विशेष नोंध
१५०६	कर्मग्रंथषट्क	श्रेष्ठ		प्रा.		२०				
१५०६/१	कर्मग्रंथ १ थी ४		देवेन्द्रसूरि			१-१७				
१५०६/२	सत्तरिनामा षष्ठकर्मग्रंथ					१७-२०				
१५०७	कर्मग्रंथ प्रथम द्वितीय तृतीय	जीर्ण	देवेन्द्रसूरि	प्रा.		४				
१५०८	कर्मग्रंथ प्रथम द्वितीय तृतीय सस्तबक	जीर्ण	देवेन्द्रसूरि -मू.	प्रा.गू.		२१				
१५०९	कर्मविपाककर्मग्रंथ	श्रेष्ठ	देवेन्द्रसूरि	प्रा.		५			गा.६२	
१५१०	कर्मविपाककर्मग्रंथबालावबोध	जीर्ण		प्रा.गू.		३२				पाणीमां भींजाएली छे.
१५११	द्वितीयतृतीयकर्मग्रंथ	श्रेष्ठ	देवेन्द्रसूरि	प्रा.		४				
१५१२	सप्ततिका षष्ठकर्मग्रंथ	श्रेष्ठ		प्रा.		३				
१५१३	सप्ततिका षष्ठकर्मग्रंथ सटीक	श्रेष्ठ	मलयगिरि -टी.	प्रा.सं.		३४-६१				
१५१४	कर्मग्रंथपञ्चक	मध्यम	देवेन्द्रसूरि	प्रा.		९				
१५१५	कर्मप्रकृतिप्रकरण	मध्यम	शिवशर्मसूरि	प्रा.		१७				
१५१६	कर्मप्रकृतिवृत्ति	अतिजीर्ण	मलयगिरि -वृ.	सं.		१२२	१५१६	२८३		
१५१७	कर्मप्रकृतिप्रकरण वृत्तिसह	श्रेष्ठ	शिवशर्मसूरि -मू.,	प्रा,सं.		२०७	१५१७	२८३	८०००	
....			मलयगिरि -वृ.							
१५१८	सार्धशतकप्रकरण									
....	(सूक्ष्मार्थविचारसारप्रकरण) सटीक	श्रेष्ठ	जिनवल्लभगणि -मू.	प्रा.सं.		९४				
१५१९	लोकनालिकाद्वात्रिंशिका	श्रेष्ठ		प्रा.		२			गा.३२	
१५२०	लोकनालिकाद्वात्रिंशिका प्रकरण									
....	बालावबोधसह पंचपाठ	श्रेष्ठ		प्रा.		२				
१५२१	क्षुल्लकभवावलिप्रकरण सावचूरिक									
....	पंचपाठ	श्रेष्ठ		प्रा.सं.		१				
१५२२	प्रज्ञापनातृतीयपदसंग्रहणीप्रकरण	श्रेष्ठ	अभयदेवसूरि	प्रा.		७				
१५२३	प्रज्ञापनातृतीयपदसंग्रहणीप्रकरण	मध्यम	अभयदेवसूरि	प्रा.		७				
१५२४	प्रज्ञापनातृतीयपदसंग्रहणीप्रकरणअवचूरि	श्रेष्ठ	कुलमंडनगणि -अव.	सं.		१४				
१५२५	प्रज्ञापनातृतीयसंग्रहणीप्रकरण		अभयदेवसूरि -मू.,							
....	सावचूरि त्रिपाठ	श्रेष्ठ	कुलमंडनगणि -अव.	प्रा.सं.	१६५५	७				

ग्रंथांक	ग्रंथनुं नाम	स्थिति	कर्ता	भाषा	संवत्	पत्र संख्या	झेरोक्ष	सी.डी.	ग्रंथाग्र	विशेष नोंध
१५२६	देववंदनादिभाष्यत्रय	जीर्ण	देवेन्द्रसूरि	प्रा		११				
१५२७	प्रत्याख्यानभाष्यवंदनकभाष्य	श्रेष्ठ	देवेन्द्रसूरि	प्रा		५				उंदरे किनारी करडेली छे.
१५२८	सम्यक्त्वस्तवपंचविंशतिकाप्रकरण	जीर्ण		प्रा		२			गा.२५	
१५२९	गुणस्थानक्रमारोहप्रकरण	श्रेष्ठ	देवेन्द्रसूरि	सं.		८				
१५३०	तत्त्वार्थाधिगमसूत्र	श्रेष्ठ	उमास्वातिवाचक	सं.		५	१५३०	२८३		
१५३१	तत्त्वार्थसूत्र श्रुतसागरीटीकासह	श्रेष्ठ	उमास्वातिवाचक -मू.	सं.		५१	१५३१	२८३		
१५३२	समयसारनाटक सटीक त्रिपाठ	श्रेष्ठ	अमृतचंद्राचार्य -मू.,	सं.	१७४३		१५३२	२८३		
			टी.क.शुभचंद्राचार्य							
१५३३	षट्स्थानकप्रकरण पंचलिंगीप्रकरण पंच.	श्रेष्ठ	जिनेश्वरसूरि	प्रा		५			गा.१०२	
									षट.गा.१०३	
१५३४	षटस्थानकप्रकरण वृत्तिसह	जीर्ण	जिनपाल -टी.	प्रा,सं.	१५१४	२५	१५३४	२८४		
१५३५	प्रवचनसारोद्धारप्रकरण	श्रेष्ठ	नेमिचंद्रसूरि	प्रा		५२				
१५३६	प्रवचनसारोद्धारप्रकरण	जीर्ण	नेमिचंद्रसूरि	प्रा	१५८५	९१			गा.१६१४	
१५३७	प्रवचनसारोद्धारप्रकरण	श्रेष्ठ	नेमिचंद्रसूरि	प्रा	१६६१	८१				
१५३८	प्रवचनसारोद्धारप्करण	जीर्ण	नेमिचंद्रसूरि	प्रा	१५२९	६१				
१५३९	प्रचनसारोद्धारप्रकरण	श्रेष्ठ	नेमिचंद्रसूरि	प्रा		८९				
१५४०	प्रवचनसारोद्धारप्रकरण अपूर्ण	जीर्ण	नेमिचंद्रसूरि	प्रा		३०				किनारी खाधेली छे.
१५४१	प्रवचनसारोद्धारप्रकरणवृत्ति	श्रेष्ठ	सिद्धसेनसूरि -वृ.	सं.		२४२			ग्रं.१८००	पत्र १९९ थी २४२ सुधी जीर्ण छे.
१५४२	प्रवचनसारोद्धारविषमपदपर्याय	श्रेष्ठ		सं.		११-५१				पाणीथी भींजायेली छे.
१५४३	प्रवचनसारोद्धारबीजक	श्रेष्ठ		सं.		३				
१५४४	प्रवचनसारोद्धारबीजक	श्रेष्ठ		सं.		६				
१५४५	सत्तरिसयठाणप्रकरण	जीर्ण		प्रा.	१७८१	१५			गा.१७०	पाणीमां भींजायेली छे.
१५४६	एकविंशतिस्थानप्रकरण	जीर्ण	सिद्धसेनसूरि	प्रा		३				
१५४७	एकविंशतिस्थानप्रकरण	श्रेष्ठ		प्रा.		४				
१५४८	एकविंशतिस्थानप्रकरण	श्रेष्ठ	सिद्धसेनसूरि	प्रा		६				
१५४९	एकविंशतिस्थानप्रकरण	जीर्ण	सिद्धसेनसूरि	प्रा.		२				
१५५०	एकविंशतिस्थानप्रकरण सस्तबक	जीर्ण		प्रा.गू.	१८२२	१५				

ग्रंथांक	ग्रंथनुं नाम	स्थिति	कर्ता	भाषा	संवत्	पत्र संख्या	झेरोक्ष	सी.डी.	ग्रंथाग्र	विशेष नोंध
१५५१	अष्टकप्रकरण सटीक	श्रेष्ठ	हरिभद्रसूरि -मू.,	सं.		८२	१५५१	२४२/	३३७०	
			टी.क.अभयदेवसूरि					२८४		
१५५२	षोडशकप्रकरण टिप्पणीसह	श्रेष्ठ	हरिभद्रसूरि	सं.	१५५५	६	१५५२	२८४		
१५५३	षोडशकप्रकरणवृत्ति	मध्यम	यशोभद्रसूरि	सं.	१६६४	३०	१५५३	२८४	१५००	
१५५४	ज्ञानमंजरीज्योतिष	श्रेष्ठ		सं.		१६				
१५५५	योगशास्त्र प्रथमप्रकाश	श्रेष्ठ	हेमचंद्राचार्य	सं.	१७०८	३			५६	
१५५६	योगशास्त्रप्रथमप्रकाश	श्रेष्ठ	हेमचंद्राचार्य	सं.		३			५६	
१५५७	योगशास्त्रआद्यप्रकाशचतुष्टय	मध्यम	हेमचंद्राचार्य	सं.		१४				
१५५८	योगशास्त्र बालवबोधसह	श्रेष्ठ	हेमचन्द्राचार्य -मू.,							
			बा.क. सोमसुंदरसूरि	सं.गू.	१५०२	११०				अंत्य पत्रमां चतुर्विध संघनुं चित्र छे.
१५५९	संघपट्टकप्रकरण	जीर्ण		सं.		३				
१५६०	संघपट्टकप्रकरण सावचूरिक	श्रेष्ठ	जिनवल्लभसूरि -मू.,	सं.	र. १६१९-	१४	१५६०...१५६८	२८४		
			अव.क.साधुकीर्त्तिगणि							
१५६१	संदेहदोलावलीप्रकरण	श्रेष्ठ	जिनदत्तसूरि	प्रा.		९			गा.१५०	
१५६२	संदेहदोलावलीप्रकरण	श्रेष्ठ		प्रा.	१६७५	९			गा.१५०	
१५६३	संदेहदोलावलीप्रकरण	मध्यम		प्रा.	१६१६	९	१५६०...१५६८	२८४	गा.१५०	
१५६४	संदेहदोलावलीप्रकरण वृत्तिसह	जीर्ण	जिनदत्तसूरि -मू.,	प्रा,सं.	र. १३२०-	६८	१५६०...१५६८	२८४	४७५०	
			वृ.क.जिनेश्वरसूरि							
१५६५◆	एषणाशतक	श्रेष्ठ	पार्श्वचंद्र	गू.		४			गा.१०४	
१५६६	द्वादशकुलक टिप्पणीसह	जीर्ण	जिनवल्लभसूरि -मू.	प्रा.		६	१५६०...१५६८	२८४	३००	
१५६७	द्वादशकुलक विवरणसह	जीर्ण	जिनवल्लभसूरि -मू.,	प्रा,सं.	र. १२९३-	७५	१५६०...१५६८	२८४		
			टी.क.जिनपाल							
१५६८	षष्टिशतप्रकरण	जीर्ण	नेमिचंद्र भंडारी	प्रा.		८	१५६०...१५६८	२८४	गा.१६१	
१५६९	षष्टिशतप्रकरण बालावबोधसह	श्रेष्ठ	नेमिचंद्र भंडारी -मू.							
			बाला. सोमसुंदरसूरि	प्रा.गू.	र.१४९६	४४				
१५७०	षष्टिशतप्रकरण बालाबवोधसह	मध्यम	नेमिचंद्र भंडारि -मू.,							
			बा.क. सोमसुंदरसूरि	प्रा.गू.	र.१४९६	२-४४			११२५	
१५७१	सम्यक्त्वसप्ततिकाप्रकरण	श्रेष्ठ		प्रा.		६	१५७१ + १५७२	२८४	गा.७०	

ग्रंथांक	ग्रंथनुं नाम	स्थिति	कर्ता	भाषा	संवत्	पत्र संख्या	झेरोक्ष	सी.डी.	ग्रंथाग्र	विशेष नोंध
१५७२	दर्शनसप्ततिका वृत्तिसह अपूर्ण	जीर्ण		प्रा,सं		१९१	१५७१ + १५७२	२८४		पाना चोंटेल छे. पत्र १८१,१८२ नथी
१५७३	ऋषिमंडलप्रकरण	श्रेष्ठ	धर्मघोषसूरि	प्रा		१०			गा.२३३	
१५७४	ऋषिमंडलप्रकरण	श्रेष्ठ	धर्मघोषसूरि	प्रा		११			गा.२३३	
१५७५	विवेकमंजरीप्रकरण जीवविचारप्रकरण	श्रेष्ठ	वि.क.आसड	प्रा	र.१२४८	९			वि.गा.१४४	
१५७६	उपदेशमालाप्रकरण अपूर्ण	जीर्ण	धर्मदासगणि	प्रा		६-१४			गा.५४४	
१५७७	उपदेशमालाप्रकरण	श्रेष्ठ	धर्मदासगणि	प्रा		२६			गा.५४४	
१५७८	उपदेशमालाप्रकरण अपूर्ण	मध्यम	धर्मदासगणि	प्रा		१०-२५			गा.५४४	
१५७९	उपदेशमालाप्रकरण	श्रेष्ठ	धर्मदासगणि	प्रा		३-१८			गा.५४४	
१५८०	उपदेशमालाप्रकरण	मध्यम	धर्मदासगणि	प्रा		२-१५			गा.५४४	
१५८१	उपदेशमालाप्रकरण बालावबोधसह	श्रेष्ठ	धर्मदासगणि बा. -मू.							
			क. विमलकीर्ति	प्रा.गू.	२.१६६९-ले.१६८०	४३				
१५८२	उपदेशमालाप्रकरण बालावबोधसह अपूर्ण	श्रेष्ठ		प्रा.गू.		६४-११५			५०००	
१५८३	उपदेशमाला बालावबोध अपूर्ण	जीर्ण		गू.		४-४७				
१५८४	पुष्पमालाप्रकरण	श्रेष्ठ	मलधारी हेमचंद्राचार्य	प्रा		२४			गा.५०५	
१५८५	पुष्पमालाप्रकरण अपूर्ण	श्रेष्ठ	मलधारी हेमचंद्राचार्य	प्रा		२४			गा.५०५	पत्र ७ थी १२ नथी.
१५८६	पुष्पमालाप्रकरण	श्रेष्ठ	मलधारी हेमचंद्रसूरि	प्रा		६-२७				
१५८७	अध्यात्मकल्पद्रुम सटीक त्रिपाठ	श्रेष्ठ	मुनिसुंदरसूरि -मू.	सं.	र.१६७२-ले.१६७४	६२	१५८७	२८४	२४५९	
			टी.क.वाचकरत्नचंद्र							
१५८८	रत्नसंचय सस्तबक अपूर्ण	मध्यम		प्रा.गू.		१८-४०				
१५८९	पूजाप्रकरण	जीर्ण		प्रा.		३	१५८९	२८४	गा.५०	
१५९०	संबोधसप्ततिकाप्रकरण	जीर्ण	रत्नशेखर	प्रा.		४				
१५९१	संबोधसप्ततिकाप्रकरण	मध्यम	रत्नशेखर	प्रा		३				
१५९२	संबोधसप्ततिकाप्रकरण	मध्यम	रत्नशेखर	प्रा.		३				
१५९३	संबोधसप्ततिकाप्रकरण सस्तबक	श्रेष्ठ	रत्नशेखर	प्रा.गू.	र.१७३३,ले.१७७९	३३				
१५९४	उपदेशरत्नकोश सावचूरिक त्रिपाठ	मध्यम		प्रा,सं.	१७४९	३	१५९४..१६००	२८४		
१५९५	उपदेशरत्नकोश सस्तबक	श्रेष्ठ		प्रा.गू.		३				
१५९६	**सिंदूरप्रकर**	श्रेष्ठ	**सोमप्रभाचार्य**	सं.		७			का.१००	

ग्रंथांक	ग्रंथनुं नाम	स्थिति	कर्ता	भाषा	संवत्	पत्र संख्या	झेरोक्ष	सी.डी.	ग्रंथाग्र	विशेष नोंध
१५९७	सिंदूरप्रकर सटीक	श्रेष्ठ	सोमप्रभाचार्य -मू., टी.क.हर्षकीर्त्तिसूरि	सं.	१८७६	२३	१५९७	२८४		
१५९८	सिंदूरप्रकर अवचूरि किंचिदपूर्ण	मध्यम		सं.		११				
१५९९/१	आदिनाथदेशनोद्धार	श्रेष्ठ		प्रा.		१-४	१५९४.. १६००	२८४	गा.८८	
१५९९/२	आत्मभावनास्तव	श्रेष्ठ	पार्श्वनाग	सं.		४-७	१५९४.. १६००	२८४	७६	
१६००/१	भववैराग्यशतक	श्रेष्ठ		प्रा		१-५	१५९४.. १६००	२८४	गा.१०३	
१६००/२	जिनस्तुति	श्रेष्ठ		प्रा	१६१७	५मुं	१५९४.. १६००	२८४	का.४	
१६०१	भववैराग्यशतक सस्तबक	मध्यम		प्रा.गू.		११				
१६०२	गौतमपृच्छा बालावबोधसह	जीर्ण		प्रा.गू.		४०				
१६०३	गुणस्थानकप्रकरण वृत्तिसह	मध्यम	रत्नशेखरसूरि स्वोपज्ञ	सं.		३१				
१६०४	दानादिकुलकबालावबोध अपूर्ण	जीर्ण		गू.		५३				
१६०५	श्रावकदिनकृत्यप्रकरण	श्रेष्ठ		प्रा		१६				
१६०६	गौतमकुलक सस्तबक	जीर्ण		प्रा.गू.		२			मू.गा.२०	
१६०७	गौतमकुलक सस्तबक	मध्यम		प्रा.गू.		३			मू.गा.२०	
१६०८	गौतमपृच्छा	श्रेष्ठ		प्रा.		२			गा.६४	
१६०९	ईरियापथिकीकुलक सस्तबक	मध्यम		प्रा.गू.		२				
१६१०	प्रश्नोत्तररत्नमाला सस्तबक	जीर्ण	विमलाचार्य	सं.गू.		२				
१६११	सिद्धमातृकाप्रकरण	मध्यम		सं.		२-५	१६११	२८४		
१६१२	षष्टिशतप्रकरण	श्रेष्ठ	नेमिचंद्र भंडारी	प्रा		४			गा.१६२	
१६१३	वीतरागस्तोत्र	श्रेष्ठ	हेमचंद्राचार्य	सं.		८	१६१३ थी १६१५	२८४		
१६१४	वीतरागस्तोत्र	श्रेष्ठ	हेमचंद्राचार्य	सं.		४	१६१३ थी १६५५	२८४		
१६१५	वीतरागस्तोत्र सावचूरि	जीर्ण	हेमचंद्राचार्य -मू.	सं.		६	१६१३ थी १६१५	२८४		
१६१६	भावारिवारणस्तोत्र	जीर्ण	जिनवल्लभगणि	प्रा.		३	१६१६	२८४		
१६१७	भावारिवारणस्तोत्र सटीक	श्रेष्ठ	जिनवल्लभसूरि -मू. टि.जयसागरसूरि	प्रा.सं.		८				
१६१८	उल्लासिक्कमस्मरण सस्तबक नमिऊणस्तोत्र सस्तबक	श्रेष्ठ	जिनवल्लभसूरि -उ.	प्रा.गू.		७				
१६१९	दुरियरयसमीरस्तोत्र	श्रेष्ठ	जिनवल्लभसूरि	प्रा.		४				

ग्रंथांक	ग्रंथनुं नाम	स्थिति	कर्ता	भाषा	संवत्	पत्र संख्या	झेरोक्ष	सी.डी.	ग्रंथाग्र	विशेष नोंध
१६२०	दुरियरयसमीरस्तोत्र बालावबोधसह अपूर्ण	मध्यम		प्रा.गू.		७				
१६२१	दुरियरयसमीरस्तोत्र सावचूरिक पंचपाठ	मध्यम	जिनवल्लभसूरि -मू.	प्रा,सं.	१६२४	४	१६२१ + १६२२	२८४		
१६२२	अजितशांतिस्तवावचूरि	श्रेष्ठ		सं.	१५९१	८	१६२१ + १६२२	२८४		
१६२३	अजितशांतिस्तव सावचूरिक पंचपाठ	श्रेष्ठ	नंदिषेण -मू.	प्रा,सं.	१६००	८	१६२३	२८४	४१७	
१६२४	अजितशांतिस्तोत्रसस्तबक	मध्यम	नंदिषेण	प्रा.सं.		८				
१६२५	सप्तस्मरण	मध्यम		प्रा,सं.	१७२६	२०	१६२५	२८५		
१६२५/१	नवकार	मध्यम		प्रा.		१	१६२५	२८५		
१६२५/२	उवसग्गहरं	मध्यम	भद्रबाहुस्वामी	प्रा.		१	१६२५	२८५	गा.५	
१६२५/३	संतिकरं	मध्यम	मुनिसुंदरसूरि	प्रा.		१-२	१६२५	२८५	गा.१३	
१६२५/४	नमिऊण	मध्यम		प्रा.		२-४	१६२५	२८५	गा.२४	
१६२५/५	अजितशांति	मध्यम	नंदिषेण	प्रा.		५-११	१६२५	२८५	गा.४०	
१६२५/६	भक्तामर	मध्यम	मानतुंगसूरि	सं.		११-१६	१६२५	२८५	गा.४४	
१६२५/७	बृहत्शांति	मध्यम	वादिवेताल शांतिसूरि	सं.		१६-१९	१६२५	२८५		
१६२५/८	लघुशांति	मध्यम	मानदेवसूरि	सं.		१९-२०	१६२५	२८५	गा.१७	
१६२६	सप्तस्मरण	मध्यम		प्रा.सं.		१०				
१६२६/१	अजितशांति	मध्यम	नंदिषेण	प्रा.		१-४			गा.४०	
१६२६/२	लघुअजितशांति	मध्यम	जिनवल्लभ	प्रा.		४-६			गा.१७	
१६२६/३	नमिऊण	मध्यम		प्रा.		६-७			गा.२४	
१६२६/४	तं जयउ स्मरण	मध्यम	जिनदत्तसूरि	प्रा.		७-८			गा.२६	
१६२६/५	मयरहियस्तोत्र	मध्यम	जिनदत्तसूरि	प्रा.		८-१०			गा.२१	
१६२६/६	सिग्घमवहरउविग्घं स्तोत्र	मध्यम	जिनदत्तसूरि	प्रा.		१०			गा.१४	
१६२७	भक्तामरस्तोत्र	श्रेष्ठ	मानतुंगसूरि	सं.	१७५५	३			का.४८	
१६२८	भक्तामरस्तोत्र बालावबोध	जीर्ण		गू.		१२				
१६२९	कल्याणमंदिरस्तोत्र	जीर्ण	सिद्धसेन दिवाकर	सं.		२			का.४४	
१६३०	कल्याणमंदिरस्तोत्र	मध्यम	सिद्धसेन दिवाकर	सं.		३				
१६३१	कल्याणमंदिरस्तोत्र सस्तबक अपूर्ण	मध्यम	सिद्धसेन दिवाकर	सं.		८				
१६३२	लघुशांतिस्तव	श्रेष्ठ	मानदेवसूरि	सं.		२			गा.१७	
१६३३	जयतिहुयणस्तोत्र सस्तबक	मध्यम	अभयदेवसूरि	अप.		६			मू.गा.३०	

ग्रंथांक	ग्रंथनुं नाम	स्थिति	कर्ता	भाषा	संवत्	पत्र संख्या	झेरोक्ष	सी.डी.	ग्रंथाग्र	विशेष नोंध
१६३४	कलिकुंडपार्श्वनाथस्तोत्र धरणोरगेन्द्रस्तोत्र	मध्यम		सं.		२			३९	
१६३५	विज्ञप्तिद्वात्रिंशिका	मध्यम		सं.		२	१६३५ + ३६	२८४	३३	
१६३६	परमानंदस्तोत्र तथा मूर्खशतक	जीर्ण		सं.		१	१६३५ + ३६	२८४	२८	
१६३७	ऋषिमंडलस्तोत्र	जीर्ण		सं.		२				
१६३८	चतुर्विंशतिजिनस्तव तथा सद्भक्त्या देवलोके स्तोत्र	मध्यम	देवविजयगणि -च.	सं.		२			का.२८	
१६३९	बप्पभट्टिस्तुतिचतुर्विंशतिका सटीक पंचपाठ	श्रेष्ठ	बप्पभट्टिसूरि -मू.	सं.		५			का.९६	
१६४०	शोभनस्तुति	मध्यम	शोभनमुनि	सं.	१८७६	८				
१६४१	स्तोत्रसंग्रह	श्रेष्ठ		सं.		६				
१६४२	जिनस्तोत्ररत्नकोश	मध्यम	मुनिसुंदरसूरि	सं.		५				पाणीथी भींजायेली छे.
१६४३	नवकारमहात्म्य अपूर्ण	श्रेष्ठ		सं.		४-८				
१६४४	जिनकुशलसूरिकवित्वाष्टक	मध्यम	मुनिमेरुपाध्याय	सं.		१	१६४४	२८४		
१६४५	भवानीसहस्रनामस्तोत्र	श्रेष्ठ		सं.		९				
१६४६	त्रिपुरास्तोत्र लघुस्तव	मध्यम		सं.		२				
१६४७	त्रिषष्टिशलाकापुरुषचरित्रमहाकाव्य दशमपर्व-महावीचरित्र	मध्यम	हेमचंद्राचार्य	सं.	१६५७	२०८	१६४७	२८५		
१६४८	एकविंशतिस्थानकप्रकरण सस्तबक	जीर्ण	सिद्धसेनसूरि	प्रा.गू.	१७०१	५				
१६४९	शांतिनाथचरित्र गद्य त्रूटक	मध्यम	भावचंद्रसूरि	सं.	१६५६	११-४६ अने १९६मुं			६९००	
१६५०	त्रिषष्टिलक्षणमहापुराण त्रूटक अपूर्ण	मध्यम		सं.		६४-१०१				
१६५१	जंबूस्वामिचरित्र	मध्यम	पद्मसुंदर	प्रा		१८	१६५१			
१६५२	जंबूस्वामिचरित्रगद्य	जीर्ण	सकल हर्ष	सं.	१७२०	११	१६५२			
१६५३	अंबडचरित्र गद्य पत्र	मध्यम	अमरसुंदर	सं.	१८५७	३१	१६५३			
१६५४	धर्मदत्तकथानक गद्य	श्रेष्ठ		सं.	१६६८	७				
१६५५	ज्ञानपंचमीकथा	जीर्ण	कनककुशल	सं.	र.१६५५-ले.१८५९	३				
१६५६	पौषदशमीकथा गद्य	मध्यम		सं.		३				प्रति पाणीथी भींजायेली छे.
१६५७	होलिकाकथा पद्य	जीर्ण		सं.		३				प्रति पाणीथी भींजायेली छे.
१६५८	चातुर्मासिकव्याख्यान	श्रेष्ठ	समयसुंदर	सं.	र. १६६५-	६	१६५८			

ग्रंथांक	ग्रंथनुं नाम	स्थिति	कर्ता	भाषा	संवत्	पत्र संख्या	झेरोक्ष	सी.डी.	ग्रंथाग्र	विशेष नोंध
१६५९	सम्यक्त्वकौमुदीकथा गद्य	जीर्ण		सं.		३९	१६५९	२८६		प्रति पाणीथी भींजाएली छे
१६६०	चातुर्मासिकव्याख्यान	मध्यम		सं.		४				
१६६१	सिंहासनद्वात्रिंशिकाकथा	जीर्ण		सं.		१२-४४				
१६६२	उत्तराध्ययनसूत्र सप्तबक	श्रेष्ठ		प्रा.गू.	मू-१८२८,ट-१८३३	१६८			१०००	
१६६३	भक्तामरस्तोत्र वार्तिकसह	जीर्ण	मानतुंगसूरि -मू., वा.क.मेरुसुंदरोपाध्याय	सं.गुज	१६४२	२८	१६६३	२८४		
१६६४	उपदेशरत्नाकर	श्रेष्ठ	मुनिसुंदरसूरि	सं.		७				
१६६५	सुरसुंदरीकथा टिप्पनकसह	श्रेष्ठ	धनेश्वरसूरि	प्रा.	र.१०९५-ले.१५०३	८१			५०००	
१६६६	मलयसुंदरीचरित्र	जीर्ण	जयतिलकसूरि	सं.		३-४३	१६६६	२८५	२४०६	प्रति उधईए खाधेली छे
१६६७	त्रिषष्टिशलाकापुरुषचरित्र दशमपर्व महावीरचरित्र	जीर्ण	हेमचंद्राचार्य	सं.		८३	१६६७	२८५		
१६६८	श्रीपालचरित्र	जीर्ण	रत्नशेखरसूरि	प्रा.	र.१४२८-ले.१६७४	२७	१६६८			
१६६९	श्रीपालचरित्र	मध्यम	रत्नशेखरसूरि	प्रा.	र. १४२८-	३८				
१६७०	वरांगचरित्र	मध्यम	वर्द्धमानभट्टारकदेव	सं.		३८	१६७०		१३८३	
१६७१	आचारांगसूत्र	श्रेष्ठ	सुधर्मास्वामी	प्रा.		३९			२५५४	
१६७२	चैत्यवंदनभाष्य सस्तबक			प्रा.गू.		४			गा.६२	
१६७३	क्षुल्लकभवावलिकाप्रकरणसावचूर्णि पंचपाठ	श्रेष्ठ	धर्मशेखरगणि -अव.	प्रा.सं.	ले-१७८५	१			गा.२५	
१६७४	पाक्षिकसूत्र तथा अतिचार	श्रेष्ठ		प्रा.गू.		२-१७				
१६७५	श्रीचंद्रीयासंग्रहणी सस्तबक अपूर्ण	श्रेष्ठ		प्रा.गू.		२-३८				गा.१३० सुधी टबो छे.
१६७६	प्राचीनकर्मस्तवकर्मग्रंथवृत्ति		गोविंदगणि	सं.		२-१५			१४९९	
१६७७	उपदेशमालाप्रकरण टिप्पणीसह	जीर्ण	धर्मदासगणि	प्रा.		२६				
१६७८	संघपट्टकप्रकरण वृत्तिसह	श्रेष्ठ	जिनदत्तसूरि -मू., टी.जिनपतिसूरि	सं.	ले-१५६४	४८			३६००	
१६७९	दर्शनसप्ततिकाप्रकरण वृत्तिसह	श्रेष्ठ	सोमतिलकाचार्य -टी.	प्रा.सं.	र.१४२२-ले.१५०१	११६			८७०७	
१६८०	लघुक्षेत्रसमासप्रकरण	मध्यम	रत्नशेखरसूरि	प्रा.	१८६०				गा.२६५	
१६८१	श्रीचंद्रीयासंग्रहणी	मध्यम	श्रीचंद्रसूरि	प्रा.		६				
१६८२	जीवविचार नवतत्त्वप्रकरण	श्रेष्ठ	शांतिसूरि	प्रा.		४				जी.गा.५०/न.गा.५१

ग्रंथांक	ग्रंथनुं नाम	स्थिति	कर्ता	भाषा	संवत्	पत्र संख्या	झेरोक्ष	सी.डी.	ग्रंथाग्र	विशेष नोंध
१६८३	नवतत्त्वप्रकरण सावचूरिक	मध्यम		प्रा.सं.		८				
१६८४	गीत सज्झायादि	मध्यम		गू.		७				
१६८५	पर्युषणाष्टाहिकाव्याख्यान	श्रेष्ठ	क्षमाकल्याण	सं.	र.१८६०,ले.१८८२	१५				
१६८६	आत्मप्रबोध बीजकसह	श्रेष्ठ	जिनलाभसूरि	सं.	र. १८३३	१२४				
१६८७	वर्धमानदेशना गद्य	मध्यम	राजकीर्ति	सं.	१८६५	१७१				
१६८८	श्रीचंद्रीयासंग्रहणी अपूर्ण	श्रेष्ठ		प्रा.		७१				
१६८९	समरादित्यचरित्र संस्कृतछायासह	मध्यम	हरिभद्रसूरि -मू.	प्रा,सं.		३०१	१६८९	२८५	१००००	
१६९०	सप्तव्यसनकथानक पद्य अपूर्ण	मध्यम	सोमकीर्ति	सं.		५२				
१६९१	प्रज्ञापनोपांगसूत्रटीका	जीर्ण	मलयगिरि आचार्य -टी.	सं.	१७८२	३६-३५२	१६९१	३३०	१६०००	प्रति पाणीथी भींजाएली छे
१६९२	पाक्षिकसूत्र	मध्यम		प्रा		८				
१६९३	स्मरणस्तोत्रादि सार्थ कल्प सह	मध्यम		प्रा.सं.गु	१८२९	२१	१६९३	२८५		
१६९३/१	जांगुलीमहाविद्याकल्प	मध्यम		सं.		१	१६९३	२८५		
१६९३/२	सर्वरोगहरस्तोत्र	मध्यम		सं.		२	१६९३	२८५		
१६९३/३	ज्वालामालिनीमंत्र	मध्यम		सं.		२	१६९३	२८५		
१६९३/४	उवसग्गहरंस्तोत्र	मध्यम		प्रा		२-३	१६९३	२८५		
१६९३/५	सप्ततिशतजिनस्तोत्र	मध्यम		प्रा		३-४	१६९३	२८५		
१६९३/६	भयहरस्तोत्र	मध्यम		प्रा		४-७	१६९३	२८५		
१६९३/७	अजितशांतिस्तोत्र	मध्यम		प्रा		७-१४	१६९३	२८५		
१६९३/८	बृहत्शांतिस्तोत्र	मध्यम		सं.		१४-१५	१६९३	२८५		
१६९३/९	लघुशांतिस्तोत्र	मध्यम		सं.		१५-१७	१६९३	२८५		
१६९३/१०	संतिकरं	मध्यम		प्रा		१७-१९	१६९३	२८५		
१६९३/११	भैरवपद्मावतीकल्प	मध्यम				१९-२०	१६९३	२८५		
१६९३/१२	अवकहडाचक्र	मध्यम				२१	१६९३	२८५		
१६९४	रत्नाकरपच्चीसी सस्तबक	मध्यम		सं.गू.		३				
१६९५	अजितशांतिस्तव	मध्यम	नंदिषेण	प्रा.		३			गा.४०	
१६९६	भक्तामरस्तोत्र	जीर्ण	मानतुंगसूरि	सं.		९			का.४४	किनारी उंदरे करडेली छे.
१६९७	षोडशकप्रकरणटीका	श्रेष्ठ	यशोभद्रसूरि -टी.	सं.	१८१७	३७	१६९७	२८५		
१६९८	योगशास्त्रटीका	मध्यम	हेमचंद्राचार्य स्वोपज्ञटीका	सं.		४८				

ग्रंथांक	ग्रंथनुं नाम	स्थिति	कर्ता	भाषा	संवत्	पत्र संख्या	झेरोक्ष	सी.डी.	ग्रंथाग्र	विशेष नोंध
१६९९	दशवैकालिकसूत्र सस्तबक	मध्यम	शय्यंभवसूरि	प्रा.गू.		४८			४५००	
१७००	सप्तस्मरण अपूर्ण	मध्यम		प्रा.सं.		८				
१७०१	शीलोपदेशमालाप्रकरण	जीर्ण	जयकीर्तिसूरि	प्रा.		६			गा.११७	
१७०२	भावारिवारणस्तोत्रादिवृत्ति	मध्यम		सं.		१५				
१७०३	अष्टाह्निकाव्याख्यान अपूर्ण	मध्यम		सं.		२१				
१७०४	ज्योतिषाम्नाय	जीर्ण		सं.		१				
१७०५	कल्पसूत्र	मध्यम		प्रा.		९९				
१७०६	श्रावकषडावश्यकसूत्र	मध्यम		प्रा.सं.		१६				
१७०७	दशवैकालिकसूत्र	जीर्ण	शय्यंभवसूरि	प्रा.	१६०६	२८				
१७०८	भक्तामरस्तोत्र वृत्तिसह	श्रेष्ठ	मानतुंगसूरि -मू.							
			वृ.गुणाकरसूरि	सं.	र.१४२६-ले.१८५९	५९			१५७२	
१७०९	भावारिवारणस्तोत्र तथा									
	दुरियरयसमीरस्तोत्र	श्रेष्ठ	जिनवल्लभसूरि	सं.प्रा.		४				
१७१०	कालज्ञानभाषाप्रबंध	श्रेष्ठ	लक्ष्मीवल्लभगणि	राज.	र.१७४१-ले.१८५३	९				
१७११	शीतलजिनस्तुति आदि	मध्यम		प्रा.गुज.		२	१७११			
१७११/१	शीतलनाथस्तुति	मध्यम	जिनलाभसूरि	सं.			१७११		गा.४	
१७११/२	ज्ञानपंचमीस्तुति	मध्यम	जिनलाभसूरि	गुज.			१७११		गा.४	
१७११/३	मौनएकादशीस्तुति	मध्यम	जिनलाभसूरि	गुज			१७११		गा.४	
१७११/४	पार्श्वनाथस्तुति	मध्यम	जिनलाभसूरि	गुज.			१७११		गा.४	
१७११/५	वीरस्तुति	मध्यम	जिनलाभसूरि	गुज			१७११		गा.४	
१७१२	सिद्धहेमशब्दानुशासनलघुवृत्ति									
	द्वितीयअध्याय प्रथमपादपर्यंत	जीर्ण	हेमचंद्राचार्य स्वोपज्ञ	सं.		१५	१७१२ + १७१४	२८६		
१७१३	सिद्धहेमशब्दानुशासनलघुवृत्ति									
	षष्ठसप्तमाध्याय-तद्धितवृत्ति	जीर्ण	हेमचंद्राचार्य स्वोपज्ञ	सं.	१५१६	४१	१७१३	२८६	१६२८	
१७१४	सिद्धहेमशब्दानुशासन बृहद्वृत्ति									
	लघुन्यास षष्ठपाद पर्यंत	श्रेष्ठ	कनकप्रभसूरि	सं.		६९	१७१२ + १७१४	२८६		
१७१५	सिद्धहेमशब्दानुशासन चतुष्कावचूरि									
	षष्ठपादपर्यंत	जीर्ण		सं.		२०	१७१५	२८६		

ग्रंथांक	ग्रंथनुं नाम	स्थिति	कर्ता	भाषा	संवत्	पत्र संख्या	झेरोक्ष	सी.डी.	ग्रंथाग्र	विशेष नोंध
१७१६	सिद्धहेमशब्दानुशासन आख्यातावचूरि चतुर्थाध्यायपर्यंत किंचिदपूर्ण	जीर्ण		सं.		२८	१७१६	२८६		
१७१७	हैमलिंगानुशासन अपूर्ण	मध्यम	हेमचंद्राचार्य	सं.		११	१७१७ + १७१८	२८६		
१७१८	लिंगानुशासन स्वोपज्ञटीकासह	श्रेष्ठ	हेमचंद्राचार्य	सं.		८३	१७१७ + १७१८	२८६		
१७१९	सिद्धहेमशब्दानुशासन अष्टमाध्याय बृहद्वृत्तिसह	श्रेष्ठ	हेमचंद्राचार्य स्वोपज्ञ	सं.	१५५४	६८	१७१९	२८६		
१७२०	प्रा.चंद्रिका	जीर्ण		सं.	१६४१	२६	१७२०	२८६		
१७२१	पाणिनिव्याकरण अष्टाध्यायीसूत्रपाठ	जीर्ण		सं.	१७१६	२५	१७२१	२८६		
१७२२	लघुसिद्धांतकौमुदी	श्रेष्ठ	वरदगज	सं.	१८८५	५४-११७	१७२२			
१७२३	मध्यमसिद्धांत कौमुदि	श्रेष्ठ	वरदराज	सं.		९५	१७२३			
१७२४	पाणिनि उणादिमणवृत्ति	श्रेष्ठ		सं.		२०	१७२४		१६५१	
१७२५	पाणिनिपरिभाषा	श्रेष्ठ	व्याडि	सं.		२	१७२५	२८६		
१७२६	सिद्धांतचंद्रिका सुबोधिनीव्याख्यासह	मध्यम	रामाश्रमाचार्य -मू. व्या. सदानंद	सं.		११८				
१७२७	सिद्धांतचंद्रिकातत्त्वदीपिकाव्याख्या पूर्वार्द्ध	श्रेष्ठ	वोकेशकर शर्मा	सं.		७५				
१७२८	सारस्वतव्याकरण	मध्यम	अनुभूतिस्वरूपाचार्य	सं.		५४				
१७२९	सिद्धांतकौमुदी पूर्वार्ध	श्रेष्ठ	भट्टोजी दीक्षित	सं.	१८३१	१३७				
१७३०	सिद्धांतकौमुदी तत्त्वबोधिनी टीका अपूर्ण	श्रेष्ठ		सं.		८५				
१७३१	सिद्धांतचंद्रिका	श्रेष्ठ		सं.	१८६०	८७				
१७३२	सिद्धांतचंद्रिका स्वरान्तनपुंसकलिंग पर्यंत	मध्यम	रामाश्रमाचार्य	सं.		१२				
१७३३	सिद्धांतचंद्रिका	मध्यम	रामाश्रमाचार्य	सं.		३४				
१७३४	सारस्वतव्याकरण	श्रेष्ठ	अनुभूतिस्वरूपाचार्य	सं.	१८११	६४				
१७३५	सारस्वतव्याकरणटीका	श्रेष्ठ		सं.	१७१६	११५				
१७३६	सारस्वतव्याकरण	श्रेष्ठ	अनुभूतिस्वरूपाचार्य	सं.	१८५९	८०				
१७३७	सारस्वतव्याकरण	श्रेष्ठ	अनुभूतिस्वरूपाचार्य	सं.		२१				
१७३८	सारस्वतव्याकरण अपूर्ण	श्रेष्ठ	अनुभूतिस्वारूपाचार्य	सं.		११				
१७३९	सारस्वतवृत्ति अपूर्ण	श्रेष्ठ	चंद्रकीर्ति -वृ.	सं.		७				

ग्रंथांक	ग्रंथनुं नाम	स्थिति	कर्ता	भाषा	संवत्	पत्र संख्या	झेरोक्ष	सी.डी.	ग्रंथाग्र	विशेष नोंध
१७४०	सारस्वतदीपिका पंचसंधि	मध्यम		सं.		३२				
१७४१	सारस्वतटिप्पनक	श्रेष्ठ	क्षेमेन्द्र -टी.	सं.	१६६२	१७				
१७४२	सारस्वतप्रथमश्लोकार्थ	मध्यम		सं.		२-६				
१७४३	क्रियाचंद्रिका अपूर्ण	मध्यम		सं.		७३				
१७४४	ऋजुप्राज्ञप्रक्रियावृत्ति	श्रेष्ठ		सं.		५	१७४४ थी १७४७	२८६		
१७४५	ऋजुप्राज्ञव्याकरण	श्रेष्ठ	सहजकीर्त्ति	सं.		१०	१७४४ थी १७४७	२८६		
१७४६	शब्दशोभाव्याकरण टिप्पणीसह	जीर्ण	नीलकंठ	सं.	१७३७	२८	१७४४ थी १७४७	२८६		
१७४७	शतश्लोकीव्याकरण अपूर्ण	मध्यम		सं.		३	१७४४ थी १७४७	२८६		
१७४८	कविकल्पद्रुम टिप्पणीसह	मध्यम	वोपदेव	सं.		१६	१७४८	२८६		
१७४९	कविकल्पद्रुम	श्रेष्ठ	वोपदेव	सं.	१६७२	२६	१७४९	२८६	१७५४	
१७५०	कविकल्पद्रुम धातुपाठ	जीर्ण		सं.		२	१७५०			
१७५१	क्रियाकलाप	श्रेष्ठ	विद्यानंद	सं.		९	१७५१	२८६	३२५	
१७५२	क्रियाकलाप	जीर्ण	विद्यानंद	सं.	१७५८	११	१७५२			
१७५३	दुर्गसिंहलिंगानुशासन	श्रेष्ठ	दुर्गसिंह	सं.		१२	१७५३ थी १७५५	२८६		
१७५४	कातंत्रविभ्रम सटीक त्रिपाठ	श्रेष्ठ	चारित्रसिंह -टी.	सं.	र. १६३५-	७	१७५३ थी १७५५	२८६		
१७५५	अव्यय सावचूरिक त्रिपाठ	श्रेष्ठ		सं.		२	१७५३ थी १७५५	२८६		
१७५६	अनिट्कारिका	मध्यम		सं.	१७०१	५	१७५६	२८६		
१७५७	विभक्तिविचार	श्रेष्ठ		सं.		७	१७५७ + १७५८	२८६		
१७५८	वाक्यप्रकाश-औक्तिक सटीक त्रिपाठ	श्रेष्ठ	उदयधर्मगणि -टी.	सं.	र.१५०२-ले.१६१२	६	१७५७ + १७५८	२८६		
१७५९	गणरत्नमहोदधिवृत्ति	श्रेष्ठ	गोविंदसूरिशिष्य							
			वर्द्धमान	सं.	र.११९७-ले.१७६९	५०	१७५९	२८६		
१७६०	गणरत्नमहोदधि स्वोपज्ञटीकासह									
	अपूर्ण	मध्यम	गोविंदसूरिशिष्य							
			वर्द्धमान	सं.	र. ११९७-	५४	१७६०	२८६		
१७६१	वृत्तरत्नाकर टिप्पणीसह	मध्यम	गोविंदसूरिशिष्य वर्धमान	सं.		५				
१७६२	वृत्तरत्नाकर	मध्यम	भट्ट केदार	सं.		४				
१७६३	वृत्तरत्नाकर सटीक	जीर्ण	भट्ट केदार -मू.							
			टी.क. सोमचंद्र	सं.	र.१३२९	३०			११९९	

ग्रंथांक	ग्रंथनुं नाम	स्थिति	कर्ता	भाषा	संवत्	पत्र संख्या	झेरोक्ष	सी.डी.	ग्रंथाग्र	विशेष नोंध
१७६४	श्रुतबोध	मध्यम	कालिदास कवि	सं.		२				
१७६५	भरतसंगीतसंयोग	मध्यम		सं.		५			१५१	
१७६६	रूपदीप भाषाछंदोग्रंथ	मध्यम	जयकृष्ण	हि	र.१७७६	५				
१७६७	रूपदीप भाषाछंदोग्रंथ	मध्यम		हि		७				
१७६८	काव्यानुशासनसूत्रपाठ	मध्यम		सं.		४	१७६८	२८६		
१७६९	हैमकाव्यानुशासनविवेक	श्रेष्ठ	हेमचंद्राचार्य	सं.		११२	१७६९	२८७	४०००	
१७७०	कविशिक्षा काव्यकल्पता वृत्तिसह	श्रेष्ठ	अमरचंद्रसूरि	सं.		७१	१७७०	२८६	२३५७	
१७७१	वाग्भटालंकार		वाग्भट	सं.		६	१७७१	२८६	२८९	
१७७२	कुमारसंभवमहाकाव्य सप्तमसर्गपर्यंत									
	सावचूरि	श्रेष्ठ	कवि कालिदास -मू.	सं.		२५				प्रति पाणीथी भींजायेली छे.
१७७३	रघुवंशमहाकाव्य अपूर्ण	मध्यम	कवि कालिदास	सं.		२४				
१७७४	रघुवंशमहाकाव्य - सर्ग नवथी बार अपूर्ण	मध्यम	कवि कालिदास	सं.		१७				
१७७५	अभिधानचिंतामणिनाममाला	श्रेष्ठ	हेमचंद्राचार्य स्वोपज्ञ	सं.		१७०	१७७५	२८७	१००००	प्रतिनी किनारी उंदरे करडेली छे
	स्वोपज्ञटीका									
१७७६	अभिधानचिंतामणिनाममाला	श्रेष्ठ	हेमचंद्राचार्य	सं.	१६५०	२४७	१७७६	२८७	१००००	
	स्वोपज्ञटीकासह									
१७७७	अमरकोश प्रथमकांड सटीक त्रिपाठ	मध्यम	अमरसिंह -मू.,	सं.	१८०२	१११	१७७७	२८७		
			टी.क.भावुजी दीक्षित							
१७७८	अमरकोश सटीक द्वीतीयकांड त्रिपाठ	मध्यम	अमरसिंह -मू.,	सं.	१८०३	२८९	१७७८	२८७		
			टी.क.भावुजी दीक्षित							
१७७९	अमरकोश तृतीयकांड सटीक त्रिपाठ	मध्यम	अमरसिंह -मू.,	सं.		११६	१७७९	२८७		
			टी.क. भावोजी दीक्षित							
१७८०	अभिधान्‌चिंतामणिनाममाला अपूर्ण	मध्यम	हेमचंद्राचार्य	सं.		९				
१७८१	अभिधानचिंतामणिनाममाला अपूर्ण	जीर्ण	हेमचंद्राचार्य	सं.		१०-३१				
१७८२	अभिधानचिंतामणीनाममाला अपूर्ण	मध्यम	हेमचंद्राचार्य	सं.		५-१९				
१७८३	अभिधानचिंतामणीनाममाला									
	स्वोपज्ञवृत्तिसह अपूर्ण	श्रेष्ठ	हेमचंद्राचार्य स्वोपज्ञ	सं.		५४				
१७८४	अमरकोश प्रथमकांड	मध्यम	अमरसिंह	सं.		४२				

ग्रंथांक	ग्रंथनुं नाम	स्थिति	कर्ता	भाषा	संवत्	पत्र संख्या	झेरोक्ष	सी.डी.	ग्रंथाग्र	विशेष नोंध
१७८५	रघुवंशमहाकाव्यटीका	श्रेष्ठ	मल्लिनाथ	सं.	१७१८	१२७				
१७८६	न्यायरत्नप्रकरण शशधरसूत्र	श्रेष्ठ	शशधर	सं.		३९	१७८६ + १७८७	२४२		प्रतिनी किनारी उंदरे करडेली छे
१७८७	न्यायरत्नप्रकरण शशधरसूत्र टीप्पणीसह	श्रेष्ठ	शशधर	सं.	१८१६	४३	१७८६ + १७८७	२४२		
१७८८	तर्कपरिभाषा	श्रेष्ठ	केशवमिश्र	सं.	१५५२	१४	१७८८			
१७८९	तर्कपरिभाषा	जीर्ण	केशवमिश्र	सं.	१६५९	२०				प्रति चारे बाजुथी उधईए खाधेली छे.
१७९०	तर्कपरिभाषा अपूर्ण	मध्यम	केशवमिश्र	सं.		२७				
१७९१	तर्कभाषाप्रकाशवृत्ति	श्रेष्ठ	गोवर्धन	सं.	१६९९	३०	१७९१	२८८		
१७९२	न्यायसार न्यायतात्पर्यदीपिकाटीका	श्रेष्ठ	जयसिंहसूरि	सं.	१६३३	५३	१७९२	२४२	३०००	
१७९३	सप्तपदार्थी	मध्यम	शिवादित्य मिश्र	सं.		४	१७९३			
१७९४	तर्कसंग्रहदीपिका	मध्यम	अन्नंभट्ट	सं.		१२	१७९४			
१७९५	मंगलवादप्रश्नपद्धति	जीर्ण	समयसुंदरजी	सं.	१६५३	३	१७९५			प्रतिनी किनारी खवाएली छे
										ग्रंथकर्ताए स्वहस्ते लखेली प्रत
१७९६	आलापकपद्धति अपूर्ण	मध्यम		सं.		७	१७९६			
१७९७	षड्दर्शनसमुच्चय	श्रेष्ठ	हरिभद्रसूरि	सं.		२-५				
१७९८	षड्दर्शनसमुच्चय सटीक	जीर्ण	हरिभद्रसूरि -मू.,	सं.		२७	१७९८	२८८	१२५२	प्रति पाणीथी भींजाएली छे
			वृ.क.विद्यातिलक							
१७९९	प्रामाण्यवाद	मध्यम	हरिराम तर्कवागीश	सं.		२४	१७९९	२८८		
१८००	वादस्थल अपूर्ण	जीर्ण		सं.		२	१८००	२८८		
१८०१	शिरोमणीटीका	मध्यम		सं.		६३	१८०१	२८८		
१८०२	न्यायग्रंथ	मध्यम		सं.		७९	१८०२	२८८		
१८०३	न्यायग्रंथ अपूर्ण	मध्यम		सं.		३५	१८०३	२८८		पत्र बीजुं नथी
१८०४	सारस्वतव्याकरणदीपिकाटीका	मध्यम	चंद्रकीर्त्ति	सं.	र.१७७४-ले.१८२२	२१२				
१८०५	लोंकानी हुंडी बीजकसह	मध्यम		प्रा.गू.		३५				
१८०६	शत्रुंजयकल्प सस्तबक तथा									
	पडिलेहणाकुलक	मध्यम	विनयविमल	प्रा.गू.		३५				
१८०७	सिद्धांतचंद्रिका स्वरान्तनपुंसकपर्यंत		रामाश्रम	सं.		३२				
१८०८	व्याकरण	मध्यम		सं.		२६				
१८०९	अनिट्कारिका सटीक त्रिपाठ	मध्यम		सं.		६	१८०९			

ग्रंथांक	ग्रंथनुं नाम	स्थिति	कर्ता	भाषा	संवत्	पत्र संख्या	झेरोक्ष	सी.डी.	ग्रंथाग्र	विशेष नोंध
१८१०	हारितोत्तर वैद्यकग्रंथ अपूर्ण	जीर्ण		सं.		६७				
१८११	अष्टांगहृदगयसंहिता उत्तरकल्प त्रूटक	मध्यम	वाग्भट	सं.		१०३				
१८१२	निबंधसंग्रह वैद्यक सटीक अपूर्ण	जीर्ण		सं.		७२				
१८१३	शाङ्र्गधरसंहिता	मध्यम	शाङ्र्गधर	सं.		५९-९८				
१८१४	अष्टांगहृदयसंहिता	जीर्ण	वाग्भट	सं.	१७१४	११२				
१८१५	रामविनोद-वैद्यक	मध्यम	रामचंद्र	गू.	र.१६१०	७६				
१८१६	अनेकार्थतिलक	मध्यम		सं.		३४				
१८१७	योगचिंतामणी सस्तबक अपूर्ण	मध्यम		सं.गू.		९१				
१८१८	बालतंत्र-वैद्यक	मध्यम	वैद्यरतन	सं.	१८८६	१२	१८१८			
१८१९	सन्निपातकलिका वैद्यक	मध्यम	अश्विनीकुमार	सं.		३-३२				
१८२०	सूत्रस्थान-वैद्यकग्रंथ	जीर्ण		सं.		३-३२				
१८२१	सुश्रुतसूत्रस्थान	श्रेष्ठ		सं.		२४				
१८२२	योगसारसमुच्चय सस्तबक-वैद्यक	मध्यम		सं.गू.		३९-४८				
१८२३	न्यायग्रंथटीका	मध्यम		सं.	१६६२	९१	१८२३	२८८		
१८२४	लीलावतीगणित	जीर्ण	भास्कराचार्य	सं.		५१	१८२४	२८८		
१८२५	अभिधानचिंतामणि सटीक बृहदवृत्ति	मध्यम		सं.		२०५ + ८९ = २९४	१८२५ (१,२)	२८८		
१८२६	सारस्वतव्याकरणसिद्धांतरत्नावलीटीका अपूर्ण	मध्यम		सं.		८४				
१८२७	शीघ्रबोधज्योतिष	मध्यम	काशिनाथ	सं.	१८४३	१३				
१८२८	रत्नदीपज्योतिष	श्रेष्ठ	गणपति	सं.		११				
१८२९	फलकल्पलता	श्रेष्ठ		सं.	१८४४	१२				
१८३०	बालावबोधसारसंग्रहज्योतिष	मध्यम	मुंजादित्य	सं.		१०			५००	
१८३१	प्रश्नप्रदीप	श्रेष्ठ		सं.		८				
१८३२	प्रश्नप्रदीप	श्रेष्ठ				५				
१८३३	महादेवी दीपिकावृत्ति	श्रेष्ठ	धनराजगणि	सं.	र.१६९२-ले.१८२९	२७			१५००	
१८३४	रुद्रयामलज्योतिष	श्रेष्ठ		सं.	१८२९	४				
१८३५	रुद्रयामलज्योतिष	मध्यम		सं.		४				
१८३६	भुवनदीपक	मध्यम	पद्मप्रभसूरि	सं.		१८				

ग्रंथांक	ग्रंथनुं नाम	स्थिति	कर्ता	भाषा	संवत्	पत्र संख्या	झेरोक्ष	सी.डी.	ग्रंथाग्र	विशेष नोंध
१८३७	यंत्रचिंतामणी सटीक	मध्यम		सं.		८				
१८३८	ताजिकसार ज्योतिष	मध्यम		सं.		३				
१८३९	ताजिकसार ज्योतिष	श्रेष्ठ		सं.		२४				
१८४०	ताजिकसारकारिकाटीका	मध्यम	सुमतिहर्ष अपरनाम							
			सामंत	सं.	र.१६७७-ले.१८१८				११०१	
१८४१	ताजिकबालावबोध ज्योतिष	मध्यम		गू.		३				
१८४२	ताजिकभूषण ज्योतिष अपूर्ण	श्रेष्ठ		सं.		१०				
१८४३	रत्नमाला ज्योतिष बालबोधिनी टीका	श्रेष्ठ	महादेव	सं.	१७६४	४२				
१८४४	विवाहवृंदावन ज्योतिषशास्त्र सटीक	श्रेष्ठ		सं.		३३				
१८४५	षट्पंचाशिका ज्योतिष	श्रेष्ठ		सं.		९				
१८४६	भावचिंतामणि षष्ठपटल-ज्योतिष	श्रेष्ठ		सं.	१८४८	३				
१८४७	आरंभसिद्धि-ज्योतिष द्वितीयविमर्श पर्यंत	श्रेष्ठ	उदयप्रभसूरि	सं.		६				
१८४८	लघुजातक ज्योतिष	जीर्ण	वराहमिहिर	सं.		९				
१८४९	लघुजातक सटीक-ज्योतिष	जीर्ण	उत्पलभट्ट -टी.,							
			मूल. वराहमिहिर	सं.		३३				
१८५०	लघुजातक सटीक-ज्योतिष	श्रेष्ठ	वराहमिहिर -मू.,							
			टी.उत्पलभट्ट	सं.	१८४५	३१				
१८५१	पद्मकोशज्योतिष	मध्यम	गोवर्धन	सं.	१८०९	५				
१८५२	अर्घकांड-ज्योतिष	जीर्ण		सं.		१				
१८५३	पद्मकोष-ज्योतिष	श्रेष्ठ	गोवर्धन	सं.		५				
१८५४	पद्मकोश-ज्योतिष	श्रेष्ठ	गोवर्धन	सं.	१८४६	६				
१८५५	प्रश्नफलादेश ज्योतिष	श्रेष्ठ		सं.		५				
१८५६	ज्योतिषप्रकीर्णकविचार	मध्यम		सं.		५				
१८५७	षष्टिसंवत्सर-ज्योतिष किंचिदपूर्ण	मध्यम		सं.		२				
१८५८	षष्टिसंवत्सर-ज्योतिष	मध्यम		सं.		५				
१८५९	योगरत्नावली ज्योतिष	श्रेष्ठ	श्रीकंठशिव पंडित	सं.	१६५८	३७-६८				
१८६०	लघुसारावलीगत अरिष्ठाध्याय ज्योतिष	श्रेष्ठ		सं.		६				
१८६१	ग्रहभावप्रकाशज्योतिष अपूर्ण	श्रेष्ठ		सं.		८				

ग्रंथांक	ग्रंथनुं नाम	स्थिति	कर्ता	भाषा	संवत्	पत्र संख्या	झेरोक्ष	सी.डी.	ग्रंथाग्र	विशेष नोंध
१८६२	ग्रहभावप्रकाशज्योतिष सस्तबक	मध्यम		सं.		८				
१८६३	जातकचंद्रिका ज्योतिष अपूर्ण	श्रेष्ठ		सं.		३				
१८६४	त्रिपुरबन्धमुहूर्त ज्योतिष	श्रेष्ठ		सं.		५				
१८६५	ग्रहसिद्धिज्योतिष	जीर्ण	महादेव दैवज्ञ	सं.	१८१७	२				
१८६६	चंद्रार्कीज्योतिष	जीर्ण	दिनकर	सं.		१				
१८६७	चंद्रार्कीज्योतिष	मध्यम	दिनकर	सं.		२				
१८६८	भवनविचार ज्योतिष	श्रेष्ठ		सं.		५				
१८६९	जन्मपत्रीविधानपद्धति अपूर्ण	श्रेष्ठ		सं.		६१				
१८७०	जगद्‌भूषणसारणी	श्रेष्ठ				३४				
१८७१	कामधेनुपंचांगसारणी	श्रेष्ठ				१८				
१८७२	जातककर्मपद्धतिउदाहरण	श्रेष्ठ	कृष्ण दैवज्ञ	सं.	१७६२	४२				
१८७३	समाविचार (सुभिक्षदुर्भिक्षविचार)	जीर्ण		सं.		१८				
१८७४	कर्णकुतूहलज्योतिष	श्रेष्ठ	भास्कराचार्य	सं.	१६९३	१२				
१८७५	नारचंद्रज्योतिष अपूर्ण	जीर्ण	नरचंद्राचार्य	सं.		५				
१८७६	भुवनदीपक सस्तबक	जीर्ण	पद्मप्रभसूरि	सं.गू.		९				
१८७७	आरंभसिद्धि पंचम विमर्श पर्यंत	श्रेष्ठ	उदयप्रभसूरि	सं.		११	१८७७	२८८		
१८७८	ताजिकसारसूत्रज्योतिष	श्रेष्ठ	हरिभट्ट	सं.	ले.१८४४	२५			१३९४	
१८७९	प्रश्नमनोरमाविद्याज्योतिष	श्रेष्ठ	गर्गाचार्य	सं.		६				
१८८०	पंचांगानयनविधिज्योतिष	मध्यम		सं.		२				
१८८१	भुवनदीपक सस्तबक	मध्यम	पद्मप्रभसूरि	सं.		६-१३				
१८८२	षष्टिसंवत्सर	मध्यम		सं.		२०				
१८८३	श्रीपतिपद्धति अपूर्ण	मध्यम		सं.		३६				
१८८४	दशाकोष्ठकज्योतिष	श्रेष्ठ				५				
१८८५	उपदशायंत्र ज्योतिष	श्रेष्ठ				२-६				
१८८६	सारणी ज्योतिष	श्रेष्ठ				११				
१८८७	कामधेनुकोष्टक ज्योतिष	श्रेष्ठ				७				
१८८८	दशाकोष्ठक ज्योतिष	श्रेष्ठ				५				
१८८९	महादेवीकोष्ठक ज्योतिष	श्रेष्ठ				९१				

ग्रंथांक	ग्रंथनुं नाम	स्थिति	कर्ता	भाषा	संवत्	पत्र संख्या	झेरोक्ष	सी.डी.	ग्रंथाग्र	विशेष नोंध
१८९०	ज्योतिषसारणी	श्रेष्ठ				७६				
१८९१	शीघ्रबोधज्योतिष	मध्यम	काशीनाथ भट्ट	सं.	१८६१	२१				
१८९२	भुवनदीपकज्योतिष सटीक	मध्यम	पद्मप्रभसूरि	सं.	१६७८	२४				
१८९३	चरखंडांज्योतिषसारणी	मध्यम				२				
१८९४	रत्नमाला बालावबोध सह	श्रेष्ठ	श्रीपति	सं.गू.	१८०४	४८-९०				
१८९५	वैद्यजीवन	श्रेष्ठ	लोलिंबराज	सं.	१८५०	३७				
१८९६	योगचिंतामणी अपूर्ण	जीर्ण		सं.		८२				
१८९७	अनेकार्थनाममालाभाषा	मध्यम	नंददास	हिंदी		५				
१८९८	विश्वशंभुएकाक्षरनाममाला	मध्यम	विश्वशंकर	सं.		५	१८९८ थी १९००	२८८		
१८९९	वाग्भटालंकारवृत्ति	मध्यम	जिनवर्धनसूरि -वृ.	सं.	१८०७	२४	१८९८ थी १९००	२८८		
१९००	वाग्भटालंकार	मध्यम	वाग्भट	सं.		९	१८९८ थी १९००	२८८		
१९०१	विद्वन्मनोरंजनीप्रक्रिया	श्रेष्ठ	शंकरदत्त	सं.	१८२०	६३				
१९०२	तर्कभाषा अपूर्ण	मध्यम	केशव	सं.		१४				
१९०३	निषेकोदाहरणज्योतिष	मध्यम		सं.	१८३९	२				
१९०४	श्रावकअतिचार	मध्यम		गू.		४				
१९०५	षड्दर्शनसमुच्चय बालावबोधसह	मध्यम		सं.गू.		१२				
१९०६	विनयचंद्रकृत चोवीशी	मध्यम	विनयचन्द्र	गू.		६				
१९०७	भाषाभूषण	मध्यम		हिन्दी		११				
१९०८	ज्योतिषसारणी	मध्यम				९				
१९०९	धातुरूपावली	मध्यम		सं.		६७				
१९१०	कोकसवैयाछप्पा	मध्यम		गू.		१८				
१९११	चिहुंगतिवेल	मध्यम	जिनआनंद	गू.	१६६६	७				
१९१२	ग्रहलाघवसारणी	मध्यम				२७				
१९१३	घीकोटीग्रंथ्यादि	मध्यम		गू.		४				
१९१४	दंडकप्रकरण-विचारषट्त्रिंशिका									
	स्वोपज्ञवृत्तिसह	मध्यम	गजसार	प्रा.सं.		७				
१९१५	रामकृष्णचरित्ररास	मध्यम	लावण्यकीर्त्त	गू.	र.१६७७	८७				
१९१६	भगवद्गीता दोहासह भाषाटीका	श्रेष्ठ		गू.	१८०९	२६२				

ग्रंथांक	ग्रंथनुं नाम	स्थिति	कर्ता	भाषा	संवत्	पत्र संख्या	झेरोक्ष	सी.डी.	ग्रंथाग्र	विशेष नोंध
११९७	षष्टिशतप्रकरण	मध्यम	नेमिचंद भंडारी	प्रा.		११				
११९८	सौंदर्यलहरी	मध्यम	शंकराचार्य	सं.		१५				
११९९	मृगांकलेखाचरित्रचोपाई	जीर्ण	जिनहर्ष	गू.	र.१७४८-ले.१७८४	२८				
११२०	सुभाषितसंग्रह	मध्यम		मिश्र		२१-३८				
११२१	मेघदूतमहाकाव्य	मध्यम	कवि कालिदास	सं.		७				
११२२	सूक्तावली अपूर्ण	मध्यम		सं.		१३				
११२३	सुभाषित	जीर्ण		सं.		२				
११२४	सुभाषितप्रास्ताविकश्लोक	जीर्ण		सं.		५				
११२५	अतिचारनी आठगाथा सटीक त्रिपाठ	श्रेष्ठ		सं.		२				
११२६	रसरत्नाकरवैद्यक	मध्यम		सं.		९				
११२७	रूपमंजरी	श्रेष्ठ	रूपचंद्र	सं.		६				
११२८	वैद्यजीवनटिप्पणीसह	श्रेष्ठ	लोलिंबराज	सं.	१७६३	२२			४९८	
११२९	धनंजयनाममाला	जीर्ण	धनंजय	सं.		२७	११२९	२८८		
११३०	गणितनाममालाजयोतिष		धनंजय	सं.		२				
११३१	भट्टिकाव्य	जीर्ण	भट्टिकवि	सं.		६१	११३१	२८८		
११३२	भर्तृहरित्रिशती	मध्यम	भर्तृहरि	सं.	१८७८	३४				
११३३	कालिकाचार्यकथानक गद्य	मध्यम		गू.		३०				
११३४	कालिकाचार्यकथानक अपूर्ण	श्रेष्ठ		गू.		५				
११३५	दिव्यतत्त्व	श्रेष्ठ	रघुनंदन भट्टाचार्य	सं.		२४				
११३६	ग्रहलाघवज्योतिष	मध्यम		सं.		३७				
११३७	नारचंद्रज्योतिष	मध्यम	नरचंद्राचार्य	सं.		११				
११३८	ज्योतिषसारणी	श्रेष्ठ		सं.		१२४				
११३९	व्याकरण	मध्यम		सं.		२९				
११४०	किरातार्जुनीयमहाकाव्य	मध्यम	भारवि	सं.		७४				प्रथम पत्र नथी.
११४१	रघुवंशमहाकाव्य अपूर्ण	मध्यम	कालिदास	सं.		६				
११४२	प्रक्रियाकौमुदी अपूर्ण	श्रेष्ठ	रामचंद्राचार्य	सं.		७४				
११४३	सुभाषितश्लोकसंग्रह	मध्यम		सं.		१५				पत्र ८ मुं नथी.
११४४	अलंकारमाला	श्रेष्ठ	सूरतमिश्र	हिन्दी	र.१७६६	२३				

ग्रंथांक	ग्रंथनुं नाम	स्थिति	कर्ता	भाषा	संवत्	पत्र संख्या	झेरोक्ष	सी.डी.	ग्रंथाग्र	विशेष नोंध
१९४५	रघुवंशमहाकाव्य	श्रेष्ठ	कालिदास	सं.		१४६			२१००	
१९४६	दशवैकालिकसूत्रलघुवृत्ति	श्रेष्ठ	शय्यंभवसूरि -मू.,	सं.	१४८१	५१	१९४६	२८८	२८००	
			सुमतिसूरि							
१९४७	गणधरसार्धशतक सटीक अपूर्ण	जीर्ण	जिनदत्तसूरि	प्रा.सं.		११०				
१९४८	उपदेशतरंगिणी	श्रेष्ठ	रत्नमंदिरगणि	सं.	१५३५	९-४१				
१९४९	गणधरसार्धशतकप्रकरण	श्रेष्ठ	जिनदत्तसूरि	प्रा.		५				
१९५०	गणधरसार्धशतक लघुटीकासह	श्रेष्ठ	जिनदत्तसूरि -मू.,							
			टी. सर्वराजगणि	प्रा.सं.		३१				
१९५१	चतुःशरणप्रकीर्णकादिप्रकीर्णकसंग्रह	श्रेष्ठ		प्रा.		९५			२८२५	
१९५१/१	चतुःशरणप्रकीर्णक			प्रा.		१-४			गा.६३	
१९५१/२	भक्तपरिज्ञाप्रकीर्णक			प्रा.		४-११			गा.१७२	
१९५१/३	आउरपच्चक्खाण			प्रा.		११-१४			गा.६०	
१९५१/४	संथारगपयन्नो			प्रा.		१४-१९			गा.१२१	
१९५१/५	तंदुलवेयालियपयन्नो			प्रा.		२५-३३				
१९५१/६	चंदाविज्झयप्रकीर्णक			प्रा.		३३-४०			गा.१७४	
१९५१/७	देविंदत्थओ			प्रा.		४०-५१			गा.३००	
१९५१/८	गणिविज्जाप्रकीर्णक			प्रा.		५१-५४			गा.८६	
१९५१/९	महापच्चक्खाणप्रकीर्णक			प्रा.		५५-६०			गा.१४१	
१९५१/१०	वीरस्तव			प्रा.		६०-६२			गा.४३	
१९५१/११	अजीवकल्प			प्रा.		६३-६४			गा.४५	
१९५१/१२	गच्छाचारप्रकीर्णक			प्रा.		६४-६९			गा.१३७	
१९५१/१३	मरणविधिप्रकीर्णक			प्रा.		६९-९५			गा.६५९	आ प्रतिमां पानां सांधेलां छे.
१९५२	भरतबाहुबलीकथा	श्रेष्ठ		गु.		४				
१९५३	कथासंग्रह त्रूटक	श्रेष्ठ		सं.		२-५८				पत्र १,४,८,१३,१७ थी २७,३६,३९,४८,
										५४,५५,५७ नथी.
१९५४	कालिकाचार्यकथाबालावबोध त्रू.अ.	श्रेष्ठ		गु.		१२ थी २४				पाणीथी भींजायेली छे.
१९५५	**कुमारविहारशतक**	श्रेष्ठ	रामचंद्रगणि	सं.		७	१९५५	२८८		
१९५६	**कुमारसंभवमहाकाव्य सप्तमसर्गपर्यंत**	मध्यम	कालिदास	सं.	१७८६	२८				

ग्रंथांक	ग्रंथनुं नाम	स्थिति	कर्ता	भाषा	संवत्	पत्र संख्या	झेरोक्ष	सी.डी.	ग्रंथाग्र	विशेष नोंध
१९५७	कुमारविहारशतक	श्रेष्ठ	रामचंद्रगणि	सं.	१४८९	७	१९५७	२८८		
१९५८	नलोदयकाव्यसावचूरिक पंचपाठ	श्रेष्ठ	रविदेव स्वोपज्ञ	सं.	१४९६	९	१९५८	२८८		
१९५९	जिनशतकमहाकाव्य	मध्यम	जंबूकवि	सं.		६	१९५९	२८८		
१९६०	जिनशतक सावचूरि पंचपाठ	श्रेष्ठ	जंबूकवि -मू.	सं.	१५२०	९	१९६०	२८८		
१९६१	द्व्याश्रयमहाकाव्य वृत्तिसह-	श्रेष्ठ	हेमचंद्राचार्य -मू.,	प्रा.सं.	र.१३८७-ले.१५११	४५	१९६१	२८८	३५००	
	कुमारपालचरित		वृ.क.राजशेखर							
१९६२	पट्टावली भाषानी खरतरगच्छीया	श्रेष्ठ		गू.	१७५५	९				
१९६३	पट्टावली खरतरगच्छीया	मध्यम		गू.		३				
१९६४	पट्टावली खरतरगच्छीया	श्रेष्ठ		गू.		८				
१९६५	पट्टावली खरतरगच्छीया	श्रेष्ठ		गुज		१५	१९६५	२८८		
१९६६	कृत्यरत्नावली	मध्यम	रामचंद्रभट्ट	सं.	१३८१	११०			२३००	
१९६७	राजमृगांकसारणी	श्रेष्ठ			१८४५	१६०				
१९६८	श्रावकातिचार	मध्यम		गू.		८				
१९६९	संबोधसप्ततिकाप्रकरण वृत्तिसह	श्रेष्ठ	रत्नशेखरसूरि -मू.,	सं.	१८९६	२०	१९६९ + १९९१	२८८		अंत पत्रमां गोडियार्श्वनाथनुं स्तवन छे.
			टी.क.अमरकीर्तिसूरि							
१८७०	चतुःशरणप्रकीर्णक	श्रेष्ठ	वीरभद्रगणी	प्रा.		२				
१९७१	पर्यताराधनाप्रकरण	श्रेष्ठ	सोमसूरि	प्रा.		४				
१९७२	वर्षतंत्र	श्रेष्ठ	नीलकंठ	सं.	१८४२	२५				
१९७३	सूर्यचंद्रसारणी	श्रेष्ठ	त्रिविकम दैवज्ञ	सं.	१७७६	१३				
१९७४	ज्योतिषासरणी	श्रेष्ठ		सं.		१०				
१९७५	धनफलीगणसारणी सस्तबक	श्रेष्ठ		सं.गू.		१०				
१९७६	ज्योतिषसंग्रह	मध्यम		मिश्र						
१९७७	ज्योतिषप्रकीर्णकसंग्रह	मध्यम		मिश्र						
१९७८	जीवाभिगमोषांगसूत्र अपूर्ण	श्रेष्ठ		प्रा.		५४				
१९७९	स्तवन सज्झायथोय विगेरेसंग्रह	मध्यम		मिश्र						
१९८०	धन्यशालिभद्ररास	मध्यम	जिनविज़य	गू.	१८२२	७५				
१९८१	श्रीपालरास	मध्यम	जिनहरख	गू.	र. १७४०	२७			गा.१२६०	
१९८२	श्रीपालरास अपूर्ण	जीर्ण		गू.		१०				

ग्रंथांक	ग्रंथनुं नाम	स्थिति	कर्ता	भाषा	संवत्	पत्र संख्या	झेरोक्ष	सी.डी.	ग्रंथाग्र	विशेष नोंध
१९८३	श्रीपालरास अपूर्ण	मध्यम	जिनहर्ष	गू.	र.१७४०					
१९८४	अंजनासुंदरीपवनंजयकुमाररास	मध्यम	पुण्यसागर	गू.	र.१६८९	२३				
१९८५	मृगावतीरास अपूर्ण	जीर्ण		गू.		१८				
१९८६	सुरसुंदरीरास	श्रेष्ठ	नयनसुंदरजी	गू.	र.१६४४	३३				
१९८७	शत्रुंजयउद्धाररास	मध्यम	नय्सुंदर	गू.	ले.१७७१,र.१६४८	३				
१९८८	शत्रुंजयआदिराससंग्रह	मध्यम		गू.	रे.१८७०	३-२४				
१९८८/१	शत्रुंजयरास		समयसुंदरजी			३-६				
१९८८/२	अवंतिसुकुमालचोढालीया		जिनहर्ष			६-११				
१९८८/३	आषाढाभूतिधमाल		कनकसोम		र.१६३८	११-१४				
१९८८/४	मेघकुमारराजर्षिसज्झाय		श्रीसार			१५-२४				
१९८९	अभयकुमाररास अपूर्ण	श्रेष्ठ	पद्मराज	गू.	र.१६५०	११				
१९९०	परदेशीराजारास अपूर्ण	श्रेष्ठ		गू.		६				
१९९१	जिनप्रतिमास्थापनरास	मध्यम	पार्श्वचंद्रसूरि	गुज.		२	१९६९ + १९९१	२८८		
१९९२	विद्याविलासचोपाई	श्रेष्ठ	आज्ञासुंदर	गू.	र. १५१६	१६				
१९९३	हंसराजवच्छराजचोपाई अपूर्ण-त्रूटक	जीर्ण		गू.	१६४७	१२-२५				
१९९४	रत्नचूडमुनिचोपाई	जीर्ण	कनकनिधान	गू.	ले.१८११,र.१७२४	२६				
१९९५	माधवानलकामकंदलाचोपाई अपूर्ण	श्रेष्ठ		गू.		१२				
१९९६	चंद्रलेखाचोपाई	मध्यम	मतिकुशल	गुज.	र. १७२८-	२३	१९९६	२८८		
१९९७	मृगावतीचोपाई	मध्यम	चंद्रकीर्त्ति	गू.	र.१६८२	९				
१९९८	जयसेनकुमारचोपाई तथा रात्रिभोजनचोपाई	जीर्ण	धर्मसमुद्रवाचक	गू.		१३				
१९९९	शालिभद्रचोपाई	जीर्ण	मतिसार	गू.	ले.१७२३,रे.१६७८	१७				
२०००	उपदेशरसाल	मध्यम		सं.	१८१३	६७			३०००	
२००१	अइमत्तामुनिचोढालियु	जीर्ण	नयरंग	गू.		२				
२००२	दानशीलतपभावनाचोपाई	मध्यम	समयसुंदर	गू.	र.१६६४	५				
२००३	ज्ञानपचीसी	जीर्ण	बनारसीदास	हिन्दी	१७३२	२				
२००४	स्त्रीसंयोगबत्रीसी	मध्यम		गू.	१८१३	५				
२००५	शाश्वतजिनस्तोत्र	श्रेष्ठ	देवेंद्रसूरि	प्रा.		२			गा.२४	

ग्रंथांक	ग्रंथनुं नाम	स्थिति	कर्ता	भाषा	संवत्	पत्र संख्या	झेरोक्ष	सी.डी.	ग्रंथाग्र	विशेष नोंध
२००६	ऋषभदेवस्तवन बालावबोधसह	मध्यम	विजयतिलक	प्रा.गू.		५				
२००७	वासुपूज्यजिनपुण्यप्रकाशस्तवन	श्रेष्ठ	सकलचंद्र	गू.		२६				
२००८	जिनप्रतिमाहुंडीस्तवन	जीर्ण	विजय	गू.	१६४३	२-४				
२००९	वीसस्थानकस्तवन	श्रेष्ठ	वस्तो	गू.	१६३८	२				
२०१०	गोडीपार्श्वनाथस्वनादि	मध्यम		गू.	र.१८१३	४				
२०१०/१	गोडीपार्श्वनाथस्तवन		जिनलाभ			१-३				
२०१०/२	शांतिजिनस्तवन		धर्मवर्धन		र.१७००	३जुं				
२०१०/३	पार्श्वनाथस्तवन		जिनहर्ष			३-४				
२०११	वीसविहरमानजिनगीतो अपूर्ण	मध्यम	जिनराज	गू.		३				
२०१२	आदिनाथस्तवननादि स्तवनो	मध्यम		गू.		४				
२०१२/१	आदिनाथस्तवन		विजयतिलक			१-२			गा.२१	
२०१२/२	सामायिकदोषनिवारणस्तवन		वा.गुणरंग			२-३			गा.३२	
२०१२/३	उपदेशस्तवन		धर्मसी			३-४				
२०१२/४	गोडीपार्श्वनाथस्तवन					४थुं				
२०१३	महावीरस्तवन नयनिक्षेप विचार गर्भित	श्रेष्ठ	रामविजय	गुज.		३	२०१३			
२०१४	स्थविरावलीस्वाध्याय	श्रेष्ठ	सहजकीर्त्ति	गू.		२				
२०१५	सुंदरशृंगार	श्रेष्ठ	कवि राजसुंदर	हिन्दी	१७५७	५-२३	२०१५			
२०१६	जीवोत्पत्तिसज्झाय कलियुगगीत	श्रेष्ठ	श्रीसार क.क.कर्मचंद्र	गू.		२				
२०१७	सीमंधरस्वामिस्वाध्याय	श्रेष्ठ	लावण्यसमय	गू.	र.१५६२	३				
२०१८	त्रेसठशलाकापुरुषस्तवन	मध्यम		गू.		२				
२०१९	राजनीतिकवित	जीर्ण	देवीदास	हि	१८७४	१५				
२०२०	महावीररसोइस्तवन	जीर्ण	दयासागर	गू.		१				
२०२१	मल्लिनाथबृहत्स्तवन	मध्यम	कुशललाभ	गू.		२				
२०२२	हितशिक्षा	मध्यम	धरणसी	गू.		१				
२०२३	कोकचोपाई	जीर्ण	नर्बुद	गू.		२३				पाणीथी भींजायेली छे.
२०२४	गोरावादरप्रस्ताविक	जीर्ण		गू.	१७६६	९				
२०२५	पृथ्वीराजवेली सस्तबक अपूर्ण	मध्यम		हिंदी		१५				
२०२६	मुष्टिज्ञान आदि	मध्यम		गू.		४				

ग्रंथांक	ग्रंथनुं नाम	स्थिति	कर्ता	भाषा	संवत्	पत्र संख्या	झेरोक्ष	सी.डी.	ग्रंथाग्र	विशेष नोंध
२०२७	अभिधान चिंतामणिनाममाला	श्रेष्ठ	हेमचंद्राचार्य	सं.	१६८५	४५				
२०२८	चैत्यवंदनचतुर्विंशतिका	जीर्ण	क्षमाकल्याण	सं.		४				पत्र ३ जुं नथी.
२०२९	सारस्वतव्याकरण अपूर्ण	मध्यम	अनुभूतिस्वरूपाचार्य	सं.		२०				
२०३०	श्रीचंदरास अपूर्ण	मध्यम		गू.						
२०३१	चोवीसतीर्थंकरगीत		लक्ष्मीवल्लभ	हि		३				
२०३२	नर्मदासुंदरीरास अपूर्ण	श्रेष्ठ		गू.		३१				
२०३३	सवैया-ऋषभदेवछंद आदि	जीर्ण		गू.		३				
२०३४	स्वरोदय	मध्यम		गुज.		९	२०३४	२८९		
२०३५◆	प्रतिष्ठाविधि	जीर्ण		मिश्र		७				
२०३६	जिनजन्माभिषेकमहोत्सव	श्रेष्ठ	इंद्र	सं.		२	२०३६	२८९		
२०३७	भगवतीसूत्र अपूर्ण	जीर्ण		प्रा.		१०-१४				
२०३८	सप्तस्मरण	जीर्ण		प्रा.सं.		४				
२०३८/१	एकीभावस्तोत्र		वादिराज			१-२			का.२५	
२०३८/२	पार्श्वनाथस्तोत्र					२ जुं				
२०३८/३	पार्श्वनाथस्तोत्र					२ जुं				
२०३८/४	भावारिवारणस्तोत्र		जिनवल्लभ			३जुं				
२०३८/५	भयहरस्तोत्र					३-४				
२०३८/६	लघुशांति					४थुं				
२०३९	सारस्वतपुंजराजीटीका अपूर्ण	श्रेष्ठ	पुंजराज	सं.		७६				
२०४०	समासयोगपटल	मध्यम	वररुचि	सं.		२				
२०४१	माघकाव्य संदेहविषौषधिटीका अपूर्ण	मध्यम	आनंददेव -टी.	सं.		२४				
२०४२	भावारिवारणस्तोत्र वृत्तिसह	मध्यम	जिनवल्लभ	सं.		७				
२०४३	ज्ञानपहेरामणी आदि	जीर्ण		प्रा.		३				
२०४४	अनेकविचारसंग्रह	मध्यम	रत्नसूरि	प्रा.सं.	१६१६					
२०४५	कल्पसूत्रनी मांडणी	श्रेष्ठ		गू.		४				
२०४६	स्थानांगसूत्रना बोल	मध्यम		गू.		७				
२०४७	ढुंढकप्रतिक्रमण	मध्यम		गू.		११				

ग्रंथांक	ग्रंथनुं नाम	स्थिति	कर्ता	भाषा	संवत्	पत्र संख्या	झेरोक्ष	सी.डी.	ग्रंथाग्र	विशेष नोंध
२०४८	वाग्भटशारीरस्थान	जीर्ण		गू.	१७१५	५१				
२०४९	अभिधानचिंतामणिनाममाला			सं.	१७२१	७४				
२०५०	योगविधिआदि	श्रेष्ठ		मिश्रित		३९				
२०५१	बिहारीसतसइयां	मध्यम	बिहारीदास	हि		२४				
२०५२	आराधना	मध्यम		गू.		५				
२०५३	स्तवनचोवीसी	मध्यम	ज्ञानविमल	गू.		१६				
२०५४	बृहत्संहितागत अधिकार	मध्यम		सं.		३				
२०५५	देशकालस्वरूप	श्रेष्ठ		सं.		५				
२०५६	हेमवातुपाठ	मध्यम		सं.	१७९६	७				
२०५७	भोजराजकथा	मध्यम		गू.		४				
२०५८	आगमसारबालावबोध	मध्यम	देवचंद्रजी	गू.		६४			३०००	
२०५९	लिंगानुशासन	मध्यम	हेमचन्द्राचार्य	सं.	१६८०	३				
२०६०	शक्रस्तवाम्नाय	मध्यम		सं.		१				
२०६१	स्वरोदय	मध्यम		गू.		१३				
२०६२	प्रश्नोत्तरसार्धशतकभाषा	मध्यम		गू.		२५				
२०६३	सामायिकबत्रीसदोषसज्झाय	मध्यम	गुणरंग	गू.		२				
२०६४	सज्झायसंग्रह	मध्यम		गू.	१८१०	३				
२०६५	सत्तरभेदीपूजा	श्रेष्ठ	साधुकीर्त्ति	गू.	र.१६१८	७				
२०६६	अष्टयोगिनीअंतर्दशा	जीर्ण				३				
२०६७	अंतर्दशाकोष्टक	जीर्ण				७				
२०६८	आवश्यकपीठिकाबालावबोध	श्रेष्ठ	संवेगदेवगणि	गू.	ले.१५५७,र.१५१४	१५				
२०६९	मार्गगत्यध्ययन सावचूरि	मध्यम		सं.		२-८				
२०७०	पासाकेवली	जीर्ण		गू.		१३				
२०७१	त्रिपताकीचक्रोदाहरण	मध्यम		सं.		१				
२०७२	नृसिहकवच	मध्यम		सं.		१				
२०७३	नवकारनो अर्थ	जीर्ण		गू.		३				
२०७४	जिनागमगाथासंग्रह	मध्यम	रत्ननिधान	प्रा.		१२				

ग्रंथांक	ग्रंथनुं नाम	स्थिति	कर्ता	भाषा	संवत्	पत्र संख्या	झेरोक्ष	सी.डी.	ग्रंथाग्र	विशेष नोंध
२०७५	प्रश्नोत्तरीसंग्रह	श्रेष्ठ		गू.		२४				
२०७६	श्रीदेवीवर्णन (चुर्थस्वप्नवर्णन)	मध्यम		गू.		२				
२०७७	दशआश्चर्यस्वरूप	श्रेष्ठ		प्रा.सं.		६				
२०७८	चतुर्दशस्वप्नविचार	श्रेष्ठ		गू.		५				
२०७९	नागमहामंत्रषोडश	जीर्ण		सं.		१	२०७९ + २०८०	२८९/ २९०		
२०८०	नागमंता चोपाई	श्रेष्ठ	मेरुशेखर	गुज.	१७३०	३	२०७९ + २०८०			
२०८१	भगवतीसूत्रगतशतकादि	श्रेष्ठ		प्रा		७०				
२०८२	कल्पसूत्रकल्पद्रुमटीका अपूर्ण	श्रेष्ठ		सं.		३	२०८२			
२०८३	कल्पसूत्र अपूर्ण	मध्यम		प्रा		९				
२०८४	कल्पसूत्र अपूर्ण	जीर्ण		प्रा		१२				
२०८५	शत्रुंजयमाहात्म्य चतुर्थसर्ग	मध्यम	धनेश्वरसूरि	सं		५				
२०८६	चोल्लकदृष्टान्त	जीर्ण		सं.	१७१२	१३				
२०८७	दशप्रश्नोत्तर	जीर्ण		प्रा.सं.		६				
२०८८	वृत्तज्योतिष	श्रेष्ठ	महेश्वराचार्य	सं.		६				
२०८९	पार्श्वनाथदशभव संक्षेपबालावबोध	श्रेष्ठ		गू.		१३				
२०९०	खरतरगच्छसामाचारी अष्टोत्तरीस्नात्रविधि	जीर्ण	जिनपतिसूरि	प्रा.सं.गु.		३	२०९०	२८९		
२०९१	खरतरगच्छसामाचारी	श्रेष्ठ		गू.		२				
२०९२	श्रावकआराधना	मध्यम		गू.		५				
२०९३	सिद्धान्तहुंडी	श्रेष्ठ		गू.		७				प्रति पाणीथी भींजायेली छे.
२०९४	वसुधारा	श्रेष्ठ		सं.		८	२०९४	२८९		
२०९५	चार्चिक	श्रेष्ठ		प्रा.सं.		१२				
२०९६	मोकलीआराधना	जीर्ण		गू.		२				
२०९७	प्रश्नोत्तरसंग्रह	श्रेष्ठ	जयसोम	गू.		१३				
२०९८	योगविधि	श्रेष्ठ		सं.गुज.		११	२०९८	२८९		
२०९९	रत्नकोश	मध्यम		सं.		४				

ग्रंथांक	ग्रंथनुं नाम	स्थिति	कर्ता	भाषा	संवत्	पत्र संख्या	झेरोक्ष	सी.डी.	ग्रंथाग्र	विशेष नोंध
२१००	पौषधादिविधि ज्वरहरादिमंत्र	श्रेष्ठ		गू.		३				
२१०१	आराधना	श्रेष्ठ		गुज.		५				
२१०२	सौलस्वप्नविचार	जीर्ण		प्रा.		२				
२१०३	योगविधि यंत्र	श्रेष्ठ				५				
२१०४	वसुधारा	श्रेष्ठ		सं.	१७२१	३				
२१०५	आठकर्मनी उत्तरप्रकृति	मध्यम		गू.		३				
२१०६	योगविधि	मध्यम		गू.		२५				
२१०७	स्वरोदयविचार	मध्यम		गू.	१८४३	२				
२१०८	द्वादशव्रतअतिचारस्वरूप	मध्यम		गू.		३				
२१०९	पंचसमितिसज्झाय	श्रेष्ठ	देवचंद्रजी	गू.		४				
२११०	एगुणतीसीभावना संस्कृत स्तबक सह	मध्यम		प्रा.सं.		२				
२१११	अष्टप्रकारीपूजा	मध्यम		गू.		१४				
२११२	ज्ञानछत्रीशी	मध्यम	कान्हजी	गू.		४				
२११३	गजसिंहचरित्ररास	जीर्ण	राजसुंदर	गू.	रे.१५५६,ले.१८११	२०				प्रति उधईथी खवायेली छे.
२११४	नवपदपूजा अपूर्ण	मध्यम	यशोविजयजी			७				
२११५	लोंकाहुंडी ५८ बोल	श्रेष्ठ		गू.		३१				
२११६	चंदराजरास अपूर्ण	मध्यम		गू.		२६				
२११७	सिंहासनबत्रीसीरास अपूर्ण	जीर्ण		गू.		२-६२				
२११८	चतुःश्लोकीप्रकाश	मध्यम	केशवभट्ट	सं.		११				
२११९	स्वरोदयसिद्धि	मध्यम		गुज.	१८५३	११	२११९	२९०		
२१२०	प्रतिक्रमण सूत्रवृत्ति तथा सप्तस्मरणवृत्ति	श्रेष्ठ		सं.	१८८५	५१	२१२०-२१२२	२८९		
२१२०/१	चैत्यवंदनकप्रत्याख्यान लघुवृत्ति	श्रेष्ठ	तिलकाचार्य			१-१०	२१२०-२१२२	२८९		
२१२०/२	वंदित्तुसूत्रवृत्ति	श्रेष्ठ	तिलकाचार्य			१०-१४	२१२०-२१२२	२८९		
२१२०/३	चत्तारि अट्ठदसदोय सूत्रवृत्ति	श्रेष्ठ	देवेन्द्रसूरि			१४	२१२०-२१२२	२८९		
२१२०/४	नवग्रहस्तुतिगर्भित पार्श्वनाथ स्तुतिवृत्ति	श्रेष्ठ	जिनप्रभसूरि			१४-१६	२१२०-२१२२	२८९		
२१२०/५	लघुशांतिवृत्ति	श्रेष्ठ	हर्षकीर्तिसूरि			१६-१८	२१२०-२१२२	२८९		
२१२०/६	अजितशांतिवृत्ति	श्रेष्ठ	जिनप्रभसूरि	प्रा.	र. १३६५	१८-२७	२१२०-२१२२	२८९	७४०	

ग्रंथांक	ग्रंथनुं नाम	स्थिति	कर्ता	भाषा	संवत्	पत्र संख्या	झेरोक्ष	सी.डी.	ग्रंथाग्र	विशेष नोंध
२१२०/७	लघुअजितशांतिवृत्ति	श्रेष्ठ	धर्मतिलकोपध्याय	प्रा.	र. १३२२	२७-३१	२१२०-२१२२	२८९	३२०	
२१२०/८	भयहरस्तोत्रवृत्ति	श्रेष्ठ	जिनप्रभसूरि			३१-३५	२१२०-२१२२	२८९	३००	
२१२०/९	तं जयउ स्तववृत्ति	श्रेष्ठ	जयसागर वाचनाचार्य			३५-३७	२१२०-२१२२	२८९		
२१२०/१०	गुरुपारतंत्र्यस्तववृत्ति	श्रेष्ठ				३७-३९	२१२०-२१२२	२८९		
२१२०/११	सिग्घमवहरउ स्तोत्र	श्रेष्ठ				३९	२१२०-२१२२	२८९		
२१२०/१२	उवसग्गहरं वृत्ति	श्रेष्ठ	जिनप्रभसूरि			४०-४३	२१२०-२१२२	२८९		
२१२०/१३	भक्ष्याभक्ष्यगाथा वृत्ति	श्रेष्ठ				४३	२१२०-२१२२	२८९		
२१२०/१४	पार्श्वनाथ स्तोत्र वृत्ति	श्रेष्ठ				४३-४४	२१२०-२१२२	२८९		
२१२०/१५	पार्श्वनाथ स्तोत्र वृत्ति	श्रेष्ठ				४४-४५	२१२०-२१२२	२८९		
२१२०/१६	साधुप्रतिक्रमण सूत्रवृत्ति	श्रेष्ठ				४५-४९	२१२०-२१२२	२८९		
२१२०/१७	तिजयपहुत्त स्तोत्रवृत्ति	श्रेष्ठ	हर्षकीर्ति		१८८५	४९-५१	२१२०-२१२२	२८९		
२१२१	प्रकीर्णकविचारसंग्रह	मध्यम		सं.		१०				
२१२२	सारोद्धारकोश सस्तबक	जीर्ण		सं.		३५	२१२०-२१२२			
२१२३	गौतमस्वामिरास	मध्यम	विनयप्रभ	गुज.	र.१४१२-ले.१७२९	६	२१२३ + २१२४			
२१२४	लघुसिद्धांतकौमुदी अपूर्ण	श्रेष्ठ		सं.		२५	२१२३ + २१२४			
२१२५	शंखेश्वरपार्श्वनाथछंद	मध्यम	वर्द्धमानकवि	गुज.		३	२१२५	२८९		
२१२६	द्वादशभावफलविवरणज्योतिष	मध्यम		सं.		१५	२१२६ + २१२७			प्रति पाणीथी भींजाएली छे
२१२७	अव्ययसंग्रह	मध्यम		सं.		५	२१२६ + २१२७	२८९		
२१२८	जीवविचारप्रकरणवृत्ति	मध्यम		सं.		६	२१२८			
२१२९	एकाक्षरीनाममाला	मध्यम		सं.गू.		११				
२१३०	पाणिनीय व्याकरणगणपाठ	श्रेष्ठ		सं.		४६	२१३०	२८९		
२१३१	कल्पसूत्रटीका अपूर्ण	मध्यम		सं.		१५	२१३१ + २१३२			
२१३२	श्री चंद्रीयसंग्रहणीप्रकरण	मध्यम	श्रीचंद्रसूरि	प्रा.		२०	२१३१ + २१३२			
२१३३	चिंतामणिसार प्रत्यक्षखंड	श्रेष्ठ	भवानंद सिद्धांत	सं.		४४	२१३३ थी २१३७	२८९		लखतां अधुरी छे
२१३४	पद्मकोश	मध्यम		सं.		६	२१३३ थी २१३७			
२१३५	ऋषभदेवस्तवनआदिपत्र	मध्यम		गुज.		६	२१३३ थी २१३७	२८९		
२१३५/१	आदिनाथ स्तवन	मध्यम	रतनचंद	गुज.		१-२	२१३३ थी २१३७	२८९		

ग्रंथांक	ग्रंथनुं नाम	स्थिति	कर्ता	भाषा	संवत्	पत्र संख्या	झेरोक्ष	सी.डी.	ग्रंथाग्र	विशेष नोंध
२१३५/२	आदिनाथ स्तवन	मध्यम	समयसुंदर	गुज		२-३	२१३३ थी २१३७	२८९		
२१३५/३	लोद्रवास्वामिलेख	मध्यम	जिनचंद्रसूरि	गुज		३-४	२१३३ थी २१३७	२८९		
२१३५/४	चौदगुणस्थानकस्तवन	मध्यम	धर्मसी	गुज		४-६	२१३३ थी २१३७	२८९		
२१३६	बेंतालीसदोषविवरणस्तवन	मध्यम	सिद्धार्थमुनि	गुज.	र. १८७८	२	२१३३ थी २१३७			
२१३७	स्नात्रविधि	श्रेष्ठ	देवचंद्र	गुज		७	२१३३ थी २१३७	२८९		
२१३८	दंडकचोवीसबोलयंत्रपट	श्रेष्ठ				१				
२१३९	श्रीपालरास	श्रेष्ठ	विनयविजयजी	गुज		४८	२१३९ + २१४०			
			यशोविजयजी							
२१४०	दानविजयचोवीसी	मध्यम	दानविजयजी	गुज.		५	२१३९ + २१४०			
२१४१	महावीरस्तुतिआदि	मध्यम		गुज		२	२१४१ थी २१४३	२९०		
२१४२	कालकाचार्यकथानक	मध्यम		गुज		१९	२१४१ थी २१४३			
२१४३	दिगंबरचोरासीबोल	श्रेष्ठ		गुज.		३	२१४१ थी २१४३			
२१४४	भक्तामरस्तोत्रभाषाकवित	श्रेष्ठ	हेमराज	गुज		८-१४	२१४४ थी २१४६			
२१४५	सुभाषितश्लोकसंग्रह	श्रेष्ठ		सं.		२-११	२१४४ थी २१४६	२९०		
२१४६	मेघदूतमहाकाव्य	श्रेष्ठ	कालिदास	सं.	१८१२	१६	२१४४ थी २१४६			
२१४७	प्रश्नोत्तर तथा बोलविचार	मध्यम		गुज		२५	२१४७			
२१४८	बोलविचार संग्रह	मध्यम		गुज.		११	२१४८			
२१४९	चातुर्मासिकव्याख्यानबालावबोध	मध्यम		गुज		१२	२१४९			
२१५०	भवानीकवच आदि	मध्यम	हरिहरब्रह्म	सं.		७	२१५० + २१५१			
२१५१	गोडीपार्श्वनाथछंद	जीर्ण	रूपचंद	गुज.		१	२१५० + २१५१		गा.११३	
२१५२	गोरखबोधवाणीआदिदुहाकवितसंग्रह	श्रेष्ठ		गू.		६३				
२१५३	कूटमुदगर	मध्यम	माधव	सं.	१८१२	८	२१५३			
२१५४	मोतीकपासीयासंवाद	मध्यम	श्रीसार	गू.		४				
२१५५	विचारसित्तरिप्रकरण सस्तबक	मध्यम		प्रा.गू.		९				
२१५६	वार्तासुभाषितादि	मध्यम				२१				
२१५७	विनोदकथासंग्रह अपूर्ण	मध्यम		सं.		३२	२१५७ + २१५८			
२१५८	दृष्टिफलज्योतिष	श्रेष्ठ		सं.		३	२१५७ + २१५८			

ग्रंथांक	ग्रंथनुं नाम	स्थिति	कर्ता	भाषा	संवत्	पत्र संख्या	झेरोक्ष	सी.डी.	ग्रंथाग्र	विशेष नोंध
२१५९	पच्चक्खाणविचारगर्भपार्श्वनाथस्तवन	मध्यम	वाचक खेम	गू.		३				
२१६०	साधुषडावश्यकसूत्र आदि	मध्यम		प्रा.सं.गु		११२				
२१६०/१	प्रतिक्रमणसूत्र					१-९				
२१६०/२	प्रव्रज्याकुलक					९-११			गा.३४	
२१६०/३	साधुप्रतिक्रमणसूत्र					११-१४				
२१६०/४	जयतिहुयणस्तोत्र		अभयदेवसूरि			१४-१८			गा.३०	
२१६०/५	वंदित्तु					१८-२१				
२१६०/६	संथारापोरसी					२१-२२				
२१६०/७	सीमंधरस्वामिआदिनी स्तुतिओ-स्तवन-स्तोत्र					२२-४४				
२१६०/८	अजितशांति					४४-४९				
२१६०/९	लघुअजितशांति					४९-५१				
२१६०/१०	नमिऊणस्तोत्र					५१-५४				
२१६०/११	महरियगुण					५४-५६				
२१६०/१२	सिग्घमवहरउस्तोत्र					५६-५७				
२१६०/१३	लघुशांति					५७-५८				
२१६०/१४	तिजयपहुत्त					५८-५९				
२१६०/१५	उपदेशमाला					५९-६३				
२१६०/१६	भक्तामरस्तोत्र					६३-६८				
२१६०/१७	कल्याणमंदिरस्तोत्र					६८-७३				
२१६०/१८	भाविरवारणस्तोत्र					७३-७६				
२१६०/१९	दुरियरयस्तोत्र					७६-८०				
२१६०/२०	जीवविचार					८०-८४				
२१६०/२१	नवतत्त्वप्रकरण					८४-८७				
२१६०/२२	दंडकप्रकरण					८९-९०				
२१६०/२३	संग्रहणीप्रकरण					९०-११२				
२१६१	दूहासंग्रह	मध्यम		गू.		८				

ग्रंथांक	ग्रंथनुं नाम	स्थिति	कर्ता	भाषा	संवत्	पत्र संख्या	झेरोक्ष	सी.डी.	ग्रंथाग्र	विशेष नोंध
२१६२	कोकदोहासंग्रह	मध्यम		गू.		६				
२१६३	सप्तव्यसनकथा पद्य	जीर्ण		सं.		१३१				
२१६४	बृहत्क्षेत्रसमास सस्तबक	मध्यम		प्रा.गू.		६३				
२१६५	उपदेशमालाप्रकरण	श्रेष्ठ		प्रा.		३८				पत्र ३७ मुं नथी.
२१६६	प्रज्ञापनोपांगसूत्र	श्रेष्ठ	श्यामाचार्य	प्रा.	१८२६	२५८			७७८७	
२१६७/१	प्रज्ञापनोपांगसूत्रवृत्ति	श्रेष्ठ	मलयगिरि	सं.		२३३ सुधी	२१६७ (१,२)			
२१६७/२	प्रज्ञापनोपांगसूत्रवृत्ति	श्रेष्ठ	मलयगिरि -वृ.	सं.	१८२६	२३४-३६५	२१६७ (१,२)		१६०००	
२१६८	लघुजातक	श्रेष्ठ		सं.	१८८४	१२				
२१६९	जीवाभिगमोपांगसूत्र	श्रेष्ठ		प्रा.	१५७१	५५			४८८०	
२१७०	गोयरिगवयरिरूपविचार	मध्यम		सं.		३				
२१७१	वासुपूज्यजिनचरित्रमहाकाव्य	जीर्णप्राय:	वर्धमानसूरि	सं.	१४८२	६८	२१७१	२८९		
२१७२	उत्तराध्ययनसूत्र सुखबोधावृत्तिसह	जीर्णप्राय:	नेमिचंद्रसूरि -वृ.	प्रा.सं.	र. ११२९-	१७०	२१७२		१२०००	
२१७३	हनुमन्नाटक	जीर्ण	हनुमंत	सं.	१६३५	१८				
२१७४	सिद्धान्तकौमुदी पूर्वार्ध अपूर्ण	मध्यम		सं.		५५				
२१७५	कल्पसूत्रसंदेहविषौषधिवृत्ति	जीर्णप्राय:	जिनप्रभसूरि	सं.	१५९६	६१	२१७५	२९०	३५४१	
२१७६	दशवैकालिकसूत्रलघुवृत्ति	जीर्णप्राय:	सुमतिसूरि	सं.		४८				
२१७७	निरुक्तिकांड	मध्यम		सं.		२१				
२१७८	प्रशमरतिप्रकरण	मध्यम	उमास्वातिवाचक	सं.		२	२१७८			
२१७९	चिंतामणि	मध्यम		सं.		६				
२१८०	त्रूटक पानाना टूकडा									
२१८१	संकाशकथानक	जीर्ण	सर्वलाभगणि	सं.		३				
२१८२◆	व्याकरणन्यायसंग्रह	जीर्ण		सं.		२			१७५	
२१८३/१	कौतुकमंजरी	श्रेष्ठ	जयचंद्रसूरि	सं.		१-३	२१८३..२१९७	२८९	१४२	
२१८३/२	कौतुकमंजरीटीका	श्रेष्ठ		सं.		३-५	२१८३..२१९७	२८९		
२१८४	कविशिक्षा	श्रेष्ठ		सं.		८			५२५	
२१८५	आलोचनाविधि अपूर्ण	जीर्ण		सं.		६				उंदरे करडेली छे.
२१८६	कर्पूरप्रकरवृत्ति अपूर्ण	जीर्ण		सं.		२-५२				

ग्रंथांक	ग्रंथनुं नाम	स्थिति	कर्ता	भाषा	संवत्	पत्र संख्या	झेरोक्ष	सी.डी.	ग्रंथाग्र	विशेष नोंध
२१८७	प्रमाणनयतत्त्वालोकालंकार	जीर्ण		सं.		५	२१८३..२१९७	२८९		
२१८८	सम्यक्त्वकौमुदी	जीर्ण		सं.		२९				
२१८९	शोभनस्तुतिचतुर्विंशतिका टिप्पणीसह	श्रेष्ठ	शोभनमुनि	सं.	१५६०	८	२१८३..२१९७	२८९		
२१९०	दमयंतीकथा-नलचंपूविवरण	श्रेष्ठ	चंडपाल	सं.	१४७६	४३	२१९०	२८९		
२१९१	बंधस्वामित्व तृतीयकर्मग्रंथ वृत्तिसह प्राचीन	श्रेष्ठ		प्रा.सं.	१४९६	७				
२१९२	प्रवचनसारोद्धारप्रकरण		नेमिचंद्रसूरि	प्रा.		३३				
२१९३/१	एकाक्षरीनाममाला	श्रेष्ठ		सं.		१	२१९३	२८९		
२१९३/२	एकाक्षरीनिर्घटुनाममाला	श्रेष्ठ	सुधाकलश	सं.		१-३	२१९३	२८९		
२१९३/३	शब्दप्रभेदनाममाला	श्रेष्ठ	महेश्वर भट्टारक	सं.		३-८	२१९३	२८९		
२१९४	प्रवचनसारोद्धारप्रकरणलघुवृत्ति	श्रेष्ठ	उदयप्रभसूरि	सं.		५१			३२०२	
२१९५	संघपट्टकप्रकरण वृत्तिसह	जीर्ण	जिनदत्तसूरि -मू. जिनपतिसूरि -टी.	सं.		४२			३६००	
२१९६	उपदेशमालाप्रकरण	जीर्ण	धर्मदासगणि	प्रा.		१०				
२१९७/१	बृहत्क्षेत्रसमास विवरण सह	जीर्ण	जिनभद्रगणि क्षमाश्रमण -मू., वि.क.मलयगिरि	सं.प्रा.		२६	२१८३..२१९७	२८९		
२१९७/२	लोकनालिकाद्वात्रिंशिका मूल तथा अवचूरि	जीर्ण	धर्मघोषसूरि -मू.	प्रा.सं.		२६-२७	२१८३..२१९७	२८९		
२१९८	षडावश्यकसूत्रबालावबोध अपूर्ण	जीर्ण	तरुणप्रभसूरि	गु.		५१				
२१९९	श्रीचंद्रीयासंग्रहणी सटीक	जीर्ण	श्रीचंद्रसूरि -मू. टी. देवभद्रसूरि	प्रा.सं.						
२२००	अनुयोगद्वारसूत्र	श्रेष्ठ		प्रा.		३०				
२२०१	अगडदत्तकथा	जीर्ण		प्रा.		७				उंदरे करडेली छे.
२२०२	धर्मकुटुंबकथा-अष्टप्रकारीपूजाफलविषये	जीर्ण		सं.		३				
२२०३	तत्त्वचिंतामणिआलोक अपूर्ण	श्रेष्ठ		सं.		३६	२२०३	२८९		
२२०४	ज्ञाताधर्मकथांगसूत्र	श्रेष्ठ		प्रा.	१६१९	८१				
२२०५	अष्टकप्रकरण वृत्तिसह	जीर्ण	हरिभद्रसूरि -मू., टी.क.अभयदेवसूरि	सं.	१५०९	३९	२२०५	२४२/ २९०	२३७०	

ग्रंथांक	ग्रंथनुं नाम	स्थिति	कर्ता	भाषा	संवत्	पत्र संख्या	झेरोक्ष	सी.डी	ग्रंथाग्र	विशेष नोंधे
२२०६	सम्यक्त्वस्वरूपस्त्व सावचूरिक	जीर्ण		प्रा.सं		३				
२२०७	कविशिक्षा काव्यकल्पलतावृत्तिसह	जीर्ण	अमरचंद्रसूरि स्वोपज्ञ	सं.		४६	२२०७	२८९	३३५०	
२२०८	तर्कपरिभाषा	जीर्ण	केशवमिश्र	सं.	१५४६	१०				उंदरे करडेली छे.
२२०९	षष्टिशतकप्रकरण सटीक	श्रेष्ठ	नेमिचंद्रसूरि	प्रा		५४				
			गुणरत्नो पाध्याय							
२२१०	प्रवचनसारोद्धारप्रकरण	श्रेष्ठ	नेमिचंद्रसूरि	प्रा		४८				
२२११	कथासंग्रह	श्रेष्ठ		सं.		९				
२२१२	खंडप्रशस्तिकाव्य	जीर्ण		सं.		९	२२१२	२८९		
२२१३	व्रतविधिसंग्रह	श्रेष्ठ		प्रा.सं.		१७				
२२१४	आराधनाविधिआदि	श्रेष्ठ		प्रा.सं.		२१				
२२१५	भर्तृहरित्रिशती सावचूरिक पंचपाठ	जीर्ण	भर्तृहरि			१८				
२२१६	चैत्यवंदनादिभाष्यत्रयसावचूरिक	श्रेष्ठ	देवेन्द्रसूरि	प्रा.सं.		२७				
२२१७/१	जयतिहुयणस्तोत्र सटीक	श्रेष्ठ	अभयदेवसूरि -मू.	प्रा.,सं.		१-९	२२१७	२८९		
२२१७/२	जीवविचारप्रकरण सटीक	श्रेष्ठ	शांतिसूरि -मू.	प्रा.,सं.		९-१५	२२१७	२८९		
२२१७/३	संसारदावास्तुति सटीक	श्रेष्ठ	पार्श्वचंद्र -टी.	प्रा.,सं.		१५-१७	२२१७	२८९		
२२१८	हनुमंतवज्रकवच	मध्यम		सं.		७				
२२१९	प्रश्नव्याकरणदशांगसूत्र	जीर्ण		प्रा		४-२६				पाणीथी भींजायेली छे.
२२२०	कल्पसूत्रसंदेहविषौषधिटीका	श्रेष्ठ	जिनप्रभसूरि	प्रा.सं.		३१				किनारी उंदरे करडेली छे.
२२२१	प्रमेयरत्नकोश आदि	जीर्ण		सं.		३२	२२२१	२८९		
२२२१/१	प्रमेयरत्नकोश	जीर्ण	चन्द्रप्रभसूरि	सं.		१-१०	२२२१	२८९		
२२२१/२	महाविद्याविडंबन	जीर्ण	वादींद्र	सं.		१०-२०	२२२१	२८९		
२२२१/३	विदग्धमुखमंडन	जीर्ण	धर्मदास	सं.		२०-२४	२२२१	२८९		
२२२१/४	अनेकार्थतिलककोश	श्रेष्ठ	महीप	सं.	र. १४३०-	२४-३२	२२२१	२८९		
२२२२	नंदिताढ्यछंदःशास्त्र सटीक	जीर्ण	रत्नचंद्र	सं.		५				
२२२३	सिद्धहेमशब्दानुशासनलघुवृत्ति									
	टिप्पणीसह चतुष्कवृत्ति पर्यंत	श्रेष्ठ	हेमचंद्राचार्य स्वोपज्ञ	सं.		८९	२२२३			
२२२४	श्रावकप्रतिक्रमणसूत्रचूर्णि	जीर्ण		प्रा		६९	२२२४	२८९		

ग्रंथांक	ग्रंथनुं नाम	स्थिति	कर्ता	भाषा	संवत्	पत्र संख्या	झेरोक्ष	सी.डी.	ग्रंथाग्र	विशेष नोंध
२२२५	कर्मविपाककर्मग्रंथ सटीक	श्रेष्ठ		प्रा.सं.		२९		४८२		
२२२६	समयसार सटीक	जीर्ण		प्रा.,सं.	१४३५	२३	२२२६			
२२२७	प्रश्नप्रदीप	मध्यम		सं.		१				
२२२८	योगशत सटीक	जीर्ण		सं.	१५४५	२१	२२२८			
२२२९	पाशाकेवली	मध्यम		गू.		७				
२२३०	प्रश्नशतावचूर्णि	मध्यम		सं.		६				
२२३१	सारसंग्रह	मध्यम	वरदराज	सं.		१०				
२२३२	हरिवंशपुराण	जीर्ण		सं.	१७२७	२०१-३९६				उंदरे करडेली छे.
२२३३	समयसारनाटक सटीक	श्रेष्ठ	अमृतचन्द्राचार्य -मू., टी.क.देवेन्द्रकीर्ति	सं.	र.१७८८-ले.१८२८	९३	२२३३	२८९		
२२३४	सप्ततिकाकर्मग्रंथ सस्तबक यंत्रसह	जीर्ण		प्रा.गू.		३८				
२२३५	प्रवचनसारोद्धारटीका अपूर्ण	जीर्णप्रायः	सिद्धसेनाचार्य	सं.		४४				
२२३६	दशवैकालिकसूत्रनां गीतो आदि	मध्यम		गू.		६				
२२३६/१	दशवैकालिकगीत		खेतसी पुण्यकलश शिष्य							
२२३६/२	मेघकुमारसज्झाय		श्रीसार							
२२३६/३	धन्यर्षिसज्झाय		नयरंग							
२२३६/४	धन्यर्षिसज्झाय		विद्याकीर्ति							
२२३६/५	अनाथीमुनिसज्झाय		अभयचंद्र							
२२३६/६	ढंढणऋषिसज्झाय		जिनहर्ष							
२२३७	बटुकभैरवस्तोत्र मंत्राम्नायसह अपूर्ण	जीर्ण		सं.		६				
२२३८	चातुर्मासिकव्याख्यान	श्रेष्ठ	क्षमाकल्याण	सं.	ले.१८३९	९			४०१	
२२३९	यशोधरनृपचरित्र गद्य	श्रेष्ठ	क्षमाकल्याण	सं.	र.१८३९-ले.१८३९	३४				
२२४०	साधुविधिप्रकाश	श्रेष्ठ	क्षमाकल्याण	सं.	र. १८३८-	१६	२२४०		७००	
२२४१	श्राद्धविधिप्रकाश	श्रेष्ठ	क्षमाकल्याण	सं.गू.	र. १८३८	११	२२४१			
२२४२	उपासकदशांगसूत्र सस्तबक अपूर्ण	जीर्ण		प्रा.गू.		३२				
२२४३	आवश्यकहारिभद्रीयवृत्ति	श्रेष्ठ	हरिभद्रसूरि	सं.		१०८-४२२	२२४३ (१,२)	२८९/ २९०	२२०००	पत्र ३८७ मुं नथी.

ग्रंथांक	ग्रंथनुं नाम	स्थिति	कर्ता	भाषा	संवत्	पत्र संख्या	झेरोक्ष	सी.डी.	ग्रंथाग्र	विशेष नोंध
२२४४	गदाधरीअनुमानखंड-न्याय	श्रेष्ठ		सं.		३८	२२४४	२८९		प्रति उंदरे करडेली छे
२२४५	न्यायग्रंथ	जीर्णप्राय		सं.		१०१	२२४५			
२२४६	न्यायग्रंथ	मध्यम		सं.		९८-२१०	२२४६			
२२४७	भवानंदीप्रकाश सटीक	मध्यम	महादेव -मू.	सं.	१८३२	४७	२२४७	२९०		
२२४८	न्यायग्रंथ	जीर्ण		सं.		३७	२२४८			
२२४९	सिद्धांतकौमुदी	श्रेष्ठ		सं.		१३				
२२५०	नादकारिका वृत्तिसह तथा तत्त्वनिर्णयविवरण	मध्यम		सं.		६	२२५०	२८९		
२२५१	श्रीचंद्रीयासंग्रहणी बालावबोधसह	मध्यम		प्रा.गू.	१८३१	६५				
२२५२	प्रयोगमुखव्याकरण अपूर्ण	मध्यम		सं.		३४	२२५२	२८९		
२२५३	विशेषशतक बीजकसह	जीर्णप्राय	समयसुंदर	सं.	र. १६८७-	४३	२२५३	२९०		
२२५४	अनेक ग्रंथो अने स्तवन, सज्झाय आदिनां प्रकीर्णक पान									
२२५५	अनेक ग्रंथो अने स्तवन सज्झाय आदिनां प्रकीर्णक पान									
२२५६	स्तवन,सज्झाय,रास,चोपाई, प्रतिक्रमण अने नवस्मरण आदि गुटकाओ									
२२५७[1]	तीर्थंकरभगवाननां चित्रो जीर्ण									
२२५८	कल्पसूत्र (सुवर्णाक्षरी)					१११		२१५		

१. ग्रंथांक २२५७ तक के ग्रंथ वडोउपाश्रय ज्ञानभंडार के है ।

ग्रंथांक	ग्रंथनुं नाम	कर्ता	संवत्	पत्र संख्या	झेरोक्ष	सी.डी.नं.	ग्रंथाग्र	विशेष नोंध
१	नमिउणभयहरस्तोत्रवृत्ति	पं. गुणसुंदर		८	१	३३१		
२	गुर्वावली पत्र	जिनहर्षसूरि	१८५६	२७	२ + ६ + १०/१	३३१		
३	कल्पसूत्र सह व्याख्या अपूर्ण			२९				
४	कल्पसूत्र अपूर्ण			५२				
५	कल्पसूत्र पांचमुं व्याख्यान	जिनहर्षसूरि		८०				
६	पर्युषण अष्टाह्निका व्याख्यान	समुद्रविजय	१९३०	१४	२ + ६ + १०/१	३३१		
७	पर्युषणाकल्प (कल्पसूत्र)	समयहंसमुनि	१७५९	४४				४थी९ पाना नथी
८	वीशस्थानकतपोविधि		१८४४	४८				
९	श्रावकना बारह व्रतना अतिचार			६				
१०/१	श्रावक आराधना	समयसुंदर		११	२ + ६ + १०/१	३३१		
१०/२	वीशस्थानकभाषा विधि	ज्ञानसागरसूरि		३४		३३१		
११	चातुर्मासिक व्याख्यान	क्षमाकल्याण		१२	११	३३१		
१२	ऋषिमंडल प्रकरण	उदयवल्लभ	१८०२	८४				
१३	कालिकाचार्य बालावबोध	समयसुंदर	१८५३	१२				
१४	चातुर्मासिक व्याख्यान	-	१८१६	१९				
१५	गांगा तैली कथा			२	१५			
१६	उपदेशसप्तति	सोमधर्मगणि		१	१६			
१७/१	प्रकीर्णकपोथी संकलन+कल्याणमंदिर+भक्तामर			१८२				
१७/२	प्रकीर्णकपोथी संकलन+पाक्षिकसूत्र+सिंदूरप्रकर							
१७/३	प्रकीर्णपोथी संकलन+जयतिहुअणसूत्र+कर्मग्रंथ							
१७/४	प्रकीर्णपोथी संकलन+क्षेत्रसमास+स्नात्रविधि							
१७/५	प्रकीर्णपोथी संकलन+ऋषिमंडलस्तोत्र							
१८	अभिधानचिंतामणी	हेमचंद्रसूरि		७७				
१९	प्रथमसे तृतीय कर्मग्रंथ सह टब्बार्थ	देवेन्द्रसूरि		२६				
२०	भक्तामरस्तोत्र	मानतुंगसूरि	१८२६	१६				
२१	चतुर्थ कर्मग्रंथ	देवेन्द्रसूरि		२६				
२२	थंभनपार्श्ववृद्धि स्तव	कुशललाभसूरि		६३				
२३	उत्तराध्ययनसूत्र		१६३५	४९				

ग्रंथांक	ग्रंथनुं नाम	कर्ता	संवत्	पत्र संख्या	झेरोक्ष	सी.डी.नं.	ग्रंथाग्र	विशेष नोंध
२४	जीवाजीवाभिगमसूत्र			२०२			४८००	
२५	ज्ञाताधर्मकथाटीका	टीका. अभयदेवसूरि	११२०	७५	२५ + २६	३३१	५००	
२६	जीवाजीवाभिगमवृत्ति	मलयगिरि	१६६८	२०९	२५ + २६	३३१		
२७	विधिप्रपा	सिंहसूरि	१४९५	७०	२७	३३१	३५७४	
२८/१	मंत्रराजरहस्य	माणेकराजमुनि	१८४३	१-२०	२८ थी ३०	३३१		
२८/२	वर्धमानविद्याकल्प	माणेकराजमुनि	१८४३	२१-२८	२८ थी ३०	३३१		
२८/३	परमेष्ठीमंत्रकल्प	माणेकराजमुनि	१८४३	२९-३०	२८ थी ३०	३३१		
२८/४	ऋषिमंडलयंत्र	माणेकराजमुनि	१८४३	३०-३१	२८ थी ३०	३३१		
२८/५	लघुनमस्कारचक्र	माणेकराजमुनि	१८४३	३१-४३	२८ थी ३०	३३१		
२९	प्रतिष्ठाविधि + मुद्राविधि			३६	२८ थी ३०	३३१		
३०	अष्टोतरी स्नात्र विधि	नयरंगमुनि	१८५३	२४	२८ थी ३०	३३१		
३१	विधिप्रपा		१८९४	९६	३१	३३१		
३२	प्रतिष्ठा मूर्ति मंडळ			५	३२ थी ३५	३३१		
३३	प्रतिष्ठाविधि			५	३२ थी ३५	३३१		
३४	प्रतिष्ठाविषय के छूटक पत्र			८०	३२ थी ३५			
३५	नवरत्नपरीक्षा समुच्चय			३-८६	३२ थी ३५	३३१		
३६	धर्मकथा	सुवर्णलक्ष्मीगणि	१६१७	१३१				
३७	द्विजवदनचपेटा	गुणचंद्र	१६२१	१७	३७ थी ४०	३३१	३६१	
३८	वर्धमानविद्या	पंडित नाथुक	१४९९	४३	३७ थी ४०	३३१		
३९	चित्रासन पद्मावली कथानक	पद्मचंद्रसूरि		१३	३७ थी ४०			
४०	मेघमाला ग्रंथ		१६९२	३०	३७ थी ४०	३३१		१-२ पानुं नथी
४१	भोजराजचरित्र			४७	४१ थी ४५			
४२	सामुद्रिकशास्त्र		१७२१	५	४१ थी ४५			
४३/१	भरटककथा			१३				
४३/२	भरटककथा			७	४१ थी ४५			
४४	वृत्तरत्नाकर	सोमचंद्र		२४	४१ थी ४५			
४५	पंचकुमारकथा	लक्ष्मीवल्लभ		२५	४१ थी ४५			
४६	भरटकद्वात्रिंशिका अपूर्ण			२४				

ग्रंथांक	ग्रंथनुं नाम	कर्ता	संवत्	पत्र संख्या	झेरोक्ष	सी.डी.नं.	ग्रंथाग्र	विशेष नोंध
४७	मंत्राधिराजकल्प	सिंहतिलकसूरि		२३	४७	३३१	८००	
४८	काव्यप्रकाशटीका	भवदेव	१६९८	११९	४८	३३२		
४९	कुमारसंभववृत्ति	शिवराज		७१	४९ थी ५२			
५०	संबोधसप्तति वृत्ति सह			५३	४९ थी ५२			
५१	पृथ्वीचंद्रचरित्र	जयसागरगणि		६६	४९ थी ५२		२६५४	
५२	पांडित्यदर्पण पद्य	बालकृष्ण		६१	४९ थी ५२			
५३	वैद्यक सारोद्धार		१७९५	१४४	५३			
५४	पुण्यसारकथानक	विवेकसमुद्रगणि		१०	५४ + ५७ + ५८		३४८	
५५	प्रवचनसारोध्धारसूत्रवृत्ति	जिनरंग गणि	१८७५	२९२				
५६	भगवती सूत्रवृत्ति अपूर्ण			८२				
५७	जीवसमासवृत्ति	तिलकसूरि	१८१५	१२९	५४ + ५७ + ५८	३३२		
५८	हीरप्रश्नोत्तरग्रंथ बीजक सहित	हीरविजयसूरि		३८	५४ + ५७ + ५८	३३१		
५९	श्राद्धदिनकृत्य सूत्र		१६०२	१६	५९ + ६०	३३२		
६०	प्रश्नोत्तरसार्धशतकम्	हेमराज	१८५५	७६	५९ + ६०	३३२		
६१	सारोध्धारसारसंग्रह		१७०९	१२८	६१			
६२	पाशाकेवली		१८०२	९	६२... ६९			
६३	सिंहासन द्वात्रिंशिका अपूर्ण	क्षेमंकरमुनि		२७				
६४	कुमारसंभव काव्य टीका			२९				
६५	स्वर्गबोध	नागार्जुन		४	६२... ६९	३३२		
६६	जवराजर्षिचरित्र (कथा)	चन्द्रशेखरसूरि		३				
६७	नारचन्द्र			१८				
६८	कारकसंबंधोद्योतविवरण			८	६२...६९	३३२		
६९	चमत्कारचिंतामणी	श्रीदह राज़र्षि		५	६२... ६९	३३२		
७०	वसुधारा	जिनचंद्रसूरि	१६३७	५	७० थी ७२			
७१	शब्दरत्नप्रदीप			८	७० थी ७२	३३२		
७२	अंबडचरित्र	मुनिरत्नसूरि		३२	७० थी ७२	३३२		
७३	रामविनोद (वैदकनो ग्रंथ) अपूर्ण			६२				

ग्रंथांक	ग्रंथनुं नाम	कर्ता	संवत्	पत्र संख्या	झेरोक्ष	सी.डी.नं.	ग्रंथाग्र	विशेष नोंध
७४	प्रव्रज्याविधि			३	७४	३३२		
७५	बिंबप्रवेशविधि		१८५६	९	७५	३३२		
७६	प्रतिष्ठाविधि	नयनंदनमुनि	१८५१	२६	७६	३३२		
७७	पांडवचरित्र अपूर्ण			५१				
७८	चउसरण	विनयसुंदर		११			२१५ श्लोक	
७९	आर्द्रकुमारमुनिकथा			६	७९ + ८१	३३२		
८०	किराटीका		१८७७	६				
८१	चंद्रधवलकथा			१५	७९ + ८१	३३२		
८२ ◆	सिंहासन बत्रीसी	हर्षदेव		२७				
८३	शुकनसारोध्धार-स्वप्न अध्याय		१५३३	१२	८३ थी ८५			
८४	पंचदश कथा प्रकीर्णक			४२	८३ थी ८५		२८४७	
८५	रामविनोद (वैदकनो ग्रंथ)			७१-१२१	८३ थी ८५			
८६ ◆	शब्दानुशासन अपूर्ण			२९				
८७	सम्यक्त्वकौमुदी	गुणसुंदर	१८२५	८१				
८८	संग्रहणीसूत्र	गुणसुंदर -ले., श्रीचंद्रसूरि -र.		२६				
८९	सिद्धदंडिका अवचूरी			५				
९०	दंडकसूत्र	गजसारमुनि		७				
९१	चोवीसदंडकस्तव बालावबोध	गजसारमुनि		२५				
९२	पंचप्रतिक्रमण अपूर्ण			२६				
९३	सारस्वत व्याकरण	पं.दानमल्लमुनि	१८८४	८१				
९४	सिंदुरप्रकर	भाग्यविलासमुनि	१९०१	६४				
९५	क्षेत्रसमास	कुशलरंगमुनि		४४				
९६	अभिधानचिंतामणी - पहेलो कांड	हेमचंद्राचार्य		१६				
९७	सम्यकत्वकौमुदीकथा	शिवलाल	१९०१	६४				
९८	यतिआराधनाविधि			४				
९९	गौतमस्वामीनो रास			४				
१००	भक्तामरस्तोत्र बालावबोध सहित	मानतुंगसूरि	१८३४	११				

ग्रंथांक	ग्रंथनुं नाम	कर्ता	संवत्	पत्र संख्या	झेरोक्ष	सी.डी.नं.	ग्रंथाग्र	विशेष नोंध
१०१ ◆	सागरोपमग्रंथ			५				
१०२ ◆	ठाणांगसूत्रगाथा			७				
१०३ ...	नारचंद्र (ज्योतिष ग्रंथ) अपूर्ण			३३				
१०४ ...	अर्हन्नामसहस्त्रसमुच्चय	पं. मोतीचंद	१८९७	११	१०४... १६१	३३२		
१०५ ...	पौषधविधि			३				
१०६ ...	कुमतिउत्थापन			६				
१०७ ...	उपदेशमाला सह टब्बार्थ व कथाओ	शांतिविजय	१८२४	१०९				
१०८ ...	पृथ्वीचंद्रगुणसागरचरित्र	लब्धिसागर	१८२४	२११			१०००	
१०९ ...	जंबूकुमारना पांच भव			३४				
११० ...	नवकार बालावबोध	सत्यमूर्ति	१८६०	६				
१११ ...	कल्याणमंदिर स्तोत्र			४थी ६				
११२ ...	आराधना (यति)			५				
११३ ...	पांच पांडव चौपई अपूर्ण			२७				
११४ ...	विचारवाद संग्रह + आवश्यक लघुवृत्ति			६७				
११५ ...	शत्रुंजयरास अपूर्ण			३				
११६ ◆	बृहत्स्तोत्र अपूर्ण			५२				
११७ ...	वीशस्थानकविधि अपूर्ण			५-१४				
११८ ...	श्रावककरणी स्वाध्याय	जिनहर्षगणि	१८६२	१				
११९ ...	जीवाजीव विचार बोल			७				
१२० ...	नवतत्त्व			३				
१२१ ...	त्रेसठ शलाका गीत			१४				
१२२ ...	चातुर्मासिक व्याख्यान			४				
१२३ ...	सत्तावीश बोलथोकडा संग्रह			७				१-२ पानुं नथी
१२४ ...	विचारसूत्र षट्त्रिंशिका (दंडकसूत्र)	गजसार, ले-अमरविजय		८				
१२५ ...	नवतत्त्व सह टब्बार्थ	रंगविजय		१६				
१२६ ...	संग्रहणी (श्रीचन्द्रीय) सह वृत्ति अपूर्ण			८२				
१२७ ...	जीवाजीवविचारप्रकरण सह वृत्ति	क्षमाकल्याण	१८५०	३०				

ग्रंथांक	ग्रंथनुं नाम	कर्ता	संवत्	पत्र संख्या	झेरोक्ष	सी.डी.नं.	ग्रंथाग्र	विशेष नोंध
१२८	सिंदूरप्रकर सह वृत्ति	हर्षकीर्तिसूरि	१८९४	३१				
१२९	सिद्धांतचंद्रिका	रामचंद्र		१४०				
१३०	पाक्षिकसूत्र + क्षेत्रसमाससूत्र	कुशलरंगमुनि		३४				
१३१	नारचंद्र (ज्योतिषशास्त्र)			३०				
१३२	प्रभंजनादि सज्झाय			१४				
१३३	रघुवंश	कालिदास		२१				
१३४	प्रकीर्णक पोथी (संकलन)			४१				
१३५	राईप्रतिक्रमण विधि			१३				
१३६	अमरकोश (लिंगानुशासन)	अमरसिंह	१९२२	५५				
१३७	सारस्वतव्याकरण	चंद्रकीर्ती	१७४५	७४				
१३८/A	भक्तामरस्तवटीका	ले. देवसूरि	१९०७	११	१०४... १६१	३३२		
१३८/B	लघुशांतिटीका सहित + तिजयपुहुत्त	हर्षकीर्तिसूरि	१६४४	१२-१९	१०४... १६१	३३२		
१३९	कल्याणमंदिर टीका	पं. माणेकमुनि	१९०५	२१				
१४०	आदिनाथस्तवन	हेमसारमुनि		३				
१४१	ऋषभदेवस्तोत्र			१				
१४२	अध्यात्मबत्तीसी			२				
१४३	कुमती उत्थापन			७	१०४... १६१			
१४४ ◆	पंचकल्याणक पूजा			७				
१४५	चतुर्विंशती स्तवन	जिनराजसूरि		७	१०४... १६१	३३२		
१४६	अध्यात्मपदावली - ज्ञानसार			२३				
१४७	सिध्धचक्र गुणना + रोहिणी तपविधि			८				
१४८	चतुर्विंशतिजिनस्तव पंचाशिका	ले.पं. सागरचंद्र	१८५७	५				
१४९	जिनसहस्त्रनामस्तोत्र	सिद्धसेन दिवाकर						
		ले. क्षमाचंद्र	१७७१	३	१०४... १६१	३३२		
१५०	पंचविंशतिकथा			१०				
१५१	मल्लीजिन स्तवन			१२				

ग्रंथांक	ग्रंथनुं नाम	कर्ता	संवत्	पत्र संख्या	झेरोक्ष	सी.डी.नं.	ग्रंथाग्र	विशेष नोंध
१५२	पार्श्वनाथ यमकाष्टक स्तोत्र	पद्ममुनि		५	१०४... १६१	३३२		
१५३	जिनमालिका			२०				
१५४	बारह भावना	पं. जयसोममुनि		४५				
१५५	गौतमाष्टक	नवरंगमुनि		४	१०४... १६१	३३२		
१५६	कर्मग्रंथ प्रथम से चतुर्थ नवीन	देवेन्द्रसूरि		११				
१५७	शिखनख	ले. बलिभद्र		५				
१५८	जिनचंद्रसूरि चरित्र - पट्टावली	पं. डुंगरशी मेघराज		१६				
१५९	दीक्षा सूतकादि विविध विचार संग्रह			३थी१०	१०४... १६१	३३२		
१६०	संघमाळारोपण विधि			३	१०४... १६१	३३२		
१६१	नलचंपू सूत्र अपूर्ण			१३	१०४... १६१			
१६२	कल्पांतर्वाच्यानि	ले. भक्तिचंद्र	१६७२	६७				
१६३	गुर्वावली	नेमिचंद्रसूरि	१८२०	२०३				११५,१५४,१७२ पानुं नथी
१६४	दीपालिका कल्प			७-१६				
१६५	धातुपाठ			३				
१६६	तर्कसंग्रहदीपिका	अन्नभट्टोपाध्याय		१२				
१६७	सारस्वतव्याकरणवृत्ति	ले. पंडित हेमराज		५५				
१६८	अभिधानचिंतामणी	हेमचंद्राचार्य		१०१			१८००	
१६९	अभिधानचिंतामणी	हेमचंद्राचार्य		९७			४२२५	
१७०	भक्तामर बालावबोध	ले. लालचंद्र	१७७४	८				
१७१	अनिट् कारिका			३				
१७२	सिध्धांतचंद्रिका			९				
१७३	कथासंग्रह	रूपचंद्र	१८७५	९२	१७३			
१७४	कल्पसूत्र सह वृत्ति			२३९				
१७५	गौतमपृच्छा सह वृत्ति	गुणसुंदर	१९०५	५७				
१७६	गोडीपार्श्वस्तवन अपूर्ण			८				
१७७ ◆	प्रणम्यपद समाधानम्			२				
१७८	श्री शान्तिनाथचरित्र गद्य	भावचंद्रसूरि	१९०५	२२०	१७८	३३२		

ग्रंथांक	ग्रंथनुं नाम	कर्ता	संवत्	पत्र संख्या	झेरोक्ष	सी.डी.नं.	ग्रंथाग्र	विशेष नोंध
१७९	अनुयोगद्वारसूत्र			६१	१७९...१९७		१४००	पत्र १५ मुं नथी.
१८०	उत्सूत्रखंडनाधिकार			४३				
१८१	त्रैलोक्यदीपिका संग्रहणी सह टब्बार्थ	ले. भक्तिसागरमुनि	१८३२	४२				
१८२	श्री जिनपंजरस्तोत्र	कमलप्रभसूरि		३				
१८३	विज्ञानचन्द्रिका	जयशेखर		११			श्लोक १५८	
१८४	धर्मास्तिकाय चतुर्भंगी			७				
१८५	सुभाषित संग्रह		१८८७	९				
१८६	साधुवंदना			१०				
१८७	चाणक्यनीतिशास्त्र अपूर्ण			१४				
१८८	दुहाबावनी	राजकवि		८				
१८९	पंचपरमेष्ठि मंत्रार्थ			४				
१९०	विचारसंग्रह			६				
१९१	देवीदास कवित्त	देवीदास		२३				
१९२	मंत्र तंत्रनो ग्रंथ (चमत्कार चिंतामणी)			१०५	१७९...१९७	३३२		
१९३	बलिनरेन्द्रनी कथा	भावहर्ष गणि	१५९३	२३				
१९४	पृथ्वीचन्द्र चरित्र	जयसागर उपाध्याय	१८८२	९१				
१९५	मिथ्याज्ञान खंडन	ले.मतिसागर,क.रविदास		६				
१९६	षट्पंचाशिका वृत्ति सह	वृत्ति - विनयसुंदर	१९८४	१२	१७९...१९७	३३२		
१९७	चंद्रलेखा चौपाई	रत्नवल्लभ	१८५१	२१	१७९...१९७			
१९८	नवकार बालावबोध			८				
१९९	प्रश्नोत्तर बोलसंग्रह			४				
२००	नवस्मरण तथा थिरादृष्टि स्वाध्याय			१५				
२०१	आठ महासिद्धि			८				
२०२	भक्तामर स्तोत्र	मानतुंगसूरि		४				
२०३	सारस्वतकौमुदी			१३				
२०४	भू धातुवृत्ति	हर्षविमलमुनि		१०	२०४...२३४	३३२		
२०५	ज्योतिषसारोद्धार टब्बार्थ		१९८४	३६				

ग्रंथांक	ग्रंथनुं नाम	कर्ता	संवत्	पत्र संख्या	झेरोक्ष	सी.डी.नं.	ग्रंथाग्र	विशेष नोंध
२०६	जलवीर्यमुनिकथा			३				
२०७	भुवनदीपक ज्योतिषशास्त्र टब्बार्थ	पद्मप्रभसूरि	१२०१	१४				
२०८	संग्रहणी (श्री चन्द्रीय)	मलधारी हेमचंद्रसूरि		२४				
२०९	भुवनदीप टब्बार्थ (ज्योतिष)	ले. पं. गौडीदास, पद्मप्रभसूरि	१८४७	२२				
२१०	श्राद्धगुणसंग्रह	ले. पं. हर्षजितगणि	१५७२	३६			२२२५	
२११	गुणस्थान स्तवन सह बालावबोध	धर्मर्षिमुनि	१८४३	८				
२१२	गोडी वरकाणापार्श्वनाथ स्तवन			५				
२१३	जंबूद्वीप वर्णन			५				
२१४	वीसस्थानकपूजा विधि	जिनहर्षसूरि	१९१९	१५				
२१५	वीसस्थानकतपविधि ओळी मंडाण			२				
२१६	आठकर्मनी १५८ उत्तर प्रकृति			८				
२१७	बलिनरेन्द्र भुवनभानुकेवली दृष्टांत बालावबोध	ले. पं. दयावर्धन	१८७४	६३			३५००	
२१८	पाक्षिकसूत्रवृत्ति	पं. जगमालगणि	१६३७	५७				
२१९	जन्मपत्रिका गणितक्रम		१७६९	२५				
२२० ◆	किरातटीका अपूर्ण			६१				
२२१	विशेष काव्य	कविकालिदास	१७४५	९				
२२२	स्नात्र अने अष्टप्रकारीपूजा	प. नेयनंद		१५				
२२३	जंबूस्वामी चरित्र	सकलहर्ष		१८	२०४	२३४	३३२	
२२४	श्री दीवाळीकल्प		१९३३	१५				
२२५	वीसस्थानक क्षमाश्रमण विधि			१३				
२२६	वृद्धचाणक्यनीति - आठमो अध्याय			२८				
२२७	मायाबीजाक्षर स्तोत्र			१५				
२२८	षट्पंचाशिका टीका सह	वृत्ति उत्पलभट्ट	१७७५	१०	२०४	२३४		
२२९	जिनकुशलगीत			२				
२३०	पर्युषणाष्टान्हिका व्याख्यान	पं. भक्तिमाणिक्यमुनि	१८८९	१४				
२३१	सूक्तरत्नावली	पं. विवेकविजय		७				

ग्रंथांक	ग्रंथनुं नाम	कर्ता	संवत्	पत्र संख्या	झेरोक्ष	सी.डी.नं.	ग्रंथाग्र	विशेष नोंध
२३२	पार्श्वजिनस्तोत्र			८				
२३३	सूर्यकल्प	ले.पं. वेलचंद		१				
२३४/१	सरस्वतीमंत्रकल्प	मल्लिषेणसूरि	१९८४	२	२०४... २३४	३३२		
२३४/२	सरस्वतीमंत्रकल्प	मल्लिषेणसूरि	१९८४	१	२०४... २३४	३३२		
२३५	बीजक्रियावृत्ति (ज्योतिष शास्त्र) अपूर्ण			५१				
२३६	हंसराज कथा		१८७६	२९				
२३७	श्रावकविधिचौपाई	खेमराज	१५४६	६				
२३८	संबोधसत्तरी सहावचूरी		१६९७	८				
२३९	श्री शान्तिनाथचरित्र	अजितप्रभसूसरि	१७३७	१२५	२३९	३३३		
२४०	भोजचोपाई	जिनचंद्रसूरि		१०७				
२४१	नवतत्वप्रकरण	ले. विमलकीर्तिगणि		३				
२४२	सामायिक पौषह पारवानी विधि			४				
२४३	वीतरागस्तवन (सम्यक्त्व सह टब्बार्थ)			२				
२४४	केशवदास बावनी अपूर्ण			५				
२४५	दीपावली व्याख्यान	उमेदचंद्र	१९२९	७१-९४				
२४६	आत्मप्रबोध चार प्रकाश			१६४				
२४७	सिंदूरप्रकरण	वृत्ति ले. हर्षविमल, हर्षकिर्ती		२७				
२४८	ऋषिमंडल ग्रंथ	जिनलाभसूरि	१८६५	१३०				
२४९	गुणमाला प्रकरण	पं. हर्षविमलमुनि	१८८३	७२				
२५०	दशवैकालिक वृत्ति	तिलकाचार्य		१७१	२५०	३३३		
२५१	भगवतीसूत्र + जमालीकी गति			४५				
२५२	पुष्पमालाप्रकरण + समरराजकथानक			९३				प्रथम अने छेल्लुं पानुं नथी
२५३	प्रश्नव्याकरणांगवृत्ति	ले. विशालसुंदरगणि	१५८६	१२७	२५३	३३३		
२५४	अनुयोगद्वारसूत्र	ले. मुनि विशालकीर्ति	१६६६	२६			१३९९	
२५५	ज्ञाताधर्मकथा	क्षेमहर्षमुनि	१७००	९३			३८००	
२५६	ज्ञाताधर्मकथांगसूत्र			१०६			५४००	
२५७ ◆	षट्त्रिंशिका वृत्ति	रत्नसिंहसूरि		८				

ग्रंथांक	ग्रंथनुं नाम	कर्ता	संवत्	पत्र संख्या	झेरोक्ष	सी.डी.नं.	ग्रंथाग्र	विशेष नोंध
२५८	पुद्गल षट्त्रिंशिकावृत्ति	रत्नसिंहसूरि	१८८४	११				
२५९	अंगचूलिका	विनयरंग		१५	२५९ + २६८	३३३		
२६०	पौषदशमी कथा			३				
२६१	चातुर्मासिक व्याख्यान	ले. मणिमाणिक्य		१५			४०१	
२६२	मौन एकादशी कथा			३				
२६३	कालज्ञान सह टब्बार्थ		१८७७	२२				
२६४	गुरु पट्टावली			२६				
२६५	कालिकाचार्यकथा	ले. क. विजयचंद्र	१९३०	१५				
२६६	दीपावली कल्पसह टब्बार्थ	ले. लक्ष्मीराज	१४८३	३६				
२६७	कल्पसूत्र सह वृत्ति	लक्ष्मीवलल्भ		२५४				
२६८	मुनिपतिचरित्र	ले. क्षमाप्रभमुनि	१८४४	९	२५९ + २६८	३३३		
२६९	मुनिपतिकथा	हरिभद्रसूरि	१७१८	१२				
२७०	चैत्रीपूर्णिमा व्याख्यान			३				
२७१ ◆	पोषदशमी का महात्म्य			६				
२७२	सौभाग्यपंचमी व्याख्यान		१९०५	४				
२७३	कालिकाचार्य कथा		१८८९	२१				
२७४	कल्पसूत्र सह व्याख्यान	समयसुंदर	१८९०	३१				
२७५	दशवैकालिक सूत्र टब्बार्थ	ले.पं. क्षेमविमल	१७३३	४२				
२७६	सम्यक्त्वसप्ततिका			६				
२७७	दीपावलीव्याख्यान	गुणसुंदर		८				
२७८	अंबडचरित्र	ले. ठाकुर	१९०३	३१				
२७९	मेरुत्रयोदशी व्याख्यान			५			१६५	
२८०	सिद्धांतसारगाहा सह टब्बार्थ अपूर्ण			६७				
२८१	पार्श्वनाथकथा	गुणसुंदर	१९०७	१७१	२८१ + २८२	३३३		
२८२	तिजयपहुत्तस्तोत्र सहवृत्ति			१२	२८१ + २८२	३३३		
२८३	नेमिनाथ चरित्र		१७४८	१९०			५२७५	
२८४	उपदेशमाला प्रकरण सह टब्बार्थ व कथाओ	ले. पं. रत्नशेखर	१८२५	९३				

ग्रंथांक	ग्रंथनुं नाम	कर्ता	संवत्	पत्र संख्या	झेरोक्ष	सी.डी.नं.	ग्रंथाग्र	विशेष नोंध
२८५	अंबडचरित्र			२८	२८५	३३३		
२८६	पुण्य बत्तीसी अपूर्ण	ले.पं. समयसुंदर	१६६९	१६				
२८७	पूजा अष्टक सह कथानक			३१				
२८८	मल्लिनाथ कथा	पं. समयमाणिक्यगणि	१७३६	१०	२८८ + २९०	३३३		
२८९	मेघनाथ कथा अने रुपसेनकथा	ले. गणेशमुनि	१९०३	४१				
२९०	षड् आवश्यकवृत्ति			५७	२८८ + २९०	३३३		
२९१	शत्रुंजय स्तुति			१९				
२९२	लोकनालिका द्वात्रिंशिका सह बालावबोध	नयविलासमुनि		४			४५०	
२९३	पंचकुमार कथा			२५				
२९४	सौभाग्यपंचमीस्तवन	समयसुंदर		२				
२९५	दीपावली कल्प	पं. गणेशमुनि	१८९९	४३ थी ५५				
२९६	रुपसेन कथा	जिनसूरि	१९००	२६				
२९७	भोजनयुक्ति			३				
२९८	सिंदूरप्रकर	ले.जितरंगमुनि		१०				
		सोमप्रभमुनि						
२९९	सिंदूरप्रकर	क. सोमप्रभमुनि		८५ थी ९२				
३००/१	मेघदूत महाकाव्य टीका			१६				
३००/२	मेघदूत काव्य	कालिदास		२८			१२००	
३०१	शुकराज कथा	ले. नंदिषेणगणि	१५३२	११				
३०२	अंजनासुंदरी कथा	ले. हर्षकीर्तिगणि	१६७४	५				
३०३/१	उपसर्गहर स्तवन बालावबोध		१६४६	५				
३०३/२	उपसर्गहर बालावबोध		१६४६	५				
३०४	ईलाकुमारचौपई		१७२६	१२			२५९	
३०५	उत्तमकुमार चौपई		१७७९	२७			७७०	
३०६	रघुवंशवृत्ति अपूर्ण			८९				
३०७	अर्घकांड			९				
३०८	आत्मप्रबोध कुलक टब्बार्थ			८				

ग्रंथांक	ग्रंथनुं नाम	कर्ता	संवत्	पत्र संख्या	झेरोक्ष	सी.डी.नं.	ग्रंथाग्र	विशेष नोंध
३०९	ऋषिमंडल स्तोत्र			२				
३१०	तपमतखंडन	भक्तिसागरगणि	१८३९	४२	३१०... ३३१	३३३		
३११	सौभाग्यपंचमी व्याख्यान	विजयसुंदर गणि		६				
३१२	दश व्याख्यान कथा	रत्नचंद्र		९				
३१३	अमरसेन कथा	उदयसागर गणि	१६३०	३				
३१४/१	जयतिहुअण सूत्र टब्बार्थ + स्तंभन पार्श्वनाथ स्तुति	ले. उदयमुनि	१९००	१०				
३१४/२	कथासंग्रह			१७-२८				
३१५	प्रतिष्ठादि विधिमंत्रादि			९	३१०... ३३१			
३१६	बत्तीस जिन नामानि			२				
३१७	नयस्वरुप अपूर्ण			४				
३१८	चैत्रीपूर्णिमा कथा			५				
३१९ ◆	शरदकालकौमुदि अपूर्ण			९				
३२०	सनत्कुमार चरित्र			४				
३२१	नारचंद्र ज्योतिषग्रंथ			२५				
३२२	स्थंभन पार्श्वनाथ स्तवन	लक्ष्मीसिद्धिसाध्वी		३				
३२३	श्रावक आराधना		१८५६	६				
३२४	दुरियरयसमीरवृत्ति	समयसुंदर	१८९४	२०				
३२५	मौन एकादशी कथा	सौभाग्यनंदिसूरि	१५७६	६				
३२६	मौन एकादशी कथा	सौभाग्यनंदिसूरि	१५७६	६				
३२७	चैत्रीपूनम व्याख्यान सह विधि			४				
३२८	रोहिणी स्तुति + अष्टभय निवारण छंद			३				
३२९	जिनदत्तसूरिकथा अपूर्ण			६				
३३०	उपदेशमाला सहावचूरी	हीरामुनि	१६२५	२६				
३३१	वीशस्थानक पूजा		१९०३	१४	३१०... ३३१			
३३२	वीशविहरमान जिन स्तवन	यतिनथमल	१८७६	६६				
३३३	स्नात्रविधि	ले. सूर्यविजय		६				

ग्रंथांक	ग्रंथनुं नाम	कर्ता	संवत्	पत्र संख्या	झेरोक्ष	सी.डी.नं.	ग्रंथाग्र	विशेष नोंध
३३४	अढीद्वीप स्तवन	धर्मसिंह	१७२९	८				
३३५	प्रकरणत्रियी	गजसार		११				
	(नवतत्व-जीवविचार-चौवीसदंडक)							
३३६	ढूंढक पवाडो रास	ले. शंकर	१८७४	४				
३३७	ज्ञाताधर्मकथांग सूत्र सह टब्बार्थ			१८७				
३३८	निरयावलीकादि पंचोपांग सूत्र	त्रिलोकसिंह	१६५९	३६	३३८... ३९३	३३३		
३३९	संग्रहणीसूत्र (श्री चंद्रीय)			१७				
३४०	अंजनासुंदरी चौपई	ले. पं. जीवणजी	१७९४	१३				
३४१	आत्मक़रणी संवाद	जिनसमुद्रसूरि	१७९६	८				
३४२	कल्पसूत्र	ले. मुनिसुंदर	१७५८	१३४				
३४३	उत्तराध्ययनसूत्र - चोत्रीस अध्ययन			९६				७६ थी ९५ पाना नथी
३४४	व्याकरणसूत्र	ले. मुनिसुंदर		१९				
३४५	केशीकुमार संबंध		१९१५	४				
३४६	चाणक्य राजनीतिशास्त्र	जयरत्नमुनि	१८५४	१०				
३४७	नेमनाथ बोल + स्नात्रपूजा			४				
३४८/१	सौभाग्यपंचमी + मौन एकादशी कथा			१थी८				
३४८/२	चैत्रीपूनमविधि + पौषी दशम कथा			९थी१७				
३४९	पासा केवली		१८८५	८				
३५०	सइकी संवत्सरफलम् अपूर्ण			६				
३५१	प्रास्ताविक कथा श्लोक			३०				
३५२	बटुकनाथ स्तोत्र	पं. प्रतापविजय		५				
३५३	समवसरण स्तोत्र- बालावबोध			५				
३५४	उधमणेका श्लोक	पं. दलिचंद	१९३१	२				
३५५	चतुःशरण चौपइ		१९०५	४				
३५६	दशपच्चखाण स्तवना	ले.पं. कल्याणविजयजी		३				
३५७	रोहिणीतप स्तवन			२				
३५८	वक्ता श्रोता लक्षण	पं. प्रतापविजय	१८८९	६				

ग्रंथांक	ग्रंथनुं नाम	कर्ता	संवत्	पत्र संख्या	झेरोक्ष	सी.डी.नं.	ग्रंथाग्र	विशेष नोंध
३५९	तिथि मंतव्य			२	३३८ ... ३९३	३३३		
३६०	ऋषिमंडल पूजाविधि			११				
३६१	भाष्यत्रय वार्तिक	ज्ञानविमलसूरि		५२				
३६२	अजित-शान्तिवृद्धिस्तवन	मेरुनंद उपाध्याय		१०				
३६३	साधारण विधिओ			८				
३६४	अनेकार्थ नाममाला			६				
३६५	श्रावक अनुष्ठान विधि		१४२७	४१				
३६६	एकादश अंगनी सज्झाय			६				
३६७	नंदीश्वरद्वीपस्तुति			२				
३६८	आलोयणा छूटक			४				
३६९	पडिलेहणविधि + शत्रुंजय संघवर्णन			३				
३७०	धातुरुपावली अपूर्ण			३७-६१				
३७१	गौतमकुलक टब्बार्थ	पं. चिरकुशल		३				
३७२	ऋषभदेव स्तवन + दशवैकालिकनी सज्झाय	लालचंद	१८३९	३				
३७३	सुभद्रासती चौढालीया	मानसागर	१७५९	३				
३७४	चौवीसजिन काल मानादि स्तवन	ले. कपूरचंद, धरमशी		९ने१०				
३७५	विवाहपडल ग्रंथ	जेतसिंह	१८४४	४				
३७६	जिनपतिदिव्य स्तोत्र			४				
३७७	उपदेशबत्रीसी		१८८५	२				
३७८	सिध्धांतचंद्रिका	रामचंद्र	१८७१	१४८				
३७९	मोतीकपासीयासंवाद	मानचंदसिंह	१८४६	४				
३८०	आलोयण विधि + कर्मग्रंथयंत्र विधि			५				
३८१	कल्पसूत्र		१७९९	७१				
३८२	जिनकुशलसूरि अष्टक			३				
३८३	नवपदचैत्यवंदन			२				
३८४	आलोयणसूत्रअसज्झाय			३				
३८५	उपधान आलोचना		१८३९	२	३३८ ... ३९३	३३३		
३८६	स्थंभनपार्श्वजिनस्तवन अपूर्ण			२				

ग्रंथांक	ग्रंथनुं नाम	कर्ता	संवत्	पत्र संख्या	झेरोक्ष	सी.डी.नं.	ग्रंथाग्र	विशेष नोंध
३८७ ◆	गौतमस्वामी स्तवन			१				
३८८	भावनाविलास अपूर्ण			६				
३८९	सीमंधरस्वामी स्तुति			१				
३९०	सिध्धचक्रआराधनाविधि			१				
३९१	गोरखकुंडली			१				
३९२	तीर्थयात्राविधि			३				
३९३	विदग्धमुखमंडनकाव्य	धर्मदास		४१	३३८... ३९३	३३३		
३९४	विदग्धमुखमंडन सहावचूरी	धर्मदास		११	३९४ + ३९८	३३३		
३९५	पुष्पमालावृत्ति	सोमगणि		१०८				
३९६	हेमनाममालाभिधान	रामविज़य	१८९६	१२९				
३९७	पार्श्वजिन सहस्त्रनाम स्तवन			६				
३९८	साधु अतिचार			१४	३९४ + ३९८	३३४		
३९९	अर्थकल्पलता बालावबोध	रुपचंद		४२				
४००	ज्योतिषग्रंथ अपूर्ण			३१				
४०१	तृतीयकर्मग्रंथरहस्ययंत्र			३				
४०२	पासाकेवली	गर्गऋषि		९				
४०३	धर्मोपदेशग्रंथ			१९				
४०४	ईरीयापथिकी + पच्चखाण विचार-स्तुति			१०				
४०५	बासठमार्गणा द्वार स्तवन		१८७०	१०				१लुं पानुं नथी
४०६	नवपदविधि + पाक्षिक खामणां + प्रवज्याविधि			३				
४०७	वैराग्यशतक सह बालावबोध			५				
४०८	तपस्याविधि			२				
४०९	विचारसंग्रह अपूर्ण			४२				
४१०	सारस्वतसूत्रपाठ			८				
४११	दशठाण अपूर्ण			१६				
४१२	पार्श्वनाथ स्तवन + सात स्मरण			८				
४१३	चमत्कार चिंतामणी टीका			१३				

ग्रंथांक	ग्रंथनुं नाम	कर्ता	संवत्	पत्र संख्या	झेरोक्ष	सी.डी.नं.	ग्रंथाग्र	विशेष नोंध
४१४	तीर्थंकर बोल			३				
४१५	दंडकना २९ द्वार बालावबोध			४				
४१६	मंत्र गुटका			६	४१६ + ४२७	३३४		
४१७	तिथि-वार मास फल	महिवल्लभ		३				
४१८	तपविधि			१				
४१९	ज्योतिष कुंडली			१				
४२०	दशार्णभद्रऋषि सज्झाय	महिमासागर	१७८६	४				
४२१	दृष्टांतरत्नावली काव्य			५				
४२२ ◆	गुटका स्तवन सज्झाय							गुटकोंके साथ होगा
४२३ ◆	गुटका स्तवन सज्झाय							गुटकोंके साथ होगा
४२४ ◆	गुटका स्तवन सज्झाय							गुटकोंके साथ होगा
४२५	षड् आवश्यकसूत्राणि सह बालावबोध		१९२५	७४				
४२६	श्रावकप्रतिक्रमणवृत्ति	गुमानचंद	१९०४	१८			८००	
४२७	दशवैकालिकटीका	समयसुंदरगणि		८५	४१६ + ४२७	३३४	३१५०	
४२८	राजप्रश्नीयसूत्र	मेघराजमुनि	१९०७	१३७				
४२९	दशदृष्टांत + अनुत्तरोववाई		१९२३	१५				
४३०	ठाणांगसूत्र सह दीपिका	खुशालविमलमुनि	१८८४	२२१				
४३१	शत्रुंजययात्रा		१८७३	१९	४३१ + ४५३	३३४		
४३२	अंतगडदशांग सूत्र टब्बार्थ		१८२८	५३			८००	
४३३	सूयडांगसूत्र-बीजो श्रुतस्कंध	पुण्यसोम	१८०३	११३			५०७५	
४३४	श्रीपाल चरित्र व्याख्यान			६२				
४३५	समवसरण विधान		१७२५	१८				
४३६	उपासकदशांग टब्बार्थ-प्रथम श्रुतस्कंध		१८३२	५७				
४३७	सिलोकारो अर्थ		१८९३	१०				
४३८	देशनानी पध्धति	गुलाबचंद	१९४२	५				
४३९	पाक्षिकसूत्र		१७४३	७				
४४०	दोषावली		१८३८	६				

ग्रंथांक	ग्रंथनुं नाम	कर्ता	संवत्	पत्र संख्या	झेरोक्ष	सी.डी.नं.	ग्रंथाग्र	विशेष नोंध
४४१	स्थूलिभद्र नवरसा + नेमराजुलनी सज्झाय	उदयरत्न	१८२०	६				
४४२	कल्पसूत्र अपूर्ण			६५				
४४३	पाक्षिकसूत्र सह टब्बार्थ	यशोविजय		१५				
४४४	नवकारछंद + दादाष्टक	कुशललाभ	१८७३	३				
४४५	अष्टमहासिद्धि			१५				
४४६	नलदमयंती चौपई (४८२ भेगो मुकेल छे)			४२			१३५०	४४६,४८२ बे ग्रंथ भेगा छे.
४४७	कल्याणमंदिर टब्बार्थ अपूर्ण			४				
४४८	प्रियमेलक चरित्र	रुपचंद	१८२५	१०				
४४९	विष्णुकुमार कथा + धर्मरत्न मंजुषा			७५				
४५०	जयंति श्राविका अधिकार			३				
४५१	रत्नमालासूत्र बालावबोध अपूर्ण			४२				
४५२	भगवतीसूत्र	हर्षनंदन		३५६			१५६७	
४५३	आचारांगसूत्र		१५६८	६६	४३१ + ४५३			पत्र ११ अने २९ मुं नथी.
४५४	शत्रुंजयमहात्म्य	सकलचंद्रगणि		२९०				
४५५	धर्मबिंदु + योगबिंदु + पंचाशक + उपधानविधि संपूर्ण			९६-१२०	४५५	३३०		
४५६	औपदेशिक कथा			४४				२ थी १४ पाना नथी
४५७	कल्याणमंदिर बालावबोध		१६५९	८				
४५८	साधुविधि प्रकाश			१२				
४५९	ज्ञानपंचमी + अक्षयतृतीया + मौनएकादशी			२४				
४६०	नारकी देवलोक जीवभेद			४				
४६१	पाक्षिकसूत्र अपूर्ण			१०				
४६२	नवतत्त्व			२				
४६३	वंकचूल चोपाई	गंगदास		५				
४६४	स्तवन संग्रह			८				
४६५	शांब प्रद्युम्न चौपई	समयसुंदर		११				
४६६	स्तवन संग्रह			१२				
४६७	त्रेसठ शलाकापुरुषादि अनेक स्तवन संग्रह	जिनचंद्र		२९				

ग्रंथांक	ग्रंथनुं नाम	कर्ता	संवत्	पत्र संख्या	झेरोक्ष	सी.डी.नं.	ग्रंथाग्र	विशेष नोंध
४६८	खरतरगच्छ समाचारी अपूर्ण			२				
४६९	धर्मनाथ स्तवन	विनयरससूरि	१८२९	५				१लुं पानुं नथी
४७०	सम्यक्त्व कौमुदी कथा	रत्नचंद्र	१८५७	३१				
४७१	कल्पसूत्र		१९०१	७५				
४७२ ◆	उपाश्रयद्वार पदावृत्य विधिचैत्यालय			२१				
४७३	कल्पसूत्र-सहवृत्ति	लक्ष्मीवल्लभ		१६७				
४७४	स्थविरावली	समयसुंदर	१८७५	२२				
४७५	दीवालीकल्प	विमलमुनि	१८७२	९				
४७६	पर्युषणा अष्टाह्निका व्याख्यान			११				
४७७	भगवतपारणाधिकार			१६				
४७८	संदेहविषौषधिनाम पर्युषणाकल्प दुर्गपदवृत्ति पंजिका निर्युक्ति सहवृत्ति	ले. उदयाकरणगणि	१३६४	८७	४७८			
४७९	गुर्वावली			१९				
४८०	कल्पसूत्र	जितरंगगणि	१८७५	८८				२,३१, ६२, ८६ नथी
४८१	सिंदूरप्रकर	हर्षकीर्ति	१९०९	८५				
४८२	नलदमयंती दोहा अपूर्ण (नं. ४४६नी साथे छे.)			२१				
४८३	पोषदशमीकथा			६				
४८४	पर्युषण अष्टाह्निका व्याख्यान			१६				
४८५	ज्योतिषपत्र			४थी७				
४८६	द्वितीयवाचना			३				
४८७	विपाकसूत्र टब्बार्थ	युक्तिधीर	१८४९	८२				
४८८	ज्ञातासूत्र सह टब्बार्थ		१९२३	३१५			४४००	
४८९	निरयावलीसूत्र बालावबोध		१९११	७४				
४९०	तीर्थंकरराशी पत्र			१				
४९१	वर्धमानदेशना	शुभवर्धनगणि		११०				
४९२	संग्रहणी सह टब्बार्थ			१२			७००	
४९३	सिंहासनबत्तीसी			६८				

ग्रंथांक	ग्रंथनुं नाम	कर्ता	संवत्	पत्र संख्या	झेरोक्ष	सी.डी.नं.	ग्रंथाग्र	विशेष नोंध
४९४	पूरवदेस देसंतरी छंद			५				
४९५	प्रश्नोत्तर रत्नमालीका सह बालावबोध	जिनराजसूरि		४				
४९६	मेरुपर्वतवर्णन			१५				१लुं पानुं नथी
४९७	बोधसंग्रह			१२				
४९८	कुमारपालचरित्र			८४	४९८	३४०		
४९९	कालज्ञान			४				
५००	लघुसंग्रहणी सह बालावबोध		१८३१	७४				
५०१	भववैराग्यशतक सह टब्बार्थ			८				
५०२	प्रियमेलक चौपई	यशोविजयगणि	१७९४	८				
५०३	सूत्रकृतांग सह बालावबोध	ले. जीवणजी	१७९८	१३३			५०००	
५०४	पूजा पंचाशिका		१८९९	४४				
५०५	चित्रसेन पद्मावती चौपई	मानसूरी	१८४९	२०				
५०६	प्रथमकर्मग्रंथथी चतुर्थ कर्मग्रंथ अपूर्ण	देवेन्द्रसूरि		२९				
५०७	भक्तामरस्तोत्र	मानतुंगसूरि		६				
५०८	श्रावकआराधना		१८४६	६				
५०९	श्राध्धजीतकल्पसूत्र सहावचूरी			१०				
५१०	नमस्कार वार्तिक			४				
५११	बिंबप्रवेश प्रतिष्ठाविधि अपूर्ण			३				
५१२	खरतर तथा तपानी व्युत्पत्ति अपूर्ण			१	५१२... ५४६	३३४		
५१३	अष्टाह्निका व्याख्यान अपूर्ण			६				
५१४	सामायिक प्रतिक्रमण विधि			३				
५१५	जीवाजीवविचार प्रकरण टब्बार्थ		१८४८	९				
५१६	मानतुंग मानवती रास	मोहनविजय	१८८३					
५१७	विक्रमादित्य चौपई			२५				
५१८	कृदंत प्रक्रिया	क्षमाप्रभ पंडित	१८४६	२५				
५१९	वीशस्थानक तप विधि			५				
५२०	कल्याणमंदिर			३				

ग्रंथांक	ग्रंथनुं नाम	कर्ता	संवत्	पत्र संख्या	झेरोक्ष	सी.डी.नं.	ग्रंथाग्र	विशेष नोंध
५२१	चतुर्मासिक व्याख्यान		१७४६	१२				
५२२ ◆	डुंगरजी यतिना हाथे लखेला जूना सूचीपत्रमां							
	आ नंबर भूलथी लीधो ज नथी, तेथी आ							
	नंबरनो ग्रंथ नथी.							
५२३	प्रकीर्णक पोथी			११५				
५२४	लघुक्षेत्रसमास	रत्नशेखर		१०				
५२५	अध्यात्मबहुत्तरी	आनंदघनजी		१३				
५२६	चतुर्थ कर्मग्रंथ सस्तबक	देवेन्द्रसूरि		१२				
५२७	श्रावकना २१ गुण सज्झाय	समयसुंदर		१७				
५२८	हुन्डीस्तवन अपूर्ण	लाभविजय		८				
५२९	बत्रीस अभक्ष्य-प्रत्याख्यान अवचूरी			५				
५३०	अक्षयतृतीया व्याख्यान			६थी१३				
५३१	श्रावकविधि प्रकाश	शिवनिधान		२३				
५३२	धर्मचतुस्त्रिंशिका बालावबोध	तेजसिंह, जयमलमुनि	१७६८	४				
५३३	आनंदघन बहुत्तरी			२५	५१२... ५४६			
५३४ ◆	अहोरात्रि कृत्यानि			१२				
५३५	चतुर्विंशति शासनाधिकार			७				
५३६ ◆	कर्मविपाक बालवबोध	देवेन्द्रसूरि		५३				
५३७	जयतिहुअणसूत्र बालावबोध			७				
५३८ ◆	बधस्वामित्व बालवबोध	भतिचंद्रमुनि		१८				
५३९	षड्शीतक बालावबोध	मतिचंद्रमुनि		५४				
५४०	शतक बालावबोध	मतिचंद्रमुनि		१४७				
५४१	कर्मस्तव बालावबोध	मतिचंद्रमुनि		३१				
५४२	चैत्यवंदन अधिकार			३				
५४३	विजययंत्र महात्म्य (ज्योतिषसार)			४				
५४४	अनानुपूर्वी नवकार			३				
५४५	लोद्रवगीत			३				

ग्रंथांक	ग्रंथनुं नाम	कर्ता	संवत्	पत्र संख्या	झेरोक्ष	सी.डी.नं.	ग्रंथाग्र	विशेष नोंध
५४६	मार्जारी व छींक दोष निवारण विधि	महिमा मुनि	१८७३	१	५१२... ५४६			
५४७	जलयात्रा उपकरण			१				
५४८	पर्युषणाकल्प			१३८	५४८			पहेला बे पाना नथी
५४९	अणुत्तरोववाई टब्बार्थ		१७०३	१६				
५५०	कर्मविपाकग्रंथ			६				
५५१	शान्तरस समुच्चय(अध्यात्मकल्पद्रुम)	मुनिसुंदरसूरि		१९				
५५२	उपासकदशांगविवरण			२२			१००	
५५३	अनेकार्थसंग्रहटीका		१६४६	२२९	५५३	३३५		
५५४	शत्रुंजयमाहात्म्य	धनेसरसूरि		४०				
५५५	परिशिष्टपर्व चरित्र	हेमचंद्रसूरि	१४५४	७२				
५५६	कर्पूरप्रकरण सह बालावबोध	मेरुसुंदर		७२-१२८				
५५७	पद्मावती आराधना	समयसुंदर	१७८९	२				
५५८ ◆	श्लोक अर्थ संपूर्ण		१८९७	१२				
५५९	चंदराजानो रास		१७८३	९६				
५६०	श्रीपाल राजानो रास अपूर्ण			२७				
५६१	जातकाद्योयम्			३२			११२७	
५६२	तंदुलवैचारिक सह टब्बार्थ		१५६९	१५				
५६३	धर्मबावनी	आनंदवर्धन		३				
५६४	आनंदघनपद			३	५६४			
५६५	पुष्पमाला प्रकरण			१८				
५६६	गजविद्या प्रकरण			३				
५६७	अटणमलनी कथा			२४				२,५,७,१०,१३,१७,१८,२० पानां नथी
५६८	भक्तामर समस्या			३				
५६९	प्रतिक्रमण त्रूटक अपूर्ण			४६				
५७०	पाक्षिक सूत्र त्रूटक अपूर्ण			१०				
५७१	सुभाषित श्लोक			४				
५७२	महावीर स्तवन टब्बार्थ			५				

ग्रंथांक	ग्रंथनुं नाम	कर्ता	संवत्	पत्र संख्या	झेरोक्ष	सी.डी.नं.	ग्रंथाग्र	विशेष नोंध
५७३	गुर्वावली	गुणहर्ष		१				
५७४	पार्श्वनाथ स्तवन	रत्नविमल		१				
५७५	गजसुकुमाल चौपई	जिनहर्ष		५				
५७६	प्रतिक्रमणसूत्र			५				
५७७	कल्याणमंदिर अपूर्ण			१५				
५७८	बारह भावना			४				
५७९	पंचागी नाममाला (श्राद्धविधि)			२				
५८०	शांतिकर शांतिश्रमण प्रक्रण			९				
५८१	भुवनदीपक	दयाशेखर		७				
५८२	ग्रीष्म वर्णन-प्रथम सर्ग	कालिदास		२				
५८३	प्रतिक्रमण सूत्र			२१				
५८४ ◆	मौनएकादशी कथा अपूर्ण			१०				
५८५	दीपावलीकल्प	विमलमुनि		८				
५८६	सामायिक ग्रहणविधि			३				
५८७	उपस्थापनविधि			८				
५८८	मंत्रपत्र	गुणशेखर		१	५८८... ६०७			
५८९	गौतमकुलक	ज्ञानतिलकगणी	१८७३	३७				
५९०	आगमसारोद्धार बालावबोध	सत्यसागरगणि	१८७१	३४				
५९१	वीशस्थानक ओळी मंडाण			४				
५९२	गौतमकुलक टब्बार्थ			३				
५९३	नवपद स्वाध्याय			३				
५९४	प्रत्याख्यानवृत्ति			४				
५९५	भक्तामरस्तोत्र बालावबोध			२५				
५९६	श्रीपालचरित्र (गद्य)	भक्तिमाणिकय मुनि	१९१८	३७				
५९७	सौभाग्यपंचमी कथा अपूर्ण			५				
५९८	मुनिमालिका	विनयधर्म	१८८१	३				
५९९	दानादिकुलकवृत्ति	सुमतिनिधान	१८६२	१४५	५८८... ६०७			

ग्रंथांक	ग्रंथनुं नाम	कर्ता	संवत्	पत्र संख्या	झेरोक्ष	सी.डी.नं.	ग्रंथाग्र	विशेष नोंध
६००	आगमआलापकसंग्रह			२				
६०१	श्रावकालोचना			२				
६०२	सज्झाय संपूर्ण			२				
६०३	कल्याणमंदिर स्तोत्रटीका	ऋद्धिरत्न	१८५९	१८				
६०४	वीशस्थानक तपविधि अपूर्ण			२४				
६०५ ◆	चौमासी अतिचार संपूर्ण		१९३०	४				
६०६	कार्तिक पूर्णिमा व्याख्यान	जयसारगणि		५				
६०७	बृहत्शांति टीका	नयनंदन	१८५७	६	५८८..६०७	३३४		
६०८	नेमनाथ चोक	अमृतविजय	१८५८	४				
६०९	गौतमपृच्छा सहवृत्ति	पुन्यराज		३७				
६१०/१	भववैराग्य शतक टब्बार्थ			१-१७				
६१०/२	हितोपदेशरत्नमाला			१८-२३				
६११	गौतमाष्टक	सुधर्मास्वामी		५				
६१२	कालग्रहणविधि योगोपधान विधि		१७६५	५	६१२ + ६१४			
६१३	संग्रहणी सूत्र	श्रीचंद्र		१२				
६१४	शांतिनाथ चरित्र	भावचंद्र	१७५३	१२४	६१२ + ६१४		६५११	
६१५	प्रकीर्णक पोथी + जयतिहुअण + कुलक- चत्तारिमंगलं सप्तस्मरण + जीविचार + दंडकादि			६६				
६१६/१	प्रकीर्णक पोथी + रोहिणी स्तवन + क्षेत्रसमास + दंडक सप्तस्मरण			१५८				
६१६/२	वृध्धनवकार व अन्यस्तोत्र			४०-५६				
६१७	आनंदसंधि	श्रीसारमुनि		३५				
६१८	दयाधिकार (चोवीस दंडकबोल)			१८				१ थी ७ नथी
६१९	बारव्रत टीप्पणी		१८८२	७-१३				
६२०	अभिधानचिंतामणी	हेमचंद्राचार्य ले. उदयमुनि	१८४१	११७				
६२१	अभिधानचिंतामणी	हेमचंद्राचार्य, ले. लाभगणि	१७२३	५५				

ग्रंथांक	ग्रंथनुं नाम	कर्ता	संवत्	पत्र संख्या	झेरोक्ष	सी.डी.नं.	ग्रंथाग्र	विशेष नोंध
६२२	योगशास्त्र-पहेलो-बीजो प्रकाश	हेमचंद्राचार्य		१०				
६२३	नामकोश	धीरमुनि	१७४७	८१				
६२४	रसमंजरी टिप्पणी	भानुदत्तमिश्र		१२				
६२५	दृष्टांत शतक	तेजसिंह		९				
६२६	अभिधानचिंतामणी	हेमचंद्राचार्य		१५९			१००००	
६२७	एकाक्षरी नाममालिका	शंभुमुनि		३				
६२८	धनंजयनाममाला	धनंजय		९				
६२९	अमरनामकोश	धीरमुनि	१८२६	६०				
६३०	अभिधानचिंतामणी	हेमचंद्राचार्य, ले. विवेकचंद्र		४२			१८००	
६३१	षट्कारकाणि			२				
६३२	भावप्रकाश	ले. पंडित प्रताप विजय	१९०९	३७२				
६३३	अभिधानचिंतामणी	हेमचंद्राचार्य, ले.धर्मसुंदर		४१				
६३४	नैषधकाव्य	हर्षकवि		८७				
६३५	कल्पसूत्र टब्बार्थ	ले. नथुराम	१८२६	३४०				७३-७५ पानुं डबल छे
६३६	कल्पसूत्र टब्बार्थ	ले. महिवल्लभ	१७९०	१००				
६३७	श्रीपाळचरित्र सह वृत्ति	ज्ञानानंदसूरि	१५५०	१३८				
६३८	पिंडविशुद्धि सह दीपिका	देवचंद्र	१५०३	८			७०३	
६३९	दृष्टांतशतक			१९				
६४०	श्रीपालराजा कथा टब्बार्थ	कस्तुरचंद्र	१५५०	१३०				
६४१	वृत्तरत्नाकरछंद वृत्ति सह	समयसुंदर	१८७३	२७	६४१... ६७४	३३४		
६४२	वृत्तरत्नाकर	समयसुंदर		३१			१३००	
६४३	मेघदूत सस्तबक	ले. महिमाकल्याण कवि कालीदास	१८२६	११				
६४४	गुर्वावली	हर्षसूरि	१८५६	२३				
६४५	पंचमीतपविधि-श्रावक आलोचना			२				
६४६	स्थविरावली	जितरंग	१८५३	२२				

ग्रंथांक	ग्रंथनुं नाम	कर्ता	संवत्	पत्र संख्या	झेरोक्ष	सी.डी.नं.	ग्रंथाग्र	विशेष नोंध
६४७	दश दृष्टांत			८				
६४८	क्रियाकलाप	विजयानंद		९				
६४९	किरातार्जुनीय काव्य			२३	६४१... ६७४			
६५०	श्रावक आराधना	सुखानंद	१६६७	६				
६५१	मेघदूतकाव्य-प्रथमसर्ग	कवि कालिदास		३				
६५२	श्रीपालचरित्र सह वृत्ति			१२०				
६५३	वीरसेन कुसुमश्री कथा			६				
६५४	अमरसेन वयरसेन कथा			५				
६५५	औपदेशिक कथायं			४				
६५६	पर्युषण अष्टाह्निका व्याख्यान			७				
६५७	श्रावकपाक्षिक अतिचार अपूर्ण			७				
६५८	चातुर्मासिक व्याख्यान	क्षमाकल्याण		१३			५०१	
६५९	सौन्दर्यलहरी टीका	शंकराचार्य		५३				
६६०	कल्पसूत्र	शंकरमुनि	१८७३	९६				
६६१	चातुर्मासिक व्याख्यान			३९				
६६२	कल्पसूत्र सह वृत्ति			१६६				
६६३	सरस्वतीमस्तकमाधव	शिवादित्य	१६६३	२७				
६६४	कल्पसूत्र सह व्याख्या			१४				
६६५	खरतरगच्छ पट्टावली							
६६६	प्रतिष्ठाविधि	महेन्द्रसूरि		२७				
६६७ ◆	द्वितीय श्रुतस्कंध प्रथम अध्ययन			१२५				
६६८	उपासक-अंतकृत्-अनुत्तरौपपातिकदशांगवृत्ति		१६४९	३३			१३००	
६६९	काव्यादर्श	दंडिन	१६५१	१८	६४१... ६७४	३३४		
६७०	वृत्तरत्नाकरवृत्ति	यशकिर्ती	१७५५	२०	६४१... ६७४	३३४		
६७१	श्रीपालरास अपूर्ण			२-६९				
६७२	स्थूलिभद्र नवरसा	उदयरत्न		३				
६७३	अष्टोत्तरीदशाकरणविधि			३				

ग्रंथांक	ग्रंथनुं नाम	कर्ता	संवत्	पत्र संख्या	झेरोक्ष	सी.डी.नं.	ग्रंथाग्र	विशेष नोंध
६७४	संदेहदोलावली प्रकरण सह टब्बार्थ	वल्लभसूरीनाशिष्य		३	६४१ ... ६७४			
६७५	ढोलाचारवणी चौपाई		१६७७	२१			९७५	
६७६	क्षुल्लक भवावलीका सह अवचूरी			२				
६७७	चंद्रकुमारनी वार्ता		१८४८	६				
६७८	चंदनमलयागिरी चोपाई		१८०८	५			श्लोक-७३	
६७९	देवप्रभोस्तोत्रसहवृत्ति			६				
६८०	त्रिपुरा स्तोत्र	रघुआचार्य	१८३७	९				
६८१	जिनावरारी सुकनावली		१९९४	५				
६८२	चिन्तामणि नाममाला	राजहंस	१७८२	८०				
६८३	साधुवंदना	समयसुंदर	१७८८	२०				
६८४	कुमारसंभव महाकाव्य (आठसर्ग)	कविकालिदास		३१				
६८५	श्रीषेना टीका (व्याकरण)			२-२२				
६८६	सारस्वत प्रक्रिया अपूर्ण			६९				
६८७	अभिधान चिंतामणी बीज़क			४				
६८८	हितोपदेश (सुभाषित श्लोक)		१८४२	९				
६८९	लघुसंग्रहणी सह वृत्ति	कल्याणसारमुनि		८१			३५००	
६९०	लोकनालिका बालावबोध	भारमल्लमुनि	१८८५	७				
६९१	प्रश्नोत्तरसार्धशतक बीजक			६४				
६९२	सम्यक्त्व + संभवमहाकाव्य (सुलसाचरित्र)	जयतिलकसूरि		२६				
६९३	विदग्धमुखमंडन	धर्मदास		१४				
६९४	विशेषशतक उध्धरण परिवर्धन	समयसुंदर	१६८५	२३				
६९५	विचारषट्त्रिंशिकावचूरि	जीतरंगगणि		१६				
६९६	विशेषशतक उध्धरण परिवर्ध्धन		१८७२	३८				
६९७	सम्यक्त्वविचार			४				
६९८	कल्याणमंदिर स्तोत्र टीकासह	टी. देवसुंदर उपाध्याय		१४				
६९९	धर्मरत्नप्रकरण सह वृत्ति	खुशालविमल	१८७७	२६९	६९९	३३४	९७००	
७००	संग्रहणी श्रीचन्द्रीय सह वृत्ति	दयासागर	१६६६	७२				

ग्रंथांक	ग्रंथनुं नाम	कर्ता	संवत्	पत्र संख्या	झेरोक्ष	सी.डी.नं.	ग्रंथाग्र	विशेष नोंध
७०१	लघुक्षेत्रसमास	हेमरत्नमुनि	१८७१	५७				
७०२	पुष्पमाला सह वृत्ति	हेमचंद्रसूरि ले.दयासागर		२६९				
७०३	अध्यात्मकल्पद्रुम सह वृत्ति			६२	७०३	३३४		गंधार भांडागार नो आ ग्रंथ छे.
७०४	शीलतरंगिणी	सोमतिलकसूरि	१३९४	११४	७०४ + ७०५	३३४	७१००	
७०५	संदोहदोलावली लघुटीका	जयसागर		५०	७०४ + ७०५	३३४	१५५०	
७०६	कल्याणमंदिर	सिद्धसेन दिवाकर		१०			७२०	
७०७	हरिचंद्र राजा चौपई	रंगहर्ष		२६				
७०८	रायपसेणीसूत्र सह अवचूरी	ले. दयाकमलमुनि	१६३१	२७			२१२०	
७०९	विधिप्रपा			८७	७०९	३३४	३५७४	
७१०	ठाणांगसूत्रवृत्ति	अभयदेवसूरि		४३९	७१०(१,२)	३३५	१४०००	
७११	बृहत् संग्रहणी सहवृत्ति	मलयगिरि		१०१	७११	३३४		
७१२	आवश्यकवृत्ति	प्रतापसूरि	१६६१	३८५	७१२(१,२)	३३६		
७१३	विशेषआवश्यकवृत्ति	प्रतापसूरि		१८८	७१३	३३५		
७१४	ठाणांगवृत्ति			२२९			१७१४	
७१५	समवायांगसूत्र			४५			१६६७	
७१६	समवायांगसूत्र			६७			१६६७	
७१७	समवायांगसूत्रवृत्ति	जिनहर्षसूरि	१८८६	९३			१६६७	
७१८	कल्पसूत्रटीका	पंडित जितरंग	१८७५	११६				
७१९	कल्पसूत्र	भेरुमुनि	१८१०	७२			१२१६	
७२०	दंडक टब्बार्थ	पंडितमोतीचंद	१८९७	८				
७२१	दुरियरयसमीर	समयसुंदर	१८२२	१६				
७२२	नवपद क्षमाश्रमण दानविधि			१०			१८०	
७२३	राईसंथारापोरसी विधि	लक्ष्मीरंगमुनि	१८८०	२				
७२४ ◆	पुष्पचूलिक स्थानक			२१				
७२५	धन्नानी सज्झाय + नंदीषेण सज्झाय	उदयतिलक		२				
७२६	नवकार बालावबोध			३				

ग्रंथांक	ग्रंथनुं नाम	कर्ता	संवत्	पत्र संख्या	झेरोक्ष	सी.डी.नं.	ग्रंथाग्र	विशेष नोंध
७२७	नवपद वासक्षेप पूजा	ले.अभयचंद गणि, क.वाचकयशमुनि	१९२०	१	७२७... ७३३			
७२८	नवतत्त्व प्रकरण टब्बार्थ	ले. देवविजय मुनि		१०				
७२९	सिध्धचक्र महिमा	क. जिनहर्षमुनि ले. नयनंदन मुनि	१८५५	५५				
७३०	साधुविधि प्रकाश			१८				
७३१	वृतरत्नाकरवृत्ति	समयसुंदर		२४	७२७... ७३३	३३४		
७३२	वृत्तरत्नाकर	भट्ट केदार		५				
७३३	भांडागरीय भक्तामरकाव्य			१	७२७... ७३३			
७३४	पोसहपडिलेहण विधि			३				
७३५	नवपदक्षमाश्रमण दानविधि	गुणसुंदर		६			१८०	
७३६	प्रतिक्रमण बालावबोध			४				
७३७	त्रिभुवनकुमारचरित्र			१८				
७३८	प्रियंकरनृपचरित्र			३८				
७३९	यशोधरचरित्र			६७				
७४०	उत्सूत्रप्ररुपणाविषये जमालीदृष्टांत			२९				
७४१	विविध पूजासंग्रह (स्नात्र पंचाशिका)	उदयसागरसूरि		२९				
७४२	धर्मोपदेशरास			७				
७४३	सूतक सज्झाय			३				
७४४	विवेक विलास	जिनदत्तसूरि	१६७१	३५			१३८७	
७४५	विवेक विलास	क.जिनदत्तसूरि, ले.मोतीचंद	१९१७	३१२				
७४६	दानादि कुलक	देवेन्द्रसूरि	१८९१	२९२				
७४७	यशोधरनरेन्द्रचरित्र		१८५३	३८				
७४८	गौतमपृच्छा	भक्तिमाणिक्य	१८९३	४२				
७४९	यशोधरनरेन्द्रचरित्र	क्षमाकल्याण		४				
७५०	कठियारा कान्हड चोपाई			६				

ग्रंथांक	ग्रंथनुं नाम	कर्ता	संवत्	पत्र संख्या	झेरोक्ष	सी.डी.नं.	ग्रंथाग्र	विशेष नोंध
७५१	रत्नपालमुनिचोपाई		१८९९	२७			१०००	
७५२	श्राध्धविधिकौमुदी	अभयसुंदर		४				
७५३	त्रिभुवनकुमारचरित्र		१९०३	२१				
७५४	जंबूचरित्र		१९५१	६९			७५१	
७५५	चोवीसदंडक			७-२३				
७५६	गौतमपृच्छा	जिनहर्षसूरि		७६				
७५७	गौतमकुलक सह वृत्ति	ले. व्यास लक्ष्मण	१८९४	४०				
७५८	प्रस्ताविकश्लोक संग्रह		१८५२	२४				
७५९	प्रश्नोत्तररत्नमालीका सह टब्बार्थ			४				
७६०	विचारबत्तीसी सार्थ		१८०२	२१				
७६१	आलोयण वृत्ति स्तवन			३				
७६२	वीस विहरमान विचार स्तवन		१७२९	५				
७६३	नवपद कलश पूजा	वाचक यशमुनि		४				
७६४ ◆	बांसठ मार्मणा द्वार	कपुरा पं.	१८७०	१०				
७६५	ढूंढक चर्चा	ले. भक्तिमाणिक्य	१९१४	१३				
७६६	यति आराधना	समयसुंदर	१८५५	१५				
७६७	श्लोकार्थ संपूर्ण			२				
७६८	आयुष्य प्रमाण + प्रायश्चित विधि			८				
७६९	जंबूद्वीपसंग्रहणी सूत्र	हरिभद्रसूरि		५				
७७०	कल्पान्तर्वाच्य + कल्पसूत्र वाचना			३४				
७७१	नवपद स्तवन		१८७१	६				
७७२	विचारसंग्रह			७				
७७३	विचारशत त्रिंशीका	जिनहंससूरि	१८५३	९				
७७४	जिनकुशलसूरिदादा आरती			३३				
७७५	गौतमकुलक सह टब्बार्थ	रिध्धिविजय		८				
७७६/A◆	धर्मसंग्रहणि	खुशाल		३२				
७७६/B	प्रश्नोत्तरी			६				

ग्रंथांक	ग्रंथनुं नाम	कर्ता	संवत्	पत्र संख्या	झेरोक्ष	सी.डी.नं.	ग्रंथाग्र	विशेष नोंध
७७७	भक्तामरवृत्ति	शंकरदासमुनि	१८७२	४७			१५७२	
७७८	नेमीनाथचरित्र			५४	७७८	३३४		
७७९	विवेकमंजरी		१८७८	६				
७८०	बृहतकल्पवृत्ति (प्रथम खंड)	रत्नदीगणी		२८९	७८०	३३६		
७८१	वसुदेवहिण्डी (प्रथम खंड)			१४४	७८१	३३७		
७८२	औपपात्तिकवृत्ति	धर्मसुंदर	१५२५	६९	७८२	३३५	३१३५	
७८३	औपपातिकसूत्र			२७	७८३		११६१	
७८४	व्यवहारभाष्य		१८२९	१०५			६४३९	
७८५	ललितविस्तरा सह पंजीका	मुनिचंद्रसूरि		५२	७८५ + ७८६	३३६		
७८६	क्षेत्रसमासवृत्ति			३४	७८५ + ७८६	३३६		
७८७	आवश्यकसूत्राणी + सप्तस्मरण + अन्यस्तवन			५८				
७८८	आषाढाभूति चौढालीया	मानसागरसूरि	१९०५	७				
७८९	समवायांगसूत्र	हर्षविमल मुनि	१८८९	१०३			१६६७	
७९०	प्रज्ञापनावृत्ति	जितरंग गणि	१८७२	३०५	७९० (१,२)	३३७		
७९१	रायपसेणीय	विशालकीर्ती	१६७०				२०७९	
७९२	प्रज्ञापनाटीका	मलयगिरि	१८६०	३४५	७९२(१,२)	३३७	१५०००	
७९३ ◆	श्रावकानुष्ठान विधि	कीर्तिसूरि	१४२७	४१				
७९४	वैराग्यशतक	भर्तृहरि		३१				
७९५	षड्आवश्यक निर्युक्ति		१५७२	९३	७९५		२५५०	
७९६	हितशिक्षाद्वात्रिंशिका	क्षमा कल्याण		१०				
७९७	सिंदूरप्रकरटीका	हर्षकिर्तीसूरि	१७९३	२०				
७९८	सिंदूरप्रकरसुभाषित	गुणहर्ष	१७८३	६				
७९९	वसुधारा			६				
८००	आवश्यकविधि			५७			२७२०	
८०१	महानाटके रामविजय सुभाषित	कालिदास		३२				
८०२	शृंगारवैराग्यतरंगिणी सुखबोधिका वृत्ति	सोमप्रभाचार्य		७				
८०३	जीवविचारटीका	युक्तिधीरगणि	१८७२	३१				

ग्रंथांक	ग्रंथनुं नाम	कर्ता	संवत्	पत्र संख्या	झेरोक्ष	सी.डी.नं.	ग्रंथाग्र	विशेष नोंध
८०४ ◆	अष्टादशपद शास्त्र	कर्मचंद्र		१४				
८०५	मुनिनांमान्यामान्यार्थ विचार			१३				
८०६	षड्दर्शनसमुच्चय			५				
८०७	पासाकेवली	गर्ग ऋषी		७				
८०८	बृहत्शांति		१८७७	३	८०८ + ८१३	३३८		
८०९	सप्तभंगी			३				
८१०	क्षुलकभवानी स्तोत्र	हर्षसूरि		२				
८११/१	भावनाकुलक			३२४			१२०१६	
८११/२	गोडीपार्श्वनाथस्तवन			२				
८११/३	स्याद्वाद सज्झाय			१				
८११/४	स्तुतिसंग्रह			९				
८१२	चंदराजाचरित्र	मोहनविजय		७२				
८१३	घटसर्प	कालिदास		२	८०८ + ८१३	३३८		
८१४	पांडवचरित्रचोपाई	सोम्यगणि	१८४५	७६				
८१५	रत्नपालमुनिचोपाई	रत्नपालमुनि	१९१२	४२				
८१६	श्रीपालचरित्र			५०				
८१७	भक्तामरबालावबोध			३८				
८१८	विक्रमादित्यचतुष्पदी		१८५७	२३				
८१९	श्रीपालचरित्र	पुन्यशील	१८२६	२८				
८२०	शालीभद्रचोपाई			२७				
८२१	विक्रमादित्यचोपाई	खेमचंद	१८८५	१००			३७८४	
८२२	विक्रमसेन लीलावती चोपाई	मानसागर	१८५२	३२			१०८०	
८२३	चंपकचोपाई	समयसुंदर	१८५३	१६			५०६	
८२४	श्रीपाल मयणासुंदरी चोपाई	जिनहर्ष	१७४०	४३				
८२५	आचारांगसूत्रवृत्ति	शीलगणी		३२४	८२५	३३८	१२०००	
८२६	सूत्रकृतांगवृत्ति		१६६८	२५८	८२६	३३८	१३९४०	
८२७	प्रश्नव्याकरणवृत्ति	अभयदेवसूरि	१८४१	१२८	८२७	३३८	४६००	

ग्रंथांक	ग्रंथनुं नाम	कर्ता	संवत्	पत्र संख्या	झेरोक्ष	सी.डी.नं.	ग्रंथाग्र	विशेष नोंध
८२८	आचारांगसूत्र	विद्यासागर गणि	१६५९	६१				
८२९ ◆	निर्युक्ति कीर्ति दोष्दे अपूर्ण			५८				
८३०	मुनिपतिचरित्र		१९८२	५३				
८३१	वर्धमानदेशना (गद्य)	राजकीर्ति गणि		१३२				
८३२	शांतिनाथचरित्र (गद्य)	ले.भक्ति माणिक्य						
		क.भावचंद्र सूरि	१९०३	१९९				
८३३	साधुप्रतिक्रमणवृत्ति	तिलकाचार्य		२५	८३३ + ८३६	३३८		
८३४ ◆	पन्नवणासूत्र द्वे गाथा	ज्ञानसारेण		४				
८३५	षडशीतीक बालावबोध	ले. मतीचंद्र						
		क. देवेन्द्रसूरि		११७				
८३६	चोवीस दंडकना २९ बोल	पंडित अमृत	१८३०	११	८३३ + ८३६			
८३७	सातमी नरक नकशा			१				
८३८	आनंदघन चोवीसी + महावीर जिन स्तवन			५२	८३८		५०००	
८३९	चउसरण प्रकरण	श्यामसिंह	१९०६	९				
८४०	भक्तामरस्तोत्र	ले.समयसुंदर						
		क. मानतुंग सूरि	१७६४	७				
८४१	सम्यक्त्वकौमुदी			३५				
८४२	षड् आवश्यक बालावबोध	सोमचंद्र	१८१४	९१				
८४३	लघुसंग्रहणी बालावबोध	मतीचंद्र	१८९९	४२				
८४४	चौद गुणठाणा			४३				
८४५	उपदेशरत्नाकर	मुनिसुंदरसूरि		१२८	८४५		७६२५	
८४६	अध्यात्मकल्पद्रुम	मुनिसुंदरसूरि		८				
८४७	क्षेत्रसमास प्रकरण	ले. चारित्रोदय	१८४१	१२				
८४८	प्रज्ञापना तृतीयपद सह अवचूरी	अभयदेवसूरि	१६५०	११	८४८ + ८५१			पत्र १०मुं नथी.
८४९	समयसार नाटक		१७५३	४०				
८५०	हररस संपूर्ण			१०				
८५१	वृन्दविनोद	युक्तिधीर मुनि	१८३०	१४	८४८ + ८५१			

ग्रंथांक	ग्रंथनुं नाम	कर्ता	संवत्	पत्र संख्या	झेरोक्ष	सी.डी.नं.	ग्रंथाग्र	विशेष नोंध
८५२	तृतीय वैराग्यशतक		१७७४	३४			२१११	
८५३	अष्टप्रकारी जिनपूजा	लक्ष्मीविजय	१६३२	३८				
८५४	समयसार नाटक			४३				
८५५	बनारसीविलास	धर्मसुंदर	१७७१	६२				
८५६	संबोधसत्तरी बालावबोध	मेरुसुंदर		११			३७५	
८५७	सम्यक्त्वस्तवन बालावबोध	सुमतिहर्ष		१०				
८५८	चतुर्विंशतिजिनस्तवन अवचूरी			१४				
८५९	शीलव्रतविषये नववाड	जिनहर्ष		४				
८६०	आत्मानुशासन			२				
८६१	गाथासहस्त्री			२७				
८६२/१	विद्याहल छाया (संपूर्ण)	जयवल्लभ		४				
८६२/२	शीलोपदेशमाला	न्यायसागर मुनि		७२				
८६३	स्याद्वादस्तवन			२				
८६४	तर्कभाषा	ले. देवचंद्र		४२				
८६५	सारस्वतव्याकरण तृतीयवृत्ति			१२६				
८६६	सिद्धांतचंद्रिका	लोकशंकर		७७				
८६७	पाणीनीय लिंगानुशासन	भट्टोजी		८				
८६८	तर्कसंग्रहटीका			१८				
८६९	सिद्धांतचंद्रिकावृत्ति			१२५				
८७०	न्यायप्रकरण	शशधर		२९				
८७१	सारस्वतदिपिका	चंद्रकीर्तिसूरि		१२५			६३००	
८७२	तर्कसंग्रह	अन्नं भट्ट		८				
८७३	संस्कृतमंजरी			३				
८७४	सिध्धांतचंद्रिकावृत्ति			६५				
८७५	अनिट्सेट् धातु कारिका	हर्षकीर्तिसूरि		५				
८७६	सिध्धांतकौमुदी तत्वबोधिनी टीका	ज्ञानेन्द्रसरस्वती	१८७१	५१२	८७६(१,२)	३३९		
८७७	सिध्धांतचंद्रिकावृत्ति	ले.पं.तत्त्वकुमार	१८२७	१५० थी १९६				

ग्रंथांक	ग्रंथनुं नाम	कर्ता	संवत्	पत्र संख्या	झेरोक्ष	सी.डी.नं.	ग्रंथाग्र	विशेष नोंध
८७८	जीवाजीवाभिगमसूत्रटीका अपूर्ण			१७६				
८७९	विपाकसूत्र			४३				
८८०	प्रथमथी पंचमकर्मग्रंथ सहवृत्ति	मलयगिरि		३३१	८८०			
८८१	आचारदिनकर	क्षमाप्रभ	१८३२	३०१	८८१	३३९	१५००० श्लोक	
८८२	शिशुपालवध काव्य	कवि माघ		१००				
८८३	रघुवंशमहाकाव्य	पं.सुखकीर्तिमुनि	१६६६	८६				
८८४	रघुपंजिका	वल्लभदेव		१३३				
८८५	अष्टोत्तरी दशा			२				
८८६	रघुपंजिका	वल्लभ देव		१३३				
८८७	श्रीपालनरेन्द्रकथा टब्बार्थ	जिनरंगगणि	१८७३	१५३				
८८८	रघुवंशशकुनावली			५				
८८९	सिध्धांतचंद्रिका	रामचंद्राश्रम	१८२५	७०				
८९०	रघुवंशमहाकाव्य	ले. हर्षविमल						
		क. कवि कालिदास		८७	८९० + ८९७			
८९१	विवाह मुहूर्त + जिनस्तुतिओ			८				
८९२	प्रथमथी चतुर्थकर्मग्रंथ	देवेन्द्रसूरि		१४				
८९३	तर्कसंग्रह		१८६५	९				
८९४	लघुचाणक्यनीतिशास्त्र सह टीकार्थ अपूर्ण			९				
८९५	सारस्वत कृदंतप्रक्रिया	अनुभूति स्वरुपाचार्य	१८६४	८३				
८९६ ◆	उत्तराध्ययन सूत्र सह टब्बार्थ		१८८३	२०१			श्लो. १९४००	
८९७	जिनप्रवेशविधि सह धारणायंत्र			१३	८९० + ८९७			
८९८	पार्श्वनाथचरित्र टबार्थ	मनरुप विजयगणि	१८८५	२९५				
८९९	सुभाषित सार्थ			३				
९००	संघाचारटीका	हरिभद्रसूरि		२४८	९००		७८००	
९०१	क्षेत्रसमास + पाक्षिक अतिचार			(१०६ थी				
				१३२) २६				

ग्रंथांक	ग्रंथनुं नाम	कर्ता	संवत्	पत्र संख्या	झेरोक्ष	सी.डी.नं.	ग्रंथाग्र	विशेष नोंध
९०२	पाक्षिकसूत्र			८				
९०३	व्याकरण की पांच संधिका अर्थ			१७				
९०४	प्रतिक्रमणहेतुओ	क्षमाकल्याण		१८				
९०५ ◆	मेघछंद अपूर्ण			१९ थी २३				
९०६	व्याकरणसिद्धांतरहस्य			१५				
९०७	हेमपरिभाषासूत्रवृत्ति			८				
९०८	सारस्वत व्याकरण सह टीका	टीका.क. भट्टमाधव		९२			८८००	
९०९	सारस्वत टीका	भट्ट माधव	१६८१	४८				
९१०	सुबोधिका टीका + सारस्वत टीका	चंद्रकीर्ति + क्षेमचंद्र		८१ थी १५९			७०००	९१३ नंबरनो ग्रंथ अहीं साथे मुकेल छे.
९११	सारस्वत प्रक्रिया	अनुभूति स्वरुपाचार्य	१८२१	५३				
९१२	सारस्वत प्रक्रिया	अनुभूति स्वरुपाचार्य		५९				
९१३	सारस्वत टीका (९१० नी साथे छे)	क्षेमचंद्र	१७६५	८१ थी १५९				ग्रंथ ९१०नी साथे छे.
९१४ ◆	हिंसाष्टकसावचूरि	हरिभद्रसूरि		३				
९१५	लीलावती टीका	भास्कराचार्य		१९	९१५ + ९१७			
९१६	सारस्वत माधवी वृत्ति अपूर्ण			९५				
९१७	कल्पलता नामनी कल्पसूत्रटीका	समयसुंदर	र.१७६७,ले.१७६८	१६२	९१५ + ९१७			
९१८	कल्पसूत्र सह वृत्ति	समयसुंदर	१८२८	१८४				
९१९	पर्युषणाष्टाह्निका व्याख्यान	गुणसुंदरमुनि		३३				(१ थी १६ नथी)
९२०	कल्पांतर्वाच्य	समयमाणिक्यगणि	१७४०	६३				
९२१	समवसरण	माणिक्यनंदन	१८५०	२				
९२२	त्रिषष्ठी शलाकापुरुष-आदिनाथचरित्र	जिनरंगगणि	१८८९	११०	९२२		५०००	
९२३	वासुपूज्य चरित्र	नथमल	१८८३	१४७				
९२४	पउमचरियंम्	सुमतिमंडन गणि	१६२५	१७१	९२४		११५००	
९२५	पार्श्वनाथ चरित्र	भावदेव सूरि		१६६	९२५			पत्र १६मुं नथी.
९२६	परिशिष्ट पर्व	हेमचंद्रसूरि	१६९१	६९	९२६... ९४५		३५००	
९२७	आदिनाथचरित्र	हेमचंद्रसूरि	१६८४	१६४			५०१७	
९२८	भगवती सूत्र			३४२			१५७५२	

ग्रंथांक	ग्रंथनुं नाम	कर्ता	संवत्	पत्र संख्या	झेरोक्ष	सी.डी.नं.	ग्रंथाग्र	विशेष नोंध
९२९	सिंदूरप्रकरवृत्ति	हर्षकीर्ति सूरि		४७	९२६... ९४५	३३८		
९३०	सिंदूरप्रकरटीका	गुणकीर्तिसूरि	१८०३	११	९२६... ९४५	३३९		
९३१	अक्षयतृतीया व्याख्यान	राजमूर्ति	१८३२	७थी२०				
९३२	अमरकोश लिंगानुशासन	अमरसिंह		२१५				
९३३	सिध्धांतचंद्रिका			३६				
९३४	नवपदपूजा	धरमसिंह		६				
९३५	स्थंभन पार्श्वनाथ स्तवन	कुशललाभ		३				
९३६	लोकनालिका द्वात्रिंशिकावृत्ति		१८५०	९				
९३७	ऋषभविवाहलौ			६				
९३८	भगवतीबीजक	माणिक्यसागरगणि	१९२४	१६				
९३९	भगवतीवृत्ति	माणिक्यसागरगणि	१८४४	३९७			१८६१६	
९४०	लघु श्राध्धजितकल्पसूत्र सह वृत्ति			१०				
९४१	सिध्धांतकौमुदी			१२७				
९४२	प्रतिक्रमणविधि	जयचंद्र सूरि	१५०६	३५				
९४३	हरिविक्रमचरित्र	जयतिलकसूरि	१८६०	१३२				
९४४	प्रवचनसारोद्धार सटीक			२१				
९४५	उपदेशमालावृत्ति	वरचंद्र गणि	१५१८	६९	९२६... ९४५			
९४६	रुपसेनकथा	अमरविजय	१७२४	३५				
९४७	कर्मग्रंथ प्रथमथी पांच सटीक	मलयगिरि		२८३			४०००	
९४८	कथारत्नाकर	दरडामेहाजल	१६६७	(१२१ थी १६१)४०			७४००	
९४९	भक्तामरस्तोत्र सटीक	मानतुंग सूरी		५०			१५७२	
९५०	षष्टिशतक प्रकरण			७				
९५१	गौतमपृच्छा सह वृत्ति	दयाराज मुनि	१८४३	३९			१६८३	
९५२	श्रावकविधिप्रकाश	जयचंद्र मुनि	१८७५	२१				
९५३	दृष्टांतशतक पत्र	गुणविजय	१७६९	११				
९५४	सुभाषितसारोध्धार	विजयचंद	१८१०	३४				

ग्रंथांक	ग्रंथनुं नाम	कर्ता	संवत्	पत्र संख्या	झेरोक्ष	सी.डी.नं.	ग्रंथाग्र	विशेष नोंध
९५५	श्रुतबोध	कालिदास		११				
९५६	प्रभावकचरित्र त्रूटक अपूर्ण			२-११४				
९५७	चौद गुणस्थानक, संपूर्ण	ले. शांतिसमुद्र,						
		क. रत्नशेखर	१८५३	१६				
९५८	प्रश्नोत्तर अभिधान शास्त्रम्	मेघजी	१६९९	४१				
९५९	लीलावती टीका	नंदलाल		४०	९५९			
९६०	चतुःशरण पंजीका		१८७८	११				
९६१	एकाक्षरनाममालिका			५				
९६२	दशवैकालिकसूत्र			१८				
९६३	उपदेशमालावृत्ति			१४७	९६३ + ९८७			
९६४	सूक्तावली			४३				
९६५	संबोधवृत्ति			३९				
९६६	धनंजयनाममाला		१९२१	९				
९६७	श्रीपालचरित्रव्याख्या	गुणसुंदर मुनि	१८९९	१५२			३०२२	
९६८	मौनएकादशी कथा	सौभाग्यनंदीसूरि	१८५२	४				
९६९	दुरियरयसमीर वृत्ति	समयसुंदर	१९०३	१६				
९७०	जयतिहुअण + स्तंभन पार्श्वनाथ द्वात्रिंशिका			४				
९७१	ऋषिमंडलस्तोत्र सह कथासंग्रह	हर्षनंदन		८६				२५ मुं पानु नथी
९७२	ऋषिमंडलसूत्र वृत्ति सह कथा	हर्षनंदन		१०२				
९७३	सप्तभेदप्रकाश	महेश्वर कवि	१५७६	८			३३५	
९७४	विचारवादसंग्रह			४५				
९७५	पंचसायक	शेखरज्योतिरीश्वर		२५				
९७६	लोकतत्वनिर्णय	हरिभद्र	१८५०	४				
९७७	चोवीसदंडक सहावचूरी	गजसारमुनि		४				
९७८	पालाविचार	देवेन्द्रसूरि		६				
९७९	सिध्धदंडिका अवचूरी			३				
९८०	चार्चिक स्तवन टब्बार्थ			१४				

ग्रंथांक	ग्रंथनुं नाम	कर्ता	संवत्	पत्र संख्या	झेरोक्ष	सी.डी.नं.	ग्रंथाग्र	विशेष नोंध
९८१	जिनकल्पिका			४				
९८२	कर्मग्रंथ सार			४				
९८३	नवतत्त्वबालावबोध			१३				
९८४	नवतत्त्वप्रकरण		१८४३	१२				
९८५	बंधतत्त्वबालावबोध			८				
९८६	प्रथमथी त्रण कर्मग्रंथ	हर्षविमल		७				
९८७	स्वरोदय सह वार्तिक			७	९६३ + ९८७	३३९		
९८८	श्रावकप्रतिक्रमण सूत्र		१६३६	४				
९८९	महावीरचरित्रटीका		१७२३	७				
९९०	वीतराग स्तोत्र	हेमचंद्राचार्य		१२	९९०	३३९		
९९१	तपोटमतकुट्टनशत	जिनप्रभसूरि	१८५४	४				
९९२	श्रीपालचरित्र	शशिसूरि	१८१२	४८				
९९३	संघपट्टक	जिनवल्लभसूरि	१८८३	४				
९९४	विचारपंचाशिका			७				
९९५	सिध्धचक्रोद्धार सह व्याख्या	चंद्रकीर्तिसूरि	१८१२	२				
९९६	ग्रहशांतिटीका		१८७९	८				
९९७	ज्योतिषनां पानां			१४				
९९८ ◆	लघुटीका			४				
९९९	नारचंद्रज्योतिषनां पानां	नारचंद्र		७				
१००० ◆	प्रवचनसार			४				
१००१	रायपसेणीसूत्र सह टब्बार्थ	अमरसागर	१८२४	१७९				
१००२	कल्पसूत्रकलिका	लक्ष्मीवल्लभ		१५२				
१००३	उत्तमराजर्षिकथा	गंगाराम	१८१५	१६				
१००४	प्रज्ञापनासूत्र सह टब्बार्थ	ले. कमलमुनि	१८१६	२७९			२४०००	
१००५ ◆	स्त्री रीउ असज्झाय			५				
१००६	दीपावली कल्प	जिनसुंदरसूरि	१४८३	२१				
१००७	कल्पसूत्र	अमरचंद्र	१८६२	७९				

ग्रंथांक	ग्रंथनुं नाम	कर्ता	संवत्	पत्र संख्या	झेरोक्ष	सी.डी.नं.	ग्रंथाग्र	विशेष नोंध
१००८	कल्पसूत्र	कुशलमुनि	१८६२	७४०			१२१६	
१००९	पर्युषणाकल्पदुर्गपदविवृत्ति			७१				
१०१०	कल्पसूत्र सह वृत्ति			९७			१२१६	
१०११	स्थविरावली पर्युषणा कल्प अपूर्ण			८२				
१०१२	अठ्ठाइ व्याख्यान	मुळचंद्रजी	१९३८	२०				
१०१३	शिशुपालवधटीका अपूर्ण	कवि माघ		१२८				
१०१४	मेघदूत काव्य	कवि कालीदास	१८७२	१२				
१०१५	किरातार्जुनीय काव्य	ले. हर्षविमल, क. भारवि	१८७९	४५				
१०१६	किरातार्जुनीय काव्य	भारवि	१६७२	४७				
१०१७	माघ काव्य (शिशुपालवध टीका)	कवि माघ	१८२२	८६				
१०१८	किरातार्जुनीय वृत्ति	भारवि	१८७२	११०				
१०१९	रघुवंश सस्तबक अपूर्ण			२५				
१०२०	पाक्षिक अवचूरि			७				
१०२१	भगवतीसूत्र सह वृत्ति	विमलगणि	१६३०	४९९				
१०२२	पन्नवणासूत्र	रत्नविवेकमुनि	१५७१	१३९			७७८७	
१०२३	कर्पूर सहावचूरि			१३	१०२३	३३९	३०५	
१०२४	उत्तराध्ययनसूत्र सह वृत्ति			१६० से २६८				
१०२५	भक्तपरिज्ञा सह अवचूरी	शांतिसूरि	१६३९	५				
१०२६	हुंडीका ग्रंथ (१०२९ नी साथे छे.)							१०२९ नी साथे छे.
१०२७	व्यवहारसूत्र			२१			५००	
१०२८	सिध्धप्राभृत सह वृत्ति			१६				
१०२९	सिध्धांतहुंडिका सह बीजक, हुंडीका ग्रंथ (१०२६ नी साथे मुकेल छे.)	पद्मविलासमुनि, गुणविनयगणि	र.१८४१,ले.१८४३	२७४ + १४				
१०३०	भुवनभानुकेवलीचरित्र कथा सह			५५				
१०३१	शोभनमुनि वृत्ति	जयविजयगणि		९४				
१०३२	मुक्तावलि (श्लोक संग्रह)			७६				
१०३३	पार्श्वनाथचरित्र	भावदेवसूरि	१८७७	१८६			३९५	

ग्रंथांक	ग्रंथनुं नाम	कर्ता	संवत्	पत्र संख्या	झेरोक्ष	सी.डी.नं.	ग्रंथाग्र	विशेष नोंध
१०३४	त्रिषष्ठिशलाकापुरुष चरित्र दशमुं पर्व			३६			ग्रं. १३४०	
१०३५	श्रीपाल चरित्र	शशीसूरि		३९				
१०३६	दानशीलतपभावनाकुलक सह वृत्ति अपूर्ण			१५०	१०३६	३३९		
१०३७	ज़गतभूषण			४				
१०३८	सिध्धांतचन्द्रिका	रामचंद्राश्रम		५६				
१०३९	सिध्धांतचंद्रिका वृत्ति-उत्तरार्ध	दयाराज	१८२६	१९१				
१०४०	सारस्वत सूत्र	ले. सोमगणी, क. अनुभुति स्वरुपाचार्य	१७९८	७४				
१०४१	सिध्धांतचंद्रिका	रामचंद्र		१५३				
१०४२	सिध्धांतचन्द्रिका	रामचंद्र		१५१				
१०४३	योगशास्त्र-बारमो प्रकाश विवरण सहित	हेमचंद्राचार्य	१५८५	४३	१०४३	३४०		
१०४४	उत्तराध्ययनसूत्र-सह टब्बार्थ	जीवणदास	१८३२	१७२				
१०४५	सिध्धांतचंद्रिका अपूर्ण			६९				
१०४६	दश दृष्टांत			९				
१०४७/१	पार्श्वनवग्रहस्तव टीका			६				
१०४७/२	लघुशांतिस्तव टीका	हर्षकीर्ति सूरि	१६४४	५१				
१०४८	जंबुस्वामीचरित्र टीका	सकलहर्ष मुनि	१८९८	१९				
१०४९	कर्पूरप्रकरण सह कथाओ	ईन्द्रभाण मुनि	१८५५	३६				
१०५०	जीवाजीवविचार सह वृत्ति	क्षमाकल्याण मुनि		४०				
१०५१	व्याकरण भूषणसार		१६२५	३८	१०५१.. ११४५	३४०		
१०५२	कर्मग्रंथ १ थी ४ बालावबोध	देवेन्द्रसूरि	१८५२	७८				
१०५३	सम्यक्त्वकौमुदी	ले. गोपीदास	१९०३	६२				
१०५४	बोल थोकडा भंग संग्रह			११				
१०५५	शत्रुंजयमहात्म्य सह वृत्ति	रुपचंदमणि	१८११	३०४				
१०५६	जीवाजीवाभिगमसूत्र सह बालावबोध	पं. जीवणजी	१८१६	३५३				
१०५७	पौसहविधि तथा चौद नियम			१७				
१०५८	चातुर्मासिक व्याख्यान	पं. प्रेमवर्धन	१७८२	५				

ग्रंथांक	ग्रंथनुं नाम	कर्ता	संवत्	पत्र संख्या	झेरोक्ष	सी.डी.नं.	ग्रंथाग्र	विशेष नोंध
१०५९	चंद्रप्रभस्तवन-प्रदेशीकेशीप्रश्न			५				
१०६०	प्रवचनसारोद्धारवृत्ति	सुगुणकुशलमुनि	१८६४	३६२				
१०६१	विशेषसंग्रह	ले.अमृतधर्म,क.समयसुंदर	१६८५	१५				
१०६२	शत्रुंजयमाहात्म्य	धनेश्वरसूरि		२०५				
१०६३	प्रवचनसारोद्धार			१०९				
१०६४	आत्मप्रबोध	खुशालविमलमुनि	१८७५	१४७				
१०६५	सिध्धांतआलापक			४०				
१०६६	आत्मप्रबोधबीजक			१४२				
१०६७	विक्रमादित्यचौपई	सुमतिनिधान मुनि	१८५४	८१				
१०६८	शालिभद्रचौपई	मतिसार		२०				
१०६९	हंसराज-वच्छराजचौपई			३५				
१०७०	कुलधजकेवलीचौपई (रसलहरी)	उदयसमुद्र उपाध्याय	१७४७	१५				
१०७१	राजसिंहचौपई (नवकार फल)		१८४४	१८				
१०७२	श्रीपालरास	नेमचंद्र	१८८२	३६				
१०७३	पुरंदरकुमार चौपई + आनंदसंधि	दानविमलमुनि	१७४६	२९				
१०७४	मृगावती चौपई	समयसुंदर	१७९४	२९				
१०७५	चंदराजानो रास			४६				
१०७६	शांब प्रद्युम्नचौपई	विनयशील	१७८७	२०				
१०७७	नलदमयंतीचौपई	शिवनंदन	१७३०	३६				
१०७८	मानतुंग मानवती रास	मोहनविजय	१८५१	३७				
१०७९	चित्रसेन पद्मावती चौपई	रामविजय		२२				
१०८०	हंसराज वच्छराज चौपई	विनयमेरुमुनि		२२				
१०८१	श्रीपालरास	मयाचंद	१८२९	६५				
१०८२	अंजनासुंदरी चौपई	भुवनकीर्ति	१७६६	२८				
१०८३	श्रीपालरास	ज़शविजय		७४				
१०८४	चंदराजारास	मोहनविजय	१७४९	१५६				
१०८५	सुरप्रियराजर्षिचरित्र	दानचंद्र	१७२५	४				

ग्रंथांक	ग्रंथनुं नाम	कर्ता	संवत्	पत्र संख्या	झेरोक्ष	सी.डी.नं.	ग्रंथाग्र	विशेष नोंध
१०८६	ईलाकुमार चौपाई	ज्ञानसागर	१७१९	४				
१०८७	हरिचंद्रराजाचौपाई	भालचंद्र गणि	१७७७	३८			१२८५	
१०८८	शालिभद्र-धन्नाचरित्र	मतिसार मुनि		२४				
१०८९	भोजचरित्र	राजवल्लभ		३३				
१०९०	रसिकप्रिया अपूर्ण			४६				
१०९१	प्रवज्याविधानकुलक सहावचूरि			२				
१०९२	सामायिकग्रहण विचार			३				
१०९३	सिध्धांतकौमुदी			१५०				
१०९४	विदग्धमुखमंडन चौपई	धर्मदास		११				
१०९५	सिध्धांतकौमुदी	ले. महिमासुंदर						
		भट्टोजीदिक्षीत		१२९				बे पाना नथी
१०९६	प्रहसन्नाटक	शंखधर	१६०२	१५				
१०९७	हेमलिंगानुशासन विवरण	हेमचंद्राचार्य	१६२७	४४				
१०९८	धातुगण सेट् आदि (प्रश्न विवरण)	हेमचंद्राचार्य		२५				
१०९९	तर्कसंग्रह दीपिका	ले.दयाराज मुनि						
		क. अन्नंभट्ट	१८२६	१२				
११००	सारस्वत व्याकरणवृत्ति	हर्षविमल	१८७१	१२				
११०१	न्यायसार त्रण परिच्छेद			१०				
११०२	नाममाला व्याख्या	भाग्यविलासगणि	१८३२	४३२				
११०३	अनेकार्थ शब्द संग्रह	हेमचंद्राचार्य	१६४७	४३	१०५१.. ११४५	३४०		
११०४	अभिधानचिंतामणि नाममाला	हेमचंद्राचार्य		६९				
११०५	अभिधानचिंतामणी नाममाला	हेमचंद्राचार्य	१७३३	४६				
११०६	मेघदूत काव्य	कवि कालिदास		१२				
११०७	भगवतीसूत्रवृत्ति	जिनरंगगणि	१८७३	५०७			१८६१६	
११०८	नवतत्व सह वृत्ति			१५				
११०९	जीवाजीवाभिगमवृत्ति	मलयगिरि	१८८१	३१५			१४०००	
१११०	अंतकृत्दशांग सूत्र			३४			८२५	

ग्रंथांक	ग्रंथनुं नाम	कर्ता	संवत्	पत्र संख्या	झेरोक्ष	सी.डी.नं.	ग्रंथाग्र	विशेष नोंध
११११	अनुत्तरौपपातिकदशांग सूत्र			५				
१११२	ज्ञाताधर्मकथांगवृत्ति			८६				
१११३◆	शांतिनाथनाममहिमा अपूर्ण			४				
१११४	अंतकृत्दशांगवृत्ति	ज्ञानहर्षमुनि	१५२५	२०				
१११५	अंतकृतदशांगसूत्र सह वृत्ति			२६			८०००	
१११६	आचारांगनिर्युक्ति			१९				
१११७	दशवैकालिकसूत्र सहावचूरी	गंगादास	१६४३	५२				
१११८	साधुविधिप्रकाश + लघुप्रतिक्रमण विधि			१६				
१११९	शिशुपालवध	मल्लीनाथसूरि		५०	१०५१.. ११४५			
११२०	प्रतिक्रमणविधि (हेतुगर्भ)			२८				
११२१	शाश्वतजिनबिंबस्तवन + विचार संग्रह अपूर्ण			७-२९४				
११२२	मेघदूतकाव्य	कवि कालीदास		१५				
११२३	कुमारसंभव महाकाव्य	कवि कालीदास		४८				
११२४	सिद्धांतचंद्रिका अपूर्ण			६३				
११२५	कुमारसंभव महाकाव्य	कवि कालीदास	१७६१	१७				
११२६	मेघदूत संजीवनी वृत्ति	कवि कालीदास	१८७७	५१				
११२७	सम्यक्त्वकौमुदी		१८२५	८१				
११२८	सिद्धांतकौमुदी			१६५			१०६१५	
११२९	सिद्धांतकौमुदी अपूर्ण			५०				
११३०	कर्मग्रंथ प्रथमसे छः	ले. कल्याणमुनि		३२				
११३१	कर्मग्रंथ सस्तबक	ले.सुंदरमुनि क.जीवविजय	१८०३	२५१			८०००	
११३२	त्रिशष्टिशलाका पुरुष (जैन रामायण)	हेमचंद्राचार्य		८८			४०००	
११३३	भक्तामरसुबोधिका टीका	गोवर्धन	१८२६	१०				
११३४	कर्मग्रंथ (प्रथमसे पाँच) सह वृत्ति	देवेन्द्रसूरि	१८३२	१६८				
११३५	गौतम कुलक सह वृत्ति	सागरचंद्र	१७५३	३०				
११३६	सम्यक्त्वस्तव			१०				
११३७	नंदीश्वरद्वीप स्तवन + गाथा सहस्त्री	समयसुंदर	१६८६	५०				

ग्रंथांक	ग्रंथनुं नाम	कर्ता	संवत्	पत्र संख्या	झेरोक्ष	सी.डी.नं.	ग्रंथाग्र	विशेष नोंध
११३८	वैराग्यशतक	भर्तृहरि		२८				
११३९	भगवतीबीजक		१९२५	१५			९०	
११४०	कर्मग्रंथषट् सहटब्बार्थ	पं. हर्षचंद्र	१८३७	६६				
११४१	श्रावकविधिप्रकाश	नथमलजी	१८७५	१४				
११४२	प्रत्याख्यानभाष्यावचूरी			९				
११४३	ऋषिमंडलवृत्ति			१४६			७२९०	
११४४	सिद्धपंचाशिकावचूरी	देवेन्द्रसूरि	१६६७	६				
११४५	तत्त्वार्थ सूत्र सह भाष्य		१६८७	५९	१०५१..११४५	३४०		
११४६	कर्मग्रंथ चतुर्थ -पंचम (नवीन)			२१				
११४७	शांतिनाथचरित्र	पं. पद्‌मसोम मुनि	१७८४	११५	११४७..१२६२	३४०		
११४८	बलिनरेन्द्र-भुवनभानु बालावबोध	नेणचंद्र	१८४६	६०				
११४९	नमस्कारस्तव सह वृत्ति	जिनकीर्तिसूरि		१२				
११५०	सिद्धपंचाशिका सहावचूरी	देवचंद्र		१०				
११५१	लघु संघपट्टक प्रकरण	पं. गुणसागर	१६७४	८				
११५२	रघुवंश महाकाव्य	कवि कालिदास		६२				
११५३	बंधस्वामित्व तृतीयकर्मग्रंथ	भाटपांचाल	१५२८	९			६५०	
११५४	वृत्तरत्नाकर	भट्ट केदार		६				
११५५	विचारसंग्रह + आवश्यकनिर्युक्ति अपूर्ण			३-१९				
११५६	प्रश्नोत्तररत्नमालीका सह	जिनराजसूरी		१०				
११५७	उत्तराध्ययनकथाओ बालावबोध	जयहंस	१७५१	१११				
११५८	उत्तराध्ययन टीका	सोमहर्ष		२७९			११३००	
११५९	ठाणांगसूत्र सह दीपिका	राजसूरी	१८२८	२२१			३७७०	
११६०	दानमाहात्म्य	रत्नहर्ष	१८९६	३६			११५०	
११६१	गुरुवंदनभाष्य			३				
११६२	शकुनचौपाई (दीपिका)			४				
११६३	सम्यक्त्वस्तवावचूरी			४			१०५	
११६४	आगमसारोद्धार	देवचंद्रमुनि	१९००	५५				

ग्रंथांक	ग्रंथनुं नाम	कर्ता	संवत्	पत्र संख्या	झेरोक्ष	सी.डी.नं.	ग्रंथाग्र	विशेष नोंध
११६५	शुकराजा कथा	अनंतविजय	१६५०	१५			५००	
११६६	समरादित्य विवरण	क्षमाकल्याण		२२३				
११६७	अजितशांतिस्तवन बालावबोध			१४				
११६८	श्रावकगुण			९				
११६९	श्रीपालरास	जिनहर्षसूरी	१८२०	१६				
११७०	योगदृष्टिसज्झाय सह टब्बार्थ	यशोविजय		३३	११४७..१२६२	३४०		
११७१	भावषट्त्रिंशिका सह टब्बार्थ	मोहनरत्न	१८८६	३				
११७२◆	दशवैकालिकसूत्र		१७६३	६९				
११७३	दशवैकालिकसूत्र सह टब्बार्थ		१६५७	४९				
११७४	उपासकदशांगसूत्र सह टब्बार्थ	क्षेमविमल	१७३३	५१				
११७५	लघुक्षेत्रसमास		१७३४	१३				
११७६	सम्यक्त्वकौमुदी		१८२४	१२३				
११७७	उपासकदशांगसूत्र सह टब्बार्थ		१७११	५९			८१२	
११७८	दशाश्रुतस्कंधसूत्र सह टब्बार्थ	धर्मसुंदर	१७८३	४९				
११७९	योगशास्त्र-चोथो प्रकाश सह टब्बार्थ	हेमचंद्राचार्य	१६७७	४३			१६००	
११८०	दशवैकालिक सूत्र			५७			३०००	
११८१	जंबूद्वीपप्रकरण			१०				
११८२	उपदेशरत्नकोश सह बालावबोध		७					
११८३◆	सप्तस्मरण			९				
११८४	दशाश्रुतस्कंध टब्बार्थ	मुनिचंद्र		४६				
११८५	सप्तदशशते तृतीय			१३				
११८६	आत्मप्रबोध	जिनरंगगणि	१८७४	१७२				
११८७	मध्यान्ह व्याख्यान पद्धति	शिवलाल	१९०३	१९५				
११८८	जीवाजीवविचार मार्गणाद्वार			१९				
११८९	चौत्रीस अतिशय + वर्धमान देशना	जिनलाभ गणि	१८७९	११८				
११९०	निदानांजनं सह बालावबोध	अग्निवेशऋषि		२०				
११९१	सन्निपात कलिका			१२				

ग्रंथांक	ग्रंथनुं नाम	कर्ता	संवत्	पत्र संख्या	झेरोक्ष	सी.डी.नं.	ग्रंथाग्र	विशेष नोंध
११९२ ..	रुग्विनिश्चय निदान	माघकवि	१७४८	११५				
११९३◆	माधववृंद			१७				
११९४ ..	पवनविजय			४				
११९५ ..	अमृतमंजरी	काशिराज		३				
११९६/१	वैद्यजीवन सह दिपिका	लोलंबराजकवि		३८				
११९६/२	योगशतक सह टब्बार्थ			२२				
११९७ ..	मुनीनां मान्यार्थ विचार			६				
११९८ ..	उपकरण गाथा			१२				
११९९ ..	श्रावककर्तव्य			५				
१२०० ..	प्रस्ताविक श्लोक संग्रह			५				
१२०१ ..	भगवतीसूत्र			९७७				
१२०२◆	दानशील चौढालीया (गुटका)	नेमीदास	१७६०					गुटका अमे ध्यानथी जोया नथी.
१२०३◆	गुणठाणेका बोल (गुटका)	ताराचंद	१८७५					गुटका अमे ध्यानथी जोया नथी.
१२०४◆	स्तवन (गुटका)							गुटका अमे ध्यानथी जोया नथी.
१२०५◆	चंदनमलयागिरीकी वार्ता + ढोलामारु वार्ता			पोथी				
१२०६◆	पूजा (गुटका)							गुटका अमे ध्यानथी जोया नथी.
१२०७◆	स्तवन (गुटका)							गुटका अमे ध्यानथी जोया नथी.
१२०८◆	अष्टमीस्तुति (गुटका)							गुटका अमे ध्यानथी जोया नथी.
१२०९◆	समवसरण (गुटका)							गुटका अमे ध्यानथी जोया नथी.
१२१०◆	स्तवन (गुटका)							गुटका अमे ध्यानथी जोया नथी.
१२११◆	स्तवन (गुटका)							गुटका अमे ध्यानथी जोया नथी.
१२१२◆	नवतत्व बालावबोध	फतेचंद	१८५०	२६				
१२१३◆	क्षेत्रसमास स्तवन-सज्झाय			४९०				
१२१४◆	शालीभद्रचौपाई			११५				
१२१५◆	पच्चक्खाणमाला			२८				
१२१६ ..	शांतिस्तव	कमलकीर्ति	१६८८	३९				
१२१७ ..	जैनरक्षास्तोत्र	हर्षसुंदर	१९२८	५				

ग्रंथांक	ग्रंथनुं नाम	कर्ता	संवत्	पत्र संख्या	झेरोक्ष	सी.डी.नं.	ग्रंथाग्र	विशेष नोंध
१२१८	श्रावक आराधना	गुणसुंदर मुनि	१८०६	६				
१२१९	हितोपदेश पंचाख्यान	रत्नसिंह	१८२७	८०				
१२२०	प्रश्नोत्तर सार्धशतक सूचीबीजक	क्षमाकल्याण		२७				
१२२१	विहरमान जिन एकवीस ठाण + सत्तरीसय ठाण			२०				
१२२२	ऋषिमंडल + पार्श्वजिनस्तोत्र			७				
१२२३	पाशाकेवलीस्तोत्र	गर्गऋषि	१९१०	८				
१२२४	चातुर्मासिक व्याख्यान			१६				
१२२५	एकवीस स्थानक	पं. ईश्वर	१८०६	१३				
१२२६	चतुर्विंशति स्तुतिओ	ले. जयचंद		११				
१२२७	सारस्वत			१३				
१२२८	चैत्यवंदन अने स्तुति			२०				
१२२९	दानशीलतपभावनो संवाद	समयसुंदर	१८८१	१०				
१२३०	जीवाजीवविचार प्रकरण टब्बार्थ			१०				
१२३१	बृहत्शांति सह वृत्ति	हर्षकीर्ति सूरि		५	११४७..१२६२	३४०		
१२३२	सिंदूरप्रकर	सोमप्रभसूरि		१७				
१२३३◆	सत्तावीस बोल			७				
१२३४	नवकारमंत्रपर राजसीनी कथा			१०				
१२३५	सप्तस्मरण-चैत्यवंदन (टब्बार्थ)			१३				
१२३६	कल्पसूत्र	ले. विनयचंद	१९६४	६८				
१२३७◆	गुटका			१०				गुटकानी साथे राख्या हशे, ध्यानथी जोया नथी.
१२३८◆	गुटका			१५				गुटकानी साथे राख्या हशे, ध्यानथी जोया नथी.
१२३९◆	त्रुटक पन्ने के बंडल बडे			४				गुटकानी साथे राख्या हशे, ध्यानथी जोया नथी.
१२४०◆	त्रुटक पन्ने के बंडल छोटे			४				गुटकानी साथे राख्या हशे, ध्यानथी जोया नथी.
१२४१◆	ह्रींकारमें पार्श्वनाथजी का चित्र			३				चोतरफ देवी देवतां ना १५ चित्र, ह्रींकार यंत्र सादु, हस्तकला ना चित्र
१२४२	पाक्षिक सूत्र			८				

ग्रंथांक	ग्रंथनुं नाम	कर्ता	संवत्	पत्र संख्या	झेरोक्ष	सी.डी.नं.	ग्रंथाग्र	विशेष नोंध
१२४३◆	योगशास्त्र			८				अपूर्ण
१२४४	सामुद्रिकशास्त्र	रामचंद मुनि		८				
१२४५	आठकर्म की १५८ प्रकृति का विचार			७				
१२४६	द्विघटिका			(८ से १३) ६				
१२४७	आठ वर्गादि. (ज्योतीष)			८				
१२४८	चातुर्मासिक व्याख्यान			१६				१,८,११ पाना नथी
१२४९	सिन्दूरप्रकर	सोमप्रभाचार्य		४				
१२५०	सौभाग्यपंचमीकथा			५				
१२५१	नीति व श्रृंगारशतक अपूर्ण			२२				
१२५२	षष्टिशतक अपूर्ण			१५				
१२५३	पइन्नासंग्रह			५९				
१२५४	विपाकसूत्रवृत्ति	अभयदेव आचार्य		३१				
१२५५	संग्रहणीसूत्र	मलधारी हेमचंद्राचार्यसूरि	१८८१	१३				
१२५६	पूजाविधि	पं. रामप्रमोद		१	११४७..१२६२	३४०		
१२५७	आदिनाथ स्तवन			४				
१२५८	ज्ञातोपनया	क्षेमंकर		५				
१२५९	विवादपटल अवचूरिसह		१७७८	३				
१२६०	समकित उत्पत्ति			६				
१२६१	वशीकरण तन्त्र नुस्खे			१०				
१२६२	आणंदसंधि			(६७से७२)१३	११४७..१२६२			
१२६३	वस्तुपाल तेजपालरास			४				
१२६४	नेमजीका रास			३				
१२६५	अष्टप्रकारपूजा	खीमाविजय	१८४१	२				
१२६६	दानशीलतप चौढालिये + गौडी पार्श्व स्तवन			(८०से८८)९				
१२६७	मौनएकादशीकथा	सौभाग्यनंदी मुनि	१५७६	३				
१२६८	आषाढाभूति धमाल (चरित्र)	कनकसोमसुरि		५				१ पन्ना नहीं है
१२६९	छींक आदि शुकन विचार			५				

ग्रंथांक	ग्रंथनुं नाम	कर्ता	संवत्	पत्र संख्या	झेरोक्ष	सी.डी.नं.	ग्रंथाग्र	विशेष नोंध
१२७०	उपदेशरत्नकोश सह टब्बार्थ		१८७५	२				
१२७१	स्वरोदय			३				
१२७२	आत्मनिन्दा	ज्ञानसार मुनि	१८७९	३				
१२७३	गौतमकुलक			१				
१२७४	दो काव्य पंचपाठी अर्थ सहित			१				
१२७५	कायस्थिति भाव बंधादि विचार			४				
१२७६	विचारसंग्रह			५१				
१२७७	मूर्खविचार सज्झाय			४				
१२७८	कपूरचक्र यंत्रफल	ले. माणिक्यराज	१८३५	२				
१२७९	चार्चिक ग्रंथ			११				
१२८०	शत्रुञ्जयकुलक			१				
१२८१	दशार्णभद्र चौढालियादि सज्झाय			६				
१२८२	नवतत्व + चतुः शरण			३				
१२८३	प्रकीर्णक विचारसंग्रह			७				
१२८४	जिनप्रतिमापूजाविचार			६				
१२८५	अनिट्कारिका व्याख्या सह			२				
१२८६	देशविरती प्रायश्चित विधि	जिनप्रभसूरि		६				
१२८७	उपस्थापनविधि			९	१२८७..१३८९	३४०		
१२८८	गणधरवाद	सोमध्वजगणि		४				
१२८९	जिनप्रतिमादढकरणहुन्डीरास अपूर्ण			२				
१२९०	धार्मिक सुभाषित			८				
१२९१/१	अक्षयतृतीयादिपर्व व्याख्यान +							
	नवतत्त्वसह बालावबोध			१५				
१२९१/२	मौनएकादशी			(५६से६०)५				
१२९२	चैत्रीपूनम देववांदवा विधि		१९३०	२				
१२९३	मौनएकादशी स्तवन	समयसुंदर		५				
१२९४	जैनमहिम्न स्तुति (स्तोत्र)		१८८८	५				

ग्रंथांक	ग्रंथनुं नाम	कर्ता	संवत्	पत्र संख्या	झेरोक्ष	सी.डी.नं.	ग्रंथाग्र	विशेष नोंध
१२९५	बारहभावना	जयसोमगणि		४				
१२९६	जैनतीर्थावलीद्वात्रिंशिका	क्षमाकल्याण		१				
१२९७	अरन्नकक्षुल्लक साधुसम्बन्ध	मान मुनि		५				
१२९८	कर्मक्षय व सिद्ध स्वरूप			८				
१२९९	विकृति अविकृति विचार			४				
१३००	प्रतिक्रमण, सज्झाय, स्तुतिस्तवनादि संग्रह (प्रकीर्णक पोथी)			१००				
१३०१	चंडाप्रचण्डाचोपाई			५				
१३०२	नवपदखमासमणाविधि			५				
१३०३	हर (हरि रस)			(७ से १२) ६				
१३०४	चौवीसदंडक बोल			७				
१३०५	न्याय का ग्रंथ अपूर्ण			७०	१२८७..१३८९	३४०		
१३०६	संग्रहणी बालावबोधसह अपूर्ण			४९				
१३०७◆	प्रकीर्णधार्मिकसंग्रह			९				
१३०८	भगवान महावीर पूर्वभव सह वृत्ति			(४ से ११)८				
१३०९	स्तवनसंग्रह अपूर्ण			८				
१३१०	नवपदक्षमाश्रमणा विधि		१८८९	५				
१३११◆	कल्याणमंदिर			५				
१३१२◆	उपदेशसत्तरी			३				
१३१३	जीवाजीवविचार सह टब्बार्थ अपूर्ण			५				
१३१४	अध्यात्मबिन्दु	हर्षवर्धन	१७३९	५				१ लुं पानुं नथी
१३१५	चंद्रलेखाचौपाई	हर्षमूर्ति मुनि		५				
१३१६	नाभेयस्तव अवचूरि सह	विजयतिलकसूरि	१६४६	३				
१३१७	ऋषिमंडलस्तोत्र सह गौतमस्तोत्र			३				
१३१८	तप विधि विधान			२				
१३१९◆	जिनभक्तिकर्तव्य			११				
१३२०	नित्य कर्तव्य			२				

ग्रंथांक	ग्रंथनुं नाम	कर्ता	संवत्	पत्र संख्या	झेरोक्ष	सी.डी.नं.	ग्रंथाग्र	विशेष नोंध
१३२१	पर्यन्तआराधना	सोमसूरि		३				
१३२२	आचाराङ्गचूला अवचुरी सह			१				
१३२३	चौवीशजिन स्तुति/ अवचूरि सह		१४८८	४				
१३२४	सुसढचरित्र			१८				
१३२५	अनिट्कारिका अवचूरि सह			२				
१३२६	कृदन्त वक्तव्य			४				
१३२७	चतुर्विंशतिजिनस्तुति			६				
१३२८	बारह भावना	राज कवि	१७२७	८				
१३२९	चौवीसी (आनंदघन चोवीसी)	आनंदघन	१८६६	१९				
१३३०	रंग बहोतरी	जिनरंग		२				
१३३१	आराधना के दस अधिकार (पुण्यप्रकाश स्तवन)	विनयविजय उपाध्याय	१७२९	४				
१३३२	नंदीश्वरप्रतिमार्चन विधि			८				
१३३३	गीतसंग्रह (अध्यात्म बहुत्तरी)		१८७९	१८				
१३३४	चौवीसदंडकबोल			७				
१३३५◆	स्तवनसंग्रह			५				
१३३६	वास्तुशास्त्र (वैद्य)		१९०१	(६७ से १२२)५१				
१३३७	सुभाषितसंग्रह			१५				
१३३८	संवाद सुंदर			(२५से३३)९				
१३३९◆	गांगेयाधिकार अवचूरी सह			२				
१३४०	प्रकीर्णविचारसंग्रह			६				
१३४१	भगवती (बीजक) टीप			११				
१३४२	प्रेमविलास प्रेमलताचौपाई			१७				
१३४३	सवासौ सीख	धरमसी उपाध्याय		२				
१३४४	शुकरत्नावली			५				प्रथम पानुं नथी.
१३४५	दादाजीके गीत			५				

ग्रंथांक	ग्रंथनुं नाम	कर्ता	संवत्	पत्र संख्या	झेरोक्ष	सी.डी.नं.	ग्रंथाग्र	विशेष नोंध
१३४६	रात्रिसंथारापोरसीगाथा भाषा			२				
१३४७	सौभाग्यपंचमी व्याख्यान	जिनहर्ष		५				
१३४८	पट्टीपहाडे			४३				
१३४९	चण्डीकवच			६				
१३५०	पंचांगुलिमंत्र + सहस्त्रनाम + बीज, आम्नाय + कल्पचन्द्रादि			(४ से १५)१२				(४ से १५)
१३५१	प्रश्नोत्तररत्नमालीका	विमलकिर्तीमुनि		३				
१३५२	षट्पंचाशिकाटीका	नेमचंद	१८४२	८				
१३५३	स्फुट स्तवन स्तुति स्तोत्र व. लघुग्रंथ अपूर्ण			(७ से १२)४				
१३५४	नवकारस्तवन		१८४८	३				
१३५५	जयतिहुअण	देवचंद		६				
१३५६	पंडितगोष्ठी			२				
१३५७	नलकथाके पन्ने	पं. विशालरत्नगणि		३				
१३५८	स्वरोदयविचार			४				
१३५९	कर्मविपाकवृत्ति (प्रथम ग्रंथकी) अपूर्ण			५				
१३६०	ज्ञानार्णव अपूर्ण			(१२८ से १३५)८	१२८७..१३८९	३४०		
१३६१	शिवस्तुति			३				
१३६२	दक्षिणामूर्तिस्तोत्र	शंकराचार्य		६				
१३६३	प्रज्ञाविवर्धन, आदि स्तोत्र			५				
१३६४	भगवतीवृत्ति अपूर्ण			(३०९ से ३३८)३०				
१३६५	सुभाषितबावनी	जीनचंद्रसूरि		२				
१३६६	अजितशांतिस्तवन		१८७०	४				
१३६७	प्रतिक्रमणविधि आदि संग्रह			७				
१३६८	भक्तामर	मानतुंगाचार्य		४				

ग्रंथांक	ग्रंथनुं नाम	कर्ता	संवत्	पत्र संख्या	झेरोक्ष	सी.डी.नं.	ग्रंथाग्र	विशेष नोंध
१३६९	श्रावकआराधना			६				
१३७०◆	विधिसंग्रह अपूर्ण त्रुटक							
१३७१	श्रावकाराधना			७				
१३७२◆	आलोयणा (पद्मावली) जीवराशी			३				
१३७३	भावनाप्रकरण	धर्मचंद्र	१७७६	१				
१३७४◆	राचाछत्तीसी			१				
१३७५◆	भावषट्त्रिंशका			३				
१३७६◆	अध्यात्मद्वात्रिंशिका			२				
१३७७◆	भावषट्त्रिंशिका + आत्मप्रबोध छतीसी + चारित्रछतीसी + मतिप्रबोध छत्तीसी			७				
१३७८	आहारविधि छत्रीसी	जिनहर्ष		२				
१३७९	श्रावकपाक्षिक अतिचार			७				
१३८०	जैनस्तोत्र			१०२				
१३८१◆	जैन औपदेशिक पद			२१				
१३८२	जैन ऐतिहासिक जानकारी			३१				पत्र २८ मुं नथी.
१३८३	ज्योतिष निमित्त			१७३				
१३८४	व्याकरण			५१				
१३८५	वैद्यक			१८				
१३८६	मंत्र तन्त्र			५४	१२८७..१३८९	३४०		
१३८७	साहित्यिक नैतिक			७१				
१३८८	जैनेतर धार्मिक			६२				
१३८९	न्यायपत्रे			३८	१२८७..१३८९			
१३९०	बोलथोकडे जैन			१३८				
१३९१	जैनकथायें			३०				
१३९२	जैनस्तवन सज्झायादि			५४१				
१३९३	स्फुट अपूर्ण लघुग्रंथ व त्रूटक पत्रे			५०७				

ग्रंथांक	ग्रंथनुं नाम	कर्ता	संवत्	पत्र संख्या	झेरोक्ष	सी.डी.नं.	ग्रंथाग्र	विशेष नोंध
१	धर्मरत्नकरंडकवृत्ति	वर्धमान आचार्य	र.११७२-ले.१६७९	२२०	१	२५१	१००००	
२	षट्स्थानकश्रावकसह वक्तव्यता सह वृत्ति	जिनपति सूरि		३६	२	२९२	१४९४	
३	नवतत्त्वप्रकरण सह भाष्य विवरण	मू.क.देवगुप्तसूरि, वि. अभयदेवसूरि		६७	३	२९२	२४००	
४	प्रवचनसारोद्धार सह वृत्ति	टी.सिद्धसेनसूरि	र.११७४-ले.१६८३	४३०	४(१,२,३)	२९२	१८०००	
५	आवश्यकबालावबोध		१५२५	४३	५		१५००	
६	तपोटचतुष्पदिका वृत्ति	गुणविनयोपाध्याय		५४	६	२९२		
७	चैत्यवंदनमहाभाष्य	शांतिसूरि		२६	७		११८०	
८	आराधनापताका		१६७३	७२	८	२९२		
९	संग्रहणी सह वृत्ति	मलयगिरि		१२०	९	२९२	४७५८	
१०	धर्मपरीक्षा	अमितगति आचार्य	र.१०७०	६६	१०	२९२		
११	षोडशकविवरण (वृत्ति)	वि.यशोभद्रसूरि	१६७१	४०	११	२५१		
१२	षोडशकसूत्र	हरिभद्रसूरि	१६७१	८	१२ थी १४	२९२	२९६	
१३	प्रवचनसारोद्धार	नेमीचंद्रसूरि		५९	१२ थी १४	२९३		
१४	चैत्यवंदन भाष्य			३	१२ थी १४	२५१/२९३		
१५	विजययन्त्र			१				कपडा उपर लखेलुं छे.
१६	प्रवचनसारोद्धार		र.१५५६	७७	१६			
१७	कल्पसूत्र सह व्याख्यान अपूर्ण			७१	१७			
१८	उत्तराध्ययनसूत्र	उदयरंग मुनि	१८६०	४१	१८			
१९	हैमलिंगानुशासन	हेमचंद्राचार्य	१६९७	१०	१९	२९३		
२०	गणधरसार्द्धशतक	विनयसोमसूरि		१८	२०	२९३		
२१	उत्तराध्ययनसूत्र			५७	२१			
२२	प्रश्नव्याकरणसूत्र	उदयरंगमुनि	१८६०	६६	२२			
२३	षष्टिशतं सह बालावबोध	सोमसुंदर सूरि	१४९६	३९	२३			
२४	क्षेत्रसमास			१५	२४ + २५			
२५	दशवैकालिकसूत्र	शय्यंभवसूरि		१९	२४ + २५			
२६	प्रवचनसारोद्धार			६०	२६			पृष्ठ १ उपर भगवाननुं चित्र छे.
२७	ऋषिमंडल सूत्र			११				

ग्रंथांक	ग्रंथनुं नाम	कर्ता	संवत्	पत्र संख्या	झेरोक्ष	सी.डी.नं.	ग्रंथाग्र	विशेष नोंध
२८	उपदेशमाला प्रकरण			२७				
२९	पुष्पमाला			२७				
३०	पुष्पमाला			२४				
३१	श्राद्धदिनकृत्य		१६५७	१६				
३२	श्राद्धदिनकृत्य			१६				
३३	उपदेशमाला			२७				
३४	क्षेत्रसमास			१६				
३५	श्रीपालचरित्र			६२			१६७४	
३६	श्राद्धदिनकृत्य			१७				
३७	योगशास्त्र-चोथो प्रकाश	हेमचंद्राचार्य		१४				
३८	उपदेशमाला			२४				
३९	लघुक्षेत्रसमास			१२				
४०	उपदेशमाला + दानविधि + चैत्यवंदनभाष्य			३३				
४१	अभयकुमारचौपाई	पद्मराज		२९			१००५	
४२	चतुर्विधसंघनाममाला	पं.जेतसी	१७०१	९	४२			
४३	निशीथसूत्र	ज्ञानमेरुमुनि		२७	४३	२९३	८१२	
४४	निशीथभाष्य	जिनचंद्रसूरि	१६६९	२६८	४४	२९३	७४००	
४५	निशीथ चूर्णि खंड-१		१६६९	५२२	४५(१,२)	२९३	१७८८४	
४६	निशीथ चूर्णि खंड-२			५१२	४६(१,२)	२५२		
४७	प्रवचनसारोद्धार विषमपदार्थावबोध	उदयप्रभसूरि	१८४०	५९			३००३	
४८	आराधनापताका		१५०७	५८	४८			
४९	ललितविस्तरापंजिका टिप्पण	मुनिचंद्रसूरि		३१	४९	२५२		
५०	प्रवचनसारोद्धार	नेमीचन्द्रसूरि		९९	५०			
५१	ललितविस्तरा - चैत्यवंदनवृत्ति		१२७०	१८	५१	२५२		
५२	उपदेशरत्नाकर	मुनिसुंदरसूरि		१६०	५२	२९३		
५३	व्यवहारभाष्य	संशो० धर्मकिर्तीगणि		२२२	५३	२९३		
५४	पंचकल्पचूर्णि			९९	५४	२९४	३१२५	

ग्रंथांक	ग्रंथनुं नाम	कर्ता	संवत्	पत्र संख्या	झेरोक्ष	सी.डी.नं.	ग्रंथाग्र	विशेष नोंध
५५	आवश्यकनिर्युक्ति			६९	५५	२९४	३०१५	पत्र २८, ६३ नथी
५६	तपामतखंडन			५१	५६	२९४		पत्र १,२ पर भगवाननुं तथा कळशनुं चित्र छे.
५७	पार्श्वचन्द्रमतखंडन			५३	५७	२९४		
५८	तपोचतुष्पदीका			८३	५८	२९४		
५९	आंचलिया मतखंडन			३९	५९ + ६०	२९४		
६०	श्रावकप्रज्ञप्ति			१७	५९ + ६०	२५२/२९४		
६१	चैत्यवंदन विवरण			३५				
६२	चैत्यवंदन + गुरुवंदन + पच्चखाण भाष्यचूर्णि			७९				
६३	व्यवहारवृत्ति			११४०	६३(१-८)	२५३		
६४	अंगविद्या	महिमासुंदर गणि	१६६९	३३२	६४	२९४		
६५	आवश्यकनिर्युक्ति		१६७३	७८	६५	२९५		
६६	आवश्यकवृत्तिटिप्पनक		१६७३	१०२	६६	२९६		
६७	आवश्यकवृत्ति	तिलकाचार्य		३२२	६७(१,२)	२५४		
६८	विशेषावश्यकमहाभाष्य			९८	६८	२५४	४४१०	
६९	विशेषावश्यकभाष्य प्रथम खंड	मलधारी हेमचंद्रसूरि		३३१	६९(१,२)	२९५	१४०००	
७०	विशेषावश्यकभाष्य द्वितीय खंड	मलधारी हेमचंद्रसूरि	११७५	३४८	७०(१,२)	२९५/२९६		
७१	आवश्यकबृहद्‌वृत्ति	हरिभद्रसूरि	१६६९	५४१			२२०००	
७२	आवश्यक वृत्ति	मलयगिरि	१६७६	५०३	७२(१,२,३)	३१७		
७३	दशवैकालिकसूत्र	शय्यंभवसूरि	१६७४	२१				
७४	दशवैकालिकसूत्र	शय्यंभवसूरि		१८				
७५	दशवैकालिकसूत्रचूर्णि			१८८				
७६	दशवैकालिकसूत्रवृत्ति			६४	७६	२९७	२६००	
७७	दशवैकालिकसूत्रवृत्ति			६४	७७	२९७	२६००	
७८	उत्तराध्ययनसूत्र		१६६९	५१	७८			
७९	उत्तराध्ययनसूत्र		१६७४	५३				
८०	उत्तराध्ययनसूत्र			४५				
८१	उत्तराध्ययनसूत्रवृत्ति			३०७	८१(१,२)	२९७	१४०००	
८२	उत्तराध्ययनवृत्ति		११२९	३१२	८२(१,२)	२९८	१४०००	

ग्रंथांक	ग्रंथनुं नाम	कर्ता	संवत्	पत्र संख्या	झेरोक्ष	सी.डी.नं.	ग्रंथाग्र	विशेष नोंध
८३	ओघनिर्युक्तिभाष्य			६८	८३	२९७	३०००	
८४	ओघनिर्युक्तिवृत्ति			१५५	८४	२९८	७०००	
८५	पिंडनिर्युक्तिसूत्रवृत्ति अपूर्ण	भद्रबाहुस्वामि,		१६१	८५	३३०	७८००	
		वृ.मलयगिरि						
८६	दशवैकालिकसूत्र	शय्यंभवसूरि		२१				पत्र १९, २० नथी
८७	कर्मग्रंथ प्रथम थी पंचम (नवीन)							
	सहवृत्ति तथा षष्ठमूल (कर्मग्रंथटीका)	जिनलाभसूरि	१८२५	५३६	८७(१,२,३)	२९९		
८८	योगशास्त्र सह वृत्ति	हेमचंद्रसूरि		२९२	८८(१,२)	२९८	१२३९४	
८९	प्रतिक्रमणविधि (हेतुगर्भ)			२५				
९०	नवपदप्रकरण सहवृत्ति		१६८०	२३८	९०(१,२)	२९८	९५००	
९१	नवपदप्रकरण सहवृत्ति	कक्कसूरि		२०	९१	२९८		
९२	श्राद्धविधि सह वृत्ति (प्रकरणविधि)	रत्नशेखरसूरि		१६१	९२	३००	७२००	
९३	उपदेशपदवृत्ति	वर्धमानसूरि		१५१	९३	३००	६५१३	
९४	धर्मसंग्रहणीवृत्ति	मलयगिरि	१६७३	२७१	९४(१,२)	३१७	१२०००	
९५	संस्कृताष्टक सह वृत्ति	अभयदेवसूरि	१६७१	१०५	९५	३००	३३७०	
९६	पंचाशक	हरिभद्रसूरि		२८	९६ थी ९८	२९९		
९७	उपदेशपद	हरिभद्रसूरि		३१	९६ थी ९८	३००	श्लो. १२००	
९८	सुकृतरत्नावली सह व्याख्या	उदयरंगमुनि		२०	९६ थी ९८	३००		
९९	दान-शील-तप-भावनाकुलक सहवृत्ति	देवेन्द्रसूरि	१८९१	२१४	९९	३००		पत्र १०० थी ११० नथी.
१००	परिशिष्ट पर्व १-१३ सर्ग	हेमचंद्राचार्य	१८५४	९२			३५००	
१०१	संग्रहणीसूत्र (श्री चन्द्रीय) अपूर्ण	श्रीचन्द्रसूरि		१७				
१०२	षष्टिशतम्			६				
१०३	साधुवंदना	जिनचंद्रसूरि		७				
१०४	संग्रहणी	श्रीचन्द्रसूरि		११			४००	
१०५	पाक्षिकसूत्र			९				
१०६	विवेकमंजरी		१२४८	७				
१०७	आवश्यकसूत्राणि व पाठ			८				
१०८	दर्शनसत्तरि			३				

ग्रंथांक	ग्रंथनुं नाम	कर्ता	संवत्	पत्र संख्या	झेरोक्ष	सी.डी.नं.	ग्रंथाग्र	विशेष नोंध
१०९	शीलोपदेशमाला	जयकीर्ति		६				
११०	शीलोपदेशमाला	जयकीर्ति		६				
१११	शीलोपदेशमाला	जयकीर्ति		६				
११२	प्रव्रज्याविधानकुलक सहावचूरि			५				
११३	पंचनिर्ग्रन्थीसंग्रहणी	अभयदेवसूरि		४				
११४	प्रत्याख्यानभाष्य			३				
११५	इन्द्रियपराजयशतक			४				
११६	क्षेत्रसमास	रत्नशेखरसूरि		१३				
११७	जीवाजीवविचार	शान्तिसूरि		३				
११८	नवकारबालावबोध	रत्नरंगमुनि		५				
११९	पाक्षिकसूत्र			२०				
१२०	चैत्यवंदन-गुरुवंदनभाष्य	राजप्रमोदगणि		५				
१२१	पिंडविशुद्धि	जिनवल्लभगणि		४				
१२२	कल्याणमंदिर पंचपाठ	कुमुदचंद्र	१६२६	६				
१२३	कर्मोंकी १५८ उत्तर प्रकृतियां			५				
१२४	कल्याणमंदिर टब्बो	कुमुदचंद्र		७				
१२५	गणधरसार्द्धशतक प्रकरण			८				
१२६	प्रत्याख्यानभाष्य सह टब्बार्थ		१७०१	६				
१२७	संबोधसत्तरी + वनस्पति सप्ततिका + विचार सप्ततिका			५				
१२८	भक्तामरस्तोत्र सह बालावबोध	प्रमोदगणि		१२				
१२९	सिंदूरप्रकर	सोमप्रभ आचार्य		८				
१३०	श्रावकप्रतिक्रमण सूत्र सह टब्बार्थ			१०				
१३१	प्रज्ञापना तृतीयपद संग्रहणी			५				
१३२	संग्रहणी	श्रीचंद्रीय		१६				
१३३	संबोधसप्तति	प्रमोदगणि		७				
१३४	वादस्थल	प्रद्युम्न सूरि		१६	१३४	३०१		
१३५	प्रबोधोदय वादस्थल			३९	१३५	३०१		

ग्रंथांक	ग्रंथनुं नाम	कर्ता	संवत्	पत्र संख्या	झेरोक्ष	सी.डी.नं.	ग्रंथाग्र	विशेष नोंध
१३६	प्रश्नोत्तररत्नमालिका सहवृत्ति	मुनिभद्रसूरि		१७८	१३६	३०१		
१३७	स्नात्र अभिषेक विधि			१२			७८८०	
१३८	शान्तिपर्वविधि	जीनदत्तसूरि		७	१३८	३०१	२६९	
१३९	चैत्यवंदनमहाभाष्य	शान्तिसूरि		२७				
१४०	पंचलिंगीप्रकरण सहवृत्ति	जिनेश्वरसूरि		३४				
१४१	विशेषणवती	जिनभद्रगणि		११	१४१	३०१	४१९	
१४२	नवतत्त्व सह वृत्ति			८				
१४३	शीलांगरथ			९				
१४४	शीलांगरथ			९				
१४५	विचारसार			२४७				
१४६	संघाचारभाष्य (टीका)			१७६	१४६	३०१	७८००	
१४७	पंचाशकवृत्ति	अभयदेवसूरि	१६७९	२१५	१४७			
१४८	पंचाशकसूत्र	हरिभद्रसूरि		३२	१४८	३०१		
१४९	पंचाशकसूत्र	हरिभद्रसूरि		३१				
१५०	जंबूद्वीपप्रज्ञप्ति सूत्र		१६७२	९०	१५०	३०१	४४४५	
१५१	प्रज्ञापनावृत्ति	मलयगिरि	१६७३	३३६	१५१(१,२)	३०२	१६०००	
१५२	प्रज्ञापना सूत्र		१६७२	१७३			७७८७	
१५३	प्रज्ञापना बीजक			४				
१५४	निरयावलिकादि पंचोपांग सूत्र		१६७३	२५	१५४ + १५५	३०२		
१५५	राजप्रश्नीय सूत्र		१६७३	४६	१५४ + १५५	३०२	२१७९	
१५६	राजप्रश्नीय सूत्र			४३			२२८९	
१५७	राजप्रश्नीय सूत्र			९५	१५७			
१५८◆	रायपसेणीवृत्ति (राज.वृत्ति)			८८				
१५९	राजप्रश्नीय वृत्ति	मलयगिरि		७८	१५९	३०२	३७००	
१६०	नंदिसूत्र		१६७२	२०	१६०			
१६१	नंदीसूत्र वृत्ति	मलयगिरि		१७५	१६१	३०२	७७३२	
१६२	जीवाजीवाभिगमसूत्र		१६७२	११३	१६२			
१६३	उपासकदशांग वृत्ति		१६७१	२१	१६३	३०२	९४४	

ग्रंथांक	ग्रंथनुं नाम	कर्ता	संवत्	पत्र संख्या	झेरोक्ष	सी.डी.नं.	ग्रंथाग्र	विशेष नोंध
१६४	ज्ञाताधर्मकथांगसूत्र		१६७२	१०७			५४६४	
१६५	ज्ञाताधर्मकथांगसूत्र			११८			४९५४	
१६६	ज्ञाताधर्मकथांगवृत्ति			८५			४७००	
१६७	ज्ञाताधर्मकथांगवृत्ति (सूत्र)		१६७१	९३	१६७	३०२	३७००	
१६८	ज्ञाताधर्मकथांगसूत्र			१०९			५४६४	
१६९	प्रश्नव्याकरणवृत्ति		१६७१	१०२	१६९	३०२	४६००	
१७०	प्रश्नव्याकरण सूत्र		१६७१	२९			१२५०	
१७१	अन्तकृद्दशांग (अनुत्तरोववाई) सूत्र			२५	१७१ थी १७३	३०२	१९२	
१७२	अन्तकृत् + अनुत्तरौपपातिकदशांग वृत्ति			११	१७१ थी १७३	३०३	१३००	
१७३	औपपातिकसूत्र		१६७२	२९	१७१ थी १७३	३०३	११६७	
१७४	उपासकदशांगसूत्र		१६७२	१९				
१७५	व्यवहारसूत्र			१७			श्लोक ६८८	
१७६	चन्द्रप्रज्ञप्तिसूत्र		१६७१	४१	१७६		२०००	
१७७	चन्द्रप्रज्ञप्तिवृत्ति		१६७१	२०८	१७७	३०३	९५००	
१७८	सूर्यप्रज्ञप्तिसूत्र			५४	१७८			
१७९	सूर्यप्रज्ञप्तिवृत्ति	टी.मलयगिरि	१६८३	२१७	१७९	३०३		
१८०	विपाकसूत्र			२९			१२१६	
१८१	विपाकवृत्ति		१६७१	२२	१८१	३०३	१११६०	
१८२	ऋषिमंडल सूत्र सहवृत्ति	वृ.क.श्रीसार		३६३	१८२(१,२)	३०४	१८०००	
१८३	दर्शनसत्तरि सहवृत्ति			२१६	१८३	३०४		
१८४	संघाचारभाष्य			१८३	१८४	३०३	७८००	
१८५	प्रवचनसारोद्धार		१८४०	५१			२३००	भगवाननुं चित्र १५२ मा पाने छे
१८६	उपदेशमाला	जयंतसिंह	१७०१	२४				
१८७	महावीर (दुरियरयसमीर) चरित्र स्तोत्र सहवृत्ति	जिनवल्लभ		११				
१८८	द्वादशकुलक			४६			३३०	
१८९	शालिभद्रचौपइ		१६९४	३८				संपूर्णग्रंथ सुंदर चित्रो सहित छे
१९०	नेमिनाथरास		१६९३	१७				

ग्रंथांक	ग्रंथनुं नाम	कर्ता	संवत्	पत्र संख्या	झेरोक्ष	सी.डी.नं.	ग्रंथाग्र	विशेष नोंध
१९१	नवकारमहात्म्य	लावण्य हर्ष	१६९४	८				
१९२	पाक्षिकसूत्र		१६९७	९			३०६०	
१९३	संबोधसप्तति			४				
१९४	सम्यक्त्व ६७ बोलनी सज्झाय	जसविजयगणि		६	१९४		श्लोक १२५	
१९५	चौवीसदंडक सह अवचूरि	सौभाग्यकीर्ति		४				
१९६	पिंडविशुद्धि सह अवचूरि		१५६२	७	१९६	३०३		
१९७	चैत्यवंदनभाष्य	पं.रंगविजय	१६९३	६				
१९८	संबोधसप्तति	जयशेखरसूरि		४	१९८			
१९९	मंगलकलश चौपइ	कनकसोम		५				
२००	जिनकल्याणक महोत्सव							
	सह बालावबोध (पदार्थ लेश)	मतिकीर्ति		५				
२०१	तीर्थंकर बोल			६				
२०२	सारावली प्रकीर्णक पत्र			४	२०२	३०६		
२०३	बोल थोकडा भंग संग्रह			५				
२०४	मौनएकादशीगुणना			२				
२०५	भवभावना सह वृत्ति			२९३	२०५(१,२)	३०५		
२०६	विवेकमंजरी सह वृत्ति	बालचंद्राचार्य		२०१	२०६	३०५	८०००	
२०७	श्रावकप्रतिक्रमणसूत्र सह चूर्णि	जिनप्रभसूरि		१०८	२०७	३०५	४५९०	
२०८	विधिप्रपा			८६	२०८	३०६		
२०९	संग्रहणी (श्रीचंद्रीय) सहवृत्ति	श्रीचन्द्रसूरि		८७	२०९		३५००	
२१०	शत्रुंजयमहात्म्य	जिनचंद्रसूरि	१८११	२६४	२१०(१,२)			
२११	क्षेत्रसमास			२०	२११		८०५	
२१२	क्षेत्रसमास सहवृत्ति	मलयगिरि		१८३	२१२	३०६		
२१३	पंचवस्तुकवृत्ति			१३५	२१३	३०६	६०००	
२१४	प्रतिक्रमणविधि (हेतुगर्भ)			२७	२१४			
२१५	पार्श्वनाथ गणधर संबंध			८०			२८८१	
२१६	संवेगरंगशाला	जिनचंद्रसूरि		२७३	२१६(१,२)	३०७	१००५३	
२१७	धर्मोपदेशमाला सहवृत्ति	जयंतसिंह		१४०	२१७	३०६		

ग्रंथांक	ग्रंथनुं नाम	कर्ता	संवत्	पत्र संख्या	झेरोक्ष	सी.डी.नं.	ग्रंथाग्र	विशेष नोंध
२१८	षड् आवश्यकवृत्ति			५१	२१८ + २१९			
२१९	कर्मग्रंथ प्रथम-द्वितीय पंचम (प्राचीन) षष्ठ			१३	२१८ + २१९			
२२०	पौषधविधि			५				
२२१	भक्तामरस्तोत्र सह बालावबोध	मानतुंगसूरि		२०				
२२२	निशीथचूर्णी व्याख्या	श्रीचन्द्रसूरि		२८	२२२ + २२३	३०६	११००	
२२३	पंचवस्तुक			५१	२२२ + २२३	३०६		
२२४ ◆	षड्विंशतिस्थान			४				
२२५	गृहदेरासरे शांतिकलशविधि			१२	२२५	३०७		
२२६	साधुवंदना	कचराऋषि	१६९६	६				
२२७	वसुधारा		१६९४	७	२२७	३०७		
२२८	आवश्यकसूत्राणि व पाठ (खरतरगच्छ)			१३				
२२९	कुशलानुबंधि			४				
२३०	योगशास्त्र- प्रथमप्रकाश	हेमचंद्राचार्य	१६९९	२				
२३१	कल्याणमंदिर स्तोत्र	कुमुदचंद्र	१६८५	३				
२३२	मुनिपति वार्ता (गुजराती)	सा. धर्मविज्या गणीनी	१६५६	४३				
२३३ ◆	श्रृंगार वैराग्य तरंगिणी			१९				
२३४	उत्तराध्ययनसूत्र सहवृत्ति	नेमीचन्द्रसूरि	११२९	२९२	२३४(१,२)	३०७	१२०००	
२३५	यंत्रपत्र			२				
२३६	बृहत्कल्पसूत्र सह लघुभाष्य		१६७६	१९९	२३६	३०८		१ थी ९अ सुधी सूत्र, ९ब थी १९९ सुधी भाष्य
२३७	उत्तराध्ययनपाइयटीका	शान्तिसूरि		४१७	२३७(१,२)		१७६४५	
२३८	बृहत्कल्पवृत्ति प्रथम खंड			४०७	२३८(१,२)	३०८		
२३९	बृहत्कल्पवृत्ति द्वितीय खंड			१४१	२३९	३०८		पत्र ४३ मुं नथी.
२४०	पंचलिंगीप्रकरणवृत्ति	जिनपतिसूरि		१५४	२४०	३०९		गाथा २९९१ सुधी अपूर्ण
२४१	उत्तराध्ययनसूत्र सह वृत्ति	नेमीचन्द्रसूरि		२९२	२४१(१,२)			
२४२	उत्तराध्ययनसूत्र सह वृत्ति	नेमीचन्द्रसूरि	र.११२९-ले.१६७२	२९९				
२४३	व्यवहारभाष्य			१४१				
२४४	प्रश्नोत्तरसार्द्धशतक	क्षमाकल्याणगणि	१८५१	४९	२४४	३०९		

ग्रंथांक	ग्रंथनुं नाम	कर्ता	संवत्	पत्र संख्या	झेरोक्ष	सी.डी.नं.	ग्रंथाग्र	विशेष नोंध
२४५	निशीथसूत्र			१९				
२४६	निशीथचूर्णि			३३५				
२४७	दशाश्रुतस्कंधसूत्र निर्युक्ति सह चूर्णि			१०१	२४७	३०९		
२४८	श्राद्धजीतकल्पसूत्र सह वृत्ति			५६				अपूर्ण
२४९	स्थानांग सूत्र		१६६९	९२			३७५०	
२५०	स्थानांगवृत्ति	अभयदेवसूरि	१६७१	३३०				
२५१	स्थानांग सूत्र			८६	२५१			
२५२	स्थानांगवृत्ति	अभयदेवसूरि	११२०	३११	२५२(१,२)	३०९		
२५३	सूत्रकृतांगसूत्र सह निर्युक्ति		१६७०	६१	२५३	३०९		
२५४	सूत्रकृतांगवृत्ति	शीलांकाचार्य	१६७०	२९८	२५४(१,२)	३१०	१२८५०	
२५५	सूत्रकृतांगसूत्र सह निर्युक्ति			५३				
२५६	सूत्रकृतांगवृत्ति	शीलांकाचार्य		२८०			१२८५३	
२५७	समवायांगसूत्र			३८			१६६७	
२५८	समवायांगवृत्ति	अभयदेवसूरि		८६			३५७५	
२५९	समवायांगसूत्र		१६७०	४०	२५९ + २६०		१६६७	
२६०	समवायांगवृत्ति	अभयदेवसूरि	१६७१	९३	२५९ + २६०	३०९		
२६१	आचारांगसूत्र			६२				
२६२	आचारांगवृत्ति			२६५				
२६३	आचारांगसूत्र		१६६९	६२	२६३			
२६४	आचारांगवृत्ति	शीलांकाचार्य	१६७०	२७४	२६४(१,२)	३१०		
२६५	आचारांगनिर्युक्ति			११	२६५	३१०		
२६६	भगवतीसूत्र			३५५	२६६(१,२)	३११	१५६७५	
२६७	भगवतीवृत्ति		र.११२८-ले.१६७२	४२७	२६७(१,२)	३१२		पत्र १९७ थी २०५ नथी.
२६८	भगवतीसूत्र			३४४				
२६९	भगवतीवृत्ति		र.११२८-ले.१६७२	४०२				
२७०	महानिशीथसूत्र			१४३	२७०	३१०		
२७१	बृहत्कल्पटीका खंड १			५३७	२७१(१,२,३)	३१३		
२७२	बृहत्कल्पटीका खंड-२			५१७	२७२(१ थी ४)	३१४		

ग्रंथांक	ग्रंथनुं नाम	कर्ता	संवत्	पत्र संख्या	झेरोक्ष	सी.डी.नं.	ग्रंथाग्र	विशेष नोंध
२७३	बृहत्कल्पटीका खंड-३			४४४	२७३(१,२)	३१५	४४५५१त्रणे खंडनु	
२७४	बृहत्कल्पसूत्र भाष्य		१६७२	२७१		३१५		१३ मा पाना सुधी सूत्र अने पछी भाष्य.
२७५	जंबूद्वीपप्रज्ञप्तिवृत्ति		१६४५	३१०	२७५(१,२)	३११		शुद्ध करेली प्रत.
२७६	जंबूद्वीपप्रज्ञप्ति (करणाणं) चूर्णि			४०	२७६ थी २७८	३११	१८६०	
२७७	ओघनिर्युक्ति			३२	२७६ थी २७८	३१२	१४३२	
२७८	निरयावलिकादिपंचोपांगवृत्ति		१६७३	१६	२७६ थी २७८	३१२	१४०००	शुद्ध करेल प्रत.
२७९	जीवाजीवभिगमवृत्ति	मलयगिरि	१६७२	३११	२७९(१,२)	३१६		
२८०	औपपातिकवृत्ति			७४	२८०	३१३	३१३५	
२८१	राजप्रश्नीयवृत्ति	मलयगिरि		९१	२८१	३१४		
२८२	अनुयोगद्वारवृत्ति	मलधारी हेमचंद्रसूरि		१३५	२८२		५७००	
२८३	अनुयोगद्वारसूत्र			५६	२८३			
२८४	ज्ञाताधर्मकथांगसूत्र		१६७५	१३३	२८४			
२८५	ज्ञाताधर्मकथांवृत्ति	वृ.अभयदेवसूरि	र.११२०-ले.१६७३	८७	२८५	३१२		
२८६	ज्ञाताधर्मकथांगसूत्र			११२				
२८७	ज्ञाताधर्मकथांगवृत्ति	वृ.अभयदेवसूरि		८७				
२८८	आचार दिनकर	वर्धमानसूरि		३०९	२८८(१,२)	३१६		चार पाना ओछा छे.
२८९	कल्पसूत्र सोनेरी			११५		२१४		ताडपत्रीय ग्रंथोके साथ पेटी नं. ४१९ में रखा है.
२९०	कल्पसूत्रचित्रावली			१०४		२१४		ताडपत्रीय ग्रंथोके साथ पेटी नं. ४१९ में रखा है. (जीर्ण सुरक्षित)
२९१	कालिकाचार्य कथा			११		२१५		
२९२	जिनदत्तसूरि चित्र पट्टिका			१				चित्र पट्टिकाओंके साथ पेटीमें रखी होगी ।
२९३	स्नात्र विधि (बृहत्)	हर्षनंदनगणि	१९९९	७				
२९४	वादस्थल	प्रद्युम्नसूरि	१९९९	१३	२९४ थी २९६	३१५		
२९५	देवपूजापर्व विधि		१९९९	६	२९४ थी २९६	३१५		
२९६	तपोटमतकुट्टनशतम्			४	२९४ थी २९६	३१५		
२९७	आचारांगनिर्युक्ति			११				
२९८	योगशास्त्र तृतीयप्रकाश			१४				

ग्रंथांक	ग्रंथनुं नाम	कर्ता	संवत्	पत्र संख्या	झेरोक्ष	सी.डी.नं.	ग्रंथाग्र	विशेष नोंध
२९९	श्रावकव्रत			३				
३०० ◆	रोहिणीतपविधिस्तवन			२				
३०१	आचारांगवृत्ति			२९				
३०२	आचारांगसूत्र			३४				
३०३	चौवीसी		१६९१	७				
३०४ ◆	षड्शांगसूत्र			८				
३०५ ◆	प्रतरप्रमाणसंग्रह			१२				सुरक्षित
३०६ ◆	गणधर सार्द्धशतक + गणधर सप्ततिका	जिनदत्तसूरि,राजसोम		१				कपडे पर लिखा हुआ, देखनेमें महत्वपूर्ण (गोलबंधन)
३०७ ◆	ग्रहशान्ति स्तोत्र गोल बंधन	विद्याकलशमुनि	१६८४					सुरक्षित
३०८ ◆	बृहत् स्नात्र विधि	वादिहर्षनंदनगणि	१६७६	१				जीर्ण
३०९ ◆	थाहरुशाह ज्ञान भंडारकी प्राचीन सूचि	थाहरुशाह	१७१३	१				सुरक्षित (कपडे पर)
३१० ◆	चित्रमय संग्रह			१				जीर्ण (भगवान के चित्र ६ कपडे पर)
३११	उपदेशमाला		१६५७	६-४७				
३१२ ◆	गणधर सार्द्धशतकान्तर्गत प्रकरणम्			७४				छापेल
३१३ ◆	गणधर सार्द्धशतकान्तर्गत प्रकरणम्			७४				छापेल
३१४ ◆	संवेगरंगशाला प्रथमभाग			२२०				छापेल
३१५ ◆	जयतिहूअण स्तोत्र २ प्रति			२४				छापेल
३१६ ◆	द्वादशपर्वव्याख्यान भाषान्तरम्			९६				छापेल
३१७ ◆	चातुर्मासिक व्याख्यानम्			८९				छापेल
३१८ ◆	आवश्यकविधि	जिनवल्लभसूरि		३				
३१९	पुष्पमाला			२३				
३२०	वसुधारा (लघु)		१७२४	२				
३२१	वृत्तरत्नाकर	भट्ट केदार	१६७९	४				
३२२	प्रव्रज्याविधानकुलक			२				
३२३	चतुःशरण			२				
३२४	चौवीसदंडक			३				
३२५	प्रव्रज्याकुलक			२				

ग्रंथांक	ग्रंथनुं नाम	कर्ता	संवत्	पत्र संख्या	झेरोक्ष	सी.डी.नं.	ग्रंथाग्र	विशेष नोंध
३२६	महावीरस्तवन + पार्श्वनाथलघुस्तोत्र			३				
३२७	पच्चखाणविधि	धर्मसुंदरशिष्य		२				
३२८	चौवीसी			५				बे पानां नथी.
३२९	जयतिहुअण स्तोत्र	कुशलधीरगणि		३				
३३० ◆	चक्रवर्तिऋद्धि सूचक शान्तिनाथस्तोत्र			१				
३३१	क्षेत्रसमास			६				
३३२	विचारप्रकीर्णक			२				
३३३	लघु शांति	मानदेवसूरि		१				
३३४	चतुःशरण			३				
३३५ ◆	शीलोपदेशमालाप्रकरण मूल			३				
३३६	सीमंधरस्वामी स्तवन			१				
३३७	सकलार्हत् स्तोत्र	पुण्यसागर		१				
३३८	चंद्रप्रभुस्तवन	हेमचंद्रसूरि		१				
३३९	भववैराग्यशतक			२				
३४०	महावीरबत्तीसी			२				
३४१	बोल थोकडा भंग संग्रह			२				
३४२	स्फुट स्तवन स्तुति स्तोत्र पत्र व लघु ग्रंथ			२				
३४३	कृष्णराजी विचार	कुमारसुंदरगणि		१				
३४४ ◆	थोकडा यंत्र			१				
३४५ ◆	यंत्र तथा बोल थोकडा			१				
३४६	लघुशांति	मानदेवसूरि		१				
३४७	चउगति चौपई			५				
३४८	शत्रुंजयसंघ यात्रा स्तवन			२				
३४९	तीर्थंकरचोत्रीसअतिशय स्तवन			२				
३५०	सम्यक्त्वस्तव			१				
३५१	चैत्यपरिपाटीस्तोत्र	गुणविनयगणि	१६४४	३				
३५२	संदेहदोलावली	धर्मविजयगणि		४				
३५३	वसुधारा (लघुतर)			१				

ग्रंथांक	ग्रंथनुं नाम	कर्ता	संवत्	पत्र संख्या	झेरोक्ष	सी.डी.नं.	ग्रंथाग्र	विशेष नोंध
३५४	कयवन्ना संधि			८				पत्र ५ मुं नथी
३५५	धन्नाऋषि पंचढालिया	जिनकुशलसुरि		३				पत्र १ लुं नथी
३५६	चैत्यवंदनदानविधिकुलक	कल्याणतिलक गणि		२				
३५७	जयतिहुअणस्तोत्र	कमलविजय		३				
३५८	अल्पबहुत्वकुलक सह व्याख्या			५				
३५९	अर्हन्नकचौढालिया	विमलविनयमुनि		३				
३६०	बोलथोकडाभंगसंग्रह			२				
३६१	बोलथोकडाभंगसंग्रह			१				
३६२ ◆	प्रशमरतिप्रकरण मूल	उमास्वाति वाचक		१				
३६३	कालग्रहणविधि			१०	३६३	३१५		
३६४	संमूर्च्छिममनुष्यपद सह टब्बार्थ			१				
३६५	वीसविहरमानस्तवन	रंगविजय		१०				
३६६	समवसरणस्तोत्र			३	३६६	३१५		
३६७	सारस्वत +							
	हैमव्याकरण प्रथमपद समाधान			२				
३६८	दशार्णभद्रऋद्धि			२				
३६९	महावीर (भावारिवारण) सम संस्कृत स्तोत्र	उदयसागर		२				
३७०	संघपट्टक सह टब्बार्थ	राजप्रमोदगणि	१७०२	११				
३७१	अनाथीमुनिसंधि	नयरंगमुनि	१७०५	४				
३७२	गौतमपृच्छाचौपई	राजप्रमोदगणि		६				
३७३	योगशास्त्र प्रथम प्रकाश	हेमचंद्राचार्य		३				
३७४ ◆	वैरागसंग्रह आदि प्रकरणसंग्रह			९				
३७५	सत्तरभेदीपूजा	रंगचंद्रगणि		४				
३७६	साधुवंदना	पुण्यसागर		७				
३७७	कल्याणमंदिरस्तोत्र	कुमुदचंद्र		४				
३७८	षष्टि शतम्	नेमीचंद्र		९				
३७९	शीलरास	देवविजयसूरि		१०				
३८०	वीशवीहरमानस्तवन			७				

ग्रंथांक	ग्रंथनुं नाम	कर्ता	संवत्	पत्र संख्या	झेरोक्ष	सी.डी.नं.	ग्रंथाग्र	विशेष नोंध
३८१	शालिभद्रचौपई		१६९२	२२				
३८२	चतुःशरण	कमलहर्ष		४				
३८३	लोकनालि द्वात्रिंशिका			२				
३८४	कल्याणक पत्र + तीर्थंकर जानकारी			२				
३८५	छप्पनदिशीकुमारीअधिकार			२				
३८६	कालकाचार्यकथा			१५				
३८७	स्फुट स्तवन स्तुति स्तोत्र पत्र व लघु ग्रंथ		१८७५	२				
३८८	नंदीश्वरशाश्वतप्रतिमासंख्याधिकार स्तवन			३				
३८९	मनोरथमाला	क्षेमराज		३				
३९०	संबोधसप्तति			३				
३९१	प्रवचनसारोद्धार बालावबोध			३				
३९२	क्षमाबत्रीसी	राजप्रमोदगणि		११				
३९३	श्रुतज्ञान अवधिज्ञान के भेद	महिमाकल्लोल मुनि		२				
३९४	विचारस्तवन			२				
३९५	साधुगुणमालिका		१६४२	२				
३९६	सीमंधरस्वामी लेख		१७१९	३				
३९७	जंबूद्वीपप्रज्ञप्ति			११				
३९८	कायस्थितिस्तोत्र सह बालावबोध			४				
३९९	स्थुलिभद्रफाग			४				
४००	नवकारस्तवन (जकडी)			१				
४०१	जिनप्रतिमाहुंडी स्तवन			३				
४०२	सात समुद्घात			१				
४०३	ऋषभस्तवन			२				
४०४	चतुःशरण			२				
४०५	ऋषिमंडलसूत्र			१०				
४०६	कल्याणमंदिरस्तोत्र	कुमुदचंद्र		४				
४०७	क्षेत्रसंग्रहणी सार्थ			१				
४०८ ◆	नवतत्वप्रकरणमूल			३				

ग्रंथांक	ग्रंथनुं नाम	कर्ता	संवत्	पत्र संख्या	झेरोक्ष	सी.डी.नं.	ग्रंथाग्र	विशेष नोंध
४०९	नवतत्त्व + जीवविचार			६				
४१०	मल्लिनाथसंबंध			५				
४११	चउशरणसंधि			७				
४१२	एकविंशति स्थानक - चार ढाल	धर्ममेरुगणि		४				
४१३	मेघकुमारचौढालिया	दयाविमल गणि		३				
४१४	कर्मग्रंथ द्वितीय (प्राचीन) सह अवचूरि			३				
४१५	कालसत्तरी सह टब्बार्थ			६				
४१६	आदिनाथदेशनाशतक			४				
४१७	आर्द्रकुमारचौपई			३				
४१८	प्रश्नोत्तररत्नमालिका सह टब्बार्थ			४				
४१९	गणधरसार्द्धशतक	राजप्रमोदगणि		४				
४२०	सुबाहुसंधि		१६७४	५				
४२१	चैत्यवंदन + दानविधि कुलक			२				
४२२	चैत्यवंदन + दानविधिकुलक			३				
४२३	चैत्यवंदन + दानविधि कुलक + सनत्कुमार गीत		१६९९	६				
४२४	चैत्यवंदन + दानविधिकुलक + सनत्कुमार गीत		१६९९	६				
४२५	समवसरणस्तोत्र			३				
४२६	पंचकल्याणकस्तवन	पुण्यसागर		३				
४२७	संभवनाथ (जैसलमेरीय) जन्माभिषेक स्तवन	मानविजय	१९९२	३				
४२८	ऋषभस्तवन	पं जेतसी		२				
४२९	नेमिनाथस्तवन	जीवकिर्ती		२				
४३०	ऋषभस्तवन	पुण्यसागर		२				
४३१	पार्श्वनाथरास + स्थुलिभद्रगीत			२				
४३२	पंचतीर्थी स्तवन	विनयवर्धन मुनि	१५९८	२				
४३३	गुणस्थानस्तवन	दानविजय		३				

ग्रंथांक	ग्रंथनुं नाम	कर्ता	संवत्	पत्र संख्या	झेरोक्ष	सी.डी.नं.	ग्रंथाग्र	विशेष नोंध
४३४	शाश्वतजिनप्रतिमाप्रमाण स्तवन + शंखेश्वरपार्श्वनाथस्तवन	नयरंगमुनि		४				
४३५	महावीरस्तवन	नयरंगमुनि		२				
४३६	कुबेरदत्ताचौपई	समयसुंदर	१६९६	३				
४३७ ◆	चौपाई	जिनरतन		२				
४३८	साधु (मुनि) मालिका			२				
४३९	पंचकल्याणक स्तवन			२				
४४०	जिनराजसूरिगीत			३				
४४१	कायस्थिति स्तोत्र			१				
४४२ ◆	प्रभुदेशना + जिनवाणी गीत			२				
४४३	प्रवर्तिनी कुशल विजय गीत			२				
४४४	लघुशांति	मानदेवसूरि		१				
४४५	तीर्थंकर ३५ वचनातिशय स्तवन			२				
४४६ ◆	पार्श्वनाथस्तवन			२				
४४७	अतिमुक्तकगीत	नयरंगमुनि		२				
४४८	पार्श्वनाथस्तोत्र			१				
४४९	शीलांग रथ + सुभाषित			१				
४५०	बारह भावना स्वरूप कुलक			१				
४५१	चैत्यवंदन + दानविधिकुलक			५				
४५२	शीलबावनी			२				
४५३ ◆	योगशास्त्रमूल			२०				
४५४ ◆	गुर्जर सस्तबक प्रकरणमूल			३				
४५५	सौभाग्यपंचमीस्तवन			२				
४५६	शत्रुंजयस्तवन			१				
४५७ ◆	हरियालीपार्श्वनाथस्तवन			४				
४५८	सीमंधरस्वामीस्तवन	नयरंगमुनि		२				
४५९	लोढणपार्श्वनाथस्तवन	कनकसार मुनि	१६२९	२				
४६०	पार्श्वनाथस्तवन + जिनदत्तसूरिगीत	रत्ननिधानगणि		३				

ग्रंथांक	ग्रंथनुं नाम	कर्ता	संवत्	पत्र संख्या	झेरोक्ष	सी.डी.नं.	ग्रंथाग्र	विशेष नोंध
४६१	ब्रह्मचर्यनववाडगीत			२				
४६२	चतुःशरण			३				
४६३	ऋषभस्तवन	पुण्यसागर		२				
४६४	ब्राह्मणवाडमहावीरस्तवन			२				
४६५	रूपकमाला			२				
४६६ ◆	लोककथा			३				
४६७	कर्मबत्रीसी			२				
४६८	सौभाग्यपंचमीस्तवन	समयसुंदर		२				
४६९	स्थंभनपार्श्वनाथस्तवन			२				
४७०	तिजयपहुत्त (सप्तति शतं) स्तोत्र			१				
४७१	वैद्यकसारपंचाशिका	राजप्रमोदगणि		१				
४७२	साधु (मुनि) मालिका		१७०१	२				
४७३	दादागुरुगीत	रंगविजयगणि		३				
४७४	मिथ्यात्वस्थानककुलक			२				
४७५ ◆	पार्श्वनाथजिनमाला			२				
४७६	नवकाररास			२				
४७७	विक्रमादित्यकथा			२				
४७८	गौतमपृच्छा स्तवन			२				
४७९	आराधना बालावबोध (संक्षिप्त प्राकृत)			८				
४८०	सुमतिकुमाररास + सनत्कुमार चौपई		१६४९	५				
४८१	भक्तामर स्तोत्र	मानतुंगसूरि	१६२९	४				
४८२ ◆	चौवीसदंडक			२				
४८३	ऋषभस्तवन			२				अतिरिक्त मिले बादमे, द.जौहरीमलजी पारख
४८४	राममंदोदरीसंवाद			१				अतिरिक्त मिले बादमे, द.जौहरीमलजी पारख

ग्रंथांक	ग्रंथनुं नाम	कर्ता	भाषा	संवत्	पत्र संख्या	झेरोक्ष	सी.डी.	ग्रंथाग्र	विशेष नोंध
१	आचारांगसूत्र प्रथम श्रुतस्कंध	सुधर्मास्वामी	मा.		१-३४				
२	आचारांगसूत्र द्वितीयश्रुत स्कंध	सुधर्मास्वामी	मा.		१-६८				
३	आचारांगसूत्र प्रथम श्रुत स्कंध	सुधर्मास्वामी	मा.		१-२९				प्रथम पत्र नथी
४	आचारांग मूल त्रूटक	सुधर्मास्वामी	मा.		१-७५				
५	आचारांगसूत्र तथा मूल अपूर्ण त्रूटक	सुधर्मास्वामी	मा.	१६२५	२२-६२	५		२५४४	
६	आचारांगसूत्र मूल अपूर्ण	सुधर्मास्वामी	मा.		१-६१				
७	आचारांगसूत्र द्वितीय श्रुतस्कंध	सुधर्मास्वामी	मा.		३३-१०२				
८	आचारांगसूत्र बालावबोध सटीक	टी. पार्श्वचंद्र उपाध्याय	मा.		१-८९	८	३१९		
९	आचारांगसूत्र बालावबोध सटीक त्रूटक	टी. पार्श्वचंद्र उपाध्याय	मा.	१६००	४-१११	९			पत्र १ थी ३ नथी.
१०	सूत्रकृतांगसूत्र मूल	सुधर्मास्वामी	मा.		१-५१			श्लो. २१००	
११	सूत्रकृतांगसूत्र मूल	सुधर्मास्वामी	मा.		१-३३			श्लो. २१००	
१२	सूत्रकृतांगसूत्र द्वि.श्रुतस्कंध	सुधर्मास्वामी	मा.		३४-८५				
१३	सूत्रकृतांगसूत्र मूल त्रूटक	सुधर्मास्वामी	मा.		१-६२				
१४	सूत्रकृतांगसूत्र प्र.श्रुतस्कंध सह बालावबोध	टी.पार्श्वचंद्र उ.	बा.		१-६५	१४ + १५	३१९		
१५	सूत्रकृतांगसूत्र प्रथम-द्वितीय श्रुतस्कंध	टी.पार्श्वचंद्र उ.	बा.		१-६१, १-६३	१४ + १५	३१९		
१६	सूत्रकृतांगसूत्र प्रथम श्रुतस्कंध		बा.		१-८३				
	सह बालावबोध								
१७	सूत्रकृतांगसूत्र श्रुतस्कंध सह बालाव०		बा.		२-६८				
	त्रूटक								
१८	सूत्रकृतांगसूत्र मूल सह बालावबोध	टी.पार्श्वचंद्र उ.	बा.		१-७७	१८			
१९	स्थानांगसूत्र मूल	सुधर्मास्वामी	मा.	१६६३	९-१५१			श्लो. ३६००	१ थी ८ पाना नथी
२०	स्थानांगसूत्र मूल	सुधर्मास्वामी	मा.		१-१६८			श्लो. ३६००	
२१	स्थानांगसूत्र मूल	सुधर्मास्वामी	मा.		१-१३०			श्लो. ३६००	
२२	समवायांगसूत्र मूल	सुधर्मास्वामी	मा.	१६६५	१-४९			श्लो. १६६७	
२३	समवायांगसूत्र मूल	सुधर्मास्वामी	मा.	१८७३	१-६६			श्लो. १६६७	
२४	भगवतीसूत्र सह शब्दार्थ	सुधर्मास्वामी	मा.	१६११	१-७०७			श्लो.१५७५०	
२५	भगवतीसूत्र सह शब्दार्थ	सुधर्मास्वामी	मा.		१-५४८			श्लो.१५७५०	

ग्रंथांक	ग्रंथनुं नाम	कर्ता	भाषा	संवत्	पत्र संख्या	झेरोक्ष	सी.डी.	ग्रंथाग्र	विशेष नोंध
२६	भगवतीसूत्र सटीक त्रूटक		सं.		१-२४५				
२७	भगवतीसूत्र बीजक	हर्षकुल	सं.		१-११			श्लो. ४९०	
२८	ज्ञाताधर्मकथांगसूत्र मूल	सुधर्मास्वामी	मा.		१-२३६			श्लो. ५४००	
२९	ज्ञातासूत्र मूल	सुधर्मास्वामी	मा.		१-१२९				
३०	ज्ञातासूत्र मूल टब्बार्थ	टी.कनकसुंदरमुनि	मा.	१७००	१-४०९				
३१	ज्ञातासूत्र टब्बार्थ त्रूटक		मा.		१-१९				
३२	उपासकदशांग मूल त्रूटक	सुधर्मास्वामी	मा.		१-२१			श्लो. ८१२	
३३	उपासकदशांगमूल	सुधर्मास्वामी	मा.		१-१५			श्लो. ८१२	
३४	उपासकदशांग मूल त्रूटक	सुधर्मास्वामी	मा.		१-८				
३५	उपासकदशांग विवरण त्रूटक		सं.		१-२६				
३६	अन्तकृद्दशांगसूत्र मूल	सुधर्मास्वामी	मा.		१-२३			श्लो. ८९९	
३७	अन्तकृद्दशांगसूत्रवृत्ति	सुधर्मास्वामी	सं.		१-८				
३८	अनुत्तरौपपातिकदशांगसूत्र मूल	सुधर्मास्वामी	मा.		१-९			श्लो. १९२	
३९	अनुत्तरौपपातिकदशांगसूत्र	सुधर्मास्वामी	मा.		१-६			श्लो. २०५	
४०	अनुत्तरौपपातिकदशांगसूत्र सह टब्बार्थ		मा.	१७८५	१-१३				
४१	अन्तकृद्दशांगसूत्र सह टब्बार्थ		मा.	१८२२	१-५४			१८६२	
४२	प्रश्नव्याकरणमूल अपूर्ण त्रूटक	सुधर्मास्वामी	मा.		१-३०				अपूर्ण
४३	प्रश्नव्याकरणमूल अपूर्ण त्रूटक	सुधर्मास्वामी	मा.		१-४				
४४	प्रश्नव्याकरणमूल अपूर्ण त्रूटक		मा.		१-५				
४५	प्रश्नव्याकरणसह टब्बार्थ अपूर्ण त्रूटक		मा.		१-१०७				
४६	विपाकसूत्रमूल	सुधर्मास्वामी	मा.	१८४५	१-६९				
४७	विपाकसूत्र टब्बार्थ	सुधर्मास्वामी	मा.	१८४५	१-६५				
४८	औपपातिकसूत्र मूल	सुधर्मास्वामी	मा.		१-४७			श्लो. ११७५	
४९	औपपातिकसूत्र मूल	सुधर्मास्वामी	मा.		१-५०			श्लो. १२५०	
५०	राजप्रश्नीय मूल	सुधर्मास्वामी	मा.		१-१०३			श्लो. २०७९	
५१	राजप्रश्नीय मूल	सुधर्मास्वामी	मा.	१६७१	१-३५			श्लो. २०९९	
५२	राजप्रश्नीय सह वृत्ति	मलयगिरि	सं.		१-११०			श्लो. ३७००	
५३	जीवाजीवाभिगमसूत्र मूल	सुधर्मास्वामी	मा.		१-२०१				

ग्रंथांक	ग्रंथनुं नाम	कर्ता	भाषा	संवत्	पत्र संख्या	झेरोक्ष	सी.डी.	ग्रंथाग्र	विशेष नोंध
५४	जीवाजीवाभिगम सह वृत्ति	मलयगिरि	सं.	१६७२	१-४१७			मूल-४७५०	
								टी.१४०००	
५५	प्रज्ञापनासूत्र मूल	सुधर्मास्वामी	मा.		१-२८६			श्लो. ७७८८	
५६	प्रज्ञापनासूत्र मूल	सुधर्मास्वामी	मा.		१-३१५			श्लो. ७७८८	
५७	जंबूद्वीपप्रज्ञप्तिसूत्र	सुधर्मास्वामी	मा.		१-१२४			श्लो. ४२५४	
५८	निशीथसूत्र मूल	सुधर्मास्वामी	मा.	१६४६	१-२०			श्लो. ८१५	
५९	निशीथ सूत्र मूल व्याख्या त्रूटक	श्रीचन्द्र	सं.		१-१९			श्लो. ११००	
६०	बृहत्कल्पसूत्र	भद्रबाहुस्वामी	मा.		१-१२				११ मुं पानु नथी
६१	कल्पसूत्र मूल	भद्रबाहुस्वामी	मा.	१९१२	१-२०१			१२१६	
६२	कल्पसूत्र मूल सह अवचूरि	भद्रबाहुस्वामी	मा.	१७३२	१-१२४				
६३	कल्पसूत्र मूल अपूर्ण त्रूटक	भद्रबाहुस्वामी	मा.		१-४४				
६४	कल्पसूत्र सह टब्बार्थ व्याख्यान	भद्रबाहुस्वामी			१-३०८				
६५	कल्पसूत्र सह टब्बार्थ				१-८६			१२१६	
६६	कल्पसूत्र सह टब्बार्थ			१७७२	१-११८			३२००	
६७	कल्पसूत्र मूल टब्बो				१-१९२				
६८	कल्पसूत्र बालावबोध (सचित्र) त्रूटक				१-८४		२१४		रंगीन चित्रमय, ताडत्रीय ग्रंथोंकी
									पेटियों के साथ पेटी नं.४१९ में रखा है
६९	कल्पसूत्र मूल सह व्याख्यान				१-१०९				
७०	कल्पांतर्वाच्य व्याख्या	सोमसुंदर	सं.	१५२०	१-१३				
७१	व्यवहारसूत्र मूल	भद्रबाहु	सं.		१-१०			५००	
७२	व्यवहारसूत्र मूल	ले. गंगदास			१-१६			५००	
७३	व्यवहारसूत्र सह टब्बो				१-३६				
७४	व्यवहारसूत्र सह टब्बो				१-३६				
७५	दशाश्रुतस्कंध मूल	भद्रबाहु	मा.		१-२९				
७६	दशाश्रुतस्कंध मूल सहवाचना	भद्रबाहु	मा.	१६७४	१५-४०				
७७	आवश्यकनिर्युक्ति	भद्रबाहु			१-६१			२५५०	
७८	आवश्यकसूत्राणि सह बालावबोध अपूर्ण				१-८				८ मुं पानुं नथी
७९	षडावश्यकवृत्ति		सं.		१-६०			२७२०	

ग्रंथांक	ग्रंथनुं नाम	कर्ता	भाषा	संवत्	पत्र संख्या	झेरोक्ष	सी.डी.	ग्रंथाग्र	विशेष नोंध
८०	आवश्यकसूत्राणि सह टब्बार्थ				१-११				
८१	प्रतिक्रमणसूत्र सह टब्बार्थ	ले.देवचंद्र		१७६९	१-२७				
८२	आवश्यकसूत्राणि सह टब्बार्थ				१-१०				
८३	आवश्यकसूत्राणि सह टब्बो			१७३५	१-३०				
८४	आवश्यकसूत्राणि सह टब्बार्थ	ले.शिवजी मालजी		१८५८	९-१५				
८५	दशवैकालिक सूत्र	शय्यंभवाचार्य	मा.		१-३०			७००	
८६	दशवैकालिकसूत्र मूल	शय्यंभवस्वामी	मा.		१-२७			७००	
८७	दशवैकालिकसूत्र मूल	शय्यंभवस्वामी	मा.		१-२६			७००	
८८	दशवैकालिकसूत्र मूल	शय्यंभवस्वामी	मा.		१-३९			७००	
८९	दशवैकालिकसूत्र मूल	शय्यंभवस्वामी	मा.		१-३८			७००	
९०	दशवैकालिकसूत्र मूल	शय्यंभवस्वामी	मा.		१-३०			७००	
९१	दशवैकालिकसूत्र मूल	शय्यंभवस्वामी	मा.		१-२३			७००	
९२	दशवैकालिकसूत्र मूल त्रूटक	शय्यंभवस्वामी	मा.	१६९०	२-२१			७००	
९३	दशवैकालिकसूत्र अ.४ मूल	शय्यंभवस्वामी	मा.	१७६१	१-५			७००	
९४	दशवैकालिकसूत्र मूल	ले.लाभमंडन	मा.	१५८२	१-१०			७००	८ मुं पानु नथी
९५	दशवैकालिकसूत्र सह वृत्ति	सुमतिसूरि	सं.	१६६७	१-७८			२६००	
९६	दशवैकालिकसूत्र सटीक त्रूटक				२५९-३१४				
९७	दशवैकालिकसूत्र सह अवचूरि त्रूटक	शांतिदेव	सं.		१-३८				
९८	दशवैकालिकसूत्र सह टब्बार्थ			१८२७	१-५८				
९९	दशवैकालिकसूत्र बालावबोध				१-६५				
१००	दशवैकालिकसूत्र बालावबोध सह				१-१०८				
१०१	दशवैकालिक सूत्र सह बालावबोध अपूर्ण				१-२४				
१०२	दशवैकालिक सूत्र सह टब्बार्थ	शय्यंभवसूरि			१-१४				
१०३	उत्तराध्ययन मूल	सुधर्मास्वामी	मा.		१-१००			२०००	
१०४	उत्तराध्ययन मूल	सुधर्मास्वामी	मा.		१-४१			२०००	
१०५	उत्तराध्ययन मूल	सुधर्मास्वामी	मा.		१-९७			२१२१	
१०६	उत्तराध्ययन मूल	सुधर्मास्वामी	मा.		१-१०४			२१००	
१०७	उत्तराध्ययन मूल	सुधर्मास्वामी	मा.		१-८४			२१००	

ग्रंथांक	ग्रंथनुं नाम	कर्ता	भाषा	संवत्	पत्र संख्या	झेरोक्ष	सी.डी.	ग्रंथाग्र	विशेष नोंध
१०८	उत्तराध्ययन मूल त्रूटक	सुधर्मास्वामी	मा.		१-२३			२१००	
१०९	उत्तराध्ययन मूल अपूर्ण	सुधर्मास्वामी	मा.		१-१०			२१००	
११०	उत्तराध्ययनसूत्र सह वृत्ति त्रूटक		सं.		१-६				
१११	उत्तराध्ययनवृत्ति सह टब्बार्थ				१-१९९				
११२	उत्तराध्ययनवृत्ति सह बालावबोध व कथाओ				१-३७८				
११३	उत्तराध्ययनसूत्र वृत्ति सह टब्बार्थ				१-११२				
११४	उत्तराध्ययनसूत्र वृत्ति सह टब्बार्थ			१७०२	१-१६४				
११५	उत्तराध्ययनवृत्ति अर्थ त्रूटक				३५(६३-९७)				
११६	उत्तराध्ययनसूत्र सहटब्बार्थ त्रूटक				१-२४				
११७	नन्दीसूत्र मूल	देवर्द्धिगणि	मा.		१-२४			७००	
११८	नन्दीसूत्र मूल अपूर्ण	देवर्द्धिगणि	मा.		१-२६			७००	
११९	नन्दीसूत्र मूल त्रूटक	देवर्द्धिगणि	मा.		२-१६			७००	
१२०	नन्दीसूत्र सह व्याख्यान	देवर्द्धिगणि			१-४५				
१२१	अनुयोगद्वार सह व्याख्यान मूल	आर्यरक्षित			१-५०			१४००	
१२२	अनुयोगद्वार सह व्याख्यान मूल	आर्यरक्षित			१-५४			१४००	
१२३	अनुयोगद्वार बालावबोध	आर्यरक्षित	प्रा.		१-१८३			१८९९	
१२४ ◆.	चउसरणसूत्र सह मूल	वीरभद्रगणि	मा.		१-१५			८०	
१२५	चउसरणसूत्र बालावबोधसह				१-५			३४०	
१२६	सूत्रकृतांगसूत्र सह बालावबोध				१-७६				
१२७	स्थानांगसूत्र सटीक		सं.	१६२३	१-२५६	१२७	३१९	श्लो.-१७१४	पत्र १४४ मुं नथी.
१२८	ज्ञाताधर्मकथांगसूत्र मूल				१-१०४			५५००	
१२९	भगवतीसूत्र मूल				१-२९८			१५७५२	
१३०	निरियावलिकादि पंचोपांगसूत्र		मा.	१६८२	१-२७			१२०५	
१३१	निरियावलिकादि पंचोपांगसूत्र		मा.	१६०१	१-३९	१३१..२८७	३१९	१२०५	
१३२	निरियावलिकादि पंचोपांग सूत्र (विवरण)	श्रीचंद्रसूरि	सं.		१-१६	१३२..२४२	३१९	६५०	

ग्रंथांक	ग्रंथनुं नाम	कर्ता	भाषा	संवत्	पत्र संख्या	झेरोक्ष	सी.डी.	ग्रंथाग्र	विशेष नोंध
१३३	निरियावलिकादि संग्रहणी								
	सूत्र वृत्ति टब्बो			१८१६	१-५३				
१३४	नवतत्त्व + जीवविचारप्रकरण सह टब्बार्थ			१७६५	१-१३				
१३५	संग्रहणीसूत्र मूल त्रूटक		मा.		२-४४				
१३६	दानशीलतपभावना कुलक		सं.		१-२				
१३७	संग्रहणीसूत्र मूल		मा.	१८६०	१-४३				
१३८	गौतमपृच्छा मूल		मा		१-८				
१३९	दशवैकालिकसूत्र टब्बार्थ			१८७५	१-१४				
१४०	इंद्रियपराजयशतक टब्बार्थ त्रूटक		सं.		२-९				
१४१	संग्रहणीसूत्र मूल		मा.	१८८१	९३-१०५				
१४२	पंचसूत्र	चिरंतनाचार्य	मा.		१-५	१३१-२८७			
१४३	संग्रहणीसूत्र सह बालावबोध				१-३५				
१४४	नवतत्त्व सह टब्बो				१-१०				
१४५	पिंडविशुद्धि सह बालावबोध	जिनवल्लभसूरि			१-२९				
१४६	पिंडविशुद्धि मूल		मा.	१६५२	१-६				
१४७	संग्रहणीसूत्र	मलधारि हेमचंद्र	मा.		१-१९				
१४८	निशीथसूत्र		मा		१-२१				
१४९	संग्रहणीसूत्र		मा.	१८९४	१-२०				
१५०	निशीथसूत्र		मा		१-१८			८१६	
१५१	श्राद्धदिनकृत्य प्रकरण				१-१६				
१५२	आवश्यकसूत्र सह टब्बो				१-११				
१५३	नवतत्त्वजीवविचार सह टब्बो				१-९				
१५४	सूत्रकृतांग सूत्र सह टब्बार्थ		मा.	१८६८	१-५				
१५५/१	इकविंशतिस्थानक त्रूटक		मा.		२				
१५५/२	उत्तराध्ययनसूत्र		मा		१८				
१५६	चउसरण		मा.		१-४				
१५७	अनुत्तरौपपातिकदशांगसूत्र		मा		१-६				
१५८	षडावश्यकसूत्राणि व पाठ		मा.		१-८				

ग्रंथांक	ग्रंथनुं नाम	कर्ता	भाषा	संवत्	पत्र संख्या	झेरोक्ष	सी.डी.	ग्रंथाग्र	विशेष नोंध
१५९	सूत्रकृतांगनिर्युक्ति			१५७२	१-५				(प्रति पाणीमां भींजाएली छे)
१६०	जंबू अध्ययन				१-६५				
१६१	षष्टिशतक सह टब्बो	भंडारी नेमिचंद्र		१६७०	१-१२				
१६२	प्रतिक्रमणादिविधि त्रूटक		मा.		१-८				
१६३	भगवतीसूत्र सह टब्बार्थ त्रूटक		मा.		१-३				
१६४	कल्पसूत्र सह टब्बार्थ त्रूटक				२-७१				
१६५	कल्पसूत्र सह टब्बार्थ मूल त्रूटक		मा.		४-२५				
१६६/१	वीरत्थुई टब्बो				१-२				
१६६/२	महावीरस्तवन टब्बो				१				
१६७/१	षष्टि शतं मूल त्रूटक				८				
१६७/२	षष्टि शतं मूल त्रूटक				७				
१६८	जीवाजीवविचार सह टब्बार्थ मूल त्रूटक				१-५				
१६९	प्रवचनसारोद्धार मूल		मा.		१-६४				
१७०	प्रवचनसारोद्धार मूल		मा.	१६९६	१-६८				
१७१	उपदेशमाला मूल		मा.	१६७२	१-२२				
१७२	चातुर्मासिक व्याख्यान			१८७९	१-१९				
१७३	त्रिशती गणितसार सह टीका त्रूटक		सं.		२-३५				
१७४	चतुर्विंशति स्तुति सह टब्बार्थ	शोभनमुनि	सं.		१-८				
१७५	मरणविहि		प्रा.	१५७२	१-२१				
१७६	शतककर्मग्रंथ	देवेन्द्रसूरि	प्रा.	१५६२	१-६				
१७७	जंबुद्वीपप्रज्ञप्तिचूर्णि		मा.		१-३६				
१७८	अभिधानचिंतामणि नाममाला	आ.हेमचन्द्र	सं.		१-५				
१७९	धम्मिलकथा त्रूटक		मा.		१-२१				
१८०	औपपातिकवृत्ति त्रूटक		मा.		१-५	१३२..२४२			
१८१	प्रश्नव्याकरणसूत्र त्रूटक		मा.		१-४				
१८२	भक्तामरस्तोत्र सटीक	मानतुंगसूरि	सं.	१५७२	१-३	१३२..२४२	३१९		
१८३	संघपट्टक		सं.		१-३				
१८४	कर्मग्रंथ प्रथमथी चतुर्थ		प्रा.		१-११				

ग्रंथांक	ग्रंथनुं नाम	कर्ता	भाषा	संवत्	पत्र संख्या	झेरोक्ष	सी.डी.	ग्रंथाग्र	विशेष नोंध
१८५	अनुयोगद्वार त्रूटक		मा.		१-४				
१८६	हरिवंश प्रबंध (ढाल सागर)	गुणसागर		१६७६-१९०३	१-१३४			५४५०	
१८७	लब्धिस्तवन संग्रह								छुटा पाना
१८८	मलयसुंदरी रास	शान्तहर्ष शिष्य जिनहर्ष		१७५१-१८६१	१-८३				
१८९	पंचदंड चौपाई + विक्रमादित्य चौपई	लक्ष्मीवल्लभ		१७२८		१-९८			
१९०	श्रीपाल चरित्र सह टब्बार्थ		प्रा.	१८५५	१-१२९				
१९१	कर्मग्रन्थ प्रथमथी चतुर्थ		प्रा.	१८६०	१-८				
१९२	पार्श्वनाथनो छंद			१९४२	१-३				
१९३	जयमालीका त्रूटक				१-१२				
१९४	स्थानांगसूत्र त्रुटक		मा.		१-२४				
१९५	ज्ञानक्रिया संवाद		सं.		१-२				
१९६	साधुवंदना				१-७				
१९७	क्षेत्रसमास		मा.	१८३८	१-१०				
१९८	जीवाजीवविचार प्रकरण		मा.		१-३				
१९९	नवतत्त्व सह टब्बार्थ				१-७				
२००	गौतमपृच्छा सह बालावबोध				१-४५			१६००	
२०१	एकवीसस्थानक		मा.	१७७९	१-८				
२०२	भक्तामरस्तोत्र	मानतुंगसूरि	सं.		१-४				
२०३	शीलोपदेशमाला प्रकरण		प्रा.		१-७				
२०४	नेमिरायशिक्षा + बृहत् शांति				१-४				
२०५	सिंदूरप्रकर		सं.		१-८				
२०६	चोवीस दंडकस्तवन सह टब्बार्थ	धर्मसिंह		१७२९	१-३				
२०७	त्रिभुवनकुमार चौपई				१-३७				
२०८	सज्झाय और चोवीसदंडक बोल				१-९				
२०९	अढारनातरांनी सज्झाय				१-३				
२१०	कर्मसंवेध भंग प्रकरण		प्रा.	१७७१	१-१३				
२११	दानशीलतपभावना संवाद	समयसुंदर			१-४				
२१२	जीवाल्पबहुत्वस्तवन सह टब्बार्थ				१-३				

ग्रंथांक	ग्रंथनुं नाम	कर्ता	भाषा	संवत्	पत्र संख्या	झेरोक्ष	सी.डी.	ग्रंथाग्र	विशेष नोंध
२१३	सम्यकत्वकौमुदी कथा त्रूटक		सं.		१-१३				
२१४	अभिधानचिंतामणि नाममाला त्रूटक		सं.		१-१७				
२१५	प्रतिक्रमणसूत्र टब्बो			१८५७	१-१९				
२१६	चैत्रीपूनम व्याख्यान				१-३				१ लुं पानुं नथी
२१७	कल्पसूत्र		मा.	१९४०	१-४१				
२१८	उपदेशरत्नकोष								
					१-५				
२१९	सेठ सुदर्शन अर्जुनमाली चौढालिया				१-१९				
२२०	भक्तामरस्तोत्र	मानतुंगसूरि	सं.		१-९				
२२१	लीलावती सुमतिविलास रास	उदयरत्न		१७६०-१८६८	१-१०				
२२२	महावीरजन्मोत्सव भोज				१-४				
२२३	सिंदूरप्रकर		सं.		१-१२				
२२४	श्रावक पाक्षिक अतिचार			१८४९	१-८				
२२५	नसियतनामा				१-५				
२२६	एकादशगणधरस्तवन		मा.	१६६८	१-८				७ मुं पानुं नथी
२२७	सूक्तिमाला त्रुटक		सं.		१-६				
२२८	फूलजी फूलवती पत्राचार				६				छुटा पाना
२२९	आर्यवसुधारा		सं.		१-१०				
२३०	भक्तामर + कल्याणमंदिर प्रकीर्ण		सं.		७				छुटा पाना
२३१/१	जीवाजीवविचार सह टब्बार्थ त्रूटक			१८७०	३				
२३१/२	आत्मप्रबोध छत्रीसी				६				
२३२	पिंडविशुद्धिवृत्ति		सं.		१-६				
२३३	आर्यवसुधारा		सं.		१-६				
२३४	ताजिकसार त्रूटक		सं.		१-६				
२३५	षड्जीवनिकाय + दशवैकालिकसूत्र		मा.		१-६				
२३६	महावीरजिनस्तव सह टब्बो				१-३				
२३७	नलदमयंती रास त्रूटक				१-८१				
२३८	पडिलेहणा कुलक सह टब्बार्थ त्रूटक				१-२				
२३९	चउसरणसूत्र				१-३				

ग्रंथांक	ग्रंथनुं नाम	कर्ता	भाषा	संवत्	पत्र संख्या	झेरोक्ष	सी.डी.	ग्रंथाग्र	विशेष नोंध
२४०	प्रक्रियाकौमुदी व्याकरण	रामचन्द्र	सं.		१-८१				
२४१	प्रक्रियाकौमुदी व्याकरण	रामचन्द्र	सं.		१-१२४				
२४२	प्रक्रियाकौमुदी व्याकरण	रामचन्द्र	सं.	१६८९	१-७९	१३२..२४२	३२०		
२४३	गणितसार	श्रीधर			१-८				
२४४	ज्योतिषरत्नमाला सह बालावबोध		सं.	१८५७	१-५६				
२४५	रघुवंश त्रूटक	कालिदास	सं.		१-४				
२४६	सारस्वतव्याकरण त्रूटक	अनुभूति स्वरूपाचार्य	सं.		१-४५ + १-१७				१८, २१, २२, २८, ३६, ३८, ३९, ४२ नथी
									२८८ नंबरनो ग्रंथ आनी साथे भेगो राखेल छे.
२४७	केशव वाक ज्योतिष सह टब्बार्थ		सं.		१-८				
२४८	सारस्वतव्याकरण त्रूटक	अनुभूतिस्वरूपाचार्य	सं.		१-४५				
२४९	सारस्वतव्याकरण	अनुभूतिस्वरूपाचार्य	सं.		१-६७				
२५०	राजामृगांकसारणी त्रूटक		सं.	१८८४	२-१६०				
२५१/१	मुहूर्तमुक्तावली				८				
२५१/२	ग्रहभावफल				७				
२५१/३	चंद्रार्की आदि सारणिओ				२३				
२५१/४	भ्रमणसूत्र सह सारणि				१४				
२५२	संग्रहणीसूत्र त्रूटक	मलधारि हेमचंद्रसूरि शि.	मा.	१७८०	१-२९				
२५३	भर्तृहरिनीति व श्रृंगार शतक		सं.		१-१९				
२५४	उपदेशरत्नकोष		मा.		१-१७				
२५५	चउसरण सह बालावबोध		मा.		१-३				
२५६	पिंडविशुद्धि अवचूरि		सं.		१-९				
२५७	हितोपदेश भाषा त्रूटक	नारायण	सं.		१-४१				
२५८	सारस्वत त्रूटक	अनुभूतिस्वरूप	सं.		१-२८				
२५९	स्यादिशब्दसमुच्चय	अमरचन्द्र	सं.		१-४२				
२६०	सारस्वतव्याकरण (टब्बो) त्रूटक	अनुभूतिस्वरूप	सं.		२-१८				
२६१	मेघदूत	कालिदास	सं.	१६३९	१-६				
२६२	सिंदूरप्रकर त्रूटक		सं.		१-१२				
२६३ ◆	सूक्तिमुक्तावली त्रूटक		सं.		२-१२				

ग्रंथांक	ग्रंथनुं नाम	कर्ता	भाषा	संवत्	पत्र संख्या	झेरोक्ष	सी.डी.	ग्रंथाग्र	विशेष नोंध
२६४	सारस्वतव्याकरण त्रूटक	अनुभूतिस्वरूप	सं.		१-४४				
२६५	पृथ्वीराजकृता वेली				१-१२				
२६६	विवाह पडल (ज्योतिष)		सं.		१-६				
२६७	किरणावलीसूत्र (न्याय) त्रूटक		सं.		१-१०	२६७..६५१	३२०		
२६८	सारस्वत बालावबोध (संक्षेप)		बा.	१८५३	१-२४				
२६९	आर्यवसुधारा		सं.		१-१३				
२७०	ग्रहगोचरफल (ज्योतिष)		सं.		२-८				
२७१	महिमभट्टिव्याकरण त्रूटक		सं.		१-२०				
२७२	चन्द्रार्कीसूत्र सह वृत्ति त्रूटक		सं.		१-८				
२७३	मन्वन्तरदेवीमाहात्म्य त्रूटक		सं.		१३-२३				
२७४	शकुनावली त्रूटक		सं.		१-७				
२७५	वृत्तरत्नाकर छंद	केदारभट्ट	सं.		१-१०				
२७६	अव्ययार्थ त्रूटक		सं.		१-२	१३१..२८७	३२०		
२७७	कातंत्रविभ्रम सूत्र सह अवचूरि त्रूटक		सं.		१-६	२६७..६५१	३२०		
२७८	लीलावती भाषा			१७३६	१-३०				
२७९	महामायी वाचक (ज्योतिष)		सं.		१-७				
२८०/A	शकुनावली (ज्योतिष)		सं.						
२८०/B	नसीयतनामादि शिक्षा संग्रह				११				
२८०/C	बोल थोकडा संग्रह त्रूटक				७				छुटा पाना
२८०/D	बोल थोकडा भंग संग्रह त्रूटक				७				
२८१	पार्थपराक्रमनाटक त्रूटक	प्रहलादन	सं.	१८३०	१-१७	१३१..२८७	३२०		पत्र ३ थी ७, ९ थी ११ नथी.
२८२	ताजिकसार भाषा वचनिक		सं.		१-१७				
२८३	लघुप्रक्रिया (ज्योतिष) त्रूटक		सं.		१-१०				
२८४	भगवद्‌गीता सटीक अपूर्ण	टी.श्रीधर	सं.		१-१०५				
२८५	कातंत्र सह विस्तार पाठ पाद (व्या.)	कर्णदेवोपाध्याय	सं.		१-३०	२६७..६५१	३२०		
२८६	हेमधातुकोष		सं.		१-१२	१३१..२८७	३२०		
२८७	कातंत्र मोक्षेश्वरी टीका	मोक्षेश्वर	सं.	१५१७	१-६०	१३१..२८७	३२०	४६०५	पत्र १, ४२, ४६ नथी.
२८८	सारस्वतव्याकरण								ग्रंथ नं.२४६ साथे भेगो मुकेल छे.

ग्रंथांक	ग्रंथनुं नाम	कर्ता	भाषा	संवत्	पत्र संख्या	झेरोक्ष	सी.डी.	ग्रंथाग्र	विशेष नोंध
२८९	सारस्वतव्याकरण सूत्राणि सस्तबक		सं.	१९११	१-८				
२९०	मन्वन्तरदेवीमहात्म्य		सं.		१-१९				
२९१	रंभामंजरीनाटिका त्रूटक	नयचंद्र	सं.		४-१३				
२९२	कातंत्रढूंढिकावृत्ति त्रूटक	गोल्हण	सं.		१-१५७				
२९३	मेघदूत	कालिदास	सं.		१-६				
२९४	सारस्वतव्याकरण त्रूटक	अनुभूति स्वरूपाचार्य	सं.		१-४१				
२९५	महावीरचरित्र + पार्श्वनाथचरित्र त्रूटक		सं.	१६९१	१-१५				
२९६ ◆	आराधना और प्रकीर्ण त्रूटक				१-७				
२९७	उत्तराध्ययनसूत्र सह कथाओ त्रूटक		सं.		१-६५				
२९८	नेमिनाथगीत और प्रकीर्णकगीत	आनंदघन			१-१३				
२९९	साधुवंदना			१८३८	१-९				
३००	नवतत्त्वप्रकरण		मा		१-४				
३०१	सिद्धचक्रजीरा गुण				१-७				
३०२	बोलथोकडा भंगसंग्रह				१-३				
३०३	दशवैकालिकसूत्र त्रूटक	शय्यंभवाचार्य			१-२१				
३०४	दशवैकालिकसूत्र सटीक त्रूटक	शय्यंभवाचार्य	मा.		१-९				
३०५	गौतमपृच्छासार्थ				१-४				
३०६	आवश्यकसूत्राणि सह टब्बार्थ		मा		९-१९				१३ मुं पानुं नथी
३०७	जीवाजीवविचार		मा.	१८५९	१-४				
३०८	नवतत्त्व + जीवविचार सह टब्बार्थ		मा		१-१०				
३०९	अंजनासुंदरीचौपई त्रूटक		मा.		१-१०				
३१०	चउसरण सह टब्बार्थ		मा.	१८६१	१-७				
३११	साधुवंदना	पुण्यसागर	मा.		१-८				
३१२	बोलथोकडाभंगसंग्रह		मा.	१८४८	१-३				
३१३	नवतत्त्व सह टब्बार्थ	महेरचंद्र	मा.	१८६६	१-५				
३१४	श्रावकपाक्षिकातिचार			१७२७	१-११				
३१५	रुक्मिणी-विवाह				१-६				
३१६	हैमधातुपाठ (व्याकरण)		सं.		१-४	२६७..६५१	३२०		

ग्रंथांक	ग्रंथनुं नाम	कर्ता	भाषा	संवत्	पत्र संख्या	झेरोक्ष	सी.डी.	ग्रंथाग्र	विशेष नोंध
३१७	रत्नपालकथा		सं.	१६७५	१-११	२६७..६५१	३२०		
३१८	अभिधानचिंतामणी नाममाला त्रूटक	हेमचंद्राचार्य	सं.		१-१६				
३१९	सारस्वतदीपिका त्रूटक		सं.		१-२५				
३२०	श्रीपालचरित्र त्रूटक		मा.		१-३७				
३२१	आवश्यकसूत्र (जीर्ण)		सं.	१६२२	१-७				
३२२	साधुवंदना		मा.		१-११				३, ५ पत्र नथी
३२३	कालज्ञानकुलक		सं.	१८६५	१-२५				
३२४	चउसरण सह टब्बार्थ		मा.		१-७				
३२५ ◆	वीरस्तवन		मा.		१-६				
३२६	क्षेत्रसमास	ले.राजप्रमोदगणि	मा.	१७०४	१-१३				
३२७	पर्यन्त आराधना	ले. आनंद विजय	मा.		१-७				
३२८	उत्तराध्ययनसूत्र सह कथाओ त्रूटक				१-१३				
३२९	संग्रहणीसूत्र		मा.	१८१४	१-३०				
३३०	संबोधसत्तरि		मा.		१-४				
३३१	वीसविहरमानगीतसंग्रह	पं.देवचंद्र		१७६९	१-९				
३३२	क्षेत्रसमास सह टब्बार्थ	कुशलरंग	मा.	१७८२	१-३१				
३३३	क्षेत्रसमास सह टब्बार्थ		मा.		१-१२				
३३४ ◆	नवतत्त्व (टब्बो)		मा.	१८४३	१-१२				
३३५	उवसग्गहरंस्तोत्र व बृहत्शांति		मा.		१-२	२६७-६५१	३२०		
३३६	चाणक्यराजनीती सह टब्बार्थ त्रूटक		सं.		१४ छुटा पाना				
३३७	अभिधानचिंतामणी नाममाला त्रूटक		सं.		१-२४				
३३८	परदेशीबोध	ज्ञानचन्द्र	भाषा	१७२४	१-२२				
३३९	सित्तरीसयस्तोत्र		प्रा.	१८८२	१-९				
३४०	थावच्चापुत्र चौढालीया	क्षमाकल्याण	का.	१८४६	१-३				
३४१	मेघकुमार चौढालिया	जिनहर्ष	का.		१-३				
३४२	सदेवंतसावलींग वार्ता त्रूटक		का.		१-३				
३४३	षट्भाईना ढालिया	मालमुनि	का.	१८५६	१-११				
३४४	चित्तोडगढ गझल		का.		१-३				त्रीजुं पानुं नथी.

ग्रंथांक	ग्रंथनुं नाम	कर्ता	भाषा	संवत्	पत्र संख्या	झेरोक्ष	सी.डी.	ग्रंथाग्र	विशेष नोंध
३४५	दोषपृच्छा शकुनावली		का		१-२				
३४६	गांगातैली दृष्टांतकथा + महावीर-स्तवन + दंडक स्तवन		मा		१				
३४७	वासठमार्गणास्तवन त्रूटक		मा		१-४				
३४८	पद्मकोष ज्योतिष		सं.		१-७				
३४९ ◆	पौषधविधि + आदीश्वरस्तवन			१७०१	१-३				
३५०	अनाथीसाधुसंधि	विमलविनय		१६४७	१-९				
३५१	आषाढभूतिचोढालिया			१८३०	१-४				
३५२	लेखकशालाकथा				१-४				
३५३	चित्रसंभूतिसज्झाय	नयप्रमोदगणि		१७०९	१-३				
३५४	चंद्रलेखारास	रत्नवल्लभ	का.	१८२५	१-२०	२६७..६५१	३२०		
३५५	महादंडक		सं		१-२८				
३५६	बोलथोकडासंग्रह	समयसुंदर	का		१-१०				
३५७	महानिशीथ सूत्र आलापक		प्रा.		१-६				
३५८	नवतत्त्वचौपाई	गोकुल गांधी		१७६६-१७८६	१-५				
३५९	शालिभद्रचौपाई त्रूटक	जिनराजसूरि		१६७८	५-२७				
३६०	बारह भावना	सोमसुंदर	मा.	१६४६-१७७२	१-३				
३६१	जिनस्तुतिसटीक		सं.		१-७				
३६२	इलाकुमारचौपाई	ज्ञानसागर		१७२९-१८२२	१-७				
३६३	शांबप्रद्युम्नचौपाई	समयसुंदर			१-११			५००	
३६४	परनिंदाचौपाई				१-६				
३६५	मुनिपतिचरित्र		सं.	१८४३	१-१६				
३६६	अजितशांतिस्तवन	ले.गोपालचंद	प्रा.		१-७				
३६७	नेमिजिणवररास			१९१०	१-६				
३६८	थावच्चामुनिचौढाल	क्षमाकल्याण		१८४७-१९१३	१-५				
३६९	आषाढभूतिचौपाई	ज्ञानसागर			१-११				
३७०	चौवीसदंडक सह टब्बार्थ	ले.विनयविजय	मा	१७६६	१-१०				
३७१ ◆	गौतमकुलक टब्बार्थ	गजसार मुनि	प्रा.		१-३				

ग्रंथांक	ग्रंथनुं नाम	कर्ता	भाषा	संवत्	पत्र संख्या	झेरोक्ष	सी.डी.	ग्रंथाग्र	विशेष नोंध
३७२	शंखेश्वरपार्श्वजिनछंद	नयसुंदर		१६५६-१८२३	१-५	२६७..६५१	३२०		
३७३	सुबाहुसंधि	पुण्यसागर			१-६				
३७४	अंजनासुंदरीचौपई	पुण्यसागर		१६८२	१-२७				
३७५	चौवीसतीर्थंकरनां अंतरा	धर्मसिंह		१८८७	१-२				
३७६	कविवृंदसत्तसई		हि.		१-२४				बीजु पानुं नथी.
३७७	मौनएकादशीस्तवन	प्रेमविजय			१-५				
३७८	श्रावकआराधना	रूपचंद		१८९९	१-८				
३७९	नवकार बालावबोध				१-५				
३८०	आबुजावाचौपई त्रूटक				१-३				
३८१	रुक्मिणि (वैदर्भी) चउपई	प्रेमराज		१८७४	१-७				
३८२	श्रावकपाक्षिकातिचार			१७९५-१९३०	१-५				
३८३	कोणिककथा			१८६२	१-५				
३८४	सुबोधसत्तरी सार्थ		प्रा.		१-५				
३८५	आणंदसंधि			१८५७	१-११				
३८६ ◆	प्रकीर्णपत्र		क.		प्रकीर्ण पत्रो				
३८७	विचारसंग्रह			१९०७	१-३२				
३८८	बिकानेर गझल	लालचंद्र		१८४८-१८४९	१-१०				
३८९	अक्षयतृतीयाव्याख्यान	क्षमाकल्याण			१-२				
३९०	सौभाग्यपंचमीस्तवन	समयसुंदर			१-२				
३९१	श्रावकव्रतविचारचौसठी				१-२				
३९२	महावीर सत्तावीसभवस्तवन				१-३				
३९३	आषाढभूति चौपई	ज्ञानसागर		१७६१	१-८				
३९४	प्रकीर्णसंग्रह				१-४				
३९५	पुण्यपाल चउपई अपूर्ण				१-४				
३९६	सुभद्रासतीचउपई त्रूटक	रुपवल्लभ		१८२५-१८२८	२-२०				
३९७	गजसुकुमारढाल	नथमल			१-११				
३९८	थावच्चापुत्रचौपई त्रूटक	नथमल			२-१३				
३९९	आणंदसंधि			१८५७	१-११				

ग्रंथांक	ग्रंथनुं नाम	कर्ता	भाषा	संवत्	पत्र संख्या	झेरोक्ष	सी.डी.	ग्रंथाग्र	विशेष नोंध
४००	मौनएकादशीव्याख्यान	ले.सौभागचंद		१८५२	१-४				
४०१	समवसरणस्तवन	धर्मवर्धन			१-२				
४०२	कुमारसंभवकाव्य	कालिदास	सं.		१-८				
४०३	प्रकीर्णपदसज्झाय आदि			१९४७	१०				छुटक पाना
४०४	कवितसंग्रह त्रूटक		हि.		१-१३				
४०५	प्रकीर्णस्तवन	कांतिप्रेमविजय	हि.		१-४				
४०६/१	प्रकीर्णस्तवन		प्रा.	१८७१	१५				
४०६/२	गौतमपृच्छाचौपई		प्रा.		३				
४०७	नवकारस्तवन और प्रास्ताविक श्लो.आदि				१५				
४०८	सारस्वतव्याकरण	अनुभूति स्वरूपाचार्य	सं.		१-९				
४०९	प्रकीर्णस्तवन				छुटक ९				
४१०	रुक्मीणी (वैदर्भी) चउपई	प्रेमराज		१८७४	१-७				
४११	षटभाईना ढालिया	मालमुणि		१८९८	१-१९				
४१२	समवसरणविधान त्रूटक				१-४				
४१३	विक्रमादित्य (पंचदंड) चउपई	लक्ष्मीवल्लभ		१७२८-१८७७	१-८६				
४१४/१	सुमतिपच्चीसी				छुटा पाना				
४१४/२	प्रकीर्ण पद संग्रह सज्झाय आदि				छुटा पाना				
४१५	रतनपालरास त्रूटक				१-२०				
४१६	रतनपालरास	मोहनविजय			१-५५				५४ मुं पानु नथी
४१७/१	पार्श्वनाथस्तवन	समयरंगगणि		१७९५	१-२				
४१७/२	जयतिहुयण	समयरंगगणि		१७९५	१-४				
४१८	बूढाचरित्र			१८३६-१८८३	१-५				
४१९/A	आलोयणापद				७				
४१९/B	आलोचनाविधान				४				
४२०	श्रमणअतिचार				१-२				
४२१	मौनएकादशीव्याख्यान		सं.	१८६५	१-३				
४२२	वसुधारास्तोत्र		सं.	१९४३	१-६				
४२३	शनिश्चरनीकथा		सं.		१-४				

ग्रंथांक	ग्रंथनुं नाम	कर्ता	भाषा	संवत्	पत्र संख्या	झेरोक्ष	सी.डी.	ग्रंथाग्र	विशेष नोंध
४२४	गौतमपृच्छा		प्रा.		१-१०				फाटेला तुटेला पाना
४२५	गजसुकुमारचौपई	मतिसार		१७७१	१-२८				
४२६	चतुर्विंशतिजिनस्तवन	वीरचंद्रर्षि		१८४४	१-७				
४२७	पोषदशमीकथा				१-७				
४२८	दीपावलीव्याख्यान			१९०४	१-८				
४२९	आदीश्वरविनंती + गुणबावनी	लावण्यसमय उदयराज		१६७६	१-२, १-६				
४३०	दादीजीरो छंद				१-७				
४३१	मुनिमालिका + पंचकल्याणक	समुद्रविजय		१९३२	१-९				
४३२	प्रकीर्णपदो	मुनिवस्तो आदि			१-३				
४३३	विचारसंग्रह त्रूटक				१-३				
४३४ ◆	प्रकीर्णपदसज्झाय				लगभग ४०				
४३५	चंदराजाचउपई	विद्यारुचि		१७१७	१-७५				
४३६ ◆	परदेशीराजानो रास त्रूटक	कांतिसागर			१२-२९				
४३७	कर्मग्रंथ प्रथम बालावबोध त्रूटक				२-१५				
४३८	श्रीपालरास	विनयविजय		१७२८-१८७६	१-५२				
४३९	सुत चउपई	समयसुंदर		१६७२	१-९				
४४०	प्रकीर्णपदो				छुटा पाना				
४४१	कालिकाचार्यकथा		प्रा.		१-२				
४४२	क्षमाछत्रीसी	समयसुंदर			१-२				
४४३	चरकसंहिता (वैदक ग्रंथ) त्रूटक		सं		४-३९				
४४४	जगदेवपरमारवार्ता			१८७२	१-२६				
४४५	धर्मध्यान और आलोचना			१७६५	१-२				
४४६/A	वैराग्यसज्झाय				१-१२				
४४६/B	भक्तामरस्तोत्र + वैराग्यसज्झाय				१-५				
४४६/C	जेसलमेरस्तवन				१-७				
४४७	मौनएकादशीमाहात्म्य त्रूटक				७-१६				१ थी ६ पाना नथी
४४८	महाबलसन्धि त्रूटक			१६६५	२-८				
४४९	नवकारबालावबोध	रत्नराज		१६९५	१-३				

ग्रंथांक	ग्रंथनुं नाम	कर्ता	भाषा	संवत्	पत्र संख्या	झेरोक्ष	सी.डी.	ग्रंथाग्र	विशेष नोंध
४५०	नेमिस्तवन				१-४				
४५१	बोलथोकडाभंगसंग्रह			१६८६	१-८				
४५२	मुनिसुव्रतचरित्र + सीतारामचौपई त्रूटक				२२-६७				१-१५, १७-२१, २३-३१, ३३,
									३६, ४२-४७ पाना नथी
४५३	प्रकीर्णगीतो				१-९				
४५४	२४ तीर्थकरो के गीत				१-९				
४५५	ऋषभदेवस्तुति + अवंतिसुकुमालरास				१-६				
४५६	विजयशेठ विजयाशेठाणीचौपई			१९२०	१-६				
४५७	जादवरास + दसपच्चक्खाण +								
	प्रत्याख्यानविधिस्तवन	देवचंद			१-५				
४५८	चौमासीव्याख्यान + होलिकाव्याख्यान	क्षमाकल्याण		१९३०	१-१८				१ थी १५ पाना नथी
४५९	धन्नासंधि	कल्याणतिलक			१-४	२६७..६५१	३२०		
४६०/A	नरक-चोढालिया	गुणसागर		१-६					
४६०/B	अर्जुनमाली अधिकार				१-२				
४६१	ऋषभविवाहलो	नथमल			१-१४				
४६२	साधुवंदना	कुंवरजी		१८३८	१-९				
४६३	पोषदशमीकथा सह टब्बार्थ	कुंवरजी	सं.		१-८				
४६४ ◆	परचूरणस्तवन		मा.		१-१८				
४६५/A	चतुःशरणप्रकीर्णक		मा.		१-१५				
४६५/B	प्रकीर्णपद		मा.		१-१६				
४६६	शत्रुंजयरास	समयसुंदर		१६८२-१७६३	१-८				
४६७	दान-शील-तप-भावनासंवाद	समयसुंदर		१८४३	१-३				
४६८	मुनिमालिका	मतिभद्र		१६३६	१-३				
४६९	उपदेशमालाप्रकरण		मा.		१-२१				१८ मुं पानु नथी
४७०	चातुर्मासिकव्याख्यान		मा.	१८९६	१-१९				
४७१	भगवतीसूत्र		प्रा.		१-३				
४७२	शकुनावली + पाशाकेवली बालावबोध		मा.	१९४१	१-६				
४७३	तत्त्वसार भाषा		मा.		१-४				

ग्रंथांक	ग्रंथनुं नाम	कर्ता	भाषा	संवत्	पत्र संख्या	झेरोक्ष	सी.डी.	ग्रंथाग्र	विशेष नोंध
४७४ ◆	संघयणीसूत्र		मा.	१९१९	१-५३				
४७५ ◆	प्रकीर्णकथा संग्रह त्रूटक		मा.		१-३१				
४७६ ◆	नवतत्त्वविचार त्रूटक		मा.		१-५२				
४७७	रतनगुरु सज्झाय		मा.		१-२				
४७८	ऋषिमंडलसूत्र मूल टब्बार्थ अपूर्ण		मा.		२-९०				
४७९	गजसुकुमार चौपई	देवचंद्र	मा.		१-६				
४८०	छुटक पद और आराधना		मा.		१५				छूटा पानां
४८१	गुणस्थान + कर्मप्रकृति पदवी बोल		मा.		१-९				
४८२	हिंसाछंद + श्रावककर्तव्य	पाल्हभाट	मा.		१-२				
४८३	सिंहलसुतचउपई	समयसुंदर	मा.	१६७२-१७६८	१-१४				
४८४	बलिनरेन्द्र भुवनभानुचरित्र		मा.	१८४६	१-६०				
४८५	उपदेशमाला सह टब्बार्थ व कथाओ		मा.	१८१६	१-५७				चोंटी गयेला छे
४८६	पुण्यविलासरास	जिनहर्ष	मा.		१-५५				
४८७	संबोधसत्तरि सह टब्बार्थ		मा.		१-६				
४८८	शीलरास त्रूटक		मा.		१-६				
४८९	प्रकीर्णक पद संग्रह		मा.		१-६				
४९०	जीवस्थानविचार सह बालावबोध		मा.		१-२६				
४९१	गौतमपृच्छा सह बालावबोध		मा.		१-१४				
४९२/A	ऋषभदेवजी रो विवाहलो + प्रकीर्णक पद				१-७				
४९२/B	ऋषभदेवविवाहलो				१-८				
४९३ ◆	शीलरास	ज्ञानचंद्र		१८४५	१-६				
४९४	आवश्यकसूत्राणि व पाठ	तिलकाचार्य	सं.		१-३				
४९५	नंदबत्तीसी	नरपति कवि			१-५				
४९६	चौवीसदंडक सह टब्बार्थ				१-५				
४९७	दान-शील-तप-भावनासंवाद	समयसुंदर		१८४७	१-५				
४९८	अतिमुक्तककुमारचौपई	नारायणमुनि		१६८३-१७३७	१-५				
४९९ ◆	चैत्यवंदन सज्झाय				१-५				
५००/A	चिडियारो विवाह				१-२	५००/A . ५१६			

ग्रंथांक	ग्रंथनुं नाम	कर्ता	भाषा	संवत्	पत्र संख्या	झेरोक्ष	सी.डी.	ग्रंथाग्र	विशेष नोंध
५००/B	अणगोस अधिकार								
५०१	पुष्पमाला प्रकरणम्		सं.		१-१०				
५०२	सूत्रग्रंथ (जीर्ण) त्रूटक		मा		३१-६१				
५०३	विचारसार प्रकरण (जीर्ण) त्रूटक		मा		२२-५५				
५०४	कातंत्र कात्यायनी वृत्ति (जीर्ण) (कृतप्रक्रीया) जीर्ण शीर्ण	कात्यायन	सं.	१५४८	४१	५००A.५१६	३२०		
५०५	कातंत्र (दौर्गसिंही) आख्यात वृत्ति त्रूटक	दौर्गसिंह	सं.		२-१०७	५००A.५१६	३२०		
५०६	जिनशतक सह पंजिका त्रूटक		सं.		१-४०				
५०७	कल्पसूत्रवाचना त्रूटक		मा		१-२३				
५०८	श्रमणप्रतिक्रमणवृत्ति		सं.प्रा.		१-१५				
५०९/A	कयवन्ना-चौपई	जयरंग		१७८३	४				पत्र ११ १३, १७, १८ छे.
५०९/B	कयवन्ना-चौपई				१-१८				
५१०	बारहभावना	सोमविबुध			१-४				
५११	क्रोधकथा		प्रा.		१-४				
५१२	आत्मप्राप्तिविधि			१७७३	१-७				
५१३	शीलरास	ज्ञानचंद्र लावण्य समय			१-११				
५१४	शांबप्रद्युम्नप्रबंध	समयसुंदर		१८१९	१-२२				
५१५	प्रत्येकबुद्धचउपई	समयसुंदर		१६६२	१-१०				
५१६	आनंदघनचौवीसी और पदो	आनंदघन आदि		१८८२	१० + ३	५००A. ५१६	३२०		
५१७	सुरसुंदरीरास त्रूटक	धर्मवर्द्धन		१८२६-१८२६	२-१६				
५१८	अनाथीसंधि	विमलविनय		१६४७	१-२				
५१९	परदेशी-प्रबंध त्रूटक-जीर्ण		सं.		२९				
५२०	चौवीस दंडकविचार त्रूटक-जीर्ण	गजसार	मा.		१-२				
५२१	महावीर २७ भवनुं स्तवन				१-५				
५२२ ◆	प्रकीर्ण-स्तवनो				लगभग ३५				छुटक पाना
५२३	शालिभद्रचौपई				२२				१, ७, ९-१६, १८-२१ पानां नथी
५२४	परचुरणस्तवनत्रूटक				१९				
५२५	दुर्गापाठ		सं.		१-१२				चोथुं पानुं नथी

ग्रंथांक	ग्रंथनुं नाम	कर्ता	भाषा	संवत्	पत्र संख्या	झेरोक्ष	सी.डी.	ग्रंथाग्र	विशेष नोंध
५२६ ◆	सामायिकविधि		मा.		१-४				
५२७	पाशाकेवलि बालावबोध	गर्ग	मा.	१८४०	१-८				
५२८	मेघकुमाररास + सातवीषयनी सज्झाय	संघराज			१-६, १-२				
५२९ ◆	आराधनास्तवन			१९५८	१-८				
५३० ◆	प्रतिक्रमणसूत्र अपूर्ण		प्रा.		१-९				
५३१	आर्यवसुधारा		सं.		२२				चिपकी हुई
५३२	उत्तराध्ययन		मा.		१०				
५३३/A	नवतत्त्व + प्रकीर्णक पत्र		मा.		६				
५३३/B	तीर्थंकरबोल				४				
५३३/C	तीर्थंकर अतिशय सह बालावबोध +								
	३५ वचनातिशय			१९६८	४				
५३४/A	श्रावक आराधना				१०				
५३४/B	नवतत्त्व				४				
५३४/C	दोषावली			१९७०	४				
५३४/D	श्रावक आराधना	समयसुंदर		१९६८	१०				
५३५	ज्योतिष लघुग्रंथ त्रुटक व स्फुट पन्ने				५२				
५३६	दशवैकालिकनिर्युक्ति				८				
५३७	शतकत्रय	भर्तृहरी			३०				
५३८	सुदर्शनकथा				२-७				
५३९/A	रामायणसार				३३				
५३९/B	नलदमयंतीचरित्र				१०				
५४०	दुर्गसिंहवृत्ति पंजिका				९३	५४०	३२०		
५४१	कातंत्र दौर्गसिंह आख्यात कृत्सूत्र +								
	चतुष्क ढुंढिकावृति				१-९३,९४-१७२	५४१(१,२)	३२०		अतिरिक्त १५ पान
					१७३ थी २६१				
५४२	वैशेषिक न्यायग्रंथकी अवचूरि				६९	५४२ + ६९२	३२०		१-७ पाना नथी
५४३	उपदेश बारहखडी				३				
५४४	मुनिमालिका				१-४				

ग्रंथांक	ग्रंथनुं नाम	कर्ता	भाषा	संवत्	पत्र संख्या	झेरोक्ष	सी.डी.	ग्रंथाग्र	विशेष नोंध
५४५	पंचभावना			१७७१	१-७				
५४६ ◆	अष्टापदजिनस्तवन त्रूटक				१-७				
५४७	चंद्रगुप्त स्वप्न स्वाध्याय	जयमल			१-४				
५४८	चमत्कारचिंतामणि ग्रहभावफल अध्याय		सं.	१७९८	१-१६				
५४९	ताजिक नीलकंठ (ज्योतिष) त्रूटक	नीलकंठ	सं.		१-२१				
५५०	ताजिक भूषण (ज्योतिष)	गणेश दैवज्ञ	सं.		१-२१				
५५१	ज्योतिष टिप्पण		सं.		१-६				
५५२	विवाहपटल अपूर्ण		सं.		१-१५				
५५३	ज्योतिषसार	नरचंद्र	सं.		१-३०				
५५४	सारसंग्रह (ज्योतिष)		सं.		१-२९				
५५५	ज्योतिषगणित त्रूटक		सं.		१-९				
५५६	भावफलप्रदीप	महादेव	सं.		१-३				
५५७	ज्योतिषसार		मा.		१-१६				
५५८	बृहत् जातक	वराहमिहिर	सं.		१-८	५५८..७०७	३२१		
५५९	कन्यादान विधि		सं.		१-३				
५६०	दश प्रत्याख्यानपाठ	रामचंद्र			१-३				
५६१	चौवीस दंडक बोल				१-११				७ मुं नथी
५६२ ◆	आत्मप्रबोधस्वाध्याय और प्रकीर्ण पन्ने				छुटा पाना				
५६३	सिंदूरप्रकर		सं.		१-१६				
५६४	नवतत्त्व सह टब्बार्थ				१-४				
५६५	अजितशांतिस्तवन जीर्ण	नंदिषेण	मा.		१-५				
५६६	जीवाजीवविचार सह टब्बार्थ		मा.	१७७३	१-७				
५६७	क्षेत्रसमास		प्रा.		१-५				
५६८	सप्तपदार्थी त्रूटक जीर्ण		सं.		१-१०				
५६९	गौतमकुलक सह टब्बार्थ		मा.		१-२				
५७०	किमिया विधान त्रूटक		मा.		१-९				
५७१	भगवद्गीता		सं.	१७६६	२-५५				
५७२	छंदसार त्रूटक				१-७				

ग्रंथांक	ग्रंथनुं नाम	कर्ता	भाषा	संवत्	पत्र संख्या	झेरोक्ष	सी.डी.	ग्रंथाग्र	विशेष नोंध
५७३	कल्याणमंदिर	जीवराज	सं.		१-३				
५७३	पूज्य भास	जीवराज	सं.		१-२				
५७४	साधुवंदना	पार्श्वचंद्र			१-३			१५६	
५७५	सप्तस्मरण		मा.		१-११				
५७६	दान-शील-तप-भावना-संवाद +								
	वृद्ध शांति	समयसुंदर	सं.		१-४, १-२				
५७७	नवतत्त्व सह टब्बार्थ त्रूटक		मा.		१-१०				
५७८	सिंदूरप्रकर	सोमप्रभाचार्य	सं.		२-९				
५७९	चोवीसदंडक-विचार सह टब्बार्थ जीर्ण			१७६५	१-५				
५८०	प्रकीर्ण ज्योतिष लघुग्रंथ त्रुटक व स्फुट पत्रे				३ पत्रे				छूटक पाना
५८१	भक्तामरस्तोत्र सह टब्बार्थ त्रूटक	मानतुंगसूरि	सं.		१-९				
५८२	जिनहंससूरिगीत तथा साधुवंदना त्रूटक	पुण्यसार			१-५				
५८३	षष्टि संवत्सरी				१-८				
५८४	नवतत्त्व + दण्डक लघुसंग्रहणी सह			१९१०	१-१८				१-५ पाना नथी.
	टब्बार्थ जीर्ण								
५८५	गुराचार संक्रान्ति (ज्योतिष)			१८७७	१-४				
५८६	अजितशांतिस्तवन सह टब्बार्थ				१-११				
५८७	सुरप्रियऋषिचौपई				१-३				
५८८	श्रमण प्रतिक्रमण सूत्र		मा.	१८७४	१-२				
५८९	कालकाचार्यकथा				१-१५				
५९०	संग्रहणीसूत्र	श्रीचन्द्र	मा.		१-२४				
५९१	चोवीसजिनगीत	राजसागर आदि	मा.		१-१०				
५९२	कल्याणमंदिरस्तोत्र सह अवचूरि		सं.	१६७५	१-१०				
५९३	सुभाषित पद्यसंग्रह				१-६, १-४				
५९४	महावीरजी स्तवन			१९३५	१-८				
५९५	भक्तामर मूल	मानतुंगसूरि	सं.	१७५१	१-४				
५९६	प्रकीर्णगीत			१९०८	१-८				
५९७	भववैराग्यशतक सह टब्बार्थ		मा.	१८००	१-१०				

ग्रंथांक	ग्रंथनुं नाम	कर्ता	भाषा	संवत्	पत्र संख्या	झेरोक्ष	सी.डी.	ग्रंथाग्र	विशेष नोंध
५९८	भद्रनंदिकुमारकथानक		सं.	१६४७	१-४				
५९९	मानवंती मानतुंग रास अपूर्ण	मोहनविजय		१८४३	६२				
६००	विवाहपटल (ज्यो.)		सं.	१७४९	१-६				
६०१	प्रियमेलक चौपाई त्रूटक				१-१०				
६०२	सीमंधरस्वामीनोकागल वि. पदो				२२				छूटक पाना
६०३	मुनिमालिका				१-४				
६०४	हरि रस	ईसर			१-९				
६०५	नलदमयंतीरास	समयसुंदर		१६७३-१७२७	१-२३				
६०६	शत्रुंजयउद्धाररास	नयसुंदर		१७०३	१-४				
६०७	पार्श्वनाथस्तुतिओ व निशानी	जिनहर्ष			१-७				
६०८	पंचलिंगीप्रकरण सह टब्बार्थ त्रूटक,जीर्ण		प्रा.		३-९				
६०९	दान,शील तप,भावना, कुलक सहटब्बार्थ		मा.		१-५८				
६१० ◆	चौद गुणस्थान				१६				छूटक पाना
६११	क्षुल्लकऋषिसंबंध	जिनसिंहसूरि			१-४				
६१२	पद्मावतीक्षमापना	समयसुंदर			१-३				
६१३	सूक्तमाला अपूर्ण		सं.		१-१५				
६१४	कर्मविपाक बालावबोध		मा.		१-२०				
६१५	जंबुद्वीपसंग्रहणी और छूटक पत्र				१६				छुटा पाना
६१६	एकादशगुणस्थानाधिकार			१८७३	१-६				
६१७	दशवैकालिकसूत्र		मा.		१-२७				
६१८	चौवीस चौक	विवेकविजय			१-८				
६१९	क्षेत्रसमास		मा.		१-७				
६२०	सिद्धचक्रनवपदस्तवन				१-६				
६२१	ग्रहभावप्रकाश (ज्यो.) त्रूटक		सं.		१-६				
६२२	चेडा-कोणिक चौपाई	रायचंद शाह			१-६				
६२३ ◆	परदेशीराजानो रास अपूर्ण	ज्ञानचंद्र			१-११				
६२४	अनित्यकथा			१९५०	१-७				
६२५	पार्श्वनाथस्तुति त्रूटक				१-३				

ग्रंथांक	ग्रंथनुं नाम	कर्ता	भाषा	संवत्	पत्र संख्या	झेरोक्ष	सी.डी.	ग्रंथाग्र	विशेष नोंध
६२६	ब्रह्मचर्यनववाडगीत व हरियाली	समयसुंदर			१-३				
६२७	गौतमपृच्छा सह बालावबोध				१-७४			१४००	
६२८	दान-शील-तप-भावना संवाद	समयसुंदर		१८१४	१-४				
६२९	नवतत्त्व सह बालावबोध				१-५				बीजुं पानुं नथी.
६३०	कर्मछत्रीसीसज्झाय	समयसुंदर			१-२				
६३१	देवकीजीको चौढालियो				१-८				
६३२	दामनकचौपाई	ज्ञानधर्म		१७३५-१७७८	१-११				
६३३	नेमिजिनवररास	पुण्यरत्नमुनि			१-५				
६३४	प्रदेशीकेशीकुमार प्रश्न				१-४				
६३५	चंदनबालाचौढालिया				१-१०				
६३६	शीलरास	विजयदेवसूरि			१-११				प्रति चोंटेली छे
६३७	आनंदसंधि + बारह भावना	हेमकीर्ति सूरि		१६२८-१८३५	१-१०				
६३८	अक्षयतृतीयाव्याख्यान				१-८				
६३९	अनाथीसाधुसंधि	विमलविनय			१-५				
६४०	गौतमरास			१८०४	१-४				
६४१	गौतमपृच्छा चौपाई				१-५				
६४२	गौतमरास			१४७२	१-५				
६४३	शुक्ल कृष्ण दंपतीगीत आदि			१९०५	१-३७				
६४४	पंचांग ज्योतिष		मा.		१-१३				
६४५	सिंदूरप्रकर		सं.	१९४३	१-१४				
६४६	कर्मविपाक प्रथम कर्म ग्रंथ		मा.		१-३				
६४७	पंखीनो विवाहलो				१-३				
६४८	प्रमाणमंजरी मूल	सर्वदेव	सं.	१४७०	१-११	५५८..७०७	३२१		
६४९	प्रमाणमंजरीटिप्पण	अद्वयानंद	सं.	१४७०	१-२९	६४९			
६५०	भगवतीसूत्र सह टब्बार्थ त्रूटक	सुधर्मास्वामी	मा.		१-९८१				
६५१	मूत्रपरीक्षा		सं.		१-५	२६७..६५१	३२१		
६५२	भक्तामरस्तोत्र			१६२९	१-४				
६५२	लोकनालिद्वात्रिंशिका सावचूरि			१६३५	१-३				

ग्रंथांक	ग्रंथनुं नाम	कर्ता	भाषा	संवत्	पत्र संख्या	झेरोक्ष	सी.डी.	ग्रंथाग्र	विशेष नोंध
६५३	दशवैकालिकसूत्र सह टब्बार्थ त्रूटक				१-६, ३५-३६				
६५४◆	गुटका								गुटकाओ अमे ध्यानथी जोयेल नथी.
६५५◆	गुटका								गुटकाओ अमे ध्यानथी जोयेल नथी.
६५६◆	गुटका								गुटकाओ अमे ध्यानथी जोयेल नथी.
६५७◆	गुटका								गुटकाओ अमे ध्यानथी जोयेल नथी.
६५८◆	गुटका								गुटकाओ अमे ध्यानथी जोयेल नथी.
६५९◆	६५८ थी ६७३ नाना-मोटा गुटका छे								गुटकाओ अमे ध्यानथी जोयेल नथी.
६७४◆	दशवैकालिकसज्झाय गुटको				५६				गुटकाओ अमे ध्यानथी जोयेल नथी.
६७५◆	६७५ थी ६८२ नाना मोटा गुटका छे								गुटकाओ अमे ध्यानथी जोयेल नथी.
६८३◆	संबोधअठ्ठोतरी गुटको				११				गुटकाओ अमे ध्यानथी जोयेल नथी.
६८४◆	६८४ थी ६८८ नाना मोटा गुटका छे								गुटकाओ अमे ध्यानथी जोयेल नथी.
६८९	उत्तराध्ययनसूत्र सह बालावबोध		प्रा.		२३८				
६९०	पन्नवणासूत्र		मा.		२८५				
६९१	भगवतीसूत्र		मा.	१५९९	७०७	६९१(१,२,३)	३२१	१५७५०	
६९२	वसुधारा	बौद्धाचार्य	सं.		१-१०	५४२ + ६९२	३२१		
६९३	पौषध सह देशावगाशिकविधी	पूर्वाचार्य	मार.		१-४				
६९४	श्रावक षडावश्यक	पूर्वाचार्य	प्रा.मा		१-१०				
६९५/A	चौत्रीस अतीशय सह टब्बार्थ	पूर्वाचार्य	प्रा.		१-२				
६९५/B	चौत्रीस अतिशय सह टब्बार्थ	पूर्वाचार्य	प्रा.		१-२				
६९६	चौवीस दंडक प्रकरण	गजसार मुनि	प्रा.		१-४				
६९७	जीवाजीवविचार	शान्तीसूरि	प्रा.		१-३				
६९८/A	नवतत्त्वप्रकरण	पूर्वाचार्य	प्रा.		१-२				
६९८/B	नवतत्त्वप्रकरण	पूर्वाचार्य	प्रा.		१-४				
६९९	बोलथोकडा भंगसंग्रह	पूर्वाचार्य	मा.		१४-१८				
७००	योग प्रकरण	गरीबगिरि	मा.		१-४				
७०१	सारस्वतसूत्र	अनुभूति स्वरूपाचार्य	सं.		१-७				
७०२	मूत्रपरीक्षा	पूर्वाचार्य	मा.		१-२				
७०३	चंद्रगुप्त के १६ स्वरूप्न	पूर्वाचार्य	प्रा.		१-२				

ग्रंथांक	ग्रंथनुं नाम	कर्ता	भाषा	संवत्	पत्र संख्या	झेरोक्ष	सी.डी.	ग्रंथाग्र	विशेष नोंध
७०४	पंचकल्याणकटीप	पूर्वाचार्य	सं.		१-२				
७०५	जानवर सुकनावली	पूर्वाचार्य	मा.		१-५				
७०६	स्तोत्र संग्रह	मानतुंग सूरि, अभयदेवसूरि आदि	प्रा.सं.		१५-१७	५५८..७०७	३२१		
७०७	मंत्र-सकुन आदि	पूर्वाचार्य			६	५५८..७०७	३२०		
७०८	राईसंथारा आदि	पूर्वाचार्य			६				
७०९	ऋषिबत्तीसी	पूर्वाचार्य			६				
७०९	लघुचाणक्य नीति	पूर्वाचार्य			२				
७१०	शान्तिनाथस्तवन	मेघमुनि			१-३				
७११◆	स्तवन-सज्झाय-संग्रह	पूर्वाचार्य			१३०				
७१२◆	स्तवनसंग्रह	पूर्वाचार्य			११+२ = १३				
७१३◆	भक्तामरस्तोत्र भाषा गोटका	पूर्वाचार्य			१-११				आ बधा ग्रंथो अमे ध्यानथी जोयेल नथी.
७१४◆	शनिश्चरजीकी कथा	पूर्वाचार्य			१-१२				आ बधा ग्रंथो अमे ध्यानथी जोयेल नथी.
७१५◆	सत्तरभेदी, नवपदजी, स्नात्र प्रतिक्रमण आदि गोटका				१-३९				आ बधा ग्रंथो अमे ध्यानथी जोयेल नथी.
७१५◆	गोटका								आ बधा ग्रंथो अमे ध्यानथी जोयेल नथी.
७१६◆	धन्नाशालीभद्रचौपई + थंभनापार्श्वनाथ जीकी स्तवन				१-२९				आ बधा ग्रंथो अमे ध्यानथी जोयेल नथी.
७१७◆	जैसलमेर के ज्ञानभंडारोकी सूची								आ बधा ग्रंथो अमे ध्यानथी जोयेल नथी.
७१८◆	रत्नसागर (मोहन गुणमाला)								आ बधा ग्रंथो अमे ध्यानथी जोयेल नथी.
७१९◆	पर्युषणादिक पर्वोनी कथा								आ बधा ग्रंथो अमे ध्यानथी जोयेल नथी.
७२०◆	श्रीपालचरित्र								आ बधा ग्रंथो अमे ध्यानथी जोयेल नथी.
७२१◆	अथ नवपदमहिमावर्णनरूप श्रीपाल राजानो रास								आ बधा ग्रंथो अमे ध्यानथी जोयेल नथी.
७२२	श्रावकप्रतिक्रमण वंदित्तु सह बालावबोध				११६				१ थी १०९ नथी
७२३◆	पंचप्रतिक्रमणादिसूत्र								आ बधा ग्रंथो अमे ध्यानथी जोयेल नथी.
७२४◆	श्रीजीना हितोपदेश								आ बधा ग्रंथो अमे ध्यानथी जोयेल नथी.
७२५◆	विवेकसार								आ बधा ग्रंथो अमे ध्यानथी जोयेल नथी.

ग्रंथांक	ग्रंथनुं नाम	कर्ता	भाषा	संवत्	पत्र संख्या	झेरोक्ष	सी.डी.	ग्रंथाग्र	विशेष नोंध
७२६◆	दंडक तथा लघु संघयणी								आ बधा ग्रंथो अमे ध्यानथी जोयेल नथी.
७२७◆	गुरुदेवदादासाहिब की पूजा								आ बधा ग्रंथो अमे ध्यानथी जोयेल नथी.
७२८◆	स्तवन संग्रह								आ बधा ग्रंथो अमे ध्यानथी जोयेल नथी.
७२९◆	वृद्धिरत्नमाला								आ बधा ग्रंथो अमे ध्यानथी जोयेल नथी.
७३०◆	वेतालपच्चीसी								आ बधा ग्रंथो अमे ध्यानथी जोयेल नथी.
७३१◆	विद्याज्ञान प्रकाश								आ बधा ग्रंथो अमे ध्यानथी जोयेल नथी.
७३२◆	जैसलमेर जैन भाण्डागारीय ग्रंथना सूचीपत्र								आ बधा ग्रंथो अमे ध्यानथी जोयेल नथी.
७३३/A	खरतरगच्छ उपाश्रय जैन ज्ञान भंडार की सूची व पट्ट								हस्तलिखित छे
७३३/B	ढाई द्वीपनो पट्ट			१७६७					
७३३/C	यह कागज को कपडे पर चिपक्यो हुवो जिस पर ४९ मंडलानि लिख्यो हुओ								
७३३/D	यह कपडे चिपक्यो हुवो								
७३३/E	कागज के दो पट्ट								
७३४	लोंकागच्छ उपाश्रय के भंडार की पुरानि प्रिंट								हस्तलिखित छे
७३५	कल्पसूत्र सह अवचूरि				१०				आ ग्रंथो जौहरीमलजी पारखे
७३६	वैराग्यशतक	भर्तृहरि			१०				ता.२४-५-८३ना रोज नंबर विनाना
७३७	प्रश्नव्याकरण वृत्ति				४७(३८ + १११)				बंडलोमांथी शोधी काढेला छे.

ग्रंथांक	ग्रंथनुं नाम	कर्ता	संवत्	पत्र संख्या	झेरोक्ष	सी.डी.नं.	ग्रंथाग्र	विशेष नोंध
	१ थी ३ ग्रंथो ताडपत्रीय होवाथी.							
	ताडपत्रोनी यादीमां तेनी विगत छे.							
४	नंदीसूत्र			६				
५	उपदेशमाला			२१			७००	
६	उपदेशमाला सह अवचूरि			२९				
७	चैत्य-गुरूवंदन-प्रत्याख्यान भाष्य			६				
८	हेतुगर्भ प्रतिक्रमण विधि	जयचंद्रसूरि		२१				
९	सूत्रकृतांगसूत्र			४१				
१०	पिंडविशुद्धि सह दीपिका			१६				
११	बलिनरेन्द्र (भुवनभानु कथा)			५४				
१२	गुणस्थानक्रमारोह वृत्ति सह		१८२५	२८				
१३	श्राद्धदिनकृत्य सूत्र			१५				
१४	कल्पसूत्र सह टब्बार्थ			१२०				
१५	ढंढणऋषि स्वाध्याय + देवचंद्र ग्रंथावली		१८०९	७५				
१६	दशआश्चर्य			५				
१७	अंतकृद्दशांगसूत्र सह वृत्ति			२४			५००	
१८	सुकृतसागर			३६			१४५६	
१९	श्रावकानुष्ठानविधि + आवश्यकवृत्ति		१६९३	६२			२७००	
२०	शत्रुंजयमहात्म्य	धनंजय	१६४९	१८४				
२१	कल्पसूत्र सह वृत्ति	समयसुंदर		१९१				
२२	औपपातिकसूत्र			२३			१२२५	
२३	विपाकसूत्र	ले.ज्योसींग ग.		४२			१२५०	
२४	द सपइन्नासूत्र		१८४०	११५				
२५	उत्तराध्ययनसूत्र (१९१ नंबरका							
	ग्रंथभी साथ है)		१५५४	५४				

ग्रंथांक	ग्रंथनुं नाम	कर्ता	संवत्	पत्र संख्या	झेरोक्ष	सी.डी.नं.	ग्रंथाग्र	विशेष नोंध
२६	उत्तराध्ययनसूत्र			६६			२०००	
२७	संग्रहणीसूत्र + आवश्यकसूत्राणि व पाठ	मलहारी हेमसूरि		७६				
२८	कृष्ण-शुक्लपक्षस्तुति	ज्ञानविमलसूरि		६				
२९	प्रश्नव्याकरणसूत्र			३८			१२५८	
३०	साधुसमाचारी			१४				
३१	निरयावलिकादि पंचोपांग सूत्र			२४			११०९	
३२	गुणमंजरीवरदत्तचौपई			२३				
३३	दशाश्रुतस्कन्ध कल्पसूत्र टब्बार्थ			१५१				
३४	यात्रोपदेश + स्नात्रपंचाशिका			९				
३५	विवेकमंजरी			७				
३६	शालिभद्रमहामुनिचौपई			२५				
३७	चित्रसेन पदमावती कथा			२१				
३८	आनंदश्रावकसंधि	हेमकीर्ति	१७१६	१०				
३९	नंदिसूत्र		१६५५	१४				
४०	श्रावकप्रतिक्रमणसूत्र लघुवृत्ति	तिलकाचार्य		१४				
४१	औपपातिकसूत्र सह टिप्पणक			२८			११७५	
४२	राजप्रश्नीयसूत्र		१५९०	२७			२०८०	
४३	भगवतीसूत्र			१८०				
४४/A	शतकचूर्णि			३६			२२००	
४४/B	कर्मप्रकृत्ति चूर्णि	जिनभद्रसूरि	१४९९	१००				
४५	अंतकृद्‌दशांगसूत्र			२०				
४६	विपाकसूत्र			३३			१२१६	
४७/१	उपासकदशांगसूत्र			१६				
४७/२	उपासकदशांगसूत्र			२०			८१२	
४८	शत्रुंजयमाहात्म्य		१५६७	१६७			१२०००	

ग्रंथांक	ग्रंथनुं नाम	कर्ता	संवत्	पत्र संख्या	झेरोक्ष	सी.डी.नं.	ग्रंथाग्र	विशेष नोंध
४९	प्रश्नव्याकरणसूत्र			२४			१२५०	
५०	समवायांगसूत्र			४२			१६६७	
५१	प्रवचनसारोद्धार	हेममंदिर गणि		५			२१०	
५२	उदयबावनी		१७५२	५				
५३	योगशास्त्र	हेमचंद्राचार्य	१६०८	१५				
५४/A	सम्मतितर्क पूर्वार्ध			३८६				
५४/B	सम्मतितर्क उत्तरार्ध	कमलविजय		२६४				
५५	शांब-प्रद्युम्नचौपाई	समयसुंदर	१७२४	२३				
५६	बीहल्लबावनी		१७५२	६				
५७	इलाकुमारचौपाई		१७८४	१२				
५८	शालिभद्रमहामुनिचौपाई	अमृतसागरगणि		१९				
५९	कर्मग्रंथ द्वितीय तृतीय बालावबोध	देवेन्द्रसूरि	१६९४	८				छठ्ठु पानुं नथी
६०	चोवीसदंडक अवचूरि		१७०२	६				
६१	चौवीसी			१०				
६२	विवाहप्रकरण	काशीनाथ		७				
६३	कालिकाचार्यकथा	समयसुंदर		१३			४५१	
६४	भक्तामरवृत्ति		१४२६	२५			१५७२	
६५	स्तवनावली	ज्ञानविमल		७				
६६	क्षेत्रसमास			१४				
६७	चौवीसी सह बालाबोध	मानविजय	१७९४	९७				
६८	उत्तराध्ययनसूत्र			६४				
६९	भक्तपरिज्ञा			१६				
७०	चौवीसीजिनस्तवन			८				
७१	कर्मग्रन्थ षष्ठ (सत्तरी)			७				
७२	श्रावकप्रतिक्रमणसूत्र सहवृत्ति		१७८५	१४४				

ग्रंथांक	ग्रंथनुं नाम	कर्ता	संवत्	पत्र संख्या	झेरोक्ष	सी.डी.नं.	ग्रंथाग्र	विशेष नोंध
७३	अभिधानचिंतामणि शेष			१३				
७४	ललितविस्तरापंजिका	मुनिचंद्र सूरि		३०				
७५	आवश्यकवृत्ति			३१			२७२७	
७६	प्रवचनसारोद्धारसूत्र		१६९३	४२				
७७	पोषधविधी			१५				पहेलुं पानुं नथी
७८	कविशिक्षा सह वृत्ति काव्यकल्पलता	अमरचंद्र		४६	७८ + ७९	३१८	३३५७	
७९	ललितविस्तरा	लक्ष्मण मुनि		२४	७८ + ७९	३१८	१३७०	
८०	दसवैकालिकसुत्र			१४				
८१	बारह भावना	विमलचंद		७				
८२	जिनपूजन इत्यादिक विधी			३१				
८३	समाससारोद्धार			१०				३ पाना नथी
८४	सीमन्धरस्वामीस्तवन			१६			५१२	
८५	भववैराग्यशतक			७				
८६	क्षेत्रसमास प्रकरण			११				
८७	विवेकमंजरीप्रकरण			७				
८८	दसवैकालिक	लावण्यनंदि गणि	१५४८	३				
८९◆	क्रियातपवृत्तिकारिका			३८६				
९०	श्रीपालचरित्र			७९				
९१	योगशास्त्र सार्थ	हेमचंद्राचार्य		२७				
९२	श्राद्धदिनकृत्य			१४				
९३	चउवीसदंडक सह टब्बार्थ	गजसार		१०				
९४	चतुर्विंशति स्तवन + नवतत्त्व विचारसार		१६०५	९			१८०	
९५	चउशरणसन्धि पत्र			७				एक पानु नथी
९६	क्षेत्रसमास			७				
९७	शीलोपदेशमाला		१६६१	६				

ग्रंथांक	ग्रंथनुं नाम	कर्ता	संवत्	पत्र संख्या	झेरोक्ष	सी.डी.नं.	ग्रंथाग्र	विशेष नोंध
९८	कल्पान्तर्वाच्यानि		१६२९	४७				
९९	सीमन्धरस्वामी विनति	जशविजय		६				
१००	नेमिनाथछन्द			७				
१०१	सारस्वतप्रक्रिया त्रिवृत्ति			३७				
१०२	बोल थोकडा भंग संग्रह + गांगेय भंग प्रकरण		१८३१	७				
१०३/A	द्रव्यगुणपर्यायरास			१५				
१०३/B	शत्रुंजयमहिमा	जशविजय		८				
१०३/C	शत्रुंजयउद्धाररास			६				
१०४◆	दशाफलम्			५				
१०५	श्रमण अतिचार		१७३८	३				
१०६	लघुक्षेत्रसमास	कुशलरंग		१३				
१०७	सारस्वत			४०				१ थी १९ पाना नथी
१०८	प्ररूपणा संख्यातादि + कर्मग्रंथ प्रथमथी पंचम षष्ठ		१६९४	२२				
१०९	वसुधारा			४				
११०	बीसविहरमानस्तवन	जशविजय	१७९३	६				
१११	दोषावली			३				
११२	षष्टिशतकप्रकरण			१५				
११३	चैत्रीपूर्णिमा देववंदन			५				
११४	वीतरागस्तोत्र	हेमचंद्राचार्य		१०	११४ + १२१ + १५६	३१८		
११५	प्रत्याख्यान द्विभाष्यानि सह टब्बार्थ		१७०१	१९				
११६	सत्तरहभेदीपूजा प्रबन्ध			४				
११७	पर्यन्तआराधना सह बालावबोध			१२				
११८	चौमासिकव्याख्यान पद्धति	ले.उदयरत्नमुनि, समयसुंदर क.		७			२१०	

ग्रंथांक	ग्रंथनुं नाम	कर्ता	संवत्	पत्र संख्या	झेरोक्ष	सी.डी.नं.	ग्रंथाग्र	विशेष नोंध
११९	योगउपधान विधि			१४				
१२०	कल्पसूत्र सह अवचूरि			१०८				
१२१	श्रमणदिनचर्या			१३	११४ + १२१ + १५६	३१८		
१२२	सदयवत्सकथा		१५२८	२८				
१२३	आरामशोभाचरित्र	मुनिदेवसूंदर	१५२२	४				
१२४	कल्पसूत्रांतर्वाच्य	अदारंग	१६३५	६६				
१२५	शत्रुंजयचैत्यपरिपाटी			४				
१२६	प्रतिक्रमणस्तोत्र			१४				
१२७	आषाढाभूतिचौपई			९				
१२८	मौनएकादशीव्याख्यान		१८०४	८			२०१	
१२९	जीवविचार प्रकरण + नवतत्त्वविचार सह टब्बार्थ			९				
१३०	आवश्यकसूत्राणि सह टब्बार्थ			३०				
१३१	साधुवंदना			८				
१३२	अठारहपापस्थानक सज्झाय	जशविजय		५				
१३३	गण्डस्स कहाणयं	राजप्रमोद	१६६०	१५			५५०	
१३४	चैत्रीपूनमदेववंदन	ज्ञानविमलसूरि		५				
१३५	दानशीलतप संवाद			२३				
१३६	कर्मभावना ग्रंथ प्रथम (नवीन)	देवेन्द्रसूरि		६				
१३७	शत्रुंजयकल्प			२				
१३८	चोवीसी स्तवन			६				
१३९	समासविचार	ज्ञानसागर	१६२२	३				
१४०	पुंडरीक कंडरीक संधि		१७०२	८				
१४१	शालिभद्रचरित्र			४१				
१४२	पापत्यागोपदेश	देवचंद्रकवि		७				

ग्रंथांक	ग्रंथनुं नाम	कर्ता	संवत्	पत्र संख्या	झेरोक्ष	सी.डी.नं.	ग्रंथाग्र	विशेष नोंध
१४३	हरियाली गीत + पुष्पमाला	संवेगराज	१५८९	२५				
१४४	संदेहदोहावली सह टब्बार्थ			१३				
१४५	श्राद्धदिनकृत्य			८			३७५	
१४६	रत्नचूडाचौपई		१५८७	१४				
१४७	दस ढाढा			१६				
१४८	नवतत्त्व सह वृत्ति	संघविमल	१७५१	१७				
१४९	लोकनालद्वात्रिंशिका सह बालावबोध		१७९५	१२				
१५०	कल्याणमंदिर स्तोत्रवृत्ति	देवतिलक सूरि		१३				
१५१	नयचक्र सह बालावबोध	देवचंद		४९			१९००	
१५२	अनुत्तरौपपातिकदशांगसूत्र			६				
१५३	योगशास्त्र	हेमचंद्राचार्य	१५९९	१९				
१५४	श्राद्धदिनकृत्य		१५९५	१५				
१५५	श्रावकसमाचारी व्याख्यान			२१				
१५६	परिशिष्टपर्व स्थविरावलीचरित्र महाकाव्य	हेमचंद्राचार्य	१५२०	६३	११४ + १२१ + १५६	३१८	३४६०	
१५७	चउशरण सह अवचूरि		१५४७	६				
१५८	पंचनिग्रन्थी संग्रहणी			५				
१५९	सूर्यमंडलगतिकोष्टक			७				
१६०	कर्मग्रंथ चतुर्थ प्राचीन	देवेन्द्रसूरि		१२				
१६१	औपदेशिककथाओ			१४				
१६२	चैत्यवंदन गुरुवंदनभाष्य प्रत्याख्यान	विद्यारत्न गणि	१६३५	७				
१६३	विवेकमंजरी सह बालावबोध		१२४८	१४६				
१६४	चैत्य-गुरुवंदन-प्रत्याख्यान भाष्य			६				
......	सह अवचूरि							
१६५	उपदेशमालाप्रकरण	धर्मदासगणि	१६२४	२९				
१६६	योगशास्त्र	हेमचंद्राचार्य		८				

ग्रंथांक	ग्रंथनुं नाम	कर्ता	संवत्	पत्र संख्या	झेरोक्ष	सी.डी.नं.	ग्रंथाग्र	विशेष नोंध
१६७	भक्तामरस्तोत्र सह वृत्ति	ले.रामजी	१६८४	१६				
१६८	उपदेशमालाविधि			३३				
१६९	प्रश्नव्याकरणसूत्र	ले.क्षेमकलशमुनि	१६४६	१९			१२५०	
१७०	अंतकृत्दशांगसूत्र			२९			८००	
१७१	संग्रहणीसूत्र + पुष्पमाला	मलधारी चंद्रसूरि		२२				
१७२	क्षेत्रसमास सह वृत्ति			४२				
१७३	रत्नश्रावकप्रबन्ध	मलधारी राजशेखरसूरि	१६३३	५				
१७४	दशविहा सामाचारी			३४				
१७५	पुष्पमाला		१६५६	१६				
१७६	उपदेशमालाप्रकरण			३१				
१७७	जीवाजीवविचार सह वृत्ति		१६६२	१७				
१७८	उत्तराध्ययनसूत्र			४८				
१७९	पुष्पमाला	ज्ञानमेरु मुनि	१६६९	१८				
१८०	श्राद्धदिनकृत्य			१३				
१८१	अंतकृद्दशांग वृत्ति		१६५३	७			३१०	
१८२	प्रबंधचिंतामणि			३०	१८२ + १८४	३१८	३१०४	
१८३	पुरन्दरकथा			१६				
१८४	प्रवचनपरीक्षा सह वृत्ति			३०	१८२ + १८४	३१८		
१८५	पिण्डविशुद्धिवृत्ति		१५०२	८				
१८६◆	पुष्पमाला	मुनिसुंदर		९				
१८७	कर्पूरप्रकरण			५				
१८८	शोभनस्तुति, अष्टपंचाशत स्तुति अवचुरि			६				
१८९	सिद्धपंचाशिका			२				
१९०	भववैराग्यशतक			२				
१९१	उत्तराध्ययन (ग्रंथ नं. २५ के साथ रखा है)			३०				

ग्रंथांक	ग्रंथनुं नाम	कर्ता	संवत्	पत्र संख्या	झेरोक्ष	सी.डी.नं.	ग्रंथाग्र	विशेष नोंध
१९२	भगवतीसूत्र सह टब्बार्थ			६				
१९३	तत्त्वार्थसारदीपक			२९				
१९४	जगसिंह यशसिंहमहाकाव्य			२२	१९४ + १९६	३१८		
१९५	प्रश्नोत्तरषष्ठिशतवृत्ति			१७				
१९६	न्यायविवेक (अनुमान खंड)			१३	१९४ + १९६	३१८		
१९७[1]	सुसढचरित्र			९				
१९८	अक्षयतृतीयाव्याख्यान			३				
१९९	श्रीपालचरित्र			४६				
२००	आराधना			९				
२०१	पिंडविशुद्धिदीपिका			१९				
२०२	व्याकरणन्यायवृत्ति			२				
२०३	शीलोपदेशमाला बालावबोध			१६				
२०४	भावप्रकरण व्याख्या			४				
२०५	श्रावकपाक्षिक अतिचार			८				
२०६	सङ्ग्रहणी	श्रीचंद्रसूरि		२४				
२०७	सुभाषित पद्य संग्रह			२				
२०८	आवश्यकसूत्राणि सहबालावबोध			४०				
२०९	वसूधारा			६				
२१०	प्रत्याख्यानादि विधियें			२				
२११	सौभाग्यपंचमीव्याख्यान			८				
२१२	सारस्वतव्याकरण			२५				
२१३	मौनएकादशीव्याख्यान			६				
२१४	सिद्धान्तकौमुदीव्याख्या			६				
२१५	चारित्रमनोरथमाला			२				
२१६	कल्याणमंदिरस्तोत्र			१७				

१. ग्रंथांक १९७ से ३७१ तक की प्रतियाँ तपागच्छकी प्रतियों के अलावा अन्य ज्ञानभंडारोंकी जो अतिरिक्त प्रतियाँ हमें मिली उन्हें पुराने आचार्यगच्छ के सूचिपत्रके अंतिम ग्रंथांक १९६ से आगे नये क्रमांक देकर आचार्यगच्छ के ज्ञानभंडार के साथ रखी है ।

ग्रंथांक	ग्रंथनुं नाम	कर्ता	संवत्	पत्र संख्या	झेरोक्ष	सी.डी.नं.	ग्रंथाग्र	विशेष नोंध
२१७	परिकर्म्माष्टकम्			२				
२१८	जिनानंदलहरी (चैत्यवंदन सुभाषितादि)			५				
२१९	कालकाचार्य कथा सहबालावबोध			१६				
२२०	ज्योतिषकाग्रन्थ			८				
२२१	सारस्वत सह बालावबोध			२				
२२२	महावीरचरित्र स्तोत्र सह टब्बार्थ			५				
२२३	धर्मबावनी			१७				
२२४	शान्तिनाथस्तव			१				
२२५	थावच्चापुत्रचौपई			११				
२२६	दशवैकालिकसूत्र			१५				
२२७	अध्यात्मकल्पद्रुम			१०				
२२८	श्रमणश्रावक पाक्षिक अतिचार			७				
२२९	अजितशान्तिस्तव			३				
२३०	बारहभावना स्वरूपकुलक			९				
२३१	औपपातिकसूत्र			१७				
२३२	ब्रह्मदत्तकथा			९				
२३३	उत्तराध्ययनसूत्र			६२				
२३४	लकारार्थप्रक्रिया			४२				
२३५	कढियाराकान्हडरास			६				
२३६	कल्याणमंदिरस्तोत्र			४				
२३७	शास्त्रीय अनेक विचार			३७				
२३८	कर्मग्रंथप्रथमसे चतुर्थ(नवीन) सह सस्तबक			२४				
२३९	दशवैकालिकसूत्र			६९				
२४०	कातन्त्र सह (कात्यायन) कृत्सूत्रिवृत्ति			६८				
२४१	ज्ञाताधर्मकथांगसूत्र			१२६				

ग्रंथांक	ग्रंथनुं नाम	कर्ता	संवत्	पत्र संख्या	झेरोक्ष	सी.डी.नं.	ग्रंथाग्र	विशेष नोंध
२४२	स्फूट स्तवन			१६९				
२४३	उत्तराध्ययनसूत्रसहवृत्ति			२९४				
२४४	आवश्यकसूत्राणि			५८				
२४५	प्रकीर्णकपोथी			११५				
२४६	आयंबिलविचार			५				
२४७	दशाश्रुतस्कन्धसूत्र			१५				
२४८	प्रतिक्रमणविधि (हेतुगर्भ)			२९				
२४९	निगोदषट्त्रिंशिकासहवृत्ति			८				
२५०	गणधर सार्द्धशतकसह टब्बार्थ			१८				
२५१	मङ्गलिकमाला			१२				
२५२	अङ्गचूलिका			१३				
२५३	न्यायसिद्धान्तदीपप्रभा (शेषीटीका)			२४				
२५४	श्रावकपाक्षिकअतिचार			६				
२५५	भावना उपयोग			२१				
२५६	शान्त्यादि विधिर्यावसतक			७				
२५७	अंतकृत् + अनुत्तरौपपातिक + प्रश्नव्याकरण विपाकवृत्ति			९१				
२५८	पर्युषणाष्टान्हिका व्याख्यान + कल्पसूत्र मांडणी			६				
२५९	वसुधारा			६				
२६०	कल्पसूत्र			९				
२६१	बोलथोकडाभङ्गसंग्रह			४				
२६२	विचारसङ्गह			७				
२६३	प्रक्रिया कौमुदी			२४				
२६४	बोलथोकडाभङ्गसंग्रह			१०				

ग्रंथांक	ग्रंथनुं नाम	कर्ता	संवत्	पत्र संख्या	झेरोक्ष	सी.डी.नं.	ग्रंथाग्र	विशेष नोंध
२६५	सिन्दूरप्रकर			८				
२६६	कर्मग्रन्थ प्रथम (नवीन)			३				
२६७	बोलथोकडाभङ्गसंग्रह			४				
२६८	चैत्यगुरुवंदनप्रत्याख्यानभाष्य			८				
२६९	प्रश्नोत्तरसार्द्धशतक सूचाबीजक			३२				
२७०	दीपावलीकल्प			२१				
२७१	गोङ्गेयभंगकसह अवचूरि			२				
२७२	जिनकुशल + गौतम अष्टक			७				
२७३	प्रमाणकाग्रन्थ त्रुटक (जैनन्याय)			२१				
२७४	चातुर्मासिकव्याख्यान			४				
२७५	दसवैकालिकसूत्र			१०				
२७६	सङ्गहणी	श्रीचंद्रसूरि		५३				
२७७	प्रमाणनयतत्त्वालोकालङ्कारवृत्ति			४७				
२७८	राजप्रश्नीयवृत्ति			८८				
२७९	जैनकथा त्रूटक पन्ने			४२१				
२८०	दसवैकालिकनिर्युक्ति			२०				
२८१	आचारांगनिर्युक्ति			१६				
२८२	सूत्रकृतांगनिर्युक्ति			१०				
२८३	कल्पसूत्रचूर्णी			२७				
२८४	दर्शनसत्तरि सह टब्बार्थ			६				
२८५	अट्ठाइसलब्धि स्तवन			१				
२८६	सिद्धपंचाशिका			३				
२८७	सिद्धपंचाशिका			३				
२८८	चौवीसदण्डक			३				
२८९	धार्मिकसुभाषित			११				

ग्रंथांक	ग्रंथनुं नाम	कर्ता	संवत्	पत्र संख्या	झेरोक्ष	सी.डी.नं.	ग्रंथाग्र	विशेष नोंध
२९०	मायाबीजआम्नायस्तोत्र							
	कल्पस्तुतिमंत्रवसाधन			४				
२९१	संजममञ्जरी			२				
२९२	धारणायन्त्र			३				
२९३	धारणायन्त्र			२				
२९४	विचारसंग्रह			१२				
२९५	विनयबोल			१९				
२९६	श्रमण अतिचार			५				
२९७	न्यायसिद्धान्तदीपप्रभा			५३				
२९८	कर्मग्रंन्थ चतुर्थ (प्राचीन) सह टिप्पनक			३२				
२९९	नवतत्वसह अवचूरि			२				
३००	बोलथोकडाभङ्गसंग्रह			२७				
३०१	चतुःशरणप्रकरण सह टब्बार्थ			९				
३०२	सिन्दूरप्रकर			४				
३०३	सज्ञासोलहविचार			३				
३०४	उपदेशमाला (सज्झाय)			२				
३०५	सूत्रकृतांगवृति			५८				
३०६	ऋजुप्राज्ञव्याकरण			७६				
३०७	नाडीपरीक्षा			१				
३०८	अष्टोतरीस्नात्रविधि			७				
३०९	श्रीमती सज्झाय			१				
३१०	बारहभावना			२				
३११	अवन्तिसुकुमालरास			७				
३१२	आवश्यकसूत्राणि व पाठ			५				
३१३	उपदेशमाला			१९				

ग्रंथांक	ग्रंथनुं नाम	कर्ता	संवत्	पत्र संख्या	झेरोक्ष	सी.डी.नं.	ग्रंथाग्र	विशेष नोंध
३१४	उपदेशसप्तति			५				
३१५	सिद्धचक्रयन्त्रोद्धारविधि सहवृत्ति			३				
३१६	धनदत्तचौपई			७				
३१७	संग्रहणी	(श्रीचन्द्रीय)		१४				
३१८	दानशीलतपभावनासंवाद			५				
३१९	मंगलकलशरास			२१				
३२०	राजप्रश्नीयसूत्र			४०				
३२१	षोडशयोग			१				
३२२	एकविंशतिस्थानक (इक्कवीसठाणा)			३				
३२३	अनुत्तरौपपातिकदशांगसूत्र			९				
३२४	उत्तरमांगलिकमाला			१५				
३२५	ज्ञाताधर्मकथांगसूत्रवृत्ति			८१				
३२६	तम्बाखूनिवारण संज्झाय			४				
३२७	पंचनिर्ग्रन्थ संग्रहणी			५				
३२८	उपदेशमाला			६				
३२९	श्रावक पाक्षिक अतिचार			६				
३३०	श्रावक आराधना			११				
३३१	जिनदत्तसूरि चरित्र			२				
३३२	द्वितीय कर्मग्रंथ यंत्र			५				
३३३	क्षेत्रसमास			१३				
३३४	गौतमपृच्छाचौपई			४				
३३५	साधुवंदना			१३				
३३६	पुण्यलाभकुलक			३				
३३७	ज्ञानचतुर्विंशतिकासह अवचूरि			२				
३३८	क्षेत्रसमास			१२				

ग्रंथांक	ग्रंथनुं नाम	कर्ता	संवत्	पत्र संख्या	झेरोक्ष	सी.डी.नं.	ग्रंथाग्र	विशेष नोंध
३३९	न्यायसिद्धान्तदीपप्रभा			४६				
३४०	चतुःशरण सह टब्बार्थ			२				
३४१	चतुःशरण			२				
३४२	जिनचन्द्रसूरि अष्टक			१				
३४३	अनुत्तरोपपातिक सूत्र			११				
३४४	करमबत्तीसी			५				
३४५	नवतत्व + जीवविचार + चौवीसदण्डक सह टब्बार्थ			२६				
३४६	ज्ञाताउपनयकथा			६				
३४७	उत्पतिबहुत्तरी			३				
३४८	अभिधान चिंतामणी नाममाला			६४				
३४९	कर्मसज्झाय + वीर स्तवन			१				
३५०	मेरुत्रयोदशीव्याख्यान			७				
३५१	कृदन्तनिरुक्ति			२				
३५२	संग्रहणी सह बालावबोध	श्रीचंद्रसूरि		१३				
३५३	रघुवंश सस्तबक			१२				
३५४	लोकनालिद्वात्रिंशिका			५				
३५५	पिंडनिर्युक्ति			१६				
३५६	मजलस			२				
३५७	गौडी पार्श्वनाथ (अष्टभयनिवारण छंद)			५				
३५८	इकविंशति स्थानक			७				
३५९	पौषधविधि			३				
३६०	अर्घकाण्ड			१				
३६१	कल्पप्रदीप			५५				
३६२	क्षेत्रसमास			१२				

ग्रंथांक	ग्रंथनुं नाम	कर्ता	संवत्	पत्र संख्या	झेरोक्ष	सी.डी.नं.	ग्रंथाग्र	विशेष नोंध
३६३	स्फूट पत्रे			२६०				
३६४	जयतिहुअणस्तोत्रसहवृत्ति			५				
३६५	स्फूट स्तवन स्तुति स्तोत्र पत्र व लघुग्रंथ			३				
३६६	सर्वज्ञसिद्धि			७				
३६७	तपोभेद			५				
३६८	आवश्यकनिर्युक्ति			२३				
३६९	सिद्धचक्रस्तोत्र तथा भावारिवारणसमसंस्कृतस्तोत्र			३				
३७०	स्फुटस्तवनस्तुति स्वाध्याय पत्र व लघुग्रंथ			१८				
३७१	अष्टक			६				

ग्रंथांक	ग्रंथनुं नाम	कर्ता	भाषा	संवत्	पत्र संख्या	झेरोक्ष	सी.डी.	ग्रंथाग्र	विशेष नोंध
१	विशेषावश्यक बृहद्वृत्ति प्रथम खंड	हेमचन्द्रसूरि	सं.प्रा.		३३०	१(१,२)	२४३		
२	विशेषावश्यक बृहद्वृत्ति द्वितीय खंड	हेमचन्द्रसूरि	सं.प्रा.		३२५	२(१,२)	३२२		
३	व्यवहार भाष्य		प्रा.		१५९				पत्र ३८३ मुं नथी.
४	दशाश्रुतस्कन्ध सूत्र	सुधर्मागणधर	प्रा.		४६				
५	दशाश्रुतस्कन्ध निर्युक्ति चूर्णि		प्रा.		५६				
६	जीतकल्पवृत्ति	तिलकाचार्य	प्रा.सं.		४६				
७	जीतकल्पसूत्र		प्रा.		४	७	२४४		
८	बृहत्कल्पचूर्णि		प्रा.		३२१				
९	बृहत्कल्पसूत्र मूल		प्रा.		९				आ ग्रंथ उधईए खाधेल छे.
१०	बृहत्कल्पभाष्य		प्रा.		२०१				
११	पिण्डनिर्युक्तिसूत्रवृत्ति	मलयगिरि	प्रा.सं.		१६०		२४४	७५००	
१२	पंचकल्पचूर्णि	देवाचार्य	प्रा.		७३				
१३	पंचकल्पबृहद्भाष्य	संघदास क्षमाश्रमण	प्रा.		७३	१३ थी १५	२४४		
१४	ओघनिर्युक्तिभाष्य		प्रा.		६७	१३ थी १५	२४४	श्लो. ३०००	
१५	समाचारी पदस्थापन दीक्षा		प्रा.		३०	१३ थी १५	२४४	१२५४	
१६	श्राद्धजीतकल्पवृत्ति	धर्मघोषसूरि	प्रा.सं.		६०				
१७	आचारांगचूर्णि		प्रा.सं.	१६७७	२०९	१७(१,२)	२४४		
१८	दशवैकालिकचूर्णि		प्रा.	१६७८	१७५	१८	२४४		
१९	महानिशीथ		प्रा.		९६	१९	२४४	४५४४	
२०	धर्मसंग्रहणीटीका	मलयगिरि	प्रा.सं.	१६७७	२७८	२०(१,२)	२४५		
२१	वसुदेवहिण्डी प्रथमखंड	संघदास गणि	प्रा.		१६७	२१	२४५	१०४८९	
२२	षट्स्थानकवृत्ति	जिनपतसूरि के शिष्य	सं.		३७	२२	२४५	१४९४	
२३	प्रश्नोत्तररत्नमालासहवृत्ति	मुनिभद्रसूरि	सं.प्रा.	१६७७	१५८	२३	२४५	७८८०	
२४	दर्शनसत्तरीवृत्ति	संघतिलकसूरि	सं.	१६७७	१९९	२४	२४५		
२५	पंचलिंगीप्रकरण	जिनेश्वर सूरि	सं.		३५	२५	२४६		
२६	भवभावनावृत्ति	हेमचन्द्रसूरि	प्रा.सं.		३१७	२६(१,२)	२४६	१३०००	
२७	नवतत्त्वविवरणम्	देवाचार्य	सं.प्रा.		६७	२७	२४६	२४००	

ग्रंथांक	ग्रंथनुं नाम	कर्ता	भाषा	संवत्	पत्र संख्या	झेरोक्ष	सी.डी.	ग्रंथाग्र	विशेष नोंध
२८	सुपार्श्वनाथचरित्र		प्रा.	१५२६	२२८	२८	२४६		
२९	समवायांगसूत्र	सुधर्मा गणधर	मा.		५१		२४६	१७५०	
३०	समवायांगसूत्र	सुधर्मा गणधर	मा.		३४		२४६	१६६७	
३१	ज्ञातासूत्र	सुधर्मा गणधर	मा.		१०३			५५३४	
३२	ज्ञातासूत्र टब्बा	धनजी खरतरगच्छीय	मा.	१७८६	३१०			१८२००	
३३	ज्ञातासूत्र	सुधर्मा गणधर	मा.	१६१४	९९			१५४८५	
३४	अन्तकृद्दशांगसूत्र	सुधर्मा गणधर	मा.	१८१८	३५				
३५	अन्तकृद्दशांगसूत्र	सुधर्मा गणधर	मा.		३५				
३६	अन्तकृद्दशांगसूत्र	सुधर्मा गणधर	मा.		१५				
३७	अन्तकृद्दशांगसूत्र	सुधर्मा गणधर	मा.		१८			७९०	
३८	अन्तकृद्दशांगसूत्र	सुधर्मा गणधर	मा.	१८८०	५२			८००	
३९	अन्तकृद्दशांगसूत्र	सुधर्मा गणधर	मा.	१७९०	४१			८९५	
४०	अनुत्तरौपपातिकसूत्र टब्बा	सुधर्मा गणधर	मा.	१९०८	१४			६००	
४१	अन्तकृद्दशांगसूत्र	सुधर्मा गणधर	मा.		१६			८९०	
४२	सूत्रकृतांगवृत्ति	अभयदेवसूरी	सं.		२१५	४२ + ४८ + ५०	२४७		
४३	अनुत्तरौपपातिकदशांगसूत्र सह टब्बार्थ	सुधर्मागणधर	मा.		१६				
४४	अनुत्तरौपपातिकदशांगसूत्र	सुधर्मागणधर	मा.		५			१९२	
४५	प्रश्नव्याकरणसूत्र	सुधर्मागणधर	मा.		४				
४६	प्रश्नव्याकरणसूत्र	सुधर्मागणधर	मा.		२७				
४६/A	प्रश्नव्याकरणसूत्र	सुधर्मागणधर	मा.		२७				
४७	प्रश्नव्याकरणसूत्र सह बालावबोध	पार्श्वचंद्रसूरि	मा.		१२५				
४८	सुहविवाग	जिनहर्ष	मा.	१७०८	५	४२ + ४८ + ५०			
४९	विपाकसूत्र	लक्ष्मणमुनि	मा.	१७५९	२५			१२६०	
५०	विपाकसूत्रवृत्ति	अभयदेवसूरि	सं.	१६५०	१७	४२ + ४८ + ५०		९००	
५१	विपाकसूत्र सह टब्बार्थ	पार्श्वचंद्रसूरि	सं.	१८८९	८१				
५२	प्रश्नव्याकरणसूत्र सह टब्बार्थ	पार्श्वचंद्रसूरि	सं.	१७३६	९१				
५३	प्रश्नव्याकरणवृत्ति	अभयदेवसूरि	सं.		९४	५३		४९००	प्रथम पृष्ठ नथी

ग्रंथांक	ग्रंथनुं नाम	कर्ता	भाषा	संवत्	पत्र संख्या	झेरोक्ष	सी.डी.	ग्रंथाग्र	विशेष नोंध
५४	जीवाभिगमवृत्ति	मलयगिरि	सं.		३००	५४	२४७		
५५	जीवाजीवाभिगमसूत्र	गणधर	मा.	१६१५	९६		२४७	४८५०	
५६	जंबूद्वीपप्रज्ञप्ति	गणधर	मा.		१००		२४७	४४५४	
५७	भगवतीसूत्र	गणधर	मा.		३२८		२४७	१५७५५	
५८	भगवतीसूत्रवृत्ति	अभयदेवसूरि	सं.		३८४	५८(१,२)	२४८		
५९	भगवतीसूत्रवृत्ति	अभयदेवसूरि	सं.		५०५	५९(१,२,३)		१८६१६	
६०	भगवतीसूत्र मूल	गणधर	मा.		३१२			१६०००	
६१	भगवतीसूत्र	गणधर	मा.		३९९			१६०००	
६२	भगवतीसूत्रबीजक	हर्षकुलगणि	सं.	१५७८	१२				
६३	भगवतीसूत्र		मा.	१६१५	१५				
६४	भगवतीसूत्रवृत्ति	अभयदेवसूरि	सं.	१६६१	७९			१८६१६	२४ मा शतक सुधी
६५	ज्ञाताधर्मकथांगसूत्र	सुधर्मागणधर	मा.		१५४			५५३४	
६६	आवश्यकचूर्णि	जिनदास गणि	प्रा.	१६६१	३९९	६६ (१,२)	३२२	१८०००	
६७	सारस्वत बालावबोध	अनुभूति स्वरूपाचार्य	सं.	१९००	२३७				अपूर्ण
६८ ◆	कल्पसूत्रविवरण				३०				
६९	आवश्यकलघुवृत्ति	तिलकाचार्य	सं.		३०६	६९	३२३		पहेलुं पानुं नथी
७०	पाक्षिकविचार		सं.		१२				
७१	चैत्यवंदनादिभाष्य सह टब्बार्थ + सम्यक्त्वस्तवन	हेमसागर	सं.	१७६९	१७				
७२	चैत्यवंदनादिभाष्य	देवेन्द्रसूरि	सं.	१५०३	५				
७३	पाक्षिकसूत्र सह क्षमापना	दोलतविजयगणि	मा.	१७८१	१५				
७४	आवश्यकनिर्युक्ति	भद्रबाहुस्वामी	प्रा.		२				
७५	आवश्यकसूत्राणि सह टब्बार्थ	ट.हर्षकिर्ती	प्रा.	१८६४	१८				
७६	उत्तराध्ययनकथायें		गु.		२२				
७७	कल्पसूत्र सहावचूरि	गणधर	सं.प्रा.	१६४३	७२				पहेलुं पानु नथी
७८	उत्तराध्ययनसूत्र सह वृत्ति	नेमीचन्द्रसूरि	सं.प्रा.	१८२८	२७६				
७९	उत्तराध्ययनसूत्र		सं.प्रा.		४५				

ग्रंथांक	ग्रंथनुं नाम	कर्ता	भाषा	संवत्	पत्र संख्या	झेरोक्ष	सी.डी.	ग्रंथाग्र	विशेष नोंध
८०	उत्तराध्ययनकथायें	विजयदेवसूरि	सं.		१४४(१-१६१)				९३ थी १०९ नथी
८१	उत्तराध्ययनसूत्र अवचूरि	गणधर	प्रा.	१८२८	४५			३६२६	
८२	उत्तराध्ययनदीपिका	कमलसंयम	सं.प्रा	१६६१	२६७				
८३	उववाइ उपांगसूत्र सह टब्बार्थ			१६४६	५६				
८४	निरयावलि		प्रा.	१६१०	२१	८४	३२३		
८५	औपपातिकसूत्र		प्रा.	१८१७	५६	८५		१२५०	
८६	निरयावलिकादिपंचोपांगसूत्र सह टब्बार्थ			१८७७	६८				
८७	षडावश्यकसूत्राणि सह बालावबोध			१६००	३२				
८८	आवश्यकनिर्युक्ति		सं.		७२				
८९	आवश्यकबालावबोध				३५				
९०	आवश्यक(वृन्दारु)वृत्ति		सं.	१६१८	५२				
९१	आवश्यकवृत्ति टिप्पनक	हेमचंद्रसूरि	सं.प्रा		८५				५० मुं पानु नथी
९२	पाक्षिकसूत्र सह वृत्ति	यशोदेवसूरि	सं.	१६५७	६०			२७००	
९३	पाक्षिकसूत्र क्षमापना सह टब्बार्थ	भावविजयगणि			२३				
९४	आवश्यकसूत्राणि सह बालावबोध		सं.	१६७२	१०				
९५	पाक्षिकसूत्र सह क्षमापना			१७६३	११				पत्र १, २ नथी
९६	आवश्यकसूत्राणि व पाठ		प्रा.		२१				
९७	आवश्यकसूत्राणि सह बालावबोध अपूर्ण		प्रा.		८				
९८	आवश्यकसूत्राणि व पाठ		प्रा.	१७०२	११				
९९	श्रावकप्रतिक्रमणसूत्र सह टब्बार्थ		प्रा.		४				
१००	श्रावकप्रतिक्रमणसूत्र		प्रा.	१८७०	३				
१०१	भाष्यत्रय	देवेन्द्रसूरी	प्रा.		१२				
१०२	प्रत्याख्यानचूर्णि	जयदेवसूरि	सं.प्रा		३४				
१०३	चैत्यवंदनमहाभाष्य	शान्तिसूरि	सं.प्रा		२४			११८०	
१०४	प्रतिक्रमणविधिहेतुगर्भ	जयचंद्रसूरि	सं.		१८			५७२	
१०५	आवश्यकवृन्दारुवृत्ति		सं.प्रा		४०			२७२०	
१०६	आवश्यकनिर्युक्ति		मा.		८६				
१०७	आचारांगसूत्र सह बालावबोध	बाला.कीर्तिकलश		१६१०	१७४		३२३	७२५१	

ग्रंथांक	ग्रंथनुं नाम	कर्ता	भाषा	संवत्	पत्र संख्या	झेरोक्ष	सी.डी.	ग्रंथाग्र	विशेष नोंध
१०८	आचारांगसूत्र		मा.	१७५२	७१				
१०९	आचारांगबालावबोध	पार्श्वचंद्रसूरि			१२१				
११०	आचारांग प्रथमश्रुत स्कंधटब्बार्थ	पार्श्वचंद्रसूरि	गु.		९२				
१११	आचारांग	गणधर	मा.		४९				
११२	आचारांगवृत्ति	शिलांगाचार्य	सं.प्रा		२३३			१२०००	
११३	मूळशुद्धिप्रकरण सह वृत्ति	देवचंद्रसूरि	सं.प्रा		२८३	११३	३२३		
११४	मूळशुद्धिप्रकरण सह वृत्ति	अभयदेवसूरि	सं.प्रा		३०४	११४	३२४	१४२५०	
११५	सूत्रकृतांगसूत्र	गणधर	प्रा.	१७६४	९०				
११६	स्थानांगसूत्र	गणधर	प्रा.		७४			३७००	
११७	सूयगडांगवृत्ति	अभयदेवसूरि	सं.प्रा		५३			५३००	
११८	उपासकदशांगसूत्र सह टब्बार्थ		प्रा.गु.		५६			८००९०	
११९	उपासकदशांगसूत्र	गणधर	प्रा.	१७२०	२१			८१२	
१२०	उपासकदशांगसूत्र	गणधर	प्रा		३८				
१२१	औपपातिकवृत्ति		प्रा.सं.		५३	१२१	३२४	२२२५	
१२२	उपासकदशांगवृत्ति + अंतगड + अणुत्तरोववाइ		प्रा.सं.		३१			१३००	
१२३	उपासकसूत्र	गणधर	प्रा.		१६			८१२	
१२४	श्राद्धदिनकृत्यवृत्ति		सं.		२८१			१२८२०	
१२५	श्राद्धदिनविधि		सं.		१६३			१७३५	
१२६	श्राद्धविधि सह वृत्ति	रत्नशेखरसूरि	सं.		२०४			६७६२	
१२७	श्राद्धदिनकृत्यवृत्ति		सं.		२९१	१२७	३२४	१२८२०	
१२८	आचारप्रदीप	रत्नेश्वरसूरि	सं.		९३			४०६५	
१२९	यतिदिनचर्या	भावदेवसूरि	प्रा	१६५१	५				
१३०	आचारोपदेश	मेरूविजयगणि	सं.		६	१३०...१७८	३२४		
१३१	श्रावकप्रतिक्रमण सूत्र सह अवचूरि		सं.प्रा		९				
१३२ ◆	श्रावकप्रतिक्रमणसूत्र	पूर्वाचार्य	प्रा.		२				
१३३	श्रमणअतिचार		गु.		९				
१३४	श्रावकप्रतिक्रमणसूत्र		गु.		२				

ग्रंथांक	ग्रंथनुं नाम	कर्ता	भाषा	संवत्	पत्र संख्या	झेरोक्ष	सी.डी.	ग्रंथाग्र	विशेष नोंध
१३५	आवश्यकसूत्राणि व पाठ		प्रा.	१८०६	९				
१३६	श्रमणप्रतिक्रमणसूत्र		प्रा.		३	१३०... १७८			
१३७	पाक्षिकसूत्र सह क्षमापना	मनरूपविजय	प्रा.	१८५३	२१				
१३८	कल्पसूत्र सह शब्दार्थ व अन्तर्वाच्य	भद्रबाहु	प्रा.गु.	१९०४	१९५			६०००	
१३९	कल्पसूत्र सह टब्बार्थ	भद्रबाहु	प्रा.गु.	१८१०	११५			१२६१६	
१४०	पट्टावली	हर्षविजय	प्रा.गु.	१७८३	४(१८३-१८७)				
१४१	कल्पसूत्रवाचना		प्रा.गु.		१०६			३५००	१०६ थी ११७ पाना नथी
१४२	कल्पसूत्रसह वृत्ति	समयसुंदरोपाध्याय	सं.		१२४(१-१३१)				१ थी ७ पाना नथी
१४३	कल्पसूत्र सह वाचना		मार.गु.	१७७८	११६				
१४४	नेमनाथ नवभव चरित्र		गु.		२०				
१४५	कल्पान्तर्वाच्य		प्रा.	१६५०	३७				
१४६/A	जैन रक्षा व जिन वज्रपंजरस्तोत्र		प्रा.गु.		२			१८९२	
१४६/B	कल्पावलि		प्रा.गु.		९				
१४७	कल्पसूत्र सह टब्बार्थ		प्रा.गु.	१६४३	१०६			१२१६	
१४८	कल्पसूत्र	भद्रबाहुस्वामि	प्रा.	१८३१	४६			१२१६	
१४९	कल्पसूत्रवाचना	मनरूप विजय	गु.		१४८				
१५०	साधु समाचारी नवम् व्याख्यान		गु.		२५				
१५१	कल्पसूत्र सह वृत्ति	धर्मसागर	सं.प्रा.		१९५	१५१			
१५२	निशीथसूत्र सह भाष्य		सं.प्रा.		१७२	१५२ + ३१२		८०००	
१५३	ओघनिर्युक्ति सह वृत्ति	द्रोणाचार्य	सं.प्रा.	१६६५	२०९	१५३		८३८५	
१५४	ओघनिर्युक्ति सह वृत्ति		सं.प्रा.	१६५१	२६	१३०... १७८		१४००	
१५५	ओघनिर्युक्ति सह वृत्ति	भद्रबाहु	सं.प्रा.		२३				
१५६	निशीथसूत्र		प्रा.	१४९२	८(२८-३५)	१३०... १७८			
१५७	पिंडविशुद्धि		प्रा.		५				अपूर्ण
१५८	आचारविधि (सामाचारी)		सं.		१७				
१५९	नन्दीसूत्र	देवर्धिगणि क्षमाश्रमण	प्रा.		१४				
१६०	योगशास्त्र	हेमचंद्राचार्य	सं.	१६२३	१९				
१६१	पिंडविशुद्धि		प्रा.		३				

ग्रंथांक	ग्रंथनुं नाम	कर्ता	भाषा	संवत्	पत्र संख्या	झेरोक्ष	सी.डी.	ग्रंथाग्र	विशेष नोंध
१६२	सङ्ग्रहणी (श्रीचन्द्रीय)	मलधारी हेमचंद्रसूरि शि०	प्रा.		१४	१३०... १७८		४००	
१६३	सिद्धपंचाशिका सह अवचूरि	देवेन्द्रसूरि	सं.		१३	१३०... १७८			अतिजीर्ण
१६४	ज्योतिषसार	हीरकवीश्वर	सं.	१८६२	३०				
१६५	चतुर्विंशतिस्तुति	लावण्यसमय	अप		३				
१६६	नवकारस्तवन (गुणवर्णन) ढाल				६				
१६७	महावीर (दुरियरयसमीर) चरित्र स्तोत्र								
	सह अवचूरि	जिनवल्लभसूरि	सं.	१६७०	६				
१६८	ध्यानशतक	जिनभद्रक्षमाश्रमण	प्रा.		६				
१६९	अजितशांतिस्तव सह अवचूरि		सं.प्रा.		६				
१७०	बृहत्शान्ति सह बालावबोध	ऋषभविजय	सं.गु.	१८६९	६	१३०... १७८	३२४		
१७१	वसुधारा		सं.गु.	१८५२	६				
१७२	मृगापुत्रसन्धि (ढाल)	जिनहर्षसूरि		१७१५	६	१३०..१७८			
१७३	गणधरसार्द्धशतक	जिनदत्तसूरि	प्रा.		६				
१७४	मच्छोदररास		गु.		६				
१७५	सत्तरहभेदीपूजा स्तवन +			१६८६	६				
	स्तंभन पार्श्वनाथ स्तवन								
१७६	चउगति वेल			१६९५	६				
१७७	श्रावकव्रत आलोचना			१६६०	६				
१७८	चतुर्विंशतिस्तुति (पंचाशिका)	ऋषभविजय	सं.	१६६३	६	१३०... १७८	३२४		
१७९	गणधरसार्द्धशतक	जिनदत्तसूरि	प्रा.		६				
१८०	नवतत्त्व		प्रा.		६				
१८१	मौनएकादशीतप + उपधान कथानक		प्रा.		६				प्रथम पानुं नथी
१८२	सौभाग्यपंचमीव्याख्यान	विजयसेनसूरिशिष्य							
		कनककुशल	सं.	१८५०	६				
१८३	नवाणुंप्रकारनी पूजा	वीरविजय		१८९४	६				
१८४	पंचनिर्ग्रन्थी संग्रहणी सह अवचूरि	अभयदेवसूरि	प्रा.सं.		६				
१८५	चतुर्विंशतिस्तुति	शोभनमुनि	सं.	१८६३	६				
१८६	जातककर्मपद्धति		सं.		६				

ग्रंथांक	ग्रंथनुं नाम	कर्ता	भाषा	संवत्	पत्र संख्या	झेरोक्ष	सी.डी.	ग्रंथाग्र	विशेष नोंध
१८७	मुहूर्तमुक्तावली	उमेदविजय	सं.	१९०६	६				
१८८	पट्टी पहाडे		सं.		६				
१८९	विवाहपटल		सं.	१७७२	६				
१९०	ज्योतिषसार		सं.	१८०३	६				
१९१	पाशाकेवली	गर्गऋषि	सं.	१७९४	६			१२६	
१९२	नन्दबहुत्तरी			१८०१	६				
१९३	सामायिकादिविधि				६				
१९४	क्षमाछत्तीसी	समयसुंदर			६				
१९५	कायाजीवसज्झाय	ऋषभमल्ल			६				
१९६ ◆	नवकार स्तवन	रविराज			६				
१९७	पुण्यप्रकाश (आलोचनागर्भित)								
	महावीरस्तवन	विनयविजय			६				
१९८	श्रावक (आराधना)				६				
१९९	श्रावक (आराधना)	सोमचंद्रसूरि	प्रा.गु.		६				
२०० ◆	जीवविचारप्रकरण	शांतिसूरी			३				
२०१	कर्मग्रन्थ षष्ठ (सत्तरि)		प्रा.		६				
२०२	चौवीसदंडकबोल	धवलचंद्र			६				
२०३	कल्याणमंदिरस्तोत्र	कुमुदचंद्र		१७९५	५				
२०४	सम्बोधसप्तति	जयशेखरसूरि	प्रा.		४	२०४ - २६६			
२०५	इन्द्रियपराजयशतक			१६१८	४				
२०६	गौतमपृच्छासार्थ				४				
२०७	क्षुल्लकऋषिसम्बन्ध	शांतिसागर			४				
२०८	गौतमरास	विनयप्रभसूरि			४				
२०९	षड् आरक स्तवन	हिरसूरि		१८१८	४				
२१०	बारह भावना	विजयप्रभगणि		१७७३	४				
२११	मोतीकपासियासंवाद	श्रीसारमुनि			४				
२१२	चौवीसदंडकबोल	भक्तिविजय			४				

ग्रंथांक	ग्रंथनुं नाम	कर्ता	भाषा	संवत्	पत्र संख्या	झेरोक्ष	सी.डी.	ग्रंथाग्र	विशेष नोंध
२१३	आवश्यकसूत्राणि व पाठ		प्रा.		४				
२१४	अंगुलसप्ततिका + जीवाकारविचार	चंद्रमुनि			४				
२१५	पंचपरमेष्ठिनमस्कार स्तवन				४				
२१६	इकविंशतिस्थानक	सिद्धसेन सूरि			४				
२१७	सिद्धपञ्चाशिका	देवेन्द्रसूरि		१६५५	४	२०४ - २६६			
२१८	इकविंशतिस्थानक	सिद्धसेन सूरि		१७५९	४				
२१९	उपधानदीक्षानुयोगविधि				४	२०४ - २६६			
२२०	पर्यन्ताराधना	सोमसूरि	प्रा.	१६४८	४				
२२१	आराधनाप्रकरण		प्रा.		६				
२२२	पर्यन्ताराधना	सोमसूरि		१५३२	४				
२२३	नवतत्त्व सह टब्बार्थ		प्रा.		४	२०४ - २६६			
२२४	नवतत्त्वबोल	विनितसागर	प्रा.		४				
२२५	तत्त्वतरंगिणी	धनसागरजी	प्रा.		४	२०४ - २६६			
२२६	होलिकाव्याख्यान		सं.	१७८९	४				
२२७	पौषदशमीकथा	रविविजय	सं.	१९०८	४				
२२८	उपदेशरत्नकोश सह बालावबोध		प्रा.	१६५९	४				
२२९	मीनराशी गुराचार फल		सं.		४				
२३०	स्नातस्याप्रकरण सह अवचूरि	विवेकहर्ष	सं.	१८६२	४				
२३१	चौविशदंडक (पार्श्व) स्तवन	पार्श्वचंद्र सूरि			४				
२३२	सूत्रकथांगसूत्र सह टब्बार्थ			१७६१	४				
२३३	बारह भावना	सोमसूरिगणि		१७००	५				
२३४	गोडीपार्श्वनाथस्तवन	प्रीतविमलप्रभ			४				
२३५	अष्टापदस्तवन			१७८७	५				
२३६	झांझरियामुनिसज्झाय	शांतिकुशल		१६७६	४				
२३७	रोहिणीतपस्तवन	श्रीसारमुनि			४				
२३८	वरकाणापार्श्वनाथस्तवन	जिनराज ज्ञानकुशल		१७०१	४				
२३९	सोलहस्वप्नसज्झाय			१८४४	४				
२४०	हितोपदेशसित्तरी	जिनचंद्र			४				

ग्रंथांक	ग्रंथनुं नाम	कर्ता	भाषा	संवत्	पत्र संख्या	झेरोक्ष	सी.डी.	ग्रंथाग्र	विशेष नोंध
२४१	वसुधारा				४				
२४२	वसुधारा				४				
२४३ ◆	लघु, अजित, बृहत् शांति		सं.		४				
२४४ ◆	कल्याणमंदिर सार्थ	कुमुदचंद्र	सं.गु.	१७२४	४				
२४५	भक्तामरस्तोत्र सह बालावबोध	मानतुंगसूरि	सं.प्रा.		५				
२४६	साधारणजिनस्तोत्र सह अवचूरि	जयानंदसूरि	सं.		५				
२४७	त्रिपुरा (विजया) देवी पूजामंत्र स्तोत्र		सं.	१७६७	५				
२४८	जयतिहुअणस्तोत्र	अभयदेवसूरि	सं.		५				
२४९	इन्द्रियपराजयशतक		प्रा.		५				
२५०	शत्रुंजयस्तवन			१८५९	५				
२५१ ◆	शुभाशुभकरणस्वाध्याय	भावसागर							
२५२	अष्टप्रकारीपूजा			१७००	५				
२५३ ◆	सज्झाय-स्तुति-स्तवन		प्रा.		५				
२५४	नागपुरऋषभस्तवन				३-८				
२५५	तपविधियंत्र				५				
२५६	पदमकोश	गोवर्धन	सं.		५				
२५७	अष्टयोगिनी दशा अन्तर्दशाफल				५				
२५८	जातकबालावबोध	हरिदत्त	सं.		५				
२५९	ढुंढकरास				५				
२६०	समवसरणप्रकार				५				
२६१	नवकारअर्थ + कल्पोपमा	समयसुंदर			५				
२६२	नवकारबालावबोध				५				
२६३	खन्डायोजन द्वार	रविविजय			५				
२६४	चातुर्मासिक व्याख्यान (पद्धति)	समयसुंदर	सं.	१८५७	५				
२६५	जीवाजीवविचार	शांतिसूरि	गु.प्रा.	१८५३	५				
२६६	उष्ट्रिक (खरतर) मत	धर्मसागर	सं.		५	२०४ - २६६			
२६७	नवतत्त्व बोल	लक्ष्मीकुशल गणि	प्रा.	१८९१	५				

ग्रंथांक	ग्रंथनुं नाम	कर्ता	भाषा	संवत्	पत्र संख्या	झेरोक्ष	सी.डी.	ग्रंथाग्र	विशेष नोंध
२६८	नवतत्त्वस्वरूप			१८९९	५				
२६९	विचारप्रकीर्णक	महेस्वर सूरि	प्रा.	१६६२	५				
२७०	जीवाजीवविचार सह टब्बार्थ				५			२७५	
२७१	गुणस्थानविचार				५				
२७२	आराधना बालावबोध (संक्षिप्त)		प्रा.	१५३२	४				
२७३	श्रावक आराधना				५				
२७४	इकविंशतिस्थानक सह टब्बार्थ	सिद्धसेनसूरि		१८०३	५				
२७५	इकविंशतिस्थानक	मनरूपविजयगणि		१८९५	५				
२७६	सम्यक्त्वसत्तरि	बनारसी दास		१६६०	५				
२७७	परमागम समयसार नाटक	उत्तमचंद	हिंदी	१७४२	८२				
२७८	जिनपूजाविधि				५				
२७९	नवपदपूजा				५				
२८०	सप्त (नव) स्मरण		सं.प्रा.		११				
२८१	चतुःशरण			१६३७	३				
२८२	बासठिया बोल थोकडा संग्रह				४				पहेलुं पानुं नथी
२८३	आवश्यक अवचूरि	हरिभद्रसूरि	प्रा.	१५६८	९९	२८३ + २८४			
२८४	आवश्यकवृत्ति		प्रा.सं.		२४३	२८३ + २८४			पत्र ७५ मुं नथी.
२८५	पंचाशकप्रकरण		प्रा.		१६				
२८६ ◆	प्रतिक्रमणसूत्र वृत्ति		प्रा.सं.		६२				
२८७ ◆	कल्पसूत्र मूळ + कालिकाचार्य कथासहित सचित्र	भद्रबाहु	प्रा.		९१				
२८८	कल्पसूत्र		प्रा	१५३२	१०६			१२१६	
२८९/A	कल्पसूत्र		प्रा.	१६९७	९०				रुपेरी अक्षरथी लखेलुं जीर्ण.
२८९/B	कालिकाचार्यकथा			१३८९	७(१०४-११०)				
२९०	कल्पसूत्र सह (प्रथमाष्टम, नवम) वाचना		गु.		८०				पहेली, आठमी, नवमी वाचना
२९१	कल्पसूत्र सह वाचना		गु.	१८७८	१३				
२९२	कल्पसूत्र प्रथम द्वितीय वाचना		गु.		३१				

ग्रंथांक	ग्रंथनुं नाम	कर्ता	भाषा	संवत्	पत्र संख्या	झेरोक्ष	सी.डी.	ग्रंथाग्र	विशेष नोंध
२९३	कल्पसूत्र सह (चतुर्थ) वाचना		गु.		१३				
२९४ ◆	कल्पसूत्र चतुर्थ वाचना		गु.		१४				
२९५	दस आश्चर्य		गु.	१७६६	११				
२९६	दस आश्चर्य		गु.		९				
२९७	कल्पसूत्र (षष्ठ) वाचना		गु.		१३				
२९८	कल्पसूत्र (षष्ठ) वाचना		गु.		१७			१०००	
२९९	कल्पसूत्र (सप्तम) वाचना		गु.		१९				
३००	कल्पसूत्र (अष्टम) वाचना		गु.		९				
३०१	कल्पसूत्र बीजी वाचना		गु.		२३				
३०२	कल्पसूत्र बीजी वाचना		गु.		१६				
३०३	नवकार अर्थ + कल्पोपमा		गु.		२				
३०४	शीलवत्याश्चरित्र	आज्ञासुंदरोपाध्याय	सं.		१२				
३०५	श्रीपालचरित्र सह टब्बार्थ + अष्टाह्निका व्याख्यान		सं.प्रा		१०३				
३०६	सौभाग्यपंचमीकथा + अक्षयतृतीया + मेरूत्रयोदशीकथा		सं.		१८(१२-२८)				
३०७	मृगावतीचरित्र	देवप्रभाचार्य	सं.		५६			६७०	
३०८	षट्पुरुषविचार		सं.		२०				
३०९	चतुर्विंशति सहावचूरि	मेरुविजयगणि	सं.		१२				
३१०	श्रीपालचरित्र सह टब्बार्थ	रत्नशेखरसूरि	गु.	१८०६	७८				
३११	श्रीपालचरित्र	रत्नशेखरसूरि	प्रा		३९				
३१२	श्रीपालचरित्र	रत्नशेखरसूरि	प्रा.	१५७०	४९	१५२ + ३१२	३३०	१७००	
३१३	चातुर्मासिक व्याख्यान		सं.गु.	१९०७	५२				
३१४	प्रत्येकबुद्धकथा + नेमिकथा		प्रा.	१६३७	१८				
३१५	चातुर्मासिकव्याख्यान		सं.	१८६४	१६				
३१६	जंबूस्वामी बालावबोध		प्रा.गु.	१५४२	१८	३१६ थी ३२२ + ३८९			
३१७	सनत्कुमारकथा	वीरसागरगणि	प्रा.सं.		१४	३१६ थी ३२२ + ३८९			

ग्रंथांक	ग्रंथनुं नाम	कर्ता	भाषा	संवत्	पत्र संख्या	झेरोक्ष	सी.डी.	ग्रंथाग्र	विशेष नोंध
३१८	अगडदत्तकथा		गु.		५	३१६ थी ३२२ + ३८९			
३१९	वसुधारा		सं.	१६७५	८	३१६ थी ३२२ + ३८९			
३२०	मृगसुन्दरीकथा	वीरसागरगणि	सं.		६	३१६ थी ३२२ + ३८९			
३२१	रोहणीतप कथा		सं.	१६५७	७	३१६ थी ३२२ + ३८९			
३२२	कूर्मापुत्रकथा	जिनमाणिक्यसूरि	प्रा.	१६६४	९	३१६ थी ३२२ + ३८९			
३२३	कूर्मापुत्रकथा	जिनमाणिक्यसूरि	प्रा.	१६६४	७				
३२४	दीपावलीकल्प		गु.		१०				
३२५	मौनएकादशीकथा	दानचन्द्रगणि	सं.		८				
३२६	कथासंग्रह		सं.		७				
३२७	विनोदकथासंग्रह	मलधारी राजशेखर	सं.		३३			२२००	
३२८	महीपाल कथा चरित्र	वीरदेवगणि	प्रा.		४६				
३२९	पर्वतिथि + अक्षयतृतीया समुच्चय व्याख्यान		गु.		७१				
३३०	पांडवचरित्र	देवप्रभसूरि	सं.	१६६०	२३३	३३०		११०६	
३३१	प्रज्ञापनावृत्ति	मलयगिरि	सं.	१६६९	२११			१४०००	
३३२	आत्मरस समाधितन्त्र सह बालावबोध		गु.	१७३२	११७				
३३३	राजप्रश्नीय सूत्र टब्बार्थ	मेघराज पार्श्वचंद्रगच्छीय	गु.		१५९				
३३४	गोडीपार्श्वनाथ स्तवन		गु.	१८९२	५				
३३५	साधु (मुनि) मालिका		गु.		५				
३३६	सौभाग्यपंचमीस्तवन	कान्तिविजय	गु.	१८७१	५				
३३७	पर्युषणाष्टान्हिका व्याख्यान	ऋषभविजय	सं.	१८६९	५				
३३८ ◆	स्तुति संग्रह		सं.		५				
३३९	बृहत् शान्ति		सं.		५	३३९			
३४०	जयतिहुअण स्तोत्र सह टब्बार्थ		प्रा.		५				
३४१	सम्यक्त्व अधिकार	रविविजय	प्रा.	१९११	५				
३४२	गुणस्थान तथा कायस्थिति				७				
३४३	वीशस्थानकपूजा	केशरसागर		१९०६	१९				
३४४	चौवीशदंडक सह टब्बार्थ		गु.		६				

ग्रंथांक	ग्रंथनुं नाम	कर्ता	भाषा	संवत्	पत्र संख्या	झेरोक्ष	सी.डी.	ग्रंथाग्र	विशेष नोंध
३४५	सम्यक्त्व अधिकार		गु.		५				
३४६	प्रकरणसंग्रह		प्रा.		२५				
३४७	जीवाजीवविचार		प्रा.		४				
३४८	उपदेश बारहखडी				४				
३४९	दान-शील-तप-भावना संवाद				६				
३५०	पंचमुखीहनुमानकवच			१९२५	४				
३५१ ◆	आराधना				६				
३५२	अनाथीमुनिसंधी	विमलविनय	हिंदी		६				
३५३	परसमय सूक्तानि		सं.		६				
३५४	अंतरीक्षपार्श्वनाथ छंद	भावविजय			४	३५४			
३५५	होलिकाव्याख्यान सह टब्बार्थ			१९११	४				
३५६ ◆	सज्झायादि संग्रह				४				
३५७	चौविस चौक	अमृतविजय		१८६४	४				
३५८	राजुलविरह + नवग्रहस्तोत्र				५				
३५९	पार्श्वनाथस्तोत्र सह वृत्ति				४	३५९			
३६०	पृथ्वीचंद्रचरित्र		सं.प्रा		४९				
३६१	जंबूस्वामीचरित्र		प्रा.		२०	३६१			
३६२	जंबूस्वामीबालावबोध		प्रा.	१७९५	९				
३६३	मौनएकादशीव्याख्यान सह बालावबोध		प्रा.	१७८६	१०				
३६४	हरिबलचरित्र		प्रा.		१५				
३६५	अंबडकथा	अमरसुंदर	सं.	१९१८	२६				
३६६	रूपसेनचरित्र		सं.	१८९४	२९				
३६७	संग्रहणी सह बालावबोध	श्रीचन्द्रसूरि	प्रा.	१९०७	३०				
३६८	आगमसारोद्धार	देवचन्द्रसूरि		१८०२	२७				
३६९	नवतत्त्व सह बालोवबोध			१८६३	९				
३७०	विचारसंग्रह				६				
३७१	नवतत्त्व सह वृत्ति		सं.प्रा	१८२४	१३				

ग्रंथांक	ग्रंथनुं नाम	कर्ता	भाषा	संवत्	पत्र संख्या	झेरोक्ष	सी.डी.	ग्रंथाग्र	विशेष नोंध
३७२	चोवीशदंडकबोल	रविविजय		१९०२	२०				
३७३	नवतत्त्व सह बालावबोध			१५६५	३१				
३७४	चौवीशदंडकबोल			१८९४	७				
३७५	नवतत्त्व सह बालावबोध			१९०५	२८				
३७६	जीवाजीवविचार सह टब्बार्थ	रविविजयगणि		१७८३	६				
३७७	नवतत्त्व सह वृत्ति	वीरसागर			८				
३७८	जीवाजीवविचार सह बालावबोध				८				
३७९	कर्मग्रन्थ प्रथम से पंचम सह सस्तबक	देवचन्द्रसूरि	प्रा.		२९				
३८०	कर्मग्रन्थ पंचम (नवीन)				९				
३८१/A	इन्द्रिय पराजय शतक		प्रा.		५				
३८१/B	भववैराग्यशतक		प्रा.	१६४८	९(६-१४)				
३८२	कर्मग्रन्थ प्रथम से पंचम (नवीन) सह बालावबोध		प्रा.गु.	१५१६	२७				
३८३	कर्मग्रन्थ प्रथम से चतुर्थ (नवीन) सह बालावबोध		प्रा.	१७५७	२७				
३८४	अष्टप्रकारी पूजा कथानक			१८७६	५३				
३८५	श्रावक आराधना	समयसुंदर		१८९५	११				
३८६	पद्मावती आराधना सह टब्बार्थ	समयसुंदर		१८६५	८				
३८७	आत्मप्राप्तिविधी			१८७३	११				
३८८	सत्तरीसयठाण	सोमतिलक		र-१३८७,ले-१६७९	४१	३८८		११६४	
३८९	आराधना पताका (भगवती)				२४	३१६ थी ३२२ + ३८९			
३९०	सत्तरीसयठाण		प्रा.		१७				
३९१	इकविंशतिस्थानक सह टब्बार्थ		गु.	१७६२	९				
३९२	संबोधसत्तरी + चतुःशरण	जयशेखर	प्रा.		१२				
३९३	सौभाग्यपंचमीव्याख्यान	कनककुशल	सं.	१६५५	७				
३९४	चातुर्मासिकव्याख्यान		सं.		८				
३९५/A	मृगांकलेखाचौपाई	हर्षकुंजर उपाध्याय	सं.		१३				
३९५/B	सुमित्रचरित्र				१२				

ग्रंथांक	ग्रंथनुं नाम	कर्ता	भाषा	संवत्	पत्र संख्या	झेरोक्ष	सी.डी.	ग्रंथाग्र	विशेष नोंध
३९६	चंपकरास	सोमविमलसूरि	गु.	१६८६	२३				
३९७	गुणावली गुणकरंडकचौपाई	मनरुप विजय	गु.	१८५०	२४				
३९८	तेजसारचौपाई	कुशलराज	गु.		२५				
३९९	नलदमयंतीरास	समयसुंदर	गु.	१७१३	२६				
४००	पांडवद्रौपदीचौपाई	कनककीर्ति	गु.		२६				
४०१	हंसराज वच्छराजचौपाइ	जिनउदयसूरी खरतरगच्छ	गु.		३३				
४०२	आषाढाभूतिचौपाई	ज्ञानप्रबोध	गु.	१७७९	२१				
४०३	यादवाधिकार + वसुदेवकुमार चौपाई	हर्षकुलगणि	गु.	१५५७	२२	४०३...४७२			
४०४	पांडवद्रौपदीचौपाई	समयसुंदर	गु.		२२				
४०५	सुदर्शनसेठरास	उदयरंग	गु.	१६४९	१०				प्रथम पृष्ठ नहीं
४०६	ऋषभ विवाहलो		हिन्दी		११				
४०७	थावच्चापुत्र संधि	समयसुजान	मार	१७४९	११				
४०८	आनंदसंधि	श्रीसार	मार.	१७२५	१२				
४०९	शत्रुंजय (उद्धार) रास	ऋषभदास	गु.	१६६८	१८				
४१०	अमरसेनजयसेनरास	सुमतिहंस	मार	१७६१	१२				
४११	ब्रह्मचर्यनौवाडगीत	जिनहर्ष		१८४८	१३				
४१२	रत्नचूडचौपाई	हिरकलश		१६६०	१३				
४१३	लीलावतीचौपाई	हेमरत्न		१७३४	१४				
४१४	आदीश्वरबाहुबलीयुगलाधिकार		गु.		१५				
४१५	श्रीपालचौपाई	ज्ञानसागर	मार		१७				
४१६	चन्द्रलेखारास	धर्मरत्न	मार.	१८८७	१९				
४१७	जयविजयचौपाई	मतिकुशल	मार.	१६५७	१६				
४१८	रत्नसारचौपाई	सहजसुंदर	गु.	१५८२	९				
४१९	आषाढाभूतिचौपाई	ज्ञानसागर		१८०५	७				
४२०	हरिवंशकुलविचार				७				
४२१	मौनएकादशीमाहात्म्य + आवश्यक (चउवीसस्तव)बालावबोध	रविसागर	सं.		७				

ग्रंथांक	ग्रंथनुं नाम	कर्ता	भाषा	संवत्	पत्र संख्या	झेरोक्ष	सी.डी.	ग्रंथाग्र	विशेष नोंध
४२२	ऋषभविवाहलौ	जोगीदास			९				
४२३	दशविधयतिधर्म	ज्ञानविमल		१८९४	७			३९५	
४२४	शनिविक्रमादित्यचौपाई	विद्यारंसगणि		१६८६	८				
४२५	बोलथोकडा भंगसंग्रह	उमेदविजय		१८७४	९				
४२६ ◆	प्रज्ञापनाटीका	मलयगिरि	सं.प्रा.		४५२				
४२७	पन्नवणासूत्र	गणधर	प्रा.		१५८				
४२८	राजप्रश्नीयसूत्र	गणधर	प्रा.		८१			२०७०	
४२९	रायपसेणीटब्बार्थ	गणधर	प्रा.		८९				आ ग्रंथ उधईए खाधेल छे.
४३०/A	राजप्रश्नीयसूत्र	गणधर	प्रा.	१६६७	५५			११२०	
४३०/B	राजप्रश्नीयसूत्र	गणधर	प्रा.	१६६७	५५			११२०	
४३१	उपदेशतरंगिणी	रत्नमंदिर गणि	सं.	१५३९	३२				
४३२	बारहव्रतविधौजिनपूजा	वीरविजय	गु.		८				
४३३	सत्तरहभेदीपूजा	साधुकीर्ति		१२६४	१५				
४३४	महावीरस्तवन (ब्राह्मणवाड)	जिनकलश सुरी	गु.		३				
४३५	संग्रहणी (श्रीचंद्रीय) सह टिप्पणी	श्रीचंद्रसूरि	प्रा.	१५९०	१९				
४३६	मणीभद्रछंद		गु.	१९२२	२				
४३७	कर्मबंध हेतु उदय त्रिभंगी सह वृत्ति	हर्षकुलगणि	सं.प्रा.	१६६२	१३			५५५	
४३८	विचारवादसंग्रह		सं.		१६				
४३९	क्षेत्रसमास	रत्नशेखर	प्रा.		३१				
४४०	महावीरवार्ता				८				
४४१	जंबूद्वीप सह बालावबोध				३१				
४४२	संग्रहणी (श्रीचन्द्रीय)	श्रीचन्द्रसूरि	प्रा.	१८४२	१२				
४४३	संग्रहणी (श्रीचन्द्रीय)	श्रीचन्द्रसूरि	प्रा.	१८४४	१४				
४४४	वैद्यमनोत्सव	केसवराय	सं.		१७				
४४५	वैद्यवल्लभ व कालज्ञान सह टब्बार्थ	हस्तिरुचि मुनि	सं.		२२				
४४६	चतुर्विंशतिस्तुति	शोभनमुनि	सं.		१३				
४४७	महावीर (भावारिवारण) स्तोत्र सह वृत्ति	मेरुसुंदरगणि	सं.		१२				
४४८	संग्रहणी (श्रीचन्द्रीय)	श्रीचन्द्रसूरि	प्रा.		११				

ग्रंथांक	ग्रंथनुं नाम	कर्ता	भाषा	संवत्	पत्र संख्या	झेरोक्स	सी.डी.	ग्रंथाग्र	विशेष नोंध
४४९	मैत्र्यादिक चारभावना बोलविचार			१९०५	८				
४५०	बोलविचारसंग्रह				२०				
४५१	शतसंवत्सरी				६				
४५२	ज्योतिषग्रहगोचरादि				८				
४५३	अध्यात्मविद्योपदेश सह बालावबोध	शंकराचार्य	सं.	१७६७	३०				
४५४	शकुनरत्नमाला		सं.		१०	४०३... ४७२	३२४		
४५५	सामुद्रिकशास्त्र		सं.		१८	४०३... ४७२	३२४		
४५६	प्रश्नप्रदीप	काशीनाथ भट्टाचार्य		१७९९	७				
४५७	महेशनंदीकेश्वरसंवाद + भवानीसहस्त्रनाम		सं.	१८२४	८				
४५८	ज्योतिषबालावबोध	मुंजादत्त	सं.	१७४८	२५				
४५९	भुवनदीपक सह टब्बार्थ	पद्मप्रभसूरि	सं.		१२				
४६०	ज्योतिषबालावबोध		सं.		९				
४६१	शीघ्रबोध	काशीनाथ भट्टाचार्य	सं.		२८				
४६२	विवाहपटल सह बालावबोध		सं.	१८२६	२१				
४६३	षट्पंचाशिका सह बालावबोध	मनरूपविजय	सं.	१८८९	७				
४६४	ग्रहलाघवप्रबोध व सारिणी		सं.	१८६४	१७				
४६५	नारचंद्रज्योतिष	नरचंद्रसूरि	सं.		१०				
४६६	भुवनदीपकज्योतिषशास्त्र		सं.	१८९९	१७				
४६७	षट्प्रश्नीयनिर्णय	हरदासनररंजन	सं.	१७७१	४४				
४६८	ताजीकसार	हरिभद्रगणि		१८०२	१७				
४६९	रामविनोद	रामचंद्र	सं.		५९				
४७०	प्रियंकरनृपकथा		सं.	१८२७	१८			८००	
४७१	चाणक्यनीति		सं.	१८१३	१०				
४७२	सिद्धहैमशब्दानुशासनलघुवृत्ति अवचूरि	हेमचंद्रसूरि	सं.		२९	४०३... ४७२	३२४		
४७३	रतनरासौ -महाराज रतनजी वचनिका		प्रा.	१७६९	९				
४७४	उपदेशमाला	धर्मदासगणि			२१				
४७५	आलोचनाविधि	रविविजय			१३				
४७६	अठ्ठारहपापस्थानक सज्झाय	जशविजय		१९०५	१०				

ग्रंथांक	ग्रंथनुं नाम	कर्ता	भाषा	संवत्	पत्र संख्या	झेरोक्ष	सी.डी.	ग्रंथाग्र	विशेष नोंध
४७७	चौवीसी	मोहनविजय			९				
४७८	सम्यक्त्व ६७ बोली सज्झाय सहटब्बार्थ	जशविजय		१८९१	१४				
४७९	अठ्ठारहपापस्थानसज्झाय	मनरूपविजय		१८५८	१४				
४८० ◆	चतुर्विंशतिवृत्ति	धनपाल			१४				
४८१	जीवाजीवविचार स्तवन	वृद्धिविजय			५				
४८२	चतुर्विंशतिस्तुति सह वृत्ति	शोभनदेव आचार्य	सं.	१६०८	१९				
४८३	सप्तभंगीगर्भित महावीरस्तवन		सं.		५				
४८४	शत्रुंजयस्तवन				८				
४८५	प्रश्नोत्तराणि			१९०७	८				
४८६	विष्णुसहस्त्रनाम				१३				
४८७	कल्याणमंदिरस्तोत्र सह वृत्ति	सिद्धसेन दिवाकर		१६५२	११				
४८८/A	सरस्वतीछंद सह अष्टोत्तर नाम स्तोत्र मंत्रादि				१०				
४८८/B	गौतम स्तोत्र				१				
४८८/C	परमेष्ठीरक्षा वज्रपंजर + पद्मावती स्तोत्र				१२-१५				
४८९	अन्योक्तिबावनी		सं.		८				
४९०	भैरवकवच अष्टोत्तरशत स्तोत्र मंत्रसहस्त्रनाम			१८६६	९				
४९१	कल्याणमंदिरस्तोत्र सह टब्बार्थ				२०				
४९२	भक्तामरकी कथायें		गु.		१०				
४९३	भक्तामरस्तोत्र सह बालावबोध	मानतुंगसूरि	सं.	१८६९	१८				
४९४	भक्तामरस्तोत्र सह बालावबोध	लब्धिशेखरगणि	प्रा.	१७४६	११				
४९५	अजितशांतिस्तव सह टब्बार्थ		सं.	१८७०	११				
४९६	भक्तामरस्तोत्र सह बालावबोध	मानतुंगसूरि	सं.प्रा.	१७८६	१६				
४९७	चतुःशरण सह अवचूरि		सं.	१६८२	७			५००	
४९८	योगशास्त्र सह वृत्ति	हेमचंद्रसूरि	सं.प्रा.		१९७	४९८	३२५		
४९९	पंचवस्तुक सह वृत्ति	हरिभद्रसूरि	प्रा.	१६१९	१२०	४९९	३२४		

ग्रंथांक	ग्रंथनुं नाम	कर्ता	भाषा	संवत्	पत्र संख्या	झेरोक्ष	सी.डी.	ग्रंथाग्र	विशेष नोंध
५००/A	चंद्रप्रज्ञप्ति	गणधर	प्रा.		३१				
५००/B	सूर्यप्रज्ञप्ति	गणधर	प्रा.		४०	५००/B... ५८८			
५०१ ◆	राजप्रश्नीयसूत्र	गणधर	प्रा.		५५				
५०२	विवेकविलास		सं.		४३				
५०३	राजप्रश्नीयसूत्र	जिनदत्तसूरि		१६६०	२२				
५०४	उपदेशमाला सह वृत्ति	समयसुंदरगणि	प्रा.		११३	५०४	३२५		
५०५	दर्शनशुद्धि		प्रा.		७				
५०६	जीवसमास		सं.		६	५००/B... ५८८			
५०७	शांतिनाथचरित्र		सं.		५७	५००/B... ५८८	३२५		
५०८	दशवैकालिक सह वृत्ति	हरिभद्रसूरि	सं.		५२	५०८,५४०,६२३	३२५		
५०९	योगशास्त्र	हेमचंद्राचार्य	सं.		६				
५१०	योगशास्त्र सह बालावबोध		सं.		१२६			२०००	
५११	आगमसार	देवचंद्रजी		१८३४	७९				
५१२	नवतत्त्वबालावबोध			१८९३	१९				
५१३	लोकनालिद्वात्रिंशिका सह बालावबोध	रविविजय		१७९७	५				
५१४	नवतत्त्व सह बालावबोध				२९				
५१५	उपदेशरत्नकोश सह टब्बार्थ				३				
५१६	सारस्वतानुसार शब्दनिष्पादन		सं.	१९१४	८				
५१७	सारस्वत	अनुभूतिस्वरूपाचार्य	सं.	१८७५	७१				
५१८	अनिट्कारिकार्थ		सं.	१९१५	४				
५१९	रघुवंशपंजिका	आनंददेव वल्लभ	सं.		१२				
५२०	ग्रंथसारसमुच्चय		सं.		१७				
५२१	गौतमकुलक सह टब्बार्थ		सं.		२				
५२२	प्रबोधचंद्रिका		सं.		१९				
५२३	सारस्वत		सं.	१८५९	११				
५२४	सुंदरविलास	सुंदरदास	हिन्दी	१८९५	२८	५२४			
५२५	अष्टफलकथा			१९१०	२४				
५२६	प्रभंजनास्वाध्याय	देवचंद्रजी			७				

ग्रंथांक	ग्रंथनुं नाम	कर्ता	भाषा	संवत्	पत्र संख्या	झेरोक्ष	सी.डी.	ग्रंथाग्र	विशेष नोंध
५२७	तपबारभेदविचार				१५				अपूर्ण
५२८	मैत्र्यादिक चारभावना व बोल			१११०	१०				
५२९	उत्तराध्ययन की सज्झाय	उदयरत्न			८				
५३०	मौनएकादशीव्याख्यान सह टब्बार्थ			१८६६	१४				
५३१	अष्टप्रकारीपूजारास	मनरूपविजय		१८८९	४४				
५३२	हरिवंशप्रबंध (ढालसागर)	गुणसागरसूरि		१८२२	७४				
५३३	उपदेशपद सह वृत्ति	मुनिचंद्र	सं.		२४४			१५०००	
५३४	शीलोपदेशमाला सह बालावबोध	मेरुसुंदरजी	गु.		१६०				
५३५	उपदेशपद	हरिभद्र	प्रा.		३१				
५३६	पुष्पमाला	अभयदेवसूरिशिष्य	प्रा.	१४७८	१४०				
५३७	चैत्य-गुरुवंदनप्रत्याख्यानभाष्य सह टब्बार्थ	लक्ष्मीविजयगणि	प्रा.	१६४६	१३				
५३८	दर्शनसत्तरि सह वृत्ति	संघतिलक	सं.प्रा.	१६६२	४०				
५३९	शीलोपदेशमाला	जयकीर्ति	सं.	१६८२	९				
५४०	षोडशक	हरिभद्र	प्रा.		१०	५०८... ५२३	३२५	२९६	
५४१	शीलोपदेश माला	जयकीर्ति	प्रा.	१६६२	६				
५४२	योगसार सह टब्बार्थ	चंद्रमुनि	प्रा.	१७४०	२३				
५४३	सज्जनविलास सत्सई				२५				
५४४	प्रवचनसारोद्धार	नेमिचंद्रसूरि	प्रा.	१७८७	१४				
५४५ ◆	संग्रहश्लोक				२				
५४६	ध्यानशतक	जिनभद्रक्षमाश्रमण	प्रा.		६				
५४७	चतुःशरण		प्रा.		६				
५४८	उपदेशमालावृत्ति	दुर्गास्वामीशिष्य	सं.प्रा.		९७				
५४९	उपदेशमाला		प्रा.	१७५९	२३				
५५०	उपदेशमाला अवचूरि	जयशेखसूरि	प्रा.सं.		२४	५००/B... ५८८	३२५	१४०५	
५५१	उपदेशमाला		प्रा.		२८				
५५२	उपदेशमाला		प्रा.		२०				
५५३	उपदेशमाला		प्रा		२०				
५५४	उपदेशमाला अवचूरि	जयशेखरसूरि	प्रा.	१८४५	२७				

ग्रंथांक	ग्रंथनुं नाम	कर्ता	भाषा	संवत्	पत्र संख्या	झेरोक्ष	सी.डी.	ग्रंथाग्र	विशेष नोंध
५५५	चउशरणपईन्ना		प्रा.		३				
५५६	संस्तारक सह टब्बार्थ			१६२१	१०				
५५७	चतुःशरणटब्बार्थ	वीरभद्रसाधु			५				
५५८	चतुःशरण सह बालावबोध				१०				
५५९	चउशरणपईन्ना (मूळ)		प्रा.		१०				
५६०	चतुःशरण सह टब्बार्थ		प्रा.	१७६८	६				
५६१	भक्तपरिज्ञा	विनीतसागर	प्रा.	१७६२	७				
५६२	संस्तारकपयन्ना		प्रा.	१६२०	४				
५६३	शतसंवत्सरी			१६६५	२०				
५६४	सारस्वत		सं.		२१				
५६५	रघुवंश	कालिदास	सं.	१८२५	७०				
५६६	विष्णुसहस्त्रनाम सटीक		सं.		४१				
५६७	कुमारसंभव सह टीका	कालिदास	सं.		४२				
५६८	हैमशब्दानुशासनन्यास	हेमचंद्रसूरि	सं.		४३+१८७=२३०	५६८	३२५	१६६९	
५६९	सारस्वत		सं.		३७				
५७०	कातंत्रविभ्रमसूत्र	जिनप्रभसूरि	सं.		८	५००/B... ५८८	३२५		
५७१	तर्कपरिभाषा	केशवमिश्र	सं.		३१				
५७२	अभिधानचिंतामणि शीलोञ्छ	हेमचंद्रसूरि	सं.		४				
५७३	हैमधातुपाठ सस्तबक	हेमचंद्राचार्य	सं.		१८				
५७४	सिद्धांतकौमुदी (वैदिक प्रक्रिया)	दिक्षीत			१४	५७४... ५८२			
५७५	एकाक्षरी नाममालिका		सं.		३				
५७६	अनेकार्थध्वनिमंजरी (शब्दरत्नप्रदीप)	हेमआचार्य	सं.		३	५७४... ५८२			
५७७	हैमलिंगानुशासन				५				
५७८	एकाक्षरीनाममालिका		सं.		१०	५७४... ५८२	३२५		
५७९	शब्दसंचय		सं.	१५७८	२०	५७४... ५८२			
५८०	अनेकार्थशब्दसंग्रह		प्रा.		३४	५७४... ५८२	३२५		
५८१	भववैराग्यशतक सह टब्बार्थ		सं.	१८६४	१०				
५८२	नलदमयंतीचंपू		सं.		५७	५७४... ५८२	३२६	२५००	

ग्रंथांक	ग्रंथनुं नाम	कर्ता	भाषा	संवत्	पत्र संख्या	झेरोक्ष	सी.डी.	ग्रंथाग्र	विशेष नोंध
५८३	हेमशब्दानुसासन	हेमचंद्राचार्य	सं.	१५६५	९४	५८३			
५८४	वाग्भटालंकार सह वृत्ति		सं.		४५	५००/B... ५८८	३२६	१७२५	
५८५	सारस्वतधातुपाठ सह बालावबोध		सं.		८६				
५८६	अमरकोश (नामलिंगानुशासन)	उमेदविजयगणि	सं.	१८९७	३१				
५८७	सिद्धांतचंद्रिका	रामचंद्राश्रम	सं.		५७				
५८८	प्राकृतदीपिका (शब्दानुशासन)		सं.	१४५३	५८	५००/B... ५८८	३२६		
५८९	सारस्वत				५				
५९०	गुणावली गुणकरंडकरास	शांतिहर्ष		१८०७	३१				
५९१	विक्रमादित्य चौपाई			१७१३	२८				
५९२	गुणावली गुणकरंडकचौपई			१८६७	३०				
५९३	श्रमणप्रतिक्रमणसूत्र	जिनवल्लभसूरि	प्रा.		१९				
५९४	क्षेत्रसमास सहवृत्ति	हरिभद्रसूरि	सं.प्रा.		२६				
५९५	आवश्यकनिर्युक्ति अवचूरि सह कथायें	देवेन्द्रगणि	सं.प्रा.		६२				
५९६	पंचलिंगीअवचूरि				८७				
५९७	दशवैकालिक वृत्ति		प्रा.सं.		८३				
५९८/A	अग्यारह उपासकप्रतिमा		प्रा.		७				
५९८/B	आराधना बालावबोध (संक्षिप्त)		प्रा.		५				
५९९	गौतमपृच्छा सार्थ		प्रा.गु.		१५				
६००	षट्स्थानक श्रावकवक्तव्यता सह वृत्ति		सं.प्रा.		७०			१४९४	
६०१	प्रतिक्रमणवृत्ति		सं.प्रा.		१३२				
६०२	उत्तराध्ययनसूत्र		प्रा.		७२			२०९५	
६०३	दशवैकालिक अवचूरि				३४			१८७५	
६०४	दशवैकालिकसूत्र सह अवचूरि				३१			७००	
६०५	दशवैकालिकसूत्र	शय्यंभवसूरि	सं.प्रा.		१०				
६०६	दशवैकालिकसूत्र सह बालावबोध		प्रा.सं.		४४			२५००	
६०७	दशवैकालिकलघुवृत्ति	हरिभद्रसूरि	सं.प्रा.		२८	६०७ + ६०८	३२६		
६०८	दशवैकालिकसूत्र		प्रा.	१४८८	२९	६०७ + ६०८			
६०९	दशवैकालिकसूत्र	शय्यंभवसूरि	प्रा.	१६४२	२०				

ग्रंथांक	ग्रंथनुं नाम	कर्ता	भाषा	संवत्	पत्र संख्या	झेरोक्ष	सी.डी.	ग्रंथाग्र	विशेष नोंध
६१०	दशवैकालिकसूत्र		प्रा.		२४				
६११	दशवैकालिकसूत्र		प्रा.	१६४०	१६				
६१२	दशवैकालिकसूत्र		प्रा.	१६८३	२०			७००	
६१३	दशवैकालिकवृत्ति	हरिभद्रसूरि	सं.प्रा		१३१	६१३	३२६	६९७२	
६१४	सम्यक्त्वकौमुदीकथा		सं.		७७				
६१५	सम्यक्त्वकौमुदीकथानक		सं.		५०				
६१६	बृहत्कल्पवृत्ति		सं.प्रा		३८५	६१६ (१,२)			
६१७	दशाश्रुतस्कंध सह टब्बार्थ	पूर्वाचार्य	सं.प्रा	१८९६	१०३				
६१८	दशाश्रुतस्कंध सह टब्बार्थ		सं.प्रा		४८			१०००	
६१९	गौतमपृच्छा सह बालावबोध		सं.प्रा	१९२१	८४				
६२०	षट्दर्शनसमुच्चय सह वृत्ति		सं.		२२	६२०... ६६१	३२६	१२५२	
६२१	गौतमपृच्छा सह वृत्ति				२३				
६२२	गौतमपृच्छा सह बालावबोध		सं.		५७				
६२३	सिंदूरप्रकर सह वृत्ति	सोमप्रभसूरि	सं.प्रा	१८२७	५३	५०८... ६२३	३२६		
६२४	सिंदूरप्रकर सह वृत्ति	नेमचंद्रसूरि	सं.प्रा		२७				
६२५	शतकत्रयसहवृत्ति	भतृहरि-क.,धनसार-टी.		१८६७	५३				
६२६	शतकत्रयसहवृत्ति	भतृहरि		१९००	२६				
६२७	प्रवचनसारोद्धार	नेमिचंद्रसूरि	सं.		३६				
६२८	प्रशमरति	उमास्वाति			७				
६२९	ऋषिमंडल सहावचूरि	देवसारमुनि			१३				
६३०	ऋषिमंडलसूत्र				१३				
६३१	ऋषिमंडलसूत्र	धर्मघोष			१५				
६३२	अध्यात्मकल्पद्रुम	मुनिसुंदरसूरि			१२				
६३३	गौतमपृच्छा सह बालावबोध			१७७२	२३				
६३४	कायस्थितिस्तोत्र सह बालावबोध	कल्याणविजय		१७५१	९				
६३५	सूत्रकृतांगबालावबोध				३६				प्रति सडी गयेली छे
६३६	सारस्वतव्याकरण	अनुभूति स्वरूपाचार्य		१८७३	६९				
६३७	गौतमकुलक सहबालावबोध				८०				

ग्रंथांक	ग्रंथनुं नाम	कर्ता	भाषा	संवत्	पत्र संख्या	झेरोक्ष	सी.डी.	ग्रंथाग्र	विशेष नोंध
६३८	संबोधसत्तरी सह टब्बार्थ	हेमसागरगणि		१७६९	११				
६३९	अभिधानचिंतामणी	हेमचंद्रसूरि		१९००	१२८				
६४०	मानतुंग मानवती रास	रूपविजय		१८२५	५२				
६४१	आत्मप्रबोधछत्तीसी	ज्ञानसागर		१९०७	११				
६४२	विवाहप्रकरण	रूपचंदजी			२				
६४३	स्थूलिभद्रएकवीसु	लावण्यसमय		१८८३	८				
६४४/A	गौतम + नवकाररासादि				१-१०				
६४४/B	उत्तराध्ययनसज्झाय				१५-२०				
६४५	श्रावकपाक्षिक अतिचार			१६४४	५				
६४६	प्रकरणत्रयि				९				
	(नवतत्त्व + जीवविचार + चौवीस दंडक)								
६४७	ज्ञाताधर्मकथांगवृत्ति				५६			२४०००	
६४८ ◆	औपपातिकसूत्रवृत्ति	अभयदेवसूरी	सं.		७३				
६४९	निरयावलिकादिपञ्चोपांगसूत्र सह वृत्ति			१४८५	२९				
६५०	पिंडविशुद्धि सह वृत्ति				३३			२८००	
६५१	राजप्रश्नीय सह वृत्ति	मलयगिरि			६८				
६५२	पुष्पमाला	मलधारी हेमचंद्रसूरि			११				
६५३	संस्तारक सह टब्बार्थ				४				
६५४	आतुरप्रत्याख्यान				५				
६५५	शीलोपदेशमाला	जयवल्लभसूरि			३				
६५६	लोकनालिद्वात्रिंशिका प्रकरण				१				
६५७	जंबूद्वीपप्रज्ञप्ति चूर्णि				३०			१८६०	
६५८	चैत्यवंदन आदि भाष्य बालावबोध			१५९६	९				
६५९	कर्मग्रंथ बे-थी पांच				१०				
६६०	अनुयोगद्वारसूत्र	मलधारी हेमचंद्रसूरि			३२	६२० ... ६६१	३२६	२०००	
६६१	अनुयोगद्वारवृत्ति	मलधारी हेमचंद्रसूरि			१५३	६२० ... ६६१	३२६	५७००	पत्र १०५ मुं नथी.
६६२	जीवाजीवाभिगमवृत्ति	मलयगिरि			१९७	६६२	३२६		
६६३	पंचलिंगीप्रकरणवृत्ति	जिनपतिसूरि			१२०				

ग्रंथांक	ग्रंथनुं नाम	कर्ता	भाषा	संवत्	पत्र संख्या	झेरोक्ष	सी.डी.	ग्रंथाग्र	विशेष नोंध
६६४	स्थानाङ्गवृत्ति				८८(२८-११२)	६६४			जीर्ण,पत्र १ थी १२, १४ थी २७, ७९ नथी.
६६५	उत्तराध्ययनसूत्र				३४(२६०-३०३)			२०९५	
६६६	पंचाशकवृत्ति	अभयदेवसूरि			१२५	६६६	३२७		जीर्ण
६६७	नवतत्त्वप्रकरण सह वृत्ति			१५३०	११४	६६७	३२७	९५००	
६६८ ◆	स्तोत्र संग्रह		सं.		९				
६६९	नयचक्र आलाप पद्धति	दिवसेन पंडित	सं.		९				
६७०	वीशस्थानकपूजा	विजयलक्ष्मी			१४				
६७१	जिनशतकपंजिका टीका	जम्बूसाधु	सं.		२७	६७१	३२८	१५००	
६७२	गौतमपृच्छा बालावबोध				४				
६७३	रघुवंश	कालिदास	सं.		४८(२४-७१)			२१६१	
६७४	सप्तति अवचूरि		सं.		२७			९६०	
६७५	चोवीसदंडकबोल	लक्ष्मीकुशल			२९				
६७६	गुणस्थानविचार				१२				
६७७	शाश्वतजिनबिंबस्तवन				९				
६७८	नवतत्त्वप्रकरण सहटब्बार्थ	जिनहंस		१७८४	५				
६७९	कर्मप्रकृतिसंग्रहणी				११				
६८०	कर्मप्रकृतिटीका	मलयगिरि		१४६८	१५५	६८०	३२७	८१५०	
६८१	नलदमयंतीचरित्र (नलायनम्)			१६५९	१३२	६८१	३२७		पत्र १२२, १२५, १२८ नथी.
६८२ ◆	सप्तम कर्मग्रंथ	देवेन्द्रसूरि	प्रा.		१०				
६८३	समयसारप्रकरण टब्बार्थ				२२				
६८४	पंचास्तिकाय सह छाया अर्थ व भावार्थ		सं.प्रा		१५७				
६८५	प्रवचनसार सह छाया अर्थ व भावार्थ		सं.प्रा		२५१			१७४०	
६८६	सामायिकसूत्र सह वचनिका व बालावबोध	पंडित मनोहर		१७५४	८२				
६८७	समयसारप्रकरण				८				
६८८	द्रव्यसंग्रहटीका			१७४२	७९			२७००	जीर्ण तथा चोटेलों छे.
६८९	नारचंद्रज्योतिष सह टब्बार्थ				५२				
६९०	शांतिनाथचरित्र	जिनप्रभसूरि		१५५८	१५१	६९०	३२७	४८७५	पत्र १५० थी १५३ नथी.
६९१	शत्रुंजयमाहात्म्य	धनेश्वर सूरि			७१				

ग्रंथांक	ग्रंथनुं नाम	कर्ता	भाषा	संवत्	पत्र संख्या	झेरोक्ष	सी.डी.	ग्रंथाग्र	विशेष नोंध
६९२	उपमितिभवप्रपंचकथा				२८६	६९२	३२८	१६०००	
६९३	परिशिष्ट पर्व + त्रिषष्टि शलाका पुरुष चरित्र	हेमचंद्रसूरि			८६			३४६०	
६९४	त्रिषष्टि शलाकापुरुष चरित्र पर्व	हेमचंद्रसूरि			१०९	६९४			
६९५ ◆	प्रकीर्णविचारसंग्रह		सं.		७५				
६९६	शत्रुंजयमाहात्म्य	धनेश्वरसूरि			२१४			३१६२	
६९७	शुकराजकथा				११				
६९८	शत्रुंजयमाहात्म्य	धनेश्वर सूरि			८८				
६९९	शांतिनाथकथा	ले.भावचंद्रसूरि		१७९५	१४६	६९९	३२७	६३६५	
७००	मानतुंगमानवतीरास	मोहनविजय-क, ले.हर्षविजय			३०			१८००	
७०१	रत्नपालचौपाई			१६८४	२१				
७०२	आराधना सह टब्बार्थ	ऋषभविजय		१८६३	८				
७०३	आनंदसंधि	समयसुंदरसूरि			१४	७०३... ७८०			
७०४	साधुवंदना	समयसुंदर			१९				
७०५	सप्तस्मरणस्तोत्र सह टब्बार्थ				२८				
७०६	भववैराग्यशतक				४				
७०७	जिनशतक सह पंजिका				१३	७०३... ७८०		१५५०	
७०८	तर्कपरिभाषा	केशवमिश्र		१६६८	२८				
७०९	कर्पूरप्रकरणकथाये			१५४९	३१				
७१०	चौवीसदंडक सह टब्बार्थ				७				
७११	भक्तामरस्तोत्र सह बालावबोध				१३				
७१२	श्रीपालरास	विनयविजयजी उपाध्याय			६९				
७१३	रसिकप्रिया	केशवमिश्र		१८३९	३४				
७१४	नियमसार सह वृत्ति	मलधारि देवसूरि		१७७५	१०६	७०३... ७८०	३२८		
७१५	श्रेणिकचौपाई	जिनचंद यति		१७२९	३१				
७१६ ◆	भक्तामरस्तोत्रकथा			१७६६	१६				

ग्रंथांक	ग्रंथनुं नाम	कर्ता	भाषा	संवत्	पत्र संख्या	झेरोक्ष	सी.डी.	ग्रंथाग्र	विशेष नोंध
७१७	कल्याणमन्दिरस्तोत्र सह वृत्ति			१७६१	२२				
७१८	प्रत्येकबुद्धचरित्र + अंजनासुंदरीचौपाई	समयसुंदरसूरि		१८१९	३७				
७१९	आलोचनाविचार				३				
७२०	चन्दराजारास	मोहनविजय		१९१७	११६				
७२१	मृगांकलेखाचौपई			१६६०	११			६७५	
७२२	भक्तामरस्तोत्र सहावचूरि				७				
७२३	षट्पंचाशिका बालावबोध				७				
७२४	गुणमंजरीवरदत्तचौपई	ऋषभसागर			२१				
७२५	नलदमयंतीरास				२९			१३५०	
७२६	गजसुकुमालचौपई			१६९९	२१				
७२७	चाणक्यनीतिशास्त्र सह टब्बार्थ				१३				
७२८	श्रीपालचौपाई	ज्ञानसागर उपाध्याय		१७२३	१६				
७२९ ◆	सज्झायसंग्रह				२९				
७३०	शत्रुंजय उद्धाररास	भानुमेरुगणेश		१८३३	७				
७३१	गोराबादलचौपाई	हेमरतन		१७५२	२८				
७३२	सप्त नवस्मरण				१७				
७३३	शालिभद्रचौपाई				१३				अपूर्ण
७३४	रत्नपालरास	मोहनविजय		१८२४	३९				
७३५	विक्रमसेनलीलावतीचौपई	परमसागरजी			४९				
७३६	भुवनेश्वरीबृहत्स्तोत्रविवरण	श्रीधरजी		१८४०	१०	७०३... ७८०	३२८		
७३७	भक्तामरस्तोत्रसहवृत्ति			१८२८	१४				
७३८ ◆	प्रदेशीराजारास	सहजसुंदर			१०				
७३९	अचलदासखिची री बात				९				
७४०	वीसविहरमानस्तवन	जसविजय		१८५०	९				
७४१	दीपावलीकल्प सह टब्बार्थ			१९११	१४				
७४२	उपदेशरत्नकोश सह टब्बार्थ	धनपाल पंडित			६				
७४३	लघु अजितशांतिस्तवन				४				

ग्रंथांक	ग्रंथनुं नाम	कर्ता	भाषा	संवत्	पत्र संख्या	झेरोक्ष	सी.डी.	ग्रंथाग्र	विशेष नोंध
७४४	इन्द्रियपराजयशतक				४				
७४५	श्रावकपाक्षिकअतिचार				४				
७४६	अनुत्तरौपपातिकदशांग सूत्र सह टब्बार्थ			१७६३	१०				
७४७	ज्ञाताधर्मकथांगवृत्ति				६९				
७४८	आवश्यकसूत्राणि सह बालावबोध				११				
७४९	विधिसंग्रह				५				
७५०/A	श्रमणप्रतिक्रमणसूत्र				२				
७५०/B	भक्तामरस्तोत्र सह टब्बार्थ				७				
७५१	अष्टापदस्तवन				२				
७५२	भावना वेली				४				
७५३ ◆	कायस्थितिस्तोत्र	कल्याणधर्म		१७७४	५				
७५४	दश दृष्टान्त				१३				
७५५ ◆	स्तोत्रादिसंग्रह				७				
७५६	तुलसीपूजा सहविधि				२				
७५७ ◆	सज्झायसंग्रह				२				
७५८	महावीरपारणास्तवन			१९३२	२				
७५९	जन्म कुंडली				२				
७६०	शालक बोली				२				
७६१	ग्रहभावफल			१८०७	२				
७६२	सुगमविवाह शोधनक्रिया			१८८५	२				
७६३	ज्योतीष का ग्रंथ (साधारण)				२				
७६४	शुकन बत्रीसी				२				
७६५	तुर्की ताजीक सह टब्बार्थ				३				
७६६	मासफल			१८५३	२				
७६७	छिंकादिशुकनाधिकार				१				
७६८	पल्लीविचार				२				
७६९	प्रंतिष्ठाविधि				२				

ग्रंथांक	ग्रंथनुं नाम	कर्ता	भाषा	संवत्	पत्र संख्या	झेरोक्ष	सी.डी.	ग्रंथाग्र	विशेष नोंध
७७०	सूर्यस्तोत्र				२				
७७१	प्रायश्चितप्रदानविधि				२				
७७२	चैत्रीपूर्णिमापुंडरीकआराधना				२				
७७३	भक्तामरस्तोत्र			१८९५	२				
७७४	प्रवज्याविधि				२				
७७५	प्रवज्याविधि				२				
७७६ ◆	वीशस्थानकविधि			१७६२	२				
७७७	बारव्रतना प्रत्याख्यानआलावा			१८९९	२				
७७८	चैत्रीपूर्णिमापुंडरीकआराधना			१८७०	२				
७७९	पौषधविधि			१८७६	२				
७८०	साधुविज्ञप्तीपत्र				२	७०३...७८०	३२८/ ३३०		
७८१	मणीभद्रछंद				२				
७८२	आबुतीर्थस्तवन	रूपचंद			२				
७८३	मौनएकादशीव्याख्यान सह स्तवन			१८१२	२				
७८४	तीर्थंकर अतिशय स्तवन				२				
७८५ ◆	विचारपत्र				२				
७८६	प्रत्याख्यानपाठ				२				
७८७	महावीर २७ भवस्तवन				२				
७८८ ◆	कल्याणमंदिर	कुमुदचंद्र			२				
७८९	जीरावलापार्श्वनाथस्तवन	लावण्यसमय			२				
७९०	सज्झायसंग्रह				१४				
७९१	शांतिनाथविवाहलौ				१७				
७९२	पंचनिर्ग्रन्थीसंग्रहणी				४				
७९३	पंचनिर्ग्रन्थीसंग्रहणी			१६५६	५				
७९४	अष्टप्रकारीपूजा			१८३९	२४				
७९५	आवश्यकसूत्राणि व पाठ				११				
७९६/A	प्रवचनसारोद्धार				१०				

ग्रंथांक	ग्रंथनुं नाम	कर्ता	भाषा	संवत्	पत्र संख्या	झेरोक्ष	सी.डी.	ग्रंथाग्र	विशेष नोंध
७९६/B	आदिनाथदेशना				११-१८				
७९७	चैत्यवंदन आदि भाष्य				८				
७९८	श्रमणप्रतिक्रमणबालावबोध				८				
७९९	पर्यन्तआराधना सह टब्बार्थ				८				
८००	विचारसंग्रह				९				
८०१	ज्ञानद्विपंचाशिका	हंसराज			७				
८०२ ◆	स्तवनादिसंग्रह				७				
८०३	जंबूद्वीपभूगोलबोल			१६६०	५				
८०४ ◆	पार्श्वजिनस्तवन				५				
८०५ ◆	सज्झायसंग्रह				२				
८०६	चोवीसी सह वीसविहरमाननमस्कार				२				
८०७	प्रतिमास्थापनस्तवन			१७७७	२				
८०८ ◆	सिद्धचक्रादिस्तवन				२				
८०९	गणधरवादस्तवन	सकलचंद			२				
८१० ◆	महावीरस्तवन				२				
८११	आलोचनास्तवन	रविविजयगणी		१९२२	२				
८१२	महावीरस्तवन सह टब्बार्थ	अभयसूरि			२				
८१३	सप्तभंगीगर्भित महावीरस्तवन	मनरूपविजय		१८९५	२				
८१४	ऋषभस्तवन	समयसुंदर			२				
८१५ ◆	क्षेमऋषिपारणास्तवन				२				
८१६	सोलह स्वप्नसज्झाय				२				
८१७ ◆	सज्झायसंग्रह				२				
८१८	वीशविहरमानस्तवन				२				
८१९	स्थूलिभद्रनवरसा	उदयरत्न			२				
८२०	सप्ततिशतजिनयंत्रस्तवन +								
	पार्श्वनाथस्तवन			१६९१	२				
८२१	ऋषभदेवस्तवन	रविविजय		१९३४	२				

ग्रंथांक	ग्रंथनुं नाम	कर्ता	भाषा	संवत्	पत्र संख्या	झेरोक्ष	सी.डी.	ग्रंथाग्र	विशेष नोंध
८२२	शत्रुंजयसंघयात्रास्तवन				२				
८२३	सारशिखामणसज्झाय			१८५२	२				
८२४	थलीकाव्याख्यान				२				
८२५	गहुंलीसंग्रह				२	८२५... ८७६			
८२६	सौभाग्यपंचमीस्तवन				२				
८२७	सीमन्धरस्वामीस्तवन			१७९८	२				
८२८	ब्रह्मचर्यनववाडीगीत			१७०२	२				
८२९	उन्नतीसभावनास्तवन				२				
८३०	चोवीसदंडक (आदीश्वर) स्तवन	धर्मसुंदर			२				
८३१	ऋषभस्तवन				३				
८३२	श्रावककरणी सज्झाय				२				
८३३	साधुवंदना				२				
८३४	सरस्वतीस्तोत्र + पुष्पांजली	रामविजय		१७९६	२				
८३५	ऋषिबत्तीसी	हरखविजय			२				
८३६	नेमीनाथरास	कल्परत्नविजय			२				
८३७	भक्ष्याभक्ष्यविचार + पच्चक्खाणविधि	नयविमल			२				
८३८	पार्श्वनाथविनति	हरखविजय			२				
८३९	पंचमहाव्रतगीत	लक्ष्मीरत्न			२				
८४०	मौनएकादशीगुणना	यशोविजय		१८६७	२				
८४१	वसुधारा लघु				२				
८४२	सर्वसिद्धान्तस्तवन	जयशेखरसूरि			२				
८४३ ◆	बृहत्शांति				२				
८४४	जयतिहुअणस्तोत्र	अभयदेवसूरि			२				
८४५	सरस्वतीस्तोत्र				२	८२५... ८७६ ... ३२८			
८४६	भक्तामरस्तोत्र	भानतुंगविजय			२				
८४७	बटुकस्तोत्र सहमंत्र			१९३१	२				
८४८	ज्वालामालिनीमंत्र सहविधि				२				

ग्रंथांक	ग्रंथनुं नाम	कर्ता	भाषा	संवत्	पत्र संख्या	झेरोक्ष	सी.डी.	ग्रंथाग्र	विशेष नोंध
८४९	छत्रीसमन्त्र			१९१०	२				
८५०	गोडीपार्श्वनाथस्तवन				२				
८५१	सरस्वतीछंद				२				
८५२/A	चिंतामणिपार्श्वनाथस्तोत्र सह स्तबक				२				
८५२/B	चिंतामणिपार्श्वनाथस्तोत्र				२	८५२/२			
८५३	सकलार्हतस्तोत्र + लोद्रवपार्श्वनाथजिन स्तवन				२	८२५... ८७६	३२८		
८५४	शनिछंद			१८५७	२				
८५५	षट्पंचाशिका	सोमगणि		१७९८	३				
८५६	नवकारफलस्तवन				२				
८५७	पद्मावतीस्तोत्र			१८७५	२				
८५८ ◆	सकलार्हत्स्तोत्र				२				
८५९	ऋषिमंडलस्तोत्र			१८५५	२				
८६०	उवसग्गहरंस्तोत्रसहावचूरी			१८५३	२	८२५... ८७६	३२८		
८६१	भक्तामरमंत्रतंत्र व फल				२				
८६२	सरस्वती (त्रिपुरा) लघुस्तोत्र			१८४८	२				
८६३	जिनपंजरस्तोत्र				२				
८६४	भवानीसहस्रनाम				२				
८६५ ◆	बृहत्नवकारमंत्र				२				
८६६	राईप्रतिक्रमणविधि				२				
८६७	द्वादशव्रतप्रकरण			१८९९	२				
८६८	जीवों के ५६३ भेद				२				
८६९	अंतरीक्षपार्श्वनाथस्तवन			१८११	२	८२५... ८७६	३२८		
८७०	कालसत्तरी	धर्मघोषसूरि			२				
८७१	विभक्तिश्रोतृगोचर सह व्याख्या			१९१७	३	८२५... ८७६	३२८		
८७२ ◆	कवित्तसंग्रह				२				
८७३	मिथ्यात्वस्थानककुलक				२				

ग्रंथांक	ग्रंथनुं नाम	कर्ता	भाषा	संवत्	पत्र संख्या	झेरोक्ष	सी.डी.	ग्रंथाग्र	विशेष नोंध
८७४	प्रतिमापूजास्तवन				२				
८७५	पार्श्वनाथ घ(त्र?.)ग्घरा निशानी				२				
८७६	हीरविजयनिर्वाणसज्झाय	विवेकहर्ष			३	८२५... ८७६	३२८		
८७७	उठामणश्लोकार्थव्याख्यान			१९१२	२				
८७८	मंगलमालिका + राशीनक्षत्रविचार				२				
८७९	मरणांतिकअणसणगाथा				२				
८८०	चोवीसदंडक	हेमसागर			२				
८८१ ◆	स्तुतिटब्बार्थ			१८८५	२				
८८२	ऋषभस्तवन	कुशलहर्ष			२				
८८३ ◆	चतुर्विंशतिका टब्बार्थ				२				
८८४	संख्यात बकिया हरताल विधि				२				
८८५	कुबेरदत्ताचौपई	हर्षविजय		१६८७	२				
८८६ ◆	पखवाडास्तवन				२				
८८७	शत्रुंजयसज्झाय				२				
८८८	उठामणश्लोकार्थव्याख्यान				२				
८८९	शत्रुंजयकल्पस्तवन				२				
८९०	प्रतिक्रमणविधि				२				
८९१ ◆	स्थुलिभद्र और मुहपत्तिसज्झाय				२				
८९२	आहार अनाहारविचार			१८७४	२				
८९३	उठामण श्लोकार्थ व्याख्यान				२				
८९४	बोलथोकडाभंगसंग्रह				२				
८९५	बोलथोकडाभंगसंग्रह				२				
८९६	बोलथोकडाभंगसंग्रह				२				
८९७	आधाकर्मी असज्झायादि दोष				२				
८९८	कर्मभेदस्थिति आदि				२				
८९९	बोलथोकडाभंगसंग्रह				२				
९००	सात हितशिक्षायें				२				

ग्रंथांक	ग्रंथनुं नाम	कर्ता	भाषा	संवत्	पत्र संख्या	झेरोक्ष	सी.डी.	ग्रंथाग्र	विशेष नोंध
९०१ ◆	द्रव्यानुयोग पत्र			१६०९	२				
९०२	मौनएकादशीगणणुं				२				
९०३	कायभेदस्थितिआदि				२				
९०४ ◆	महावीरस्तुति और गुणस्थान				२				
९०५	सप्तदशपूजाद्रव्य				२				
९०६	गांगातैलीकथा				२	९०६	३२८		
९०७	होलीका व्याख्यान				२				
९०८	होलीका व्याख्यान			१७८५	२				
९०९	होलीका व्याख्यान	पुण्यराजगणि			२				
९१०	नवतत्त्व				२				
९११	लोकनालिद्वात्रिंशिका				२				
९१२	चौवीसदंडक	गजसारमुनि			२				जीर्ण
९१३	चौवीसदंडक			१८००	२				
९१४	नवतत्त्वविचारगाथा टब्बार्थ			१८९६	२				
९१५	चौवीसदंडक	गजसारमुनि			२				
९१६	सम्यक्त्व ६७ बोल			१८४५	२				
९१७	कायस्थितिस्तोत्र				२				
९१८	महादंडकस्तोत्र				२				
९१९	सिद्धपंचाशिका	देवेन्द्रसूरि			२				
९२०	आत्मनिंदा				२				
९२१ ◆	ज्ञानपंचमीस्तवन				२				
९२२	तीर्थंकरबोल				३				
९२३	बारभावना				३				
९२४	नंदीश्वरस्तवन				२				
९२५ ◆	नवकारटीका			१८०८	२				
९२६ ◆	पच्चखाणविधि				२				
९२७	सारस्वत				३				

ग्रंथांक	ग्रंथनुं नाम	कर्ता	भाषा	संवत्	पत्र संख्या	झेरोक्ष	सी.डी.	ग्रंथाग्र	विशेष नोंध
९२८	श्रुतबोध	कालिदास			३				
९२९	मोगलपुराण				३	९२९ + ९४६	३२८		
९३०	स्थुलिभद्रफाग				३				
९३१	महावीरजन्मोत्सव				२				
९३२	शत्रुंजयरास	समयसुंदर		१६८८	३				
९३३	कल्याणकस्तवन	रूपसागर			३				
९३४	साधु-श्रावकदिनचर्याविधियाँ				३				
९३५	मेघकुमारचौढालिया	कनकमुनि			३				
९३६/A	गौतमकुलक			१६१३	३				
९३६/B	दानशीलतपभावनाकुलक				४				
९३७/A	ऋषभस्तवन	दानमुनि			३				
९३७/B	ऋषभस्तोत्र			१६३८	२				
९३८	गौतमकुलक सह टब्बार्थ				३				
९३९	गौतमपृच्छाचौपई				३				
९४०	जंबूद्वीपसंग्रहणी सह टब्बार्थ	हरिभद्रसूरि		१७८९	३				
९४१	लोकनालिबत्तीसी (द्वात्रिंशिका टब्बार्थ)			१७८९	३				
९४२	संबोहसत्तरी			१७२५	३				
९४३	शत्रुंजयकल्प				३				
९४४	भावप्रकरण	विमलविजय		१९००	३				
९४५	विचारसप्तिका	शांतिकुशल			३				
९४६	मोतीकपासीयासंवाद			१८५२	३	९२९ + ९४६	३२८		
९४७	चित्रसेन रोहीणीचोढालीया				३				
९४८	मौनएकादशीगणणुं				३				
९४९	सवैयासंग्रह				२				
९५०	सुभाषितपद्यसंग्रह				१				
९५१	मेघकुमारचौढालिया			१६९६	३				
९५२	षट्पंचाशिका				३				
९५३	गौतमाष्टक + ग्रहशांतिस्तुति	ललितसागर			३				

ग्रंथांक	ग्रंथनुं नाम	कर्ता	भाषा	संवत्	पत्र संख्या	झेरोक्ष	सी.डी.	ग्रंथाग्र	विशेष नोंध
९५४	सप्तति शत जिननाम स्तोत्र	विशालसुंदर			३	९५४ थी ९५६	३२८		
९५५	जयतिहुअणस्तोत्र + स्तंभनपार्श्वनाथस्तोत्र			१८०५	३	९५४ थी ९५६	३२८		
९५६	देवप्रभस्तोत्र अवचूरि की पीठिका				३	९५४ थी ९५६	३२८		
९५७	भगवती पद्म पुष्पांजलीस्तोत्र				३				
९५८	सरस्वतीस्तोत्र छंद	यशोविजय		१८५१	३				
९५९ ◆	शांति + पाक्षिक खामणां				३				
९६०	जयतिहुअणस्तोत्र	अभयदेवसूरि			३				
९६१	शनिस्तोत्र मंत्र-जाप				३				
९६२ ◆	सकलार्हतादि				३				
९६३	साधारणजिनस्तोत्र सह अवचूरि	दयाविजयगणि		१८५९	३				
९६४	अजितशांतिस्तवन				३				
९६५	महावीरचरित्र	जिनवल्लभसूरि			३				
९६६	४५ आगमस्तवन				३				
९६७	सीमंधरस्वामीस्तवन	सकलचंद			३				
९६८ ◆	जिनस्तवनचौवीसी				३				
९६९ ◆	स्तुतिस्तवनसंग्रह				३				
९७०	चतुर्विंशतिस्तुति	विमलसौभाग्य		१८९१	३				
९७१	गोडीपार्श्वनाथस्तवन				३				
९७२	पार्श्वनाथछंद देशांतरी				३				
९७३ ◆	छंदपत्र				३				
९७४ ◆	वृषांकस्तवन				३				
९७५	महावीरजिनकल्याणकस्तवन			१८६०	३				
९७६	सामायिकना दोष + चउद नियमनी सज्झाय				३				
९७७	जीवाजीवविचार पार्श्व स्तवन	वृद्धिविजय		१९०३	३				
९७८	दान-शील-तप-भावनासंवाद शतक व स्तवन			१६४२	३				
९७९	कुमतिखंडनस्तवन				३				
९८०	स्नात्रविधि				३				

ग्रंथांक	ग्रंथनुं नाम	कर्ता	भाषा	संवत्	पत्र संख्या	झेरोक्ष	सी.डी.	ग्रंथाग्र	विशेष नोंध
९८१	सुभाषितसूक्तावली			१८५३	३				
९८२	चैत्रीपूर्णिमापुंडरीकआराधना				३				
९८३	भगवतीसूत्र (तामली समाप्त)				३				
९८४	ग्रहसिद्धि				३				
९८५	मुहूर्तावली	रविविजय		१९१५	२				
९८६	तीर्थंकरबोल				३				
९८७	भास्करोचिचग्रहागम				३				
९८८	गुराचार				३				
९८९	कुमतीखंडनस्तवन			१६७०	३				
९९०	तीर्थंकरबोल	कनकविजय		१७४८	३				
९९१	चतुर्विंशति नमस्कार				३				
९९२	स्फूटस्तवन सज्झाय लघुग्रंथ				३३८				
९९३	बारहताव व मिर्चगुण				३				
९९४	अष्टप्रकारीपूजा सह विधि				३				
९९५	नवपदपूजा	पदमविजय		१८७६	३				
९९६	नवपदपूजा	उत्तमविजय		१८६९	३				
९९७	सौभाग्यपंचमीव्याख्यान	हरखविजय			३				
९९८	श्रावकप्रतिक्रमणसूत्र				३				
९९९	नवतत्त्व			१७९५	३				
१०००	कल्याणमंदिर	हेमसागर, बनारसीदास		१७७६	३				
१००१	उष्ट्रीकमतोत्सूत्र उद्घाटनकुलक				३	१००१...११६२	३२८		
१००२	चौवीसदंडक सह टब्बार्थ	गजसार मुनि		१६५१	३				
१००३	कर्मग्रंथप्रथम (नवीन)				३				
१००४	पर्यन्त आराधना				३				
१००५	विहरमान एकविंशतिस्थान अवचूरि				३				
१००६	गुरुगुणछत्रीसकुलक				३				
१००७	श्रमणअतिचार				३				
१००८	ऋषिमंडलस्तोत्र (डिझाईन)				१८				

ग्रंथांक	ग्रंथनुं नाम	कर्ता	भाषा	संवत्	पत्र संख्या	झेरोक्ष	सी.डी.	ग्रंथाग्र	विशेष नोंध
१००९	मौनएकादशी व्याख्यान			१६६०	५				
१०१०	शीलोपदेशमाला			१६७४	६				
१०११	सुबाहुसंधि	पुन्यसागर		१६७४	८	१००१...१०७९	३३०		
१०१२	ऋषभविवाहलौ				१९				
१०१३	हेमराजबावनी				३				
१०१४ ◆	स्तवनसज्झाय				३				
१०१५	सिद्ध अधिकार				४				
१०१६	शतसंवच्छरी	श्रीसेन			२				
१०१७	निर्जराफल				८				
१०१८	जैनधर्ममंजरी				१३				
१०१९ ◆	मौनएकादशीगणणुं				३				
१०२०/A	दशआश्चर्य	कालिदास			८				
१०२०/B	जयतिहुअणस्तवन + स्तंभनपार्श्वनाथ				३				
१०२०/C	जयतिहुअणस्तोत्र	अभयदेवसूरि		१७१५	३				
१०२१ ◆	एक पत्रकी पूर्ण प्रतिओंका संग्रह				३				
१०२२	शनि (विक्रमादित्य चौपाई)				७				
१०२३/A	प्रीतबत्रीसी			१७५३	१				
१०२३/B	खुमाणसिंह का बारहमासा			१८५६	१				
१०२३/C	दानशीलतपभावनाकुलक				१				
१०२३/D	जैनेतर धार्मिक स्फुट लघुग्रंथ त्रुटक पत्रे				२९				
१०२३/E	साहित्यिक स्फुट पत्रे त्रुटक लघुग्रंथ				२८				
१०२३/F	मंत्र तंत्र यंत्र स्फुट पत्रे त्रुटक लघुग्रंथ				२२				
१०२३/G	शीलबत्तीसी				१				
१०२३/H	व्याकरण स्फुट पत्रे त्रुटक लघुग्रंथ			१८७७	५३				
१०२३/I	सम्यक्त्वकुलक				१				
१०२३/J	सामायिकपौषधफलकुलक				१				
१०२३/K	सम्यक्त्वस्तव				१				

ग्रंथांक	ग्रंथनुं नाम	कर्ता	भाषा	संवत्	पत्र संख्या	झेरोक्ष	सी.डी.	ग्रंथाग्र	विशेष नोंध
१०२३/L	स्फुट धार्मिकक्रियाविधि पत्रे				५३				
१०२३/M	ज्योतिष लघुग्रंथ त्रुटक व स्फुट पत्रे				५३				
१०२३/N	पट्टावली				३				
१०२३/O	वैद्यक स्फुट त्रुटक लघुग्रन्थ पत्रे				२				
१०२३/P	गीतपत्र				१				
१०२४	ध्यानपत्र				४				अपूर्ण
१०२५	स्नात्रपूजा			१८७६	३				
१०२६	भावषट्त्रिंशिका			१९०४	२				
१०२७	उपदेशबाराखडी				२				
१०२८	षट्दर्शनसमुच्चय				२				
१०२९	गुणस्थान उपशमक्षपकश्रेणिविचार				२				
१०३०	श्रावक आराधना				८				
१०३१	नरसंबोध नारीबोध चतुर्थ प्रबंध				१२				
१०३२	अढारपापस्थानक				१७				
१०३३	गौतमपृच्छा सह बालावबोध	देवकुशल मुनि		१८०९	७५				
१०३४	भवभावना	हेमचंद्रसूरि		१४६६	१६				
१०३५	श्रावकपाक्षिकअतिचार				६				अपूर्ण
१०३६	प्रत्येकबुद्धचौपई	समयसुंदर			२९				
१०३७	कूर्मापुत्रकथा			१६६५	९				
१०३८	चतुःशरण			१८४९	३				
१०३९	उपदेशमाला			१७०८	२०				
१०४०	एकवीशस्थानक सह टब्बार्थ			१८५४	७				
१०४१	कर्मग्रंथ एक थी ६			१६४१	१३				पहेलुं पानुं नथी
१०४२	आवश्यकविधि				३				
१०४३	सिद्धांतकौमुदीपूर्वार्ध	भट्टोजी दिक्षित			८६				पहेलुं, बीजुं पानुं नथी
१०४४	सारस्वतदीपिका	अनुभूति स्वरूपाचार्य			१६८				
१०४५	सारस्वतप्रक्रिया	अनुभूति स्वरूपाचार्य		१७४५	५२				
१०४६	उत्तराध्ययनसूत्र सह टब्बार्थ अपूर्ण				४१				

ग्रंथांक	ग्रंथनुं नाम	कर्ता	भाषा	संवत्	पत्र संख्या	झेरोक्ष	सी.डी.	ग्रंथाग्र	विशेष नोंध
१०४७	भगवतीसूत्र				११२-४८२				अपूर्ण
१०४८	शीलोपदेशमाला सह बालावबोध				१४				अपूर्ण
१०४९	एकवीशस्थानक			१६९९	५				जीर्ण
१०५०	सिद्धहैमशब्दानुशासन बृहद्दीपिका बृहद्वृत्ति	हेमचंद्राचार्य		१३६८	८१	१०११... १०७९	३२८		
१०५१	उपदेशमाला				२२				१ थी ५ पाना नथी
१०५२	सामाचारी आचारविधि			१६४५	२४				१ थी ३ पाना नथी
१०५३	रघुवंशटीका	चारित्रवर्धन			१५६			ग्रं.७५०००	(पत्र ३५ थी ८७, पत्र ५० थी १५२)
१०५४	पाशाकेवली सह बालावबोध				९-१५				
१०५५ ◆	पाशाकेवलीकाव्य अपूर्ण				२५				
१०५६	चतुःशरण सह बालावबोध (दोषावली)				१३				अपूर्ण
१०५७	अष्टोत्तरीस्तोत्र + नवस्मरण +				२१(३ थी २६)				१, २, ५, ७, २२ पाना नथी अपूर्ण
	श्रावकपाक्षिक अतिचार								
१०५८	भगवतीसूत्र				६				अपूर्ण
१०५९	आवश्यकसूत्राणि व पाठ				८				अपूर्ण
१०६० ◆	चतुःशरण				६				पत्र १ लुं, २ जुं नथी.
१०६१	आगमसार				१५				अपूर्ण
१०६२	उठामणाश्लोकव्याख्यान				३	१०६२			आ जेरोक्ष कोपी कदाच १००१..११३१ ना
									बंचमां अथवा १०११...१०७९ ना बंचमां
									होई शके.
१०६३	ज्योतिषबालावबोध				५				
१०६४	लघुप्रक्रिया				५				
१०६५	पंचास्तिकाय सह छाया अर्थ व भावार्थ	अमृतचंद		१७४१	१५३				१ थी १० पाना नथी
१०६६	श्रीपालचौपई				१३				
१०६७ ◆	प्रकरण				६ (२ थी ७)				
१०६८	ज्योतिषशास्त्रबालावबोध				१६				१, २ पाना नथी
१०६९	रत्नमाला				१७				
१०७०	ग्रहदशा अन्तर्दशाफल				४				

ग्रंथांक	ग्रंथनुं नाम	कर्ता	भाषा	संवत्	पत्र संख्या	झेरोक्ष	सी.डी.	ग्रंथाग्र	विशेष नोंध
१०७१	कल्पान्तर्वाच्य				४२				अपूर्ण
१०७२	किरातार्जुनीय				२४				अपूर्ण
१०७३	ऋषिमंडल सहवृत्ति				३२३(५२५)				पत्र २४०-४३७ नथी
१०७४	श्रीपालरास	यशोविजय			९७				
१०७५	नवपदमहिमा				१०				
१०७६	नवतत्त्व सह बालावबोध	लालचंदगणि			४४(३५-७८)				
१०७७	सिद्धहेमशब्दानुशासन सह बृहद्वृत्ति	हेमचंद्राचार्य			१-१७८	१०७७ + ११११	३२८		अपूर्ण
१०७८	करमछत्रीसी	रामचंद्र		१७१४	३-६				
१०७९	विचारसंग्रह				१०	१०११... १०७९			अपूर्ण
१०८० ◆	महीपालकथा त्रुटिता				४९				
१०८१	विपाकसूत्र				१६				अपूर्ण
१०८२	उपासकदशांगसूत्र				२०				
१०८३ ◆	उपासकसूत्र				३				
१०८४	आचारांगसूत्र				२ थी १८				पहेलुं पानुं नथी
१०८५	उपदेशमाला सह बालावबोध अने कथायें				१२५				अपूर्ण
१०८६	गजसुकुमालचौपई			१८५०	२३				
१०८७	वर्धमानदेशना	शुभवर्धनगणि			१००	१०८७ + १०८८			
१०८८	त्रिषष्ठिशलाकापुरुषचरित्र + परिशिष्ट पर्व	हेमचंद्राचार्य		१६६८	३०-१२३	१०८७ + १०८८	३२८		
१०८९/A	सूक्तमाला			१८९६	२३-४०				
१०८९/B	कर्मग्रंथ एक थी चार				१५				अपूर्ण
१०९० ◆	शीलोपदेशमाला				४				
१०९१	कामघटमंत्रीकथा				२-८				प्रथम पानुं नथी
१०९२	ऋषिमंडलसूत्र सहवृत्ति				१५०				पहेलुं पानुं थी.
१०९३	वाराहीसंहिता				९९	१०९३	३२८		पहेलुं पानुं नथी
१०९४	आचारांगसूत्र सह टब्बार्थ				१०८				अपूर्ण
१०९५	सिद्धांतचंद्रिका				८३(१२-१०२)				

ग्रंथांक	ग्रंथनुं नाम	कर्ता	भाषा	संवत्	पत्र संख्या	झेरोक्ष	सी.डी.	ग्रंथाग्र	विशेष नोंध
१०९६	विक्रमसेनलीलावतीचौपई				१५				अपूर्ण
१०९७	कथासंग्रह				३७				आ ग्रंथ छे के नहिं तेमां शंका छे.
१०९८ ◆	श्रमणश्रावकाचारविचार				१६ (१९-३४)				
१०९९	विक्रमसेनलीलावतीचौपई				४				अपूर्ण
११००	क्षेत्रसमास				१४				अपूर्ण
११०१	कल्याणमंदिरस्तोत्र				४				अपूर्ण
११०२	दुष्टग्रहयोगादि				६				
११०३	सुभाषितसंग्रह				२६				
११०४	कल्पसुत्र सह अवचुरी				१९				
११०५	कालज्ञान				७				
११०६ ◆	वंदारूवृत्ति				९९ थी ११०				
११०७	बोलसंग्रह २७ द्वारोंसे				५				
११०८	ऋषिमंडलस्तोत्र				३				अपूर्ण
११०९	सारस्वतविभक्तिसमासवृत्ति				४६-५६				अपूर्ण
१११०	क्रियाकलाप				६	१००१ ... ११६२	३२८		
११११	पथ्यापथ्यविबोधक				४५	१०७७ + ११११			अपूर्ण
१११२	नलदमयंतीरास	समयसुंदर			३५				पहेलु पानुं नथी अपूर्ण
१११३ ◆	नलदमयंतीरास				३				
१११४	ऋषभस्तवन सह बालावबोध				१०				अपूर्ण
१११५	बृहत्संग्रहणीसूत्र (श्री चन्द्रीय)	श्रीचंद्रसूरि			१४				अपूर्ण
१११६	शब्दकोश (अनिर्णित)				६				अपूर्ण
१११७	पांडवचरित्र				२१७-२८६				अपूर्ण
१११८	चित्रसेनपद्मावतीचौपइ	राजसिंह			२३				प्रथम पांच पानां नथी
१११९	जन्मपत्रिकापद्धति				१५				अपूर्ण
११२०	शत्रुंजय उद्धाररास	ऋषभदास			१५				प्रथम बे पाना नथी अपूर्ण
११२१ ◆	दानशीलतपभावनासंवाद				६				
११२२	सप्तस्मरण				४				अपूर्ण

ग्रंथांक	ग्रंथनुं नाम	कर्ता	भाषा	संवत्	पत्र संख्या	झेरोक्ष	सी.डी.	ग्रंथाग्र	विशेष नोंध
११२३	नवतत्त्व			१७९८	२				
११२४	योगशास्त्र	हेमचंद्राचार्य			१९				
११२५	बारभावना				७				
११२६	गुणस्थान + कर्मग्रंथ + पार्श्वस्तवन			१७०१	२९				
	बालावबोध								
११२७	अभिधानचिंतामणिटीका	हेमचंद्राचार्य			१७६			ग्रं.९९९७	
११२८	धर्मोपदेश				१६				प्रथम पानुं नथी
११२९/A	सागरचंद्रमृगांकलेखाचरित्र				२-२३				
११२९/B	अंतकृत-अनुत्तरौपपातिक दशांगवृत्ति				१०				अपूर्ण
११३०	गुणस्थानक्रमारोह सहवृत्ति				१४-२७				अपूर्ण
११३१	ओघनिर्युक्तिवृत्ति				३-६६	१००१...११६२	३२८		
११३२	विचारसंग्रह				५-११				
११३३	कल्पसूत्र सह टब्बार्थ				२९				
११३४	कल्पसूत्र सह टब्बार्थ			१८२५	१२-१०७				
११३५	कल्पसूत्र सह टब्बार्थ				७१-१४९				
११३६	सूत्रकृताङ्ग सह टब्बार्थ				५-७३				अपूर्ण
११३७	उपदेशमालाप्रकरण			१६८८	१२-२१				
११३८	पुरन्दरचौपई				११				अपूर्ण
११३९	कुमारसंभव सह टीका				२०-३०				अपूर्ण
११४०	अजापुत्ररास				६-१५				
११४१	हैमलिंगानुशासन सहवृत्ति				११	१००१...११६२	३२९		
११४२ ◆	लघुसज्झायटीका				४				
११४३	कल्पान्तर्वाच्यबालावबोध				७				
११४४	पुष्पमाला	मलधारिहेमचंद्रसूरि			४-१९				
११४५	पिंडविशुद्धि				५				
११४६	हरिबलचौपई	जितविजय			१२-२२				
११४७	तीर्थंकरबोल				८-११				

ग्रंथांक	ग्रंथनुं नाम	कर्ता	भाषा	संवत्	पत्र संख्या	झेरोक्ष	सी.डी.	ग्रंथाग्र	विशेष नोंध
११४८ ◆	कल्पसूत्र पांचमी वाचना				१४ (४२-५६)				
११४९	लघुसंग्रहणी श्रीचन्द्रीय	श्रीचंन्द्रसूरि		१७९८	७				
११५०	चमत्कारचिंतामणि +								
	भुवनदिपक अध्याय ज्योतिषशास्त्र	पद्मप्रभसूरि		१८९९	१७				
११५१	हैमन्यास	हेमचंद्रसूरी			४३				
११५२	शीलोपदेशमाला + योगशास्त्र	अजयसिंहमुनि			२६				
११५३	कर्मग्रंथ एक थी चार सह टब्बार्थ	देवेन्द्रसूरि			४२				
११५४	बनारसीविलास				११२				
११५५	समाधितंत्र सह बालावबोध				१७२				
११५६	महावीरचरित्रस्तवन				३-६				
११५७	आगमसार				१२-१९				
११५८	रत्नपालरास	मोहनविजय		१८५८	३३-४३				
११५९	द्वादशग्रहभावफल				२-७				
११६०	संग्रहणी (श्रीचन्द्रीय)	श्रीचन्द्रसूरि			१०				
११६१	कालसप्ततिका सहटब्बार्थ				११				
११६२	हैमधातुपाठ सहवृत्ति				८	१००१...११६२	३२९		
११६३	बेलीकेसन रूक्मिणीरी				१२-३४				
११६४	सप्तस्मरण				८				
११६५	उपदेशमाला + लघुशांति				३७				
११६६	सिंदूरप्रकर	सोमप्रभाचार्य			१०				
११६७	चौवीसी				४				
११६८	षष्टिशतं सह स्तबक				८				अपूर्ण प्रथम पत्र नथी.
११६९	कर्मग्रंथ १ थी ३ सह टब्बार्थ				३३				अपूर्ण
११७०	उपदेशसार			१७९९	६३				
११७१	साधुवंदना				११				
११७२	शालिभद्रचौपई	हंसमुनि		१६७९	११				
११७३ ◆	शालिभद्रधनारास				३				आ ग्रंथ छे के नहिं तेमां शंका छे.

ग्रंथांक	ग्रंथनुं नाम	कर्ता	भाषा	संवत्	पत्र संख्या	झेरोक्ष	सी.डी.	ग्रंथाग्र	विशेष नोंध
११७४	विद्यासारगीत	विद्यासागरउपाध्याय			३				प्रथम पानुं नथी
११७५	नलदमयंतीरास				६				अपूर्ण
११७६	आवश्यकसूत्राणि (डिझाईन)				८				
११७७	ऋषिमंडलसूत्र				९				अपूर्ण
११७८	ऋषिमंडलसूत्र				९				
११७९ ◆	नवतत्वबालावबोध				३				आ ग्रंथ छे के नहिं तेमां शंका छे.
११८० ◆	भगवतीबोलसंग्रह				३				आ ग्रंथ छे के नहिं तेमां शंका छे.
११८१	उत्तराध्ययनसज्झायो				२१				अपूर्ण
११८२	बारभावना				५				
११८३	योगशास्त्र				६-१४				अपूर्ण
११८४	जीवाजीवविचार			१८४२	४				
११८५	आवश्यकसूत्राणि अने पाठ			१६९८	११				
११८६	गुरुवंदनप्रत्याख्यानभाष्य			१६१२	३-६				
११८७ ◆	प्रतिक्रमणसूत्र				३				आ ग्रंथ छे के नहिं तेमां शंका छे.
११८८	महावीरचरित्रस्तवन				६				अपूर्ण
११८९	प्रतिमापूजाबृहद्रास			१६३२	६				पत्र २, ३ नथी
११९०	चौवीसी	शांतिविजय			४				
११९१ ◆	प्रतिमापूजा				३				आ ग्रंथ छे के नहिं तेमां शंका छे.
११९२	वसुदेवकुमारचौपई				१२				४, ५, ६, ७, १० पानां नथी
११९३	स्थुलिभद्रफाग				२-२५				अपूर्ण
११९४ ◆	स्तुतिस्तवन								आ ग्रंथ छे के नहिं तेमां शंका छे.
११९५	दशआश्चर्यकल्पसूत्रवाचना				५				
११९६	सिंदूरप्रकर				५				
११९७	शत्रुंजय उद्धाररास				२-५				
११९८	कठियाराकान्हडरास	मानविजय			४				
११९९	पर्युषणा अष्टाह्निकाव्याख्यान				२-५				अपूर्ण
१२०० ◆	स्तोत्रप्रकरण								आ ग्रंथ छे के नहिं तेमां शंका छे.

ग्रंथांक	ग्रंथनुं नाम	कर्ता	भाषा	संवत्	पत्र संख्या	झेरोक्ष	सी.डी.	ग्रंथाग्र	विशेष नोंध
१२०१	श्रावक आराधना				६				
१२०२ ◆	आराधनाप्रकरण								आ ग्रंथ छे के नहिं तेमां शंका छे.
१२०३ ◆	पच्चखाण								आ ग्रंथ छे के नहिं तेमां शंका छे.
१२०४	दशवैकालिकसूत्र सह बालावबोध				३६				
१२०५	कामघटकथा				५				अपूर्ण
१२०६	शतकत्रय सह टब्बार्थ	भर्तृहरि			४२				
१२०७	साधुवंदना	तिलकसिंह			१०				
१२०८	उत्तराध्ययनसूत्र सहटब्बार्थ				१६				आ ग्रंथ छे के नहिं तेमां शंका छे.
१२०९ ◆	बनारसीविलास								पान नं. नथी
१२१०	मेघदूतकाव्य	कालिदास		१८६६	३-१०				
१२११	भक्तामरसूत्र सहवृत्ति	मानतुंगसूरि		१८६६	२-२२				अपूर्ण १, ६, १४ पानां नथी
१२१२	उत्तराध्ययनसूत्र सह वृत्ति				४२				प्रथम पानुं नथी
१२१३	सागरचंद्रकमलामेलाचौपई	विजयशेखर		१६८५	४०				
१२१४	पर्युंषणा अष्टाह्निकाव्याख्यान				५				अपूर्ण
१२१५	प्रवचनसारोद्धार				३७				
१२१६	सिंदूरप्रकर सुभाषित				८-१४				
१२१७	सारस्वतसूत्रवृत्ति			१७७८	१७-२८				
१२१८ ◆	नवतत्त्वमाला								
१२१९ ◆	अंतगडवृत्ति								
१२२०	तीर्थंकरबोल				१५				
१२२१	कर्मग्रंथ १ थी ३	देवेन्द्रसूरि			५				
१२२२ ◆	विक्रमचरित्र				८				२जुं पानुं नथी (ग्रंथ छे के नहिं शंका छे.)
१२२३	शालिभद्रचौपई				३-५, १०, ११				
१२२४	तपविधि				२				
१२२५	सिंदूरप्रकर सह वृत्ति				४९	१२२५...१२५६	३२९		
१२२६	उत्तराध्ययनसूत्र				४-२९				
१२२७	हैमउणादि गणविवरण				८४				अपूर्ण

ग्रंथांक	ग्रंथनुं नाम	कर्ता	भाषा	संवत्	पत्र संख्या	झेरोक्ष	सी.डी.	ग्रंथाग्र	विशेष नोंध
१२२८ ◆	पर्युषणासमाचारी								
१२२९	शत्रुंजयरास				६				
१२३०	उपदेशमाला				४				
१२३१	श्रावक अतिचार				७				प्रथम पानुं नथी
१२३२	सिंदूरप्रकर सह बालावबोध				१०				३, ४ पानां नथी
१२३३	ऋषभस्तवन				५				
१२३४	उपासकदशांगसूत्र				९				प्रथम पानुं नथी अपूर्ण
१२३५	सम्यक्त्वअधिकार			१९१३	७-१२				
१२३६	सारस्वतव्याख्या (क्षेमंकरी टीका)				२७				अपूर्ण
१२३७	नयविवरण				८	१२३७	३२९		
१२३८	कल्पसूत्र सह टब्बार्थ व व्याख्यान				७०				अपूर्ण
१२३९	अनुयोगद्वारसूत्र सह बालावबोध				६२				अपूर्ण
१२४०	अनुयोगद्वारसूत्र				३०				अपूर्ण
१२४१	अनुयोगद्वारसूत्र सह बालावबोध				३३				अपूर्ण
१२४२	नीतिशतक	भर्तृहरि			२				
१२४३	सौभाग्यपंचमीव्याख्यान	कनककुशल			३४-३९				
१२४४	नयचक्र सह बालावबोध			१८७७	१५-३५				
१२४५	हरिवंशप्रबंध	ढालसागर			६६				उधई खाई गयेल छे. अपूर्ण..
१२४६	शीलांगरथ				८				
१२४७	कर्मग्रंथ पांचथी छ सह टब्बार्थ				३७-७२				
१२४८	दशवैकालिकसूत्र सह टब्बार्थ वृत्ति				१०				
१२४९	मौनएकादशीव्याख्यान सह टब्बार्थ			१५७६	११				
१२५०	प्रस्ताविकश्लोकसंग्रह				१६	१२२५...१२५६			५ थी ७ पानां नथी
१२५१	सारस्वतप्रक्रियाबालावबोध				१२				अपूर्ण
१२५२	मारवाडतीर्थवर्णन				३				
१२५३	प्रियंकरनृपकथा				८-३७				
१२५४	राजप्रश्नीय सह टब्बार्थ				२३				अपूर्ण. थोडो खवाई गयो छे.

ग्रंथांक	ग्रंथनुं नाम	कर्ता	भाषा	संवत्	पत्र संख्या	झेरोक्ष	सी.डी.	ग्रंथाग्र	विशेष नोंध
१२५५ ◆	साधुसमाचारी								पानां नं. नथी
१२५६	समयसार सह आत्मख्यातिवृत्ति				९६	१२२५...१२५६	३२९		
१२५७	दशवैकालिकसूत्र				१८-२२				
१२५८	द्रव्यनयका ग्रंथ				३-१४				
१२५९	नवतत्त्वसहवृत्ति				४				अपूर्ण
१२६०	प्रतिष्ठाविधि				११				
१२६१	अमरकोशनामलिंगानुशासन				३०				अपूर्ण
१२६२	चैत्यवंदनभाष्य टब्बार्थ विधि				११				खवाई गयो छे. अपूर्ण.
१२६३	आवश्यकसूत्राणि व पाठ				१०				अपूर्ण
१२६४ ◆	चैत्यवंदनादिसूत्र								पानां नं. नथी
१२६५	ब्रह्मविलास			१७७२	४				२९, ३१, १००, ११० पानां छे
१२६६	त्रिषष्ठी शलाका पुरुष चरित्र पर्व ८				८०	१२६६ + १२७०	३२९		
१२६७	नैषधचरित्रदीपिका				३१-७१				अपूर्ण
१२६८/A	पाक्षिक सूत्र + अतिचार +								
	पच्चक्खाण. विधि				१०				
१२६८/B	सिंदूरप्रकर				७				
१२६९	मृगावतीचौपई				३३				१, ४, ५, ६, १० पानां नथी
१२७०	प्रश्नोत्तरी			१८२०	७-१६	१२६६ + १२७०			
१२७१/A	दान-शील-तप-भावनासंवाद			१६६६	६				
१२७१/B	द्वात्रिंशिका				१				
१२७२	उपदेशमाला				१७				पलळी गई छे
१२७३	गीतगोविंद				१३				
१२७४	पिंडविशुद्धि सह टब्बार्थ			१६५४	६-१४				
१२७५ ◆	पिंडविशुद्धि								पानां नं. नथी
१२७६/A	अजितशांतिस्तवन			१६५६	६-१४				
१२७६/B	तीर्थस्तोत्रार्थवर्णन				४				
१२७७ ◆	पिंडविशुद्धि								पानां नं. नथी

ग्रंथांक	ग्रंथनुं नाम	कर्ता	भाषा	संवत्	पत्र संख्या	झेरोक्ष	सी.डी.	ग्रंथाग्र	विशेष नोंध
१२७८	नवतत्त्व बालावबोध			१९३४	९-२०				
१२७९[1]	कल्याणमंदिरस्तोत्र				२				
१२८०	सौभाग्यपंचमीस्तवन				३				
१२८१	प्रत्याख्यान पाठ				३				
१२८२	बोलथोकडा भंगसंग्रह				७				
१२८३	वीसस्थानकतपविधि				२				
१२८४	बनारसीविलास				८५				
१२८५/A	पद्मावती आराधना				६				
१२८५/B	पुण्यप्रकाशस्तवन				८-१३				
१२८६	कर्मग्रंथ पंचम (नवीन) सह स्तबक				१०				
१२८७	कल्पसूत्रवृत्ति				५९				
१२८८	चउक्कषायसज्झाय				२				
१२८९	गौतमकुलक सह टब्बार्थ				२				
१२९०	नवतत्त्व सह बालावबोध				४				
१२९१	गुणस्थान उपशम भावविचार				२				
१२९२	भक्ष्याभक्ष्यविचार				२				
१२९३	विचारसंग्रह				८				
१२९४	कर्मबंधहेतु त्रिभंगीस्तोत्र				२				
१२९५	कर्मप्रकृतिबंधहेतु				२				
१२९६	आवश्यकवृत्ति (वंदारु)				६२				
१२९७	उत्तराध्ययननिर्युक्ति				१७				
१२९८	नेमिचरित्र				९				
१२९९	श्रमण अतिचार				५				
१३००	बोलविचार उद्धरण त्रूटक पत्रो				४६				
१३०१	सिन्दुरप्रकर सह वृत्ति				२०				
१३०२	स्फूट अपूर्ण लघुग्रंथ अने त्रुटक पाना				८६				
१३०३	सौभाग्यपंचमी व्याख्यान सह टब्बार्थ				१८				

१. ग्रंथांक १२७९ से आगेकी सब प्रविष्टियाँ पुराने सूचीपत्र के अंतिम ग्रंथांक १२७८ से आगे जो तपागच्छके अतिरिक्त ग्रंथ मिले उन्हें नये क्रमांक देकर जोडी गयी है ।

ग्रंथांक	ग्रंथनुं नाम	कर्ता	भाषा	संवत्	पत्र संख्या	झेरोक्ष	सी.डी.	ग्रंथाग्र	विशेष नोंध
१३०४	स्फूट स्तवन स्तुति स्तोत्र अने लघुग्रंथ				५७				
१३०५	भक्तामरस्तोत्र + कल्याणमंदिर				७				
१३०६	भक्तामरस्तोत्र आदि				५				
१३०७	नवकार (बालावबोध) टीका				३				
१३०८	नवतत्त्व सहवृत्ति (अपूर्ण)				४				
१३०९	नवतत्त्वबालावबोध				३०				
१३१०	श्रीपालरास				१०				
१३११	श्रमणश्रावकाचारविचार				१६				
१३१२	दीपावलीकल्प				४				
१३१३	संग्रहणी (श्रीचन्द्रीय)	श्रीचंद्रसूरि			८				
१३१४	प्रत्याख्यानपाठ				३				
१३१५	प्रतिष्ठाविधि				१				
१३१६	प्रतिक्रमणविधि				३				
१३१७	सप्तस्मरण				६				
१३१८	ऐतिहासिक आदि वृत्तांत स्फूट पन्ना अने लघुग्रंथ				१७				
१३१९	कायस्थिति स्तोत्र सह बालावबोध				५				
१३२०	मौनएकादशीस्तवन				१४				
१३२१	मौनऐकादशीगुणनां				३				
१३२२	सिद्धान्तोक्तविचार गाथा				३				
१३२३	सकलार्हत्स्तोत्र				३				
१३२४	कल्पसूत्र सह टब्बार्थ अने व्याख्यान				१८३				
१३२५	मौनएकादशीगुणना				३				
१३२६	पुष्पमालाबालावबोध (जीर्ण)								
१३२७	आवश्यक (वंन्दारु) वृत्ति				१२(९९-११०)				
१३२८	श्रावकपाक्षिक अतिचार				७				
१३२९	प्रवचनसारोद्धार				७५				

ग्रंथांक	ग्रंथनुं नाम	कर्ता	भाषा	संवत्	पत्र संख्या	झेरोक्ष	सी.डी.	ग्रंथाग्र	विशेष नोंध
१३३०/A	श्रावकप्रतिक्रमणसूत्र				३				
१३३०/B	सप्तस्मरण				१५				
१३३१	चतुर्विधधर्म + मेरुत्रयोदशी + दीपावली गुणना				१४				
१३३२	कल्पसूत्र सह बालावबोध				१८२				
१३३३	जैसलमेर अष्टचैत्यजिनस्तवनम्				३				
१३३४	चतुर्विंशतिजिनस्तोत्र				१				
१३३५	उत्तराध्ययन सुखबोधाटीका				३९८				
१३३६	शनीश्चरकथा + सकलार्हत्स्तोत्र				१५				
१३३७	न्यायग्रंथ				१९		२४७		

परिशिष्ट १ : जैसलमेर के सर्व ग्रंथभंडारों के ताडपत्रीय तथा कागज के ग्रंथों का अकारादिक्रम

भंडार नाम	ग्रंथांक	ग्रंथनुं नाम	कर्ता	संवत्	पत्र संख्या
डूं.का.	२५९ ☯[1]	अंगचूलिका	विनयरंग		१५
जि.ता.	४१४ ☯	अंगविज्जा प्रथमखंड एकत्रीस अध्यायपर्यंत		१४००	२९९
था.का.	६४ ☯	अंगविद्या	महिमासुंदर गणि	१६६९	३३२
जि.ता.	१४९ ☯	अंगविद्याप्रकीर्णक		१४८८	२४१
जि.का.	११० □	अंगविद्याप्रकीर्णक		१९८४	१८७
त.का.	२१४	अंगुलसप्ततिका+जीवाकारविचार	चंद्रमुनि		४
डूं.का.	३४०	अंजनासुंदरी चौपई	जीवणजी पं.-ले	१७९४	१३
डूं.का.	१०८२	अंजनासुंदरी चौपई	भुवनकीर्ति	१७६६	२८
जि.का.	१२७८ □	अंजनासुंदरीकथानक	गुणसमृद्धि महत्तरा	१४०७	२३
त.का.	७१८	अंजनासुंदरीचौपाई			
जि.का.	१९८४	अंजनासुंदरीपवनंजयकुमाररास	पुण्यसागर	र.१६८९	२३
लों.का.	३७४	अंजनासुंदरीचौपई	पुण्यसागर	१६८२	१-२७
लों.का.	३०९	अंजनासुंदरीचौपई त्रूटक			१-१०
डूं.का.	३०२	अंजनासुंदरी कथा	हर्षकीर्तीगणि-ले	१६७४	५
जि.का.	१२७३	अंतःकरणप्रबोधवृत्ति	वल्लभ		२-९
त.का.	११२९/B	अंतकृत-अनुत्तरौपपातिक दशांगवृत्ति			१०
डूं.का.	६६८	अंतकृत्			
डूं.का.	१११०	अंतकृतद्दशांग सूत्र			३४
डूं.का.	१११४	अंतकृतद्दशांगवृत्ति	ज्ञानहर्षमुनि	१५२५	२०
डूं.का.	१११५	अंतकृतद्दशांगसूत्र सह वृत्ति			२६
आ.का.	१७०	अंतकृत्द्दशांगसूत्र			२९
आ.का.	२५७	अंतकृत् + अनुत्तरौपावातिक + प्रश्नव्याकरण विपाकवृत्ति			९१
जि.ता.	२१/२ ☯	अंतकृद्दशांगवृत्ति	अभयदेवाचार्य		१९-२६
जि.ता.	२०/२ ☯	अंतकृद्दशांगसूत्र			१९-३७
जि.का.	१७/२ ☯	अंतकृद्दशांगसूत्र	सुधर्मास्वामी		९-१७
जि.का.	८२/३ □	अंतकृद्दशांगसूत्र	सुधर्मास्वामी	१९८३	१६-३१
जि.का.	७३४	अंतकृद्दशांगसूत्र			४८
जि.का.	९४२	अंतकृद्दशांगसूत्र			२३
जि.का.	१३८० ☯	अंतकृद्दशांगसूत्र			२४
जि.का.	४७० □	अंतकृद्दशांगसूत्र वृत्तिसह त्रिपाठ	सुधर्मास्वामी -मू.क., वृ.क.अभयदेवसूरि		३१
जि.का.	२२६ □	अंतकृद्दशांगसूत्रवृत्ति	अभयदेवसूरि		६
जि.ता.	१९/३ ☯	अंतकृद्दशांगसूत्रवृत्ति	अभयदेवाचार्य		१७८-१८९
जि.ता.	२३/२ ☯	अंतकृद्दशांगसूत्रवृत्ति	अभयदेवाचार्य		६९-९५
जि.ता.	२२/२ ☯	अंतकृद्दशांगसूत्रवृत्ति	अभयदेवाचार्य		२३-३१
जि.का.	१८/२ ☯	अंतकृद्दशांगसूत्रवृत्ति	अभयदेवसूरि		११-१५
आ.का.	४५	अंतकृद्दशांगसूत्र			२०
त.का.	१२२	अंतगडदशांगवृत्ति			
जि.का.	४६६ □	अंतगडदशांगसूत्र			५८
त.का.	१२१९ ◆	अंतगडवृत्ति			
जि.का.	८४५ ☯	अंतरिक्षपार्श्वनाथस्तवन	सुमतिहंस		२
त.का.	८६९ ☯	अंतरीक्षपार्श्वनाथस्तवन		१८११	२
जि.का.	२०६७	अंतर्दशाकोष्ठक			७
जि.ता.	२२/७ ☯	अंतकृद्दशांगसूत्र			२०३-२२२
आ.का.	१८१	अंतकृद्दशांग वृत्ति		१६५३	७
आ.का.	१७	अंतकृद्दशांगसूत्र सह वृत्ति			२४
त.का.	३५४ □	अंतरीक्षपार्श्वनाथ छंद	भावविजय		४
त.का.	३६५	अंबडकथा	अमरसुंदर	१९१८	२६
डूं.का.	७२ ☯	अंबडचरित्र	मुनिरत्नसूरि		३२
डूं.का.	२७८	अंबडचरित्र	ठाकुर-ले.	१९०३	३१

१. ☯ यह निशान वाले ग्रंथो की सी.डी. और फोटोस्टेट दोनों कीये है । □ यह निशान वाले ग्रंथोंकी सिर्फ फोटोस्टेट की गई है । ● यह निशानवाले ग्रंथोकी सिर्फ सी.डी.की गई है । ◆ यह निशान वाले ग्रंथ ग्रंथ-भंडारमें विद्यमान नहीं है ।

भंडार नाम	ग्रंथांक	ग्रंथनुं नाम	कर्ता	संवत्	पत्र संख्या
जि.का.	१६५३ □	अंबडचरित्र गद्य पत्र	अमरसुंदर		३१
जि.का.	२००१	अइमत्तामुनिचोढालियु	नयरंग		२
त.का.	३०६	अक्षतृतीया			
डूं.का.	४५९	अक्षयतृतीया			
डूं.का.	५३०	अक्षयतृतीया व्याख्यान			६थी१३
डूं.का.	९३१	अक्षयतृतीया व्याख्यान	राजमूर्ति	१८३२	७थी२०
त.का.	३२९	अक्षयतृतीया समुच्चय व्याख्यान			
डूं.का.	१२९१/१	अक्षयतृतीयादिपर्व व्याख्यान + नवतत्त्वसह बालावबोध			१५
आ.का.	१९८	अक्षयतृतीयाव्याख्यान			३
लों.का.	६३८	अक्षयतृतीयाव्याख्यान			१-८
लों.का.	३८९	अक्षयतृतीयाव्याख्यान	क्षमाकल्याण		१-२
जि.का.	२२०१	अगडदत्तकथा			७
त.का.	३१८ □	अगडदत्तकथा			५
त.का.	५९८/A	अग्यारह उपासकप्रतिमा			७
आ.का.	२५२	अङ्गचूलिका			१३
त.का.	७३९	अचलदासखिची री बात			९
त.का.	११४०	अजापुत्ररास			६-१५
डूं.का.	३६२	अजित-शान्तिवृद्धिस्तवन	मेरुनंद उपाध्याय		१०
जि.का.	१६२६/१ ☯	अजितशांति	नंदिषेण		१-४
जि.का.	२१६०/८	अजितशांति			४४-४९
जि.का.	१६२५/५ □	अजितशांति	नंदिषेण		५-११
जि.का.	१३२६/२२ ☯	अजितशांतिजिनस्तोत्र	नंदिषेण		२२४-२३०
जि.का.	२१२०/६ ☯	अजितशांतिवृत्ति	जनप्रभसूरि	१३६५	१८-२७
जि.ता.	१५६/२० ☯	अजितशांतिस्तव	जिनवल्लभसूरि	११९२	९०-९२
जि.का.	१३३/१० □	अजितशांतिस्तव	नंदिषेण		१८-२०
जि.का.	१३१७/२१ ☯	अजितशांतिस्तव	नंदिषेण		१७०-१७४
जि.का.	१६९५	अजितशांतिस्तव	नंदिषेण		३
त.का.	४९५	अजितशांतिस्तव सह टब्बार्थ		१८७०	११
जि.का.	१६२३ ☯	अजितशांतिस्तव सावचूरिक पंचपाठ	नंदिषेण		८
लों.का.	३६६	अजितशांतिस्तवन	गोपालचंद		१-७
त.का.	९६४	अजितशांतिस्तवन			३
त.का.	१२७६/A	अजितशांतिस्तवन		१६५६	६-१४
लों.का.	५८६	अजितशांतिस्तवन सह टब्बार्थ			१-११
जि.का.	१६२२ ☯	अजितशांतिस्तवावचूरि			८
जि.ता.	१५४/९ ☯	अजितशांतिस्तोत्र	नंदिषेण	१२१०	७०-७५
जि.ता.	१५८/११ ☯	अजितशांतिस्तोत्र	नंदिषेण	१४००	१३१-१३६
जि.ता.	१५९/१२ ☯	अजितशांतिस्तोत्र	नंदिषेण	१३४५	१५८-१६७
जि.का.	१३१६/३	अजितशांतिस्तोत्र	नन्दिषेण	१३३४	१९६-२०२
जि.का.	१६९३/७ ☯	अजितशांतिस्तोत्र			७-१४
जि.का.	११४७	अजितशांतिस्तोत्र तथा गोडीपार्श्वनाथस्तवन आदि			५
त.का.	१६९	अजितशांतिस्तव सह अवचूरि			६
लों.का.	५६५	अजितशांतिस्तवन जीर्ण	नंदिषेण		१-५
जि.ता.	१५६/३८ ☯	अजितशान्तिस्तोत्र	नंदिषेण	११९२	५-१०
आ.का.	२२९	अजितशान्तिस्तव			३
डूं.का.	११६७	अजितशांतिस्तवन बालावबोध			१४
जि.का.	१९५१/११	अजीवकल्प			६३-६४
आ.का.	२८५	अट्ठाइसलब्धि स्तवन			१
आ.का.	१३२	अठारहपापस्थानक सज्झाय	जशविजय		५
डूं.का.	१०१२	अठ्ठाइ व्याख्यान	मुणचंद्रजी	१९३८	२०
त.का.	४७६	अठ्ठारहपापस्थानक सज्झाय	जशविजय	१९०५	१०
त.का.	४७९	अठ्ठारहपापस्थानसज्झाय	मनरूपविजय	१८५८	१४
जि.का.	६४९	अढारपापस्थानकभास	ब्रह्मकवि	१६६८	२-८
लों.का.	२०९	अढारनातरांनी सज्झाय			१-३

भंडार नाम	ग्रंथांक		ग्रंथनुं नाम	कर्ता	संवत्	पत्र संख्या
त.का.	१०३२		अढारपापस्थानक			१७
डूं.का.	३३४		अढीद्वीप स्तवन	धर्मसिंह	१७२९	८
लों.का.	५००/B		अणगोस अधिकार			
त.का.	१२२		अणुत्तरोववाइदशांगवृत्ति			
डूं.का.	५४९		अणुत्तरोववाई टब्बार्थ		१७०३	१६
जि.ता.	२८३	◐	अणुव्रतविधि		११६९	७७
जि.का	१३२	□	अणुव्वयविहि		१९८३	३२
त.का.	१२६८/A		अतिचार			
जि.का	१९२५		अतिचारनी आठगाथा			२
			सटीक त्रिपाठ			
था.का.	४४७		अतिमुक्तकगीत	नयरंगमुनि		२
जि.ता.	२४९/१	◐	अतिमुक्तकचरित्र	पूर्णभद्रगणि	१२८२	१-२१
जि.ता.	२७०/३	◐	अतिमुक्तकचरित्र	पूर्णभद्र	१२८२	३२९-३४७
जि.का	१२६	□	अतिमुक्तकचरित्र पद्य	पूर्णभद्रगणि	१९८३	७
लों.का.	४९८		अतिमुक्तककुमारचौपई	नारायणमुनि	र.१६८३	१-५
					ले.१७३७	
जि.का	१५८७	◐	अध्यात्मकल्द्रुमसटीक त्रिपाठ	मुनिसुंदरसुरि-मू.,टी.क.	र.१६७२	
				वाचकरत्नचंद्र	ले.१६७४	६२
आ.का.	२२७		अध्यात्मकल्पद्रुम			१०
जि.का	१९२	◐	अध्यात्मकल्पद्रुम तथा	मुनिसुन्दरसूरि,		
			अन्ययोगव्यवच्छेदद्वात्रिंशिका	अ.द्वा.क.हेमचन्द्राचार्य		९
जि.का	१५८७	◐	अध्यात्मकल्पद्रुम सटीक त्रिपाठ	मुनिसुंदरसूरि	र.१६७२	
					ले.१६७४	३२
डूं.का.	७०३	◐	अध्यात्मकल्पद्रुम सह वृत्ति			६२
जि.का	७७२		अध्यात्मकल्पद्रुमवृत्ति	रत्नचंद्रगणि-वृ.	१६७४	३५
जि.का	७०७		अध्यात्मगीत			
डूं.का.	१४६		अध्यात्मपदावली - ज्ञानसार			२३
जि.का	१०३७/२		अध्यात्मपयडीछत्रीसी	बनारसीदास		२-३

भंडार नाम	ग्रंथांक		ग्रंथनुं नाम	कर्ता	संवत्	पत्र संख्या
जि.का	११०२		अध्यात्मस्तुति सस्तबक			
			(उठी सवेरा सामायिक लीधुं)	भावप्रभसूरि		२
त.का.	६३२		अध्यात्मकल्पद्रुम	मुनिसुंदरसूरि		१२
डूं.का.	१३७६	◆	अध्यात्मद्वात्रिंशिका			२
डूं.का.	१४२		अध्यात्मबत्तीसी			२
डूं.का.	५२५		अध्यात्मबहुत्तरी	आनंदघनजी		१३
त.का.	४५३		अध्यात्मविद्योपदेश	शंकराचार्य	१७६७	३०
			सह बालावबोध			
डूं.का.	१३१४		अध्यात्मबिन्दु	हर्षवर्धन	१७३९	५
डूं.का.	८४६		अध्यात्मकल्पद्रुम	मुनिसुंदरसूरि		८
जि.ता.	३५५	◐	अनर्घराघवनाटक	मुरारि कवि	१४००	१६९
जि.का.	२५३	◐	अनर्घराघवनाटक	मुरारि कवि	१३७५	८६
जि.ता.	३५६	◐	अनर्घराघवनाटक टिप्पनक	मलधारी नरचंद्रसूरि	१४००	२०३
जि.का	५११/१		अनाथीमुनिसंधि	विमलविनय	१६४७	१-३
त.का.	३५२		अनाथीमुनिसंधी	विमलविनय		६
जि.का	१०७४	□	अनाथीमुनिसज्झाय	समयसुंदर		१
जि.का	२२३६/५		अनाथीमुनिसज्झाय	अभयचंद्र		
था.का.	३७१		अनाथीमुनिसंधि	नयरंगमुनि	१७०५	४
जि.का	८०८/३	◐	अनाथीसंधि	विमलविनय	१६४७	४-६
लों.का.	३५०		अनाथीसाधुसंधि	विमलविनय	१६४७	१-९
लों.का.	५१८		अनाथीसंधि	विमलविनय	१६४७	१-२
लों.का.	६३९		अनाथीसाधुसंधि	विमलविनय		१-५
जि.का	४२०/४३		अनादिबत्रीसी	भैया	१७५०	९१-९२
डूं.का.	५४४		अनानुपूर्वी नवकार			३
डूं.का.	१७१		अनिट् कारिका			३
जि.का	१८०९		अनिट्कारिका सटीक त्रिपाठ			६
जि.का	१८०९	□	अनिट्कारिका सटीक त्रिपाठ			६
त.का.	५१८		अनिट्कारिकार्थ		१९१५	४

भंडार नाम	ग्रंथांक	ग्रंथनुं नाम	कर्ता	संवत्	पत्र संख्या
डूं.का.	१३२५	अनिट्कारिका अवचूरि सह			२
डूं.का.	१२८५	अनिट्कारिका व्याख्या सह			२
डूं.का.	८७५	अनिट्सेट् धातु कारिका	हर्षकीर्तिसूरि		५
लों.का.	६२४	अनित्यकथा		१९५०	१-७
जि.का.	१७५६	◐ अनिट्कारिका			५
डूं.का.	६६८	अनुत्तरौपपातिकदशांगवृत्ति			
आ.का.	३४३	अनुत्तरोपपातिक सूत्र			११
जि.का.	२३४	□ अनुत्तरोबवाइयसूत्रवृत्ति त्रूटक	अभयदेवसूरि		२
डूं.का.	४२९	अनुत्तरोववाई			
डूं.का.	११११	अनुत्तरौपपातिकदशांग सूत्र			५
त.का.	७४६	अनुत्तरौपपातिकदशांग सूत्र सह टब्बार्थ		१७६३	१०
जि.ता.	२१/३	◐ अनुत्तरौपपातिकदशांगवृत्ति	अभयदेवाचार्य		२६-२८
था.का.	१७२	अनुत्तरौपपातिकदशांगवृत्ति			
जि.ता.	२०/३	◐ अनुत्तरौपपातिकदशांगसूत्र			३७-४१
जि.ता.	२२/८	◐ अनुत्तरौपपातिकदशांगसूत्र			२२३-२२८
जि.का.	१७/३	◐ अनुत्तरौपपातिकदशांगसूत्र	सुधर्मास्वामी		१७-१९
जि.का.	८२/३	□ अनुत्तरौपपातिकदशांगसूत्र	सुधर्मास्वामी	१९८३	३१-३५
जि.का.	७९०	अनुत्तरौपपातिकदशांगसूत्र			५
जि.का.	१०८६	□ अनुत्तरौपपातिकदशांगसूत्र			९
जि.का	१४१०	अनुत्तरौपपातिकदशांगसूत्र			९
लों.का.	३९	अनुत्तरौपपातिकदशांगसूत्र	सुधर्मास्वामी		१-६
लों.का.	१५७	अनुत्तरौपपातिकदशांगसूत्र			१-६
आ.का.	१५२	अनुत्तरौपपातिकदशांगसूत्र			६
आ.का.	३२३	अनुत्तरौपपातिकदशांगसूत्र			९
त.का.	४४	अनुत्तरौपपातिकदशांगसूत्र	सुधर्मागणधर		५
लों.का.	३८	अनुत्तरौपपातिकदशांगसूत्र मूल	सुधर्मास्वामी		१-९
जि.का.	८७८	□ अनुत्तरौपपातिकदशांगसूत्र वृत्तिसह पंचपाठ	अभयदेवसूरि-वृ.		६
जि.का.	९८३	अनुत्तरौपपातिकदशांगसूत्र सस्तबक		१९२४	१५
त.का.	४३	अनुत्तरौपपातिकदशांगसूत्र सह टब्बार्थ	सुधर्मागणधर		१६
जि.का.	१८/३	◐ अनुत्तरौपपातिकदशांगसूत्रवृत्ति	अभयदेवसूरि		१५-१६
जि.ता.	१९/४	◐ अनुत्तरौपपातिकदशांगसूत्रवृत्ति	अभयदेवाचार्य		१८९-१९३
जि.ता.	२२/३	◐ अनुत्तरौपपातिकदशांगसूत्रवृत्ति	अभयदेवाचार्य		३१-३४
जि.का.	१२२७	अनुत्तरौपपातिकसूत्र			६
त.का.	४०	अनुत्तरौपपातिकसूत्र टब्बा	सुधर्मा गणधर	१९०८	१४
जि.का.	९००	□ अनुत्तरौपपातिकसूत्र वृत्ति	अभयदेवसूरि-वृ		३
जि.का.	१३८१	◐ अनुत्तरौपपातिकसूत्रवृत्ति	अभयदेवसूरि-वृ.		३
आ.का.	२५७	अनुत्तरौपपातिक			
लों.का.	४०	अनुत्तरौपपातिकदशांगसूत्र सह टब्बार्थ		१७८५	१-१३
लों.का.	१८५	अनुयोगद्वार त्रूटक			१-४
लों.का.	१२३	अनुयोगद्वार बालावबोध	आर्यरक्षित		१-१८३
लों.का.	१२१	अनुयोगद्वार सह व्याख्यान मूल	आर्यरक्षित		१-५०
लों.का.	१२२	अनुयोगद्वार सह व्याख्यान मूल	आर्यरक्षित		१-५४
जि.ता.	७८	◐ अनुयोगद्वारचूर्णी	जिनदासगणि महत्तर	१५००	६९
जि.ता.	७९/१	◐ अनुयोगद्वारसूत्र			१-६६
जि.का	५०	◐ अनुयोगद्वारसूत्र	आर्यरक्षितसूरि		१८(८८४-९०१)
जि.का.	१४१२	अनुयोगद्वारसूत्र			३९
जि.का.	२२००	अनुयोगद्वारसूत्र			३०
जि.का.	१४१३	अनुयोगद्वारसूत्र अपूर्ण			२२

भंडार नाम	ग्रंथांक		ग्रंथनुं नाम	कर्ता	संवत्	पत्र संख्या
जि.का.	६५९		अनुयोगद्वारसूत्र बालावबोधसह त्रिपाठ			८५
जि.ता.	४१०/३	◐	अनुयोगद्वारसूत्रचूर्णी	जिनदासगणि महत्तर	१३००	२२४-२७५
जि.ता.	७९/२	◐	अनुयोगद्वारसूत्रलघुवृत्ति	हरिभद्र आचार्य	१५००	६७-१६३
जि.का.	५२	◐	अनुयोगद्वारसूत्रलघुवृत्ति	हरिभद्रसूरि		३१(९५६-९८६)
जि.ता.	८०	◐	अनुयोगद्वारसूत्रवृत्ति	मलधारी हेमचंद्रसूरि	१४००	१८१
जि.का.	५१	◐	अनुयोगद्वारसूत्रवृत्ति	मलधारी हेमचंद्रसूरि	१४८९	५४(९०२-९५५)
जि.ता.	८१	◐	अनुयोगद्वारसूत्रवृत्ति किंचिदपूर्ण	मलधारी हेमचंद्रसूरि	१५००	१९४
था.का.	२८२	□	अनुयोगद्वारवृत्ति	मलधारी हेमचंद्रसूरि		१३५
त.का.	६६१	◐	अनुयोगद्वारवृत्ति	मलधारी हेमचंद्रसूरि		१५३
डूं.का.	१७९	□	अनुयोगद्वारसूत्र			६१
डूं.का.	२५४		अनुयोगद्वारसूत्र	विशालकीर्ति मुनि-ले.	१६६६	२६
था.का.	२८३	□	अनुयोगद्वारसूत्र			५६
त.का.	६६०	◐	अनुयोगद्वारसूत्र	मलधारी हेमचंद्रसूरि		३२
त.का.	१२४०		अनुयोगद्वारसूत्र			३०
त.का.	१२३९		अनुयोगद्वारसूत्र सह बालावबोध			६२
त.का.	१२४१		अनुयोगद्वारसूत्र सह बालावबोध			३३
जि.का.	२२५५		अनेक ग्रंथो अने स्तवन सज्झाय आदिनां प्रकीर्णक पान			
जि.का.	२२५४		अनेक ग्रंथो अने स्तवन, सज्झाय आदिनां प्रकीर्णक पान			
जि.का.	१३२८		अनेक ग्रंथोनां अने स्तवन सज्झाय आदिनां प्रकीर्णक पाना			
जि.का.	१३२९		अनेक ग्रंथोनां अने स्तवन सज्झाय आदिनां प्रकीर्णक पाना			
जि.का.	११९८		अनेक ग्रंथोनां प्रकीर्णक आदि अंत वगेरेनां पानां			
जि.का.	१३३०		अनेक ग्रंथोनां अने स्तवन सज्झाय आदिनां प्रकीर्णक पाना			
जि.का.	११०५		अनेकविचारसंग्रह			६
जि.का.	२०४४		अनेकविचारसंग्रह	रत्नसूरि	१६१६	
जि.का.	४६९	□	अनेकविचारसंग्रह			९
जि.का.	११४	◐	अनेकांतजयपताकावृत्तिटिप्पनक	मुनिचंद्रसूरि	११८४	३४
जि.ता.	३६२	◐	अनेकांतजयपताका टिप्पनक	मुनिचंद्रसूरि	११७१	१३१
डूं.का.	३६४		अनेकार्थ नाममाला			६
डूं.का.	११०३	◐	अनेकार्थ शब्द संग्रह	हेमचंद्राचार्य	१६४७	४३
जि.का.	१३८	◐	अनेकार्थकोश अनेकार्थकैरवाकरकौमुदीटीकायुक्त तृतीय खंड	हेमचंद्रसूरि -मू., टी.क.महेंद्रसूरि	११८३	५२
जि.का.	१८१६		अनेकार्थतिलक			३४
जि.का.	२२२१/४	◐	अनेकार्थतिलककोश	महीप		२४-३२
जि.का.	५२६	◐	अनेकार्थतिलकनाममाला	महिप	१७८१	२३
जि.का.	६७२		अनेकार्थध्वनिमंजरी अपूर्ण			४-१०
जि.का.	५४१	□	अनेकार्थध्वनिमंजरी-शब्दरत्नप्रदीप			६
जि.का.	५८३	◐	अनेकार्थनाममाला वृत्तिसह पंचपाठ अपूर्ण	हेमचद्रसूरि -मू.क., वृ.क.महेंद्रसूरि		२२८
जि.का.	१८९७		अनेकार्थनाममालाभाषा	नंददास		५
जि.का.	९९३	□	अनेकार्थतिलक	महीप	१७१५	३८
त.का.	५७६	□	अनेकार्थध्वनिमंजरी (शब्दरत्नप्रदीप)	हेमआचार्य		३
त.का.	५८०	◐	अनेकार्थशब्दसंग्रह			३४
डूं.का.	५५३	◐	अनेकार्थसंग्रहटीका		१६४६	२२९

भंडार नाम	ग्रंथांक	ग्रंथनुं नाम	कर्ता	संवत्	पत्र संख्या
था.का.	१७२	◐ अन्तकृत् तथा अनुत्तरौपपातिकदशांग वृत्ति			११
त.का.	३५	अन्तकृद्दशांगसूत्र	सुधर्मा गणधर		३५
त.का.	३४	अन्तकृद्दशांगसूत्र	सुधर्मा गणधर	१८१८	३५
त.का.	३६	अन्तकृद्दशांगसूत्र	सुधर्मा गणधर		१५
त.का.	३८	अन्तकृद्दशांगसूत्र	सुधर्मा गणधर	१८८०	५२
त.का.	३९	अन्तकृद्दशांगसूत्र	सुधर्मा गणधर	१७९०	४१
त.का.	४१	अन्तकृद्दशांगसूत्र	सुधर्मा गणधर		१६
लों.का	३७	अन्तकृद्दशांगसूत्रवृत्ति	सुधर्मास्वामी		१-८
लों.का	३६	अन्तकृद्दशांगसूत्र मूल	सुधर्मास्वामी		१-२३
डूं.का.	७८७	अन्यस्तवन			
त.का.	४८९	अन्योक्तिबावनी			८
त.का.	३७	अन्तकृद्दशांगसूत्र	सुधर्मा गणधर		१८
जि.ता.	३५३	◐ अपभ्रंशकाव्यत्रयी त्रूटक			१०७
जि.का	९४४	अपवर्गनाममाला			
जि.ता.	२७६	◐ अभयकुमारचरित्र	चंद्रतिलकोपाध्याय	र.१३१२ ले.१५००	२२०
जि.ता.	२७७	◐ अभयकुमारचरित्र त्रूटक		१५००	२९४
जि.का	१९८९	अभयकुमाररास अपूर्ण	पद्मराज	र.१६५०	११
था.का	४१	अभयकुमारचौपाई	पद्मराज		२९
आ.का.	३४८	अभिधान चिंतामणी नाममाला			६४
डूं.का.	६८७	अभिधान चिंतामणी बीजक			४
जि.का.	२०२७	अभिधान चिंतामणिनाममाला	हेमचंद्राचार्य	१६८५	४५
डूं.का.	११०४	अभिधानचिंतामणि नाममाला	हेमचंद्राचार्य		६९
लों.का.	१७८	अभिधानचिंतामणि नाममाला	आ.हेमचन्द्र		१-५
लों.का	२१४	अभिधानचिंतामणि नाममाला त्रूटक			१-१७

भंडार नाम	ग्रंथांक	ग्रंथनुं नाम	कर्ता	संवत्	पत्र संख्या
जि.का.	१७८	अभिधानचिंतामणि नाममाला त्रूटक-अपूर्ण	हेमचंद्राचार्य		१०
जि.का	१७७	◐ अभिधानचिंतामणि नाममाला अपूर्ण	हेमचन्द्राचार्य		१३
जि.का	१७६	अभिधानचिंतामणि नाममाला द्वितीयकांड	हेमचंद्राचार्य		६
आ.का.	७३	अभिधानचिंतामणि शेष			१३
जि.का	१८२५	◐ अभिधानचिंतामणि सटीक बृहदवृत्ति			२०५+ ८९=२९४
त.का.	११२७	अभिधानचिंतामणिटीका	हेमचंद्राचार्य		१७६
जि.का.	७०२	□ अभिधानचिंतामणिनाममाला	हेमचन्दाचार्य	१६९९	२-८२
जि.का	२०४९	अभिधानचिंतामणिनाममाला		१७२१	७४
जि.का	४९८	□ अभिधानचिंतामणिनाममाला अपूर्ण	हेमचंद्रसूरि		८
जि.का	१७८१	अभिधानचिंतामणिनाममाला अपूर्ण	हेमचंद्राचार्य		१०-३१
जि.का	१७७५	◐ अभिधानचिंतामणिनाममाला स्वोपज्ञटीका	हेमचंद्राचार्य स्वोपज्ञ		१७०
जि.का	१७७६	◐ अभिधानचिंतामणिनाममाला स्वोपज्ञटीकासह	हेमचंद्राचार्य		२४७
जि.ता.	३१३/१	◐ अभिधानचिंतामणिनाममाला स्वोपज्ञवृत्तिसह चतुर्थकांड	हेमचंद्राचार्य स्वोपज्ञ		१८३
जि.ता.	३१३/२	◐ अभिधानचिंतामणिनाममाला स्वोपज्ञवृत्तिसह पंचमषष्ठकांड	हेमचंद्राचार्य स्वोपज्ञ	१३००	८९
जि.का.	१७९	◐ अभिधानचिंतामणिनाममाला	हेमचंद्रसूरि		१३-२८
डूं.का.	१८	अभिधानचिंतामणी	हेमचंद्रसूरि		७७
डूं.का.	१६८	अभिधानचिंतामणी	हेमचंद्राचार्य		१०१
डूं.का.	१६९	अभिधानचिंतामणी	हेमचंद्राचार्य		१७

भंडार नाम	ग्रंथांक		ग्रंथनुं नाम	कर्ता	संवत्	पत्र संख्या
डूं.का.	६२०		अभिधानचिंतामणी	हेमचंद्राचार्य-क.,		
				उदयमुनि-ले.	१८४१	११७
डूं.का.	६२१		अभिधानचिंतामणी	हेमचंद्राचार्य-क.,		
				लाभगणि-ले.	१७२३	५५
डूं.का.	६२६		अभिधानचिंतामणी	हेमचंद्राचार्य		१५९
डूं.का.	६३०		अभिधानचिंतामणी	हेमचंद्राचार्य-क.,		
				विवेकचंद्र-ले.		४२
डूं.का.	६३३		अभिधानचिंतामणी	हेमचंद्राचार्य-क.,		
				धर्मसुंदर-ले.		४१
डूं.का.	९६		अभिधानचिंतामणी - पहेलो कांड	हेमचंद्राचार्य		१६
डूं.का.	११०५		अभिधानचिंतामणी नाममाला	हेमचंद्राचार्य	१७३३	४६
लों.का.	३१८		अभिधानचिंतामणी नाममाला त्रूटक	हेमचंद्राचार्य		१-१६
लों.का.	३३७		अभिधानचिंतामणी नाममाला त्रूटक			१-२४
जि.का.	५९८		अभिधानचिंतामणीनाममाला	हेमचंद्रसूरि	१७९१	२६-३६
जि.का.	५९६		अभिधानचिंतामणीनाममाला अपूर्ण	हेमचंद्राचार्य		३-५७
जि.का.	१७८२		अभिधानचिंतामणीनाममाला अपूर्ण	हेमचंद्राचार्य		५-१९
जि.का.	५९७	□	अभिधानचिंतामणीनाममाला सावचूरि पंचपाठ	हेमचंद्रसूरि-मू.क	१५२५	३६
जि.का.	१७८३		अभिधानचिंतामणीनाममाला स्वोपज्ञवृत्तिसह अपूर्ण	हेमचंद्राचार्य स्वोपज्ञ		५४
जि.का.	५९९		अभिधानचिंतामणीनाममाला-अवचूरि अपूर्ण			८
त.का.	६३९		अभिधानचिंतामणी	हेमचंद्रसूरि	१९००	१२८
जि.का.	२३७	□	अभिधानचिन्तामणिनाममाला	हेमचन्द्रसूरि	१५४१	३९

भंडार नाम	ग्रंथांक		ग्रंथनुं नाम	कर्ता	संवत्	पत्र संख्या
त.का.	५७२		अभिधानचिंतामणि शीलोञ्छ	हेमचंद्रसूरि		४
जि.का.	१७८०		अभिधानचिंतामणिनाममाला अपूर्ण	हेमचंद्राचार्य		९
जि.का.	४४६	◐	अभिधानरत्नमाला	हलायुध भट्ट	१४५४	२-४७
जि.ता.	३३१	◐	अभिधावृत्तिमातृका	भट्ट मुकुल	१४००	३१
जि.का.	१४३	◐	अभिधावृत्तिमातृका	मुकुल भट्ट	१९८३	९
त.का.	५८६		अमरकोश (नामलिंगानुशासन)	उमेदविजयगणि	१८९७	३१
डूं.का.	१३६		अमरकोश (लिंगानुशासन)	अमरसिंह	१९२२	५५
जि.का.	१७७९	◐	अमरकोश तृतीयकांड सटीक त्रिपाठ	अमरसिंह-मू., टी.क. भावोजी दीक्षित		११६
जि.का.	१७८४		अमरकोश प्रथमकांड	अमरसिंह		४२
जि.का.	१७७७	◐	अमरकोश प्रथमकांड सटीक त्रिपाठ	अमरसिंह-मू., टी.क.भावुजी दीक्षित		१११
डूं.का.	९३२		अमरकोश लिंगानुशासन	अमरसिंह		२१५
जि.का.	१७७८	◐	अमरकोश सटीक द्वीतीयकांड त्रिपाठ	अमरसिंह-मू., टी.क.भावुजी दीक्षित		२८९
त.का.	१२६१		अमरकोशनामलिंगानुशासन			३०
जि.का.	८८०		अमरदत्तमित्राणंदकथा बालावबोध अपूर्ण			१३-१८
डूं.का.	६२९		अमरनामकोश	धीरमुनि	१८२६	६०
डूं.का.	६५४		अमरसेन वयरसेन कथा			५
डूं.का.	३१३		अमरसेनकथा	उदयसागर गणि	१६३०	३
त.का.	४१०		अमरसेनजयसेनरास	सुमतिहंस	१७६१	१२
जि.का.	१११३		अमरसेनवयरसेनरास	जिनहर्ष	र.१७४२ ले.१७४७	१८
जि.का.	२१९	□	अमरुशतक टिप्पणीसह	अमरुक कवि	१५४२	१०
डूं.का.	११९५		अमृतमंजरी	काशिराज		३

भंडार नाम	ग्रंथांक	ग्रंथनुं नाम	कर्ता	संवत्	पत्र संख्या
जि.ता.	२६०	☯ अरिष्टनेमिचरित्र (भवभावनावृत्त्यंतर्गत.)	मलधारी हेमचंद्रसूरि	र.११७० ले.१२४५	२५५
आ.का.	३६०	अर्घकाण्ड			१
डूं.का.	३०७	अर्घकांड			९
जि.का	१२०९	अर्घकांड अपूर्ण			१२
जि.का	१८५२	अर्घकांड-ज्योतिष			१
लों.का	४६०/B	अर्जुनमाली अधिकार			१-२
डूं.का.	३९९	अर्थकल्पलता बालावबोध	रुपचंद		४२
जि.ता.	३९८	☯ अर्थशास्त्रवृत्ति		१४००	१२-८८
था.का.	३५९	अर्हन्नकचौढालिया	विमलविनय मु		३
डूं.का.	१०४	☯ अर्हन्नामसहस्त्रसमुच्चय	मोतीचंद -पं	१८९७	११
डूं.का.	१२९७	अरन्नकक्षुल्लक साधुसम्बन्ध	मान मुनि		५
जि.ता.	३२६/२	☯ अलंकारदर्पण		१३००	१३
जि.का	१९४४	अलंकारमाला	सूरतमिश्र	र.१७६६	२३
जि.का	१०६२	अल्पबहुत्वस्तवन	क्षांतिमंदिरशिष्य खरतर		२
था.का.	३५८	अल्पबहुत्वकुलक सह व्याख्या			५
जि.का	१९८८/२	अवंतिसुकुमालचोढालीया	जिनहर्ष		६-११
लों.का	४५५	अवंतिसुकुमालरास			
जि.का	१६९३/१२	☯ अवकहडाचक्र			२१
आ.का.	३११	अवन्तिसुकुमालरास			७
जि.का	५८४	☯ अव्यय		१५११	५
जि.का	१७५५	☯ अव्यय सावचूरिक त्रिपाठ			२
जि.का	२१२७	☯ अव्ययसंग्रह			५
लों.का	२७६	☯ अव्ययार्थ त्रूटक			१-२
जि.का	३३६	□ अश्विनीकुमारसंहितागत त्रयोदशम प्रकरण सस्तबक		१६८८	११
जि.का	१२३४	□ अष्टकप्रकरण	हरिभद्रसूरि		४

भंडार नाम	ग्रंथांक	ग्रंथनुं नाम	कर्ता	संवत्	पत्र संख्या
जि.का	२२०५	☯ अष्टकप्रकरण वृत्तिसह	हरिभद्रसूरि-मू., टी.क.अभयदेवसूरि		३९
जि.का	१५५१	☯ अष्टकप्रकरण सटीक	हरिभद्रसूरि-मू., टी.क.अभयदेवसूरि		८२
जि.का	४२०/३४	अष्टकर्मचोपाई	भैया		७५-७६
जि.का	१०५८	अष्टप्रकारपूजाकथा			२४
जि.का	२२३	□ अष्टप्रकारपूजाकथा (विजयचंद्रकेवलिचरित्रांतर्गत)	चंद्रप्रभ महत्तर		११
डूं.का.	१२६५	अष्टप्रकारपूजा	खीमाविजय	१८४१	२
डूं.का.	८५३	अष्टप्रकारी जिनपूजा	लक्ष्मीविजय	१६३२	३८
त.का.	३८४	अष्टप्रकारी पूजा कथानक		१८७६	५३
जि.का	२१११	अष्टप्रकारीपूजा			१४
त.का.	२५२	अष्टप्रकारीपूजा		१७००	५
त.का.	७९४	अष्टप्रकारीपूजा		१८३९	२४
त.का.	५३१	अष्टप्रकारीपूजा रास	मनरूपविजय	१८८९	४४
त.का.	९९४	अष्टप्रकारीपूजा सह विधि			३
जि.का	४२०/६	अष्टप्रकारीपूजाकवित			३८-३९
जि.का	२२०२	अष्टप्रकारीपूजाफलविषये			
जि.का	४२०/७	अष्टप्रातिहार्यकवित			३९मु
त.का.	५२५	अष्टफलकथा		१९१०	२४
डूं.का.	३२८	अष्टभय निवारण छंद			
डूं.का.	४४५	अष्टमहासिद्धि			१५
डूं.का.	१२०८	◆ अष्टमी स्तुति (गुटका)			
जि.का	२०६६	अष्टयोगिनीअंतर्दशा			३
जि.का	१८११	अष्टांगहृदगयसंहिता उत्तरकल्प त्रूटक	वाग्भट		१०३
जि.का	१८१४	अष्टांगहृदयसंहिता	वाग्भट	१७१४	११२
डूं.का.	८०४	◆ अष्टादशपदशास्त्र	कर्मचंद्र		१४

भंडार नाम	ग्रंथांक	ग्रंथनुं नाम	कर्ता	संवत्	पत्र संख्या
जि.का	३९९/७	□ अष्टापदस्तवन	समयसुंदर		२६मु
जि.का	८१७/६	□ अष्टापदस्तवन	समरो		१०-११
त.का.	२३५	अष्टापदस्तवन		१७८७	५
त.का.	७५१	अष्टापदस्तवन			२
त.का.	३०५	अष्टाह्निका व्याख्यान			
जि.का	१७०३	अष्टाह्निकाव्याख्यान अपूर्ण			२१
लों.का	५४६	◆ अष्टापदजिनस्तवन त्रूटक			१-७
डूं.का.	५१३	अष्टाह्निका व्याख्यान अपूर्ण			६
डूं.का.	३०	◐ अष्टोतरी स्नात्र विधि	नयरंगमुनि	१८५३	२४
आ.का.	३०८	अष्टोतरीस्नात्रविधि			७
जि.का	५६८	□ अष्टोत्तरशतपार्श्वनाथनामस्तव	जिनभद्रसूरि		१
जि.का	४२०/१	अष्टोत्तरीशतस्तोत्र कवितबद्ध अपूर्ण			४-१२
त.का.	१०५७	अष्टोत्तरीस्तोत्र + नवस्मरण + श्रावकपाक्षिक अतिचार			२१ (३थी२६)
डूं.का.	६७३	अष्टोत्तरीदशाकरणविधि			३
डूं.का.	८८५	अष्टोत्तरी दशा			२
आ.का.	३७१	अष्टक			६
त.का.	२५७	अष्टयोगिनी दशा अन्तर्दशाफल			५
जि.का	४२०/१३	अहिछत्रापुरीपार्श्वनाथछंद		१७३१	४८-४९
डूं.का.	५३४	◆ अहोरात्रि कृत्यानि			१२
था.का.	५९	◐ आंचलिया मतखंडन			३९
जि.का	१९५१/३	आउरपच्चक्खाण			११-१४
जि.का	१४२६	आउरपच्चक्खाण			
जि.का	१३४/४	□ आउरपच्चक्खाणप्रकीर्णक			८-९
जि.ता	१५४/११	◐ आउरपच्चक्खाण		१२१०	८२-८६
डूं.का.	६००	आगमआलापकसंग्रह			२
जि.का	७४५	आगमसार	देवचन्द्र	१७७६	४८
त.का.	५११	आगमसार	देवचंद्रजी	१८३४	७९
त.का.	१०६१	आगमसार			१५
त.का.	११५७	आगमसार			१२-१९
जि.का	२०५८	आगमसारबालावबोध	द्रेवचंद्रजी		६४
डूं.का.	११६४	आगमसारोद्धार	देवचंद्रमुनि	१९००	५५
त.का.	३६८	आगमसारोद्धार	देवचन्द्रसूरि	१८०२	२७
जि.का	५००/२	आगमिकवस्तुविचारसारप्रकरण (प्राचीन चतुर्थ कर्मग्रंथ)	जिनवल्लभगणि		७-११
जि.ता	१५०/७	◐ आगमिकवस्तुविचारसारप्रकरण- प्राचीन चतुर्थ कर्मग्रंथ	जिनवल्लभगणि	१३००	१५९-१७०
जि.ता	४१५/३	◐ आगमिकवस्तुविचारसारप्रकरण- प्राचीन चतुर्थ कर्मग्रंथ	जिनवल्लभगणि		७८-८३
जि.का	१५०४	आगमिकवस्तुविचारसारप्रकरण- प्राचीन चतुर्थ कर्मग्रंथ	जिनवल्लभगणि		६
जि.ता	१८८	◐ आगमिकवस्तुविचारसारप्रकरण- प्राचीन चतुर्थ कर्मग्रंथ सटीक त्रूटक	मू.क.जिनवल्लभगणि, वृ.क. हरिभद्रसूरि	र.११७२ ले.१३००	७४
जि.ता	१६२/३	◐ आगमिकवस्तुविचारसारप्रकरण- षडशीति चतुर्थ कर्मग्रंथ	जिनवल्लभगणि		८
जि.ता	१७८/२	◐ आगमिकवस्तुविचारसार- प्रकरणवृत्तिसह	मू.क.जिनवल्लभगणि, वृ.क. हरिभद्राचार्य बृहद्‌गच्छीय	र.११७२ ले.११७२	१-७८
जि.ता	१७६/३	◐ आगमिकवस्तुविचारसार- प्रकरणवृत्तिप्राचीन चतुर्थ कर्मग्रंथवृत्ति	हरिभद्रसूरि बृहद्‌गच्छीय	र.११७२ ले.१४००	४३
जि.ता	१५६/३	◐ आगमोद्धारगाथा		११९२	१५-१९
जि.का	१३३/६	□ आगमोद्धारगाथा			१२-१३

भंडार नाम	ग्रंथांक		ग्रंथनुं नाम	कर्ता	संवत्	पत्र संख्या
जि.का	१८०/५	◐	आगमोद्धारगाथा			८-९
जि.का	१३२६/६	◐	आगमोद्धारगाथा-स्वप्नसप्ततिका			७५-८०
जि.का	१३१७/३	◐	आगमोद्धारगाथा- स्वप्नसप्ततिकाप्रकरण			४२-४६
जि.ता	१५४/५	◐	आगमोद्धारगाथा		१२१०	४५-५१
डूं.का.	५९०		आगमसारोद्धार बालावबोध	सत्यसागरगणि	१८७१	३४
था.का	२८८	◐	आचार दिनकर	वर्धमानसूरि		३०९
डूं.का.	८८१	◐	आचारदिनकर	क्षमाप्रभ	१८३२	३०१
त.का.	१२८		आचारप्रदीप	रत्नेश्वरसूरि		९३
त.का.	१५८		आचारविधि (सामाचारी)			१७
त.का.	१११		आचारांग	गणधर		४९
त.का.	११०		आचारांग प्रथमश्रुतस्कंध टब्बार्थ	पार्श्वचंद्रसूरि		९२
लों.का	४		आचारांग मूल त्रूटक	सुधर्मास्वामी		१-७५
था.का	२९७		आचारांगनिर्युक्ति			११
आ.का	२८१		आचारांगनिर्युक्ति			१६
डूं.का.	१११६		आचारांगनिर्युक्ति			१९
जि.ता	१४७/१०	◐	आचारांगपर्याय			९५-१०३
त.का.	१०९		आचारांगबालावबोध	पार्श्वचंद्रसूरि		१२१
था.का	२६२		आचारांगवृत्ति			२६५
था.का	२६४	◐	आचारांगवृत्ति	शीलांकाचार्य	१६७०	२७४
था.का	३०१		आचारांगवृत्ति			२९
त.का.	११२		आचारांगवृत्ति	शिलांगाचार्य		२३३
जि.ता	१/१	□	आचारांगसूत्र			१-७१
जि.ता	२/१	◐	आचारांगसूत्र			१-७६
जि.का	१	◐	आचारांगसूत्र	सुधर्मास्वामी		५-२७
जि.का	२३५	□	आचारांगसूत्र	सुधर्मास्वामी	१५४३	४८
जि.का	१३४६		आचारांगसूत्र			७९
जि.का	१६७१		आचारांगसूत्र	सुधर्मास्वामी		३९
जि.का	१३४७	◐	आचारांगसूत्र			७९
डूं.का.	४५३	□	आचारांगसूत्र		१५६८	६६
डूं.का.	८२८		आचारांगसूत्र	विद्यासागर गणि	१६५९	६१
था.का	२६१		आचारांगसूत्र			६२
था.का	२६३	□	आचारांगसूत्र		१६६९	६२
था.का	३०२		आचारांगसूत्र			३४
त.का.	१०८		आचारांगसूत्र		१७५२	७१
त.का.	१०८४		आचारांगसूत्र			२ थी १९
लों.का	७		आचारांगसूत्र द्वितीय श्रुतस्कंध	सुधर्मास्वामी		३३-१०२
लों.का	२		आचारांगसूत्र द्वितीयश्रुत स्कंध	सुधर्मास्वामी		१-६८
लों.का	१		आचारांगसूत्र प्रथम श्रुतस्कंध	सुधर्मास्वामी		१-३४
लों.का	३		आचारांगसूत्र प्रथमश्रुतस्कंध	सुधर्मास्वामी		१-२९
लों.का	८	◐	आचारांगसूत्र बालावबोध सटीक	पार्श्वचंद्र उपाध्याय -टी.		१-८९
लों.का	९	□	आचारांगसूत्र बालावबोध सटीक त्रूटक	पार्श्वचंद्र उपाध्याय-टी.	१६००	४-१११
लों.का	६		आचारांगसूत्र मूल अपूर्ण	सुधर्मास्वामी		१-६१
त.का.	१०९४		आचारांगसूत्र सह टब्बार्थ			१०८
त.का.	१०७	●	आचारांगसूत्र सह बालावबोध	कीर्तिकलश	१६१०	१७४
जि.का	१२६०		आचारांगसूत्रआलापक बालावबोधसह पंचपाठ			२-४
जि.का	६१	◐	आचारांगसूत्रचूर्णी		१४८८	८३(१९०९-१९९१)
जि.का	३४०	◐	आचारांगसूत्रदीपिका	जिनहंससूरि	१५७३	१९०-३०१
जि.का	८९५		आचारांगसूत्रद्वितीयश्रुतस्कंध बालावबोधसह पंचपाठ अपूर्ण			३-१११
जि.का	२	◐	आचारांगसूत्रनिर्युक्ति	भद्रबाहुस्वामी		४(२८-३१)
जि.का	१३००/३	□	आचारांगसूत्रनिर्युक्ति	भद्रबाहुस्वामी	१२७७	४८-६५
जि.का	१३४८	◐	आचारांगसूत्रनिर्युक्ति		१५३३	११

भंडार नाम	ग्रंथांक	ग्रंथनुं नाम	कर्ता	संवत्	पत्र संख्या
जि.का	८१ □	आचारांगसूत्रवृत्ति	शीलांकाचार्य	र.७९८ ले.१९८३	३३२
जि.का	१३४९ ◐	आचारांगसूत्रवृत्ति	शीलांकाचार्य		२०९
जि.का	१३५० ◐	आचारांगसूत्रवृत्ति	शीलांकाचार्य		३१६
डूं.का.	८२५ ◐	आचारांगसूत्रवृत्ति	शीलगणी		३२४
जि.का	४ ◐	आचारांगसूत्रवृत्ति द्वितीय खंड	शीलांकाचार्य	र.७७२ ले.१४८८	२७(१३५-१६१)
जि.का	३ ◐	आचारांगसूत्रवृत्ति प्रथम खंड	शीलांकाचार्य	र.७७२ ले.१४८८	१०३(३२-१३४)
जि.ता	३ ◐	आचारांगसूत्रचूर्णी		१४८९	२६०
जि.ता	१/२ ◐	आचारांगसूत्रनिर्युक्ति	भद्रबाहुस्वामी		७२-८७
जि.ता	१/३ ◐	आचारांगसूत्रवृत्ति	शीलांकाचार्य	१४८५	१-४२१
जि.ता	२/३ ◐	आचारांगसूत्रवृत्ति अपूर्ण	शीलांकाचार्य		२-३०२
त.का.	१३० ◐	आचारोपदेश	मेरुविजयगणि		६
डूं.का.	१३२२	आचाराङ्गचूला अवचुरी सह			१
था.का	२६५ ◐	आचारांगनिर्युक्ति			११
डूं.का.	२०१	आठ महासिद्धि			८
डूं.का.	१२४७	आठ वर्गादि. (ज्योतीष)			८
जि.का	२१०५	आठकर्मनी उत्तरप्रकृति			३
डूं.का.	२१६	आठकर्मनी १५८ उत्तर प्रकृति			८
डूं.का.	१२४५	आठकर्म की १५८ प्रकृति का विचार			७
लों.का	३८५	आणंदसंधि		१८५७	१-११
लों.का	३९९	आणंदसंधि		१८५७	१-११
डूं.का.	१२६२ □	आणंदसंधि			(६७ से ७२)१३
जि.का	१३३/१२ □	आतुरप्रत्याख्यान			२६मु
जि.का	१३१७/२६ ◐	आतुरप्रत्याख्यान			१९६-१९९
जि.का	१४२९	आतुरप्रत्याख्यानप्रकीर्ण	वीरभद्रगणि		४
जि.ता	१४६/२ ◐	आतुरप्रत्याख्यानप्रकीर्णक	वीरभद्रगणि		६-१२
जि.का	१३२६/४७ ◐	आतुरप्रत्याख्यानप्रकीर्णक			२७९-२८२
जि.का	९७०/१	आतुरप्रत्यारख्यानप्रकीर्णक	वीरभद्रगणि		१-४
त.का.	६५४	आतुरप्रत्याख्यान			५
डूं.का.	३४१	आत्मकरणी संवाद	जिनसमुद्रसूरि	१७९६	८
त.का.	९२०	आत्मनिंदा			२
डूं.का.	१२७२	आत्मनिन्दा	ज्ञानसार मुनि	१८७९	३
डूं.का.	१०६४	आत्मप्रबोध	खुशालविमलमुनि	१८७५	१४७
डूं.का.	३०८	आत्मप्रबोध कुलक टब्बार्थ			८
डूं.का.	२४६	आत्मप्रबोध चार प्रकाश			१६४
जि.का	१६८६	आत्मप्रबोध बीजकसह	जिनलाभसूरि	र. १८३३	१२४
त.का.	६४१	आत्मप्रबोधछत्तीसी	ज्ञानसागर	१९०७	११
डूं.का.	१०६६	आत्मप्रबोधबीजक			१४२
लों.का	५१२	आत्मप्राप्तिविधि		१७७३	१-७
डूं.का.	१३७७	आत्मप्रोबध छत्तीसी			
लों.का	५६२ ◆	आत्मप्रबोधस्वाध्याय और प्रकीर्ण पन्ने			छुटा पाना
जि.का	१५९९/२ ◐	आत्मभावनास्तव	पार्श्वनाग		४-७
त.का.	३३२	आत्मरस समाधितन्त्र सह बालावबोध		१७३२	११७
जि.ता	१५१/९ ◐	आत्मविशुद्धिकुलक		१४००	५८-६१
जि.ता	१५६/४० ◐	आत्मानुशासन	जिनेश्वराचार्य	११९२	१-४
जि.ता	१५८/१५ ◐	आत्मानुशासन	पार्श्वनाग	र.१०४२ ले.१४००	१८०-१८७
जि.का	१८३/२ ◐	आत्मानुशासन	पार्श्वनाग	१०४२	३-५
जि.का	४९९/४ □	आत्मानुशासन	पार्श्वनाग		४-६
डूं.का.	८६०	आत्मानुशासन			२

भंडार नाम	ग्रंथांक	ग्रंथनुं नाम	कर्ता	संवत्	पत्र संख्या
डूं.का.	११८६	आत्मप्रबोध	जिनरंगगणि	१८७४	१७२
लों.का.	२३१/२	आत्मप्रबोध छत्रीसी			६
त.का.	३८७	आत्मप्राप्तिविधी		१८७३	११
जि.का	४९९/३ □	आदिजिनस्तवन			३-४
जि.का	८२९	आदिजिनस्तवन	विजयतिलक		२
जि.का	६०६/१४ □	आदिदेवस्तव			४६-४८
जि.का	२१३५/१ ◉	आदिनाथ स्तवन	रतनचंद		१-२
जि.का	२१३५/२ ◉	आदिनाथ स्तवन	समयसुंदर		२-३
डूं.का.	१२५७	आदिनाथ स्तवन			४
त.का.	७९६/B	आदिनाथदेशना			११-१८
था.का.	४१६	आदिनाथदेशनाशतक			४
जि.का	२६७/३ □	आदिनाथदेशनोद्धार सस्तबक			१९-२७
जि.का	५६९	आदिनाथधवल		१५४५	३
जि.का	८१७/५ □	आदिनाथस्तवन			९-१०
जि.का	२०१२/१	आदिनाथस्तवन	विजयतिलक		१-२
जि.का	२०१२	आदिनाथस्तवननादि स्तवनो			४
डूं.का.	१४०	आदिनाथस्तवन	हेमसारमुनि		३
जि.का	१५९९/१ ◉	आदिनाशदेशनोद्धार			१-४
डूं.का.	९२७	आदिनाथचरित्र	हेमचंद्रसूरि	१६८४	१६४
त.का.	४१४	आदीश्वरबाहुबलीयुगलाधिकार			१५
जि.का	१३२६/४९ ◉	आदीश्वरस्तवन	जिनचंद्रसूरि		४१२-४१३
लों.का.	३४९	आदीश्वरस्तवन			
लों.का.	४२९	आदीश्वरविनंती + गुणबावनी	लावण्यसमय उदयराज	१६७६	१-२, १-६
त.का.	८९७	आधाकर्मी असज्झायादि दोष			२
लों.का.	५१६ ◉	आनंदघनचौवीसी और पदो	आनंदघन आदि	१८८२	१० + ३
जि.का	९८८ □	आनंदसंधि	श्रीसारमुनि	र.१६८१ ले.१७३१	९
डूं.का.	६१७	आनंदसंधि	श्रीसारमुनि		३५
डूं.का.	१०७३	आनंदसंधि			
त.का.	४०८	आनंदसंधि	श्रीसार	१७२५	१२
त.का.	७०३ □	आनंदसंधि	समयसुंदरसूरि		१४
लों.का.	६३७	आनंदसंधि + बारह भावना	हेमकीर्ति सूरि	र.१६२८ ले.१८३५	१-१०
डूं.का.	८३८ □	आनंदघन चोवीसी + महावीर जिन स्तवन			५२
डूं.का.	५३३ □	आनंदघन बहुत्तरी			२५
डूं.का.	५६४ □	आनंदघनपद			३
आ.का.	३८	आनंदश्रावकसंधि	हेमकीर्ति	१७१६	१०
लों.का.	३८०	आबुजावाचौपई त्रूटक			१-३
त.का.	७८२	आबुतीर्थस्तवन	रूपचंद		२
आ.का.	२४६	आयंबिलविचार			५
डूं.का.	७६८	आयुष्य प्रमाण + प्रायश्चित विधि			८
जि.का.	१८७७ ◉	आरंभसिद्धि पंचम विमर्श पर्यंत	उदयप्रभसूरि		११
जि.का	१८४७	आरंभसिद्धि-ज्योतिष द्वितीयविमर्श पर्यंत	उदयप्रभसूरि		६
जि.ता.	१५१/२० ◉	आराधना		१४००	११३-१२०
जि.ता.	१५१/२२ ◉	आराधना		१४००	१४८-१४९
जि.ता.	१५६/१५ ◉	आराधना		११९२	६६-६९
जि.का	१३४/१८ □	आराधना			२३-२४
जि.का	१३४/२० □	आराधना			२६मु
जि.का	६७५	आराधना			५०
जि.का	९७०/२	आराधना			४-५
जि.का	२०५२	आराधना			५
जि.का	२१०१	आराधना			५
आ.का.	२००	आराधना			९
त.का.	३५१ ◆	आराधना			६

भंडार नाम	ग्रंथांक		ग्रंथनुं नाम	कर्ता	संवत्	पत्र संख्या
डूं.का.	११२		आराधना (यति)			५
जि.का.	७५८		आराधना अपूर्ण			२-९
लों.का.	२९६	◆	आराधना और प्रकीर्ण त्रूटक			१-७
डूं.का.	१३३१		आराधना के दस अधिकार (पुण्यप्रकाश स्तवन)	विनयविजय उपाध्याय	१७२९	४
त.का.	३८९	□	आराधना पताका (भगवती)			२४
था.का.	४७९		आराधना बालावबोध (संक्षिप्त प्राकृत)			८
त.का.	२७२		आराधना बालावबोध (संक्षिप्त)		१५३२	४
त.का.	५९८/B		आराधना बालावबोध संक्षिप्त			५
त.का.	७०२		आराधना सह टब्बार्थ	ऋषभविजय	१८६३	८
जि.ता.	१५१/१०	◉	आराधनाकुलक		१४००	६१-६३
जि.का.	१३४/२२	□	आराधनाकुलक		१९८३	२७-२८
जि.का.	८१०		आराधनाचउपई	हरिकलशमुनि		५
जि.ता.	१५१/५	◉	आराधनाप्रकरण	अभयदेवसूरि	१४००	३९-५२
जि.ता.	१६०/११	◉	आराधनाप्रकरण	अभयदेवसूरि	१३००	११३-१२४
जि.का.	१३४/५	□	आराधनाप्रकरण	अभयदेवसूरि		९-१२
त.का.	१२०२	◆	आराधनाप्रकरण			
जि.ता.	१५६/१७	◉	आराधनाप्रकरण अपूर्ण		११९२	७३-७५
जि.का.	१०१०		आराधनाबालावबोध			१०
जि.का.	२२१४		आराधनाविधिआदि			२१
था.का.	८	◉	आराधनापताका		१६७३	७२
था.का.	४८	□	आराधनापताका		१५०७	५८
लों.का.	५२९	◆	आराधनास्तवन		१९५८	१-८
आ.का.	१२३		आरामशोभाचरित्र	मुनिदेवसूंदर	१५२२	४
था.का.	४१७		आर्द्रकुमारचौपई			३
डूं.का.	७९	◉	आर्द्रकुमारमुनिकथा			६
लों.का.	२२९		आर्यवसुधारा			१-१०
लों.का.	२३३		आर्यवसुधारा			१-६
लों.का.	२६९		आर्यवसुधारा			१-१३
लों.का.	५३१		आर्यवसुधारा			२२
जि.का.	१७९६	□	आलापकपद्धति			७
जि.ता.	१५१/८	◉	आलोचनाकुलक		१४००	५६-५८
जि.का.	१३४/७	□	आलोचनाकुलक			१२-१३
जि.का.	१३४/८	□	आलोचनाकुलक			१३मु
त.का.	७१९		आलोचनाविचार			३
त.का.	४७५		आलोचनाविधि	रविविजय		१३
जि.का.	२१८५		आलोचनाविधि अपूर्ण			६
त.का.	८११		आलोचनास्तवन	रविविजयगणी	१९२२	२
डूं.का.	१३७२	◆	आलोयणा(पद्मावली)जीवराशी			३
जि.ता.	१५६/३३	◉	आलोयणाविधिप्रकरण	अभयदेवसूरि	११९२	१२२-१२३
लों.का.	४१९/A		आलोयणापद			७
डूं.का.	३८४		आलोयणसूत्रअसज़्झाय			३
जि.का.	८३६		आलोचनाविचार-योगविध्यन्तर्गत			१५-२१
लों.का.	४१९/B		आलोचनाविधान			४
डूं.का.	७६१		आलोयण वृत्ति स्तवन			३
डूं.का.	३६८		आलोयणा छूटक			४
त.का.	४२१		आवश्यक (चउवीसस्तव) बालावबोध			
त.का.	१३२७		आवश्यक (वंन्दारु) वृत्ति			१२(९९-११०)
त.का.	२८३	□	आवश्यक अवचूरि	हरिभद्रसूरि	१५६८	४२
जि.ता.	१०१	◉	आवश्यक चूर्णी	जिनदासगणि महत्तर	१४८८	४१२
जि.ता.	१०३	◉	आवश्यक चूर्णी ,	जिनदासगणि महत्तर	१४००	३३९
जि.ता.	१०२	◉	आवश्यक चूर्णी अपूर्ण	जिनदासगणि महत्तर	१४००	२-३७९
डूं.का.	११४		आवश्यक लघुवृत्ति			

भंडार नाम	ग्रंथांक		ग्रंथनुं नाम	कर्ता	संवत्	पत्र संख्या
था.का.	७२	◉	आवश्यक वृत्ति	मलयगिरि	१६७६	५०३
त.का.	९०		आवश्यक(वृन्दारु)वृत्ति		१६१८	५२
त.का.	६६	◉	आवश्यकचूर्णि	जिनदास गणि	१६६१	३९९
जि.ता.	१३४	◉	आवश्यकनिर्युक्ति	भद्रबाहुस्वामी	१४००	२६९
जि.का.	१८९	◉	आवश्यकनिर्युक्ति	भद्रबाहुस्वामी	१५५५	५९
था.का.	५५	◉	आवश्यकनिर्युक्ति			६९
था.का.	६५	◉	आवश्यकनिर्युक्ति		१६७३	७८
लों.का.	७७		आवश्यकनिर्युक्ति	भद्रबाहु		१-६१
आ.का.	३६८		आवश्यकनिर्युक्ति			२३
त.का.	७४		आवश्यकनिर्युक्ति	भद्रबाहुस्वामी		२
त.का.	८८		आवश्यकनिर्युक्ति			७२
त.का.	१०६		आवश्यकनिर्युक्ति			८६
जि.ता.	१०४/२	◉	आवश्यकनिर्युक्ति अपूर्ण	भद्रबाहुस्वामी		१५
जि.ता.	१३०	◉	आवश्यकनिर्युक्ति अपूर्ण	भद्रबाहुस्वामी	१२००	१४०
डूं.का.	११५५		आवश्यकनिर्युक्ति अपूर्ण			
त.का.	५९५		आवश्यकनिर्युक्ति अवचूरि सह कथायें	देवेन्द्रगणि		६२
जि.ता.	९४/१	◉	आवश्यकनिर्युक्ति किंचिदपूर्ण	भद्रबाहुस्वामी		६६
जि.ता.	१३५	◉	आवश्यकनिर्युक्ति त्रुटक अपूर्ण	भद्रबाहुस्वामी	१५००	१८७
जि.का.	६३५/४		आवश्यकनिर्युक्तिगतकतिविद्‌गाथा			७-८
जि.ता.	१३१	◉	आवश्यकनिर्युक्ति	भद्रबाहुस्वामी	११६६	१४१
जि.ता.	१३३	◉	आवश्यकनिर्युक्ति	भद्रबाहुस्वामी	१४००	२-२९१
जि.का.	२०६८		आवश्यकपीठिकाबालावबोध	संवेगदेवगणि	ले.१५५७, र.१५१४	१५
था.का.	५	□	आवश्यकबालावबोध		१५२५	४३
त.का.	८९		आवश्यकबालावबोध			३५
था.का.	७१		आवश्यकबृहद्‌वृत्ति	हरिभद्रसूरि	१६६९	५४१
जि.ता.	११४	◉	आवश्यकलघुवृत्ति	तिलकाचार्य	१४००	३०१
जि.ता.	११५	◉	आवश्यकलघुवृत्ति	तिलकाचार्य	१५००	३२२
त.का.	६९	◉	आवश्यकलघुवृत्ति	तिलकाचार्य		३०६
डूं.का.	८००		आवश्यकविधि			५७
था.का.	३१८	◆	आवश्यकविधि	जिनवल्लभसूरि		३
त.का.	१०४२		आवश्यकविधि			३
जि.का.	१३३/२	□	आवश्यकविधिप्रकरण-प्रतिक्रमणसामाचारी	जिनवल्लभगणि		४-५
डूं.का.	७१२	◉	आवश्यकवृत्ति	प्रतापसूरि	१६६१	३८५
था.का.	६७	◉	आवश्यकवृत्ति	तिलकाचार्य		३२२
आ.का.	७५		आवश्यकवृत्ति			३१
त.का.	२८४	□	आवश्यकवृत्ति			
त.का.	१२९६		आवश्यकवृत्ति (वंदारु)			६२
त.का.	९१		आवश्यकवृत्ति टिप्पनक	हेमचंद्रसूरि		८५
जि.ता.	१०८	◉	आवश्यकवृत्ति टिप्पनक अपूर्ण	मलधारी हेमचंद्रसूरि		१४६
जि.ता.	१०७	◉	आवश्यकवृत्ति द्वितीयखंड	हरिभद्र आचार्य	१५००	३१०
जि.ता.	१११	◉	आवश्यकवृत्ति द्वितीयखंड	मलयगिरि आचार्य	१४९१	३२४
जि.ता.	११३	◉	आवश्यकवृत्ति द्वितीयखंड	मलयगिरि आचार्य	१३००	३१०
जि.ता.	१०६	◉	आवश्यकवृत्ति प्रथमखंड	हरिभद्र आचार्य	१४०७	३१३
जि.ता.	११०	◉	आवश्यकवृत्ति प्रथमखंड	मलयगिरि आचार्य	१४९०	२४२
जि.ता.	११२	◉	आवश्यकवृत्ति प्रथमखंड	मलयगिरि आचार्य	१३००	२३६
जि.ता.	१०५	◉	आवश्यकवृत्ति शिष्यहिता द्वितीयखंड	हरिभद्र आचार्य	१४८८	३३१
जि.ता.	१०४/१	◉	आवश्यकवृत्ति शिष्यहिता प्रथमखंड	हरिभद्र आचार्य	१४८९	३९६
जि.ता.	१४७/३	◉	आवश्यकवृत्तिविषमपदपर्याय			३९-५४
था.का.	६६	◉	आवश्यकवृत्तिटिप्पनक		१६७३	१०२
त.का.	१०५		आवश्यकवृन्दारुवृत्ति			४०
जि.का.	१००२	□	आवश्यकसूत्र			२५

भंडार नाम	ग्रंथांक	ग्रंथनुं नाम	कर्ता	संवत्	पत्र संख्या
लों.का.	३२१	आवश्यकसूत्र (जीर्ण)		१६२२	१-७
जि.का.	१४३८	◐ आवश्यकसूत्र अवचूरि	ज्ञानसागरसूरि-अ.व.		७१
जि.का.	१०३१	आवश्यकसूत्र सस्तबक			२७
लों.का.	१५२	आवश्यकसूत्र सह टब्बो			१-११
जि.का.	९१	□ आवश्यकसूत्रचूर्णी		१९८५	३३८
जि.का.	३९	◐ आवश्यकसूत्रटिप्पनक	मलधारी हेमचंद्रसूरि	१४८८	४१(४०२-४४२)
जि.का.	३५	◐ आवश्यकसूत्रनिर्युक्ति	भद्रबाहुस्वामि	१४८७	३३
जि.का.	१४३४	आवश्यकसूत्रनिर्युक्ति	भद्रबाहुस्वामी		५५
जि.का.	१४३५	आवश्यकसूत्रनिर्युक्ति	भद्रबाहुस्वामी	१५३३	६३
जि.का.	१४३३	◐ आवश्यकसूत्रनिर्युक्ति	भद्रबाहुस्वामी		१११
जि.का.	१३२२	आवश्यकसूत्रनिर्युक्ति अपूर्ण	भद्रबाहुस्वामि	१५००	२६
जि.का.	१४६३	आवश्यकसूत्रबालावबोध अपूर्ण			२६-५१
जि.का.	२८९	□ आवश्यकसूत्रबृहदवृत्ति	हरिभद्रसूरि	१६६४	५५३
जि.का.	३८	◐ आवश्यकसूत्रबृहद्वृत्ति-शिष्यहिता द्वितीयखंड	हरिभद्रसूरि -वृ.		९२(३०९-४०१)
जि.का.	९२	◆ आवश्यकसूत्रबृहद्वृत्ति द्वितीयखंड	मलयगिरि आचार्य	१९८६	२२३
जि.का.	९३	□ आवश्यकसूत्रबृहद्वृत्ति द्वितीयखंड	मलयगिरि आचार्य	१९८५	२२१
जि.का.	३६	◐ आवश्यकसूत्रलघुवृत्ति	तिलकाचार्य	र.१२९६ ले.१४८८	१५३(३४-१७४)
जि.का.	१९९	◐ आवश्यकसूत्रलघुवृत्ति	तिलकाचार्य		२२५
जि.का.	१४७०	◐ आघश्यकसूत्रलघुवृत्ति	सुमतिसूरि		५०
जि.का.	१४५४	आवश्यकसूत्रसंग्रह			
आ.का.	२४४	आवश्यकसूत्राणि			५८
त.का.	११७६	आवश्यकसूत्राणि (डिझाईन)			८
त.का.	११८५	आवश्यकसूत्राणि अने पाठ		१६९८	११
था.का.	१०७	आवश्यकसूत्राणि व पाठ			८
लों.का.	४९४	आवश्यकसूत्राणि व पाठ	तिलकाचार्य		१-३
आ.का.	३१२	आवश्यकसूत्राणि व पाठ			५
त.का.	९६	आवश्यकसूत्राणि व पाठ			२१
त.का.	९८	आवश्यकसूत्राणि व पाठ		१७०२	११
त.का.	१३५	आवश्यकसूत्राणि व पाठ		१८०६	९
त.का.	२१३	आवश्यकसूत्राणि व पाठ			४
त.का.	७९५	आवश्यकसूत्राणि व पाठ			११
त.का.	१०५९	आवश्यकसूत्राणि व पाठ			८
त.का.	१२६३	आवश्यकसूत्राणि व पाठ			१०
था.का.	२२८	आवश्यकसूत्राणि व पाठ (खरतरगच्छ)			१३
लों.का.	८०	आवश्यकसूत्राणि सह टब्बार्थ			१-११
लों.का.	८२	आवश्यकसूत्राणि सह टब्बार्थ			१-१०
लों.का.	८४	आवश्यकसूत्राणि सह टब्बार्थ	शिवजी मालजी-ले.	१८५८	९-१५
लों.का.	३०६	आवश्यकसूत्राणि सह टब्बार्थ			९-१९
आ.का.	१३०	आवश्यकसूत्राणि सह टब्बार्थ			३०
त.का.	७५	आवश्यकसूत्राणि सह टब्बार्थ	हर्षकिर्ती	१८६४	१८
लों.का.	८३	आवश्यकसूत्राणि सह टब्बो		१७३५	१-३०
त.का.	९४	आवश्यकसूत्राणि सह बालावबोध		१६७२	१०
त.का.	९७	आवश्यकसूत्राणि सह बालावबोध अपूर्ण			८
लों.का.	७८	आवश्यकसूत्राणि सह बालावबोध अपूर्ण			१-८
आ.का.	२०८	आवश्यकसूत्राणि सहबालावबोध			४०
डूं.का.	७८७	आवश्यकसूत्राणी + सप्तस्मरण + अन्यस्तवन			५८
त.का.	७४८	आवश्यकसूत्राणि सह बालावबोध			११

भंडार नाम	ग्रंथांक	ग्रंथनुं नाम	कर्ता	संवत्	पत्र संख्या
जि.का	१४३६	आवश्यकसूत्रनिर्युक्ति	भद्रबाहुस्वामि		१०४
जि.का	१४३७	आवश्यकसूत्रनिर्युक्ति	भद्रबाहुस्वामि	१५०३	४९-९५
जि.का	९४	□ आवश्यकसूत्रलघुवृत्ति प्रथमखंड	तिलकाचार्य	१९८५	१५०
जि.का	३७	◉ आवश्यकसूत्रबृहद्वृत्ति- शिष्यहिता प्रथमखंड	हरिभद्रसूरि -वृ.	१४८७	१३४(१७५-३०८)
जि.का	२२४३	◉ आवश्यकहारिभद्रीयवृत्ति	हरिभद्रसूरि		१०८-४२२
जि.ता	२६९	◉ आवश्यकादिगतकथासंग्रह गद्यपद्य		१४००	२५७
जि.ता	१३२	◉ आवश्यकवृत्तिटिप्पनक	मलधारी हेमचंद्रसूरि	१३००	३१५
जि.ता	१४७/२	◉ आवश्यकवृत्तिविषमपदपर्याय			७-३९
जि.का	११६५	आशाधर			५
जि.का	११६२	आशाधरसारणी			६१
जि.ता	२७९/१	◉ आशापल्लीयउदयनविहारस्थजिन- बिम्बअवन्द्यत्वमतव्यवस्थापन	प्रद्युम्नसूरि		२-४२
जि.ता	२७९/२	◉ आशापल्लीयउदयनविहारस्थजिन- बिम्बावन्द्यत्वमतनिरास (अपूर्ण)		१४००	४३-१४९
जि.का	४२०/३७	आश्चर्यचतुर्दशी	भैया		८०-८२
लों.का	३५१	आषाढभूतिचोढालिया		१८३०	१-४
लों.का	३९३	आषाढभूतिचौपई	ज्ञानसागर	१७६१	१-८
लों.का	३६९	आषाढभूतिचौपाई	ज्ञानसागर		१-११
डूं.का.	७८८	आषाढाभूति चौढालीया	मानसागरसूरि	१९०५	७
त.का.	४०२	आषाढाभूतिचौपाई	ज्ञानप्रबोध	१७७९	२१
त.का.	४१९	आषाढाभूतिचौपाई	ज्ञानसागर	१८०५	७
जि.का	१९८८/३	आषाढाभूतिधमाल	कनकसोम	र.१६३८	११-१४
आ.का	१२७	आषाढाभूतिचौपई			९
डूं.का.	१२६८	आषाढाभूति धमाल (चरित्र)	कनकसोमसुरि		५
त.का.	८९२	आहार अनाहारविचार		१८७४	२
डूं.का.	१३७८	आहारविधि छत्रीसी	जिनहर्ष		२

भंडार नाम	ग्रंथांक	ग्रंथनुं नाम	कर्ता	संवत्	पत्र संख्या
जि.का	१५०५	◉ आगमिकवस्तुविचारसारप्रकरण- प्राचीनषडशीतिचतुर्थकर्मग्रंथ	जिनवल्लभगणि-मू., टी.क.मलयगिरि		३९
जि.का	८७०/१	आगमोद्धारगाथा			११२-११४
त.का.	१७	◉ आचारांगचूर्णि		१६७७	२०९
लों.का	५	□ आचारांगसूत्र तथा मूल अपूर्ण त्रूटक	सुधर्मास्वामी	१६२५	२२-६२
जि.ता	१५१/४	◉ आतुरप्रत्याख्यान		१४००	३४-३९
जि.ता	२५०	◉ आदिनाथचरित्र गाथाबद्ध पंचावसरमय	वर्धमानसूरि	र.११६० ले.१३३९	३६३
त.का.	२२१	आराधनाप्रकरण			६
डूं.का.	३८०	आलोयण विधि + क्रर्मग्रंथयंत्र विधि			५
लों.का	१४०	इंद्रियपराजयशतक टब्बार्थ त्रूटक			२-९
जि.का	२६७/१	□ इंद्रियपराजयशतक सस्तबक			१-१०
जि.का	८५९	इंद्रियपराजयशतक सस्तबक			१०
आ.का	३५८	इकविंशति स्थानक			७
त.का.	२१६	इकविंशतिस्थानक	सिद्धसेन सूरि		४
त.का.	२१८	इकविंशतिस्थानक	सिद्धसेन सूरि	१७५१	४
त.का.	२७५	इकविंशतिस्थानक	मनरूपविजयगणि	१८९५	५
त.का.	२७४	इकविंशतिस्थानक सह टब्बार्थ	सिद्धसेनसूरि	१८०३	५
त.का.	३९१	इकविंशतिस्थानक सह टब्बार्थ		१७६२	९
लों.का	१५५/१	इकविंशति स्थानक त्रूटक			२
जि.का	१३२६/४५	◉ इगुणतीसीभावना			२७४-२७६
त.का.	३८१/A	इन्द्रिय पराजय शतक			५
त.का.	२०५	इन्द्रियपराजयशतक		१६१८	४
त.का.	२४९	इन्द्रियपराजयशतक			५
त.का.	७४४	इन्द्रियपराजयशतक			४
था.का	११५	इन्द्रियपराजयशतक			४

भंडार नाम	ग्रंथांक	ग्रंथनुं नाम	कर्ता	संवत्	पत्र संख्या
जि.ता.	१४०/३	◐ इरियावहियादंडकचूर्णी	यशोदेवसूरि		४८-५८
लों.का.	३६२	इलाकुमारचौपाई	ज्ञानसागर	र.१७२९ ले.१८२२	१-७
जि.का.	६१४	इलाकुमारचोपाई	न्यानसागर	१८७०	७
आ.का.	५७	इलाकुमारचौपाई		१७८४	१२
जि.ता.	३८८/१	◐ इष्टसिद्धि वृत्ति सह अपूर्ण	परमहंस विमुक्तात्माचार्य स्वोपज्ञ		८९
जि.का.	१६०९	ईरियापथिकीकुलक सस्तबक			२
डूं.का.	४०४	ईरीयापथिकी + पच्चखाण विचार + स्तुति			१०
डूं.का.	३०४	ईलाकुमारचौपई		१७२६	१२
डूं.का.	१०८६	ईलाकुमारचौपाई	ज्ञानसागर	१७१९	४
जि.का.	४२०/५३	ईश्वरनिर्णयपच्चीसी	भैया		१०४-१०५
जि.का.	३०९	□ ईश्वरशिक्षा			३
जि.का.	३०१	□ ईषुकारीयचरित्ररास	क्षेमराजमुनि		३
जि.का.	११००	ईषुकारीयचरित्ररास	खेमराजमुनि		३
त.का.	८९३	उठामण श्लोकार्थ व्याख्यान			२
त.का.	८७७	उठामणश्लोकार्थव्याख्यान		१९१२	२
त.का.	८८८	उठामणश्लोकार्थव्याख्यान			२
त.का.	१०६२	उठामणाश्लोकव्याख्यान			३
डूं.का.	३०५	उत्तमकुमार चौपई		१७७९	२७
जि.का.	१०४०	उत्तमकुमारचरित्र पद्य			३-१९
जि.का.	९१२	उत्तमचरित्रकथानक गद्य		१७०१	१४
डूं.का.	१००३	उत्तमराजर्षिकथा	गंगाराम	१८१५	१६
लों.का.	५३२	उत्तराध्ययन			१०
आ.का.	१९१	◆ उत्तराध्ययन (ग्रंथ नं. २५ के साथ रखा है)			३०
डूं.का.	११५८	उत्तराध्ययन टीका	सोमहर्ष		२७९
लों.का.	१०३	उत्तराध्ययन मूल	सुधर्मास्वामी		१-१००
लों.का.	१०४	उत्तराध्ययन मूल	सुधर्मास्वामी		१-४१
लों.का.	१०५	उत्तराध्ययन मूल	सुधर्मास्वामी		१-९७
लों.का.	१०६	उत्तराध्ययन मूल	सुधर्मास्वामी		१-१०४
लों.का.	१०७	उत्तराध्ययन मूल	सुधर्मास्वामी		१-८४
लों.का.	१०९	उत्तराध्ययन मूल अपूर्ण	सुधर्मास्वामी		१-१०
लों.का.	१०८	उत्तराध्ययन मूल त्रूटक	सुधर्मास्वामी		१-२३
त.का.	१३३५	उत्तराध्ययन सुखबोधाटीका			३९८
जि.ता.	९९	◐ उत्तराध्ययन सुखबोधावृत्ति सह	वृ.क. नेमिचंद्रसूरि	१४९१	४५५
त.का.	७६	उत्तराध्ययनकथायें			२२
त.का.	८०	उत्तराध्ययनकथायें	विजयदेवसूरि		१४४(१-१६१)
त.का.	८२	उत्तराध्ययनदीपिका	कमलसंयम	१६६१	२६७
जि.का.	६५७	उत्तराध्ययननां गीतो	राजशील उपाध्याय		१६
त.का.	१२९७	उत्तराध्ययननिर्युक्ति			१७
था.का.	२३७	□ उत्तराध्ययनपाइयटीका	शान्तिसूरि		४१७
जि.ता.	१४७/९	◐ उत्तराध्ययनबृहद् वृत्तिपर्याय			८३-९५
था.का.	८२	◐ उत्तराध्ययनवृत्ति		११२९	३१२
लों.का.	११५	उत्तराध्ययनवृत्ति अर्थ त्रूटक			३५ (६३-९७)
लों.का.	१११	उत्तराध्ययनवृत्ति सह टब्बार्थ			१-१९९
लों.का.	११२	उत्तराध्ययनवृत्ति सह बालावबोध व कथाओ			१-३७८
त.का.	६४४/B	उत्तराध्ययनसज्झाय			१५-२०
त.का.	११८१	उत्तराध्ययनसज्झायो			२१
जि.ता.	९४/२	◐ उत्तराध्ययनसूत्र		१४८७	५०
जि.का.	४१७	उत्तराध्ययनसूत्र			७१
जि.का.	४९२	उत्तराध्ययनसूत्र			५२

भंडार नाम	ग्रंथांक		ग्रंथनुं नाम	कर्ता	संवत्	पत्र संख्या
जि.का	७३२		उत्तराध्ययनसूत्र			८४
जि.का	१०४४		उत्तराध्ययनसूत्र			८०
जि.का	१२३८		उत्तराध्ययनसूत्र		१५३९	३६
जि.का	१४७१		उत्तराध्ययनसूत्र			७६
जि.का	१४७२		उत्तराध्ययनसूत्र			३-४०
जि.का	१४७३		उत्तराध्ययनसूत्र			३६
जि.का	१४७४		उत्तराध्ययनसूत्र			५१
डूं.का.	२३		उत्तराध्ययनसूत्र		१६३५	४९
था.का.	१८	□	उत्तराध्ययनसूत्र	उदयरंग मुनि	१८६०	४१
था.का.	२१	□	उत्तराध्ययनसूत्र			५७
था.का.	७८	□	उत्तराध्ययनसूत्र		१६६९	५१
था.का.	७९		उत्तराध्ययनसूत्र		१६७४	५३
था.का.	८०		उत्तराध्ययनसूत्र			४५
लों.का.	१५५/२		उत्तराध्ययनसूत्र			१८
आ.का.	२६		उत्तराध्ययनसूत्र			६६
आ.का.	६८		उत्तराध्ययनसूत्र			६४
आ.का.	१७८		उत्तराध्ययनसूत्र			४८
आ.का.	२३३		उत्तराध्ययनसूत्र			६२
त.का.	७९		उत्तराध्ययनसूत्र			४५
त.का.	६०२		उत्तराध्ययनसूत्र			७२
त.का.	६६५		उत्तराध्ययनसूत्र			३४(२६०-३०३)
त.का.	१२२६		उत्तराध्ययनसूत्र			४-२९
आ.का.	२५		उत्तराध्ययनसूत्र (१९१ नंबरका ग्रंथभी साथ है)		१५५४	५४
डूं.का.	३४३		उत्तराध्ययनसूत्र - चोत्रीस अध्ययन			९६
त.का.	८१		उत्तराध्ययनसूत्र अवचूरि	गणधर	१८२८	४५
जि.का	१४८०		उत्तराध्ययनसूत्र अवचूरिटिप्पणीसह	ज्ञानसागरसूरि-अव.क	र.१४४१ ले.१४८६	३३
जि.ता.	९५	◉	उत्तराध्ययनसूत्र चूर्णी	गोपालिक महत्तर शिष्य	१४८९	२५३
जि.का	१४८३	◉	उत्तराध्ययनसूत्र दीपिकासह			२४४
जि.का	४६१		उत्तराध्ययनसूत्र बालावबोधसह १३ अध्यनपर्यंत			४९
जि.ता.	९७	◉	उत्तराध्ययनसूत्र बृहदवृत्ति द्वितीयखंड (पाइयटीका)	वादिवेताल शांतिसूरि थारापद्रगच्छीय	१४९१	२०८
जि.ता.	९६	◉	उत्तराध्ययनसूत्र बृहदवृत्ति पाइयटीका किंचिदपूर्ण	वादिवेताल शान्तिसूरि थारापद्रगच्छीय	१३००	३९०
लों.का.	११३		उत्तराध्ययनसूत्र वृत्ति सह टब्बार्थ			१-११२
लों.का.	११४		उत्तराध्ययनसूत्र वृत्ति सह टब्बार्थ		१७०२	१-१६४
जि.का	१६६२		उत्तराध्ययनसूत्र सप्तबक		मू-१८२८, ट-१८३३	१६८
जि.का	३७१	□	उत्तराध्ययनसूत्र सस्तबक		१७११	३४-१३०
जि.का	४४०		उत्तराध्ययनसूत्र सस्तबक		१७६७	१६१
लों.का.	२९७		उत्तराध्ययनसूत्र सह कथाओ त्रूटक			१-६५
लों.का.	३२८		उत्तराध्ययनसूत्र सह कथाओ त्रूटक			१-१३
त.का.	१०४६		उत्तराध्ययनसूत्र सह टब्बार्थ अपूर्ण			४१
लों.का.	६८९		उत्तराध्ययनसूत्र सह बालावबोध			२३८
डूं.का.	१०२४		उत्तराध्ययनसूत्र सह वृत्ति			१६० से २६८ तक
था.का.	२४१	□	उत्तराध्ययनसूत्र सह वृत्ति	नेमीचन्द्रसूरि		२९२
त.का.	७८		उत्तराध्ययनसूत्र सह वृत्ति	नेमीचन्द्रसूरि	१८२८	२७६
त.का.	१२१२		उत्तराध्ययनसूत्र सह वृत्ति			४२

भंडार नाम	ग्रंथांक	ग्रंथनुं नाम	कर्ता	संवत्	पत्र संख्या
त.का.	१२०८	उत्तराध्ययनसूत्र सहटब्बार्थ			१६
लों.का.	११६	उत्तराध्ययनसूत्र सहटब्बार्थ त्रूटक			१-२४
था.का.	२३४ ◐	उत्तराध्ययनसूत्र सहवृत्ति	नेमीचन्द्रसूरि	११२९	२९२
जि.का	५०१ □	उत्तराध्ययनसूत्र सार्थ-अवचूरिसह			१६३
जि.का	१४८४	उत्तराध्ययनसूत्र सावचूरि किंचिदपूर्ण			२१८
जि.ता.	९८ ◐	उत्तराध्ययनसूत्र सुखबोधावृत्तिसह	वृ.क.नेमिचंद्रसूरि	१३५४	३९५
जि.का	१४७७	उत्तराध्ययनसूत्र सुखबोधावृत्तिसह	नेमिचंद्रसूरि-वृ.	र.११२९	२९५
जि.का	१४७८ ◐	उत्तराध्ययनसूत्र सुखबोधावृत्तिसह	नेमिचंद्रसूरि-वृ.		२८१
जि.का	२१७२ □	उत्तराध्ययनसूत्र सुखबोधावृत्तिसह	नेमिचंद्रसूरि-वृ.		१७०
जि.का	१४७६	उत्तराध्ययनसूत्र सुखबोधावृत्तिसह	नेमिचंद्रसूरि	र.११२९ ले.१६२४	३०४
जि.ता.	१०० ◐	उत्तराध्ययनसूत्र सुखावबोधा वृत्ति त्रूटक अपूर्ण	नेमिचन्द्रसूरि	१३००	३१७
जि.का	१४८२	उत्तराध्ययनसूत्र स्तबक अपूर्ण			१२९
डूं.का.	१०४४	उत्तराध्ययनसूत्र-सह टब्बार्थ	जीवणदास	१८३२	१७२
जि.का	८३१	उत्तराध्ययनसूत्रछत्रीसभास	राजशीलोपाध्याय	१६१२	४
जि.का	५४ ◐	उत्तराध्ययनसूत्रनिर्युक्ति	भद्रबाहुस्वामि		७(१०११-१०१७)
जि.का	१३००/२ □	उत्तराध्ययनसूत्रनिर्युक्ति	भद्रबाहुस्वामी	१२७७	२२-४७
जि.का	५५ ◐	उत्तराध्ययनसूत्रबृहदवृत्ति-पाइयटीका	वादिवेताल शांतिसूरि		१८४ (१०९८-१२०१)
जि.का	९६०	उत्तराध्ययनसूत्रवृत्ति त्रू.अ.	कमलसंयमोपाध्याय		२९९-३०८
आ.का.	२४३	उत्तराध्ययनसूत्रसहवृत्ति			२९४
जि.का	६६९ □	उत्तराध्ययनसूत्रसावचूरिक पंचपाठ		१५९८	१०९

भंडार नाम	ग्रंथांक	ग्रंथनुं नाम	कर्ता	संवत्	पत्र संख्या
जि.का	१४७९	उत्तराध्ययनसूत्रिसुखबोधावृत्ति-नवम अध्ययन पर्यंत	नेमिचंद्रसूरि-वृ.	र.११२९	८३
था.का.	८१ ◐	उत्तराध्ययनसूत्रवृत्ति			३०७
जि.का	१४८५	उत्तराध्ययनसूत्र सस्तबक			१७४
था.का.	२४२ □	उत्तराध्ययनसूत्र सह वृत्ति	नेमीचन्द्रसूरि	र.११२९ ले.१६७२	२९९
जि.का	१४८१	उत्तराध्यनसूत्र प्रथमद्वितीयाद्ययन सस्तबक			१२९
त.का.	५२९	उत्तराध्ययन की सज्झाय	उदयरत्न		८
आ.का.	३२४	उत्तरमांगलिकमाला			१५
जि.का	१४७५	उत्तराध्ययनसूत्रनिर्युक्ति	भद्रबाहुस्वामी		१७
आ.का.	३४७	उत्पतिबहुत्तरी			३
डूं.का.	१८०	उत्सूत्रखंडनाधिकार			४३
डूं.का.	७४०	उत्सूत्रप्ररुपणाविषये जमालीदृष्टांत			२९
आ.का.	५२	उदयबावनी		१७५२	५
जि.ता.	३२९ ◐	उद्भटकाव्यालंकारलघुवृत्ति	वृ.क.प्रतीहारेदुराज	११६०	८६
डूं.का.	३५४	उधमणेका श्लोक	दलिचंद-पं.	१९३१	२
त.का.	८२९	उन्नतीसभावनास्तवन			२
डूं.का.	११९८	उपकरण गाथा			१२
जि.का	१८८५	उपदशायंत्र ज्योतिष			२-६
लों.का.	५४३	उपदेश बारहखडी			३
त.का.	३४८	उपदेश बारहखडी			४
जि.ता.	१५८/१६ ◐	उपदेशकंदली	आसड	१४००	१८७-१९८
जि.ता.	१५१/१२ ◐	उपदेशकुलक		१४००	६७-७८
जि.ता.	१५१/१९ ◐	उपदेशकुलक	जिनप्रभसूरि	१४००	१०६-११३
जि.ता.	१७१/२ ◐	उपदेशकुलक		११६९	३-५
जि.का	१३६/२ □	उपदेशकुलक			२-३

भंडार नाम	ग्रंथांक	ग्रंथनुं नाम	कर्ता	संवत्	पत्र संख्या
त.का.	४३१	उपदेशतरंगिणी	रत्नमंदिर गणि	१५३९	३२
जि.का	४२०/२५	उपदेशपच्चीसी	भैया	१७४१	६४-६६
था.का.	९७	☯ उपदेशपद	हरिभद्रसूरि		३१
त.का.	५३५	उपदेशपद	हरिभद्र		३१
त.का.	५३३	उपदेशपद सह वृत्ति	मुनिचंद्र		२४४
जि.ता.	२१४/१	☯ उपदेशपदप्रकरणलघुटीका	टी.क.वर्धमानसूरि	र.१०५५ ले.१२१२	१९२
जि.ता.	२१५	☯ उपदेशपदप्रकरणलघुटीका	टी.क.वर्धमानसूरि	र.१०५५ ले.११९३	१४९-२९९
जि.का	११७	☯ उपदेशपदप्रकरणलघुवृत्ति	वर्धमानसूरि	र.१०५० ले.१९८३	१३७
था.का.	९३	☯ उपदेशपदवृत्ति	वर्धमानसूरि		१५१
जि.का	११८	☯ उपदेशप्रकरणलघुवृत्ति	वर्धमानसूरि	र.१०५० ले.१९८३	१४३
जि.ता.	१५३/१	☯ उपदेशपदप्रकरण	हरिभद्र आचार्य		१-८५
जि.ता.	[illegible]३	☯ उपदेशपदप्रकरण	हरिभद्रसूरि	११७८	११२
त.का.	१०२७	उपदेशबाराखडी			२
जि.का	१३२६/४१	☯ उपदेशमणिमालाकुलक	जिनेश्वरसूरि		२६९-२७०
जि.का	२१६०/१५	उपदेशमाला			५९-६३
था.का.	३३	उपदेशमाला			२७
था.का.	३८	उपदेशमाला			२४
था.का.	३११	उपदेशमाला		१६५७	६-४७
आ.का.	३१३	उपदेशमाला			१९
आ.का.	३२८	उपदेशमाला			६
त.का.	४७४	उपदेशमाला	धर्मदासगणि		२१
त.का.	५४९	उपदेशमाला		१७५९	२३
त.का.	५५१	उपदेशमाला			२८
त.का.	५५२	उपदेशमाला			२०
त.का.	५५३	उपदेशमाला			२०
त.का.	१०३९	उपदेशमाला		१७०८	२०
त.का.	१०५१	उपदेशमाला			२२
त.का.	१२३०	उपदेशमाला			४
त.का.	१२७२	उपदेशमाला			१७
आ.का.	३०४	उपदेशमाला (सज्जाय)			२
था.का.	४०	उपदेशमाला + दानविधि + चैत्यवंदनभाष्य			३३
त.का.	११६५	उपदेशमाला + लघुशांति			३७
त.का.	५५०	☯ उपदेशमाला अवचूरि	जयशेखसूरि		२४
त.का.	५५४	उपदेशमाला अवचूरि	जयशेखरसूरि	१८४५	२७
जि.ता.	२२०	☯ उपदेशमाला अवचूरि त्रूटक अपूर्ण		१३००	१११
जि.का	१६६	☯ उपदेशमाला कर्णिकावृत्तिसह	धर्मदासगणि -मू., वृ.क.उदयप्रभसूरि	१२९९	२०-२७५
जि.का	९०	☯ उपदेशमाला दोघट्टी वृत्ति	रत्नप्रभसूरि	र.१२३८ ले.१४८१	९२-२५४
था.का.	२८	उपदेशमाला प्रकरण			२७
डूं.का.	२८४	उपदेशमाला प्रकरण सह टब्बार्थ व कथाओ	रत्नशेखर पं.-ले.	१८२५	९३
जि.का	१५८३	उपदेशमाला बालावबोध अपूर्ण			४-४७
जि.ता.	२३०	☯ उपदेशमाला बृहद्वृत्ति प्राकृतकथासह		१४००	२९०
जि.ता.	२२८	☯ उपदेशमाला बृहद्वृत्तिसह प्राकृतकथासह		१३००	३३१
जि.ता.	२२९	☯ उपदेशमाला बृहद्वृत्तिसह प्राकृतकथासह अपूर्ण		१३००	२७२
लों.का	१७१	उपदेशमाला मूल		१६७२	१-२२

भंडार नाम	ग्रंथांक		ग्रंथनुं नाम	कर्ता	संवत्	पत्र संख्या
लों.का.	४८५		उपदेशमाला सह टब्बार्थ व कथाओ		१८१६	१-५७
त.का.	१०८५		उपदेशमाला सह बालावबोध अने कथायें			१२५
त.का.	५०४	◐	उपदेशमाला सह वृत्ति	समयसुंदरगणि		११३
डूं.का.	३३०		उपदेशमाला सहावचूरी	हीरामुनि	१६२५	२६
जि.का.	१२१	□	उपदेशमाला हेयोपादेयावृत्ति कथासह		१९८३	२११
जि.का.	३९४	◐	उपदेशमाला हेयोपादेयावृत्तिसह	धर्मदास गणि -मू.क., वृ.क सिद्धर्षि		३-१३५
त.ता.	६	◐	उपदेशमाला हेयोपादेयाटीका	सिद्धर्षिगणि	१४००	२३५
जि.का.	२६२	◐	उपदेशमालाकर्णिकावृत्ति अपूर्ण	उदयप्रभसूरि		१४
जि.का.	५६०/२		उपदेशमालागाथासज्झाय			३-४
जि.ता.	२२७	◐	उपदेशमालादोघट्टीवृत्ति	रत्नप्रभाचार्य	१३००	३१८
जि.ता.	१५६/४१	◐	उपदेशमालाप्रकरण	धर्मदासगणि	११९२	४-३४
जि.ता.	१५७/१	◐	उपदेशमालाप्रकरण	धर्मदासगणि	१३१०	१-४७
जि.ता.	१५९/१	◐	उपदेशमालाप्रकरण	धर्मदासगणि	१३४५	१-६९
जि.ता.	१६०/१२	◐	उपदेशमालाप्रकरण	धर्मदासगणि	१३००	१२४-१६१
जि.ता.	१६५	◐	उपदेशमालाप्रकरण	धर्मदासगणि	१४००	११३
जि.का.	३३०/१		उपदेशमालाप्रकरण	धर्मदासगणि	१५७३	१-१९
जि.का.	४५०		उपदेशमालाप्रकरण	धर्मदासगणि	१६५१	२६
जि.का.	४६५		उपदेशमालाप्रकरण	धर्मदासगणि		२-२७
जि.का.	४७१		उपदेशमालाप्रकरण	धर्मदासगणि		१३
जि.का.	४७२		उपदेशमालाप्रकरण	धर्मदासगणि		१५
जि.का.	५६५	□	उपदेशमालाप्रकरण	धर्मदासगणि	१५६८	१६
जि.का.	५६६		उपदेशमालाप्रकरण	धर्मदासगणि		१६
जि.का.	७३५		उपदेशमालाप्रकरण	धर्मदासगणि		१९
जि.का.	९३६		उपदेशमालाप्रकरण	धर्मदासगणि		१२

भंडार नाम	ग्रंथांक		ग्रंथनुं नाम	कर्ता	संवत्	पत्र संख्या
जि.का.	१३१०/६		उपदेशमालाप्रकरण	धर्मदासगणि	१५००	६९-१०३
जि.का.	१३१७/१	◐	उपदेशमालाप्रकरण	धर्मदासगणि		३-३५
जि.का.	१३२६/१	◐	उपदेशमालाप्रकरण	धर्मदासगणि		१-४२
जि.का.	१५७९		उपदेशमालाप्रकरण	धर्मदासगणि		३-१८
जि.का.	१५८०		उपदेशमालाप्रकरण	धर्मदासगणि		२-१५
जि.का.	२१६५		उपदेशमालाप्रकरण			३८
जि.का.	२१९६		उपदेशमालाप्रकरण	धर्मदासगणि		१०
जि.का.	१५७७	□	उपदेशमालाप्रकरण	धर्मदासगणि		२६
त.का.	११३७		उपदेशमालाप्रकरण		१६८८	१२-२१
जि.का.	१५७६		उपदेशमालाप्रकरण अपूर्ण	धर्मदासगणि		६-१४
जि.का.	१५७८		उपदेशमालाप्रकरण अपूर्ण	धर्मदासगणि		१०-२५
जि.का.	९१०	□	उपदेशमालाप्रकरण अवचूरि किंचिदपूर्ण			१३
जि.ता.	१५८/१	◐	उपदेशमालाप्रकरण टिप्पणीसह	धर्मदासगणि	१४००	१-४३
जि.का.	१६७७		उपदेशमालाप्रकरण टिप्पणीसह	धर्मदासगणि		२६
जि.का.	१२९०		उपदेशमालाप्रकरण दोघट्टीवृत्तिसह अपूर्ण	रत्नप्रभाचार्य-टी.	१४००	७-३७०
जि.का.	१५८१		उपदेशमालाप्रकरण बालावबोधसह	धर्मदासगणि-मू., विमलकीर्ति-बा.क.	२.१६६९ ले. १६८०	४३
जि.का.	१५८२		उपदेशमालाप्रकरण बालावबोधसह अपूर्ण			६४-११५
जि.का.	१०१८	□	उपदेशमालाप्रकरण शब्दार्थसह	धर्मदासगणि		२४
जि.का.	१०९२		उपदेशमालाप्रकरण सस्तबक			२-३७
जि.का.	४५४		उपदेशमालाप्रकरण सस्तबक किंचिदपूर्ण	धर्मदासगणि -मू.क.		२-६२
जि.का.	२०१	□	उपदेशमालाप्रकरण सावचूरि पंचपाठ	धर्मदास गणि मू.क.	१४४८	५४

भंडार नाम	ग्रंथांक	ग्रंथनुं नाम	कर्ता	संवत्	पत्र संख्या
जि.ता.	१५५/७	◉ उपदेशमालाप्रकरण-पुष्पमालाप्रकरण	मलधारी हेमचन्द्रसूरि	१२२२	१०७-१५५
जि.ता.	१५८/१४	◉ उपदेशमालाप्रकरण-पुष्पमालाप्रकरण	मलधारी हेमचन्द्रसूरि	१४००	१४०-१८०
जि.का.	१५७७	उपदेशमालाप्रसरण	धर्मदासगणि		२६
जि.का.	४४५	उपदेशमालाप्रकरण सस्तबक	धर्मदासगणि		४३
डूं.का.	१०७	उपदेशमाला सह टब्बार्थ व कथाओ	शांतिविजय	१८२४	१०९
लों.का.	४६९	उपदेशमालाप्रकरण			१-२१
आ.का.	१६५	उपदेशमालाप्रकरण	धर्मदासगणि	१६२४	२९
डूं.का.	९४५	□ उपदेशमालावृत्ति	वरचंद्र गणि	१५१८	६९
डूं.का.	९६३	□ उपदेशमालावृत्ति			१४७
त.का.	५४८	उपदेशमालावृत्ति	दुर्गास्वामीशिष्य		९७
जि.का.	३६६	□ उपदेशरत्नकोश सस्तबक			२
डूं.का.	१२७०	उपदेशरत्नकोश सह टब्बार्थ		१८७५	२
त.का.	७४२	उपदेशरत्नकोश सह टब्बार्थ	धनपाल पंडित		६
डूं.का.	११८२	उपदेशरत्नकोश सह बालावबोध			७
त.का.	२२८	उपदेशरत्नकोश सह बालावबोध		१६५९	४
जि.का.	१५९४	◉ उपदेशरत्नकोश सावचूरिक त्रिपाठ			३
लों.का.	२५४	उपदेशरत्नकोष			१-१७
जि.का.	१६६४	उपदेशरत्नाकर	मुनिसुंदरसूरि		७
जि.का.	१५९५	उपदेशरत्नकोश सस्तबक			३
जि.का.	१३०५/२	◉ उपदेशरसायनरासक सटीक	जिनदत्तसूरि-मू.क., टी.क.जिनपाल	१२९४	३९-५९
जि.का.	१३१७/१४	◉ उपदेशरसायन्	जिनदत्तसूरि		१३२-१३८
जि.का.	२०००	उपदेशरसाल		१८१३	६७
जि.का.	२६१/२	◉ उपदेशशतक			५-८

भंडार नाम	ग्रंथांक	ग्रंथनुं नाम	कर्ता	संवत्	पत्र संख्या
आ.का.	३१४	उपदेशसप्तति			५
जि.का.	२०१२/३	उपदेशस्तवन	धर्मसी		३-४
डूं.का.	१३१२	◆ उपदेशसत्तरी			३
जि.ता.	१६८	◉ उपदेशपदप्रकरण	हरिभद्रसूरि	१३५४	११३
डूं.का.	३७७	उपदेशबत्रीसी		१८८५	२
था.का.	१८६	उपदेशमाला	जयंतसिंह	१७०१	२४
आ.का.	५	उपदेशमाला			२१
आ.का.	१६८	उपदेशमालाविधि			३३
आ.का.	६	उपदेशमाला सह अवचूरि			२९
लों.का.	२१८	उपदेशरत्नकोष			१-५
डूं.का.	८४५	□ उपदेशरत्नाकर	मुनिसुंदरसूरि		१२८
था.का.	५२	◉ उपदेशरत्नाकर	मुनिसुंदरसूरि		१६०
डूं.का.	१६	उपदेशसप्तति	सोमधर्मगणि		१
त.का.	११७०	उपदेशसार		१७९९	६३
जि.का.	११४८	उपदेशतरंगिणी	रत्नमंदिरगणि	१५३५	९-४१
जि.का.	११९१	उपदेशमालाशकुनावली			४
आ.का.	१७६	उपदेशमालाप्रकरण			३१
डूं.का.	३८५	◉ उपधान आलोचना		१८३९	२
त.का.	१८१	उपधानकथानक			
त.का.	२१९	□ उपधानदीक्षानुयोगविधि			४
डूं.का.	४५५	उपधानविधि			
जि.का.	१२६८	□ उपधानविधिप्रकरण	मानदेवसूरि		३
जि.ता.	४०३	◉ उपभितभयप्रपंचाकथा प्रतित्रिकपुष्पिकात्रिक आदि			
त.का.	६९२	◉ उपमितिभवप्रपंचकथा			२८६
डूं.का.	३०३	उपसर्गहर बालावबोध		१६४६	५
डूं.का.	३०३	उपसर्गहर स्तवन बालावबोध		१६४६	५
जि.का.	५८७	उपसर्गहरस्तोत्रप्रभावे			

भंडार नाम	ग्रंथांक	ग्रंथनुं नाम	कर्ता	संवत्	पत्र संख्या
डूं.का.	५८७	उपस्थापनविधि			८
डूं.का.	१२८७	◐ उपस्थापनविधि			९
जि.का	४२०/५०	उपादानकारणनिमित्तकारणसंवाद	भैया	१७५०	९६-९८
डूं.का.	४७२	◆ उपाश्रयद्वार पदावृत्य विधिचैत्यालय			२१
डूं.का.	४३६	उपासकदशांग टब्बार्थ-प्रथम श्रुतस्कंध		१८३२	५७
लों.का	३४	उपासकदशांग मूल त्रूटक	सुधर्मास्वामी		१-८
था.का	१६३	◐ उपासकदशांग वृत्ति		१६७१	२१
लों.का	३३	उपासकदशांगमूल	सुधर्मास्वामी		१-१५
जि.ता	२१/१	◐ उपासकदशांगवृत्ति	अभयदेवाचार्य		१-१९
त.का.	१२२	उपासकदशांगवृत्ति + अंतगड + अणुत्तरोववाइ			३१
जि.ता	२०/१	◐ उपासकदशांगसूत्र			१-१९
जि.ता	२२/६	◐ उपासकदशांगसूत्र			१८२-२०२
जि.का	१७/१	◐ उपासकदशांगसूत्र	सुधर्मास्वामी		१-९
जि.का	८२/१	□ उपासकदशांगसूत्र	सुधर्मास्वामी	१९८३	१-१६
जि.का	३३८	□ उपासकदशांगसूत्र	सुधर्मास्वामी		२३
जि.का	१४०३	उपासकदशांगसूत्र			१६
जि.का	१४०४	उपासकदशांगसूत्र		१७९८	२५
जि.का	१३७९	◐ उपासकदशांगसूत्र			२४
त.का.	१२०	उपासकदशांगसूत्र	गणधर		३८
त.का.	१०८२	उपासकदशांगसूत्र			२०
त.का.	१२३४	उपासकदशांगसूत्र			९
जि.का	१२०६	उपासकदशांगसूत्र अपूर्ण			२३
जि.का	७५१	उपासकदशांगसूत्र सस्तबक			३८
जि.का	१४०९	उपासकदशांगसूत्र सस्तबक			६४
जि.का	२२४२	उपासकदशांगसूत्र सस्तबक् अपूर्ण			३२
जि.का	७३३	उपासकदशांगसूत्र सस्तबक		१६९६	५९
डूं.का.	११७४	उपासकदशांगसूत्र सह टब्बार्थ	क्षेमविमल	१७३३	५१
डूं.का.	११७७	उपासकदशांगसूत्र सह टब्बार्थ		१७११	५९
त.का.	११८	उपासकदशांगसूत्र सह टब्बार्थ			५६
जि.का	१८/१	◐ उपासकदशांगसूत्रवृत्ति	अभयदेवसूरि		१-११
जि.का	२२७/२	□ उपासकदशांगसूत्रवृत्ति	अभयदेवसूरि		७४-८७
जि.ता	१९/२	◐ उपासकदशांगसूत्रवृत्ति	अभयदेवाचार्य		१४५-१७८
जि.ता	२३/१	◐ उपासकदशांगसूत्रवृत्ति	अभयदेवाचार्य		६१-६८
जि.का	१७	□ उपासकदशांगादि सूत्र	सुधर्मास्वामी		४३(१०२३-१०६६)
लों.का	३५	उपासकदशांग विवरण			१-२६
डूं.का.	५५२	उपासकदशांगविवरण			२२
आ.का	४७/१	उपासकदशांगसूत्र			१६
आ.का	४७/२	उपासकदशांगसूत्र			२०
जि.का	१८	◐ उपासकदशांगादि पंचागी सूत्रवृत्ति			७५(१०६७-११४२)
त.का.	१२३	उपासकसूत्र	गणधर		१६
त.का.	१०८३	◆ उपासकसूत्र			३
जि.ता	२२/१	◐ उपासकदशांगसूत्रवृत्ति	अभयदेवाचार्य		१-२३
डूं.का.	६६८	उपासक + अंतकृत् + अनुतरौपपातिकदशांगवृत्ति		१६४९	३३
लों.का	३२	उपासकदशांग मूल त्रूटक	सुधर्मास्वामी		१-२१
था.का	१७४	उपासकदशांगसूत्र		१६७२	११
त.का.	५१५	उपदेशरत्नकोश सह टब्बार्थ			३
जि.ता	१६६	◐ उपदेशपदप्रकरण	हरिभद्रसूरि	१३००	१०९
जि.का	५६२	□ उल्लंठवचननिर्लोठनचोपाई			३

भंडार नाम	ग्रंथांक	ग्रंथनुं नाम	कर्ता	संवत्	पत्र संख्या
जि.का	१३२६/२३ ◉	उल्लासिक्कमस्तोत्र- लघुअजितशांतिस्तोत्र	जिनवल्लभगणि		२३०-२३२
जि.का	१२५०	उल्लासिक्कमस्तोत्रबालावबोध			२
जि.का	१६१८	उल्लासिक्कमस्मरण सस्तबक नमिऊणस्तोत्र सस्तबक	जिनवल्लभसूरि		७
जि.का	१३८५ ◉	उववाइसूत्र			२९
जि.का	६६० □	उववाईसूत्रपर्याय		१६२२	१६-२६
त.का.	८३	उववाइ उपांगसूत्र सह टब्बार्थ		१६४६	५६
जि.का	१६२५/२ □	उवसग्गहरं	भद्रबाहुस्वामी		१
जि.का	२१२०/१२ ◉	उवसग्गहरं वृत्ति	जिनप्रभसूरि		४०-४३
जि.का	१६९३/४ ◉	उवसग्गहरंस्तोत्र			२-३
त.का.	८६० ◉	उवसग्गहरंस्तोत्र सहावचूरी		१८५३	२
लों.का	३३५ ◉	उवसग्गहरंस्तोत्र व बृहत्शांति			१-२
त.का.	२६६ □	उष्ट्रिक (खरतर) मत	धर्मसागर		५
त.का.	१००१ ◉	उष्ट्रीकमतोत्सूत्र उदघाटनकुलक			३
डूं.का.	८९६ ◆	उत्तराध्ययन सूत्र सह टब्बार्थ		१८८३	२०१
डूं.का.	११५७	उत्तराध्ययनकथाओ बालावबोध	जयहंस	१७५१	१११
जि.का	५३ ◉	उत्तराध्ययनसूत्र			२४(९८७- १०१०)
जि.का	४६०	उत्तराध्ययनसूत्र प्रथम अध्ययन			२
लों.का	११०	उत्तराध्ययनसूत्र सह वृत्ति त्रूटक			१-६
जि.का	५६ ◉	उत्तराध्ययनसूत्रचूर्णी	गोपालिकमहत्तरशिष्य	१४८८	५८(१२०२ -१२५९)
जि.ता	३३० ◉	उद्भटालंकारलघुवृत्ति	वृ.क.प्रतीहारेंदुराज	१४००	१४२
जि.का	१३२१	उपदेशमालाप्रकरण अपूर्ण	धर्मदासगणि	१४००	१०५-११६
त.का.	११९	उपासकदशांगसूत्र	गणधर	१७२०	२१
जि.का	७१६ □	ऋग्वेदयजुर्वेदगतशब्दादिनिर्णय			२-२०
जि.का	१७४४ ◉	ऋजुप्राज्ञप्रक्रियावृत्ति			५
जि.का	१७४५ ◉	ऋजुप्राज्ञव्याकरण	सहजकीर्त्ति		१०
आ.का	३०६	ऋजुप्राज्ञव्याकरण			७६
त.का.	४०६	ऋषभ विवाहलो			११
था.का	४०३	ऋषभ स्तवन			२
जि.ता	१५६/१९ ◉	ऋषभ-शान्ति-नेमि-पार्श्व- महावीरजिनपंचकस्तोत्रपंचक	जिनवल्लभसूरि	११९२	८४-९०
डूं.का.	३७२	ऋषभदेव स्तवन + दशवैकालिकनी सज्झाय	लालचंद	१८३९	३
जि.का	१३१६/१	ऋषभदेव, शांतिनाथ, नेमिनाथ, पार्श्वनाथ, महावीरजिनपंचस्तवन			१९२-१९४
त.ता.	२ ◉	ऋषभदेवचरित्र पद्य	जयसिंहसूरि	१३३०	१ थी २०४
लों.का	४९२/A	ऋषभदेवजी रो विवाहलो + प्रकीर्णक पद			१-७
जि.का	८१२ □	ऋषभदेवविंवाहलो			१३
जि.का	११९३ □	ऋषभदेवविवाहलो			१३
त.का.	८२१	ऋषभदेवस्तवन	रविविजय	१९३४	२
जि.का	२००६	ऋषभदेवस्तवन बालावबोधसह	विजयतिलक		५
जि.का	३४२/४ □	ऋषभदेवस्तवन बालेवामंडन	जिनसुंदरसूरि		२-३
जि.का	२१३५ ◉	ऋषभदेवस्तवनआदि			६
लों.का	४९२/B	ऋषभदेवविवाहलो			१-८
लों.का	४५५	ऋषभदेवस्तुति + अवंतिसुकुमालरास			१-६
डूं.का.	१४१	ऋषभदेवस्तोत्र			१
जि.का	६२१	ऋषभपंचाशिका सस्तबक	धनपाल		४
त.का.	४२२	ऋषभविवाहलौ	जोगीदास		९
त.का.	१०१२	ऋषभविवाहलौ			१९
था.का	४३०	ऋषभस्तवन	पुण्यसागर		२
था.का	४६३	ऋषभस्तवन	पुण्यसागर		२

भंडार नाम	ग्रंथांक	ग्रंथनुं नाम	कर्ता	संवत्	पत्र संख्या
था.का.	४८३	ऋषभस्तवन			२
त.का.	८१४	ऋषभस्तवन	समयसुंदर		२
त.का.	८३१	ऋषभस्तवन			३
त.का.	८८२	ऋषभस्तवन	कुशलहर्ष		२
त.का.	९३७/A	ऋषभस्तवन	दानमुनि		३
त.का.	१११४	ऋषभस्तवन सह बालावबोध			१०
त.का.	९३७/B	ऋषभस्तोत्र		१६३८	२
डूं.का.	९३७	ऋषभविवाहलौ			६
लों.का.	४६१	ऋषभविवाहलो	नथमल		१-१४
था.का.	४२८	ऋषभस्तवन	जेतसी -पं.		२
त.का.	१२३३	ऋषभस्तवन			५
जि.का.	१३११	ऋषिदत्ताचरित्र अपूर्ण		१४००	
जि.का.	४००	ऋषिदत्ताचोपाई	वेगडगच्छीय महिमसमुद्र	र.१६९८	
			प्रारब्ध, वेगडगच्छीय	ले.१७६६	२७
			क्षमासुंदर		
जि.का.	४१३	ऋषिदत्तारास	जयवंतसूरि	१६४३	४-२६
जि.का.	४८३	ऋषिदत्तारास	जयवंतसूरि	र.१६४३	२३
				ले.१७०४	
लों.का.	७०९	ऋषिबत्तीसी	पूर्वाचार्य		६
त.का.	८३५	ऋषिबत्तीसी	हरखविजय		२
डूं.का.	२४८	ऋषिमंडल ग्रंथ	जिनलाभसूरि	१८६५	१३०
डूं.का.	३६०	ऋषिमंडल पूजाविधि			११
डूं.का.	१२	ऋषिमंडल प्रकरण	उदयवल्लभ	१८०२	८४
त.का.	१०७३	ऋषिमंडल सहवृत्ति			३२३(५२५)
त.का.	६२९	ऋषिमंडल सहावचूरि	देवसारमुनि		१३
था.का.	२७	ऋषिमंडल सूत्र			११
था.का.	१८२	◉ ऋषिमंडल सूत्र सहवृत्ति	श्रीसार -वृ.		३६३
जि.का.	६७७	ऋषिमंडलप्रकरण	धर्मघोषसूरि		९
जि.का.	१०८१	□ ऋषिमंडलप्रकरण	धर्मघोषसूरि		३-९
जि.का.	१५७३	ऋषिमंडलप्रकरण	धर्मघोषसूरि		१०
जि.ता.	२७८	◉ ऋषिमंडलप्रकरण वृत्तिसह प्रथम खंड		१३८०	१९९
जि.का.	१२०	□ ऋषिमंडलप्रकरण वृत्तिसह प्रथम खंड	धर्मघोषसूरि -मू.	१९८३	७१
जि.का.	१२६५	ऋषिमंडलप्रकरण	धर्मघोषसूरि	१६५२	२-८
त.का.	६३०	ऋषिमंडलसूत्र			१३
त.का.	६३१	ऋषिमंडलसूत्र	धर्मघोष		१५
त.का.	११७७	ऋषिमंडलसूत्र			९
त.का.	११७८	ऋषिमंडलसूत्र			९
जि.का.	४७९	ऋषिमंडलसूत्रबालावबोध अपूर्ण			४६
जि.का.	११४६	ऋषिमंडलस्तोत्र			३
जि.का.	१६३७	ऋषिमंडलस्तोत्र			२
त.का.	८५९	ऋषिमंडलस्तोत्र		१८५५	२
त.का.	११०८	ऋषिमंडलस्तोत्र			३
त.का.	१००८	ऋषिमंडलस्तोत्र (डिझाईन)			१८
डूं.का.	९७१	ऋषिमंडलस्तोत्र सह कथासंग्रह	हर्षनंदन		८६
डूं.का.	२८/४	◉ ऋषिमंडलयंत्र	माणेकराजमुनि	१८४३	३०-३१
डूं.का.	११४३	ऋषिमंडलवृत्ति			१४६
था.का.	४०५	ऋषिमंडलसूत्र			१०
डूं.का.	९७२	ऋषिमंडलसूत्र वृत्ति सह कथा	हर्षनंदन		१०२
त.का.	१०९२	ऋषिमंडलसूत्र सहवृत्ति			१५०
डूं.का.	३०९	ऋषिमंडलस्तोत्र			२
डूं.का.	१७/५	ऋषिमंडलस्तोत्र			
डूं.का.	१२२२	ऋषिमंडल + पार्श्वजिनस्तोत्र			७
लों.का.	४७८	ऋषिमंडलसूत्र मूल टब्बार्थ अपूर्ण			२-९०
डूं.का.	१३१७	ऋषिमंडलस्तोत्र सह गौतमस्तोत्र			३

भंडार नाम	ग्रंथांक	ग्रंथनुं नाम	कर्ता	संवत्	पत्र संख्या
जि.का	१०१५	□ ऋषिमंडलप्रकरण	धर्मघोषसूरि	१७२६	१४
जि.का	१५७४	ऋषिमंडलप्रकरण	धर्मघोषसूरि		११
जि.का	१२४२	एक एक पानानां स्तवन, छंद, सज्झाय, गीत, स्तुति आदि			
त.का.	१०२१	◆ एक पत्रकी पूर्ण प्रतिओंका संग्रह			३
था.का.	४१२	एकविंशति स्थानक - चार ढाल	धर्ममेरुगणि		४
जि.का	१६४८	एकविंशतिस्थानकप्रकरण सस्तबक	सिद्धसेनसूरि	१७०१	५
जि.का	६८२/१	□ एकविंशतिस्थानप्रकरण	सिद्धसेनसूरि		१-३
जि.का	७९८/१	एकविंशतिस्थानप्रकरण	सिद्धसेनसूरि		१-८
जि.का	१५४६	एकविंशतिस्थानप्रकरण	सिद्धसेनसूरि		३
जि.का	१५४७	एकविंशतिस्थानप्रकरण			४
जि.का	१५४८	एकविंशतिस्थानप्रकरण	सिद्धसेनसूरि		६
जि.का	१५४९	एकविंशतिस्थानप्रकरण	सिद्धसेनसूरि		२
जि.का	८९३	एकविंशतिस्थानप्रकरण किंचिदपूर्ण	सिद्धसेनसूरि		३
जि.का	११०४	एकविंशतिस्थानप्रकरण सस्तबक	सिद्धसेनसूरि	१७७७	६
जि.का	१५५०	एकविंशतिस्थानप्रकरण सस्तबक		१८२२	१५
जि.का	१०२६	एकविंशतिस्थानप्रकरण सस्तबक	सिद्धसेनसूरि		६
जि.का	१०३४	एकविंशतिस्थानप्रकरणबालावबोध		१७१९	९
आ.का	३२२	एकविंशतिस्थानक (इक्कवीसठाणा)			३
त.का.	१०४९	एकवीशस्थानक		१६९९	५
त.का.	१०४०	एकवीशस्थानक सह टब्बार्थ		१८५४	७
डूं.का.	१२२५	एकवीस स्थानक	ईश्वर -पं.	१८०६	१३
लों.का	२०१	एकवीसस्थानक		१७७९	१-८
जि.का	५४२	□ एकविंशतिस्थानप्रकरण	सिद्धसेनसूरि		५
डूं.का.	६२७	एकाक्षरी नाममालिका	शंभुमुनि		३
त.का.	५७५	एकाक्षरी नाममालिका			३
जि.का	८२४	एकाक्षरीनाममाला	अमरचंद्र		१
जि.का	२१२९	एकाक्षरीनाममाला			११
जि.का	२१९३/१	◐ एकाक्षरीनाममाला			१
त.का.	५७८	◐ एकाक्षरीनाममालिका			१०
जि.का	२१९३/२	◐ एकाक्षरीनिर्घंटुनाममाला	सुधाकलश		१-३
डूं.का.	९६१	एकाक्षरनाममालिका			५
डूं.का.	३६६	एकादश अंगनी सज्झाय			६
जि.का	७६१/३	एकादशगणधर एकादश भास	दानशेखर		२-४
जि.का	७६१/२	एकादशगणधरस्तुति			१-२
जि.का	३४७/३	□ एकादशीनिर्णयगर्भित पार्श्वनाथस्तवन	जिनसमुद्रसूरि		३-४
जि.का	१२३२	एकादशीमाहात्म्य-मत्स्यपुराणगत			१२
लों.का	२२६	एकादशगणधरस्तवन		१६६८	१-८
लों.का	६१६	एकादशगुणस्थानाधिकार		१८७३	१-६
जि.का	८५१	एकाक्षरीनाममाला		१७४९	१
जि.का	२०३८/१	एकीभावस्तोत्र	वादिराज		१-२
जि.का	२११०	एगुणतीसीभावना संस्कृत स्तबक सह			२
जि.का	१५६५	एषणाशतक	पार्श्वचंद्र		४
त.का.	१३१८	ऐतिहासिक आदि वृत्तांत स्फूट पन्ना अने लघुग्रंथ			१७
जि.ता.	१२३/१	◐ ओघनिर्युक्ति	भद्रबाहुस्वामी		१-३६
जि.का	४०	◐ ओघनिर्युक्ति	भद्रबाहुस्वामि	१४८९	१४(४४३-४५६)
जि.का	७८६	ओघनिर्युक्ति	भद्रबाहुस्वामि		२३
जि.का	१४४९	ओघनिर्युक्ति	भद्रबाहुस्वामी	१६५७	१४
जि.का	१४५०	ओघनिर्युक्ति	भद्रबाहुस्वामी	१५९०	५३

भंडार नाम	ग्रंथांक		ग्रंथनुं नाम	कर्ता	संवत्	पत्र संख्या
जि.का.	१४५१		ओघनिर्युक्ति	भद्रबाहुस्वामी		३२
था.का.	२७७	◐	ओघनिर्युक्ति			३२
जि.ता.	१२६	◐	ओघनिर्युक्ति वृत्तिसह	वृ.क. द्रोणाचार्य	१३००	२३३
जि.का.	१४५३	◐	ओघनिर्युक्ति सटीक	द्रोणाचार्य-टी., भद्रबाहुस्वामी-मू.		१२५
त.का.	१५३	□	ओघनिर्युक्ति सह वृत्ति	द्रोणाचार्य	१६६५	२०९
त.का.	१५४	□	ओघनिर्युक्ति सह वृत्ति		१६५१	२६
त.का.	१५५		ओघनिर्युक्ति सह वृत्ति	भद्रबाहु		२३
जि.का.	१८७	◐	ओघनिर्युक्तिअवचूरि			२८
जि.ता.	१२२	◐	ओघनिर्युक्तिबृहद्भाष्य		१४९१	१०१
त.का.	१४	◐	ओघनिर्युक्तिभाष्य			६७
जि.ता.	८४/१	◐	ओघनिर्युक्तिवृत्ति	द्रोणाचार्य	११९७	१-१०५
जि.ता.	१२३/२	◐	ओघनिर्युक्तिवृत्ति		१४८७	१६४
जि.ता.	१२४	◐	ओघनिर्युक्तिवृत्ति	द्रोणाचार्य	१२८९	२४१
जि.ता.	१२५	◐	ओघनिर्युक्तिवृत्ति	द्रोणाचार्य	१३००	२३४
जि.का.	४२	◐	ओघनिर्युक्तिवृत्ति	द्रोणाचार्य	१४८८	७३(४८७-५५९)
जि.का.	१७२	◐	ओघनिर्युक्तिवृत्ति	द्रोणाचार्य	१६२९	९८
जि.का	१४५२	◐	ओघनिर्युक्तिवृत्ति	द्रोणाचार्य-वृ.		६९
त.का.	११३१	◐	ओघनिर्युक्तिवृत्ति			३-६६
जि.का	४१	◐	ओघनिर्युक्तिभाष्य			३०(४५७-४८६)
था.का.	८३	◐	ओघनिर्युक्तिभाष्य			६८
था.का.	८४	◐	ओघनिर्युक्तिवृत्ति			१५५
जि.ता.	१४७/५	◐	ओघनिर्युक्ति विषमपदपर्याय			६४-६६
जि.ता.	४००/४	◐	ओम्कारपंचाशिका अपूर्ण		१३००	५
जि.का	११८६		ओंम्कारबावनी अपूर्ण			२
जि.का	८४१	□	औत्किक		१७०२	८

भंडार नाम	ग्रंथांक		ग्रंथनुं नाम	कर्ता	संवत्	पत्र संख्या
डूं.का.	४५६		औपदेशिक कथा			४४
डूं.का.	६५५		औपदेशिक कथायें			४
आ.का.	१६१		औपदेशिककथाओ			१४
था.का.	२८०	◐	औपपातिकवृत्ति			७४
लों.का.	१८०	□	औपपातिकवृत्ति त्रूटक			१-५
जि.का.	९४५		औपपातिकसूत्र			१५
डूं.का.	७८३	□	औपपातिकसूत्र			२७
था.का.	१७३	◐	औपपातिकसूत्र		१६७२	२९
आ.का.	२२		औपपातिकसूत्र			२३
आ.का.	२३१		औपपातिकसूत्र			१७
जि.का	११८१		औपपातिकसूत्र सस्तबक		१९२७	११६
आ.का.	४१		औपपातिकसूत्र सह टिप्पणक			२८
त.का.	६४८	◆	औपपातिकसूत्रवृत्ति	अभयदेवसूरी		७३
जि.ता.	२४/१	◐	औपपातिकोपांगसूत्र			१-४३
जि.का	१९	◐	औपपातिकोपांगसूत्र			१२
जि.का.	३५३	◐	औपपातिकोपांगसूत्र		१६१७	३५
जि.का.	१२३५	□	औपपातिकोपांगसूत्र			२०
जि.का.	१३८६	◐	औपपातिकोपांगसूत्र सटीक त्रिपाठ अपूर्ण	अभयदेवसूरि-टी.		१५
जि.का.	२०	◐	औपपातिकोपांगसूत्रवृत्ति	अभयदेवसूरि	१४८९	३१(११५५-११८५)
जि.का.	३५४	◐	औपपातिकोपांगसूत्रवृत्ति	अभयदेवसूरि	१६१७	७१
जि.ता.	२४/२	◐	औपपातिकोपांगसूत्रवृत्ति	अभयदेवाचार्य		४४-१५८
त.का.	८५	□	औपपातिकसूत्र		१८१७	५६
लों.का.	४८		औपपातिकसूत्र मूल	सुधर्मास्वामी		१-४७
लों.का.	४९		औपपातिकसूत्र मूल	सुधर्मास्वामी		१-५०
डूं.का.	७८२	◐	औपपात्तिकवृत्ति	धर्मसुंदर	१५२५	६९
त.का.	१२१	◐	औपपातिकवृत्ति			५३

भंडार नाम	ग्रंथांक	ग्रंथनुं नाम	कर्ता	संवत्	पत्र संख्या
डूं.का.	४३२	अंतगडदशांग सूत्र टब्बार्थ		१८२८	५३
डूं.का.	२८५	☯ अंबडचरित्र			२८
जि.का	४२०/४	अक्षरबत्रीसी	भगवतीदास		३४-३५
जि.का	१६२४	अजितशांतिस्तोत्रसस्तबक	नंदिषेण		८
डूं.का.	१३६६	अजितशांतिस्तवन		१८७०	४
डूं.का.	५६७	अटणमलनी कथा			२४
लों.का.	७२१	◆ अथ नवपदमहिमावर्णनरूप श्रीपाल राजानो रास			
जि.का	१५५	☯ अनेकांतजयपताकावृत्तिटिप्पनक	मुनिचंद्रसूरि	११८४	३५
था.का	१७१	☯ अन्तकृद्दशांग (अनुत्तरोववाई) सूत्र			२५
लों.का	४१	अन्तकृद्दशांगसूत्र सह टब्बार्थ		१८२२	१-५४
जि.ता	३१४/३	☯ कइसिट्ठछंदःशास्त्र प्राकृत गाथाबद्ध	विरहाङ्क		५६-८९
जि.ता	३१४/४	☯ कइसिट्ठछंदःशास्त्रवृत्ति	भट्ट गोपाल	१३००	९०-१८३
जि.का	१३९	☯ कइसिट्ठवृत्ति	गोपाल पंडित	११८३	३४
जि.का	३८२	□ कइसिट्ठछंदःशास्त्र		११८३	१२
डूं.का.	७५०	कठियारा कान्हड चोपाई			६
त.का.	११९८	कठियाराकान्हडरास	मानविजय		४
आ.का	२३५	कढियाराकान्हडरास			६
जि.का	५२७	कतिचिद्विचारबालावबोध			१४
जि.ता	२४३	☯ कथाकोश सटीक त्रूटक अपूर्ण	मू.क.जिनेश्वरसूरि	१३००	१८५-३३९
जि.का	१९४/४	☯ कथानककोश	जिनेश्वरसूरि		७
जि.का	१३१७/२४	☯ कथानककोश	जिनेश्वरसूरि		१९३-१९५
जि.का	१३२६/१२	☯ कथानककोश	जिनेश्वरसूरि		१२८-१३०
जि.ता	१५६/१२	☯ कथानककोशसूत्र	जिनेश्वराचार्य	११९२	५३-५६
डूं.का.	९४८	कथारत्नाकर	दरडामेहाजल	१६६७	(१२१ थी १६१)४०
जि.का	१३१	□ कथासंग्रह			७५
जि.का	२८०	□ कथासंग्रह			१६
जि.का	३९७	□ कथासंग्रह			९
जि.का	५८८	□ कथासंग्रह			७
जि.का	६३२	कथासंग्रह			६
जि.का	९३३	कथासंग्रह			६-९
जि.का	१२४८	कथासंग्रह			६
जि.का	२२११	कथासंग्रह			९
डूं.का.	१७३	□ कथासंग्रह	रूपचंद्र	१८७५	१२
डूं.का.	३१४/२	कथासंग्रह			१७-२८
त.का.	१०९७	कथासंग्रह			३७
जि.का	१०५३	□ कथासंग्रह गद्यपद्य			२४०
जि.का	१२२२	कथासंग्रह गद्यपद्य			७-२४
जि.का	१९५३	कथासंग्रह त्रूटक			२-५८
त.का.	३२६	कथासंग्रह			७
लों.का	५५९	कन्यादान विधि			१-३
डूं.का.	१२७८	कपूरचक्र यंत्रफल	माणिक्यराज -ले.	१८३५	२
जि.का	८२३	कमलावतीचरित्रचोपाई	विजयभद्र		४
था.का	३५४	कयवन्ना संधि			८
लों.का	५०९/A	कयवन्ना-चौपई	जयरंग	१७८३	४
लों.का	५०९/B	कयवन्नाचौपई			१-१८
जि.का	३१३	□ कयवन्नारास	गुणसागरसूरि	१७३७	१०
त.का.	१०७८	करमछत्रीसी	रामचंद्र	१७१४	३-६
आ.का.	३४४	करमबत्तीसी			५
जि.का	११३६	कर्णकुतूहल		१७२८	१०
जि.का	११७४	कर्णकुतूहल	भास्कराचार्य	१७०८	१३
जि.का	११५५	कर्णकुतूहल वृत्तिसह	सुमतिहर्षगणि-वृ.क.	१६७८	५८
जि.का	१८७४	कर्णकुतूहलज्योतिष	भास्कराचार्य	१६९३	१२

भंडार नाम	ग्रंथांक	ग्रंथनुं नाम	कर्ता	संवत्	पत्र संख्या
जि.का.	११७०	कर्णकुतूहलवृत्ति	भास्कराचार्य -मू.		१८
जि.का.	४२०/५४	कर्त्ताअकर्तापच्चीसी	भैया	१७५१	१०५-१०६
जि.का.	५७४	कर्पटहेटकपार्श्वनाथरास	दयारत्न	१६९४	७-९
डूं.का.	१०२३	◉ कर्पूर सहावचूरि			१३
जि.का.	१९३	◉ कर्पूरप्रकर	हरिकवि		१०
जि.का.	९३५	कर्पूरप्रकर	हरिकवि		११
जि.का.	९२२	□ कर्पूरप्रकर सावचूरि पंचपाठ अपूर्ण	हरिकवि		५
आ.का.	१८७	कर्पूरप्रकरण			५
त.का.	७०९	कर्पूरप्रकरणकथायें		१५४९	३१
जि.का.	२१८६	कर्पूरप्रकरवृत्ति अपूर्ण			२-५२
जि.का.	२४६	□ कर्पूरमंजरीनाटिका	राजशेखर कवि	१५३८	२०
जि.का.	२४७	□ कर्पूरमंजरीनाटिका कर्पूरसुमभाष्य	प्रेमराज	१५३८	४६
जि.का.	१९१	◉ कर्पूरमंजरीनाटिका टिप्पणीसह पंचपाठ अपूर्ण	राजशेखर कवि		१६
डूं.का.	१०४९	कर्पूरप्रकरण सह कथाओ	ईन्द्रभाण मुनि	१८५५	३६
डूं.का.	५५६	कर्पूरप्रकरण सह बालावबोध	मेरुसुंदर		७२-१२८
डूं.का.	१२९८	कर्मक्षय व सिद्ध स्वरूप			८
त.का.	११२६	कर्मग्रंथ			
डूं.का.	११३४	कर्मग्रंथ (प्रथमसे पाँच) सह वृत्ति	देवेन्द्रसूरि	१८३२	१६८
जि.का.	१५०६/१	कर्मग्रंथ १ थी ४	देवेन्द्रसूरि		१-१७
डूं.का.	१०५२	कर्मग्रंथ १ थी ४ बालावबोध	देवेन्द्रसूरि	१८५२	७८
त.का.	१०४१	कर्मग्रंथ एक थी ६		१६४१	१३
त.का.	१०८९/B	कर्मग्रंथ एक थी चार			१५
त.का.	११५३	कर्मग्रंथ एक थी चार सह टब्बार्थ	देवेन्द्रसूरि		४२
त.का.	१२२१	कर्मग्रंथ एक थी त्रण	देवेन्द्रसूरि		५
त.का.	११६९	कर्मग्रंथ एक थी त्रण सह टब्बार्थ			३३
डूं.का.	११४६	कर्मग्रंथ चतुर्थ -पंचम (नवीन)			२१
था.का.	४१४	कर्मग्रंथ द्वितीय (प्राचीन) सह अवचूरि			३
आ.का.	५९	कर्मग्रंथ द्वितीय तृतीय बालावबोध	देवेन्द्रसूरि	१६९४	८
त.का.	१२८६	कर्मग्रंथ पंचम (नवीन) सह स्तबक			१०
त.का.	१२४७	कर्मग्रंथ पांचथी छ सह टब्बार्थ			३७-७२
था.का.	८७	◉ कर्मग्रंथ प्रथम थी पंचम(नवीन) (कर्मग्रंथटीका) सहवृत्ति तथा षष्ठमू	जिनलाभसूरि	१८२५	५३६
जि.का.	१५०७	कर्मग्रंथ प्रथम द्वितीय तृतीय	देवेन्द्रसूरि		४
जि.का.	१५०७	कर्मग्रंथ प्रथम द्वितीय तृतीय	देवेन्द्रसूरी		४
लों.का.	४३७	कर्मग्रंथ प्रथम बालावबोध त्रूटक			२-१५
था.का.	२१९	□ कर्मग्रंथ प्रथम-द्वितीय पंचम (प्राचीन) षष्ठ			१३
लों.का.	१८४	कर्मग्रंथ प्रथमथी चतुर्थ			१-११
डूं.का.	९४७	कर्मग्रंथ प्रथमथी पांच सटीक	मलयगिरि		२८३
डूं.का.	११३०	कर्मग्रंथ प्रथमसे छः	कल्याणमुनि -ले.		३२
त.का.	६५९	कर्मग्रंथ बे थी पांच			१०
डूं.का.	११३१	कर्मग्रंथ सस्तबक	सुंदरमुनि-ले., जीवविजय-क.	१८०३	२५१
जि.का.	१९७	□ कर्मग्रंथचतुष्क	देवेन्द्रसूरि		६
जि.का.	३१८	□ कर्मग्रंथपंचक	देवेन्द्रसूरि	१४८५	१८
जि.का.	३२१	□ कर्मग्रंथपंचक	देवेन्द्रसूरि -क		१२
जि.का.	१५१४	कर्मग्रंथपञ्चक	देवेन्द्रसूरि		९
त.का.	१००३	कर्मग्रंथप्रथम (नवीन)			३
आ.का.	२३८	कर्मग्रंथप्रथमसे चतुर्थ(नवीन) सह सस्तबक			२४

भंडार नाम	ग्रंथांक	ग्रंथनुं नाम	कर्ता	संवत्	पत्र संख्या
जि.का	१५०६	कर्मग्रंथषट्क			२०
डूं.का.	११४०	कर्मग्रंथषट् सहटब्बार्थ	हर्षचंद्र -पं.	१८३७	६६
डूं.का.	९८२	कर्मग्रंथसार			४
आ.का	२९८	कर्मग्रन्थ चतुर्थ (प्राचीन) सह टिप्पनक			३२
त.का.	३८०	कर्मग्रन्थ पंचम (नवीन)			९
त.का.	३८३	कर्मग्रन्थ प्रथम से चतुर्थ (नवीन) सह बालावबोध		१७५७	२७
त.का.	३८२	कर्मग्रन्थ प्रथम से पंचम (नवीन) सह बालावबोध		१५१६	२७
त.का.	३७९	कर्मग्रन्थ प्रथम से पंचम सह सस्तबक	देवचन्द्रसूरि		२९
लों.का	१९१	कर्मग्रन्थ प्रथमथी चतुर्थ		१८६०	१-८
त.का.	२०१	कर्मग्रन्थ षष्ठ (सत्तरि)			६
डूं.का.	१५६	कर्मग्रंथ प्रथम से चतुर्थ नवीन	देवेन्द्रसूरि		११
आ.का	२६६	कर्मग्रन्थ प्रथम (नवीन)			३
जि.का	१०३७/१	कर्मछत्रीसी			१-२
लों.का	६३०	कर्मछत्रीसीसज्झाय	समयसुंदर		१-२
लों.का	४८१	कर्मप्रकृति पदवी बोल			
जि.ता	१६९ ☯	कर्मप्रकृतिचूर्णी		१२२२	३०६
जि.ता	१७० ☯	कर्मप्रकृतिचूर्णी		१३००	१०४
जि.का	११४ □	कर्मप्रकृतिचूर्णी		१९८३	११४
त.का.	६८० ☯	कर्मप्रकृतिटीका	मलयगिरि	१४६८	१५५
जि.का	१५१५	कर्मप्रकृतिप्रकरण	शिवशर्मसूरि		१७
जि.का	१५१५	कर्मप्रकृतिप्रकरण	शिवशर्मसूरि		१७
जि.का	१५१७ ☯	कर्मप्रकृतिप्रकरण वृत्तिसह	शिवशर्मसूरि-मू., वृ.क.मलयगिरि		२०७
जि.का	१२८४ ☯	कर्मप्रकृतिप्रकरण सटीक अपूर्ण	शिवशर्मसूरि-मू.क., टी.क.आचार्य मलयगिरि	१४००	३४७
त.का.	१२९५	कर्मप्रकृतिबंधहेतु			२
जि.का	१५१६ ☯	कर्मप्रकृतिवृत्ति	मलयगिरि-वृ.		१२२
जि.ता	१५४/१७ ☯	कर्मप्रकृतिसंग्रहणी	शिवशर्मसूरि	१२१०	१२१-१६२
जि.ता	४१५/२ ☯	कर्मप्रकृतिसंग्रहणी	शिवशर्मसूरि		५४-७८
जि.का	१३३/१८ □	कर्मप्रकृतिसंग्रहणी	शिवशर्मसूरि		३२-४३
त.का.	६७९	कर्मप्रकृतिसंग्रहणी			११
आ.का	४४/B	कर्मप्रकृत्ति चूर्णि	जिनभद्रसूरि	१४९९	१००
त.का.	४३७	कर्मबंध हेतु उदय त्रिभंगी सह वृत्ति	हर्षकुलगणि	१६६२	१३
त.का.	१२९४	कर्मबंधहेतु त्रिभंगीस्तोत्र			२
था.का.	४६७	कर्मबत्रीसी			२
जि.का	४२०/२८	कर्मभेदविवरण	भैया		६६मु
त.का.	८९८	कर्मभेदस्थिति आदि			२
जि.का	६०६/२२ □	कर्मविचाचउपई			७०-७१
जि.ता	१५०/९ ☯	कर्मविचारसारप्रकरण		१३००	१८६-२००
लों.का	६४६	कर्मविपाक प्रथम कर्म ग्रंथ			१-३
डूं.का.	५३६ ◆	कर्मविपाक बालावबोध	देवेन्द्रसूरि		५३
लों.का	६१४	कर्मविपाक बालावबोध			१-२०
जि.ता	१७६/१ ☯	कर्मविपाक-प्राचीन प्रथम कर्मग्रंथ वृत्ति			४३
जि.ता	१७७/२ ☯	कर्मविपाक-प्राचीन प्रथम कर्मग्रंथवृत्ति		१२९५	१११
जि.ता	१५०/४ ☯	कर्मविपाक-प्राचीन प्रथमकर्मग्रंथ	गर्गर्षि		१२६-१४०
जि.ता	१६०/२ ☯	कर्मविपाक-प्राचीन प्रथमकर्मग्रंथ	गर्गर्षि	१३००	५-१८
जि.ता	१७५ ☯	कर्मविपाक-प्राचीन प्रथमकर्मग्रंथ विवरण सहित		१२२१	७१

भंडार नाम	ग्रंथांक	ग्रंथनुं नाम	कर्ता	संवत्	पत्र संख्या
जि.का	५३९	कर्मविपाककर्मग्रंथ	देवेंद्रसूरि		४
जि.का	५७७	□ कर्मविपाककर्मग्रंथ अपूर्ण	देवेन्द्रसूरि		९
जि.का	१५०२	कर्मविपाककर्मग्रंथ प्राचीन वृत्तिसह	परनानंदसूरि		१५
जि.का	२२२५	कर्मविपाककर्मग्रंथ सटीक			२९
जि.का	६३६	कर्मविपाककर्मग्रंथ सस्तबक	देवेंद्रसूरि		११
जि.का	१२८८/३	कर्मविपाककर्मग्रंथबालावबोध			२४४-२५७
जि.का	१५१०	कर्मविपाककर्मग्रंथवालावबोध			३२
डूं.का.	५५०	कर्मविपाकग्रंथ			६
जि.का	११७६	कर्मविपाकज्योतिष			६
डूं.का.	१३५९	कर्मविपाकवृत्ति (प्रथम ग्रंथकी) अपूर्ण			५
जि.का	१५०९	कर्मविपाककर्मग्रंथ	देवेन्द्रसूरि		५
जि.का	३२८	□ कर्मविपाककर्मग्रंथ सावचूरि	देवेन्द्रसूरि -मू.क.		६
लों.का	२१०	कर्मसंवेध भंग प्रकरण		१७७१	१-१३
जि.का	३२२	□ कर्मस्तव द्वितीय कर्मग्रंथ	देवेन्द्रसूरि		३
जि.का	१९६	□ कर्मस्तव द्वितीयकर्मग्रंथ	देवेन्द्रसूरि		२
डूं.का.	५४१	कर्मस्तव बालावबोध	मतिचंद्रमुनि		३१
जि.ता	१५०/३	◉ कर्मस्तव-प्राचीन द्वितीय कर्मग्रंथ		१३००	१२१-१३५
जि.ता	१६०/१	◉ कर्मस्तव-प्राचीन द्वितीय कर्मग्रंथ		१३००	१-५
जि.ता	१७६/२	◉ कर्मस्तव-प्राचीन द्वितीय कर्मग्रंथ वृत्ति	गोविंदगणि		१-५२
जि.ता	१७७/१	◉ कर्मस्तव-प्राचीन द्वितीय कर्मग्रंथ वृत्ति	गोविंदगणि		१०६
जि.का	६१६	कर्मस्तवअवचूरि			७
जि.का	५३८	कर्मस्तवकर्मग्रंथ (प्राचीन द्वितीय कर्मग्रंथ)			१
जि.का	७१४	कर्मस्तवकर्मग्रंथ ससत्बक	देवेन्द्रसूरि		७

भंडार नाम	ग्रंथांक	ग्रंथनुं नाम	कर्ता	संवत्	पत्र संख्या
जि.ता	४१५/७	◉ कर्मस्तवकर्मग्रंथ- (प्राचीन द्वितीय कर्मग्रंथ)			१३९-१४२
जि.का	१८६	□ कर्मस्तवकर्मग्रंथावचूरि			११
जि.ता	१७९/१	◉ कर्मस्तवन- प्राचीन द्वितीय कर्मग्रंथ वृत्ति	गोविंदगणि		१-५६
आ.का	३४९	कर्मसज्झाय + वीर स्तवन			१
था.का	१२३	कर्मोकी १५८ उत्तर प्रकृतियां			५
डूं.का.	१७/३	कर्मग्रंथ			
आ.का	१६०	कर्मग्रंथ चतुर्थ प्राचीन	देवेन्द्रसूरि		१२
जि.का	१५०८	कर्मग्रंथ प्रथम द्वितीय तृतीय सस्तबक	देवेन्द्रसूरि		२१
डूं.का.	३८०	कर्मग्रंथयंत्र विधि			
आ.का	७१	कर्मग्रन्थ षष्ठ (सत्तरी)			७
जि.ता	१७३	◉ कर्मप्रकृतिवृत्तिसह अपूर्ण	मू.क.शिवशर्मसूरि, वृ.क.मलयगिरिसूरि	१३००	२२६
आ.का	१३६	कर्मभावना ग्रंथ प्रथम (नवीन)	देवेन्द्रसूरि		६
जि.ता	४१५/८	◉ कर्मविपाककर्मग्रंथ- प्राचीन प्रथम कर्मग्रंथ	गर्गर्षि		१४२-१५१
जि.का	१५०३/१	कर्मस्तववृत्ति			१-१६
जि.का	३१४	□ कलावतीरास	संयममूर्ति अंचलगच्छीय	१५९४	७
जि.का	३६८	□ कलिकालरास	हीरानंदमुनि पिप्पलगच्छीय	१४२६	२
जि.का	१६३४	कलिकुंडपार्श्वनाथस्तोत्र धरणोरगेन्द्रस्तोत्र			२
डूं.का.	१३५०	कल्पचन्द्रादि			
जि.ता	३९६/४	◉ कल्पचूर्णि			६
जि.ता	५०	◉ कल्पचूर्णी		१३८९	३३४
जि.का	९७	□ कल्पचूर्णी		१९८४	२८५

भंडार नाम	ग्रंथांक	ग्रंथनुं नाम	कर्ता	संवत्	पत्र संख्या
जि.ता.	५१	◐ कल्पचूर्णी अपूर्ण		१५००	२४-३५६
आ.का.	३६१	कल्पप्रदीप			५५
जि.ता.	४८	◐ कल्पबृहद्भाष्य प्रथम खंड		१५००	३११
जि.ता.	४९	◐ कल्पबृहद्भाष्य प्रथमखंड		१४९०	२०२
जि.ता.	४७/२	◐ कल्पलघुभाष्य	संघदासगणि क्षमाश्रमण	१४८८	१३-२३८
जि.ता.	३९६/३	◐ कल्पलघुभाष्य			१५
जि.ता.	४६	◐ कल्पलघुभाष्य (बृहत्कल्पलघुभाष्य) अपूर्ण	संघदासगणि क्षमाश्रमण	१३००	१७९
जि.ता.	५८/६	◐ कल्पलघुभाष्य त्रूटक अपूर्ण			
डूं.का.	९१७	□ कल्पलता नामनी कल्पसूत्रटीका	समयसुंदर	१७६७	१६२
जि.ता.	३१७	◐ कल्पलताविवेक(कल्पपल्लवशेष)		१२०५	३८९
जि.ता.	३१६/२	◐ कल्पलताविवेक(कल्पपल्लवशेष) चतुर्थ परिच्छेद		१३००	१४८
जि.ता.	३१६/१	◐ कल्पलताविवेक(कल्पपल्लवशेष) तृतीयपरिच्छेद अपूर्ण पर्यंत		१३००	२५९
जि.ता.	५८/३	◐ कल्पविशेषचूर्णी			२९
जि.ता.	५८/४	◐ कल्पविशेषचूर्णी			२४९-३०५
जि.का.	६३	◐ कल्पविशेषचूर्णी			१०४(२०९०-२१९८)
जि.ता.	५४	◐ कल्पवृत्ति तृतीयखंड	वृ.क. क्षेमकीर्ति आचार्य	र.१३३२ ले.१४८९	२९६
जि.ता.	५७	◐ कल्पवृत्ति तृतीयखंड	वृ.क. क्षेमकीर्ति आचार्य	१५००	२८२
जि.ता.	५३	◐ कल्पवृत्ति द्वितीयखंड	वृ.क. क्षेमकीर्ति तपा.	१४९०	३०८
जि.ता.	५८/१	◐ कल्पवृत्ति द्वितीयखंड			२८९-३९६
जि.ता.	५८/२	◐ कल्पवृत्ति द्वितीयखंड		१४०३	२७६-४२२
जि.ता.	५६	◐ कल्पवृत्ति पीठिका अनंतरवर्ती विभाग अपूर्ण	वृ.क. क्षेमकीर्ति आचार्य	१५००	३१५
जि.ता.	५५	◐ कल्पवृत्ति पीठिकासहित प्रथमखंड, मासकल्पप्रकृत पर्यन्त प्रथम अउद्देश	वृ.मलयगिरि आचार्य, तथा क्षेमकीर्ति तपा.	१३७८	२०७
जि.ता.	५२	◐ कल्पवृत्ति प्रथमखंड मासकल्पप्रकृत पर्यन्त	वृ.क.मलयगिरि आचार्य तथा क्षेमकीर्ति तपा.	१४८८	३३१
जि.का.	१४०१	कल्पसत्र सस्तबक अपूर्ण	भद्रबाहुस्वमी-क.		११०
त.का.	११०४	कल्पसुत्र सह अवचुरी			१९
जि.का.	१७०५	कल्पसूत्र			११
डूं.का.	३४२	कल्पसूत्र	मुनिसुंदर-ले.	१७५८	१३४
डूं.का.	३८१	कल्पसूत्र		१७९९	७१
डूं.का.	४७१	कल्पसूत्र		१९०१	७५
डूं.का.	४८०	कल्पसूत्र	जितरंगगणि	१८७५	८८
डूं.का.	६६०	कल्पसूत्र	शंकरमुनि	१८७३	९६
डूं.का.	७१९	कल्पसूत्र	भेरुमुनि	१८९०	७२
डूं.का.	१००७	कल्पसूत्र	अमरचंद्र	१८६२	७९
डूं.का.	१००८	कल्पसूत्र	कुशलमुनि	१८६२	७४०
डूं.का.	१२३६	कल्पसूत्र	विनयचंद -ले.	१९६४	६८
लों.का.	२१७	कल्पसूत्र		१९४०	१-४१
लों.ता.	३/४	कल्पसूत्र	भद्रबाहुस्वामि		३६७-४००
आ.का.	२६०	कल्पसूत्र			९
त.का.	१४८	कल्पसूत्र	भद्रबाहुस्वामि	१८३१	४६
त.का.	२८८	कल्पसूत्र		१५३२	१०६
त.का.	२८९/A	कल्पसूत्र		१६९७	९०
त.का.	३००	कल्पसूत्र (अष्टम) वाचना			९
जि.ता.	८२/३	◐ कल्पसूत्र (पर्युषणाकल्प)	भद्रबाहुस्वामी		२७६-३०५
जि.ता.	४०/१	◐ कल्पसूत्र (पर्युषणाकल्प-दशाश्रुतस्कंधसूत्र अष्टमाध्ययन)	भद्रबाहुस्वामी		१-७४

भंडार नाम	ग्रंथांक	ग्रंथनुं नाम	कर्ता	संवत्	पत्र संख्या
जि.ता.	४३/१	◐ कल्पसूत्र (पर्युषणाकल्प-दशाश्रुतस्कंधसूत्र अष्टमाध्ययन)	भद्रबाहुस्वामी		१-८५
जि.ता.	४२/१	◐ कल्पसूत्र (पर्युषणाकल्प-दशाश्रुतस्कंधसूत्र अष्टमाध्ययन)	भद्रबाहुस्वामी		१-१३७
त.का.	२९७	कल्पसूत्र (षष्ठ) वाचना			१३
त.का.	२९८	कल्पसूत्र (षष्ठ) वाचना			१७
त.का.	२९९	कल्पसूत्र (सप्तम) वाचना			१९
जि.का	२०८३	कल्पसूत्र अपूर्ण			९
जि.का	२०८४	कल्पसूत्र अपूर्ण			१२
डूं.का.	४	कल्पसूत्र अपूर्ण			५२
डूं.का.	४४२	कल्पसूत्र अपूर्ण			६५
जि.का	९०७	कल्पसूत्र अष्टभक्षण-वाचना			१७
जि.का	१४२१	कल्पसूत्र अष्टमनवमव्याख्यानबालावबोध		१७७६	४४
जि.का.	१३९६	◐ कल्पसूत्र कल्पमंजरीटीका	सहजकीर्ति	र.१६८५ ले.१७७१	११७
जि.का.	३७६	◐ कल्पसूत्र किरणावलिटीकासह त्रिपाठ	भद्रबाहुस्वामी -मू.क., टी.क.धर्मसागरोपाध्याय	१६२८	२०१
त.का.	२९४	◆ कल्पसूत्र चतुर्थ वाचना			१४
जि.ता.	८२/६	◐ कल्पसूत्र टिप्पनक	पृथ्वीचंद्रसूरि	१४००	३२३-३३८
डूं.का.	६३५	कल्पसूत्र टब्बार्थ	नथुराम-ले.	१८२६	३४०
जि.का	१४२०	कल्पसूत्र नवमव्याख्यान सस्तबक			१७
डूं.का.	५	कल्पसूत्र पांचमुं व्याख्यान	जिनहर्षसूरि		८०
त.का.	११४८	◆ कल्पसूत्र पांचमी वाचना			१४ (४२-५६)
त.का.	२९२	कल्पसूत्र प्रथम द्वितीय वाचना			३१
जि.का	४५५	कल्पसूत्र बारसा	भद्रबाहुस्वामी		३-१०१

भंडार नाम	ग्रंथांक	ग्रंथनुं नाम	कर्ता	संवत्	पत्र संख्या
लों.का.	६८	● कल्पसूत्र बालावबोध (सचित्र) त्रूटक			१-८४
जि.का.	३७३	□ कल्पसूत्र बालावबोधसह अपूर्ण			२-१८१
त.का.	३०१	कल्पसूत्र बीजी वाचना			२३
त.का.	३०२	कल्पसूत्र बीजी वाचना			१६
जि.का	१३९८	कल्पसूत्र भाषाटीकासह	:	१५८६	१३५
जि.का	१३९९	कल्पसूत्र भाषाटीकासह	भद्रबाहुस्वामी-क	१७८७	१८२
आ.का.	२५८	कल्पसूत्र मांडणी			
लों.का.	६१	कल्पसूत्र मूल	भद्रबाहुस्वामी	१९१२	१-२०१
लों.का.	६३	कल्पसूत्र मूल अपूर्ण त्रूटक	भद्रबाहुस्वामी		१-४४
लों.का.	६७	कल्पसूत्र मूल टब्बो			१-१९२
लों.का.	६२	कल्पसूत्र मूल सह अवचूरि	भद्रबाहुस्वामी	१७३२	१-१२४
लों.का.	६९	कल्पसूत्र मूल सह व्याख्यान			१-१०९
त.का.	२८७	◆ कल्पसूत्र मूळ + कालिकाचार्य कथासहित सचित्र	भद्रबाहु		९१
डूं.का.	७७०	कल्पसूत्र वाचना			
जि.ता	४२६	◐ कल्पसूत्र संदेहविषौषधि वृत्ति	जिनप्रभसूरि	र.१३६४ ले.१४९७	१०२
जि.ता	४२५/१	● कल्पसूत्र सचित्र	भद्रबाहुस्वामी		१-११२
जि.का.	१३४५	● कल्पसूत्र सचित्र	भद्रबाहुस्वामि		२३-८८
जि.ता	४२०	● कल्पसूत्र सचित्र रौप्याक्षरी	भद्रबाहुस्वामी	१५६२	१६९
जि.का	१४१९	कल्पसूत्र सप्तमव्याख्यान			१६
जि.का	२९२	□ कल्पसूत्र सस्तबक			२-१००
जि.का	८९२	कल्पसूत्र सस्तबक		१८४१	१३२
जि.का	१४००	कल्पसूत्र सस्तबक	भद्रबाहुस्वामी-क.	१७४०	१०४
जि.का	१४१४	कल्पसूत्र सस्तबक			८३
जि.का	१४९८	कल्पसूत्र सस्तबक अपूर्ण			६६
जि.का	८७५	कल्पसूत्र सस्तबक त्रू.अ.			५-९२

भंडार नाम	ग्रंथांक		ग्रंथनुं नाम	कर्ता	संवत्	पत्र संख्या
त.का.	२९३		कल्पसूत्र सह (चतुर्थ) वाचना			१३
त.का.	२९०		कल्पसूत्र सह (प्रथमाष्टम्, नवम्) वाचना			८०
लों.का.	७३५		कल्पसूत्र सह अवचूरि			१०
आ.का.	१२०		कल्पसूत्र सह अवचूरि			१०८
लों.का.	६५		कल्पसूत्र सह टब्बार्थ			१-८६
लों.का.	६६		कल्पसूत्र सह टब्बार्थ		१७७२	१-११८
आ.का.	१४		कल्पसूत्र सह टब्बार्थ			१२०
त.का.	१३९		कल्पसूत्र सह टब्बार्थ	भद्रबाहु	१८१०	११५
त.का.	१४७		कल्पसूत्र सह टब्बार्थ		१६४३	१०६
त.का.	११३३		कल्पसूत्र सह टब्बार्थ			२९
त.का.	११३४		कल्पसूत्र सह टब्बार्थ		१८२५	१२-१०७
त.का.	११३५		कल्पसूत्र सह टब्बार्थ			७१-१४९
त.का.	१३२४		कल्पसूत्र सह टब्बार्थ अने व्याख्यान			१८३
लों.का.	१६५		कल्पसूत्र सह टब्बार्थ मूल त्रूटक			४-२५
त.का.	१२३८		कल्पसूत्र सह टब्बार्थ व व्याख्यान			७०
लों.का.	६४		कल्पसूत्र सह टब्बार्थ व्याख्यान	भद्रबाहुस्वामी		१-३०८
लों.का.	१६४		कल्पसूत्र सह टब्बार्थ त्रूटक			२-७१
त.का.	१३३२		कल्पसूत्र सह बालावबोध			१८२
त.का.	१४३		कल्पसूत्र सह वाचना		१७७८	११६
त.का.	२९१		कल्पसूत्र सह वाचना		१८७८	१३
डूं.का.	१७४		कल्पसूत्र सह वृत्ति			२३९
डूं.का.	२६७		कल्पसूत्र सह वृत्ति	लक्ष्मीवलल्भ		२५४
डूं.का.	६६२		कल्पसूत्र सह वृत्ति			१६६
डूं.का.	१०१०		कल्पसूत्र सह वृत्ति			९७
डूं.का.	६६४		कल्पसूत्र सह व्याख्या			१४
डूं.का.	३		कल्पसूत्र सह व्याख्या अपूर्ण			२९
डूं.का.	२७४		कल्पसूत्र सह व्याख्यान	समयसुंदर	१८९०	३१
था.का.	१७	□	कल्पसूत्र सह व्याख्यान अपूर्ण			७१
त.का.	१३८		कल्पसूत्र सह शब्दार्थ व अन्तर्वाच्य	भद्रबाहु	१९०४	१९५
त.का.	७७		कल्पसूत्र सहावचूरि	गणधर	१६४३	७२
जि.का.	९६२		कल्पसूत्र सामाचारी बालावबोध अपूर्ण			२-१३
था.का.	२८९	●	कल्पसूत्र सोनेरी			११५
जि.का.	९६१		कल्पसूत्र-बारसा त्रू.अ.			२-२३
डूं.का.	४७३		कल्पसूत्र-सहवृत्ति	लक्ष्मीवल्लभ		१६७
जि.का.	४१९		कल्पसूत्रअवचूरि			६३
जि.का.	२०८२	□	कल्पसूत्रकल्पद्रुमटीका			३
जि.का.	१३९५	◐	कल्पसूत्रकल्पलतावृत्ति	समयसुंदरोपाध्याय-टी		१४०
था.का.	२९०	●	कल्पसूत्रचित्रावली			१०४
लों.ता.	३/५		कल्पसूत्रचूर्णि			४००-४१७
जि.ता.	८२/४	◐	कल्पसूत्रचूर्णी			३०५-३२१
लों.ता.	३/३		कल्पसूत्रटिप्पनक	पृथ्वीचंद्रसूरि		३४८-३६६
जि.का.	२१३१	□	कल्पसूत्रटीका			१५
डूं.का.	७१८		कल्पसूत्रटीका	जितरंग -पंडित	१८७५	१९६
जि.का.	११६४		कल्पसूत्रनवमव्याख्यानबालावबोध			१४-२७
जि.ता.	८२/५	◐	कल्पसूत्रनिर्युक्ति	भद्रबाहुस्वामी		३२१-३२३
लों.ता.	३/५		कल्पसूत्रनिर्युक्ति	भद्रबाहुस्वामि	१३०७	४१७-४२९
जि.का.	२०४५		कल्पसूत्रनी मांडणी			४
जि.का.	७९३		कल्पसूत्रबालावबोध अपूर्ण			४०
जि.का.	९५९		कल्पसूत्रबालावबोध त्रू.अ.			७६-८५
जि.का.	१०२४		कल्पसूत्रबालावबोध षष्ठीवाचना			१५
जि.का.	४५६		कल्पसूत्रबालावबोध सप्तम वाचना			१७
त.का.	१४९		कल्पसूत्रवाचना	मनरूप विजय		१४८

भंडार नाम	ग्रंथांक	ग्रंथनुं नाम	कर्ता	संवत्	पत्र संख्या
त.का.	६८	◆ कल्पसूत्रविवरण			३०
त.का.	१२८७	कल्पसूत्रवृत्ति			५९
जि.ता.	४४/१	◐ कल्पसूत्रवृत्ति (संदेहविषौपधि)	जिनप्रभसूरि		१-१४६
जि.का.	१०२२	कल्पसूत्रवृत्ति अपूर्ण			३१
जि.का.	८७९	कल्पसूत्रवृत्ति त्रू.			६७-७८
जि.का.	९८०	कल्पसूत्रवृत्ति त्रू.			३०-६०
जि.का.	१०३५	कल्पसूत्रसंक्षिप्तबालावबोध			१४
जि.का.	२२२०	कल्पसूत्रसंदेहविषौषधिटीका	जिनप्रभसूरि		३१
जि.का.	१४२३	◐ कल्पसूत्रसंदेहविषौषधिटीका	जिनप्रभसूरि		३१
जि.का.	२१७५	◐ कल्पसूत्रसंदेहविषौषधिवृत्ति	जिनप्रभसूरि		६१
जि.का.	१४१७	□ कल्पसूत्रसस्तबक			५४
आ.का.	१२४	कल्पसूत्रांतर्वाच्य	अदारंग	१६३५	६६
डूं.का.	१००२	कल्पसूत्रकलिका	लक्ष्मीवल्लभ		१५२
आ.का.	२८३	कल्पसूत्रचूर्णी			२७
त.का.	१४१	कल्पसूत्रवाचना			१०६
लों.का.	५०७	कल्पसूत्रवाचना त्रूटक			१-२३
त.का.	१४२	कल्पसूत्रसह वृत्ति	समयसुंदरोपाध्याय		१२४(१-१३१)
डूं.का.	६३६	कल्पसूत्र टब्बार्थ	महिवल्लभ-ले.	१७९०	१००
त.का.	१५१	□ कल्पसूत्र सह वृत्ति	धर्मसागर		१९५
जि.का.	७९४	कल्पसूत्रबालावबोध			६४
जि.का.	४७४	□ कल्पांतर्वाच्य			३१
जि.का.	१४१५	कल्पांतर्वाच्य			२४
जि.का.	१४१६	कल्पांतर्वाच्य			४
जि.का.	१३९७	कल्पांतर्वाच्य अपूर्ण			३९
लों.का.	७०	कल्पांतर्वाच्य व्याख्या	सोमसुंदर	१५२०	१-१३
डूं.का.	१६२	कल्पांतर्वाच्यानि	भक्तिचंद्र -ले.	१६७२	६७
डूं.का.	९२०	कल्पांतर्वाच्य	समयमाणिक्यगणि	१७४०	६३
डूं.का.	७७०	कल्पान्तर्वाच्य+कल्पसूत्र वाचना			३४
जि.का.	६९७	कल्पान्तर्वाच्य प्रथमवाचना	जिनभद्रसूरि		११
त.का.	११४३	कल्पान्तर्वाच्यबालावबोध			७
आ.का.	९८	कल्पान्तर्वाच्यानि		१६२९	४७
त.का.	१०७१	कल्पान्तर्वाच्य			४२
त.का.	१४५	कल्पान्तर्वाच्य		१६५०	३७
त.का.	१४६/B	कल्पावलि			९
त.का.	२६१	कल्पोपमा			
त.का.	३०३	कल्पोपमा			
जि.ता.	५८/५	◐ कल्पचूर्णी त्रूटक अपूर्ण			
जि.ता.	४४/२	◐ कल्पनिर्युक्तिवृत्ति	जिनप्रभसूरि	१५००	१४६-२०१
जि.का.	२९१	□ कल्पसूत्र कल्पलतावृत्ति अपूर्ण			२-११४
आ.का.	२१	कल्पसूत्र सह वृत्ति	समयसुंदर		१९१
डूं.का.	९१८	कल्पसूत्र सह वृत्ति	समयसुंदर	१८२८	१८४
था.का.	३८४	कल्याणक पत्र + तीर्थंकर जानकारी			२
त.का.	९३३	कल्याणकस्तवन	रूपसागर		३
डूं.का.	५२०	कल्याणमंदिर			३
डूं.का.	१७/१	कल्याणमंदिर			
त.का.	७८८	◆ कल्याणमंदिर	कुमुदचंद्र		२
त.का.	१३०५	कल्याणमंदिर			
डूं.का.	५७७	कल्याणमंदिर अपूर्ण			१५
डूं.का.	४४७	कल्याणमंदिर टब्बार्थ अपूर्ण			४
था.का.	१२४	कल्याणमंदिर टब्बो	कुमुदचंद्र		७
डूं.का.	१३९	कल्याणमंदिर टीका	माणेकमुनि-पं.	१९०५	२१
था.का.	१२२	कल्याणमंदिर पंचपाठ	कुमुदचंद्र	१६२६	६
लों.का.	२३०	कल्याणमंदिर प्रकीर्ण			
डूं.का.	४५७	कल्याणमंदिर बालावबोध		१६५९	८

भंडार नाम	ग्रंथांक		ग्रंथनुं नाम	कर्ता	संवत्	पत्र संख्या
डूं.का.	१११		कल्याणमंदिर स्तोत्र			४थी ६
डूं.का.	६०३		कल्याणमंदिर स्तोत्रटीका	ऋद्धिरत्न	१८५९	१८
जि.का	८८२		कल्याणमंदिरभाषास्तोत्र	बनारसीदास	१७७९	२
जि.का	१६२९		कल्याणमंदिरस्तोत्र	सिद्धसेन दिवाकर		२
जि.का	१६३०		कल्याणमंदिरस्तोत्र	सिद्धसेन दिवाकर		३
त.का.	११०१		कल्याणमंदिरस्तोत्र			४
त.का.	१२७९		कल्याणमंदिरस्तोत्र			२
जि.का	८७२	□	कल्याणमंदिरस्तोत्र वृत्तिसह	सिद्धसेनाचार्य	१८५१	१२
जि.का	२६०	□	कल्याणमंदिरस्तोत्र सस्तबक			७
जि.का	१६३१		कल्याणमंदिरस्तोत्र सस्तबक अपूर्ण	सिद्धसेन दिवाकर		८
जि.का	११३०		कल्याणमंदिरस्तोत्र सस्तबक	सिद्धसेन दिवाकर	१७३७	७
लों.का	५९२		कल्याणमंदिरस्तोत्र सह अवचूरि		१६७५	१-१०
जि.का	७७६		कल्याणमंदिरस्तोत्र सावचूरि			७
जि.का	१२४५/१		कल्याणमंदिरस्तोत्र सावचूरि			१-७
था.का.	३७७		कल्याणमंदिरस्तोत्र	कुमुदचंद्र		४
था.का.	४०६		कल्याणमंदिरस्तोत्र	कुमुदचंद्र		४
आ.का	२१६		कल्याणमंदिरस्तोत्र			१७
आ.का	२३६		कल्याणमंदिरस्तोत्र			४
त.का.	२०३		कल्याणमंदिरस्तोत्र	कुमुदचंद्र	१७९५	५
डूं.का.	१३११	◆	कल्याणमंदिर			५
त.का.	७१७		कल्याणमन्दिरस्तोत्र सह वृत्ति		१७६१	२२
त.का.	१०००		कल्याणमंदिर	हेमसागर, बनारसीदास	१७७६	३
त.का.	२४४	◆	कल्याणमंदिर सार्थ	कुमुदचंद्र	१७२४	४
था.का.	२३१		कल्याणमंदिर स्तोत्र	कुमुदचंद्र	१६८५	३
आ.का	१५०		कल्याणमंदिर स्तोत्रवृत्ति	देवतिलक सूरि		१३
जि.का	२१६०/१७		कल्याणमंदिरस्तोत्र			६८-७३
त.का.	४९१		कल्याणमंदिरस्तोत्र सह टब्बार्थ			२०
त.का.	४८७		कल्याणमंदिरस्तोत्र सह वृत्ति	सिद्धसेन दिवाकर	१६५२	११
डूं.का.	६९८		कल्याणमंदिर स्तोत्र टीकासह	देवसुंदर उपाध्याय -टी.		१४
लों.का	५७३		कल्याणमंदिर	जीवराज		१-३
डूं.का.	७०६		कल्याणमंदिर	सिद्धसेन दिवाकर		१०
जि.का	१७४९	◐	कविकल्पद्रुम	वोपदेव		२६
जि.का	१७४८	◐	कविकल्पद्रुम टिप्पणीसह	वोपदेव		१६
जि.का	१७५०	□	कविकल्पद्रुम धातुपाठ			२
जि.का	१४२		कविकल्पलताविवेक			८५
जि.का	१४१		कविकल्पलताविवेक द्वितीयखंड			४७
जि.का	१०७९/२	◐	कविगुह्यनामकाव्य	हलायुध		३९-४६
जि.का	१०३७/३		कवितसंग्रह	ज्ञानरत्न		३-५
त.का.	८७२	◆	कवित्तसंग्रह			२
लों.का	४०४		कवितसंग्रह त्रूटक			१-१३
जि.का	४२२		कविप्रिया	केशवकवि	१७११	१०९
जि.का	११११		कविप्रिया	केशवदास	१८३२	८०
जि.ता	३३७	◐	कविरहस्य सटीक (कविगुह्यकाव्य अपरनाम अपशब्दाभास कूटकाव्य सटीक)	मू.क.हलायुध, टी.क.रविधर्म	१२१६	७४
जि.का	१४६	◐	कविरहस्य-अपशब्दाभासकाव्य सटीक	हलायुध -मू., टी.क.रविधर्म	१९८४	३३
लों.का	३७६		कविवृंदसत्तसई			१-२४
जि.का	२१८४		कविशिक्षा			८
जि.का	१७७०	◐	कविशिक्षा काव्यकल्पता वृत्तिसह	अमरचंद्रसूरि		७१
जि.का	२२०७	◐	कविशिक्षा काव्यकल्पलतावृत्तिसह	अमरचंद्रसूरि स्वोपज्ञ		४६
जि.का	१४०		कविकल्पलताविवेक		१९८४	१५१
आ.का	७८	◐	कविशिक्षा सह वृत्ति काव्यकल्पलता	अमरचंद्र		४६

भंडार नाम	ग्रंथांक		ग्रंथनुं नाम	कर्ता	संवत्	पत्र संख्या
लों.का.	५०४	◐	कातंत्र कात्यायनी वृत्ति (जीर्ण) (कृतप्रक्रीया) जीर्ण शीर्ण	कात्यायन	१५४८	४१
लों.का.	५०५	◐	कातंत्र दोर्गसिंही आख्यात वृत्ति त्रूटक	दौर्गसिंह		२-१०७
लों.का.	५४१	◐	कातंत्र दौर्गसिंह आख्यात कृत्सूत्र + चतुष्क ढुंढिकावृति			१-९३, ९४-१७२
लों.का.	२८७	◐	कातंत्र मोक्षेश्वरी टीका	मोक्षेश्वर	१५१७	१-६०
लों.का.	२८५	◐	कातंत्र सह विस्तार पाठ पाद (व्या.)	कर्णदेवोपाध्याय		१-३०
जि.का.	२४८	◐	कातंत्रविभ्रम सटीक टिप्पणी सह	जिनप्रभसूरि -वृ.	र.१३५२, ले.१४७८	१०
जि.का.	१७५४	◐	कातंत्रविभ्रम सटीक त्रिपाठ	चारित्रसिंह		७
लों.का.	२७७	◐	कातंत्रविभ्रम सूत्र सह अवचूरि त्रूटक			१-६
त.का.	५७०	◐	कातंत्रविभ्रमसूत्र	जिनप्रभसूरि		८
जि.का.	१००३	◐	कातंत्रव्याकरण			२५
जि.का.	५२१	◐	कातंत्रव्याकरण गोल्हणवृत्ति अपूर्ण	गोल्हण -वृ.क.		४८
जि.का.	५०५	◐	कातंत्रव्याकरण तद्धित अपूर्ण			६
जि.ता.	२८५	◐	कातंत्रव्याकरण दुर्गसिंहवृत्ति विवरणपंजिका टिप्पणी सह तद्धितपाद पर्यंत अपूर्ण	त्रिलोचनदास	१४००	१८१
जि.ता.	२८६	◐	कातंत्रव्याकरण दुर्गसिंहवृत्ति विवरणपंजिका-आख्यातवृत्ति	त्रिलोचनदास	१३०८	२०३
जि.का.	१०५५	□	कातंत्रव्याकरण दुर्गसिंही आख्यातवृत्ति	दुर्गसिंह		३१
जि.का.	२४०	◐	कातंत्रव्याकरण दौर्गसिंहीवृत्ति टिप्पणीसह पंचपाठ चतुर्थ	दुर्गसिंह	१५६८	१५-६०
जि.का.	२९०	◐	कातंत्रव्याकरण दौर्गसिंहीवृत्ति ढुंढिकासह पंचपाठ	दुर्गसिंह -वृ.	१४७४	२०६
जि.का.	५०६	◐	कातंत्रव्याकरण दौर्गसिंहीवृत्ति व्याख्यानकलाप्रदीपिको	गौतमपंडित -दी.क.		६७
जि.का.	१८४		कातंत्रव्याकरण दौर्गसिंहीवृत्ति- तद्धितप्रकरणपर्यंत टिप्पणी सह	दुर्गसिंह		३६
जि.का.	१०४२	◐	कातंत्रव्याकरण पंचसंधि			१०
जि.का.	२४१	◐	कातंत्रव्याकरण बालावबोधवृत्ति	मेरुतुंगसूरि अंचलगच्छीय	र.१४४४, ले.१५३२	१६
जि.का.	१२९१		कातंत्रव्याकरण विद्यानंदिवृत्तिसह	विजयानंद	१३९२	३२३
जि.का.	१२८८/१		कातंत्रव्याकरणदुर्गपदप्रबोधवृत्ति- ढुंढिका कारकपर्यन्त			२०८
जि.ता.	२८९	◐	कातंत्रव्याकरणदुर्गसिंहवृत्ति दुर्गपदप्रबोध	प्रबोधमूर्ति गणि	र.१३२८ ले.१४००	१९१
जि.ता.	२८८/१	◐	कातंत्रव्याकरणदुर्गसिंहवृत्ति विवरणपंजिका-आख्यातवृत्ति	त्रिलोचनदास		२७०
जि.ता.	२८८/२	◐	कातंत्रव्याकरणदुर्गसिंहवृत्ति विवरणपंजिका-कृदवृत्ति	त्रिलोचनदास	१४००	१६४
जि.ता.	२८७	◐	कातंत्रव्याकरणदुर्गसिंहवृत्ति विवरणपंजिका-आख्यातवृत्ति तथा कृद्वृत्ति	त्रिलोचनदास	१४११	१९६
जि.का.	२४५	□	कातंत्रव्याकरणदौर्गसिंहीवृत्ति	दुर्गसिंह		३०६
जि.का.	४९३	◐	कातंत्रव्याकरणदौर्गसिंहीवृत्ति अपूर्ण	दुर्गसिंह		२७-१८०
जि.का.	१२९७		कातंत्रव्याकरणदौर्गसिंहीवृत्ति अपूर्ण	दुर्गसिंह-वृ.	१५००	३-३२
जि.का.	६९९	□	कातंत्रव्याकरणदौर्गसिंहीवृत्ति चतुष्कवृत्ति	दुर्गसिंह-वृ.क.		४६-६४

भंडार नाम	ग्रंथांक	ग्रंथनुं नाम	कर्ता	संवत्	पत्र संख्या
जि.का.	१०४७	☯ कातंत्रव्याकरणदौर्गसिंहीवृत्ति टिप्पणीसह	दुर्गसिंह		१६१
जि.का.	३९५	☯ कातंत्रव्याकरणदौर्गसिंहीवृत्ति तद्धितपर्यंत टिप्पणीसह पंचपाठ		१५५२	९०
जि.का.	१३०८	कातंत्रव्याकरणदौर्गसिंहीवृत्ति त्रूटक अपूर्ण	दुर्गसिंह-वृ.		१९९
जि.का.	१०२०	☯ कातंत्रव्याकरणदौर्गसिंहीवृत्ति	दुर्गसिंह		२-१४२
जि.का.	६४२	☯ कातंत्रव्याकरणसूत्रपाठ			३
जि.का.	१०४८	☯ कातंत्रव्याकरणदौर्गसिंहीवृत्ति टिप्पणीसह	दुर्गसिंह		१२३
जि.का.	१३१८	☯ कातंत्रसूत्रपाठ		१५००	४-१५
जि.ता.	२९०/३	☯ कातंत्रोत्तर विद्यानंदिवृत्ति-कारकप्रकरण	विजयानंद	१२४५	२७
जि.ता.	२९१	☯ कातंत्रोत्तर विद्यानंदिवृत्ति-तद्धितप्रकरण पर्यन्त	विजयानंद	१४००	२०९
जि.ता.	२९०/२	☯ कातंत्रोत्तर विद्यानंदिवृत्ति-नामद्वितीयपादपर्यंत टिप्पणी सह	क.विजयानंद	१२४५	४६
जि.ता.	२९०/१	☯ कातंत्रोत्तर विद्यानंदिवृत्ति-पंचसंधिपर्यंत अपूर्ण	विजयानंद		७४
लों.का.	२९२	कातंत्रढूंढिकावृत्ति त्रूटक	गोल्हण		१-१५७
जि.का.	७७८	□ कातंत्रद्वयाश्रयकाव्यअवचूरि			१६
आ.का.	२४०	कातन्त्र सह (कात्यायन) कृत्सूत्रवृत्ति			६८
त.का.	१२०५	कामघटकथा			५
त.का.	१०९१	कामघटमंत्रीकथा			२-८
जि.का.	१८८७	कामधेनुकोष्टक ज्योतिष			७
जि.का.	११२२	कामधेनुज्योतिषग्रंथ तथा सारणी	रामचंद्राचार्य	१७०२	१६
जि.का.	१८७१	कामधेनुपंचांगसारणी			१८

भंडार नाम	ग्रंथांक	ग्रंथनुं नाम	कर्ता	संवत्	पत्र संख्या
त.का.	९०३	कायभेदस्थिति आदि			२
त.का.	३४२	कायस्थिति			
डूं.का.	१२७५	कायस्थिति भाव बंधादि विचार			४
था.का.	४४१	कायस्थिति स्तोत्र			१
त.का.	१३१९	कायस्थिति स्तोत्र सह बालावबोध			५
जि.का.	६२२	कायस्थितिप्रकरण सस्तबक			३-७
त.का.	७५३	◆ कायस्थितिस्तोत्र	कल्याणधर्म	१७१४	५
त.का.	९१७	कायस्थितिस्तोत्र			२
जि.का.	६३५/१	कायस्थितिस्तोत्र प्रकरण			२-४
त.का.	६३४	कायस्थितिस्तोत्र सह बालावबोध	कल्याणविजय	१७५१	९
था.का.	३९८	कायस्थितिस्तोत्र सह बालावबोध			४
त.का.	१९५	कायाजीवसज्झाय	ऋषभमल्ल		६
डूं.का.	६८	☯ कारकसंबंधोद्योतविवरण			८
डूं.का.	६०६	कार्तिक पूर्णिमा व्याख्यान	जयसारगणि		५
जि.का.	४२०/२४	कालअष्टक	भैया		६४मु
था.का.	३८६	कालकाचार्य कथा			१५
आ.का.	२१९	कालकाचार्य कथा सहबालावबोध			१६
लों.का.	५८९	कालकाचार्यकथा			१-१५
जि.का.	२१४२	□ कालकाचार्यकथानक			१९
था.का.	३६३	☯ कालग्रहणविधि			१०
डूं.का.	६१२	□ कालग्रहणविधि योगोपधान विधि		१७६५	५
डूं.का.	४९९	कालज्ञान			४
त.का.	११०५	कालज्ञान			७
जि.का.	६२६	कालज्ञान अपूर्ण			२
डूं.का.	२६३	कालज्ञान सह टब्बार्थ		१८७७	२२
लों.का.	३२३	कालज्ञानकुलक		१८६५	१-२५

भंडार नाम	ग्रंथांक	ग्रंथनुं नाम	कर्ता	संवत्	पत्र संख्या
जि.का	१७१०	कालज्ञानभाषाप्रबंध	लक्ष्मीवल्लभगणि	र.१७४१ ले.१८५३	९
जि.का	१०४१	कालज्ञान			१३
त.का.	११६१	कालसप्ततिका सहटब्बार्थ			११
जि.का	१३१७/१५ ◐	कालस्वरूपकुलक	जिनदत्तसूरि		१३८-१४१
जि.का	१३०५/३ ◐	कालस्वरूपकुलकविवरण	जिनपाल	१४००	५९-६५
जि.का	२४९ ◐	कालापकव्याकरण वृत्तिसह		१५२६	९५
त.का.	२८७	कालिकाचार्य कथासहित सचित्र			
डूं.का.	१३	कालिकाचार्य बालावबोध	समयसुंदर	१८५३	१२
जि.का	४५७	कालिकाचार्यकथा		१६९३	३५
जि.का	९५६	कालिकाचार्यकथा			३
डूं.का.	२६५	कालिकाचार्यकथा	विजयचंद्र-ले.क.	१९३०	१५
लों.का	४४१	कालिकाचार्यकथा			१-२
आ.का	६३	कालिकाचार्यकथा	समयसुंदर		१३
त.का.	२८९/B	कालिकाचार्यकथा		१३८९	७(१०४-११०)
जि.ता.	४३/२ ◐	कालिकाचार्यकथा गद्य			८६-१११
जि.ता.	४०/६ ◐	कालिकाचार्यकथा गद्य अपूर्ण			१०३-१२९
जि.ता.	४२/२ ◐	कालिकाचार्यकथा गद्य अपूर्ण		१४००	१३७-१७५
जि.का	४६७ □	कालिकाचार्यकथा गद्यपद्य		१५२६	२६
जि.ता.	४२५/२ ●	कालिकाचार्यकथा गद्यपद्य सचित्र			११३-१४६
जि.का	१९० ◐	कालिकाचार्यकथा गाथाबद्ध	भावदेवसूरि		४
जि.ता.	४०/२ ◐	कालिकाचार्यकथा पद्य			७५-८०
जि.का	४५८	कालिकाचार्यकथा बालावबोधसह		१५८२	१०
जि.ता.	४२२ ●	कालिकाचार्यकथा सचित्र गद्यपद्य किंचिदपूर्ण			२१
जि.ता.	४२१ ●	कालिकाचार्यकथा सचित्र रौप्याक्षरी	भावदेवसूरि		१५

भंडार नाम	ग्रंथांक	ग्रंथनुं नाम	कर्ता	संवत्	पत्र संख्या
जि.का	१९३४	कालिकाचार्यकथानक अपूर्ण			५
जि.का	१९३३	कालिकाचार्यकथानक गद्य			३०
जि.का	९४९	कालिकाचार्यकथाबालावबोध			९
जि.का	१९५४	कालिकाचार्यकथाबालावबोध त्रूटक अपूर्ण			१२ थी २४
था.का	२९१ ●	कालिकाचार्य कथा			११
जि.का	८५० □	कालिकाचार्यकथा		१६५९	७
त.का.	८७०	कालसत्तरी	धर्मघोषसूरि		२
था.का	४१५	कालसत्तरी सह टब्बार्थ			६
जि.का	२१३ ◐	काव्यकल्पलता	अमरचंद्रसूरि		३१
जि.का	२१२ ◐	काव्यकल्पलता कविशिक्षावृत्तिसह	अमरचंद्रसूरि	१५१६	५२
जि.का	२३१ ◐	काव्यकल्पलता कविशिक्षावृत्तिसह	अमरचंद्रसूरि स्वोपज्ञ	१४८०	५७
जि.का	३२५ □	काव्यकल्पलता कविशिक्षावृत्तिसह अपूर्ण	अमरचंद्रसूरि स्वोपज्ञ		४८
जि.ता.	३२३ □	काव्यप्रकाश	राजानक मम्मट अने अलक	१४००	१३९
जि.का	९२८ ◐	काव्यप्रकाश	मम्मट अने अलक	१७११	७
जि.ता.	३२४ ◐	काव्यप्रकाश अवचूरि		१४००	९२
जि.ता.	३२२ ◐	काव्यप्रकाश टिप्पणीसह	राजानक मम्मट् अने अलक	१२१५	१७८
जि.ता.	३२१ ◐	काव्यप्रकाशअवचूरि		१४००	५३
डूं.का.	४८ ◐	काव्यप्रकाशटीका	भवदेव	१६९८	११९
जि.ता.	३१८ ◐	काव्यमीमांसा (कविरहस्य)	राजशेखर	१२१६	९०
डूं.का.	६६९ ◐	काव्यादर्श	दंडिन	१६५१	१८
जि.ता.	३२० ◐	काव्यादर्श (काव्यप्रकाशसंकेत)	सोमेश्वर भट्ट	१२८३	२२२
जि.ता.	३१९ ◐	काव्यादर्श (काव्यप्रकाशसंकेत) सप्तम उल्लास पर्यन्त	सोमेश्वर भट्ट	१४००	२०७
जि.ता.	३२६/१ ◐	काव्यादर्श तृतीयपरिच्छेद पर्यन्त	दंडी कवि	११६१	३९
जि.ता.	३२६/३ ◐	काव्यादर्श तृतीयपरिच्छेदटिप्पनक		१३००	२४
जि.का	१७६८ ◐	काव्यानुशासनसूत्रपाठ			४

भंडार नाम	ग्रंथांक	ग्रंथनुं नाम	कर्ता	संवत्	पत्र संख्या
लों.का.	७३३/E	कागज के दो पट्ट			
डूं.का.	२७३	कालिकाचार्य कथा		१८८९	२१
लों.का.	५७०	किमिया विधान त्रूटक			१-९
जि.का	१३१३	☯ किरणावली		१४००	२२९
लों.का.	२६७	☯ किरणावलीसूत्र (न्याय) त्रूटक			१-१०
डूं.का.	२२०	◆ किरात टीका अपूर्ण			६१
जि.का	११५२	किरातमहाकाव्य	भारवि	१५२५	
त.का.	१०७२	किरातार्जुनीय			२४
डूं.का.	६४९	□ किरातार्जुनीय काव्य			२३
डूं.का.	१०१५	किरातार्जुनीय काव्य	हर्षविमल-ले., भारवि-क.	१८७९	४५
डूं.का.	१०१६	किरातार्जुनीय काव्य	भारवि	१६७२	४७
जि.का	११४०	किरातार्जुनीयमहाकाव्य	भारवि		७४
जि.का	१३०३	☯ किरातार्जुनीयमहाकाव्य पंचदशसर्गपर्यंत	भारवि महाकवी	१४००	७६
डूं.का.	१०१८	किरातार्जुनीय वृत्ति	भारवि	१८७२	११०
डूं.का.	८०	किराटीका		१८७७	६
जि.का	४८१	□ कुंडेश्वरागम अपूर्ण			७
जि.का	५७२	कुंयरिश्राविकाबारव्रतनियम			३
त.का.	८८५	कुबेरदत्ताचौपई	हर्षविजय	१६८७	२
था.का.	४३६	कुबेरदत्ताचौपई	समयसुंदर	१६९६	३
जि.का	९०४	□ कुमतिउत्थापनचर्चा			१४
त.का.	९७९	कुमतिखंडनस्तवन			३
डूं.का.	१०६	कुमतिउत्थापन			६
डूं.का.	१४३	□ कुमती उत्थापन			७
त.का.	९८९	कुमतीखंडनस्तवन		१६७०	३
डूं.का.	४९८	☯ कुमारपालचरित्र			८४
जि.का	१९५५	☯ कुमारविहारशतक	रामचंद्रगणि		७
जि.का	१९५७	☯ कुमारविहारशतक	रामचंद्रगणि		७

भंडार नाम	ग्रंथांक	ग्रंथनुं नाम	कर्ता	संवत्	पत्र संख्या
डूं.का.	६८४	कुमारसंभव महाकाव्य (आठसर्ग)	कविकालिदास		३१
जि.का	७९२	कुमारसंभवमहाकाव्य अवचूरि त्रू.अ.			२२
जि.का	२७९	□ कुमारसंभवमहाकाव्य सप्तमसर्गपर्यंत	कालिदास	१५७५	१६
जि.का	६१५	कुमारसंभवमहाकाव्य सप्तमसर्गपर्यंत	महाकवि कालीदास	१७२३	२९
जि.का	१९५६	कुमारसंभवमहाकाव्य सप्तमसर्गपर्यंत	कालिदास	१७८६	२८
जि.का	१७७२	कुमारसंभवमहाकाव्य सप्तमसर्गपर्यंत सावचूरि	कालिदास		२५
जि.का	२८१	☯ कुमारसंभवमहाकाव्यअवचूरि सप्तमसर्गपर्यन्त			४५
जि.का	४२६	☯ कुमारसंभवमहाकाव्यटीका अपूर्ण	मल्लिनाथ		११६
लों.का	४०२	कुमारसंभवकाव्य	कालिदास		१-८
डूं.का.	११२३	कुमारसंभव महाकाव्य	कालीदास कवि		४८
त.का.	५६७	कुमारसंभव सह टीका	कालिदास		४२
त.का	११३९	कुमारसंभव सह टीका			२०-३०
डूं.का.	६४	कुमारसंभवकाव्यटीका			२९
डूं.का.	४९	□ कुमारसंभववृत्ति	शिवराज		७१
डूं.का.	६१५	कुलक			
जि.ता.	२६६	☯ कुवलयमालाकथा	दाक्षिण्यांक उद्योतनसूरि	र.७०० ले.११३९	२५४
था.का.	२२९	कुशलानुबंधि			४
डूं.का.	१०७०	कुलधजकेवलीचौपई (रसलहरी)	उदयसमुद्र उपाध्याय	१७४७	१५
जि.का	२१५३	□ कूटमुदगर	माधव		८
त.का.	३२२	□ कूर्मापुत्रकथा	जिनमाणिक्यसूरि	१६६४	९
त.का.	३२३	कूर्मापुत्रकथा	जिनमाणिक्यसूरि	१६६४	७

भंडार नाम	ग्रंथांक	ग्रंथनुं नाम	कर्ता	संवत्	पत्र संख्या
त.का.	१०३७	कूर्मापुत्रकथा		१६६५	९
जि.ता.	२४९/३	◐ कृतपुण्यचरित्र	पूर्णभद्रगणि	र.१३०५	१३९-२२१
				ले.१५००	
जि.ता.	२७०/२	◐ कृतपुण्यचरित्र	पूर्णभद्र	१३०५	१५७-३२८
जि.का	१६३	◐ कृतपुण्यमहर्षिचरित्र पद्य	पूर्णभद्रगणि	१३०५	४८
जि.का	१९६६	कृत्यरत्नावली	रामचंद्रभट्ट	१३८१	११०
डूं.का.	५१८	कृदंत प्रक्रिया	क्षमाप्रभ पंडित -ले.	१८४६	२५
डूं.का.	१३२६	कृदन्त वक्तव्य			४
आ.का.	३५१	कृदन्तनिरुक्ति			२
आ.का.	२८	कृष्ण-शुक्लपक्षस्तुति	ज्ञानविमलसूरि		६
था.का.	३४३	कृष्णराजी विचार	कुमारसुंदरगणि		१
डूं.का.	२४४	केशवदास बावनी अपूर्ण			५
डूं.का.	३४५	केशीकुमार संबंध		१९१५	४
लों.का.	२४७	केशव वाक ज्योतिष सह टब्बार्थ			१-८
जि.का	२०२३	कोकचोपाई	नर्बुद		२३
जि.का	२१६२	कोकदोहासंग्रह			६
जि.का	१२०३	कोकशास्त्र	आनंद		२४
जि.का	१११०	कोकसवैयाछप्पा			१८
जि.का	१२१४	कोकसार		१७४८	३६
लों.का	३८३	कोणिककथा		१८६२	१-५
जि.का	२१८३/१	◐ कौतुकमंजरी	जयचंद्रसूरि		१-३
जि.का	२१८३/२	◐ कौतुकमंजरीटीका			३-५
आ.का.	१०८	क्रमग्रंथ प्रथमथी पंचम षष्ठ			
जि.का	१२६१	क्रांतिसाधन			३
जि.का	५८२	◐ क्रियाकलाप			२७
डूं.का.	६४८	क्रियाकलाप	विजयानंद		९
जि.का	१७५१	◐ क्रियाकलाप	विद्यानंद		९
जि.का	१७४३	क्रियाचंद्रिका अपूर्ण			७३

भंडार नाम	ग्रंथांक	ग्रंथनुं नाम	कर्ता	संवत्	पत्र संख्या
आ.का.	८९	◆ क्रियातपवृत्तिकारिका			३८६
त.का.	१११०	◐ क्रियाकलाप			६
लों.का.	५११	क्रोधकथा			१-४
त.का.	१९४	क्षमाछत्तीसी	समयसुंदर		६
लों.का.	४४२	क्षमाछत्रीसी	समयसुंदर		१-२
था.का.	३९२	क्षमाबत्रीसी	राजप्रमोदगणि		११
जि.का	१३४/६	□ क्षामणाकुलक			१२मु
त.का.	२०७	क्षुल्लकऋषिसम्बन्ध	शांतिसागर		४
लों.का.	६११	क्षुल्लकऋषिसंबंध	जिनसिंहसूरि		१-४
जि.का	५४५	□ क्षुल्लकभवावलिकाप्रकरण			१
		सावसूरिक पंचपाठ			
जि.का	१६७३	क्षुल्लकभवावलिकाप्रकरण-	धर्मशेखरगणि-अव.क	ले-१७८५	१
		सावचूर्णि पंचपाठ			
जि.का	१५२१	क्षुल्लकभवावलिप्रकरण			१
		सावचूरिक पंचपाठ			
डूं.का.	६७६	क्षुल्लकभवावलीका सह अवचूरी			२
डूं.का.	८१०	क्षुलकभवानी स्तोत्र	हर्षसूरि		२
डूं.का.	१७/४	क्षेत्रसमास			
डूं.का.	६१६/१	क्षेत्रसमास			
था.का.	२४	□ क्षेत्रसमास			१५
था.का.	३४	क्षेत्रसमास			१६
था.का.	११६	क्षेत्रसमास	रत्नशेखरसूरि		१३
था.का.	२११	□ क्षेत्रसमास			२०
लों.का.	३२६	क्षेत्रसमास	राजप्रमोदगणि-ले.	१७०४	१-१३
लों.का.	५६७	क्षेत्रसमास			१-५
लों.का.	६१९	क्षेत्रसमास			१-७
आ.का.	३३८	क्षेत्रसमास			१२
आ.का.	३६२	क्षेत्रसमास			१२

भंडार नाम	ग्रंथांक		ग्रंथनुं नाम	कर्ता	संवत्	पत्र संख्या
त.का.	११००		क्षेत्रसमास			१४
डूं.का.	९०१		क्षेत्रसमास + पाक्षिक अतिचार			(१०६थी १३२)२६
लों.का.	३३२		क्षेत्रसमास सह टब्बार्थ	कुशलरंग	१७८२	१-३१
लों.का.	३३३		क्षेत्रसमास सह टब्बार्थ			१-१२
त.का.	५९४		क्षेत्रसमास सह वृत्ति	हरिभद्रसूरि		२६
था.का.	२१२	◉	क्षेत्रसमास सहवृत्ति	मलयगिरि		१८३
डूं.का.	१२१३	◆	क्षेत्रसमास स्तवन-सज्झाय			४९०
डूं.का.	१३०		क्षेत्रसमाससूत्र			
था.का.	४०७		क्षेत्रसंग्रहणी सार्थ			१
डूं.का.	९५		क्षेत्रसमास	कुशलरंगमुनि		४४
था.का.	३३१		क्षेत्रसमास			६
लों.का.	१९७		क्षेत्रसमास		१८३८	१-१०
आ.का.	६६		क्षेत्रसमास			१४
आ.का.	९६		क्षेत्रसमास			७
आ.का.	३३३		क्षेत्रसमास			१३
त.का.	४३९		क्षेत्रसमास	रत्नशेखर		३१
डूं.का.	८४७		क्षेत्रसमास प्रकरण	चारित्रोदय-ले.	१८४१	१२
आ.का.	१७२		क्षेत्रसमास सह वृत्ति			४२
आ.का.	८६		क्षेत्रसमासप्रकरण			११
डूं.का.	७८६	◉	क्षेत्रसमासवृत्ति			३४
त.का.	८१५	◆	क्षेमऋषिपारणास्तवन			२
डूं.का.	११२५		कुमारसंभव महाकाव्य	कालीदास कवि	१७६१	१७
जि.ता.	३८५	◉	खंडनखंडखाद्य	श्रीहर्ष	१२९१	२६१
जि.का	५२९	◉	खंडनखंडखाद्य	श्रीहर्ष	१५५४	७२
जि.का.	१२२०	□	खंडनखंडखाद्यटिप्पनक	परमानंदसूरि	१९५१	८९
जि.ता.	३८४	◉	खंडनखंडखाद्यशिष्यहितैषिणीवृत्ति टिप्पणीयुक्त		१३००	१८१
जि.का.	२२१२	◉	खंडप्रशस्तिकाव्य			९
जि.का.	९८४		खंडाजोयणबोल			५
त.का.	२६३		खन्डायोजन द्वार	रविविजय		५
डूं.का.	५१२	◉	खरतर तथा तपानी व्युत्पत्ति अपूर्ण			१
लों.का.	७३३/A		खरतरगच्छ उपाश्रय जैन ज्ञान भंडार की सूची व पट्ट			
डूं.का.	४६८		खरतरगच्छ समाचारी अपूर्ण			२
जि.का.	२०९१		खरतरगच्छसामाचारी			२
जि.का.	२०९०	◉	खरतरगच्छसामाचारी अष्टोत्तरीस्नात्रविधि	जिनपतिसूरि		३
डूं.का.	६६५		खरतरगच्छ पट्टावली			
त.का.	१०२३/B		खुमाणसिंह का बारहमासा		१८५६	१
जि.का.	११२३/३		खेटभूषणसारणी			१९
जि.ता.	३५४	◉	गउडवहोमहाकाव्य सटीक	मू.क.वाक्पतिराज, टी.क.भट्ट उपेन्द्रहरिपाल	१३००	२४८
जि.ता.	१४६/५	◉	गच्छाचारप्रकीर्णक			३५-४६
जि.का.	१९५१/१२		गच्छाचारप्रकीर्णक			६४-६९
डूं.का.	५६६		गजविद्या प्रकरण			३
जि.का.	२११३		गजसिंहचरित्ररास	राजसुंदर	र.१५५६, ले.१८११	२०
लों.का.	४७९		गजसुकुमार चौपई	देवचंद्र		१-६
लों.का.	४२५		गजसुकुमारचौपई	मतिसार	१७७१	१-२८
लों.का.	३९७		गजसुकुमारढाल	नथमल		१-११
डूं.का.	५७५		गजसुकुमाल चौपई	जिनहर्ष		५
त.का.	७२६		गजसुकुमाल चौपई		१६९९	२१
त.का.	१०८६		गजसुकुमालचौपई		१८५०	२३
जि.का.	७८१		गजसुकुमालरास	जिनराजसूरि	१६९२	१८

भंडार नाम	ग्रंथांक		ग्रंथनुं नाम	कर्ता	संवत्	पत्र संख्या
था.का.	३१२	◆	गणधर सार्द्धशतकान्तर्गत प्रकरणम्			७४
था.का.	३१३	◆	गणधर सार्द्धशतकान्तर्गत प्रकरणम्			७४
था.का.	३०६	◆	गणधर सार्द्धशतक तथा गणधर सप्ततिका	जिनदत्तसूरि, राजसोम		१
आ.का.	२५०		गणधर सार्द्धशतकसह टब्बार्थ			१८
जि.का.	७६१/१	◆	गणधरनमस्कार			१
त.का.	८०९		गणधरवादस्तवन	सकलचंद		२
था.का.	२०	☯	गणधरसार्द्धशतक	विनयसोमसूरि		१८
जि.का.	३५५	☯	गणधरसार्द्धशतकप्रकरण	जिनदत्तसूरि	१६८९	८
जि.ता.	२८१	☯	गणधरसार्द्धशतकप्रकरण वृत्तिसह तृतीयखंड	मू.क.जिनदत्तसूरि, वृ.क.सुमतिगणि	र.१२९५ ले.१४००	३९३
जि.ता.	२८०	☯	गणधरसार्द्धशतकप्रकरण वृत्तिसह द्वितीय खंड	मू.क.जिनदत्तसूरि, वृ.क.सुमतिगणि	१४००	३१६
जि.का.	१२८	□	गणधरसार्धशतक बृहद्वृत्तिसह प्रथमखंड (प्रथमगाथाव्याख्या)	सुमतिगणि -वृ.	र.१२९५ ले.१९८३	६८
जि.का.	१९५०		गणधरसार्धशतक लघुटीकासह	जिनदत्तसूरि-मू., टी.सर्वराजगणि		३१
जि.का.	१९४७		गणधरसार्धशतक सटीक अपूर्ण	जिनदत्तसूरि		११०
जि.का.	५१३	◆	गणधरसार्धशतकप्रकरण	जिनदत्तसूरि		८
जि.का.	१३२६/९	☯	गणधरसार्धशतकप्रकरण	जिनदत्तसूरि		१०१-११२
जि.का.	१२९	□	गणधरसार्धशतकबृहद्वृत्तिसह	सुमतिगणि -वृ.	र.१२९५ ले.१९८३	१९१
जि.का.	१३१७/१६	☯	गणधरसार्धशतकप्रकरण	जिनदत्तसूरि		१४१-१५०
जि.का.	१९४९		गणधरसार्धशतकप्रकरण	जिनदत्तसूरि		५
जि.का.	१९४/१	☯	गणधरसार्द्धशतकप्रकरण	जिनदत्तसूरि		१-३
जि.का.	१३१७/९	☯	गणधरस्तव	जिनदत्तसूरि		११९-१२०
था.का.	१२५		गणधरसार्द्धशतक प्रकरण			८
त.का.	१७९		गणधरसार्द्धशतक	जिनदत्तसूरि		६
था.का.	४१९		गणधरसार्द्धशतक	राजप्रमोदगणि		४
त.का.	१७३		गणधरसार्द्धशतक	जिनदत्तसूरि		६
जि.का.	१७५९	☯	गणरत्नमहोदधिवृत्ति	गोविंदसूरिशिष्य वर्द्धमान		५०
जि.का.	१७६०	☯	गणरत्नमहोदधि स्वोपज्ञटीकासह	गोविंदसूरिशिष्य वर्द्धमान		५४
जि.का.	१९३०		गणितनाममालाजयोतिष	धनंजय		२
लों.का.	२४३		गणितसार	श्रीधर		१-८
जि.का.	१९५१/८		गणिविज्जाप्रकीर्णक			५१-५४
जि.ता.	१४६/७	☯	गणिविद्याप्रकीर्णक			९७-१०२
जि.का.	६९२		गणेशकथा अपूर्ण			४
आ.का.	१३३		गण्डस्स कहाणयं	राजप्रमोद	१६६०	१५
डूं.का.	१२८८		गणधरवाद	सोमध्वजगणि		४
जि.का.	२२४४	☯	गदाधरीअनुमानखंड-न्याय			३८
त.का.	८२५	□	गहुंलीसंग्रह			२
डूं.का.	१५	□	गांगा तैली कथा			२
त.का.	९०६	☯	गांगातैलीकथा			२
आ.का.	१०२		गांगेय भंग प्रकरण			
डूं.का.	१३३९	◆	गांगेयाधिकार अवचूरी सह			२
जि.का.	८०१		गाथाकोश			१
जि.का.	५३७		गाथासंग्रह			४
डूं.का.	८६१		गाथासहस्त्री			२७
जि.का.	१६८४		गीत सज्झायादि			७
त.का.	१२७३		गीतगोविंद			१३
जि.का.	४५९		गीतगोविंद सटीक	जयदेवकवि -मू.क.,		४८
त.का.	१०२३/P		गीतपत्र			१
डूं.का.	१३३३		गीतसंग्रह (अध्यात्मबहुत्तरी)		१८७९	१८
डूं.का.	१२३७	◆	गुटका			१०

भंडार नाम	ग्रंथांक	ग्रंथनुं नाम	कर्ता	संवत्	पत्र संख्या
डूं.का.	१२३८	◆ गुटका			१५
लों.का.	६५४	◆ गुटका			
लों.का.	६५५	◆ गुटका			
लों.का.	६५६	◆ गुटका			
लों.का.	६५७	◆ गुटका			
लों.का.	६५८	◆ गुटका			
डूं.का.	४२२	◆ गुटका स्तवन सज्झाय			
डूं.का.	४२३	◆ गुटका स्तवन सज्झाय			
डूं.का.	४२४	◆ गुटका स्तवन सज्झाय			
जि.का.	४२१	गुणकरंडकगुणावलीरास	जिनहर्ष	१७५१	१६
लों.का.	४२९	गुणबावनी			
जि.का.	४२०/१८	गुणमंजरी	भैया	१७४०	५५-५८
त.का.	७२४	गुणमंजरीवरदत्तचौपई	ऋषभसागर		२१
डूं.का.	२४९	गुणमाला प्रकरण	हर्षविमलमुनि -पं.	१८८३	७२
जि.का.	६६६	गुणसुंदरचोपाई अपूर्ण	जिनसुंदरसूरि		६
त.का.	११२६	गुणस्थान + कर्मग्रंथ + पार्श्वस्तवन बालावबोध		१७०१	२९
लों.का.	४८१	गुणस्थान + कर्मप्रकृति पदवी बोल			१-९
त.का.	३४२	गुणस्थान + कायस्थिति			७
त.का.	१२९१	गुणस्थान उपशम भावविचार			२
त.का.	१०२९	गुणस्थान उपशमक्षपकश्रेणिविचार			२
डूं.का.	२११	गुणस्थान स्तवन सह बालावबोध	धर्मर्षिमुनि	१८४३	८
जि.का.	४२०/२३	गुणस्थानएकादशचढ्या-पड्याकथकसज्झाय	भैया		६३-६४
जि.का.	१६०३	गुणस्थानकप्रकरण वृत्तिसह	रत्नशेखरसूरि स्वोपज्ञ		३१
आ.का.	१२	गुणस्थानक्रमारोह वृत्ति सह		१८२५	२८

भंडार नाम	ग्रंथांक	ग्रंथनुं नाम	कर्ता	संवत्	पत्र संख्या
त.का.	११३०	गुणस्थानक्रमारोह सहवृत्ति			१४-२७
जि.का.	१५२९	गुणस्थानक्रमारोहप्रकरण	देवेन्द्रसूरि		८
जि.का.	५८१	गुणस्थानविचार			३
त.का.	२७१	गुणस्थानविचार			५
त.का.	६७६	गुणस्थानविचार			१२
था.का.	४३३	गुणस्थानस्तवन	दानविजय		३
त.का.	५९२	गुणावली गुणकरंडकचौपई		१८६७	३०
त.का.	३९७	गुणावली गुणकरंडकचौपाई	मनरुप विजय	१८५०	२४
जि.का.	३००	□ गुणावलीकथानक रास	ज्ञानमेरु	१६७६	३
जि.का.	४०९	□ गुणावलीगुणकरंडकरास	उदयसूरि वेगडगच्छीय	र.१७७३ ले.१७७३	१२
त.का.	५९०	गुणावली गुणकरंडकरास	शांतिहर्ष	१८०७	३१
डूं.का.	१२०३	◆ गुणठाणेका बोल (गुटका)	ताराचंद	१८७५	
आ.का.	३२	गुणमंजरीवरदत्त चौपई			२३
त.का.	९८८	गुराचार			३
लों.का.	५८५	गुराचार संक्रान्ति (ज्योतिष)		१८७७	१-४
जि.का.	६०६/८	□ गुरुगीत			२१मु
त.का.	१००६	गुरुगुणछत्रीसकुलक			३
जि.का.	८५६	☯ गुरुगुणषटत्रिंशिका सटीक		१६०२	२५
जि.का.	८७/१	☯ गुरुगुणषटत्रिंशतषटत्रिंशिका सटीक	रत्नशेखरसूरि स्वोपज्ञ		१-१६
लों.का.	७२७	◆ गुरुदेवदादासाहिब की पूजा			
जि.ता.	१५६/३७	☯ गुरुपरिवाडी	पल्हकवि	११९२	४
जि.का.	८६६/३	□ गुरुपरिवाडी			२-३
जि.ता.	१५६/३६	☯ गुरुपारतंत्र्यकुलक		११९५	१२६-१२७
जि.का.	१३२६/२६	☯ गुरुपारतंत्र्यस्मरण	जिनदत्तसूरि		२३६-२३८
था.का.	६२	गुरुवंदन			
त.का.	११८६	गुरुवंदनप्रत्याख्यानभाष्य		१६१२	३-६

भंडार नाम	ग्रंथांक		ग्रंथनुं नाम	कर्ता	संवत्	पत्र संख्या
था.का.	१२०		गुरुवंदनभाष्य			
डूं.का.	२६४		गुरुपट्टावली			२६
था.का.	४५४	◆	गुर्जर सस्तबक प्रकरणमूल			३
जि.का	१३२६/३५	◉	गुर्वावलि			२५७-२५८
जि.का	३४१/१	□	गुर्वावली	गुणविनय		१-२
जि.का	४१०/२		गुर्वावली			१०मु
डूं.का.	१६३		गुर्वावली	नेमिचंद्रसूरि	१८२०	२०३
डूं.का.	४७९		गुर्वावली			१९
डूं.का.	५७३		गुर्वावली	गुणहर्ष		१
डूं.का.	६४४		गुर्वावली	हर्षसूरि	१८५६	२३
डूं.का.	२	◉	गुर्वावली पत्र	जिनहर्षसूरि	१८५६	२७
डूं.का.	११६१		गुरुवंदनभाष्य			३
जि.का	२१२०/१०	◉	गुरुपारतंत्र्यस्तववृत्ति			३७-३९
था.का.	२२५	◉	गृहदेरासरे शांतिकलशविधि			१२
जि.ता.	३९७/११	◉	गृहप्रतिमास्नात्रविधि			१७८मु
आ.का	२७१		गोङ्गेयभंगकसह अवचूरि			२
लों.का.	७१५	◆	गोटका			
जि.का	३५१	□	गोडिचास्तवन	जिनसुंदरसूरि वेगडगच्छीय	१७५३	५
डूं.का.	२१२		गोडी वरकाणापार्श्वनाथ स्तवन			५
त.का.	३३४		गोडीपार्श्वनाथ स्तवन		१८९२	५
जि.का	३४२/२	□	गोडीपार्श्वनाथस्तवन	जिनसुंदरसूरि		१लुं
जि.का	११०८	□	गोडीपार्श्वनाथस्तवन	प्रीतिविमल	१७८३	२
जि.का	२०१०/१		गोडीपार्श्वनाथस्तवन	जिनलाभ		१-३
जि.का	२०१२/४		गोडीपार्श्वनाथस्तवन			४
त.का.	२३४		गोडीपार्श्वनाथस्तवन	प्रीतविमलप्रभ		४
त.का.	८५०		गोडीपार्श्वनाथस्तवन			२
त.का.	९७१		गोडीपार्श्वनाथस्तवन			३
जि.का	११४७		गोडीपार्श्वनाथस्तवन आदि			
जि.का	२०१०		गोडीपार्श्वनाथस्वनादि		र.१८९३	४
जि.का	२१५१	□	गोडीपार्श्वनाथछंद	रूपचंद		१
डूं.का.	८११/२		गोडीपार्श्वनाथस्तवन			२
जि.का	१२००		गोपीचंदकी वारता			८
जि.का	१३३१	◉	गोमटसार कर्मकांड संटीक	नेमिचंद्र		६४
जि.का	२१७०		गोयरिगवयरिरूपविचार			३
जि.का	१०४६	□	गोरक्षकप्रबोध अपूर्ण			२-१३
डूं.का.	३९१		गोरखकुंडली			१
जि.का	२१५२		गोरखबोधवाणीआदिदुहा-कवितसंग्रह			६३
जि.का	२०२४		गोरावादरप्रस्ताविक		१७६६	९
डूं.का.	१७६		गोडीपार्श्वस्तवन अपूर्ण			८
त.का.	७३१		गोराबादलचौपाई	हेमरतन	१७५२	२८
आ.का.	३५७		गौडी पार्श्वनाथ (अष्टभयनिवारण छंद)			५
डूं.का.	१२६६		गौडीपार्श्व स्तवन			
त.का.	६४४/A		गौतम + नवकार रासादि			१-१०
आ.का.	२७२		गौतम अष्टक			
त.का.	४८८/B		गौतम स्तोत्र			१
डूं.का.	५८९		गौतमकुलक	ज्ञानतिलकगणी	१८७३	३७
त.का.	९३६/A		गौतमकुलक		१६९३	३
डूं.का.	५९२		गौतमकुलक टब्बार्थ			३
लों.का	३७१	◆	गौतमकुलक टब्बार्थ	गजसार मुनि		१-३
जि.का	५८९		गौतमकुलक सस्तबक			२
जि.का	१६०६		गौतमकुलक सस्तबक			२
जि.का	१६०७		गौतमकुलक सस्तबक			३
त.का.	५२१		गौतमकुलक सह टब्बार्थ			२

भंडार नाम	ग्रंथांक	ग्रंथनुं नाम	कर्ता	संवत्	पत्र संख्या
त.का.	९३८	गौतमकुलक सह टब्बार्थ			३
त.का.	१२८९	गौतमकुलक सह टब्बार्थ			२
त.का.	६३७	गौतमकुलक सहबालावबोध			८०
डूं.का.	३७१	गौतमकुलक टब्बार्थ	चिरकुशल -पं.		३
जि.का	५३३/३	गौतमपृच्छा			१९-२३
जि.का	५३५	गौतमपृच्छा			२
जि.का	१६०८	गौतमपृच्छा			२
डूं.का.	७४८	गौतमपृच्छा	भक्तिमाणिक्य	१८९३	४२
लों.का.	४२४	गौतमपृच्छा			१-१०
त.का.	६७२	गौतमपृच्छा बालावबोध			४
जि.का	७६५	गौतमपृच्छा बालावबोधसह अपूर्ण			५
जि.का	१६०२	गौतमपृच्छा बालावबोधसह			४०
जि.का	२५४	□ गौतमपृच्छा वालावबोधसह अपूर्ण			४०
लों.का.	६२७	गौतमपृच्छा सह बालावबोध			१-७४
त.का.	६१९	गौतमपृच्छा सह बालावबोध		१९२१	८४
त.का.	६२२	गौतमपृच्छा सह बालावबोध			५७
त.का.	६३३	गौतमपृच्छा सह बालावबोध		१७७२	२३
डूं.का.	१७५	गौतमपृच्छा सह वृत्ति	गुणसुंदर	१९०५	५७
त.का.	६२१	गौतमपृच्छा सह वृत्ति			२३
डूं.का.	६०९	गौतमपृच्छा सहवृत्ति	पुन्यराज		३७
था.का.	४७८	गौतमपृच्छा स्तवन			२
जि.का	८२१/१	गौतमपृच्छाचउपई	नयरंग		१-४
त.का.	९३९	गौतमपृच्छाचौपई			३
जि.का	१११२	गौतमपृच्छाप्रकरण			३
जि.का	५३४	गौतमपृच्छाप्रकरण सटीक त्रिपाठ	श्रीतिलक -वृक.		२४
त.का.	२०६	गौतमपृच्छासार्थ			४
जि.का	८११	गौतमपृच्छाचउपई	नयरंग	१६७३	२
आ.का.	३३४	गौतमपृच्छाचौपई			४
लों.का.	३०५	गौतमपृच्छासार्थ			१-४
लों.का.	१३८	गौतमपृच्छा मूल			१-८
लों.का.	६४०	गौतमरास		१८०४	१-४
त.का.	२०८	गौतमरास	विनयप्रभसूरि		४
जि.का	३४१/२	□ गौतमस्वामिगीत	गुणविनय		२ जु
जि.का	६०६/६	□ गौतमस्वामिगीत			१८-१९
जि.का	३९९/२	□ गौतमस्वामिरास		१४९२	११-१७
जि.का	२१२३	□ गौतमस्वामिरास	विनयप्रभ	र.१४१२	६
				ले.१७२९	
जि.का	६८५	गौतमस्वामिसज्झाय	कांतिविजय		३
जि.का	९८१	गौतमस्वामिरास	विजयभद्र	१४१२	६
डूं.का.	३८७	◆ गौतमस्वामी स्तवन			१
डूं.का.	६११	गौतमाष्टक	सुधर्मास्वामी		५
त.का.	९५३	गौतमाष्टक + ग्रहशांतिस्तुति	ललितसागर		३
डूं.का.	१५५	◉ गौतमाष्टक	नवरंगमुनि		४
जि.ता.	३८९	◉ गौतमीयन्यायसूत्रवृत्ति		१२०८	१२४
डूं.का.	१२७३	गौतमकुलक			१
डूं.का.	७७५	गौतमकुलक सह टब्बार्थ	रिध्धिविजय		८
लों.का.	५६९	गौतमकुलक सह टब्बार्थ			१-२
डूं.का.	११३५	गौतमकुलक सह वृत्ति	सागरचंद्र	१७५३	३०
डूं.का.	७५७	गौतमकुलक सह वृत्ति	लक्ष्मण व्यास-ले.	१८९४	४०
जि.ता.	१५८/९	◉ गौतमपृच्छा		१४००	१२३-१२७
डूं.का.	७५६	गौतमपृच्छा	जिनहर्षसूरि		७६
लों.का.	६४१	गौतमपृच्छा चौपाई			१-५
लों.का.	४९१	गौतमपृच्छा सह बालावबोध			१-१४
त.का.	१०३३	गौतमपृच्छा सह बालावबोध	देवकुशल मुनि	१८०९	७५
डूं.का.	९५१	गौतमपृच्छा सह वृत्ति	दयाराज मुनि	१८४३	३९
त.का.	५९९	गौतमपृच्छा सार्थ			१५

भंडार नाम	ग्रंथांक	ग्रंथनुं नाम	कर्ता	संवत्	पत्र संख्या
था.का.	३७२	गौतमपृच्छाचौपई	राजप्रमोदगणि		६
लों.का.	४०६/२	गौतमपृच्छाचौपई			३
लों.का.	२००	गौतमपृच्छा सह बालावबोध			१-४५
लों.का.	६४२	गौतमरास		१४७२	१-५
डूं.का.	९९	गौतमस्वामीनो रास			४
त.का.	५२०	ग्रंथसारसमुच्चय			१७
जि.का	४२०/६०	ग्रंथोपसंहार			११५-११६
लों.का.	२७०	ग्रहगोचरफल (ज्योतिष)			२-८
जि.का	११२८	ग्रहणाधिकार	शतानंद		४
त.का.	१०७०	ग्रहदशा अन्तर्दशाफल			४
जि.का	११४०	ग्रहभावप्रकाश	पद्मप्रभसूरि	१७०८	७
लों.का.	६२१	ग्रहभावप्रकाश (ज्यो.) त्रूटक			१-६
जि.का	१८६१	ग्रहभावप्रकाशज्योतिष अपूर्ण			८
जि.का	१८६२	ग्रहभावप्रकाशज्योतिष सस्तबक			८
लों.का.	२५१/२	ग्रहभावफल			७
त.का.	७६१	ग्रहभावफल		१८०७	२
जि.का	११२३/१	ग्रहरत्नाकरसारणी			४-१६
जि.का	१९३६	ग्रहलाघवज्योतिष			३७
त.का.	४६४	ग्रहलाघवप्रबोध व सारिणी		१८६४	१७
जि.का	१९१२	ग्रहलाघवसारणी			२७
त.का.	९५३	ग्रहशांतिस्तुति			
डूं.का.	९९६	ग्रहशांतिटीका		१८७९	८
था.का.	३०७	◆ ग्रहशान्तिस्तोत्र गोलबंधन	विद्याकलशमुनि	१६८४	
जि.का	११३२	ग्रहसाधनप्रक्रिया			१४
त.का.	९८४	ग्रहसिद्धि			३
जि.का	१८६५	ग्रहसिद्धिज्योतिष	महादेव दैवज्ञ	१८१७	२
डूं.का.	५८२	ग्रीष्म वर्णन-प्रथम सर्ग	कालिदास		२
जि.ता.	३४६/२	☯ घटकर्परकाव्य			२
जि.का	१४४/१	☯ घटकर्परकाव्य			१-२
जि.ता.	३४७/२	☯ घटकर्परकाव्य सटीक पूर्णतल्लगच्छीय	टी.क.शांतिसूरि		३२-४२
जि.ता.	३४७/७	☯ घटकर्परकाव्य सटीक	टी.क.पूर्णतल्लगच्छीय शांतिसूरि		३९-५३
डूं.का.	८१३	☯ घटसर्प	कालिदास		२
जि.ता.	२२५	☯ घर्मबिंदुप्रकरण वृत्तिसह	मू.क.हरिभद्रसूरि, वृ.क.मुनिचंद्रसूरि	१३००	१५५
जि.का	१९१३	घीकोटीग्रंथ्यादि			४
डूं.का.	१३०१	चंडाप्रचण्डाचोपाई			५
जि.का	११९२	□ चंडीशतक	बाणभट्ट	१५४६	९
जि.का	२५१	☯ चंडीशतक सटीक	बाणभट्ट -टी.		३९
जि.का	६००	चंदनबालाचोपाई	देपालकवि		६
लों.का.	६३५	चंदनबालाचौढालिया			१-१०
जि.का	८६०	चंदनबालाचउपई	देपालकवि		५
जि.का	६०६/१	□ चंदनबालाभास			३-५
जि.का	३०५	□ चंदनमलयागिरिकथा वासवदत्ताकथा तथा बारव्रतकथा		१७३१	११
डूं.का.	६७८	चंदनमलयागिरी चोपाई		१८०८	५
डूं.का.	१२०५	◆ चंदनमलयागिरीकी वार्ता + ढोलामारु वार्ता			पोथी
जि.का	२११६	चंदराजरास अपूर्ण			२६
डूं.का.	५५९	चंदराजानो रास		१७८३	९६
डूं.का.	१०७५	चंदराजानो रास			४६
लों.का.	४३५	चंदराजाचउपई	विद्यारुचि	१७१७	१-७५
डूं.का.	८१२	चंदराजाचरित्र	मोहनविज़य		७२
डूं.का.	१०८४	चंदराजारास	मोहनविजय	१७४९	१५६
जि.का	५०४/१	☯ चंदाविज्झयप्रकीर्णक			१-४

भंडार नाम	ग्रंथांक		ग्रंथनुं नाम	कर्ता	संवत्	पत्र संख्या
जि.का	१५५१/६		चंदाविज्झयप्रकीर्णक			३३-४०
डूं.का.	६७७		चंद्रकुमारनी वार्ता		१८४८	६
लों.का	७०३		चंद्रगुप्त के १६ स्वरूप्न	पूर्वाचार्य		१-२
लों.का	५४७		चंद्रगुप्तस्वप्नस्वाध्याय	जयमल		१-४
जि.ता.	३४६/७	☯	चंद्रदूतकाव्य		१३४३	१८-२०
जि.का	१४४/६	☯	चंद्रदूतकाव्य			९-१०
जि.ता.	३४७/५	☯	चंद्रदूतकाव्य सटीक	मू.क.जंबूनाग, टी.क शांतिसूरि पूर्णतल्लगच्छीय		११५-१३२
त.का.	५००/A		चंद्रप्रज्ञप्ति	गणधर		३१
जि.का	२९	☯	चंद्रप्रज्ञप्तिउपांगसूत्र			१७(१७१३-१७२९)
जि.का	८६	☯	चंद्रप्रज्ञप्तिउपांगसूत्रवृत्ति	मलयगिरि आचार्य	१९८३	१६५
जि.ता.	३४/४	☯	चंद्रप्रज्ञप्तिसूत्र		१४८९	१८०-२५६
जि.का	६७४		चंद्रप्रज्ञप्तिसूत्र			५२
जि.ता.	३७	☯	चंद्रप्रज्ञप्तिसूत्रवृत्ति	मलयगिरि आचार्य	१४८९	३३५
जि.का	८०८/६	☯	चंद्रप्रभजिनस्तोत्र षडभाषामय			९-१०
जि.ता.	२५२	☯	चंद्रप्रभस्वामिचरित्र गाथाबद्ध	यशोदेवसूरि दशपर्वात्मक	र.११७८ ले.११७८	१७८
जि.ता.	२५३	☯	चंद्रप्रभस्वामिचरित्र पद्य	देवेन्द्रसूरि	१३००	२३९
जि.का	९४८	☯	चंद्रप्रभस्वामिस्तोत्र षड्भाषामय सटीक			४
था.का.	३३८		चंद्रप्रभुस्तवन	हेमचंद्रसूरि		१
डूं.का.	१०५९		चंद्रप्रभस्तवन + प्रदेशीकेशीप्रश्न			५
डूं.का.	१९७	□	चंद्रलेखा चौपाई	रत्नवल्लभ	१८५१	२१
जि.का	८४३		चंद्रलेखाचरित्ररास अपूर्ण			१५
जि.का	१९९६	☯	चंद्रलेखाचोपाई	मतिकुशल		२३
डूं.का.	१३१५		चंद्रलेखाचौपाई	हर्षमूर्ति मुनि		५
जि.ता.	३६१	☯	चंद्रलेखाविजयप्रकरणनाटक	देवचंद्रमुनि हेमचंद्रशिष्य	१३००	२०३
लों.का	३५४	☯	चंद्रलेखारास	रत्नवल्लभ	१८२५	१-२०
जि.ता.	१४६/८	☯	चंद्रवेध्यकप्रकीर्णक			१०२-११५
लों.का	२५१/३		चंद्रार्की आदि सारणिओ			२३
जि.का	१८६६		चंद्रार्कीज्योतिष	दिनकर		१
जि.का	१८६७		चंद्रार्कीज्योतिष	दिनकर		२
जि.का	११६७		चंद्रार्कीपद्धति			३
डूं.का.	८१	☯	चंद्रधवलकथा			१५
जि.का	३०	☯	चंद्रप्रज्ञप्तिउपांगसूत्रवृत्ति	मलयगिरि आचार्य	१४८९	९६(१७३०-१८२५)
जि.का	३५२	□	चंद्रप्रज्ञप्तिसूत्र		१६२०	४५
जि.का	१२४९		चंद्रार्कीटिप्पनिका			३
डूं.का.	८२३		चंपकचोपाई	समयसुंदर	१८५३	१६
जि.का	१०७२		चंपकमालाकथा			२१
जि.का	४८५		चंपकमालारास अपूर्ण	सौभाग्यसागरसूरिशिष्य		२४
त.का.	३९६		चंपकरास	सोमविमलसूरि	१६८६	२३
त.का.	१२८८		चउक्कषायसज्झाय			२
जि.का	१४२५/२	☯	चउक्कसाय			
था.का.	३४७		चउगति चौपई			५
त.का.	१७६		चउगति वेल		१६९५	६
जि.का	६९८		चउगतिचोपाई	वस्तिग		५
जि.का	३१५	□	चउगतिवेल			७
त.का.	९७६		चउद नियमनी सज्झाय			
जि.ता.	२३७	☯	चउपन्नमहापुरिसचरिय	मानदेवसूरिशिष्य शीलांकाचार्य	१२२७	३२४
जि.का	१२३	□	चउपन्नमहापुरिसचरिय	शीलाचार्य	१९८३	१९६
आ.का.	९३		चउवीसदंडक सह टब्बार्थ	गजसार		१०
आ.का.	१५७		चउशरण सह अवचूरि		१५४७	६
त.का.	५५५		चउशरणपईन्ना			३

भंडार नाम	ग्रंथांक		ग्रंथनुं नाम	कर्ता	संवत्	पत्र संख्या
त.का.	५५९		चउशरणपईन्ना (मूल)			१०
था.का.	४११		चउशरणसंधि			७
आ.का.	९५		चउशरणसन्धि पत्र			७
जि.ता.	१५१/३	◐	चउसरण		१४००	२९-३३
जि.ता.	१५६/२५	◐	चउसरण		११९२	९८-१००
डूं.का.	७८		चउसरण	विनयसुंदर		११
लों.का.	१५६		चउसरण			१-४
डूं.का.	८३९		चउसरण प्रकरण	श्यामसिंह	१९०६	९
लों.का.	३१०		चउसरण सह टब्बार्थ		१८६१	१-७
लों.का.	३२४		चउसरण सह टब्बार्थ			१-७
लों.का.	२५५		चउसरण सह बालावबोध			१-३
जि.का.	१४२५/१	◐	चउसरणपयन्नो	वीरभद्र		
लों.का.	२३९		चउसरणसूत्र			१-३
लों.का.	१२५		चउसरणसूत्र बालावबोधसह			१-५
लों.का.	१२४	◆	चउसरणसूत्र सह मूल	वीरभद्रगणि		१-१५
जि.का.	१४५	◐	चक्रपाणिविजयकाव्य	लक्ष्मीधर	१९८४	४१
जि.ता.	३४९	◐	चक्रपाणिविजयमहाकाव्य	लक्ष्मीधर भट्ट	१४००	११७
था.का.	३३०	◆	चक्रवर्तिऋद्धि सूचक शान्तिनाथस्तोत्र			१
जि.का.	१३१७/१३	◐	चच्चरीप्रकरण	जिनदत्तसूरि		१२७-१३२
जि.का.	१३०५/१	◐	चच्चरीरासक सटीक	जिनदत्तसूरि-मू.क., टी.क.जिनपाल	१२९४	१७-३९
डूं.का.	१३४९		चण्डीकवच			६
डूं.का.	१२८२		चतुः शरण			
था.का.	३२३		चतुःशरण			२
था.का.	३३४		चतुःशरण			३
था.का.	४०४		चतुःशरण			२
था.का.	४६२		चतुःशरण			३
आ.का.	३४१		चतुःशरण			२
त.का.	२८१		चतुःशरण		१६३७	३
त.का.	१०३८		चतुःशरण		१८४९	३
त.का.	१०६०	◆	चतुःशरण			६
त.का.	३९२		चतुःशरण			
डूं.का.	३५५		चतुःशरण चौपइ		१९०५	४
त.का.	४९७		चतुःशरण सह अवचूरि		१६८२	७
आ.का.	३४०		चतुःशरण सह टब्बार्थ			२
त.का.	५६०		चतुःशरण सह टब्बार्थ		१७६८	६
त.का.	५५८		चतुःशरण सह बालावबोध			१०
त.का.	१०५६		चतुःशरण सह बालावबोध (दोषावली)			१३
जि.का.	१४२६		चतुःशरण-आउरपच्चक्खाण-भक्तपरिज्ञा-संस्तारकप्रकीर्ण	विषमपदविवरण		१४
त.का.	५५७		चतुःशरणटब्बार्थ	वीरभद्रसाधु		५
आ.का.	३०१		चतुःशरणप्रकरण सह टब्बार्थ			९
जि.ता.	१४६/१	◐	चतुःशरणप्रकीर्णक	वीरभद्रगणि		१-६
जि.ता.	१४६/९	◐	चतुःशरणप्रकीर्णक	वीरभद्रगणि	१५००	११५-११८
जि.ता.	१५१/९	◐	चतुःशरणप्रकीर्णक		१३४५	१३१-१३४
जि.का.	३६२	□	चतुःशरणप्रकीर्णक	वीरभद्रगणि		३
जि.का.	८४४		चतुःशरणप्रकीर्णक	वीरभद्रगणि		३
जि.का.	१३१७/२५	◐	चतुःशरणप्रकीर्णक			१९५-१९६
जि.का.	१३२६/४६	◐	चतुःशरणप्रकीर्णक			२७६-२७९
जि.का.	१९५१/१		चतुःशरणप्रकीर्णक			१-४
जि.का.	१८७०		चतुःशरणप्रकीर्णक	वीरभद्रगणी		२
जि.का.	१४२८	◐	चतुःशरणप्रकीर्णक बालावबोध	पार्श्वचंद्रसूरि		१६
जि.का.	८४२		चतुःशरणप्रकीर्णक बालावबोधसह			१७
जि.का.	८८१		चतुःशरणप्रकीर्णक बालावबोधसह	वीरभद्रगणि		१०

भंडार नाम	ग्रंथांक	ग्रंथनुं नाम	कर्ता	संवत्	पत्र संख्या
जि.का.	३५९ □	चतुःशरणप्रकीर्णक सस्तबक	वीरभद्रगणि -मू.क.		१२
जि.का.	४१८	चतुःशरणप्रकीर्णक सस्तबक	वीरभद्रगणि -मू.क.		९
जि.का.	१०७०	चतुःशरणप्रकीर्णक सस्तबक			१०
जि.का.	१४२७	चतुःशरणप्रकीर्णक सस्तबक	वीरभद्रगणि	१७२६	७
जि.का.	९५३	चतुःशरणप्रकीर्णक सस्तबक त्रिपाठ			५
जि.का.	१४२५ ☯	चतुःशरणप्रकीर्णकादि			२
जि.का.	१९५१	चतुःशरणप्रकीर्णकादिप्रकीर्णक-संग्रह			९५
जि.का.	१३४/३ □	चतुःशरणप्रकीर्णक			७-८
जि.का.	७७३	चतुःशरणप्रकीर्णक बालावबोधसह	वीरभद्रगणि-मू.क., जयचंद्रसूरि-बा.क.	१५१८	६
जि.का.	१४२४ ☯	चतुःशरणप्रकीर्णक	वीरभद्रगणि		३
था.का.	३८२	चतुःशरण	कमलहर्ष		४
त.का.	५४७	चतुःशरण			६
जि.का.	८७३/१	चतुःशरणप्रकीर्णक	वीरभद्रगणि		४-५
लों.का.	४६५/A	चतुःशरणप्रकीर्णक			१-१५
जि.का.	८१४	चतुर्गतिवेलि			१०
जि.ता.	१५६/२६ ☯	चतुर्जिनकल्याणस्तोत्र		११९२	१०० मुं
डूं.का.	२१	चतुर्थ कर्मग्रंथ	देवेन्द्रसूरि		२६
डूं.का.	५२६	चतुर्थ कर्मग्रंथ सस्तबक	देवेन्द्रसूरि		१२
जि.का.	३२४ □	चतुर्थ पंचम कर्मग्रंथ	देवेन्द्रसूरि	१६५७	१८
जि.का.	२०७८	चतुर्दशस्वप्नविचार			५
डूं.का.	५२१	चतुर्मासिक व्याख्यान		१७४६	१२
जि.का.	८२७ □	चतुर्मुखश्रीधरणविहार-श्रीआदिनाथस्तवन	मेघो	र.१४९९ ले.१५४७	३
डूं.का.	५३५	चतुर्विंशति शासनाधिकार			७
त.का.	३०९	चतुर्विंशति सहावचूरि	मेरुविजयगणि		१२
आ.का.	९४	चतुर्विंशति स्तवन + नवतत्त्व विचारसार		१६०५	९
त.का.	१८५	चतुर्विंशति स्तुति	शोभनमुनि	१८६३	६
लों.का.	१७४	चतुर्विंशति स्तुति सह टब्बार्थ	शोभनमुनि		१-८
त.का.	८८३ ◆	चतुर्विंशतिका टब्बार्थ			२
जि.का.	९३२ □	चतुर्विंशतिजिनचरित्रस्तोत्र			२-१५
जि.का.	१३२६/१९ ☯	चतुर्विंशतिजिननमस्कार			१९७-२०२
जि.का.	१६३८	चतुर्विंशतिजिनस्तव तथा सद्भक्त्या देवलोके स्तोत्र	देवविजयगणि-च.क.		२
जि.का.	८१७/४ □	चतुर्विंशतिजिनस्तवन			७-९
त.का.	१३३४	चतुर्विंशतिजिनस्तोत्र			१
जि.का.	१०८४/२	चतुर्विंशतिजिनस्तोत्र क्रियागुप्त	जयशेखरसूरि		१४मु
त.का.	४८० ◆	चतुर्विंशतिवृत्ति	धनपाल		१४
त.का.	४४६	चतुर्विंशतिस्तुति	शोभनमुनि		१३
त.का.	९७०	चतुर्विंशतिस्तुति	विमलसौभाग्य	१८९१	३
त.का.	४८२	चतुर्विंशतिस्तुति सह वृत्ति	शोभनदेव आचार्य	१६०८	१९
लों.का.	४२६	चतुर्विंशतिजिनस्तवन	वीरचंद्रर्षि	१८४४	१-७
डूं.का.	१४८	चतुर्विंशतिजिनस्तव पंचाशिका	सागरचंद्र -पं.ले.	१८५७	५
त.का.	१६५	चतुर्विंशतिस्तुति	लावण्यसमय		३
त.का.	१७८ ☯	चतुर्विंशतिस्तुति (पंचाशिका)	ऋषभविजय	१६६३	६
त.का.	१३३१	चतुर्विधधर्म + मेरुत्रयोदशी + दीपावली गुणना			१४
था.का.	४२ □	चतुर्विधसंघनाममाला	जेतसी	१७०१	९
त.का.	९९१	चतुर्विंशति नमस्कार			३
जि.का.	३४६ □	चतुर्विंशतिजिनचतुर्विंशतिका शांतिनाथजिनपर्यंत (अपूर्ण)	जिनसुंदरसूरि		३
जि.का.	८०८/८ ☯	चतुर्विंशतिजिनस्तवन	जिनप्रभसूरि		१०-११
जि.का.	८१७/९ □	चतुर्विंशतिजिनस्तुति			१२मु

भंडार नाम	ग्रंथांक		ग्रंथनुं नाम	कर्ता	संवत्	पत्र संख्या
जि.का	१३२६/१८	☯	चतुर्विंशतितीर्थकरनमस्कार			१९२-१९७
जि.ता	१५६/१८	☯	चतुर्विंशतिजिनकल्याणक-स्तोत्रचतुर्विंशतिका		११९२	७६-८४
जि.का	८६६/१	□	चतुर्विंशतिजिनवर्णलांछनादि अष्टक			२
जि.का	१२९९/२	□	चतुर्विंशतिजिनस्तव	पूर्णभद्र	१४००	१-४
जि.ता	१५६/३९	☯	चतुर्विंशतितीर्थकरस्तुति-चतुर्विंशतिका	जिनवल्लभगणि	११९२	६
डूं.का.	१३२७		चतुर्विंशतिजिनस्तुति			६
लों.का.	५४१		चतुष्क ढुंढिकावृत्ति			
डूं.का.	९६०		चतुःशरण पंजीका		१८७८	११
जि.का.	७५७		चतुःशरणप्रकीर्णक सस्तबक	वीरभद्रगणि		९
डूं.का.	८५८		चतुर्विंशतिजिनस्तवन अवचूरी			१४
डूं.का.	१२२६		चतुर्विंशति स्तुतिओ	जयचंद -ले.		११
जि.का	२१२०/३	☯	चत्तारिअट्ठदसदोय सूत्रवृत्ति	देवेन्द्रसूरि		१४
डूं.का.	६१५		चत्तारिमंगलं सप्तस्मरण			
त.का.	७२०		चन्दराजारास	मोहनविजय	१९१७	११६
था.का	१७७	☯	चन्द्रप्रज्ञप्तिवृत्ति		१६७१	२०८
था.का	१७६	□	चन्द्रप्रज्ञप्तिसूत्र		१६७१	४१
जि.का	८८६	☯	चन्द्रप्रभस्वामिषड्भाषामयस्तोत्र			४
त.का.	४१६		चन्द्रलेखारास	धर्मरत्न	१८८७	१९
लों.का	२७२		चन्द्रार्कीसूत्र सह वृत्ति त्रूटक			१-८
डूं.का.	४१३		चमत्कार चिंतामणी टीका			१३
जि.का	१२०७	□	चमत्कारचिंतामणि			१२
त.का.	११५०		चमत्कारचिंतामणि + भुवनदिपक अध्याय ज्योतिषशास्त्र	पद्मप्रभसूरि	१८९९	१७
लों.का	५४८		चमत्कारचिंतामणि ग्रहभावफल अध्याय		१७९८	१-१६
डूं.का.	६९	☯	चमत्कारचिंतामणी	श्रीदह राज़र्षि		५
लों.का	४४३		चरकसंहिता (वैदक ग्रंथ) त्रूटक			४-३९
जि.का	१८९३		चरखंडांज्योतिषसारणी			२
जि.ता	३५३/१	☯	चर्चरीरासक सटीक	मू.क.जिनवल्लभगणि, टी.क. जिनपाल	१२९४	१-३७
त.का.	४७१		चाणक्यनीति		१८१३	१०
त.का.	७२७		चाणक्यनीतिशास्त्र सह टब्बार्थ			१३
लों.का	३३६		चाणक्यराजनीती सह टब्बार्थ त्रूटक			१४
डूं.का.	३४६		चाणक्यराजनीतिशास्त्र	जयरत्नमुनि	१८५४	१०
डूं.का.	१८७		चाणक्यनीतिशास्त्र अपूर्ण			१४
डूं.का.	६५८		चातुर्मासिक व्याख्यान	क्षमाकल्याण		१३
डूं.का.	१२४८		चातुर्मासिक व्याख्यान			१६
लों.का	१७२		चातुर्मासिक व्याख्यान		१८७९	१-१९
त.का.	३१३		चातुर्मासिक व्याख्यान		१९०७	५२
त.का.	२६४		चातुर्मासिक व्याख्यान (पद्धति)	समयसुंदर	१८५७	५
था.का	३१७	◆	चातुर्मासिक व्याख्यानम्			८९
जि.का	१६६०		चातुर्मासिकव्याख्यान			४
जि.का	२२३८		चातुर्मासिकव्याख्यान	क्षमाकल्याण	ले.१८३९	९
जि.का	१६५८	□	चातुर्मासिकव्याख्यान	समयसुंदर		६
आ.का	२७४		चातुर्मासिकव्याख्यान			४
त.का.	३१५		चातुर्मासिकव्याख्यान		१८६४	१६
त.का.	३९४		चातुर्मासिकव्याख्यान			८
जि.का	२१४९	□	चातुर्मासिकव्याख्यानबालावबोध			१२
डूं.का.	१०५८		चातुर्मासिक व्याख्यान	प्रेमवर्धन-पं.	१७८२	५
लों.का	४७०		चातुर्मासिकव्याख्यान		१८९६	१-१९
डूं.का.	१३७७		चारित्रछतीसी			
जि.का	८४७		चारित्रमनोरथमाला	खेमराजमुनि		३

भंडार नाम	ग्रंथांक	ग्रंथनुं नाम	कर्ता	संवत्	पत्र संख्या
आ.का.	२१५	चारित्रमनोरथमाला			२
जि.का.	२०९५	चार्चिक			१२
डूं.का.	९८०	चार्चिक स्तवन टब्बार्थ			१४
डूं.का.	१४	चातुर्मासिक व्याख्यान	-	१८१६	१९
डूं.का.	१२२४	चातुर्मासिक व्याख्यान			१६
जि.का.	२१७९	चिंतामणि			६
त.का.	८५२/B	◉ चिंतामणिपार्श्वनाथस्तोत्र			२
त.का.	८५२/A	चिंतामणिपार्श्वनाथस्तोत्र सह स्तबक			२
जि.का.	३४९/४	□ चिंतामणीपार्श्वनाथ स्तवन	लाभोदय		२जु
जि.का.	२१३३	◉ चिंतामणिसार प्रत्यक्षखंड	भवानंद सिद्धांत		४४
जि.का.	६०६/४	□ चिहुंगतिनी वेल			६-१५
लों.का.	५००/A	□ चिडियारो विवाह			१-२
लों.का.	३४४	चित्तोडगढ गझल			१-३
लों.ता.	५/२	● चित्रपट्टिका दूसरी			
लों.ता.	५/१	● चित्रपट्टिका पहली			
जि.का.	४२०/८	चित्रबद्धकवितत्रिक			३९-४०
जि.का.	९२६	◉ चित्रबद्धजिनस्तुति	जिनचन्द्रसूरि		१
था.का.	३१०	◆ चित्रमय संग्रह			१
लों.का.	३५३	चित्रसंभूतिसज्झाय	नयप्रमोदगणि	१७०९	१-३
आ.का.	३७	चित्रसेन पदमावती कथा			२१
डूं.का.	५०५	चित्रसेन पद्मावती चौपई	मानसूरी	१८४९	२०
डूं.का.	१०७९	चित्रसेन पद्मावती चौपई	रामविजय		२२
त.का.	९४७	चित्रसेन रोहीणीचोढालीया			३
त.का.	१११८	चित्रसेनपद्मावतीचौपइ	राजसिंह		२३
डूं.का.	३९	□ चित्रासन पद्मावली कथानक	पद्मचंद्रसूरि		१३
जि.का.	१३२६/४३	◉ चिन्ताकुलक			२७२-२७३
डूं.का.	६८२	चिन्तामणि नाममाला	राजहंस	१७८२	८०

भंडार नाम	ग्रंथांक	ग्रंथनुं नाम	कर्ता	संवत्	पत्र संख्या
जि.का.	१९११	चिहुंगतिवेल	जिनआनंद	१६६६	७
लों.का.	६२२	चेडा-कोणिक चौपाई	रायचंद शाह		१-६
जि.का.	४२०/३	चेतनकर्मचरित्र	भगवतीदास	१७३६	२३-३४
आ.का.	१६४	चैत्य-गुरुवंदन-प्रत्याख्यान भाष्य सह अवचूरि			६
त.का.	५३७	चैत्य-गुरुवंदनप्रत्याख्यानभाष्य सह टब्बार्थ	लक्ष्मीविजयगणि	१६४६	१३
आ.का.	७	चैत्य-गुरूवंदन-प्रत्याख्यान भाष्य			६
आ.का.	२६८	चैत्यगुरुवंदनप्रत्याख्यान भाष्य			८
था.का.	३५१	चैत्यपरिपाटीस्तोत्र	गुणविनयगणि	१६४४	३
था.का.	६२	चैत्यवंदन + गुरुवंदन + पच्चखाण भाष्यचूर्णि			७९
था.का.	४२१	चैत्यवंदन + दानविधि कुलक			२
था.का.	४२३	चैत्यवंदन + दानविधि कुलक + सनत्कुमारगीत		१६९९	६
था.का.	४५१	चैत्यवंदन + दानविधिकुलक			५
था.का.	४२४	चैत्यवंदन + दानविधिकुलक + सनत्कुमारगीत		१६९९	६
डूं.का.	५४२	चैत्यवंदन अधिकार			३
त.का.	७९७	चैत्यवंदन आदि भाष्य			८
त.का.	६५८	चैत्यवंदन आदि भाष्य बालावबोध		१५१६	९
आ.का.	१६२	चैत्यवंदन गुरुवंदनभाष्य प्रत्याख्यान	विद्यारत्न गणि	१६३५	७
था.का.	१४	◉ चैत्यवंदन भाष्य			३
था.का.	६१	चैत्यवंदन विवरण			३५
लों.का.	४९९	◆ चैत्यवंदन सज्झाय			१-५
था.का.	१२०	चैत्यवंदन-गुरुवंदनभाष्य	राजप्रमोदगणि		५
जि.का.	२१२०/१	◉ चैत्यवंदनकप्रत्याख्यानलघुवृत्ति	तिलकाचार्य		१-१०

भंडार नाम	ग्रंथांक		ग्रंथनुं नाम	कर्ता	संवत्	पत्र संख्या
जि.का.	२०२८		चैत्यवंदनचतुर्विंशतिका	क्षमाकल्याण		४
था.का.	३५६		चैत्यवंदनदानविधिकुलक	कल्याणतिलक गणि		२
जि.का.	१०९१		चैत्यवंदनभाष्य	देवेंद्रसूरि		गा.६३
था.का.	१९७		चैत्यवंदनभाष्य	रंगविजय -पं.	१६९३	६
था.का.	४०		चैत्यवंदनभाष्य			
त.का.	१२६२		चैत्यवंदनभाष्य टब्बार्थ विधि			११
जि.ता.	२०७	◐	चैत्यवंदनभाष्य संघाचारटीकासह	मू.क.देवेन्द्रसूरि, टी.क. धर्मघोषसूरि	१३२९	२६१
जि.का.	१६७२		चैत्यवंदनभाष्य सस्तबक			४
था.का.	७	□	चैत्यवंदनमहाभाष्य	शांतिसूरि		२६
था.का.	१३९		चैत्यवंदनमहाभाष्य	शान्तिसूरि		२७
त.का.	१०३		चैत्यवंदनमहाभाष्य	शान्तिसूरि		२४
जि.का.	१३२६/३१	◐	चैत्यवंदनविधिकुलक			२४५-२४९
जि.का.	७५४/२	□	चैत्यवंदनाकुलक			९-१२
जि.का.	१२७७	□	चैत्यवंदनाकुलक वृत्तिसहित अपूर्ण			१४००
२-१५						
जि.का.	२२१६		चैत्यवंदनादिभाष्यत्रयसावचूरिक	देवेन्द्रसूरि		२७
जि.ता.	१४२	◐	चैत्यवंदनादिविवरण अपूर्ण	सं.	१४००	५४
त.का.	१२६४	◆	चैत्यवंदनादिसूत्र			
त.का.	७२		चैत्यवंदनादिभाष्य	देवेन्द्रसूरि	१५०३	५
त.का.	७१		चैत्यवंदनादिभाष्य सह टब्बार्थ + सम्यक्त्वस्तवन	हेमसागर	१७६९	१७
जि.का.	११९	◐	चैत्यवंदनाभाष्य संघाचारवृत्तिसह	देवेन्द्रसूरि -मू., वृ.क.धर्मघोषसूरि	१९८३	१८८
जि.का.	१०८९		चैत्यवंदनाभाष्य सस्तबक			५
जि.का.	१२५७		चैत्यवंदनावंदनकप्रत्याख्यान-विवरण			२४-३५

भंडार नाम	ग्रंथांक		ग्रंथनुं नाम	कर्ता	संवत्	पत्र संख्या
जि.का.	९६४		चैत्यवंदनावंदनकप्रत्याख्यान-श्रावकप्रतिक्रमणसूत्रवृत्ति	श्रीचंद्रसूरि-वृ.क	१२३२	८६
जि.का.	१०८५		चैत्यवंदनावंदनकादिविचार-बालावबोध			
जि.का.	३३०/२		चैत्यवंदनाविधिप्रकरण			२०-२२
जि.ता.	१३९/१	◐	चैत्यवंदनासूत्रचूर्णी	यशोदेवसूरि	११७४	१-६०
जि.ता.	१४०/१	◐	चैत्यवंदनासूत्रचूर्णी	यशोदेवसूरि	११७४	६३
जि.ता.	१४१/१	◐	चैत्यवंदनासूत्रवृत्ति	श्रीचंद्रसूरि		१-२८
जि.का.	१३२६/३२	◐	चैत्यवंदननियमकुलक	जिनदत्तसूरि		२४९-२५१
जि.का.	१३१७/१०	◐	चैत्यवन्दनकुलक	जिनदत्तसूरि		१२०-१२२
जि.का.	१३१७/११	◐	चैत्यवन्दनविधिकुलक			१२२-१२४
डूं.का.	१२२८		चैत्यवंदन अने स्तुति			२०
लों.का.	२१६		चैत्रीपूनम व्याख्यान			१-३
डूं.का.	३२७		चैत्रीपूनम व्याख्यान सह विधि			४
डूं.का.	३४८/२		चैत्रीपूनमविधि + पौषी दशम कथा			९थी१७
आ.का.	१३४		चैत्रीपूनमदेववंदन	ज्ञानविमलसूरि		५
डूं.का.	२७०		चैत्रीपूर्णिमा व्याख्यान			३
त.का.	७७८		चैत्रीपूर्णिमापुंडरीकआराधना		१८७०	२
त.का.	७७२		चैत्रीपूर्णिमापुंडरीकआराधना			२
त.का.	९८२		चैत्रीपूर्णिमापुंडरीकआराधना			३
डूं.का.	३१८		चैत्रीपूर्णिमाकथा			५
जि.का.	७७१		चैत्रीपूर्णिमाचैत्यवंदन अपूर्ण			२
डूं.का.	१२९२		चैत्रीपूनम देववांदवा विधि		१९३०	२
आ.का.	११३		चैत्रीपूर्णिमा देववंदन			५
था.का.	४२२		चैत्यवंदन + दानविधिकुलक			३
था.का.	५१		चॅत्यवंदनवृत्ति			
जि.का.	२०८६		चोल्लकदृष्टान्त		१७१२	१३
त.का.	३७२		चोवीशदंडकबोल	रविविजय	१९०२	२०

भंडार नाम	ग्रंथांक	ग्रंथनुं नाम	कर्ता	संवत्	पत्र संख्या
डूं.का.	८३६	□ चोवीस दंडकना २९ बोल	अमृत पं.	१८३०	११
जि.का.	२०३१	चोवीसतीर्थंकरगीत	लक्ष्मीवल्लभ		३
जि.का.	४२०/५१	चोवीसतीर्थंकरजयमाल	भैया		९८-९९
त.का.	८८०	चोवीसदंडक	हेमसागर		२
त.का.	८३०	चोवीसदंडक (आदीश्वर) स्तवन	धर्मसुंदर		२
आ.का.	६०	चोवीसदंडक अवचूरि		१७०२	६
त.का.	१००२	चोवीसदंडक सह टब्बार्थ	गजसार मुनि	१६५१	३
डूं.का.	९७७	चोवीसदंडक सहावचूरी	गजसारमुनि		४
त.का.	६७५	चोवीसदंडकबोल	लक्ष्मीकुशल		२९
डूं.का.	९१	चोवीसदंडकस्तव बालावबोध	गजसारमुनि		२५
आ.का.	१३८	चोवीसी स्तवन			६
त.का.	८०६	चोवीसीसहवीसविहरमाननमस्कार			२
लों.का.	५९१	चोवीसजिनगीत	राजसागर आदि		१-१०
जि.का	८१७/३	□ चोवीसजिनस्तवन			६-७
डूं.का.	७५५	चोवीसदंडक			७-२३
लों.का.	५७९	चोवीसदंडक-विचार सह टब्बार्थ जीर्ण		१७६५	१-५
डूं.का.	११८९	चौत्रीस अतिशय + वर्धमान देशना	जिनलाभ गणि	१८७९	११८
लों.का.	६९५/B	चौत्रीस अतिशय सह टब्बार्थ	पूर्वाचार्य		१-२
लों.का.	६९५/A	चौत्रीस अतीशय सह टब्बार्थ	पूर्वाचार्य		१-२
डूं.का.	९५७	चौद गुणस्थानक, संपूर्ण	शांतिसमुद्र-ले,रत्नशेखर	१८५३	१६
डूं.का.	८४४	चौद गुणठाणा			४३
लों.का	६१०	◆ चौद गुणस्थान			१६
जि.का	२१३५/४	☯ चौदगुणस्थानकस्तवन	धर्मसी		४-६
जि.का	४२०/३२	चौदगुणस्थानजीवसंख्याविचार सज्झाय अपूर्ण			७१मु
जि.का.	६८७	चौदस्वप्नबालावबोध			४
था.का.	४३७	◆ चौपाई	जिनरतन		२
आ.का.	११८	चौमासिकव्याख्यान पद्धति	उदयरत्नमुनि-ले., समयसुंदर-क.		७
डूं.का.	६०५	◆ चौमासी अतिचार संपूर्ण		१९३०	४
लों.का.	४५८	चौमासीव्याख्यान + होलिकाव्याख्यान	क्षमाकल्याण	१९३०	१-१८
त.का.	२३१	चौविशदंडक (पार्श्व) स्तवन	पार्श्वचंद्र सूरि		४
त.का.	३५७	चौविस चौक	अमृतविजय	१८६४	४
लों.का.	४५४	चौविस तीर्थंकरो के गीत			१-९
त.का.	३४४	चौवीशदंडक सह टब्बार्थ			६
त.का.	३७४	चौवीशदंडकबोल		१८९४	७
डूं.का.	१३२३	चौवीशजिन स्तुति/ अवचूरि सह		१४८८	४
लों.का.	६१८	चौवीस चौक	विवेकविजय		१-८
लों.का.	६९६	चौवीस दंडक प्रकरण	गजसार मुनि		१-४
लों.का.	५६१	चौवीस दंडक बोल			१-११
डूं.का.	३७४	चौवीसजिन काल मानादि स्तवन	कपूरचंद-ले., धरमशी-क		९ने१०
था.का.	४८२	◆ चौवीसदंडक			२
त.का.	९१२	चौवीसदंडक	गजसारमुनि		२
त.का.	९१३	चौवीसदंडक		१८००	२
त.का.	९१५	चौवीसदंडक	गजसारमुनि		२
था.का.	१९५	चौवीसदंडक सह अवचूरि	सौभाग्यकीर्ति		४
त.का.	७१०	चौवीसदंडक सह टब्बार्थ			७
त.का.	२०२	चौवीसदंडकबोल	धवलचंद्र		६
आ.का.	३४५	चौवीसदण्डक			
था.का.	३०३	चौवीसी		१६९१	७
था.का.	३२८	चौवीसी			५
आ.का.	६१	चौवीसी			१०
त.का.	४७७	चौवीसी	मोहनविजय		९
त.का.	११६७	चौवीसी			४

भंडार नाम	ग्रंथांक	ग्रंथनुं नाम	कर्ता	संवत्	पत्र संख्या
त.का.	११९०	चौवीसी	शांतिविजय		४
डूं.का.	१३२९	चौवीसी (आनंदघन चोवीसी)	आनंदघन	१८६६	१९
आ.का.	६७	चौवीसी सह बालाबोध	मानविजय	१७९४	९७
आ.का.	७०	चौवीसीजिनस्तवन			८
लों.का.	३७५	चौवीसतीर्थंकरनां अंतरा	धर्मसिंह	१८८७	१-२
था.का.	३२४	चौवीसदंडक			३
डूं.का.	१३०४	चौवीसदंडक बोल			७
लों.का.	३७०	चौवीसदंडक सह टब्बार्थ	विनयविजय	१७६६	१-१०
लों.का.	४९६	चौवीसदंडक सह टब्बार्थ			१-५
त.का.	२१२	चौवीसदंडकबोल	भक्तिविजय		४
डूं.का.	१३३४	चौवीसदंडकबोल			७
लों.का.	५२०	चौवीसदंडकविचार त्रूटक-जीर्ण	गजसार		१-२
आ.का.	२८८	चौवीसदण्डक			३
जि.का	२११८	चतुःश्लोकीप्रकाश	केशवभट्ट		१९
डूं.का.	१४५	◐ चतुर्विंशती स्तवन	जिनराजसूरि		७
जि.ता.	१५६/२९	◐ चतुस्त्रिंशदतिशयस्तोत्र		११९२	१०९ मुं
डूं.का.	१२२	चातुर्मासिक व्याख्यान			४
डूं.का.	२६१	चातुर्मासिक व्याख्यान	मणिमाणिक्य -ले.		१५
डूं.का.	६६१	चातुर्मासिक व्याख्यान			३९
डूं.का.	११	◐ चातुर्मासिक व्याख्यान	क्षमाकल्याण		१२
डूं.का.	१२७९	चार्चिक ग्रंथ			११
लों.का.	२०६	चोवीस दंडकस्तवन सह टब्बार्थ	क.धर्मसिंह	१७२९	१-३
त.का.	९७३	◆ छंदपत्र			३
जि.का	६३१	☐ छंदमाला	हेमकवि	१७०६	२-११
जि.ता.	३१४/५	◐ छंदोनुशासन	जयकीर्त्तिसूरि	११९२	२८
जि.ता.	३१५	◐ छंदोनुशासन स्वोपज्ञ छंदश्चूडामणिवृत्तिसह	हेमचन्द्राचार्य स्वोपज्ञ	१४९०	२१४
लों.का	५७२	छंदसार त्रूटक			१-७

भंडार नाम	ग्रंथांक	ग्रंथनुं नाम	कर्ता	संवत्	पत्र संख्या
त.का.	८४९	छत्रीसमन्त्र		१९१०	२
था.का.	३८५	छप्पनदिशीकुमारीअधिकार			२
लों.का.	६५९	◆ छसो अठ्ठावन थी छसो तोत्तेर नाना-मोटा गुटका छे			
लों.का.	६८४	◆ छसो चोर्यासी थी छसो इठ्यासी नाना मोटा गुटका छे			
लों.का.	६७५	◆ छसो पंचोत्तेर थी छसोब्यासी नाना मोटा गुटका छे			
त.का.	७६७	छिंकादिशुकनाधिकार			१
डूं.का.	१२६९	छींक आदि शुकन विचार			५
लों.का.	४८०	छुटक पद और आराधना			१५
जि.का.	४२०/४१	छेंतालीसदोषरहितआहार-वर्णनपच्चीसी	भैया	१७५०	८७-८९
जि.का.	८१५	छोतीकुलक	पाती		५
लों.का.	१७७	जंबुद्वीपप्रज्ञप्तिचूर्णि			१-३६
लों.का.	६१५	जंबुद्वीपसंग्रहणी और छूटक पत्र			१६
डूं.का.	१०४८	जंबुस्वामीचरित्र टीका	सकलहर्ष मुनि	१८१८	१९
लों.का.	१६०	जंबू अध्ययन			१-६५
डूं.का.	१०९	जंबूकुमारना पांच भव			३४
डूं.का.	२१३	जंबूद्वीप वर्णन			५
त.का.	४४१	जंबूद्वीप सह बालावबोध			३१
जि.ता.	१५८/६	◐ जंबूद्वीपक्षेत्रसमासप्रकरण		१४००	१०९-११६
जि.ता.	१६०/५	◐ जंबूद्वीपक्षेत्रसमासप्रकरण			३१-३६
जि.ता.	१६२/४	◐ जंबूद्वीपक्षेत्रसमासप्रकरण			८-१५
जि.का.	३३०/५	जंबूद्वीपक्षेत्रसमासप्रकरण			२९-३३
जि.का.	१३२६/७	◐ जंबूद्वीपक्षेत्रसमासप्रकरण			८०-८८
जि.का.	१५००	जंबूद्वीपक्षेत्रसमासप्रकरण			४
जि.का.	१५०१	जंबूद्वीपक्षेत्रसमासप्रकरण सस्तबक		१७८३	१३

भंडार नाम	ग्रंथांक		ग्रंथनुं नाम	कर्ता	संवत्	पत्र संख्या
जि.ता.	१९७	◐	जंबूद्वीपक्षेत्रसमासवृत्ति	वृ.क.विजयसिंहसूरि	१४००	११४
त.का.	५६	●	जंबूद्वीपप्रज्ञप्ति	गणधर		१००
जि.ता.	३१/१	◐	जंबूद्वीपप्रज्ञप्तिउपांगसूत्र			१-१६४
जि.ता.	३३/१	◐	जंबूद्वीपप्रज्ञप्तिउपांगसूत्र			१-१०१
जि.का.	१३९२		जंबूद्वीपप्रज्ञप्तिउपांगसूत्र			९६
जि.का.	१३९३		जंबूद्वीपप्रज्ञप्तिउपांगसूत्र			१३१
जि.का.	१३९१	◐	जंबूद्वीपप्रज्ञप्तिउपांगसूत्र			८१
जि.का.	४७७	□	जंबूद्वीपप्रज्ञप्तिउपांगसूत्र सटीक त्रिपाठ	शांतिचंद्रोपाध्याय -वृ.क.		२७३-३८३
जि.ता.	३२/२	◐	जंबूद्वीपप्रज्ञप्तिउपांगसूत्र-चूर्णी			१-४०
जि.ता.	३३/२	◐	जंबूद्वीपप्रज्ञप्तिउपांगसूत्र-चूर्णी			१०२-१४०
जि.ता.	३१/२	◐	जंबूद्वीपप्रज्ञप्तिउपांगसूत्र-चूर्णी		१४००	१६५-२३३
जि.का.	८४	□	जंबूद्वीपप्रज्ञप्तिउपांगसूत्रचूर्णी		१९८३	३९
जि.का.	२८	◆	जंबूद्वीपप्रज्ञप्तिउपांगसूत्रचूर्णी		१४८९	१६(१६९७-१७१२)
जि.का.	८५	□	जंबूद्वीपप्रज्ञप्तिउपांगसूत्रवृत्ति	पुण्यसागर महोपाध्याय	र.१६४५ ले.१९८५	२३५
जि.ता.	२५/३	◐	जंबूद्वीपप्रज्ञप्तिसूत्र		१४८९	१३६-२६५
जि.ता.	३२/१	◐	जंबूद्वीपप्रज्ञप्तिउपांगसूत्र		१३७८	९७
त.का.	८०३		जंबूद्वीपभूगोलबोल		१६६०	५
जि.का.	११८४		जंबूद्वीपसंग्रहणी सस्तबक	हरिभद्रसूरि	१८१७	८
त.का.	९४०		जंबूद्वीपसंग्रहणी सह टब्बार्थ	क.हरिभद्रसूरि	१७८९	३
जि.का.	१४९२	◐	जंबूद्वीपसंग्रहणीप्रकरण सटीक त्रिपाठ	हरिभद्रसूरि-मू., प्रभानंदसूरि-टी.		९
डूं.का.	११८१		जंबूद्वीपप्रकरण			१०
था.का.	३९७		जंबूद्वीपप्रज्ञप्ति			११
त.का.	६५७		जंबूद्वीपप्रज्ञप्ति चूर्णि			३०
था.का.	१५०	◐	जंबूद्वीपप्रज्ञप्ति सूत्र		१६७२	९०
लों.का.	५७		जंबूद्वीपप्रज्ञप्तिसूत्र	सुधर्मास्वामी		१-१२४
था.का.	२७५	◐	जंबूद्वीपप्रज्ञप्तिवृत्ति		१६४५	३१०
डूं.का.	७६९		जंबूद्वीपसंग्रहणी सूत्र	हरिभद्रसूरि		५
जि.ता.	१९६	◐	जंबूद्वीपक्षेत्रसमासवृत्ति	हरिभद्राचार्य	१४००	२६
जि.ता.	२५/४	◐	जंबूद्वीपप्रज्ञप्ति चूर्णि		१४८९	२६६-३२९
जि.का.	४११		जंबूस्वामिचरितरास	जिनेश्वरसूरि शिष्य वेगडगच्छीय		२३
जि.का.	१६५१	□	जंबूस्वामिचरित्र	पद्मसुंदर		१८
जि.ता.	२४५	◐	जंबूस्वामिचरित्र गाथाबद्ध	गुणपाल	१४००	३२६
जि.का.	१६५२	□	जंबूस्वामिचरित्रगद्य	सकल हर्ष		११
जि.का.	३०४	□	जंबूस्वामिचरित्रबालावबोध		१५६८	२-१४
जि.का.	३०७/२	□	जंबूस्वामिप्रबंध			१-२
जि.का.	३०२	□	जंबूस्वामिरास	देपाल		९
जि.का.	३६४	□	जंबूस्वामिरास	रत्नसिंहसूरि शिष्य	र.१५१६ ले.१५४१	७
जि.का.	४९१		जंबूस्वामिरास	नयविमल		१२-३०
डूं.का.	२२३	◐	जंबूस्वामी चरित्र	सकलहर्ष		१८
त.का.	३१६	□	जंबूस्वामी बालावबोध		१५४२	१८
त.का.	३६२		जंबूस्वामीबालावबोध		१७९५	९
त.का.	३६१	□	जंबूस्वामीचरित्र			२०
डूं.का.	७५४		जंबूचरित्र		१९५१	६९
था.का.	२७६	◐	जंबूद्वीपप्रज्ञप्ति (करणाणं)चूर्णि			४०
डूं.का.	१०३७		जगतभूषण			४
लों.का.	४४४		जगदेवपरमारवार्ता		१८७२	१-२६
जि.का.	१८७०		जगद्भूषणसारणी			३४
आ.का.	१९४	◐	जगसिंह यशसिंहमहाकाव्य			२२
जि.का.	११३४		जनावरशकुनावली			९
त.का.	७५९		जन्म कुंडली			२

भंडार नाम	ग्रंथांक	ग्रंथनुं नाम	कर्ता	संवत्	पत्र संख्या
डूं.का.	२१९	जन्मपत्रिका गणितक्रम		१७६९	२५
त.का.	१११९	जन्मपत्रिकापद्धति			१५
जि.का	११७८	जन्मपत्रीपद्धति	हर्षकीर्त्तिसूरि		७८
जि.का	१८६९	जन्मपत्रीविधानपद्धति अपूर्ण			६१
जि.का	२७	◙ जम्बूद्वीपप्रज्ञप्तिउपांगसूत्र		१५००	४६(१६५१-१६९६)
जि.ता	३८/१	◙ जम्बूद्वीपप्रज्ञप्तिउपांगसूत्र-चूर्णी			७५
जि.का	८३	□ जम्बूद्वीपप्रज्ञप्तिउपांगसूत्रचूर्णी		१९८३	४०
डूं.का.	४५०	जयंति श्राविका अधिकार			३
डूं.का.	१३५५	जयतिहुअण	देवचंद		६
डूं.का.	६१५	जयतिहुअण			
डूं.का.	९७०	जयतिहुअण + स्तंभन पार्श्वनाथ द्वात्रिंशिका			४
डूं.का.	३१४/१	जयतिहुअण सूत्र टब्बार्थ + स्तंभन पार्श्वनाथ स्तुति	उदयमुनि-ले.	१९००	१०
डूं.का.	५३७	जयतिहुअणसूत्र बालावबोध			७
त.का.	१०२०/B	जयतिहुअणस्तवन + स्तंभनपार्श्वनाथ			३
त.का.	८४४	जयतिहुअणस्तोत्र	अभयदेवसूरि		२
त.का.	९६०	जयतिहुअणस्तोत्र	अभयदेवसूरि		३
त.का.	१०२०/C	जयतिहुअणस्तोत्र	अभयदेवसूरि	१७१५	३
त.का.	९५५	◙ जयतिहुअणस्तोत्र + स्तंभनपार्श्वनाथस्तोत्र		१८०५	३
आ.का.	३६४	जयतिहुअणस्तोत्रसहवृत्ति			५
था.का.	३५७	जयतिहुअणस्तोत्र	कमलविजय		३
त.का.	२४८	जयतिहुअणस्तोत्र	अभयदेवसूरि		५
था.का.	३२९	जयतिहुअण स्तोत्र	कुशलधीरगणि		३
लों.का.	४१७/२	जयतिहुयण	क.समयरंगगणि	१७९५	१-४
जि.का	१२५२	जयतिहुयणस्तोत्र	अभयदेवसूरि		३
जि.का	१३२६/२१	◙ जयतिहुयणस्तोत्र	अभयदेवसूरि		२१९-२२४
जि.का	२१६०/४	जयतिहुयणस्तोत्र	अभयदेवसूरि		१४-२८
जि.का	२२१७/१	◙ जयतिहुयणस्तोत्र सटीक	अभयदेवसूरि-मू.		१-९
जि.का	१६३३	जयतिहुयणस्तोत्र सस्तबक	अभयदेवसूरि		६
जि.का	८५४	□ जयतिहुयणस्तोत्र सार्थ			५
डूं.का.	१७/३	जयतिहुअणसूत्र			
जि.का	९८९	□ जयतिहुअणस्तोत्र सटीक	अभयदेवसूरि	१७८१	५
जि.ता	१५६/२७	◙ जयतिहुयणस्तोत्र	अभयदेवसूरि	११९२	१०१-१०४
था.का.	३१५	◆ जयतिहूअण स्तोत्र बे प्रति			२४
त.का.	३४०	जयतिहुअण स्तोत्र सह टब्बार्थ			५
जि.ता	३१४/१	◙ जयदेवछंदःशास्त्र	जयदेव	११९०	१०
जि.का	३८१	□ जयदेवछंदःशास्त्र	जयदेव	१९८३	४
जि.ता	३१४/२	◙ जयदेवछंदःशास्त्र वृत्तिसह	मू.क.जयदेव, वृ.क.हर्षट	१३००	१-५५
जि.का	३८०	□ जयदेवछंदःशास्त्र वृत्तिसह	जयदेव -मू.क., वृ.क.हर्षट		१९
लों.का	१९३	जयमालीका त्रूटक			१-१२
त.का.	४१७	जयविजयचौपाई	मतिकुशल	१६५७	१६
जि.का	१९९८	जयसेनकुमारचोपाई तथा रात्रिभोजनचोपाई	धर्मसमुद्रवाचक		१३
डूं.का.	५४७	□ जलयात्रा उपकरण			१
डूं.का.	२०६	जलवीर्यमुनिकथा			३
जि.का	१०६१	जल्पमंजरी			७
डूं.का.	६६	जवराजर्षिचरित्र (कथा)	चन्द्रशेखरसूरि		३
जि.का	१६९३/१	◙ जांगुलीमहाविद्याकल्प			१
जि.का	१८७२	जातककर्मपद्धतिउदाहरण	कृष्ण दैवज्ञ	१७६२	४२
त.का.	१८६	जातककर्मपद्धति			६
जि.का	१८६३	जातकचंद्रिका ज्योतिष अपूर्ण			३
जि.का	११७५	जातकपद्धति टिप्पणीसह	मिश्रप्रेम		४

भंडार नाम	ग्रंथांक	ग्रंथनुं नाम	कर्ता	संवत्	पत्र संख्या
त.का.	२५८	जातकबालावबोध	हरिदत्त		५
डूं.का	५६१	जातकाद्योयम्			३२
लों.का	४५७	जादवरास + दसपच्चक्खाण + प्रत्याख्यानविधिस्तवन	देवचंद		१-५
लों.का	७०५	जानवर सुकनावली	पूर्वाचार्य		१-५
डूं.का.	९८१	जिनकल्पिका			४
था.का.	२००	जिनकल्याणक महोत्सव सह बालावबोध (पदार्थ लेश)	मतिकीर्ति		५
जि.का.	१६४४	◐ जिनकुशलसूरिकवित्वाष्टक	मुनिमेरुपाध्याय		१
डूं.का.	३८२	जिनकुशलसूरि अष्टक			३
डूं.का.	७७४	जिनकुशलसूरिदादा आरती			३३
डूं.का.	२२९	जिनकुशलगीत			२
आ.का.	२७२	जिनकुशल + गौतम अष्टक			७
जि.का	४२०/१७	जिनगुणमालिका	भैया		५४-५५
जि.का	१२६३/३	□ जिनचंद्रसूरिगीत	धर्मकीर्त्ति		२जु
जि.का	८५२	जिनचंद्रसूरिगीतादि गुरुगीत			२
डूं.का.	१५८	जिनचंद्रसूरि चरित्र -पट्टावली	डुंगरशी मेघराज -पं		१६
आ.का.	३४२	जिनचन्द्रसूरि अष्टक			१
जि.का	२०३६	◐ जिनजन्माभिषेकमहोत्सव	इंद्र		२
आ.का.	३३१	जिनदत्तसूरि चरित्र			२
था.का.	२९२	जिनदत्तसूरि चित्र पट्टिका			१
जि.ता.	१५६/१३	◐ जिनदत्तसूरिस्वाध्याय अपूर्ण		११९२	५७-५९
जि.ता.	२६०	◐ जिनदत्ताख्यान	सुमतिगणि	१२४६	२६५-२९४
डूं.का.	३२९	जिनदत्तसूरिकथा अपूर्ण			६
जि.का.	४२०/४२	जिनधर्मपच्चीसी	भैया	१७५०	८९-९१
जि.का	१२९९/३	□ जिननमस्कार		१४००	४-६
त.का.	८६३	जिनपंजरस्तोत्र			२
डूं.का.	१८२	जिनपंजरस्तोत्र	कमलप्रभसूरि		३

भंडार नाम	ग्रंथांक	ग्रंथनुं नाम	कर्ता	संवत्	पत्र संख्या
डूं.का.	३७६	जिनपतिदिव्य स्तोत्र			४
जि.का	८४०	जिनपालजिनरक्षितस्वाध्याय	आनंदप्रमोद		३
आ.का.	८२	जिनपूजन इत्यादिक विधी			३१
त.का.	२७८	जिनपूजाविधि			५
जि.का.	११९१	◐ जिनप्रतिमास्थापनरास	पार्श्वचंद्रसूरि		२
था.का.	४०१	जिनप्रतिमाहुंडी स्तवन			३
जि.का.	२००८	जिनप्रतिमाहुंडीस्तवन	विजय	१६४३	२-४
डूं.का.	१२८९	जिनप्रतिमादढकरणहुन्डीरास अपूर्ण			२
डूं.का.	८९७	□ जिनप्रवेशविधि सह धारणायंत्र			१३
डूं.का.	१२८४	जिनप्रतिमापूजाविचार			६
जि.का.	६३८	□ जिनबिंबनमस्कार			२
डूं.का.	१३१९	◆ जिनभक्तिकर्तव्य			११
जि.का.	६३९	जिनमालिका	सुमतिरंग		३
डूं.का.	१५३	जिनमालिका			२०
जि.का.	९२३	जिनयक्षयक्षणीवर्णादि निर्वाणकलिकांतर्गत		१५०४	२
था.का.	४४०	जिनराजसूरिगीत			३
जि.ता.	१५४/१८	◐ जिनविज्ञप्तिका	जिनवल्लभगणि	१२१०	१६२-१६५
जि.ता.	१५६/२१	◐ जिनविज्ञप्तिका	जिनवल्लभसूरि	११९२	९२-९४
त.का.	७०७	□ जिनशतक सह पंजिका			१३
लों.का.	५०६	जिनशतक सह पंजिका त्रूटक			१-४०
जि.का.	१९६०	◐ जिनशतक सावचूरि पंचपाठ	जंबूकवि-मू.		९
त.का.	६७१	◐ जिनशतकपंजिका टीका	जम्बूसाधु		२७
जि.का	३९२	□ जिनशतकमहाकाव्य	जंबूकवि		९
जि.का	१९५९	◐ जिनशतकमहाकाव्य	जंबूकवि		६
त.का.	९६८	◆ जिनस्तवनचौवीसी			३
जि.का	१६००/२	◐ जिनस्तुति			५मुं

भंडार नाम	ग्रंथांक	ग्रंथनुं नाम	कर्ता	संवत्	पत्र संख्या
डूं.का.	८९१	जिनस्तुतिओ			
लों.का.	३६१	जिनस्तुतिसटीक			१-७
जि.का.	१६४२	जिनस्तोत्ररत्नकोश	मुनिसुंदरसूरि		५
जि.ता.	१५६/७ ☯	जिनस्नात्रविधि चतुष्पर्वात्मक	वादिवेताल शांतिसूरि	११९२	२७-३३
लों.का.	५८२	जिनहंससूरिगीत तथा साधुवंदना त्रूटक	पुण्यसार		१-५
जि.का.	२०७४	जिनागमगाथासंग्रह	रत्ननिधान		१२
जि.का.	१२२१	जिनागमपाठसंग्रह अस्तव्यस्त			
आ.का.	२१८	जिनानंदलहरी (चैत्यवंदन सुभाषितादि)			५
डूं.का.	६८१	जिनावरारी सुकनावली		१९९४	५
डूं.का.	१४९ ☯	जिनसहस्त्रनामस्तोत्र	सिद्धसेन दिवाकर -क., क्षमाचंद्र -ले.	१७७१	३
जि.ता.	४१७/१ ☯	जीतकल्प चूर्णीसहित	मू.क.जिनभद्रगणि क्षमाश्रमण, चू.क.सिद्धसेनसूरि		१-११६
जि.ता.	४१७/२ ☯	जीतकल्पचूर्णीटिप्पनक	श्रीचंद्रसूरि	र.१२२७ ले.१५००	११६-१८७
जि.ता.	१४७/१८ ☯	जीतकल्पविषमपदपर्याय			१४३-१५२
जि.ता.	४१८/१ ☯	जीतकल्पसूत्र	जिनभद्रगणि क्षमाश्रमण		१-८
जि.का.	२७० □	जीतकल्पसूत्र	जिनभद्रगणि क्षमाश्रमण		५
त.का.	७ ☯	जीतकल्पसूत्र			७
जि.ता.	४१८/२ ☯	जीतकल्पसूत्र वृत्ति सह	मू.क.जिनभद्रगणि क्षमाश्रमण, वृ.क.तिलकाचार्य	र.१२७४ ले.१४००	८-१०१
जि.का.	१११ □	जीतकल्पसूत्र वृत्तिसह	जिनभद्रगणि क्षमाश्रमण-मू., वृ.क.तिलकाचार्य	१९८३	३६
जि.का.	९६८ □	जीतकल्पसूत्र वृत्तिसह	तिलकाचार्य-वृ.क, मू.क.जिनभद्रगणि क्षमाश्रमण	१९८४	४६
जि.का.	२७१ □	जीतकल्पसूत्र सटीक	जिनभद्रगणि क्षमाश्रमण-मू. वृ.क.तिलकाचार्य		५२
त.का.	६	जीतकल्पवृत्ति	तिलकाचार्य		४६
जि.का.	१०१४	जीरणशेठरत्नपालचोपाई	सुमतिकमल	र.१६४५ ले.१६४५	१२
त.का.	७८९	जीरावलापार्श्वनाथस्तवन	लावण्यसमय		२
जि.का.	१०५७	जीरावलापार्श्वनाथस्तवन	भक्तिलाभ		१
जि.का.	२१६०/२०	जीवविचार			८०-८४
जि.का.	१६८२	जीवविचार नवतत्त्वप्रकरण	शांतिसूरि		४
लों.का.	३०८	जीवविचार सह टब्बार्थ			
जि.का.	१४८७	जीवविचार-नवतत्त्व-दंडकप्रकरण			७
जि.का.	६५५/३	जीवविचारप्रकरण	शांतिसूरि		१६-१८
जि.का.	८७३/३	जीवविचारप्रकरण	शांतिसूरि		९-१३
जि.का.	८७७	जीवविचारप्रकरण	शांतिसूरि		२
जि.का.	९०६	जीवविचारप्रकरण	शांतिसूरि	१९०९	८
जि.का.	१०२९	जीवविचारप्रकरण	शांतिसूरि	१८३८	११
त.का.	२०० ◆	जीवविचारप्रकरण	शांतिसूरी		३
जि.का.	६७६	जीवविचारप्रकरण अपूर्ण	शांतिसूरि		९
जि.का	२२१७/२ ☯	जीवविचारप्रकरण सटीक	शांतिसूरि-मू.		९-१५
जि.का	१०७५/२ ☯	जीवविचारप्रकरण सटीक किंचिदपूर्ण			९-१५
जि.का.	७०५	जीवविचारप्रकरण सस्तबक	शांतिसूरि	१७७८	४
जि.का.	७४८	जीवविचारप्रकरण सस्तबक	शांतिसूरि	१८३६	८
जि.का.	९५१/२	जीवविचारप्रकरण सस्तबक	विमलकीर्तिगणि		९-१६
जि.का.	७६९	जीवविचारप्रकरण सस्तबक अपूर्ण			३

भंडार नाम	ग्रंथांक		ग्रंथनुं नाम	कर्ता	संवत्	पत्र संख्या
लों.का.	१३४		जीवविचारप्रकरण सह टब्बार्थ			
जि.का.	११७१		जीवविचारप्रकरण सावचूरि त्रिपाठ	शांतिसूरि		५
जि.का.	१४८८		जीवविचारप्रकरण सावचूरिक त्रिपाठ	शांतिसूरि		४
जि.का	२१२८	□	जीवविचारप्रकरणवृत्ति			६
डूं.का.	८०३		जीवविचारटीका	युक्तिधीरगणि	१८७२	३१
जि.का	७८४		जीवविचारप्रकरण सस्तबक अपूर्ण			५
जि.ता.	१५३/२	◐	जीवसमासप्रकरण			८५-११४
जि.ता.	१९१/१	◐	जीवसमासप्रकरण		१४००	१-१७
जि.का	७८	●	जीवसमासप्रकरण वृत्तिसह	मलधारि हेमचन्द्रसूरि-वृ.क.	१४९९	१०८
जि.का	१०२१	◐	जीवसिद्धि			९
लों.का.	४९०		जीवस्थानविचार सह बालावबोध			१-२६
त.का.	२१४		जीवाकारविचार			
त.का.	२६५		जीवाजीव विचार	शांतिसूरि	१८५३	५
था.का	२७९	◐	जीवाजीवभिगमवृत्ति	मलयगिरि	१६७२	३११
लों.का	३०७		जीवाजीवविचार		१८५९	१-४
त.का.	३४७		जीवाजीवविचार			४
त.का.	११८४		जीवाजीवविचार		१८४२	४
डूं.का.	११८८		जीवाजीवविचार + मार्गणाद्वार			१९
त.का.	९७७		जीवाजीवविचार पार्श्व स्तवन	वृद्धिविजय	१९०३	३
लों.का	१९८		जीवाजीवविचार प्रकरण			१-३
लों.का	५६६		जीवाजीवविचार सह टब्बार्थ		१७७३	१-७
डूं.का.	१३१३		जीवाजीवविचार सह टब्बार्थ अपूर्ण			५
लों.का	२३१/१		जीवाजीवविचार सह टब्बार्थ त्रूटक		१८७०	३
लों.का	१६८		जीवाजीवविचार सह टब्बार्थ मूल त्रूटक			१-५
त.का.	३७८		जीवाजीवविचार सह बालावबोध			८

भंडार नाम	ग्रंथांक		ग्रंथनुं नाम	कर्ता	संवत्	पत्र संख्या
लों.का.	५४		जीवाजीवाभिगम सह वृत्ति	मलयगिरि	१६७२	१-४१७
था.का.	१६२	□	जीवाजीवाभिगमसूत्र		१६७२	११३
त.का.	५५	●	जीवाजीवाभिगमसूत्र	गणधर	१६१५	९६
लों.का	५३		जीवाजीवाभिगमसूत्र मूल	सुधर्मास्वामी		१-२०१
था.का.	११७		जीवाजीवविचार	शान्तिसूरि		३
लों.का	६९७		जीवाजीवविचार	शान्तीसूरि		१-३
डूं.का.	१२३०		जीवाजीवविचार प्रकरण टब्बार्थ			१०
त.का.	२७०		जीवाजीवविचार सह टब्बार्थ			५
त.का.	३७६		जीवाजीवविचार सह टब्बार्थ	रविविजयगणि	१७८३	६
आ.का.	१७७		जीवाजीवविचार सह वृत्ति		१६६२	१७
त.का.	४८१		जीवाजीवविचारस्तवन	वृद्धिविजय		५
त.का.	६६२	◐	जीवाजीवाभिगमवृत्ति	मलयगिरि		१९७
डूं.का.	८७८		जीवाजीवाभिगमसूत्रटीका अपूर्ण			१७६
डूं.का.	१०५६		जीवाजीवाभिगमसूत्र सह बालावबोध	जीवणजी-पं	१८१६	३५३
डूं.का.	११०९		जीवाजीवाभिगमवृत्ति	मलयगिरि	१८८१	३१५
त.का.	५४	◐	जीवाभिगमवृत्ति	मलयगिरि		३००
जि.ता.	२५/१	◐	जीवाभिगमसूत्र			१-१०२
जि.ता.	१४७/१५	◐	जीवाभिगमसूत्रपर्याय			१३१-१३७
जि.का	१२३३	□	जीवाभिगमसूत्रवृत्ति द्वितीयखंड	मलयगिरि-वृ.		१५०-२१२
जि.ता.	२५/२	◐	जीवाभिगमसूत्र - लघुवृत्ति	हरिभद्राचार्य		१०३-१३५
जि.का	२१६९		जीवाभिगमोपांगसूत्र		१५७१	५५
जि.का	१३९०	◐	जीवाभिगमोपांगसूत्र			८५
जि.का	८८७		जीवाभिगमोपांगसूत्र अपूर्ण			४२
जि.का	७२२		जीवाभिगमोपांगसूत्र सस्तबक		१७८६	३६२
जि.का	१९७८		जीवाभिगमोषांगसूत्र अपूर्ण			५४
जि.ता.	२६	◐	जीवाभिगमसूत्रवृत्ति	मलयगिरि आचार्य	१४८९	३३६
लों.का	२१२		जीवाल्पबहुत्वस्तवन सह टब्बार्थ			१-३

भंडार नाम	ग्रंथांक	ग्रंथनुं नाम	कर्ता	संवत्	पत्र संख्या
डूं.का.	५१५	जीवाजीवविचार प्रकरण टब्बार्थ		१८४८	९
डूं.का.	१०५०	जीवाजीवविचार सह वृत्ति	क्षमाकल्याण मुनि		४०
डूं.का.	२६	☯ जीवाजीवाभिगमवृत्ति	मलयगिरि	१६६८	२०९
डूं.का.	२४	जीवाजीवाभिगमसूत्र			२०२
डूं.का.	११९	जीवाजीवविचार बोल			७
डूं.का.	१२७	जीवाजीवविचारप्रकरण सहवृत्ति	क्षमाकल्याण	१८५०	३०
जि.का.	२३	☯ जीवाभिगमोपांगसूत्र			४८(१२४५-१२९२)
जि.का.	२४	☯ जीवाभिगमोपांगसूत्रवृत्ति	मलयगिरि आचार्य	१४८९	१३०(१२९३-१४२२
डूं.का.	६१५	जीविचार			
जि.का.	५३३/१	जीवविचारप्रकरण	शांतिसूरि		१५-१७
त.का.	८६८	जीवों के पांचसो त्रेसठ भेद			२
जि.का.	२०१६	जीवोत्पत्तिसज्झाय कलियुगगीत	श्रीसार, कर्मचंद्र -क		२
जि.ता.	१७१/१	☯ जीवोपदेशपंचाशिका		११६९	१-३
जि.का.	१३६/१	□ जीवोपदेशपंचाशिका			१-२
आ.का.	१२९	जीवविचार प्रकरण + नवतत्त्वविचार सह टब्बार्थ		९	
त.का.	५०६	□ जीवसमास			६
डूं.का.	५७	☯ जीवसमासवृत्ति	तिलकसूरि	१८१५	१२९
जि.का.	१२६३/२	□ जेसलमेरपार्श्वनाथगीत	धर्मकीर्त्ति		१-२
लों.का.	४४६/C	जेसलमेरस्तवन			१-७
डूं.का.	१३८२	जैन ऐतिहासिक जानकारी			३१
डूं.का.	१३८१	◆ जैन औपदेशिक पद			२१
त.का.	१४६/A	जैनरक्षा व जिन वज्रपंजरस्तोत्र			२
आ.का.	२७९	जैनकथा त्रूटक पन्ने			४२१
डूं.का.	१३९१	जैनकथायें			३०
डूं.का.	१२९६	जैनतीर्थावलीद्वात्रिंशिका	क्षमाकल्याण		१

भंडार नाम	ग्रंथांक	ग्रंथनुं नाम	कर्ता	संवत्	पत्र संख्या
त.का.	१०१८	जैनधर्ममंजरी			१३
डूं.का.	१२९४	जैनमहिम्न स्तुति (स्तोत्र)		१८८८	५
डूं.का.	१२१७	जैनरक्षास्तोत्र	हर्षसुंदर	१९२८	५
डूं.का.	१३९२	जैनस्तवन सज्झायादि			५४१
डूं.का.	१३८०	जैनस्तोत्र			१०२
डूं.का.	१३८८	जैनेतर धार्मिक			६२
त.का.	१०२३/D	जैनेतर धार्मिक स्फुट लघुग्रंथ त्रुटक पन्ने			२९
लों.का.	७३२	◆ जैसलमेर जैन भाण्डागारीय ग्रंथना सूचीपत्र			
त.का.	१३३३	जैसलमेर अष्टचैत्यजिनस्तवनम्			३
लों.का.	७१७	◆ जैसलमेर के ज्ञानभंडारोकी सूची			
जि.का.	१३७४	ज्ञाताकर्मकथांगसूत्र		१६६३	१४५
डूं.का.	२५५	ज्ञाताधर्मकथा	क्षेमहर्षमुनि	१७००	९३
जि.ता.	३९६/२	☯ ज्ञाताधर्मकथांग सूत्र अने वृत्ति			३९६
था.का.	१६६	ज्ञाताधर्मकथांगवृत्ति			८५
था.का.	२८७	ज्ञाताधर्मकथांगवृत्ति	अभयदेवसूरि-वृ		८७
त.का.	६४७	ज्ञाताधर्मकथांगवृत्ति			५६
जि.ता.	१७/१	☯ ज्ञाताधर्मकथांगसूत्र			१-१४८
जि.का.	७२१	ज्ञाताधर्मकथांगसूत्र		१५८२	
जि.का.	१३७२	ज्ञाताधर्मकथांगसूत्र		१६५६	१३२
जि.का.	१३७३	ज्ञाताधर्मकथांगसूत्र			२२०
जि.का.	२२०४	ज्ञाताधर्मकथांगसूत्र		१६१९	८१
जि.का.	१३७५	ज्ञाताधर्मकथांगसूत्र			१४५
जि.का.	१३७५	ज्ञाताधर्मकथांगसूत्र			१४५
डूं.का.	२५६	ज्ञाताधर्मकथांगसूत्र			१०६
था.का.	१६४	ज्ञाताधर्मकथांगसूत्र		१६७२	१०७
था.का.	१६५	ज्ञाताधर्मकथांगसूत्र			११८

भंडार नाम	ग्रंथांक		ग्रंथनुं नाम	कर्ता	संवत्	पत्र संख्या
आ.का.	२४१		ज्ञाताधर्मकथांगसूत्र			१२६
त.का.	६५		ज्ञाताधर्मकथांगसूत्र	सुधर्मागणधर		१५४
जि.का.	५२८		ज्ञाताधर्मकथांगसूत्र अपूर्ण	सुधर्मास्वामी		२५
लों.का.	१२८		ज्ञाताधर्मकथांगसूत्र मूल			१-१०४
जि.का.	१०९६		ज्ञाताधर्मकथांगसूत्र सस्तबक		१९११	३००
जि.ता.	१८/२	☯	ज्ञाताधर्मकथांगसूत्रवृत्ति	अभयदेवाचार्य	र.११२०	११४-१९७
					ले.१५००	
जि.का.	१६	☯	ज्ञाताधर्मकथांगसूत्रवृत्ति	अभयदेवसूरि	र.११२०	४५(९७८-
					ले.१४८९	१०२२)
जि.का.	२२७/१	□	ज्ञाताधर्मकथांगसूत्रवृत्ति	अभयदेवसूरि	र.११२०	
					ले.१५५६	
जि.का.	१३७६	☯	ज्ञाताधर्मकथांगसूत्रवृत्ति	अभयदेवसूरि-वृ.		१२३
जि.का.	१३७७	☯	ज्ञाताधर्मकथांगसूत्रवृत्ति	अभयदेवसूरि-वृ.		१११
जि.का.	१३७८	☯	ज्ञाताधर्मकथांगसूत्रवृत्ति	अभयदेवसूरि-वृ.		९९
जि.ता.	१९/१	☯	ज्ञाताधर्मकथांगसूत्रवृत्ति	अभयदेवाचार्य	११२०	१-१४५
जि.ता.	१७/२	☯	ज्ञाताधर्मकथांगसूत्रवृत्ति किंचिदपूर्ण	अभयदेवाचार्य	१३००	१४९-२६४
था.का.	२८५	☯	ज्ञाताधर्मकथांवृत्ति	अभयदेवसूरि -वृ.	र.११२०	८७
					ले.१६७३	
डूं.का.	२५	☯	ज्ञाताधर्मकथाटीका	अभयदेवसूरी -टीका	११२०	७५
डूं.का.	३३७		ज्ञाताधर्मकथांग सूत्र सह टब्बार्थ			१८७
लों.ता.	१	☯	ज्ञाताधर्मकथांग सूत्र			१-१५९
त.का.	७४७		ज्ञाताधर्मकथांगवृत्ति			६९
था.का.	१६७	☯	ज्ञाताधर्मकथांगवृत्ति (सूत्र)		१६७१	९३
जि.का.	२८८	□	ज्ञाताधर्मकथांगसूत्र	सुधर्मास्वामी		१८-१५३
था.का.	२८६		ज्ञाताधर्मकथांगसूत्र			११२
आ.का.	३२५		ज्ञाताधर्मकथांगसूत्रवृत्ति			८१
लों.ता.	२	☯	ज्ञाताधर्मकथांगसूत्रवृत्ति	अभयदेवसूरि	११२०	१६०-३०८
त.का.	३१		ज्ञातासूत्र	सुधर्मा गणधर		१०३

भंडार नाम	ग्रंथांक		ग्रंथनुं नाम	कर्ता	संवत्	पत्र संख्या
त.का.	३३		ज्ञातासूत्र	सुधर्मा गणधर	१६१४	९९
लों.का.	३१		ज्ञातासूत्र टब्बार्थ त्रूटक			१-११
लों.का.	२९		ज्ञातासूत्र मूल	सुधर्मास्वामी		१-१२९
डूं.का.	४८८		ज्ञातासूत्र सह टब्बार्थ		१९२३	३१५
त.का.	३२		ज्ञातासूत्रटब्बा	धनजी खरतरगच्छीय	१७८६	३१०
लों.का.	३०		ज्ञातासूत्र मूल टब्बार्थ	कनकसुंदरमुनि-टी.	१७००	१-४०९
आ.का.	३४६		ज्ञाताउपनयकथा			६
था.का.	१६८		ज्ञाताधर्मकथांग सूत्र			१०९
जि.ता.	१८/१	☯	ज्ञाताधर्मकथांगसूत्र			१-११४
लों.का.	२८		ज्ञाताधर्मकथांगसूत्र मूल	सुधर्मास्वामी		१-२३६
डूं.का.	१२५८		ज्ञातोपनया	क्षेमंकर		५
लों.का.	१९५		ज्ञानक्रिया संवाद			१-२
आ.का.	३३७		ज्ञानचतुर्विंशतिकासह अवचूरि			२
जि.का.	२११२		ज्ञानछत्रीशी	कान्हजी		४
त.का.	८०१		ज्ञानद्विपंचाशिका	हंसराज		७
जि.ता.	३९७/६	☯	ज्ञाननमस्कार			१७४मु
डूं.का.	४५९		ज्ञानपंचमी + अक्षयतृतीया + मौनएकादशी			२४
जि.का.	५७८	□	ज्ञानपंचमीकथा	कनककुशल	१६५५	७
जि.का.	६०३	□	ज्ञानपंचमीकथा	कनककुशल		२१
जि.का.	१६५५		ज्ञानपंचमीकथा	कनककुशल	र.१६५५	३
					ले.१८५९	
जि.का.	६९५	□	ज्ञानपंचमीस्तवन	लब्धिहर्ष		२
त.का.	९२१	◆	ज्ञानपंचमीस्तवन			२
जि.का.	१७११/२	□	ज्ञानपंचमीस्तुति	जिनलाभसूरि		
जि.का.	२००३		ज्ञानपचीसी	बनारसीदास	१७३२	२
जि.ता.	३९७/९	☯	ज्ञानपरिधापनिकावृत्त			१७६मु
जि.का.	२०४३		ज्ञानपहेरामणी आदि			३

भंडार नाम	ग्रंथांक		ग्रंथनुं नाम	कर्ता	संवत्	पत्र संख्या
जि.का.	१५५४		ज्ञानमंजरीज्योतिष			१६
जि.ता.	१५६/१६	◉	ज्ञानमाहात्म्यप्रकरण		११९२	६९-७३
जि.का.	१७५		ज्ञानरत्नोपाख्यान पद्य			
जि.ता.	३९७/८	◉	ज्ञानलवणादिवृत्तानि			१७५-१७६
जि.का.	७६२		ज्ञानसुखडी	धर्मचन्द्र वेगडगच्छीय	र.१७६७	२०
					ले.१७८४	
जि.ता.	३९७/७	◉	ज्ञानस्तोत्र			१७४-१७५
डूं.का.	१३६०	◉	ज्ञानार्णव अपूर्ण			(१२८ से
						१३५)८
जि.का.	५१५	□	ज्ञानार्णवसारोद्धार	शुभचंद्राचार्य		७
जि.का.	१५	◉	ज्ञाताधर्मकथांगसूत्र	सुधर्मास्वामी		४७(९३१-
						९७७)
था.का.	२८४	□	ज्ञाताधर्मकथांगसूत्र		१६७५	१३३
डूं.का.	१११२		ज्ञाताधर्मकथांगवृत्ति			८६
जि.का.	३७५	□	ज्ञाताधर्मकथांगसूत्र सस्तबक			१२५-२४८
			त्रूटक अपूर्ण			
डूं.का.	४१९		ज्योतिष कुंडली			१
लों.का.	५५१		ज्योतिष टिप्पण			१-६
डूं.का.	१३८३		ज्योतिष निमित्त			१७३
लों.का.	५३५		ज्योतिष लघुग्रंथ त्रुटक व			५२
			स्फुट पन्ने			
त.का.	१०२३/M		ज्योतिष लघुग्रंथ त्रुटक व			५३
			स्फुट पन्ने			
आ.का.	२२०		ज्योतिषकाग्रन्थ			८
लों.का.	५५५		ज्योतिषगणित त्रूटक			१-९
जि.का.	११२७		ज्योतिषग्रंथ			३-१३
जि.का.	१३२७		ज्योतिषग्रंथो अपूर्ण तथा प्रकीर्णक			
			ज्योतिषविषयक पाना			

भंडार नाम	ग्रंथांक		ग्रंथनुं नाम	कर्ता	संवत्	पत्र संख्या
जि.का.	१८५६		ज्योतिषप्रकीर्णकविचार			५
जि.का.	१९७७		ज्योतिषप्रकीर्णकसंग्रह			
त.का.	४५८		ज्योतिषबालावबोध	मुंजादत्त	१७४८	२५
त.का.	४६०		ज्योतिषबालावबोध			९
त.का.	१०६३		ज्योतिषबालावबोध			५
जि.का.	११७२		ज्योतिषरत्नमाला बालावबोधसह	श्रीपति	१७३४	२१
जि.का.	१२६४		ज्योतिषरत्नमाला बालावबोधसह			१०
			अपूर्ण			
लों.का.	२४४		ज्योतिषरत्नमाला सह बालावबोध		१८५७	१-५६
त.का.	१०६८		ज्योतिषशास्त्रबालावबोध			१६
जि.का.	१९७६		ज्योतिषसंग्रह			
लों.का.	५५३		ज्योतिषसार	नरचंद्र		१-३०
लों.का.	५५७		ज्योतिषसार			१-१६
त.का.	१६४		ज्योतिषसार	हीरकवीश्वर	१८६२	३०
जि.का.	११२३/२		ज्योतिषसारणी			४-१९
जि.का.	११२३/४		ज्योतिषसारणी			६
जि.का.	११२३/५		ज्योतिषसारणी			४
जि.का.	११४४		ज्योतिषसारणी			
जि.का.	११५१		ज्योतिषसारणी			
जि.का.	१८९०		ज्योतिषसारणी			७६
जि.का.	१९०८		ज्योतिषसारणी			९
जि.का.	१९३८		ज्योतिषसारणी			१२४
जि.का.	१७०४		ज्योतिषाम्नाय			१
जि.का.	१९७४		ज्योतिषासरणी			१०
जि.का.	३८३	□	ज्योतिष्करंडकप्रकीर्णक वृत्तिसह	मलयगिरि आचार्य -वृ.	१९८३	१३२
जि.का.	६०	◉	ज्योतिष्करंडकप्रकीर्णक वृत्तिसह	मलयगिरि आचार्य -वृ.	१४८८	५३(१८५४-
						१९०८)

भंडार नाम	ग्रंथांक		ग्रंथनुं नाम	कर्ता	संवत्	पत्र संख्या
जि.का.	९४७		ज्योतिष्करंडकवृत्तिगत सप्तदश प्राभृत वृत्ति सह	मलयगिरिसूरि		३
जि.ता.	३४/२	◐	ज्योतिष्करंडकसूत्र वृत्तिसह	पादलिप्ताचार्य		१०२-१६५
जि.ता.	१४८	◐	ज्योतिष्करंडकसूत्र वृत्तिसह	वृ.क.मलयगिरिसूरि	१४८९	२३३
जि.ता.	३४/३	◐	ज्योतिष्करंडकसूत्र			१६६-१७९
डूं.का.	४००		ज्योतिषग्रंथ अपूर्ण			३१
त.का.	४५२		ज्योतिषग्रहगोचरादि			८
डूं.का.	४८५		ज्योतिषपत्र			४थी७
त.का.	१९०		ज्योतिषसार		१८०३	६
डूं.का.	२०५		ज्योतिषसारोद्धार टब्बार्थ		१९८४	३६
त.का.	७६३		ज्योतीष का ग्रंथ (साधारण)			२
डूं.का.	९९७		ज्योतिषनां पानां			१४
जि.का.	१६९३/३	◐	ज्वालामालिनीमंत्र			२
त.का.	८४८		ज्वालामालिनीमंत्र सहविधि			२
त.का.	२३६		झांझरियामुनिसज्झाय	शांतिकुशल	१६७६	४
डूं.का.	११५९		ठाणांगसूत्र सह दीपिका	राजसूरी	१८२८	२२१
डूं.का.	४३०		ठाणांगसूत्र-सह दीपिका	खुशालविमलमुनि	१८८४	२२१
डूं.का.	१०२	◆	ठाणांगसूत्रगाथा			७
डूं.का.	७१०	◐	ठाणांगसूत्रवृत्ति	अभयदेवसूरी		४३९
डूं.का.	७१४		ठाणांगवृत्ति			२२९
जि.का.	२२३६/६		ढंढणऋषिसज्झाय	जिनहर्ष		
आ.का.	१५		ढंढणऋषि स्वाध्याय + देवचंद्र ग्रंथावली		१८०९	७५
लों.का.	७३३/B		ढाई द्वीपनो पट्ट		१७६७	
जि.का.	२०४७		ढुंढकप्रतिक्रमण			११
त.का.	२५९		ढुंढकरास			५
डूं.का.	७६५		ढूंढक चर्चा	भक्तिमाणिक्य-ले.	१९१४	१३
डूं.का.	३३६		ढूंढक पवाडो रास	शंकर पं.-ले.	१८७४	४
डूं.का.	६७५		ढोलाचारवणी चौपाई		१६७७	२१
डूं.का.	१२०५		ढोलामारु वार्ता			
जि.का.	१०३३		ढोलामारुवार्ता अपूर्ण			२२
जि.का.	६३३	□	ढोलामारुवार्त्ता			५
जि.का.	१६२६/४	◐	तं जयउ स्मरण	जिनदत्तसूरि		७-८
जि.का.	२१२०/९	◐	तं जयउ स्तववृत्ति	जयसागर वचनाचार्य		३५-३७
जि.का.	१९५१/५		तंदुलवेयालियपयन्नो			२५-३३
जि.का.	५०४/२	◐	तंदुलवेयालियप्रकीर्णक			५-११
डूं.का.	५६२		तंदुलवैचारिक सह टब्बार्थ		१५६९	१५
जि.का.	२२०३	◐	तत्त्वचिंतामणिआलोक			३६
जि.का.	५३०	◐	तत्त्वचिंतामणीमंगलवाद	गंगेश भट्ट		४
त.का.	२२५	□	तत्त्वतरंगिणी	धनसागरजी		४
जि.का.	१३०७	◐	तत्त्वप्रदीपिका चित्सुखी	चित्सुखमुनि	१३००	१९५
जि.का.	११८८	◆	तत्त्वसंग्रहपंजिका	कमलशील	१९८३	३३८
जि.ता.	३७८	◐	तत्त्वसंग्रहपंजिकावृत्ति	कमलशील आचार्य	१२००	३१३
जि.का.	१३३२	◐	तत्त्वसंग्रहलघुटीका	शिवाचार्य		१५
जि.का.	१३३३	◐	तत्त्वसंग्रहलघुटीका	शिवाचार्य		१८
जि.ता.	३७७	◐	तत्त्वसंग्रहसूत्र	शान्तरक्षित	१२००	१८७
लों.का.	४७३		तत्त्वसार भाषा			१-४
जि.का.	२५९	◐	तत्त्वसारगाथा		१७४५	५
जि.का.	५४८	◐	तत्त्वार्थसूत्र	उमास्वाति वाचक	१६४२	५
जि.का.	५४७	◐	तत्त्वार्थसूत्र भाष्यसह	उमास्वातिवाचक स्वोपज्ञ	१६४२	४५
जि.का.	१५३१	◐	तत्त्वार्थसूत्र श्रुतसागरीटीकासह	उमास्वातिवाचक-मू.		५१
जि.का.	८८८		तत्त्वार्थसूत्र सस्तबक अपूर्ण	उमास्वाति वाचक		२०
जि.का.	८८९		तत्त्वार्थसूत्र सस्तबक अपूर्ण	उमास्वाति वाचक		१४
जि.का.	१५३०	◐	तत्त्वार्थाधिगमसूत्र	उमास्वातिवाचक		५
आ.का.	१९३		तत्त्वार्थसारदीपक			२९
डूं.का.	११४५	◐	तत्त्वार्थसूत्र सह भाष्य		१६८७	५९

भंडार नाम	ग्रंथांक		ग्रंथनुं नाम	कर्ता	संवत्	पत्र संख्या
जि.का.	६९४		तत्त्वप्रबोधनाटक	जिनसमुद्रसूरि	र.१७३०	१३
					ले.१७३०	
जि.ता.	२९१		तद्धितप्रकरण पर्यन्त			
जि.का.	१८४		तद्धितप्रकरणपर्यंत टिप्पणी सह			
त.का.	५२७		तपबारभेदविचार			१५
डूं.का.	३१०	☯	तपमतखंडन	भक्तिसागरगणि	१८३९	४२
डूं.का.	४१८		तपविधि			१
त.का.	१२२४		तपविधि			२
त.का.	२५५		तपविधियंत्र			५
जि.ता.	१५५/८	☯	तपश्चरणभेदस्वरूपप्रकरण	चक्रेश्वरसूरि	र.१२१३	१५६-१६१
					ले.१२२२	
जि.का.	६८८	☯	तपागच्छगुर्वाबलि सटीक त्रिपाठ	धर्मसागरोपाध्याय		१९
				स्वोपज्ञ -मू.टी.क.		
था.का.	५६	☯	तपामतखंडन			५१
था.का.	५८	☯	तपोचतुष्पदीका			८३
था.का.	६	☯	तपोटचतुष्पदिका वृत्ति	गुणविनयोपाध्याय		५४
जि.ता.	२८४/१	☯	तपोटमतकुट्टनशत	जिनप्रभसूरि		१-७
डूं.का.	९९१		तपोटमतकुट्टनशत	जिनप्रभसूरि	१८५४	४
था.का.	२९६	☯	तपोटमतकुट्टनशतम्			४
जि.ता.	२८४/२	☯	तपोटर्षिमतखंडन स्वोपज्ञवृत्ति सह	गुणप्रभसूरि	१६००	७-२०
आ.का.	३६७		तपोभेद			५
डूं.का.	१३१८		तपविधि विधान			२
जि.का.	१११५/२		तमाकुसज्झाय आदि			
आ.का.	३२६		तम्बाखूनिवारण सज्झाय			४
जि.का.	१७८९		तर्कपरिभाषा	केशवमिश्र	१६५९	२०
जि.का.	२२०८		तर्कपरिभाषा	केशवमिश्र	१५४६	१०
त.का.	५७१		तर्कपरिभाषा	केशवमिश्र		३१
त.का.	७०८		तर्कपरिभाषा	केशवमिश्र	१६६८	२८

भंडार नाम	ग्रंथांक		ग्रंथनुं नाम	कर्ता	संवत्	पत्र संख्या
जि.का.	१७९०		तर्कपरिभाषा अपूर्ण	केशवमिश्र		२७
जि.का.	१७८८	□	तर्कपरिभाषा	केशवमिश्र		१४
जि.का.	५६३	□	तर्कभाषा	केशवमिश्र	१७७७	२१
जि.का.	५७६	□	तर्कभाषा	केशवमिश्र		२२
डूं.का.	८६४		तर्कभाषा	देवचंद्र-ले.		४२
जि.का.	१९०२		तर्कभाषा अपूर्ण	केशव		१४
जि.का.	१७९१	☯	तर्कभाषाप्रकाशवृत्ति	गोवर्धन		३०
डूं.का.	८७२		तर्कसंग्रह	अन्नं भट्ट		८
डूं.का.	८९३		तर्कसंग्रह		१८६५	९
जि.का.	७५२		तर्कसंग्रह दीपिका टीका	अन्नंभट्टोपाध्याय		११
डूं.का.	१०९९		तर्कसंग्रह दीपिका	दयाराज मुनि-ले.,	१८२६	१२
				अन्नंभट्ट-क.		
डूं.का.	८६८		तर्कसंग्रहटीका			१८
जि.का.	१७९४	□	तर्कसंग्रहदीपिका	अन्नंभट्ट		१२
डूं.का.	१६६		तर्कसंग्रहदीपिका	अन्नभट्टोपाध्याय		१२
लों.का.	५४९		ताजिक नीलकंठ (ज्योतिष)	नीलकंठ		१-२१
			त्रूटक			
लों.का.	५५०		ताजिक भूषण (ज्योतिष)	गणेश दैवज्ञ		१-२१
जि.का.	१८४१		ताजिकबालावबोध ज्योतिष			३
जि.का.	१८४२		ताजिकभूषण ज्योतिष अपूर्ण			१०
जि.का.	११३१		ताजिकसार	हरिहर	१७२८	१६
जि.का.	१८३८		ताजिकसार ज्योतिष			३
जि.का.	१८३९		ताजिकसार ज्योतिष			२४
लों.का.	२३४		ताजिकसार त्रूटक			१-६
लों.का.	२८२		ताजिकसार भाषा वचनिक			१-१७
जि.का.	१८४०		ताजिकसारकारिक़ाटीका	सुमतिहर्ष अपरनाम सामंत	र.१६७७	
					ले.१८१८	
जि.का.	१८७८		ताजिकसारसूत्रज्योतिष	हरिभट्ट	ले.१८४४	२५

भंडार नाम	ग्रंथांक		ग्रंथनुं नाम	कर्ता	संवत्	पत्र संख्या
त.का.	४६८		ताजीकसार	हरिभद्रगणि	१८०२	१७
आ.ता.	२	◉	ताडपत्रीय ग्रन्थ			
आ.ता.	३	◉	ताडपत्रीय ग्रन्थ			
आ.ता.	१	◉	ताडपत्रीय ग्रन्थ(ज्ञाताधर्मकथांग-सूत्र ज्ञातावृत्ति आदि पन्ने)			
जि.का.	१२७५/२	◉	तात्पर्यपरिशुद्धि टिप्पणीसह अपूर्ण	वाचस्पतिमिश्र	१२७९	१५७ (२-३२५)
जि.का.	२१६०/१४		तिजयपहुत्त			५८-५९
था.का.	४७०		तिजयपहुत्त (सप्तति शतं)स्तोत्र			१
जि.का.	२१२०/१७	◉	तिजयपहुत्त स्तोत्रवृत्ति	हर्षकीर्ति	१८८५	४९-५१
जि.का.	५६०/३		तिजयपहुत्तस्तोत्र			४थुं
डूं.का.	२८२	◉	तिजयपहुत्तस्तोत्र सहवृत्ति			१२
डूं.क.	१३८/B		तिजयपहुत			
डूं.का	३५९	◉	तिथि मंतव्य			२
डूं.का.	४१७		तिथि-वार मास फल	महिवल्लभ		३
जि.ता.	४०२	◉	तिलकमंजरी	धनपाल	११३०	
था.का.	४४५		तीर्थंकर ३५ वचनातिशय स्तवन			२
लों.का.	५३३/C		तीर्थंकर अतिशय सह बालावबोध + ३५ वचनातिशय		१९६८	४
था.का.	३८४		तीर्थंकर जानकारी			
डूं.का.	४१४		तीर्थंकर बोल			३
था.का.	२०१		तीर्थंकर बोल			६
त.का.	७८४		तीर्थंकरअतिशयस्तवन			२
लों.का.	५३३/B		तीर्थंकरबोल			४
त.का.	९२२		तीर्थंकरबोल			३
त.का.	९८६		तीर्थंकरबोल			३
त.का.	९९०		तीर्थंकरबोल	कनकविजय	१७४८	३
त.का.	११४७		तीर्थंकरबोल			८-११
त.का.	१२२०		तीर्थंकरबोल			१५
जि.का.	२२५७		तीर्थंकरभगवाननां चित्रो जीर्ण			
था.का.	३४९		तीर्थंकरचोत्रीसअतिशय स्तवन			२
डूं.का.	४९०		तीर्थंकरराशी पत्र			१
डूं.का.	३९२		तीर्थयात्राविधि			३
त.का.	१२७६/B		तीर्थस्तोत्रार्थवर्णन			४
जि.का.	१४३२	◉	तीर्थोद्‌गालिप्रकीर्णक			२२
जि.का.	१४३१	◉	तीर्थोद्‌गालिप्रकीर्णक			३६
जि.का.	५०३	□	तीर्थोद्‌गारप्रकीर्णक			२४
त.का	७६५		तुर्की ताजीक सह टब्बार्थ			३
त.का.	७५६		तुलसीपूजा सहविधि			२
डूं.का.	८५२		तृतीय वैराग्यशतक		१७७४	३४
डूं.का.	४०१		तृतीयकर्मग्रंथरहस्ययंत्र			३
जि.ता.	४०३/३	◉	तृतीयप्रतिपुष्पिका		१३०५	
त.का.	३९८		तेजसारचौपाई	कुशलराज		२५
जि.का.	४८०	□	त्याद्यंतप्रक्रिया अपूर्ण			२-२२९
जि.का.	१२४१		त्रयोदशप्रकाशथी वीस प्रकाशपर्यंत			
जि.ता.	१५५/९	◉	त्रयोदशभेदनवकारस्वरूपकुलक		१२२२	१६१-१६२
जि.का.	२०७१		त्रिपताकीचक्रोदाहरण			१
जि.का.	१८६४		त्रिपुरबन्धमुहूर्त्त ज्योतिष			५
त.का.	२४७		त्रिपुरा(विजया)देवी पूजामंत्र स्तोत्र		१७६७	५
डूं.का.	६८०		त्रिपुरा स्तोत्र	रघुआचार्य	१८३७	९
लों.का.	२०७		त्रिभुवनकुमार चौपई			१-३७
डूं.का.	७३७		त्रिभुवनकुमारचरित्र			१८
डूं.का.	७५३		त्रिभुवनकुमारचरित्र		१९०३	२१
लों.का.	१७३		त्रिशती गणितसार सहटीका त्रूटक			२-३५

भंडार नाम	ग्रंथांक	ग्रंथनुं नाम	कर्ता	संवत्	पत्र संख्या
डूं.का.	११३२	त्रिशष्टिशलाका पुरुष (जैन रामायण)	हेमचंद्राचार्य		८८
त.का.	६९४	□ त्रिषष्टि शलाकापुरुष चरित्र पर्व	हेमचंद्रसूरि		१०९
जि.का	१६५०	त्रिषष्टिलक्षणमहापुराण त्रूटक अपूर्ण			६४-१०१
जि.ता.	२४४	◐ त्रिषष्टिशलाकापुरुषचरित्र अष्टमपर्व नेमिनाथ चरित्रअपूर्ण	हेमचन्द्रसूरि	१४००	२६२
जि.ता.	२४६	◐ त्रिषष्टिशलाकापुरुषचरित्र गद्य- शांतिनाथ चरित्र पर्यन्त	विमलसूरि	१४००	१६१
जि.ता.	२३८	◐ त्रिषष्टिशलाकापुरुषचरित्र तृतीयपर्वपर्यन्त-शीतलनाथस्वामी चरित्र पर्यंत	हेमचंद्राचार्य	१४००	२४८
जि.ता.	२३९	◐ त्रिषष्टिशलाकापुरुषचरित्र दशमपर्व	हेमचंद्र आचार्य	१३१९	१३२-३०९
जि.का	१६६७	◐ त्रिषष्टिशलाकापुरुषचरित्र दशमपर्व महावीरचरित्र	हेमचंद्राचार्य		८३
जि.का	१०६०	□ त्रिषष्टिशलाकापुरुषचरित्र परिशिष्टपर्व	हेमचंद्रसूरि		३१
जि.का	१०४९	□ त्रिषष्टिशलाकापुरुषचरित्र परिशिष्टपर्व	हेमचन्द्रसूरि		७९
जि.का.	२२८	◐ त्रिषष्टिशलाकापुरुषचरित्र महाकाव्य दशमपर्व-महावीरचरित्र	हेमचंद्रसूरि	१५३६	११३
जि.ता.	२४१	◐ त्रिषष्टिशलाकापुरुषचरित्र महाकाव्य द्वि.तृतीयपर्व संभवनाथ अभिनंदन चरित्र	हेमचन्द्राचार्य	१३००	१०१
जि.का.	१७४	◐ त्रिषष्टिशलाकापुरुषचरित्र महाकाव्य सप्तमपर्व-रामायण	हेमचंद्राचार्य		१३९

भंडार नाम	ग्रंथांक	ग्रंथनुं नाम	कर्ता	संवत्	पत्र संख्या
जि.ता.	२४२	◐ त्रिषष्टिशलाकापुरुषचरित्र सप्तमपर्व-रामायण प्रकीर्णक	हेमचन्द्राचार्य	१४००	२५
जि.ता.	४११	◐ त्रिषष्टिशलाकापुरुषचरित्रमहाकाव्य अष्टमपर्व-नेमिनाथचरित्र	हेमचंद्राचार्य	१३००	१६१
जि.का.	१२७९	◐ त्रिषष्टिशलाकापुरुषचरित्रमहाकाव्य दशमपर्व महावीरचरित्र	हेमचन्द्रसूरि	१३८४	२४१
जि.का.	१२८१	□ त्रिषष्टिशलाकापुरुषचरित्रमहाकाव्य प्रथमपर्व आदिनाथचरित्र	हेमचन्द्राचार्य	१५००	१०२
जि.का.	१३०२	त्रिषष्टिशलाकापुरुषचरित्रमहाकाव्य सप्तमपर्व-रामायण	हेमचंद्रसूरि आचार्य	१४००	२-१८५
जि.का.	१६४७	◐ त्रिषष्टिशलाकापुरुषचरित्रमहाकाव्य दशमपर्व-महावीचरित्र	हेमचंद्राचार्य		२०८
त.का.	१०८८	◐ त्रिषष्ठिशलाकापुरुषचरित्र + परिशिष्ट पर्व	हेमचंद्राचार्य	१६६८	३०-१२३
त.का.	१२६६	◐ त्रिषष्ठी शलाका पुरुषचरित्र पर्व ८			८०
डूं.का.	९२२	□ त्रिषष्ठी शलाकापुरुष- आदिनाथचरित्र	जिनरंगगणि	१८८९	११०
जि.ता.	२३९	◐ त्रिषष्टिशलाकापुरुषचरित्र प्रथमपर्व	हेमचंद्र आचार्य	१३१९	१-१३१
जि.ता.	४१२	◐ त्रिषष्टिशलाकापुरुषचरित्र- महाकाव्य दशमपर्व-महावीरचरित्र	हेमचंद्राचार्य	१३००	१७१
डूं.का.	१०३४	त्रिषष्ठिशलाकापुरुष चरित्र दशमुं पर्व			३६
त.का.	६९३	त्रिषष्ट शलाका पुरुष चरित्र			
जि.ता.	२४०	◐ त्रिषष्टिशलाकापुरुषचरित्र तृ. पर्व संभवनाथचरित्रथी शीतलनाथस्वामी पर्यन्त	हेमचन्द्र आचार्य	१३००	२-१४०
डूं.का.	१२४०	◆ त्रुटक पत्रे के बंडल छोटे			४

भंडार नाम	ग्रंथांक	ग्रंथनुं नाम	कर्ता	संवत्	पत्र संख्या
डूं.का.	१२३९	◆ त्रूटक पन्ने के बंडल बडे			४
जि.ता.	१५६/१४	☯ त्रूटक कुलक		११९२	६१-६२
जि.का.	२१८०	त्रूटक पानाना टूकडा			
डूं.का.	४६७	त्रेसठ शलाकापुरुषादि अनेक स्तवन संग्रह	जिनचंद्र		२९
जि.का.	२०१८	त्रेसठशलाकापुरुषस्तवन			२
डूं.का.	१२१	त्रेसठशलाका गीत			१४
डूं.का.	१८१	त्रैलोक्यदीपिका संग्रहणी सह टब्बार्थ	भक्तिसागरमुनि-ले	१८३२	४२
जि.का.	१६४६	त्रिपुरास्तोत्र लघुस्तव			२
डूं.का.	४०८	तपस्याविधि			२
डूं.का.	२२	थंभनपार्श्ववृद्धि स्तव	कुशललाभसूरि		६३
लों.का.	७१६	थभनापार्श्वनाथजीकी स्तवन			
त.का.	८२४	थलीकाव्याख्यान			२
लों.का.	३४०	थावच्चापुत्र चौढालीया	क्षमाकल्याण	१८४६	१-३
त.का.	४०७	थावच्चापुत्रसंधि	समयसुजान	१७४९	११
लों.का.	३९८	थावच्चापुत्रचौपई त्रूटक	नथमल		२-१३
लों.का.	३६८	थावच्चामुनिचौढाल	क्षमाकल्याण	र.१८४७ ले.१९१३	१-५
आ.का.	२२५	थावच्चापुत्रचौपई			११
था.का.	३०९	◆ थाहरुशाह ज्ञान भंडारकी प्राचीन सूचि	थाहरुशाह	१७१३	१
जि.का	३४३/२	□ थिरपुरमंडन कुंथुजिनस्तवन	जिनसमुद्रसूरि		३-४
जि.का	३४३/१	□ थिरपुरमंडन शांतिजिनस्तवन आलोचनाविनतीस्तोत्र	जिनसमुद्रसूरि	१७३२	२
जि.ता.	१५८/१०	☯ थेरावली (नंदीसूत्रान्तर्गता)	देववाचक	१४००	१२७-१३१
जि.ता.	१५६/९	☯ थेरावली-नन्दीसूत्रगता	देववाचक	११९२	३७-४०
था.का.	३४४	◆ थोकडा यंत्र			१

भंडार नाम	ग्रंथांक	ग्रंथनुं नाम	कर्ता	संवत्	पत्र संख्या
डूं.का.	७२०	दंडक टब्बार्थ	मोतीचंद पं.	१८९७	८
लों.का.	७२६	◆ दंडक तथा लघु संघयणी			
लों.का.	५८४	दंडक लघुसंग्रहणी सह टब्बार्थ जीर्ण			
डूं.का.	६१६/१	दंडक सप्तस्मरण			
लों.का.	३४६	दंडक स्तवन			
जि.का.	२१३८	दंडकचोवीसबोलयंत्रपट			१
डूं.का.	४१५	दंडकना २९ द्वार बालावबोध			४
जि.का.	६५५/२	दंडकप्रकरण	गजसारमुनि		१४-१६
जि.का.	२१६०/२२	दंडकप्रकरण			८९-९०
जि.का.	९०२	दंडकप्रकरण तथा नवतत्त्वप्रकरण			१५
जि.का	२७७	□ दंडकप्रकरण सस्तबक	गजसार		६
जि.का	२७६	□ दंडकप्रकरण स्वोपज्ञवृत्तिसह	गजसार मू.क.	१५७९	३
जि.का	१९१४	दंडकप्रकरण-विचारषटत्रिं स्वोपज्ञवृत्तिसह	गजसार		७
जि.का.	२७८	☯ दंडकप्रकरणअवचूरि			६
जि.का	५८०	दंडकबोलविचार		१७३१	११
डूं.का.	९०	दंडकसूत्र	गजसारमुनि		७
डूं.का.	६१५	दंडकादि			
डूं.का.	१३६२	दक्षिणामूर्तिस्तोत्र	शंकराचार्य		६
जि.का.	२१९०	☯ दमयंतीकथा-नलचंपूविवरण	चंडपाल		४३
जि.का	१३१४	☯ दमयंतीकथाचंपू त्र.अ.	त्रिविक्रमभट्ट	१३००	९४
जि.का	१०७८	☯ दमयंतीकथाचंपू सावचूरि पंचपाठ	त्रिविक्रमभट्ट-टि.		३२
जि.का	१०७९/१	☯ दमयंतीकथाचंपूविवरण	चंडपाल	१४८४	१-३९
डूं.का.	६१८	दयाधिकार (चोवीस दंडकबोल)			१८
त.का.	५०५	दर्शनशुद्धि			७
जि.ता.	२२३	☯ दर्शनशुद्धिप्रकरण विवरणसहित	मू.क.चन्द्रप्रभसूरि, वि.क.देवभद्रसूरि	१४००	१८६

भंडार नाम	ग्रंथांक		ग्रंथनुं नाम	कर्ता	संवत्	पत्र संख्या
था.का.	१०८		दर्शनसत्तरि			३
आ.का.	२८४		दर्शनसत्तरि सह टब्बार्थ			६
त.का.	५३८		दर्शनसत्तरि सह वृत्ति	संघतिलक	१६६२	४०
था.का.	१८३	◉	दर्शनसत्तरि सहवृत्ति			२१६
त.का.	२४	◉	दर्शनसत्तरीवृत्ति	संघतिलकसूरि	१६७७	१९९
जि.का.	१५७२	◉	दर्शनसप्ततिका वृत्तिसह अपूर्ण			१९१
जि.का.	३२०	□	दर्शनसप्ततिकाप्रकरण			३
जि.का.	७८७		दर्शनसप्ततिकाप्रकरण			५
जि.का.	१६७९		दर्शनसप्ततिकाप्रकरण वृत्तिसह	सोमतिलकाचार्य-टी.	र.१४२२ ले.१५०१	११६
जि.का.	१८०/४	◉	दर्शनसप्ततिकाप्रकरण- श्रावकधर्मविधितंत्रप्रकरण	हरिभद्रसूरि		६-८
जि.का.	६६	◉	दर्शनसप्ततिकाप्रकरणवृत्ति	संघतिलकसूरि -वृ.		५७(२९३-३४९)
जि.का.	१६७९		दर्शनसप्ततिकाप्रकरणवृत्तिसह	सोमतिलकाचार्य-टी.	र.१४२२ ले.१५०१	११६
डूं.का.	६४७		दश दृष्टांत			८
डूं.का.	१०४६		दश दृष्टांत			९
त.का.	७५४		दश दृष्टान्त			१३
जि.का.	६७१		दशआश्चर्य			१०
त.का.	१०२०/A		दशआश्चर्य	कालिदास		८
त.का.	११९५		दशआश्चर्य कल्पसूत्रवाचना			५
जि.का.	२०७७		दशआश्चर्यस्वरूप			६
जि.का.	१२७/१	□	दशउपासककथा	पूर्णभद्रगणि	१२७५	१-९
डूं.का.	३५६		दशपच्चखाण स्तवना	कल्याणविजयजी पं.-ले.		३
जि.का.	२०८७		दशप्रश्नोत्तर			६
आ.का.	१७४		दशविहा सामाचारी			३४
त.का.	६०३		दशवैकालिक अवचूरि			३४

भंडार नाम	ग्रंथांक		ग्रंथनुं नाम	कर्ता	संवत्	पत्र संख्या
जि.ता.	८९/१	◉	दशवैकालिक निर्युक्ति	भद्रबाहुस्वामी	१४९१	३५६-३८०
जि.ता.	८८/२	◉	दशवैकालिक लघुवृत्ति	सुमतिसूरि	र.१२२० ले.१४८८	२७२-३५८
त.का.	५०८	◉	दशवैकालिक सह वृत्ति	हरिभद्रसूरि		५२
लों.का.	८५		दशवैकालिक सूत्र	शय्यंभवाचार्य		१-३०
डूं.का.	२७५		दशवैकालिक सूत्र टब्बार्थ	क्षेमविमल-ले.पं.	१७३३	४२
लों.का.	१०२		दशवैकालिक सूत्र सह टब्बार्थ	शय्यंभवसूरि		१-१४
लों.का.	१०१		दशवैकालिक सूत्र सह बालावबोध अपूर्ण			१-२४
जि.का.	२२३६/१		दशवैकालिकगीत	खेतसी पुण्यकलश शिष्य		
जि.ता.	८५/२	◉	दशवैकालिकचूर्णी	अगस्त्यसिंह स्थविर	१२००	१७४-३४१
डूं.का.	४२७	◉	दशवैकालिकटीका	समयसुंदरगणि		८५
जि.ता.	८७/१	◉	दशवैकालिकनिर्युक्ति	भद्रबाहुस्वामी		१-१६
जि.का.	४४	◆	दशवैकालिकनिर्युक्ति	भद्रबाहुस्वामि		५(५६७-५७१)
लों.का.	५३६		दशवैकालिकनिर्युक्ति			८
जि.ता.	८४/३	◉	दशवैकालिकनिर्युक्ति अपूर्ण	भद्रबाहुस्वामी		१०
डूं.का.	३७२		दशवैकालिकनी सज्झाय			
त.का.	६०७	◉	दशवैकालिकलघुवृत्ति	हरिभद्रसूरि		२८
जि.ता.	४०१	◉	दशवैकालिकलघुवृत्ति अपूर्ण	सुमतिसूरि	१४००	२५२
जि.ता.	१४७/४	◉	दशवैकालिकविषमपदपर्याय			५४-६४
जि.ता.	८७/२	◉	दशवैकालिकवृत्ति	हरिभद्र आचार्य	१४००	१-१७१
डूं.का.	२५०	◉	दशवैकालिकवृत्ति	तिलकाचार्य		१७१
त.का.	५९७		दशवैकालिकवृत्ति			८३
त.का.	६१३	◉	दशवैकालिकवृत्ति	हरिभद्रसूरि		१३१
जि.ता.	८६	◉	दशवैकालिकवृत्ति त्रुटक अपूर्ण	हरिभद्र आचार्य	१३००	२०८
लों.का.	६७४	◆	दशवैकालिकसज्झाय गुटको			५६
जि.ता.	७४/१	◉	दशवैकालिकसूत्र	शय्यंभवसूरि		१-९६

भंडार नाम	ग्रंथांक	ग्रंथनुं नाम	कर्ता	संवत्	पत्र संख्या
जि.ता	८३/३	◉ दशवैकालिकसूत्र	शय्यंभवसूरि	१२८९	२२२-२४७
जि.का	४३	◉ दशवैकालिकसूत्र	शय्यंभवसूरि		७(५६०-५६६)
जि.का	२२४	□ दशवैकालिकसूत्र	शय्यंभवसूरि		११
जि.का	७००	दशवैकालिकसूत्र	शय्यंभवसूरि	१७०१	१९
जि.का	७६३	दशवैकालिकसूत्र	शय्यंभवसूरि		९
जि.का	९५०	दशवैकालिकसूत्र	शय्यंभवसूरि	१६११	२४
जि.का	१०८४/१	दशवैकालिकसूत्र	शय्यंभवसूरि		६-१४
जि.का	१०९३	दशवैकालिकसूत्र			११
जि.का	१३१०/५	दशवैकालिकसूत्र	शय्यंभवसूरि		३०-६८
जि.का	१७०७	दशवैकालिकसूत्र	शय्यंभवसूरि	१६०६	२८
जि.का	१४६७	◉ दशवैकालिकसूत्र	शय्यंभवसूरि		२९
जि.का	१४४४	दशवैकालिकसूत्र			
डूं.का.	९६२	दशवैकालिकसूत्र			१८
डूं.का.	११७२	◆ दशवैकालिकसूत्र		१७६३	६९
डूं.का.	११८०	दशवैकालिकसूत्र			५७
था.का.	७३	दशवैकालिकसूत्र	शय्यंभवसूरि	१६७४	२१
था.का.	७४	दशवैकालिकसूत्र	शय्यंभवसूरि		१८
लों.का.	६१७	दशवैकालिकसूत्र			१-२७
लों.का	२३५	दशवैकालिकसूत्र			
आ.का.	२३९	दशवैकालिकसूत्र			६९
त.का.	६०५	दशवैकालिकसूत्र	शय्यंभवसूरि		१०
त.का.	६०८	□ दशवैकालिकसूत्र		१४८८	२९
त.का.	६०९	दशवैकालिकसूत्र	शय्यंभवसूरि	१६४२	२०
त.का.	६१०	दशवैकालिकसूत्र			२४
त.का.	६११	दशवैकालिकसूत्र		१६४०	१६
त.का.	६१२	दशवैकालिकसूत्र		१६८३	२०
त.का.	१२५७	दशवैकालिकसूत्र			१८-२२

भंडार नाम	ग्रंथांक	ग्रंथनुं नाम	कर्ता	संवत्	पत्र संख्या
लों.का	९३	दशवैकालिकसूत्र अ.४ मूल	शय्यंभवस्वामी	१७६१	१-५
जि.का	८७६	दशवैकालिकसूत्र अपूर्ण	शय्यंभवसूरि		५
जि.का	१४६८	दशवैकालिकसूत्र चारअध्ययन- पर्यत			५
लों.का.	१३९	दशवैकालिकसूत्र टब्बार्थ		१८७५	१-१४
लों.का.	३०३	दशवैकालिकसूत्र त्रूटक	शय्यंभवाचार्य		१-२१
जि.ता.	८८/१	◉ दशवैकालिकसूत्र निर्युक्ति वृत्ति सह	मू.शय्यंभवसूरि नि.भद्रबाहुस्वामी वृ.हरिभद्र आचार्य		२७०
लों.का.	९९	दशवैकालिकसूत्र बालावबोध			१-६५
लों.का.	१००	दशवैकालिकसूत्र बालावबोध सह			१-१०८
लों.का.	८६	दशवैकालिकसूत्र मूल	शय्यंभवस्वामी		१-२७
लों.का.	८७	दशवैकालिकसूत्र मूल	शय्यंभवस्वामी		१-२६
लों.का.	८९	दशवैकालिकसूत्र मूल	शय्यंभवस्वामी		१-३८
लों.का	९०	दशवैकालिकसूत्र मूल	शय्यंभवस्वामी		१-३०
लों.का	९१	दशवैकालिकसूत्र मूल	शय्यंभवस्वामी		१-२३
लों.का	९४	दशवैकालिकसूत्र मूल	लाभमंडन-ले.	१५८२	१-१०
लों.का	९२	दशवैकालिकसूत्र मूल त्रूटक	शय्यंभवस्वामी	१६९०	२-२१
जि.ता	८२/१	◉ दशवैकालिकसूत्र सटीक	मू.क. शय्यंभवसूरि टी.क. तिलकाचार्य	१३०४	१-१८६
जि.का	४४४	□ दशवैकालिकसूत्र सटीक	शय्यंभवसूरि -मू.क., वृ.क.सुमतिसूरि		८८
लों.का.	९६	दशवैकालिकसूत्र सटीक त्रूटक			२५९-३१४
लों.का.	३०४	दशवैकालिकसूत्र सटीक त्रूटक	शय्यंभवाचार्य		१-९
जि.का	५९४	□ दशवैकालिकसूत्र सस्तबक	शय्यंभवसूरि -मू.क., स्त.क.राजचंद्रसूरि पार्श्वचंद्रग	१७०६	६
जि.का.	९९९	दशवैकालिकसूत्र सस्तबक			६५

भंडार नाम	ग्रंथांक	ग्रंथनुं नाम	कर्ता	संवत्	पत्र संख्या
जि.का.	१६९९	दशवैकालिकसूत्र सस्तबक	शय्यंभवसूरि		४८
जि.का.	१४८६	दशवैकालिकसूत्र सस्तबक अपूर्ण			२५
त.का.	६०४	दशवैकालिकसूत्र सह अवचूरि			३१
लों.का.	९७	दशवैकालिकसूत्र सह अवचूरि त्रूटक	शांतिदेव		१-३८
लों.का.	९८	दशवैकालिकसूत्र सह टब्बार्थ		१८२७	१-५८
लों.का.	६५३	दशवैकालिकसूत्र सह टब्बार्थ त्रूटक			१-६, ३५-३६
त.का.	१२४८	दशवैकालिकसूत्र सह टब्बार्थ वृत्ति			१०
डूं.का.	११७३	दशवैकालिकसूत्र सह टब्बार्थ		१६५७	४९
त.का.	१२०४	दशवैकालिकसूत्र सह बालावबोध			३६
लों.का.	९५	दशवैकालिकसूत्र सह वृत्ति	सुमतिसूरि	१६६७	१-७८
डूं.का.	१११७	दशवैकालिकसूत्र सहावचूरी	गंगादास	१६४३	५२
जि.का.	५३६	दशवैकालिकसूत्र सावचूरिक पंचपाठ			४२
त.का.	६०६	दशवैकालिकसूत्र सह बालावबोध			४४
जि.ता.	४१०/१	◉ दशवैकालिकसूत्रचूर्णि	स्थविर अगस्त्यसिंहसूरि		१८४
जि.का.	९५	□ दशवैकालिकसूत्रचूर्णी		१९८३	१५३
जि.का.	२२३६	दशवैकालिकसूत्रनां गीतो आदि			६
जि.का.	१३००/१	□ दशवैकालिकसूत्रनिर्युक्ति	भद्रबाहुस्वामी		१-२१
जि.का.	४५	◉ दशवैकालिकसूत्रबृहदवृत्ति	हरिभद्रसूरि आचार्य	१४८७	७२(५७२-६४३)
जि.का.	२१७६	दशवैकालिकसूत्रलघुवृत्ति	सुमतिसूरि		४८
जि.का.	१९४६	◉ दशवैकालिकसूत्रलघुवृत्ति	शय्यंभवसूरि-मू., के.सुमतिसूरि		५१
जि.ता.	८३/१	◉ दशवैकालिकसूत्रवृत्ति	हरिभद्रसूरि	१२८९	१-२०२
जि.ता.	८४/२	◉ दशवैकालिकसूत्रवृत्ति	हरिभद्र आचार्य		१०६-२१२
जि.ता.	८५/१	◉ दशवैकालिकसूत्रवृत्ति	हरिभद्र आचार्य		१-१७३
जि.का.	१४६९	◉ दशवैकालिकसूत्रवृत्ति	हरिभद्रसूरि-वृ.		१२५
था.का.	७५	दशवैकालिकसूत्रचूर्णि			१८८
जि.का.	४६	◉ दशवैकालिकसूत्रचूर्णी		१४८८	७५(६४४-७१७)
था.का.	७६	◉ दशवैकालिकसूत्रवृत्ति			६४
था.का.	७७	◉ दशवैकालिकसूत्रवृत्ति			६४
जि.का.	५४०	दशवैकालिकसूत्र	शय्यंभवसूरि		२०
था.का.	८६	दशवैकालिकसूत्र	शय्यंभवसूरि		२१
था.का.	२५	□ दशवैकालिकसूत्र	शय्यंभवसूरि		१९
जि.ता.	८३/२	◉ दशवैकालिकसूत्रनिर्युक्ति	भद्रबाहुस्वामी	१२८९	२०३-२२१
जि.ता.	२७०/४	◉ दशश्रावकचरित्र गाथाबद्ध	पूर्णभद्र	१२७५	३४८-३७८
जि.ता.	२७०/५	◉ दशश्रावकचरित्रचूर्णि	पूर्णभद्र	१३०९	३७८-३८४
जि.का.	१८८८	दशाकोष्ठक ज्योतिष			५
जि.का.	१८८४	दशाकोष्ठकज्योतिष			५
आ.का.	१०४	◆ दशाफलम्			५
डूं.का.	१२८१	दशार्णभद्र चौढालियादि सज्झाय			६
था.का.	३६८	दशार्णभद्रऋद्धि			२
डूं.का.	४२०	दशार्णभद्रऋषि सज्झाय	महिमासागर	१७८६	४
जि.ता.	६१/४	◉ दशाश्रुतस्कंधसूत्र	भद्रबाहुस्वामी	१४९०	२२५-२८०
जि.ता.	६१/३	◉ दशाश्रुतस्कंध चूर्णी			१६१-२२५
लों.का.	७५	दशाश्रुतस्कंध मूल	भद्रबाहु		१-२९
लों.का.	७६	दशाश्रुतस्कंध मूल सहवाचना	भद्रबाहु	१६७४	१५-४०
जि.का.	१०११	दशाश्रुतस्कंध सस्तबक		१८३६	५२
जि.ता.	४१/३	◉ दशाश्रुतस्कंधनिर्युक्ति	भद्रबाहुस्वामी		९२-९६
जि.ता.	४१/२	◉ दशाश्रुतस्कंधसूत्र	भद्रबाहुस्वामी		५०-९२
जि.का.	९६/३	□ दशाश्रुतस्कंधसूत्र	भद्रबाहुस्वामी	१९८२	४१-७४
जि.का.	२७४	□ दशाश्रुतस्कंधसूत्र	भद्रबाहुस्वामी	१६६५	२६
जि.का.	९३/२	□ दशाश्रुतस्कंधसूत्रचूर्णी		१९८२	४-४१

भंडार नाम	ग्रंथांक	ग्रंथनुं नाम	कर्ता	संवत्	पत्र संख्या
जि.का.	२७३	□ दशाश्रुतस्कंधसूत्रचूर्णी			४३
जि.का.	९६/१	□ दशाश्रुतस्कंधसूत्रनिर्युक्ति	भद्रबाहुस्वामी	१९८२	१-४
त.का.	५	दशाश्रुतस्कन्ध निर्युक्ति चूर्णि			५६
त.का.	४	दशाश्रुतस्कन्ध सूत्र	सुधर्मागणधर		४६
आ.का.	२४७	दशाश्रुतस्कन्धसूत्र			१५
डूं.का.	११८४	दशाश्रुतस्कंध टब्बार्थ	मुनिचंद्र		४६
त.का.	६१७	दशाश्रुतस्कंध सह टब्बार्थ	पूर्वाचार्य	१८९६	१०३
त.का.	६१८	दशाश्रुतस्कंध सह टब्बार्थ			४८
डूं.का.	११७८	दशाश्रुतस्कंधसूत्र सह टब्बार्थ	धर्मसुंदर	१७८३	४९
था.का.	२४७	☯ दशाश्रुतस्कंधसूत्र निर्युक्ति सह चूर्णि			१०१
आ.का.	३३	दशाश्रुतस्कन्ध कल्पसूत्र टब्बार्थ			१५१
जि.का.	२७५	□ दशाश्रुतस्कंधसूत्र	भद्रबाहुस्वामी		१८
जि.ता.	४१/१	☯ दशाश्रुतस्कंधसूत्रचूर्णी			१-५०
लों.का.	५६०	दश प्रत्याख्यानपाठ	रामचंद्र		१-३
आ.का.	१६	दशआश्चर्य			५
जि.का.	१२७/२	□ दशउपासककथाचूर्णी	पूर्णभद्रगणि	१९८३	१०-१२
डूं.का.	४११	दशठाण अपूर्ण			१६
डूं.का.	४२९	दशदृष्टांत अनुत्तरोववाई		१९२३	१५
त.का.	१८	☯ दशवैकालिकचूर्णि		१६७८	१७५
लों.का.	८८	दशवैकालिकसूत्र मूल	शय्यंभवस्वामी		१-३९
डूं.का.	३१२	दशव्याख्यानकथा	रत्नचंद्र		९
त.का.	२९५	दस आश्चर्य		१७६६	११
त.का.	२९६	दस आश्चर्य			९
आ.का.	१४७	दस ढाढा			१६
आ.का.	२४	दसपइन्नासूत्र		१८४०	११५
आ.का.	२८०	दसवैकालिकनिर्युक्ति			२०
आ.का.	२२६	दसवैकालिकसूत्र			१५
आ.का.	२७५	दसवैकालिकसूत्र			१०
था.का.	४७३	दादागुरुगीत	रंगविजयगणि		३
डूं.का.	१३४५	दादाजीके गीत			५
डूं.का.	४४४	दादाष्टक			
लों.का.	४३०	दादीजीरो छंद			१-७
लों.का.	६०९	दान, शील तप, भावना, कुलक सहटब्बार्थ			१-५८
लों.का.	६२८	दान-शील-तप-भावना संवाद	समयसुंदर	१८१४	१-४
त.का.	३४९	दान-शील-तप-भावना संवाद			६
लों.का.	५७६	दान-शील-तप-भावना-संवाद + वृद्ध शांति	समयसुंदर		१-४, १-२
था.का.	९९	☯ दान-शील-तप-भावनाकुलक सहवृत्ति	देवेन्द्रसूरि	१८९१	२१४
त.का.	१२७१/A	दान-शील-तप-भावनासंवाद		१६६६	६
त.का.	९७८	दान-शील-तप-भावनासंवाद शतक व स्तवन		१६४२	३
लों.का.	४६७	दान-शील-तप-भावनासंवाद	समयसुंदर	१८४३	१-३
लों.का.	४९७	दान-शील-तप-भावनासंवाद	समयसुंदर	१८४७	१-५
डूं.का.	११६०	दानमाहात्म्य	रत्नहर्ष	१८९६	३६
जि.का.	२१४०	□ दानविजयचोवीसी	दानविजयजी		५
था.का.	४०	दानविधि			
जि.ता.	१५६/५	☯ दानविधिकुलक		११९२	२१-२३
जि.का.	१३२६/२९	☯ दानविधिकुलक			२४१-२४३
जि.का.	४९९/१	□ दानविधिप्रकरण			२जु
डूं.का.	१२०२	◆ दानशील चौढालीया (गुटका)	नेमीदास	१७६०	
त.का.	९३६/B	दानशीलतपभावनाकुलक			४
त.का.	१०२३/C	दानशीलतपभावनाकुलक			१
जि.का.	२००२	दानशीलतपभावनाचोपाई	समयसुंदर	र.१६६४	५

भंडार नाम	ग्रंथांक	ग्रंथनुं नाम	कर्ता	संवत्	पत्र संख्या
त.का.	११२१	◆ दानशीलतपभावनासंवाद			६
डूं.का.	१०३६	◐ दानशीलतपभावनाकुलक सह वृत्ति अपूर्ण			१५०
आ.का.	३१८	दानशीलतपभावनासंवाद			५
लों.का.	१३६	दानशीलतपभावना कुलक			१-२
डूं.का.	१२२९	दानशीलतपभावनो संवाद	समयसुंदर	१८८१	१०
डूं.का.	१२६६	दानशीलतप चौढालिये + गौडीपार्श्व स्तवन			९
आ.का.	१३५	दानशीलतप संवाद			२३
लों.का.	२११	दानशीलतपभावना संवाद	समयसुंदर		१-४
जि.का.	१०७५/१	◐ दानषट्त्रिंशिका वृत्तिसह वृ.क.दैवललामसाधु	राजशेखर-मू.क.,	१५५२	१-९
डूं.का.	७४६	दानादि कुलक	देवेन्द्रसूरि	१८९१	२९२
जि.का.	५१४	□ दानादिकुलक सस्तबक अपूर्ण			६
जि.का.	१६०४	दानादिकुलकबालावबोध अपूर्ण			५३
डूं.का.	५९९	□ दानादिकुलकवृत्ति	सुमतिनिधान	१८६२	१४५
लों.का.	६३२	दामनकचौपाई	ज्ञानधर्म	र.१७३५ ले.१७७८	१-११
जि.का.	१०५१	□ दार्शनिकग्रंथ अज्ञात अपूर्ण			१८
जि.का.	६८६	□ दिक्पटचोरासीबोलकवित		१७६४	८
जि.का.	१०३८	दिक्पटचोरासीबोलविसंवाद	जिनसमुद्र		५
जि.का.	२१४३	□ दिगंबरचोरासीबोल			३
जि.का.	१९३५	दिव्यतत्त्व	रघुनंदन भट्टाचार्य		२४
डूं.का.	१५९	◐ दीक्षा-सूतकादि विविध विचार संग्रह			३थी१०
डूं.का.	१६४	दीपालिका कल्प			७-१६
जि.का.	९८७	□ दीपालिकाकल्प	जिनसुंदरसूरि	र.१४८३ ले.१७४०	४-११
त.का.	१३३१	दीपाली गुणना			
डूं.का.	२९५	दीपावली कल्प	गणेशमुनि पं.	१८९९	४३ थी ५५
डूं.का.	२४५	दीपावली व्याख्यान	उमेदचंद्र	१९२९	७१-९४
आ.का.	२७०	दीपावलीकल्प			२१
त.का.	३२४	दीपावलीकल्प			१०
त.का.	१३१२	दीपावलीकल्प			४
त.का.	७४१	दीपावलीकल्प सह टब्बार्थ		१९११	१४
डूं.का	५८५	दीपावलीकल्प	विमलमुनि		८
डूं.का.	२६६	दीपावलीकल्पसह टब्बार्थ	लक्ष्मीराज-ले.	१४८३	३६
डूं.का.	२७७	दीपावलीव्याख्यान	गुणसुंदर		८
डूं.का.	१००६	दीपावलीकल्प	जिनसुंदरसूरि	१४८३	२१
डूं.का.	४७५	दीवालीकल्प	विमलमुनि	१८७२	९
जि.का.	९७९	दीवालीस्तवन	गुणहर्ष	१९०२	१३
डूं.का.	२२४	दीवाळीकल्प		१९३३	१५
लों.का.	४२८	दीपावलीव्याख्यान		१९०४	१-८
डूं.का.	७२१	दुरियरयसमीर	समयसुंदर	१८२२	१६
डूं.का.	९६९	दुरियरयसमीर वृत्ति	समयसुंदर	१९०३	१६
डूं.का.	३२४	दुरियरयसमीरवृत्ति	समयसुंदर	१८९४	२०
जि.का.	१६१९	दुरियरयसमीरस्तोत्र	जिनवल्लभसूरि		४
जि.का.	१६२०	दुरियरयसमीरस्तोत्र बालावबोधसह अपूर्ण			७
जि.का.	१६२१	◐ दुरियरयसमीरस्तोत्र सावचूरिक पंचपाठ	जिनवल्लभसूरि		४
जि.का.	२१६०/१९	दुरियरयस्तोत्र			७६-८०
जि.का.	१२५३	दुरियरस्तोत्र अपूर्ण	जिनवल्लभगणि		६
जि.का.	३८९	□ दुरियरयसमीर महावीरचरित्रस्तोत्र	जिनवल्लभगणि		२
जि.का.	१२८२	◐ दुर्गवृत्तिव्याश्रयमहाकाव्य स्वोपज्ञवृत्तिसह त्रू. अ.	जिनप्रभसूरि स्वोपज्ञ	१५००	१२२-२८२

भंडार नाम	ग्रंथांक		ग्रंथनुं नाम	कर्ता	संवत्	पत्र संख्या
जि.का.	१७५३	◐	दुर्गसिंहलिंगानुशासन	दुर्गसिंह		१२
लों.का.	५४०	◐	दुर्गसिंहवृत्ति पंजिका			९३
लों.का.	५२५		दुर्गापाठ			१-१२
जि.का	१२११	□	दुर्गासप्तशती		१७५३	४७
त.का.	११०२		दुष्टग्रहयोगादि			६
डूं.का.	१८८		दुहाबावनी	राजकवि		८
जि.का	२१६१		दूहासंग्रह			८
जि.का	४२०/५५		दृष्टांतपच्चीसी	भगवतीदास	१७५२	१०६-१०७
डूं.का.	४२१		दृष्टांतरत्नावली काव्य			५
डूं.का.	६३९		दृष्टांतशतक			१९
डूं.का.	९५३		दृष्टांतशतक पत्र	गुणविजय	१७६९	११
डूं.का.	६२५		दृष्टांत शतक	तेजसिंह		९
जि.का	२१५८	□	दृष्टिफलज्योतिष			३
लों.का	६३१		देवकीजीको चौढालियो			१-८
जि.का	६४८		देवगुरुगीत			
था.का.	२९५	◐	देवपूजापर्व विधि		१९९९	६
जि.का	१०६४/१		देववंदनकप्रत्याख्यानप्रकरण	जिनप्रभसूरि	१५४४	१८
जि.ता.	४२४	◐	देववंदनभाष्यादि प्रकरणसंग्रह			१२०
जि.का	१५२६		देववंदनादिभाष्यत्रय	देवेन्द्रसूरि		११
जि.का	९२०		देववंदनादिभाष्यत्रय बालावबोधसह पंचपाठ किंचिदपूर्ण	देवेन्द्रसूरि		१२
जि.का.	७४०		देववन्दनादिभाष्यत्रय	देवेंद्रसूरि		५
जि.का.	१९५१/७		देविंदत्थओ			४०-५१
जि.का.	१२१६		देवीगीत आदि पत्र			६
डूं.का.	१९१		देवीदास कवित्त	देवीदास		२३
त.का.	९५६	◐	देवप्रभस्तोत्र अवचूरि की पीठिका			३
जि.का	२०५५		देशकालस्वरूप			५
डूं.का.	४३८		देशनानी पध्धति	गुलाबचंद	१९४२	५

भंडार नाम	ग्रंथांक		ग्रंथनुं नाम	कर्ता	संवत्	पत्र संख्या
डूं.का.	१२८६		देशविरती प्रायश्चित विधि	जिनप्रभसूरि		६
जि.का	७०६	□	देशीनाममाला	हेमचन्द्राचार्य	१७०१	२५
जि.का	८३९	◐	देलवाडामंडनआदिजिनस्तवन सावचूरि पंचपाठ	लक्ष्मीसागर		२
डूं.का.	६७९		देवप्रभोस्तोत्रसहवृत्ति			६
डूं.का.	१२७४		दो काव्य पंचपाठी अर्थ सहित			१
जि.का.	७७०		दोढसो कल्याणकनुं गणणुं			२
डूं.का.	४४०		दोषावली		१८३८	६
लों.का.	५३४/C		दोषावली		१९७०	४
आ.का.	१११		दोषावली			३
लों.का.	३४५		दोषपृच्छा शकुनावली			१-२
जि.का.	४१६		द्रव्यगुणपर्यायरास सस्तबक अपूर्ण	यशोविजयोपाध्याय स्वोपज्ञ		२७
आ.का.	१०३/A		द्रव्यगुणपर्यायरास			१५
त.का.	१२५८		द्रव्यनयका ग्रंथ			३-१४
जि.का.	७४६		द्रव्यप्रकाश	देवचन्द्रगणि	र.१७१७ ले.१९०९	४१
जि.का.	६१०	□	द्रव्यप्रकाश अपूर्ण	देवचन्द्र		१८
जि.का.	४२०/२		द्रव्यसंग्रह	भगवतीदास	१७३१	१५-२३
जि.का.	७८९		द्रव्यसंग्रह	नेमिचंद्र भंडारी		५
जि.का.	९७१		द्रव्यसंग्रह बालावबोधसह	नेमिचंद्र भंडारी		१५
जि.ता.	२१३	◐	द्रव्यसंग्रह सटीक प्रथमखंड	नेमिचंद्रसूरि दिगंबर	१४००	६८
जि.का	५८६	◐	द्रव्यसंग्रह सस्तबक	नेमिचंद्रसूरि स्त.क.		१२
त.का.	६८८		द्रव्यसंग्रहटीका		१७४२	७९
त.का.	९०१	◆	द्रव्यानुयोग पत्र		१६०९	२
जि.ता.	३६६/२	◐	द्रव्यालंकार सटीक तृतीयपरिच्छेद	रामचंद्र-गुणचंद्र स्वोपज्ञ	१२०२	११३
जि.ता.	३६६/१	◐	द्रव्यालंकार सटीक द्वितीयपरिच्छेद	रामचंद्र-गुणचंद्र स्वोपज्ञ		१९७
जि.का	१५१	◐	द्रव्यालंकार स्वोपज्ञवृत्ति सह तृतीय प्रकाश टिप्पणीसह	रामचंद्र गुणचंद्र	१९८४	३५

भंडार नाम	ग्रंथांक		ग्रंथनुं नाम	कर्ता	संवत्	पत्र संख्या
जि.का.	१५०	☯	द्रव्यालंकार स्वोपज्ञवृत्ति सह द्वितीयप्रकाश टिप्पणीसह	रामचंद्र गुणचंद्र	१९८४	५५
जि.ता.	३४०	☯	द्वयाश्रयमहाकाव्य वृत्तिसह तृतीयखंड १३मा सर्गथी संपूर्ण	मू.क.हेमचंद्राचार्य, वृ.क.अभयतिलकगणि	र.१३१२ ले.१४००	२७३
जि.ता.	३३६	☯	द्वयाश्रयमहाकाव्य वृत्तिसह द्वितीयखंड सर्ग ६-१२मासर्ग पर्यन्त	मू.क.हेमचंद्राचार्य, वृ.क.अभयतिलकगणि	र.१३१२ ले.१४००	३००
जि.ता.	३३५	☯	द्वयाश्रयमहाकाव्य वृत्तिसह प्रथमखंड पंचम सर्ग पर्यन्त	मू.क.हेमचंद्राचार्य, वृ.क. अभयतिलकगणि	र. १३१२ ले.१४००	२९७
जि.का.	११६१	☯	द्वयाश्रयमहाकाव्य वृत्तिसह- कुमारपालचरित	हेमचंद्राचार्य-मू., वृ.क.राजशेखर		४५
त.का.	१२७१/B		द्वात्रिंशिका			१
जि.का.	२८४	□	द्वादशकथा त्रूटक अपूर्ण			८१-१००
जि.का.	२०४	□	द्वादशकुलक	जिनवल्लभसूरि	१६३१	४
जि.का.	१३१७/६	☯	द्वादशकुलक	जिनवल्लभसूरि		६९-८६
जि.का.	१३२६/४८	☯	द्वादशकुलक	जिनवल्लभसूरि	१३८९	२८२-३०१
जि.का.	१५६६	☯	द्वादशकुलक टिप्पणीसह	जिनवल्लभसूरि		६
जि.का.	११८९	□	द्वादशकुलक विवरणसह	जिनवल्लभसूरि-मू.क., वृ.क.जिनपालोध्याय	१९८३	९१
जि.का.	१५६७	☯	द्वादशकुलक विवरणसह	जिनवल्लभसूरि-मू., टी.क.जिनपाल		७५
जि.ता.	२१८	☯	द्वादशकुलक विवरणसहित	मू.क.जिनवल्लभसूरि, वि.क.जिनपालोपाध्याय		१-११७
त.का.	११५९		द्वादशग्रहभावफल			२-७
था.का.	३१६	◆	द्वादशपर्वव्याख्यान भाषान्तरम्			९६
जि.का.	८५८/३		द्वादशभावना	जयसोम	१६७६	११-१२
जि.का.	९९६		द्वादशभावना	सकलचंद्रगणि	१७७३	५
जि.का.	८२१/२		द्वादशभावनासंधि	जयसोम	र.१६४६ ले.१६९५	४-८
जि.का.	८०८/१	☯	द्वादशभावनासज्झाय़देव	जयसोम	१६७६	१-३
जि.का.	२१२६	□	द्वादशभावफलविवरणज्योतिष			१५
जि.का.	४७६	◆	द्वादशमहावाक्यनिर्णय			
जि.का.	२१०८		द्वादशव्रतअतिचारस्वरूप			३
जि.ता.	२४७	☯	द्वादशव्रतकथा गाथाबद्ध अपूर्ण		१३००	१२१
त.का.	८६७		द्वादशव्रतप्रकरण		१८९९	२
जि.का.	७८५		द्वादशव्रतविचार			१६
जि.का.	९४६		द्वादशव्रतस्वरूप आदि			४-२९
जि.का.	१३३८	☯	द्वादशांशफल आदि ज्योतिष			१२
था.का.	१८८		द्वादशकुलक			४६
जि.का.	८६८	□	द्वारिकामाहात्म्य अपूर्ण			११
डूं.का.	१२४६		द्विघटिका			(८ से १३) ६
डूं.का.	३७	☯	द्विजवदनचपेटा	गुणचंद्र	१६२१	१७
आ.का.	३३२		द्वितीय कर्मग्रंथ यंत्र			५
डूं.का.	६६७	◆	द्वितीय श्रुतस्कंध प्रथम अध्ययन			१२५
जि.का.	१५११		द्वितीयतृतीयकर्मग्रंथ	देवेन्द्रसूरि		४
जि.ता.	४०३/२	☯	द्वितीयप्रतिपुष्पिका		१३०५	
डूं.का.	४८६		द्वितीयवाचना			३
जि.का.	१६७	☯	द्वीपसागरप्रज्ञप्तिसंग्रहणी			५
जि.का.	८०७		दशआश्चर्य अपूर्ण			६
त.का.	४२३		दशविधयतिधर्म	ज्ञानविमल	१८९४	७
जि.ता.	८९/१	☯	दशवैकालिकचूर्णी		१४८९	१-३५५
जि.ता.	६१/२	☯	दशाश्रुतस्कंधनिर्युक्ति	भद्रबाहुस्वामी		१५६-१६१
लों.का.	४५७		दसपच्चक्खाण			
आ.का.	८८		दसवैकालिक	लावण्यनंदि गणि	१५४८	३

भंडार नाम	ग्रंथांक	ग्रंथनुं नाम	कर्ता	संवत्	पत्र संख्या
आ.का.	८०	दसवैकालिकसुत्र			१४
जि.का.	१९२९ ◉	धनंजयनाममाला	धनंजय		२७
डूं.का.	६२८	धनंजयनाममाला	धनंजय		९
डूं.का.	९६६	धनंजयनाममाला		१९२१	९
जि.का.	१२४७	धनंजयनाममाला अपूर्ण	धनंजय		२७
आ.का.	३१६	धनदत्तचौपई			७
जि.का.	३९१ □	धनपालपंचाशिका सावचूरि पंचपाठ	धनपाल -मू.		३
जि.का.	१९७५	धनफलीगणसारणी सस्तबक			१०
डूं.का.	१०८८	धन्नाचरित्र			
डूं.का.	७२५	धन्नानी सज्झाय + नंदीषेण सज्झाय	उदयतिलक		२
लों.का.	४५९ ◉	धन्नासंधि	कल्याणतिलक		१-४
जि.का.	२२३६/३	धन्यर्षिसज्झाय	नयरंग		
जि.का.	२२३६/४	धन्यर्षिसज्झाय	विद्याकीर्ति		
जि.ता.	२४९/२ ◉	धन्यशालिभद्रचरित्र	पूर्णभद्रगणि	१२८५	२२-१३८
जि.का.	६३०	धन्यशालिभद्ररास	जिनराजसूरि	र.१६७८ ले.१७७१	२५
जि.का.	१९८०	धन्यशालिभद्ररास	जिनविज़य	१८२२	७५
जि.का.	७२८	धन्वंतरीयनिघंटु	धन्वतरी	१६०४	४२
था.का.	३५५	धन्नाऋषि पंचढालिया	जिनकुशलसुरि		३
जि.ता.	२७०/१ ◉	धन्यशालिभद्रचरित्र	पूर्णभद्र	र.१२८५ ले.१३०९	१-१५६
लों.का.	१७९	धम्मिलकथा त्रूटक			१-२१
डूं.का.	३६	धर्मकथा	सुवर्णलक्ष्मीगणि	१६१७	१३१
जि.का.	२२०२	धर्मकुटुंबकथा- अष्टप्रकारीपूजाफलविषये			३
डूं.का.	५३२	धर्मचतुस्त्रिंशिका बालावबोध	तेजसिंह-ले., जयमलमुनि-क.	१७६८	४
जि.का.	१६५४	धर्मदत्तकथानक गद्य		१६६८	७
लों.का.	४४५	धर्मध्यान और आलोचना		१७६५	१-२
डूं.का.	४६९	धर्मनाथ स्तवन	विनयरससूरि	१८२९	५
जि.ता.	१९१/८ ◉	धर्मपद-धर्मशिक्षाप्रकरण	जिनवल्लभगणि	१४००	१-११
था.का.	१० ◉	धर्मपरीक्षा	अमितगति आचार्य	१०७०	६६
डूं.का.	५६३	धर्मबावनी	आनंदवर्धन		३
डूं.का.	४५५ ◉	धर्मबिंदु + योगबिंदु + पंचाशक + उपधानविधि संपूर्ण			९६-१२०
डूं.का.	४४९	धर्मरत्न मंजुषा			
जि.ता.	२३४ ◉	धर्मरत्नप्रकरण बृहदवृत्तिसहित त्रूटक अपूर्ण	मू.क.शांतिसूरि, वृ.क.देवेन्द्रसूरि	१४००	२९४
जि.का.	७९९	धर्मरत्नप्रकरण बृहद्वृत्तिसह त्रूटक अपूर्ण	शांतिसूरि-मू.क., वृ.क.देवेन्द्रसूरि		६५-२३५
डूं.का.	६९९ ◉	धर्मरत्नप्रकरण सह वृत्ति	खुशालविमल	१८७७	२६९
त.ता.	४ ◉	धर्मरत्नप्रकरणस्वोपज्ञवृत्तिसह	शांतिसूरि	१३०९	१९८
जि.ता.	३५३/२ ◉	धर्मरसायनरासक सटीक		१४००	३८ थी
जि.ता.	१५४/१२ ◉	धर्मलक्षण		१२१०	८६-८७
जि.ता.	१५८/१३ ◉	धर्मलक्षण		१४००	१३८-१३९
जि.का.	१३३/१३ □	धर्मलक्षण			२२-२३
जि.का.	१३२६/३९ ◉	धर्मलक्षण			२६६-२६७
जि.ता.	२३६ ◉	धर्मविधिप्रकरण	नन्नसूरि	र.११९० ले.११९०	१८६
जि.ता.	२२४/७ ◉	धर्मशिक्षाप्रकरण	जिनवल्लभगणि	१३००	३५-४३
डूं.का.	७७६/A	धर्मसंग्रहणि	खुशाल		३२
जि.का.	७५ ◉	धर्मसंग्रहणिप्रकरण वृत्तिसह	हरिभद्र आचार्य -मू., मलयगिरि आचार्य-वृ.		

भंडार नाम	ग्रंथांक		ग्रंथनुं नाम	कर्ता	संवत्	पत्र संख्या
था.का.	९४	◐	धर्मसंग्रहणीवृत्ति	मलयगिरि	१६७३	२७१
डूं.का.	१८४		धर्मास्तिकाय चतुर्भंगी			७
जि.ता.	३७०	◐	धर्मोत्तरटिप्पनक	मल्लवादी आचार्य	१२००	९४
जि.ता.	३७१	◐	धर्मोत्तरटिप्पनक	मल्लवादी आचार्य	१३००	७७
त.का.	११२८		धर्मोपदेश			१६
जि.ता.	१५५/४	◐	धर्मोपदेशमालाप्रकरण	वीरचन्द्र शिष्य	१२२२	६०-९५
जि.ता.	१५८/४	◐	धर्मोपदेशमालाप्रकरण		१४००	८६-९४
जि.ता.	१५९/२	◐	धर्मोपदेशमालाप्रकरण	जयसिंहसूरि	१३४५	६९-८२
डूं.का.	४०३		धर्मोपदेशग्रंथ			१९
था.का.	२१७	◐	धर्मोपदेशमाला सहवृत्ति	जयंतसिंह		१४०
डूं.का.	७४२		धर्मोपदेशरास			७
आ.का.	२२३		धर्मबावनी			१७
त.का.	२०	◐	धर्मसंग्रहणीटीका	मलयगिरि	१६७७	२७८
डूं.का.	१०९८		धातुगण सेट् आदि (प्रश्न विवरण)	हेमचंद्राचार्य		२५
जि.ता.	३०३/१	◐	धातुपाठ		१३००	१८
जि.का	७०९		धातुपाठ अपूर्ण			९
जि.ता.	३०८	◐	धातुपारायण	हेमचंद्राचार्य स्वोपक्ष	१३००	१८१
जि.का	१६९	□	धातुपारायण	हेमचंद्रसूरि		
डूं.का.	१६५		धातुपाठ			३
जि.का	४२५	□	धातुप्रक्रिया			२२
जि.का	१९०९		धातुरूपावली			६७
डूं.का.	३७०		धातुरुपावली अपूर्ण			३७-६१
आ.का	२९२		धारणायन्त्र			३
आ.का	२९३		धारणायन्त्र			२
डूं.का.	१२९०		धार्मिक सुभाषित			८
आ.का	२८९		धार्मिकसुभाषित			११
जि.ता.	१५६/६	◐	धूमावलि		११९२	२३-२७

भंडार नाम	ग्रंथांक		ग्रंथनुं नाम	कर्ता	संवत्	पत्र संख्या
जि.का	१३१६/२		धूमावलि			१९४-१९५
त.का.	१०२४		ध्यानपत्र			४
त.का.	१६८		ध्यानशतक	जिनभद्रक्षमाश्रमण		६
त.का.	५४६		ध्यानशतक	जिनभद्रक्षमाश्रमण		६
जि.का	८६१	□	ध्यानस्वरूप			१
लों.का	७१६	◆	धन्नाशालीभद्रचौपई व थभनापार्श्वनाथ जीकी स्तवन			१-२९
जि.ता.	२२४/८	◐	धर्मबिंदुप्रकरण	हरिभद्रसूरि आचार्य	१३००	४३-६४
था.का.	१	◐	धर्मरत्नकरंडकवृत्ति	वर्धमान आचार्य	र.११७२ ले.१६७९	२२०
जि.ता.	१५५/२	◐	धर्मरत्नप्रकरण	शान्तिसूरि	१२२२	३७-४७
जि.का	१२०१		नंददासनाममाला तथा दुहा सोरठा आदि गुटको			
जि.का	८१९		नंदबत्रीसीचोपाई	ज्ञानशील	१५६०	२-८
जि.का	१२७०		नंदिताढ्यछंदःशास्त्र किंचिदपूर्ण			७
जि.का	२२२२		नंदिताढ्यछंदःशास्त्र सटीक	रत्नचंद्र		५
था.का	१६०	□	नंदिसूत्र		१६७२	२०
आ.का	३९		नंदिसूत्र		१६५५	१४
जि.ता.	७६	◐	नंदीदुर्गपदवृत्ति	श्रीचंद्रसूरि	१२२६	३-२२१
जि.ता.	१४७/१	◐	नंदीविषमपदपर्याय			१-७
जि.का	४२०/२६		नंदीश्वरद्वीपजयमाल	भैया		६५ मु
त.का.	९२४		नंदीश्वरस्तवन			२
डूं.का.	११३७		नंदीश्वरद्वीप स्तवन/गाथा सहस्त्री	समयसुंदर	१६८६	५०
था.का	३८८		नंदीश्वरशाश्वतप्रतिमा-संख्याधिकार स्तवन			३
जि.का	८१७/१	□	नंदीश्वरस्तवन			४ थु
डूं.का.	३६७		नंदीश्वरद्वीपस्तुति			२
डूं.का.	७२५		नंदीषेण सज्झाय			

भंडार नाम	ग्रंथांक		ग्रंथनुं नाम	कर्ता	संवत्	पत्र संख्या
जि.का	९१७		नंदीषेणचोपाई किंचिदपूर्ण	ज्ञानसागर		७
जि.ता	७७/१	◉	नंदीसूत्र	देववाचक		२६
जि.का	९१३		नंदीसूत्र	देववाचक		१९
जि.का	१०३०		नंदीसूत्र	देववाचक		२६
था.का	१६१	◉	नंदीसूत्र वृत्ति	मलयगिरि		१७५
जि.का	८३३		नंदीसूत्रगत द्वादशांगीआलापक	देववाचक		१३
जि.ता	४१०/२	◉	नंदीसूत्रचूर्णि	जिनदासगणि महत्तर	५१८	१८५-२२३
जि.ता	७७/२	◉	नंदीसूत्रवृत्ति	मलयगिरि आचार्य	१४८८	१-२९७
जि.का	९२४		नंदीसूत्रवृत्तिगत योग्यायोग्यपर्षदाविचार			२-८
जि.का	४४७	◉	नंदीसूत्रवृत्ति	मलयगिरिसूरि	र.१६२७ ले.१६२९	२०५
जि.का	६३५/३		नंदीसूत्रस्थविरावली			५-७
डूं.का.	१३३२		नंदीश्वरप्रतिमार्चनविधि			८
आ.का	४		नंदीसूत्र			६
लों.का	४९५		नंदबत्तीसी	नरपति कवि		१-५
जि.का	४८	◉	नंदिसूत्र	देववाचक		८
जि.का	४९	◉	नंदिसूत्रवृत्ति	मलयगिरि आचार्य		८५(७९९-८८३)
जि.का	३८४	□	नंदीसूत्रलघुवृत्तिदुर्गपदप्रबोध	श्रीचंद्रसूरि		७७
त.का.	१५९		नन्दीसूत्र	देवर्धिगणि क्षमाश्रमण		१४
लों.का	११७		नन्दीसूत्र मूल	देवर्द्धिगणि		१-२४
लों.का	११८		नन्दीसूत्र मूल अपूर्ण	देवर्द्धिगणि		१-२६
लों.का	११९		नन्दीसूत्र मूल त्रूटक	देवर्द्धिगणि		२-१६
लों.का	१२०		नन्दीसूत्र सह व्याख्यान	देवर्द्धिगणि		१-४५
जि.ता	१५६/९		नन्दीसूत्रगता			
त.का.	१९२		नन्दबहुत्तरी		१८०१	६
डूं.का.	५१०		नमस्कार वार्त्तिक			४

भंडार नाम	ग्रंथांक		ग्रंथनुं नाम	कर्ता	संवत्	पत्र संख्या
जि.का	८२८		नमस्कारबालावबोध			६
जि.का	७३७	◉	नमस्कारवार्त्तिक			४
डूं.का.	११४९		नमस्कारस्तव सह वृत्ति	जिनकीर्तिसूरि		१२
डूं.का.	१	◉	नमिउणभयहरस्तोत्रवृत्ति	गुणसुंदर -पं.		८
जि.का	१६२६/३	◉	नमिऊण			६-७
जि.ता	१५६/३४	◉	नमिऊणस्तोत्र		११९२	१२४-१२५
जि.का	२१६०/१०		नमिऊणस्तोत्र			५१-५४
जि.का	१०७३		नमिराजर्षिकुलक	विनयसमुद्र वाचक		३
जि.का	९०९		नमिराजर्षिचोपाई	समयसुंदर	१७००	७
जि.का	१६२५/४	□	नमिऊण			२-४
त.का.	६६९		नयचक्र आलाप पद्धति	दिवसेन पंडित		९
आ.का	१५१		नयचक्र सह बालावबोध	देवचंद		४९
त.का.	१२४४		नयचक्र सह बालावबोध		१८७७	१५-३५
जि.का	११९०		नयचक्रवचनिका अपूर्ण			३
त.का.	१२३७	◉	नयविवरण			८
डूं.का.	३१७		नयस्वरुप अपूर्ण			४
लों.का	४६०/A		नरक-चोढालिया	गुणसागर		१-६
जि.का	६०६/१७	□	नरवर्मकुमारभास			५३-५६
जि.ता	२७४	◉	नरवर्मचरित्र-सम्यक्त्वालंकार अपूर्ण	वाचनाचार्य विवेकसमुद्रगणि	१५००	३२४
जि.का	१०१६		नर्मदासुंदरीरास	मोहनविजय	१८२१	५५
जि.का	२०३२		नर्मदासुंदरीरास अपूर्ण			३१
त.का.	१०३१		नरसंबोध नारीबोध चतुर्थ प्रबंध			१२
डूं.का.	१३५७		नलकथाके पत्रे	विशालरत्नगणि -पं.		३
जि.का	२१९०		नलचंपूविवरण			
डूं.का.	१६१	□	नलचंपू सूत्र अपूर्ण			१३
डूं.का.	४४६		नलदमयंती चौपई			४२
			(४८२ भेगो मुकेल छे.)			

भंडार नाम	ग्रंथांक	ग्रंथनुं नाम	कर्ता	संवत्	पत्र संख्या
डूं.का.	४८२	नलदमयंती दोहा अपूर्ण (नं. ४४६ नी साथे छे.)			२१
त.का.	३९९	नलदमयंती रास	समयसुंदर	१७१३	२६
लों.का.	२३७	नलदमयंती रास त्रूटक			१-८१
त.का.	५८२ ☯	नलदमयंतीचंपू			५७
लों.का.	५३९/B	नलदमयंतीचरित्र			१०
जि.का.	४२४	नलदमयंतीरास	समयसुंदर		३३
त.का.	७२५	नलदमयंतीरास			२९
त.का.	१११२	नलदमयंतीरास	समयसुंदर		३५
त.का.	१११३ ◆	नलदमयंतीरास			३
त.का.	११७५	नलदमयंतीरास			६
त.का.	६८१ ☯	नलदमयंतीचरित्र (नलायनम्)		१६५९	१३२
डूं.का.	१०७७	नलदमयंतीचौपई	शिवनंदन	१७३०	३६
जि.का.	२५२ ☯	नलदवदंतीचरित्र पद्य	देवभद्रमुनि	१५३५	२४
जि.का.	१९५८ ☯	नलोदयकाव्यसावचूरिक पंचपाठ	रविदेव स्वोपज्ञ		९
लों.का.	६०५	नलदमयंतीरास	समयसुंदर	र.१६७३	१-२३
				ले.१७२७	
जि.का.	१५२५/१ ☐	नवकार			१
त.का.	१३०७	नवकार (बालावबोध) टीका			३
त.का.	३०३	नवकार अर्थ + कल्पोपमा			२
डूं.का.	११०	नवकार बालावबोध	सत्यमूर्ति-ले.	१८६०	६
डूं.का.	१९८	नवकार बालावबोध			८
डूं.का.	७२६	नवकार बालावबोध			३
लों.का.	३७९	नवकार बालावबोध			१-५
डूं.का.	१२३४	नवकार मंत्रपर राजसीनी कथा			१०
त.का.	१९६ ◆	नवकार स्तवन	रविराज		६
जि.का.	११२१	नवकारछंद	कुशललाभ		२
डूं.का.	४४४	नवकारछंद + दादाष्टक	कुशललाभ	१८७३	३

भंडार नाम	ग्रंथांक	ग्रंथनुं नाम	कर्ता	संवत्	पत्र संख्या
त.का.	९२५ ◆	नवकारटीका		१८०८	२
जि.का.	३९९/६ ☐	नवकारनी सज्झाय	गुणसागरसूरि		२४-२५
जि.का.	२०७३	नवकारनो अर्थ			३
जि.का.	१३१७/२० ☯	नवकारफल			१७०मुंपत्र
जि.ता.	१५१/१३ ☯	नवकारफलकुलक		१४००	७८-८४
जि.का.	१३४/१२ ☐	नवकारफलकुलक			१७-१८
जि.का.	४९९/२ ☐	नवकारफलकुलक			२-३
त.का.	८५६	नवकारफलस्तवन			२
जि.का.	७१३	नवकारबालावबोध			६
जि.का.	७६७ ☐	नवकारबालावबोध			७
जि.का.	११०३	नवकारबालावबोध अपूर्ण			८
जि.का.	१६४३	नवकारमहात्म्य अपूर्ण			४-८
था.का.	४७६	नवकाररास			२
त.का.	६४४/A	नवकाररासादि			
जि.ता.	१५८/१८ ☯	नवकारसारस्तव	मानतुंगसूरि	१४००	२०३-२०४
त.का.	२६१	नवकारअर्थ + कल्पोपमा	समयसुंदर		५
था.का.	११८	नवकारबालावबोध	रत्नरंगमुनि		५
लों.का.	४४९	नवकारबालावबोध	रत्नराज	१६९५	१-३
त.का.	२६२	नवकारबालावबोध			५
था.का.	१९१	नवकारमहात्म्य	लावण्य हर्ष	१६९४	८
डूं.का.	१३५४	नवकारस्तवन		१८४८	३
था.का.	४००	नवकारस्तवन (जकडी)			१
लों.का.	४०७	नवकारस्तवन और प्रास्ताविक श्लोक आदि			१५
त.का.	१६६	नवकारस्तवन (गुणवर्णन)			६
त.का.	३५८	नवग्रह स्तोत्र			
जि.का.	२१२०/४ ☯	नवग्रहस्तुतिगर्भित पार्श्वनाथ स्तुतिवृत्ति	जिनप्रभसूरि		१४-१६

भंडार नाम	ग्रंथांक	ग्रंथनुं नाम	कर्ता	संवत्	पत्र संख्या
डूं.का.	१२०	नवतत्त्व			३
डूं.का.	४६२	नवतत्त्व			२
लों.का.	५३४/B	नवतत्त्व			४
त.का.	९१०	नवतत्त्व			२
त.का.	९९९	नवतत्त्व		१७९५	३
त.का.	११२३	नवतत्त्व		१७९८	२
लों.का.	३३४	◆ नवतत्त्व (टब्बो)		१८४३	१-१२
था.का.	४०९	नवतत्त्व + जीवविचार			६
लों.का.	३०८	नवतत्त्व + जीवविचार सह टब्बार्थ			१-१०
लों.का.	१३४	नवतत्त्व + जीवविचारप्रकरण सह टब्बार्थ		१७६५	१-१३
लों.का.	५८४	नवतत्त्व + दण्डक लघुसंग्रहणी सह टब्बार्थ जीर्ण		१९१०	१-१८
लों.का.	५३३/A	नवतत्त्व + प्रकीर्णक पत्र			६
त.का.	१२७८	नवतत्त्व बालावबोध		१९३४	९-२०
आ.का.	९४	नवतत्त्व विचारसार			
लों.का.	१९९	नवतत्त्व सह टब्बार्थ			१-७
लों.का.	३१३	नवतत्त्व सह टब्बार्थ	महेरचंद्र	१८६६	१-५
लों.का.	५६४	नवतत्त्व सह टब्बार्थ			१-४
त.का.	२२३	□ नवतत्त्व सह टब्बार्थ			४
लों.का.	५७७	नवतत्त्व सह टब्बार्थ त्रूटक			१-१०
लों.का.	१४४	नवतत्त्व सह टब्बो			१-१०
लों.का.	६२९	नवतत्त्व सह बालावबोध			१-५
त.का.	३६९	नवतत्त्व सह बालावबोध		१८६३	९
त.का.	३७३	नवतत्त्व सह बालावबोध		१५६५	३१
त.का.	३७५	नवतत्त्व सह बालावबोध		१९०५	२८
त.का.	५१४	नवतत्त्व सह बालावबोध			२९
त.का.	१०७६	नवतत्त्व सह बालावबोध	लालचंदगणि		४४(३५-७८)
त.का.	१२९०	नवतत्त्व सह बालावबोध			४
था.का.	१४२	नवतत्त्व सह वृत्ति			८
त.का.	३७१	नवतत्त्व सह वृत्ति		१८२४	१३
त.का.	३७७	नवतत्त्व सह वृत्ति	वीरसागर		८
त.का.	१३०८	नवतत्त्व सहवृत्ति (अपूर्ण)			४
जि.का.	६०१	नवतत्त्वचोपाई	मेरुमुनि		६
लों.का.	१५३	नवतत्त्वजीवविचार सह टब्बो			१-९
जि.का.	६६४	नवतत्त्वना बोल			४
जि.का.	३३०/३	नवतत्त्वप्रकरण			२२-२३
जि.का	५६०/१	नवतत्त्वप्रकरण			१-३
जि.का	६५५/४	नवतत्त्वप्रकरण			१८-२०
जि.का	६११	नवतत्त्वप्रकरण			२
जि.का	८७३/२	नवतत्त्वप्रकरण			५-९
जि.का	१४८९	नवतत्त्वप्रकरण			२
जि.का	२१६०/२१	नवतत्त्वप्रकरण			८४-८७
जि.का	९०२	नवतत्त्वप्रकरण			
डूं.का.	९८४	नवतत्त्वप्रकरण		१८४३	१२
जि.का.	७४	● नवतत्त्वप्रकरण भाष्यवृत्तियुक्त	देवगुप्तसूरि -मू., अभयदेवसूरि-भा.क., यशोदेवसूरि-वृ.	र.११७४ ले.१४९९	
जि.ता.	१५५/३	◐ नवतत्त्वप्रकरण भाष्यसह	मू.क.देवगुप्तसूरि भा.क. अभयदेवसूरि	१२२२	४७-५९
जि.ता.	१५४/१४	◐ नवतत्त्वप्रकरण भाष्यसह (नवतत्त्वप्ररूपणाप्रकरण)	मू.देवगुप्तसूरि, भा. अभयदेवसूरि	१२१०	९१-१०३
जि.का.	६९०	नवतत्त्वप्रकरण सस्तबक		१७४८	७
जि.का.	७५६	नवतत्त्वप्रकरण सस्तबक		१७०९	५

भंडार नाम	ग्रंथांक	ग्रंथनुं नाम	कर्ता	संवत्	पत्र संख्या
जि.का.	८६७	नवतत्त्वप्रकरण सस्तबक			७
जि.का.	९५१/१	नवतत्त्वप्रकरण सस्तबक	विमलकीर्तिगणि		१-९
			वाचनाचार्य		
जि.का.	१४९०	नवतत्त्वप्रकरण सस्तबक		१८५०	११
जि.का.	६८१	नवतत्त्वप्रकरण सस्तबक अपूर्ण			२-१३
जि.का.	६८४	नवतत्त्वप्रकरण सस्तबक अपूर्ण			१३
जि.का.	५५९	नवतत्त्वप्रकरण सस्तबक पंचपाठ			२
जि.का.	९९०	नवतत्त्वप्रकरण सस्तबक	मानविजयजी	१७७३	५०
था.का.	३	☯ नवतत्त्वप्रकरण सह भाष्य	देवगुप्तसूरि -मू.,		६७
		विवरण	अभयदेवसूरि-वि.		
त.का.	६७८	नवतत्त्वप्रकरण सहटब्बार्थ	जिनहंस	१७८४	५
जि.का	३२३/२	□ नवतत्त्वप्रकरण सावचूरि			१५-२६
जि.का	१०७७	□ नवतत्त्वप्रकरण सावचूरि	साधुरत्नसूरि अव.क.	१७१९	६-१०
जि.का	१९८	☯ नवतत्त्वप्रकरण सावचूरि पंचपाठ		१५३८	४
जि.ता	१७१/६	☯ नवतत्त्वप्रकरणभाष्य	अभयदेवसूरि	११६९	९-१७
जि.का	११३/१५	□ नवतत्त्वप्रकरणभाष्य	अभयदेवसूरि		२३-२७
जि.का	५५८	नवतत्त्वप्रकरण			२
त.का.	५१२	नवतत्त्वबालावबोध		१८९३	१९
त.का.	१३०९	नवतत्त्वबालावबोध			३०
त.का.	२२४	नवतत्त्वबोल	विनितसागर		४
त.का.	१२१८	◆ नवतत्त्वमाला			
जि.का.	८२२	नवतत्त्वविचार			७
जि.का	१००४	□ नवतत्त्वविचार पार्श्वनाथस्तोत्र			२४८
		क्षेत्रसमासचतुष्पदीआदि			
आ.का.	१२९	नवतत्त्वविचार सह टब्बार्थ			
त.का.	९१४	नवतत्त्वविचारगाथा टब्बार्थ		१८९६	२
जि.का	१०८५	नवतत्त्वविवरण तथा चैत्यवंदना-			
		वंदनकादिविचारबालावबोध			

भंडार नाम	ग्रंथांक	ग्रंथनुं नाम	कर्ता	संवत्	पत्र संख्या
डूं.का.	१२९१/१	नवतत्त्वसह बालावबोध			
त.का	१२५९	नवतत्त्वसहवृत्ति			४
त.का.	२६८	नवतत्त्वस्वरूप		१८९९	५
लों.का.	३५८	नवतत्त्वचौपाई	गोकुल गांधी	र.१७६६	१-५
				ले.१७८६	
जि.का.	१४९३	नवतत्त्वप्रकरण			३
लों.का.	३००	नवतत्त्वप्रकरण			१-४
लों.का.	६९८/A	नवतत्त्वप्रकरण	पूर्वाचार्य		१-२
लों.का.	६९८/B	नवतत्त्वप्रकरण	पूर्वाचार्य		१-४
त.का.	६६७	☯ नवतत्त्वप्रकरण सह वृत्ति		१५३०	११४
डूं.का.	९८३	नवतत्त्वबालावबोध			१३
लों.का.	४७६	◇ नवतत्त्वविचार त्रूटक			१-५२
त.का.	१८०	नवतत्त्व			६
डूं.का.	१२८२	नवतत्व + चतुः शरण			३
आ.का.	३४५	नवतत्व + जीवविचार			२६
		+ चौवीसदण्डक सह टब्बार्थ			
डूं.का.	१२५	नवतत्व सह टब्बार्थ	रंगविजय-ले.		१६
डूं.का	११०८	नवतत्व सह वृत्ति			१५
जि.का	१३६/६	□ नवतत्वप्रकरणभाष्य	अभयदेवसूरी	१९८३	५-९
आ.का	२९९	नवतत्वसह अवचूरि			२
डूं.का.	२४१	नवतत्वप्रकरण	विमलकीर्तिगणि -ले.		३
था.का.	४०८	◆ नवतत्वप्रकरणमूल			३
डूं.का.	१२१२	◆ नवतत्व बालावबोध	फतेचंद	१८५०	२६
त.का.	११७९	◆ नवतत्वबालावबोध			३
डूं.का.	७६३	नवपद कलश पूजा	वाचक यशमुनि		४
डूं.का.	७२२	नवपद क्षमाश्रमण दानविधि			१०
डूं.का.	७७१	नवपद स्तवन		१८७१	६
डूं.का.	१३१०	नवपदक्षमाश्रमणा विधि		१८८९	५

भंडार नाम	ग्रंथांक	ग्रंथनुं नाम	कर्ता	संवत्	पत्र संख्या
त.का.	२७९	नवपदपूजा			५
त.का.	९९५	नवपदपूजा	पदमविजय	१८७६	३
त.का.	९९६	नवपदपूजा	उत्तमविजय	१८६९	३
जि.का	२११४	नवपदपूजा अपूर्ण	यशोविजयजी		७
जि.ता.	१५४/१५	◉ नवपदप्रकरण	जिनचन्द्रगणि	१२१०	१०३-११६
जि.ता.	१६०/१०	◉ नवपदप्रकरण	उपकेशगच्छीय जिनचंद्रसूरि	१३००	१०५-११३
जि.का	१३३/१६	□ नवपदप्रकरण	जिनचंद्रगणि		२७-३१
जि.का	५०७	□ नवपदप्रकरण	जिनचंद्र		७
जि.ता.	२२१	◉ नवपदप्रकरण बृहद्वृत्ति सहित	मू.क.जिनचंद्रसूरि, वृ.क.यशोदेवसूरि	१३००	२६६
जि.ता.	२२२	◉ नवपदप्रकरण बृहद्वृत्तिसहित	मू.क.जिनचंद्रसूरि, वृ.क. देवेन्द्रसूरि	र.११८२ ले.१४००	२५९
जि.का	११६	□ नवपदप्रकरण बृहद्वृत्तिसह	जिनचंद्रसूरि -मू., वृ.क.यशोदेवोपाध्याय	र.११६५ १९८३	१८३
त.का.	१०७५	नवपदमहिमा			१०
डूं.का.	४०६	नवपदविधि + पाक्षिक खामणां + प्रव्रज्याविधि			३
डूं.का.	३८३	नवपदचैत्यवंदन			२
था.का.	९०	◉ नवपदप्रकरण सहवृत्ति		१६८०	२३८
था.का.	९१	◉ नवपदप्रकरण सहवृत्ति	कक्कसूरि		२०
जि.का.	६०६/१३	नवप्रकारभावे			
डूं.का.	७३५	नवपदक्षमाश्रमण दानविधि	गुणसुंदर		६
डूं.का.	१३०२	नवपदखमासमणाविधि			५
डूं.का.	३५	◉ नवरत्नपरीक्षा समुच्चय			३-८६
जि.का.	६६३	नवरससागर-उत्तममहाराजर्षि-चरित्ररास अपूर्ण	जिनसमुद्रसूरि		१६-७२
त.का.	१०५७	नवस्मरण			

भंडार नाम	ग्रंथांक	ग्रंथनुं नाम	कर्ता	संवत्	पत्र संख्या
डूं.का.	२००	नवस्मरण तथा थिरादृष्टि स्वाध्याय			१५
त.का.	१८३	नवाणुंप्रकारनी पूजा	वीरविजय	१८९४	६
जि.का	६५२	◉ नव्यबृहत्क्षेत्रसमास	सोमतिलकसूरि		७
जि.का	६५३	नव्यबृहत्क्षेत्रसमास	सोमतिलकसूरि		११
डूं.का.	७२८	नवतत्त्व प्रकरण टब्बार्थ	देवविजय मुनि-ले.		१०
त.का.	२६७	नवतत्त्व बोल	लक्ष्मीकुशल गणि	१८९१	५
आ.का.	१४८	नवतत्त्व सह वृत्ति	संघविमल	१७५१	१७
जि.का	१६८३	नवतत्त्वप्रकरण सावचूरिक			८
जि.का	५३३/२	नवतत्त्वविचारगाथा	जयशेखरसूरि		१७-१९
त.का.	२७	◉ नवतत्त्वविवरणम्	देवाचार्य		६७
डूं.का.	७२७	□ नवपद वासक्षेप पूजा	अभयचंद गणि-ले., वाचकयशमुनि-क.	१९२०	१
डूं.का.	५९३	नवपद स्वाध्याय			३
डूं.का.	९३४	नवपदपूजा	धरमसिंह		६
लों.का.	२२५	नसियतनामा			१-५
लों.का.	२८०/B	नसीयतनामादि शिक्षा संग्रह			११
जि.का.	६०६/१८	□ नागदत्तकुमारभास			५६-५९
त.का.	२५४	नागपुरऋषभस्तवन			३-८
जि.का	२०८०	□ नागमंता चोपाई	मेरुशेखर	१७३०	३
जि.का	२०७९	◉ नागमहामंत्रषोडश			१
जि.ता.	३६०	◉ नागानंदनाटक	श्रीहर्षकवि	१३००	५६
जि.का	४२०/४९	नाटकपच्चीसी	भैया		९६मुं
आ.का.	३०७	नाडीपरीक्षा			१
जि.ता.	१९१/५	◉ नाणाचित्तप्रकरण		१४००	५९-६४
जि.का	१९४/३	◉ नाणाचित्तप्रकरण			५-७
जि.का	१३२६/११	◉ नाणाचित्तप्रकरण			१२१-१२७
जि.ता.	१५६/११	◉ नाणाचित्तयप्रकरण		११९२	४८-५३

भंडार नाम	ग्रंथांक	ग्रंथनुं नाम	कर्ता	संवत्	पत्र संख्या
जि.का.	२२५०	◐ नादकारिका वृत्तिसह तथा तत्त्वनिर्णयविवरण			६
डूं.का.	१३१६	नाभेयस्तव अवचूरि सह	विजयतिलकसूरि	१६४६	३
जि.का.	१३१७/८	◐ नाभेयस्तोत्र,शांतिनाथस्तोत्र, नेमिनाथस्तोत्र,पार्श्वनाथस्तोत्र, महावीरस्तोत	जिनवल्लभगणि		१११-१८
डूं.का.	६२३	नामकोश	धीरमुनि	१७४७	८१
जि.ता.	२९०/२	नामद्वितीयपादपर्यंत टिप्पणी सह			
डूं.का.	११०२	नाममाला व्याख्या	भाग्यविलासगणि	१८३२	४३२
डूं.का.	४६०	नारकी देवलोक जीवभेद			४
डूं.का.	१०३	नारचंद्र (ज्योतिष ग्रंथ) अपूर्ण			३३
डूं.का.	१३१	नारचंद्र (ज्योतिषशास्त्र)			३०
जि.का.	११४८	नारचंद्रज्योतिष	नरचंद्रसूरि		७
जि.का.	११३७	नारचंद्रज्योतिष	नरचंद्राचार्य		१९
जि.का.	१८७५	नारचंद्रज्योतिष अपूर्ण	नरचंद्राचार्य		५
जि.का.	१०५४	नारचंद्रज्योतिष द्वितीयप्रकरण	नरचंद्रसूरि		१३
डूं.का.	३२१	नारचंद्रज्योतिषग्रंथ			२५
डूं.का.	९९९	नारचंद्रज्योतिषनां पानां	नारचंद्र		७
डूं.का.	६७	नारचन्द्र			१८
जि.का.	१२२९	□ नारदीयपुराण अपूर्ण		१४७६	२००
जि.का.	३४९/३	□ नारिंगापार्श्वनाथस्तवन	लाभोदय		१-२
त.का.	४६५	नारचंद्रज्योतिष	नरचंद्रसूरि		१०
त.का.	६८९	नारचंद्रज्योतिष सह टब्बार्थ			५२
आ.का.	२४९	निगोदषट्त्रिंशिकासहवृत्ति			८
डूं.का.	१३२०	नित्य कर्तव्य			२
जि.का.	४२०/३३	नित्यपच्चीसी	भैया		७५मु
डूं.का.	११९०	निदानांजनं सह बालावबोध	अग्निवेशऋषि		२०
जि.का.	१८१२	निबंधसंग्रह वैद्यक सटीक अपूर्ण			७२

भंडार नाम	ग्रंथांक	ग्रंथनुं नाम	कर्ता	संवत्	पत्र संख्या
जि.का.	९९२	□ नियतानियतिविचार	पार्श्वचन्द्रगणि		४
त.का.	७१४	◐ नियमसार सह वृत्ति	मलधारि देवसूरि	१७७५	१०६
जि.का.	३१/२	◐ निरयावलिकाउपांगसूत्रवृत्ति	श्रीचंद्रसूरि		८(१८३७-१८४४)
था.का.	१५४	◐ निरयावलिकादि पंचोपांग सूत्र		१६७३	२५
जि.ता.	३९/१	◐ निरयावलिकादिउपांगसूत्रपंचक, संपूर्ण			२९-८३
लों.ता.	३/१	◐ निरयावलिकादिपंचोपांगसूत्र			३०५-३२९
त.का.	८६	निरयावलिकादिपंचोपांगसूत्र सह टब्बार्थ		१८७७	६८
जि.का.	७२३	निरयावलिकादिपंचोपांगसूत्र सस्तबक			६९
त.का.	६४९	निरयावलिकादिपञ्चोपांगसूत्र सह वृत्ति		१४८५	२१
था.का.	२७८	◐ निरयावलिकादिपंचोपांगवृत्ति		१६७३	१६
डूं.का.	३३८	◐ निरयावलीकादि पंचोपांग सूत्र	त्रिलोकसिंह	१६५१	३६
डूं.का.	४८९	निरयावलीसूत्र बालावबोध		१९११	७४
आ.का.	३१	निरयावलिकादि पंचोपांग सूत्र			२४
जि.ता.	३९/२	◐ निरयावलिकादिउपांगसूत्र पंचकवृत्ति अपूर्ण	श्रीचंद्रसूरि	१५००	८३-११४
लों.का.	१३०	निरियावलिकादि पंचोपांग सूत्र		१६८२	१-२७
लों.का.	१३३	निरियावलिकादि संग्रहणी सूत्र वृत्ति टब्बो		१८१६	१-५३
लों.का.	१३१	◐ निरियावलिकादि पंचोपांगसूत्र		१६०१	१-३१
जि.का.	२१७७	निरुक्तिकांड			२१
त.का.	१०१७	निर्जराफल			८
जि.का.	४६२	□ निर्यावलिकासूत्र			२८
जि.का.	१६८	◐ निर्यावलिकासूत्रवृत्ति	श्रीचंद्रसूरि		११

भंडार नाम	ग्रंथांक		ग्रंथनुं नाम	कर्ता	संवत्	पत्र संख्या
जि.का.	४६३	□	निर्यावलिकासूत्रवृत्ति	श्रीचंद्रसूरि		१४
डूं.का.	८२९	◆	निर्युक्ति कीर्ति दोष्दे अपूर्ण			५८
जि.का.	४२०/२२		निर्वाणकांड	भैया	१७४१	६२-६३
जि.ता.	३५१	☯	निर्वाणलीलावतीमहाकथाउद्धार (लीलावतीसार) पद्य	जिनरत्नसूरि	र.१३४१ ले.१४००	२६७
त.का.	८४	☯	निरयावलि		१६१०	२१
था.का.	४५	☯	निशीथ चूर्णि खंड-१		१६६९	५२२
था.का.	४६	☯	निशीथ चूर्णि खंड-२			५१२
लों.का.	५९		निशीथ सूत्र मूल व्याख्या त्रूटक	श्रीचन्द्र		१-१९
जि.ता.	७५	☯	निशीथचूर्णी विंशोद्देशक व्याख्या अपूर्ण	श्रीचंद्रसूरि	१४००	१७२
था.का.	२२२	☯	निशीथचूर्णी व्याख्या	श्रीचन्द्रसूरि		२८
था.का.	४४	☯	निशीथभाष्य	जिनचंद्रसूरि	१६६९	२६८
जि.ता.	३५/१	☯	निशीथसूत्र	भद्रबाहुस्वामी		१-१५
जि.ता.	६८/१	☯	निशीथसूत्र	भद्रबाहुस्वामी		१८
जि.का.	१०५	□	निशीथसूत्र	भद्रबाहुस्वामी	१९८३	१५
लों.का.	१४८		निशीथसूत्र			१-२१
लों.का.	१५०		निशीथसूत्र			१-१८
त.का.	१५६	□	निशीथसूत्र		१४९२	८(२८-३५)
जि.ता.	३५/२	☯	निशीथसूत्र भाष्य		१२००	१-१७८
जि.ता.	७३	☯	निशीथसूत्र लघुभाष्य		१२००	४-१००
जि.ता.	७१	☯	निशीथसूत्रचूर्णी द्वितीयखंड		१३००	४१९
जि.का.	१०७	□	निशीथसूत्रचूर्णी द्वितीयखंड	जिनदासगणि महत्तर	१९८४	२८३
जि.का.	१०८	□	निशीथसूत्रचूर्णी द्वितीयखंड	जिनदासगणि महत्तर	१९८३	३१९
जि.ता.	६८/२	☯	निशीथसूत्रचूर्णी प्रथमखंड अपूर्ण		१५००	१-३२४
जि.का.	१०६	□	निशीथसूत्रभाष्य		१९८३	१४३
जि.का.	९८५		निशीथसूत्रवचनिका		१९०८	२६
जि.ता.	६९	☯	निशीथसूत्रचूर्णी द्वितीयखंड		१५००	२९४

भंडार नाम	ग्रंथांक		ग्रंथनुं नाम	कर्ता	संवत्	पत्र संख्या
जि.ता.	६७	☯	निशीथसूत्रचूर्णी प्रथमखंड ११ मा उद्देश पर्यन्त किंचिद पूर्ण		१२००	४६४
था.का.	२४६		निशीथचूर्णि			३३५
था.का.	४३	☯	निशीथसूत्र	ज्ञानमेरुमुनि		२७
था.का.	२४५		निशीथसूत्र			१९
जि.ता.	६६	☯	निशीथसूत्र भाष्य		१५००	२१४
लों.का.	५८		निशीथसूत्र मूल	सुधर्मास्वामी	१६४६	१-२०
त.का.	१५२	□	निशीथसूत्र सह भाष्य			१७२
जि.का.	१९०३		निषेकोदाहरणज्योतिष		१८३९	२
लों.ता.	३/२		निरयावलिकादिपंचोपांगसूत्रवृत्ति	श्रीचंद्रसूरि	१२२८	३३०-३४७
लों.का.	१३२	☯	निरियावलिकादि पंचोपांगसूत्र (विवरण)	श्रीचंद्रसूरि		१-१६
जि.का.	३१/१	☯	निर्यावलिकाउपांगसूत्र			१२(१८२६-१८३७)
जि.ता.	३२/५	☯	निर्यावलिकादिपंचोपांगसूत्र			१-२५
जि.ता.	७०	☯	निशीथसूत्रचूर्णी प्रथमखंड दशम उद्देश पर्यंत		१३००	३३८
डूं.का.	१२५१		नीति + श्रृंगारशतक अपूर्ण			२२
त.का.	१२४२		नीतिशतक	भर्तृहरी		२
जि.का.	२०७२		नृसिहकवच			१
डूं.का.	१२६४		नेमजीका रास			३
डूं.का.	६०८		नेमनाथ चोक	अमृतविजय	१८५८	४
त.का.	१४४		नेमनाथ नवभव चरित्र			२०
डूं.का.	३४७		नेमनाथ बोल + स्नात्रपूजा			४
डूं.का.	४४१		नेमराजुलनी सज्झाय			
त.का.	१२९८		नेमिचरित्र			९
लों.का.	३६७		नेमिजिणवररास		१९१०	१-६
लों.का.	६३३		नेमिजिनवररास	पुण्यरत्नमुनि		१-५

भंडार नाम	ग्रंथांक		ग्रंथनुं नाम	कर्ता	संवत्	पत्र संख्या
जि.का.	१३१७/८		नेमिनाथ स्तोत्र			
जि.का.	३५०/१	□	नेमिनाथगीत	महिमराज		१
जि.का.	६०९	□	नेमिनाथचरित गद्य	गुणविजय	र.१६६८	२-१२३
					ले.१७३५	
जि.ता.	४११		नेमिनाथचरित्र			
आ.का.	१००		नेमिनाथछन्द			७
जि.का.	१२६३/१	□	नेमिनाथबारमासा गीत	धर्मकीर्त्ति		१लुं
जि.का.	१०३६		नेमिनाथबारमासा तथा सवैया	तिलक गुसाई		२-४
जि.का.	९५८		नेमिनाथशीलरास			७
जि.का.	६४८	□	नेमिनाथस्तव तथा देवगुरुगीत			२
जि.का.	७६४		नेमिनाथस्तवन	धनचन्द्र		२
था.का.	४२९		नेमिनाथस्तवन	जीवकिर्ती		२
जि.ता.	१७१/११	◐	नेमिनाथस्तोत्र	विजयसिंहाचार्य	११६९	१५-१८
जि.ता.	१९१/१२	◐	नेमिनाथस्तोत्र	जिनचन्द्रसूरि	१४००	२
लों.का.	२९८		नेमिनाथगीत और प्रकीर्णकगीत	आनंदघन		१-१३
डूं.का.	२८३		नेमिनाथचरित्र		१७४८	१९०
था.का.	१९०		नेमिनाथरास		१६९३	१७
जि.ता.	२५९	◐	नेमिनाहचरिउ	बृहद्गच्छरीय हरिभद्रसूरि	र.१२१६	३०४
					ले.१३००	
जि.का.	८५८/२		नेमिरास अपूर्ण			६-७
लों.का.	२०४		नेमिरायशिक्षा + बृहत् शांति			१-४
लों.का.	४५०		नेमिस्तवन			१-४
त.का.	३१४		नेमिकथा			
त.का.	८३६		नेमीनाथरास	कल्परत्नविजय		२
डूं.का.	७७८	◐	नेमीनाथचरित्र			५४
जि.का.	३४९/१	□	नेमीश्वरगीत	लाभोदय		१लु
डूं.का.	६३४		नैषधकाव्य	हर्षकवि		८७

भंडार नाम	ग्रंथांक		ग्रंथनुं नाम	कर्ता	संवत्	पत्र संख्या
जि.ता.	३४१	◐	नैषधचरितमहाकाव्य (शशांकसंकीर्त्तन महाकाव्य)	श्रीहर्षकवि	१३७८	३१७
त.का.	१२६७		नैषधचरित्रदीपिका			३१-७१
जि.ता.	३४२	◐	नैषधचरित्रमहाकाव्य	श्रीहर्षकवि	१४००	३४९
जि.ता.	३४५	◐	नैषधचरित्रमहाकाव्य साहित्य-विद्याधरीटीका चतुर्थसर्ग पर्यत	विद्याधर पंडित	१४००	६-२१८
जि.का.	१२२३		नैषधमहाकाव्य	श्रीहर्षकवि		११
जि.का.	१२२५		नैषधमहाकाव्य	श्रीहर्षकवि		९-२०१
जि.का.	२००	□	नैषधमहाकाव्य अपूर्ण	श्रीहर्ष		३६
जि.का.	५२०		नैषधमहाकाव्य अपूर्ण	श्रीहर्षकवि		३१
जि.का.	१३०४	◐	नैषधमहाकाव्य पंचसर्गपर्यन्त टिप्पणीसह	श्रीहर्ष	१४००	७८
जि.ता.	३४४	◐	नैषधीयमहाकाव्य साहित्य-विद्याधरीटीका द्वितीयखंड १३ सर्गथी चालु अपूर्ण	विद्याधर पंडित	१४००	७७
जि.ता.	३४३	◐	नैषधीयमहाकाव्य साहित्यविद्या-धरीटीका प्रथमखंड द्वादशसर्ग पर्यंत	विद्याधर पंडित	१४००	३७७
जि.का.	२४४	□	नैषधीयमहाकाव्यदीपिका द्वितीयसर्गपर्यन्त			३३
डूं.का.	१३०५	◐	न्याय का ग्रंथ अपूर्ण			७०
जि.ता.	३६५	◐	न्यायकंदली टीका अपूर्ण	श्रीधर भट्ट	१३००	३८७
जि.ता.	३८१/१	◐	न्यायकंदलीटिप्पनक	नरचंद्रसूरि मलधारी		१-१६४
जि.का.	१४७	◐	न्यायकंदलीटिप्पनक	नरचंद्रसूरि	११९८३	४७
जि.का.	९६५	◐	न्यायकंदलीटिप्पनक	नरचंद्रसूरि		६२
जि.ता.	३७९	◐	न्यायकंदलीटीका	श्रीधर भट्ट	र.९१३	२८९
					ले.१४००	

भंडार नाम	ग्रंथांक		ग्रंथनुं नाम	कर्ता	संवत्	पत्र संख्या
जि.ता.	३८०	◐	न्यायकंदलीटीका	श्रीधर भट्ट	र.९१३ ले.१३००	२३९
जि.ता.	३८३/२	◐	न्यायकन्दलीटीका अपूर्ण	श्रीधर भट्ट	र.९१३ ले.१२००	८७
त.का.	१३३७	●	न्यायग्रंथ		१९	
जि.का.	१३३५	□	न्यायग्रंथ			६३
जि.का.	१३३६	◐	न्यायग्रंथ			२२
जि.का.	१३३७	◐	न्यायग्रंथ			१९
जि.का.	१८०२	◐	न्यायग्रंथ			७९
जि.का.	१८०३	◐	न्यायग्रंथ			३५
जि.का.	२२४५	□	न्यायग्रंथ			१०१
जि.का.	२२४६	□	न्यायग्रंथ			९८-२१०
जि.का.	२२४८	□	न्यायग्रंथ			३७
जि.का.	१३३४	◐	न्यायग्रंथ			२५
जि.का.	१८२३	◐	न्यायग्रंथटीका			९१
जि.का.	७१	◐	न्यायटिप्पनक श्रीकंठीय	श्रीकंठ		४९(५६७-६९५)
जि.का.	१२७४/२	◐	न्यायतात्पर्यटीका तृतीयाध्यायथी	वाचस्पतिमिश्र संपूर्ण टिप्पणी सह	१२७९	१९० थी २८०
जि.का.	१२७४/१	◐	न्यायतात्पर्यटीका द्वितीयाध्याय पर्यन्त टिप्पणी सह	वाचस्पति मिश्र		
जि.का.	७०	◐	न्यायतात्पर्यपरिशुद्धि टिप्पणीसह	उदयनाचार्य		१६५(४०२-५६६)
डूं.का.	१३८९	□	न्यायपत्रे			३८
डूं.का.	८७०		न्यायप्रकरण	शशधर		२९
जि.ता.	३७४	◐	न्यायप्रवेश	दिङ्नाग आचार्य	१३००	११
जि.ता.	३७५/३	◐	न्यायप्रवेशटीका	हरिभद्र आचार्य	१२०१	४२-१३४
जि.का.	८६४	●	न्यायप्रवेशवृत्ति टिप्पणीसह पंचपाठ	हरिभद्रसूरि-वृ.		५
जि.ता.	३६४/३	◐	न्यायप्रवेशवृत्तिपंजिका	पार्श्वदेवगणि		२४५-३४७
जि.का.	१४९	◐	न्यायप्रवेशवृत्तिपंजिका	पार्श्वदेवगणि	११८३	३४
जि.ता.	३७५/१	◐	न्यायप्रवेशसूत्र	दिङ्नाग		१-१७
जि.ता.	३६४/५	◐	न्यायबिंदु	दिग्नाग आचार्य	१४९०	३५०-३५९
जि.ता.	३७६/१	◐	न्यायबिंदु (लघुधर्मोत्तरसूत्र)	धर्मकीर्ति आचार्य		७
जि.ता.	३७६/२	◐	न्यायबिंदु टीका	धर्मोत्तरपाद आचार्य	१३००	८१
जि.ता.	३६/२	◐	न्यायबिंदुवृत्ति टिप्पणी सह	धर्मोत्तर		१३७-२४५
जि.का.	६७	◐	न्यायभाष्य टिप्पणीसह	वात्स्यायनमुनि		५७
जि.का.	१२७४/३	◐	न्यायभाष्य टिप्पणीसह अपूर्ण	वात्स्यायनमुनि	१२७९	२८१ थी ३५०
जि.का.	१४८	◐	न्यायभाष्यविवरण		११८३	४६
जि.ता.	३८६	◐	न्यायमंजरीग्रंथिभंग	चक्रधर	१३००	१८६
जि.का.	१७८७	□	न्यायरत्नप्रकरण शशधरसूत्र टीप्पणीसह	शशधर		४३
जि.का.	१७८६	□	न्यायरत्नप्रकरण शशधरसूत्र	शशधर		६९
जि.ता.	३८२	◐	न्यायवार्तिक	उद्योतकर	१४००	२-१५५
जि.का.	१२७५/१	◐	न्यायवार्तिक टिप्पणी सह	भारद्वाज	१२७९	८ थी १५७
जि.का.	६८	◐	न्यायवार्तिक टिप्पणीसह	भारद्वाजमुनि		१४२(५८-२००)
जि.का.	७३	◐	न्यायवार्तिकभाष्यवृत्तिविवरण	अनिरुद्ध पंडित		२६(८८२-८४७)
आ.का.	११६	◐	न्यायविवेक (अनुमान खंड)			१३
डूं.का.	११०१		न्यायसार त्रण परिच्छेद			१०
जि.का.	१७९२	◐	न्यायसार न्यायतात्पर्य-दीपिकाटीका	जयसिंहसूरि		५३
जि.का.	१३४३	●	न्यायसिद्धांतमंजरी प्रत्यक्षपरिच्छेद			९
आ.का.	२९७		न्यायसिद्धान्तदीपप्रभा			५३
आ.का.	२५३		न्यायसिद्धान्तदीपप्रभा (शेषीटीका)			२४

भंडार नाम	ग्रंथांक	ग्रंथनुं नाम	कर्ता	संवत्	पत्र संख्या
आ.का.	३३९	न्यायसिद्धान्तदीपप्रभा			४६
जि.ता.	३८१/२ ☯	न्यायावतारटिप्पनक	मलधारी देवभद्रसूरि हर्षपुरीयगच्छ	१४८९	१६५-२३०
जि.ता.	३६४/१ ☯	न्यायावतारसूत्रवृत्ति टिप्पणीसह	वृ.क.सिद्ध साधु, टि.कर्त्री ज्ञानश्री आर्यिका		१-१३७
जि.ता.	३६४/४ ☯	न्यायावतारसूत्र	सिद्धसेन दिवाकर		३४८-३५०
जि.का.	६९ ☯	न्यायवार्त्तिकतात्पर्यवृत्ति टिप्पणीसह	वाचस्पति मिश्र		(२०१-४०१)२०१
लों.का.	६४७	पंखीनो विवाहलो			१-३
जि.का.	४२०/५२	पंचइंद्रियचोपाई	भगवतीदास	१७५१	९९-१०४
था.का.	५४ ☯	पंचकल्पचूर्णि			९९
त.का.	१२	पंचकल्पचूर्णि	देवाचार्य		७३
जि.ता.	४१/५ ☯	पंचकल्पचूर्णी		१३००	१७५-२४९
जि.ता.	४०७/२ ☯	पंचकल्पचूर्णी		१३००	१०७-२०१
त.का.	१३ ☯	पंचकल्पबृहद्भाष्य	संघदास क्षमाश्रमण		७३
जि.का.	१०२ □	पंचकल्पचूर्णी		१९८३	६४
लों.का.	४३१	पंचकल्याणक			
डूं.का.	१४४ ◆	पंचकल्याणक पूजा			७
जि.ता.	२२४/६ ☯	पंचकल्याणकस्तव	जिनवल्लभगणि	१३००	३२-३५
जि.ता.	१५४/७ ☯	पंचकल्याणकस्तोत्र		१२१०	६५-६७
जि.का.	१३३/८ □	पंचकल्याणकस्तोत्र	जिनवल्लभगणि		१७-१८
जि.ता.	४०७/१ ☯	पंचकल्पमहाभाष्य	संघदासगणि क्षमाश्रमण		१-१०६
डूं.का.	२९३	पंचकुमार कथा			२५
डूं.का.	४५ □	पंचकुमारकथा	लक्ष्मीवल्लभ		२५
जि.का.	१३३/३ □	पंचगिंलीप्रकरण	जिनेश्वरसूरि		५-७
जि.ता.	२९२ ☯	पंचग्रंथी-बुद्धिसागरव्याकरण	बुद्धिसागरसूरि	र.१०८० ले.१३००	३७४
जि.का.	३९८ ☯	पंचतंत्र			२-२९८
जि.का.	४०२ □	पंचतंत्र			२३-४६
था.का.	४३२	पंचतीर्थीस्तवन	विनयवर्धन मुनि	१५९८	२
जि.का.	४१०/३	पंचतीर्थीस्तुति	जिनसमुद्रसूरि		१०मु
जि.का.	८१७/८ □	पंचतीर्थीस्तुति			१२मु
लों.का.	१८९	पंचदंड चौपाई + विक्रमादित्य चौपई	लक्ष्मीवल्लभ	१७२८	१-९८
डूं.का.	८४ □	पंचदश कथा प्रकीर्णक			४२
जि.का.	१९४/२ ☯	पंचनमस्कारफलस्तव	जिनचन्द्रसूरि		३-५
जि.का.	१३२६/१० ☯	पंचनमस्कारफलस्तव	जिनचंद्रसूरि		११२-१२१
आ.का.	१५८	पंचनिग्रन्थी संग्रहणी			५
जि.ता.	१९१/२	पंचनिर्ग्रंथीप्रकरण			
जि.का.	६५४/१ □	पंचनिर्ग्रंथीप्रकरण	अभयदेवसूरि		६
त.का.	१८४	पंचनिर्ग्रन्थी संग्रहणी सह अवचूरि	अभयदेवसूरि		६
था.का.	११३	पंचनिर्ग्रन्थीसंग्रहणी	अभयदेवसूरि		४
आ.का.	३२७	पंचनिर्ग्रन्थ संग्रहणी			५
डूं.का.	१८९	पंचपरमेष्ठि मंत्रार्थ			४
जि.का.	६४५ □	पंचपरमेष्ठिनमस्कार	जिनवल्लभसूरि		२
जि.का.	१३६/५ □	पंचपरमेष्ठिस्तव			४-५
जि.ता.	१७१/५ ☯	पंचपरमेष्ठिस्तव		११६९	७-९
लों.का.	७२३ ◆	पंचप्रतिक्रमणादिसूत्र			
जि.का.	७२ ☯	पंचप्रस्थान न्यायमहातर्कविषम-पदव्याख्या न्यायालंकार	अभयतिलकगणि		२०६(६१६-८२१)
लों.का.	५४५	पंचभावना		१७७१	१-७
जि.का.	१११५/१	पंचभावना सज्झाय			३
जि.का.	९१८	पंचमषष्ठकर्मग्रंथ बालावबोध			५०-९३
त.का.	८३९	पंचमहाव्रतगीत	लक्ष्मीरत्न		२
जि.का.	७१०	पंचमहाव्रतस्वाध्याय	कांतिविजय		४
डूं.का.	६४५	पंचमीतपविधि+श्रावक आलोचना			२

भंडार नाम	ग्रंथांक	ग्रंथनुं नाम	कर्ता	संवत्	पत्र संख्या
त.का.	३५०	पंचमुखीहनुमानकवच		१९२५	४
त.का.	५९६	पंचलिंगीअवचूरि			८७
जि.ता.	१५४/२	☯ पंचलिंगीप्रकरण	जिनेश्वरसूरि	र.१२१० ले.१२१५	१४-२६
जि.ता.	१५६/२	☯ पंचलिंगीप्रकरण	जिनेश्वरसूरि	११९२	७-१५
जि.का	१८०/३	☯ पंचलिंगीप्रकरण	जिनेश्वरसूरि		४-६
जि.का	१३२६/४	☯ पंचलिंगीप्रकरण	जिनेश्वरसूरि		५८-६६
त.का.	२५	☯ पंचलिंगीप्रकरण	जिनेश्वर सूरि		३५
जि.का	१३१७/५	☯ पंचलिंगीप्रकरण अपूर्ण			५३-५८
जि.का	२१०	☯ पंचलिंगीप्रकरण विवरणसहित	जिनेश्वरसूरि -मू., वि.क. सर्वराजगणि वाचनाचार्य	१५३५	१८
था.का.	१४०	पंचलिंगीप्रकरण सहवृत्ति	जीनेश्वरसूरि		३४
लों.का.	६०८	पंचलिंगीप्रकरण सह टब्बार्थ त्रूटक, जीर्ण			३-९
त.का.	६६३	पंचलिंगीप्रकरणवृत्ति	जिनपतिसूरि		१२०
था.का.	२४०	☯ पंचलिंगीप्रकरणवृत्ति	जिनपतिसूरि		१५४
जि.का	९४४	☯ पंचवर्गपरिहारनाममाला-अपवर्गनाममाला	जिनभद्रसूरि	१५२५	६
त.का.	४९९	☯ पंचवस्तुक सह वृत्ति	हरिभद्रसूरि	१६१९	१२०
जि.ता.	२१४/२	☯ पंचवस्तुकप्रकरणवृत्ति अपूर्ण	हरिभद्रसूरि स्वोपज्ञ	१२००	१९३-३५०
जि.का	१२९४	पंचवस्तुकप्रकरणवृत्ति प्रथमखंड		१४००	२१६
जि.ता.	१६४	☯ पंचवस्तुकप्रकरण	हरिभद्रसूरि	१३००	१५२
जि.का	९७७	□ पंचवस्तुकप्रकरण	हरिभद्रसूरि	१९८४	४७
जि.का	१३१२	☯ पंचवस्तुकप्रकरण	हरिभद्रसूरि	१४००	१९१
जि.का	१२८३	☯ पंचवस्तुकप्रकरणवृत्ति प्रथमखंड अपूर्ण	मुनिचंद्रसूरि	१४००	१९९
जि.ता.	१९०	☯ पंचसंग्रह त्रूटक अपूर्ण	चंद्रर्षि महत्तर	१३००	१३२

भंडार नाम	ग्रंथांक	ग्रंथनुं नाम	कर्ता	संवत्	पत्र संख्या
जि.ता.	१७४	☯ पंचसंग्रह सटीक प्रथमखंड	मू.क. चन्द्रर्षि महत्तर, टी.क. आचार्य मलयगिरि	१४००	४३२
जि.ता.	२९०/१	पंचसंधिपर्यंत अपूर्ण			
जि.का	६४६	□ पंचसंवरगीत	हीरदेव		२
जि.का	२१०९	पंचसमितिसज्झाय	देवचंद्रजी		४
जि.का	३४४	□ पंचसमवायाधिकार (गुणसागरप्रबोधांतर्गत)	जिनसमुद्रसूरि		३
डूं.का.	९७५	पंचसायक	शेखरज्योतिरीश्वर		२५
लों.का.	१४२	□ पंचसूत्र	चिरंतनाचार्य		१-५
जि.ता.	१५९/७	☯ पंचसूत्रसत्क पापप्रतिघातगुण-बीजाधाननामक प्रथम सूत्र		१३४५	१२०-१२५
जि.ता.	१५८/८	☯ पंचसूत्रसत्क प्रथमसूत्र		१४००	१२०-१२३
लों.का.	६४४	पंचांग ज्योतिष			१-१३
जि.का	१८८०	पंचांगानयनविधिज्योतिष			२
डूं.का.	५७९	पंचागी नाममाला (श्राद्धविधि)			२
जि.ता.	१६०/८	☯ पंचाणुव्रतप्रकरण		१३००	८१-१०१
डूं.का.	४५५	पंचाशक			
था.का.	९६	☯ पंचाशक	हरिभद्रसूरि		२८
त.ता.	१	☯ पंचाशक प्रकरण	हरिभद्रसूरि	१११५	७७
जि.ता.	४१५/१	☯ पंचाशकप्रकरण	हरिभद्रसूरि		१-५४
त.का.	२८५	पंचाशकप्रकरण			१६
जि.ता.	२०८	☯ पंचाशकप्रकरण वृत्ति	वृ.क.अभयदेवाचार्य	१२००	२६२
जि.ता.	२११	☯ पंचाशकप्रकरणलघुवृत्ति अष्टादशपंचाशकपर्यन्त	वृ.यशोभद्रसूरि	११२१	२६५
जि.ता.	२०९	☯ पंचाशकप्रकरणवृत्ति	अभयदेवाचार्य	१३००	१८१
था.का.	१४७	□ पंचाशकवृत्ति	अभयदेवसूरि	१६७९	२१५
त.का.	६६६	☯ पंचाशकवृत्ति	अभयदेवसूरि		१२५
था.का.	१४८	☯ पंचाशकसूत्र	हरिभद्रसूरि		३२

भंडार नाम	ग्रंथांक	ग्रंथनुं नाम	कर्ता	संवत्	पत्र संख्या
था.का.	१४९	पंचाशकसूत्र	हरिभद्रसूरि		३१
जि.का.	३४९/२	□ पंचासरापार्श्वनाथस्तवन	लाभोदय		१लुं
त.का.	१०६५	पंचास्तिकाय सह छाया अर्थ व भावार्थ	अमृतचंद	१७४१	१५३
त.का.	६८४	पंचास्तिकाय सह छाया अर्थ व भावार्थ			१५७
जि.का.	११६०	पंचांगतत्त्व व्याख्यासह			८
डूं.का.	१३५०	पंचांगुलिमंत्र + सहस्त्रनाम + बीज आम्नाय + कल्पचन्द्रादि			(४ से १५)१२
था.का.	४३९	पंचकल्याणक स्तवन			२
लों.का.	७०४	पंचकल्याणकटीप	पूर्वाचार्य		१-२
था.का.	४२६	पंचकल्याणकस्तवन	पुण्यसागर		३
त.का.	७९२	पंचनिर्ग्रन्थीसंग्रहणी			४
त.का.	७९३	पंचनिर्ग्रन्थीसंग्रहणी		१६५६	५
त.का.	२१५	पंचपरमेष्ठिनमस्कारस्तवन			४
डूं.का.	९२	पंचप्रतिक्रमण अपूर्ण			२६
था.का.	२२३	☯ पंचवस्तुक			५१
था.का.	२१३	☯ पंचवस्तुकवृत्ति			१३५
डूं.का.	१५०	पंचविंशतिकथा			१०
डूं.का.	१३५६	पंडितगोष्ठी			२
जि.ता.	२६४	☯ पउमचरियं गाथाबद्ध	विमलाचार्य	र.५३० ले.११९८	२६०
डूं.का.	९२४	□ पउमचरियम्	सुमतिमंडन गणि	१६२५	१७१
त.का.	८८६	◆ वाडास्तवन			२
जि.का.	३१९	□ पगामसज्जाय तथा हरियालीगीत	रतनमुनि		३
जि.का.	१४४८	पगामसज्झाय सस्तबक		१६९४	६
जि.ता.	३९७/१०	☯ पच्चक्खाण			१७७-१७८
जि.का.	२१५९	पच्चक्खाणविचारगर्भपार्श्वनाथस्तवन	वाचक खेम		३
त.का.	८३७	पच्चक्खाणविधि			
त.का.	१२६८/A	पच्चक्खाणविधि			
डूं.का.	१२१५	◆ पच्चक्खाणमाला			२८
त.का.	१२०३	◆ पच्चखाण			३
था.का.	६२	पच्चखाण भाष्यचूर्णि			
डूं.का.	४०४	पच्चखाण विचार-स्तुति			
त.का.	९२६	◆ पच्चखाणविधि			२
था.का.	३२७	पच्चखाणविधि	धर्मसुंदरशिष्य		२
त.का.	१४०	पट्टावली	हर्षविजय	१७८३	४(१८३-१८७)
त.का.	१०२३/N	पट्टावली			३
जि.का.	११६३	पट्टावली खरतरगच्छीया			३
जि.का	११६५	☯ पट्टावली खरतरगच्छीया			१५
जि.का	११६४	पट्टावली खरतरगच्छीया			८
जि.का	११६२	पट्टावली भाषानी खरतरगच्छीया		१७५५	९
त.का.	१८८	पट्टी पहाडे			६
डूं.का.	१३४८	पट्टीपहाडे			४३
डूं.का.	३६९	पडिलेहणविधि + शत्रुंजय संघवर्णन			३
लों.का.	२३८	पडिलेहणा कुलक सह टब्बार्थ त्रूटक			१-२
त.का.	११११	□ पथ्यापथ्यविबोधक			४५
जि.का	४३५	पद्मकोश		१६९३	८
जि.का	२१३४	□ पद्मकोश			६
त.का.	२५६	पद्मकोश	गोवर्धन		५
जि.का	१८५४	पद्मकोश-ज्योतिष	गोवर्धन	१८४६	६
जि.का	१८५१	पद्मकोशज्योतिष	गोवर्धन	१८०९	५
लों.का.	३४८	पद्मकोष ज्योतिष			१-७

भंडार नाम	ग्रंथांक	ग्रंथनुं नाम	कर्ता	संवत्	पत्र संख्या
जि.का.	१८५३	पद्मकोष-ज्योतिष	गोवर्धन		५
त.का.	१२८५/A	पद्मावती आराधना			६
जि.ता.	१७१/१२	☯ पद्मावतीस्तोत्र		११६९	१
त.का.	४८८/C	पद्मावतीस्तोत्र			
लों.का.	६१२	पद्मावतीक्षमापना	समयसुंदर		१-३
डूं.का.	५५७	पद्मावती आराधना	समयसुंदर	१७८९	२
त.का.	३८६	पद्मावती आराधना सह टब्बार्थ	समयसुंदर	१८६५	८
त.का.	८५७	पद्मावतीस्तोत्र		१८७५	२
डूं.का.	१०२२	पन्नवणासूत्र	रत्नविवेकमुनि	१५७१	१३९
लों.का.	६९०	पन्नवणासूत्र			२८५
त.का.	४२७	पन्नवणासूत्र	गणधर		१५८
डूं.का.	८३४	◆ पन्नवणासूत्र द्वे गाथा	ज्ञानसारेण		४
जि.का.	११९९	परचुरणकवितपदसंग्रह गुटको			
लों.का.	५२४	परचुरणस्तवन त्रूटक			१९
लों.का.	४६४	◆ परचूरणस्तवन			१-१८
लों.का.	५१९	परदेशी-प्रबंध त्रुटक-जीर्ण			२९
लों.का.	३३८	परदेशीबोध	ज्ञानचन्द्र	१७२४	१-२२
जि.का.	१९९०	परदेशीराजारास अपूर्ण			६
लों.का.	६२३	◆ परदेशीराजानो रास अपूर्ण	ज्ञानचंद्र		१-११
लों.का.	४३६	◆ परदेशीराजानो रास त्रूटक	कांतिसागर		१२-२९
लों.का.	३६४	परनिंदाचौपाई			१-६
त.का.	२७७	परमागम समयसार नाटक	उत्तमचंद	१७४२	८२
जि.का.	४२०/४८	परमातमछत्रीसी	भैया	१७५०	९५-९६
जि.का.	४२०/११	परमातमजयमालिका			४७-४८
जि.का.	१६०	☯ परमात्मप्रकाश सस्तबक अपूर्ण			३०
जि.का.	७०७	परमात्मस्वरूपगीत तथा अध्यात्मगीत	यशोविजयोपाध्याय		१
जि.का.	१६३६	☯ परमानंदस्तोत्र तथा मूर्खशतक			१
जि.का.	७११	□ परमानन्दपंचविंशतिका सस्तबक	यशोविजयोपाध्याय		३
जि.का.	४२०/१४	परमारथपद सवैया दुहा	भैया		४९-५२
डूं.का.	२८/३	☯ परमेष्ठीमंत्रकल्प	माणेकराजमुनि	१८४३	२९-३०
त.का.	४८८/C	परमेष्ठीरक्षा वज्रपंजर + पद्मावती स्तोत्र			१२-१५
आ.का.	२१७	परिकर्म्माष्टकम्			२
त.का.	६९३	परिशिष्ट पर्व + त्रिषष्टि शलाका पुरुष चरित्र	हेमचंद्रसूरि		८६
था.का.	१००	परिशिष्ट पर्व १-१३ सर्ग	हेमचंद्राचार्य	१८५४	९२
त.का.	१०८८	परिशिष्टपर्व			
जि.का.	४३८	□ परिशिष्टपर्व अपूर्ण	हेमचंद्रसूरि		१३३
डूं.का.	९२६	□ परिशिष्टपर्व	हेमचंद्रसूरि	१६९१	६९
आ.का.	१५६	☯ परिशिष्टपर्व स्थविरावलीचरित्र महाकाव्य	हेमचंद्राचार्य	१५२०	६३
डूं.का.	५५५	परिशिष्टपर्व चरित्र	हेमचंद्रसूरि	१४५४	७२
जि.का.	१५६	☯ परीक्षामुखप्रकरण		१९८३	३
जि.का.	१५३/२	☯ परीक्षामुखप्रकरण			४१-४३
जि.ता.	३६७/२	☯ परीक्षामुखसूत्र			११२-११९
जि.का.	१३३/११	□ पर्यंताराधनाप्रकरण	अभयदेवसूरि		२०-२२
जि.का.	१३४/१	□ पर्यंताराधनाप्रकरण	सोमसूरि		१-३
जि.का.	१९७१	पर्यंताराधनाप्रकरण	सोमसूरि		४
जि.का.	४९५	□ पर्यंताराधनाप्रकरण सस्तबक	सोमसूरि -मू.क.		६
जि.का.	४९६	□ पर्यंताराधनाप्रकरण सस्तबक	सोमसूरि -मू.क.	१७३३	६
लों.का.	३२७	पर्यन्त आराधना	आनंद विजय-ले.		१-७
त.का.	१००४	पर्यन्त आराधना			३
त.का.	२२०	पर्यन्ताराधना	सोमसूरि	१६४८	४
त.का.	२२२	पर्यन्ताराधना	सोमसूरि	१५३२	४
जि.ता.	१५१/१	☯ पर्यन्ताराधनाप्रकरण	सोमसूरि	१४००	१-९

भंडार नाम	ग्रंथांक		ग्रंथनुं नाम	कर्ता	संवत्	पत्र संख्या
जि.ता.	१५४/१०	☯	पर्यन्ताराधनाप्रकरण	सोमसूरी	१२१०	७५-८२
जि.का.	५१९		पर्यन्ताराधनाप्रकरण	सोमसूरि		५
जि.का.	५१७		पर्यन्ताराधनाप्रकरण बालावबोधसह	सोमसूरि -मू.क.		७
जि.का.	५१८		पर्यन्ताराधनाप्रकरण सस्तबक	सोमसूरि -मू.क.	१७३३	७
डूं.का.	१३२१		पर्यन्तआराधना	सोमसुरि		३
त.का.	७९९		पर्यन्तआराधना सह टब्बार्थ			८
आ.का.	११७		पर्यन्तआराधना सह बालावबोध			१२
त.का.	१२१४		पर्युषणा अष्टाह्निकाव्याख्यान			५
डूं.का.	६५६		पर्युषण अष्टाह्निका व्याख्यान			७
डूं.का.	४८४		पर्युषण अष्टाह्निका व्याख्यान			१६
डूं.का.	६	☯	पर्युषण अष्टाह्निका व्याख्यान	समुद्रविजय	१९३०	१४
त.का.	११९९		पर्युषणा अष्टाह्निकाव्याख्यान			२-५
डूं.का.	४७६		पर्युषणा अष्टाह्निका व्याख्यान			११
त.का.	१२२८	◆	पर्युषणा समाचारी			
जि.ता.	४०/४	☯	पर्युषणाकल्पचूर्णी		१४०४	८६-१३३
जि.ता.	४३/३	☯	पर्युषणाकल्पचूर्णी		१४००	११२-१५७
जि.ता.	४०/५	☯	पर्युषणाकल्पटिप्पनक	पृथ्वीचन्द्रसूरि		१-२५
डूं.का.	१००९		पर्युषणाकल्पदुर्गपदविवृति			७१
जि.ता.	४०/३	☯	पर्युषणाकल्पनिर्युक्ति	भद्रबाहुस्वामी		८१-८६
जि.का.	२५७	□	पर्युषणाकल्पनिर्युक्तिवृत्ति किंचिदपूर्ण	भद्रबाहुस्वामी -मू., क.जिनप्रभसूरि		४६-६०
जि.ता.	४५	◆	पर्युषणाकल्पचूर्णी	प्रा.	१५००	१-२७
डूं.का.	२३०		पर्युषणाष्टान्हिका व्याख्यान	भक्तिमाणिक्यमुनि -पं.	१८८९	१४
त.का.	३३७		पर्युषणाष्टान्हिका व्याख्यान	ऋषभविजय	१८६९	५
जि.का.	१६८५		पर्युषणाष्टाहिकाव्याख्यान	क्षमाकल्याण	र.१८६० ले.१८८२	१५
डूं.का.	९१९		पर्युषणाष्टाह्निका व्याख्यान	गुणसुंदरमुनि		३३

भंडार नाम	ग्रंथांक		ग्रंथनुं नाम	कर्ता	संवत्	पत्र संख्या
डूं.का.	५४८	□	पर्युषणाकल्प			१३८
जि.का.	२९३	□	पर्युषणाकल्पदुर्गपदव्याख्या			१३
लों.का.	७१९	◆	पर्युषणादिक पर्वोनी कथा			
त.का.	३२९		पर्वतिथि + अक्षयतृतीया समुच्चय व्याख्यान			७१
त.का.	३५३		परसमय सूक्तानि			६
त.का.	७६८		पल्लीविचार			२
डूं.का.	११९४		पवनविजय			४
डूं.का.	११३		पांच पांडव चौपई अपूर्ण			२७
जि.का.	६७३	☯	पांचपांडवरास (द्रोपदीरास)	जिनचंद्रसूरि	र.१६९८ ले.१७०९	३५
त.का.	१११७		पांडवचरित्र			२१७-२८६
जि.ता.	४१९	☯	पांडवचरित्रमहाकाव्य पद्य	मलधारी देवप्रभसूरि	१४२९	२४६
त.का.	४००		पांडवद्रौपदीचौपाई	कनककीर्ति		२६
त.का.	४०४		पांडवद्रौपदीचौपाई	समयसुंदर		२२
त.का.	३३०	□	पांडवचरित्र	देवप्रभसूरि	१६६०	२३३
डूं.का.	७७		पांडवचरित्र अपूर्ण			५१
डूं.का.	८१४		पांडवचरित्रचोपाई	सोम्यगणि	१८४५	७६
डूं.का.	५२	□	पांडित्यदर्पण पद्य	बालकृष्ण		६१
लों.का.	५३३/C		पांत्रीस वचनातिशय			
डूं.का.	९०१		पाक्षिक अतिचार			
डूं.का.	१०२०		पाक्षिक अवचूरि			७
डूं.का.	४०६		पाक्षिक खामणां			
डूं.का.	१२४२		पाक्षिक सूत्र			८
त.का.	१२६८/A		पाक्षिक सूत्र + अतिचार + पच्चक्खाण विधि			१०
डूं.का.	५७०		पाक्षिक सूत्र त्रूटक अपूर्ण			१०
त.का.	७०		पाक्षिकविचार			१२

भंडार नाम	ग्रंथांक	ग्रंथनुं नाम	कर्ता	संवत्	पत्र संख्या
जि.ता.	७४/२ ☯	पाक्षिकसूत्र		१४००	९७-१४२
जि.का.	९१९	पाक्षिकसूत्र			५
जि.का.	१३१०/१	पाक्षिकसूत्र			१-१७
जि.का.	१६९२	पाक्षिकसूत्र			८
जि.का.	१४४२ ☯	पाक्षिकसूत्र			९
डूं.का.	४३९	पाक्षिकसूत्र		१७४३	७
डूं.का.	१७/२	पाक्षिकसूत्र			
था.का.	१०५	पाक्षिकसूत्र			९
था.का.	११९	पाक्षिकसूत्र			२०
था.का.	१९२	पाक्षिकसूत्र		१६९७	९
डूं.का.	१३०	पाक्षिकसूत्र + क्षेत्रसमाससूत्र	कुशलरंगमुनि		३४
जि.का.	१४४४	पाक्षिकसूत्र + दशवैकालिकसूत्र	शय्यंभवसूरि		१०
जि.का.	१४४३	पाक्षिकसूत्र अपूर्ण			९
डूं.का.	४६१	पाक्षिकसूत्र अपूर्ण			१०
जि.का.	१६७४	पाक्षिकसूत्र तथा अतिचार			२-१७
जि.ता.	१२९ ☯	पाक्षिकसूत्र वृत्तिसह	वृ.क. यशोदेवसूरि	र.११८०	८४
				ले.१५००	
जि.ता.	१४५ ☯	पाक्षिकसूत्र वृत्तिसह	वृ.क.यशोदेवसूरि	र.११८०	९६
				ले.१३००	
जि.ता.	४१६ ☯	पाक्षिकसूत्र वृत्तिसह	वृ.क.यशोदेवसूरि	र.११८०	२४०
				ले.१४००	
जि.का.	१४४५	पाक्षिकसूत्र सटीक	यसोदेवसूरि	११८०	८९
त.का.	७३	पाक्षिकसूत्र सह क्षमापना	दोलतविजयगणि	१७८१	१५
त.का.	९५	पाक्षिकसूत्र सह क्षमापना		१७६३	११
त.का.	१३७	पाक्षिकसूत्र सह क्षमापना	मनरूपविजय	१८५३	२१
डूं.का.	४४३	पाक्षिकसूत्र सह टब्बार्थ	यशोविजय		१५
त.का.	९२	पाक्षिकसूत्र सह वृत्ति	यशोदेवसूरि	१६५७	६०
जि.का.	१४४६	पाक्षिकसूत्र सावचूरि पंचपाठ			५

भंडार नाम	ग्रंथांक	ग्रंथनुं नाम	कर्ता	संवत्	पत्र संख्या
डूं.का.	२१८	पाक्षिकसूत्रवृत्ति	जगमालगणि-पं.	१६३७	५७
डूं.का.	९०२	पाक्षिकसूत्र			८
त.का.	९३	पाक्षिकसूत्र क्षमापनासह टब्बार्थ	भावविजयगणि		२३
त.का.	९५९	पाक्षिक खामणां			
जि.का.	१७२५ ☯	पाणिनिपरिभाषा	व्याडि		२
जि.का.	१७२१ ☯	पाणिनिव्याकरण			२५
		अष्टाध्यायीसूत्रपाठ			
जि.का.	१२८७ □	पाणिनीव्याकरणमहाभाष्यप्रदीप	कैयट	१५००	४-१०८
		त्रूटक अपूर्ण			
जि.का.	२१३० ☯	पाणिऩीय व्याकरणगणपाठ			४६
डूं.का.	८६७	पाणीनीय लिंगानुशासन	भट्टोजी		८
जि.ता.	३९५/१ ☯	पातंजलयोगदर्शनभाष्य वृत्ति	वृ.क.वाचस्पतिमिश्र		१-१६०
जि.ता.	३९५/२ ☯	पातंजलयोगदर्शनभाष्य किंचिदपूर्ण	भा.क.व्यासर्षि	१२००	१६१-२१७
आ.का.	१४२	पापत्यागोपदेश	देवचंद्रकवि		७
लों.का.	२८१ ☯	पार्थपराक्रमनाटक त्रूटक	क.प्रहलादन	१८३०	१-१७
था.का.	५७ ☯	पार्श्वचन्द्रमतखंडन			५३
डूं.का.	३९७	पार्श्वजिन सहस्त्रनाम स्तवन			६
त.का.	८०४ ◆	पार्श्वजिनस्तवन			५
जि.ता.	२२४/४ ☯	पार्श्वजिनस्तोत्र	जिनवल्लभगणि	१३००	२५-२९
डूं.का.	२३२	पार्श्वजिनस्तोत्र			८
डूं.का.	१२२२	पार्श्वजिनस्तोत्र			
था.का.	२१५	पार्श्वनाथ गणधर संबंध			८०
त.का.	८७५	पार्श्वनाथ घ(स्त्र?)ग्धरा निशानी			२
डूं.का.	१५२ ☯	पार्श्वनाथ यमकाष्टक स्तोत्र	पद्ममुनि		५
डूं.का.	५७४	पार्श्वनाथ स्तवन	रत्नविमल		१
त.का.	८२०	पार्श्वनाथ स्तवन			
डूं.का.	४१२	पार्श्वनाथ स्तवन + सात स्मरण			८
जि.ता.	२६१ ☯	पार्श्वनाथचरित्र	देवभद्रसूरि	१३००	२२९

भंडार नाम	ग्रंथांक		ग्रंथनुं नाम	कर्ता	संवत्	पत्र संख्या
जि.ता.	२६२	◐	पार्श्वनाथचरित्र किंचिदपूर्ण	माणिक्यचंद्रसूरि	१५००	२९२
जि.का.	२५०	◐	पार्श्वनाथचरित्र पद्य	भावदेवसूरि		७९-१९१
लों.का.	२९५		पार्श्वनाथचरित्र त्रूटक			
त.का.	९७२		पार्श्वनाथछंद देशांतरी			३
था.का.	४७५	◆	पार्श्वनाथजिनमाला			२
जि.का.	२०८९		पार्श्वनाथदशभव संक्षेपबालावबोध			१३
जि.का.	३४२/५	□	पार्श्वनाथमेघराजगीत	जिनसुंदरसूरि	र.१७४९	३जु
					ले.१७४९	
त.का.	८३८		पार्श्वनाथविनति	हरखविजय		२
जि.का.	६५४/२	□	पार्श्वनाथविनती	जिनसमुद्रसूरि		६ठु
जि.का.	३१७	□	पार्श्वनाथविवाहलो त्रूटक		१५५१	४-५
जि.का.	२४३	◐	पार्श्वनाथविवाहलो	पेथो मंत्री		५
जि.का.	३४२/१	□	पार्श्वनाथस्तवन	जिनसुंदरसूरि		१
जि.का.	३४२/३	□	पार्श्वनाथस्तवन	हर्षसमुद्र	१७४१	१-२
जि.का.	२०१०/३		पार्श्वनाथस्तवन	जिनहर्ष		३-४
था.का.	४६०		पार्श्वनाथस्तवन + जिनदत्तसूरिगीत	रत्ननिधानगणि		३
जि.का.	१७११/४	□	पार्श्वनाथस्तुति	जिनलाभसूरि		
जि.ता.	१५६/३५	◐	पार्श्वनाथस्तोत्र	जिनचन्द्रसूरि	११९२	१२५-१२६
जि.ता.	१९१/१०	◐	पार्श्वनाथस्तोत्र	जिनदत्तसूरि	१४००	१२-१४
जि.ता.	२२४/५	◐	पार्श्वनाथस्तोत्र	जिनवल्लभगणि	१३००	२९-३२
जि.का.	८०८/५	◐	पार्श्वनाथस्तोत्र	शिवलक्ष्मी		९ मु
जि.का.	२०३८/२		पार्श्वनाथस्तोत्र			२ जुं
जि.का.	२०३८/३		पार्श्वनाथस्तोत्र			२ जुं
जि.का.	१३१७/८		पार्श्वनाथस्तोत्र			
जि.का.	९११/२	●	पार्श्वनाथस्तोत्र महायमकमय सावचूरि पंचपाठ	पद्मप्रभदेव दिगंबर		१-२
जि.का.	२१२०/१५	◐	पार्श्वनाथस्तोत्र वृत्ति			४४-४५
जि.का.	२१२०/१४	◐	पार्श्वनाथस्तोत्रवृत्ति			४३-४४

भंडार नाम	ग्रंथांक		ग्रंथनुं नाम	कर्ता	संवत्	पत्र संख्या
डूं.का.	२८१	◐	पार्श्वनाथकथा	गुणसुंदर	१९०७	१७१
डूं.का.	९२५	□	पार्श्वनाथचरित्र	भावदेवसूरि		१६६
डूं.का.	१०३३		पार्श्वनाथचरित्र	भावदेवसूरि	१८७७	१८६
डूं.का.	८९८		पार्श्वनाथचरित्र टबार्थ	मनरुप विजयगणि	१८८५	२९५
लों.का.	१९२		पार्श्वनाथनो छंद		१९४२	१-३
था.का.	४३१		पार्श्वनाथरास + स्थुलिभद्रगीत			२
था.का.	३२६		पार्श्वनाथलघुस्तोत्र			
था.का.	४४६	◆	पार्श्वनाथस्तवन			२
लों.का.	४१७/१		पार्श्वनाथस्तवन	समयरंगगणि	१७९५	१-२
लों.का.	६२५		पार्श्वनाथस्तुति त्रूटक			१-३
लों.का.	६०७		पार्श्वनाथस्तुतिओ व निशानी	जिनहर्ष		१-७
था.का.	४४८		पार्श्वनाथस्तोत्र			१
त.का.	३५९	□	पार्श्वनाथस्तोत्र सह वृत्ति			४
त.का.	११२६		पार्श्वस्तवनबालावबोध			
जि.का.	३४५	□	पार्श्वजिनछंद	जेतसी		३
डूं.का.	१०४७/१		पार्श्वनवग्रहस्तव टीका			६
डूं.का.	९७८		पालाविचार	देवेन्द्रसूरि		६
जि.का.	२२२९		पाशाकेवली			७
डूं.का.	६२	□	पाशाकेवली		१८०२	९
लों.का.	४७२		पाशाकेवली बालवबोध			
त.का.	१०५४		पाशाकेवली सह बालावबोध			९-१५
त.का.	१०५५	◆	पाशाकेवलीकाव्य अपूर्ण			२५
डूं.का.	१२२३		पाशाकेवलीस्तोत्र	गर्गऋषि	१९१०	८
लों.का.	५२७		पाशाकेवलि बालावबोध	गर्ग	१८४०	१-८
त.का.	१९१		पाशाकेवली	गर्गऋषि	१७९४	६
डूं.का.	३४९		पासा केवली		१८८५	८
जि.का.	२०७०		पासाकेवली			१३
डूं.का.	४०२		पासाकेवली	गर्गऋषि		९

भंडार नाम	ग्रंथांक		ग्रंथनुं नाम	कर्ता	संवत्	पत्र संख्या
डूं.का.	८०७		पासाकेवली	गर्ग ऋषी		७
जि.का.	५५१		पाक्षिकक्षामणासूत्र			२
जि.का.	१००६		पाक्षिकप्रतिक्रमणविधि		१९०८	३
जि.का.	५९५		पाक्षिकसूत्र		१७०६	६
जि.ता.	१४४	☯	पाक्षिकसूत्रचूर्णी		१४००	२६
जि.ता.	९३/२	☯	पिंडनिर्युक्ति	भद्रबाहुस्वामी	१३००	१३२-१७५
आ.का.	३५५		पिंडनिर्युक्ति			१६
जि.ता.	९०/१	☯	पिंडनिर्युक्ति (महल्लिया पिंडनिर्युक्ति)	भद्रबाहुस्वामी		१-३०
जि.ता.	१४७/७	☯	पिंडनिर्युक्ति कतिचिद् गाथावृत्ति			६८-७७
जि.ता.	९०/२	☯	पिंडनिर्युक्ति लघुवृत्ति			३१-१०२
जि.ता.	९३/१	☯	पिंडनिर्युक्ति लघुवृत्ति			१-१३१
जि.ता.	१४७/८	☯	पिंडनिर्युक्ति विषमगाथाविवरण			७७-८३
जि.ता.	९१	☯	पिंडनिर्युक्ति वृत्तिसह	नि.क. भद्रबाहुस्वामी, वृ.क. मलयगिरि	१२८९	२००
जि.का.	४७	☯	पिंडनिर्युक्ति वृत्तिसह	भद्रबाहुस्वामि -नि., मलयगिरि आचार्य-वृ.	१४८९	७४(७१८-७९०)
जि.का.	२३८	☯	पिंडनिर्युक्तिअवचूरि	जयकीर्तिसूरि पूर्णिमापक्षीय		४७
जि.ता.	९०/३	☯	पिंडनिर्युक्तिबृहद्वृत्ति सह	वृ.मलयगिरि आचार्य	१४८९	१-२४१
जि.ता.	९२	☯	पिंडनिर्युक्तिवृत्ति	वीरसूरि	१४००	२४७
था.का.	८५	☯	पिंडनिर्युक्तिसूत्रवृत्ति अपूर्ण	भद्रबाहुस्वामि, मलयगिरि-वृ.		१६१
जि.ता.	१४७/६	☯	पिंडनिर्युक्ति विषमपदपर्याय			६६-६८
था.का.	१२१		पिंडविशुद्धि	जिनवल्लभगणि		४
त.का.	१५७		पिंडविशुद्धि			५
त.का.	१६१		पिंडविशुद्धि			३
त.का.	११४५		पिंडविशुद्धि			५
त.का.	१२७५	◆	पिंडविशुद्धि			
त.का.	१२७७	◆	पिंडविशुद्धि			
लों.का.	२५६		पिंडविशुद्धि अवचूरि			१-९
लों.का.	१४६		पिंडविशुद्धि मूल		१६५२	१-६
था.का.	१९६	☯	पिंडविशुद्धि सह अवचूरि		१५६२	७
त.का.	१२७४		पिंडविशुद्धि सह टब्बार्थ		१६५४	६-१४
डूं.का.	६३८		पिंडविशुद्धि सह दीपिका	देवचंद्र	१५०३	८
आ.का.	१०		पिंडविशुद्धि सह दीपिका			१६
त.का.	६५०		पिंडविशुद्धि सह वृत्ति			३३
लों.का.	१४५		पिंडविशुद्धि सह बालावबोध	जिनवल्लभसूरि		१-२९
आ.का.	२०१		पिंडविशुद्धिदीपिका			१९
जि.ता.	१५४/४	☯	पिंडविशुद्धिप्रकरण	जिनवल्लभगणि	१२१०	३५-४५
जि.का.	१३३/५	□	पिंडविशुद्धिप्रकरण	जिनवल्लभगणि		१-१२
जि.का.	१८०/१	☯	पिंडविशुद्धिप्रकरण	जिनवल्लभगणि		१-३
जि.का.	६५१	□	पिंडविशुद्धिप्रकरण	जिनवल्लभगणि		४
जि.का.	१०६५		पिंडविशुद्धिप्रकरण	जिनवल्लभगणि		३
जि.का.	१३१०/४		पिंडविशुद्धिप्रकरण	जिनवल्लभगणि		२५-३०
जि.का.	१३२६/२	☯	पिंडविशुद्धिप्रकरण	जिनवल्लभगणि		४२-५०
जि.ता.	२०५	☯	पिंडविशुद्धिप्रकरण सटीक	मू.क.जिनवल्लभगणि, टी.क.यशोदेवसूरि	र.११७६ ले.१४००	१८४
जि.ता.	२१०	☯	पिंडविशुद्धिप्रकरण सटीक टी.क.यशोदेवसूरि	मू.क.जिनवल्लभगणि,	र.११७६ ले.१४००	२०६
जि.का.	८६५	□	पिंडविशुद्धिप्रकरण सस्तबक	जिनवल्लबगणि	१५९६	७
जि.का.	७७७		पिंडविशुद्धिप्रकरणअवचूरि किंचिदपूर्ण			५
लों.का.	२३२		पिंडविशुद्धिवृत्ति			१-६
त.का.	११	●	पिण्डनिर्युक्तिसूत्रवृत्ति	मलयगिरि		१६०
आ.का.	१८५		पिण्डविशुद्धिवृत्ति		१५०२	८
त.का.	९६६		पीस्तालीस आगमस्तवन			३

भंडार नाम	ग्रंथांक	ग्रंथनुं नाम	कर्ता	संवत्	पत्र संख्या
आ.का.	१४०	पुंडरीक कंडरीक संधि		१७०२	८
जि.का.	४२०/३९	पुण्यपापजगमूलपचीसी	भैया		८२-८४
लों.का.	३९५	पुण्यपाल चउपई अपूर्ण			१-४
त.का.	१९७	पुण्यप्रकाश (आलोचनागर्भित) महावीरस्तवन	विनयविजय		६
त.का.	१२८५/B	पुण्यप्रकाशस्तवन			८-१३
जि.का.	१३२६/४४ ☯	पुण्यलाभकुलक			२७३-२७४
आ.का.	३३६	पुण्यलाभकुलक			३
लों.का.	४८६	पुण्यविलासरास	जिनहर्ष		१-५५
डूं.का.	५४ □	पुण्यसारकथानक	विवेकसमुद्रगणि		१०
जि.का.	६०६/१२ □	पुण्याढ्यनरेसरभास			३२-४३
डूं.का.	२५८	पुद्‌गल षट्त्रिंशिकावृत्ति	रत्नसिंहसूरि	१८८४	११
डूं.का.	१०७३	पुरंदरकुमार चौपई+आनंदसंधि	दानविमलमुनि	१७४६	२९
जि.का.	७८३	पुरंदरचतुष्पदी	मालदेव		१०
जि.का.	८२०	पुरंदरचोपाई	मालदेव		९
त.का.	११३८	पुरन्दरचौपई			११
आ.का.	१८३	पुरन्दरकथा			१६
जि.ता.	१९१/२ ☯	पुलाकोद्देशसंग्रहणी-पंचनिर्ग्रंथीप्रकरण	अभयदेवसूरि	१४००	१७-२४
डूं.का.	७२४ ◆	पुष्पचूलिक स्थानक			२१
था.का.	२९	पुष्पमाला			२७
था.का.	३०	पुष्पमाला			२४
था.का.	३१९	पुष्पमाला			२३
आ.का.	१७५	पुष्पमाला		१६५६	१६
आ.का.	१७९	पुष्पमाला	ज्ञानमेरु मुनि	१६६९	१८
आ.का.	१८६ ◆	पुष्पमाला	मुनिसुंदर		९
आ.का.	१७१	पुष्पमाला			
त.का.	५३६	पुष्पमाला	अभयदेवसूरि शिष्य	१४७८	१४०

भंडार नाम	ग्रंथांक	ग्रंथनुं नाम	कर्ता	संवत्	पत्र संख्या
त.का.	६५२	पुष्पमाला	मलधारी हेमचंद्रसूरि		११
त.का.	११४४	पुष्पमाला	मलधारिहेमचंद्रसूरि		४-१९
डूं.का.	५६५	पुष्पमाला प्रकरण			१८
लों.का.	५०१	पुष्पमाला प्रकरणम्			१-१०
जि.ता.	१५७/४ ☯	पुष्पमालाप्रकरण	मलधारी हेमचन्द्रसूरि	१३१०	१५०-२०६
जि.ता.	१५५/७	पुष्पमालाप्रकरण			
जि.ता.	१५८/१४	पुष्पमालाप्रकरण			
जि.का.	२९८ □	पुष्पमालाप्रकरण	मलधारी हेमचंद्रसूरि		१३
जि.का.	३२७ □	पुष्पमालाप्रकरण	मलधारी हेमचंद्रसूरि	१६८५	२९
जि.का.	३३४ □	पुष्पमालाप्रकरण	मलधारी हेमचंद्रसूरि	१६६७	१९
जि.का.	३५७ □	पुष्पमालाप्रकरण	मलधारी हेमचंद्रसूरि		३०
जि.का.	८७१ □	पुष्पमालाप्रकरण	मलधारी हेमचन्द्रसूरि	१५९६	३५
जि.का.	१५८४	पुष्पमालाप्रकरण	मलधारी हेमचंद्राचार्य		२४
जि.का.	१५८६	पुष्पमालाप्रकरण	मलधारी हेमचंद्रसूरि		६-२७
जि.का.	१५८५	पुष्पमालाप्रकरण अपूर्ण	मलधारी हेमचंद्राचार्य		२४
त.का.	१३२६	पुष्पमालाबालावबोध (जीर्ण)			
डूं.का.	३९५	पुष्पमालावृत्ति	सोमगणि		१०८
डूं.का.	७०२	पुष्पमाला सह वृत्ति	हेमचंद्रसूरि-क., दयासागर-ले.		२६९
डूं.का.	२५२	पुष्पमालाप्रकरण +समरराजकथानक			९३
त.का.	८३४	पुष्पांजली			
डूं.का.	२८६	पुण्यबत्तीसी अपूर्ण	समयसुंदर पं.-ले.	१६६९	१६
डूं.का.	१२०६ ◆	पूजा (गुटका)			
डूं.का.	२८७	पूजा अष्टक सह कथानक			३१
डूं.का.	५०४	पूजा पंचाशिका		१८९९	४४
जि.का.	६६८/२ ☯	पूजाप्रकरण	उमास्वाति वाचक		३जु
जि.का.	१५८९ ☯	पूजाप्रकरण			३
डूं.का.	१२५६ ☯	पूजाविधि	रामप्रमोद -पं.		१

भंडार नाम	ग्रंथांक	ग्रंथनुं नाम	कर्ता	संवत्	पत्र संख्या
जि.का	६०६/११	□ पूजाविधिभाससंग्रह			२६-३१
लों.का	५७३	पूज्य भास	जीवराज		१-२
डूं.का.	४९४	पूरवदेस देसंतरी छंद			५
जि.का	४८७	□ पूर्णकलशस्थापनाविधि			९
जि.ता	२७१	☯ पृथ्वीचंद्रचरित्र	शांतिसूरि	र.११६१	२६०
				ले.१२२५	
डूं.का.	१०८	पृथ्वीचंद्रगुणसागरचरित्र	लब्धिसागर	१८२४	२११
डूं.का.	५१	□ पृथ्वीचंद्रचरित्र	जयसागरगणि		६६
त.का.	३६०	पृथ्वीचंद्रचरित्र			४९
डूं.का.	१९४	पृथ्वीचन्द्र चरित्र	जयसागर उपाध्याय	१८८२	९१
लों.का	२६५	पृथ्वीराजकृता वेली	भाषा		१-१२
जि.का	२०२५	पृथ्वीराजवेली सस्तबक अपूर्ण			१५
डूं.का.	४८३	पोषदशमीकथा			६
लों.का	४२७	पोषदशमीकथा			१-७
आ.का	७७	पोषधविधी			१५
लों.का	४६३	पोषदशमीकथा सह टब्बार्थ	क.कुंवरजी		१-८
डूं.का.	७३४	पोसहपडिलेहण विधि			३
डूं.का.	२६०	पौषदशमी कथा			३
त.का.	२२७	पौषदशमीकथा	रविविजय	१९०८	४
जि.का	१६५६	पौषदशमीकथा गद्य			३
लों.का	६९३	पौषध सह देशावगाशिकविधी	पूर्वाचार्य		१-४
जि.का	५०४/३	☯ पौषधविधि			११मु
डूं.का.	१०५	पौषधविधि			३
था.का	२२०	पौषधविधि			५
आ.का	३५९	पौषधविधि			३
त.का.	७७९	पौषधविधि		१८७६	२
लों.का	३४९	◆ पौषधविधि + आदीश्वरस्तवन		१७०१	१-३
जि.का	१३३/७	□ पौषधविधिप्रकरण	जिनवल्लभगणि		१३-१७
जि.का	९०३/२	पौषधविधिस्वाध्याय अपूर्ण			२-४
जि.का	२१००	पौषधादिविधि ज्वरहरादिमंत्र			३
जि.ता	१५४/६	☯ पौषधविधिप्रकरण	जिनवल्लभगणि	१२१०	५२-६४
डूं.का.	१०५७	पौसविधि तथा चौद नियम			१७
त.का.	१०६७	◆ प्रकरण			६ (२थी७)
त.का.	६४६	प्रकरणत्रयि (नवतत्त्व + जीवविचार + चौवीस दंडक)			९
डूं.का.	३३५	प्रकरणत्रयी (नवतत्व-जीवविचार-चौवीसदंडक)	गजसार		११
जि.ता	१५९	☯ प्रकरणपुस्तिका		१३४५	१६७
जि.ता	१६०	☯ प्रकरणपुस्तिका		१३००	१६१
जि.ता	१७१	☯ प्रकरणपुस्तिका		११६९	१८+१७+४
				+४+२=४५	
जि.ता	१९१	प्रकरणपुस्तिका		१४००	६८+१४+२
				+२=८६	
जि.ता	२२४	☯ प्रकरणपुस्तिका		१३००	१५ + ६४
				= ७९	
जि.ता	४२३	☯ प्रकरणपोथी		१४००	९८-४४०
जि.ता	१५०	☯ प्रकरणपोथी		१३००	२०५
जि.ता	१५१	☯ प्रकरणपोथी		१४००	१५४
जि.ता	१५४	प्रकरणपोथी		१२१०	१६५+१७
				+३१=२१३	
जि.ता	१५५	☯ प्रकरणपोथी		१२२२	१६२+१७
				+३१=२१०	
जि.ता	१५६	☯ प्रकरणपोथी		११९२	१२७+४+
				१०+६+३४	
					= १८१
जि.ता	१५७	☯ प्रकरणपोथी		१३१०	२६१

भंडार नाम	ग्रंथांक	ग्रंथनुं नाम	कर्ता	संवत्	पत्र संख्या
जि.ता.	१५८	☯ प्रकरणपोथी		१४००	२०४
त.का.	३४६	प्रकरणसंग्रह			२५
लों.का.	५८०	प्रकीर्ण ज्योतिष लघुग्रंथ			३ पन्ने
		त्रुटक व स्फुट पन्ने			
लों.का.	४१४/२	प्रकीर्ण पद संग्रह सज्झाय आदि			छुटा पाना
लों.का.	५२२	◆ प्रकीर्ण-स्तवनो			लगभग ३५
लों.का.	५३३/A	प्रकीर्णक पत्र			
लों.का.	४९२/A	प्रकीर्णक पद			
लों.का.	४८९	प्रकीर्णक पद संग्रह			१-६
डूं.का.	५२३	प्रकीर्णक पोथी			११५
डूं.का.	१३४	प्रकीर्णक पोथी (संकलन)			४१
डूं.का.	६१५	प्रकीर्णक पोथी + जयतिहुअण			६६
		सप्तस्मरण + कुलक			
		+ चत्तारिमंगलं + जीविचार			
		+ दंडकादि			
डूं.का.	१२८३	प्रकीर्णक विचारसंग्रह			७
जि.का.	४२०/५९	प्रकीर्णक सवैया			१११-११४
जि.ता.	४०३/४	☯ प्रकीर्णकपत्रगता पुष्पिका		१३४८	
डूं.का.	१७/१	प्रकीर्णकपोथी संकलन			१८२
		+ कल्याणमंदिर + भक्तामर			
जि.का.	१२८८/५	प्रकीर्णकविचार		१५००	२६१-२६४
जि.का.	१३४१	प्रकीर्णकविचारसंग्रह			२२
जि.का.	२१२१	प्रकीर्णकविचारसंग्रह			१०
लों.का.	५९६	प्रकीर्णगीत		१९०८	१-८
लों.का.	४६५/B	प्रकीर्णपद			१-१६
डूं.का.	१७/५	प्रकीर्णपोथी संकलन			
		+ ऋषिमंडलस्तोत्र			

भंडार नाम	ग्रंथांक	ग्रंथनुं नाम	कर्ता	संवत्	पत्र संख्या
डूं.का.	१७/४	प्रकीर्णपोथी संकलन			
		+ क्षेत्रसमास + स्नात्रविधि			
डूं.का.	१७/३	प्रकीर्णपोथी संकलन			
		+ जयतिहुअणसूत्र + कर्मग्रंथ			
त.का.	६९५	◆ प्रकीर्णविचारसंग्रह			७५
लों.का.	४७५	◆ प्रकीर्णकथा संग्रह त्रूटक			१-३१
आ.का.	२४५	प्रकीर्णकपोथी			११५
लों.का.	४५३	प्रकीर्णगीतो			१-९
डूं.का.	१३०७	◆ प्रकीर्णधार्मिकसंग्रह			९
लों.का.	३८६	◆ प्रकीर्णपत्र			
लों.का.	४३२	प्रकीर्णपदो	मुनिवस्तो आदि		१-३
लों.का.	४४०	प्रकीर्णपदो			छुटा पाना
लों.का.	४३४	◆ प्रकीर्णपदसज्झाय			लगभग ४०
लों.का.	४०३	प्रकीर्णपदसज्झाय आदि		१९४७	१०
डूं.का.	१३४०	प्रकीर्णविचारसंग्रह			६
लों.का.	३९४	प्रकीर्णसंग्रह			१-४
लों.का.	४०५	प्रकीर्णस्तवन	कांतिप्रेमविजय		१-४
लों.का.	४०६/१	प्रकीर्णस्तवन		१८७१	१५
लों.का.	४०९	प्रकीर्णस्तवन			छुटक ९
डूं.का.	६१६/१	प्रकीर्णक पोथी + रोहिणी स्तवन			१५८
		+ क्षेत्रसमास + दंडक सप्तस्मरण			
जि.ता.	१७१/७	☯ प्रकीर्णकगाथाव्याख्या		११६९	१८ मुं
आ.का.	२६३	प्रक्रिया कौमुदी			२४
जि.का.	४३४	□ प्रक्रियाकौमुदी	रामचंद्राचार्य	१७१७	१२८
जि.का.	१९४२	प्रक्रियाकौमुदी अपूर्ण	रामचंद्राचार्य		७४
लों.का.	२४०	प्रक्रियाकौमुदी व्याकरण	रामचन्द्र		१-८१
लों.का.	२४१	प्रक्रियाकौमुदी व्याकरण	रामचन्द्र		१-१२४
लों.का.	२४२	☯ प्रक्रियाकौमुदी व्याकरण	रामचन्द्र	१६८९	१-७९

भंडार नाम	ग्रंथांक		ग्रंथनुं नाम	कर्ता	संवत्	पत्र संख्या
जि.का.	१५३९		प्रवचनसारोद्धारप्रकरण	नेमिचंद्रसूरि		८९
था.का.	१३१		प्रज्ञापना तृतीयपद संग्रहणी			५
डूं.का.	८४८	□	प्रज्ञापना तृतीयपद सह अवचूरी	अभयदेवसूरि	१६५०	११
था.का.	१५३		प्रज्ञापना बीजक			४
था.का.	१५२		प्रज्ञापना सूत्र		१६७२	१७३
त.का.	४२६	◆	प्रज्ञापनाटीका	मलयगिरि		४५२
जि.ता.	१९१/३	☯	प्रज्ञापनातृतीयपदसंग्रहणी	अभयदेवसूरि	१४००	२४-३२
जि.का.	६५६		प्रज्ञापनातृतीयपदसंग्रहणी	अभयदेवसूरि		४
जि.का.	१५२२		प्रज्ञापनातृतीयपदसंग्रहणीप्रकरण	अभयदेवसूरि		७
जि.का.	१५२३		प्रज्ञापनातृतीयपदसंग्रहणीप्रकरण	अभयदेवसूरि		७
जि.का.	१५२४		प्रज्ञापनातृतीयपदसंग्रहणीप्रकरण अवचूरि	कुलमंडनगणि-अक.क.		१४
जि.का.	१५२५		प्रज्ञापनातृतीयसंग्रहणीप्रकरण सावचूरि त्रिपाठ	अभयदेवसूरि-मू., अव.क. कुलमंडनगणि	१६५५	७
जि.ता.	१४७/१७	☯	प्रज्ञापनाविवरणविषमपदपर्याय			१३९-१४३
था.का.	१५१	☯	प्रज्ञापनावृत्ति	मलयगिरि	१६७३	३३६
जि.ता.	२७	☯	प्रज्ञापनासूत्र	श्यामाचार्य	१३८९	१७०
जि.ता.	२९/१	☯	प्रज्ञापनासूत्र	श्यामाचार्य		२३३
लों.का.	५५		प्रज्ञापनासूत्र मूल	सुधर्मास्वामी		१-२८६
जि.ता.	१४७/१६	☯	प्रज्ञापनासूत्रपर्याय			१३७-१३९
जि.ता.	२९/२	☯	प्रज्ञापनासूत्रलघुवृत्ति	हरिभद्र आचार्य	१४८९	२३४-३५०
जि.ता.	२८	☯	प्रज्ञापनासूत्रवृत्ति	मलयगिरि आचार्य	१४००	२२९
जि.ता.	३०	☯	प्रज्ञापनासूत्रवृत्ति	मलयगिरि आचार्य	१४८९	३९५
डूं.का.	७९२	☯	प्रज्ञापनाटीका	मलयगिरि	१८६०	३४५
डूं.का.	७९०	☯	प्रज्ञापनावृत्ति	जितरंग गणि	१८७२	३०५
त.का.	३३१		प्रज्ञापनावृत्ति	मलयगिरि	१६६९	२११
लों.का.	५६		प्रज्ञापनासूत्र मूल	सुधर्मास्वामी		१-३१५
डूं.का.	१००४		प्रज्ञापनासूत्र सह टब्बार्थ	कमलमुनि-ले.	१८१६	२७९

भंडार नाम	ग्रंथांक		ग्रंथनुं नाम	कर्ता	संवत्	पत्र संख्या
जि.का.	२१६६		प्रज्ञापनोपांगसूत्र	श्यामाचार्य	१८२६	२५८
जि.का.	१६९१	☯	प्रज्ञापनोपांगसूत्रटीका	मलयगिरि आचार्य		३६-३५२
जि.का.	२६	☯	प्रज्ञापनोपांगसूत्रवृत्ति	मलयगिरि आचार्य	१४८९	१४४(१५०६-१६५०)
जि.का.	२१६७/१	□	प्रज्ञापनोपांगसूत्रवृत्ति	मलयगिरि		२३३ सुधी
जि.का.	२१६७/२	□	प्रज्ञापनोपांगसूत्रवृत्ति	मलयगिरि		२३४-३६५
डूं.का.	१३६३		प्रज्ञाविवर्धन, आदि स्तोत्र			५
डूं.का.	१७७	◆	प्रणम्यपद समाधानम्			२
था.का.	३०५	◆	प्रतरप्रमाणसंग्रह			१२
डूं.का.	५६९		प्रतिक्रमण त्रूटक अपूर्ण			४६
डूं.का.	७३६		प्रतिक्रमण बालावबोध			४
डूं.का.	५८३		प्रतिक्रमण सूत्र			२१
डूं.का.	१३००		प्रतिक्रमण,सज्झाय,स्तुतिस्तवनादि संग्रह (प्रकीर्णकपोथी)			१००
त.का.	८९०		प्रतिक्रमणविधि			२
त.का.	१३१६		प्रतिक्रमणविधि			३
था.का.	२१४	□	प्रतिक्रमणविधि (हेतुगर्भ)			२७
आ.का.	२४८		प्रतिक्रमणविधि (हेतुगर्भ)			२९
त.का.	१०४		प्रतिक्रमणविधि हेतुगर्भ	जयचंद्रसूरि		१८
त.का.	६०१		प्रतिक्रमणवृत्ति			१३२
जि.का.	२१६०/१		प्रतिक्रमणसूत्र			१-९
डूं.का.	५७६		प्रतिक्रमणसूत्र			५
त.का.	११८७	◆	प्रतिक्रमणसूत्र			३
लों.का.	५३०	◆	प्रतिक्रमणसूत्र अपूर्ण			१-९
त.का.	२८६	◆	प्रतिक्रमणसूत्र वृत्ति			६२
जि.का.	७८०		प्रतिक्रमणसूत्र सस्तबक		१७०८	३६
जि.का.	२१२०	☯	प्रतिक्रमणसूत्रवृत्ति तथा सप्तस्मरणवृत्ति		१८८५	५१

भंडार नाम	ग्रंथांक		ग्रंथनुं नाम	कर्ता	संवत्	पत्र संख्या
डूं.का.	९०४		प्रतिक्रमणहेतुओ	क्षमाकल्याण		१८
लों.का.	१६२		प्रतिक्रमणादिविधि त्रूटक			१-८
डूं.का.	९४२		प्रतिक्रमणविधि	जयचंद्रसूरि	१५०६	३५
डूं.का.	११२०		प्रतिक्रमणविधि (हेतुगर्भ)			२८
था.का.	८९		प्रतिक्रमणविधि (हेतुगर्भ)			२५
डूं.का.	१३६७		प्रतिक्रमणविधि आदि संग्रह			७
लों.का.	२१५		प्रतिक्रमणसूत्र टब्बो		१८५७	१-१९
लों.का.	८१		प्रतिक्रमणसूत्र सह टब्बार्थ	देवचंद्र-ले.	१७६९	१-२७
आ.का.	१२६		प्रतिक्रमणस्तोत्र			१४
त.का.	११९१	◆	प्रतिमापूजा			३
त.का.	११८९		प्रतिमापूजा बृहद्रास		१६३२	६
त.का.	८७४		प्रतिमापूजा स्तवन			२
त.का.	८०७		प्रतिमास्थापनस्तवन		१७७७	२
डूं.का.	३२	◉	प्रतिष्ठा मूर्ति मंडळ			५
डूं.का.	३१५	□	प्रतिष्ठादिविधिमंत्रादि			९
जि.का.	२०३५		प्रतिष्ठाविधि			७
डूं.का.	७६	◉	प्रतिष्ठाविधि	नयनंदनमुनि	१८५९	२६
डूं.का.	६६६		प्रतिष्ठाविधि	महेन्द्रसूरि		२७
त.का.	७६९		प्रतिष्ठाविधि			२
त.का.	१२६०		प्रतिष्ठाविधि			११
त.का.	१३१५		प्रतिष्ठाविधि			१
डूं.का.	२९	◉	प्रतिष्ठाविधि + मुद्राविधि			३६
डूं.का.	३४	□	प्रतिष्ठाविषय के छूटक पत्र			८०
डूं.का.	३३	◉	प्रतिष्ठाविधि			५
जि.ता.	३९७/१	◉	प्रत्यंगिरास्तोत्र संपूर्ण		१३००	४-७
आ.का.	११५		प्रत्याख्यान द्विभाष्यानि सह टब्बार्थ		१७०१	१९
त.का.	१०२		प्रत्याख्यानचूर्णि	जयदेवसूरि		३४
त.का.	७८६		प्रत्याख्यानपाठ			२
त.का.	१३१४		प्रत्याख्यानपाठ			३
था.का.	११४		प्रत्याख्यानभाष्य			३
जि.का.	१५२७		प्रत्याख्यानभाष्यवंदनकभाष्य	देवेन्द्रसूरि		५
डूं.का.	११४२		प्रत्याख्यानभाष्यावचूरी			९
था.का.	१२६		प्रत्याख्यानभाष्य सह टब्बार्थ		१७०१	६
डूं.का.	५९४		प्रत्याख्यानवृत्ति			४
जि.ता.	१४१/३	◉	प्रत्याख्यानसूत्रवृत्ति	श्रीचंद्रसूरि		६६-७९
जि.ता.	१४०/४	◉	प्रत्याख्यानस्वरूपप्रकरण गाथाबद्ध	यशोदेवसूरि		५८-८४
जि.ता.	१३९/३	◉	प्रत्याख्यानस्वरूपप्रकरण त्रूटक	यशोदेवसूरि	१४००	१४७-१५२
आ.का.	२१०		प्रत्याख्यानादि विधियें			२
लों.का.	४५७		प्रत्याख्यानविधिस्तवन			
त.का.	३१४		प्रत्येकबुद्धकथा + नेमिकथा		१६३७	१८
जि.ता.	२७२	◉	प्रत्येकबुद्धचतुष्कचरित्र पद्य	लक्ष्मीतिलक	र.१३११ ले.१४००	२७०
त.का.	७१८		प्रत्येकबुद्धचरित्र + अंजनासुंदरीचौपाई	समयसुंदरसूरि	१८१९	३७
जि.ता.	२७३	◉	प्रत्येकबुद्धचरित्र पद्य	लक्ष्मीतिलक	१५००	२४८
जि.का.	१२५	□	प्रत्येकबुद्धचरित्र पद्य	लक्ष्मीतिलकगणि		११४
जि.का.	४८४		प्रत्येकबुद्धचोपाई त्रूटक अपूर्ण			८-१२
त.का.	१०३६		प्रत्येकबुद्धचौपई	समयसुंदर		२९
जि.का.	३१६	□	प्रत्येकबुद्धरास त्रूटक अपूर्ण			२२
लों.का.	५१५		प्रत्येकबुद्धचउपई	समयसुंदर	१६६२	१-१०
जि.का.	४८२		प्रत्येकबुद्धरास अपूर्ण	समयसुंदर	१६६४	४०
डूं.का.	८९२		प्रथमथी चतुर्थकर्मग्रंथ	देवेन्द्रसूरि		१४
डूं.का.	८८०	□	प्रथमथी पंचमकर्मग्रंथ सहवृत्ति	मलयगिरि		३३१
जि.ता.	२१२	◉	प्रथमपंचाशकप्रकरण चूर्णि सह अपूर्ण	चू.क.यशोदेवसूरि	१३००	२१०
जि.ता.	४०३/१	◉	प्रथमप्रतिपुष्पिका		१३०५	

भंडार नाम	ग्रंथांक	ग्रंथनुं नाम	कर्ता	संवत्	पत्र संख्या
डूं.का.	५०६	प्रथमकर्मग्रंथथी चतुर्थ कर्मग्रंथ अपूर्ण	देवेन्द्रसूरि		२९
डूं.का.	९८६	प्रथमथी त्रण कर्मग्रंथ	हर्षविमल		७
डूं.का.	१९	प्रथमसे तृतीय कर्मग्रंथ सह टब्बार्थ	देवेन्द्रसूरि		२६
लों.का.	६३४	प्रदेशीकेशीकुमार प्रश्न			१-४
डूं.का.	१०५९	प्रदेशीकेशीप्रश्न			
जि.का.	४२८	प्रदेशीराजरास			२-४९
जि.का	७३१	□ प्रदेशीराजरास	ज्ञानसागर आंचलिक		५४
त.का.	७३८	◆ प्रदेशीराजारास	सहजसुंदर		१०
जि.का	१२८५/१	◐ प्रद्युम्नशांबचरित्र			३-५०
आ.का	१८२	◐ प्रबंधचिंतामणि			३०
जि.ता	३५७/२	◐ प्रबोधचन्द्रोदयनाटक टिप्पणी सह	कृष्णमिश्र	१३१८	९६-१६५
त.का.	५२२	प्रबोधचंद्रिका			१९
था.का	१३५	□ प्रबोधोदय वादस्थल			३९
त.का.	५२६	प्रभंजना स्वाध्याय	देवचंद्रजी		७
डूं.का.	१३२	प्रभंजनादि सज्झाय			१४
डूं.का.	९५६	प्रभावकचरित्र त्रूटक अपूर्ण			२-११४
था.का	४४२	◆ प्रभुदेशना + जिनवाणी गीत			२
आ.का	२७३	प्रमाणकाग्रन्थ त्रुटक (जैनन्याय)			२१
जि.का	२१८७	◐ प्रमाणनयतत्त्वालोकालंकार			५
आ.का	२७७	प्रमाणनयतत्त्वालोकालङ्कारवृत्ति			४७
जि.ता	३६७/१	◐ प्रमाणमीमांसा स्वोपज्ञ टीका सह	हेमचन्द्राचार्य स्वोपज्ञ		१-१११
जि.का	१५२	◐ प्रमाणमीमांसा स्वोपज्ञवृत्ति सह	हेमचंद्रसूरि आचार्य स्वोपज्ञ		३९
जि.ता	३८७/२	◐ प्रमाणान्तर्भाव	देवभद्र तथा यशोदेव	१११४	५१-९७
जि.का	१६१/२	◐ प्रमाणान्तर्भाव	देवभद्रयशोदेव	१९८२	१३-२३
लों.का	६४८	◐ प्रमाणमंजरी मूल	सर्वदेव	१४७०	१-११
लों.का	६४९	□ प्रमाणमंजरीटिप्पण	अद्वयानंद	१४७०	१-२९
जि.का	१५३/१	◐ प्रमाणमीमांसा स्वोपज्ञवृत्ति सह	हेमचंद्र आचार्य		१-४१
जि.ता	३६९	◐ प्रमालक्ष्मलक्षणसटीक	बुद्धिसागरसूरि	१२०१	२७२
जि.का	२२२१/१	◐ प्रमेयरत्नकोश	चन्द्रप्रभसूरि		१-१०
जि.का	२२२१	◐ प्रमेयरत्नकोश आदि			३२
जि.का	२२५२	◐ प्रयोगमुखव्याकरण अपूर्ण			३४
जि.का	२२०	□ प्रयोगविवेकसंग्रह	वररुचि	१५४४	१५
आ.का	१०८	प्ररूपणा संख्याताादि + कर्मग्रंथ प्रथमथी पंचम षष्ठ		१६९४	२२
आ.का	१८४	◐ प्रवचनपरीक्षा सह वृत्ति			३०
जि.ता	१५३/३	◐ प्रवचनसंदोह		१३००	११४-१३७
जि.ता	१६०/६	◐ प्रवचनसंदोह		१३००	३६-५४
जि.ता	४१५/६	◐ प्रवचनसंदोह			१२९-१३८
जि.का	१३१७/७	◐ प्रवचनसंदोह अपूर्ण			८६-१०३
त.का.	६८५	प्रवचनसार सह छाया अर्थ व भावार्थ			२५१
जि.ता	१५२	◐ प्रवचनसारोद्धार	नेमिचन्द्रसूरि	१४००	१७४
जि.ता	१६१/१	◐ प्रवचनसारोद्धार	नेमिचंद्रसूरि		९४
जि.ता	१६७	◐ प्रवचनसारोद्धार	नेमिचंद्रसूरि	१४००	१२७
डूं.का.	१०६३	प्रवचनसारोद्धार			१०९
था.का	१३	◐ प्रवचनसारोद्धार	नेमीचंद्रसूरि		५९
था.का	१६	□ प्रवचनसारोद्धार		१५५६	७७
था.का	२६	□ प्रवचनसारोद्धार			६०
था.का	५०	□ प्रवचनसारोद्धार	नेमीचन्द्रसूरि		९९
था.का	१८५	प्रवचनसारोद्धार		१८४०	५१
आ.का	५१	प्रवचनसारोद्धार	हेममंदिर गणि		५
त.का.	५४४	प्रवचनसारोद्धार	नेमिचंद्रसूरि	१७८७	९४
त.का.	६२७	प्रवचनसारोद्धार	नेमिचंद्रसूरि		३६
त.का.	७९६/A	प्रवचनसारोद्धार			१०

भंडार नाम	ग्रंथांक		ग्रंथनुं नाम	कर्ता	संवत्	पत्र संख्या
त.का.	१२१५		प्रवचनसारोद्धार			३७
त.का.	१३२९		प्रवचनसारोद्धार			७५
जि.का	३९०	☐	प्रवचनसारोद्धार अपूर्ण	नेमिचन्द्रसूरि		३५
जि.का	१०५२		प्रवचनसारोद्धार त्रूटक अपूर्ण			
था.का.	३९१		प्रवचनसारोद्धार बालावबोध			३
लों.का.	१६९		प्रवचनसारोद्धार मूल			१-६४
लों.का.	१७०		प्रवचनसारोद्धार मूल		१६९६	१-६८
था.का.	४७		प्रवचनसारोद्धार विषमपदार्थावबोध	उदयप्रभसूरि	१८४०	५९
जि.ता	२०६	◉	प्रवचनसारोद्धार वृत्तिसह	मू.क.नेमिचन्द्रसूरि, वृ.क.सिद्धसेनगणि	र.१२४२ ले.१२९५	४३८
डूं.का.	९४४		प्रवचनसारोद्धार सटीक			२१
था.का.	४	◉	प्रवचनसारोद्धार सह वृत्ति	सिद्धसेनसूरि-टी.	११७४१६८३	४३०
जि.का	२२३५		प्रवचनसारोद्धारटीका अपूर्ण	सिद्धसेनाचार्य		४४
जि.का	१५३८		प्रवचनसारोद्धारप्करण	नेमिचंद्रसूरि	१५२९	६१
जि.का	१५३५		प्रवचनसारोद्धारप्रकरण	नेमिचंद्रसूरि		५२
जि.का	१५३६		प्रवचनसारोद्धारप्रकरण	नेमिचंद्रसूरि	१५८५	९१
जि.का	१५३७		प्रवचनसारोद्धारप्रकरण	नेमिचंद्रसूरि	१६६१	८१
जि.का	२१९२		प्रवचनसारोद्धारप्रकरण	नेमिचंद्रसूरि		३३
जि.का	२२१०		प्रवचनसारोद्धारप्रकरण	नेमिचंद्रसूरि		४८
जि.का	१५४०		प्रवचनसारोद्धारप्रकरण अपूर्ण	नेमिचंद्रसूरि		३०
जि.का	२१९४		प्रवचनसारोद्धारप्रकरणलघुवृत्ति	उदयप्रभसूरि		५१
जि.का	१५४१		प्रवचनसारोद्धारप्रकरणवृत्ति	सिद्धसेनसूरि		२४२
जि.का	१२९३	◉	प्रवचनसारोद्धारप्रकरणवृत्ति तृतीयखंड ८४ मा द्वारथी २१७		१५००	२२८
जि.का	१२९२	◉	प्रवचनसारोद्धारप्रकरणवृत्ति द्वितीयखंड ३४ मा द्वारथी ८४		१५००	२३०
जि.का	१५४३		प्रवचनसारोद्धारबीजक			३
जि.का	१५४४		प्रवचनसारोद्धारबीजक			६
जि.का.	१५४२		प्रवचनसारोद्धारविषमपदपर्याय			११-५१
जि.ता.	२०४	◉	प्रवचनसारोद्धारवृत्ति प्रथमखंड	मू.क.नेमिचंद्रसूरि, वृ.क. सिद्धसेनाचार्य	१४००	१९५
डूं.का.	१०६०		प्रवचनसारोद्धारवृत्ति	सुगुणकुशलमुनि	१८६४	३६२
आ.का.	७६		प्रवचनसारोद्धारसूत्र		१६९३	४२
डूं.का.	५५		प्रवचनसारोध्धारसूत्रवृत्ति	जिनरंग गणि	१८७५	२९२
डूं.का.	१०००	◆	प्रवचनसार			४
जि.का	१३२६/१६	◉	प्रवचनसंदोहप्रकरण			१५९-१८१
डूं.का.	४०६		प्रवज्याविधि			
त.का.	७७४		प्रवज्याविधि			२
त.का.	७७५		प्रवज्याविधि			२
था.का.	४४३		प्रवर्तिनी कुशल विजय गीत			२
जि.का.	२१६०/२		प्रव्रज्याकुलक			९-११
जि.ता.	१५६/२४	◉	प्रव्रज्याविधानकुलक		११९२	९६-९८
जि.का.	२६५	☐	प्रव्रज्याविधानकुलक		१७२३	८
जि.का.	४९४	◉	प्रव्रज्याविधानकुलक बालावबोधसह			५
था.का.	११२		प्रव्रज्याविधानकुलक सहावचूरि			५
जि.ता.	१५९/६	◉	प्रव्रज्याविधानप्रकरण		१३४५	११८-१२०
जि.का.	१३१७/२८	◉	प्रव्रज्याविधानप्रकरण		१४००	२०१-२०३
जि.का.	१३२६/३६	◉	प्रव्रज्याविधानप्रकरण			२५८-२६१
था.का.	३२५		प्रव्रज्याकुलक			२
था.का.	३२२		प्रव्रज्याविधानकुलक			२
डूं.का.	७४	◉	प्रव्रज्याविधि			३
डूं.का.	१०९१		प्रव्रज्याविधानकुलक सहावचूरि			२
त.का.	६२८		प्रशमरति	उमास्वाति		७
जि.का	२१७८		प्रशमरतिप्रकरण	उमास्वातिवाचक		२
जि.का	२१७८	☐	प्रशमरतिप्रकरण	उमास्वातिवाचक		२

भंडार नाम	ग्रंथांक		ग्रंथनुं नाम	कर्ता	संवत्	पत्र संख्या
जि.ता.	१७२	◐	प्रशमरतिप्रकरण सटीक अपूर्ण	उमास्वाति वाचक	१३००	२०१
जि.का.	५१६	◐	प्रशमरतिप्रकरणअवचूरि			११
था.का.	३६२	◆	प्रशमरतिप्रकरण मूल	उमास्वाति वाचक		१
जि.ता.	३८३/१	◐	प्रशस्तपादभाष्य पदार्थधर्मसंग्रह अपूर्ण	प्रशस्तपाद	१२००	२३
जि.का.	१८३१		प्रश्नप्रदीप			८
जि.का.	१८३२		प्रश्नप्रदीप			५
जि.का.	२२२७		प्रश्नप्रदीप			१
त.का.	४५६		प्रश्नप्रदीप	काशीनाथ भट्टाचार्य	१७९९	७
जि.का.	१८५५		प्रश्नफलादेश ज्योतिष			५
जि.का.	१८७९		प्रश्नमनोरमाविद्याज्योतिष	गर्गाचार्य		६
लों.का.	४३		प्रश्नव्याकरण मूल अपूर्ण त्रूटक	सुधर्मास्वामी		१-४
लों.का.	४४		प्रश्नव्याकरण मूल अपूर्ण त्रूटक			१-५
आ.का.	२५७		प्रश्नव्याकरण विपाकवृत्ति			
लों.का.	७३७		प्रश्नव्याकरण वृत्ति			४७(३८ + १११
लों.का.	४५		प्रश्नव्याकरण सह टब्बार्थ अपूर्ण त्रूटक			१-१०७
जि.ता.	२०/४	◐	प्रश्नव्याकरणदशांगसूत्र			४१-६७
जि.ता.	२२/९	◐	प्रश्नव्याकरणदशांगसूत्र			२२८-२५९
जि.का.	१७/४	◐	प्रश्नव्याकरणदशांगसूत्र	सुधर्मास्वामी		१९-३९
जि.का.	८२/४	□	प्रश्नव्याकरणदशांगसूत्र	सुधर्मास्वामी	१९८३	३५-५८
जि.का.	२३२	◐	प्रश्नव्याकरणदशांगसूत्र	सुधर्मास्वामी	१६१५	२४
जि.का.	१३८३		प्रश्नव्याकरणदशांगसूत्र			३६
जि.का.	१४११		प्रश्नव्याकरणदशांगसूत्र			५०
जि.का.	२२१९		प्रश्नव्याकरणदशांगसूत्र			४-२६
जि.का.	१३८२	◐	प्रश्नव्याकरणदशांगसूत्र			२३२

भंडार नाम	ग्रंथांक		ग्रंथनुं नाम	कर्ता	संवत्	पत्र संख्या
जि.का.	७२०		प्रश्नव्याकरणदशांगसूत्र बालावबोधसह पंचपाठ			९२
जि.का.	४५२		प्रश्नव्याकरणदशांगसूत्र सस्तबक		१७७९	१००
जि.का.	४४१	□	प्रश्नव्याकरणदशांगसूत्रटीका	अभयदेवसूरि		१७१
जि.का.	१८/४	◐	प्रश्नव्याकरणदशांगसूत्रवृत्ति	अभयदेवसूरि		१६-६६
जि.ता.	२३/३	◐	प्रश्नव्याकरणदशांगसूत्रवृत्ति अपूर्ण	अभयदेवाचार्य	१३००	९५-२७२
लों.का.	४२		प्रश्नव्याकरणमूल अपूर्ण त्रूटक	सुधर्मास्वामी		१-३०
जि.ता.	२१/४	◐	प्रश्नव्याकरणवृत्ति	अभयदेवाचार्य		२८-१२६
था.का.	२२	□	प्रश्नव्याकरणसूत्र	उदयरंगमुनि	१८६०	६६
आ.का.	२९		प्रश्नव्याकरणसूत्र			३८
त.का.	४६/A		प्रश्नव्याकरणसूत्र	सुधर्मागणधर		२७
जि.ता.	१९/५	◐	प्रश्नव्याकरणसूत्रवृत्ति	अभयदेवाचार्य		१९३-३५०
डूं.का.	२५३	◐	प्रश्नव्याकरणांगवृत्ति	विशालसुंदरगणि -ले.	१५८६	१२७
डूं.का.	८२७	◐	प्रश्नव्याकरणवृत्ति	अभयदेवसूरि	१८४१	१२८
था.का.	१६९	□	प्रश्नव्याकरणवृत्ति		१६७१	१०२
आ.का.	४९		प्रश्नव्याकरणसूत्र			२४
आ.का.	१६९		प्रश्नव्याकरणसूत्र	क्षेमकलशमुनि-ले.	१६४६	१९
त.का.	४५		प्रश्नव्याकरणसूत्र	सुधर्मागणधर		४
त.का.	४६		प्रश्नव्याकरणसूत्र	सुधर्मागणधर		२७
लों.का.	१८१		प्रश्नव्याकरणसूत्र त्रूटक			१-४
त.का.	५२		प्रश्नव्याकरणसूत्र सह टब्बार्थ	पार्श्वचंद्रसूरि	१७३६	९१
त.का.	४७		प्रश्नव्याकरणसूत्र सह बालावबोध	पार्श्वचंद्रसूरि		१२५
जि.ता.	२२/४	◐	प्रश्नव्याकरणदशांगसूत्रवृत्ति	अभयदेवाचार्य		३५-१५९
था.का.	१७०		प्रश्नव्याकरण सूत्र		१६७१	२९
जि.का.	२२३०		प्रश्नशतावचूर्णि			६
डूं.का.	९५८		प्रश्नोत्तर अभिधान शास्त्रम्	मेघजी	१६९९	४१
डूं.का.	१९९		प्रश्नोत्तर बोलसंग्रह			४

भंडार नाम	ग्रंथांक	ग्रंथनुं नाम	कर्ता	संवत्	पत्र संख्या
डूं.का.	४९५	प्रश्नोत्तर रत्नमालीका सह बालावबोध	जिनराजसूरि		४
डूं.का.	१२२०	प्रश्नोत्तर सार्धशतक सूचीबीजक	क्षमाकल्याण		२७
जि.का.	७८९/३	प्रश्नोत्तररत्नमणिका अपूर्ण	विमलाचार्य		१२ थी १४
जि.ता.	१५८/१२ ☯	प्रश्नोत्तररत्नमाला	विमलाचार्य	१४००	१३६-१३८
जि.का	१३२६/३८ ☯	प्रश्नोत्तररत्नमाला	विमलाचार्य		२६३-२६६
जि.का	३५८ □	प्रश्नोत्तररत्नमाला बालावबोधसह	विमलाचार्य -मू.क.		३
जि.का	६१९	प्रश्नोत्तररत्नमाला सस्तबक	विमलाचार्य -मू.क.		३
त.का.	२३ ☯	प्रश्नोत्तररत्नमालासहवृत्ति	मुनिभद्रसूरि	१६७७	१५८
जि.ता	१५४/१३ ☯	प्रश्नोत्तररत्नमालिका	विमलाचार्य	१२१०	८७-९०
जि.ता	१७१/१० ☯	प्रश्नोत्तररत्नमालिका	विमलाचार्य	११६९	१५ मुं.
जि.का	१३३/१४ □	प्रश्नोत्तररत्नमालिका	विमलाचार्य		२३मुं
जि.का	१३१७/१९ ☯	प्रश्नोत्तररत्नमालिका अपूर्ण	विमलाचार्य		१६४-१६५
जि.ता	२१७ ☯	प्रश्नोत्तररत्नमालिका वृत्तिसहित	मू.क.विमलसूरि, वृ.क.हेमप्रभसूरि	र.१२२३ ले.१४००	१८२
जि.का	४९९/५ □	प्रश्नोत्तररत्नमालिका	विमलाचार्य		६-७
जि.का	१६१०	प्रश्नोत्तरर्तनमाला सस्तबक	विमलाचार्य		२
जि.का	९९८	प्रश्नोत्तरषष्टिशतअवचूरि त्रू.अ.			२-५
जि.का	५४४ □	प्रश्नोत्तरषष्टिशतप्रकरण	जिनवल्लभगणि		१०
जि.का	२०६२	प्रश्नोत्तरसार्धशतकभाषा			२५
आ.का.	२६९	प्रश्नोत्तरसार्द्धशतक सूचाबीजक			३२
डूं.का.	७७६/B	प्रश्नोत्तरी			६
त.का.	१२७० □	प्रश्नोत्तरी		१८२०	७-१६
जि.का	२०७५	प्रश्नोत्तरीसंग्रह			२४
जि.का	६३४	प्रश्नोत्तररत्नमालिका सस्तबक	विमलाचार्य		३
था.का.	४१८	प्रश्नोत्तररत्नमालिका सह टब्बार्थ			४
था.का.	१३६ ☯	प्रश्नोत्तररत्नमालिका सहवृत्ति	मुनिभद्रसूरि		१७८
डूं.का.	१३५१	प्रश्नोत्तररत्नमालीका	विमलकिर्तीमुनि		३

भंडार नाम	ग्रंथांक	ग्रंथनुं नाम	कर्ता	संवत्	पत्र संख्या
डूं.का.	११५६	प्रश्नोत्तररत्नमालीका सह	जिनराजसूरी		१०
डूं.का.	७५९	प्रश्नोत्तररत्नमालीका सह टब्बार्थ			४
आ.का.	१९५	प्रश्नोत्तरषष्ठिशतवृत्ति			१७
डूं.का.	६९१	प्रश्नोत्तरसार्धशतक बीजक			६४
था.का.	२४४ ☯	प्रश्नोत्तरसार्द्धशतक	क्षमाकल्याणगणि	१८५१	४९
त.का.	४८५	प्रश्नोत्तराणि		१९०७	८
जि.का	१४०७	प्रश्नव्याकरण सस्तबक			८७
जि.का	१४०५	प्रश्नव्याकरणदशांगसूत्र		१६६१	२०
जि.का	१४०६	प्रश्नव्याकरणदशांगसूत्रवृत्ति	अभयदेवसूरि		८३
जि.का	९४०	प्रश्नोत्तर चार्चिक			१४
जि.का	६२० □	प्रश्नोत्तररत्नमाला सस्तबक	विमलाचार्य -मू.क.		२
जि.का	२०९७	प्रश्नोत्तरसंग्रह	जयसोम		१३
डूं.का.	६० ☯	प्रश्नोत्तरसार्धशतकम्	हेमराज	१८५५	७६
डूं.का.	१२००	प्रस्ताविक श्लोक संग्रह			५
डूं.का.	७५८	प्रस्ताविकश्लोक संग्रह		१८५२	२४
त.का.	१२५० □	प्रस्ताविकश्लोकसंग्रह			१६
डूं.का.	१०९६	प्रहसन्नाटक	शंखधर	१६०२	१५
जि.का	१७२० ☯	प्राकृतचंद्रिका			२६
त.का.	५८८ ☯	प्राकृतदीपिका (शब्दानुशासन)		१४५३	५८
जि.का	७०८ □	प्राकृतपिंगल अपूर्ण			४
जि.ता	३०५ ☯	प्राकृतप्रकाश (अपूर्ण)	वररुचि	१४००	२८
जि.का	१५०३	प्राचीन कर्मस्तव			२५
		बंधस्वामित्वकर्मग्रंथवृत्ति			
जि.का.	१६७६	प्राचीनकर्मस्तवकर्मग्रंथवृत्ति	गोविंदगणि		२-१५
जि.का.	१५०४	प्राचीनचतुर्थ कर्मग्रंथ			
जि.ता.	१५६/८ ☯	प्रातिहार्यस्तोत्र कुसुमाञ्जलिस्तोत्र नंदीश्वरस्तोत्र	मानतुंगसूरि	११९२	३४-३७
जि.का	१७९९ ☯	प्रामाण्यवाद	हरिराम तर्कवागीश		२४

भंडार नाम	ग्रंथांक	ग्रंथनुं नाम	कर्ता	संवत्	पत्र संख्या
डूं.का.	७६८	प्रायश्चित विधि			
त.का.	७७१	प्रायश्चितप्रदानविधि			२
डूं.का.	३५१	प्रास्ताविक कथा श्लोक			३०
त.का.	१२५३	प्रियंकरनृपकथा			८-३७
जि.का.	५८७	प्रियंकरनृपकथा- उपसर्गहरस्तोत्रप्रभावे			११
डूं.का.	७३८	प्रियंकरनृपचरित्र			३८
त.का.	४७०	प्रियंकरनृपकथा		१८२७	१८
डूं.का.	५०२	प्रियमेलक चौपई	यशोविजयगणि	१७९४	८
जि.का.	५११/२	प्रियमेलकचोपाई			
डूं.का.	४४८	प्रियमेलक चरित्र	रुपचंद	१८२५	१०
लों.का.	६०१	प्रियमेलक चौपाई त्रूटक			१-१०
त.का.	१०२३/A	प्रीतबत्रीसी		१७५३	१
जि.का.	१२३०	प्रेतमंजरी			१६
डूं.का.	१३४२	प्रेमविलास प्रेमलताचौपाई			१७
डूं.का.	१७/२	प्रकीर्णकपोथी संकलन + पाक्षिकसूत्र + सिंदूरप्रकर			
जि.का.	४०३	□ प्रक्रियाकौमुदी	रामचंद्राचार्य		१०३
जि.का.	२५	☯ प्रज्ञापनोपांगसूत्र	श्यामाचार्य	१४८९	८३(१४२३-१५०५)
त.का.	१२८१	प्रत्याख्यान पाठ			३
त.का.	५३	□ प्रश्नव्याकरणवृत्ति	अभयदेवसूरि		९४
डूं.का.	१२५३	पइन्नासंग्रह			५९
आ.का.	२५८	पर्युषणाष्टान्हिका व्याख्यान + कल्पसूत्र मांडणी			६
डूं.का.	७	पर्युषणाकल्प (कल्पसूत्र)	समयहंसमुनि	१७५९	४४
जि.ता.	१२७	☯ पाक्षिकसूत्र वृत्ति सह	वृ.क.यशोदेवसूरि	र.११८० ले.१४८८	६८
जि.ता.	१२८	☯ पाक्षिकसूत्र वृत्ति सह	वृ.क. यशोदेवसूरि	र.११८० ले.१५००	८९
डूं.का.	२७१	◆ पोषदशमी का महात्म्य			६
जि.का.	२१४७	□ प्रश्नोत्तर तथा बोलविचार			२५
जि.का.	१८२९	फलकल्पलता		१८४४	१२
लों.का.	२२८	फूलजी फूलवती पत्राचार			६
डूं.का.	९८५	बंधतत्त्वबालावबोध			८
डूं.का.	११५३	बंधस्वामित्व तृतीयकर्मग्रंथ	भाटपांचाल	१५२८	९
जि.का.	२१९१	बंधस्वामित्व तृतीयकर्मग्रंथ वृत्तिसह प्राचीन		१४९६	७
जि.ता.	१५०/१०	☯ बंधस्वामित्व-प्राचीन तृतीय कर्मग्रंथ		१३००	२००-२०५
जि.का.	१५०३/२	बंधस्वामित्वकर्मग्रंथवृत्ति			२५
जि.का.	१००५	□ बंधस्वामित्वप्रकरण वृत्तिसह- प्राचीन तृतीय कर्मग्रंथ			१३
जि.ता.	१७८/१	☯ बंधस्वामित्वप्रकरण-प्राचीन तृतीय कर्मग्रंथ वृत्ति	हरिभद्राचार्य बृहद्गच्छीय	र.११७२ ले.११७२	४-५०
डूं.का.	३५२	बटुकनाथ स्तोत्र	प्रतापविजय-पं.		५
जि.का.	२२३७	बटुकभैरवस्तोत्र मंत्राम्नायसह अपूर्ण			६
त.का.	८४७	बटुकस्तोत्र सहमंत्र		१९३१	२
डूं.का.	३१६	बत्तीस जिन नामानि			२
डूं.का.	५२९	बत्रीस अभक्ष्य-प्रत्याख्यान अवचूरी			५
डूं.का.	५३८	◆ बधस्वामित्व बालवबोध	मतिचंद्रमुनि		१०
त.का.	११५४	बनारसीविलास			११२
त.का.	१२०९	◆ बनारसीविलास			
त.का.	१२८४	बनारसीविलास			८५
डूं.का.	८५५	बनारसीविलास	धर्मसुंदर	१७७१	६२

भंडार नाम	ग्रंथांक	ग्रंथनुं नाम	कर्ता	संवत्	पत्र संख्या
जि.का.	१६३९	बप्पभट्टिस्तुतिचतुर्विंशतिका सटीक पंचपाठ	बप्पभट्टिसूरि-मू.क		५
जि.का.	१२३९	□ बप्पभट्टीस्तुतिचतुर्विंशतिका	बप्पभट्टीसूरि		३
जि.का.	२२१	□ बलाबलसूत्र			४
जि.का.	२२२	□ बलाबलसूत्रवृत्ति टिप्पणीसह			१४
डूं.का.	११४८	बलिनरेन्द्र + भुवनभानु बालावबोध	नेणचंद्र	१८४६	६०
जि.का.	८७/२	☯ बलिनरेन्द्रकथा-भुवनभानुकेवलि-चरित्र (भवभावनावृत्त्यंतर्गत)	मलधारी हेमचंद्रसूरि		१६-४०
डूं.का.	१९३	बलिनरेन्द्रनी कथा	भावहर्ष गणि	१५९३	२३
आ.का.	११	बलिनरेन्द्र (भुवनभानु कथा)			५४
डूं.का.	७६४	◆ बांसठ मार्मणा द्वार	कपुरा पं.	१८७०	१०
जि.का.	४२०/२७	बारभावना	भैया		६५-६६
त.का.	९२३	बारभावना			३
त.का.	११२५	बारभावना			७
त.का.	११८२	बारभावना			५
डूं.का.	६१९	बारव्रत टीप्पणी		१८८२	७-१३
त.का.	७७७	बारव्रतनाप्रत्याख्यानआलावा		१८९९	२
त.का.	९९३	बारह ताव + मिर्च गुण			३
डूं.का.	५७८	बारह भावना			४
डूं.का.	१३२८	बारह भावना	राज कवि	१७२७	८
लों.का.	३६०	बारह भावना	सोमसुंदर	र.१६४६ ले.१७७२	१-३
लों.का.	६३७	बारह भावना			
आ.का.	८१	बारह भावना	विमलचंद		७
त.का.	२१०	बारह भावना	विजयप्रभगणि	१७७३	४
त.का.	२३३	बारह भावना	सोमसूरिगणि	१७००	५
था.का.	४५०	बारह भावना स्वरूप कुलक			१
आ.का.	३१०	बारहभावना			२

भंडार नाम	ग्रंथांक	ग्रंथनुं नाम	कर्ता	संवत्	पत्र संख्या
आ.का.	२३०	बारहभावना स्वरूपकुलक			९
लों.का.	५१०	बारभावना	सोमविबुध		१-४
डूं.का.	१२९५	बारहभावना	जयसोमगणि		४
जि.का.	१८१८	□ बालतंत्र-वैद्यक	वैद्यरतन		१२
जि.का.	६०२	□ बालशिक्षाव्याकरण	संग्रामसिंह	१३३६	३०
जि.का.	१०८३	☯ बालशिक्षाव्याकरण	भक्तिलाभ		८
जि.का.	१३२६/१७	☯ बालावबोधप्रकरण			१८१-१९२
जि.का.	१८३०	बालावबोधसारसंग्रहज्योतिष	मुंजादित्य		१०
जि.का.	४२०/४०	बावीसपरीसहवर्णन	भैया		८४-८७
डूं.का.	४०५	बासठमार्गणा द्वार स्तवन		१८७०	१०
जि.का.	११४५	बासठमार्गणायंत्र			१८
त.का.	२८२	बासठिया बोल थोकडा संग्रह			४
लों.का.	३४७	बासठमार्गणास्तवन त्रूटक			१-४
डूं.का.	१५४	बारह भावना	जयसोममुनि -पं.		४५
त.का.	४३२	बारहव्रतविधौजिनपूजा	वीरविजय		८
डूं.का.	७५	☯ बिंबप्रवेशविधि		१८५६	९
डूं.का.	५११	बिंबप्रवेश प्रतिष्ठाविधि अपूर्ण			३
लों.का.	३८८	बिकानेर गझल	लालचंद्र	र.१८४८ ले.१८४९	१-१०
जि.का.	२८२	☯ बिल्हणपंचाशिका	बिल्हण कवि		१
जि.का.	२८३	□ बिल्हणपंचाशिका	बिल्हण कवि		६
जि.का.	२०५१	बिहारीसतसइयां	बिहारीदास		२४
डूं.का.	१३५०	बीज, आम्नाय			
डूं.का.	२३५	बीजक्रियावृत्ति (ज्योतिष शास्त्र) अपूर्ण			५१
आ.का.	११०	बीसविहरमानस्तवन	जशविजय	१७९३	६
आ.का.	५६	बीहल्लबावनी		१७५२	६
जि.का.	३६३	□ बुद्धिरास	शालिभद्रसूरि		४

भंडार नाम	ग्रंथांक		ग्रंथनुं नाम	कर्ता	संवत्	पत्र संख्या
जि.का	९३१		बुद्धिरास	शालिभद्रसूरि		२
लों.का	४१८		बूढाचरित्र		र.१८३६	१-५
					ले.१८८३	
जि.का	११५६		बृहज्जातक		१६३४	७
जि.का	२१९७/१	☯	बृहतक्षेत्रसमास विवरण सह	जिनभद्रगणि क्षमाश्रमण-टी.,		२६
				वि.क.मलयगिरि		
जि.का	१६२५/७	☐	बृहत्शांति	वादिवेताल शांतिसूरि		१६-१९
लों.का	५५८	☯	बृहत् जातक	वराहमिहिर		१-८
लों.का	२०४		बृहत् शांति			
त.का.	३३९	☐	बृहत् शान्ति			५
डूं.का.	७११	☯	बृहत् संग्रहणी सहवृत्ति	मलयगिरि		१०१
था.का.	३०८	◆	बृहत् स्नात्र विधि	वादिहर्षनंदनगणि	१६७६	१
त.का.	८		बृहत्कल्पचूर्णि			३२९
त.का.	१०		बृहत्कल्पभाष्य			२०१
त.का.	६१६	☐	बृहत्कल्पवृत्ति			३८५
था.का.	२३९	☯	बृहत्कल्पवृत्ति द्वितीय खंड			१४१
था.का.	२३८	☯	बृहत्कल्पवृत्ति प्रथम खंड			४०७
जि.ता.	४७/१	☯	बृहत्कल्पसूत्र	भद्रबाहुस्वामी		१-१२
जि.का	२७२	☐	बृहत्कल्पसूत्र	भद्रबाहुस्वामी	१३२३	९
जि.का	२९४	☐	बृहत्कल्पसूत्र	भद्रबाहुस्वामी		१०
लों.का	६०		बृहत्कल्पसूत्र	भद्रबाहुस्वामी		१-१२
जि.का	१०१	☐	बृहत्कल्पसूत्र निर्युक्ति	भद्रबाहुस्वामी -मू.नि.,	र.१३३२	२८४
			भाष्यवृत्तिसह तृतीय खंड	संघदासगणि क्षमाश्रमण	ले.१९८४	
				भा.क., वृ.क. क्षेमकीर्ति		
जि.का	१००	☐	बृहत्कल्पसूत्र निर्युक्तिभाष्य-	भद्रबाहुस्वामी -मू.नि.,	र.१३३२	३०५
			वृत्तिसह द्वितीयखंड	संघदासगणि क्षमाश्रमण	ले.१९८३	
				भा.क., वृ.क. क्षेमकीर्ति		
जि.का	९८	☐	बृहत्कल्पसूत्र निर्युक्तिभाष्य	भद्रबाहुस्वामी -मू.नि.,	१९८४	७७
			वृत्तिसह पीठिकार्ध	संघदासगणि क्षमाश्रमण		
				भा.क.,वृ.क. मलयगिरि		
जि.का	९९	☐	बृहत्कल्पसूत्र निर्युक्तिभाष्य	भद्रबाहुस्वामी -मू.नि.,	र.१३३२	१९१
			वृत्तिसह प्रथमखंड	संघदासगणि क्षमाश्रमण	ले.१९८४	
			(पीठिकार्ध से आगे)	भा.क., वृ.क. क्षेमकीर्ति		
त.का.	९		बृहत्कल्पसूत्रमूल			९
जि.का	३४	☯	बृहत्कल्पसूत्रनिर्युक्ति-लघुभाष्य-	भद्रबाहुस्वामि-मू. तथा नि,	१४८८	१२२(२१४७
			वृत्तिसह तृतीयखंड	संघदासगणि क्षमाश्रमण-		-२२६८)
				लघु.भा.,वृ.आ.क्षेमकीर्ति		
जि.का	३३	☯	बृहत्कल्पसूत्रनिर्युक्ति-लघुभाष्य-	भद्रबाहुस्वामि -नि.,	१३३२	१२८(२०१६
			वृत्तिसह द्वितीयखंड	संघदासगणि क्षमाश्रमण-		-२१४६)
				लघु.भा.क.,वृ.आ.क्षेमकीर्ति		
जि.का	३२	☯	बृहत्कल्पसूत्रनिर्युक्ति-लघुभाष्य-	भद्रबाहुस्वामि -नि.,	र.१३३२	१७१(१८४५
			वृत्तिसह प्रथमखंड	संघदासगणि क्षमाश्रमण-	ले.१४८८	-२०१५)
				लघु.भा.,वृ.मलयगिरि आ.		
था.का.	२७४	☯	बृहत्कल्पसूत्र भाष्य		१६७२	२७१
था.का.	२३६	☯	बृहत्कल्पसूत्र सह लघुभाष्य		१६७६	१९९
जि.का	२१६४		बृहत्क्षेत्रसमास सस्तबक			६३
जि.ता.	१५०/२	☯	बृहत्क्षेत्रसमासप्रकरण	जिनभद्रगणि क्षमाश्रमण	१३००	५८-१२१
जि.ता.	१९२	☯	बृहत्क्षेत्रसमासप्रकरण सटीक	मू.क.जिनभद्रगणि	१४८९	३४२
				क्षमाश्रमण, वृ.क.मलयगिरि		
				आचार्य		
जि.ता.	१९४	☯	बृहत्क्षेत्रसमासप्रकरण	मू.क.जिनभद्रगणि	१४००	२६७
			सटीक अपूर्ण	क्षमाश्रमण, टी.क.		
				मलयगिरि आचार्य		

भंडार नाम	ग्रंथांक	ग्रंथनुं नाम	कर्ता	संवत्	पत्र संख्या
जि.ता.	१९३	◉ बृहत्क्षेत्रसमासप्रकरण सटीक टिप्पणीसह	मू.क.जिनभद्रगणि क्षमाश्रमण, टी.क.मलयगिरिसूरि	१३००	२४९
जि.ता.	१९५	◉ बृहत्क्षेत्रसमासप्रकरण सटीक	मू.क.जिनभद्रगणि क्षमाश्रमण,वृ.क.सिद्धसूरि उपकेशगच्छीय	र.११९२ ले.१३००	२११
डूं.का.	६०७	◉ बृहत्शांति टीका	नयनंदन	१८५७	६
डूं.का.	१२३१	◉ बृहत्शांति सह वृत्ति	हर्षकीर्ति सूरि		५
जि.का.	१२८९	बृहत्संग्रहणी + वंदनविधि + पंचाशक + श्रावकवक्तव्य आ.प्रक		१४००	२२४
त.का.	१११५	बृहत्संग्रहणी सूत्र (श्री चन्द्रीय)	श्रीचंद्रसूरि		१४
जि.ता.	१५०/१	◉ बृहत्संग्रहणीप्रकरण	जिनभद्रगणि क्षमाश्रमण	१३००	१-५७
जि.ता.	१५५/११	◉ बृहत्संग्रहणीप्रकरण	जिनभद्रगणि क्षमाश्रमण	१२२२	१-३१
जि.ता.	१५७/२	◉ बृहत्संग्रहणीप्रकरण	जिनभद्रगणि क्षमाश्रमण	१३१०	४८-१०२
जि.ता.	४१५/५	◉ बृहत्संग्रहणीप्रकरण	जिनभद्रगणि क्षमाश्रमण		९१-१२०
जि.का.	९७५	बृहत्संग्रहणीप्रकरण	जिनभद्रगणि क्षमाश्रमण	१९८४	१३
जि.का.	१३१५	□ बृहत्संग्रहणीप्रकरण	जिनभद्रगणि क्षमाश्रमण	१४००	७
जि.का.	१२८६	◉ बृहत्संग्रहणीप्रकरण त्रू.अ.	जिनभद्रगणि क्षमाश्रमण	१४००	५६-७६
जि.ता.	१९८	◉ बृहत्संग्रहणीप्रकरण सटीक	मू.क.जिनभद्रगणि क्षमाश्रमण,टी.क. मलयगिरि आचार्य	१३००	११९
जि.ता.	१९९	◉ बृहत्संग्रहणीप्रकरण सटीक	मू.क.जिनभद्रगणि क्षमाश्रमण,टी.क. मलयगिरि आचार्य	१२९६	२६१
जि.ता.	२०१	◉ बृहत्संग्रहणीप्रकरण सटीक	मू.क.जिनभद्रगणि क्षमाश्रमण, टी.क. शालिभद्रसूरि	र.११३९ ले.१३००	१८९
जि.ता.	२०२	◉ बृहत्संग्रहणीप्रकरण सटीक	मू.क.जिनभद्रगणि क्षमाश्रमण, टी.क. शालिभद्रसूरि	र.११३९ ले.१२०१	१५०
जि.का.	१०४३	बृहत्संग्रहणीप्रकरण सटीक	जिनभद्रगणि		
जि.ता.	२००	◉ बृहत्संग्रहणीप्रकरण सटीक किंचिदपूर्ण	मू.क.जिनभद्रगणि क्षमाश्रमण, टी.क. शालिभद्रसूरि	र.११३९ ले.१३००	१५६
जि.का.	२०५४	बृहत्संहितागत अधिकार			३
डूं.का.	११६	◆ बृहत्स्तोत्र अपूर्ण			५२
डूं.का.	८०८	◉ बृहत्शांति		१८७७	३
त.का.	८६५	◆ बृहत्नवकारमंत्र			२
त.का.	८४३	◆ बृहत्शांति			२
डूं.का.	७८०	◉ बृहतकल्पवृत्ति (प्रथम खंड)	रत्ननंदीगणी		२८९
था.का.	२७१	◉ बृहत्कल्पटीका खंड १			५३७
था.का.	२७२	◉ बृहत्कल्पटीका खंड-२			५१७
था.का.	२७३	◉ बृहत्कल्पटीका खंड-३			४४४
जि.का.	१६९३/८	◉ बृहत्शांतिस्तोत्र			१४-१५
त.का.	१७०	◉ बृहत्शान्ति सह बालावबोध	ऋषभविजय	१८६९	६
जि.का.	११८०	बृहद्ग्रहरत्नाकर	योगराज		२
जि.का.	२१३६	◉ बेंतालीसदोषविवरणस्तवन	सिद्धार्थमुनि		२
त.का.	११६३	बेलीकेसन रूक्मिणीरी			१२-३४
जि.का.	१३३/२०	□ बोटिकनिराकरणप्रकरण			४४-४७
जि.ता.	१५४/२०	◉ बोट्टिकनिराकरण		१२१५	१-८
जि.ता.	२२४/३	◉ बोधप्रदीपपंचाशिका		१३००	१६-२५
डूं.का.	४९७	बोधसंग्रह			१२
डूं.का.	१०५४	बोल थोकडा भंग संग्रह			११
था.का.	२०३	बोल थोकडा भंग संग्रह			५
था.का.	३४१	बोल थोकडा भंग संग्रह			२

भंडार नाम	ग्रंथांक	ग्रंथनुं नाम	कर्ता	संवत्	पत्र संख्या
आ.का.	१०२	बोल थोकडा भंग संग्रह + गांगेय भंग प्रकरण		१८३१	७
लों.का.	२८०/D	बोल थोकडा भंग संग्रह त्रूटक			७
लों.का.	३०२	बोल थोकडा भंगसंग्रह			१-३
लों.का.	२८०/C	बोल थोकडा संग्रह त्रूटक			७
आ.का.	२६४	बोलथोकङाभङ्गसंग्रह			१०
त.का.	४२५	बोलथोकडा भंगसंग्रह	उमेदविजय	१८७४	९
त.का.	१२८२	बोलथोकडा भंगसंग्रह			७
त.का.	८९४	बोलथोकडाभंगसंग्रह			२
त.का.	८९५	बोलथोकडाभंगसंग्रह			२
त.का.	८९६	बोलथोकडाभंगसंग्रह			२
त.का.	८९९	बोलथोकडाभंगसंग्रह			२
आ.का.	२६७	बोलथोकडाभङ्गसंग्रह			४
आ.का.	३००	बोलथोकडाभङ्गसंग्रह			२७
आ.का.	२६१	बोलथोकडाभङ्गसंग्रह			४
डूं.का.	१३९०	बोलथोकडे जैन			१३८
जि.का.	४४२	बोलविचार			३९
त.का.	१३००	बोलविचार उद्धरण त्रूटक पत्रो			४६
त.का.	४५०	बोलविचारसंग्रह			२०
जि.का.	५८५	बोलसंग्रह			७
जि.का.	९४३	बोलसंग्रह			१४
त.का.	११०७	बोलसंग्रह सत्तावीस द्वारोंसे			५
था.का.	३६१	बोलथोकडा भंगसंग्रह			१
था.का.	३६०	बोलथोकडाभंगसंग्रह			२
लों.का.	३१२	बोलथोकडाभंगसंग्रह		१८४८	१-३
लों.का.	४५१	बोलथोकडाभंगसंग्रह		१६८६	१-८
लों.का.	३५६	बोलथोकडासंग्रह	समयसुंदर		१-१०
लों.का.	६९९	बोलथोकडा भंगसंग्रह	पूर्वाचार्य		१४-१८
था.का.	४६१	ब्रह्मचर्य नववाडगीत			२
त.का.	८२८	ब्रह्मचर्यनववाडीगीत		१७०२	२
त.का.	४११	ब्रह्मचर्यनौवाडगीत	जिनहर्ष	१८४८	१३
जि.का.	७८८	ब्रह्मतुल्यज्योतिष			६
आ.का.	२३२	ब्रह्मदत्तकथा			९
जि.का.	४२०	◆ ब्रह्मविलास	भगवतीदास	१७५५	११६
त.का.	१२६५	ब्रह्मविलास		१७७२	४
जि.का.	४२०/५	ब्रह्मसमाधिशतक	भगवतीदास	१७१६	३५-३८
था.का.	४६४	ब्राह्मणवाडमहावीरस्तवन			२
लों.का.	६२६	ब्रह्मचर्यनववाडगीत व हरियाली	समयसुंदर		१-३
डूं.का.	२१७	बलिनरेन्द्र भुवनभानुकेवली दृष्टांत बालावबोध	दयावर्धन पं.-ले.	१८७४	६३
लों.का.	४८४	बलिनरेन्द्र भुवनभानुचरित्र		१८४६	१-६०
त.का.	५६१	भक्तपरिज्ञा	विनीतसागर	१७६२	७
जि.का.	१९५१/२	भक्तपरिज्ञाप्रकीर्णक			४-११
जि.का.	१४२६	भक्तपरिज्ञासंस्तारकप्रकीर्ण			
जि.का.	१६२५/६	□ भक्तामर	मानतुंगसूरि		११-१६
डूं.का.	१३६८	भक्तामर	मानतुंगाचार्य		४
लों.का.	२३०	भक्तामर + कल्याणमंदिर प्रकीर्ण			७
त.का.	४९२	भक्तामर की कथायें			१०
डूं.का.	१७०	भक्तामर बालावबोध	लालचंद्र-ले.	१७७४	८
लों.का.	५९५	भक्तामर मूल	मानतुंगसूरि	१७५९	१-४
डूं.का.	५६८	भक्तामर समस्या			३
डूं.का.	२०२	भक्तामर स्तोत्र	मानतुंगसूरि		४
था.का.	४८१	भक्तामर स्तोत्र	मानतुंगसूरि	१६२९	४
डूं.का.	८१७	भक्तामरबालावबोध			३८
त.का.	८६१	भक्तामरमंत्रतंत्र व फल			२
त.का.	१२११	भक्तामरसूत्र सहवृत्ति	मानतुंगसूरि	१८६६	२-२२

भंडार नाम	ग्रंथांक	ग्रंथनुं नाम	कर्ता	संवत्	पत्र संख्या
जि.ता.	१५८/१७ ☯	भक्तामरस्तोत्र	मानतुंगसूरि	१४००	१९८-२०३
जि.ता.	३९७/३ ☯	भक्तामरस्तोत्र	मानतुंगसूरि	१४००	५
जि.का.	७९७	भक्तामरस्तोत्र	मानतुंगसूरि		४
जि.का.	८०३	भक्तामरस्तोत्र	मानतुंगसूरि		४
जि.का.	८०४	भक्तामरस्तोत्र	मानतुंगसूरि		४
जि.का.	१३२६/५० ☯	भक्तामरस्तोत्र	मानतुंगसूरि		४१३-४१५
जि.का.	१६२७	भक्तामरस्तोत्र	मानतुंगसूरि	१७५५	३
जि.का.	१६९६	भक्तामरस्तोत्र	मानतुंगसूरि		९
जि.का.	२१६०/१६	भक्तामरस्तोत्र			६३-६८
लों.का.	६५२	भक्तामरस्तोत्र		१६२९	१-४
त.का.	८४६	भक्तामरस्तोत्र	मानतुंगविजय		२
त.का.	१३०५	भक्तामरस्तोत्र + कल्याणमंदिर			७
त.का.	१३०६	भक्तामरस्तोत्र आदि			५
जि.का	१६२८	भक्तामरस्तोत्र बालावबोध			१२
जि.का	७६६ ◆	भक्तामरस्तोत्र बालावबोध अपूर्ण			५
जि.का	१२५४	भक्तामरस्तोत्र बालावबोधसह पंचपाठ			६-२४
जि.का.	७२४	भक्तामरस्तोत्र भाषा कवित कल्प षडविधानसहित			२७
जि.का.	११०७	भक्तामरस्तोत्र भाषाकवित्त	बनारसीदास	१७८३	३
जि.का	१६६३ ☯	भक्तामरस्तोत्र वार्त्तिकसह	मानतुंगसूरि-मू., वा.क.मेरुसुंदरोपाध्याय		२८
जि.का.	१७०८	भक्तामरस्तौत्र वृत्तिसह	मानतुंगसूरि-मू., गुणाकरसूरि-वृ.	र.१४२६ ले.१८५९	५९
जि.का.	८७४ □	भक्तामरस्तोत्र वृत्तिसह त्रिपाठ	मानतुंगसूरि-मू.क., वृ.क.अमरप्रभसूरि	१८५१	१३
जि.का.	१०२८	भक्तामरस्तोत्र सस्तबक			५
त.का.	७५०/B	भक्तामरस्तोत्र सह टब्बार्थ			७
था.का.	१२८	भक्तामरस्तोत्र सह बालावबोध	प्रमोदगणि		१२
त.का.	७२२	भक्तामरस्तोत्र सहावचूरि			७
जि.का.	१२४५/२	भक्तामरस्तोत्र सावचूरि			७-९
जि.का.	११९४ ☯	भक्तामरस्तोत्र सावचूरिक पंचपाठ			४
त.का.	७१६ ◆	भक्तामरस्तोत्रकथा		१७६६	१६
जि.का.	२१४४ □	भक्तामरस्तोत्रभाषाकवित	हेमराज		८-१४
जि.का.	१२१० ☯	भक्तामरस्तोत्रवृत्ति	मानतुंगसूरि-मू.क., वृ.क.समयसुंदर		३
त.का.	७३७	भक्तामरस्तोत्रसहवृत्ति		१८२८	१४
जि.का.	८०५	भक्तामरस्तोत्र सार्थ	मानतुंगसूरि		२१
डूं.का.	७७७	भक्तामरवृत्ति	शंकरदासमुनि	१८७२	४७
आ.का.	६४	भक्तामरवृत्ति		१४२६	२५
डूं.का.	११३३	भक्तामरसुबोधिका टीका	गोवर्धन	१८२६	१०
डूं.का.	१३८/A ☯	भक्तामरस्तवटीका	देवसूरी -ले.	१९०७	११
डूं.का.	२०	भक्तामरस्तोत्र	मानतुंगसूरि	१८२६	१६
डूं.का.	५०७	भक्तामरस्तोत्र	मानतुंगसूरि		६
लों.का.	२०२	भक्तामरस्तोत्र	मानतुंगसूरि		१-४
त.का.	७७३	भक्तामरस्तोत्र		१८९५	२
लों.का.	४४६/B	भक्तामरस्तोत्र + वैराग्यसज्झाय			१-५
डूं.का.	५९५	भक्तामरस्तोत्र बालावबोध			२५
डूं.का.	१००	भक्तामरस्तोत्र बालावबोध सहित	मानतुंगसूरि	१८३४	११
लों.का.	७१३ ◆	भक्तामरस्तोत्र भाषा गोटका	पूर्वाचार्य		१-११
डूं.का.	९४९	भक्तामरस्तोत्र सटीक	मानतुंग सूरी		५०
लों.का.	१८२ ☯	भक्तामरस्तोत्र सटीक	मानतुंगसूरि	१५७२	१-३
लों.का.	५८१	भक्तामरस्तोत्र सह टब्बार्थ त्रूटक	मानतुंगसूरि		१-९
था.का.	२२१	भक्तामरस्तोत्र सह बालावबोध	मानतुंगसूरि		२०
त.का.	२४५	भक्तामरस्तोत्र सह बालावबोध	मानतुंगसूरि		५
त.का.	४९३	भक्तामरस्तोत्र सह बालावबोध	मानतुंगसूरि	१८६९	१८

भंडार नाम	ग्रंथांक	ग्रंथनुं नाम	कर्ता	संवत्	पत्र संख्या
त.का.	४९४	भक्तामरस्तोत्र सह बालावबोध	लब्धिशेखरगणि	१७४६	११
त.का.	४९६	भक्तामरस्तोत्र सह बालावबोध	मानतुंगसूरि	१७८६	१६
आ.का.	१६७	भक्तामरस्तोत्र सह वृत्ति	रामजी-ले.	१६८४	१६
त.का.	७११	भक्तामरस्तोत्र सह बालावबोध			१३
लों.का.	२२०	भक्तामरस्तोत्र	मानतुंगसूरि		१-९
डूं.का.	१७/१	भक्तामर			
आ.का.	६९	भक्तपरिज्ञा			१६
डूं.का.	१०२५	भक्तपरिज्ञा सह अवचूरी	शांतिसूरि	१६३९	५
जि.का.	२१२०/१३ ☯	भक्ष्याभक्ष्यगाथा वृत्ति			४३
त.का.	१२९२	भक्ष्याभक्ष्यविचार			२
त.का.	८३७	भक्ष्याभक्ष्यविचार + पच्चक्खाणविधि	नयविमल		२
डूं.का.	४७७	भगवतपारणाधिकार			१६
डूं.का.	१३४१	भगवती (बीजक) टीप			११
त.का.	९५७	भगवती पद्म पुष्पांजलीस्तोत्र			३
त.का.	११८० ◆	भगवतीबोलसंग्रह			३
जि.ता.	१० ☯	भगवतीसूत्र		१२३१	३४८
जि.ता.	११ ☯	भगवतीसूत्र		१४८८	२९३
जि.का.	१३ ☯	भगवतीसूत्र	सुधर्मस्वामी	१४८९	१५८(५६६-७२३)
जि.का.	१६५ □	भगवतीसूत्र	सुधर्मस्वामी		२-२६२
जि.का.	१३६९ ☯	भगवतीसूत्र			४०८
लों.का.	४७१	भगवतीसूत्र			१-३
लों.ता.	४ ☯	भगवतीसूत्र		१२००	४२२
त.का.	५७ ●	भगवतीसूत्र	गणधर		३२८
त.का.	६१	भगवतीसूत्र	गणधर		३९९
त.का.	६३	भगवतीसूत्र		१६९५	१५
त.का.	१०४७	भगवतीसूत्र			११२-४८२
त.का.	१०५८	भगवतीसूत्र			६
त.का.	९८३	भगवतीसूत्र (तामली समाप्त)			३
डूं.का.	२५१	भगवतीसूत्र + जमालीकी गति			४५
जि.का.	२०३७	भगवतीसूत्र अपूर्ण			१०-१४
जि.का	८० □	भगवतीसूत्र आलापक			५५
लों.का.	२७	भगवतीसूत्र बीजक	हर्षकुल		१-११
लों.का	१२९	भगवतीसूत्र मूल			१-२९८
त.का.	६०	भगवतीसूत्र मूल	गणधर		३१२
लों.का.	२६	भगवतीसूत्र सटीक त्रूटक			१-२४५
आ.का.	१९२	भगवतीसूत्र सह टब्बार्थ			६
लों.का.	१६३	भगवतीसूत्र सह टब्बार्थ त्रूटक			१-३
लों.का.	२४	भगवतीसूत्र सह शब्दार्थ	सुधर्मास्वामी	१६११	१-७०७
जि.ता.	१४७/१४ ☯	भगवतीसूत्रपर्याय			१२१-१३१
जि.का.	२६४ ☯	भगवतीसूत्रबीजक	हर्षकुलगणि	र.१६११ ले.१६१८	३-१०
जि.ता.	१६ ☯	भगवतीसूत्रवृत्ति	अभयदेवाचार्य	र.११२८ ले.१४८८	३९७
जि.का.	१४ ☯	भगवतीसूत्रवृत्ति	अभयदेवसूरि	र.११२८ ले.१४८८	२०७(७२४-९३०)
जि.का.	१३६४ ☯	भगवतीसूत्रवृत्ति	अभयदेवसूरि-वृ.		३०३
जि.का.	१३६५ ☯	भगवतीसूत्रवृत्ति	अभयदेवसूरि-वृ.		४२५
जि.का.	१३७१ ●	भगवतीसूत्रवृत्ति अपूर्ण	अभयदेवसूरि		४९
जि.ता.	१२ ☯	भगवतीसूत्रवृत्ति, प्रथम खंड, अष्टमशतक पर्यन्त	अभयदेवाचार्य	र.११२८ ले.११९५	२५६
त.का.	६२	भगवतीसूत्रबीजक	हर्षकुलगणि	१५७८	१२
त.का.	५९ □	भगवतीसूत्रवृत्ति	अभयदेवसूरि		५०५
त.का.	६४	भगवतीसूत्रवृत्ति	अभयदेवसूरि	१६६१	७९
जि.का.	१३७०	भगवतीसूत्रवृत्ति अपूर्ण	अभयदेवसूरि-टी.		१०३

भंडार नाम	ग्रंथांक		ग्रंथनुं नाम	कर्ता	संवत्	पत्र संख्या
जि.ता.	१४	◉	भगवतीसूत्रवृत्ति, २६ शतक पर्यन्त	अभयदेवाचार्य	१२००	४३७
जि.का.	४२९	◉	भगवतीसूत्र सटीक त्रिपाठ ११ मा शतक पर्यंत	सुधर्मास्वामी -मू.क., टी.क.अभयदेवसूरि		३०२
था.का.	२६७	◉	भगवतीवृत्ति		र.११२८ ले.१६७२	४२७
था.का.	२६९		भगवतीवृत्ति		र.११२८ ले.१६७२	४०२
डूं.का.	१३६४		भगवतीवृत्ति अपूर्ण			(३०९ से ३३८)३०
डूं.का.	४५२		भगवतीसूत्र	हर्षनंदन		३५६
डूं.का.	९२८		भगवतीसूत्र			३४२
डूं.का.	१२०१		भगवतीसूत्र			९७७
था.का.	२६६	◉	भगवतीसूत्र			३५५
था.का.	२६८		भगवतीसूत्र			३४४
लों.का.	६९१	◉	भगवतीसूत्र		१५९९	७०७
लों.का.	६५०		भगवतीसूत्र सह टब्बार्थ त्रूटक	सुधर्मास्वामी		१-९८१
डूं.का.	५६		भगवतीसूत्रवृत्ति अपूर्ण			८२
त.का.	५८	◉	भगवतीसूत्रवृत्ति	अभयदेवसूरि		३८४
जि.का.	१९१६		भगवद्गीता दोहासह भाषाटीका		१८०९	२६२
जि.ता.	३८८/२	◉	भगवद्गीता भाष्य सह	भा.क.शंकरस्वामी	१२००	१३०
लों.का.	२८४		भगवद्गीता सटीक अपूर्ण	श्रीधर		१-१०५
जि.का.	२०८१		भगवतीसूत्रगतशतकादि			७०
डूं.का.	११३९		भगवतीबीजक		१९२५	१५
आ.का.	४३		भगवतीसूत्र			१८०
लों.का.	५७१		भगवद्गीता		१७६६	२-५५
जि.का.	१९३१	◉	भट्टिकाव्य	भट्टिकवि		६१
जि.ता.	३३८	◉	भट्टिकाव्य (रामकाव्य)	भट्टि कवि वल्लभीवास्तव्य	१४००	१४४
जि.ता.	३३९	◉	भट्टिकाव्य वृत्ति सर्ग ८ थी १५ पर्यन्त	वृ.क. पंडित अनिरुद्ध	१३००	१८९-४१५
लों.का.	५९८		भद्रनंदिकुमारकथानक		१६४७	१-४
जि.का.	१३२६/२४	◉	भयहरस्तोत्र	मानतुंगसूरि		२३२-२३४
जि.का.	२०३८/५		भयहरस्तोत्र			३-४
जि.का.	१६९३/६	◉	भयहरस्तोत्र			४-७
जि.का.	१२३६	□	भयहरस्तोत्र वृत्तिसह मंत्रकल्पगर्भित अपूर्ण			१२
जि.का.	१२४३		भयहरस्तोत्र सटीक अपूर्ण			६
जि.का.	२१२०/८	◉	भयहरस्तोत्रवृत्ति	जिनप्रभसूरि		३१-३५
डूं.का.	४३/१	□	भरटककथा			१३
डूं.का.	४३/२		भरटककथा			७
डूं.का.	४६		भरटकद्वात्रिंशिका अपूर्ण			२४
जि.का.	१९५२		भरतबाहुबलीकथा			४
जि.का.	१७६५		भरतसंगीतसंयोग			५
जि.का.	४३९		भरहेसर वृत्तिसह त्रूटक अपूर्ण	शुभशीलगणि -वृ		२४८
जि.का.	१९३२		भर्तृहरित्रिशती	भर्तृहरि	१८७८	३४
जि.का.	७१५	◉	भर्तृहरिवैराग्यशतक सटीक	भर्तृहरि -मू.क., जिनसमुद्रसूरि -टी.क.	१७४०	३५
जि.का.	४८८		भर्तृहरिशतकबालावबोध अपूर्ण			११
लों.का.	२५३		भर्तृहरिनीति व श्रृंगार शतक			१-१९
जि.का.	८९४	◉	भर्तृहरित्रिशती सुखबोधिनी-टीकासह	भर्तृहरि-मू.क., टी.क.श्रीनाथव्यास	र.१८१८ ले.१८७७	५०
जि.का.	१८६८		भवनविचार ज्योतिष			५
था.का.	२०५	◉	भवभावना सह वृत्ति			२९३
जि.ता.	४१५/११	◉	भवभावनाप्रकरण	मलधारी हेमचंद्रसूरि	१२०६	१६२-१९१
जि.का.	५४९	◉	भवभावनाप्रकरण	मलधारी हेमचंद्रसूरि		३१

भंडार नाम	ग्रंथांक	ग्रंथनुं नाम	कर्ता	संवत्	पत्र संख्या
जि.का.	२३९	◉ भवभावनाप्रकरण वृत्तिसह	मलधारी हेमचंद्रसूरि	र.११७०	१६४
			स्वोपज्ञ	ले.१५९५	
जि.ता.	२३१	◉ भवभावनाप्रकरण	मलधारी हेमचंद्रसूरि	र.११७०	३५०
		स्वोपज्ञवृत्तिसह	स्वोपज्ञ	ले.१३००	
जि.ता.	२३२	◉ भवभावनाप्रकरण	मलधारी हेमचंद्र स्वोपज्ञ	र.११७०	३८६
		स्वोपज्ञवृत्तिसह		ले.१२४०	
जि.ता.	२३३	◉ भवभावनाप्रकरण	मलधारी हेमचन्द्रसूरि	र.११७०	३८५
		स्वोपज्ञवृत्तिसह	स्वोपज्ञ	ले.१२६०	
त.का.	२६	◉ भवभावनावृत्ति	हेमचन्द्रसूरि		३१७
डूं.का.	६१०	भववैराग्य शतक टब्बार्थ			१-१७
आ.का.	१९०	भववैराग्यशतक			२
त.का.	३८१/B	भववैराग्यशतक		१६४८	९(६-१४)
त.का.	७०६	भववैराग्यशतक			४
जि.का.	१०८८	भववैराग्यशतक अपूर्ण			
जि.का.	२६७/२	□ भववैराग्यशतक सस्तबक			१०-१९
जि.का.	१६०१	भववैराग्यशतक सस्तबक			११
डूं.का.	५०१	भववैराग्यशतक सह टब्बार्थ			८
त.का.	५८१	भववैराग्यशतक सह टब्बार्थ		१८६४	१०
लों.का.	५९७	भववैराग्यशतक सह टब्बार्थ		१८००	१-१०
जि.का.	२२४७	◉ भवानंदीप्रकाश सटीक	महादेव-मू.		४७
जि.का.	२१५०	□ भवानीकवच आदि	हरिहरब्रह्म		७
त.का.	८६४	भवानीसहस्त्रनाम			२
जि.का.	१२४६	□ भवानीसहस्त्रनामस्तोत्र तथा जैनरक्षास्तोत्र			७
जि.का.	१६४५	भवानीसहस्त्रनामस्तोत्र			९
त.का.	१०३४	भवभावना	हेमचंद्रसूरि	१४६६	१६
था.का.	३३९	भववैराग्यशतक			२
आ.का.	८५	भववैराग्यशतक			७

भंडार नाम	ग्रंथांक	ग्रंथनुं नाम	कर्ता	संवत्	पत्र संख्या
जि.का.	१६००/१	◉ भववैराग्यशतक			१-५
डूं.का.	७३३	□ भांडागरीय भक्तामरकाव्य			१
जि.का.	१२०८	भागवतदशमस्कंधपंचाध्यायी	वल्लभदीक्षित	१८२२	२-१०९
जि.का.	१२७२	भागवतदशमस्कंधविवरण अपूर्ण			४८
जि.का.	१८४६	भावचिंतामणि षष्ठपटल-ज्योतिष		१८४८	३
आ.का.	२५५	भावना उपयोग			२१
डूं.का.	१३७३	भावना प्रकरण	धर्मचंद्र	१७७६	१
त.का.	७५२	भावना वेली			४
जि.ता.	१५१/१८	◉ भावनाकुलक		१४००	१०१-१०५
जि.ता.	१५१/२३	◉ भावनाकुलक	सोमदेव	१४००	१४९-१५१
जि.ता.	१५१/१०	◉ भावनाकुलक		१३४५	१३४-१३७
जि.का.	१३४/९	□ भावनाकुलक			१३-१४
जि.का.	१३४/१०	□ भावनाकुलक			१४-१५
जि.का.	१३४/२१	□ भावनाकुलक	सोमदेव		२६-२७
जि.ता.	१५१/१७	◉ भावनाकुलक-वैराग्यकुलक	देवेन्द्रसूरि	१४००	९८-१०१
जि.का.	१३१७/२७	◉ भावनाप्रकरण			१९९-२०१
जि.ता.	१५१/२१	◉ भावनासंधि	जसदेवमुनि(यशोदेवमुनि)	१४००	१२१-१३६
जि.का.	१३४/१९	□ भावनासंधि	यशोदेव		२४-२६
डूं.का.	८११/१	भावनाकुलक			३२४
डूं.का.	३८८	भावनाविलास अपूर्ण			६
त.का.	९४४	भावप्रकरण	विमलविजय	१९००	३
आ.का.	२०४	भावप्रकरण व्याख्या			४
लों.का.	५५६	भावफलप्रदीप	महादेव		१-३
जि.का.	१९५	◉ भावशतक	नागराज		२-६
त.का.	१०२६	भावषट्त्रिंशिका		१९०४	२
डूं.का.	१३७७	◆ भावषट्त्रिंशिका + आत्मप्रबोध छत्तीसी + चारित्रछत्तीसी + मतिप्रबोध छत्तीसी			७

भंडार नाम	ग्रंथांक	ग्रंथनुं नाम	कर्ता	संवत्	पत्र संख्या
डूं.का.	१३७५	◆ भावषट्त्रिंशका			३
डूं.का.	११७१	भावषट्त्रिंशिका सह टब्बार्थ	मोहनरत्न	१८८६	३
जि.का.	१०४५	भावाध्याय अपूर्ण			१०
आ.का.	३६९	भावारिवारणसमसंस्कृतस्तोत्र			
जि.का.	२०३८/४	भावारिवारणस्तोत्र	जिनवल्लभ		३जुं
जि.का.	२१६०/१८	भावारिवारणस्तोत्र			७३-७६
जि.का.	१६१६	◉ भावारिवारणस्तोत्र	जिनवल्लभगणि		३
जि.का.	१७०९	भावारिवारणस्तोत्र तथा दुरियरयसमीरस्तोत्र	जिनवल्लभसूरि		४
जि.का.	९२७/१	भावारिवारणस्तोत्र बालावबोधसह	जिनवल्लभगणि		६
जि.का.	२०४२	भावारिवारणस्तोत्र वृत्तिसह	जिनवल्लभ		७
जि.का.	१६१७	भावारिवारणस्तोत्र सटीक	जिनवल्लभसूरि-मू., जयसागरसूरि-टी.		८
जि.का.	१७०२	भावारिवारणस्तोत्रादिवृत्ति			१५
डूं.का.	६३२	भावप्रकाश	प्रताप विजय पं.-ले.	१९०९	३७२
जि.का.	१९०७	भाषाभूषण			११
त.का.	१०१	भाष्यत्रय	देवेन्द्रसूरी		१२
डूं.का.	३६१	भाष्यत्रय वार्तिक	ज्ञानविमलसूरि		५२
जि.ता.	३९०	◉ भाष्यवार्त्तिकवृत्तिविवरणपंजिका द्वितीयाध्यायथी पंचमाध्याय पर्यंत	अनिरुद्ध पंडित	१३००	११७
त.का.	९८७	भास्करोचितग्रहागम			३
जि.का.	६४३	□ भीमसेनचोपाई	जिनसुंदरसूरि	१७५५	६४
त.का.	११५०	भुवनदिपक अध्याय ज्योतिषशास्त्र			
डूं.का.	२०९	भुवनदीप टब्बार्थ (ज्योतिष)	गौडीदास पं.-ले., पद्मप्रभसूरि-क.	१८४७	२२
जि.का.	११५९	भुवनदीपक	पद्मप्रभसूरि		२-६
जि.का.	१८३६	भुवनदीपक	पद्मप्रभसूरि		१८
डूं.का.	२०७	भुवनदीपक ज्योतिषशास्त्र टब्बार्थ	पद्मप्रभसूरि	१२०१	१४

भंडार नाम	ग्रंथांक	ग्रंथनुं नाम	कर्ता	संवत्	पत्र संख्या
जि.का.	१८७६	भुवनदीपक सस्तबक	पद्मप्रभसूरि		९
जि.का.	१८८१	भुवनदीपक सस्तबक	पद्मप्रभसूरि		६-१३
त.का.	४५९	भुवनदीपक सह टब्बार्थ	पद्मप्रभसूरि		१२
जि.का.	१८९२	भुवनदीपकज्योतिष सटीक	पद्मप्रभसूरि	१६७८	२४
त.का.	४६६	भुवनदीपकज्योतिषशास्त्र		१८९९	१७
जि.का.	११७७	भुवनदीपकवृत्ति अपूर्ण			१०
डूं.का.	५८१	भुवनदीपक	दयाशेखर		७
डूं.का.	११४८	भुवनभानु बालावबोध			
जि.का.	८७/२	भुवनभानुकेवलिचरित्र (भवभावनावृत्त्यंर्गत)			
जि.का.	४७८	भुवनभानुकेवलिचरित्र बालावबोध	हरिकलश धर्मघोषगच्छीय	१७२५	८२
डूं.का.	१०३०	भुवनभानुकेवलीचरित्र कथा सह			५५
त.का.	७३६	◉ भुवनेश्वरीबृहत्स्तोत्रविवरण	श्रीधरजी	१८४०	१०
जि.का.	६०६/१६	□ भुवनतिलककुमारभास			५१-५२
डूं.का.	२०४	◉ भू धातुवृत्ति	हर्षविमलमुनि		१०
त.का.	४९०	भैरवकवच अष्टोत्तरशत स्तोत्र मंत्रसहस्त्रनाम	१८६६		९
जि.का.	१६९३/११	◉ भैरवपद्मावतीकल्प			१९-२०
डूं.का.	१०८९	भोजचरित्र	राजवल्लभ		३३
जि.का.	८६९	◉ भोजचरित्र पद्य	राजवल्लभोपाध्याय	१६३४	८-३६
डूं.का.	२४०	भोजचोपाई	जिनचंद्रसूरि		१०७
डूं.का.	२९७	भोजनयुक्ति			३
जि.का.	२०५७	भोजराजकथा			४
डूं.का.	४१	□ भोजराजचरित्र			४७
जि.का.	८३०	□ भोज्यनामगर्भित जिनस्तुति	साधुराजगणि		१
लों.का.	२५१/४	भ्रमणसूत्र सह सारणि			१४
जि.ता.	१४६/३	◉ भक्तपरिज्ञाप्रकीर्णक	वीरभद्रगणि		१२-२६
जि.का.	११०१	भक्तामरस्तोत्र सस्तबक	मानतुंगसूरि		२-९

भंडार नाम	ग्रंथांक	ग्रंथनुं नाम	कर्ता	संवत्	पत्र संख्या
डूं.का.	८४०	भक्तामरस्तोत्र	समयसुंदर-ले.,	१७६४	७
			मानतुंगसूरि-क.		
जि.का.	१३६६	भगवतीसूत्र सस्तबक			३९५
		त्रयोदशशतकतृतीयोदेशपर्यंत			
लों.का.	२५	भगवतीसूत्र सह शब्दार्थ	सुधर्मास्वामी		१-५४८
जि.ता.	१५	◐ भगवतीसूत्रवृत्ति	अभयदेवाचार्य	र.११२८	४३५
				ले.१२०४	
जि.ता.	१३	◐ भगवतीसूत्रवृत्ति, द्वितीयखंड, ...	अभयदेवाचार्य	र.११२८	२५५
		नवमा शतकथी संपूर्ण		ले.११९५	
डूं.का.	९३८	भगवतीबीजक	माणिक्यसागरगणि	१९२४	१६
डूं.का.	९३९	भगवतीवृत्ति	माणिक्यसागरगणि	१८४४	३९७
डूं.का.	१०२१	भगवतीसूत्र सह वृत्ति	विमलगणि	१६३०	४९९
डूं.का.	११०७	भगवतीसूत्रवृत्ति	जिनरंगगणि	१८७३	५०७
डूं.का.	१३०८	भगवान महावीर पूर्वभव			(४से११)
		सह वृत्ति			८
जि.का	२२१५	भर्तृहरित्रिशती सावचूरिक पंचपाठ	भर्तृहरि		
१८					
त.का.	४५७	भवानीसहस्रनाम			
आ.का.	३१९	मंगलकलशरास			२१
त.का.	८७८	मंगलमालिका + राशीनक्षत्रविचार			२
जि.का.	१७९५	□ मंगलवादप्रश्नपद्धति	समयसुंदरजी		३
था.का.	१९९	मंगलकलश चौपइ	कनकसोम		५
डूं.का.	४१६	◐ मंत्र गुटका			६
त.का.	१०२३/F	मंत्र तंत्र यंत्र स्फुट पन्ने			२२
		त्रुटक लघुग्रंथ			
डूं.का.	१९२	◐ मंत्र तंत्रनो ग्रंथ			१०५
		(चमत्कार चिंतामणी)			
डूं.का.	१३८६	◐ मंत्र तन्त्र			५४

भंडार नाम	ग्रंथांक	ग्रंथनुं नाम	कर्ता	संवत्	पत्र संख्या
लों.का.	७०७	◐ मंत्र-सकुन आदि	पूर्वाचार्य		६
डूं.का.	५८८	□ मंत्रपत्र	गुणशेखर		१
डूं.का.	४७	◐ मंत्राधिराजकल्प	सिंहतिलकसूरि		२३
डूं.का.	२८/१	◐ मंत्रराजरहस्य	माणेकराजमुनि	१८४३	१-२०
आ.का.	२५१	मङ्गलिकमाला			१२
त.का.	१७४	मच्छोदररास			६
जि.का.	७४९	मजलस			२
आ.का.	३५६	मजलस			२
जि.का.	१३२५	□ मणिपतिराजर्षिचरित्र	जंबूकवि	१३००	१०७
त.का.	४३६	मणीभद्रछंद		१९२२	२
त.का.	७८१	मणीभद्रछंद			२
डूं.का.	१३७७	मतिप्रबोध छत्तीसी			
जि.का.	४२०/२०	मधुबिंदुकथाचोपाई	भैया	१७४०	५८-६१
जि.ता.	३४६/५	◐ मधुवर्णनकाव्य	केलिकवि		१०-१५
जि.का.	१४४/४	◐ मधुवर्णनकाव्य	केलिकवि		५-७
डूं.का.	११८७	मध्यान्ह व्याख्यान पद्धति	शिवलाल	१९०३	१९५
जि.का.	४२०/५६	मनबत्रीसी	भगवतीदास		१०७-१०८
जि.का.	१०१७	मनोरथमाला	जिनसमुद्र	१७०८	१८
था.का.	३८९	मनोरथमाला	क्षेमराज		३
जि.का.	८८४	□ मनोवेगवायुवेगचोपाई	दर्शनविजय	र.१२५२	४-५६
				ले.१७५६	
लों.का.	२९०	मन्वन्तरदेवीमहात्म्य			१-१९
लों.का.	२७३	मन्वन्तरदेवीमाहात्म्य त्रूटक			१३-२३
जि.का.	१६२६/५	◐ मयरहियस्तोत्र	जिनदत्तसूरि		८-१०
जि.ता.	१४६/६	◐ मरणविधिप्रकीर्णक			४६-९७
जि.का.	१९५१/१३	मरणविधिप्रकीर्णक			६९-९५
लों.का.	१७५	मरणविहि		१५७२	१-२१

भंडार नाम	ग्रंथांक	ग्रंथनुं नाम	कर्ता	संवत्	पत्र संख्या
त.का.	८७९	मरणांतिकअणसणगाथा			२
लों.का.	१८८	मलयसुंदरी रास	शान्तहर्ष शिष्य जिनहर्ष	र.१७५१ ले.१८६१	१-८३
जि.का.	१६६६ ☯	मलयसुंदरीचरित्र	जयतिलकसूरि		३-४३
जि.का.	३९३ ☯	मलयसुंदरीचरित्र पद्य (अपूर्ण)	जयतिलकसूरि आगमिक		३०
जि.का.	१७५ ☯	मलयसुंदरीचरित्र-ज्ञानरत्नोपाख्यान पद्य	जयतिलकसूरि	१५६८	९३
जि.का.	९४१	मल्लिज्ञाताध्ययनगत आलापक			५
जि.का.	२०२१	मल्लिनाथबृहत्स्तवन	कुशललाभ		२
था.का.	४१०	मल्लिनाथसंबंध			५
डूं.का.	२८८ ☯	मल्लिनाथकथा	समयमाणिक्यगणि-पं.	१७३६	१०
डूं.का.	१५१	मल्लीजिन स्तवन			१२
जि.ता.	४१/४ ☯	महत्पंचकल्प भाष्य	संघदासगणि क्षमाश्रमण		९७-१७४
जि.का.	२१६०/११	महरियगुण			५४-५६
जि.ता.	१५१/२४ ☯	महर्षिकुलक		१४००	१५१-१५४
जि.का.	१३२६/३३ ☯	महर्षिकुलक			२५१-२५४
जि.का.	१३२६/३४ ☯	महर्षिकुलक			२५५-२५७
जि.का.	३५६/२ □	महर्षिकुलक (लुद्धा नरा०)			१६-१७
जि.का.	१११४	महर्षिकुलक सस्तबक			३
लों.का.	३५५	महादंडक			१-२८
जि.का.	७२६	महादंडकबोल		१८७०	३४
त.का.	९१८	महादंडकस्तोत्र			२
जि.का.	१८३३	महादेवी दीपिकावृत्ति	धनराजगणि	र.१६९२ ले.१८२९	२७
जि.का.	१८८९	महादेवीकोष्ठक ज्योतिष			९१
जि.का.	११३९	महादेवीज्योतिषयंत्रावली			७७
जि.का.	११४२	महादेवीवृत्ति	धनराज-वृ	१६९२	३८
जि.का.	११६३ ◆	महादेवीसारणी			१५
लों.का.	३५७	महानिशीथ सूत्र आलापक			१-६
जि.ता.	७२ ☯	महानिशीथसूत्र		१५००	८७
जि.का.	१०९ □	महानिशीथसूत्र		१९८३	८०
त.ता.	५ ☯	महानिशीथसूत्र		१४००	२१५
जि.का.	४६८	महानिशीथसूत्रगत कमलप्रभाचार्य अधिकार सस्तबक			१२
था.का.	२७० ☯	महानिशीथसूत्र			१४३
जि.का.	१९५१/९	महापच्चक्खाणप्रकीर्णक			५५-६०
लों.का.	४४८	महाबलसन्धि त्रूटक		१६६५	२-८
जि.का.	१०२३	महाभारतशतसाहस्रीसंहितागत			
लों.का.	२७९	महामायी वाचक (ज्योतिष)			१-७
जि.का.	२२२१/२ ☯	महाविद्याविडंबन	वादींद्र		१०-२०
था.का.	१८७	महावीर (दुरियरयसमीर) चरित्र स्तोत्र सहवृत्ति	जिनवल्लभ		११
त.का.	१६७	महावीर (दुरियरयसमीर) चरित्र स्तोत्र सह अवचूरि	जिनवल्लभसूरि	१६७०	६
था.का.	३६९	महावीर (भावारिवारण) सम संस्कृत स्तोत्र	उदयसागर		२
त.का.	४४७	महावीर (भावारिवारण) स्तोत्र सह वृत्ति	क.मेरुसुंदरगणि		१२
लों.का.	५२१	महावीर २७ भवनुं स्तवन			१-५
डूं.का.	८३८	महावीर जिन स्तवन			
लों.का.	३९२	महावीर सत्तावीसभवस्तवन			१-३
त.का.	७८७	महावीर सत्यावीस भवस्तवन			२
डूं.का.	५७२	महावीर स्तवन टब्बार्थ			५
लों.का.	३४६	महावीर-स्तवन			
जि.ता.	४१२	महावीरचरित्र			
त.का.	९६५	महावीरचरित्र	जिनवल्लभसूरि		३

भंडार नाम	ग्रंथांक	ग्रंथनुं नाम	कर्ता	संवत्	पत्र संख्या
जि.ता.	२६३	◐ महावीरचरित्र गद्यपद्यबद्ध	गुणचन्द्रसूरि	र.११३९	३६३
				ले.१२४२	
जि.ता.	२४८	◐ महावीरचरित्र गाथाबद्ध	नेमिचंद्रसूरि	र.११४१	१५७
				ले.११६१	
त.का.	११८८	महावीरचरित्रस्तवन			६
त.का.	९३१	महावीरजन्मोत्सव			२
त.का.	९७५	महावीरजिनकल्याणकस्तवन		१८६०	३
लों.का.	२३६	महावीरजिनस्तव सह टब्बो			१-३
लों.का.	५९४	महावीरजी स्तवन		१९३५	१-८
त.का.	७५८	महावीरपारणास्तवन		१९३२	२
जि.का.	२०२०	महावीररसोइस्त्वन	दयासागर		१
त.का.	४४०	महावीरवार्ता			८
जि.का.	११०९	□ महावीरसत्तावीसभवस्तवन		१५३०	४
जि.का.	६८२/२	□ महावीरस्तवन	अभयदेवसूरि		३जु
जि.का.	८१७/१०	□ महावीरस्तवन	लखमण	१५२१	१६-२१
था.का.	४३५	महावीरस्तवन	नयरंगमुनि		२
त.का.	८१०	◆ महावीरस्तवन			२
लों.का.	१६६/२	महावीरस्तवन टब्बो			१
जि.का.	२०१३	□ महावीरस्तवन नयनिक्षेप विचार ग़र्भित	रामविजय		३
जि.का.	२०१३	महावीरस्तवन नयनिक्षेपविचारगर्भित	रामविजय		३
त.का.	८१२	महावीरस्तवन सह टब्बार्थ	अभयसूरि		२
त.का.	९०४	◆ महावीरस्तुति और गुणस्थान			२
जि.का.	२१४१	◐ महावीरस्तुतिआदि			२
जि.का.	७५३	□ महावीरस्वामिचरित्रस्तोत्र बालावबोधसह	जिनवल्लभगणि		१६
जि.का.	३९९/३	□ महावीरस्वामितपपारणास्तवन			१७-२०
जि.का.	११११९	महावीरस्वामितपपारणुं			३
त.ता.	३	◐ महावीरचरित्र	जयसिंहसूरि	१३३०	२०६ थी
					४०७
लों.का.	२९५	महावीरचरित्र + पार्श्वनाथचरित्र त्रूटक		१६९१	१-१५
आ.का.	२२२	महावीरचरित्र स्तोत्र सह टब्बार्थ			५
त.का.	११५६	महावीरचरित्रस्तवन			३-६
डूं.का.	९८९	महावीरचरित्रटीका		१७२३	७
लों.का.	२२२	महावीरजन्मोत्सव भोज			१-४
जि.ता.	१५६/२३	◐ महावीरपंचकल्याणकस्तोत्र		११९२	९५/२-९६
था.का.	३४०	महावीरबत्तीसी			२
त.का.	४३४	महावीरस्तवन (ब्राह्मणवाड)	जिनकलशसुरि		३
था.का.	३२६	महावीरस्तवन + पार्श्वनाथ लघु स्तोत्र			३
जि.का.	१३१७/८	महावीरस्तोत्र			
डूं.का.	८०१	महानाटके रामविजय सुभाषित	कालिदास		३२
त.का.	१९	◐ महानिशीथ			९६
लों.का.	२७१	महिमभट्टिव्याकरण त्रूटक			१-२०
त.का.	३२८	महीपाल कथा चरित्र	वीरदेवगणि		४६
त.का.	१०८०	◆ महीपालकथा त्रुटिता			४९
त.का.	४५७	महेशनंदीकेश्वरसंवाद + भवानीसहस्त्रनाम		१८२४	८
डूं.का.	१०१७	माघ काव्य (शिशुपालवध टीका)	माघ कवि	१८२२	८६
जि.का.	२०४१	माघकाव्य संदेहविषौषधिटीका अपूर्ण	आनंददेव -टी.		२४
जि.का.	१९९५	माधवानलकामकंदलाचोपाई अपूर्ण			१२
जि.का.	७१८	माधवानलकामकंदलाचोपाई किंचिदपूर्ण	कुशललाभ		२-२०

भंडार नाम	ग्रंथांक		ग्रंथनुं नाम	कर्ता	संवत्	पत्र संख्या
जि.का.	६४०		माधवानलकामकंदलाचोपाई	कुशललाभ	र.१६१६ ले.१६६७	१९
जि.का.	१२०५		माधवानलकामकंदलाचोपाई			५९
डूं.का.	११९३	◆	माधववृंद			१७
डूं.का.	५१६		मानतुंग मानवती रास	मोहनविजय	१८८३	
डूं.का.	१०७८		मानतुंग मानवती रास	मोहनविजय	१८५१	३७
त.का.	६४०		मानतुंग मानवती रास	रूपविजय	१८२५	५२
त.का.	७००		मानतुंगमानवतीरास	मोहनविजयक-क., हर्षविजय-ले.		३०
लों.का.	५९९		मानवंती मानतुंग रास अपूर्ण	मोहनविजय	१८४३	६२
आ.का.	२९०		मायाबीजआम्नायस्तोत्र कल्पस्तुतिमंत्रवसाधन			४
डूं.का.	२२७		मायाबीजाक्षर स्तोत्र			१५
त.का.	१२५२		मारवाडतीर्थवर्णन			३
जि.का.	२०६९		मार्गगत्यध्ययन सावचूरि			२-८
डूं.का.	५४६		मार्जारी व छींक दोष निवारण विधि	महिमा मुनि	१८७३	१
त.का.	७६६		मासफल		१८५३	२
जि.का	९६३	□	मात्रापताका			३
जि.ता.	१५६/४	☯	मिथ्यात्व मथना कुलक		११९२	१९-२१
जि.का	४२०/१६		मिथ्यात्वविध्वंसनचतुर्दशी	भैया		५२-५४
त.का.	८७३		मिथ्यात्वस्थानक कुलक			२
था.का.	४७४		मिथ्यात्वस्थानककुलक			२
जि.ता.	१५१/१४	☯	मिथ्यादुष्कृतकुलक		१४००	८४-८६
जि.का.	१३४/१३	□	मिथ्यादुष्कृतकुलक			१८मुं
जि.का.	४२०/३६		मिथ्यादृष्टिसम्यग्दृष्टिवर्णन	भैया		७९-८०
त.का.	९९३		मिर्चगुण			
डूं.का.	१९५		मिथ्याज्ञान खंडन	मतिसागर-ले., रविदास-क.		६
जि.ता.	१५१/७	☯	मिथ्यादुष्कृतकुलक		१४००	५४-५६
त.का.	२२९		मीनराशी गुराचार फल			४
जि.का	१६१/१	☯	मीमांसासूत्र साबरभाष्य प्रथमअध्याय प्रथमपाद			१-१३
डूं.का.	१०३२		मुक्तावलि (श्लोक संग्रह)			७६
जि.ता.	३५७/१	☯	मुद्राराक्षसनाटक टिप्पणी सह	विशाखदेव	१३१४	१-९५
डूं.का.	२९		मुद्राविधि			
था.का.	२३२		मुनिपति वार्ता (गुजराती)	साध्वी धर्मविज्या गणीनी	१६५६	४३
जि.का.	९३०		मुनिपतिचरित्र अपूर्ण			१९
डूं.का.	२६९		मुनिपतिकथा	हरिभद्रसूरि	१७१८	१२
डूं.का.	२६८	☯	मुनिपतिचरित्र	क्षमाप्रभमुनि-ले.	१८४४	९
डूं.का.	८३०		मुनिपतिचरित्र		१९८२	५३
लों.का	४६८		मुनिमालिका	मतिभद्र	१६३६	१-३
लों.का	५४४		मुनिमालिका			१-४
लों.का	६०३		मुनिमालिका			१-४
लों.का	४३१		मुनिमालिका + पंचकल्याणक	समुद्रविजय	१९३२	१-९
जि.का	४२०/१२		मुनिराजजयमालिका			४८मु
जि.ता.	४०६	☯	मुनिसुव्रतस्वामिचरित्र गाथाबद्ध	श्रीचंद्रसूरि	र.११९३ ले.११९८	३७९
जि.ता.	२५६	☯	मुनिसुव्रतस्वामिचरित्र पद्य पर्वत्रयात्मक	पद्मप्रभसूरि	र.१२९४ ले.१३०४	१५७
जि.ता.	२५८	☯	मुनिसुव्रतस्वामिचरित्र पद्य पर्वत्रयात्मक	पद्मप्रभसूरि	र.१२९४ ले.१४००	२२१
जि.ता.	२५७	☯	मुनिसुव्रतस्वामिचरित्र पद्य पर्वत्रयात्मक	पद्मप्रभसूरि	र.१२९४ ले.१४००	१९१

भंडार नाम	ग्रंथांक		ग्रंथनुं नाम	कर्ता	संवत्	पत्र संख्या
लों.का.	४५२		मुनिसुव्रतचरित्र+सीतारामंचौपई त्रूटक			२२-६७
डूं.का.	८०५		मुनिनांमान्यामान्यार्थ विचार			१३
लों.का.	३६५		मुनिपतिचरित्र		१८४३	१-१६
डूं.का.	५९८		मुनिमालिका	विनयधर्म	१८८१	३
डूं.का.	११९७		मुनीनां मान्यार्थ विचार			६
जि.का.	१७३	☯	मुरारिनाटक टिप्पणीसह	मुरारि कवि		४०
जि.का.	२१७	☯	मुरारिनाटक टिप्पणीसह	मुरारि कवि	१५५४	५५
त.का.	९८५		मुहूर्तावली	रविविजय	१९१५	२
जि.का.	११३८		मुष्टिज्ञान			१
जि.का.	२०२६		मुष्टिज्ञान आदि			४
जि.का.	११५०		मुहूर्त्तदीपक	भूद्रमादेव		३
त.का.	१८७		मुहूर्तमुक्तावली	उमेदविजय	१९०६	६
जि.का.	११४९		मुहूर्त्तचिंतामणि	रामदैवज्ञ		१४
लों.का.	२५१/१		मुहूर्तमुक्तावली			८
जि.का.	४२०/४५		मूढाष्टक	भैया		९२-९३
लों.का.	७०२		मूत्रपरीक्षा	पूर्वाचार्य		१-२
लों.का.	६५१	☯	मूत्रपरीक्षा			१-५
डूं.का.	१२७७		मूर्खविचार सज्झाय			४
जि.का.	१६३६		मूर्खशतक			
जि.ता.	१५९/४	☯	मूलशुद्धिप्रकरण		१३४५	१०८-१११
त.का.	११३	☯	मूळशुद्धिप्रकरण सह वृत्ति	देवचंद्रसूरि		२८३
त.का.	११४	☯	मूळशुद्धिप्रकरण सह वृत्ति	अभयदेवसूरि		३०४
जि.का.	६०६/१९	□	मृगध्वजकुमारभास			६३-६४
त.का.	३२०	□	मृगसुन्दरीकथा	वीरसागरगणि		६
जि.का.	१९१९		मृगांकलेखाचरित्रचोपाई	जिनहर्ष	र.१७४८ ले.१७८४	२८
त.का.	३९५/A		मृगांकलेखाचौपाई	हर्षकुंजर उपाध्याय		१३

भंडार नाम	ग्रंथांक		ग्रंथनुं नाम	कर्ता	संवत्	पत्र संख्या
जि.का.	६०६/२०	□	मृगांकलेखाभास			६४-६८
जि.का.	१०३९		मृगांकलेखारास			१५
त.का.	७२१		मृगांकलेखाचौपाई		१६६०	११
त.का.	१७२	□	मृगापुत्रसन्धि ढाल	जिनहर्षसूरि	१७१५	६
डूं.का.	१०७४		मृगावती चौपई	समयसुंदर	१७९४	२९
जि.का.	७०३		मृगावतीचरित्ररास अपूर्ण	समयसुंदरगणि		३-२६
जि.का.	१९९७		मृगावतीचोपाई	चंद्रकीर्त्ति	र.१६८२	९
त.का.	१२६९		मृगावतीचौपई			३३
जि.का.	६०६/५	□	मृगावतीभास			१५-१८
जि.का.	१९८५		मृगावतीरास अपूर्ण			१८
त.का.	३०७		मृगावतीचरित्र	देवप्रभाचार्य		५६
जि.का.	८०८/२	☯	मेघकुमार चोढालीयुं	कनककवि		३-४
लों.का.	३४१		मेघकुमार चौढालिया	जिनहर्ष		१-३
त.का.	९३५		मेघकुमार चौढालिया	कनकमुनि		३
था.का.	४१३		मेघकुमारचौढालिया	दयाविमल गणि		३
त.का.	९५१		मेघकुमारचौढालिया		१६९६	३
जि.का.	१९८८/४		मेघकुमारराजर्षिसज्झाय	श्रीसार		१५-२४
लों.का.	५२८		मेघकुमाररास + सातवीषयनी सज्झाय	संघराज		१-६, १-२
जि.का.	२२३६/२		मेघकुमारसज्झाय	श्रीसार		
डूं.का.	९०५	◆	मेघछंद अपूर्ण			१९ थी २३
लों.का.	२६१		मेघदूत	कालिदास	१६३९	१-६
लों.का.	२९३		मेघदूत	कालिदास		१-६
डूं.का.	३००/२		मेघदूत काव्य	कालिदास		२८
डूं.का.	३००/१		मेघदूत महाकाव्य टीका			१६
डूं.का.	११२६		मेघदूत संजीवनी वृत्ति	कालीदास कवि	१८७७	५१
त.का.	१२१०		मेघदूतकाव्य	कालिदास	१८६६	३-१०
डूं.का.	६५१		मेघदूतकाव्य-प्रथमसर्ग	कालिदास कवि		३

भंडार नाम	ग्रंथांक		ग्रंथनुं नाम	कर्ता	संवत्	पत्र संख्या
जि.का.	१९२१		मेघदूतमहाकाव्य	कालिदास		७
डूं.का.	१०१४		मेघदूत काव्य	कालीदास कवि	१८७२	१२
डूं.का.	११२२		मेघदूतकाव्य	कालीदास कवि		१५
जि.का	२१४६	□	मेघदूतमहाकाव्य	कालिदास		१६
डूं.का.	२८९		मेघनाथ कथा अने रुपसेनकथा	गणेशमुनि-ले.	१९०३	४१
डूं.का.	४०	◉	मेघमाला ग्रंथ		१६९२	३०
जि.का	१४४/२	◉	मेघाभ्युदयकाव्य			२-३
जि.ता.	३४६/३	◉	मेघाभ्युदयकाव्य			३-६
त.का.	३०६		मेरुत्रयोदशीकथा			
आ.का.	३५०		मेरुत्रयोदशीव्याख्यान			७
त.का.	१३३१		मेरुत्रोयदशी			
डूं.का.	२७९		मेरुत्रयोदशी व्याख्यान			५
डूं.का.	११०६		मेघदूत काव्य	कालिदास कवि		१२
डूं.का.	६४३		मेघदूत सस्तबक	कालीदास कवि	१८२६	११
जि.ता.	३४७/४	◉	मेघाभ्युदयकाव्य सटीक	टी.क. शांतिसूरि पूर्णतल्लगच्छीय		८८-११४
डूं.का.	४९६		मेरुपर्वतवर्णन			१५
त.का.	४४९		मैत्र्यादिक चारभावना बोलविचार		१९०५	८
त.का.	५२८		मैत्र्यादिक चारभावना व बोल		१९१०	१०
जि.का.	२०९६		मोकलीआराधना			२
त.का.	९२९	◉	मोगलपुराण			३
त.का.	२११		मोतीकपासियासंवाद	श्रीसारमुनि		४
जि.का	२१५४		मोतीकपासीयासंवाद	श्रीसार		४
त.का.	९४६	◉	मोतीकपासीयासंवाद		१८५२	३
डूं.का.	३७९		मोतीकपासीयासंवाद	मानचंदसिंह	१८४६	४
डूं.का.	१२९१		मौनएकादशी			(५६ से ६०) ५
डूं.का.	४५९		मौनएकादशी			

भंडार नाम	ग्रंथांक		ग्रंथनुं नाम	कर्ता	संवत्	पत्र संख्या
डूं.का.	२६२		मौनएकादशी कथा			३
डूं.का.	३२५		मौनएकादशी कथा	सौभाग्यनंदिसूरि	१५७६	६
डूं.का.	३२६		मौनएकादशी कथा	सौभाग्यनंदिसूरि	१५७६	६
डूं.का.	५८४	◆	मौनएकादशी कथा अपूर्ण			१०
त.का.	१००९		मौनएकादशी व्याख्यान		१६६०	५
डूं.का.	१२९३		मौनएकादशी स्तवन	समयसुंदर		५
लों.का.	३७७		मौनएकादशी स्तवन	प्रेमविजय		१-५
डूं.का.	१२६७		मौनएकादशीकथा	सौभाग्यनंदी मुनि	१५७६	३
त.का.	३२५		मौनएकादशीकथा	दानचन्द्रगणि		८
जि.का.	१०६८		मौनएकादशीकथा सस्तबक	सौभाग्यनंदी	र.१५७६ ले.१८००	७
त.का.	९०२		मौनएकादशीगणणुं			२
त.का.	९४८		मौनएकादशीगणणुं			३
था.का.	२०४		मौनएकादशीगुणना			२
त.का.	८४०		मौनएकादशीगुणना	यशोविजय	१८६७	२
त.का.	१३२५		मौनएकादशीगुणना			३
त.का.	१०१९	◆	मौनएकादशीगणणुं			३
त.का.	१८१		मौनएकादशीतप + उपधानकथानक			६
जि.का	३४७/१	□	मौनएकादशीतपगर्भित सर्वतीर्थंकरस्तुतिरूप श्रीमल्लिजिनस्तोत्र	जिनसमुद्रसूरि		२
त.का.	४२१		मौनएकादशीमाहात्म्य + आवश्यक (चउवीसस्तव) बालावबोध	रविसागर		७
आ.का.	१२८		मौनएकादशीव्याख्यान		१८०४	८
त.का.	१२४९		मौनएकादशीव्याख्यान सह टब्बार्थ		१५७६	११
त.का.	७८३		मौनएकादशीव्याख्यान सह स्तवन		१८१२	२

भंडार नाम	ग्रंथांक	ग्रंथनुं नाम	कर्ता	संवत्	पत्र संख्या
त.का.	१३२०	मौनएकादशीस्तवन			१४
जि.का.	३४७/२ □	मौनएकादशीस्तुति	जिनसमुद्रसूरि		२-३
जि.का	१७११/३ □	मौनएकादशीस्तुति	जिनलाभसूरि		
डूं.का.	९६८	मौनएकादशीकथा	सौभाग्यनंदीसूरि	१८५२	४
लों.का.	४४७	मौनएकादशीमाहात्म्य त्रूटक			७-१६
लों.का.	४००	मौनएकादशीव्याख्यान	सौभागचंद	१८५२	१-४
लों.का.	४२१	मौनएकादशीव्याख्यान		१८६५	१-३
आ.का.	२१३	मौनएकादशीव्याख्यान			६
त.का.	५३०	मौनएकादशीव्याख्यान सह टब्बार्थ		१८६६	१४
त.का.	३६३	मौनएकादशीव्याख्यान सह बालावबोध	१७८६		१०
त.का.	१३२१	मौनऐकादशीगुणनां			३
जि.का	३०६ □	मृगापुत्रचरित्रसंधि	जिनसमुद्रसुरि		३
था.का.	३४५ ◆	यंत्र तथा बोल थोकडा			१
जि.का	१८३७	यंत्रचिंतामणी सटीक			८
था.का.	२३५	यंत्रपत्र			२
जि.का	११४१	यंत्रराज	महेन्द्रसूरि	१७२२	१८
जि.का	११२४	यंत्रराजकोष्ठक			८
जि.का	११२५	यंत्रराजवृत्तिसह	महेन्द्रसूरि		३२
डूं.का.	७६६	यति आराधना	समयसुंदर	१८५५	१५
त.का.	१२९	यतिदिनचर्या	भावदेवसूरि	१६५१	५
जि.का	१३१०/२	यतिप्रतिक्रमणसूत्र			१७-२२
जि.ता.	१४३ ☯	यतिप्रतिक्रमणसूत्रवृत्ति		१५००	२८
जि.का	१४४७	यतिप्रतिक्रमणसूत्रवृत्ति टिप्पनकसह			१४
डूं.का.	९८	यतिआराधनाविधि			४
जि.का.	२२३९	यशोधरनृपचरित्र गद्य	क्षमाकल्याण	र.१८३९ ले.१८३९	३४
डूं.का.	७३९	यशोधरचरित्र			६७
डूं.का.	७४७	यशोधरनरेन्द्रचरित्र		१८५३	३८
डूं.का.	७४९	यशोधरनरेन्द्रचरित्र	क्षमाकल्याण		४
लों.का.	७३३/D	यह कपडे चिपक्यो हुवो			
लों.का.	७३३/C	यह कागज को कपडे पर चिपक्यो हुवो जिस पर ४९ मंडलानि	लिख्यो हुओ		
आ.का.	३४	यात्रोपदेश + स्नात्रपंचाशिका			९
त.का.	४०३ □	यादवाधिकार + वसुदेवकुमार चौपाई	हर्षकुलगणि	१५५७	२२
जि.ता.	१५६/३० ☯	युगप्रधानगुरुसुरूपदेशिकुलक	जिनदत्तसूरि	११९२	११०-१११
जि.का.	१३२६/५१ ☯	युगादिदेवस्तोत्र		१३८५	४१७-४२०
आ.का.	११९	योगउपधान विधि			१४
जि.का.	७०१ □	योगचिंतामणि	हर्षकीर्त्तिसूरि		४१
जि.का.	१०८२ □	योगचिंतामणि वैद्यक	हर्षकीर्त्तिसूरि नागपुरीय तपागच्छीय		५४
जि.का.	१८१७	योगचिंतामणी सस्तबक अपूर्ण			९१
जि.का.	१२१५	योगदीपकवैद्यक			४०
डूं.का.	११७० ☯	योगदृष्टिसज्झाय सह टब्बार्थ	यशोविजय		३३
लों.का.	७००	योगप्रकरण	गरीबगिरि		१-४
डूं.का.	४५५	योगबिंदु			
जि.का.	१८५९	योगरत्नावली ज्योतिष	श्रीकंठशिव पंडित	१६५८	३७-६८
जि.का	५५४ □	योगवासिष्ठसार			१५
		योगतरंगिणीटीका सह अपूर्ण			
जि.का.	२१०६	योगविधि			२५
जि.का	२०९८ ☯	योगविधि			११
जि.का	२१०३	योगविधि यंत्र			५
जि.का	२०५०	योगविधिआदि			३९

भंडार नाम	ग्रंथांक		ग्रंथनुं नाम	कर्ता	संवत्	पत्र संख्या
जि.का.	२२२८	□	योगशत सटीक			२१
डूं.का.	११९६		योगशतक सह टब्बार्थ			२२
आ.का.	५३		योगशास्त्र	हेमचंद्राचार्य	१६०८	१५
आ.का.	१५३		योगशास्त्र	हेमचंद्राचार्य	१५९९	१९
आ.का.	१६६		योगशास्त्र	हेमचंद्राचार्य		८
त.का.	१६०		योगशास्त्र	हेमचंद्राचार्य	१६२३	१९
त.का.	५०९		योगशास्त्र	हेमचंद्राचार्य		६
त.का.	११२४		योगशास्त्र	हेमचंद्राचार्य		१९
त.का.	११८३		योगशास्त्र			६-१४
त.का.	११५२		योगशास्त्र			
जि.का.	६९६		योगशास्त्र अपूर्ण	हेमचंद्रसूरि		१०
जि.का.	६११		योगशास्त्र आद्यप्रकाशचतुष्क	हेमचन्द्रसूरि		२७
जि.का.	३८५	□	योगशास्त्र आद्यप्रकाशचतुष्टय	हेमचन्द्रसूरि		१४
जि.का.	६४१		योगशास्त्र आद्यप्रकाशचतुष्टय	हेमचंद्रसूरि		१९
जि.का.	६६२		योगशास्त्र आद्यप्रकाशचतुष्टय	हेमचंद्रसूरि		१७
जि.का.	६७८		योगशास्त्र आद्यप्रकाशचतुष्टय	हेमचंद्राचार्य		१५
जि.ता.	१५७/३	☯	योगशास्त्र आद्यप्रकाशचतुष्टय	हेमचंद्र आचार्य	१३१०	१०२-१५०
जि.का.	१३२३		योगशास्त्र नवतत्त्व जीवविचार-प्रकरण आदिनां प्रकीर्णक पानां अपूर्णत्रूटक		१५१८	
जि.का.	५१०		योगशास्त्र प्रथम प्रकाश	हेमचंद्रसूरि		४
था.का.	३७३		योगशास्त्र प्रथम प्रकाश	हेमचंद्राचार्य		३
जि.का.	१५५५		योगशास्त्र प्रथमप्रकाश	हेमचंद्राचार्य	१७०८	३
जि.का.	१५५८		योगशास्त्र बालवबोधसह	हेमचन्द्राचार्य, सोमसुंदरसूरि	१५०२	११०
त.का.	५१०		योगशास्त्र सह बालावबोध			१२६
था.का.	८८	☯	योगशास्त्र सह वृत्ति	हेमचंद्रसूरि		२९२
त.का.	४९८	☯	योगशास्त्र सह वृत्ति	हेमचंद्रसूरि		१९७

भंडार नाम	ग्रंथांक		ग्रंथनुं नाम	कर्ता	संवत्	पत्र संख्या
आ.का.	९१		योगशास्त्र सार्थ	हेमचंद्राचार्य		२७
जि.ता.	४०४	☯	योगशास्त्र स्वोपज्ञटीकासह	हेमचंद्राचार्य स्वोपज्ञ	१३५३	३१८
जि.ता.	२१६	☯	योगशास्त्र स्वोपज्ञवृत्तिसहित	हेमचन्द्रसूरि स्वोपज्ञ	१४०७	३१९
था.का.	२३०		योगशास्त्र- प्रथमप्रकाश	हेमचंद्राचार्य	१६९९	२
था.का.	३७		योगशास्त्र-चोथो प्रकाश	हेमचंद्राचार्य		१४
डूं.का.	६२२		योगशास्त्र-पहेलो-बीजो प्रकाश	हेमचंद्राचार्य		१०
डूं.का.	१०५३	☯	योगशास्त्र-बारमो प्रकाश विवरण सहित	हेमचंद्राचार्य	१५८५	४३
जि.ता.	१५८/२	☯	योगशास्त्रआद्यप्रकाशचतुष्टय	हेमचन्द्राचार्य	१४००	४४-७५
जि.का.	१०१९		योगशास्त्रआद्यप्रकाशचतुष्टय	हेमचन्द्राचार्य	१५५०	१९
जि.का.	१५५७		योगशास्त्रआद्यप्रकाशचतुष्टय	हेमचंद्राचार्य		१४
जि.का.	१६९८		योगशास्त्रटीका	हेमचंद्राचार्य स्वोपज्ञटीका		४८
जि.का.	१५५६		योगशास्त्रप्रथमप्रकाश	हेमचंद्राचार्य		३
था.का.	४५३	◆	योगशास्त्रमूल			२०
जि.का.	२०५	☯	योगशास्त्रविवरण	हेमचन्द्राचार्य स्वोपज्ञ		२-३०
जि.का.	५०८		योगशास्त्रस्वोपज्ञवृत्ति अपूर्ण	हेमचंद्रसूरि स्वोपज्ञ		३६
था.का.	२९८		योगशास्त्र तृतीयप्रकाश			१४
त.का.	५४२		योगसार सह टब्बार्थ	चंद्रमुनि	१७४०	२३
जि.का.	१८२२		योगसारसमुच्चय सस्तबक-वैद्यक			३९-४८
जि.का.	१३३९		योगिनीदशाफलज्योतिष			७
जि.का.	१८९६		योगचिंतामणी अपूर्ण			८२
डूं.का.	१२४३	◆	योगशास्त्र			८
डूं.का.	११७९		योगशास्त्र-चोथो प्रकाश सह टब्बार्थ	हेमचंद्राचार्य	१६७७	४३
डूं.का.	१३३०		रंगबहोतरी	जिनरंग		२
जि.का.	६१७		रंगरत्नाकर-नेमिनाथप्रबंध	लावण्यसमय		८
लों.का.	२९१		रंभामंजरीनाटिका त्रूटक	नयचंद्र		४-१३

भंडार नाम	ग्रंथांक		ग्रंथनुं नाम	कर्ता	संवत्	पत्र संख्या
लों.का.	३४६		रगांगातैली दृष्टांतकथा+महावीर- स्तवन + दंडक स्तवन			१
डूं.का.	१३३		रघुवंश	कालिदास		२१
त.का.	५६५		रघुवंश	कालिदास	१८२५	७०
त.का.	६७३		रघुवंश	कालिदास		४८ (२४-७१)
लों.का.	२४५		रघुवंश त्रूटक	क.कालिदास		१-४
जि.ता.	३३४	◉	रघुवंश महाकाव्य	महाकवि कालिदास	१५००	२३०
डूं.का.	११५२		रघुवंश महाकाव्य	कालिदास कवि		६२
डूं.का.	१०१९		रघुवंश सस्तबक अपूर्ण			२५
आ.का.	३५३		रघुवंश सस्तबक			१२
त.का.	१०५३		रघुवंशटीका	चारित्रवर्धन		१५६
जि.का.	९२९		रघुवंशमहाकाव्य	कालिदास		१२-१८
जि.का.	१९४५		रघुवंशमहाकाव्य	कालिदास		१४६
डूं.का.	८८३		रघुवंशमहाकाव्य	सुखकीर्तिमुनि-पं	१६६६	८६
जि.का.	१७७४		रघुवंशमहाकाव्य - सर्ग नवथी बार अपूर्ण	कालिदास		१७
जि.का.	१७७३		रघुवंशमहाकाव्य अपूर्ण	कालिदास		२४
जि.का.	१९४१		रघुवंशमहाकाव्य अपूर्ण	कालिदास		६
जि.का.	८६२	◉	रघुवंशमहाकाव्य सटीक त्रिपाठ	कालिदास-मू.क., टी.क.धर्ममेरु		१७६
जि.का.	८३४		रघुवंशमहाकाव्यअवचूरि			१७
जि.का.	३७०	☐	रघुवंशमहाकाव्यटीका	गुणरत्नगणि	र.१६६७ ले.१६८३	१२४
जि.का.	१७८५		रघुवंशमहाकाव्यटीका	मल्लिनाथ	१७१८	१२७
जि.का.	३७७	◉	रघुवंशमहाकाव्यवृत्ति	चारित्रवर्धन		१५३
डूं.का.	३०६		रघुवंशवृत्ति अपूर्ण			८९
त.का.	५१९		रघुवंशपंजिका	आनंददेव वल्लभ		१२

भंडार नाम	ग्रंथांक		ग्रंथनुं नाम	कर्ता	संवत्	पत्र संख्या
डूं.का.	८९०	☐	रघुवंशमहाकाव्य	हर्षविमल-ले. कालिदास कवि-क.		८७
डूं.का.	८८८		रघुवंशशकुनावली			५
डूं.का.	८८४		रघुपंजिका	वल्लभ देव		१३३
डूं.का.	८८६		रघुपंजिका	वल्लभ देव		१३३
लों.का.	४७७		रतनगुरु सज्झाय			१-२
लों.का.	४१६		रतनपालरास	मोहनविजय		१-५५
लों.का.	४१५		रतनपालरास त्रूटक			१-२०
त.का.	४७३		रतनरासौ - महाराज रतनजी वचनिका	१७६९		९
जि.का.	२०९९		रत्नकोश			४
जि.ता.	२१८	◉	रत्नचूडकथा विषमपदविवरण टिप्पनक		१४००	१५७-१५८
त.का.	४१२		रत्नचूडचौपाई	हिरकलश	१६६०	१३
जि.का.	१९९४		रत्नचूडमुनिचोपाई	कनकनिधान	ले.१८११ र.१७२४	२६
जि.का.	३१२	☐	रत्नचूडरास	कमलप्रभसूरि	१५७१	१२
जि.का.	३६७	☐	रत्नचूडरास			१८
आ.का.	१४६		रत्नचूडाचौपई		१५८७	१४
जि.का.	१८२८		रत्नदीपज्योतिष	गणपति		११
त.का.	७०१		रत्नपालचौपाई		१६८४	२१
डूं.का.	७५१		रत्नपालमुनिचोपाई		१८९९	२७
डूं.का.	८१५		रत्नपालमुनिचोपाई	रत्नपालमुनि	१९१२	४२
त.का.	७३४		रत्नपालरास	मोहनविजय	१८२४	३९
लों.का.	३१७	◉	रत्नपालकथा		१६७५	१-११
त.का.	११५८		रत्नपालरास	मोहनविजय	१८५८	३३-४३
जि.का.	११३३		रत्नप्रदीप	गणपति	१७०३	१०
त.का.	१०६९		रत्नमाला			१७

भंडार नाम	ग्रंथांक	ग्रंथनुं नाम	कर्ता	संवत्	पत्र संख्या
जि.का.	१८४३	रत्नमाला ज्योतिष बालबोधिनीटीका	महादेव	१७६४	४२
जि.का.	१८९४	रत्नमाला बालावबोध सह	श्रीपति	१८०४	४८-९०
डूं.का.	४५१	रत्नमालासूत्र बालावबोध अपूर्ण			४२
आ.का.	१७३	रत्नश्रावकप्रबन्ध	मलधारी राजशेखरसूरि	१६३३	५
जि.का.	१५८८	रत्नसंचय सस्तबक अपूर्ण			१८-४०
लों.का.	७१८	◆ रत्नसागर (मोहन गुणमाला)			
जि.का.	३१०	□ रत्नसारकुमाररास	सहजसुंदर	र.१५८२ ले.१६६२	९
जि.का.	३११	□ रत्नसारकुमाररास	सहजसुंदर	र.१५८२ ले.१६२१	१०
त.का.	४१८	रत्नसारचौपाई	सहजसुंदर	१५८२	९
जि.का	८०८/७	रत्नाकरपचीसी			
जि.का.	१६९४	रत्नाकरपच्चीसी सस्तबक			३
जि.का.	५७५	□ रत्नाकरावतारिका अपूर्ण			७८
जि.का.	७९६	रत्नाकरावतारिका अपूर्ण	रत्नप्रभाचार्य		८६
जि.का.	१२१९	□ रत्नाकरावतारिकाटिप्पनक	ज्ञानचंद्र	१९५१	१४०
जि.ता.	३६८	☯ रत्नाकरावतारिका	रत्नप्रभाचार्य	१२२५	२६१
जि.का.	१२०२	रसमंजरी तथा अष्टनायिकाभेद गुटको	नंददास-र.क.	१७११	३८
जि.का.	८४६	☯ रसमंजरी-अलंकारग्रंथ	भानुकर भट्ट		११
डूं.का.	६२४	रसमंजरी टिप्पणी	भानुदत्तमिश्र		१२
जि.का.	१९२६	रसरत्नाकरवैद्यक			९
जि.का.	७५९	रसिकप्रिया	केशवदास		३२
जि.का.	१२०४	रसिकप्रिया			१०६
त.का.	७१३	रसिकप्रिया	केशवमिश्र	१८३९	३४
डूं.का.	१०९०	रसिकप्रिया अपूर्ण			४६
त.का.	८६६	राईप्रतिक्रमणविधि			२

भंडार नाम	ग्रंथांक	ग्रंथनुं नाम	कर्ता	संवत्	पत्र संख्या
लों.का.	७०८	राईसंथारा आदि	पूर्वाचार्य		६
डूं.का.	७२३	राईसंथारापोरसी विधि	लक्ष्मीरंगमुनि	१८८०	२
जि.ता.	३४७/६	☯ राक्षसकाव्य सटीक	जिनचन्द्र		१३३-१४६
जि.का.	४२०/३८	रागादिनिर्णयाष्टक	भगवतीदास		८२ मु
डूं.का.	१३७४	◆ राचाछत्तीसी			१
जि.का.	२०१९	राजनीतिकवित	देवीदास	१८७४	१५
जि.का.	९८६	राजनीतिवर्णनकवित	देवीदास	१९११	२०
लों.का.	५०	राजप्रश्नीय मूल	सुधर्मास्वामी		१-१०३
लों.का.	५१	राजप्रश्नीय मूल	सुधर्मास्वामी	१६७१	१-३५
था.का.	१५९	☯ राजप्रश्नीय वृत्ति	मलयगिरि		७८
त.का.	१२५४	राजप्रश्नीय सह टब्बार्थ			२३
त.का.	६५१	राजप्रश्नीय सह वृत्ति	मलयगिरि		६८
लों.का.	५२	राजप्रश्नीय सह वृत्ति	मलयगिरि		१-११०
था.का.	१५५	☯ राजप्रश्नीय सूत्र		१६७३	४६
था.का.	१५६	राजप्रश्नीय सूत्र			४३
त.का.	४३०/B	□ राजप्रश्नीय सूत्र	गणधर	१६६७	५५
त.का.	३३३	राजप्रश्नीय सूत्र टब्बार्थ	मेघराज पार्श्वचंद्रगच्छीय		१५९
था.का.	२८१	☯ राजप्रश्नीयवृत्ति	मलयगिरि		९१
आ.का.	४२	राजप्रश्नीयसूत्र		१५९०	२७
आ.का.	३२०	राजप्रश्नीयसूत्र			४०
त.का.	४२८	राजप्रश्नीयसूत्र	गणधर		८१
त.का.	४३०/A	राजप्रश्नीयसूत्र	गणधर	१६६७	५५
त.का.	५०१	◆ राजप्रश्नीयसूत्र	गणधर		५५
त.का.	५०३	राजप्रश्नीयसूत्र	जिनदत्तसूरि	१६६०	२२
जि.ता.	२४/४	☯ राजप्रश्नीयसूत्रवृत्ति	मलयगिरि आचार्य	१४८९	२३०-३४५
डूं.का.	४२८	राजप्रश्नीयसूत्र	मेघराजमुनि	१९०७	१३७
जि.का.	४६४	□ राजप्रश्नीयोपांग		१६१७	४८
जि.ता.	२४/३	☯ राजप्रश्नीयोपांगसूत्र			१५९-२२९

भंडार नाम	ग्रंथांक		ग्रंथनुं नाम	कर्ता	संवत्	पत्र संख्या
जि.का.	२१	◐	राजप्रश्नीयोपांगसूत्र		१५००	२२(११८६-१२०७)
जि.का.	१३८९	◐	राजप्रश्नीयोपांगसूत्र वृत्तिसह त्रिपाठ			३७-९८
जि.का.	२२	◐	राजप्रश्नीयोपांगसूत्रवृत्ति	मलयगिरि आचार्य	१४८९	३७(१२०८-१२४४)
जि.का.	४२३	□	राजप्रश्नीयोपांगसूत्रवृत्ति	मलयगिरि	१६१७	७९
जि.का.	१२७६		राजप्रश्नीयोपांगसूत्रवृत्ति	मलयगिरि आचार्य	१४९०	७०
जि.का.	१३८८	◐	राजप्रश्नीयोपांगसूत्रवृत्ति	आचार्य मलयगिरि-टी.		९३
जि.का.	१३८७		राजप्रश्रनीयोपांगसूत्र		१५९०	४४
आ.का.	२७८		राजप्रश्नीयवृत्ति			८८
जि.का.	१९६७		राजमृगांकसारणी		१८४५	१६०
जि.का.	१०२५		राजसिंघकुमारचतुष्पदी	जिनचंद्रसूरि	१६८७	१४
जि.का.	६७०		राजसिंहकुमारचोपाई	जटमल नहार	१६९३	११
जि.का.	६०६/१३	□	राजसिंहरत्नवतीरास-नवप्रकारभावे			४३-४६
डूं.का.	१०७१		राजसिंहचौपई (नवकार फल)		१८४४	१८
लों.का.	२५०		राजामृगांकसारणी त्रूटक		१८८४	२-१६०
त.का.	३५८		राजुलविरह + नवग्रहस्तोत्र			५
जि.का	७०४		रात्रिभोजनरास			६
डूं.का.	१३४६		रात्रिसंथारापोरसीगाथा भाषा			२
जि.का.	५२३	◐	रामकलशव्याकरण			१०
जि.का.	१९१५		रामकृष्णचरित्ररास	लावण्यकीर्त्त	र.१६७७	८७
जि.का.	५७०		रामतियालाप्रबंध वज्रस्वामीनां फुलडां			२
था.का.	४८४		राममंदोदरीसंवाद			१
डूं.का.	८५	□	रामविनोद (वैदकनो ग्रंथ)			७१-१२१
डूं.का.	७३		रामविनोद (वैदकनो ग्रंथ)अपूर्ण			६२
जि.का	६२८		रामविनोद अपूर्ण	रामविनोद		८
जि.का.	७६०		रामविनोद वैद्यक अपूर्ण			७५
जि.का.	१८१५		रामविनोद-वैद्यक	रामचंद्र	र.१६१०	७६
जि.का.	१०९०		रामसीतासंबंध			३
जि.का.	६७९		रामायण			२-७
जि.ता.	२४२		रामायण प्रकीर्णक			
लों.का.	५३९/A		रामायणसार			३३
जि.का.	८९६		रामचरित्ररास	केशराज मुनि	र.१६८३ ले.१९१५	९७
त.का.	४६९		रामविनोद	रामचंद्र		५९
त.का.	४२९		रायपसेणीटब्बार्थ	गणधर		८९
डूं.का.	७९१		रायपसेणीय	विशालकीर्ती	१६७०	
था.का.	१५८	◆	रायपसेणीवृत्ति (राज.वृत्ति)			८८
डूं.का.	१००१		रायपसेणीसूत्र सह टब्बार्थ	अमरसागर	१८२४	१७९
डूं.का.	७०८		रायपसेणीसूत्र सह अवचूरी	दयाकमलमुनि-ले.	१६३१	२७
जि.का.	१२६९		राशिचक्र			३
त.का.	८७८		राशीनक्षत्रविचार			
डूं.का.	१३५		राईप्रतिक्रमण विधि			१३
था.का.	१५७	□	राजप्रश्नीय सूत्र			९५
लों.का.	३८१		रुक्मिणि (वैदर्भी) चउपई	प्रेमराज	१८७४	१-७
लों.का.	३१५		रुक्मिणी-विवाह			१-६
लों.का.	४१०		रुक्मीणी (वैदर्भी) चउपई	प्रेमराज	१८७४	१-७
डूं.का.	११९२		रुग्विनिश्चय निदान	माघकवि	१७४८	११५
जि.ता.	३३२	◐	रुद्रटालंकारटिप्पनक तृतीयाध्यायथी पंचमाध्याय पर्यंत	श्वेतांबर (नमिसाधु)	१२०६	४६
जि.का.	१२९५	□	रुद्रटालंकार त्रू.अ.	रुद्रट	१४००	४६-५९
जि.का	१८३४		रुद्रयामलज्योतिष		१८२९	४
डूं.का.	२९६		रुपसेन कथा	जिनसूरि	१९००	२६
जि.का	१८३५		रुद्रयामलज्योतिष			४

भंडार नाम	ग्रंथांक	ग्रंथनुं नाम	कर्ता	संवत्	पत्र संख्या
था.का.	४६५	रूपकमाला			२
जि.का.	८१६	□ रूपकमाला वृत्तिसह	पुण्यनंदि-क.मू., वृ.क.रत्नरंगोपाध्याय	१५८२	१७
जि.का.	१७६६	रूपदीप भाषाछंदोग्रंथ	जयकृष्ण	र.१७७६	५
जि.का.	१७६७	रूपदीप भाषाछंदोग्रंथ			७
जि.का.	१९२७	रूपमंजरी	रूपचंद्र		६
त.का.	३६६	रूपसेनचरित्र		१८९४	२९
त.का.	३२१	□ रोहणीतप कथा		१६५७	७
डूं.का.	१४७	रोहिणी तपविधि			
डूं.का.	६१६/१	रोहिणी स्तवन			
डूं.का.	३२८	रोहिणी स्तुति + अष्टभय निवारण छंद			३
डूं.का.	३५७	रोहिणीतप स्तवन			२
था.का.	३००	◆ रोहिणीतपविधिस्तवन			२
त.का.	२३७	रोहिणीतपस्तवन	श्रीसारमुनि		४
डूं.का.	९४६	रुपसेनकथा	अमरविजय	१७२४	३५
आ.का.	२३४	लकारार्थप्रक्रिया			४२
जि.का.	१०७६	□ लक्ष्मीआदिमंत्रसंग्रह			१
जि.का.	१२५६	लग्नपत्रसारणी			३०
त.का.	७४३	लघु अजितशांतिस्तवन			४
डूं.का.	९४०	लघु श्राध्धजितकल्पसूत्र सह वृत्ति			१०
डूं.का.	११५१	लघु संघपट्टक प्रकरण	गुणसागर -पं.	१६७४	८
जि.का.	१६२६/२	☯ लघुअजितशांति	जिनवलल्भ		४-६
जि.का.	२१२०/७	☯ लघुअजितशांतिवृत्ति	धर्मतिलकोपाध्याय	१३२२	२७-३१
जि.ता.	१५४/८	☯ लघुअजितशांतिस्तव	जिनवल्लभगणि	१२१०	६७-७०
जि.का.	१२८८/४	लघुअजितशांतिस्तव भाषार्थसह	जिनदत्तसूरि		२५७-२६१
जि.का.	१३१७/२२	☯ लघुअजितशांतिस्तोत्र	जिनवल्लभगणि		१७७-१७८
जि.का.	१३२६/२३	लघुअजितशांतिस्तोत्र			

भंडार नाम	ग्रंथांक	ग्रंथनुं नाम	कर्ता	संवत्	पत्र संख्या
जि.का.	१३३/९	□ लघुअजितशांतिस्तव-उल्लासिक्कमनक्ख० स्तोत्र	जिनवल्लभगणि		
जि.का.	१४९८	लघुक्षेत्रसमास	रत्नशेखरसूरि	१८५८	१२
डूं.का.	११७५	लघुक्षेत्रसमास		१७३४	१३
था.का.	३९	लघुक्षेत्रसमास			१२
जि.का.	१८०/६	☯ लघुक्षेत्रसमासप्रकरण			९-११
जि.का.	६५५/१	लघुक्षेत्रसमासप्रकरण	रत्नशेखरसूरि		१-१४
जि.का.	६८३	लघुक्षेत्रसमासप्रकरण	रत्नशेखरसूरि	१६००	१०
जि.का.	१६८०	लघुक्षेत्रसमासप्रकरण	रत्नशेखरसूरि	१८६०	
जि.का.	७३०	लघुक्षेत्रसमासप्रकरण यंत्र स्थापना चित्रसह	रत्नशेखरसूरि		४४
जि.का.	१४९४	लघुक्षेत्रसमासप्रकरण यंत्रसह	रत्नशेखरसूरि		२०
जि.का.	९०५	लघुक्षेत्रसमासप्रकरण सस्तबक यंत्र स्थापना सह	रत्नशेखरसूरि	१७४२	३२
डूं.का.	७०१	लघुक्षेत्रसमास	हेमरत्नमुनि	१८७१	५७
आ.का.	१०६	लघुक्षेत्रसमास	कुशलरंग		१३
लों.का.	७०९	लघुचाणक्य नीति	पूर्वाचार्य		२
डूं.का.	८९४	लघुचाणक्यनीतिशास्त्र सह टीकार्थ अपूर्ण			९
जि.का.	१११०	□ लघुचाणाक्यराजनीतिशास्त्र सस्तबक			४
जि.का.	२१६८	लघुजातक		१८८४	१२
जि.का.	१८४८	लघुजातक ज्योतिष	वराहमिहिर		९
जि.का.	१०५०	□ लघुजातक सटीक त्रिपाठ	वराहमिहिर-मू.क., टी.क.उत्पलभट्ट	१७०१	६९
जि.का.	१८४९	लघुजातक सटीक-ज्योतिष	उत्पलभट्ट-टी., वराहमिहिर-मू.		३३

भंडार नाम	ग्रंथांक	ग्रंथनुं नाम	कर्ता	संवत्	पत्र संख्या
जि.का.	१८५०	लघुजातक सटीक-ज्योतिष	वराहमिहिर-मू., उत्पलभट्ट-टी	१८४५	३१
डूं.का.	९९८ ◆	लघुटीका			४
डूं.का.	२८/५ ☯	लघुनमस्कारचक्र	माणेकराजमुनि	१८४३	३१-४३
जि.का	१३२६/३० ☯	लघुनमस्कारफलस्तव			२४३-२४५
त.का.	१०६४	लघुप्रक्रिया			५
लों.का.	२८३	लघुप्रक्रिया (ज्योतिष) त्रूटक			१-१०
डूं.का.	१११८	लघुप्रतिक्रमण विधि			
जि.का.	१११५/२	लघुभावना तथा तमाकुसज्झाय आदि			३-४
जि.का.	२०३८/६	लघुशांति			४थुं
जि.का.	२१६०/९	लघुशांति			४९-५१
जि.का.	२१६०/१३	लघुशांति			५७-५८
जि.का	१६२५/८ □	लघुशांति	मानदेवसूरि		१९-२०
था.का.	४४४	लघुशांति	मानदेवसूरि		१
त.का.	११६५	लघुशांति			
जि.का	२१२०/५ ☯	लघुशांतिवृत्ति	हर्षकीर्तिसूरि		१६-१८
जि.का	१६३२	लघुशांतिस्तव	मानदेवसूरि		२
जि.ता	१५६/२२ ☯	लघुशांतिस्तोत्र	मानदेवसूरि	११९२	९५-९५/२
जि.का	१६९३/९ ☯	लघुशांतिस्तोत्र			१५-१७
डूं.का.	१३८/B ☯	लघुशांतिटीका सहित + तिजयपहुत्त	हर्षकीर्तिसूरी	१६४४	१२-१९
डूं.का.	१०४७/२	लघुशांतिस्तव टीका	हर्षकीर्ति सूरि	१६४४	५१
डूं.का.	५००	लघुसंग्रहणी सह बालावबोध		१८३१	७४
डूं.का.	६८९	लघुसंग्रहणी सह वृत्ति	कल्याणसारमुनि		८१
त.का.	११४२ ◆	लघुसज्झायटीका			४
जि.का.	१८६०	लघुसारावलीगत अरिष्ठाध्याय ज्योतिष			६
जि.का.	१७२२ □	लघुसिद्धांतकौमुदी	वरदगज		५४-११७
जि.का	२१२४ □	लघुसिद्धांतकौमुदी			२५
जि.का.	९०१ ☯	लघुस्तव टीका सह	सोमतिलकसूरि-वृ		२-१६
त.का.	११४९	लघुसंग्रहणी श्रीचन्द्रीय	श्रीचंद्रसूरि	१७९८	७
था.का.	३३३	लघुशांति	मानदेवसूरि		१
था.का.	३४६	लघुशांति	मानदेवसूरि		१
जि.का	१२२४ □	लटकमेलकप्रहसन	शंखधर		१०
त.का.	२४३ ◆	लघु, अजित, बृहत् शांति			४
जि.का.	४७५/१	लब्धिकुशलसूरिगीत	कीर्त्तिवर्धन		१लु
जि.का.	४७५/२	लब्धिकुशलसूरिगीत	सुमतिहंस		१लु
जि.का.	४७५/३	लब्धिकुशलसूरिगीत	कीर्त्तिवर्धन		१-२
जि.का.	४७५/४	लब्धिकुशलसूरिगीत	दयावर्धन		२जु
जि.का.	४७५/५	लब्धिकुशलसूरिगीत	महिमाकीर्त्तिगणि		२जु
लों.का.	१८७	लब्धिस्तवन संग्रह			छुटा पाना
आ.का.	७९ ☯	ललितविस्तरा	लक्ष्मण मुनि		२४
था.का.	५१ ☯	ललितविस्तरा - चैत्यवंदनवृत्ति		१२७०	१८
जि.का.	१४४० ☯	ललितविस्तरावृत्ति	हरिभद्रसूरि		२४
जि.ता.	१३८ ☯	ललितविस्तरावृत्तिसंक्षेप (चैत्यवंदनासूत्रवृत्ति)	हरिभद्र आचार्य	१३००	२८
आ.का.	७४	ललितविस्तरापंजिका	मुनिचंद्र सूरि		३०
था.का.	४९ ☯	ललितविस्तरापंजिका टिप्पण	मुनिचंद्रसूरि		३१
जि.का.	३६५ □	ललितांगकुमाररास	क्षमाकलश	र.१५५३ ले.१६४५	८
जि.का.	२०५९	लिंगानुशासन	हेमचन्द्राचार्य	१६८०	३
जि.का.	७६८	लिंगानुशासन सावचूरि	हेमचन्द्रसूरि		१२
जि.का.	१७१८ ☯	लिंगानुशासन स्वोपज्ञटीकासह	हेमचंद्राचार्य		८३
डूं.का.	९१५ □	लीलावती टीका	भास्कराचार्य		१९
डूं.का.	९५९ □	लीलावती टीका	नंदलाल		४०

भंडार नाम	ग्रंथांक		ग्रंथनुं नाम	कर्ता	संवत्	पत्र संख्या
लों.का.	२७८		लीलावती भाषा		१७३६	१-३०
लों.का.	२२१		लीलावती सुमतिविलास रास	उदयरत्न	र.१७६० ले.१८६८	१-१०
जि.ता.	३५२	☯	लीलावतीकथा गाथाबद्ध- महाराष्ट्रीय देशीभाषामय	भूषणभट्ट पुत्र कुतूहल कवि	१२६५	१४३
जि.का.	६५८	☯	लीलावतीगणित	भास्कराचार्य	१७२१	३३
जि.का.	१८२४	☯	लीलावतीगणित	भास्कराचार्य		५१
त.का.	४१३		लीलावतीचौपाई	हेमरत्न	१७३४	१४
जि.का.	१०१२		लुंकाचउपई	लावण्यसमय		११
लों.का.	३५२		लेखकशालाकथा			१-४
जि.का.	१८०५		लोंकानी हुंडी बीजकसह			३५
जि.का.	२११५		लोंकाहुंडी ५८ बोल			३१
था.का.	४६६	◆	लोककथा			३
जि.का.	४२०/१९		लोकक्षेत्ररज्जुचोपाई	भैया	१७४०	५८ मुं
जि.ता.	२२४/२	☯	लोकतत्त्वनिर्णय	आचार्य हरिभद्रसूरि	१३००	१-१६
जि.का.	१३४०	☯	लोकतत्त्वनिर्णय सस्तबक	हरिभद्रसूरि		२१
डूं.का.	९७६		लोकतत्वनिर्णय	हरिभद्र	१८५०	४
था.का.	३८३		लोकनालि द्वात्रिंशिका			२
डूं.का.	२९२		लोकनालिका द्वात्रिंशिका सह बालावबोध	नयविलासमुनि		४
डूं.का.	९३६		लोकनालिका द्वात्रिंशिकावृत्ति		१८५०	९
डूं.का.	६९०		लोकनालिका बालावबोध	भारमल्लमुनि	१८८५	७
जि.का.	१५१९		लोकनालिकाद्वात्रिंशिका			२
जि.का.	२१९७/२	☯	लोकनालिकाद्वात्रिंशिका मूल तथा अवचूरि	धर्मघोषसूरि-मू.		२६-२७
जि.का.	१५२०		लोकनालिकाद्वात्रिंशिका प्रकरण बालावबोधसह पंचपाठ			२
आ.का.	३५४		लोकनालिद्वात्रिंशिका			५
त.का.	९११		लोकनालिद्वात्रिंशिका			२
त.का.	५१३		लोकनालिद्वात्रिंशिका सह बालावबोध	रविविजय	१७९७	५
त.का.	९४१		लोकनालिबत्तीसी (द्वात्रिंशिका टब्बार्थ)		१७८९	३
त.का.	६५६		लोकनालिद्वात्रिंशिका प्रकरण			१
लों.का.	६५२		लोकनालिद्वात्रिंशिका सावचूरि		१६३५	१-३
आ.का.	१४९		लोकनालद्वात्रिंशिका सह बालावबोध		१७९५	१२
लों.का.	७३४		लोकागच्छ उपाश्रय के भंडार की पुरानि प्रिंट			
था.का.	४५९		लोढणपार्श्वनाथस्तवन	कनकसार मुनि	१६२९	२
डूं.का.	५४५		लोद्रवगीत			३
त.का.	८५३		लोद्रवपार्श्वनाथजिन स्तवन			
जि.का.	२१३५/३	☯	लोद्रवास्वामिलेख	जिनचंद्रसूरि		३-४
जि.का.	९७८		लघुक्षेत्रसमासप्रकरण टिप्पणीयंत्रसह	रत्नशेखरसूरि	१८६९	४१
डूं.का.	५२४		लघुक्षेत्रसमास	रत्नशेखर		१०
जि.का.	२०६	☯	लघुसंघपट्टकप्रकरण	जिनवल्लभगणि		३
जि.का.	३२६	□	लघुसंघपट्टकप्रकरण	जिनवल्लभसूरि		२
जि.का.	९२५	☯	लघुस्तव वृत्तिसह	सोमतिलकसूरि	१३९७	८
डूं.का.	८४३		लघुसंग्रहणी बालावबोध	मतीचंद्र	१८९९	४२
डूं.का.	७८५	☯	ललितविस्तरा सह पंजीका	मुनिचंद्रसूरि		५२
डूं.का.	४६३		वंकचूल चोपाई	गंगदास		५
जि.का.	१०९८		वंकचूलचोपाई		१७६०	४
जि.ता.	१४०/२	☯	वंदनकसूत्रचूर्णी	यशोदेवसूरि		१-४८
जि.ता.	१३९/२	☯	वंदनकसूत्रचूर्णी अपूर्ण	यशोदेवसूरि		६०-८१
जि.ता.	१४१/२	☯	वंदनकसूत्रवृत्ति	श्रीचंद्रसूरि		२८-६६

भंडार नाम	ग्रंथांक	ग्रंथनुं नाम	कर्ता	संवत्	पत्र संख्या
जि.का.	४४३	☯ वंदारुवृत्ति	देवेन्द्रसूरि		७२
जि.का.	१७०	☯ वंदारुवृत्ति त्रुटक	देवेंद्रसूरि		४८
जि.का.	७४१	☯ वंदारुवृत्ति-श्रावकप्रतिक्रमण-सूत्रवृत्ति	देवेन्द्रसूरि		६१
जि.का.	७८२	वंदारुवृत्ति-श्रावकप्रतिक्रमण-सूत्रवृत्ति	देवेन्द्रसूरि	१४७३	३-७९
त.का.	११०६	◆ वंदारुवृत्ति			९९ थी ११०
जि.का.	२१६०/५	वंदित्तु			१८-२१
जि.का.	२१२०/२	☯ वंदित्तुसूत्रवृत्ति	तिलकाचार्य		१०-१४
डूं.का.	३५८	वक्ता श्रोता लक्षण	प्रतापविजय पं.	१८८९	६
जि.ता.	३२८	☯ वक्रोक्तिजीवित (काव्यालंकार) सटीक अपूर्ण	कुत्तक कवि	१४००	३००
जि.का.	३७९	□ वक्रोक्तिजीवित अपूर्ण	कुत्तक महाकवि	१९८४	४४
जि.ता.	३२७	☯ वक्रोक्तिजीवित (काव्यालंकार) सटीक त्रूटक अपूर्ण	कृतक कवि	१३००	२३४
डूं.का.	१०६९	वच्छराजचौपई			
जि.का.	३८६	☯ वज्जालग		१५४१	२०
था.का.	१२७	वनस्पति सप्ततिका			
जि.का.	५९०	☯ वनस्पतिसप्ततिकाप्रकरण	मुनिचंद्रसूरि		५
त.का.	२३८	वरकाणापार्श्वनाथस्तवन	जिनराज ज्ञानकुशल	१७०१	४
जि.का.	१०६६	□ वरदराजीटिप्पनक			६
जि.का.	१६७०	□ वरांगचरित्र	वर्द्धमानभट्टारकदेव		३८
डूं.का.	११८९	वर्धमान देशना			
त.का.	१०८७	□ वर्धमानदेशना	शुभवर्धनगणि		१००
डूं.का.	८३१	वर्धमानदेशना (गद्य)	राजकीर्ति गणि		१३२
जि.का.	१६८७	वर्धमानदेशना गद्य	राजकीर्ति	१८६५	१७९
डूं.का.	३८	☯ वर्धमानविद्या	नाथुक पंडित	१४९९	४३
डूं.का.	२८/२	☯ वर्धमानविद्याकल्प	माणेकराजमुनि	१८४३	२१-२८
जि.का.	८६६/२	□ वर्धमानाष्टक			२जुं
डूं.का.	४९१	वर्धमानदेशना	शुभवर्धनगणि		११०
जि.का.	१९७२	वर्षतंत्र	नीलकंठ	१८४२	२५
डूं.का.	१२६१	वशीकरण तन्त्र नुस्खे			१०
त.का.	४०३	वसुदेवकुमार चौपाई			
त.का.	११९२	वसुदेवकुमारचौपई			१२
जि.का.	६६५	वसुदेवचरित्ररास	महिमासमुद्र		१४
जि.ता.	४०९	☯ वसुदेवहिंडी प्रथमखंड	संघदासगणि वाचक	१२२८	१५८
त.का.	२१	☯ वसुदेवहिण्डी प्रथमखंड	संघदास गणि		१६७
डूं.का.	७८१	☯ वसुदेवहिण्डी (प्रथम खंड)			१४४
जि.का.	२१०४	वसुधारा		१७२१	३
जि.का.	२०९४	☯ वसुधारा			८
डूं.का.	७०	□ वसुधारा	जिनचंद्रसूरि	१६३७	५
डूं.का.	७९९	वसुधारा			६
था.का.	२२७	☯ वसुधारा		१६९४	७
लों.का.	६९२	☯ वसुधारा	क.बौद्धाचार्य		१-१०
आ.का.	१०९	वसुधारा			४
आ.का.	२५९	वसुधारा			६
त.का.	१७१	वसुधारा		१८५२	६
त.का.	२४१	वसुधारा			४
त.का.	२४२	वसुधारा			४
त.का.	३१९	□ वसुधारा		१६७५	८
था.का.	३२०	वसुधारा (लघु)		१७२४	२
था.का.	३५३	वसुधारा (लघुतर)			१
त.का.	८४१	वसुधारा लघु			२
लों.का.	४२२	वसुधारास्तोत्र		१९४३	१-६
आ.का.	२०९	वसूधारा			६

भंडार नाम	ग्रंथांक		ग्रंथनुं नाम	कर्ता	संवत्	पत्र संख्या
डूं.का.	१२६३		वस्तुपाल तेजपालरास			४
जि.ता.	३५९/२	◐	वस्तुपालप्रशस्ति	जयसिंहसूरि		१-१३
जि.ता.	३५९/३	◐	वस्तुपालस्तुतिकाव्य			१३-१६
जि.का.	१७५८	◐	वाक्यप्रकाश-औक्तिक सटीक त्रिपाठ	उदयधर्मगणि-टी.		६
जि.का.	२०४८		वाग्भटशारीरस्थान		१७१५	५१
जि.का.	२१४	◐	वाग्भटालंकार	वाग्भट	१५४८	११
जि.का.	८२६	□	वाग्भटालंकार	वाग्भट		६
जि.का.	१७७१	◐	वाग्भटालंकार	वाग्भट		६
जि.का.	१९००	◐	वाग्भटालंकार	वाग्भट		९
त.का.	५८४	◐	वाग्भटालंकार सह वृत्ति			४५
जि.का.	५७९	□	वाग्भटालंकार सावचूरि पंचपाठ	वाग्भट-मू.क.		७
जि.का.	१८९९	◐	वाग्भटालंकारवृत्ति	जिनवर्धनसूरि-वृ.		२४
जि.का.	४०७	□	वाग्भटालंकार			६२-७२
जि.का.	६३७	□	वाजसनेयीसंहिता			१८६
जि.का.	१८००	◐	वादस्थल			२
था.का.	२९४	◐	वादस्थल	प्रद्युम्नसूरि	१९९९	१३
जि.ता.	३३३	◐	वामनीय काव्यालंकार स्वोपज्ञवृत्ति टिप्पणीसह	वामन स्वोपज्ञ	१३००	१२०
त.का.	१०९३	◐	वाराहीसंहिता			९९
जि.का.	२१५६		वार्तासुभाषितादि			२१
जि.ता.	३७२	◐	वार्तिकवृत्ति	शांतिसूरि	१३००	१५५
जि.ता.	३४८	◐	वासवदत्ता आख्यायिका टिप्पणी सहिता	सुबंधु महाकवि	१२०७	४७
डूं.का.	९२३		वासुपूज्यचरित्र	नथमल	१८८३	१४७
जि.का.	२१७१	◐	वासुपूज्यजिनचरित्रमहाकाव्य	वर्धमानसूरि		६८
जि.का.	२००७		वासुपूज्यजिनपुण्यप्रकाशस्तवन	सकलचंद्र		२६

भंडार नाम	ग्रंथांक		ग्रंथनुं नाम	कर्ता	संवत्	पत्र संख्या
डूं.का.	१३३६		वास्तुशास्त्र (वैद्य)		१९०१	(६७ से १२२)५१
था.का.	१३४	◐	वादस्थल	प्रद्युम्न सूरि		१६
जि.ता.	२५४	◐	वासुपूज्यस्वामिचरित्र पद्य	वर्धमानसूरि	र.१२९९ ले.१३२७	३५९
डूं.का.	१२९९		विकृति अविकृति विचार			४
त.का.	१२२२	◆	विक्रमचरित्र			८
जि.का.	४८९		विक्रमचोपाईरास	परमसागर	१७२४	२३-४१
डूं.का.	८२२		विक्रमसेन लीलावती चोपाई	मानसागर	१८५२	३२
त.का.	७३५		विक्रमसेनलीलावतीचौपई	परमसागरजी		४९
त.का.	१०९६		विक्रमसेनलीलावतीचौपई			१५
त.का.	१०९९		विक्रमसेनलीलावतीचौपई			४
जि.ता.	३४६/१	◐	विक्रमांककाव्य टिप्पणीयुक्त	बिल्हणकवि		१५८
जि.का.	१४४/७	◐	विक्रमांकमहाकाव्य	बिल्हणकवि	१९८३	१०-६६
लों.का.	४१३		विक्रमादित्य (पंचदंड) चउपई	लक्ष्मीवल्लभ	र.१७२८ ले.१८७७	१-८६
डूं.का.	५१७		विक्रमादित्य चौपई			२५
लों.का.	१८९		विक्रमादित्य चौपई			
त.का.	५९१		विक्रमादित्य चौपाई		१७१३	२८
डूं.का.	८१८		विक्रमादित्यचतुष्पदी		१८५७	२३
डूं.का.	८२१		विक्रमादित्यचोपाई	खेमचंद	१८८५	१००
डूं.का.	१०६७		विक्रमादित्यचौपई	सुमतिनिधान मुनि	१८५४	८१
था.का.	४७७		विक्रमादित्यकथा			२
डूं.का.	११२१		विचार संग्रह अपूर्ण			
था.का.	१२७		विचार सप्ततिका			
जि.का.	९८२	□	विचारपंचाशिका सावचूरि	विजयविमलगणि अपरनाम वानर्षिगणि स्वोपज्ञ	१९०१	५

भंडार नाम	ग्रंथांक	ग्रंथनुं नाम	कर्ता	संवत्	पत्र संख्या
त.का.	७८५	◆ विचारपत्र			२
जि.ता.	१५५/१०	☯ विचारमुखप्रकरण	अमरचन्द्रसूरि	१२२२	१-१७
जि.का.	११३७	विचाररत्नाकरज्योतिष			३
डूं.का.	११४	विचारवाद संग्रह + आवश्यक लघुवृत्ति			६७
त.का.	४३८	विचारवादसंग्रह			१६
डूं.का.	९७४	विचारवादसंग्रह			४५
जि.का.	५४३	□ विचारषटत्रिंशिका सस्तबक	गजसार		५
जि.का.	१९१४	विचारषट्त्रिंशिका			
जि.का.	७९८/२	विचारषट्त्रिंशिकाप्रकरण	गजसारमुनि स्वोपज्ञ सावचूरि पंचपाठ		८-१२
जि.का.	१४९१	विचारषट्त्रिंशिकाप्रश्नोत्तर	जिनाब्धिसूरि	र.१७२४	५
डूं.का.	१९०	विचारसंग्रह			६
डूं.का.	७७२	विचारसंग्रह			७
आ.का.	२९४	विचारसंग्रह			१२
त.का.	१०७९	□ विचारसंग्रह			१०
त.का.	११३२	विचारसंग्रह			५-११
त.का.	१२९३	विचारसंग्रह			८
डूं.का.	११५५	विचारसंग्रह + आवश्यकनिर्युक्ति अपूर्ण			३-१९
त.का.	९४५	विचारसप्तिका	शांतिकुशल		३
था.का.	१४५	विचारसार			२४७
जि.का.	२१५५	विचारसित्तरिप्रकरण सस्तबक			९
डूं.का.	१२४	विचारसूत्र षटत्रिंशिका (दंडकसूत्र)	गजसार-क., अमरविजय-ले.		८
डूं.का.	९९४	विचारपंचाशिका			७
था.का.	३३२	विचारप्रकीर्णक			२
त.का.	२६९	विचारप्रकीर्णक	महेस्वर सूरि	१६६२	५

भंडार नाम	ग्रंथांक	ग्रंथनुं नाम	कर्ता	संवत्	पत्र संख्या
डूं.का.	७६०	विचारबत्तीसी सार्थ		१८०२	२१
डूं.का.	७७३	विचारशत त्रिंशीका	जिनहंससूरि	१८५३	९
डूं.का.	६९५	विचारषट्त्रिंशिकावचूरि	जीतरंगगणि		१६
डूं.का.	१२७६	विचारसंग्रह			५१
लों.का.	३८७	विचारसंग्रह		१९०७	१-३२
त.का.	३७०	विचारसंग्रह			६
त.का.	८००	विचारसंग्रह			९
लों.का.	४३३	विचारसंग्रह त्रूटक			१-३
आ.का.	२६२	विचारसङ्ग्रह			७
लों.का.	५०३	विचारसार प्रकरण (जीर्ण) त्रूटक			२२-५५
था.का.	३९४	विचारस्तवन			२
डूं.का.	५४३	विजययंत्र महात्म्य (ज्योतिषसार)			४
था.का.	१५	विजययन्त्र			१
लों.का.	४५६	विजयशेठ विजयाशेठाणीचौपई		१९२०	१-६
जि.का.	१३३/१९	□ विज्ञप्तिका	जिनवल्लभगणि		४३-४४
जि.का.	१६३५	☯ विज्ञप्तिद्वात्रिंशिका			२
डूं.का	१८३	विज्ञानचन्द्रिका	जयशेखर-ले.		११
जि.का	८५३	☯ विदग्धमुखमंडन	धर्मदास		१६
जि.का.	२२२१/३	☯ विदग्धमुखमंडन	धर्मदास		२०-२४
जि.का.	५६७	□ विदग्धमुखमंडनविषमपदव्याख्या अपूर्ण			७
डूं.का.	६९३	विदग्धमुखमंडन	धर्मदास		१४
डूं.का.	१०९४	विदग्धमुखमंडन चौपई	धर्मदास		११
डूं.का.	३९४	☯ विदग्धमुखमंडन सहावचूरी	धर्मदास		९१
डूं.का.	३९३	☯ विदग्धमुखमंडनकाव्य	धर्मदास		४१
लों.का.	७३१	◆ विद्याज्ञान प्रकाश			
जि.का.	१९९२	विद्याविलासचोपाई	आज्ञासुंदर	र. १५१६	१६
जि.का.	८१३	विद्याविलासपवाडो	हीरानंदसूरि	१४८५	१०

भंडार नाम	ग्रंथांक	ग्रंथनुं नाम	कर्ता	संवत्	पत्र संख्या
त.का.	११७४	विद्यासारगीत	विद्यासागरउपाध्याय		३
डूं.का.	८६२/१	विद्याहल छाया (संपूर्ण)	जयवल्लभ		४
जि.का	९२७/२	विद्वद्गोष्ठी			६ठुं
जि.का	१९०१	विद्वनन्मनोरंजनीप्रक्रिया	शंकरदत्त	१८२०	६३
जि.का	१३०	□ विधिप्रपा	जिनप्रभसूरि	र.१३६३	७३
				ले.१९८३	
जि.का	६६१	◐ विधिप्रपा	जिनभद्रसूरि	र.१३६३	६६
				ले.१५५९	
था.का.	२०८	◐ विधिप्रपा			८६
डूं.का.	३१	◐ विधिप्रपा		१८९४	९६
डूं.का.	२७	◐ विधिप्रपा	सिंहसूरि	१४९५	७०
डूं.का.	७०९	◐ विधिप्रपा			८७
त.का.	७४९	विधिसंग्रह			५
डूं.का.	१३७०	◆ विधिसंग्रह अपूर्ण त्रुटक			
जि.का	१९०६	विनयचंद्रकृत चोविशी	विनयचन्द्र		६
जि.का	७७४	विनयचटकुमाररास त्रूटक अपूर्ण			२-९
जि.का	१०९४	विनयचटरास	ऋषभसागर	१८३२	५-४३
आ.का.	२९५	विनयबोल			१९
जि.का	२१५७	□ विनोदकथासंग्रह			३२
त.का.	३२७	विनोदकथासंग्रह	मलधारी राजशेखर		३३
था.का	१८१	◐ विपाकवृत्ति		१६७१	२२
जि.ता	२०/५	◐ विपाकसूत्र		१५००	६७-९५
जि.ता	२२/१०	◐ विपाकसूत्र		११८६	२५९-२८५
जि.का	८२/५	□ विपाकसूत्र	सुधर्मास्वामी	१९८३	५८-८१
डूं.का.	८७९	विपाकसूत्र			४३
था.का.	१८०	विपाकसूत्र			२९
आ.का.	२३	विपाकसूत्र	ज्योसींग ग.-ले.		४२
आ.का.	४६	विपाकसूत्र			३३

भंडार नाम	ग्रंथांक	ग्रंथनुं नाम	कर्ता	संवत्	पत्र संख्या
त.का.	४९	विपाकसूत्र	लक्ष्मणमुनि	१७५९	२५
त.का	१०८१	विपाकसूत्र			१६
डूं.का.	४८७	विपाकसूत्र टब्बार्थ	युक्तिधीर	१८४९	८२
लों.का	४७	विपाकसूत्र टब्बार्थ	सुधर्मास्वामी	१८४५	१-६५
लों.का	४६	विपाकसूत्र मूल	सुधर्मास्वामी	१८४५	१-६९
जि.का	७२९	विपाकसूत्र सस्तबक		१८१६	४४
जि.का	११७९	विपाकसूत्र सस्तबक			८०
जि.का	१३८४	विपाकसूत्र सस्तबक			७२
त.का.	५१	विपाकसूत्र सह टब्बार्थ	पार्श्वचंद्रसूरि	१८८९	८१
जि.का	१८/५	◐ विपाकसूत्रवृत्ति	अभयदेवसूरि		६६-७५
त.का.	५०	□ विपाकसूत्रवृत्ति	अभयदेवसूरि	१६५०	१७
जि.का	१७/५	◐ विपाकसूत्रांग	सुधर्मास्वामी		३२-४३
जि.ता.	१९/६	◐ विपाकसूत्रवृत्ति	अभयदेवाचार्य		३५१-३७५
जि.ता.	२२/५	◐ विपाकसूत्रवृत्ति	अभयदेवाचार्य	११८५	१५९-१८१
डूं.का.	१२५४	विपाकसूत्रवृत्ति	अभयदेव आचार्य		३१
जि.का	७१९	विबुधप्रिया अपूर्ण			
जि.ता.	३०३/२	◐ विभक्तिविचार		१३००	१६
जि.का	१७५७	◐ विभक्तिविचार			७
त.का.	८७१	◐ विभक्तिश्रोतृगोचर सह व्याख्या		११९७	३
जि.का	१४४/५	◐ विरहिणीप्रलापकाव्य	केलिकवि		७-९
जि.ता.	३४६/६	◐ विरहिणीप्रलापकाव्य (षड्ऋतुवर्णनकाव्य)	केलिकवि		१५-१८
जि.ता.	२६७	◐ विलासवईकहा	साधारणकवि	र.११२३	२०६
				ले.१४००	
जि.ता.	२६८	◐ विलासवईकहा	साधारण कवि	र.११२३	२०३
				ले.१४००	
डूं.का.	१२५९	विवादपटल अवचूरिसह		१७७८	३
लों.का	२६६	विवाह पडल (ज्योतिष)			१-६

भंडार नाम	ग्रंथांक		ग्रंथनुं नाम	कर्ता	संवत्	पत्र संख्या
डूं.का.	८९१		विवाह मुहूर्त + जिनस्तुतिओ			८
जि.का.	११५४	□	विवाहपटल			११-१४
लों.का.	५५२		विवाहपटल अपूर्ण			१-१५
जि.का.	११५३		विवाहपटल सस्तबक			
जि.का.	११९७		विवाहपटल सस्तबक		१८१७	१९
जि.का.	१२१२		विवाहपटल सस्तबक		१७७०	१५
त.का.	४६२		विवाहपटल सह बालावबोध		१८२६	२१
डूं.का.	३७५		विवाहपडल ग्रंथ	जेतसिंह	१८४४	४
त.का.	६४२		विवाहप्रकरण	रूपचंदजी		२
जि.का.	१८४४		विवाहवृंदावन ज्योतिषशास्त्र सटीक			३३
त.का.	१८९		विवाहपटल		१७७२	६
लों.का.	६००		विवाहपटल (ज्यो.)		१७४९	१-६
आ.का.	६२		विवाहप्रकरण	काशीनाथ		७
डूं.का.	७४१		विविध पूजासंग्रह(स्नात्र पंचाशिका)	उदयसागरसूरि		२९
डूं.का.	७४४		विवेक विलास	जिनदत्तसूरि	१६७१	३५
डूं.का.	७४५		विवेक विलास	जिनदत्तसूरि-क., मोतीचंद-ले.	१९१७	३१२
जि.का.	६०६/२१	□	विवेकचउपई			६८-७०
डूं.का.	७७९		विवेकमंजरी		१८७८	६
था.का.	१०६		विवेकमंजरी		१२४८	७
आ.का.	३५		विवेकमंजरी			७
जि.का.	२६८	□	विवेकमंजरी प्रकरण	आसड कवि	१२४८	४
था.का.	२०६	☯	विवेकमंजरी सह वृत्ति	बालचंद्राचार्य		२०१
जि.ता.	१५१/२	☯	विवेकमंजरीप्रकरण	आसड	र.१२४८ ले.१४००	९-२९
जि.ता.	१५८/३	☯	विवेकमंजरीप्रकरण	आसड	र.१२४८ ले.१४००	७५-८६
जि.ता.	१५९/११	☯	विवेकमंजरीप्रकरण	आसड	र.१२४८ ले.१३४५	१३८-१५८
जि.का.	१३४/२	□	विवेकमंजरीप्रकरण	आसड	१२७८	३-४
जि.का.	१९४/७	☯	विवेकमंजरीप्रकरण	आसड कवि	१२४८	११-१४
जि.का.	३३०/४		विवेकमंजरीप्रकरण	आसड	१२४८	२३-२८
जि.का.	१३२६/१५	☯	विवेकमंजरीप्रकरण	आसड	१२४८	१४७-१५८
आ.का.	८७		विवेकमंजरीप्रकरण			७
जि.का.	१५७५		विवेकमंजरीप्रकरण जीवविचारप्रकरण	आसड	र.१२४८	९
जि.का.	१२३१	□	विवेकविलास	जिनदत्तसूरि	र.१४९३ ले.१४९७	४५
त.का.	५०२		विवेकविलास			४३
लों.का.	७२५	◆	विवेकसार			
आ.का.	१६३		विवेकमंजरी सह बालावबोध		१२४८	१४६
डूं.का.	२२१		विशेष काव्य	कालीदास कवि	१७४५	९
था.का.	१४१	☯	विशेषणवती	जिनभद्रगणि		११
जि.का.	२२५३	☯	विशेषशतक बीजकसह	समयसुंदर		४३
डूं.का.	१०६१		विशेषसंग्रह	अमृतधर्म-ले., समयसुंदर-क.	१६८५	१५
त.का.	१	☯	विशेषावश्यक बृहद्वृत्ति प्रथमखंड	हेमचन्द्रसूरि		३३०
जि.ता.	१०९	☯	विशेषावश्यक महाभाष्य	जिनभद्रगणि क्षमाश्रमण	१५००	७-१०७
त.का.	२	☯	विशेषावश्यक वृद्धवृत्ति द्वितीय खंड	हेमचन्द्रसूरि		३२५
था.का.	७०	☯	विशेषावश्यकभाष्य द्वितीय खंड	मलधारी हेमचंद्रसूरि	११७५	३४८
था.का.	६९	☯	विशेषावश्यकभाष्य प्रथम खंड	मलधारी हेमचंद्रसूरि		३३१
जि.ता.	११६	☯	विशेषावश्यकमहाभाष्य	जिनभद्रगणि क्षमाश्रमण	१०००	२८४

भंडार नाम	ग्रंथांक		ग्रंथनुं नाम	कर्ता	संवत्	पत्र संख्या
जि.का.	५७	◉	विशेषावश्यकमहाभाष्य	जिनभद्रगणि क्षमाश्रमण		४५(१२६०-
						१३०४)
जि.का.	१४३९	◉	विशेषावश्यकमहाभाष्य	जिनभद्रगणि क्षमाश्रमण		११७
था.का.	६८	◉	विशेषावश्यकमहाभाष्य			९८
जि.ता.	११७	◉	विशेषावश्यकवृत्ति अपूर्ण	कोट्याचार्य	१५००	३४०
जि.ता.	११९	◉	विशेषावश्यकवृत्ति द्वितीयखंड	वृ.क. मलधारी	र.११७५	३२५
				हेमचंद्रसूरि	ले.१४८८	
जि.ता.	११८	◉	विशेषावश्यकवृत्ति प्रथमखंड	वृ. मलधारी हेमचंद्रसूरि	१५००	३३५
जि.ता.	१२१	◉	विशेषावश्यकवृत्तिसह	मू. जिनभद्रगणि	र.११७५	३६४
			द्वितीयखंड	क्षमाश्रमण,	ले.१४००	
				वृ. मलधारी हेमचंद्रसूरि		
डूं.का.	७१३	◉	विशेषआवश्यकवृत्ति	प्रतापसूरि		१८८
डूं.का.	६९४		विशेषशतक उध्धरण परिवर्धन	समयसुंदर	१६८५	२३
डूं.का.	६९६		विशेषशतक उध्धरण परिवर्धन		१८७२	३८
जि.ता.	१५६/३१	◉	विश्रुतश्रुतस्तव	जिनदत्तसूरि	११९२	१११-११३
जि.का.	१८९८	◉	विश्वशंभुएकाक्षरनाममाला	विश्वशंकर		५
जि.ता.	१२०	◉	विशेषावश्यकवृत्ति सह	मू.जिनभद्रगणि क्षमाश्रमण,	१४००	३२२
			प्रथमखंड अपूर्ण	वृ. मलधारी हेमचंद्रसूरि		
जि.का.	११४३		विष्णुकरण सटीक त्रिपाठ	त्र्यंबक-वृ.क.	१७१२	३८
डूं.का.	४४९		विष्णुकुमार कथा+धर्मरत्नमंजुषा			७५
जि.का.	१०२३		विष्णुनामसहस्र-महाभारत-		१७३९	५
			शतसाहस्रीसंहितागत			
त.का.	४८६		विष्णुसहस्रनाम			१३
त.का.	५६६		विष्णुसहस्रनाम सटीक			४१
त.का.	१००५		विहरमान एकविंशतिस्थान			३
			अवचूरि			
डूं.का.	१२२१		विहरमानजिन एकवीस ठाण			२०
			+ सत्तरीसय ठाण			
जि.का.	४२०/१०		विहरमानजिनवीसीछप्पा			४५-४७
जि.का.	११२६	◉	वीतरागसहस्रनाम			४
जि.का.	७५५	◉	वीतरागस्तव	हेमचंद्रसूरि		११
डूं.का.	२४३		वीतरागस्तवन			२
			(सम्यक्त्व सह टब्बार्थ)			
जि.का.	९७३	□	वीतरागस्तोत्र	हेमचंद्रसूरि		६
जि.का.	१६१३	◉	वीतरागस्तोत्र	हेमचंद्राचार्य		८
जि.का.	१६१४	◉	वीतरागस्तोत्र	हेमचंद्राचार्य		४
डूं.का.	९९०	◉	वीतरागस्तोत्र	हेमचंद्राचार्य		१२
आ.का.	११४	◉	वीतरागस्तोत्र	हेमचंद्राचार्य		१०
जि.का.	१६१५	◉	वीतरागस्तोत्र सावचूरि	हेमचंद्राचार्य		६
जि.का.	१२४१		वीतरागस्तोत्रअवचूरित्रयोदश-			६
			प्रकाशथी वीस प्रकाशपर्यंत			
जि.का.	१२४०	□	वीतरागस्तोत्रअष्टमप्रकाशवृत्ति			२-१३
			त्रूटक अपूर्ण			
जि.का.	८८५		वीरचरित्रस्तोत्र	जिनवल्लभगणि		३
जि.का.	६०६/२	□	वीरजिनस्तवन आदि			५-६
लों.का.	१६६/१		वीरत्थुई टब्बो			१-२
डूं.का.	६५३		वीरसेन कुसुमश्री कथा			६
जि.का.	१९५१/१०		वीरस्तव			६०-६२
लों.का.	३२५	◆	वीरस्तवन			१-६
जि.का.	१७११/५	□	वीरस्तुति	जिनलाभसूरि		
जि.का.	४८६		वीरस्तुतिअध्ययन नरय-			४
			विभत्तिअध्ययन सूत्रकृतांगसूत्रगत			
था.का.	३८०		वीश वीहरमान स्तवन			७
डूं.का.	३३२		वीशविहरमान जिन स्तवन	यतिनथमल	१८७६	६६
त.का.	८१८		वीशविहरमानस्तवन			२
डूं.का.	५९१		वीशस्थानक ओळी मंडाण			४

भंडार नाम	ग्रंथांक	ग्रंथनुं नाम	कर्ता	संवत्	पत्र संख्या
डूं.का.	५१९	वीशस्थानक तप विधि			५
डूं.का.	६०४	वीशस्थानक तपविधि अपूर्ण			२४
डूं.का.	८	वीशस्थानकतपोविधि		१८४४	४८
त.का.	३४३	वीशस्थानकपूजा	केशरसागर	१९०६	१९
त.का.	६७०	वीशस्थानकपूजा	विजलक्ष्मी		१४
त.का.	७७६	◆ वीशस्थानकविधि		१७६२	२
डूं.का.	११७	वीशस्थानकविधि अपूर्ण			५-१४
डूं.का.	१०/२	● वीशस्थानकभाषा विधि	ज्ञानसागरसूरि		३४
डूं.का.	७६२	वीस विहरमान विचार स्तवन		१७२९	५
जि.का	९३९	वीसलरास			११
जि.का	२०११	वीसविहरमानजिनगीतो अपूर्ण	जिनराज		३
त.का.	७४०	वीसविहरमानस्तवन	जसविजय	१८५०	९
डूं.का.	२१५	वीसस्थानकतपविधि ओळी मंडाण			२
जि.का	९०८	□ वीसस्थानकपूजा	जिनहर्षसूरि	र.१८७१ ले.१८९५	१३
जि.का	२००९	वीसस्थानकस्तवन	वस्तो	१६३८	२
डूं.का.	२१४	वीसस्थानकपूजा विधि	जिनहर्षसूरि	१९१९	१५
लों.का	३३१	वीसविहरमानगीतसंग्रह	देवचंद्र पं.	१७६९	१-९
था.का	३६५	वीसविहरमानस्तवन	रंगविजय		१०
त.का.	१२८३	वीसस्थानकतपविधि			२
डूं.का.	३३१	□ वीशस्थानक पूजा		१९०३	१४
जि.का	८०९/१	☯ वीसविहरमानजिनगीत	जिनसागरसूरि		५
डूं.का.	२२५	वीसस्थानक क्षमाश्रमण विधि			१३
जि.का	१४४/३	☯ वृंदावनमहाकाव्य			३-५
डूं.का.	७३१	☯ वृतरत्नाकरवृत्ति	समयसुंदर		२४
जि.का	२०८८	वृत्तज्योतिष	महेश्वराचार्य		६
जि.ता	३१४/६	☯ वृत्तरत्नाकर	भट्ट केदार	१४००	१५
जि.का	१२५१	वृत्तरत्नाकर	केदारभट्ट		२-७

भंडार नाम	ग्रंथांक	ग्रंथनुं नाम	कर्ता	संवत्	पत्र संख्या
जि.का	१७६२	वृत्तरत्नाकर	भट्ट केदार		४
लों.का	२७५	वृत्तरत्नाकर छंद	केदारभट्ट		१-१०
जि.का	१७६१	वृत्तरत्नाकर टिप्पणीसह	गोविंदसूरिशिष्य वर्धमान		५
जि.का	१७६३	वृत्तरत्नाकर सटीक	भट्ट केदार-मू., सोमचंद्र-टी.	र.१३२९	३०
जि.का	१३४४	□ वृत्तरत्नाकर सटीक पंचपाठ	भट्ट केदार		८
डूं.का.	६७०	☯ वृत्तरत्नाकरवृत्ति	यशकिर्ती	१७५५	२०
डूं.का.	६४२	वृत्तरत्नाकर	समयसुंदर		३१
डूं.का.	७३२	वृत्तरत्नाकर	भट्ट केदार		५
डूं.का.	११५४	वृत्तरत्नाकर	भट्ट केदार		६
था.का	३२१	वृत्तरत्नाकर	भट्ट केदार-क	१६७९	४
डूं.का.	६४१	☯ वृत्तरत्नाकरछंद वृत्ति सह	समयसुंदर	१८७३	२७
डूं.का.	४४	□ वृत्तरत्नाकर	सोमचंद्र		२४
लों.का	५७६	वृद्ध शांति			
जि.का	११६१	वृद्धग्रहरत्नाकरहृतिसंस्कारयंत्र			१६
डूं.का.	२२६	वृद्धचाणक्यनीति - आठमो अध्याय			२८
लों.का	७२९	◆ वृद्धिरत्नमाला			
डूं.का.	६१६/२	वृध्धनवकार + अन्यस्तोत्र			४०-५६
जि.ता	३४७/१	☯ वृन्दावनकाव्य सटीक	मू.क.मानांक, टी.क. शांतिसूरि पूर्णतल्लगच्छीय	१२१५	१-३१
डूं.का.	८५१	□ वृन्दविनोद	युक्तिधीर मुनि	१८३०	१४
त.का.	९७४	◆ वृषांकस्तवन			३
जि.ता	३५८	☯ वेणीसंहारनाटक	भट्ट नारायणकवि	१४००	७३
लों.का	७३०	◆ वेतालपच्चीसी			
जि.का	३३५	□ वेद्यकसारोद्धार सन्नि-पाताधिकार अपूर्ण			११
जि.का	३०७/१	□ वेलिपीराएली	सिंहो		३
डूं.का.	१३८५	वैद्यक			१८

भंडार नाम	ग्रंथांक	ग्रंथनुं नाम	कर्ता	संवत्	पत्र संख्या
जि.का.	५३२	वैद्यक ज्योतिष प्रकीर्णकसंग्रह		१७०२	१९
त.का.	१०२३/0	वैद्यक स्फुट त्रुटक लघुग्रन्थ पन्ने			२
जि.का.	१८२०	वैद्यकग्रंथ			
जि.का.	१०८७	वैद्यकग्रंथ अपूर्ण			२-११
जि.का.	९७२	वैद्यकविषयक प्रकीर्णक पानांओ			
था.का.	४७१	वैद्यकसारपंचाशिका	राजप्रमोदगणि		१
डूं.का.	५३	□ वैद्यकसारोद्धार		१७९५	१४४
जि.का.	१००१	□ वैद्यकसारोद्धार सटीक अपूर्ण	हर्षकीर्तिसूरि		१०५
जि.का.	१८९५	वैद्यजीवन	लोलिंबराज	१८५०	३७
डूं.का.	११९६	वैद्यजीवन सह दिपिका	लोलंबराजकवि		३८
जि.का.	१९२८	वैद्यजीवनटिप्पणीसह	लोलिवराज	१७६३	२२
जि.का.	३६०	□ वैद्यमनोत्सव	नयनसुख		४-११
त.का.	४४४	वैद्यमनोत्सव	केसवराय		१७
त.का.	४४५	वैद्यवल्लभ व कालज्ञान सहटब्बार्थ	हस्तिरुचि मुनि		२२
था.का.	३७४	◆ वैरागसंग्रह आदि प्रकरणसंग्रह			९
जि.ता.	१५१/११	☯ वैराग्यकुलक		१४००	६३-६७
जि.ता.	१५१/१७	वैराग्यकुलक			
जि.ता.	१५१/६	☯ वैराग्यकुलक-धर्माधर्मफलकुलक		१४००	५२-५४
जि.का.	३५०/२	□ वैराग्यगीत	राजसमुद्र		१-२
जि.का.	४२०/४७	वैराग्यपच्चीसी	भैया	१७५०	९४-९५
डूं.का.	७९४	वैराग्यशतक	भर्तृहरि		३१
लों.का.	७३६	वैराग्यशतक	भर्तृहरि		१०
डूं.का.	४०७	वैराग्यशतक सह बालावबोध			५
डूं.का.	११३८	वैराग्यशतक	भर्तृहरि		२८
लों.का.	४४६/A	वैराग्यसज्झाय			१-१२
जि.का.	८०८/७	☯ वैराग्यस्तोत्र + रत्नाकरपचीसी	रत्नाकरसूरि		१०मु
लों.का.	४४६/B	वैराग्यसज्झाय			
लों.का.	५४२	☯ वैशेषिक न्यायग्रंथकी अवचूरि			६९

भंडार नाम	ग्रंथांक	ग्रंथनुं नाम	कर्ता	संवत्	पत्र संख्या
जि.ता.	३२५	☯ व्यक्तिविवेक काव्यालंकार	राजानक महिम	१३००	१९८
जि.का.	१९४/५	☯ व्यवस्थाकुलक	जिनदत्तसूरि		७-८
जि.का.	१३२६/१३	☯ व्यवस्थाकुलक	जिनदत्तसूरि		१३०-१३५
त.का.	३	व्यवहार भाष्य			१५९
जि.ता.	६१/१	☯ व्यवहारभाष्य	जिनदासगणि क्षमाश्रमण	१४९०	१-१५५
था.का.	५३	☯ व्यवहारभाष्य	धर्मकिर्तीगणि-सं.क.		२२२
था.का.	२४३	व्यवहारभाष्य			१४१
था.का.	६३	☯ व्यवहारवृत्ति			११४०
जि.ता.	५९/१	☯ व्यवहारसूत्र	भद्रबाहुस्वामी	१२३६	१-१५
जि.ता.	६०/१	☯ व्यवहारसूत्र	भद्रबाहुस्वामी		१-१९
जि.ता.	६०/२	☯ व्यवहारसूत्र चूर्णी		१४९०	१-३०१
जि.का.	१५९	☯ व्यवहारसूत्र निर्युक्तिभाष्यवृत्तिसह	भद्रबाहुस्वामी -मू.नि., वृ. मलयगिरि आचार्य	१९८३	७१६
जि.ता.	५९/२	☯ व्यवहारसूत्र भाष्य			१६-१३६
लों.का.	७१	व्यवहारसूत्र मूल	भद्रबाहु		१-१०
लों.का.	७२	व्यवहारसूत्र मूल	गंगदास-ले.		१-१६
जि.ता.	६३	☯ व्यवहारसूत्र वृत्ति द्वितीयखंड २-६ उद्देश पर्यन्त	वृ.क. मलयगिरि आचार्य	१४९०	३७५
लों.का.	७४	व्यवहारसूत्र सह टब्बो			१-३६
लों.का.	७३	व्यवहारसूत्र सह टब्बो			१-३६
जि.का.	१०३	□ व्यवहारसूत्रचूर्णी		१९८३	२२७
जि.ता.	६४	☯ व्यवहारसूत्रवृत्ति तृ.खंड ७-१० उद्देश पर्यन्त संपूर्ण	वृ.क. मलयगिरि आचार्य	१४९०	३०७
जि.का.	१०४	□ व्यवहारसूत्रवृत्ति द्वितीयखंड	मलयगिरि आचार्य -वृ.	१९८४	२२७
जि.ता.	६२	☯ व्यवहारसूत्रवृत्ति प्रथमखंड प्रथम उद्देश पर्यन्त	वृ.क.मलयगिरि आचार्य	१४८९	३५०
जि.ता.	५९/३	● व्यवहारचूर्णी		१२३६	१-२२१
डूं.का.	७८४	व्यवहारभाष्य		१८२९	१०५

भंडार नाम	ग्रंथांक	ग्रंथनुं नाम	कर्ता	संवत्	पत्र संख्या
डूं.का.	१०२७	व्यवहारसूत्र			२१
था.का.	१७५	व्यवहारसूत्र			१७
जि.का.	१८०८	व्याकरण			२६
जि.का.	१९३९	व्याकरण			२९
डूं.का.	१३८४	व्याकरण			५१
डूं.का.	९०३	व्याकरण की पांच संधिका अर्थ			१७
डूं.का.	१०५१ ◉	व्याकरण भूषणसार		१६२५	३८
त.का.	१०२३/H	व्याकरण स्फुट पन्ने त्रुटक लघुग्रंथ		१८७७	५३
जि.का.	१३७ ◉	व्याकरणचतुष्कावचूरि- हैमलघुन्यास द्वितीयाध्याय द्वितीय पाद पादपर्यन्त	कनकप्रभसूरि	१९८३	५४
आ.का.	२०२	व्याकरणन्यायवृत्ति			२
जि.का.	२१८२ ◆	व्याकरणन्यायसंग्रह			२
डूं.का.	३४४	व्याकरणसूत्र	मुनिसुंदर-ले.		१९
डूं.का.	९०६	व्याकरणसिद्धांतरहस्य			१५
जि.का.	७७५	व्रतविचार त्रूटक अपूर्ण			१२
जि.का.	२२१३	व्रतविधिसंग्रह			१७
जि.का.	१३१७/१८ ◉	वन्दित्तुसूत्र			१५९-१६३
जि.का.	४२०/९	वर्त्तमानजिनचोवीसी छप्पा			४३-४५
जि.का.	४३७ ◉	वसंतराजशास्त्र सटीक	वसंतराज -मू.क., टी.क भानुचंद्र		१०१
डूं.का.	४०९	विचारसंग्रह अपूर्ण			४२
जि.ता.	२१/५ ◉	विपाकसूत्रवृत्ति	अभयदेवसूरि	१४९०	१२६-१४४
जि.ता.	३४६/४ ◉	वृन्दावनमहाकाव्य	मानांक कवि		६-१०
जि.का.	२१२५ ◉	शंखेश्वरपार्श्वनाथछंद	वर्द्धमान कवि		३
लों.का.	३७२ ◉	शंखेश्वरपार्श्वजिन छंद	नयसुंदर	र.१६५६ ले.१८२३	१-५
डूं.का.	११६२	शकुनचौपाई (दीपिका)			४

भंडार नाम	ग्रंथांक	ग्रंथनुं नाम	कर्ता	संवत्	पत्र संख्या
त.का.	४५४ ◉	शकुनरत्नमाला			१०
जि.का.	११२९	शकुनावली			३
जि.का.	११९६	शकुनावली			३
लों.का.	२८०/A	शकुनावली (ज्योतिष)			
लों.का.	४७२	शकुनावली+पाशाकेवली बालावबोध		१९४१	१-६
लों.का.	२७४	शकुनावली त्रूटक			१-७
जि.का.	२०६०	शक्रस्तवाम्नाय			१
डूं.का.	५४०	शतक बालावबोध	मतिचंद्रमुनि		१४७
जि.ता.	१८७ ◉	शतक-नव्य पंचम कर्मग्रंथ स्वोपज्ञवृत्ति सह	देवेन्द्रसूरि स्वोपज्ञ	१३५४	१२८
जि.ता.	१६०/३ ◉	शतक-प्राचीन पंचम कर्मग्रंथ	शिवशर्मसूरि	१३००	१८-२५
जि.ता.	१७९/२ ◉	शतक-प्राचीन पंचम कर्मग्रंथ चूर्णी		११७५	५७-१७५
जि.ता.	१८० ◉	शतक-प्राचीन पंचम कर्मग्रंथ चूर्णी		१३००	१४७
जि.ता.	१८१ ◉	शतक-प्राचीन पंचम कर्मग्रंथ चूर्णी		११९६	१७३
जि.ता.	१८५ ◉	शतक-प्राचीन पंचम कर्मग्रंथ वृत्ति सहित	मू.क.शिवशर्मसूरि, वृ.क. मलधारी हेमचंद्रसूरि	१३००	२३९
जि.ता.	१८२ ◉	शतक-प्राचीन पंचम कर्मग्रंथ सटीक त्रूटक अपूर्ण	मू.क.शिवशर्मसूरि, वृ.क.मलधारी हेमचन्द्रसूरि	१३००	२४४
जि.ता.	१५०/५ ◉	शतक-प्राचीन पंचमकर्मग्रंथ	शिवशर्मसूरि	१३००	१४०-१५०
जि.ता.	१८४ ◉	शतक-प्राचीन पंचम कर्मग्रंथ वृत्ति अपूर्ण	मलधारी हेमचन्द्रसूरि	१३००	१८४
जि.ता.	१८३ ◉	शतक-प्राचीन पंचम कर्मग्रंथ वृत्ति सहित हेमचन्द्रसूरि	मू.क. शिवशर्मसूरि, वृ.क.मलधारी	१४००	२९१
लों.का.	१७६	शतककर्मग्रंथ	देवेन्द्रसूरि	१५६२	१-६

भंडार नाम	ग्रंथांक	ग्रंथनुं नाम	कर्ता	संवत्	पत्र संख्या
जि.का.	११५ □	शतककर्मग्रंथ वृत्तिसह	शिवशर्मसूरि -मू., वृ.क.मलधारि हेमचंद्रसूरि	१९८३	७३
जि.का.	१२९८	शतककर्मग्रंथ सटीक	शिवशर्मसूरि -वृ.क., टी.क.मलधारी हेमचंद्रसूरि	१४००	७
जि.ता.	४१५/९ ☯	शतककर्मग्रंथ-प्राचीन पंचम कर्मग्रंथ	शिवशर्मसूरि		१५१-१५६
आ.का.	४४/A	शतकचूर्णि			३६
लों.का.	५३७	शतकत्रय	भर्तृहरी		३०
त.का.	१२०६	शतकत्रय सह टब्बार्थ	भर्तृहरि		४२
त.का.	६२५	शतकत्रयसहवृत्ति	धनसार -टी. भर्तृहरी -क.	१८६७	५३
त.का.	६२६	शतकत्रयसहवृत्ति	भर्तृहरी	१९००	२६
जि.का.	६२७	शतश्लोकी अपूर्ण			११
जि.का.	१७४७ ☯	शतश्लोकीव्याकरण			३
त.का.	१०१६	शतसंवच्छरी	श्रीसेन		२
त.का.	४५१	शतसंवत्सरी			६
त.का.	५६३	शतसंवत्सरी		१६६५	२०
डूं.का.	३६९	शत्रंजय संघवर्णन			
त.का.	४०९	शत्रंजय (उद्धार) रास	ऋषभदास	१६६८	१८
त.का.	७३०	शत्रुंजय उद्धाररास	भानुमेरुगणेश	१८३३	७
त.का.	११२०	शत्रुंजय उद्धाररास	ऋषभदास		१५
त.का.	११९७	शत्रुंजय उद्धाररास			२-५
डूं.का.	१०६२	शत्रुंजय महात्म्य	धनेश्वरसूरि		२०५
डूं.का.	२९१	शत्रुंजय स्तुति			१९
जि.का.	११८८	शत्रुंजयआदिराससंग्रह		१८७०	३-२४
जि.का.	३९९/१ □	शत्रुंजयउद्धाररास	समयसुंदरोपाध्याय	१६८२	१-१०

भंडार नाम	ग्रंथांक	ग्रंथनुं नाम	कर्ता	संवत्	पत्र संख्या
जि.का.	१९८७	शत्रुंजयउद्धाररास	नयसुंदर	र.१६४८ ले.१७७१	३
आ.का.	१०३/C	शत्रुंजयउद्धाररास			६
लों.का.	६०६	शत्रुंजयउद्धाररास	नयसुंदर	१७०३	१-४
जि.का.	८३८	शत्रुंजयउद्धार	नयसुंदर	१६३८	४
जि.का.	२६१/१ ☯	शत्रुंजयकल्प	जिनप्रभसूरि	१७३२	१-५
आ.का.	१३७	शत्रुंजयकल्प			२
त.का.	९४३	शत्रुंजयकल्प			३
जि.का.	१८०६	शत्रुंजयकल्प सस्तबक तथा पडिलेहणाकुलक	विनयविमल		३५
त.का.	८८९	शत्रुंजयकल्पस्तवन			२
आ.का.	१२५	शत्रुंजयचैत्यपरिपाटी			४
डूं.का.	४५४	शत्रुंजयमहात्म्य	सकलचंद्रगणि-ले.		२९०
था.का.	२१० □	शत्रुंजयमहात्म्य	जिनचंद्रसूरि	१८११	२६४
आ.का.	२०	शत्रुंजयमहात्म्य	धनंजय	१६४९	१८४
डूं.का.	१०५५	शत्रुंजयमहात्म्य सह वृत्ति	रुपचंदमणि	१८११	३०४
आ.का.	१०३/B	शत्रुंजयमहिमा	जशविजय		८
डूं.का.	५५४	शत्रुंजयमाहात्म्य	धनेसरसूरि		४०
त.का.	६९१	शत्रुंजयमाहात्म्य	धनेश्वर सूरि		७१
त.का.	६९६	शत्रुंजयमाहात्म्य	धनेश्वरसूरि		२१४
त.का.	६९८	शत्रुंजयमाहात्म्य	धनेश्वर सूरि		८८
जि.का.	२०८५	शत्रुंजयमाहात्म्य चतुर्थसर्ग	धनेश्वरसूरि		५
जि.का.	२४२ □	शत्रुंजयमाहात्म्य पद्य	धनेश्वरसूरि	१५९१	१७८
आ.का.	४८	शत्रुंजयमाहात्म्य		१५६७	१६७
डूं.का.	४३१ ☯	शत्रुंजययात्रा		१८७३	१९
जि.का.	५७३	शत्रुंजयरास			६
जि.का.	८९० □	शत्रुंजयरास	समयसुंदरोपाध्याय	१६८२	१४
जि.का.	१९८८/१	शत्रुंजयरास	समयसुंदरजी		३-६

भंडार नाम	ग्रंथांक		ग्रंथनुं नाम	कर्ता	संवत्	पत्र संख्या
लों.का.	४६६		शत्रुंजयरास	समयसुंदर	र.१६८२	१-८
					ले.१७६३	
त.का.	९३२		शत्रुंजयरास	समयसुंदर	१६८८	३
त.का.	१२२९		शत्रुंजयरास			६
डूं.का.	११५		शत्रुंजयरास अपूर्ण			३
था.का.	३४८		शत्रुंजयसंघ यात्रा स्तवन			२
त.का.	८२२		शत्रुंजयसंघयात्रास्तवन			२
त.का.	८८७		शत्रुंजयसज्झाय			२
था.का.	४५६		शत्रुंजयस्तवन			१
त.का.	२५०		शत्रुंजयस्तवन		१८५९	५
त.का.	४८४		शत्रुंजयस्तवन			८
जि.का.	४१४		शत्रुञ्जयमाहात्म्य	धनेश्वरसूरि	१६५९	२९०
डूं.का.	१२८०		शत्रुञ्जयकुलक			१
त.का.	१०२२		शनि (विक्रमादित्य चौपाई)			७
त.का.	८५४		शनिछंद		१८५७	२
त.का.	४२४		शनिविक्रमादित्यचौपाई	विद्यारंसगणि	१६८६	८
लों.का.	७१४	◆	शनिश्चरजीकी कथा	पूर्वाचार्य		१-१२
लों.का.	४२३		शनिश्चरनीकथा			१-४
त.का.	९६१		शनिस्तोत्र मंत्र-जाप			३
त.का.	१३३६		शनीश्चर कथा + सकलार्हत् स्तोत्र			१५
त.का.	१११६		शब्दकोश (अनिर्णित)			६
जि.का.	२१९३/३	◐	शब्दप्रभेदनाममाला	महेश्वर भट्टारक		३-८
जि.ता.	३५०	◐	शब्दभेदप्रकाश नाममाला किंचिदपूर्ण		१४००	३६
जि.का.	७१७		शब्दभेदप्रकाशनाममाला	महेश्वर कवि	१७७२	७
जि.का.	४४१		शब्दरत्नप्रदीप			
डूं.का.	७१	◐	शब्दरत्नप्रदीप			८
जि.का.	१७४६	◐	शब्दशोभाव्याकरण टिप्पणीसह	नीलकंठ		२८
डूं.का.	८६	◆	शब्दानुशासन अपूर्ण			२९
त.का.	५७९	□	शब्दसंचय		१५७८	२०
डूं.का.	३११	◆	शरदकालकौमुदि अपूर्ण			९
त.का.	९५९	◆	शांति + पाक्षिक खामणां			३
डूं.का.	५८०		शांतिकर शांतिश्रमण प्रकरण			९
जि.का.	११२०		शांतिजिनस्तवन	गुणसागर		२
जि.का.	२०१०/२		शांतिजिनस्तवन	धर्मवर्धन	र.१७००	३ जुं.
डूं.का.	६१४	□	शांतिनाथ चरित्र	भावचंद्र	१७५३	१२४
त.का.	६९९	◐	शांतिनाथकथा	भावचंद्रसूरि	१७९५	१४६
जि.का.	१६४९		शांतिनाथचरित्र गद्य त्रूटक	भावचंद्रसूरि	१६५६	११-४६
						अने १९६
जि.ता.	२५५	◐	शांतिनाथचरित्र गाथाबद्ध	देवचन्द्रसूरि	र.११६०	३९७
					ले.१३००	
जि.का.	८९	◐	शांतिनाथचरित्र पद्य	मुनिदेवसूरि		८०
जि.का.	८५५	◐	शांतिनाथचरित्र पद्य टिप्पणीसह	अजितप्रभसूरि	१६९२	११२
जि.ता.	२४६		शांतिनाथचरित्र पर्यंत			
जि.का.	६०६/१५	□	शांतिनाथविनती			४९-५०
जि.का.	९५७	□	शांतिनाथविवाहलो			१६
त.का.	७९१		शांतिनाथविवाहलौ			१७
जि.का.	८३२		शांतिनाथस्तवन	प्रेमविजय		२
जि.का.	१३१७/८		शांतिनाथस्तोत्र			
डूं.का.	११४७	◐	शांतिनाथचरित्र	पद्मसोम मुनि -पं.	१७८४	११५
त.का.	५०७	◐	शांतिनाथचरित्र			५७
त.का.	६९०	◐	शांतिनाथचरित्र	जिनप्रभसूरि	१५५८	१५१
डूं.का.	८३२		शांतिनाथचरित्र (गद्य)	भक्ति माणिक्य-ले., भावचंद्र सूरि-क.	१९०३	१९९
डूं.का.	१११३	◆	शांतिनाथनाममहिमा अपूर्ण			४

भंडार नाम	ग्रंथांक		ग्रंथनुं नाम	कर्ता	संवत्	पत्र संख्या
जि.का.	३९९/४	□	शांतिनाथस्तवन	गुणसागरसूरि		२०-२२
डूं.का.	४६५		शांब प्रद्युम्न चौपई	समयसुंदर		११
डूं.का.	१०७६		शांब प्रद्युम्न चौपई	विनयशील	१७८७	२०
आ.का.	५५		शांब-प्रद्युम्नचौपाई	समयसुंदर	१७२४	२३
लों.का.	३६३		शांबप्रद्युम्नचौपाई	समयसुंदर		१-११
लों.का.	५१४		शांबप्रद्युम्नप्रबंध	समयसुंदर	१८१९	१-२२
डूं.का.	५५१		शान्तरस समुच्चय (अध्यात्मकल्पद्रुम)	मुनिसुंदरसूरि		१९
लों.का.	७१०		शान्तिनाथस्तवन	मेघमुनि		१-३
डूं.का.	२३९	☯	शान्तिनाथचरित्र	अजितप्रभसूरि	१७३७	१२५
डूं.का.	१७८	☯	शान्तिनाथचरित्र गद्य	भावचंद्रसूरि	१९०५	२२०
आ.का.	२२४		शान्तिनाथस्तव			१
था.का.	१३८	☯	शान्तिपर्वविधि	जीनदत्तसूरि		७
आ.का.	२५६		शान्त्यादि विधिर्यावसतक			७
जि.ता.	३८७/१	☯	शाबरभाष्य प्रथम अध्याय			५१
जि.का.	९१४		शारीरनिबंधसंग्रह-वैद्यक			३३
त.का.	७६०		शालक बोली			२
डूं.का.	१०८८		शालिभद्र + धन्नाचरित्र	मतिसार मुनि		२४
जि.का.	१०५६		शालिभद्रकथा पद्य			२-४
जि.ता.	१५५/५	☯	शालिभद्रचरित्र गाथाबद्ध		१२२२	९५-१०५
जि.का.	१०९५		शालिभद्रचरित्र पद्य	धर्मकुमार	र.१३३४ ले.१९५१	५६
जि.का.	४९०		शालिभद्रचोपाई	मतिसार	१६७८	२१
जि.का.	१९९९		शालिभद्रचोपाई	मतिसार	र.१६७८ ले.१७२३	१७
त.का.	११७२		शालिभद्रचौपई	हंसमुनि	१६७९	११
त.का.	१२२३		शालिभद्रचौपई			३-५, १०, ११

भंडार नाम	ग्रंथांक		ग्रंथनुं नाम	कर्ता	संवत्	पत्र संख्या
त.का.	७३३		शालिभद्रचौपाई			१३
जि.का.	१६४	☯	शालिभद्रचरित्र पद्य	पूर्णभद्रगणि	र.१२८५ ले.१९८३	३६
त.का.	११७३	◆	शालिभद्रधनारास			५
आ.का.	५८		शालिभद्रमहामुनिचौपाई	अमृतसागरगणि		१९
जि.का.	१००८		शालिभद्ररास अपूर्ण			८
आ.का.	१४१		शालिभद्रचरित्र			४१
था.का.	१८९		शालिभद्रचौपइ		१६९४	३८
डूं.का.	१०६८		शालिभद्रचौपई	मतिसार		२०
था.का.	३८१		शालिभद्रचौपई		१६९२	२२
लों.का.	५२३		शालिभद्रचौपई			२२
लों.का.	३५९		शालिभद्रचौपई त्रूटक	जिनराजसूरि	१६७८	५-२७
आ.का.	३६		शालिभद्रमहामुनिचौपई			२५
डूं.का.	८२०		शालीभद्रचोपाई			२७
डूं.का.	१२१४	◆	शालीभद्रचौपाई			११५
जि.का.	४२०/३१		शाश्वतचैत्यजयमाला	भैया	१७४५	७०-७१
त.का.	६७७		शाश्वतजिनबिंबस्तवन			९
डूं.का.	११२१		शाश्वतजिनबिंबस्तवन + विचार संग्रह अपूर्ण			७-२९४
जि.का.	२००५		शाश्वतजिनस्तोत्र	देवेंद्रसूरि		२
था.का.	४३४		शाश्वतजिनप्रतिमाप्रमाण स्तवन + शंखेश्वरपार्श्वनाथस्तवन	नयरंगमुनि		४
आ.का.	२३७		शास्त्रीय अनेक विचार			३७
जि.का.	१२८८/२		शास्त्रीयअनेकविचार			२०९-२४३
डूं.का.	१२१६		शांतिस्तव	कमलकीर्ति	१६८८	३९
जि.का.	१८१३		शाङ्र्गधरसंहिता	शाङ्र्गधर		५९-९८
जि.का.	१२१७		शिक्षापत्री त्रू.अ.			५०
डूं.का.	१५७		शिखनख	बलिभद्र -ले.		५

भंडार नाम	ग्रंथांक		ग्रंथनुं नाम	कर्ता	संवत्	पत्र संख्या
जि.का.	११८५		शिखामणस्वाध्याय अपूर्ण			२
जि.का	६०६/७	□	शिवकुमारगीत			१९-२१
डूं.का.	१३६१		शिवस्तुति			३
जि.ता.	३४७/३	☯	शिवभद्रकाव्य सटीक	मू.क.शिवभद्र कवि,		४३-८७
				टी.क. शांतिसूरि पूर्ण-		
				तल्लगच्छीय		
जि.का.	१२५८		शिशुपालकथा			६-८
डूं.का.	११११		शिशुपालवध	मल्लीनाथसूरि		५०
डूं.का.	११११		शिशुपालवध			
डूं.का.	८८२		शिशुपालवध काव्य	माघ कवि		१००
जि.का.	१२९६	□	शिशुपालवधमहाकाव्य-माघकाव्य टिप्पणीसह २० मा सर्ग पर्यत	माघ महाकवी	१४००	१०७
डूं.का.	१०१३		शिशुपालवधटीका अपूर्ण	माघ कवि		१२८
जि.का.	४२०/१५		शिष्यचतुर्दशी	भगवतीदास		५२मु
जि.का.	१८०१	☯	शिरोमणीटीका			६३
त.का.	४६१		शीघ्रबोध	काशीनाथ भट्टाचार्य		२८
जि.का	१८२७		शीघ्रबोधज्योतिष	काशिनाथ	१८४३	१३
जि.का	१८९१		शीघ्रबोधज्योतिष	काशीनाथ भट्ट	१८६१	२१
जि.का.	१२१३		शीघ्रबोधसंग्रह ज्योतिष	काशीनाथ		८७
जि.का.	१७११	□	शीतलजिनस्तुति आदि			२
जि.का.	१७११/१	□	शीतलनाथस्तुति	जिनलाभसूरि		
जि.का	१२६६	□	शीतलामातागीत आदि	कानजी		१
डूं.का.	७०४	☯	शीलतरंगिणी	सोमतिलकसूरि	१३९४	११४
त.का.	१०२३/G		शीलबत्तीसी			१
था.का.	४५२		शीलबावनी			२
जि.का	८५८/१		शीलरास	पार्श्वचंद्रीय विजयदेवसूरि		१-६
था.का.	३७९		शीलरास	देवविजयसूरि		१०
लों.का.	४९३	◆	शीलरास	ज्ञानचंद्र	१८४५	१-६

भंडार नाम	ग्रंथांक		ग्रंथनुं नाम	कर्ता	संवत्	पत्र संख्या
लों.का.	५१३		शीलरास	ज्ञानचंद्र लावण्य समय		१-११
लों.का.	६३६		शीलरास	विजयदेवसूरि		१-११
जि.का.	९३७		शीलरास त्रू.अ.			२-६
लों.का.	४८८		शीलरास त्रूटक			१-६
त.का.	३०४		शीलवत्याश्चरित्र	आज्ञासुंदरोपाध्याय		१२
डूं.का.	८५१		शीलव्रतविषये नववाड	जिनहर्ष		४
था.का.	४४९		शीलांग रथ + सुभाषित			१
था.का.	१४४		शीलांगरथ			९
त.का.	१२४६		शीलांगरथ			८
त.का.	५४१		शीलोपदेश माला	जयकीर्ति	१६६२	६
जि.का	१८३/१	☯	शीलोपदेशमाला	जयकीर्त्तिसूरि		१-३
था.का.	११०		शीलोपदेशमाला	जयकीर्ति		६
था.का.	१११		शीलोपदेशमाला	जयकीर्ति		६
त.का.	५३९		शीलोपदेशमाला	जयकीर्ति	१६८२	९
त.का.	१०१०		शीलोपदेशमाला		१६७४	६
त.का.	१०९०	◆	शीलोपदेशमाला			४
त.का.	११५२		शीलोपदेशमाला + योगशास्त्र	अजयसिंहमुनि		२६
लों.का.	२०३		शीलोपदेशमाला प्रकरण			१-७
आ.का.	२०३		शीलोपदेशमाला बालावबोध			१६
जि.का.	३७२	□	शीलोपदेशमाला शीलतरंगिणीवृत्ति सह त्रूटक अपूर्ण	सोमतिलकसूरि रुद्रपल्लीय-वृ.		१८-७७
त.का.	५३४		शीलोपदेशमाला सह बालावबोध	मेरुसुंदरजी		१६०
त.का.	१०४८		शीलोपदेशमाला सह बालावबोध			१४
जि.का.	१८२	☯	शीलोपदेशमालाप्रकरण	जयकीर्त्तिसूरि		४
जि.का.	२९६	□	शीलोपदेशमालाप्रकरण	जयकीर्त्तिसूरि	१५०५	३
जि.का.	२९७	□	शीलोपदेशमालाप्रकरण	जयकीर्त्तिसूरि		१०
जि.का.	३३२	□	शीलोपदेशमालाप्रकरण	जयकीर्त्तिसूरि		७

भंडार नाम	ग्रंथांक	ग्रंथनुं नाम	कर्ता	संवत्	पत्र संख्या
जि.का.	३३३	□ शीलोपदेशमालाप्रकरण	मलधारी हेमचंद्रसूरि		३
जि.का.	८७३/४	शीलोपदेशमालाप्रकरण	जयकीर्त्तिसूरि		१३-२१
जि.का.	१७०१	शीलोपदेशमालाप्रकरण	जयकीर्तिसूरि		६
जि.का.	३७४	□ शीलोपदेशमालाप्रकरण बालावबोधसह		१५७८	१५३
था.का.	३३५	◆ शीलोपदेशमालाप्रकरण मूल			३
जि.का.	२९५	□ शीलोपदेशमालाप्रकरण सस्तबक	जयकीर्त्तिसूरि मू.क.	१५५३	१२
जि.का.	९३८	शीलोपदेशमालाबालावबोध			५९-७७
जि.का.	१०५९	शीलोपदेशमालाबालावबोध			७
डूं.का.	८६२/२	शीलोपदेशमाला	न्यायसागर मुनि		७२
था.का.	१०९	शीलोपदेशमाला	जयकीर्ति		६
आ.का.	९७	शीलोपदेशमाला		१६६१	६
त.का.	६५५	शीलोपदेशमाला	जयवल्लभसूरि	३	
था.का.	१४३	शीलांगरथ			९
त.का.	७६४	शुकनबत्रीसी			२
डूं.का.	८३	□ शुकनसारोध्धार-स्वप्न अध्याय		१५३३	१२
डूं.का.	१३४४	शुकरत्नावली		५	
डूं.का.	३०१	शुकराज कथा	नंदिषेणगणि-ले.	१५३२	११
त.का.	६९७	शुकराजकथा			११
डूं.का.	११६५	शुकराजाकथा	अनंतविजय	१६५०	१५
लों.का.	६४३	शुक्ल कृष्ण दंपतीगीत आदि		१९०५	१-३७
त.का.	२५१	◆ शुभाशुभकरणस्वाध्याय	भावसागर		
जि.ता.	३९९	☯ शृंगारमंजरी	महाराजा भोजदेव	१२००	३
डूं.का.	८०२	शृंगारवैराग्यतरंगिणी सुखबोधिका वृत्ति	सोमप्रभाचार्य		७
डूं.का.	१०३१	शोभनमुनि वृत्ति	जयविजयगणि		९४
जि.का.	१६४०	शोभनस्तुति	शोभनमुनि	१८७६	८

भंडार नाम	ग्रंथांक	ग्रंथनुं नाम	कर्ता	संवत्	पत्र संख्या
आ.का.	१८८	शोभनस्तुति, अष्टपंचाशत स्तुति अवचुरि			६
जि.का.	२१८९	☯ शोभनस्तुतिचतुर्विंशतिका टिप्पणीसह	शोभनमुनि		८
आ.का.	१०५	श्रमण अतिचार		१७३८	३
आ.का.	२९६	श्रमण अतिचार			५
त.का.	१२९९	श्रमण अतिचार			५
लों.का.	५८८	श्रमण प्रतिक्रमण सूत्र		१८७४	१-२
त.का.	१००७	श्रमणअतिचार			३
त.का.	१३६	□ श्रमणप्रतिक्रमणसूत्र			३
आ.का.	२२८	श्रमणश्रावक पाक्षिक अतिचार			७
त.का.	१०९८	◆ श्रमणश्रावकाचारविचार			१६ (१९-३४)
त.का.	१३११	श्रमणश्रावकाचारविचार			१६
त.का.	१३३	श्रमणअतिचार			९
आ.का.	१२१	☯ श्रमणदिनचर्या			१३
त.का.	७९८	श्रमणप्रतिक्रमणबालावबोध			८
लों.का.	५०८	श्रमणप्रतिक्रमणवृत्ति			१-१५
त.का.	५९३	श्रमणप्रतिक्रमणसूत्र	जिनवल्लभसूरि		१९
त.का.	७५०/A	श्रमणप्रतिक्रमणसूत्र			२
जि.का.	१४२२	श्राद्धजीतकल्प सटीक अपूर्ण			२०
जि.ता.	४१८/४	☯ श्राद्धजीतकल्पसूत्र- श्रावकसामाचारी वृत्ति स्वोपज्ञ	वृ.क.तिलकाचार्य स्वोपज्ञ	१५००	१०३-१०९
त.का.	१६	श्राद्धजीतकल्पवृत्ति	धर्मघोषसूरि		६०
था.का.	२४८	श्राद्धजीतकल्पसूत्र सह वृत्ति			५६
जि.ता.	४१८/३	☯ श्राद्धजीतकल्पसूत्र- श्रावकसामाचारी	तिलकाचार्य		१०१-१०३
था.का.	३१	श्राद्धदिनकृत्य		१६५७	१६

भंडार नाम	ग्रंथांक		ग्रंथनुं नाम	कर्ता	संवत्	पत्र संख्या
था.का.	३२		श्राद्धदिनकृत्य			१६
था.का.	३६		श्राद्धदिनकृत्य			१७
आ.का.	१८०		श्राद्धदिनकृत्य			१३
जि.ता.	२२६	◐	श्राद्धदिनकृत्य बृहद्वृत्तिसह अपूर्ण	देवेन्द्रसूरि स्वोपज्ञ	१५००	२४८
जि.ता.	१५५/१	◐	श्राद्धदिनकृत्यप्रकरण	देवेन्द्रसूरि	१२२२	१-३७
त.का.	१२४		श्राद्धदिनकृत्यवृत्ति			२८१
त.का.	१२७	◐	श्राद्धदिनकृत्यवृत्ति			२९१
त.का.	१२५		श्राद्धदिनविधि			१६३
जि.का.	१४४१	◐	श्राद्धप्रतिक्रमणसूत्र-वंदित्तुसूत्र अर्थदीपिकाटीकासह	रत्नशेखरसूरि-टी.		१४२
जि.ता.	१४१/४	◐	श्राद्धप्रतिक्रमणसूत्रवृत्ति	श्रीचंद्रसूरि	र.१२२२ ले.१४००	८०-१८२
जि.का.	२६३	◐	श्राद्धविधि विधिकौमुदीवृत्तिसह	रत्नशेखरसूरि स्वोपज्ञ	र.१५०६ ले.१५३२	१२१
त.का.	१२६		श्राद्धविधि सह वृत्ति	रत्नशेखरसूरि		२०४
था.का.	९२	◐	श्राद्धविधि सह वृत्ति (प्रकरणविधि)	रत्नशेखरसूरि		१६१
जि.का.	२२४१	□	श्राद्धविधिप्रकाश	क्षमाकल्याण	१८३८	११
आ.का.	९२		श्राद्धदिनकृत्य			१४
आ.का.	१४५		श्राद्धदिनकृत्य			८
आ.का.	१५४		श्राद्धदिनकृत्य		१५९५	१५
लों.का.	१५१		श्राद्धदिनकृत्य प्रकरण			१-१६
डूं.का.	५९	◐	श्राद्धदिनकृत्य सूत्र		१६०२	१६
आ.का.	१३		श्राद्धदिनकृत्य सूत्र			१५
डूं.का.	५०९		श्राधजीतकल्पसूत्र सहावचूरी			१०
डूं.का.	७५२		श्राध्धविधिकौमुदी	अभयसुंदर		४
त.का.	१९८		श्रावक (आराधना)			६
त.का.	१९९		श्रावक (आराधना)	सोमचंद्रसूरि		६
त.का.	१२३१		श्रावक अतिचार			७
डूं.का.	३६५		श्रावक अनुष्ठान विधि		१४२७	४१
डूं.का.	१०/१	◐	श्रावक आराधना	समयसुंदर		११
डूं.का.	३२३		श्रावक आराधना		१८५६	६
डूं.का.	६५०		श्रावक आराधना	सुखानंद	१६६७	६
लों.का.	५३४/A		श्रावक आराधना			१०
लों.का.	५३४/D		श्रावक आराधना	समयसुंदर	१९६८	१०
आ.का.	३३०		श्रावक आराधना			११
त.का.	२७३		श्रावक आराधना			५
त.का.	३८५		श्रावक आराधना	समयसुंदर	१८९५	११
त.का.	१०३०		श्रावक आराधना			८
त.का.	१२०१		श्रावक आराधना			६
डूं.का.	६४५		श्रावक आलोचना			
डूं.का.	६४५		श्रावक आलोचना			
लों.का.	२२४		श्रावक पाक्षिक अतिचार		१८४९	१-८
आ.का.	३२९		श्रावक पाक्षिक अतिचार			६
जि.ता.	३९७/५	◐	श्रावक विध्युपदेश		१४००	२
जि.का.	१११६	□	श्रावकअतिचार			५
जि.का.	१४६५		श्रावकअतिचार			२-५
जि.का.	१४६६		श्रावकअतिचार		१८१०	३-७
जि.का.	१९०४		श्रावकअतिचार			४
जि.का.	२०९२		श्रावकआराधना			५
डूं.का.	५०८		श्रावकआराधना		१८४६	६
डूं.का.	१२१८		श्रावकआराधना	गुणसुंदर मुनि	१८०६	६
डूं.का.	१३६९		श्रावकआराधना			६
लों.का.	३७८		श्रावकआराधना	रूपचंद	१८९९	१-८
जि.ता.	१५६/३२	◐	श्रावकआवश्यकसूत्र		११९२	११३-१२२
जि.का.	१३१७/१२	◐	श्रावकआवश्यकसूत्र			१२४-१२७
जि.का.	१४५६		श्रावकआवश्यकसूत्र			६

भंडार नाम	ग्रंथांक		ग्रंथनुं नाम	कर्ता	संवत्	पत्र संख्या
जि.का.	१४५९		श्रावकआवश्यकसूत्र		१५३८	४
त.का.	८३२		श्रावककरणी सज्झाय			२
डूं.का.	११८		श्रावककरणी स्वाध्याय	जिनहर्षगणि	१८६२	१
डूं.का.	११९९		श्रावककर्तव्य			५
लों.का	४८२		श्रावककर्तव्य			
डूं.का.	११६८		श्रावकगुण			९
जि.का.	१६०५		श्रावकदिनकृत्यप्रकरण			१६
जि.ता.	१६१/२	◉	श्रावकधर्मप्रकरण	जिनेश्वरसूरि	र.१३१३	२५
					ले.१४००	
जि.का	९७६	□	श्रावकधर्मप्रकरण	जिनेश्वरसूरि	१३१३	६
जि.ता	४००/२	◉	श्रावकधर्मविधितंत्रप्रकरण	हरिभद्रसूरि	१३००	८
जि.का	१३१७/२	◉	श्रावकधर्मविधितंत्रप्रकरण	हरिभद्रसूरि		३५-४२
जि.का	१३२६/५	◉	श्रावकधर्मविधितंत्रप्रकरण	हरिभद्रसूरि		६६-७५
जि.ता.	१३६/२	◉	श्रावकधर्मविधितंत्रप्रकरणवृत्ति			९१-१४६
जि.ता.	१३६/३	◉	श्रावकधर्मविधितंत्रप्रकरणवृत्ति मूल			१४६-१५२
जि.ता.	१५६/१०	◉	श्रावकधर्मविधितन्त्रप्रकरण	हरिभद्रसूरि	११९२	४०-४८
जि.ता	१५४/१६	◉	श्रावकधर्मविधिप्रकरण		१२१०	११६-१२१
डूं.का.	५२७		श्रावकना २१ गुण सज्झाय	समयसुंदर		१७
डूं.का.	१३७९		श्रावकपाक्षिक अतिचार			७
आ.का	२०५		श्रावकपाक्षिक अतिचार			८
त.का.	६४५		श्रावकपाक्षिक अतिचार		१६४४	५
त.का.	१३२८		श्रावकपाक्षिक अतिचार			७
डूं.का.	६५७		श्रावकपाक्षिक अतिचार अपूर्ण			७
आ.का	२५४		श्रावकपाक्षिकअतिचार			६
त.का.	७४५		श्रावकपाक्षिकअतिचार			४
त.का.	१०३५		श्रावकपाक्षिकअतिचार			६
लों.का	३८२		श्रावकपाक्षिकातिचार		र.१७९५	१-५
					ले.१९३०	
लों.का.	३१४		श्रावकपाक्षिकातिचार		१७२७	१-११
जि.ता.	१६०/७	◉	श्रावकप्रज्ञप्तिप्रकरण	उमास्वाति वाचक	१३००	५५-८०
जि.ता.	१९१/४	◉	श्रावकप्रज्ञप्तिप्रकरण	उमास्वाति वाचक	१४००	३२-५८
लों.का.	७२२		श्रावकप्रतिक्रमण वंदित्तु सह बालावबोध			११६
डूं.का.	९८८		श्रावकप्रतिक्रमण सूत्र		१६३६	४
त.का.	१३१		श्रावकप्रतिक्रमण सूत्र सह अवचूरि			९
था.का.	१३०		श्रावकप्रतिक्रमण सूत्र सह टब्बार्थ			१०
जि.का.	१८८	◉	श्रावकप्रतिक्रमणचूर्णी	विजयसिंहसूरि		३६-८४
डूं.का.	४२६		श्रावकप्रतिक्रमणवृत्ति	गुमानचंद	१९०४	१८
जि.ता.	१५८/७	◉	श्रावकप्रतिक्रमणसूत्र		१४००	११६-१२०
त.का.	१३२	◆	श्रावकप्रतिक्रमणसूत्र	पूर्वाचार्य		२
त.का.	९९८		श्रावकप्रतिक्रमणसूत्र			३
जि.ता.	१५९/५	◉	श्रावकप्रतिक्रमणसूत्र (वंदित्तासूत्र)		१३४५	१११-११७
था.का.	२०७	◉	श्रावकप्रतिक्रमणसूत्र सह चूर्णि	जिनप्रभसूरि		१०८
जि.का.	२२२४	◉	श्रावकप्रतिक्रमणसूत्रचूर्णि			६९
जि.का.	७८२		श्रावकप्रतिक्रमणसूत्रवृत्ति			
जि.का.	७४१		श्रावकप्रतिक्रमणसूत्रवृत्ति			
त.का.	१००		श्रावकप्रतिक्रमणसूत्र		१८७०	३
त.का.	१३४		श्रावकप्रतिक्रमणसूत्र			२
त.का.	१३३०/A		श्रावकप्रतिक्रमणसूत्र			३
आ.का.	४०		श्रावकप्रतिक्रमणसूत्र लघुवृत्ति	तिलकाचार्य		१४
त.का.	९९		श्रावकप्रतिक्रमणसूत्र सह टब्बार्थ			४
आ.का.	७२		श्रावकप्रतिक्रमणसूत्र सहवृत्ति		१७८५	१४४
जि.का.	१४६४		श्रावकप्राकृतअतिचार सस्तबक			४
त.का.	१०५७		श्रावकपाक्षिक अतिचार			
जि.का.	१३३/४		श्रावकवक्तव्यता			
जि.ता.	१५६/१	◉	श्रावकवक्तव्यता-षट्स्थानकप्रकरण	जिनेश्वरसूरि	११९२	१-७

भंडार नाम	ग्रंथांक	ग्रंथनुं नाम	कर्ता	संवत्	पत्र संख्या
जि.ता.	१५४/३ ☯	श्रावकवक्तव्यताप्रकरण	जिनेश्वरसूरि	१२१०	२३-३५
जि.का	१३२६/३ ☯	श्रावकवक्तव्यताप्रकरण-षट्स्थानकप्रकरण	जिनेश्वरसूरि		५०-५८
जि.का	१३१७/४ ☯	श्रावकवक्तव्यताप्रकरण-षट्स्थानकप्रकरण	अभयदेवसूरि		४६-५३
डूं.का.	५३१	श्रावकविधि प्रकाश	शिवनिधान		२३
जि.ता.	१९१/६ ☯	श्रावकविधिप्रकरण		१४००	६४-६६
जि.ता.	४००/३ ☯	श्रावकविधिप्रकरण		१३००	४
जि.का	१३२६/२८ ☯	श्रावकविधिप्रकरण			२३९-२४१
जि.का	७४३	श्रावकविधिप्रकाश	क्षमाकल्याण	र.१८३८ ले.१९०९	२३
डूं.का.	२३७	श्रावकविधिचौपाई	खेमराज	१५४६	६
डूं.का.	९५२	श्रावकविधिप्रकाश	जयचंद्र मुनि	१८७५	२१
डूं.का.	११४१	श्रावकविधिप्रकाश	नथमलजी	१८७५	१४
था.का.	२९९	श्रावकव्रत			३
त.का.	१७७	श्रावकव्रत आलोचना		१६६०	६
जि.ता.	१५५/६ ☯	श्रावकव्रतभंगकुलक		१२२२	१०५-१०७
लों.का	३९१	श्रावकव्रतविचारचौसठी			१-२
लों.का	६९४	श्रावकषडावश्यक	पूर्वाचार्य		१-१०
जि.ता	१५४/१ ☯	श्रावकषडावश्यकसूत्र		१२१०	१-१४
जि.का	१४५५	श्रावकषडावश्यकसूत्र			६
जि.का	१७०६	श्रावकषडावश्यकसूत्र			१६
जि.का	१४५७	श्रावकषडावश्यकसूत्र अपूर्ण			२-१३
जि.का	१४६१	श्रावकषडावश्यकसूत्र सस्तबक			२-३०
जि.का	१४६२	श्रावकषडावश्यकसूत्र सस्तबक			१५
जि.का	१३२६/२० ☯	श्रावकषडावश्यकसूत्र			२०२-२१९
जि.ता	४१८/४	श्रावकसमाचारी			
आ.का.	१५५	श्रावकसमाचारी व्याख्यान			२१
जि.ता.	४१८/३	श्रावकसामाचारी			
जि.का	९६९ □	श्रावकाचार कुलक आगमपाठसह	क्षेमकुशल		२-४
जि.का	१९६८	श्रावकातिचार			८
डूं.का.	७९३ ◆	श्रावकानुष्ठान विधि	कीर्तिसूरि	१४२७	४१
आ.का.	१९	श्रावकानुष्ठानविधि + आवश्यकवृत्ति		१६९३	६२
जि.का	२५८ ☯	श्रावकाराधना			६
जि.का	७२५ ◆	श्रावकाराधना		१७९५	९
डूं.का.	१३७१	श्रावकाराधना			७
डूं.का.	६०१	श्रावकालोचना			२
जि.का	१३३/१७ □	श्रावकधर्मविधिप्रकरण	हरिभद्रसूरि		३१-३२
था.का.	६० ☯	श्रावकप्रज्ञप्ति			१७
डूं.का.	२१०	श्राद्धगुणसंग्रह	हर्षजितगणि -पं.ले.	१५७२	३६
जि.का	२१३२ □	श्री चंद्रीयसंग्रहणीप्रकरण	श्रीचंद्रसूरि		२०
जि.का	२०३०	श्रीचंदरास अपूर्ण			
जि.का	८०२	श्रीचंद्रीयसंग्रहणीप्रकरण	श्रीचंद्रसूरि	१७२३	१३
जि.का	८९१	श्रीचंद्रीयसंग्रहणीप्रकरण सस्तबक यंत्रसह	श्रीचंद्रसूरि	१८८६	४४-७१
जि.का	१०६७ □	श्रीचंद्रीया संग्रहणी सावचूरि पंचपाठ	श्रीचंद्रसूरि-मू.क., अव.क.साधुसोम	१५०१	१०
जि.का	१४९४	श्रीचंद्रीयासंग्रहणी	श्रीचंद्रसूरि		१४
जि.का	१४९७	श्रीचंद्रीयासंग्रहणी	श्रीचंद्रसूरि	१८४९	३१
जि.का	१६८१	श्रीचंद्रीयासंग्रहणी	श्रीचंद्रसूरि		६
जि.का	१६८८	श्रीचंद्रीयासंग्रहणी अपूर्ण			७१
जि.का	२२५१	श्रीचंद्रीयासंग्रहणी बालावबोधसह		१८३१	६५
जि.का	२१९९	श्रीचंद्रीयासंग्रहणी सटीक	श्रीचंद्रसूरि-मू., टी. देवभद्रसूरि		
जि.का	१४९५	श्रीचंद्रीयासंग्रहणी सटीक त्रिपाठ	श्रीचंद्रसूरि		३४

भंडार नाम	ग्रंथांक	ग्रंथनुं नाम	कर्ता	संवत्	पत्र संख्या
जि.का.	१४९६	श्रीचंद्रीयासंग्रहणी सस्तबकं	श्रीचंद्रसूरि		४७
जि.का	१६७५	श्रीचंद्रीयासंग्रहणी सस्तबक अपूर्ण			२-३८
लों.का	७२४	◆ श्रीजीना हितोपदेश			
जि.का	२०७६	श्रीदेवीवर्णन (चुर्थस्वप्नवर्णन)			२
जि.का	१८८३	श्रीपतिपद्धति अपूर्ण			३६
जि.का	६४७	श्रीपतिपद्धतिवृत्ति			२-२०
जि.का	११६९	श्रीपतिसूत्रवृत्ति			१४
डूं.का.	१०३५	श्रीपाल चरित्र	शशीसूरि		३९
लों.का	१९०	श्रीपाल चरित्र सह टब्बार्थ		१८५५	१-१२९
डूं.का.	८२४	श्रीपाल मयणासुंदरी चोपाई	जिनहर्ष	१७४०	४३
डूं.का.	५६०	श्रीपाल राजानो रास अपूर्ण			२७
जि.का	१६६८	□ श्रीपालचरित्र	रत्नशेखरसूरि		२७
जि.का	१६६९	श्रीपालचरित्र	रत्नशेखरसूरि		३८
डूं.का.	८१६	श्रीपालचरित्र			५०
डूं.का.	८१९	श्रीपालचरित्र	पुन्यशील	१८२६	२८
था.का	३५	श्रीपालचरित्र			६२
आ.का	१९९	श्रीपालचरित्र			४६
जि.का	६०५	☯ श्रीपालचरित्र पद्य	सत्यराजगणि	र.१५१४	१८
				ले.१५७५	
जि.का	९५५	□ श्रीपालचरित्र प्राकृत गाथाबद्ध	रत्नशेखरसूरि		२६
त.का.	३१०	श्रीपालचरित्र सह टब्बार्थ	रत्नशेखरसूरि	१८०६	७८
त.का.	३०५	श्रीपालचरित्र सह टब्बार्थ			१०३
		+ अष्टाह्निका व्याख्यान			
जि.का	१२३७	□ श्रीपालचरित्रप्राकृत	हेमचंद्र	१४२८	२४
जि.का	३४८	□ श्रीपालचरित्रबालावबोध	रत्नसोम वेगडगच्छीय	१७२५	१४
त.का.	१०६६	श्रीपालचौपई			१३
त.का.	४१५	श्रीपालचौपाई	ज्ञानसागर		१७
त.का.	७२८	श्रीपालचौपाई	ज्ञानसागर उपाध्याय	१७२३	१६

भंडार नाम	ग्रंथांक	ग्रंथनुं नाम	कर्ता	संवत्	पत्र संख्या
जि.का	९६६	श्रीपालरास	विनजविजय तथा	र.१७३८	७५
			यशोविजयोपाध्याय	ले.१८७८	
जि.का	११८१	श्रीपालरास	जिनहरख	र. १७४०	२७
जि.का	२१३९	□ श्रीपालरास	विनयविजयजी		४८
			यशोविजयजी		
डूं.का.	१०८१	श्रीपालरास	मयाचंद	१८२९	६५
डूं.का.	१०८३	श्रीपालरास	जशविजय		७४
डूं.का.	११६९	श्रीपालरास	जिनहर्षसूरी	१८२०	१६
लों.का	४३८	श्रीपालरास	विनयविजय	र.१७२८	१-५२
				ले.१८७६	
त.का.	१३१०	श्रीपालरास			१०
जि.का	१९८३	श्रीपालरास अपूर्ण	जिनहर्ष	र.१७४०	
डूं.का.	९९२	श्रीपालचरित्र	शशिसूरि	१८१२	४८
लों.का	७२०	◆ श्रीपालचरित्र			
आ.का	९०	श्रीपालचरित्र			७९
त.का.	३११	श्रीपालचरित्र	रत्नशेखरसूरि		३९
त.का.	३१२	☯ श्रीपालचरित्र	रत्नशेखरसूरि	१५७०	४९
डूं.का.	५९६	श्रीपालचरित्र (गद्य)	भक्तिमाणिकय मुनि	११९८	३७
लों.का	३२०	श्रीपालचरित्र त्रूटक			१-३७
डूं.का.	६५२	श्रीपालचरित्र सह वृत्ति			१२०
जि.का	८१८	श्रीपालचरित्रबालावबोध			५
डूं.का.	८८७	श्रीपालनरेन्द्रकथा टब्बार्थ	जिनरंगगणि	१८७३	१५३
डूं.का.	१०७२	श्रीपालरास	नेमचंद्र	१८८२	३६
त.का.	७१२	श्रीपालरास	विनयविजयजी उ.		६९
डूं.का.	६४०	श्रीपालराजा कथा टब्बार्थ	कस्तुरचंद्र	१५५०	१३०
डूं.का.	६३७	श्रीपाळचरित्र सह वृत्ति	ज्ञानानंदसूरि	१५५०	१३८
त.का.	१०७४	श्रीपालरास	यशोविजय		९७
डूं.का.	४३४	श्रीपालचरित्र व्याख्यान			६२

भंडार नाम	ग्रंथांक	ग्रंथनुं नाम	कर्ता	संवत्	पत्र संख्या
आ.का.	३०९	श्रीमती सज्झाय			१
जि.का	१९८२	श्रीपालरास अपूर्ण			१०
डूं.का.	९६७	श्रीपालचरित्रव्याख्या	गुणसुंदरमुनि	१८९९	१५२
डूं.का.	६८५	श्रीषेना टीका (व्याकरण)			२-२२
था.का.	३९३	श्रुतज्ञान अवधिज्ञान के भेद	महिमाकल्लोल मुनि		२
जि.का	१७६४	श्रुतबोध	कालिदास कवि		२
डूं.का.	९५५	श्रुतबोध	कालिदास		११
त.का.	९२८	श्रुतबोध	कालिदास		३
था.का.	२३३	◆ श्रृंगार वैराग्य तरंगिणी			१९
त.का.	७१५	श्रेणिकचौपाई	जिनचंद यति	१७२९	३१
जि.का	३०८	☐ श्रेणिकरास त्रूटक अपूर्ण			२-७
जि.का	२९९	☐ श्रेणीकरास-सम्यक्त्वरास	सौभाग्यहर्षसूरिशिष्य	र.१६०३	२२
				ले.१६३१	
लों.का.	४२०	श्रमणअतिचार			१-२
डूं.का.	९	श्रावकना बारह व्रतना अतिचार			६
डूं.का.	६७१	श्रीपालरास अपूर्ण			२-६९
डूं.का.	५५८	◆ श्लोक अर्थ संपूर्ण		१८९७	१२
डूं.का.	७६७	श्लोकार्थ संपूर्ण			२
जि.ता.	३९७/४	☯ श्वानशकुनावलि		१४००	३
जि.का	११६८	षटपंचाशिकाबालावबोध			५
लों.का.	४११	षटभाईना ढालिया	मालमुणि	१८९८	१-१९
जि.का	१८०/२	☯ षटस्थान प्रकरण-श्रावक वक्तव्यता	जिनेश्वरसूरी		३-४
जि.का	८७०/२	षटस्थानकप्रकरण अपूर्ण			११४-१२०
जि.का	१५३४	☯ षटस्थानकप्रकरण वृत्तिसह	जिनपाल-टी.		२५
जि.का	११३५	षट्पंचाशिका	पृथुयशा		३
त.का.	८५५	षट्पंचाशिका	सोमगणि	१७९८	३
त.का.	९५२	षट्पंचाशिका			३
लों.का.	३४३	षट्भाईना ढालिया	मालमुनि	१८५६	१-११

भंडार नाम	ग्रंथांक	ग्रंथनुं नाम	कर्ता	संवत्	पत्र संख्या
जि.ता.	१५८/५	☯ षट्स्थानकप्रकरण	प्रद्युम्नसूरि	१४००	९४-१०८
जि.ता.	१५६/१	षट्स्थानकप्रकरण			
जि.का.	१३१७/४	षट्स्थानकप्रकरण			
जि.का	१३११	☯ षट्स्थानकप्रकरण वृत्तिसह	अभयदेवसूरि-मू.क.,	१४००	९३
		त्रूटक अपूर्ण	वृ.क.जिनपाल		
जि.का	१३३/४	☐ षट्स्थानकप्रकरण-श्रावकवक्तव्यता	जिनेश्वरसूरि		७-९
था.का.	२	☯ षट्स्थानकश्रावकसह वक्तव्यता सह वृत्ति	जिनपति सूरि		३६
जि.ता.	१५९/३	☯ षट्स्थानप्रकरण	जिनेश्वरसूरि	१३४५	८२-१०८
डूं.का.	६३१	षट्कारकाणि			२
त.का.	१०२८	षट्दर्शनसमुच्चय			२
त.का.	६२०	☯ षट्दर्शनसमुच्चय सह वृत्ति			२२
जि.का	१८४५	षट्पंचाशिका ज्योतिष			९
डूं.का.	२२८	☐ षट्पंचाशिका टीका सह	उत्पलभट्ट-वृ.	१७७५	१०
डूं.का.	१९६	☯ षट्पंचाशिका वृत्ति सह	विनयसुंदर - वृ.	१९८४	१२
त.का.	४६३	षट्पंचाशिका सह बालावबोध	मनरूपविजय	१८८९	७
त.का.	७२३	षट्पंचाशिकाबालावबोध			७
त.का.	३०८	षट्पुरुषविचार			२०
त.का.	४६७	षट्प्रश्नीयनिर्णय	हरदासनररंजन	१७७१	४४
त.का.	६००	षट्स्थानक श्रावकवक्तव्यता सह वृत्ति			७०
जि.का	१५३३	षट्स्थानकप्रकरण पंचलिंगीप्रकरण	जिनेश्वरसूरि-पंच.क.		५
त.का.	२२	☯ षट्स्थानकवृत्ति	जिनपतसूरि के शिष्य		३७
डूं.का.	१३५२	षट्पंचाशिकाटीका	नेमचंद	१८४२	८
जि.का	७१२	☐ षडविशंति प्रश्नोत्तर चार्चिक	जयसोम उपाध्याय		२८
जि.ता.	१६२/३	षडशीति चतुर्थ कर्मग्रंथ			
जि.का	२१८	☐ षडावश्यकबालावबोध अपूर्ण			३१-६२
लों.का.	७९	षडावश्यकवृत्ति			१-६०

भंडार नाम	ग्रंथांक	ग्रंथनुं नाम	कर्ता	संवत्	पत्र संख्या
जि.का	१३३/१	□ षडावश्यकसूत्र			१-४
जि.का	१४५८	षडावश्यकसूत्र अपूर्ण			५-२१
जि.का	१४६०	षडावश्यकसूत्र सस्तबक			९
जि.का	११८७	षडावश्यकसूत्रबालावबोध		१७४६	४-४३
जि.का	२११८	षडावश्यकसूत्रबालावबोध अपूर्ण	तरुणप्रभसूरि		५१
जि.ता	१३६/१	☯ षडावश्यकसूत्रवृत्ति	नमिसाधु	र.११२२ ले.१२९८	१-९१
जि.ता	१३७	☯ षडावश्यकसूत्रवृत्ति	नमिसाधु	र.११२२ ले.१४००	१४६
लों.का	१५८	षडावश्यकसूत्राणि व पाठ			१-८
त.का.	८७	षडावश्यकसूत्राणि सह बालावबोध		१६००	३२
डूं.का.	८४२	षड् आवश्यक बालावबोध	सोमचंद्र	१८१४	९१
डूं.का.	४२५	षड् आवश्यकसूत्राणि सह बालावबोध		१९२५	७४
डूं.का.	५३९	षड्शीतक बालावबोध	मतिचंद्रमुनि		५४
डूं.का.	२९०	☯ षड् आवश्यकवृत्ति			५७
डूं.का.	७९५	□ षड्आवश्यक निर्युक्ति		१५७२	९३
जि.का	१७९७	षड्दर्शनसमुच्चय	हरिभद्रसूरि		२-५
जि.का	१९०५	षड्दर्शनसमुच्चय बालावबोधसह			१२
डूं.का.	८०६	षड्दर्शनसमुच्चय			५
था.का	२२४	◆ षड्विंशतिस्थान			४
था.का	३०४	◆ षड्शांगसूत्र			८
त.का.	२०९	षड् आरक स्तवन	हिरसूरि	१८१८	४
था.का	२१८	□ षड् आवश्यकवृत्ति			५१
जि.का	१७९८	☯ षड्दर्शनसमुच्चय सटीक	हरिभद्रसूरि-मू., वृ.क.विद्यातिलक		२७
जि.का.	८०९/२	षड्बांधवमुनिसज्झाय	प्रेममुनि		५मुं
लों.का.	१६१	षष्टिशतक सह टब्बो	भंडारी नेमिचंद्र	१६७०	१-१२
जि.का	१९४/६	☯ षष्टिशतप्रकरण	नेमिचंद्र भंडारी		८-११
जि.का	७५४/१	□ षष्टिशतप्रकरण	नेमिचंद्र भंडारी		१-९
जि.का	१३२६/१४	☯ षष्टिशतप्रकरण	नेमिचंद्र भंडारी		१३५-१४७
जि.का	११९७	षष्टिशतप्रकरण	नेमिचंद भंडारी		११
जि.का	१५६८	☯ षष्टिशतप्रकरण	भंडारी नेमिचंद्र		८
जि.का	१५७०	षष्टिशतप्रकरण बालावबोधसह	भंडारि नेमिचंद्र-मू., बा.क. सोमसुंदरसूरि	र.१४९६	२-४४
जि.का	५५६	षष्टिशतप्रकरण बालावबोधसह	नेमिचन्द्र भंडारी -मू.क., बा.क.सोमसुंदरसूरि	१४९६	२५
जि.का	१५६९	षष्टिशतप्रकरण बालावबोधसह	भंडारी नेमिचंद्र मू.,बाला. सोमसुंदरसूरि	र.१४९६	४४
जि.का	३५६/१	□ षष्टिशतप्रकरण सस्तबक	नेमिचंद्र भंडारी		१-१६
जि.का	१६१२	षष्टिशतप्रकरण	नेमिचंद्र भंडारी		४
जि.का	११५७	षष्टिसंवत्सर			६
जि.का	११९५	◆ षष्टिसंवत्सर			३-७
जि.का	१८८२	षष्टिसंवत्सर			२०
जि.का	१८५८	षष्टिसंवत्सर-ज्योतिष			५
जि.का	१८५७	षष्टिसंवत्सर-ज्योतिष किंचिदपूर्ण			२
जि.का	११७३	षष्टिसंवत्सरटीका			४
जि.का	११५८	षष्टिसंवत्सरवृत्ति			४
लों.का	१६७/२	षष्टि शतं मूल			७
लों.का	१६७/१	षष्टि शतं मूल त्रूटक			८
लों.का	५८३	षष्टि संवत्सरी			१-८
था.का	२३	□ षष्टिशत सह बालावबोध	सोमसुंदर सूरि	१४९६	३९
था.का	१०२	षष्टिशतम्			६
जि.का	२२०९	षष्टिशतकप्रकरण सटीक	नेमिचंद्रसूरि गुणरत्नोपाध्याय		५४
आ.का	११२	षष्टिशतकप्रकरण			१५

भंडार नाम	ग्रंथांक	ग्रंथनुं नाम	कर्ता	संवत्	पत्र संख्या
था.का.	३७८	षष्टि शतम्	नेमीचंद्र		९
त.का.	११६८	षष्टिशतं सह स्तबक			८
डूं.का.	९५०	षष्टिशतक प्रकरण			७
डूं.का.	१२५२	षष्टिशतक अपूर्ण			१५
जि.का	५५५	□ षष्टिशतप्रकरण	नेमिचंद्र भंडारी -मू.क.,	१४९६	२४
		बालावबोधसह	बा.क.सोमसुंदरसूरि		
त.का.	५४०	☯ षोडशक	हरिभद्र		१०
जि.का	१०६३	☯ षोडशकप्रकरण	हरिभद्रसूरि	१५४४	८
जि.का	१५५२	☯ षोडशकप्रकरण टिप्पणीसह	हरिभद्रसूरि		६
जि.का	१६९७	☯ षोडशकप्रकरणटीका	यशोभद्रसूरि		३७
जि.का	१५५३	☯ षोडशकप्रकरणवृत्ति	यशोभद्रसूरि		३०
था.का	११	☯ षोडशकविवरण (वृत्ति)	यशोभद्रसूरि-वि.	१६७१	४०
था.का	१२	☯ षोडशकसूत्र	हरिभद्रसूरि	१६७१	८
आ.का	३२१	षोडशयोग			१
डूं.का.	२५७	◆ षट्त्रिंशिका वृत्ति	रत्नसिंहसूरि		८
डूं.का.	८३५	षडशीतीक बालावबोध	मतीचंद्र-ले.,देवेन्द्रसूरि-क.		११७
लों.का	२३५	षड्जीवनिकाय+दशवैकालिकसूत्र			१-६
जि.का	१३२४/२	☯ षड्शीतिप्रकरण चतुर्थकर्मग्रंथ	जिनवल्लभगणि-मू.क.,		
		टिप्पनकसह	टि.क.रामदेवगणि	१२४६	७४-१०५
जि.का	३२३/१	□ षष्टिशतप्रकरण सावचूरि	नेमिचंद्र भंडारी -मू.क.,		१-१५
			अ.क.गजसार		
जि.का	२१८१	संकाशकथानक	सर्वलाभगणि		३
जि.ता.	१५९/८	☯ संक्षिप्त आराधना		१३४५	१२५-१३०
त.का.	८८४	संख्यात बकिया हरताल विधि			२
लों.का	१४७	संग्रहणीसूत्र	मलधारि हेमचंद्र		१-११
लों.का	१४९	संग्रहणीसूत्र		१८९४	१-२०
लों.का	३२९	संग्रहणीसूत्र		१८१४	१-३०
आ.का	१७१	संग्रहणीसूत्र + पुष्पमाला	मलधारी चंद्रसूरि		२२
लों.का.	१३७	संग्रहणीसूत्र मूल		१८६०	१-४३
लों.का.	१४१	संग्रहणीसूत्र मूल		१८८१	१३-१०५
आ.का.	२७	संग्रहणीसूत्र + आवश्यकसूत्राणि	मलधारी हेमसूरि-ले.		७६
		व पाठ			
लों.का.	१३५	संग्रहणीसूत्र मूल त्रूटक			२-४४
था.का.	१०४	संग्रहणी	श्रीचन्द्रसूरि		११
था.का.	१३२	संग्रहणी	श्रीचंद्रीय		१६
आ.का.	३१७	संग्रहणी	श्रीचन्द्रसूरि		१४
डूं.का.	२०८	संग्रहणी (श्री चन्द्रीय)	मलधारी हेमचंद्रसूरि		२४
था.का.	२०९	□ संग्रहणी (श्रीचंद्रीय) सहवृत्ति	श्रीचन्द्रसूरि		८७
त.का.	४३५	संग्रहणी (श्रीचंद्रीय)सहटिप्पणी	श्रीचंद्रसूरि	१५९०	१९
त.का.	४४३	संग्रहणी (श्रीचन्द्रीय)	श्रीचन्द्रसूरि	१८४४	१४
त.का.	४४८	संग्रहणी (श्रीचन्द्रीय)	श्रीचन्द्रसूरि		११
त.का.	११६०	संग्रहणी (श्रीचन्द्रीय)	श्रीचन्द्रसूरि		१०
त.का.	१३१३	संग्रहणी (श्रीचन्द्रीय)	श्रीचंद्रसूरि		८
डूं.का.	१२६	संग्रहणी (श्रीचन्द्रीय) सह			८२
		वृत्ति अपूर्ण			
त.का.	४४२	संग्रहणी (श्रीचन्द्रीय)	श्रीचन्द्रसूरि	१८४२	१२
जि.ता.	८२/२	☯ संग्रहणी प्रकरण सटीक	मू.क.श्रीचंद्रसूरी,		१८७-२७५
			टी.क.देवभद्रसूरी		
डूं.का.	१३०६	संग्रहणी बालावबोधसह अपूर्ण			४९
डूं.का.	७००	संग्रहणी श्रीचन्द्रीय सह वृत्ति	दयासागर	१६६६	७२
डूं.का.	४९२	संग्रहणी सह टब्बार्थ			१२
आ.का.	३५२	संग्रहणी सह बालावबोध	श्रीचन्द्रसूरि		१३
त.का.	३६७	संग्रहणी सह बालावबोध	श्रीचन्द्रसूरि	१९०७	३०
था.का.	९	☯ संग्रहणी सह वृत्ति	मलयगिरि		१२०
डूं.का.	६१३	संग्रहणी सूत्र	श्रीचंद्र		१२
जि.का.	५२४	□ संग्रहणीप्रकरण	श्रीचंद्रसूरि		४-१०

भंडार नाम	ग्रंथांक	ग्रंथनुं नाम	कर्ता	संवत्	पत्र संख्या
जि.का.	१०९७	संग्रहणीप्रकरण	श्रीचंद्रसूरि		१९
जि.का.	२१६०/२३	संग्रहणीप्रकरण			९०-११२
जि.का.	३३१ □	संग्रहणीप्रकरण अपूर्ण	श्रीचंद्रसूरि		१०
जि.का.	१२८० □	संग्रहणीप्रकरण आदि संक्षिप्तटिप्पणी		१५००	८
जि.का.	५२५ □	संग्रहणीप्रकरण बालावबोधसह	श्रीचंद्रसूरि -मू.क.		३-२२
जि.ता.	२०३ ◉	संग्रहणीप्रकरण सटीक	मू.क.श्रीचन्द्रसूरि, वृ.क.देवभद्रसूरि	१४००	१३०-२५९
जि.का.	६५० □	संग्रहणीप्रकरण सटीक	श्रीचंद्रसूरि-क., देवभद्रसूरि -टी.		७१
जि.का.	२०२ □	संग्रहणीप्रकरण सटीक अपूर्ण	श्रीचन्द्रसूरि -मू., वृ.क.देवभद्रसूरि		४६
जि.का.	१२४४	संग्रहणीप्रकरण सावचूरि त्रिपाठ	श्रीचंद्रसूरि	१७६४	७-३६
डूं.का.	१२५५	संग्रहणीसूत्र	मलधारी हेमचंद्राचार्यसूरि	१८८१	१३
लों.का.	५९०	संग्रहणीसूत्र	श्रीचन्द्र		१-२४
डूं.का.	३३९	संग्रहणीसूत्र (श्री चंद्रीय)			१७
था.का.	१०१	संग्रहणीसूत्र (श्री चन्द्रीय)अपूर्ण	श्रीचन्द्रसूरि		१७
डूं.का.	८८	संग्रहणीसूत्र	गुणसुंदर-ले., श्रीचन्द्रसूरि-र.		२६
लों.का.	२५२	संग्रहणीसूत्र त्रूटक	मलधारि हेमचंद्रसूरि शिष्य	१७८०	१-२९
त.का.	५४५ ◆	संग्रहश्लोक			२
डूं.का.	९९३	संघपट्टक	जिनवल्लभसूरि	१८८३	४
लों.का.	१८३	संघपट्टक			१-३
जि.का.	२६६ □	संघपट्टक सस्तबक		१७३५	९
जि.का.	१५५९	संघपट्टकप्रकरण			३
जि.का.	१६७८	संघपट्टकप्रकरण वृत्तिसह	जिनदत्तसूरि-क., जिनपतिसूरि-टी.	ले.१५६४	४८
जि.का.	२१९५	संघपट्टकप्रकरण वृत्तिसह	जिनदत्तसूरि -मू., जिनपतिसूरि -टी.		४२
जि.का.	२१९५	संघपट्टकप्रकरण वृत्तिसह	जिनदत्तसूरि -मू., जिनपतिसूरि टी.		४२
जि.का.	१७१ ◉	संघपट्टकप्रकरण सटीक	जिनवल्लभसूरि -मू.क., वृ.क.जिनपतिसूरि		४१
जि.का.	१५६० ◉	संघपट्टकप्रकरण सावचूरिक	जिनवल्लभसूरि-मू., अव.क.साधुकीर्त्तिगणि		१४
डूं.का.	१६० ◉	संघमाळारोपण विधि			३
लों.का.	४७४ ◆	संघयणीसूत्र		१११९	१-५३
था.का.	१८४ ◉	संघाचारभाष्य			१८३
था.का.	१४६ ◉	संघाचारभाष्य (टीका)			१७६
डूं.का.	९०० □	संघाचारटीका	हरिभद्रसूरि		२४८
जि.ता.	१५१/१६ ◉	संजममंजरी	महेश्वरसूरि	१४००	९२-९७
जि.ता.	१९१/७ ◉	संजममंजरीप्रकरण		१४००	६६-६८
जि.का.	१३२६/३७ ◉	संजममंजरीप्रकरण	महेश्वरसूरि		२६१-२६३
आ.का.	२९१	संजमम‍ञ्जरी			२
जि.का.	३५०/३ □	संजमसुंदरीगीत	राजसमुद्र		२जु
जि.ता.	१७१/९ ◉	संजमाख्यानक		११६९	४
जि.का.	१६२५/३ □	संतिकरं	मुनिसुंदरसूरि		१-२
जि.का.	१६९३/१० ◉	संतिकरं			१७-१९
जि.का.	१९५१/४	संथारगपयन्नो			१४-१९
जि.का.	२१६०/६	संथारापोरसी			२१-२२
जि.का.	१४२५/३ ◉	संथारापोरिसी			
था.का.	३५२	संदेह दोलावली	धर्मविजयगणि		४
जि.का.	५१२ ◉	संदेहदोलावली लघुटीकासह	जिनदत्तसूरि -मू.क., वृ.क.जयसागरोपाध्याय	र.१४९५, ले.१५७४	३५
जि.का.	१८०/७ ◉	संदेहदोलावलीप्रकरण	जिनदत्तसूरि		११-१४

भंडार नाम	ग्रंथांक		ग्रंथनुं नाम	कर्ता	संवत्	पत्र संख्या
जि.का	१३१७/१७	◉	संदेहदोलावलीप्रकरण	जिनवल्लभगणि		१५०-१५९
जि.का	१३२६/८	◉	संदेहदोलावलीप्रकरण	जिनदत्तसूरि		८८-१०१
जि.का	१५६१		संदेहदोलावलीप्रकरण	जिनदत्तसूरि		९
जि.का	१५६२		संदेहदोलावलीप्रकरण		१६७५	९
जि.का	१५६३	◉	संदेहदोलावलीप्रकरण			९
जि.का	१५६४	◉	संदेहदोलावलीप्रकरण वृत्तिसह	जिनदत्तसूरि-मू.,		६८
				वृ.क.जिनेश्वरसूरि		
जि.का	३२९	◉	संदेहदोलावलीप्रकरण संस्कृत	जिनदत्तसूरि -मू.क.		१०
				स्तबक सह		
जि.का	१८१	◉	संदेहदोलावलीवृत्ति			७३
जि.का	२६९	◉	संदेहविषौषधि-कल्पसूत्रवृत्ति	जिनप्रभसूरि	१३६४	५७
डूं.का.	४७८	□	संदेहविषौषधिनाम पर्युषणाकल्प		१३६४	८७
			दुर्गपदवृत्ति + पंजिका निर्युक्ति	उदयाकरणगणि -ले.		
			सहवृत्ति			
आ.का	१४४		संदेहदोहावली सह टब्बार्थ			१३
डूं.का.	६७४	□	संदेहदोलावली प्रकरण सह टब्बार्थ	वल्लभसूरीनाशिष्य		३
डूं.का.	७०५	◉	संदोहदोलावली लघुटीका	जयसागर		५०
था.का	३७०		संधपट्टक सह टब्बार्थ	राजप्रमोदगणि	१७०२	११
जि.का	४९७	□	संबंधोद्योत	रभसनंदि		८
जि.का	५३१	◉	संबंधोद्योत	रभसनंदी		७
लों.का	६८३	◆	संबोधअठ्ठोतरी गुटको			११
लों.का	३३०		संबोधसत्तरि			१-४
लों.का	४८७		संबोधसत्तरि सह टब्बार्थ			१-६
डूं.का.	२३८		संबोधसत्तरी सहावचूरी		१६९७	८
था.का	१३३		संबोधसप्तति	प्रमोदगणि		७
था.का	१९३		संबोधसप्तति			४
जि.का	२५५	□	संबोधसप्तति बालावबोधसह			६
जि.का	१५९०		संबोधसप्ततिकाप्रकरण	रत्नशेखर		४

भंडार नाम	ग्रंथांक		ग्रंथनुं नाम	कर्ता	संवत्	पत्र संख्या
जि.का	१५९१		संबोधसप्ततिकाप्रकरण	रत्नशेखर		३
जि.का	१५९२		संबोधसप्ततिकाप्रकरण	रत्नशेखर		३
जि.का	१००९		संबोधसप्ततिकाप्रकरण अपूर्ण			४
जि.का	१९६९	◉	संबोधसप्ततिकाप्रकरण वृत्तिसह	रत्नशेखरसूरि-मू.,		२०
				टी.क.अमरकीर्त्तिसूरि		
जि.का.	१५९३		संबोधसप्ततिकाप्रकरण सस्तबक	रत्नशेखर	र.१७३३	३३
					ले.१७७९	
डूं.का.	९६५		संबोधवृत्ति			३९
त.का.	३९२		संबोधसत्तरी + चतुःशरण	जयशेखर		१२
था.का.	१२७		संबोधसत्तरी + वनस्पति सप्ततिका			५
			+ विचार सप्ततिका			
डूं.का.	८५६		संबोधसत्तरी बालावबोध	मेरुसुंदर		११
त.का.	६३८		संबोधसत्तरी सह टब्बार्थ	हेमसागरगणि	१७६९	११
था.का.	११८	□	संबोधसप्तति	जयशेखरसूरि		४
था.का.	३९०		संबोधसप्तति			३
डूं.का.	५०	□	संबोधसप्तति वृत्ति सह			५३
त.का.	९४२		संबोहसत्तरी		१७२५	३
था.का	४२७		संभवनाथ (जैसलमेरीय)	मानविजय	१९९२	३
			जन्माभिषेक स्तवन			
डूं.का.	६९२		संभवमहाकाव्य (सुलसाचरित्र)			
था.का.	३६४		संमूर्च्छिममनुष्यपद सह टब्बार्थ			१
जि.का	१३४/१५	□	संयममंजरीप्रकरण	महेश्वरसूरि		१९-२०
जि.का	८५७		संयममंजरीप्रकरण	महेश्वरसूरि		२
जि.का	१२२	□	संयमाख्यान		१९८३	३
जि.का	११८२		संवत् १७२७-१७४१ सुधीना			
			पंचांगनी विशेष हकीकतोनो गुटको			
जि.का	१२७१		संवत् १८२२ नुं पंचांग			
जि.का	१११७		संवत् १८२५ नुं पंचांग गुटकाकारे			

भंडार नाम	ग्रंथांक	ग्रंथनुं नाम	कर्ता	संवत्	पत्र संख्या
डूं.का.	१३३८	संवाद सुंदर			(२५ से
					३३)९
जि.का.	१३२६/४२	☯ संवेगकुलक	धनेश्वरसूरि		२७०-२७२
जि.ता.	१५१/१५	☯ संवेगमंजरी	देवभद्रसूरि	१४००	८७-९२
जि.का.	१३४/१४	□ संवेगमंजरीप्रकरण	देवभद्र		१८-१९
जि.ता.	२३५	☯ संवेगरंगशाला	जिनचंद्रसूरि	र.११२५	३४८
				ले.१२०७	
था.का.	२१६	☯ संवेगरंगशाला	जिनचंद्रसूरि		२७३
जि.का.	७७	● संवेगरंगशाला (अपूर्ण)	जिनचन्द्रसूरि		
था.का.	३१४	◆ संवेगरंगशाला प्रथमभाग			२२०
जि.का.	२२१७/३	☯ संसारदावास्तुति सटीक	पार्श्वचंद्र-टी.		१५-१७
जि.का.	९२१	□ संस्कृतमंजरी			२-४
था.का.	९५	☯ संस्कृताष्टक सह वृत्ति	अभयदेवसूरि	१६७१	१०५
जि.का.	१०८०	☯ संस्कृतिशब्दरूपावली		१५५५	१२
डूं.का.	८७३	संस्कृतमंजरी			३
त.का.	५५६	संस्तारक सह टब्बार्थ		१६२१	१०
त.का.	६५३	संस्तारक सह टब्बार्थ			४
त.का.	५६२	संस्तारकपयन्ना		१६२०	४
जि.का.	१४३०	☯ संस्तारकप्रकीर्णक			४
जि.ता.	१४६/४	☯ संस्तारकप्रकीर्णक			२६-३५
जि.का.	५०२	संस्तारकप्रकीर्णक	क्षेमराजऋषि		
		बालावबोधसह त्रिपाठ	पार्श्वचंद्रगच्छीय -बा.क.		१२
डूं.का.	३५०	सइकी संवत्सरफलम् अपूर्ण			६
त.का.	९६२	◆ सकलार्हतादि			३
था.का.	३३७	सकलार्हत् स्तोत्र	पुण्यसागर		१
त.का.	८५८	◆ सकलार्हत्स्तोत्र			२
त.का.	१३३६	सकलार्हत्स्तोत्र			
त.का.	१३२३	सकलार्हत्स्तोत्र			३

भंडार नाम	ग्रंथांक	ग्रंथनुं नाम	कर्ता	संवत्	पत्र संख्या
त.का.	८५३	□ सकलार्हंतस्तोत्र			२
		+ लोद्रवपार्श्वनाथजिन स्तवन			
आ.का.	२७६	सङ्गहणी	चन्द्रीय		५३
त.का.	१६२	□ सङ्ग्रहणी (श्रीचन्द्रीय)	मलधारी हेमचंद्रसूरि शिष्य		१४
त.का.	५४३	सज्जनविलास सत्सई			२५
जि.का.	६६८/१	☯ सज्ज्नचित्तवल्लभ	मल्लिषेणसूरि		१-२
लों.का.	२०८	सज्झाय और चोवीसदंडक बोल			१-९
डूं.का.	६०२	सज्झाय संपूर्ण			२
त.का.	२५३	◆ सज्झाय-स्तुति-स्तवन			५
जि.का.	२०६४	सज्झायसंग्रह		१८१०	३
त.का.	७२९	◆ सज्झायसंग्रह			२९
त.का.	७५७	◆ सज्झायसंग्रह			२
त.का.	७९०	सज्झायसंग्रह			१४
त.का.	८०५	◆ सज्झायसंग्रह			२
त.का.	८१७	◆ सज्झायसंग्रह			२
त.का.	३५६	◆ सज्झायादि संग्रह			४
आ.का.	३०३	सज्ञासोलहविचार			३
लों.का.	७१५	◆ सत्तरभेदी, नवपदजी, स्नात्र			१-३९
		प्रतिक्रमण आदि गोटका			
जि.का.	४१०/१	सत्तरभेदीपूजा	जिनसमुद्रसूरि	१७१८	१०
जि.का.	२०६५	सत्तरभेदीपूजा	साधुकीर्त्ति	र.१६१८	७
त.का.	४३३	सत्तरहभेदीपूजा	साधुकीर्ति	१२६४	१५
त.का.	१७५	सत्तरहभेदीपूजा स्तवन + स्तंभन		१६८६	६
		पार्श्वनाथ स्तवन			
आ.का.	११६	सत्तरहभेदीपूजा प्रबन्ध			४
जि.का.	१५०६/२	सत्तरिनामा षष्ठकर्मग्रंथ			१७-२०
जि.का.	१५४५	सत्तरिसयठाणप्रकरण		१७८१	१५
डूं.का.	१२२१	सत्तरीसय ठाण			

भंडार नाम	ग्रंथांक	ग्रंथनुं नाम	कर्ता	संवत्	पत्र संख्या
त.का.	३८८	□ सत्तरीसयठाण	सोमतिलक	र.१६७९ ले.१३८७	४१
त.का.	३९०	सत्तरीसयठाण			१७
था.का.	३७५	सत्तरभेदीपूजा	रंगचंद्रगणि		४
डूं.का.	१२३	सत्तावीश बोलथोकडा संग्रह			७
डूं.का.	१२३३	◆ सत्तावीस बोल			७
आ.का.	१२२	सदयवत्सकथा		१५२८	२८
लों.का.	३४२	सदेवंतसावलींग वार्ता त्रूटक			१-३
जि.का.	१६३८	सद्‌भक्त्या			
जि.का.	१३०१	☯ सनत्कुमारचरित्र	जिनपालगणि	१२७८	१८४
त.का.	३१७	□ सनत्कुमारकथा	वीरसागरगणि		१४
डूं.का.	३२०	सनत्कुमारचरित्र			४
डूं.का.	११९१	सन्निपात कलिका			१२
जि.का.	१८१९	सन्निपातकलिका वैद्यक	अश्विनीकुमार		३-३२
जि.का.	१२२८	□ सन्मतितर्कनी चार अपूर्ण प्रतिओ तथा अंगविज्जा अपूर्ण			
जि.ता.	३६३	☯ सन्मतितर्कप्रकरण तत्त्वबोध-विधायिनी वृत्ति सह द्वितीयखंड किंचिदपूर्ण	मू.क.सिद्धसेन दिवाकर, वृ.क.अभयदेवसूरि तर्कपंचानन	१२००	२-२५२
जि.का.	५८	☯ सन्मतितर्कप्रकरण तत्त्वबोध-विधायिनीवृत्ति सह प्रथम खंड	सिद्धसेन दिवाकर -मू., अभयदेव आचार्य तर्कपंचानन-वृ.	१४८७	१२६(१६३३-१७५७)
जि.का.	५९	☯ सन्मतितर्कप्रकरण तत्त्वबोध-विधायिनीवृत्तिसह द्वितीय खंड तर्कपंचानन	सिद्धसेन दिवाकर -मू., वृ. अभयदेव आचार्य		९६(१७५८-१८५३)
त.का.	२८०	सप्त (नव) स्मरण			११
त.का.	७३२	सप्त नवस्मरण			१७
त.का.	६७४	सप्तति अवचूरि			२७
त.का.	९५४	☯ सप्तति शत जिननाम स्तोत्र	विशालसुंदर		३
जि.ता.	४१५/१०	☯ सप्ततिका कर्मग्रंथ-षष्ठ कर्मग्रंथ			१५६-१६१
जि.का.	१५१२	सप्ततिका षष्ठकर्मग्रंथ			३
जि.का.	१५१३	सप्ततिका षष्ठकर्मग्रंथ सटीक	मलयगिरि		३४-६१
जि.ता.	१८९	☯ सप्ततिका-षष्ठ कर्मग्रंथ टिप्पनक गाथाबद्ध	रामदेवगणि	१२११	५६
जि.का.	२२३४	सप्ततिकाकर्मग्रंथ सस्तबक यंत्रसह			३८
जि.का.	९१६	सप्ततिकाकर्मग्रंथभंगक			२-८
त.का.	८२०	सप्ततिशतजिनयंत्रस्तवन + पार्श्वनाथस्तवन		१६९१	२
जि.का.	१६९३/५	☯ सप्ततिशतजिनस्तोत्र			३-४
जि.का.	९३४	सप्ततिशतस्थानप्रकरण			४
जि.का.	८००	सप्ततिशतस्थानप्रकरण सस्तबक अपूर्ण			४१
त.का.	९०५	सप्तदशपूजाद्रव्य			२
जि.का.	१७९३	□ सप्तपदार्थी	शिवादित्य मिश्र		४
जि.का.	२०३	□ सप्तपदार्थीटीका		१५४६	१९
जि.का.	७२७	☯ सप्तपदार्थीमितभाषिणीटीका	माधव सरस्वती	१६८१	३०
जि.का.	६०६/१०	□ सप्तपदी चंदी			२४-२५
जि.का.	४२०/२९	सप्तभंगवाणी	भैया		६६-६७
त.का.	८१३	सप्तभंगीगर्भित महावीरस्तवन	मनरूपविजय	१८९५	२
त.का.	४८३	सप्तभंगीगर्भित महावीरस्तवन			५
डूं.का.	९७३	सप्तभेदप्रकाश	महेश्वर कवि	१५७६	८
जि.का.	२१६३	सप्तव्यसनकथा पद्य			१३१
जि.का.	१६९०	सप्तव्यसनकथानक पद्य अपूर्ण	सोमकीर्ति		५२
जि.का.	७३९	सप्तस्मरण			९
जि.का.	१६२६	सप्तस्मरण			१०

भंडार नाम	ग्रंथांक		ग्रंथनुं नाम	कर्ता	संवत्	पत्र संख्या
जि.का.	२०३८		सप्तस्मरण			४
जि.का.	१६२५	◉	सप्तस्मरण			२०
डूं.का.	११८३	◆	सप्तस्मरण			९
डूं.का.	७८७		सप्तस्मरण			
त.का.	११२२		सप्तस्मरण			४
त.का.	११६४		सप्तस्मरण			८
त.का.	१३१७		सप्तस्मरण			६
त.का.	१३३०/B		सप्तस्मरण			१५
जि.का.	१७००		सप्तस्मरण अपूर्ण			८
जि.का.	२५६	□	सप्तस्मरण खरतरगच्छीय			१२
			सावचूरक पंचपाठ			
जि.का.	७३८		सप्तस्मरण सस्तबक अपूर्ण			२३
जि.का.	३८८	□	सप्तस्मरण-खरतरगच्छीय		१५४७	७
त.का.	७०५		सप्तस्मरणस्तोत्र सह टब्बार्थ			२८
जि.का.	३९६	□	सप्तस्मरण संस्कृतस्तबकसह-			८
			खरतरगच्छीय			
लों.का.	५६८		सप्तपदार्थी त्रूटक जीर्ण			१-१०
डूं.का.	८०९		सप्तभंगी			३
त.का.	६८२	◆	सप्तम कर्मग्रंथ	देवेन्द्रसूरि		१०
लों.का.	५७५		सप्तस्मरण			१-११
डूं.का.	१२३५		सप्तस्मरण-चैत्यवंदन (टब्बार्थ)			१३
जि.का.	११६६		सप्तस्मरणनी अनेक प्रतिओ			
डूं.का.	१२६०		समकित उत्पत्ति			६
डूं.का.	८४९		समयसार नाटक		१७५३	४०
जि.का.	२२२६	□	समयसार सटीक			२३
त.का.	१२५६	◉	समयसार सह आत्मख्यातिवृत्ति			९६
जि.का.	२२३३	◉	समयसारनाटक सटीक	अमृतचन्द्राचार्य-मू.,		९३
				टी.क.देवेन्द्रकीर्ति		

भंडार नाम	ग्रंथांक		ग्रंथनुं नाम	कर्ता	संवत्	पत्र संख्या
त.का.	६८७		समयसारप्रकरण			८
जि.का.	१००७		समयसारप्रकरण अपूर्ण			५
डूं.का.	८५४		समयसार नाटक			४३
जि.का.	१५३२	◉	समयसारनाटक सटीक त्रिपाठ	अमृतचंद्राचार्य-मू.,		
				टी.क.शुभचंद्राचार्य		
त.का.	६८३		समयसारप्रकरण टब्बार्थ			२२
जि.का.	१२४	□	समराइच्चकहा	हरिभद्रसूरि आचार्य	१९८३	२२७
जि.का.	१६८९	◉	समरादित्यचरित्र संस्कृतछायासह	हरिभद्रसूरि		३०१
जि.का.	८८	□	समरादित्यचरित्रसंक्षेप त्रूटक	प्रद्युम्नसूरि		४२-८१
			अपूर्ण पद्य			
जि.ता.	२६५	◉	समराइच्चकहा	हरिभद्रसूरि	१२५०	३०७
डूं.का.	११६६		समरादित्य विवरण	क्षमाकल्याण		२२३
डूं.का.	१२०९	◆	समवसरण (गुटका)			
डूं.का.	४३५		समवसरण विधान		१७२५	१८
डूं.का.	३५३		समवसरण स्तोत्र- बालावबोध			५
त.का.	२६०		समवसरणप्रकार			५
था.का.	४२५		समवसरणस्तोत्र			३
लों.का.	४१२		समवसरणविधान त्रूटक			१-४
लों.का.	४०१		समवसरणस्तवन	धर्मवर्धन		१-२
था.का.	३६६	◉	समवसरणस्तोत्र			३
जि.ता.	१४७/१३	◉	समवायांगपर्याय			११५-१२१
था.का.	२५८		समवायांगवृत्ति	अभयदेवसूरि		८६
था.का.	२६०	◉	समवायांगवृत्ति	अभयदेवसूरि	१६७१	९३
जि.ता.	८/१	◉	समवायांगसूत्र			१-४५
जि.ता.	९/१	◉	समवायांगसूत्र			१-६४
जि.का.	३३७	□	समवायांगसूत्र	सुधर्मास्वामी		३९
जि.का.	५९३	□	समवायांगसूत्र	सुधर्मास्वामी		३७
जि.का.	१३६८		समवायांगसूत्र			८१

भंडार नाम	ग्रंथांक		ग्रंथनुं नाम	कर्ता	संवत्	पत्र संख्या
डूं.का.	७१५		समवायांगसूत्र			४५
डूं.का.	७१६		समवायांगसूत्र			६७
डूं.का.	७८९		समवायांगसूत्र	हर्षविमल मुनि	१८८९	१०३
था.का.	२५७		समवायांगसूत्र			३८
था.का.	२५९	□	समवायांगसूत्र		१६७०	४०
आ.का.	५०		समवायांगसूत्र			४२
त.का.	३०	●	समवायांगसूत्र	सुधर्मा गणधर		३४
जि.का	१४०८		समवायांगसूत्र अपूर्ण			३६
लों.का	२२		समवायांगसूत्र मूल	सुधर्मास्वामी	१६६५	१-४९
लों.का	२३		समवायांगसूत्र मूल	सुधर्मास्वामी	१८७३	१-६६
जि.का	१२	◐	समवायांगसूत्रवृत्ति	अभयदेवसूरि	११२०	३९(५२८-५६५)
जि.ता	८/२	◐	समवायांगसूत्रवृत्ति	अभयदेवाचार्य	र.११२० ले.१४८७	४६-१३४
जि.ता	९/२	◐	समवायांगसूत्रवृत्ति	अभयदेवाचार्य	र.११२० ले.१४०१	६५-२१५
जि.का	११	◐	समवायांगसूत्र	सुधर्मास्वामी		१७(५११-५२७)
त.का.	२९	●	समवायांगसूत्र	सुधर्मा गणधर		५१
त.का.	१५	◐	समाचारी पदस्थापन दीक्षा			३०
त.का.	११५५		समाधितंत्र सह बालावबोध			१७२
जि.का	८६३		समाधितंत्रबालावबोध	पर्वत धर्मार्थी	१७७९	१५४
जि.का	७४४/१		समाधितंत्रदुहा	यशोविजयोपाध्याय		१-६
जि.का	१०२७		समाधिशतक बालावबोधसह अपूर्ण	सोमसेनसूरि		१४
जि.का	१८७३		समाविचार (सुभिक्षदुर्भिक्षविचार)			१८
जि.का	२०४०		समासयोगपटल	वररुचि		२
आ.का.	१३९		समासविचार	ज्ञानसागर	१६२२	३
आ.का.	८३		समाससारोद्धार			१०
जि.का.	५५७		समुद्रप्रकाशविद्याविलासचोपाई	जिनभद्रसूरि		६
जि.का.	४२०/४४		समुद्घातस्वरूप	भैया		९२
त.का.	२०४	□	सम्बोधसप्तति	जयशेखरसूरि		४
आ.का	५४/B		सम्मतितर्क उत्तरार्ध	कमलविजय		२६४
आ.का	५४/A		सम्मतितर्क पूर्वार्ध			३८६
लों.का	२१३		सम्यकत्वकौमुदी कथा त्रूटक			१-१३
डूं.का.	९७		सम्यकत्वकौमुदीकथा	शिवलाल-ले.	१९०१	६४
डूं.का.	६९२		सम्यक्त्व + संभवमहाकाव्य (सुलसाचरित्र)	जयतिलकसूरि		२६
था.का	१९४	□	सम्यक्त्व ६७ बोलनी सज्झाय	जसविजयगणि		६
त.का.	४७८		सम्यक्त्व ६७ बोली सज्झाय सहटब्बार्थ	जशविजय	१८९१	१४
त.का.	३४१		सम्यक्त्व अधिकार	रविविजय	१९११	५
त.का.	३४५		सम्यक्त्व अधिकार			५
डूं.का.	४७०		सम्यक्त्व कौमुदी कथा	रत्नचंद्र	१८५७	३१
त.का.	९१६		सम्यक्त्व सडसठ बोल		१८४५	२
त.का.	१०२३/I		सम्यक्त्वकुलक			१
जि.का	८३७	◐	सम्यक्त्वकौमुदी		१७०३	१८
जि.का	२१८८		सम्यक्त्वकौमुदी			२९
त.का.	६१४		सम्यक्त्वकौमुदीकथा			७७
जि.का	१६५९	◐	सम्यक्त्वकौमुदीकथा गद्य			३९
त.का.	६१५		सम्यक्त्वकौमुदीकथानक			५०
जि.का	९५२		सम्यक्त्वपंचविंशतिका- सम्यक्त्वस्वरूपस्तवन सटीक पंचपाठ			२
जि.का	४२०/४६		सम्यक्त्वपच्चीसी	भैया	१७५०	९३-९४
जि.का	२९९		सम्यक्त्वरास			
डूं.का.	६९७		सम्यक्त्वविचार			४

भंडार नाम	ग्रंथांक		ग्रंथनुं नाम	कर्ता	संवत्	पत्र संख्या
जि.का.	१५७१	☯	सम्यक्त्वसप्ततिकाप्रकरण			६
त.का.	१०२३/K		सम्यक्त्वस्तव			१
त.का.	७१		सम्यक्त्वस्तवन			
जि.का.	६३५/२		सम्यक्त्वस्तवपचीसी			४-५
जि.का.	१५२८		सम्यक्त्वस्तवपंचविंशतिकाप्रकरण			२
डूं.का.	११६३		सम्यक्त्वस्तवावचूरी			४
जि.का	५४६	□	सम्यक्त्वस्वरूपस्तवअवचूरि			५
जि.का.	२२०६		सम्यक्त्वस्वरूपस्त्व सावचूरिक			३
जि.ता.	२७४		सम्यक्त्वालंकार अपूर्ण			३
त.का.	१२३५		सम्यक्त्वअधिकार		१९१३	७-१२
डूं.का.	८७		सम्यक्त्वकौमुदी	गुणसुंदर	१८२५	८१
डूं.का.	१०५३		सम्यक्त्वकौमुदी	गोपीदास-ले.	१९०३	६२
डूं.का.	११२७		सम्यक्त्वकौमुदी		१८२५	८१
डूं.का.	११७६		सम्यक्त्वकौमुदी		१८२४	१२३
त.का.	२७६		सम्यक्त्वसत्तरि	बनारसी दास	१६६०	५
डूं.का.	२७६		सम्यक्त्वसप्ततिका			६
था.का.	३५०		सम्यक्त्वस्तव			१
डूं.का.	८५७		सम्यक्त्वस्तवन बालावबोध	सुमतिहर्ष		१०
डूं.का.	११३६		सम्यक्त्वस्तव			१०
डूं.का.	८४१		सम्यक्त्वकौमुदी			३५
डूं.का.	९२१		समवसरण	माणिक्यनंदन	१८५०	२
त.का.	८६२		सरस्वती (त्रिपुरा) लघुस्तोत्र		१८४८	२
जि.का.	६६७		सरस्वतीकुटुंबसंवाद		१७२६	२-३
त.का.	८५१		सरस्वतीछंद			२
डूं.का.	२३४/२	☯	सरस्वतीमंत्रकल्प	मल्लिषेणसूरि	१९८४	१
डूं.का.	२३४/१	☯	सरस्वतीमंत्रकल्प	मल्लिषेणसूरि	१९८४	२
जि.का	१२६२		सरस्वतीस्तवन			१
जि.ता.	१७१/१३	☯	सरस्वतीस्तोत्र		११६९	१-२
त.का.	८४५	☯	सरस्वतीस्तोत्र			२
त.का.	८३४		सरस्वतीस्तोत्र + पुष्पांजली	रामविजय	१७९६	२
त.का.	९५८		सरस्वतीस्तोत्र छंद	यशोविजय	१८५१	३
त.का.	४८८/A		सरस्वतीछंद सह अष्टोत्तर नाम स्तोत्र मंत्रादि			१०
डूं.का.	६६३		सरस्वतीमस्तकमाधव	शिवादित्य	१६६३	२७
जि.का	१२९९/१	□	सर्वजिननमस्कार		१४००	१लुं
जि.ता.	३९७/१२	☯	सर्वजिनस्तोत्र		१५००	१७८मु
जि.ता.	३६७/३	☯	सर्वज्ञसिद्धि	हरिभद्रसूरि	१५००	१२०-१३९
जि.का	१६२	☯	सर्वज्ञसिद्धि			४
आ.का.	३६६		सर्वज्ञसिद्धि			७
जि.का	१५३/३	☯	सर्वज्ञसिद्धिप्रकरण	हरिभद्रसूरि		४४-५०
जि.का	१५७	●	सर्वज्ञसिद्धिप्रकरण	हरिभद्रसूरि	१९८३	७
जि.का	९११/१	☯	सर्वज्ञस्तोत्र अवचूरि पंचपाठ	सोमतिलकसूरि		१
जि.का	१६९३/२	☯	सर्वरोगहरस्तोत्र			२
जि.ता.	३७५/२	☯	सर्वसिद्धांतप्रवेश			१७-४१
जि.का	१५८	●	सर्वसिद्धांतप्रवेश		१९८३	४
जि.ता.	३७३	☯	सर्वसिद्धांतप्रवेश (षड्दर्शन-समुच्चय जेवो गद्य ग्रंथ)		१२००	१७
जि.का	९६७	□	सर्वसिद्धांतविषमपदपर्याय		१९८४	४८
जि.ता.	१४७	☯	सर्वसिद्धान्तविषमपदपर्याय		१४९३	१५२
त.का.	८४२		सर्वसिद्धान्तस्तवन	जयशेखरसूरि		२
डूं.का.	१३४३		सवासौ सीख	धरमसी उपाध्याय		२
जि.का	२०३३		सवैया-ऋषभदेवछंद आदि			३
त.का.	९४९		सवैयासंग्रह			२
डूं.का.	४३०		सह दीपिका			
डूं.का.	१३५०		सहस्त्रनाम			
जि.ता.	३९१/२		सांख्यतत्त्वकौमुदी			

भंडार नाम	ग्रंथांक		ग्रंथनुं नाम	कर्ता	संवत्	पत्र संख्या
जि.ता.	३९२/२		सांख्यतत्त्वकौमुदी			
जि.ता.	३९१/३	◉	सांख्यसप्ततिका	ईश्वरकृष्ण	१२००	९
जि.ता.	३९२/१	◉	सांख्यसप्ततिका	ईश्वरकृष्ण		७
जि.ता.	३९३	◉	सांख्यसप्ततिका वृत्तिसह		११७६	८९
जि.ता.	३९४	◉	सांख्यसप्ततिका वृत्तिसह	मू.क.ईश्वरकृष्ण	१२००	१०२
जि.ता.	३९१/२	◉	सांख्यसप्ततिकाटीका- सांख्यतत्त्वकौमुदी	वाचस्पतिमिश्र		९०-१८४
जि.ता.	३९१/१	◉	सांख्यसप्ततिकाभाष्य	गौडपाद	१२००	१२-८३
जि.ता.	३९२/३	◉	सांख्यसप्ततिकाभाष्य	गौडपाद	१३००	१-७०
जि.ता.	३९२/२	◉	सांख्यसप्ततिटीका- सांख्यतत्त्वकौमुदी	वाचस्पतिमिश्र		१-८०
त.का.	१२१३		सागरचंद्रकमलामेलाचौपई	विजयशेखर	१६८५	४०
त.का.	११२९/A		सागरचंद्रमृगांकलेखाचरित्र			२-२३
डूं.का.	१०१	◆	सागरोपमग्रंथ			५
डूं.का.	४१२		सात स्मरण			
त.का.	९००		सात हितशिक्षायें			२
डूं.का.	८३७		सातमी नरक नकशा			१
लों.का.	५२८		सातवीषयनी सज्झाय			
था.का.	४०२		सातसमुद्घात			१
जि.का.	१३२६/४०	◉	साधर्मिकवात्सल्यकुलक	अभयदेवसूरि		२६७-२६९
त.का.	२४६		साधारणजिनस्तोत्र सह अवचूरि	जयानंदसूरि		५
डूं.का.	३६३		साधारण विधिओ			८
था.का.	४३८		साधु (मुनि) मालिका			२
था.का.	४७२		साधु (मुनि) मालिका		१७०१	२
त.का.	३३५		साधु (मुनि) मालिका			५
डूं.का.	३९८	◉	साधु अतिचार			१४
त.का.	१५०		साधु समाचारी नव व्याख्यान			२५
त.का.	९३४		साधु-श्रावक दिनचर्या विधियाँ			३
जि.का.	२१२०/१६	◉	साधुप्रतिक्रमण सूत्रवृत्ति			४५-४९
जि.का.	२१६०/३		साधुप्रतिक्रमणसूत्र			११-१४
जि.का.	८४८	◆	साधुवंदना	कुंवरजी		८
डूं.का.	१८६		साधुवंदना			१०
था.का.	१०३		साधुवंदना	जिनचंद्रसूरि		७
था.का.	२२६		साधुवंदना	कचराऋषि	१६९६	६
था.का.	३७६		साधुवंदना	पुण्यसागर		७
लों.का.	१९६		साधुवंदना			१-७
लों.का.	२९९		साधुवंदना		१८३८	१-९
लों.का.	३११		साधुवंदना	पुण्यसागर		१-८
लों.का.	३२२		साधुवंदना			१-११
लों.का.	५७४		साधुवंदना	पार्श्वचंद्र		१-३
आ.का.	१३१		साधुवंदना			८
त.का.	७०४		साधुवंदना	समयसुंदर		१९
त.का.	८३३		साधुवंदना			२
त.का.	११७१		साधुवंदना			११
त.का.	१२०७		साधुवंदना	तिलकसिंह		१०
जि.का.	५७१		साधुवंदना अपूर्ण			२
जि.का.	३०३	□	साधुवंदनारास	पुण्यसागर		६
जि.का.	४१२		साधुवंदनारास	समयसुंदर	१६९७	२२
जि.का.	२१५	◉	साधुवंदनारास अपूर्ण			१४
डूं.का.	७३०		साधुविधि प्रकाश			१८
जि.का.	२२४०	□	साधुविधिप्रकाश	क्षमाकल्याण		१६
डूं.का.	१११८		साधुविधिप्रकाश + लघुप्रतिक्रमण विधि			१६
जि.का.	२१६०		साधुषडावश्यकसूत्र आदि			११२
जि.का.	१४५४		साधुषडावश्यकसूत्र- स्मरणादिआवश्यकसूत्रसंग्रह			४६

भंडार नाम	ग्रंथांक		ग्रंथनुं नाम	कर्ता	संवत्	पत्र संख्या
जि.का.	१०६४/२		साधुसंघमर्यादापट्टक	जिनप्रभसूरि		१८मु
त.का.	१२५५	◆	साधुसमाचारी			
था.का.	३९५		साधुगुणमालिका		१६४२	२
डूं.का.	८३३	☯	साधुप्रतिक्रमणवृत्ति	तिलकाचार्य		२५
लों.का	४६२		साधुवंदना	कुंवरजी	१८३८	१-९
आ.का.	३३५		साधुवंदना			१३
त.का.	७८०	☯	साधुविज्ञप्तीपत्र			२
डूं.का.	४५८		साधुविधि प्रकाश			१२
आ.का	३०		साधुसमाचारी			१४
डूं.का.	६८३		साधुवंदना	समयसुंदर	१७८८	२०
जि.का	४७६	◆	सामवेदनिर्णय-द्वादशमहावाक्यनिर्णय			२१-३६
जि.ता.	२७५	☯	सामाचारि बीजकसह	तिलकाचार्य	१४०९	१८८
जि.का	२११	☯	सामाचारी			६
त.का.	१०५२		सामाचारी आचारविधि		१६४५	२४
जि.का	१८५	☯	सामाचारी-यतिदिनचर्या	देवसूरि	१५६२	१२
जि.का	३७८	□	सामाचारीशतक बीजकसह	समयसुंदरोपाध्याय	१९८३	११०
डूं.का.	५८६		सामायिक ग्रहणविधि			३
डूं.का.	२४२		सामायिक पौषह पारवानी विधि			४
डूं.का.	५१४		सामायिक प्रतिक्रमण विधि			३
डूं.का.	१०९२		सामायिकग्रहण विचार			३
जि.का	९०३/१		सामायिकदोषनिवारणबत्रीसी	प्रमोदमाणिक्य		२
जि.का	२०१२/२		सामायिकदोषनिवारणस्तवन	गुणरंग वा.		२-३
त.का.	९७६		सामायिकना दोष + चउद नियमनी सज्झाय			३
त.का.	१०२३/J		सामायिकपौषधफलकुलक			१
जि.का	१३०६		सामायिकप्राप्तिआदिविषयक कथानकादि		१४००	१३
जि.का	२०६३		सामायिकबत्रीसदोषसज्झाय	गुणरंग		२
लों.का.	५२६	◆	सामायिकविधि			१-४
त.का.	६८६		सामायिकसूत्र सह वचनिका व बालावबोध	मनोहर प्रं.	१७५४	८२
त.का.	१९३		सामायिकादिविधि			६
डूं.का.	४२	□	सामुद्रिकशास्त्र		१७२१	५
डूं.का.	१२४४		सामुद्रिकशास्त्र	रामचंद मुनि		८
त.का.	४५५	☯	सामुद्रिकशास्त्र			१८
जि.का.	१८८६		सारणी ज्योतिष			११
त.का.	८२३		सारशिखामणसज्झाय		१८५२	२
जि.का.	१२१८		सारशिखामणरास		१७७५	१८
जि.का.	२२३१		सारसंग्रह	वरदराज		१०
लों.का.	५५४		सारसंग्रह (ज्योतिष)			१-२९
डूं.का.	१२२७		सारस्वत			१३
आ.का.	१०७		सारस्वत			४०
त.का.	५१७		सारस्वत	अनुभूतिस्वरूपाचार्य	१८७५	७१
त.का.	५६४		सारस्वत			२१
त.का.	५६९		सारस्वत			३७
त.का.	९२७		सारस्वत			३
जि.का.	६८९		सारस्वत आख्यातप्रक्रिया	अनुभूतिस्वरूपाचार्य		२०
डूं.का.	८९५		सारस्वत कृदंतप्रक्रिया	अनुभूति स्वरुपाचार्य	१८६४	८३
डूं.का.	९०९		सारस्वत टीका	भट्ट माधव	१६८१	४८
डूं.का.	९१०		सारस्वत टीका			
डूं.का.	९१३		सारस्वत टीका (९१०नी साथे छे)	क्षेमचंद्र	१७६५	८१ थी १५९
लों.का.	२५८		सारस्वत त्रूटक	अनुभूतिस्वरूप		१-२८
डूं.का.	९११		सारस्वत प्रक्रिया	अनुभूति स्वरुपाचार्य	१८२१	५३
डूं.का.	९१२		सारस्वत प्रक्रिया	अनुभूति स्वरुपाचार्य		५९
लों.का.	२६८		सारस्वत बालावबोध (संक्षेप)		१८५३	१-२४

भंडार नाम	ग्रंथांक	ग्रंथनुं नाम	कर्ता	संवत्	पत्र संख्या
डूं.का.	९१६	सारस्वत माधवी वृत्ति अपूर्ण			९५
लों.का.	२४९	सारस्वत व्याकरण	अनुभूतिस्वरूपाचार्य		१-६७
लों.का.	२८८	सारस्वत व्याकरण			
डूं.का.	९०८	सारस्वत व्याकरण सह टीका	भट्टमाधव - टी.		९२
डूं.का.	९३	सारस्वत व्याकरण	दानमलमुनि -पं.	१८८४	८१
डूं.का.	११००	सारस्वत व्याकरणवृत्ति	हर्षविमल	१८७१	१२
आ.का.	२२१	सारस्वत सह बालावबोध			२
डूं.का.	१०४०	सारस्वत सूत्र	सोमगणी-ले., अनुभुति स्वरुपाचार्य-क.	१७९८	७४
जि.का.	१७४१	सारस्वतटिप्पनक	क्षेमेन्द्र-टी.	१६६२	१७
त.का.	१०४४	सारस्वतदीपिका	अनुभूति स्वरूपाचार्य		१६८
जि.का.	१७४०	सारस्वतदीपिका पंचसंधि			३२
त.का.	५८५	सारस्वतधातुपाठ सह बालावबोध			८६
जि.का.	२०३९	सारस्वतपुंजराजीटीका अपूर्ण	पुंजराज		७६
त.का.	१०४५	सारस्वतप्रक्रिया	अनुभूति स्वरूपाचार्य	१७४५	५२
आ.का.	१०१	सारस्वतप्रक्रिया त्रिवृत्ति			३७
जि.का.	१७४२	सारस्वतप्रथमश्लोकार्थ			२-६
जि.का.	५६४	□ सारस्वतमंडन	मंडन		७८
जि.का.	१७३९	सारस्वतवृत्ति अपूर्ण	चंद्रकीर्ति		७
जि.का.	१७२८	सारस्वतव्याकरण	अनुभूतिस्वरूपाचार्य		५४
जि.का.	१७३४	सारस्वतव्याकरण	अनुभूतिस्वरूपाचार्य	१८११	६४
जि.का.	१७३६	सारस्वतव्याकरण	अनुभूतिस्वरूपाचार्य	१८५९	८०
जि.का.	१७३७	सारस्वतव्याकरण	अनुभूतिस्वरूपाचार्य		२१
त.का.	६३६	सारस्वतव्याकरण	अनुभूति स्वरूपाचार्य	१८७३	६९
जि.का.	१७३८	सारस्वतव्याकरण अपूर्ण	अनुभूतिस्वारूपाचार्य		११
जि.का.	२०२९	सारस्वतव्याकरण अपूर्ण	अनुभूतिस्वरूपाचार्य		२०
जि.का.	५२२	सारस्वतव्याकरण त्रूटक अपूर्ण			४३-४६
जि.का.	१११८	सारस्वतव्याकरण पंचसंधि	अनुभूतस्वरूपाचार्य	१९०२	९

भंडार नाम	ग्रंथांक	ग्रंथनुं नाम	कर्ता	संवत्	पत्र संख्या
जि.का.	५०९	सारस्वतव्याकरण सूत्रपाठ		१७११	९
जि.का.	४३६	सारस्वतव्याकरणचंद्रकीर्त्तिटीका	चंद्रकीर्त्तिसूरि		२०३
जि.का.	४४९	सारस्वतव्याकरणचंद्रकीर्त्तिटीका	चंद्रकीर्त्ति	१६६२	१०३
जि.का.	४३३	सारस्वतव्याकरणचंद्रकीर्त्तिटीका पूर्वार्द्ध	चंद्रकीर्त्तिसूरि		१५५
जि.का.	१७३५	सारस्वतव्याकरणटीका		१७७६	११५
जि.का.	१८०४	सारस्वतव्याकरणदीपिकाटीका	चंद्रकीर्त्ति	र.१७७४ ले.१८२२	२१२
जि.का.	४४८	□ सारस्वतव्याकरणभाष्य	काशीनाथ	१७०९	११०
जि.का.	१८२६	सारस्वतव्याकरणसिद्धांत रत्नावलीटीका अपूर्ण			८४
त.का.	१२१७	सारस्वतसूत्रवृत्ति		१७७८	१७-२८
त.का.	५१६	सारस्वतानुसार शब्दनिष्पादन		१९१४	८
जि.का.	१०६९	सारस्वतीयधातुपाठ वृत्तिसह			१९
त.का.	६७	सारस्वत बालावबोध	अनुभूति स्वरूपाचार्य	१९००	२३७
डूं.का	२०३	सारस्वतकौमुदी			१३
डूं.का	८७१	सारस्वतदिपिका	चंद्रकीर्तिसूरि		१२५
लों.का.	३१९	सारस्वतदीपिका त्रूटक			१-२५
त.का.	१२५१	सारस्वतप्रक्रियाबालावबोध			१२
त.का.	११०९	सारस्वतविभक्तिसमासवृत्ति			४६-५६
लों.का.	४०८	सारस्वतव्याकरण	अनुभूति स्वरूपाचार्य		१-९
आ.का.	२१२	सारस्वतव्याकरण			२५
लों.का.	२६०	सारस्वतव्याकरण (टब्बो) त्रूटक	अनुभूतिस्वरूप		२-१८
डूं.का.	८६५	सारस्वतव्याकरण तृतीयवृत्ति			१२६
लों.का.	२४६	सारस्वतव्याकरण त्रूटक	अनुभूति स्वरूपाचार्य		१-४५ + १-१७
लों.का.	२४८	सारस्वतव्याकरण त्रूटक	अनुभूतिस्वरूपाचार्य		१-४५
लों.का.	२६४	सारस्वतव्याकरण त्रूटक	अनुभूतिस्वरूप		१-४४

भंडार नाम	ग्रंथांक	ग्रंथनुं नाम	कर्ता	संवत्	पत्र संख्या
लों.का.	२९४	सारस्वतव्याकरण त्रूटक	अनुभूति स्वरूपाचार्य		१-४१
डूं.का.	१६७	सारस्वतव्याकरणवृत्ति	हेमराज पं.-ले.		५५
त.का.	१२३६	सारस्वतव्याख्या (क्षेमंकरी टीका)			२७
डूं.का.	१३७	सारस्वतव्याकरण	चंद्रकीर्ती	१७४५	७४
लों.का.	७०१	सारस्वतसूत्र	अनुभूति स्वरूपाचार्य		१-७
डूं.का.	४१०	सारस्वतसूत्रपाठ			८
था.का.	३६७	सारस्वत + हैमव्याकरण प्रथमपद समाधान			२
त.का.	५२३	सारस्वत		१८५९	११
त.का.	५८९	सारस्वत			५
जि.का.	१०००	सारस्वतव्याकरण	अनुभूत स्वरूपाचार्य		५४
जि.का.	४५१	सारस्वतव्याकरण अपूर्ण	अनुभूतिस्वरूपाचार्य		४५
जि.का.	५५३	सारस्वतव्याकरण बालावबोध सह अपूर्ण			१५
लों.का.	२८९	सारस्वतव्याकरण सूत्राणि सस्तबक		१९११	१-८
जि.का.	५६१	सारस्वतव्याकरण	अनुभूतिस्वरूपाचार्य		३६
जि.का.	४२७	सारावली	कल्याणवर्म		४-१०२
था.का.	२०२ ◐	सारावली प्रकीर्णक पत्र			४
जि.का.	२१२२ □	सारोद्धारकोश सस्तबक			३५
डूं.का.	६१ □	सारोध्धारसारसंग्रह		१७०९	१२८
जि.ता.	४००/१	सार्द्धशतकप्रकरण			
जि.ता.	१८६ ◐	सार्द्धशतकप्रकरणसूक्ष्मार्थ-विचारसारप्रकरणवृत्ति सह	मू.क.जिनवल्लभगणि, वृ.क.चक्रेश्वरसूरि	र.११७१ ले.१४००	२४६
जि.का.	१५१८	सार्धशतकप्रकरण (सूक्ष्मार्थविचारसारप्रकरण) सटीक	जिनवल्लभगणि		९४
जि.का.	२०८	सार्धशतकप्रकरण टिप्पणीसह पंचपाठ			
जि.ता.	४१५/४	सार्धशतकप्रकरण			
जि.का.	६१३	साल्हाऋषिसज्झाय	शुभमंदिर		१
डूं.का.	१३८७	साहित्यिक नैतिक			७१
त.का.	१०२३/E	साहित्यिक स्फुट पत्रे त्रुटक लघुग्रंथ			२८
त.का.	९६३	साधारणजिनस्तोत्र सह अवचूरि	दयाविजयगणि	१८५९	३
डूं.का.	६८६	सारस्वत प्रक्रिया अपूर्ण			६९
डूं.का.	९४	सिंदुरप्रकर	भाग्यविलासमुनि-ले.	१९०१	६४
जि.का.	२०७ ◐	सिंदूरप्रकर	सोमप्रभाचार्य		१०
जि.का.	६२३ □	सिंदूरप्रकर	सोमप्रभाचार्य		७
जि.का.	६२४	सिंदूरप्रकर	सोमप्रभाचार्य		५
जि.का.	१५९६	सिंदूरप्रकर	सोमप्रभाचार्य		७
डूं.का.	२९८	सिंदूरप्रकर	जितरंगमुनि-ले., सोमप्रभमुनि-क.		१०
डूं.का.	१७/२	सिंदूरप्रकर			
त.का.	११६६	सिंदूरप्रकर	सोमप्रभाचार्य		१०
त.का.	१२६८/B	सिंदूरप्रकर			७
जि.का.	१५९८	सिंदूरप्रकर अवचूरि किंचिदपूर्ण			११
लों.का.	२६२	सिंदूरप्रकर त्रूटक			१-१२
जि.का.	१५९७ ◐	सिंदूरप्रकर सटीक	सोमप्रभाचार्य-मू., टी.क.हर्षकीर्त्तिसूरि		२३
जि.का.	७४२	सिंदूरप्रकर सस्तबक	सोमप्रभाचार्य	१७७०	१८
त.का.	१२१६	सिंदूरप्रकर सुभाषित			८-१४
डूं.का.	२९९	सिंदूरप्रकर	सोमप्रभमुनि		८५ थी ९२
डूं.का.	४८१	सिंदूरप्रकर	हर्षकीर्ति	१९०९	८५
डूं.का.	१२३२	सिंदूरप्रकर	सोमप्रभसूरि		१७
था.का.	१२९	सिंदूरप्रकर	सोमप्रभ आचार्य		८
लों.का.	२०५	सिंदूरप्रकर			१-८

भंडार नाम	ग्रंथांक		ग्रंथनुं नाम	कर्ता	संवत्	पत्र संख्या
लों.का.	२२३		सिंदूरप्रकर			१-१२
लों.का.	५६३		सिंदूरप्रकर			१-१६
लों.का.	६४५		सिंदूरप्रकर		१९४३	१-१४
त.का.	११९६		सिंदूरप्रकर			५
त.का.	१२३२		सिंदूरप्रकर सह बालावबोध			१०
डूं.का.	१२८		सिंदूरप्रकर सह वृत्ति	हर्षकीर्तिसूरि	१८९४	३१
त.का.	६२३	◐	सिंदूरप्रकर सह वृत्ति	सोमप्रभसूरि	१८२७	५३
त.का.	६२४		सिंदूरप्रकर सह वृत्ति	नेमचंद्रसूरि		२७
त.का.	१२२५	◐	सिंदूरप्रकर सह वृत्ति			४९
डूं.का.	२४७		सिंदूरप्रकरण	हर्षविमल, हर्षकीर्ती -वृत्ति ले.		२७
डूं.का.	७९७		सिंदूरप्रकरटीका	हर्षकीर्तिसूरि	१७९३	२०
डूं.का.	९३०	◐	सिंदूरप्रकरटीका	गुणकीर्तिसूरि	१८०३	११
डूं.का.	९२९	◐	सिंदूरप्रकरवृत्ति	हर्षकीर्तिसूरि		४७
डूं.का.	७९८		सिंदूरप्रकरसुभाषित	गुणहर्ष	१७८३	६
लों.का.	५७८		सिंदूरप्रकर	सोमप्रभाचार्य		२-९
जि.का.	५११/२		सिंहलसुतचोपाई- प्रियमेलकचोपाई अपूर्ण	समयसुंदर		३-४
लों.का.	४८३		सिंहलसुतचउपई	समयसुंदर	र.१६७२ ले.१७६८	१-१४
डूं.का.	८२	◆	सिंहासन बत्रीसी	हर्षदेव		२७
जि.का.	१३०९		सिंहासनद्वात्रिंशिका		१५००	३३-८०
जि.का.	१०३२	◆	सिंहासनद्वात्रिंशिका त्रू.अ.			५२-६२
जि.का.	१६६१		सिंहासनद्वात्रिंशिकाकथा			१२-४४
डूं.का.	६३		सिंहासनद्वात्रिंशिका अपूर्ण	क्षेमंकरमुनि		२७
डूं.का.	४९३		सिंहासनबत्तीसी			६८
जि.का	४३२		सिंहासनबत्रीसी	संघविजय	र.१३७८ ले.१६७८	६३

भंडार नाम	ग्रंथांक		ग्रंथनुं नाम	कर्ता	संवत्	पत्र संख्या
जि.का.	९९७	□	सिंहासनबत्रीसी			४६
जि.का.	२११७		सिंहासनबत्रीसीरास अपूर्ण			२-६२
जि.का.	२१२०/११	◐	सिग्घमवहरउ स्तोत्र			३९
जि.का.	१३२६/२७	◐	सिग्घमवहरउपार्श्वजिनस्तोत्र	जिनवल्लभगणि		२३८-२३९
जि.का.	१६२६/६	◐	सिग्घमवहरउविग्घं स्तोत्र	जिनदत्तसूरि		१०
जि.का.	२१६०/१२		सिग्घमवहरउस्तोत्र			५६-५७
जि.ता.	१९१/९	◐	सिग्धमवहरउस्तोत्र	जिनदत्तसूरि	१४००	११-१२
जि.ता.	१६०/४	◐	सित्तरी-षष्ठ कर्मग्रंथ		१३००	२५-३१
जि.ता.	१५०/६	◐	सित्तरी-षष्ठकर्मग्रंथ		१३००	१५०-१५८
लों.का.	३३९		सित्तरीसयस्तोत्र		१८८२	१-९
त.का.	१०१५		सिद्ध अधिकार			४
लों.का.	३०१		सिद्धचक्रजीरा गुण			१-७
आ.का.	३१५		सिद्धचक्रयन्त्रोद्धारविधि सहवृत्ति			३
आ.का.	३६९		सिद्धचक्रस्तोत्र तथा भावारिवारणसमसंस्कृतस्तोत्र			३
त.का.	८०८	◆	सिद्धचक्रादिस्तवन			२
जि.का.	४२०/२१		सिद्धचतुर्दशी	भैया		६१-६२
लों.का.	६२०		सिद्धचक्रनवपदस्तवन			१-६
आ.का.	१८९		सिद्धपंचाशिका			२
आ.का.	२८६		सिद्धपंचाशिका			३
आ.का.	२८७		सिद्धपंचाशिका			३
त.का.	९१९		सिद्धपंचाशिका	देवेन्द्रसूरि		२
डूं.का.	११४४		सिद्धपंचाशिकावचूरी	देवेन्द्रसूरि	१६६७	६
त.का.	२१७	□	सिद्धपञ्चाशिका	देवेन्द्रसूरि	१६५५	४
जि.ता.	३८/२	◐	सिद्धप्राभृतसूत्र			१-८
जि.का	११२/१	□	सिद्धप्राभृतसूत्र			१-४
जि.का	११३/१	□	सिद्धप्राभृतसूत्र			४१-४४
जि.का	११२/२	□	सिद्धप्राभृतसूत्रवृत्ति		१९८४	४-२२

भंडार नाम	ग्रंथांक		ग्रंथनुं नाम	कर्ता	संवत्	पत्र संख्या
जि.का.	११३/२	□	सिद्धप्राभृतसूत्रवृत्ति		१९८३	४४-६३
जि.ता.	३३/४	◐	सिद्धप्राभृतसूत्रवृत्ति		१४००	१४४-१६०
जि.ता.	३८/३	◐	सिद्धप्राभृतसूत्रवृत्ति		१५००	८-४४
जि.ता.	३२/४	◐	सिद्धप्राभृतसूत्रवृत्ति			४४-६१
जि.ता.	३३/३	◐	सिद्धप्राभृतसूत्र			१४१-१४४
जि.ता.	३२/३	◐	सिद्धप्राभृतसूत्र			४१-४४
जि.का.	१६११	◐	सिद्धमातृकाप्रकरण			२-५
जि.का.	६०७	□	सिद्धहेमशब्दानुशासन अष्टमाध्याय अपूर्ण	हेमचंद्रसूरि स्वोपज्ञ		४८
जि.का.	१७१९	◐	सिद्धहेमशब्दानुशासन अष्टमाध्याय बृहदवृत्तिसह	हेमचंद्राचार्य स्वोपज्ञ		६८
जि.का.	१७१६	◐	सिद्धहेमशब्दानुशासन आख्यातावचूरि चतुर्थाध्यायपर्यंत किंचिदपूर्ण			२८
जि.का.	१७१५	◐	सिद्धहेमशब्दानुशासन चतुष्कावचूरि षष्ठपादपर्यंत			२०
जि.का.	१७१४	◐	सिद्धहेमशब्दानुशासन बृहद्वृत्ति लघुन्यास षष्ठपाद पर्यंत	कनकप्रभसूरि		६९
जि.ता.	२९३	◐	सिद्धहेमशब्दानुशासन बृहद्वृत्ति सप्तमाध्याय	हेमचन्द्राचार्य	१४००	१९३
जि.ता.	२९४	◐	सिद्धहेमशब्दानुशासन बृहद्वृत्ति- आख्यातवृत्ति तथा कृद्वृत्ति	हेमचन्द्राचार्य	१४००	२७७
जि.ता.	२९५	◐	सिद्धहेमशब्दानुशासन बृहद्वृत्ति- तद्धितप्रकरण अपूर्ण	हेमचन्द्राचार्य	१४००	२६५
जि.ता.	२९६/२	◐	सिद्धहेमशब्दानुशासन बृहद्वृत्ति- तृतीयाध्याय द्वितीयपाद	हेमचन्द्राचार्य	१३००	२०४-२४८
जि.ता.	२९६/१	◐	सिद्धहेमशब्दानुशासन बृहद्वृत्ति- द्वितीयाध्याय तृतीयपाद	हेमचन्द्राचार्य	१३००	५४-८६
जि.ता.	३०२	◐	सिद्धहेमशब्दानुशासन लघुन्यास (दुर्गपदव्याख्या)-व्याकरण-चतुष्का वचूर्णि षष्ठपाद पर्यन्त	कनकप्रभसूरि	१२७१	१८६
जि.ता.	२९७	◐	सिद्धहेमशब्दानुशासन लघुवृत्ति पंचमाध्याय-कृद्वृत्ति	हेमचन्द्राचार्य	१२०६	९१
जि.ता.	३००	◐	सिद्धहेमशब्दानुशासन लघुवृत्ति षष्ठ सप्तमाध्याय तद्धितवृत्ति टिप्पणी सह	हेमचंद्राचार्य	१३००	११८
जि.का.	७९	□	सिद्धहेमशब्दानुशासन सूत्रपाठ, धातुपाठ तथा लिंगानुशासन	हेमचन्द्रसूरि		२२
जि.का.	२२२३	□	सिद्धहेमशब्दानुशासनलघुवृत्ति टिप्पणीसह चतुष्कवृत्ति पर्यंत	हेमचंद्राचार्य स्वोपज्ञ-क		८९
जि.ता.	२९८	◐	सिद्धहेमशब्दानुशासनलघुवृत्ति तृतीयाध्याय तृतीयपादथी पंचमाध्याय चतुर्थपादपर्यन्त आख्यातवृत्ति तथा कृद्वृत्ति	हेमचंद्राचार्य	१४००	१२३
जि.का.	१७१२	◐	सिद्धहेमशब्दानुशासनलघुवृत्ति द्वितीयअध्याय प्रथमपादपर्यंत	हेमचंद्राचार्य स्वोपज्ञ		१५
जि.का.	५५२	□	सिद्धहेमशब्दानुशासनलघुवृत्ति प्रथमाध्याय	हेमचन्द्राचार्य स्वोपज्ञ		५
जि.का.	१७१३	◐	सिद्धहेमशब्दानुशासनलघुवृत्ति षष्ठसप्तमाध्याय-तद्धितवृत्ति	हेमचंद्राचार्य स्वोपज्ञ		४१
जि.का.	७६	●	सिद्धहेमशब्दानुशासनलघुवृत्ति षष्ठाध्यायपर्यंत	हेमचन्द्राचार्य		५१-१२२
जि.ता.	२९९	◐	सिद्धहेमशब्दानुशासन लघुवृत्ति- तद्धितवृत्ति अपूर्ण	हेमचन्द्राचार्य	१४००	१७१
जि.ता.	३०१	◐	सिद्धहेमशब्दानुशासन रहस्यवृत्ति (सिद्धहेम लघुवृत्तिसंक्षेप)		१२१८	१६०

भंडार नाम	ग्रंथांक	ग्रंथनुं नाम	कर्ता	संवत्	पत्र संख्या
जि.का.	१२२६	सिद्धहेमसूत्रपाठ आदि त्रूटक अपूर्ण			
त.का.	१०७७	☯ सिद्धहेमशब्दानुशासन सह बृहद्वृत्ति	हेमचंद्राचार्य		१-१७८
त.का.	१०५०	☯ सिद्धहैमशब्दानुशासन बृहद्दीपिका बृहद्वृत्ति	हेमचंद्राचार्य	१३६८	८१
जि.का.	२२४९	सिद्धांतकौमुदी			१३
जि.का.	१७३०	सिद्धांतकौमुदी तत्त्वबोधिनी टीका अपूर्ण			८५
जि.का.	१७२९	सिद्धांतकौमुदी पूर्वार्ध	भट्टोजी दीक्षित	१८३१	१३७
त.का.	१०४३	सिद्धांतकौमुदी पूर्वार्ध	भट्टोजी दिक्षित		८६
जि.का.	१७३१	सिद्धांतचंद्रिका		१८६०	८७
जि.का.	१७३३	सिद्धांतचंद्रिका	रामाश्रमाचार्य		३४
डूं.का.	८६६	सिद्धांतचंद्रिका	लोकशंकर		७७
त.का.	१०९५	सिद्धांतचंद्रिका			८३(१२-१०२)
जि.का.	४१५	सिद्धांतचंद्रिका पूर्वार्ध	रामचंद्राश्रम		३०
जि.का.	६०८	सिद्धांतचंद्रिका पूर्वार्ध	रामचंद्र		४४
जि.का.	१७२६	सिद्धांतचंद्रिका सुबोधिनी-व्याख्यासह	रामाश्रमाचार्य-मू., व्या. सदानंद		११८
जि.का.	१८०७	सिद्धांतचंद्रिका स्वरान्तनपुंसक-पर्यंत	रामाश्रम		३२
जि.का.	१७३२	सिद्धांतचंद्रिका स्वरान्तनपुंसकलिंग पर्यंत	रामाश्रमाचार्य		१२
जि.का.	१७२७	सिद्धांतचंद्रिकातत्त्वदीपिकाव्याख्या पूर्वार्द्ध	वोकेशकर शर्मा		७५
जि.का.	९९१	◆ सिद्धांतचंद्रिका उत्तरार्द्ध	रामचन्द्राश्रम	१७७९	४०
जि.का.	२२९	☐ सिद्धांतविचारगाथा			२
जि.का.	४३०	सिद्धांतविचाररास		१७२४	२-९९

भंडार नाम	ग्रंथांक	ग्रंथनुं नाम	कर्ता	संवत्	पत्र संख्या
जि.का.	१२६७	☐ सिद्धांतशिरोमणिसूत्र	भास्कराचार्य		१५-२६
जि.का.	७७९	सिद्धांतसारोद्धार टिप्पनकसह	कमलसंयमोपाध्याय		२१
जि.का.	७५०	सिद्धांतहुंडिका सटीक त्रिपाठ			४-२३
डूं.का.	११२८	सिद्धांतकौमुदी			१६५
त.का.	५७४	☐ सिद्धांतकौमुदी (वैदिक प्रक्रिया)	दिक्षीत		१४
डूं.का.	११२९	सिद्धांतकौमुदी अपूर्ण			५०
जि.का.	६०६/३	☐ सिद्धांतगीत			६ठुं
डूं.का.	१२९	सिद्धांतचंद्रिका	रामचंद्र		१४०
त.का.	५८७	सिद्धांतचंद्रिका	रामचंद्राश्रम		५७
डूं.का.	११२४	सिद्धांतचंद्रिका अपूर्ण			६३
डूं.का.	२८०	सिद्धांतसारगाहा सह टब्बार्थ अपूर्ण			६७
जि.का.	८८३	सिद्धान्तआलापक			६
जि.का.	२१७४	सिद्धान्तकौमुदी पूर्वार्ध अपूर्ण			५५
आ.का.	२१४	सिद्धान्तकौमुदी व्याख्या			६
जि.का.	९१५	सिद्धान्तचंद्रिका पूर्वार्द्ध	रामाश्रमाचार्य		२३-३७
जि.का.	२२५	☐ सिद्धान्तविचारसंग्रह (सिद्धांतगत आलापक)			१७
जि.का.	२०९३	सिद्धान्तहुंडी			७
जि.का.	६२९	● सिद्धान्तालापक			८
त.का	१३२२	सिद्धान्तोक्तविचार गाथा			३
डूं.का.	८६९	सिद्धांतचंद्रिका वृत्ति			१२५
त.का.	१६३	☐ सिद्धपंचाशिका सह अवचूरि	देवेन्द्रसूरि		१३
डूं.का.	११५०	सिद्धपंचाशिका सहावचूरी	देवचंद्र		१०
त.का.	४७२	☯ सिद्धहेमशब्दानुशासनलघुवृत्ति अवचूरि	हेमचंद्रसूरि		२९
डूं.का.	१४७	सिध्धचक्र गुणना + रोहिणी तपविधि			८

भंडार नाम	ग्रंथांक	ग्रंथनुं नाम	कर्ता	संवत्	पत्र संख्या
डूं.का.	७२९	सिध्धचक्र महिमा	जिनहर्षमुनि-क.,	१८५५	५५
			नयनंदन मुनि-ले.		
डूं.का.	३९०	सिध्धचक्रआराधना विधि			१
डूं.का.	१०९३	सिध्धांतकौमुदी			१५०
डूं.का.	१०६५	सिध्धांतआलापक			४०
डूं.का.	९४१	सिध्धांतकौमुदी			१२७
डूं.का.	१०९५	सिध्धांतकौमुदी	महिमासुंदर		१२९
			भट्टोजीदिक्षीत-ले.		
डूं.का.	८७६ ☯	सिध्धांतकौमुदी तत्वबोधिनी टीका	ज्ञानेन्द्रसरस्वती	१८७१	५१२
डूं.का.	१७२	सिध्धांतचंद्रिका			९
डूं.का.	३७८	सिध्धांतचंद्रिका	रामचंद्र	१८७१	१४८
डूं.का.	८८९	सिध्धांतचंद्रिका	रामचंद्राश्रम	१८२५	७०
डूं.का.	९३३	सिध्धांतचंद्रिका			३६
डूं.का.	१०४१	सिध्धांतचंद्रिका	रामचंद्र		१५३
डूं.का.	१०४५	सिध्धांतचंद्रिका अपूर्ण			६९
डूं.का.	१०३९	सिध्धांतचंद्रिका वृत्ति-उत्तरार्ध	दयाराज	१८२६	१९१
डूं.का.	१०३८	सिध्धांतचन्द्रिका	रामचंद्राश्रम		५६
डूं.का.	१०४२	सिध्धांतचन्द्रिका	रामंचद्र		१५१
डूं.का.	१०२९	सिध्धांतहुंडिका सह बीजक,	पद्मविलासमुनि,		
		हुंडीका ग्रंथ (१०२६ नी साथे	गुणविनयगणि	१८४१	२७४ + १४
		मुकेल छे)			
डूं.का.	९९५	सिध्धचक्रोद्धार सह व्याख्या	चंद्रकीर्तिसूरि	१८१२	२
डूं.का.	९७९	सिध्धदंडिका अवचूरी			३
डूं.का.	१०२८	सिध्धप्राभृत सह वृत्ति			१६
त.का.	१३०१	सिन्दुरप्रकर सह वृत्ति			२०
डूं.का.	१२४९	सिन्दूर प्रकर	सोमप्रभाचार्य		४
जि.का.	२८५ □	सिन्दूरप्रकर	सोमप्रभाचार्य		७
जि.का.	२८६ □	सिन्दूरप्रकर	सोमप्रभाचार्य		९

भंडार नाम	ग्रंथांक	ग्रंथनुं नाम	कर्ता	संवत्	पत्र संख्या
जि.का.	२८७ □	सिन्दूरप्रकर	सोमप्रभाचार्य		७
आ.का.	२६५	सिन्दूरप्रकर			८
आ.का.	३०२	सिन्दूरप्रकर			४
डूं.का.	४३७	सिलोकारो अर्थ		१८९३	१०
डूं.का.	८९	सिद्धदंडिका अवचूरी			५
डूं.का.	८७४	सिध्धांतचंद्रिकावृत्ति			६५
डूं.का.	८७७	सिध्धांतचंद्रिकावृत्ति	तत्त्वकुमार पं.-ले.	१८२७	१५०थी१९६
जि.का.	१२८५/२ ☯	सीताचरित्र		१५००	५०-१४३
लों.का.	४५२	सीतारामचौपई त्रूटक			
जि.का.	१२६३/४ □	सीमंधरगीत	धर्मकीर्त्ति		१-२
जि.का.	१०९९	सीमंधरजिनसवासोगाथानुं स्तवन	यशोविजयोपाध्याय		३-११
जि.का.	८१७/७ □	सीमंधरजिनस्तुति			११-१२
जि.का.	८१७/२ □	सीमंधरस्तवन			४-६
जि.का.	२१६०/७	सीमंधरस्वामिआदिनी स्तुतिओ-			२२-४४
		स्तवन-स्तोत्र			
जि.का.	११८३	सीमंधरस्वामिस्तुति आदि			१
		स्तुतित्रय			
जि.का.	२०१७	सीमंधरस्वामिस्वाध्याय	लावण्यसमय	र.१५६२	३
था.का.	४५८	सीमंधरस्वामीस्तवन	नयरंगमुनि		२
त.का.	९६७	सीमंधरस्वामीस्तवन	सकलचंद		३
जि.का.	८३५	सीमंधरस्वामीरूपवर्णनस्तवन			२
		सस्तबक			
था.का.	३९६	सीमंधरस्वामी लेख		१७१९	३
था.का.	३३६	सीमंधरस्वामी स्तवन			१
लों.का.	६०२	सीमंधरस्वामीनोकागल वि. पदो			२२
डूं.का.	३८९	सीमंधरस्वामी स्तुति			१
त.का.	८२७	सीमन्धरस्वामीस्तवन		१७९८	२
आ.का.	९९	सीमन्धरस्वामी विनति	जशविजय		६

भंडार नाम	ग्रंथांक		ग्रंथनुं नाम	कर्ता	संवत्	पत्र संख्या
आ.का.	८४		सीमन्धरस्वामीस्तवन			१६
त.का.	५२४	□	सुंदरविलास	सुंदरदास	१८९५	२८
जि.का.	३६९	□	सुंदरशृंगार		१७५३	१६
जि.का.	२०१५	□	सुंदरशृंगार	राजसुंदर कवि		९-२३
था.का.	९८	◉	सुकृतरत्नावली सह व्याख्या	उदयरंगमुनि		२०
आ.का.	१८		सुकृतसागर			३६
जि.का.	८२५		सुकोशलऋषिसज्झाय	विद्याचारित्र		२
जि.का.	६०६/९	□	सुकोशलमुनिभास			२१-२४
जि.ता.	२८२	◉	सुखबोधासामाचारी	श्रीचंद्रसूरि	१४००	१११
त.का.	७६२		सुगमविवाह शोधनक्रिया		१८८५	२
जि.ता.	१५६/२८	◉	सुगुरुगुणसंथवसत्तरिया	सोमचंद्रसूरि	११९२	१०४-१०९
जि.का.	१३४/१६	□	सुगुरुदांगडउ			२०-२१
जि.का.	१३४/१७	□	सुगुरुदांगडउ	जिनप्रभसूरि		२१-२३
लों.का.	४३९		सुत चउपई	समयसुंदर	१६७२	१-९
लों.का.	५३८		सुदर्शनकथा			२-७
जि.का.	८४९		सुदर्शनश्रेष्ठिरास	मुनिसुंदरसूरिशिष्य	१५७१	१०
त.का.	४०५		सुदर्शनसेठरास	उदयरंग	१६४९	१०
जि.का.	६८०	◉	सुधानिधियोगविवरण	यादवसूरि		१०
जि.का.	४२०/३५		सुपंथकुपंथपच्चीसी	भैया		७६-७९
जि.का.	४२०/५७		सुपनबत्रीसी	भगवतीदास		१०९-११०
जि.का.	५९२	□	सुपात्रदानादिविषयककथासंग्रह		१५६५	१९
त.का.	२८	◉	सुपार्श्वनाथचरित्र		१५२६	२२८
जि.ता.	३९६/१	◉	सुपार्श्वनाथचरित्र (सुपासनाह चरियम्)			३९६
जि.ता.	२५१	◉	सुपार्श्वनाथचरित्र गाथाबद्ध अपूर्ण	लक्ष्मणगणि	१४००	३०१
जि.का.	६१८		सुबाहुकुमाररास अपूर्ण			३
जि.ता.	२२४/१	◉	सुबाहुचरित		१२००	१५
जि.का.	८०८/४	◉	सुबाहुसंधि	पुण्यसागरोपाध्याय	१६७४	६-९
त.का.	१०११	◉	सुबाहुसंधि	पुन्यसागर	१६७४	८
था.का.	४२०		सुबाहुसंधि		१६७४	५
लों.का.	३७३		सुबाहुसंधि	पुण्यसागर		१-६
जि.का.	४२०/३०		सुबुद्धिचोवीसी	भगवतीदास		६७-७०
डूं.का.	९१०		सुबोधिका टीका + सारस्वत टीका	चंद्रकीर्ति + क्षेमचंद्र		८१ थी १५९
लों.का.	३८४		सुबोधसत्तरी सार्थ			१-५
डूं.का.	३७३		सुभद्रासती चौढालीया	मानसागर	१७५९	३
लों.का.	३९६		सुभद्रासतीचउपई त्रूटक	रुपवल्लभ	र.१८२५ ले.१८२८	२-२०
लों.का.	५९३		सुभाषित पद्यसंग्रह			१-६, १-४
आ.का.	२०७		सुभाषित पद्य संग्रह			२
डूं.का.	५७१		सुभाषित श्लोक			४
डूं.का.	१८५		सुभाषित संग्रह		१८८७	९
डूं.का.	८९९		सुभाषित सार्थ			३
जि.ता.	४००/५	◉	सुभाषितपद्यसंग्रह			३
त.का.	९५०		सुभाषितपद्यसंग्रह			१
जि.का.	१९२४		सुभाषितप्रास्ताविकश्लोक			५
जि.का.	५५०		सुभाषितश्लोक			५
जि.का.	४०४	□	सुभाषितश्लोकसंग्रह		१६९९	३-१७
जि.का.	१९४३		सुभाषितश्लोकसंग्रह			१५
जि.का.	२१४५	◉	सुभाषितश्लोकसंग्रह			२-११
जि.ता.	३९७/२	◉	सुभाषितषट्पंचाशिका		१३००	१२
जि.का.	४०६	□	सुभाषितसंग्रह			९
जि.का.	४०८	□	सुभाषितसंग्रह			८
जि.का.	१९२०		सुभाषितसंग्रह			२९-३८
त.का.	११०३		सुभाषितसंग्रह			२६
त.का.	९८१		सुभाषितसूक्तावली		१८५३	३

भंडार नाम	ग्रंथांक		ग्रंथनुं नाम	कर्ता	संवत्	पत्र संख्या
जि.का	७३६		सुभाषितावलि			९
डूं.का.	१३६५		सुभाषितबावनी	जीनचंद्रसूरि		२
डूं.का.	१३३७		सुभाषितसंग्रह			१५
डूं.का.	९५४		सुभाषितसारोध्धार	विजयचंद	१८१०	३४
जि.का	८९९		सुभाषितसंग्रह			४-१७
जि.का	१९२३		सुभाषित			२
था.का	४८०		सुमतिकुमाररास तथा सनत्कुमार चौपई		१६४९	५
लों.का	४१४/१		सुमतिपच्चीसी			छुटा पाना
त.का.	३९५/B		सुमित्रचरित्र			१२
लों.का	५८७		सुरप्रियऋषिचौपई			१-३
डूं.का.	१०८५		सुरप्रियराजर्षिचरित्र	दानचंद्र	१७२५	४
जि.का	१६६५	☐	सुरसुंदरीकथा टिप्पनकसह	धनेश्वरसूरि	र.१०९५ ले.१५०३	८१
जि.का	१०१३		सुरसुंदरीरास	नयसुंदर	र.१६४४ ले.१७०७	१७
जि.का	१९८६		सुरसुंदरीरास	नयनसुंदरजी	र.१६४४	३३
जि.का	७४७		सुरसुंदरीरास अपूर्ण	नयनसुंदर		१०
लों.का	५१७		सुरसुंदरीरास त्रूटक	धर्मवर्द्धन	र.१८२६ ले.१८२६	२-१६
जि.का	१३४/११	☐	सुलसआराधनाप्रकरण			१५-१७
जि.का	११०६		सुव्रतश्रेष्ठिकथानकबालावबोध		१७८४	६
जि.का	१८२१		सुश्रुतसूत्रस्थान			२४
जि.का	५९१	☐	सुसढचरित्र		१६०१	२-२२
डूं.का.	१३२४		सुसढचरित्र			१८
आ.का	१९७		सुसढचरित्र			९
त.का.	४८	☐	सुहविवाग	जिनहर्ष	१७०८	५
जि.ता.	१९१/११	◐	सुभाषितगाथा		१४००	२
जि.का	४२०/५८		सूआबत्रीसी	भगवतीदास	१७५३	११०-१११
त.का.	१०८९/A		सूक्तमाला		१८९६	२३-४०
जि.का	२६१/३	◐	सूक्तसंग्रह			८-१३
जि.का	४०५	☐	सूक्तावली			२७
जि.का	१९२२		सूक्तावली अपूर्ण			१३
लों.का	२२७		सूक्तिमाला त्रुटक			१-६
लों.का	२६३	◆	सूक्तिमुक्तावली त्रूटक			२-१२
लों.का	६१३		सूक्तमाला अपूर्ण			१-१५
जि.ता	१६२/२	◐	सूक्ष्मार्थविचारसारचूर्णि		१३००	१-६७
जि.ता	१५०/८	◐	सूक्ष्मार्थविचारसारप्रकरण (सार्धशतक)	जिनवल्लभगणि	१३००	१७०-१८५
जि.ता	४००/१	◐	सूक्ष्मार्थविचारसारप्रकरण-सार्द्धशतकप्रकरण	जिनवल्लभगणि	१२००	११
जि.ता	४१५/४	◐	सूक्ष्मार्थविचारसारप्रकरण-सार्धशतकप्रकरण	जिनवल्लभगणि		८३-९०
जि.का	२०८	◐	सूक्ष्मार्थविचारसारप्रकरण-सार्धशतकप्रकरण टिप्पणीसह पंचपाठ	जिनवल्लभगणि		७
जि.का	१३२४/१	◐	सूक्ष्मार्थविचारसारप्रकरण	चक्रेश्वरसूरि	१२४६	७३
जि.ता	१८६		सूक्ष्मार्थविचारसारप्रकरणवृत्ति सह			
जि.ता	१६२/१	◐	सूक्ष्मार्थविचारसारप्रकरण-सार्द्धशतकप्रकरण	जिनवल्लभगणि		१-१५
डूं.का.	२३१		सूक्तरत्नावली	विवेकविजय -पं.		७
जि.का	३८७	☐	सूक्तसंग्रह-सम्यक्त्वकौमुदी-कथागत			७
डूं.का.	७४३		सूतक सज्झाय			३
त.का.	२३२		सूत्रकथांगसूत्र सह टब्बार्थ		१७६१	४
जि.का	१३५८		सूत्रकृतांग सस्तबक			१८९

भंडार नाम	ग्रंथांक		ग्रंथनुं नाम	कर्ता	संवत्	पत्र संख्या
डूं.का.	५०३		सूत्रकृतांग सह बालावबोध	जीवणजी -ले.	१७९८	१३३
लों.का.	१५४		सूत्रकृतांग सूत्र सह टब्बार्थ		१८६८	१-५
जि.का.	१४०२		सूत्रकृतांगनिर्युक्ति			
लों.का.	१५९		सूत्रकृतांगनिर्युक्ति		१५७२	१-५
आ.का.	२८२		सूत्रकृतांगनिर्युक्ति			१०
जि.ता.	१४७/११	☯	सूत्रकृतांगपर्याय			१०३-१०५
त.का.	६३५		सूत्रकृतांगबालावबोध			३६
आ.का.	३०५		सूत्रकृतांगवृति			५८
डूं.का.	८२६	☯	सूत्रकृतांगवृत्ति		१६६८	२५८
था.का.	२५४	☯	सूत्रकृतांगवृत्ति	शीलांकाचार्य	१६७०	२९८
था.का.	२५६		सूत्रकृतांगवृत्ति	शीलांकाचार्य		२८०
त.का.	४२	☯	सूत्रकृतांगवृत्ति	अभयदेवसूरी		२१५
जि.ता.	५/१	☯	सूत्रकृतांगसूत्र		१५००	१-५३
जि.का.	५	☯	सूत्रकृतांगसूत्र	सुधर्मास्वामी		२२(१६२-१८३)
जि.का.	२३३	□	सूत्रकृतांगसूत्र	सुधर्मास्वामी	१५४३	४१
जि.का.	६४४		सूत्रकृतांगसूत्र	सुधर्मास्वामी		५१
जि.का.	१३५३	☯	सूत्रकृतांगसूत्र			५०
जि.का.	१३५४	☯	सूत्रकृतांगसूत्र			५७
जि.का.	१३५२	☯	सूत्रकृतांगसूत्र			
आ.का.	९		सूत्रकृतांगसूत्र			४१
त.का.	११५		सूत्रकृतांगसूत्र	गणधर	१७६४	९०
जि.का.	९९५		सूत्रकृतांगसूत्र अपूर्ण			६३
जि.का.	१४०२		सूत्रकृतांगसूत्र तथा सूत्रकृतांगनिर्युक्ति	भद्रबाहुस्वामी-क.	१५६६	५४
लों.का.	१२		सूत्रकृतांगसूत्र द्वि.श्रुतस्कंध	सुधर्मास्वामी-क.		३४-८५
जि.का.	३३९	□	सूत्रकृतांगसूत्र द्वितीयश्रुतस्कंध सस्तबक त्रिपाठ			३४
लों.का.	१४	☯	सूत्रकृतांगसूत्र प्र.श्रुतस्कंध सह बालावबोध त्रूटक	पार्श्वचंद्र उ. -टी.		१-६५
लों.का.	१६		सूत्रकृतांगसूत्र प्रथम श्रुतस्कंध सहबालावबोध			१-८३
लों.का.	१५	☯	सूत्रकृतांगसूत्र प्रथम-द्वितीय श्रुतस्कंध	पार्श्वचंद्र उ.-टी.		१-६१, १-६३
जि.का.	१३५१	☯	सूत्रकृतांगसूत्र प्रथमश्रुतस्कंध			३२
जि.का.	८९७		सूत्रकृतांगसूत्र प्रथमश्रुतस्कंध सस्तबक			६५
जि.का.	८९८		सूत्रकृतांगसूत्र प्रथमस्कंध सस्तबक		१९४८	१०५
लों.का.	१०		सूत्रकृतांगसूत्र मूल	सुधर्मास्वामी		१-५१
लों.का.	११		सूत्रकृतांगसूत्र मूल	सुधर्मास्वामी		१-३३
लों.का.	१३		सूत्रकृतांगसूत्र मूल त्रूटक	सुधर्मास्वामी		१-६२
लों.का.	१८	□	सूत्रकृतांगसूत्र मूल सह बालावबोध	पार्श्वचंद्र उ.-टी.		१-७७
लों.का.	१७		सूत्रकृतांगसूत्र श्रुतस्कंध सह बालावबोध त्रूटक			२-६८
था.का.	२५३	☯	सूत्रकृतांगसूत्र सह निर्युक्ति		१६७०	६१
था.का.	२५५		सूत्रकृतांगसूत्र सह निर्युक्ति			५३
लों.का.	१२६		सूत्रकृतांगसूत्र सह बालावबोध			१-७६
जि.का.	६२	☯	सूत्रकृतांगसूत्रचूर्णी		१४८८	९८(१९९२-२०८९)
जि.का.	६	☯	सूत्रकृतांगसूत्रनिर्युक्ति	भद्रबाहुस्वामी		३(१८४-१८६)
जि.का.	१३००/४	□	सूत्रकृतांगसूत्रनिर्युक्ति	भद्रबाहुस्वामी		६६-७५
जि.का.	१३५५	☯	सूत्रकृतांगसूत्रनिर्युक्ति	भद्रबाहुस्वामी		
जि.का.	७	☯	सूत्रकृतांगसूत्रवृत्ति	शीलांकाचार्य	१४८९	१३४(१८७-३२२)

भंडार नाम	ग्रंथांक		ग्रंथनुं नाम	कर्ता	संवत्	पत्र संख्या
जि.का.	१३५६	◉	सूत्रकृतांगसूत्रवृत्ति	शीलांकाचार्य-वृ.		१६९
जि.का.	१३५७	◉	सूत्रकृतांगसूत्रवृत्ति	शीलांकाचार्य-टी.		२६४
जि.का.	४५३		सूत्रकृतांगसूत्रसस्तबक अपूर्ण			१००
जि.का.	२१६	◉	सूत्रकृतांगसूत्रावचूरि अपूर्ण			७५
जि.का.	३६१	□	सूत्रकृतांगसूत्रगत आर्द्रकीय आदि अध्ययन			११
जि.ता.	५/२	◉	सूत्रकृतांगसूत्रनिर्युक्ति	भद्रबाहुस्वामी		५४-५८
जि.ता.	४	◉	सूत्रकृतांगसूत्रवृत्ति अपूर्ण	शीलांकाचार्य	१२००	४१४
जि.ता.	५/३	◉	सूत्रकृतांगसूत्रवृत्ति किंचिदपूर्ण	शीलांकाचार्य		५९-३५६
त.का.	११३६		सूत्रकृताङ्ग सह टब्बार्थ			५-७३
लों.का.	५०२		सूत्रग्रंथ (जीर्ण) त्रूटक			३१-६१
जि.का.	१८२०		सूत्रस्थान-वैद्यकग्रंथ			३-३२
त.का.	११७		सूयगडांगवृत्ति	अभयदेवसूरि		५३
डूं.का.	४३३		सूयडांगसूत्र-बीजो श्रुतस्कंध	पुण्यसोम	१८०३	११३
था.का.	१७८	□	सूयप्रज्ञप्तिसूत्र			५४
डूं.का.	२३३		सूर्यकल्प	वेलचंद -पं.ले.		१
जि.का.	१९७३		सूर्यचंद्रसारणी	त्रिविकम दैवज्ञ	१७७६	१३
त.का.	५००/B	□	सूर्यप्रज्ञप्ति	गणधर		४०
जि.का.	६४	◉	सूर्यप्रज्ञप्तिउपांगसूत्र			२५(२१९९-२२३३)
जि.का.	१३९४		सूर्यप्रज्ञप्तिउपांगसूत्र			१०२
जि.का.	६५	●	सूर्यप्रज्ञप्तिउपांगसूत्रवृत्ति	मलयगिरि आचार्य	१४८९	९३(२२३४-२३३३)
जि.ता.	३४/१	◉	सूर्यप्रज्ञप्तिसूत्र			१-१०१
जि.ता.	३५	◉	सूर्यप्रज्ञप्तिसूत्रवृत्ति अपूर्ण	मलयगिरि आचार्य	१४००	२७६
आ.का.	१५९		सूर्यमंडलगतिकोष्टक			७
जि.का.	८०६	□	सूर्यसहस्त्रनामस्तोत्र-स्कंदपुराणगत		१६९८	८
त.का.	७७०		सूर्यस्तोत्र			२
जि.का.	५००/१		सूक्ष्मार्थविचारसारप्रकरण	जिनवल्लभगणि		१-७
जि.का.	२०९	◉	सूक्ष्मार्थविचारसारप्रकरणटिप्पनक			२४
जि.ता.	३६	◉	सूर्यप्रज्ञप्तिसूत्रवृत्ति	मलयगिरि आचार्य	१४८९	३१०
था.का.	१७९	◉	सूर्यप्रज्ञप्तिवृत्ति	मलयगिरि-टी.	१६८३	२१७
लों.का.	२१९		सेठ सुदर्शन अर्जुनमाली चौढालिया			१-११
जि.का.	३९९/५	□	सोलसतीस्तवन			२४-२५
त.का.	२३९		सोलहस्वप्नसज्झाय		१८४४	४
त.का.	८१६		सोलहस्वप्नसज्झाय			२
जि.का.	११९८		सौंदर्यलहरी	शंकराचार्य		१५
डूं.का.	६५९		सौन्दर्यलहरी टीका	शंकराचार्य		५३
डूं.का.	३४८/१		सौभाग्यपंचमी + मौन एकादशी कथा			१थी८
डूं.का.	५९७		सौभाग्यपंचमी कथा अपूर्ण			५
डूं.का.	२७२		सौभाग्यपंचमी व्याख्यान		१९०५	४
डूं.का.	१३४७		सौभाग्यपंचमी व्याख्यान	जिनहर्ष		५
त.का.	१३०३		सौभाग्यपंचमी व्याख्यान सह टब्बार्थ			१८
लों.का.	३९०		सौभाग्यपंचमी स्तवन	समयसुंदर		१-२
त.का.	३०६		सौभाग्यपंचमीकथा + अक्षयतृतीया + मेरूत्रयोदशीकथा			१८(१२-२८)
त.का.	३९३		सौभाग्यपंचमीव्याख्यान	कनककुशल	१६५५	७
त.का.	९९७		सौभाग्यपंचमीव्याख्यान	हरखविजय		३
त.का.	१२४३		सौभाग्यपंचमीव्याख्यान	कनककुशल		३४-३९
डूं.का.	२९४		सौभाग्यपंचमीस्तवन	समयसुंदर		२
था.का.	४६८		सौभाग्यपंचमीस्तवन	समयसुंदर		२
त.का.	१२८०		सौभाग्यपंचमीस्तवन			३
डूं.का.	३११		सौभाग्यपंचमीव्याख्यान	विजयसुंदर गणि		६

भंडार नाम	ग्रंथांक		ग्रंथनुं नाम	कर्ता	संवत्	पत्र संख्या
आ.का.	२११		सौभाग्यपंचमीव्याख्यान			८
था.का.	४५५		सौभाग्यपंचमीस्तवन			२
त.का.	३३६		सौभाग्यपंचमीस्तवन	कान्तिविजय	१८७१	५
त.का.	८२६		सौभाग्यपंचमीस्तवन			२
त.का.	१८२		सौभाग्यपंचमी व्याख्यान	विजयसेनसूरिशिष्य कनककुशल	१८५०	६
जि.का.	२१०२		सौलस्वप्नविचार			२
जि.ता.	४१३/१	☯	स्कंदपुराण उत्कलखंडगत पुरुषोत्तम माहात्म्य पूर्वार्द्ध २०मा अध्याय पर्यंत		१९१०	१-८५
जि.ता.	४१३/२	☯	स्कंदपुराण उत्कलखंडगत पुरुषोत्तममाहात्म्य उत्तरार्द्ध		१९१०	८६-१६५
जि.का.	८०६		स्कंदपुराणगत			
डूं.का.	९७०		स्तंभन पार्श्वनाथ द्वात्रिंशिका			
त.का.	१७५		स्तंभन पार्श्वनाथ स्तवन			
डूं.का.	३१४/१		स्तंभन पार्श्वनाथ स्तुति			
त.का.	१०२०/B		स्तंभनपार्श्वनाथ			
त.का.	९५५		स्तंभनपार्श्वनाथस्तोत्र			
डूं.का.	१२०४	◆	स्तवन (गुटका)			
डूं.का.	१२०७	◆	स्तवन (गुटका)			
डूं.का.	१२१०	◆	स्तवन (गुटका)			
डूं.का.	१२११	◆	स्तवन (गुटका)			
डूं.का.	४६४		स्तवन संग्रह			८
डूं.का.	४६६		स्तवन संग्रह			१२
लों.का.	७२८	◆	स्तवन संग्रह			
जि.का.	१९७९		स्तवन सज्झायथोय विगेरे संग्रह			
जि.का.	२२५६		स्तवन,सज्झाय,रास,चोपाई, प्रतिक्रमण अने नवस्मरण आदि	गुटकाओ		
लों.का.	७११	◆	स्तवन-सज्झाय-संग्रह	पूर्वाचार्य		१३०
जि.का.	२०५३		स्तवनचोवीसी	ज्ञानविमल		१६
डूं.का.	१३३५	◆	स्तवनसंग्रह			५
लों.का.	७१२	◆	स्तवनसंग्रह	पूर्वाचार्य		११+२ = १३
डूं.का.	१३०९		स्तवनसंग्रह अपूर्ण			८
त.का.	१०१४	◆	स्तवनसज्झाय			३
त.का.	८०२	◆	स्तवनादिसंग्रह			७
आ.का.	६५		स्तवनावली	ज्ञानविमल		७
त.का.	३३८	◆	स्तुति संग्रह			५
त.का.	८८१	◆	स्तुतिटब्बार्थ		१८८५	२
त.का.	११९४	◆	स्तुतिस्तवन			
त.का.	९६९	◆	स्तुतिस्तवनसंग्रह			३
डूं.का.	८११/४		स्तुतिसंग्रह			९
लों.का.	७०६	☯	स्तोत्र संग्रह	मानतुंग सूरि, अभषयदेवसूरि आदि		१५-१७
त.का.	६६८	◆	स्तोत्र संग्रह			९
त.का.	१२००	◆	स्तोत्रप्रकरण			
जि.का.	१६४१		स्तोत्रसंग्रह			६
जि.का.	१२५९		स्तोत्रस्तवनादिसंग्रह			९
त.का.	७५५	◆	स्तोत्रादिसंग्रह			७
डूं.का.	१००५	◆	स्त्री रीउ असज्झाय			५
जि.का.	२००४		स्त्रीसंयोगबत्रीसी		१८१३	५
डूं.का.	९३५		स्थंभन पार्श्वनाथ स्तवन	कुशललाभ		३
डूं.का.	३८६		स्थंभनपार्श्वजिनस्तवन अपूर्ण			२
डूं.का.	३२२		स्थंभनपार्श्वनाथ स्तवन	लक्ष्मीसिद्धिसाध्वी		३
था.का.	४६९		स्थंभनपार्श्वनाथस्तवन			२
जि.का.	१३१०/३		स्थविरावलि			२२-२५
जि.का.	७९१		स्थविरावली			१२
डूं.का.	४७४		स्थविरावली	समयसुंदर	१८७५	२२

भंडार नाम	ग्रंथांक	ग्रंथनुं नाम	कर्ता	संवत्	पत्र संख्या
डूं.का.	६४६	स्थविरावली	जितरंग	१८५३	२२
जि.का.	२०१४	स्थविरावलीस्वाध्याय	सहजकीर्त्ति		२
था.का.	२४९	स्थानांग सूत्र		१६६९	९२
था.का.	२५१ □	स्थानांग सूत्र			८६
था.का.	२५०	स्थानांगवृत्ति	अभयदेवसूरि	१६७१	३३०
था.का.	२५२ ◐	स्थानांगवृत्ति	अभयदेवसूरि	११२०	३११
जि.ता.	७/१ ◐	स्थानांगसूत्र			१-८७
जि.का.	८ ◐	स्थानांगसूत्र	सुधर्मास्वामी	१४८९	३९(३२३-३६०)
जि.का.	२३६ □	स्थानांगसूत्र	सुधर्मास्वामी		५८
जि.का.	४७३ □	स्थानांगसूत्र	सुधर्मास्वामी	१५७०	१५४
जि.का.	१३५९	स्थानांगसूत्र			९३-११९
जि.का.	१३६० ◐	स्थानांगसूत्र			७७
जि.का.	१३६१ ◐	स्थानांगसूत्र			१०४
त.का.	११६	स्थानांगसूत्र	गणधर		७४
जि.का.	६१२	स्थानांगसूत्र अपूर्ण	सुधर्मास्वामी		४१
लों.का.	१९४	स्थानांगसूत्र त्रुटक			१-२४
लों.का.	२१	स्थानांगसूत्र मूल	सुधर्मास्वामी		१-१३०
लों.का.	१२७ ◐	स्थानांगसूत्र सटीक		१६२३	१-२५६
जि.का.	७९५	स्थानांगसूत्रचतुर्थस्थान सस्तबक अपूर्ण			२०
जि.का.	२०४६	स्थानांगसूत्रना बोल			७
जि.का.	१३६२ ◐	स्थानांगसूत्रवृत्ति	अभयदेवसूरि-टी.		२५५
जि.का.	१३६३ ◐	स्थानांगसूत्रवृत्ति	अभयदेवसूरि-टी.		२१२
जि.का.	१० ◐	स्थानांगसूत्रवृत्ति द्वितीय खंड	अभयदेवसूरि	११२०	९०(४२१-५१०)
जि.का.	९ ◐	स्थानांगसूत्रवृत्ति प्रथम खंड	अभयदेवसूरि		६०(३६१-४२०)
जि.का.	१३६७ ◐	स्थानांगसूत्रवृत्तिसह	अभयदेवसूरि	११२०	३५३
जि.ता.	६ ◐	स्थानांगसूत्रवृत्ति	अभयदेवाचार्य	र.११२० ले.१३००	३४९
जि.ता.	७/२ ◐	स्थानांगसूत्रवृत्ति	अभयदेवाचार्य	र.११२० ले.१४८६	१-३४९
लों.का.	२०	स्थानांगसूत्र मूल	सुधर्मास्वामी		१-१६८
जि.ता.	१४७/१२ ◐	स्थानाङ्गपर्याय			१०५-११४
त.का.	६६४ □	स्थानाङ्गवृत्ति			८८(२८-११२)
त.का.	८९१ ◆	स्थुलिभद्र और मुहपत्तिसज्झाय			२
त.का.	९३०	स्थुलिभद्रफाग			३
त.का.	११९३	स्थुलिभद्रफाग			२-२५
था.का.	३९९	स्थुलिभद्रफाग			४
जि.का.	६०४ ◐	स्थूलभद्रस्वामिचरित्र			१२
त.का.	६४३	स्थूलिभद्रएकवीसु	लावण्यसमय	१८८३	८
त.का.	८१९	स्थूलिभद्रनवरसा	उदयरत्न		२
जि.का.	८७३/५	स्थविरावली	देववाचक		२१-२४
जि.ता.	१६०/९ ◐	स्थविरावली (नंदीसूत्रगत)	देववाचक	१३००	१०१-१०५
डूं.का.	१०११	स्थविरावली पर्युषणा कल्प अपूर्ण			८२
डूं.का.	६७२	स्थूलिभद्र नवरसा	उदयरत्न		३
डूं.का.	४४१	स्थूलिभद्र नवरसा + नेमराजुलनी सज्झाय	उदयरत्न	१८२०	६
जि.का.	१३१७/२३ ◐	स्नपनविधि			१८२-१९३
त.का.	२३०	स्नातस्याप्रकरण सह अवचूरि	विवेकहर्ष	१८६२	४
डूं.का.	२२२	स्नात्र अने अष्टप्रकारीपूजा	नेयनंद -पं.		१५
था.का.	१३७	स्नात्र अभिषेक विधि			१२
था.का.	२९३	स्नात्र विधि (बृहत्)	हर्षनंदनगणि	१९९९	७
आ.का.	३४	स्नात्रपंचाशिका			
जि.का.	६९३ ◐	स्नात्रपूजा			१०

भंडार नाम	ग्रंथांक	ग्रंथनुं नाम	कर्ता	संवत्	पत्र संख्या
डूं.का.	३४७	स्नात्रपूजा			
त.का.	१०२५	स्नात्रपूजा		१८७६	३
जि.का	२१३७ ◉	स्नात्रविधि	देवचंद्र		७
डूं.का.	१७/४	स्नात्रविधि			
त.का.	९८०	स्नात्रविधि			
त.का.	१०२३/L	स्फुट धार्मिकक्रियाविधि पन्ने			५३
था.का.	३८७	स्फुट स्तवन स्तुति स्तोत्र पत्र व लघु ग्रंथ		१८७५	२
डूं.का.	१३५३	स्फुट स्तवन स्तुति स्तोत्र व.			(७ से १२)
		लघुग्रंथ अपूर्ण			४
था.का.	३४२	स्फुट स्तवन स्तुति स्तोत्र पत्र व लघु ग्रंथ			२
आ.का.	३७०	स्फुटस्तवनस्तुति स्वाध्याय पत्र व लघुग्रंथ			१८
त.का.	१३०२	स्फूट अपूर्ण लघुग्रंथ अने त्रुटक पाना			८६
आ.का.	३६३	स्फूट पन्ने			२६०
त.का.	१३०४	स्फूट स्तवन स्तुति स्तोत्र अने लघुग्रंथ			५७
आ.का.	३६५	स्फूट स्तवन स्तुति स्तोत्र पत्र व लघुग्रंथ			३
त.का.	९९२	स्फूटस्तवन सज्झाय लघुग्रंथ			३३८
जि.का	१६९३ ◉	स्मरणस्तोत्रादि सार्थ कल्प सह			२१
जि.का	१३२०	स्मरणस्तोत्रत्रिक		१४००	२४२-२४६
जि.का	१४५४	स्मरणादि			
जि.का	१३२६/२५ ◉	स्मरणास्तोत्र	जिनदत्तसूरि		२३४-२३६
लों.का	२५९	स्यादिशब्दसमुच्चय	अमरचन्द्र		१-४२
जि.ता	३०४ ◉	स्याद्यंतप्रक्रिया	सर्वधरोपाध्याय	१२०७	९४
जि.का	९९४ □	स्याद्यंतप्रक्रिया	सर्वधर	१५२८	५४

भंडार नाम	ग्रंथांक	ग्रंथनुं नाम	कर्ता	संवत्	पत्र संख्या
जि.ता.	४०५ ◉	स्याद्वादरत्नाकर प्रथमखंड	वादी देवसूरि स्वोपज्ञ	१३००	३७३
जि.का.	१३४२	स्याद्वादरत्नाकर सावचूरिक त्रिपाठ			१९
डूं.का.	८६३	स्याद्वादस्तवन			२
डूं.का.	८११/३	स्याद्‌वाद सज्झाय			१
जि.का	१२५५ □	स्वप्नचिंतामणि	जगदेव		९
जि.का	१६२६/६	स्वप्नसप्ततिका			
जि.ता.	२१९ ◉	स्वप्नसप्ततिका वृत्तिसहित अपूर्ण		१४००	४८
जि.का	१३३/२१ □	स्वप्नसप्ततिकागत अधिकार सटीक		१९८३	४७-५१
जि.का.	१३१७/३	स्वप्नसप्ततिकाप्रकरण			
जि.का	२३० □	स्वप्नसप्ततिकाप्रकरण सावचूरि			३
जि.ता.	१५४/१९ ◉	स्वप्नसप्ततिकाप्रकरणगत गाथा सटीक		१२१५	१-१५
जि.का.	२०६१	स्वरोदय			१३
जि.का	२०३४ ◉	स्वरोदय			९
डूं.का.	१२७१	स्वरोदय			३
डूं.का.	९८७ ◉	स्वरोदय सह वार्तिक			७
जि.का	२१०७	स्वरोदयविचार		१८४३	२
डूं.का.	१३५८	स्वरोदयविचार			४
जि.का	२११९ ◉	स्वरोदयसिद्धि			११
डूं.का.	६५ ◉	स्वर्गबोध	नागार्जुन		४
डूं.का.	१३९३	स्फुट अपूर्ण लघुग्रंथ व त्रूटक पन्ने			५०७
आ.का.	२४२	स्फूट स्तवन			१६९
लों.का.	१४३	संग्रहणिसूत्र सह बालावबोध			१-३५
आ.का.	२०६	सङ्ग्रहणी	श्रीचन्द्रसूरि		२४
डूं.का.	११८५	सप्तदशशते तृतीय			१३
डूं.का.	७१७	समवायांगसूत्रवृत्ति	जिनहर्षसूरि	१८८६	९३
डूं.का.	९६४	सूक्तावली			४३

भंडार नाम	ग्रंथांक		ग्रंथनुं नाम	कर्ता	संवत्	पत्र संख्या
डूं.का.	१२५०		सौभाग्यपंचमीकथा			५
लों.का.	१९		स्थानांगसूत्र मूल	सुधर्मास्वामी	१६६३	९-१५१
डूं.का.	३३३		स्नात्रविधि	सूर्यविजय-ले		६
डूं.का.	१०६९		हंसराज + वच्छराजचौपई			३५
डूं.का.	२३६		हंसराज कथा		१८७६	२९
डूं.का.	१०८०		हंसराज वच्छराज चौपई	विनयमेरुमुनि		२२
त.का.	४०१		हंसराज वच्छराजचौपाइ	जिनउदयसूरि- खरतरगच्छ		३३
जि.का.	१९९३		हंसराजवच्छराजचोपाई अपूर्ण- त्रूटक		१६४७	१२-२५
जि.का.	२२१८		हनुमंतवज्रकवच			७
जि.का.	२१७३		हनुमन्नाटक	हनुमंत	१६३५	१८
जि.ता.	३५९/१	◉	हम्मीरमदमर्दननाटक	जयसिंहसूरि	१२८६	९०
डूं.का.	१३०३		हर (हरि रस)			(७ से १२) ६
डूं.का.	८५०		हररस संपूर्ण			१०
जि.ता.	४०८	◉	हरविजयमहाकाव्य	रत्नाकरकवि वागीश्वराङ्क	१२२८	१०७
लों.का.	६०४		हरि रस	ईसर		१-९
डूं.का.	७०७		हरिचंद्र राजा चौपई	रंगहर्ष		२६
डूं.का.	१०८७		हरिचंद्रराजाचौपाई	भालचंद्र गणि	१७७७	३८
जि.का.	७१९		हरिबलचरित्ररास-विबुधप्रिया अपूर्ण	महिमासमुद्रगणि		६४
त.का.	११४६		हरिबलचौपई	जितविजय		१२-२२
जि.का.	४३१		हरिबलरास	जिनसमुद्रसूरि वेगडगच्छीय		६४
त.का.	३६४		हरिबलचरित्र			१५
जि.का.	३४९/५	□	हरियाली	लाभोदय		२-३
आ.का.	१४३		हरियाली गीत + पुष्पमाला	संवेगराज	१५८९	२५
था.का.	४५७	◆	हरियाली पार्श्वनाथस्तवन			४

भंडार नाम	ग्रंथांक		ग्रंथनुं नाम	कर्ता	संवत्	पत्र संख्या
जि.का.	३१९		हरियालीगीत			
लों.का.	१८६		हरिवंश प्रबंध (ढाल सागर)	गुणसागर	र.१६७६ ले.१९०३	१-१३४
त.का.	४२०		हरिवंशकुल विचार			७
जि.का.	२२३२		हरिवंशपुराण		१७२७	२०१-३९६
जि.ता.	१७१/८	◉	हरिवंशपुराणगत उद्देशद्वय		११६९	१७
जि.का.	१३५	◉	हरिवंशपुराणगत उद्देशद्वय		११८३	१०
त.का.	१२४५		हरिवंशप्रबंध	ढालसागर		६६
त.का.	५३२		हरिवंशप्रबंध (ढालसागर)	गुणसागरसूरि	१८२२	७४
त.ता.	७	◉	हरिविक्रमचरित्र	जयतिलकसूरि	१४१५	३००
डूं.का.	९४३		हरिविक्रमचरित्र	जयतिलकसूरि	१८६०	१३२
जि.का.	६२५	◉	हलायुधनाममाला पंचमकांड	हलायुध		३
जि.का.	१८१०		हारितोत्तर वैद्यकग्रंथ अपूर्ण			६७
डूं.का.	९१४	◆	हिंसाष्टकसावचूरि	हरिभद्रसूरि		३
लों.का.	४८२		हिंसाछंद + श्रावककर्तव्य	पाल्हभाट		१-२
जि.का.	२०२२		हितशिक्षा	धरणसी		१
जि.का.	७४४/२		हितशिक्षाद्वात्रिंशिका आदि	क्षमाकल्याण आदि		६-२०
डूं.का.	६८८		हितोपदेश (सुभाषित श्लोक)		१८४२	९
डूं.का.	१२१९		हितोपदेश पंचाख्यान	रत्नसिंह	१८२७	८०
लों.का.	२५७		हितोपदेश भाषा त्रूटक	नारायण		१-४१
जि.ता.	१७१/३	◉	हितोपदेशकुलक		११६९	५-६
जि.ता.	१७१/४	◉	हितोपदेशकुलक		११६९	६-७
जि.का.	१३६/३	□	हितोपदेशकुलक			३जुं
जि.का.	१३६/४	□	हितोपदेशकुलक			३-४
जि.का.	९७४	□	हितोपदेशप्रकरण	प्रभानन्दसूरि	११८४	२७
त.का.	२४०		हितोपदेशसित्तरी	जिनचंद्र		४
जि.ता.	१५७/५	◉	हितोपदेशामृतप्रकरण	प्रभानन्दसूरि	१३१०	२०७-२६१
डूं.का.	६१०		हितोपदेशरत्नमाला			१८-२३
डूं.का.	७९६		हितशिक्षाद्वात्रिंशिका	क्षमा कल्याण		१०

भंडार नाम	ग्रंथांक	ग्रंथनुं नाम	कर्ता	संवत्	पत्र संख्या
त.का.	८७६	□ हीरविजयनिर्वाणसज्झाय	विवेकहर्ष		३
डूं.का.	५८	◉ हीरप्रश्नोत्तरग्रंथ बीजक सहित	हीरविजयसूरी		३८
डूं.का.	१०२६	हुंडीका ग्रंथ (१०२९ नी साथे छे)			
डूं.का.	५२८	हुन्डीस्तवन अपूर्ण	लाभविजय		८
जि.का.	४०१	□ हृदयप्रकाश	हृदयनारायणदेव	१७३८	२-७
आ.का.	८	हेतुगर्भ प्रतिक्रमण विधि	जयचंद्रसूरि		२१
डूं.का.	३९६	हेमनाममालाभिधान	रामविजय	१८९६	१२९
त.का.	१०१३	हेमराजबावनी			३
डूं.का.	१०९७	हेमलिंगानुशासन विवरण	हेमचंद्राचार्य	१६२७	४४
जि.का.	२०५६	हेमवातुपाठ		१७९६	७
त.का.	५६८	◉ हेमशब्दानुशासनन्यास	हेमचंद्रसूरि		४३+१८७ = २३०
लों.का.	२८६	◉ हेमधातुकोष			१-१२
लों.का.	३१६	◉ हेमधातुपाठ (व्याकरण)			१-४
डूं.का.	९०७	हेमपरिभाषासूत्रवृत्ति			८
जि.ता.	३१२	◉ हैम अनेकार्थकोश अनेकार्थकैरवाकरकौमुदीवृत्तिसह तृतीयखंड	मू.क.हेमचंद्राचार्य, वृ.क.महेन्द्रसूरि	१२८६	१३४
जि.ता.	३१०	◉ हैम अनेकार्थकोश अनेकार्थकैरवाकरकौमुदीवृत्तिसह द्विस्वरकाण्ड पर्यंत प्रथमखंड अपूर्ण	मू.हेमचंद्राचार्य, वृ.महेन्द्रसूरि	१३००	२६४
जि.ता.	३०९	◉ हैम अनेकार्थकोश अनेकार्थकैरवाकरकौमुदीटीकासह प्रथमखंड त्रिस्वरकांड १२६ श्लोक पर्यन्त	मू.क.हेमचंद्राचार्य, टी.क.महेन्द्रसूरि	१४००	३३६
जि.ता.	३११	◉ हैम अनेकार्थकोश अनेकार्थकैरवाकरकौमुदीवृत्तिसह त्रिस्वरकाण्ड द्वितीय खंड	मू.क.हेमचंद्राचार्य, वृ.क.महेन्द्रसूरि	१४००	२३९

भंडार नाम	ग्रंथांक	ग्रंथनुं नाम	कर्ता	संवत्	पत्र संख्या
त.का.	१२२७	हैमउणादि गणविवरण			८४
जि.ता.	३०७	◉ हैमउणादिगण स्वोपज्ञविवरणसह	हेमचंद्राचार्य	१४००	८३
जि.का.	१७६९	◉ हैमकाव्यानुशासनविवेक	हेमचंद्राचार्य		११२
जि.का.	९५४	□ हैमधातुपाठ	हेमचंद्राचार्य		९
त.का.	५७३	हैमधातुपाठ सस्तबक	हेमचंद्राचार्य		१८
त.का.	११६२	◉ हैमधातुपाठ सहवृत्ति			८
जि.का.	१०७१	◉ हैमधातुपाठ सावचूरि पंचपाठ	हेमचंद्राचार्य	१४९७	४-८
त.का.	११५१	हैमन्यास	हेमचंद्रसूरी		४३
जि.का.	१७१७	◉ हैमलिंगानुशासन अपूर्ण	हेमचंद्राचार्य		११
त.का.	११४१	◉ हैमलिंगानुशासन सहवृत्ति			११
जि.ता.	३०६	◉ हैमलिंगानुशासन स्वोपज्ञविवरणसह	हेमचंद्राचार्य स्वोपज्ञ	१४००	१०३
त.का.	५७७	हैमलिंगानुशासन			५
जि.का.	१३७	हैमलघुन्यास द्वितीयाध्याय द्वितीयपाद पर्यन्त			
था.का.	३६७	हैमव्याकरण प्रथमपद समाधान			
त.का.	५८३	□ हैमशब्दानुसासन	हेमचंद्राचार्य	१५६५	९४
था.का.	१९	◉ हैमलिंगानुशासन	हेमचंद्राचार्य	१६९७	१०
जि.का.	१६५७	होलिकाकथा पद्य			३
लों.का.	४५८	होलिकाव्याख्यान			
त.का.	२२६	होलिकाव्याख्यान		१७८९	४
त.का.	३५५	होलिकाव्याख्यान सह टब्बार्थ		१९११	४
त.का.	९०७	होलीका व्याख्यान			२
त.का.	९०८	होलीका व्याख्यान		१७८५	२
त.का.	९०९	होलीका व्याख्यान	पुण्यराजगणि		२
डूं.का.	१२४१	◆ ह्रींकारमें पार्श्वनाथजी का चित्र			३

परिशिष्ट २ : जैसलमेर के सर्व ग्रंथभंडारों के ताडपत्रीय तथा कागज के ग्रंथों के कर्ताओं की अकारादि सूची

भंडार नाम	ग्रंथांक	कर्तानुं नाम
जि.ता	८५/२	अगस्त्यसिंह स्थविर
डूं.का	११९०	अग्निवेशऋषि
त.का	११५२	अजयसिंहमुनि
जि.का	८५५	अजितप्रभसूरि
डूं.का	२३९	अजितप्रभसूसरि
आ.का	१२४	अदारंग
लों.का	६४९	अद्वयानंद
डूं.का	११६५	अनंतविजय
जि.ता	३९०	अनिरुद्ध पंडित
जि.का	७३	अनिरुद्ध पंडित
जि.ता	३३९	अनिरुद्ध पंडित - वृ.क.
लों.का	२४९	अनुभुतिस्वरूपाचार्य
जि.का	१०००	अनुभूत स्वरूपाचार्य
जि.का	१११८	अनुभूतस्वरूपाचार्य
लों.का	२४६	अनुभूति स्वरूपाचार्य
लों.का	४०८	अनुभूति स्वरूपाचार्य
लों.का	७०१	अनुभूति स्वरूपाचार्य
त.का	६७	अनुभूति स्वरूपाचार्य
त.का	१०४५	अनुभूति स्वरूपाचार्य
त.का	६३६	अनुभूति स्वरूपाचार्य
डूं.का	९११	अनुभूति स्वरुपाचार्य
डूं.का	९१२	अनुभूति स्वरुपाचार्य
डूं.का	८९५	अनुभूति स्वरुपाचार्य
लों.का	२५८	अनुभूतिस्वरूप
लों.का	२६०	अनुभूतिस्वरूप
लों.का	२६४	अनुभूतिस्वरूप
जि.का	४५१	अनुभूतिस्वरूपाचार्य
जि.का	६८९	अनुभूतिस्वरूपाचार्य
जि.का	१७२८	अनुभूतिस्वरूपाचार्य
जि.का	१७३४	अनुभूतिस्वरूपाचार्य
जि.का	१७३६	अनुभूतिस्वरूपाचार्य
जि.का	१७३७	अनुभूतिस्वरूपाचार्य
जि.का	२०२९	अनुभूतिस्वरूपाचार्य
लों.का	२४८	अनुभूतिस्वरूपाचार्य
त.का	५१७	अनुभूतिस्वरूपाचार्य
जि.का	५६१	अनुभूतिस्वरूपाचार्य
जि.का	१७३८	अनुभूतिस्वारूपाचार्य
लों.का	२९४	अनुभूति स्वरूपाचार्य
त.का	१०४४	अनुभूति स्वरुपाचार्य
डूं.का	१०४०	अनुभूति स्वरुपाचार्य-क.
डूं.का	८७२	अन्नं भट्ट
जि.का	१७९४	अन्नंभट्ट
डूं.का	१०९९	अन्नंभट्ट-क.
डूं.का	१६६	अन्नंभट्टोपाध्याय
डूं.का	७२७	अभयचंद गणि-ले.,
		वाचकयशमुनि-क.
जि.का	२२३६/५	अभयचंद्र
जि.का	७२	अभयतिलकगणि
जि.ता	३३५	अभयतिलकगणि-वृ.
जि.ता	३४०	अभयतिलकगणि-वृ.
जि.का	५८	अभयदेव आचार्य-वृ.
जि.का	५९	अभयदेव आचार्य-वृ.
डूं.का	१२५४	अभयदेव आचार्य
जि.ता	२१/५	अभयदेवसूरि
जि.ता	१५११/५	अभयदेवसूरि
जि.ता	१५६/२७	अभयदेवसूरि
जि.ता	१५६/३३	अभयदेवसूरि
जि.ता	१६०/११	अभयदेवसूरि
जि.ता	१७१/६	अभयदेवसूरि
जि.ता	१९१/२	अभयदेवसूरि
जि.ता	१९१/३	अभयदेवसूरि
जि.का	९	अभयदेवसूरि
जि.का	१०	अभयदेवसूरि
जि.का	१२	अभयदेवसूरि
जि.का	१४	अभयदेवसूरि
जि.का	१६	अभयदेवसूरि
जि.का	१८/१	अभयदेवसूरि
जि.का	१८/२	अभयदेवसूरि
जि.का	१८/३	अभयदेवसूरि
जि.का	१८/४	अभयदेवसूरि
जि.का	१८/५	अभयदेवसूरि
जि.का	२०	अभयदेवसूरि
जि.का	१३३/११	अभयदेवसूरि
जि.का	११३/१५	अभयदेवसूरि
जि.का	१३४/५	अभयदेवसूरि
जि.का	२२६	अभयदेवसूरि
जि.का	२२७/१	अभयदेवसूरि
जि.का	२२७/२	अभयदेवसूरि
जि.का	२३४	अभयदेवसूरि
जि.का	३५४	अभयदेवसूरि
जि.का	४४१	अभयदेवसूरि
जि.का	६५४/१	अभयदेवसूरि
जि.का	६५६	अभयदेवसूरि
जि.का	६८२/२	अभयदेवसूरि
जि.का	९८९	अभयदेवसूरि
जि.का	१२५२	अभयदेवसूरि
जि.का	१३२६/२१	अभयदेवसूरि
जि.का	१३२६/४०	अभयदेवसूरि
जि.का	१३७१	अभयदेवसूरि
जि.का	१४०६	अभयदेवसूरि
जि.का	१५२२	अभयदेवसूरि
जि.का	१५२३	अभयदेवसूरि
जि.का	१६३३	अभयदेवसूरि
जि.का	२१६०/४	अभयदेवसूरि
जि.का	१३६७	अभयदेवसूरि
था.का	९५	अभयदेवसूरि
था.का	११३	अभयदेवसूरि
था.का	१४७	अभयदेवसूरि
था.का	२५२	अभयदेवसूरि
था.का	२५८	अभयदेवसूरि
था.का	२६०	अभयदेवसूरि
लों.ता	२	अभयदेवसूरि
त.का	५०	अभयदेवसूरि
त.का	५३	अभयदेवसूरि
त.का	५८	अभयदेवसूरि
त.का	५९	अभयदेवसूरि
त.का	११४	अभयदेवसूरि
त.का	११७	अभयदेवसूरि
त.का	१८४	अभयदेवसूरि
त.का	२४८	अभयदेवसूरि
त.का	६६६	अभयदेवसूरि
त.का	८४४	अभयदेवसूरि

भंडार नाम	ग्रंथांक	कर्तानुं नाम
त.का.	९६०	अभयदेवसूरि
त.का.	१०२०/C	अभयदेवसूरि
जि.का	१५५१	अभयदेवसूरि
था.का	२८५	अभयदेवसूरि -वृ.
जि.ता	३६३	अभयदेवसूरि तर्कपंचानन
त.का.	५३६	अभयदेवसूरि शिष्य
जि.का	१३७०	अभयदेवसूरि-टी.
जि.का	१३६२	अभयदेवसूरि-टी.
जि.का	१३६३	अभयदेवसूरि-टी.
जि.का	१३८६	अभयदेवसूरि-टी.
जि.का	२२०५	अभयदेवसूरि-टी.
जि.ता	१५४/१४	अभयदेवसूरि-भा.
जि.का	७४	अभयदेवसूरि-भा.
जि.का	२२१७/१	अभयदेवसूरि-मू.
जि.का	१५२५	अभयदेवसूरि-मू.,
		अव.क. कुलमंडनगणि
जि.का	१३११	अभयदेवसूरि-मू.क.,
		वृ.क.जिनपाल
था.का	३	अभयदेवसूरि-वि.
जि.का	८७८	अभयदेवसूरि-वृ.
जि.का	९००	अभयदेवसूरि-वृ.
जि.का	१३६४	अभयदेवसूरि-वृ.
जि.का	१३६५	अभयदेवसूरि-वृ.
जि.का	१३७६	अभयदेवसूरि-वृ.
जि.का	१३७७	अभयदेवसूरि-वृ.
जि.का	१३७८	अभयदेवसूरि-वृ.
जि.का	१३८१	अभयदेवसूरि-वृ.
जि.का	४७०	अभयदेवसूरि-वृ.

भंडार नाम	ग्रंथांक	कर्तानुं नाम
जि.का	१३६/६	अभयदेवसूरी
डूं.का	२५	अभयदेवसूरी -टीका.
जि.का	१३१७/४	अभयदेवसूरि
डूं.का	८२७	अभयदेवसूरि
डूं.का	८४८	अभयदेवसूरि
था.का	२५०	अभयदेवसूरि
त.का.	६४	अभयदेवसूरि
जि.ता	६	अभयदेवाचार्य
जि.ता	७/२	अभयदेवाचार्य
जि.ता	८/२	अभयदेवाचार्य
जि.ता	१२	अभयदेवाचार्य
जि.ता	१३	अभयदेवाचार्य
जि.ता	१४	अभयदेवाचार्य
जि.ता	१५	अभयदेवाचार्य
जि.ता	१७/२	अभयदेवाचार्य
जि.ता	१८/२	अभयदेवाचार्य
जि.ता	१९/१	अभयदेवाचार्य
जि.ता	१९/२	अभयदेवाचार्य
जि.ता	१९/४	अभयदेवाचार्य
जि.ता	१९/५	अभयदेवाचार्य
जि.ता	१९/६	अभयदेवाचार्य
जि.ता	२१/१	अभयदेवाचार्य
जि.ता	२१/२	अभयदेवाचार्य
जि.ता	२१/३	अभयदेवाचार्य
जि.ता	२१/४	अभयदेवाचार्य
जि.ता	२२/१	अभयदेवाचार्य
जि.ता	२२/२	अभयदेवाचार्य
जि.ता	२२/३	अभयदेवाचार्य

भंडार नाम	ग्रंथांक	कर्तानुं नाम
जि.ता	२२/४	अभयदेवाचार्य
जि.ता	२३/१	अभयदेवाचार्य
जि.ता	२३/२	अभयदेवाचार्य
जि.ता	२४/२	अभयदेवाचार्य
जि.ता	२०९	अभयदेवाचार्य
जि.ता	२०८	अभयदेवाचार्य-वृ.क.
जि.ता	१६	अभयदेवाचार्य
जि.ता	९/२	अभयदेवाचार्य
जि.ता	१९/३	अभयदेवाचार्य
जि.ता	२३/३	अभयदेवाचाय
जि.का	४२९	अभयदेवसूरि-टी.
जि.ता	१५५/३	अभयदेवसूरि-भा.
डूं.का	७१०	अभयदेवसूरी
त.का.	४२	अभयदेवसूरी
जि.ता	२२/५	अभयदेवाचार्य
था.का	२८७	अभयदेवसूरि-वृ
डूं.का	७५२	अभयसुंदर
त.का.	८१२	अभयसूरि
त.का.	६४८	अभयदेवसूरी
जि.का	१९६९	अमरकीर्त्तिसूरि-टी.
जि.का	८२४	अमरचंद्र
डूं.का	१००७	अमरचंद्र
आ.का	७८	अमरचंद्र
जि.का	२१२	अमरचंद्रसूरि
जि.का	२१३	अमरचंद्रसूरि
जि.का	१७७०	अमरचंद्रसूरि
जि.का	२३१	अमरचंद्रसूरि स्वोपज्ञ
जि.का	३२५	अमरचंद्रसूरि स्वोपज्ञ

भंडार नाम	ग्रंथांक	कर्तानुं नाम
जि.का	२२०७	अमरचंद्रसूरि स्वोपज्ञ
लों.का	२५९	अमरचन्द्र
जि.ता	१५५/१०	अमरचन्द्रसूरि
जि.का	८७४	अमरप्रभसूरि-वृ.
डूं.का	९४६	अमरविजय
डूं.का	१२४	अमरविजय-ले.
डूं.का	१००१	अमरसागर
जि.का	१७८४	अमरसिंह
डूं.का	९३२	अमरसिंह
जि.का	१७७९	अमरसिंह-मू.,
		टी.क. भावोजी दीक्षित
जि.का	१७७७	अमरसिंह-मू.,
		टी.क.भावोजी दीक्षित
जि.का	१७७८	अमरसिंह-मू.,
		टी.क.भावुजी दीक्षित
जि.का	१६५३	अमरसुंदर
त.का.	३६५	अमरसुंदर
जि.का	२१९	अमरुक कवि
था.का	१०	अमितगति आचार्य
डूं.का	८३६	अमृत पं.
त.का.	१०६५	अमृतचंद
जि.का	१५३२	अमृतचंद्राचार्य-मू.,
		टी.क.शुभचंद्राचार्य
जि.का	२२३३	अमृतचन्द्राचार्य-मू.,
		टी.क.देवेन्द्रकीर्ति
डूं.का	१०६१	अमृतधर्म-ले., समयसुंदर-क.
डूं.का	६०८	अमृतविजय
त.का.	३५७	अमृतविजय

भंडार नाम	ग्रंथांक	कर्तानुं नाम
आ.का	५८	अमृतसागरगणि
डूं.का	१३६	अमरसिंह
जि.ता	३२३	अलक
जि.का	१८१९	अश्विनीकुमार
जि.का	१९९२	आज्ञासुंदर
त.का	३०४	आज्ञासुंदरोपाध्याय
जि.का	१२०३	आनंद
लों.का	३२७	आनंद विजय-ले.
डूं.का	१३२९	आनंदघन
लों.का	२९८	आनंदघन
डूं.का	५२५	आनंदघनजी
जि.का	२०४१	आनंददेव -टी.
त.का	५१९	आनंददेव वल्लभ
जि.का	८४०	आनंदप्रमोद
डूं.का	५६३	आनंदवर्धन
लों.का	५१६	आनंदघन आदि
जि.का	७५२	अन्नंभट्टोपाध्याय
लों.का	१२१	आर्यरक्षित
लों.का	१२२	आर्यरक्षित
लों.का	१२३	आर्यरक्षित
जि.का	५०	आर्यरक्षितसूरि
जि.ता	१५१/२	आसड
जि.ता	१५८/३	आसड
जि.ता	१५८/१६	आसड
जि.ता	१५९/११	आसड
जि.का	१३४/२	आसड
जि.का	३३०/४	आसड
जि.का	१३२६/१५	आसड

भंडार नाम	ग्रंथांक	कर्तानुं नाम
जि.का	१९४/७	आसड कवि
जि.का	२६८	आसड कवि
जि.का	१५७५	आसड
जि.का	२०३६	इंद्र
डूं.का	१०४९	ईन्द्रभाण मुनि
डूं.का	१२२५	ईश्वर -पं.
जि.ता	३९१/३	ईश्वरकृष्ण
जि.ता	३९२/१	ईश्वरकृष्ण
जि.ता	३९४	ईश्वरकृष्ण-मू.क.
लों.का	६०४	ईसर
त.का	२७७	उत्तमचंद
त.का	९९६	उत्तमविजय
जि.का	१०५०	उत्पलभट्ट-टी.
जि.का	१८५०	उत्पलभट्ट-टी.
डूं.का	२२८	उत्पलभट्ट-वृ.
जि.का	१८४९	उत्पलभट्ट-टी.
		वराहमिहिर-मू.
डूं.का	७२५	उदयतिलक
जि.का	१७५८	उदयधर्मगणि-टी.
जि.का	७०	उदयनाचार्य
जि.का	२६२	उदयप्रभसूरि
जि.का	१८४७	उदयप्रभसूरि
जि.का	२१९४	उदयप्रभसूरि
जि.का	१८७७	उदयप्रभसूरि
था.का	४७	उदयप्रभसूरि
डूं.का	३१४/१	उदयमुनि-ले.
डूं.का	६२०	उदयमुनि-ले.
त.का	४०५	उदयरंग

भंडार नाम	ग्रंथांक	कर्तानुं नाम
था.का	१८	उदयरंग मुनि
था.का	२२	उदयरंगमुनि
था.का	९८	उदयरंगमुनि
डूं.का	४४१	उदयरत्न
डूं.का	६७२	उदयरत्न
लों.का	२२१	उदयरत्न
त.का	५२९	उदयरत्न
त.का	८१९	उदयरत्न
आ.का	११८	उदयरत्नमुनि-ले.,
		समयसुंदर-क.
डूं.का	१२	उदयवल्लभ
था.का	३६९	उदयसागर
डूं.का	३१३	उदयसागर गणि
डूं.का	७४१	उदयसागरसूरि
जि.का	४०९	उदयसूरि वेगडगच्छीय
डूं.का	१०७०	उदयसमुद्र उपाध्याय
डूं.का	४७८	उदयाकरणगणि -ले.
जि.ता	३८२	उद्योतकर
जि.ता	३५४	उपेन्द्रहरिपाल भट्ट-टी.
त.का	६२८	उमास्वाति
जि.ता	१६०/७	उमास्वाति वाचक
जि.ता	१७२	उमास्वाति वाचक
जि.का	५४८	उमास्वाति वाचक
जि.का	६६८/२	उमास्वाति वाचक
जि.का	८८८	उमास्वाति वाचक
जि.का	८८९	उमास्वाति वाचक
था.का	३६२	उमास्वाति वाचक
जि.का	२१७८	उमास्वातिवाचक

भंडार नाम	ग्रंथांक	कर्तानुं नाम
जि.का	१५३०	उमास्वातिवाचक
जि.का	२१७८	उमास्वातिवाचक
जि.का	५४७	उमास्वातिवाचक स्वोपज्ञ
जि.का	१५३१	उमास्वातिवाचक-मू.
जि.ता	१९१/४	उमास्वाति वाचक
डूं.का	२४५	उमेदचंद्र
त.का	१८७	उमेदविजय
त.का	४२५	उमेदविजय
त.का	५८६	उमेदविजयगणि
त.का	४०९	ऋषभदास
त.का	११२०	ऋषभदास
त.का	१९५	ऋषभमल्ल
त.का	१७०	ऋषभविजय
त.का	१७८	ऋषभविजय
त.का	३३७	ऋषभविजय
त.का	७०२	ऋषभविजय
त.का	७२४	ऋषभसागर
जि.का	१०९४	ऋषभसागर
डूं.का	६०३	ऋद्धिरत्न
था.का	९१	कक्कसूरि
था.का	२२६	कचराऋषि
जि.का	८०८/२	कनककवि
त.का	४००	कनककीर्ति
जि.का	५७८	कनककुशल
जि.का	६०३	कनककुशल
जि.का	१६५५	कनककुशल
त.का	३९३	कनककुशल
त.का	१२४३	कनककुशल

भंडार नाम	ग्रंथांक	कर्तानुं नाम
जि.का	१९९४	कनकनिधान
जि.का	१३७	कनकप्रभसूरि
जि.का	१७१४	कनकप्रभसूरि
जि.ता	३०२	कनकप्रभसूरि
त.का	९३५	कनकमुनि
त.का	९९०	कनकविजय
था.का	४५९	कनकसार मुनि
लों.का	३०	कनकसुंदरमुनि-टी.
जि.का	१९८८/३	कनकसोम
था.का	१९९	कनकसोम
डूं.का	१२६८	कनकसोमसुरि
डूं.का	७६४	कपुरा पं.
डूं.का	३७४	कपूरचंद-ले., धरमशी-क.
डूं.का	१२१६	कमलकीर्ति
जि.का	३१२	कमलप्रभसूरि
डूं.का	१८२	कमलप्रभसूरि
डूं.का	१००४	कमलमुनि-ले.
था.का	३५७	कमलविजय
आ.का	५४/B	कमलविजय
जि.का	११८८	कमलशील
जि.ता	३७८	कमलशील आचार्य
त.का	८२	कमलसंयम
जि.का	७७९	कमलसंयमोपाध्याय
जि.का	९६०	कमलसंयमोपाध्याय
था.का	३८२	कमलहर्ष
लों.का	२८५	कर्णदेवोपाध्याय
डूं.का	८०४	कर्मचंद्र
त.का	८३६	कल्परत्नविजय

भंडार नाम	ग्रंथांक	कर्तानुं नाम
लों.का	४५९	कल्याणतिलक
था.का	३५६	कल्याणतिलक गणि
त.का	७५३	कल्याणधर्म
डूं.का	११३०	कल्याणमुनि -ले.
जि.का	४२७	कल्याणवर्म
त.का	६३४	कल्याणविजय
डूं.का	३५६	कल्याणविजयजी पं.-ले.
डूं.का	६८९	कल्याणसारमुनि
डूं.का	६८४	कविकालिदास
डूं.का	६४०	कस्तुरचंद्र
जि.का	६८५	कांतिविजय
जि.का	७१०	कांतिविजय
लों.का	४३६	कांतिसागर
लों.का	५०४	कात्यायन
जि.का	१२६६	कानजी
त.का	३३६	कान्तिविजय
जि.का	२११२	कान्हजी
लों.का	२४५	कालिदास
जि.का	२७९	कालिदास
जि.का	९२९	कालिदास
जि.का	१७७२	कालिदास
जि.का	१७७३	कालिदास
जि.का	१७७४	कालिदास
जि.का	१९२१	कालिदास
जि.का	१९४१	कालिदास
जि.का	१९४५	कालिदास
जि.का	१९५६	कालिदास
जि.का	२१४६	कालिदास

भंडार नाम	ग्रंथांक	कर्तानुं नाम
डूं.का	१३३	कालिदास
डूं.का	३००/२	कालिदास
डूं.का	८०१	कालिदास
डूं.का	८१३	कालिदास
डूं.का	९५५	कालिदास
लों.का	२९३	कालिदास
लों.का	४०२	कालिदास
त.का	५६५	कालिदास
त.का	५६७	कालिदास
त.का	६७३	कालिदास
त.का	९२८	कालिदास
त.का	१०२०/A	कालिदास
त.का	१२१०	कालिदास
जि.का	१७६४	कालिदास कवि
डूं.का	६५१	कालिदास कवि
डूं.का	११५२	कालिदास कवि
डूं.का	८९०	कालिदास कवि-क.
जि.ता	३३४	कालिदास महाकवि
जि.का	६१५	कालीदास महाकवि
जि.का	८६२	कालिदास-मू.क.,
		टी.क.धर्ममेरु
डूं.का	११०६	कालिदास कवि
डूं.का	२२१	कालीदास कवि
डूं.का	६४३	कालीदास कवि
डूं.का	१०१४	कालीदास कवि
डूं.का	११२५	कालीदास कवि
डूं.का	११२६	कालीदास कवि
डूं.का	६४३	कालीदास कवि

भंडार नाम	ग्रंथांक	कर्तानुं नाम
डूं.का	११२२	कालीदास कवि
डूं.का	११२३	कालीदास कवि
जि.का	१८२७	काशिनाथ
डूं.का	११९५	काशिराज
जि.का	४४८	काशीनाथ
जि.का	१२१३	काशीनाथ
आ.का	६२	काशीनाथ
जि.का	१८९१	काशीनाथ भट्ट
त.का	४६१	काशीनाथ भट्टाचार्य
त.का	४५६	काशीनाथ भट्टाचार्य
लों.का	४०५	कांतिप्रेमविजय
डूं.का	५८२	कालिदास
लों.का	२६१	कालिदास
त.का	१०७	कीर्तिकलश
डूं.का	७९३	कीर्तिसूरि
जि.का	४७५/१	कीर्त्तिवर्धन
जि.का	४७५/३	कीर्त्तिवर्धन
जि.का	८४८	कुंवरजी
लों.का	४६२	कुंवरजी
लों.का	४६३	कुंवरजी-क.
जि.ता	३५२	कुतूहल कवि भूषणभट्ट पुत्र
जि.ता	३२८	कुत्तक कवि
जि.का	३७९	कुत्तक महाकवि
था.का	३४३	कुमारसुंदरगणि
था.का	१२२	कुमुदचंद्र
था.का	१२४	कुमुदचंद्र
था.का	२३१	कुमुदचंद्र
था.का	३७७	कुमुदचंद्र

भंडार नाम	ग्रंथांक	कर्तानुं नाम
था.का.	४०६	कुमुदचंद्र
त.का.	२०३	कुमुदचंद्र
त.का.	२४४	कुमुदचंद्र
त.का.	७८८	कुमुदचंद्र
जि.का.	१५२५	कुलमंडनगणि-अव.
जि.का.	१५२४	कुलमंडनगणि-अक.क.
था.का.	३२९	कुशलधीरगणि
डूं.का.	१००८	कुशलमुनि
लों.का.	३३२	कुशलरंग
आ.का.	१०६	कुशलरंग
डूं.का.	९५	कुशलरंगमुनि
डूं.का.	१३०	कुशलरंगमुनि
त.का.	३९८	कुशलराज
जि.का.	६४०	कुशललाभ
जि.का.	७१८	कुशललाभ
जि.का.	११२१	कुशललाभ
जि.का.	२०२१	कुशललाभ
डूं.का.	४४४	कुशललाभ
डूं.का.	९३५	कुशललाभ
डूं.का.	२२	कुशललाभसूरि
त.का.	८८२	कुशलहर्ष
जि.ता.	३२७	कृतक कवि
जि.का.	१८७२	कृष्ण दैवज्ञ
जि.ता.	३५७/२	कृष्णमिश्र
जि.ता.	३१४/६	केदार भट्ट
जि.का.	१७६२	केदार भट्ट
जि.का.	१७६३	केदार भट्ट सोमचंद्र-टी.
था.का.	३२१	केदार भट्ट-क.

भंडार नाम	ग्रंथांक	कर्तानुं नाम
जि.का.	१२५१	केदारभट्ट
लों.का.	२७५	केदारभट्ट
जि.ता.	३४६/५	केलिकवि
जि.ता.	३४६/६	केलिकवि
जि.का.	१४४/४	केलिकवि
जि.का.	१४४/५	केलिकवि
त.का.	३४३	केशरसागर
जि.का.	८९६	केशराज मुनि
जि.का.	१९०२	केशव
जि.का.	७५९	केशवदास
जि.का.	११११	केशवदास
जि.का.	२११८	केशवभट्ट
जि.का.	५७६	केशवमिश्र
जि.का.	१७८९	केशवमिश्र
जि.का.	१७९०	केशवमिश्र
जि.का.	२२०८	केशवमिश्र
जि.का.	१७८८	केशवमिश्र
त.का.	५७१	केशवमिश्र
त.का.	७१३	केशवमिश्र
जि.का.	५६३	केशवमिश्र
त.का.	७०८	केशवमिश्र
जि.का.	४२२	केशवकवि
त.का.	४४४	केसवराय
जि.का.	१२८७	कैयट
जि.ता.	११७	कोट्याचार्य
डूं.का.	७९६	क्षमा कल्याण
जि.का.	३६५	क्षमाकलश
जि.का.	७४३	क्षमाकल्याण

भंडार नाम	ग्रंथांक	कर्तानुं नाम
जि.का.	१६८५	क्षमाकल्याण
जि.का.	२०२८	क्षमाकल्याण
जि.का.	२२३८	क्षमाकल्याण
जि.का.	२२३९	क्षमाकल्याण
जि.का.	२२४०	क्षमाकल्याण
जि.का.	२२४१	क्षमाकल्याण
डूं.का.	११	क्षमाकल्याण
डूं.का.	१२७	क्षमाकल्याण
डूं.का.	७४९	क्षमाकल्याण
डूं.का.	९०४	क्षमाकल्याण
डूं.का.	१२२०	क्षमाकल्याण
डूं.का.	१२९६	क्षमाकल्याण
लों.का.	३४०	क्षमाकल्याण
लों.का.	३६८	क्षमाकल्याण
लों.का.	३८९	क्षमाकल्याण
लों.का.	४५८	क्षमाकल्याण
जि.का.	७४४/२	क्षमाकल्याण आदि
डूं.का.	१०५०	क्षमाकल्याण मुनि
था.का.	२४४	क्षमाकल्याणगणि
डूं.का.	११६६	क्षमाकल्याण
डूं.का.	१४९	क्षमाचंद्र-ले.
डूं.का.	८८१	क्षमाप्रभ
डूं.का.	२६८	क्षमाप्रभमुनि-ले.
डूं.का.	६५८	क्षमाकल्याण
जि.का.	१०६२	क्षांतिमंदिरशिष्य खरतर
डूं.का.	६३	क्षेमंकरमुनि
आ.का.	१६९	क्षेमकलशमुनि-ले.
जि.का.	१०१	क्षेमकिर्ति-वृ.

भंडार नाम	ग्रंथांक	कर्तानुं नाम
जि.ता.	५४	क्षेमकीर्ति आचार्य वृ.क.
जि.का.	३४	क्षेमकीर्ति आचार्य-वृ.
जि.ता.	५६	क्षेमकीर्ति आचार्य-वृ.क.
जि.ता.	५३	क्षेमकीर्ति तपा. - वृ.क.
जि.ता.	५५	क्षेमकीर्ति तपा. - वृ.क.
जि.ता.	५२	क्षेमकीर्ति तपा.-वृ.क.
जि.ता.	५७	क्षेमकीर्ति आचार्य-वृ.क.
जि.का.	९९	क्षेमकीर्ति-वृ.
जि.का.	३३	क्षेमकीर्ति आचार्य-वृ.
जि.का.	९६९	क्षेमकुशल
जि.का.	१००	क्षेमक़ीर्त्ति-वृ.
डूं.का.	९१३	क्षेमचंद्र
डूं.का.	९१०	क्षेमचंद्र
था.का.	३८९	क्षेमराज
जि.का.	५०२	क्षेमराजऋषि
		पार्श्वचंद्रगच्छीय -बा.क.
जि.का.	३०१	क्षेमराजमुनि
डूं.का.	२७५	क्षेमविमल-ले.पं.
डूं.का.	११७४	क्षेमविमल
जि.का.	१७४१	क्षेमेन्द्र-टी.
डूं.का.	२५५	क्षेमहर्षमुनि
डूं.का.	५१८	क्षमाप्रभ पंडित -ले.
डूं.का.	१२५८	क्षेमंकर
डूं.का.	१२६५	खीमाविजय
डूं.का.	७७६/A	खुशाल
डूं.का.	६९९	खुशालविमल
डूं.का.	४३०	खुशालविमलमुनि
डूं.का.	१०६४	खुशालविमलमुनि

भंडार नाम	ग्रंथांक	कर्तानुं नाम
जि.का.	२२३६/१	खेतसी पुण्यकलश शिष्य
डूं.का.	८२१	खेमचंद
डूं.का.	२३७	खेमराज
जि.का.	८४७	खेमराजमुनि
जि.का.	११००	खेमराजमुनि
डूं.का.	४६३	गंगदास
लों.का.	७२	गंगदास-ले.
डूं.का.	१११७	गंगादास
डूं.का.	१००३	गंगाराम
जि.का.	५३०	गंगेश भट्ट
जि.का.	२७७	गजसार
जि.का.	५४३	गजसार
जि.का.	१९१४	गजसार
डूं.का.	३३५	गजसार
लों.का.	५२०	गजसार
आ.का.	९३	गजसार
लों.का.	३७१	गजसार मुनि
लों.का.	६९६	गजसार मुनि
त.का.	१००२	गजसार मुनि
जि.का.	२७६	गजसार मू.क.
जि.का.	३२३/१	गजसार-अ.
डूं.का.	१२४	गजसार-क., अमरविजय-ले.
जि.का.	६५५/२	गजसारमुनि
डूं.का.	९०	गजसारमुनि
डूं.का.	९१	गजसारमुनि
डूं.का.	९७७	गजसारमुनि
त.का.	९१२	गजसारमुनि
त.का.	९१५	गजसारमुनि

भंडार नाम	ग्रंथांक	कर्तानुं नाम
जि.का.	७९८/२	गजसारमुनि स्वोपज्ञ
त.का.	५५	गणधर
त.का.	५६	गणधर
त.का.	५७	गणधर
त.का.	६०	गणधर
त.का.	६१	गणधर
त.का.	७७	गणधर
त.का.	८१	गणधर
त.का.	१११	गणधर
त.का.	११५	गणधर
त.का.	११६	गणधर
त.का.	११९	गणधर
त.का.	१२०	गणधर
त.का.	१२३	गणधर
त.का.	४२७	गणधर
त.का.	४२८	गणधर
त.का.	४२९	गणधर
त.का.	४३०/A	गणधर
त.का.	५००/B	गणधर
त.का.	५०१	गणधर
त.का.	४३०/B	गणधर
जि.का.	११३३	गणपति
जि.का.	१८२८	गणपति
लों.का.	५५०	गणेश दैवज्ञ
डूं.का.	२९५	गणेशमुनि पं.
डूं.का.	२८९	गणेशमुनि-ले.
त.का.	५००/A	गणधर
लों.का.	७००	गरीबगिरि

भंडार नाम	ग्रंथांक	कर्तानुं नाम
लों.का.	५२७	गर्ग
डूं.का.	८०७	गर्ग ऋषी
डूं.का.	४०२	गर्गऋषि
डूं.का.	१२२३	गर्गऋषि
त.का.	१९१	गर्गऋषि
जि.ता.	१५०/४	गर्गर्षि
जि.ता.	१६०/२	गर्गर्षि
जि.ता.	४१५/८	गर्गर्षि
जि.का.	१८७९	गर्गाचार्य
जि.का.	२२५६	गुटकाओ
डूं.का.	३७	गुणचंद्र
जि.ता.	२६३	गुणचन्द्रसूरि
जि.ता.	२४५	गुणपाल
जि.ता.	२८४/२	गुणप्रभसूरि
जि.का.	२०६३	गुणरंग
जि.का.	२०१२/२	गुणरंग वा.
जि.का.	३७०	गुणरत्नगणि
जि.का.	६०९	गुणविजय
डूं.का.	९५३	गुणविजय
जि.का.	३४१/१	गुणविनय
जि.का.	३४१/२	गुणविनय
था.का.	३५१	गुणविनयगणि
डूं.का.	१०२९	गुणविनयगणि
था.का.	६	गुणविनयोपाध्याय
डूं.का.	५८८	गुणशेखर
जि.का.	१२७८	गुणसमृद्धि महत्तरा
जि.का.	११२०	गुणसागर
लों.का.	१८६	गुणसागर

भंडार नाम	ग्रंथांक	कर्तानुं नाम
लों.का.	४६०/A	गुणसागर
डूं.का.	११५१	गुणसागर -पं.
जि.का.	३९९/४	गुणसागरसूरि.
जि.का.	३९९/६	गुणसागरसूरि
त.का.	५३२	गुणसागरसूरि
जि.का.	३१३	गुणसागरसूरि
डूं.का.	८७	गुणसुंदर
डूं.का.	२७७	गुणसुंदर
डूं.का.	२८१	गुणसुंदर
डूं.का.	७३५	गुणसुंदर
डूं.का.	१	गुणसुंदर-पं.
डूं.का.	१२१८	गुणसुंदर मुनि
डूं.का.	८८	गुणसुंदर-ले.,श्रीचन्द्रसूरि-र.
डूं.का.	९१९	गुणसुंदरमुनि
डूं.का.	९६७	गुणसुंदरमुनि
डूं.का.	१७५	गुणसुंदर
जि.का.	९७९	गुणहर्ष
डूं.का.	७९८	गुणहर्ष
जि.का.	१७०८	गुणाक़रसूरि-वृ.
डूं.का.	९३०	गुणकीर्तिसूरि
डूं.का.	४२६	गुमानचंद
डूं.का.	४३८	गुलाबचंद
लों.का.	३५८	गोकुल गांधी
जि.का.	१३९	गोपाल पंडित
जि.ता.	३१४/४	गोपाल भट्ट
लों.का.	३६६	गोपालचंद
जि.ता.	९५	गोपालिक महत्तर शिष्य
जि.का.	५६	गोपालिकमहत्तरशिष्य

भंडार नाम	ग्रंथांक	कर्तानुं नाम
डूं.का.	१०५३	गोपीदास-ले.
लों.का	२९२	गोल्हण
जि.का	१८५१	गोवर्धन
जि.का	१८५३	गोवर्धन
जि.का	१८५४	गोवर्धन
जि.का	१७९१	गोवर्धन
डूं.का.	११३३	गोवर्धन
त.का.	२५६	गोवर्धन
जि.ता.	१७६/२	गोविंदगणि
जि.ता.	१७७/१	गोविंदगणि
जि.ता.	१७९/१	गोविंदगणि
जि.का	१६७६	गोविंदगणि
जि.का	१७६०	गोविंदसूरिशिष्य वर्द्धमान
जि.का	१७६१	गोविंदसूरिशिष्य वर्धमान
जि.का	१७५९	गोविंदसूरिशिष्य वर्द्धमान
जि.का	५२१	गोल्हण -वृ.क.
जि.ता.	३९१/१	गौडपाद
जि.ता.	३९२/३	गौडपाद
डूं.का.	२०९	गौडीदास पं.-ले.,
		पद्मप्रभसूरि-क.
जि.का	५०६	गौतमपंडित -टी.क.
डूं.का.	५७३	गुणहर्ष
जि.का	१०७९/१	चंडपाल
जि.का	२१९०	चंडपाल
जि.का	१७३९	चंद्रकीर्ति
डूं.का.	९१०	चंद्रकीर्ति तथा क्षेमचंद्र
डूं.का.	८७१	चंद्रकीर्तिसूरि
डूं.का.	१३७	चंद्रकीर्ती

भंडार नाम	ग्रंथांक	कर्तानुं नाम
जि.का	४४९	चंद्रकीर्त्ति
जि.का	१८०४	चंद्रकीर्त्ति
जि.का	४३३	चंद्रकीर्त्तिसूरि
जि.का	१९९७	चंद्रकीर्त्ति
जि.ता.	२७६	चंद्रतिलकोपाध्याय
जि.का	२२३	चंद्रप्रभ महत्तर
त.का.	२१४	चंद्रमुनि
त.का.	५४२	चंद्रमुनि
जि.ता.	१९०	चंद्रर्षि महत्तर
डूं.का.	९९५	चंद्रकीर्तिसूरि
जि.का	४३६	चंद्रकीर्त्तिसूरि
जि.ता.	३८६	चक्रधर
जि.ता.	१५५/८	चक्रेश्वरसूरि
जि.का	१३२४/१	चक्रेश्वरसूरि
जि.ता.	१८६	चक्रेश्वरसूरि-वृ.
जि.का	२२२१/१	चन्द्रप्रभसूरि
जि.ता.	१७४	चन्द्रर्षि महत्तर-मू.क.,
		टी.क. आचार्य मलयगिरि
डूं.का.	६६	चन्द्रशेखरसूरि
आ.का	२७६	चन्द्रीय
जि.ता.	२२३	चन्द्रप्रभसूरि-मू.क.,
		वि.क.देवभद्रसूरि
जि.का	३७७	चारित्रवर्धन
त.का.	१०५३	चारित्रवर्धन
जि.का	१७५४	चारित्रसिंह
डूं.का.	८४७	चारित्रोदय-ले.
लों.का	१४२	चिरंतनाचार्य
डूं.का.	३७१	चिरकुशल -पं.

भंडार नाम	ग्रंथांक	कर्तानुं नाम
जि.का	१३०७	चित्सुखमुनि
जि.का	३९२	जंबूकवि
जि.का	१३२५	जंबूकवि
जि.का	१९५९	जंबूकवि
जि.का	१९६०	जंबूकवि-मू.
जि.ता.	३४७/५	जंबूनाग-मू.क., टी.क.
		शांतिसूरि पूर्णतल्लगच्छीय
जि.का	१२५५	जगदेव
जि.का	४५९	जगद्धर-टी.
डूं.का.	२१८	जगमालगणि-पं.
जि.का	६७०	जटमल नहार
जि.का	२१२०/६	जनप्रभसूरि
त.का.	६७१	जम्बूसाधु
था.का	१८६	जयंतसिंह
था.का	२१७	जयंतसिंह
था.का	१०९	जयकीर्ति
था.का	११०	जयकीर्ति
था.का	१११	जयकीर्ति
त.का.	५३९	जयकीर्ति
त.का.	५४१	जयकीर्ति
जि.का	३३२	जयकीर्तिसूरि
जि.का	१७०१	जयकीर्तिसूरि
जि.का	२३८	जयकीर्तिसूरि पूर्णिमापक्षीय
जि.ता.	३१४/५	जयकीर्त्तिसूरि
जि.का	१८२	जयकीर्त्तिसूरि
जि.का	१८३/१	जयकीर्त्तिसूरि
जि.का	२९६	जयकीर्त्तिसूरि
जि.का	२९७	जयकीर्त्तिसूरि

भंडार नाम	ग्रंथांक	कर्तानुं नाम
जि.का	८७३/४	जयकीर्त्तिसूरि
जि.का	२९५	जयकीर्त्तिसूरि मू.क.
जि.का	१७६६	जयकृष्ण
डूं.का	१२२६	जयचंद -ले.
डूं.का	९५२	जयचंद्र मुनि
जि.का	२१८३/१	जयचंद्रसूरि
आ.का	८	जयचंद्रसूरि
त.का	१०४	जयचंद्रसूरि
जि.का	७७३	जयचंद्रसूरि-बा.
डूं.का	९४२	जयचंद्रसूरि
जि.का	१७५	जयतिलकसूरि
जि.का	१६६६	जयतिलकसूरि
डूं.का	६९२	जयतिलकसूरि
त.ता.	७	जयतिलकसूरि
जि.का	३९३	जयतिलकसूरि आगमिक
डूं.का	९४३	जयतिलकसूरि
जि.ता.	३१४/१	जयदेव
जि.का	३८१	जयदेव
जि.का	३८०	जयदेव -मू.क., वृ.क.हर्षट
जि.ता.	३१४/२	जयदेव-मू.क., वृ.क.हर्षट
जि.का	४५९	जयदेवकवि -मू.क.,
		टी.क.जगद्धर
त.का	१०२	जयदेवसूरि
लों.का	५४७	जयमल
डूं.का	५३२	जयमलमुनि
लों.का	५०९/A	जयरंग
डूं.का	३४६	जयरत्नमुनि
जि.का	४१३	जयवंतसूरि

भंडार नाम	ग्रंथांक	कर्तानुं नाम
जि.का.	४८३	जयवंतसूरि
डूं.का.	८६२/१	जयवल्लभ
त.का.	६५५	जयवल्लभसूरि
डूं.का.	१०३१	जयविजयगणि
त.का.	३९२	जयशेखर
डूं.का.	१८३	जयशेखर-ले.
जि.का.	५३३/२	जयशेखरसूरि
जि.का.	१०८४/२	जयशेखरसूरि
था.का.	१९८	जयशेखरसूरि
त.का.	२०४	जयशेखरसूरि
त.का.	५५४	जयशेखरसूरि
त.का.	८४२	जयशेखरसूरि
त.का.	५५०	जयशेखसूरि
डूं.का.	७०५	जयसागर
डूं.का.	१९४	जयसागर उपाध्याय
जि.का.	२१२०/९	जयसागर वचनाचार्य
डूं.का.	५१	जयसागरगणि
जि.का.	१६१७	जयसागरसूरि-टी.
जि.का.	५१२	जयसागरोपाध्याय-वृ.
डूं.का.	६०६	जयसारगणि
जि.ता.	१५९/२	जयसिंहसूरि
जि.ता.	३५९/१	जयसिंहसूरि
जि.ता.	३५९/२	जयसिंहसूरि
जि.का.	१७९२	जयसिंहंसूरि
त.ता.	२	जयसिंहसूरि
त.ता.	३	जयसिंहसूरि
जि.का.	८०८/१	जयसोम
जि.का.	८२१/२	जयसोम
जि.का.	८५८/३	जयसोम
जि.का.	२०९७	जयसोम
जि.का.	७१२	जयसोम उपाध्याय
डूं.का.	१२९५	जयसोमगणि
डूं.का.	१५४	जयसोममुनि -पं.
डूं.का.	११५७	जयहंस
त.का.	२४६	जयानंदसूरि
डूं.का.	१०८३	जशविजय
आ.का.	९९	जशविजय
आ.का.	१०३/ए	जशविजय
आ.का.	११०	जशविजय
आ.का.	१३२	जशविजय
त.का.	४७६	जशविजय
त.का.	४७८	जशविजय
जि.ता.	१५१/२१	जसदेवमुनि (यशोदेवमुनि)
त.का.	७४०	जसविजय
था.का.	१९४	जसविजयगणि
डूं.का.	६४६	जितरंग
डूं.का.	७१८	जितरंग -पंडित
डूं.का.	७९०	जितरंग गणि
डूं.का.	४८०	जितरंगगणि
डूं.का.	२९८	जितरंगमुनि-ले.,सोमप्रभमुनि-क.
त.का.	११४६	जितविजय
जि.का.	१९११	जिनआनंद
त.का.	४०१	जिनउदयसूरि- खरतरगच्छ
त.का.	४३४	जिनकलशसुरि
डूं.का.	११४९	जिनकीर्तिसूरि
था.का.	३५५	जिनकुशलसुरि
त.का.	७१५	जिनचंद यति
जि.का.	५०७	जिनचंद्र
डूं.का.	४६७	जिनचंद्र
जि.का.	१३३/१६	जिनचंद्रगणि
जि.ता.	२३५	जिनचंद्रसूरि
जि.का.	६७३	जिनचंद्रसूरि
जि.का.	१०२५	जिनचंद्रसूरि
जि.का.	१३२६/१०	जिनचंद्रसूरि
जि.का.	१३२६/४९	जिनचंद्रसूरि
जि.का.	२१३५/३	जिनचंद्रसूरि
डूं.का.	७०	जिनचंद्रसूरि
डूं.का.	२४०	जिनचंद्रसूरि
था.का.	४४	जिनचंद्रसूरि
था.का.	१०३	जिनचंद्रसूरि
था.का.	२१०	जिनचंद्रसूरि
था.का.	२१६	जिनचंद्रसूरि
जि.का.	११६	जिनचंद्रसूरि -मू.,
		वृ.क.यशोदेवोपाध्याय
जि.ता.	१६०/१०	जिनचंद्रसूरि उपकेशगच्छीय
जि.ता.	२२२	जिनचंद्रसूरि-मू.क.,
		वृ.क. देवेन्द्रसूरि
जि.ता.	२२१	जिनचंद्रसूरि-मू.क.,
		वृ.क.यशोदेवसूरि
जि.ता.	१५४/१५	जिनचन्द्रगणि
जि.ता.	१५६/३५	जिनचन्द्रसूरि
जि.ता.	१९१/१२	जिनचन्द्रसूरि
जि.का.	१९४/२	जिनचन्द्रसूरि
जि.का.	७७	जिनचन्द्रसूरि
जि.का.	९२६	जिनचन्द्रसूरि
जि.ता.	३४७/६	जिनचन्द्र
जि.ता.	१५६/३०	जिनदत्तसूरि
जि.ता.	१५६/३१	जिनदत्तसूरि
जि.ता.	१९१/९	जिनदत्तसूरि
जि.ता.	१९१/१०	जिनदत्तसूरि
जि.का.	१८०/७	जिनदत्तसूरि
जि.का.	१९४/१	जिनदत्तसूरि
जि.का.	१९४/५	जिनदत्तसूरि
जि.का.	३५५	जिनदत्तसूरि
जि.का.	१२८८/४	जिनदत्तसूरि
जि.का.	१३१७/९	जिनदत्तसूरि
जि.का.	१३१७/१०	जिनदत्तसूरि
जि.का.	१३१७/१३	जिनदत्तसूरि
जि.का.	१३१७/१४	जिनदत्तसूरि
जि.का.	१३१७/१५	जिनदत्तसूरि
जि.का.	१३२६/८	जिनदत्तसूरि
जि.का.	१३२६/९	जिनदत्तसूरि
जि.का.	१३२६/१३	जिनदत्तसूरि
जि.का.	१३२६/२५	जिनदत्तसूरि
जि.का.	१३२६/२६	जिनदत्तसूरि
जि.का.	१३२६/३२	जिनदत्तसूरि
जि.का.	१५६१	जिनदत्तसूरि
जि.का.	१६२६/४	जिनदत्तसूरि
जि.का.	१६२६/६	जिनदत्तसूरि
जि.का.	१९४७	जिनदत्तसूरि
जि.का.	१९४९	जिनदत्तसूरि
जि.का.	१६२६/५	जिनदत्तसूरि

भंडार नाम	ग्रंथांक	कर्तानुं नाम
त.का.	१७३	जिनदत्तसूरि
त.का.	५०३	जिनदत्तसूरि
जि.का	२१९५	जिनदत्तसूरि -मू.,
		जिनपतिसूरि -टी.
जि.का	२१९५	जिनदत्तसूरि -मू.,
		जिनपतिसूरि -टी.
जि.का	५१२	जिनदत्तसूरि -मू.क.,
		वृ.क.जयसागरोपाध्याय
था.का.	३०६	जिनदत्तसूरि, राजसोम
जि.का	१६७८	जिनदत्तसूरि-क.,
		जिनपतिसूरि-टी.
डूं.का.	७४५	जिनदत्तसूरि-क., मोतीचंद-ले.
जि.का	१९५०	जिनदत्तसूरि-मू.,
		टी.सर्वराजगणि
जि.का	१५६४	जिनदत्तसूरि-मू.,
		वृ.क.जिनेश्वरसूरि
जि.का	१३०५/१	जिनदत्तसूरि-मू.क.,
		टी.क.जिनपाल
जि.का	१३०५/२	जिनदत्तसूरि-मू.क.,
		टी.क.जिनपाल
जि.ता	२८०	जिनदत्तसूरि-मू.क.,
		वृ.क.सुमतिगणि
जि.ता	२८१	जिनदत्तसूरि-मू.क.,
		वृ.क.सुमतिगणि
डूं.का	७४४	जिनदत्तसूरि
त.का.	१७९	जिनदत्तसूरि
जि.का	५१३	जिनदत्तसूरि
त.का.	६६	जिनदास गणि

भंडार नाम	ग्रंथांक	कर्तानुं नाम
जि.ता	६१/१	जिनदासगणि क्षमाश्रमण
जि.ता	७८	जिनदासगणि महत्तर
जि.ता	१०१	जिनदासगणि महत्तर
जि.ता	१०२	जिनदासगणि महत्तर
जि.ता	१०३	जिनदासगणि महत्तर
जि.ता	४१०/२	जिनदासगणि महत्तर
जि.ता	४१०/३	जिनदासगणि महत्तर
जि.का	१०७	जिनदासगणि महत्तर
जि.का	१०८	जिनदासगणि महत्तर
जि.का	१२३१	जिनदत्तसूरि
जि.का	१३१७/१६	जिनदत्तसूरि
जि.का	३२९	जिनदत्तसूरि -मू.क.
था.का	२	जिनपति सूरि
जि.का	२०९०	जिनपतिसूरि
था.का	२४०	जिनपतिसूरि
त.का.	६६३	जिनपतिसूरि
जि.का	१६७८	जिनपतिसूरि-टी.
जि.का	१७७१	जिनपतिसूरि-वृ.
जि.का	२१९५	जिनपतिसूरि-टी.
त.का.	२२	जिनपतसूरि के शिष्य
जि.का	१३०५/३	जिनपाल
जि.का	१५३४	जिनपाल-टी.
जि.ता	३५३/१	जिनपाल-टी.
जि.का	१३०५/१	जिनपाल-टी.
जि.का	१३०५/२	जिनपाल-टी.
जि.का	१५६७	जिनपाल-टी.
जि.का	१३११	जिनपाल-वृ.
जि.का	१३०१	जिनपालगणि

भंडार नाम	ग्रंथांक	कर्तानुं नाम
जि.का	११८९	जिनपालोध्याय-वृ.
जि.ता	२८१/१	जिनपालोपाध्याय-वि.
जि.ता	४४/१	जिनप्रभसूरि
जि.ता	४४/२	जिनप्रभसूरि
जि.ता	१५१/१९	जिनप्रभसूरि
जि.ता	२८४/१	जिनप्रभसूरि
जि.ता	४२६	जिनप्रभसूरि
जि.का	१३०	जिनप्रभसूरि
जि.का	१३४/१७	जिनप्रभसूरि
जि.का	२६१/१	जिनप्रभसूरि
जि.का	२६९	जिनप्रभसूरि
जि.का	८०८/८	जिनप्रभसूरि
जि.का	१०६४/२	जिनप्रभसूरि
जि.का	२२२०	जिनप्रभसूरि
जि.का	१४२३	जिनप्रभसूरि
जि.का	२१७५	जिनप्रभसूरि
जि.का	२१२०/८	जिनप्रभसूरि
जि.का	२१२०/१२	जिनप्रभसूरि
था.का	२०७	जिनप्रभसूरि
त.का.	५७०	जिनप्रभसूरि
त.का.	६९०	जिनप्रभसूरि
जि.का	२४८	जिनप्रभसूरि -वृ.
जि.का	१२८२	जिनप्रभसूरि स्वोपज्ञ
जि.का	२५७	जिनप्रभसूरि-वृ.
डूं.का	९९१	जिनप्रभसूरि
डूं.का	१२८६	जिनप्रभसूरि
त.का.	१६८	जिनभद्रक्षमाश्रमण
त.का.	५४६	जिनभद्रक्षमाश्रमण

भंडार नाम	ग्रंथांक	कर्तानुं नाम
जि.का	१०४३	जिनभद्रगणि
जि.ता	१०९	जिनभद्रगणि क्षमाश्रमण
जि.ता	११६	जिनभद्रगणि क्षमाश्रमण
जि.ता	१५०/१	जिनभद्रगणि क्षमाश्रमण
जि.ता	१५०/२	जिनभद्रगणि क्षमाश्रमण
जि.ता	१५५/११	जिनभद्रगणि क्षमाश्रमण
जि.ता	१५७/२	जिनभद्रगणि क्षमाश्रमण
जि.ता	४१५/५	जिनभद्रगणि क्षमाश्रमण
जि.ता	४१८/१	जिनभद्रगणि क्षमाश्रमण
जि.का	५७	जिनभद्रगणि क्षमाश्रमण
जि.का	२७०	जिनभद्रगणि क्षमाश्रमण
जि.का	९७५	जिनभद्रगणि क्षमाश्रमण
जि.का	१२८६	जिनभद्रगणि क्षमाश्रमण
जि.का	१११	जिनभद्रगणि क्षमाश्रमण -मू.,
		वृ.क.तिलकाचार्य
जि.का	२७१	जिनभद्रगणि क्षमाश्रमण -मू.क.,
		वृ.क.तिलकाचार्य
जि.का	२१९७/१	जिनभद्रगणि क्षमाश्रमण-टी.,
		वि.क.मलयगिरि
जि.का	९६८	जिनभद्रगणि क्षमाश्रमण-मू.
जि.ता	१२०	जिनभद्रगणि क्षमाश्रमण-मू.,
		वृ. मलधारी हेमचंद्रसूरि
जि.ता	१२१	जिनभद्रगणि क्षमाश्रमण-मू.,
		वृ. मलधारी हेमचंद्रसूरि
जि.ता	४१७/१	जिनभद्रगणि क्षमाश्रमण-मू.क.,
		चू.क.सिद्धसेनसूरि
जि.ता	२०१	जिनभद्रगणि क्षमाश्रमण-मू.क.,
		टी.क. शालिभद्रसूरि

भंडार नाम	ग्रंथांक	कर्तानुं नाम
जि.ता.	२०२	जिनभद्रगणि क्षमाश्रमण-मू.क.,
		टी.क. शालिभद्रसूरि
जि.ता.	१९४	जिनभद्रगणि क्षमाश्रमण-मू.क.,
		टी.क.मलयगिरि आचार्य
जि.ता.	१९९	जिनभद्रगणि क्षमाश्रमण-मू.क.,
		टी.क.मलयगिरि आचार्य
जि.ता.	२००	जिनभद्रगणि क्षमाश्रमण-मू.क.,
		टी.क.शालिभद्रसूरि
जि.ता.	१९३	जिनभद्रगणि क्षमाश्रमण-मू.क.,
		टी.क.मलयगिरिसूरि
जि.ता.	४१८/२	जिनभद्रगणि क्षमाश्रमण-मू.क.,
		वृ.क.तिलकाचार्य
जि.ता.	१९२	जिनभद्रगणि क्षमाश्रमण-मू.क.,
		वृ.क.मलयगिरि आचार्य
जि.ता.	१९८	जिनभद्रगणि क्षमाश्रमण-मू.क.,
		टी.क.मलयगिरि आचार्य
जि.का.	१४३९	जिनभद्रगणि क्षमाश्रमण
जि.का.	५५७	जिनभद्रसूरि
जि.का.	५६८	जिनभद्रसूरि
जि.का.	६६१	जिनभद्रसूरि
जि.का.	६९७	जिनभद्रसूरि
जि.का.	९४४	जिनभद्रसूरि
आ.का.	४४/B	जिनभद्रसूरि
जि.का.	१३१५	जिनभद्रगणि क्षमाश्रमण
त.का.	३२३	जिनमाणिक्यसूरि
त.का.	३२२	जिनमाणिक्यसूरि
डूं.का.	१३३०	जिनरंग
जि.ता.	३५१	जिनरत्नसूरि

भंडार नाम	ग्रंथांक	कर्तानुं नाम
जि.का.	२०११	जिनराज
त.का.	२३८	जिनराज ज्ञानकुशल
जि.का.	६३०	जिनराजसूरि
जि.का.	७८१	जिनराजसूरि
लों.का.	३५९	जिनराजसूरि
डूं.का.	११५६	जिनराजसूरी
डूं.का.	१४५	जिनराजसूरि
डूं.का.	४९५	जिनराजसूरि
जि.का.	२०१०/१	जिनलाभ
डूं.का.	११८९	जिनलाभ गणि
जि.का.	१६८६	जिनलाभसूरि
जि.का.	१७११/१	जिनलाभसूरि
जि.का.	१७११/२	जिनलाभसूरि
जि.का.	१७११/३	जिनलाभसूरि
जि.का.	१७११/४	जिनलाभसूरि
जि.का.	१७११/५	जिनलाभसूरि
था.का.	८७	जिनलाभसूरि
डूं.का.	२४८	जिनलाभसूरि
जि.का.	१८९९	जिनवर्धनसूरि-वृ.
जि.का.	१६२६/२	जिनवलल्भ
जि.का.	८६५	जिनवल्लबगणि
जि.का.	२०३८/४	जिनवल्लभ
जि.का.	२०४२	जिनवल्लभ
था.का.	१८७	जिनवल्लभ
जि.ता.	१५०/७	जिनवल्लभगणि
जि.ता.	१५४/४	जिनवल्लभगणि
जि.ता.	१५४/६	जिनवल्लभगणि
जि.ता.	१५४/८	जिनवल्लभगणि

भंडार नाम	ग्रंथांक	कर्तानुं नाम
जि.ता.	१५४/१८	जिनवल्लभगणि
जि.ता.	१५६/३९	जिनवल्लभगणि
जि.ता.	१६२/१	जिनवल्लभगणि
जि.ता.	१६२/३	जिनवल्लभगणि
जि.ता.	१९१/८	जिनवल्लभगणि
जि.ता.	२२४/४	जिनवल्लभगणि
जि.ता.	२२४/५	जिनवल्लभगणि
जि.ता.	२२४/६	जिनवल्लभगणि
जि.ता.	२२४/७	जिनवल्लभगणि
जि.ता.	४००/१	जिनवल्लभगणि
जि.ता.	४१५/३	जिनवल्लभगणि
जि.ता.	४१५/४	जिनवल्लभगणि
जि.का.	१३३/२	जिनवल्लभगणि
जि.का.	१३३/५	जिनवल्लभगणि
जि.का.	१३३/७	जिनवल्लभगणि
जि.का.	१३३/८	जिनवल्लभगणि
जि.का.	१३३/९	जिनवल्लभगणि
जि.का.	१३३/११	जिनवल्लभगणि
जि.का.	१८०/१	जिनवल्लभगणि
जि.का.	२०६	जिनवल्लभगणि
जि.का.	२०८	जिनवल्लभगणि
जि.का.	३८९	जिनवल्लभगणि
जि.का.	५००/१	जिनवल्लभगणि
जि.का.	५००/२	जिनवल्लभगणि
जि.का.	५४४	जिनवल्लभगणि
जि.का.	६५१	जिनवल्लभगणि
जि.का.	७५३	जिनवल्लभगणि
जि.का.	८८५	जिनवल्लभगणि

भंडार नाम	ग्रंथांक	कर्तानुं नाम
जि.का.	९२७/१	जिनवल्लभगणि
जि.का.	१०६५	जिनवल्लभगणि
जि.का.	१२५३	जिनवल्लभगणि
जि.का.	१३१०/४	जिनवल्लभगणि
जि.का.	१३१७/८	जिनवल्लभगणि
जि.का.	१३१७/१७	जिनवल्लभगणि
जि.का.	१३१७/२२	जिनवल्लभगणि
जि.का.	१३२६/२	जिनवल्लभगणि
जि.का.	१३२६/२३	जिनवल्लभगणि
जि.का.	१३२६/२७	जिनवल्लभगणि
जि.का.	१५०४	जिनवल्लभगणि
जि.का.	१५१८	जिनवल्लभगणि
जि.का.	१६१६	जिनवल्लभगणि
था.का.	१२१	जिनवल्लभगणि
जि.का.	१५०५	जिनवल्लभगणि-मू.,
		टी.क.मलयगिरि
जि.का.	१३२४/२	जिनवल्लभगणि-मू.क.,
		टि.क.रामदेवगणि
जि.ता.	३५३/१	जिनवल्लभगणि-मू.क.,
		टी.क. जिनपाल
जि.ता.	२०५	जिनवल्लभगणि-मू.क.,
		टी.क.यशोदेवसूरि
जि.ता.	२१०	जिनवल्लभगणि-मू.क.,
		टी.क.यशोदेवसूरि
जि.ता.	१८८	जिनवल्लभगणि-मू.क.,
		वृ.क. हरिभद्रसूरि
जि.ता.	१७८/२	जिनवल्लभगणि-मू.क.,
		वृ.क. हरिभद्राचार्य बृहद्गच्छीय

भंडार नाम	ग्रंथांक	कर्तानुं नाम
जि.ता.	१८६	जिनवल्लभगणि-मू.क.,
		वृ.क.चक्रेश्वरसूरि
जि.ता.	१५६/१९	जिनवल्लभसूरि
जि.ता.	१५६/२०	जिनवल्लभसूरि
जि.ता.	१५६/२१	जिनवल्लभसूरि
जि.का.	२०४	जिनवल्लभसूरि
जि.का.	३२६	जिनवल्लभसूरि
जि.का.	६४५	जिनवल्लभसूरि
जि.का.	१३१७/६	जिनवल्लभसूरि
जि.का.	१३२६/४८	जिनवल्लभसूरि
जि.का.	१६१८	जिनवल्लभसूरि
जि.का.	१६१९	जिनवल्लभसूरि
जि.का.	१७०९	जिनवल्लभसूरि
जि.का.	१५६६	जिनवल्लभसूरि
जि.का.	१६२१	जिनवल्लभसूरि
था.का.	३१८	जिनवल्लभसूरि
लों.का	१४५	जिनवल्लभसूरि
त.का.	१६७	जिनवल्लभसूरि
त.का.	५९३	जिनवल्लभसूरि
जि.का	१७१	जिनवल्लभसूरि -मू.क.,
		वृ.क.जिनपतिसूरि
जि.का	१५६०	जिनवल्लभसूरि-मू.,
		अव.क.साधुकीर्त्तिगणि
जि.का	१६१७	जिनवल्लभसूरि-मू.,
		जयसागरसूरि-टी.
जि.का	१५६७	जिनवल्लभसूरि-मू.,
		टी.क.जिनपाल
जि.ता.	२१८	जिनवल्लभसूरि-मू.क.,
		वि.क.जिनपालोपाध्याय
जि.का	११८९	जिनवल्लभसूरि-मू.क.,
		वृ.क.जिनपालोध्याय
डूं.का.	९९३	जिनवल्लभसूरि
जि.ता.	१५०/८	जिनवल्लभगणि
त.का.	९६५	जिनवल्लभसूरि
जि.का	१९८०	जिनविज़य
जि.का	१०१७	जिनसमुद्र
जि.का	१०३८	जिनसमुद्र
जि.का	३०६	जिनसमुद्रसूरि
जि.का	३४३/१	जिनसमुद्रसूरि
जि.का	३४३/२	जिनसमुद्रसूरि
जि.का	३४४	जिनसमुद्रसूरि
जि.का	३४७/१	जिनसमुद्रसूरि
जि.का	३४७/२	जिनसमुद्रसूरि
जि.का	३४७/३	जिनसमुद्रसूरि
जि.का	४१०/१	जिनसमुद्रसूरि
जि.का	४१०/३	जिनसमुद्रसूरि
जि.का	६६३	जिनसमुद्रसूरि
जि.का	६९४	जिनसमुद्रसूरि
जि.का	७१९	जिनसमुद्रसूरि-टी.
डूं.का.	३४१	जिनसमुद्रसूरि
जि.का	४३१	जिनसमुद्रसूरि वेगडगच्छीय
जि.का	८०९/१	जिनसागरसूरि
लों.का	६११	जिनसिंहसूरि
जि.का	३४२/१	जिनसुंदरसूरि
जि.का	३४२/४	जिनसुंदरसूरि
जि.का	३४२/५	जिनसुंदरसूरि
जि.का	३४६	जिनसुंदरसूरि
जि.का	६४३	जिनसुंदरसूरि
जि.का	६६६	जिनसुंदरसूरि
जि.का	९८७	जिनसुंदरसूरि
जि.का	३५१	जिनसुंदरसूरि वेगडगच्छीय
डूं.का	१००६	जिनसुंदरसूरि
डूं.का	२९६	जिनसूरि
जि.का	६५४/२	जिनसमुद्रसूरि
जि.का	३४२/२	जिनसुंदरसूरि
त.का	६७८	जिनहंस
जि.का	३४०	जिनहंससूरि
डूं.का	७७३	जिनहंससूरि
जि.का	४२१	जिनहर्ष
जि.का	१११३	जिनहर्ष
जि.का	१९१९	जिनहर्ष
जि.का	१९८३	जिनहर्ष
जि.का	१९८८/२	जिनहर्ष
जि.का	२०१०/३	जिनहर्ष
जि.का	२२३६/६	जिनहर्ष
डूं.का	५७५	जिनहर्ष
डूं.का	८२४	जिनहर्ष
डूं.का	८५९	जिनहर्ष
डूं.का	१३७८	जिनहर्ष
लों.का	३४१	जिनहर्ष
लों.का	४८६	जिनहर्ष
लों.का	६०७	जिनहर्ष
त.का	४८	जिनहर्ष
त.का	४११	जिनहर्ष
डूं.का	११८	जिनहर्षगणि
डूं.का	७२९	जिनहर्षमुनि-क.,
		नयनंदन मुनि-ले.
जि.का	९०८	जिनहर्षसूरि
डूं.का	२१४	जिनहर्षसूरि
त.का	१७२	जिनहर्षसूरि
डूं.का	११६९	जिनहर्षसूरी
डूं.का	५	जिनहर्षसूरि
डूं.का	७१७	जिनहर्षसूरि
डूं.का	७५६	जिनहर्षसूरि
डूं.का	२	जिनहर्षसूरि
जि.का	१४९१	जिनाब्धिसूरि
त.का	२५	जिनेश्वर सूरि
जि.ता	१५४/२	जिनेश्वरसूरि
जि.ता	१५४/३	जिनेश्वरसूरि
जि.ता	१५६/१	जिनेश्वरसूरि
जि.ता	१५६/२	जिनेश्वरसूरि
जि.ता	१५९/३	जिनेश्वरसूरि
जि.ता	१६१/२	जिनेश्वरसूरि
जि.का	१३३/३	जिनेश्वरसूरि
जि.का	१३३/४	जिनेश्वरसूरि
जि.का	१८०/३	जिनेश्वरसूरि
जि.का	१९४/४	जिनेश्वरसूरि
जि.का	९७६	जिनेश्वरसूरि
जि.का	१३१७/२४	जिनेश्वरसूरि
जि.का	१३२६/३	जिनेश्वरसूरि
जि.का	१३२६/४	जिनेश्वरसूरि

भंडार नाम	ग्रंथांक	कर्तानुं नाम
जि.का.	१३२६/१२	जिनेश्वरसूरि
जि.का.	१३२६/४१	जिनेश्वरसूरि
जि.का.	२१०	जिनेश्वरसूरि -मू.,
....	....	वि.क.सर्वराजगणि वाचनाचार्य
जि.का.	४९४	जिनेश्वरसूरि वेगडगच्छीय बा.क.
जि.का.	४११	जिनेश्वरसूरिशिष्य वेगडगच्छीय
जि.का.	१५३३	जिनेश्वरसूरि-पंच.क.
जि.ता.	२४३	जिनेश्वरसूरि-मू.क.
जि.का.	१५६४	जिनेश्वरसूरि-वृ.
जि.का.	१८०/२	जिनेश्वरसूरी
जि.ता.	१५६/१२	जिनेश्वराचार्य
जि.ता.	१५६/४०	जिनेश्वराचार्य
जि.का.	२१२०/४	जिनप्रभसूरि
डूं.का.	१३४७	जिनहर्ष
त.का.	२४०	जिनचंद्र
जि.का.	१०६४/१	जिनप्रभसूरि
डूं.का.	५५	जिनरंग गणि
डूं.का.	८८७	जिनरंगगणि
डूं.का.	९२२	जिनरंगगणि
डूं.का.	११०७	जिनरंगगणि
डूं.का.	११८६	जिनरंगगणि
जि.का.	१९८१	जिनहरख
डूं.का.	१३६५	जिनचंद्रसूरि
था.का.	१३८	जिनदत्तसूरि
था.का.	१४१	जिनभद्रगणि
था.का.	४३७	जिनरतन
था.का.	१४०	जिनेश्वरसूरि
डूं.का.	६९५	जितरंगगणि

भंडार नाम	ग्रंथांक	कर्तानुं नाम
था.का.	४२९	जीवकिर्ती
डूं.का.	५०३	जीवणजी -ले.
डूं.का.	३४०	जीवणजी पं.-ले.
डूं.का.	१०५६	जीवणजी-पं.
डूं.का.	१०४४	जीवणदास
लों.का.	५७३	जीवराज
लों.का.	५७३	जीवराज
डूं.का.	११३१	जीवविजय-क.
डूं.का.	३७५	जेतसिंह
था.का.	४२	जेतसी
था.का.	४२८	जेतसी -पं.
जि.का.	३४५	जेतसी
त.का.	४२२	जोगीदास
जि.का.	१२१९	ज्ञानचंद्र
लों.का.	४९३	ज्ञानचंद्र
लों.का.	६२३	ज्ञानचंद्र
लों.का.	५१३	ज्ञानचंद्र लावण्य समय
लों.का.	३३८	ज्ञानचन्द्र
डूं.का.	५८९	ज्ञानतिलकगणी
लों.का.	६३२	ज्ञानधर्म
त.का.	४०२	ज्ञानप्रबोध
जि.का.	३००	ज्ञानमेरु
आ.का.	१७९	ज्ञानमेरु मुनि
था.का.	४३	ज्ञानमेरुमुनि
जि.का.	१०३७/३	ज्ञानरत्न
जि.का.	२०५३	ज्ञानविमल
आ.का.	६५	ज्ञानविमल
आ.का.	१३४	ज्ञानविमलसूरि

भंडार नाम	ग्रंथांक	कर्तानुं नाम
डूं.का.	३६१	ज्ञानविमलसूरि
आ.का.	२८	ज्ञानविमलसूरि
त.का.	४२३	ज्ञानविमल
जि.का.	८१९	ज्ञानशील
जि.ता.	३६४/१	ज्ञानश्री आर्यिका-टि.कर्त्री.
जि.का.	९१७	ज्ञानसागर
डूं.का.	१०८६	ज्ञानसागर
लों.का.	३६२	ज्ञानसागर
लों.का.	३६९	ज्ञानसागर
लों.का.	३९३	ज्ञानसागर
आ.का.	१३९	ज्ञानसागर
त.का.	४१५	ज्ञानसागर
त.का.	४१९	ज्ञानसागर
त.का.	६४१	ज्ञानसागर
जि.का.	७३१	ज्ञानसागर आंचलिक
त.का.	७२८	ज्ञानसागर उपाध्याय
जि.का.	१४३८	ज्ञानसागरसूरि-अ.व.
जि.का.	१४८०	ज्ञानसागरसूरि-अव.क.
डूं.का.	१०/२	ज्ञानसागरसूरि
डूं.का.	१२७२	ज्ञानसार मुनि
डूं.का.	८३४	ज्ञानसारेण
डूं.का.	१११४	ज्ञानहर्षमुनि
डूं.का.	८७६	ज्ञानेन्द्रसरस्वती
डूं.का.	६३७	ज्ञानानंदसूरि
आ.का.	२३	ज्योसींग ग.-ले.
डूं.का.	२७८	ठाकुर-ले.
डूं.का.	१५८	डुंगरशी मेघराज -पं.
त.का.	१२४५	ढालसागर

भंडार नाम	ग्रंथांक	कर्तानुं नाम
डूं.का.	८७७	तत्त्वकुमार पं.-ले.
जि.का.	२११८	तरुणप्रभसूरि
डूं.का.	१२०३	ताराचंद
जि.का.	१०३६	तिलक गुसाई
डूं.का.	५७	तिलकसूरि
त.का.	१२०७	तिलकसिंह
जि.ता.	११४	तिलकाचार्य
जि.ता.	११५	तिलकाचार्य
जि.ता.	२७५	तिलकाचार्य
जि.ता.	४१८/३	तिलकाचार्य
जि.का.	३६	तिलकाचार्य
जि.का.	९४	तिलकाचार्य
जि.का.	११९	तिलकाचार्य
जि.का.	२१२०/१	तिलकाचार्य
जि.का.	२१२०/२	तिलकाचार्य
डूं.का.	२५०	तिलकाचार्य
डूं.का.	८३३	तिलकाचार्य
था.का.	६७	तिलकाचार्य
लों.का.	४९४	तिलकाचार्य
आ.का.	४०	तिलकाचार्य
त.का.	६९	तिलकाचार्य
त.का.	६	तिलकाचार्य
जि.ता.	४१८/४	तिलकाचार्य स्वोपज्ञ-वृ.क.
जि.ता.	८२/१	तिलकाचार्य-टी.
जि.का.	१११	तिलकाचार्य-वृ.
जि.का.	२७१	तिलकाचार्य-वृ.
जि.का.	९६८	तिलकाचार्य-वृ.क.,
....	....	मू.क.जिनभद्रगणि क्षमाश्रमण

भंडार नाम	ग्रंथांक	कर्तानुं नाम
जि.ता.	४१८/२	तिलकाचार्य-वृ.क.
डूं.क.	६२५	तेजसिंह
डूं.का.	५३२	तेजसिंह-ले., जयमलमुनि-क.
डूं.का.	३३८	त्रिलोकसिंह
जि.ता.	२८६	त्रिलोचनदास
जि.ता.	२८७	त्रिलोचनदास
जि.ता.	२८८/१	त्रिलोचनदास
जि.ता.	२८८/२	त्रिलोचनदास
जि.ता.	२८५	त्रिलोचनदास
जि.का.	१९७३	त्रिविकम दैवज्ञ
जि.का.	१३१४	त्रिविक्रमभट्ट
जि.का.	१०७८	त्रिविक्रमभट्ट-टि.
जि.का.	११४३	त्र्यंबक-वृ.क.
था.का.	३०९	थाहरुशाह
डूं.का.	६६९	दंडिन
जि.ता.	३२६/१	दंडी कवि
डूं.का.	७०८	दयाकमलमुनि-ले.
जि.का.	५७४	दयारत्न
डूं.का.	१०३९	दयाराज
डूं.का.	१०९९	दयाराज मुनि-ले., अन्नंभट्ट-क.
जि.का.	४७५/४	दयावर्धन
त.का.	९६३	दयाविजयगणि
था.का.	४१३	दयाविमल गणि
डूं.का.	२१७	दयावर्धन पं.-ले.
डूं.का.	५८१	दयाशेखर
जि.का.	२०२०	दयासागर
डूं.का.	७००	दयासागर
डूं.का.	७०२	दयासागर-ले.
डूं.का.	९५१	दयाराज मुनि
जि.का.	८८४	दर्शनविजय
डूं.का.	९४८	दरडामेहाजल
डूं.का.	३५४	दलिचंद-पं.
जि.ता.	२६६	दाक्षिण्यांक उद्योतनसूरि
डूं.का.	१०८५	दानचंद्र
त.का.	३२५	दानचन्द्रगणि
त.का.	९३७/A	दानमुनि
था.का.	४३३	दानविजय
जि.का.	२१४०	दानविजयजी
डूं.का.	१०७३	दानविमलमुनि
जि.का.	७६१/३	दानशेखर
त.का.	५७४	दिक्षीत
जि.ता.	३६४/५	दिग्नाग आचार्य
जि.का.	१८६६	दिनकर
जि.का.	१८६७	दिनकर
त.का.	६६९	दिवसेन पंडित
जि.ता.	३७५/१	दिङ्नाग
जि.ता.	३७४	दिङ्नाग आचार्य
जि.का.	१८४	दुर्गसिंह
जि.का.	२४०	दुर्गसिंह
जि.का.	२४५	दुर्गसिंह
जि.का.	४९३	दुर्गसिंह
जि.का.	१०२०	दुर्गसिंह
जि.का.	१०४७	दुर्गसिंह
जि.का.	१०४८	दुर्गसिंह
जि.का.	१०५५	दुर्गसिंह
जि.का.	१७५३	दुर्गसिंह
जि.का.	२९०	दुर्गसिंह -वृ.
जि.का.	१२९७	दुर्गसिंह-वृ.
जि.का.	१३०८	दुर्गसिंह-वृ.
जि.का.	६९९	दुर्गसिंह-वृ.क.
त.का.	५४८	दुर्गास्वामीशिष्य
जि.का.	३०२	देपाल
जि.का.	६००	देपालकवि
जि.का.	८६०	देपालकवि
त.का.	१०३३	देवकुशल मुनि
जि.का.	७४	देवगुप्तसूरि -मू.,
		अभयदेवसूरि-भा.क.,
		यशोदेवसूरि-वृ.
जि.ता.	१५४/१४	देवगुप्तसूरि-मू.,
		भा. अभयदेवसूरि
जि.ता.	१५५/३	देवगुप्तसूरि-मू.क.,
		भा.क. अभयदेवसूरि
डूं.का.	१३५५	देवचंद
लों.का.	४५७	देवचंद
आ.का.	१५१	देवचंद
जि.का.	२१३७	देवचंद्र
डूं.का.	६३८	देवचंद्र
डूं.का.	११५०	देवचंद्र
लों.का.	४७९	देवचंद्र
डूं.का.	८६४	देवचंद्र-ले.
लों.का.	८१	देवचंद्र-ले.
आ.का.	१४२	देवचंद्रकवि
जि.का.	२०५८	देवचंद्रजी
जि.का.	२१०९	देवचंद्रजी
त.का.	५११	देवचंद्रजी
त.का.	५२६	देवचंद्रजी
डूं.का.	११६४	देवचंद्रमुनि
जि.ता.	३६१	देवचंद्रमुनि हेमचंद्रशिष्य
त.का.	११३	देवचंद्रसूरि
जि.का.	६१०	देवचन्द्र
जि.का.	७४५	देवचन्द्र
जि.का.	७४६	देवचन्द्रगणि
जि.ता.	२५५	देवचन्द्रसूरि
त.का.	३६८	देवचन्द्रसूरि
त.का.	३७९	देवचन्द्रसूरि
लों.का.	३३१	देवचंद्र पं.
आ.का.	१५०	देवतिलक सूरि
त.का.	३३०	देवप्रभसूरि
त.का.	३०७	देवप्रभाचार्य
जि.का.	१३४/१४	देवभद्र
जि.ता.	३८७/२	देवभद्र तथा यशोदेव
जि.का.	२५२	देवभद्रमुनि
जि.का.	१६१/२	देवभद्रयशोदेव
जि.का.	६५०	देवभद्रसूरि-टी.
जि.का.	२१९९	देवभद्रसूरि-टी.
जि.ता.	२२३	देवभद्रसूरि-वि.
जि.ता.	२०३	देवभद्रसूरि-वृ.
जि.ता.	२६१	देवभद्रसूरि
जि.ता.	८२/२	देवभद्रसूरी-टी.
लों.का.	११७	देवर्द्धिगणि
लों.का.	११८	देवर्द्धिगणि
लों.का.	११९	देवर्द्धिगणि

भंडार नाम	ग्रंथांक	कर्तानुं नाम
लों.का	१२०	देवर्द्धिगणि
त.का	१५९	देवर्धिगणि क्षमाश्रमण
जि.ता	७७/१	देववाचक
जि.ता	१५६/९	देववाचक
जि.ता	१५८/१०	देववाचक
जि.ता	१६०/९	देववाचक
जि.का	४८	देववाचक
जि.का	८३३	देववाचक
जि.का	८७३/५	देववाचक
जि.का	९१३	देववाचक
जि.का	१०३०	देववाचक
डूं.का	७२८	देवविजय मुनि-ले.
जि.का	१६३८	देवविजयगणि-च.क.
था.का	३७९	देवविजयसूरि
त.का	६२९	देवसारमुनि
डूं.का	६९८	देवसुंदर उपाध्याय -टी.
जि.का	१८५	देवसूरि
डूं.का	१३८/A	देवसूरी -ले.
त.का	१२	देवाचार्य
त.का	२७	देवाचार्य
जि.का	९८६	देवीदास
जि.का	२०१९	देवीदास
डूं.का	१९१	देवीदास
जि.का	१७०	देवेंद्रसूरि
जि.का	५३९	देवेंद्रसूरि
जि.का	६३६	देवेंद्रसूरि
जि.का	७४०	देवेंद्रसूरि
जि.का	२००५	देवेंद्रसूरि

भंडार नाम	ग्रंथांक	कर्तानुं नाम
जि.का	२२३३	देवेन्द्रकीर्त्ति-टी.
त.का	५९५	देवेन्द्रगणि
जि.ता	१५१/१७	देवेन्द्रसूरि
जि.ता	१५५/१	देवेन्द्रसूरि
जि.ता	२५३	देवेन्द्रसूरि
जि.का	१९६	देवेन्द्रसूरि
जि.का	१९७	देवेन्द्रसूरि
जि.का	३१८	देवेन्द्रसूरि
जि.का	३२२	देवेन्द्रसूरि
जि.का	३२४	देवेन्द्रसूरि
जि.का	४४३	देवेन्द्रसूरि
जि.का	५७७	देवेन्द्रसूरि
जि.का	७१४	देवेन्द्रसूरि
जि.का	७४१	देवेन्द्रसूरि
जि.का	७८२	देवेन्द्रसूरि
जि.का	९२०	देवेन्द्रसूरि
जि.का	१५०८	देवेन्द्रसूरि
जि.का	१५०९	देवेन्द्रसूरि
जि.का	१५११	देवेन्द्रसूरि
जि.का	१५२६	देवेन्द्रसूरि
जि.का	१५२७	देवेन्द्रसूरि
जि.का	१५२९	देवेन्द्रसूरि
जि.का	२२१६	देवेन्द्रसूरि
जि.का	१५०७	देवेन्द्रसूरि
जि.का	२१२०/३	देवेन्द्रसूरि
डूं.का	५३६	देवेन्द्रसूरि
था.का	९९	देवेन्द्रसूरि
लों.का	१७६	देवेन्द्रसूरि

भंडार नाम	ग्रंथांक	कर्तानुं नाम
आ.का	५९	देवेन्द्रसूरि
आ.का	१३६	देवेन्द्रसूरि
आ.का	१६०	देवेन्द्रसूरि
त.का	७२	देवेन्द्रसूरि
त.का	१६३	देवेन्द्रसूरि
त.का	२१७	देवेन्द्रसूरि
त.का	९१९	देवेन्द्रसूरि
त.का	११५३	देवेन्द्रसूरि
त.का	१२२१	देवेन्द्रसूरि
जि.का	३२१	देवेन्द्रसूरि -क.
जि.का	११९	देवेन्द्रसूरि -मू.,
		वृ.क.धर्मघोषसूरि
जि.का	३२८	देवेन्द्रसूरि -मू.क.
जि.ता	१८७	देवेन्द्रसूरि स्वोपज्ञ
जि.ता	२२६	देवेन्द्रसूरि स्वोपज्ञ
जि.ता	२०७	देवेन्द्रसूरि-मू.क.,
		टी.क. धर्मघोषसूरि
जि.ता	२२२	देवेन्द्रसूरि-वृ.
जि.का	७९९	देवेन्द्रसूरि-वृ.
जि.का	१५०७	देवेन्द्रसूरी
त.का	१०१	देवेन्द्रसूरी
त.का	६८२	देवेन्द्रसूरि
जि.का	१५१४	देवेन्द्रसूरि
डूं.का	१९	देवेन्द्रसूरि
डूं.का	२१	देवेन्द्रसूरि
डूं.का	१५६	देवेन्द्रसूरि
डूं.का	५०६	देवेन्द्रसूरि
डूं.का	५२६	देवेन्द्रसूरि

भंडार नाम	ग्रंथांक	कर्तानुं नाम
डूं.का	७४६	देवेन्द्रसूरि
डूं.का	८९२	देवेन्द्रसूरि
डूं.का	९७८	देवेन्द्रसूरि
डूं.का	१०५२	देवेन्द्रसूरि
डूं.का	११३४	देवेन्द्रसूरि
डूं.का	११४४	देवेन्द्रसूरि
जि.का	१५०६/१	देवेन्द्रसूरि
जि.ता	२३४	देवेन्द्रसूरि-वृ.
था.का	३	देवगुप्तसूरि -मू.,
		अभयदेवसूरि-वि.
जि.ता	१५१/१५	देवभद्रसूरि
जि.का	१०९१	देवेंद्रसूरि
जि.का	१०७५/१	दैवललामसाधु-वृ.
त.का	७३	दोलतविजयगणि
लों.का	५०५	दौर्गसिंह
जि.ता	८४/१	द्रोणाचार्य
जि.ता	१२४	द्रोणाचार्य
जि.ता	१२५	द्रोणाचार्य
जि.का	४२	द्रोणाचार्य
जि.का	१७२	द्रोणाचार्य
त.का	१५३	द्रोणाचार्य
जि.का	१४५३	द्रोणाचार्य-टी.,भद्रबाहुस्वामी-मू.
जि.का	१४५२	द्रोणाचार्य-वृ.
जि.ता	१२६	द्रोणाचार्य-वृ.क.
डूं.का	९३	दानमलमुनि -पं.
जि.का	१२४७	धनंजय
जि.का	१९३०	धनंजय
जि.का	१९२९	धनंजय

भंडार नाम	ग्रंथांक	कर्तानुं नाम
डूं.का.	६२८	धनंजय
आ.का.	२०	धनंजय
जि.का.	७६४	धनचन्द्र
त.का.	३२	धनजी खरतरगच्छीय
जि.ता.	४०२	धनपाल
जि.का.	६२१	धनपाल
जि.का.	३९१	धनपाल -मू.
त.का.	७४२	धनपाल पंडित
जि.का.	११४२	धनराज-वृ.
जि.का.	१८३३	धनराजगणि
त.का.	२२५	धनसागरजी
त.का.	६२५	धनसार -टी. भर्तृहरी -क.
त.का.	६२५	धनसार-टी.
त.का.	६९१	धनेश्वर सूरि
त.का.	६९८	धनेश्वर सूरि
जि.का.	२४२	धनेश्वरसूरि
जि.का.	४१४	धनेश्वरसूरि
जि.का.	१३२६/४२	धनेश्वरसूरि
जि.का.	२०८५	धनेश्वरसूरि
जि.का.	१६६५	धनेश्वरसूरि
त.का.	६९६	धनेश्वरसूरि
डूं.का.	१०६२	धनेश्वरसूरि
डूं.का.	५५४	धनेसरसूरि
जि.का.	७२८	धन्वतरी
जि.का.	२०२२	धरणसी
डूं.का.	३७४	धरमशी
डूं.का.	१३४३	धरमसी उपाध्याय
था.का.	५३	धर्मकिर्तीगणि-सं.क.
जि.का.	१२६३/१	धर्मकीर्त्ति
जि.का.	१२६३/२	धर्मकीर्त्ति
जि.का.	१२६३/३	धर्मकीर्त्ति
जि.का.	१२६३/४	धर्मकीर्त्ति
जि.ता.	३७६/१	धर्मकीर्ति आचार्य
जि.का.	१०९५	धर्मकुमार
त.का.	६३१	धर्मघोष
जि.का.	६७७	धर्मघोषसूरि
जि.का.	१०१५	धर्मघोषसूरि
जि.का.	१०८१	धर्मघोषसूरि
जि.का.	१२६५	धर्मघोषसूरि
जि.का.	१५७३	धर्मघोषसूरि
जि.का.	१५७४	धर्मघोषसूरि
त.का.	८७०	धर्मघोषसूरि
जि.ता.	२०७	धर्मघोषसूरि-टि.
जि.का.	२१९७/२	धर्मघोषसूरि-मू.
जि.का.	११९	धर्मघोषसूरि-वृ.
डूं.का.	१३७३	धर्मचंद्र
जि.का.	७६२	धर्मचन्द्र वेगडगच्छीय
जि.का.	२१२०/७	धर्मतिलकोपाध्याय
जि.का.	८५३	धर्मदास
जि.का.	२२२१/३	धर्मदास
डूं.का.	३९३	धर्मदास
डूं.का.	३९४	धर्मदास
डूं.का.	६९३	धर्मदास
डूं.का.	१०९४	धर्मदास
जि.का.	३९४	धर्मदास गणि -मू.क.,
		वृ.क.सिद्धर्षि
जि.का.	२०१	धर्मदास गणि मू.क.
जि.ता.	१५६/४१	धर्मदासगणि
जि.ता.	१५७/१	धर्मदासगणि
जि.ता.	१५८/१	धर्मदासगणि
जि.ता.	१६०/१२	धर्मदासगणि
जि.ता.	१६५	धर्मदासगणि
जि.का.	३३०/१	धर्मदासगणि
जि.का.	४५०	धर्मदासगणि
जि.का.	४६५	धर्मदासगणि
जि.का.	४७१	धर्मदासगणि
जि.का.	४७२	धर्मदासगणि
जि.का.	५६५	धर्मदासगणि
जि.का.	५६६	धर्मदासगणि
जि.का.	७३५	धर्मदासगणि
जि.का.	९३६	धर्मदासगणि
जि.का.	१०१८	धर्मदासगणि
जि.का.	१३१०/६	धर्मदासगणि
जि.का.	१३१७/१	धर्मदासगणि
जि.का.	१३२१	धर्मदासगणि
जि.का.	१३२६/१	धर्मदासगणि
जि.का.	१५७६	धर्मदासगणि
जि.का.	१५७८	धर्मदासगणि
जि.का.	१५७९	धर्मदासगणि
जि.का.	१५८०	धर्मदासगणि
जि.का.	१६७७	धर्मदासगणि
जि.का.	२१९६	धर्मदासगणि
जि.का.	१५७७	धर्मदासगणि
जि.का.	१५७७	धर्मदासगणि
त.का.	४७४	धर्मदासगणि
जि.का.	१६६	धर्मदासगणि -मू.,
		वृ.क.उदयप्रभसूरि
जि.का.	४५४	धर्मदासगणि -मू.क.
जि.का.	१५८१	धर्मदासगणि-मू.,
		विमलकीर्ति-बा.क.
जि.ता.	१५९/१	धर्मदासगणि
आ.का.	१६५	धर्मदासगणि
जि.का.	४४५	धर्मदासगणि
जि.का.	८६२	धर्ममेरु-टी.
था.का.	४१२	धर्ममेरुगणि
त.का.	४१६	धर्मरत्न
डूं.का.	२११	धर्मर्षिमुनि
लों.का.	५१७	धर्मवर्द्धन
जि.का.	२०१०/२	धर्मवर्धन
लों.का.	४०१	धर्मवर्धन
था.का.	३५२	धर्मविजयगणि
जि.का.	१६७३	धर्मशेखरगणि-अव.क.
जि.का.	१९९८	धर्मसमुद्रवाचक
त.का.	५५१	धर्मसागर
त.का.	२६६	धर्मसागर
जि.का.	६८८	धर्मसागरोपाध्याय स्वोपज्ञ -
		मू.टी.क.
जि.का.	३७६	धर्मसागरोपाध्याय-टी.
डूं.का.	३३४	धर्मसिंह
लों.का.	३७५	धर्मसिंह
लों.का.	२०६	धर्मसिंह

भंडार नाम	ग्रंथांक	कर्तानुं नाम	भंडार नाम	ग्रंथांक	कर्तानुं नाम	भंडार नाम	ग्रंथांक	कर्तानुं नाम	भंडार नाम	ग्रंथांक	कर्तानुं नाम
जि.का	२०१२/३	धर्मसी	लों.का	५६५	नंदिषेण	डूं.का	३०	नयरंगमुनि	डूं.का	३८	नाथुक पंडित
जि.का	२१३५/४	धर्मसी	डूं.का	३०१	नंदिषेणगणि-ले.	था.का	३७१	नयरंगमुनि	डूं.का	९९९	नारचंद्र
डूं.का	७८२	धर्मसुंदर	जि.ता	१५४/९	नंदिषेण	था.का	४३४	नयरंगमुनि	लों.का	२५७	नारायण
डूं.का	८५५	धर्मसुंदर	जि.ता	१५८/११	नंदिषेण	था.का	४३५	नयरंगमुनि	जि.ता	३५८	नारायणकवि भट्ट
डूं.का	११७८	धर्मसुंदर	जि.का	१६२५/५	नंदिषेण	था.का	४४७	नयरंगमुनि	लों.का	४९८	नारायणमुनि
त.का	८३०	धर्मसुंदर	जि.ता	१५६/३८	नंदिषेण	था.का	४५८	नयरंगमुनि	जि.का	११७२	नीलकंठ
डूं.का	६३३	धर्मसुंदर-ले.	डूं.का	९२३	नथमल	जि.का	४९१	नयविमल	जि.का	१७४६	नीलकंठ
था.का	३२७	धर्मसुंदरशिष्य	लों.का	३९७	नथमल	त.का	८३७	नयविमल	लों.का	५४९	नीलकंठ
जि.ता	३६/२	धर्मोत्तर	लों.का	३९८	नथमल	डूं.का	२९२	नयविलासमुनि	डूं.का	११४८	नेणचंद्र
जि.ता	३७६/२	धर्मोत्तरपाद आचार्य	लों.का	४६१	नथमल	जि.का	८३८	नयसुंदर	डूं.का	१३५२	नेमचंद
जि.का	१२०	धर्मघोषसूरि -मू.	डूं.का	११४१	नथमलजी	जि.का	१०१३	नयसुंदर	डूं.का	१०७२	नेमचंद्र
त.का	१६	धर्मघोषसूरि	डूं.का	६३५	नथुराम-ले.	जि.का	१९८७	नयसुंदर	त.का	६२४	नेमचंद्रसूरि
त.का	२०२	धवलचंद्र	जि.का	१३१६/३	नन्दिषेण	लों.का	३७२	नयसुंदर	जि.का	११९७	नेमिचंद भंडारी
डूं.का	६२३	धीरमुनि	जि.ता	२३६	नन्नसूरि	लों.का	६०६	नयसुंदर	जि.का	१९४/६	नेमिचंद्र भंडारी
डूं.का	६२९	धीरमुनि	जि.ता	१३६/१	नमिसाधु	लों.का	५५३	नरचंद्र	जि.का	३५६/१	नेमिचंद्र भंडारी
त.का	४८०	धनपाल	जि.ता	१३७	नमिसाधु	जि.का	१४७	नरचंद्रसूरि	जि.का	७५४/१	नेमिचंद्र भंडारी
डूं.का	९३४	धरमसिंह	लों.का	२९१	नयचंद्र	जि.का	९६५	नरचंद्रसूरि	जि.का	७८९	नेमिचंद्र भंडारी
जि.का	१८९७	नंददास	डूं.का	६०७	नयनंदन	जि.का	१०५४	नरचंद्रसूरि	जि.का	९७१	नेमिचंद्र भंडारी
जि.का	१२०२	नंददास-र.क.	डूं.का	७६	नयनंदनमुनि	जि.का	११४८	नरचंद्रसूरि	जि.का	१३२६/१४	नेमिचंद्र भंडारी
डूं.का	९५९	नंदलाल	डूं.का	७२९	नयनंदनमुनि-ले.	त.का	४६५	नरचंद्रसूरि	जि.का	१६१२	नेमिचंद्र भंडारी
जि.ता	१५९/१२	नंदिषेण	जि.का	७४७	नयनसुंदर	जि.ता	३८१/१	नरचंद्रसूरि मलधारी	जि.का	५५५	नेमिचंद्र भंडारी -मू.क.,
जि.का	१३३/१०	नंदिषेण	जि.का	१९८६	नयनसुंदरजी	जि.का	१८७५	नरचंद्राचार्य			बा.क.सोमसुंदरसूरि
जि.का	१३१७/२१	नंदिषेण	जि.का	३६०	नयनसुख	जि.का	१९३७	नरचंद्राचार्य	जि.का	३२३/१	नेमिचंद्र भंडारी -मू.क.,
जि.का	१३२६/२२	नंदिषेण	लों.का	३५३	नयप्रमोदगणि	लों.का	४९५	नरपति कवि			अ.क.गजसार
जि.का	१६२४	नंदिषेण	जि.का	८११	नयरंग	जि.का	२०२३	नर्बुद	जि.ता	१६१/१	नेमिचंद्रसूरि
जि.का	१६२६/१	नंदिषेण	जि.का	८२१/१	नयरंग	डूं.का	१५५	नवरंगमुनि	जि.ता	१६७	नेमिचंद्रसूरि
जि.का	१६९५	नंदिषेण	जि.का	२००१	नयरंग	जि.का	१९५	नागराज	जि.ता	२४८	नेमिचंद्रसूरि
जि.का	१६२३	नंदिषेण	जि.का	२२३६/३	नयरंग	डूं.का	६५	नागार्जुन	जि.का	१४७६	नेमिचंद्रसूरि

भंडार नाम	ग्रंथांक	कर्तानुं नाम
जि.का	१५३५	नेमिचंद्रसूरि
जि.का	१५३६	नेमिचंद्रसूरि
जि.का	१५३७	नेमिचंद्रसूरि
जि.का	१५३८	नेमिचंद्रसूरि
जि.का	१५३९	नेमिचंद्रसूरि
जि.का	१५४०	नेमिचंद्रसूरि
जि.का	२१९२	नेमिचंद्रसूरि
जि.का	२२१०	नेमिचंद्रसूरि
डूं.का	१६३	नेमिचंद्रसूरि
त.का	५४४	नेमिचंद्रसूरि
त.का	६२७	नेमिचंद्रसूरि
जि.का	२२०९	नेमिचंद्रसूरि गुणरत्नोपाध्याय
जि.ता	२१३	नेमिचंद्रसूरि दिगंबर
जि.ता	२०४	नेमिचंद्रसूरि-मू.क.,
		वृ.क. सिद्धसेनाचार्य
जि.ता	९८	नेमिचंद्रसूरि-वृ.
जि.ता	९९	नेमिचंद्रसूरि-वृ.
जि.का	१४७७	नेमिचंद्रसूरि-वृ.
जि.का	१४७९	नेमिचंद्रसूरि-वृ.
जि.का	१४७८	नेमिचंद्रसूरि-वृ.
जि.का	२१७२	नेमिचंद्रसूरि-वृ.
जि.का	१३३१	नेमिचंद्र
जि.का	५५६	नेमिचन्द्र भंडारी -मू.क.,
		बा.क.सोमसुंदरसूरि
जि.ता	१००	नेमिचन्द्रसूरि
जि.का	३९०	नेमिचन्द्रसूरि
जि.ता	२०६	नेमिचन्द्रसूरि-मू.क.,
		वृ.क.सिद्धसेनगणि

भंडार नाम	ग्रंथांक	कर्तानुं नाम
जि.ता	१५२	नेमिचन्द्रसूरि
जि.का	५८६	नेमिचंद्रसूरि स्त.क.
था.का	३७८	नेमीचंद्र
था.का	५०	नेमीचन्द्रसूरि
था.का	२३४	नेमीचन्द्रसूरि
था.का	२४२	नेमीचन्द्रसूरि
त.का	७८	नेमीचन्द्रसूरि
था.का	१३	नेमीचंद्रसूरि
डूं.का	१२०२	नेमीदास
था.का	२४१	नेमीचन्द्रसूरि
डूं.का	२२२	नेयनंद -पं.
जि.का	६१४	न्यानसागर
डूं.का	८६२/२	न्यायसागर मुनि
त.का	९९५	पदमविजय
डूं.का	३९	पद्मचंद्रसूरि
जि.का	९११/२	पद्मप्रभदेव दिगंबर
जि.ता	२५६	पद्मप्रभसूरि
जि.ता	२५७	पद्मप्रभसूरि
जि.ता	२५८	पद्मप्रभसूरि
जि.का	११४०	पद्मप्रभसूरि
जि.का	११५९	पद्मप्रभसूरि
जि.का	१८३६	पद्मप्रभसूरि
जि.का	१८७६	पद्मप्रभसूरि
जि.का	१८८१	पद्मप्रभसूरि
जि.का	१८९२	पद्मप्रभसूरि
डूं.का	२०७	पद्मप्रभसूरि
त.का	४५९	पद्मप्रभसूरि
डूं.का	२०९	पद्मप्रभसूरि

भंडार नाम	ग्रंथांक	कर्तानुं नाम
डूं.का	१५२	पद्ममुनि
जि.का	१९८९	पद्मराज
था.का	४१	पद्मराज
डूं.का	१०२९	पद्मविलासमुनि,गुणविनयगणि
जि.का	१६५१	पद्मसुंदर
डूं.का	११४७	पद्मसोम मुनि -पं.
त.का	११५०	पद्मप्रभसूरि
जि.का	४८९	परमसागर
त.का	७३५	परमसागरजी
जि.ता	३८८/१	परमहंस विमुक्तात्माचार्य स्वोपज्ञ
जि.का	१२२०	परमानंदसूरि
जि.का	१५०२	परमानंदसूरि
जि.का	८६३	पर्वत धर्मार्थी
जि.ता	१५६/३७	पल्हकवि
जि.का	८१५	पाती
जि.ता	३४/२	पादलिप्ताचार्य
जि.का	१५६५	पार्श्वचंद्र
लों.का	५७४	पार्श्वचंद्र
लों.का	१४	पार्श्वचंद्र उ. -टी.
लों.का	१५	पार्श्वचंद्र उ.-टी.
लों.का	१८	पार्श्वचंद्र उ.-टी.
लों.का	८	पार्श्वचंद्र उपाध्याय -टी.
लों.का	९	पार्श्वचंद्र उपाध्याय-टी.
त.का	२३१	पार्श्वचंद्र सूरि
जि.का	२२१७/३	पार्श्वचंद्र-टी.
जि.का	१९९१	पार्श्वचंद्रसूरि
त.का	५१	पार्श्वचंद्रसूरि
त.का	५२	पार्श्वचंद्रसूरि

भंडार नाम	ग्रंथांक	कर्तानुं नाम
त.का	१०९	पार्श्वचंद्रसूरि
त.का	११०	पार्श्वचंद्रसूरि
जि.का	१४२८	पार्श्वचंद्रसूरि
जि.का	८५८/१	पार्श्वचंद्रीय विजयदेवसूरि
जि.का	९९२	पार्श्वचन्द्रगणि
त.का	४७	पार्श्वचंद्रसूरि
जि.ता	३६४/३	पार्श्वदेवगणि
जि.का	१४९	पार्श्वदेवगणि
जि.ता	१५८/१५	पार्श्वनाग
जि.का	१८३/२	पार्श्वनाग
जि.का	४९९/४	पार्श्वनाग
जि.का	१५९९/२	पार्श्वनाग
लों.का	४८२	पाल्हभाट
जि.का	२०३९	पुंजराज
जि.का	८१६	पुण्यनंदि-क.मू.,
		वृ.क.रत्नरंगोपाध्याय
लों.का	६३३	पुण्यरत्नमुनि
त.का	९०९	पुण्यराजगणि
जि.का	३०३	पुण्यसागर
जि.का	१९८४	पुण्यसागर
था.का	३३७	पुण्यसागर
था.का	३७६	पुण्यसागर
था.का	४२६	पुण्यसागर
था.का	४३०	पुण्यसागर
था.का	४६३	पुण्यसागर
लों.का	३११	पुण्यसागर
लों.का	३७३	पुण्यसागर
लों.का	३७४	पुण्यसागर

भंडार नाम	ग्रंथांक	कर्तानुं नाम
जि.का	८५	पुण्यसागर महोपाध्याय
जि.का	८०८/४	पुण्यसागरोपाध्याय
लों.का	५८२	पुण्यसार
डूं.का.	४३३	पुण्यसोम
डूं.का.	६०९	पुन्यराज
डूं.का.	८१९	पुन्यशील
त.का.	१०११	पुन्यसागर
जि.ता	३४७/७	पूर्णतल्लगच्छीय शांतिसूरि-
...	...	टी.क.
जि.ता	२७०/१	पूर्णभद्र
जि.ता	२७०/२	पूर्णभद्र
जि.ता	२७०/३	पूर्णभद्र
जि.ता	२७०/४२७०	पूर्णभद्र
जि.ता	२७०/५	पूर्णभद्र
जि.का	१२९९/२	पूर्णभद्र
जि.ता	२४९/१	पूर्णभद्रगणि
जि.ता	२४९/२	पूर्णभद्रगणि
जि.ता	२४९/३	पूर्णभद्रगणि
जि.का	१२६	पूर्णभद्रगणि
जि.का	१२७/२	पूर्णभद्रगणि
जि.का	१६४	पूर्णभद्रगणि
जि.का	१२७/१	पूर्णभद्रगणि
जि.का	१६३	पूर्णभद्रगणि
लों.का	६९३	पूर्वाचार्य
लों.का	६९४	पूर्वाचार्य
लों.का	६९५/A	पूर्वाचार्य
लों.का	६९५/B	पूर्वाचार्य
लों.का	६९८/B	पूर्वाचार्य

भंडार नाम	ग्रंथांक	कर्तानुं नाम
लों.का	६९९	पूर्वाचार्य
लों.का	७०२	पूर्वाचार्य
लों.का	७०३	पूर्वाचार्य
लों.का	७०४	पूर्वाचार्य
लों.का	७०५	पूर्वाचार्य
लों.का	७०७	पूर्वाचार्य
लों.का	७०८	पूर्वाचार्य
लों.का	७०९	पूर्वाचार्य
लों.का	७०९	पूर्वाचार्य
लों.का	७११	पूर्वाचार्य
लों.का	७१२	पूर्वाचार्य
लों.का	७१३	पूर्वाचार्य
लों.का	७१४	पूर्वाचार्य
त.का.	१३२	पूर्वाचार्य
त.का.	६१७	पूर्वाचार्य
लों.का	६९८/A	पूर्वाचार्य
जि.का	११३५	पृथुयशा
जि.ता	८२/६	पृथ्वीचंद्रसूरि
जि.ता	४०/५	पृथ्वीचन्द्रसूरि
लों.ता	३/३	पृथ्वीचंद्रसूरि
जि.का	२४३	पेथो मंत्री
डूं.का.	६३२	प्रताप विजय पं.-ले.
डूं.का.	३५८	प्रतापविजय पं.
डूं.का.	३५२	प्रतापविजय-पं.
डूं.का.	७१२	प्रतापसूरि
डूं.का.	७१३	प्रतापसूरि
जि.ता	३३०	प्रतीहारेंदुराज-वृ.क.
जि.ता	३२९	प्रतीहारेदुराज-वृ.क.

भंडार नाम	ग्रंथांक	कर्तानुं नाम
था.का	१३४	प्रद्युम्न सूरि
जि.ता	१५८/५	प्रद्युम्नसूरि
जि.ता	२७९/१	प्रद्युम्नसूरि
जि.का	८८	प्रद्युम्नसूरि
था.का	२९४	प्रद्युम्नसूरि
जि.ता	२८९	प्रबोधमूर्ति गणि
जि.का	१४९२	प्रभानंदसूरि-टी.
जि.ता	१५७/५	प्रभानन्दसूरि
जि.का	९७४	प्रभानन्दसूरि
था.का	१२८	प्रमोदगणि
जि.का	९०३/१	प्रमोदमाणिक्य
जि.ता	३८३/१	प्रशस्तपाद
जि.का	११०८	प्रीतिविमल
त.का.	२३४	प्रीतविमलप्रभ
जि.का	८०९/२	प्रेममुनि
लों.का	३८१	प्रेमराज
लों.का	४१०	प्रेमराज
डूं.का.	१०५८	प्रेमवर्धन-पं.
जि.का	८३२	प्रेमविजय
लों.का	३७७	प्रेमविजय
जि.का	२४७	प्रेमराज
था.का	१३३	प्रमोदगणि
लों.का	२८१	प्रहलादन
डूं.का.	१२१२	फतेचंद
त.का.	२७६	बनारसी दास
जि.का	८८२	बनारसीदास
जि.का	१०३७/२	बनारसीदास
जि.का	११०७	बनारसीदास

भंडार नाम	ग्रंथांक	कर्तानुं नाम
जि.का	२००३	बनारसीदास
जि.का	१६३९	बप्पभट्टिसूरि-मू.क.
जि.का	१२३९	बप्पभट्टीसूरि
डूं.का.	१५७	बलिभद्र -ले.
जि.का	११९२	बाणभट्ट
जि.का	२५१	बाणभट्ट -टी.
डूं.का.	५२	बालकृष्ण
था.का.	२०६	बालचंद्राचार्य
जि.का	२८२	बिल्हण कवि
जि.का	२८३	बिल्हण कवि
जि.ता	३४६/१	बिल्हणकवि
जि.का	१४४/७	बिल्हणकवि
जि.का	२०५१	बिहारीदास
जि.ता	२९२	बुद्धिसागरसूरि
जि.ता	३६९	बुद्धिसागरसूरि
लों.का	६९२	बौद्धाचार्य - क.
जि.का	६४९	ब्रह्मकवि
जि.का	१५७०	भंडारि नेमिचंद्र-मू.,
...	...	बा.क. सोमसुंदरसूरि
जि.का	१५६८	भंडारी नेमिचंद्र
लों.का	१६१	भंडारी नेमिचंद्र
जि.का	१५६९	भंडारी नेमिचंद्र मू.,बाला.
...	...	सोमसुंदरसूरि
डूं.का.	८३२	भक्ति माणिक्य-ले.,
...	...	भावचंद्र सूरि-क.
डूं.का.	१६२	भक्तिचंद्र -ले.
डूं.का.	५९६	भक्तिमाणिकय मुनि
डूं.का.	२३०	भक्तिमाणिक्यमुनि -पं.

भंडार नाम	ग्रंथांक	कर्तानुं नाम
डूं.का.	७६५	भक्तिमाणिक्य-ले.
जि.का	१०५७	भक्तिलाभ
जि.का	१०८३	भक्तिलाभ
त.का.	२१२	भक्तिविजय
डूं.का.	३१०	भक्तिसागरगणि
डूं.का.	१८१	भक्तिसागरमुनि-ले.
डूं.का.	७४८	भक्तिमाणिक्य
जि.का	४२०/२	भगवतीदास
जि.का	४२०/३	भगवतीदास
जि.का	४२०/४	भगवतीदास
जि.का	४२०/५	भगवतीदास
जि.का	४२०/१५	भगवतीदास
जि.का	४२०/३०	भगवतीदास
जि.का	४२०/३८	भगवतीदास
जि.का	४२०/५२	भगवतीदास
जि.का	४२०/५५	भगवतीदास
जि.का	४२०/५६	भगवतीदास
जि.का	४२०/५७	भगवतीदास
जि.का	४२०/५८	भगवतीदास
जि.का	४२०	भगवतीदास
जि.का	१३४४	भट्ट केदार
डूं.का.	११५४	भट्ट केदार
डूं.का.	९०९	भट्ट माधव
डूं.का.	९०८	भट्टमाधव - टी.
जि.का	१९३१	भट्टिकवि
डूं.का.	८६७	भट्टोजी
त.का.	१०४३	भट्टोजी दिक्षित
जि.का	१७२९	भट्टोजी दीक्षित

भंडार नाम	ग्रंथांक	कर्तानुं नाम
त.का.	२८७	भद्रबाहु
लों.का	७१	भद्रबाहु
लों.का	७५	भद्रबाहु
लों.का	७६	भद्रबाहु
लों.का	७७	भद्रबाहु
त.का.	१३९	भद्रबाहु
त.का.	१५५	भद्रबाहु
जि.का	३५	भद्रबाहुस्वामि
जि.का	४०	भद्रबाहुस्वामि
जि.का	५४	भद्रबाहुस्वामि
जि.का	७८६	भद्रबाहुस्वामि
जि.का	१३२२	भद्रबाहुस्वामि
जि.का	१४३७	भद्रबाहुस्वामि
लों.ता	३/४	भद्रबाहुस्वामि
त.का.	१४८	भद्रबाहुस्वामि
जि.का	४७	भद्रबाहुस्वामि -नि.,
		मलयगिरि आचार्य-वृ.
जि.का	३३	भद्रबाहुस्वामि -नि.,
		संघदासगणि क्षमाश्रमण-लघु.
		भा.क.,वृ. आ.क्षेमकीर्ति
जि.का	३२	भद्रबाहुस्वामि -नि.,
		संघदासगणि क्षमाश्रमण-लघु.
		भा.,वृ.मलयगिरि आचार्य
था.का.	८५	भद्रबाहुस्वामि, मलयगिरि-वृ.
जि.ता	५/२	भद्रबाहुस्वामी
जि.ता	४०/३	भद्रबाहुस्वामी
जि.ता	४१/२	भद्रबाहुस्वामी
जि.ता	४१/३	भद्रबाहुस्वामी

भंडार नाम	ग्रंथांक	कर्तानुं नाम
जि.ता	४३/१	भद्रबाहुस्वामी
जि.ता	४७/१	भद्रबाहुस्वामी
जि.ता	५९/१	भद्रबाहुस्वामी
जि.ता	६०/१	भद्रबाहुस्वामी
जि.ता	६१/४	भद्रबाहुस्वामी
जि.ता	३५/१	भद्रबाहुस्वामी
जि.ता	६८/१	भद्रबाहुस्वामी
जि.ता	८२/३	भद्रबाहुस्वामी
जि.ता	८२/५	भद्रबाहुस्वामी
जि.ता	८३/२	भद्रबाहुस्वामी
जि.ता	८४/३	भद्रबाहुस्वामी
जि.ता	८७/६	भद्रबाहुस्वामी
जि.ता	९०/१	भद्रबाहुस्वामी
जि.ता	९३/२	भद्रबाहुस्वामी
जि.ता	९४/१	भद्रबाहुस्वामी
जि.ता	१०४/२	भद्रबाहुस्वामी
जि.ता	१३०	भद्रबाहुस्वामी
जि.ता	१३१	भद्रबाहुस्वामी
जि.ता	१३४	भद्रबाहुस्वामी
जि.ता	१३५	भद्रबाहुस्वामी
जि.ता	४२०	भद्रबाहुस्वामी
जि.ता	४२५/१	भद्रबाहुस्वामी
जि.ता	८९/१	भद्रबाहुस्वामी
जि.का	२	भद्रबाहुस्वामी
जि.का	६	भद्रबाहुस्वामी
जि.का	९६/१	भद्रबाहुस्वामी
जि.का	९६/३	भद्रबाहुस्वामी
जि.का	१०५	भद्रबाहुस्वामी

भंडार नाम	ग्रंथांक	कर्तानुं नाम
जि.का	१८९	भद्रबाहुस्वामी
जि.का	२७२	भद्रबाहुस्वामी
जि.का	२७४	भद्रबाहुस्वामी
जि.का	२७५	भद्रबाहुस्वामी
जि.का	४५५	भद्रबाहुस्वामी
जि.का	१३००/१	भद्रबाहुस्वामी
जि.का	१३००/२	भद्रबाहुस्वामी
जि.का	१३००/३	भद्रबाहुस्वामी
जि.का	१३००/४	भद्रबाहुस्वामी
जि.का	१४३४	भद्रबाहुस्वामी
जि.का	१४३५	भद्रबाहुस्वामी
जि.का	१४४९	भद्रबाहुस्वामी
जि.का	१४५०	भद्रबाहुस्वामी
जि.का	१४५१	भद्रबाहुस्वामी
जि.का	१४७५	भद्रबाहुस्वामी
जि.का	१४३३	भद्रबाहुस्वामी
जि.का	१६२५/२	भद्रबाहुस्वामी
जि.का	१३५५	भद्रबाहुस्वामी
लों.का	६०	भद्रबाहुस्वामी
लों.का	६१	भद्रबाहुस्वामी
लों.का	६२	भद्रबाहुस्वामी
लों.का	६३	भद्रबाहुस्वामी
लों.का	६४	भद्रबाहुस्वामी
त.का.	७४	भद्रबाहुस्वामी
जि.का	२५७	भद्रबाहुस्वामी -मू.,
		क.जिनप्रभसूरि
जि.का	३७६	भद्रबाहुस्वामी -मू.क.,
		टी.क.धर्मसागरोपाध्याय

भंडार नाम	ग्रंथांक	कर्तानुं नाम
जि.का	९९	भद्रबाहुस्वामी -मू.नि,
		संघदासगणि क्षमाश्रमण भा.क.,
		वृ.क. क्षेमकीर्ति
जि.का	१५९	भद्रबाहुस्वामी -मू.नि.,
		वृ. मलयगिरि आचार्य
जि.का	९८	भद्रबाहुस्वामी -मू.नि.,
		संघदासगणि क्षमाश्रमण
		भा.क.,वृ.क.. मलयगिरि
जि.का	१००	भद्रबाहुस्वामी -मू.नि.,
		संघदासगणि क्षमाश्रमण भा.क.,
		वृ.क. क्षेमकीर्ति
जि.का	१०१	भद्रबाहुस्वामी -मू.नि.,
		संघदासगणि क्षमाश्रमण भा.क.,
		वृ.क. क्षेमकीर्ति
जि.का	१३९९	भद्रबाहुस्वामी-क.
जि.का	१४००	भद्रबाहुस्वामी-क.
जि.ता	८८/१	भद्रबाहुस्वामी-नि.
जि.ता	९१	भद्रबाहुस्वामी-नि.क.,
		वृ.क मलयगिरि
जि.का	१४५३	भद्रबाहुस्वामी-मू.
जि.का	३४	भद्रबाहुस्वामि मू तथा नि,
		संघदासगणि क्षमाश्रमण-
		लघु.भा.,वृ.आ.क्षेमकीर्ति
जि.का	१४०१	भद्रबाहुस्वामी-क.
जि.का	१४०२	भद्रबाहुस्वामी-क.
जि.का	२९४	भद्रबाहुस्वामी
जि.का	१४३६	भद्रबाहुस्वामि
जि.ता	१/२	भद्रबाहुस्वामी

भंडार नाम	ग्रंथांक	कर्तानुं नाम
जि.ता	४०/१	भद्रबाहुस्वामी
जि.ता	१२३/१	भद्रबाहुस्वामी
जि.ता	१३३	भद्रबाहुस्वामी
लों.ता	३/५	भद्रबाहुस्वामि
त.का	१३८	भद्रबाहु
जि.का	४४	भद्रबाहुस्वामि
जि.का	१३४५	भद्रबाहुस्वामि
जि.ता	४२/१	भद्रबाहुस्वामी
जि.ता	६१/२	भद्रबाहुस्वामी
जि.का	१९३२	भर्तृहरि
जि.का	२२९५	भर्तृहरि
डूं.का	११३८	भर्तृहरि
लों.का	७३६	भर्तृहरि
त.का	१२०६	भर्तृहरि
जि.का	७१५	भर्तृहरि -मू.क.,
		जिनसमुद्रसूरि -टी.क.
जि.का	८९४	भर्तृहरि-मू.क.,
		टी.क.श्रीनाथव्यास
लों.का	५३७	भर्तृहरी
त.का	६२६	भर्तृहरी
त.का	१२४२	भर्तृहरी
डूं.का	४८	भवदेव
जि.का	२१३३	भवानंद सिद्धांत
डूं.का	११०२	भाग्यविलासगणि
डूं.का	९४	भाग्यविलासमुनि-ले.
डूं.का	११५३	भाटपांचाल
जि.का	८४६	भानुकर भट्ट
जि.का	४३७	भानुचंद्र-टी.

भंडार नाम	ग्रंथांक	कर्तानुं नाम
डूं.का	६२४	भानुदत्तमिश्र
त.का	७३०	भानुमेरुगणेश
जि.का	१२७५/१	भारद्वाज
जि.का	६८	भारद्वाजमुनि
डूं.का	६९०	भारमल्लमुनि
जि.का	११५२	भारवि
जि.का	१९४०	भारवि
डूं.का	१०१६	भारवि
डूं.का	१०१८	भारवि
जि.का	१३०३	भारवि महाकवी
डूं.का	१०१५	भारवि-क.
डूं.का	१०८७	भालचंद्र गणि
डूं.का	६१४	भावचंद्र
जि.का	१६४९	भावचंद्रसूरि
त.का	६९९	भावचंद्रसूरि
डूं.का	८३२	भावचंद्रसूरि-क.
डूं.का	१७८	भावचंद्रसूरि
जि.का	१९०	भावदेवसूरि
जि.का	२५०	भावदेवसूरि
डूं.का	१०३३	भावदेवसूरि
डूं.का	९२५	भावदेवसूरि
जि.का	११०२	भावप्रभसूरि
त.का	३५४	भावविजय
त.का	९३	भावविजयगणि
त.का	२५१	भावसागर
डूं.का	१९३	भावहर्ष गणि
जि.का	१७७७	भावुजी दीक्षित-टी.
जि.का	१७७८	भावुजी दीक्षित-टी.

भंडार नाम	ग्रंथांक	कर्तानुं नाम
जि.का	१७७९	भावुजी दीक्षित-टी.
जि.का	६५८	भास्कराचार्य
जि.का	११७५	भास्कराचार्य
जि.का	१८७५	भास्कराचार्य
जि.का	१८२४	भास्कराचार्य
जि.का	११७०	भास्कराचार्य -मू.
डूं.का	९१५	भास्कराचार्य
जि.का	१२६७	भास्कराचार्य
जि.ता	४२१	भावदेवसूरि
त.का	१२९	भावदेवसूरि
डूं.का	१०८२	भुवनकीर्ति
जि.का	११५०	भूद्रमादेव
डूं.का	७१९	भेरुमुनि
जि.का	४२०/१४	भैया
जि.का	४२०/१६	भैया
जि.का	४२०/१८	भैया
जि.का	४२०/१९	भैया
जि.का	४२०/२०	भैया
जि.का	४२०/२१	भैया
जि.का	४२०/२२	भैया
जि.का	४२०/२३	भैया
जि.का	४२०/२४	भैया
जि.का	४२०/२५	भैया
जि.का	४२०/२६	भैया
जि.का	४२०/२७	भैया
जि.का	४२०/२८	भैया
जि.का	४२०/२९	भैया
जि.का	४२०/३१	भैया

भंडार नाम	ग्रंथांक	कर्तानुं नाम
जि.का	४२०/३३	भैया
जि.का	४२०/३४	भैया
जि.का	४२०/३५	भैया
जि.का	४२०/३६	भैया
जि.का	४२०/३७	भैया
जि.का	४२०/३९	भैया
जि.का	४२०/४०	भैया
जि.का	४२०/४१	भैया
जि.का	४२०/४२	भैया
जि.का	४२०/४३	भैया
जि.का	४२०/४४	भैया
जि.का	४२०/४५	भैया
जि.का	४२०/४६	भैया
जि.का	४२०/४७	भैया
जि.का	४२०/४८	भैया
जि.का	४२०/४९	भैया
जि.का	४२०/५०	भैया
जि.का	४२०/५१	भैया
जि.का	४२०/५३	भैया
जि.का	४२०/५४	भैया
जि.का	४२०/१७	भैया
जि.ता	३९९	भोजदेव महाराजा
डूं.का	७३२	भट्ट केदार
डूं.का	७९४	भर्तृहरि
जि.का	५६४	मंडन
डूं.का	२६१	मणिमाणिक्य -ले.
था.का	२००	मतिकीर्ति
जि.का	१९९६	मतिकुशल

भंडार नाम	ग्रंथांक	कर्तानुं नाम
त.का	४१७	मतिकुशल
डूं.का	५३९	मतिचंद्रमुनि
डूं.का	५४०	मतिचंद्रमुनि
डूं.का	५४१	मतिचंद्रमुनि
लों.का	४६८	मतिभद्र
डूं.का	१९५	मतिसागर-ले., रविदास-क.
जि.का	१९९९	मतिसार
डूं.का	१०६८	मतिसार
लों.का	४२५	मतिसार
डूं.का	१०८८	मतिसार मुनि
डूं.का	५३८	मतिचंद्रमुनि
जि.का	४९०	मतिसार
डूं.का	८४३	मतीचंद्र
डूं.का	८३५	मतीचंद्र-ले., देवेन्द्रसूरि-क.
त.का	३९७	मनरुप विजय
त.का	१४९	मनरुप विजय
त.का	१३७	मनरुपविजय
त.का	४६३	मनरूपविजय
त.का	४७९	मनरुपविजय
त.का	५३१	मनरूपविजय
त.का	२७५	मनरूपविजयगणि
डूं.का	८९८	मनरुप विजयगणि
त.का	६८६	मनोहर पं.
जि.का	९२८	मम्मट अने अलक
डूं.का	१०८१	मयाचंद
त.का	७१४	मलधारि देवसूरि
लों.का	१४७	मलधारि हेमचंद्र
लों.का	२५२	मलधारि हेमचंद्रसूरि शिष्य

भंडार नाम	ग्रंथांक	कर्तानुं नाम
जि.का	११५	मलधारि हेमचंद्रसूरि-वृ.
जि.का	७८	मलधारि हेमचन्द्रसूरि-वृ.क.
त.का	११४४	मलधारि हेमचंद्रसूरि
आ.का	१७१	मलधारी चंद्रसूरि
जि.ता	४१९	मलधारी देवप्रभसूरि
जि.ता	३८१/२	मलधारी देवभद्रसूरि
		हर्षपुरीयगच्छ
जि.ता	३५६	मलधारी नरचंद्रसूरि
त.का	३२७	मलधारी राजशेखर
आ.का	१७३	मलधारी राजशेखरसूरि
जि.ता	२३२	मलधारी हेमचंद्र स्वोपज्ञ
जि.ता	८१	मलधारी हेमचंद्रसूरि
जि.ता	१०८	मलधारी हेमचंद्रसूरि
जि.ता	१३२	मलधारी हेमचंद्रसूरि
जि.ता	२६०	मलधारी हेमचंद्रसूरि
जि.ता	४१५/११	मलधारी हेमचंद्रसूरि
जि.का	५१	मलधारी हेमचंद्रसूरि
जि.का	२९८	मलधारी हेमचंद्रसूरि
जि.का	३२७	मलधारी हेमचंद्रसूरि
जि.का	३३३	मलधारी हेमचंद्रसूरि
जि.का	३३४	मलधारी हेमचंद्रसूरि
जि.का	३५७	मलधारी हेमचंद्रसूरि
जि.का	५४१	मलधारी हेमचंद्रसूरि
जि.का	१५८६	मलधारी हेमचंद्रसूरि
था.का	६९	मलधारी हेमचंद्रसूरि
था.का	७०	मलधारी हेमचंद्रसूरि
था.का	२८२	मलधारी हेमचंद्रसूरि
त.का	६५२	मलधारी हेमचंद्रसूरि

भंडार नाम	ग्रंथांक	कर्तानुं नाम
त.का	६६०	मलधारी हेमचंद्रसूरि
जि.ता	८०	मलधारी हेमचंद्रसूरि
जि.का	३९	मलधारी हेमचंद्रसूरि
जि.का	८७/२	मलधारी हेमचंद्रसूरि
जि.ता	२३१	मलधारी हेमचंद्रसूरि स्वोपज्ञ
जि.का	२३९	मलधारी हेमचंद्रसूरि स्वोपज्ञ
जि.का	१२९८	मलधारी हेमचंद्रसूरि-टी.
जि.ता	११८	मलधारी हेमचंद्रसूरि-वृ.
जि.ता	१२०	मलधारी हेमचंद्रसूरि-वृ.
जि.ता	१२१	मलधारी हेमचंद्रसूरि-वृ.
जि.का	१५८४	मलधारी हेमचंद्राचार्य
जि.का	१५८५	मलधारी हेमचंद्राचार्य
डूं.का	१२५५	मलधारी हेमचंद्राचार्यसूरि
जि.ता	१५५/७	मलधारी हेमचन्द्रसूरि
जि.ता	१५७/४	मलधारी हेमचन्द्रसूरि
जि.ता	१५८/१४	मलधारी हेमचन्द्रसूरि
जि.ता	१८४	मलधारी हेमचन्द्रसूरि
जि.का	८७१	मलधारी हेमचन्द्रसूरि
जि.ता	२३३	मलधारी हेमचन्द्रसूरि स्वोपज्ञ
जि.ता	१८२	मलधारी हेमचन्द्रसूरि-वृ.
त.का	१६२	मलधारी हेमचंद्रसूरि शिष्य
जि.ता	१८३	मलधारी हेमचन्द्रसूरि-वृ.
जि.ता	१८५	मलधारी हेमचन्द्रसूरि-वृ.
त.का	६६१	मलधारी हेमचंद्रसूरि
आ.का	२७	मलधारी हेमसूरि-ले.
जि.का	४२३	मलयगिरि
जि.का	१५१३	मलयगिरि
जि.का	२१६७/१	मलयगिरि

भंडार नाम	ग्रंथांक	कर्तानुं नाम
जि.का	२१६७/२	मलयगिरि
डूं.का	२६	मलयगिरि
डूं.का	७९२	मलयगिरि
डूं.का	८८०	मलयगिरि
डूं.का	९४७	मलयगिरि
डूं.का	११०९	मलयगिरि
था.का	९	मलयगिरि
था.का	७२	मलयगिरि
था.का	९४	मलयगिरि
था.का	१५१	मलयगिरि
था.का	१५९	मलयगिरि
था.का	१६१	मलयगिरि
था.का	२१२	मलयगिरि
था.का	२७९	मलयगिरि
था.का	२८१	मलयगिरि
लों.का	५२	मलयगिरि
लों.का	५४	मलयगिरि
त.का	५४	मलयगिरि
त.का	३३१	मलयगिरि
त.का	४२६	मलयगिरि
त.का	६५१	मलयगिरि
त.का	६६२	मलयगिरि
त.का	६८०	मलयगिरि
त.का	११	मलयगिरि
त.का	२०	मलयगिरि
जि.का	१३८८	मलयगिरि आचार्य -टी.
जि.ता	२६	मलयगिरि आचार्य
जि.ता	२८	मलयगिरि आचार्य

भंडार नाम	ग्रंथांक	कर्तानुं नाम
जि.ता	२४/४	मलयगिरि आचार्य
जि.ता	३०	मलयगिरि आचार्य
जि.ता	३५	मलयगिरि आचार्य
जि.ता	३६	मलयगिरि आचार्य
जि.ता	३७	मलयगिरि आचार्य
जि.ता	७७/२	मलयगिरि आचार्य
जि.ता	१११	मलयगिरि आचार्य
जि.ता	११२	मलयगिरि आचार्य
जि.ता	११३	मलयगिरि आचार्य
जि.का	२२	मलयगिरि आचार्य
जि.का	२४	मलयगिरि आचार्य
जि.का	२६	मलयगिरि आचार्य
जि.का	३०	मलयगिरि आचार्य
जि.का	४९	मलयगिरि आचार्य
जि.का	६५	मलयगिरि आचार्य
जि.का	८६	मलयगिरि आचार्य
जि.का	९२	मलयगिरि आचार्य
जि.का	९३	मलयगिरि आचार्य
जि.का	१२७६	मलयगिरि आचार्य
जि.का	१६९१	मलयगिरि आचार्य
जि.ता	१९४	मलयगिरि आचार्य -टी.
जि.का	६०	मलयगिरि आचार्य -वृ.
जि.का	१०४	मलयगिरि आचार्य -वृ.
जि.का	३८३	मलयगिरि आचार्य -वृ.
जि.ता	५२	मलयगिरि आचार्य -वृ.क.
		तथा क्षेमकीर्त्ति तपा. -वृ.क.
जि.ता	५५	मलयगिरि आचार्य, तथा
		क्षेमकीर्ति तपा.-वृ.क.

भंडार नाम	ग्रंथांक	कर्तानुं नाम
जि.ता	१७४	मलयगिरि आचार्य-टी.
जि.ता	१९८	मलयगिरि आचार्य-टी.
जि.ता	१९९	मलयगिरि आचार्य-टी.
जि.का	१२८४	मलयगिरि आचार्य-टी.
जि.ता	९०/३	मलयगिरि आचार्य-वृ.
जि.ता	१९२	मलयगिरि आचार्य-वृ.
जि.का	३२	मलयगिरि आचार्य-वृ.
जि.का	७५	मलयगिरि आचार्य-वृ.
जि.का	१५९	मलयगिरि आचार्य-वृ.
जि.ता	६२	मलयगिरि आचार्य-वृ.क.
जि.ता	६३	मलयगिरि आचार्य-वृ.क.
जि.ता	६४	मलयगिरि आचार्य-वृ.क.
था.का	१७९	मलयगिरि-टी.
जि.का	१५०५	मलयगिरि-टी.
जि.का	१२३३	मलयगिरि-वृ.
जि.का	१५१६	मलयगिरि-वृ.
जि.ता	९१	मलयगिरि-वृ.
जि.का	९८	मलयगिरि-वृ.
जि.का	१५१७	मलयगिरि-वृ.
जि.का	२१९७/१	मलयगिरि-वृ.
था.का	८५	मलयगिरि-वृ.
जि.का	४४७	मलयगिरिसूरि
जि.का	९४७	मलयगिरिसूरि
जि.ता	१९३	मलयगिरिसूरि-टी.
जि.ता	१७३	मलयगिरिसूरि-वृ.
जि.ता	१४८	मलयगिरिसूरि-वृ.क.
डूं.का	७११	मलयगिरि
जि.ता	११०	मलयगिरि आचार्य

भंडार नाम	ग्रंथांक	कर्तानुं नाम
जि.ता	३७०	मल्लवादी आचार्य
जि.ता	३७१	मल्लवादी आचार्य
जि.का	४२६	मल्लिनाथ
जि.का	१७८५	मल्लिनाथ
जि.का	६६८/१	मल्लिषेणसूरि
डूं.का	२३४/१	मल्लिषेणसूरि
डूं.का	२३४/२	मल्लिषेणसूरि
जि.का	१८४३	महादेव
लों.का	५५६	महादेव
जि.का	१८६५	महादेव दैवज्ञ
जि.का	२२४७	महादेव-मू.
जि.का	३५०/१	महिमराज
डूं.का	५४६	महिमा मुनि
था.का	३९३	महिमाकल्लोल मुनि
जि.का	६६५	महिमासमुद्र
जि.का	७१९	महिमासमुद्रगणि
डूं.का	४२०	महिमासागर
था.का	६४	महिमासुंदर गणि
डूं.का	१०९५	महिमासुंदर भट्टोजीदिक्षीत-ले.
डूं.का	४१७	महिवल्लभ
जि.का	५२६	महिप
डूं.का	६३६	महिवल्लभ-ले.
जि.का	९९३	महीप
जि.का	२२२१/४	महीप
जि.का	५८३	महेंद्रसूरि-वृ.
जि.का	११२५	महेन्द्रसूरि
जि.का	११४१	महेन्द्रसूरि
डूं.का	६६६	महेन्द्रसूरि

भंडार नाम	ग्रंथांक	कर्तानुं नाम
जि.ता.	३१०	महेन्द्रसूरि-वृ.
जि.ता.	३११	महेन्द्रसूरि-वृ.
जि.ता.	३१२	महेन्द्रसूरि-वृ.
लों.का.	३१३	महेरचंद्र
जि.का.	७१७	महेश्वर कवि
डूं.का.	९७३	महेश्वर कवि
जि.का.	२१९३/३	महेश्वर भट्टारक
जि.ता.	१५१/१६	महेश्वरसूरि
जि.का.	१३४/१५	महेश्वरसूरि
जि.का.	८५७	महेश्वरसूरि
जि.का.	१३२६/३७	महेश्वरसूरि
जि.का.	२०८८	महेश्वराचार्य
त.का.	२६९	महेस्वर सूरि
जि.ता.	३०९	महेन्द्रसूरि-टी.
डूं.का.	८८२	माघ कवि
डूं.का.	१०१३	माघ कवि
डूं.का.	१०१७	माघ कवि
जि.का.	१२९६	माघ महाकवी
डूं.का.	११९२	माघकवि
जि.ता.	२६२	माणिक्यचंद्रसूरि
डूं.का.	९२१	माणिक्यनंदन
डूं.का.	१२७८	माणिक्यराज -ले.
डूं.का.	९३८	माणिक्यसागरगणि
डूं.का.	९३९	माणिक्यसागरगणि
डूं.का.	१३९	माणेकमुनि-पं.
डूं.का.	२८/१	माणेकराजमुनि
डूं.का.	२८/२	माणेकराजमुनि
डूं.का.	२८/३	माणेकराजमुनि

भंडार नाम	ग्रंथांक	कर्तानुं नाम
डूं.का.	२८/४	माणेकराजमुनि
डूं.का.	२८/५	माणेकराजमुनि
जि.का.	२१५३	माधव
जि.का.	७२७	माधव सरस्वती
डूं.का.	१२९७	मान मुनि
डूं.का.	३७९	मानचंदसिंह
लों.का.	७०६	मानतुंग सूरि,
		अभषयदेवसूरि आदि
डूं.का.	९४९	मानतुंग सूरी
त.का.	८४६	मानतुंगविजय
जि.ता.	१५६/८	मानतुंगसूरि
जि.ता.	१५८/१७	मानतुंगसूरि
जि.ता.	१५८/१८	मानतुंगसूरि
जि.ता.	३९७/३	मानतुंगसूरि
जि.का.	७९७	मानतुंगसूरि
जि.का.	८०३	मानतुंगसूरि
जि.का.	८०४	मानतुंगसूरि
जि.का.	८०५	मानतुंगसूरि
जि.का.	११०१	मानतुंगसूरि
जि.का.	१३२६/२४	मानतुंगसूरि
जि.का.	१३२६/५०	मानतुंगसूरि
जि.का.	१६२७	मानतुंगसूरि
जि.का.	१६९६	मानतुंगसूरि
जि.का.	१६२५/६	मानतुंगसूरि
डूं.का.	२०२	मानतुंगसूरि
था.का.	२२१	मानतुंगसूरि
था.का.	४८१	मानतुंगसूरि
लों.का.	१८२	मानतुंगसूरि

भंडार नाम	ग्रंथांक	कर्तानुं नाम
लों.का.	२०२	मानतुंगसूरि
लों.का.	२२०	मानतुंगसूरि
लों.का.	५८१	मानतुंगसूरि
लों.का.	५९५	मानतुंगसूरि
त.का.	२४५	मानतुंगसूरि
त.का.	४९६	मानतुंगसूरि
त.का.	१२११	मानतुंगसूरि
डूं.का.	८४०	मानतुंगसूरि-क.
जि.का.	१७०८	मानतुंगसूरि-मू.,
		गुणाकरसूरि-वृ.
जि.का.	१६६३	मानतुंगसूरि-मू.,
		वा.क.मेरुसुंदरोपाध्याय
जि.का.	८७४	मानतुंगसूरि-मू.क.,
		वृ.क.अमरप्रभसूरि
जि.का.	१२१०	मानतुंगसूरि-मू.क.,
		वृ.क.समयसुंदर
डूं.का.	२०	मानतुंगसूरि
डूं.का.	१००	मानतुंगसूरि
डूं.का.	५०७	मानतुंगसूरि
डूं.का.	१३६८	मानतुंगाचार्य
जि.ता.	१५६/२२	मानदेवसूरि
जि.का.	१२६८	मानदेवसूरि
जि.का.	१६३२	मानदेवसूरि
जि.का.	१६२५/८	मानदेवसूरि
था.का.	३३३	मानदेवसूरि
था.का.	३४६	मानदेवसूरि
था.का.	४४४	मानदेवसूरि
जि.ता.	२३७	मानदेवसूरिशिष्य शीलांकाचार्य

भंडार नाम	ग्रंथांक	कर्तानुं नाम
था.का.	४२७	मानविजय
आ.का.	६७	मानविजय
त.का.	११९८	मानविजय
जि.का.	९९०	मानविजयजी
डूं.का.	३७३	मानसागर
डूं.का.	८२२	मानसागर
डूं.का.	७८८	मानसागरसूरि
डूं.का.	५०५	मानसूरी
जि.ता.	३४६/४	मानांक कवि
जि.ता.	३४७/१	मानांक-मू.क., शांतिसूरि
		पूर्णतल्लगच्छीय-टी.क.
जि.का.	७८३	मालदेव
जि.का.	८२०	मालदेव
लों.का.	४११	मालमुणि
लों.का.	३४३	मालमुनि
त.का.	४९३	मानतुंगसूरि
जि.का.	११७५	मिश्रप्रेम
त.का.	४५८	मुंजादत्त
जि.का.	१८३०	मुंजादित्य
जि.ता.	३३१	मुकुल भट्ट
जि.का.	१४३	मुकुल भट्ट
डूं.का.	११८४	मुनिचंद्र
त.का.	५३३	मुनिचंद्र
आ.का.	७४	मुनिचंद्र सूरि
जि.ता.	३६२	मुनिचंद्रसूरि
जि.का.	१५४	मुनिचंद्रसूरि
जि.का.	१५५	मुनिचंद्रसूरि
जि.का.	५९०	मुनिचंद्रसूरि

भंडार नाम	ग्रंथांक	कर्तानुं नाम
जि.का	१२८३	मुनिचंद्रसूरि
जि.ता	२२५	मुनिचंद्रसूरि-वृ.
था.का	४९	मुनिचंद्रसूरि
आ.का	१२३	मुनिदेवसूंदर
जि.का	८९	मुनिदेवसूरि
था.का	१३६	मुनिभद्रसूरि
त.का	२३	मुनिभद्रसूरि
जि.का	१६४४	मुनिमेरुपाध्याय
डूं.का	७२	मुनिरत्नसूरि
लों.का	४३२	मुनिवस्तो आदि
आ.का	१८६	मुनिसुंदर
डूं.का	३४२	मुनिसुंदर-ले.
डूं.का	३४४	मुनिसुंदर-ले.
जि.का	१५८७	मुनिसुंदरसुरि-मू.,टी.क.
		वाचकरत्नचंद्र
जि.का	१५८७	मुनिसुंदरसूरि
जि.का	१६४२	मुनिसुंदरसूरि
जि.का	१६६४	मुनिसुंदरसूरि
त.का	६३२	मुनिसुंदरसूरि
जि.का	८४९	मुनिसुंदरसूरिशिष्य
डूं.का	५५१	मुनिसुंदरसूरि
डूं.का	८४५	मुनिसुंदरसूरि
डूं.का	८४६	मुनिसुंदरसूरि
जि.का	१९२	मुनिसुन्दरसूरि,
		अ.द्वा.क.हेमचन्द्राचार्य
जि.का	१६२५/३	मुनिसुंदरसूरि
डूं.का	७८५	मुनिचंद्रसूरि
था.का	५२	मुनिसुंदरसूरि

भंडार नाम	ग्रंथांक	कर्तानुं नाम
जि.ता	३५५	मुरारि कवि
जि.का	१७३	मुरारि कवि
जि.का	२१७	मुरारि कवि
जि.का	२५३	मुरारि कवि
डूं.का	१०१२	मुणचंद्रजी
डूं.का	९५८	मेघजी
लों.का	७१०	मेघमुनि
त.का	३३३	मेघराज पार्श्वचंद्रगच्छीय
डूं.का	४२८	मेघराजमुनि
जि.का	२४१	मेरुतुंगसूरि अंचलगच्छीय
जि.का	६०१	मेरुमुनि
त.का	३०९	मेरुविजयगणि
त.का	४४७	मेरुसुंदरगणि-क.
त.का	५३४	मेरुसुंदरजी
जि.का	१६६३	मेरुसुंदरोपाध्याय-वा.क.
त.का	१३०	मेरुविजयगणि
जि.का	२०८०	मेरुशेखर
डूं.का	५५६	मेरुसुंदर
डूं.का	८५६	मेरुसुंदर
डूं.का	३६२	मेरुनंद उपाध्याय
लों.का	२८७	मोक्षेश्वर
डूं.का	१०४	मोतीचंद -पं.
डूं.का	७२०	मोतीचंद पं.
डूं.का	७४५	मोतीचंद-ले.
डूं.का	११७१	मोहनरत्न
जि.का	१०१६	मोहनविजय
डूं.का	५१६	मोहनविजय
डूं.का	८१२	मोहनविजय

भंडार नाम	ग्रंथांक	कर्तानुं नाम
डूं.का	१०७८	मोहनविजय
डूं.का	१०८४	मोहनविजय
लों.का	४१६	मोहनविजय
लों.का	५९९	मोहनविजय
त.का	४७७	मोहनविजय
त.का	७२०	मोहनविजय
त.का	७३४	मोहनविजय
त.का	११५८	मोहनविजय
त.का	७००	मोहनविजयक-क., हर्षविजय-ले.
त.का	८१३	मनरूपविजय
जि.ता	११९	मलधारी हेमचंद्रसूरि-वृ.क.
डूं.का	२०८	मलधारी हेमचंद्रसूरि
डूं.का	१११९	मल्लीनाथसूरि
जि.का	४७५/५	महिमाकीर्त्तिगणि
जि.का	८२७	मेघो
डूं.का	३३२	यतिनथमल
डूं.का	६७०	यशकिर्ती
जि.ता	२२१	यशोदिवसूरि-वृ.
जि.ता	३८७/२	यशोदेव
जि.ता	१५१/२१	यशोदेवमुनि(जसदेवमुनि)
जि.ता	१३९/१	यशोदेवसूरि
जि.ता	१३९/२	यशोदेवसूरि
जि.ता	१३९/३	यशोदेवसूरि
जि.ता	१४०/३	यशोदेवसूरि
जि.ता	१४०/४	यशोदेवसूरि
जि.ता	२५२	यशोदेवसूरि
त.का	९२	यशोदेवसूरि
जि.ता	२१२	यशोदेवसूरि-चू.क.

भंडार नाम	ग्रंथांक	कर्तानुं नाम
जि.ता	२१०	यशोदेवसूरि-टि.
जि.ता	२०५	यशोदेवसूरि-टी.
जि.का	७४	यशोदेवसूरि-वृ.
जि.ता	१२७	यशोदेवसूरि-वृ.क.
जि.ता	१२८	यशोदेवसूरि-वृ.क.
जि.ता	१२९	यशोदेवसूरि-वृ.क.
जि.ता	१४५	यशोदेवसूरि-वृ.क.
जि.ता	४१६	यशोदेवसूरि-वृ.क.
जि.ता	१४०/२	यशोदेवसूरि
जि.का	११६	यशोदेवोपाध्याय-वृ.
जि.का	१५५३	यशोभद्रसूरि
जि.का	१६९७	यशोभद्रसूरि
था.का	११	यशोभद्रसूरि-वि.
जि.ता	२११	यशोभद्रसूरि-वृ.
डूं.का	४४३	यशोविजय
डूं.का	११७०	यशोविजय
त.का	८४०	यशोविजय
त.का	९५८	यशोविजय
त.का	१०७४	यशोविजय
डूं.का	५०२	यशोविजयगणि
जि.का	२११४	यशोविजयजी
जि.का	२१३९	यशोविजयजी
जि.का	७०७	यशोविजयोपाध्याय
जि.का	७११	यशोविजयोपाध्याय
जि.का	७४४/१	यशोविजयोपाध्याय
जि.का	१०९९	यशोविजयोपाध्याय
जि.का	९६६	यशोविजयोपाध्याय
जि.का	४१६	यशोविजयोपाध्याय स्वोपज्ञ

भंडार नाम	ग्रंथांक	कर्तानुं नाम
जि.का	१३४/१९	यशोदेव
जि.ता	१४०/१	यशोदेवसूरि
जि.का	१४४५	यसोदेवसूरि
जि.का	६८०	यादवसूरि
डूं.का	४८७	युक्तिधीर
डूं.का	८०३	युक्तिधीरगणि
जि.का	११८०	योगराज
डूं.का	८५१	युक्तिधीर मुनि
था.का	३७५	रंगचंद्रगणि
था.का	३६५	रंगविजय
था.का	१९७	रंगविजय -पं.
डूं.का	१२५	रंगविजय-ले.
था.का	४७३	रंगविजयगणि
डूं.का	७०७	रंगहर्ष
डूं.का	६८०	रघुआचार्य
जि.का	१९३५	रघुनंदन भट्टाचार्य
जि.का	२१३५/१	रतनचंद
जि.का	३१९	रतनमुनि
जि.का	२२२२	रत्नचंद्र
डूं.का	३१२	रत्नचंद्र
डूं.का	४७०	रत्नचंद्र
जि.का	७७२	रत्नचंद्रगणि-वृ.
डूं.का	७८०	रत्ननंदीगणी
जि.का	२०७४	रत्ननिधान
था.का	४६०	रत्ननिधानगणि
डूं.का	८९५	रत्नपालमुनि
जि.का	९०	रत्नप्रभसूरि
जि.ता	२२७	रत्नप्रभाचार्य

भंडार नाम	ग्रंथांक	कर्तानुं नाम
जि.ता	३६८	रत्नप्रभाचार्य
जि.का	७९६	रत्नप्रभाचार्य
जि.का	१२९०	रत्नप्रभाचार्य-टी.
त.का	४३१	रत्नमंदिर गणि
जि.का	१९४८	रत्नमंदिरगणि
था.का	११८	रत्नरंगमुनि
जि.का	८१६	रत्नरंगोपाध्याय-वृ.
लों.का	४४९	रत्नराज
डूं.का	१९७	रत्नवल्लभ
डूं.का	५७४	रत्नविमल
डूं.का	१०२२	रत्नविवेकमुनि
जि.का	१५९०	रत्नशेखर
जि.का	१५९१	रत्नशेखर
जि.का	१५९२	रत्नशेखर
जि.का	१५९३	रत्नशेखर
डूं.का	५२४	रत्नशेखर
त.का	४३९	रत्नशेखर
डूं.का	२८४	रत्नशेखर पं.-ले.
डूं.का	९५७	रत्नशेखर-क.
जि.का	६५५/१	रत्नशेखरसूरि
जि.का	६८३	रत्नशेखरसूरि
जि.का	७३०	रत्नशेखरसूरि
जि.का	९०५	रत्नशेखरसूरि
जि.का	९५५	रत्नशेखरसूरि
जि.का	९७८	रत्नशेखरसूरि
जि.का	१४९८	रत्नशेखरसूरि
जि.का	१६८०	रत्नशेखरसूरि
जि.का	१६६९	रत्नशेखरसूरि

भंडार नाम	ग्रंथांक	कर्तानुं नाम
था.का	९२	रत्नशेखरसूरि
था.का	११६	रत्नशेखरसूरि
त.का	१२६	रत्नशेखरसूरि
त.का	३१०	रत्नशेखरसूरि
त.का	३११	रत्नशेखरसूरि
त.का	३१२	रत्नशेखरसूरि
जि.का	८७/१	रत्नशेखरसूरि स्वोपज्ञ
जि.का	२६३	रत्नशेखरसूरि स्वोपज्ञ
जि.का	१६०३	रत्नशेखरसूरि स्वोपज्ञ
जि.का	१४४१	रत्नशेखरसूरि-टी.
जि.का	१९६९	रत्नशेखरसूरि-मू.,
		टी.क.अमरकीर्तिसूरि
डूं.का	१२११	रत्नसिंह
डूं.का	२५७	रत्नसिंहसूरि
जि.का	३६४	रत्नसिंहसूरि शिष्य
डूं.का	२५८	रत्नसिंहसूरि
जि.का	२०४४	रत्नसूरि
जि.का	३४८	रत्नसोम वेगडगच्छीय
डूं.का	११६०	रत्नहर्ष
जि.ता	४०८	रत्नाकरकवि वागीश्वराङ्क
जि.का	८०८/७	रत्नाकरसूरि
त.का	१२८	रत्नेश्वरसूरि
लों.का	३५४	रत्नवल्लभ
जिं.का	४९७	रभसनंदि
जि.का	५३१	रभसनंदी
डूं.का	१९५	रविदास-क.
जि.का	१९५८	रविदेव स्वोपज्ञ
जि.ता	३३७	रविधर्म-टी.

भंडार नाम	ग्रंथांक	कर्तानुं नाम
त.का	१९६	रविराज
त.का	२२७	रविविजय
त.का	२६३	रविविजय
त.का	३४१	रविविजय
त.का	३७२	रविविजय
त.का	५१३	रविविजय
त.का	८२१	रविविजय
त.का	९८५	रविविजय
त.का	३७६	रविविजयगणि
त.का	८११	रविविजयगणी
त.का	४२१	रविसागर
डूं.का	१३२८	राज कवि
डूं.का	१८८	राजकवि
जि.का	१६८७	राजकीर्ति
जि.का	५९४	राजचंद्रसूरि-स्त. पार्श्वचंद्रगच्छीय
आ.का	१३३	राजप्रमोद
था.का	१२०	राजप्रमोदगणि
था.का	३७०	राजप्रमोदगणि
था.का	३७२	राजप्रमोदगणि
था.का	३९२	राजप्रमोदगणि
था.का	४१९	राजप्रमोदगणि
था.का	४७१	राजप्रमोदगणि
लों.का	३२६	राजप्रमोदगणि-ले.
डूं.का	९३१	राजमूर्ति
डूं.का	१०८९	राजवल्लभ
जि.का	८६९	राजवल्लभोपाध्याय
जि.का	६५७	राजशील उपाध्याय
जि.का	८३१	राजशीलोपाध्याय

भंडार नाम	ग्रंथांक	कर्तानुं नाम
जि.ता	३१८	राजशेखर
जि.का	१९१	राजशेखर कवि
जि.का	२४६	राजशेखर कवि
जि.का	१०७५/१	राजशेखर-मू.क.,
		वृ.क.दैवललामसाधु
जि.का	१९६१	राजशेखर-वृ.
जि.का	३५०/२	राजसमुद्र
जि.का	३५०/३	राजसमुद्र
लों.का	५९१	राजसागर आदि
त.का	१११८	राजसिंह
जि.का	२११३	राजसुंदर
जि.का	२०१५	राजसुंदर कवि
डूं.का	११५९	राजसूरी
था.का	३०६	राजसोम
डूं.का	६८२	राजहंस
जि.ता	३२३	राजानक मम्मट अने अलक
जि.ता	३२२	राजानक मम्मट्ट अने अलक
जि.ता	३२५	राजानक महिम
डूं.का	१०४२	रामंचद्र
डूं.का	१२४४	रामचंद मुनि
जि.का	६०८	रामचंद्र
जि.का	१८१५	रामचंद्र
डूं.का	३७८	रामचंद्र
डूं.का	१०४१	रामचंद्र
लों.का	५६०	रामचंद्र
त.का	४६९	रामचंद्र
त.का	१०७८	रामचंद्र
जि.का	१५०	रामचंद्र गुणचंद्र
जि.का	१५१	रामचंद्र गुणचंद्र
जि.ता	३६६/१	रामचंद्र-गुणचंद्र स्वोपज्ञ
जि.ता	३६६/२	रामचंद्र-गुणचंद्र स्वोपज्ञ
जि.का	१९५५	रामचंद्रगणि
जि.का	१९५७	रामचंद्रगणि
जि.का	१९६६	रामचंद्रभट्ट
जि.का	४०३	रामचंद्राचार्य
जि.का	४३४	रामचंद्राचार्य
जि.का	११२२	रामचंद्राचार्य
जि.का	१९४२	रामचंद्राचार्य
त.का	५८७	रामचंद्राश्रम
डूं.का	१०३८	रामचंद्राश्रम
जि.का	४१५	रामचंद्राश्रम
डूं.का	८८९	रामचंद्राश्रम
लों.का	२४१	रामचन्द्र
लों.का	२४२	रामचन्द्र
जि.का	९९१	रामचन्द्राश्रम
लों.का	२४०	रामचन्द्र
आ.का	१६७	रामजी-ले.
जि.ता	१८९	रामदेवगणि
जि.का	१३२४/२	रामदेवगणि-टी.
जि.का	११४९	रामदैवज्ञ
डूं.का	१२५६	रामप्रमोद -पं.
जि.का	२०१३	रामविजय
जि.का	२०१३	रामविजय
डूं.का	३९६	रामविजय
डूं.का	१०७९	रामविजय
त.का	८३४	रामविजय
जि.का	६२८	रामविनोद
जि.का	१८०७	रामाश्रम
जि.का	९१५	रामाश्रमाचार्य
जि.का	१७३२	रामाश्रमाचार्य
जि.का	१७३३	रामाश्रमाचार्य
जि.का	१७२६	रामाश्रमाचार्य-मू., व्या. सदानंद
डूं.का	१२९	रामचंद्र
लों.का	६२२	रायचंद शाह
डूं.का	८३१	राजकीर्ति गणि
डूं.का	७७५	रिध्धिविजय
जि.का	३७२	रुद्रपल्लीय
जि.क्रा	१२९५	रुद्रट
डूं.का	३९९	रुपचंद
डूं.का	४४८	रुपचंद
डूं.का	१०५५	रुपचंदमणि
लों.का	३९६	रुपवल्लभ
जि.का	२१५१	रूपचंद
लों.का	३७८	रूपचंद
त.का	७८२	रूपचंद
त.का	६४२	रूपचंदजी
जि.का	१९२७	रूपचंद्र
डूं.का	१७३	रूपचंद्र
त.का	६४०	रूपविजय
त.का	९३३	रूपसागर
जि.का	१४९४	रत्नशेखरसूरि
जि.का	१६६८	रत्नशेखरसूरि
त.का	४७५	रविविजय
आ.का	७९	लक्ष्मण मुनि
डूं.का	७५७	लक्ष्मण व्यास-ले.
जि.ता	२५१	लक्ष्मणगणि
त.का	४९	लक्ष्मणमुनि
त.का	२६७	लक्ष्मीकुशल गणि
जि.ता	२७२	लक्ष्मीतिलक
जि.का	१२५	लक्ष्मीतिलकगणि
जि.का	१४५	लक्ष्मीधर
जि.ता	३४९	लक्ष्मीधर भट्ट
डूं.का	७२३	लक्ष्मीरंगमुनि
त.का	८३९	लक्ष्मीरत्न
डूं.का	२६६	लक्ष्मीराज-ले.
डूं.का	२६७	लक्ष्मीवलल्भ
जि.का	२०३१	लक्ष्मीवल्लभ
डूं.का	४५	लक्ष्मीवल्लभ
डूं.का	४७३	लक्ष्मीवल्लभ
डूं.का	१००२	लक्ष्मीवल्लभ
लों.का	१८९	लक्ष्मीवल्लभ
लों.का	४१३	लक्ष्मीवल्लभ
जि.का	१७१०	लक्ष्मीवल्लभगणि
डूं.का	८५३	लक्ष्मीविजय
त.का	५३७	लक्ष्मीविजयगणि
जि.का	८३९	लक्ष्मीसागर
डूं.का	३२२	लक्ष्मीसिद्धिसाध्वी
त.का	६७५	लक्ष्मीकुशल
जि.ता	२७३	लक्ष्मीतिलक
जि.का	८१७/१०	लखमण
त.का	४९४	लब्धिशेखरगणि
डूं.का	१०८	लब्धिसागर

भंडार नाम	ग्रंथांक	कर्तानुं नाम
जि.का	६९५	लब्धिहर्ष
डूं.का	६२१	लाभगणि-ले.
डूं.का	५२८	लाभविजय
जि.का	३४९/२	लाभोदय
जि.का	३४९/३	लाभोदय
जि.का	३४९/४	लाभोदय
जि.का	३४९/१	लाभोदय
जि.का	३४९/५	लाभोदय
लों.का	९४	लाभमंडन-ले.
डूं.का	३७२	लालचंद
त.का	१०७६	लालचंदगणि
लों.का	३८८	लालचंद्र
डूं.का	१७०	लालचंद्र-ले.
था.का	५९१	लावण्य हर्ष
जि.का	१९१५	लावण्यकीर्त्त
आ.का	८८	लांवण्यनंदि गणि
जि.का	६१७	लावण्यसमय
जि.का	१०१२	लावण्यसमय
जि.का	२०१७	लावण्यसमय
त.का	१६५	लावण्यसमय
त.का	६४३	लावण्यसमय
त.का	७८९	लावण्यसमय
लों.का	४२९	लावण्यसमय उदयराज
डूं.का	८६६	लोकशंकर
डूं.का	११९६	लोलंबराजकवि
जि.का	१८९५	लोलिंबराज
जि.का	१९२८	लोलिंबराज
त.का	९५३	ललितसागर

भंडार नाम	ग्रंथांक	कर्तानुं नाम
जि.का	१७२२	वरदगज
जि.का	२२३१	वरदराज
जि.ता	३०५	वररुचि
जि.का	२२०	वररुचि
जि.का	२०४०	वररुचि
जि.का	१८४८	वराहमिहिर
लों.का	५५८	वराहमिहिर
जि.का	१८४९	वराहमिहिर-मू.
जि.का	१८५०	वराहमिहिर-मू.,उत्पलभट्ट-टी.
जि.का	१०५०	वराहमिहिर-मू.क.,
		टी.क.उत्पलभट्ट
जि.का	२१२५	वर्द्धमान कवि
जि.का	१६७०	वर्द्धमानभट्टारकदेव
था.का	१	वर्धमान आचार्य
जि.ता	२५०	वर्धमानसूरि
जि.ता	२५४	वर्धमानसूरि
जि.का	११७	वर्धमानसूरि
जि.का	११८	वर्धमानसूरि
जि.का	२१७१	वर्धमानसूरि
था.का	९३	वर्धमानसूरि
था.का	२८८	वर्धमानसूरि
जि.ता	२१४/१	वर्धमानसूरि-टी.क.
जि.ता	२१५	वर्धमानसूरि-टी.क.
जि.का	१२७३	वल्लभ
डूं.का	८८४	वल्लभ देव
डूं.का	८८६	वल्लभ देव
जि.का	१२०८	वल्लभदीक्षित
डूं.का	६७४	वल्लभसूरीनाशिष्य

भंडार नाम	ग्रंथांक	कर्तानुं नाम
जि.ता	३३८	वल्लभीवास्तव्य भट्टि कवि
जि.का	४३७	वसंतराज -
		मू.क.,टी.क.भानुचंद्र
जि.का	६९८	वस्तिग
जि.का	२००९	वस्तो
जि.ता	३५४	वाक्पतिराज-मू.क.,
		टी.क.भट्ट उपेन्द्रहरिपाल
जि.का	२१४	वाग्भट
जि.का	८२६	वाग्भट
जि.का	१८१४	वाग्भट
जि.का	१७७१	वाग्भट
जि.का	१९००	वाग्भट
जि.का	५७९	बाग्भट-मू.क.
जि.का	२१५९	वाचक खेम
डूं.का	७६३	वाचक यशमुनि
डूं.का	७२७	वाचकयशमुनि
जि.का	१५८७	वाचकरत्नचंद्र-टी.
जि.ता	२७४	वाचनाचार्य विवेकसमुद्रगणि
जि.का	६९	वाचस्पति मिश्र
जि.का	१२७४/१	वाचस्पति मिश्र
जि.ता	३९२/२	वाचस्पतिमिश्र
जि.का	१२७४/२	वाचस्पतिमिश्र
जि.का	१२७५/२	वाचस्पतिमिश्र
जि.ता	३९५/१	वाचस्पतिमिश्र-वृ.क.
जि.ता	३९१/२	वाचस्पतिमिश्र
जि.का	६७	वात्स्यायनमुनि
जि.का	१२७४/३	वात्स्यायनमुनि
जि.का	२०३८/१	वादिराज

भंडार नाम	ग्रंथांक	कर्तानुं नाम
जि.ता	१५६/७	वादिवेताल शांतिसूरि
जि.का	१६२५/७	वादिवेताल शांतिसूरि
जि.ता	९७	वादिवेताल शांतिसूरि
		थारापद्रगच्छीय
जि.ता	९६	वादिवेताल शान्तिसूरि
		थारापद्रगच्छीय
जि.का	५५	वादिवेताल शांतिसूरि
था.का	३०८	वादिहर्षनंदनगणि
जि.ता	४०५	वादी देवसूरि स्वोपज्ञ
जि.का	२२२१/२	वादींद्र
जि.का	९८२	वानर्षिगणि स्वोपज्ञ
जि.ता	३३३	वामन स्वोपज्ञ
जि.का	१८११	वाग्भट
जि.का	२००८	विजय
डूं.का	९५४	विजयचंद
डूं.का	२६५	विजयचंद्र-ले.क.
जि.का	८२९	विजयतिलक
जि.का	२००६	विजयतिलक
जि.का	२०१२/१	विजयतिलक
डूं.का	१३१६	विजयतिलकसूरि
लों.का	६३६	विजयदेवसूरि
त.का	८०	विजयदेवसूरि
त.का	२१०	विजयप्रभगणि
जि.का	८२३	विजयभद्र
जि.का	९८२	विजयविमलगणि अपरनाम
		वानर्षिगणि स्वोपज्ञ
त.का	१२१३	विजयशेखर
जि.का	१८८	विजयसिंहसूरि

भंडार नाम	ग्रंथांक	कर्तानुं नाम
जि.ता.	१९७	विजयसिंहसूरि-वृ.क.
जि.ता.	१७१/११	विजयसिंहाचार्य
डूं.का.	३११	विजयसुंदर गणि
त.का.	१८२	विजयसेनसूरिशिष्य कनककुशल
जि.ता.	२९०/१	विजयानंद
जि.ता.	२९०/३	विजयानंद
जि.ता.	२९१	विजयानंद
जि.का.	१२९१	विजयानंद
डूं.का.	६४८	विजयानंद
त.का.	६७०	विजलक्ष्मी
था.का.	३०७	विद्याकलशमुनि
जि.का.	२२३६/४	विद्याकीर्ति
जि.का.	८२५	विद्याचारित्र
जि.का.	१७९८	विद्यातिलक-वृ.
जि.ता.	३४३	विद्याधर पंडित
जि.ता.	३४५	विद्याधर पंडित
जि.का.	१७५१	विद्यानंद
त.का.	४२४	विद्यारंसगणि
आ.का.	१६२	विद्यारत्न गणि
लों.का.	४३५	विद्यारुचि
डूं.का.	८२८	विद्यासागर गणि
त.का.	११७४	विद्यासागरउपाध्याय
जि.का.	९६६	विनजविजय तथा
		यशोविजयोपाध्याय
जि.का.	१९०६	विनयचन्द्र
डूं.का.	५९८	विनयधर्म
जि.का.	२१२३	विनयप्रभ
त.का.	२०८	विनयप्रभसूरि

भंडार नाम	ग्रंथांक	कर्तानुं नाम
डूं.का.	१०८०	विनयमेरुमुनि
डूं.का.	२५९	विनयरंग
डूं.का.	४६९	विनयरससूरि
लों.का.	३७०	विनयविजय
त.का.	१९७	विनयविजय
डूं.का.	१३३१	विनयविजय उपाध्याय
जि.का.	२१३९	विनयविजयजी यशोविजयजी
जि.का.	१८०६	विनयविमल
त.का.	७१२	विनयविजयजी उ.
था.का.	४३२	विनयवर्धन मुनि
डूं.का.	१०७६	विनयशील
जि.का.	१०७३	विनयसमुद्र वाचक
डूं.का.	७८	विनयसुंदर
डूं.का.	१९६	विनयसुंदर - वृ.
था.का.	२०	विनयसोमसूरि
त.का.	२२४	विनितसागर
त.का.	५६१	विनीतसागर
जि.का.	१५८१	विमलकीर्ति-क.
डूं.का.	२४१	विमलकीर्तिगणि -ले.
जि.का.	९५१/१	विमलकीर्तिगणि वाचनाचार्य
जि.का.	९५१/२	विमलकीर्तिगणि वाचनाचार्य
डूं.का.	१०२१	विमलगणि
आ.का.	८१	विमलचंद
डूं.का.	५८५	विमलमुनि
त.का.	९४४	विमलविजय
जि.का.	५११/१	विमलविनय
जि.का.	८०८/३	विमलविनय
लों.का.	३५०	विमलविनय

भंडार नाम	ग्रंथांक	कर्तानुं नाम
लों.का.	६३९	विमलविनय
त.का.	३५२	विमलविनय
था.का.	३५९	विमलविनय मु.
लों.का.	५१८	विमलविनय
जि.ता.	२४६	विमलसूरि
जि.ता.	२१७	विमलसूरि-मू.क.,
		वृ.क.हेमप्रभसूरि
त.का.	९७०	विमलसौभाग्य
जि.ता.	१५४/१३	विमलाचार्य
जि.ता.	१५८/१२	विमलाचार्य
जि.ता.	१७१/१०	विमलाचार्य
जि.ता.	२६४	विमलाचार्य
जि,का.	१३३/१४	विमलाचार्य
जि.का.	४९९/५	विमलाचार्य
जि.का.	६३४	विमलाचार्य
जि.का.	१३१७/१९	विमलाचार्य
जि.का.	१३२६/३८	विमलाचार्य
जि.का.	७८९/३	विमलाचार्य
जि.का.	१६१०	विमलाचार्य
जि.का.	३५८	विमलाचार्य -मू.क.
जि.का.	६१९	विमलाचार्य -मू.क.
जि.का.	६२०	विमलाचार्य -मू.क.
डूं.का.	१३५१	विमलकिर्तीमुनि
डूं.का.	४७५	विमलमुनि
जि.ता.	३१४/३	विरहाङ्क
डूं.का.	६३०	विवेकचंद्र-ले.
लों.का.	६१८	विवेकविजय
डूं.का.	२३१	विवेकविजय -पं.

भंडार नाम	ग्रंथांक	कर्तानुं नाम
त.का.	२३०	विवेकहर्ष
त.का.	८७६	विवेकहर्ष
डूं.का.	५४	विवेकसमुद्रगणि
जि.ता.	३५७/१	विशाखदेव
डूं.का.	२५४	विशालकीर्ति मुनि-ले.
डूं.का.	१३५७	विशालरत्नगणि -पं.
त.का.	९५४	विशालसुंदर
डूं.का.	२५३	विशालसुंदरगणि -ले.
डूं.का.	७९१	विशालकीर्ती
जि.का.	१८९८	विश्वशंकर
जि.का.	१४२६	विषमपदविवरण
जि.ता.	३४४	विद्याधर पंडित
लों.का.	४३८	विनयविजय
लों.का.	४२६	वीरचंद्रर्षि
जि.ता.	१५५/४	वीरचन्द्र शिष्य
त.का.	३२८	वीरदेवगणि
जि.का.	१४२५/१	वीरभद्र
जि.ता.	१४६/१	वीरभद्रगणि
जि.ता.	१४६/२	वीरभद्रगणि
जि.ता.	१४६/९	वीरभद्रगणि
जि.का.	३६२	वीरभद्रगणि
जि.का.	७५७	वीरभद्रगणि
जि.का.	८४४	वीरभद्रगणि
जि.का.	८७३/१	वीरभद्रगणि
जि.का.	८८१	वीरभद्रगणि
जि.का.	९७०/१	वीरभद्रगणि
जि.का.	१४२७	वीरभद्रगणि
जि.का.	१४२९	वीरभद्रगणि

भंडार नाम	ग्रंथांक	कर्तानुं नाम
जि.का	१४२४	वीरभद्रगणि
लों.का	१२४	वीरभद्रगणि
जि.का	३५९	वीरभद्रगणि -मू.क.
जि.का	४१८	वीरभद्रगणि -मू.क.
जि.का	७७३	वीरभद्रगणि-मू.क.,
....	....	जयचंद्रसूरि-बा.क.
जि.का	१८७०	वीरभद्रगणी
त.का	५५७	वीरभद्रसाधु
जि.ता	१४६/३	वीरभद्रगणि
त.का	१८३	वीरविजय
त.का	४३२	वीरविजय
त.का	३७७	वीरसागर
त.का	३१७	वीरसागरगणि
त.का	३२०	वीरसागरगणि
जि.ता	९२	वीरसूरि
त.का	४८१	वृद्धिविजय
जि.का	४००	वेगडगच्छीय महिमसमुद्र प्रारब्ध,
....	....	वेगडगच्छीय क्षमासुंदर
डूं.का	२३३	वेलचंद -पं.ले.
जि.का	१८१८	वैद्यरतन
जि.का	१७२७	वोकेशकर शर्मा
जि.का	१७४८	वोपदेव
जि.का	१७४९	वोपदेव
जि.का	१७२५	व्याडि
जि.ता	३९५/२	व्यासर्षि-भा.क.
डूं.का	९४५	वरचंद्र गणि
जि.का	९८१	विजयभद्र
जि.ता	२९०/२	विजयानंद-क.

भंडार नाम	ग्रंथांक	कर्तानुं नाम
डूं.का	१२३६	विनयचंद -ले.
त.का	९७७	वृद्धिविजय
डूं.का	३३६	शंकर पं.-ले.
जि.का	१९०१	शंकरदत्त
डूं.का	७७७	शंकरदासमुनि
डूं.का	६६०	शंकरमुनि
जि.ता	३८८/२	शंकरस्वामी-भा.क.
जि.का	१९१८	शंकराचार्य
डूं.का	६५९	शंकराचार्य
डूं.का	१३६२	शंकराचार्य
त.का	४५३	शंकराचार्य
जि.का	१२२४	शंखधर
डूं.का	१०९६	शंखधर
डूं.का	६२७	शंभुमुनि
जि.का	११२८	शतानंद
जि.ता	७४/१	शय्यंभवसूरि
जि.ता	८३/३	शय्यंभवसूरि
जि.का	५४०	शय्यंभवसूरि
जि.का	७००	शय्यंभवसूरि
जि.का	७६३	शय्यंभवसूरि
जि.का	८७६	शय्यंभवसूरि
जि.का	९५०	शय्यंभवसूरि
जि.का	१०८४/१	शय्यंभवसूरि
जि.का	१३१०/५	शय्यंभवसूरि
जि.का	१४४४	शय्यंभवसूरि
जि.का	१६९९	शय्यंभवसूरि
जि.का	१४६७	शय्यंभवसूरि
था.का	२५	शय्यंभवसूरि

भंडार नाम	ग्रंथांक	कर्तानुं नाम
था.का	७३	शय्यंभवसूरि
था.का	७४	शय्यंभवसूरि
था.का	८६	शय्यंभवसूरि
लों.का	१०२	शय्यंभवसूरि
त.का	६०५	शय्यंभवसूरि
त.का	६०९	शय्यंभवसूरि
था.का	८६	शय्यंभवसूरि
जि.का	४४४	शय्यंभवसूरि -मू.क.,
....	....	वृ.क.सुमतिसूरि
जि.का	५९४	शय्यंभवसूरि -मू.क.,
....	....	स्त.क.राजचंद्रसूरि रपार्श्वचंद्रग
जि.का	१९४६	शय्यंभवसूरि-मू., क.सुमतिसूरि
जि.ता	८८/१	शय्यंभवसूरि-मू.,
....	....	नि.भद्रबाहुस्वामी,
....	....	वृ.हरिभद्र आचार्य
जि.ता	८२/१	शय्यंभवसूरि-मू.क.,
....	....	टी.क. तिलकाचार्य
लों.का	८६	शय्यंभवस्वामी
लों.का	८९	शय्यंभवस्वामी
लों.का	९०	शय्यंभवस्वामी
लों.का	९१	शय्यंभवस्वामी
लों.का	९२	शय्यंभवस्वामी
लों.का	९३	शय्यंभवस्वामी
जि.का	४३	शय्यंभवसूरि
लों.का	८५	शय्यंभवाचार्य
लों.का	३०३	शय्यंभवाचार्य
लों.का	३०४	शय्यंभवाचार्य
जि.का	१७०७	शय्यंभवसूरि

भंडार नाम	ग्रंथांक	कर्तानुं नाम
लों.का	८७	शय्यंभवस्वामी
लों.का	८८	शय्यंभवस्वामी
जि.का	१७८६	शशधर
डूं.का	८७०	शशधर
जि.का	१७८७	शशधर
डूं.का	९९२	शशिसूरि
डूं.का	१०३५	शशीसूरि
त.का	२३६	शांतिकुशल
त.का	९४५	शांतिकुशल
जि.का	४७७	शांतिचंद्रोपाध्याय -वृ.क.
लों.का	९७	शांतिदेव
त.का	११९०	शांतिविजय
त.का	२०७	शांतिसागर
जि.ता	२७१	शांतिसूरि
जि.ता	३७२	शांतिसूरि
जि.का	५३३/१	शांतिसूरि
जि.का	६५५/३	शांतिसूरि
जि.का	६७६	शांतिसूरि
जि.का	७०५	शांतिसूरि
जि.का	७४८	शांतिसूरि
जि.का	८७३/३	शांतिसूरि
जि.का	८७७	शांतिसूरि
जि.का	९०६	शांतिसूरि
जि.का	१०२९	शांतिसूरि
जि.का	११७१	शांतिसूरि
जि.का	१४८८	शांतिसूरि
जि.का	१६८२	शांतिसूरि
डूं.का	१०२५	शांतिसूरि

भंडार नाम	ग्रंथांक	कर्तानुं नाम
था.का.	७	शांतिसूरि
त.का.	२६५	शांतिसूरि
त.ता.	४	शांतिसूरि
जि.ता.	३४७/१	शांतिसूरि पूर्णतल्लगच्छीय-टी.
जि.ता.	३४७/३	शांतिसूरि पूर्णतल्लगच्छीय-टी.
जि.ता.	३४७/५	शांतिसूरि पूर्णतल्लगच्छीय-टी.
जि.ता.	३४७/४	शांतिसूरि पूर्णतल्लगच्छीय-टी.
जि.ता.	३४७/२	शांतिसूरि पूर्णतल्लगच्छीय-टि.
जि.का.	२२१७/२	शांतिसूरि-मू.
जि.ता.	२३४	शांतिसूरि-
		मू.क.,वृ.क.देवेन्द्रसूरि
त.का.	२००	शांतिसूरी
त.का.	५९०	शांतिहर्ष
डूं.का.	१०७	शांतिविजय
जि.का	७९९	शांतिसूरि-
		मू.क.,वृ.क.देवेन्द्रसूरि
डूं.का.	९५७	शांतिसमुद्र-ले., रत्नशेखर
जि.ता.	३७७	शान्तरक्षित
लों.का.	१८८	शान्तहर्ष शिष्य जिनहर्ष
जि.ता.	१५५/२	शान्तिसूरि
था.का.	११७	शान्तिसूरि
था.का.	१३९	शान्तिसूरि
था.का.	२३७	शान्तिसूरि
लों.का.	६९७	शान्तीसूरि
त.का.	१०३	शान्तिसूरि
जि.का.	३६३	शालिभद्रसूरि
जि.का.	९३१	शालिभद्रसूरि
जि.ता.	२००	शालिभद्रसूरि-टी.

भंडार नाम	ग्रंथांक	कर्तानुं नाम
जि.ता.	२०१	शालिभद्रसूरि-टी.
जि.ता.	२०२	शालिभद्रसूरि-टी.
जि.का.	१८९३	शाङ्र्गधर
त.का.	११२	शिलांगाचार्य
लों.का.	८४	शिवजी मालजी-ले.
डूं.का.	१०७७	शिवनंदन
डूं.का.	५३१	शिवनिधान
जि.ता.	३४७/३	शिवभद्र कवि-मू.क.,
		शांतिसूरि पूर्णतल्लगच्छीय-टी.
डूं.का.	४९	शिवराज
जि.का.	८०८/५	शिवलक्ष्मी
डूं.का.	११८७	शिवलाल
डूं.का.	९७	शिवलाल-ले.
जि.ता.	१५०/५	शिवशर्मसूरि
जि.ता.	१५४/१७	शिवशर्मसूरि
जि.ता.	१६०/३	शिवशर्मसूरि
जि.ता.	४१५/२	शिवशर्मसूरि
जि.ता.	४१५/९	शिवशर्मसूरि
जि.का.	१३३/१८	शिवशर्मसूरि
जि.का.	१५१५	शिवशर्मसूरि
जि.का.	१५१५	शिवशर्मसूरि
जि.का.	११५	शिवशर्मसूरि -मू.,
		वृ.क.मलधारि हेमचंद्रसूरि
जि.का.	१२९८	शिवशर्मसूरि -वृ.क.,
		टी.क. मलधारी हेमचंद्रसूरि
जि.का.	१५१७	शिवशर्मसूरि-मू.,वृ.क.मलयगिरि
जि.ता.	१७३	शिवशर्मसूरि-मू.,
		वृ.क.मलयगिरिसूरि

भंडार नाम	ग्रंथांक	कर्तानुं नाम
जि.का.	१२८४	शिवशर्मसूरि-मू.क.,
		टी.क.आचार्य मलयगिरि
जि.ता.	१८५	शिवशर्मसूरि-मू.क.,
		वृ.क. मलधारी हेमचंद्रसूरि
जि.ता.	१८३	शिवशर्मसूरि-मू.क.,
		वृ.क. मलधारी हेमचन्द्रसूरि
जि.ता.	१८२	शिवशर्मसूरि-मू.क.,
		वृ.क.मलधारी हेमचन्द्रसूरि
जि.का.	१३३२	शिवाचार्य
जि.का.	१३३३	शिवाचार्य
डूं.का.	६६३	शिवादित्य
जि.का.	१७९३	शिवादित्य मिश्र
जि.ता.	१/३	शीलांकाचार्य
जि.ता.	४	शीलांकाचार्य
जि.ता.	५/३	शीलांकाचार्य
जि.का.	३	शीलांकाचार्य
जि.का.	४	शीलांकाचार्य
जि.का.	७	शीलांकाचार्य
जि.का.	८१	शीलांकाचार्य
जि.का.	१३४९	शीलांकाचार्य
जि.का.	१३५०	शीलांकाचार्य
था.का	२५४	शीलांकाचार्य
था.का	२५६	शीलांकाचार्य
था.का	२६४	शीलांकाचार्य
जि.का.	१३५७	शीलांकाचार्य-टी.
जि.का.	१२३	शीलाचार्य
जि.का.	१३५६	शीलांकाचार्य-वृ.
डूं.का.	८२५	शीलगणी

भंडार नाम	ग्रंथांक	कर्तानुं नाम
जि.ता.	२/३	शीलांकाचार्य
जि.का.	१५३२	शुभचंद्राचार्य-टी.
जि.का.	५९५	शुभचंद्राचार्य
जि.का.	६१३	शुभमंदिर
डूं.का.	४९१	शुभवर्धनगणि
त.का.	१०८७	शुभवर्धनगणि
जि.का.	४३९	शुभशीलगणि -वृ.
डूं.का.	९७५	शेखरज्योतिरीश्वर
त.का.	४८२	शोभनदेव आचार्य
जि.का.	१६४०	शोभनमुनि
जि.का.	२१८९	शोभनमुनि
लों.का.	१७४	शोभनमुनि
त.का.	१८५	शोभनमुनि
त.का.	४४६	शोभनमुनि
डूं.का.	८३९	श्यामसिंह
जि.ता.	२७	श्यामाचार्य
जि.ता.	२९/१	श्यामाचार्य
जि.का.	२५	श्यामाचार्य
जि.का.	२१६६	श्यामाचार्य
जि.का.	७१	श्रीकंठ
जि.का.	१८५९	श्रीकंठशिव पंडित
डूं.का.	६१३	श्रीचंद्र
जि.ता.	७५	श्रीचंद्रसूरि
जि.ता.	७६	श्रीचंद्रसूरि
जि.ता.	१४१/१	श्रीचंद्रसूरि
जि.ता.	१४१/३	श्रीचंद्रसूरि
जि.ता.	१४१/४	श्रीचंद्रसूरि
जि.ता.	२८२	श्रीचंद्रसूरि

भंडार नाम	ग्रंथांक	कर्तानुं नाम
जि.ता	४०६	श्रीचंद्रसूरि
जि.ता	४१७/२	श्रीचंद्रसूरि
जि.का	३१/२	श्रीचंद्रसूरि
जि.का	१६८	श्रीचंद्रसूरि
जि.का	३३१	श्रीचंद्रसूरि
जि.का	३८४	श्रीचंद्रसूरि
जि.का	४६३	श्रीचंद्रसूरि
जि.का	५२४	श्रीचंद्रसूरि
जि.का	८०२	श्रीचंद्रसूरि
जि.का	८९१	श्रीचंद्रसूरि
जि.का	१०९७	श्रीचंद्रसूरि
जि.का	१२४४	श्रीचंद्रसूरि
जि.का	१४९४	श्रीचंद्रसूरि
जि.का	१४९५	श्रीचंद्रसूरि
जि.का	१४९६	श्रीचंद्रसूरि
जि.का	१४९७	श्रीचंद्रसूरि
जि.का	१६८१	श्रीचंद्रसूरि
जि.का	२१३२	श्रीचंद्रसूरि
लों.का	१३२	श्रीचंद्रसूरि
लों.ता	३/२	श्रीचंद्रसूरि
त.का	४३५	श्रीचंद्रसूरि
त.का	१११५	श्रीचंद्रसूरि
त.का	१३१३	श्रीचंद्रसूरि
जि.का	५२५	श्रीचंद्रसूरि -मू.क.
जि.का	६५०	श्रीचंद्रसूरि-क., देवभद्रसूरि -टी.
जि.का	२१९९	श्रीचंद्रसूरि-मू., टी.देवभद्रसूरि
जि.का	१०६७	श्रीचंद्रसूरि-मू.क.,
		अव.क.साधुसोम

भंडार नाम	ग्रंथांक	कर्तानुं नाम
डूं.का	८८	श्रीचंद्रसूरि-र.
जि.का	९६४	श्रीचंद्रसूरि-वृ.क.
जि.ता	८२/२	श्रीचंद्रसूरी-मू.क.,
		टी.क.देवभद्रसूरी
जि.ता	१४१/२	श्रीचंद्रसूरि
त.का	११४९	श्रीचंद्रसूरि
था.का	१३२	श्रीचंद्रीय
लों.का	५९	श्रीचन्द्र
लों.का	५९०	श्रीचन्द्र
था.का	१०१	श्रीचन्द्रसूरि
था.का	१०४	श्रीचन्द्रसूरि
था.का	२०९	श्रीचन्द्रसूरि
था.का	२२२	श्रीचन्द्रसूरि
त.का	३६७	श्रीचन्द्रसूरि
त.का	४४३	श्रीचन्द्रसूरि
त.का	४४८	श्रीचन्द्रसूरि
जि.का	२०२	श्रीचन्द्रसूरि -मू.,
		वृ.क.देवभद्रसूरि
जि.ता	२०३	श्रीचन्द्रसूरि-मू.क.,
		वृ.क.देवभद्रसूरि
त.का	४४२	श्रीचन्द्रसूरि
आ.का	३१७	श्रीचन्द्रसूरि
त.का	११६०	श्रीचन्द्रसूरि
आ.का	३५२	श्रीचन्द्रसूरि
आ.का	२०६	श्रीचन्द्रसूरि
जि.का	५३४	श्रीतिलक -वृक.
लों.का	२४३	श्रीधर
लों.का	२८४	श्रीधर

भंडार नाम	ग्रंथांक	कर्तानुं नाम
जि.ता	३७९	श्रीधर भट्ट
जि.ता	३८०	श्रीधर भट्ट
जि.ता	३८३/२	श्रीधर भट्ट
जि.ता	३६५	श्रीधर भट्ट
त.का	७३६	श्रीधरजी
जि.का	८९४	श्रीनाथव्यास-टी.
जि.का	११७२	श्रीपति
जि.का	१८९४	श्रीपति
जि.का	११८८/४	श्रीसार
जि.का	२१५४	श्रीसार
जि.का	२२३६/२	श्रीसार
त.का	४०८	श्रीसार
था.का	१८२	श्रीसार -वृ.
जि.का	२०१६	श्रीसार, कर्मचंद्र -क.
जि.का	९८८	श्रीसारमुनि
डूं.का	६१७	श्रीसारमुनि
त.का	२११	श्रीसारमुनि
त.का	२३७	श्रीसारमुनि
जि.ता	३८५	श्रीहर्ष
जि.का	२००	श्रीहर्ष
जि.का	५२९	श्रीहर्ष
जि.का	१३०४	श्रीहर्ष
जि.ता	३४१	श्रीहर्षकवि
जि.ता	३६०	श्रीहर्षकवि
जि.का	५२०	श्रीहर्षकवि
जि.का	१२२३	श्रीहर्षकवि
जि.का	१२२५	श्रीहर्षकवि
जि.ता	३९/२	श्रीचंद्रसूरि

भंडार नाम	ग्रंथांक	कर्तानुं नाम
डूं.का	६९	श्रीदह राज़र्षि
त.का	१०१६	श्रीसेन
जि.ता	३४२	श्रीहर्षकवि
जि.ता	३३२	श्वेतांबर (नमिसाधु)
जि.का	२२४	शय्यंभवसूरि
जि.का	६०२	संग्रामसिंह
त.का	५३८	संघतिलक
त.का	२४	संघतिलकसूरि
जि.का	६६	संघतिलकसूरि -वृ.
त.का	१३	संघदास क्षमाश्रमण
त.का	२१	संघदास गणि
जि.ता	४०७/१	संघदासगणि क्षमाश्रमण
जि.का	९८	संघदासगणि क्षमाश्रमण-भा.
जि.का	९९	संघदासगणि क्षमाश्रमण-भा.
जि.का	१०१	संघदासगणि क्षमाश्रमण-भा.
जि.ता	४७/२	संघदासगणि क्षमाश्रमण
जि.का	१००	संघदासगणि क्षमाश्रमण-भा.
जि.ता	४६	संघदासगणि क्षमाश्रमण
जि.ता	४१/४	संघदासगणि क्षमाश्रमण
जि.ता	४०९	संघदासगणि वाचक
लों.का	५२८	संघराज
जि.का	४३२	संघविजय
आ.का	१४८	संघविमल
जि.का	३१४	संयममूर्ति अंचलगच्छीय
जि.का	२०६८	संवेगदेवगणि
आ.का	१४३	संवेगराज
जि.का	१६५२	सकल हर्ष
त.का	८०९	सकलचंद

भंडार नाम	ग्रंथांक	कर्तानुं नाम
त.का.	९६७	सकलचंद
जि.का.	२००७	सकलचंद्र
जि.का.	९९६	सकलचंद्रगणि
डूं.का.	४५४	सकलचंद्रगणि-ले.
डूं.का.	२२३	सकलहर्ष
डूं.का.	१०४८	सकलहर्ष मुनि
डूं.का.	११०	सत्यमूर्ति-ले.
जि.का.	६०५	सत्यराजगणि
डूं.का.	५९०	सत्यसागरगणि
जि.का.	१७२६	सदानंद-व्या.
डूं.का.	९२०	समयमाणिक्यगणि
लों.का.	४७७/१	समयरंगगणि
जि.का.	३९९/७	समयसुंदर
जि.का.	४१२	समयसुंदर
जि.का.	४२४	समयसुंदर
जि.का.	४८२	समयसुंदर
जि.का.	५११/२	समयसुंदर
जि.का.	९०९	समयसुंदर
जि.का.	१०७४	समयसुंदर
जि.का.	२००२	समयसुंदर
जि.का.	१६५८	समयसुंदर
जि.का.	२२५३	समयसुंदर
जि.का.	२१३५/२	समयसुंदर
डूं.का.	१०/१	समयसुंदर
डूं.का.	१३	समयसुंदर
डूं.का.	२७४	समयसुंदर
डूं.का.	३२४	समयसुंदर
डूं.का.	४६५	समयसुंदर

भंडार नाम	ग्रंथांक	कर्तानुं नाम
डूं.का.	४७४	समयसुंदर
डूं.का.	५५७	समयसुंदर
डूं.का.	६४१	समयसुंदर
डूं.का.	६४२	समयसुंदर
डूं.का.	६८३	समयसुंदर
डूं.का.	६९४	समयसुंदर
डूं.का.	७२१	समयसुंदर
डूं.का.	७३१	समयसुंदर
डूं.का.	७६६	समयसुंदर
डूं.का.	८२३	समयसुंदर
डूं.का.	९१८	समयसुंदर
डूं.का.	९६९	समयसुंदर
डूं.का.	११३७	समयसुंदर
डूं.का.	१२२९	समयसुंदर
डूं.का.	१२९३	समयसुंदर
था.का.	४३६	समयसुंदर
था.का.	४६८	समयसुंदर
लों.का.	२११	समयसुंदर
लों.का.	३६३	समयसुंदर
लों.का.	३९०	समयसुंदर
लों.का.	४३९	समयसुंदर
लों.का.	४४२	समयसुंदर
लों.का.	४६६	समयसुंदर
लों.का.	४६७	समयसुंदर
लों.का.	४८३	समयसुंदर
लों.का.	४९७	समयसुंदर
लों.का.	५१५	समयसुंदर
लों.का.	५७६	समयसुंदर

भंडार नाम	ग्रंथांक	कर्तानुं नाम
लों.का.	६०५	समयसुंदर
लों.का.	६१२	समयसुंदर
लों.का.	६२६	समयसुंदर
लों.का.	६२८	समयसुंदर
लों.का.	६३०	समयसुंदर
लों.का.	५३४/क्र	समयसुंदर
आ.का.	२१	समयसुंदर
आ.का.	५५	समयसुंदर
आ.का.	६३	समयसुंदर
त.का.	१९४	समयसुंदर
त.का.	२६१	समयसुंदर
त.का.	२६४	समयसुंदर
त.का.	३८५	समयसुंदर
त.का.	३८६	समयसुंदर
त.का.	३९९	समयसुंदर
त.का.	४०४	समयसुंदर
त.का.	७०४	समयसुंदर
त.का.	८१४	समयसुंदर
त.का.	९३२	समयसुंदर
त.का.	१०३६	समयसुंदर
त.का.	१११२	समयसुंदर
डूं.का.	२८६	समयसुंदर पं.-ले.
डूं.का.	१०६१	समयसुंदर-क.
आ.का.	११८	समयसुंदर-क.
डूं.का.	८४०	समयसुंदर-ले., मानतुंगसूरि-क.
जि.का.	१२१०	समयसुंदर-वृ.
जि.का.	७०३	समयसुंदरगणि
त.का.	५०४	समयसुंदरगणि

भंडार नाम	ग्रंथांक	कर्तानुं नाम
जि.का.	१९८८/१	समयसुंदरजी
जि.का.	१७९५	समयसुंदरजी
त.का.	७०३	समयसुंदरसूरि
जि.का.	३७८	समयसुंदरोपाध्याय
जि.का.	८९०	समयसुंदरोपाध्याय
त.का.	१४२	समयसुंदरोपाध्याय
जि.का.	१३९५	समयसुंदरोपाध्याय-टी.
त.का.	७१८	समयसुंदरसूरि
डूं.का.	४२७	समयसुंदरगणि
जि.का.	३९९/१	समयसुंदरोपाध्याय
त.का.	४०७	समयसुजान
डूं.का.	९१७	समयसुंदर
डूं.का.	१०७४	समयसुंदर
डूं.का.	७	समयहंसमुनि
डूं.का.	५२७	समयसुंदर
लों.का.	४७७/२	समयरंगगणि
जि.का.	८१७/६	समरो
डूं.का.	६	समुद्रविजय
लों.का.	४३१	समुद्रविजय
डूं.का.	२८८	समयमाणिक्यगणि-पं.
लों.का.	६४८	सर्वदेव
जि.का.	९९४	सर्वधर
जि.ता.	३०४	सर्वधरोपाध्याय
जि.का.	२१०	सर्वराजगणि वाचनाचार्य-वृ.
जि.का.	११५०	सर्वराजगणि-टी.
जि.का.	२९८१	सर्वलाभगणि
जि.का.	१३९६	सहजकीर्ति
जि.का.	१७४५	सहजकीर्त्ति

भंडार नाम	ग्रंथांक	कर्तानुं नाम
जि.का	२०१४	सहजकीर्त्ति
जि.का	३१०	सहजसुंदर
जि.का	३११	सहजसुंदर
त.का	७३८	सहजसुंदर
त.का	४१८	सहजसुंदर
डूं.का	११३५	सागरचंद्र
डूं.का	१४८	सागरचंद्र -पं.ले.
जि.ता	२६८	साधारण कवि
जि.ता	२६७	साधारणकवि
त.का	४३३	साधुकीर्ति
जि.का	२०६५	साधुकीर्त्ति
जि.का	१५६०	साधुकीर्त्तिगणि-अव.
जि.का	१०७७	साधुरत्नसूरि अव.क.
जि.का	८३०	साधुराजगणि
जि.का	१०६७	साधुसोम-अव.
था.का	२३२	साध्वी धर्मविज्या गणीनी
जि.का	१८४०	सामंत
डूं.का	४७	सिंहतिलकसूरि
डूं.का	२७	सिंहसूरि
जि.का	३०७/१	सिंहो
जि.ता	३६४/१	सिद्ध साधु-वृ.क., टि.कर्त्री.
		ज्ञानश्री आर्यिका
जि.का	३९४	सिद्धर्षि-वृ.
त.ता	६	सिद्धर्षिगणि
जि.ता	१९५	सिद्धसूरि उपकेशगच्छीय-वृ.
जि.ता	१९५	सिद्धसूरि उपकेशगच्छीय-वृ.क.
जि.ता	३६४/४	सिद्धसेन दिवाकर
जि.का	११३०	सिद्धसेन दिवाकर
जि.का	१६२९	सिद्धसेन दिवाकर
जि.का	१६३०	सिद्धसेन दिवाकर
जि.का	१६३१	सिद्धसेन दिवाकर
त.का	४८७	सिद्धसेन दिवाकर
डूं.का	१४९	सिद्धसेन दिवाकर -क.,
		क्षमाचंद्र -ले.
जि.का	५८	सिद्धसेन दिवाकर -मू.,
		अभयदेव आचार्य तर्कपंचानन-वृ.
जि.का	५९	सिद्धसेन दिवाकर -मू., वृ.
		अभयदेव आचार्य तर्कपंचानन
त.का	२१६	सिद्धसेन सूरि
त.का	२१८	सिद्धसेन सूरि
जि.ता	२०६	सिद्धसेनगणि-वृ.
जि.का	५४२	सिद्धसेनसूरि
जि.का	६८२/१	सिद्धसेनसूरि
जि.का	७९८/१	सिद्धसेनसूरि
जि.का	८९३	सिद्धसेनसूरि
जि.का	१०२६	सिद्धसेनसूरि
जि.का	११०४	सिद्धसेनसूरि
जि.का	१५४१	सिद्धसेनसूरि
जि.का	१५४६	सिद्धसेनसूरि
जि.का	१५४८	सिद्धसेनसूरि
जि.का	१५४९	सिद्धसेनसूरि
जि.का	१६४८	सिद्धसेनसूरि
त.का	२७४	सिद्धसेनसूरि
जि.ता	४१७/१	सिद्धसेनसूरि-चू.क.
था.का	४	सिद्धसेनसूरि-टी.
जि.का	८७२	सिद्धसेनाचार्य
जि.का	२२३५	सिद्धसेनाचार्य
जि.ता	२०४	सिद्धसेनाचार्य-वृ.क.
जि.का	२१३६	सिद्धार्थमुनि
जि.ता	३६३	सिद्धसेन दिवाकर-मू.क.,
		वृ.क.अभयदेवसूरि तर्कपंचानन
डूं.का	७०६	सिद्धसेन दिवाकर
त.का	५२४	सुंदरदास
डूं.का	११३१	सुंदरमुनि-ले., जीवविजय-क.
डूं.का	८८३	सुखकीर्तिमुनि-पं.
डूं.का	६५०	सुखानंद
डूं.का	१०६०	सुगुणकुशलमुनि
जि.का	१३	सुधर्मस्वामी
जि.का	१६५	सुधर्मस्वामी
त.का	३१	सुधर्मा गणधर
त.का	३६	सुधर्मा गणधर
त.का	३७	सुधर्मा गणधर
त.का	३८	सुधर्मा गणधर
त.का	३९	सुधर्मा गणधर
त.का	४०	सुधर्मा गणधर
त.का	४१	सुधर्मा गणधर
त.का	४३	सुधर्मागणधर
त.का	४४	सुधर्मागणधर
त.का	४५	सुधर्मागणधर
त.का	४६	सुधर्मागणधर
त.का	६५	सुधर्मागणधर
त.का	४६/A	सुधर्मागणधर
जि.का	८२/१	सुधर्मास्वामी
जि.का	८२/३	सुधर्मास्वामी
जि.का	८२/३	सुधर्मास्वामी
जि.का	८२/४	सुधर्मास्वामी
जि.का	८२/५	सुधर्मास्वामी
जि.का	२३३	सुधर्मास्वामी
जि.का	२३५	सुधर्मास्वामी
जि.का	२३६	सुधर्मास्वामी
जि.का	२८८	सुधर्मास्वामी
जि.का	३३७	सुधर्मास्वामी
जि.का	३३८	सुधर्मास्वामी
जि.का	४७३	सुधर्मास्वामी
जि.का	५२८	सुधर्मास्वामी
जि.का	५९३	सुधर्मास्वामी
जि.का	६१२	सुधर्मास्वामी
जि.का	६४४	सुधर्मास्वामी
जि.का	१७	सुधर्मास्वामी
जि.का	१६७१	सुधर्मास्वामी
डूं.का	६११	सुधर्मास्वामी
लों.का	१	सुधर्मास्वामी
लों.का	२	सुधर्मास्वामी
लों.का	३	सुधर्मास्वामी
लों.का	४	सुधर्मास्वामी
लों.का	५	सुधर्मास्वामी
लों.का	६	सुधर्मास्वामी
लों.का	७	सुधर्मास्वामी
लों.का	११	सुधर्मास्वामी
लों.का	१३	सुधर्मास्वामी
लों.का	१९	सुधर्मास्वामी
लों.का	२०	सुधर्मास्वामी

भंडार नाम	ग्रंथांक	कर्तानुं नाम
लों.का	२१	सुधर्मास्वामी
लों.का	२२	सुधर्मास्वामी
लों.का	२३	सुधर्मास्वामी
लों.का	२४	सुधर्मास्वामी
लों.का	२५	सुधर्मास्वामी
लों.का	२८	सुधर्मास्वामी
लों.का	२९	सुधर्मास्वामी
लों.का	३२	सुधर्मास्वामी
लों.का	३३	सुधर्मास्वामी
लों.का	३४	सुधर्मास्वामी
लों.का	३६	सुधर्मास्वामी
लों.का	३७	सुधर्मास्वामी
लों.का	३८	सुधर्मास्वामी
लों.का	३९	सुधर्मास्वामी
लों.का	४२	सुधर्मास्वामी
लों.का	४३	सुधर्मास्वामी
लों.का	४६	सुधर्मास्वामी
लों.का	४७	सुधर्मास्वामी
लों.का	४८	सुधर्मास्वामी
लों.का	४९	सुधर्मास्वामी
लों.का	५०	सुधर्मास्वामी
लों.का	५१	सुधर्मास्वामी
लों.का	५३	सुधर्मास्वामी
लों.का	५५	सुधर्मास्वामी
लों.का	५६	सुधर्मास्वामी
लों.का	५७	सुधर्मास्वामी
लों.का	५८	सुधर्मास्वामी
लों.का	१०३	सुधर्मास्वामी

भंडार नाम	ग्रंथांक	कर्तानुं नाम
लों.का	१०४	सुधर्मास्वामी
लों.का	१०५	सुधर्मास्वामी
लों.का	१०६	सुधर्मास्वामी
लों.का	१०७	सुधर्मास्वामी
लों.का	१०८	सुधर्मास्वामी
लों.का	१०९	सुधर्मास्वामी
लों.का	६५०	सुधर्मास्वामी
जि.का	४२९	सुधर्मास्वामी -मू.क.,
		टी.क अभयदेवसूरि
जि.का	४७०	सुधर्मास्वामी -मू.क.,
		वृ.क.अभयदेवसूरि
लों.का	१२	सुधर्मास्वामी-क.
लों.का	१०	सुधर्मास्वामी
जि.का	२३२	सुधर्मास्वामी
जि.का	२१९३/२	सुधाकलश
त.का	२९	सुधर्मा गणधर
त.का	३०	सुधर्मा गणधर
त.का	३३	सुधर्मा गणधर
त.का	३४	सुधर्मा गणधर
त.का	३५	सुधर्मा गणधर
त.का	४	सुधर्मागणधर
जि.का	१	सुधर्मास्वामी
जि.का	५	सुधर्मास्वामी
जि.का	८	सुधर्मास्वामी
जि.का	११	सुधर्मास्वामी
जि.का	१७/१	सुधर्मास्वामी
जि.का	१७/२	सुधर्मास्वामी
जि.का	१७/३	सुधर्मास्वामी

भंडार नाम	ग्रंथांक	कर्तानुं नाम
जि.का	१७/४	सुधर्मास्वामी
जि.का	१७/५	सुधर्मास्वामी
जि.का	१५	सुधर्मास्वामी
जि.ता	३४८	सुबंधु महाकवि
जि.का	१०१४	सुमतिकमल
जि.ता	२६०	सुमतिगणि
जि.का	१२८	सुमतिगणि -वृ.
जि.का	१२९	सुमतिगणि -वृ.
जि.ता	२८०	सुमतिगणि-वृ.
जि.ता	२८१	सुमतिगणि-वृ.
डूं.का	५९९	सुमतिनिधान
डूं.का	१०६७	सुमतिनिधान मुनि
जि.का	६३९	सुमतिरंग
जि.ता	४०१	सुमतिसूरि
जि.का	२१७६	सुमतिसूरि
जि.का	१४७०	सुमतिसूरि
लों.का	९५	सुमतिसूरि
जि.का	१९४६	सुमतिसूरि
जि.का	४४४	सुमतिसूरि-वृ.
जि.का	४७५/२	सुमतिहंस
जि.का	८४५	सुमतिहंस
त.का	४१०	सुमतिहंस
डूं.का	८५७	सुमतिहर्ष
जि.का	१८४०	सुमतिहर्ष अपरनाम सामंत
जि.का	११५५	सुमतिहर्षगणि-वृ.क.
डूं.का	९२४	सुमतिमंडन गणि
डूं.का	३६	सुवर्णलक्ष्मीगणि
जि.का	१९४४	सूरतमिश्र

भंडार नाम	ग्रंथांक	कर्तानुं नाम
डूं.का	३३३	सूर्यविजय-ले.
जि.का	१६९०	सोमकीर्ति
डूं.का	३९५	सोमगणि
त.का	८५५	सोमगणि
डूं.का	१०४०	सोमगणी-ले., अनुभुति
		स्वरुपाचार्य-क.
डूं.का	४४	सोमचंद्र
डूं.का	८४२	सोमचंद्र
जि.का	१७६३	सोमचंद्र-टी.
जि.ता	१५६/२८	सोमचंद्रसूरि
त.का	१९९	सोमचंद्रसूरि
त.का	३८८	सोमतिलक
जि.का	६५२	सोमतिलकसूरि
जि.का	६५३	सोमतिलकसूरि
जि.का	९११/१	सोमतिलकसूरि
जि.का	९२५	सोमतिलकसूरि
जि.का	३७२	सोमतिलकसूरि रुद्रपल्लीय -वृ.
डूं.का	७०४	सोमतिलकसूरि
जि.का	१६७९	सोमतिलकाचार्य-टी.
जि.का	१६७९	सोमतिलकाचार्य-टी.
जि.ता	१५१/२३	सोमदेव
डूं.का	१६	सोमधर्मगणि
डूं.का	१२८८	सोमध्वजगणि
था.का	१२९	सोमप्रभ आचार्य
डूं.का	२९८	सोमप्रभमुनि-क.
त.का	६२३	सोमप्रभसूरि
डूं.का	१२३२	सोमप्रभसूरि
जि.का	२०७	सोमप्रभाचार्य

भंडार नाम	ग्रंथांक	कर्तानुं नाम
जि.का	२८५	सोमप्रभाचार्य
जि.का	२८६	सोमप्रभाचार्य
जि.का	२८७	सोमप्रभाचार्य
जि.का	६२३	सोमप्रभाचार्य
जि.का	६२४	सोमप्रभाचार्य
जि.का	७४२	सोमप्रभाचार्य
जि.का	१५९६	सोमप्रभाचार्य
लों.का	५७८	सोमप्रभाचार्य
त.का	११६६	सोमप्रभाचार्य
जि.का	१५९७	सोमप्रभाचार्य-मू.,
		टी.क.हर्षकीर्त्तिसूरि
डूं.का	१२४९	सोमप्रभाचार्य
डूं.का	२९९	सोमप्रभमुनि
डूं.का	८०२	सोमप्रभाचार्य
लों.का	५१०	सोमविबुध
त.का	३९६	सोमविमलसूरि
लों.का	३६०	सोमसुंदर
था.का	२३	सोमसुंदर सूरि
जि.का	५५५	सोमसुंदरसूरि-बा.
जि.का	१५५८	सोमसुंदरसूरि-बा.क.
जि.का	१५७०	सोमसुंदरसूरि-बा.क.
जि.का	१५६९	सोमसुंदरसूरि-बाला.
डूं.का	१३२१	सोमसुरि
जि.ता	१५१/१	सोमसूरि
जि.का	१३४/१	सोमसूरि
जि.का	१९७१	सोमसूरि
त.का	२२०	सोमसूरि
त.का	२२२	सोमसूरि

भंडार नाम	ग्रंथांक	कर्तानुं नाम
जि.का	४९५	सोमसूरि -मू.क.
जि.का	४९६	सोमसूरि -मू.क.
जि.का	५१८	सोमसूरि -मू.क.
जि.का	५१७	सोमसूरि -मू.क.
त.का	२३३	सोमसूरिगणि
जि.ता	१५४/१०	सोमसूरी
जि.का	१०२७	सोमसेनसूरि
जि.का	५५६	सोमसुंदरसूरि-बा.
डूं.का	११५८	सोमहर्ष
जि.ता	३१९	सोमेश्वर भट्ट
जि.ता	३२०	सोमेश्वर भट्ट
डूं.का	८१४	सोम्यगणि
जि.का	९०१	सोमतिलकसूरि-वृ.
जि.का	१३४/२१	सोमदेव
लों.का	७०	सोमसुंदर
जि.का	५१९	सोमसूरि
लों.का	४००	सौभागचंद
था.का	१९५	सौभाग्यकीर्ति
डूं.का	३२५	सौभाग्यनंदिसूरि
डूं.का	३२६	सौभाग्यनंदिसूरि
डूं.का	१२६७	सौभाग्यनंदी मुनि
डूं.का	९६८	सौभाग्यनंदीसूरि
जि.का	१०६८	सौभाग्यनंदी
जि.का	४८५	सौभाग्यसागरसूरिशिष्य
जि.का	२९९	सौभाग्यहर्षसूरिशिष्य
जि.ता	४१०/१	स्थविर अगस्त्यसिंहसूरि
डूं.का	२९४	समयसुंदर
लों.का	३५६	समयसुंदर

भंडार नाम	ग्रंथांक	कर्तानुं नाम
लों.का	५१४	समयसुंदर
जि.ता	८८/२	सुमतिसूरि
त.का	११७२	हंसमुनि
त.का	८०१	हंसराज
जि.का	२१७३	हनुमंत
त.का	८३५	हरखविजय
त.का	८३८	हरखविजय
त.का	४६७	हरदासनररंजन
जि.का	४७८	हरिकलश धर्मघोषगच्छीय
जि.का	८१०	हरिकलशमुनि
जि.का	१९३	हरिकवि
जि.का	९२२	हरिकवि
जि.का	९३५	हरिकवि
त.का	२५८	हरिदत्त
जि.का	१८७८	हरिभट्ट
डूं.का	९७६	हरिभद्र
त.का	५३५	हरिभद्र
त.का	५४०	हरिभद्र
जि.ता	२९/२	हरिभद्र आचार्य
जि.ता	७९/२	हरिभद्र आचार्य
जि.ता	८४/२	हरिभद्र आचार्य
जि.ता	८५/१	हरिभद्र आचार्य
जि.ता	८६	हरिभद्र आचार्य
जि.ता	८७/२	हरिभद्र आचार्य
जि.ता	१०४/१	हरिभद्र आचार्य
जि.ता	१०५	हरिभद्र आचार्य
जि.ता	१०६	हरिभद्र आचार्य
जि.ता	१०७	हरिभद्र आचार्य

भंडार नाम	ग्रंथांक	कर्तानुं नाम
जि.ता	१३८	हरिभद्र आचार्य
जि.ता	१५३/१	हरिभद्र आचार्य
जि.ता	३७५/३	हरिभद्र आचार्य
जि.ता	८८/१	हरिभद्र आचार्य-वृ.
त.का	४६८	हरिभद्रगणि
जि.ता	१७८/२	हरिभद्राचार्य बृहद्गच्छीय-वृ.
जि.ता	८३/१	हरिभद्रसूरि
जि.ता	१५६/१०	हरिभद्रसूरि
जि.ता	१६३	हरिभद्रसूरि
जि.ता	१६४	हरिभद्रसूरि
जि.ता	१६८	हरिभद्रसूरि
जि.ता	२६५	हरिभद्रसूरि
जि.ता	३६७/३	हरिभद्रसूरि
जि.ता	४००/२	हरिभद्रसूरि
जि.ता	४१५/१	हरिभद्रसूरि
जि.का	५२	हरिभद्रसूरि
जि.का	१३३/१७	हरिभद्रसूरि
जि.का	१५३/३	हरिभद्रसूरि
जि.का	१५७	हरिभद्रसूरि
जि.का	१८०/४	हरिभद्रसूरि
जि.का	२८९	हरिभद्रसूरि
जि.का	९७७	हरिभद्रसूरि
जि.का	१०६३	हरिभद्रसूरि
जि.का	१२३४	हरिभद्रसूरि
जि.का	१३१२	हरिभद्रसूरि
जि.का	१३१७/२	हरिभद्रसूरि
जि.का	१३२६/५	हरिभद्रसूरि
जि.का	१७९७	हरिभद्रसूरि

भंडार नाम	ग्रंथांक	कर्तानुं नाम
जि.का	१३४०	हरिभद्रसूरि
जि.का	१४४०	हरिभद्रसूरि
जि.का	१५५२	हरिभद्रसूरि
जि.का	१६८९	हरिभद्रसूरि
जि.का	२२४३	हरिभद्रसूरि
डूं.का	९१४	हरिभद्रसूरि
था.का	१२	हरिभद्रसूरि
था.का	७१	हरिभद्रसूरि
था.का	९६	हरिभद्रसूरि
था.का	९७	हरिभद्रसूरि
था.का	१४८	हरिभद्रसूरि
था.का	१४९	हरिभद्रसूरि
त.का	२८३	हरिभद्रसूरि
त.का	४९९	हरिभद्रसूरि
त.का	५०८	हरिभद्रसूरि
त.का	५१४	हरिभद्रसूरि
त.का	६०७	हरिभद्रसूरि
त.का	६१३	हरिभद्रसूरि
त.ता	१	हरिभद्रसूरि
जि.का	३७	हरिभद्रसूरि -वृ.
जि.का	३८	हरिभद्रसूरि -वृ.
जि.ता	२२४/२	हरिभद्रसूरि आचार्य
जि.ता	२२४/८	हरिभद्रसूरि आचार्य
जि.का	४५	हरिभद्रसूरि आचार्य
जि.का	१२४	हरिभद्रसूरि आचार्य
जि.ता	२५९	हरिभद्रसूरि बृहद्गच्छरीय
जि.ता	१७६/३	हरिभद्रसूरि बृहद्गच्छीय
जि.ता	२१४/२	हरिभद्रसूरि स्वोपज्ञ

भंडार नाम	ग्रंथांक	कर्तानुं नाम
त.का	९४०	हरिभद्रसूरि-क.
जि.का	१५५१	हरिभद्रसूरि-मू.,
		टी.क.अभयदेवसूरि
जि.का	२२०५	हरिभद्रसूरि-मू.,
		टी.क.अभयदेवसूरि
जि.का	१४९२	हरिभद्रसूरि-मू.,प्रभानंदसूरि-टी.
जि.का	१७१८	हरिभद्रसूरि-मू.,
		वृ.क.विद्यातिलक
जि.ता	२२५	हरिभद्रसूरि-मू.क.,
		वृ.क.मुनिचंद्रसूरि
जि.का	८६४	हरिभद्रसूरि-वृ.
जि.का	१४६९	हरिभद्रसूरि-वृ.
जि.ता	१८८	हरिभद्रसूरि-वृ.
जि.ता	१६६	हरिभद्रसूरि
डूं.का	२६९	हरिभद्रसूरि
डूं.का	७६९	हरिभद्रसूरि
डूं.का	९००	हरिभद्रसूरि
जि.ता	२५/२	हरिभद्राचार्य
जि.ता	१९६	हरिभद्राचार्य
जि.ता	१७८/१	हरिभद्राचार्य बृहद्गच्छीय
जि.का	७५	हरिभद्र आचार्य -मू.,
		मलयगिरि आचार्य-वृ.
जि.का	११८४	हरिभद्रसूरि
जि.का	१७११	हरिराम तर्कवागीश
जि.का	११३१	हरिहर
जि.का	२१५०	हरिहरब्रह्म
डूं.का	६३४	हर्षकवि
त.का	७५	हर्षकिर्ती

भंडार नाम	ग्रंथांक	कर्तानुं नाम
डूं.का	३०२	हर्षकिर्तीगणि-ले.
डूं.का	७१७	हर्षकिर्तीसूरि
डूं.का	२४७	हर्षकित्ती
जि.का	२१२०/१७	हर्षकीर्ति
डूं.का	४८१	हर्षकीर्ति
जि.का	१००१	हर्षकीर्तिसूरि
जि.का	२१२०/५	हर्षकीर्तिसूरि
डूं.का	१३८/B	हर्षकीर्तिसूरी
डूं.का	९२९	हर्षकीर्तिसूरि
जि.का	७०१	हर्षकीर्त्तिसूरि
जि.का	११७८	हर्षकीर्त्तिसूरि
जि.का	१०८२	हर्षकीर्त्तिसूरि नागपुरीय
		तपागच्छीय
जि.का	१५१७	हर्षकीर्त्तिसूरि-टी.
डूं.का	१२३१	हर्षकीर्ति सूरि
डूं.का	१०४७/२	हर्षकीर्ति सूरि
डूं.का	८७५	हर्षकीर्तिसूरि
त.का	३९५/A	हर्षकुंजर उपाध्याय
लों.का	२७	हर्षकुल
जि.का	२६४	हर्षकुलगणि
त.का	६२	हर्षकुलगणि
त.का	४०३	हर्षकुलगणि
त.का	४३७	हर्षकुलगणि
डूं.का	११४०	हर्षचंद्र -पं.
जि.ता	३१४/२	हर्षट-वृ.
जि.का	३८०	हर्षट-वृ.
डूं.का	८२	हर्षदेव
डूं.का	९७१	हर्षनंदन

भंडार नाम	ग्रंथांक	कर्तानुं नाम
डूं.का	९७२	हर्षनंदन
था.का	२९३	हर्षनंदनगणि
डूं.का	१३१५	हर्षमूर्ति मुनि
डूं.का	१३१४	हर्षवर्धन
त.का	१४०	हर्षविजय
त.का	८८५	हर्षविजय
त.का	७००	हर्षविजय-ले.
डूं.का	९८६	हर्षविमल
डूं.का	११००	हर्षविमल
डूं.का	७८९	हर्षविमल मुनि
डूं.का	२४७	हर्षविमल, हर्षकिर्ती -वृत्ति ले.
डूं.का	२०४	हर्षविमलमुनि
डूं.का	२४९	हर्षविमलमुनि -पं.
जि.का	३४२/३	हर्षसमुद्र
डूं.का	१२१७	हर्षसुंदर
डूं.का	६४४	हर्षसूरि
डूं.का	१२८	हर्षकीर्तिसूरि
डूं.का	४५२	हर्षनंदन
डूं.का	८९०	हर्षविमल-ले.,
		कालिदास कवि-क.
डूं.का	१०१५	हर्षविमल-ले., भारवि-क.
डूं.का	८१०	हर्षसूरि
त.का	९९७	हरखविजय
डूं.का	२१०	हर्षजितगणि -पं.ले.
जि.का	६२५	हलायुध
जि.का	१०७९/२	हलायुध
जि.का	१४६	हलायुध -मू., टी.क.रविधर्म
जि.का	४४६	हलायुध भट्ट

भंडार नाम	ग्रंथांक	कर्तानुं नाम
जि.ता.	३३७	हलायुध-मू.क., टी.क.रविधर्म
त.का.	४४५	हस्तिरुचि मुनि
त.का.	४१२	हिरकलश
त.का.	२०९	हिरसूरि
त.का.	१६४	हीरकवीश्वर
जि.का.	६४६	हीरदेव
डूं.का.	५८	हीरविजयसूरी
जि.का.	३६८	हीरानंदमुनि पिप्पलगच्छीय
जि.का.	८१३	हीरानंदसूरि
डूं.का.	३३०	हीरामुनि
जि.का.	४०१	हृदयनारायणदेव
जि.का.	६३१	हेमकवि
आ.का.	३८	हेमकीर्ति
लों.का.	६३७	हेमकीर्ति सूरि
जि.का.	१२३७	हेमचंद्र
जि.ता.	१५७/३	हेमचंद्र आचार्य
जि.ता.	२३९	हेमचंद्र आचार्य
जि.ता.	२३९	हेमचंद्र आचार्य
जि.का.	१५३/१	हेमचंद्र आचार्य
लों.का.	१७८	हेमचन्द्र आ.
जि.का.	१६९	हेमचंद्रसूरि
जि.का.	१७९	हेमचंद्रसूरि
जि.का.	२२८	हेमचंद्रसूरि
जि.का.	४३८	हेमचंद्रसूरि
जि.का.	४९८	हेमचंद्रसूरि
जि.का.	५१०	हेमचंद्रसूरि
जि.का.	५९८	हेमचंद्रसूरि
जि.का.	६४१	हेमचंद्रसूरि

भंडार नाम	ग्रंथांक	कर्तानुं नाम
जि.का.	६६२	हेमचंद्रसूरि
जि.का.	६९६	हेमचंद्रसूरि
जि.का.	७५५	हेमचंद्रसूरि
जि.का.	९७३	हेमचंद्रसूरि
जि.का.	१०६०	हेमचंद्रसूरि
था.का.	८८	हेमचंद्रसूरि
था.का.	३३८	हेमचंद्रसूरि
त.का.	९१	हेमचंद्रसूरि
त.का.	४७२	हेमचंद्रसूरि
त.का.	४९८	हेमचंद्रसूरि
त.का.	५६८	हेमचंद्रसूरि
त.का.	५७२	हेमचंद्रसूरि
त.का.	६३९	हेमचंद्रसूरि
त.का.	६९३	हेमचंद्रसूरि
त.का.	६९४	हेमचंद्रसूरि
त.का.	१०३४	हेमचंद्रसूरि
जि.का.	१३८	हेमचंद्रसूरि -मू.,टी.क.महेंद्रसूरि
जि.का.	१३०२	हेमचंद्रसूरि आचार्य
जि.का.	१५२	हेमचंद्रसूरि आचार्य स्वोपज्ञ
जि.का.	५०८	हेमचंद्रसूरि स्वोपज्ञ
जि.का.	६०७	हेमचंद्रसूरि स्वोपज्ञ
जि.का.	५९७	हेमचंद्रसूरि-मू.क.
त.का.	११५१	हेमचंद्रसूरी
डूं.का.	१८	हेमचंद्रसूरि
डूं.का.	५५५	हेमचंद्रसूरि
डूं.का.	९२६	हेमचंद्रसूरि
डूं.का.	७०२	हेमचंद्रसूरि-क., दयासागर-ले.
जि.ता.	२३८	हेमचंद्राचार्य

भंडार नाम	ग्रंथांक	कर्तानुं नाम
जि.ता.	२९८	हेमचंद्राचार्य
जि.ता.	३००	हेमचंद्राचार्य
जि.ता.	३०७	हेमचंद्राचार्य
जि.ता.	४११	हेमचंद्राचार्य
जि.ता.	४१२	हेमचंद्राचार्य
जि.का.	१७४	हेमचंद्राचार्य
जि.का.	१७६	हेमचंद्राचार्य
जि.का.	१७८	हेमचंद्राचार्य
जि.का.	५९६	हेमचंद्राचार्य
जि.का.	६७८	हेमचंद्राचार्य
जि.का.	९५४	हेमचंद्राचार्य
जि.का.	१०७१	हेमचंद्राचार्य
जि.का.	१५५५	हेमचंद्राचार्य
जि.का.	१५५६	हेमचंद्राचार्य
जि.का.	१५५७	हेमचंद्राचार्य
जि.का.	१७८०	हेमचंद्राचार्य
जि.का.	१७८१	हेमचंद्राचार्य
जि.का.	१७८२	हेमचंद्राचार्य
जि.का.	२०२७	हेमचंद्राचार्य
जि.का.	१६१३	हेमचंद्राचार्य
जि.का.	१६१४	हेमचंद्राचार्य
जि.का.	१६१५	हेमचंद्राचार्य
जि.का.	१६४७	हेमचंद्राचार्य
जि.का.	१७१७	हेमचंद्राचार्य
जि.का.	१७१८	हेमचंद्राचार्य
जि.का.	१७६९	हेमचंद्राचार्य
जि.का.	१७७६	हेमचंद्राचार्य
डूं.का.	९६	हेमचंद्राचार्य

भंडार नाम	ग्रंथांक	कर्तानुं नाम
डूं.का.	१६८	हेमचंद्राचार्य
डूं.का.	१६९	हेमचंद्राचार्य
डूं.का.	६२२	हेमचंद्राचार्य
डूं.का.	६२६	हेमचंद्राचार्य
डूं.का.	९९०	हेमचंद्राचार्य
डूं.का.	१०४३	हेमचंद्राचार्य
डूं.का.	१०९८	हेमचंद्राचार्य
डूं.का.	११०३	हेमचंद्राचार्य
डूं.का.	११०४	हेमचंद्राचार्य
डूं.का.	११०५	हेमचंद्राचार्य
डूं.का.	११७९	हेमचंद्राचार्य
था.का.	१९	हेमचंद्राचार्य
था.का.	३७	हेमचंद्राचार्य
था.का.	१००	हेमचंद्राचार्य
था.का.	२३०	हेमचंद्राचार्य
था.का.	३७३	हेमचंद्राचार्य
लों.का.	३१८	हेमचंद्राचार्य
आ.का.	५३	हेमचंद्राचार्य
आ.का.	९१	हेमचंद्राचार्य
आ.का.	११४	हेमचंद्राचार्य
आ.का.	१५३	हेमचंद्राचार्य
आ.का.	१५६	हेमचंद्राचार्य
आ.का.	१६६	हेगचंद्राचार्य
त.का.	१६०	हेमचंद्राचार्य
त.का.	५०९	हेमचंद्राचार्य
त.का.	५७३	हेमचंद्राचार्य
त.का.	५८३	हेमचंद्राचार्य
त.का.	१०५०	हेमचंद्राचार्य

भंडार नाम	ग्रंथांक	कर्तानुं नाम	भंडार नाम	ग्रंथांक	कर्तानुं नाम	भंडार नाम	ग्रंथांक	कर्तानुं नाम	भंडार नाम	ग्रंथांक	कर्तानुं नाम
त.का.	१०७७	हेमचंद्राचार्य	जि.ता.	३०९	हेमचंद्राचार्य-मू.क.,	त.का.	२६	हेमचन्द्रसूरि	जि.ता.	३१५	हेमचन्द्राचार्य स्वोपज्ञ
त.का.	१०८८	हेमचंद्राचार्य	....		टी.क.महेन्द्रसूरि	जि.ता.	१५८/२	हेमचन्द्राचार्य	जि.ता.	२१७	हेमप्रभसूरि-वृ.
त.का.	११२४	हेमचंद्राचार्य	जि.ता.	३४०	हेमचंद्राचार्य-मू.क.,	जि.ता.	२९३	हेमचन्द्राचार्य	आ.का.	५१	हेममंदिर गणि
त.का.	११२७	हेमचंद्राचार्य	....		वृ.क.अभयतिलकगणि	जि.ता.	२९४	हेमचन्द्राचार्य	त.का.	४१३	हेमरत्न
जि.ता.	३०६	हेमचंद्राचार्य स्वोपज्ञ	डूं.का.	१०९७	हेमचंद्राचार्य	जि.ता.	२९५	हेमचन्द्राचार्य	डूं.का.	७०१	हेमरत्नमुनि
जि.ता.	३१३/१	हेमचंद्राचार्य स्वोपज्ञ	डूं.का.	११३२	हेमचंद्राचार्य	जि.ता.	२९६/१	हेमचन्द्राचार्य	त.का.	७३१	हेमरतन
जि.ता.	३१३/२	हेमचंद्राचार्य स्वोपज्ञ	जि.का.	१६६७	हेमचंद्राचार्य	जि.ता.	२९६/२	हेमचन्द्राचार्य	जि.का.	२१४४	हेमराज
जि.ता.	४०४	हेमचंद्राचार्य स्वोपज्ञ	जि.ता.	३०८	हेमचंद्राचार्य स्वोपक्ष	जि.ता.	२९७	हेमचन्द्राचार्य	डूं.का.	६०	हेमराज
जि.का.	१७८३	हेमचंद्राचार्य स्वोपज्ञ	डूं.का.	६३३	हेमचंद्राचार्य-क., धर्मसुंदर-ले.	जि.का.	७६	हेमचन्द्राचार्य	डूं.का.	१६७	हेमराज पं.-ले.
जि.का.	१७१२	हेमचंद्राचार्य स्वोपज्ञ	डूं.का.	९२७	हेमचंद्रसूरि	जि.का.	७०२	हेमचन्द्राचार्य	त.का.	७१	हेमसागर
जि.का.	१७१३	हेमचंद्राचार्य स्वोपज्ञ	जि.ता.	३३५	हेमचंद्राचार्य-मू.क.,	जि.का.	७०६	हेमचन्द्राचार्य	त.का.	८८०	हेमसागर
जि.का.	१७१९	हेमचंद्राचार्य स्वोपज्ञ	....		वृ.क. अभयतिलकगणि	जि.का.	२०५९	हेमचन्द्राचार्य	त.का.	१०००	हेमसागर, बनारसीदास
जि.का.	१७७५	हेमचंद्राचार्य स्वोपज्ञ	जि.ता.	२४०	हेमचन्द्र आचार्य	जि.ता.	३६७/१	हेमचन्द्राचार्य स्वोपज्ञ	त.का.	६३८	हेमसागरगणि
जि.का.	२२२३	हेमचंद्राचार्य स्वोपज्ञ-क.	जि.ता.	२४४	हेमचन्द्रसूरि	जि.का.	२०५	हेमचन्द्राचार्य स्वोपज्ञ	डूं.का.	१४०	हेमसारमुनि
जि.का.	१६९८	हेमचंद्राचार्य स्वोपज्ञटीका	जि.का.	२३७	हेमचन्द्रसूरि	जि.का.	१५५८	हेमचन्द्राचार्य, सोमसुंदरसूरि	त.का.	५७६	हेमआचार्य
डूं.का.	६२०	हेमचंद्राचार्य-क., उदयमुनि-ले.	जि.का.	३८५	हेमचन्द्रसूरि	जि.का.	५५२	हेमचन्द्राचार्य स्वोपज्ञ	जि.ता.	३३६	हेमचंद्राचार्य-मू.क.,
डूं.का.	६२१	हेमचंद्राचार्य-क., लाभगणि-ले.	जि.का.	६११	हेमचन्द्रसूरि	जि.ता.	२४२	हेमचन्द्राचार्य	....		वृ.क.अभयतिलकगणि
डूं.का.	६३०	हेमचंद्राचार्य-क., विवेकचंद्र-ले.	जि.का.	७६८	हेमचन्द्रसूरि	जि.ता.	२९९	हेमचन्द्राचार्य	जि.का.	१२८१	हेमचन्द्राचार्य
जि.ता.	३११	हेमचंद्राचार्य-मू., वृ.क.महेन्द्रसूरि	जि.का.	१०४९	हेमचन्द्रसूरि	जि.का.	१०१९	हेमचन्द्राचार्य	जि.का.	७९	हेमचन्द्रसूरि
जि.ता.	३१२	हेमचंद्राचार्य-मू., वृ.क.महेन्द्रसूरि	जि.का.	१२७९	हेमचन्द्रसूरि	जि.का.	५८३	हेमचद्रसूरि -	जि.ता.	२४१	हेमचन्द्राचार्य
जि.का.	१९६१	हेमचंद्राचार्य-मू., वृ.क.राजशेखर	त.का.	१	हेमचन्द्रसूरि	....		मू.क,वृ.क.महेंद्रसूरि	जि.का.	१७७	हेमचन्द्राचार्य
जि.ता.	३१०	हेमचंद्राचार्य-मू., वृ.महेन्द्रसूरि	त.का.	२	हेमचन्द्रसूरि	जि.ता.	२१६	हेमचन्द्रसूरि स्वोपज्ञ			

परिशिष्ट ३ : जैसलमेर के सर्व ग्रंथभंडारों के ताडपत्रीय तथा कागज के ग्रंथों की लेखन और रचना संवत्वार अकारादि सूची

भंडार नाम	ग्रंथांक	ले.संवत
जि.ता.	११६	१०००
जि.ता.	३८७/२	१११४
जि.ता.	१५६/३६	१११५
त.ता.	१	१११५
जि.ता.	८४/१	१११७
जि.का	१२	११२०
डूं.का.	२५	११२०
जि.ता.	२११	११२१
जि.ता.	४०२	११३०
जि.ता.	२६६	११३९
जि.ता.	३२९	११६०
जि.ता.	२४८	११६१
जि.ता.	३२६/१	११६१
जि.ता.	१३१	११६६
जि.ता.	१७१/१	११६९
जि.ता.	१७१/२	११६९
जि.ता.	१७१/३	११६९
जि.ता.	१७१/४	११६९
जि.ता.	१७१/५	११६९
जि.ता.	१७१/६	११६९
जि.ता.	१७१/७	११६९
जि.ता.	१७१/८	११६९
जि.ता.	१७१/९	११६९
जि.ता.	१७१/१०	११६९
जि.ता.	१७१/११	११६९
जि.ता.	१७१/१२	११६९
जि.ता.	१७१/१३	११६९
जि.ता.	२८३	११६९

भंडार नाम	ग्रंथांक	ले.संवत
जि.ता.	३६२	११७१
जि.ता.	१७८/१	११७२
जि.ता.	१७८/२	११७२
जि.ता.	१७९/२	११७५
जि.ता.	३९३	११७६
जि.ता.	१६३	११७८
जि.ता.	२५२	११७८
जि.ता.	२२/५	११८५
जि.ता.	२२/१०	११८६
जि.ता.	२३६	११९०
जि.ता.	३१४/१	११९०
जि.ता.	१५६/१	११९२
जि.ता.	१५६/२	११९२
जि.ता.	१५६/३	११९२
जि.ता.	१५६/५	११९२
जि.ता.	१५६/६	११९२
जि.ता.	१५६/७	११९२
जि.ता.	१५६/८	११९२
जि.ता.	१५६/९	११९२
जि.ता.	१५६/१०	११९२
जि.ता.	१५६/११	११९२
जि.ता.	१५६/१२	११९२
जि.ता.	१५६/१३	११९२
जि.ता.	१५६/१४	११९२
जि.ता.	१५६/१५	११९२
जि.ता.	१५६/१६	११९२
जि.ता.	१५६/१७	११९२
जि.ता.	१५६/१८	११९२

भंडार नाम	ग्रंथांक	ले.संवत
जि.ता.	१५६/१९	११९२
जि.ता.	१५६/२०	११९२
जि.ता.	१५६/२१	११९२
जि.ता.	१५६/२२	११९२
जि.ता.	१५६/२३	११९२
जि.ता.	१५६/२४	११९२
जि.ता.	१५६/२५	११९२
जि.ता.	१५६/२६	११९२
जि.ता.	१५६/२७	११९२
जि.ता.	१५६/२८	११९२
जि.ता.	१५६/२९	११९२
जि.ता.	१५६/३०	११९२
जि.ता.	१५६/३१	११९२
जि.ता.	१५६/३२	११९२
जि.ता.	१५६/३३	११९२
जि.ता.	१५६/३४	११९२
जि.ता.	१५६/३५	११९२
जि.ता.	१५६/३७	११९२
जि.ता.	१५६/३८	११९२
जि.ता.	१५६/३९	११९२
जि.ता.	१५६/४०	११९२
जि.ता.	१५६/४१	११९२
जि.ता.	३१४/५	११९२
जि.ता.	१५६/४	११९२
जि.ता.	२१५	११९३
जि.ता.	१३	११९५
जि.ता.	१८१	११९६
जि.ता.	२६४	११९८

भंडार नाम	ग्रंथांक	ले.संवत
जि.ता.	४०६	११९८
जि.ता.	१४	१२००
जि.ता.	३५/२	१२००
जि.ता.	६७	१२००
जि.ता.	७३	१२००
जि.ता.	८५/२	१२००
जि.ता.	१३०	१२००
जि.ता.	२०८	१२००
जि.ता.	२१४/२	१२००
जि.ता.	२२४/१	१२००
जि.ता.	३६३	१२००
जि.ता.	३७०	१२००
जि.ता.	३७३	१२००
जि.ता.	३७७	१२००
जि.ता.	३७८	१२००
जि.ता.	३८३/१	१२००
जि.ता.	३८३/२	१२००
जि.ता.	३९१/१	१२००
जि.ता.	३९१/३	१२००
जि.ता.	३९४	१२००
जि.ता.	३९५/२	१२००
जि.ता.	३९९	१२००
जि.ता.	४००/१	१२००
जि.ता.	३८८/२	१२००
लों.ता.	४	१२००
जि.ता.	२०२	१२०१
जि.ता.	३६९	१२०१
जि.ता.	३७५/३	१२०१

भंडार नाम	ग्रंथांक	ले.संवत
डूं.का.	२०७	१२०१
जि.ता.	३६६/२	१२०२
जि.ता.	१५	१२०४
जि.ता.	३१७	१२०५
जि.ता.	२९७	१२०६
जि.ता.	३३२	१२०६
जि.ता.	४१५/११	१२०६
जि.ता.	२३५	१२०७
जि.ता.	३०४	१२०७
जि.ता.	३४८	१२०७
जि.ता.	३८९	१२०८
जि.ता.	१५४/१	१२१०
जि.ता.	१५४/३	१२१०
जि.ता.	१५४/४	१२१०
जि.ता.	१५४/५	१२१०
जि.ता.	१५४/६	१२१०
जि.ता.	१५४/७	१२१०
जि.ता.	१५४/८	१२१०
जि.ता.	१५४/९	१२१०
जि.ता.	१५४/१०	१२१०
जि.ता.	१५४/११	१२१०
जि.ता.	१५४/१२	१२१०
जि.ता.	१५४/१३	१२१०
जि.ता.	१५४/१४	१२१०
जि.ता.	१५४/१५	१२१०
जि.ता.	१५४/१६	१२१०
जि.ता.	१५४/१७	१२१०
जि.ता.	१५४/१८	१२१०

भंडार नाम	ग्रंथांक	ले.संवत
जि.ता.	१८९	१२११
जि.ता.	२१४/१	१२१२
जि.ता.	१५४/२	१२१५
जि.ता.	१५४/१९	१२१५
जि.ता.	१५४/२०	१२१५
जि.ता.	३२२	१२१५
जि.ता.	३४७/१	१२१५
जि.ता.	३१८	१२१६
जि.ता.	३३७	१२१६
जि.ता.	३०१	१२१८
जि.ता.	१७५	१२२१
जि.ता.	१५५/१	१२२२
जि.ता.	१५५/२	१२२२
जि.ता.	१५५/३	१२२२
जि.ता.	१५५/४	१२२२
जि.ता.	१५५/५	१२२२
जि.ता.	१५५/६	१२२२
जि.ता.	१५५/७	१२२२
जि.ता.	१५५/८	१२२२
जि.ता.	१५५/९	१२२२
जि.ता.	१५५/१०	१२२२
जि.ता.	१५५/११	१२२२
जि.ता.	१६९	१२२२
जि.ता.	२७१	१२२५
जि.ता.	३६८	१२२५
जि.ता.	२३७	१२२७
जि.ता.	४०८	१२२८
जि.ता.	४०९	१२२८

भंडार नाम	ग्रंथांक	ले.संवत
जि.ता.	१०	१२३१
जि.ता.	५९/१	१२३६
जि.ता.	२३२	१२४०
जि.ता.	२६३	१२४२
जि.ता.	२६०	१२४५
जि.ता.	२९०/२	१२४५
जि.ता.	२९०/३	१२४५
जि.ता.	२६०	१२४६
जि.का.	१३२४/१	१२४६
जि.का.	१३२४/२	१२४६
था.का.	१०६	१२४८
आ.का.	१६३	१२४८
जि.ता.	२६५	१२५०
जि.ता.	२३३	१२६०
जि.ता.	३५२	१२६५
था.का.	५१	१२७०
जि.ता.	३०२	१२७१
जि.का.	१३००/२	१२७७
जि.का.	१३००/३	१२७७
जि.का.	१३०१	१२७८
जि.का.	१२७४/२	१२७९
जि.का.	१२७५/१	१२७९
जि.का.	१२७५/२	१२७९
जि.ता.	३२०	१२८३
जि.ता.	३१२	१२८६
जि.ता.	३५९/१	१२८६
जि.ता.	८३/१	१२८९
जि.ता.	८३/३	१२८९

भंडार नाम	ग्रंथांक	ले.संवत
जि.ता.	९१	१२८९
जि.ता.	१२४	१२८९
जि.ता.	३८५	१२९१
जि.ता.	१७७/२	१२९५
जि.ता.	२०६	१२९५
जि.ता.	१९९	१२९६
जि.ता.	१३६/१	१२९८
जि.ता.	६	१३००
जि.ता.	१७/२	१३००
जि.ता.	२३/३	१३००
जि.ता.	४१/५	१३००
जि.ता.	४६	१३००
जि.ता.	७०	१३००
जि.ता.	७१	१३००
जि.ता.	८६	१३००
जि.ता.	९३/२	१३००
जि.ता.	९६	१३००
जि.ता.	१००	१३००
जि.ता.	११२	१३००
जि.ता.	११३	१३००
जि.ता.	१२५	१३००
जि.ता.	१२६	१३००
जि.ता.	१३२	१३००
जि.ता.	१३८	१३००
जि.ता.	१४५	१३००
जि.ता.	१५०/१	१३००
जि.ता.	१५०/२	१३००
जि.ता.	१५०/३	१३००

भंडार नाम	ग्रंथांक	ले.संवत
जि.ता.	१५०/५	१३००
जि.ता.	१५०/६	१३००
जि.ता.	१५०/७	१३००
जि.ता.	१५०/८	१३००
जि.ता.	१५०/९	१३००
जि.ता.	१५०/१०	१३००
जि.ता.	१५३/३	१३००
जि.ता.	१६०/१	१३००
जि.ता.	१६०/२	१३००
जि.ता.	१६०/३	१३००
जि.ता.	१६०/४	१३००
जि.ता.	१६०/६	१३००
जि.ता.	१६०/७	१३००
जि.ता.	१६०/८	१३००
जि.ता.	१६०/९	१३००
जि.ता.	१६०/१०	१३००
जि.ता.	१६०/११	१३००
जि.ता.	१६०/१२	१३००
जि.ता.	१६२/२	१३००
जि.ता.	१६४	१३००
जि.ता.	१६६	१३००
जि.ता.	१७०	१३००
जि.ता.	१७२	१३००
जि.ता.	१७३	१३००
जि.ता.	१८०	१३००
जि.ता.	१८२	१३००
जि.ता.	१८४	१३००
जि.ता.	१८५	१३००

भंडार नाम	ग्रंथांक	ले.संवत
जि.ता.	१८८	१३००
जि.ता.	१९०	१३००
जि.ता.	१९३	१३००
जि.ता.	१९५	१३००
जि.ता.	१९८	१३००
जि.ता.	२००	१३००
जि.ता.	२०१	१३००
जि.ता.	२०९	१३००
जि.ता.	२१२	१३००
जि.ता.	२२०	१३००
जि.ता.	२२१	१३००
जि.ता.	२२४/२	१३००
जि.ता.	२२४/३	१३००
जि.ता.	२२४/४	१३००
जि.ता.	२२४/५	१३००
जि.ता.	२२४/६	१३००
जि.ता.	२२४/७	१३००
जि.ता.	२२४/८	१३००
जि.ता.	२२५	१३००
जि.ता.	२२७	१३००
जि.ता.	२२८	१३००
जि.ता.	२२९	१३००
जि.ता.	२३१	१३००
जि.ता.	२४०	१३००
जि.ता.	२४१	१३००
जि.ता.	२४३	१३००
जि.ता.	२४७	१३००
जि.ता.	२५३	१३००

भंडार नाम	ग्रंथांक	ले.संवत
जि.ता.	२५५	१३००
जि.ता.	२५९	१३००
जि.ता.	२६१	१३००
जि.ता.	२९२	१३००
जि.ता.	२९६/१	१३००
जि.ता.	२९६/२	१३००
जि.ता.	३००	१३००
जि.ता.	३०३/१	१३००
जि.ता.	३०३/२	१३००
जि.ता.	३०८	१३००
जि.ता.	३१०	१३००
जि.ता.	३१३/२	१३००
जि.ता.	३१४/२	१३००
जि.ता.	३१४/४	१३००
जि.ता.	३१६/१	१३००
जि.ता.	३१६/२	१३००
जि.ता.	३२५	१३००
जि.ता.	३२६/२	१३००
जि.ता.	३२६/३	१३००
जि.ता.	३२७	१३००
जि.ता.	३३३	१३००
जि.ता.	३३९	१३००
जि.ता.	३५४	१३००
जि.ता.	३६०	१३००
जि.ता.	३६१	१३००
जि.ता.	३७१	१३००
जि.ता.	३७२	१३००
जि.ता.	३७४	१३००

भंडार नाम	ग्रंथांक	ले.संवत
जि.ता.	३७६/२	१३००
जि.ता.	३८०	१३००
जि.ता.	३८४	१३००
जि.ता.	३८६	१३००
जि.ता.	३९०	१३००
जि.ता.	३९२/३	१३००
जि.ता.	३९७/१	१३००
जि.ता.	३९७/२	१३००
जि.ता.	४००/२	१३००
जि.ता.	४००/३	१३००
जि.ता.	४००/४	१३००
जि.ता.	४०५	१३००
जि.ता.	४०७/२	१३००
जि.ता.	४१०/३	१३००
जि.ता.	४११	१३००
जि.ता.	४१२	१३००
जि.ता.	३६५	१३००
जि.का.	१३०७	१३००
जि.का.	१३१४	१३००
जि.का.	१३२५	१३००
जि.ता.	२५६	१३०४
जि.ता.	४०३/१	१३०५
जि.ता.	४०३/२	१३०५
जि.ता.	४०३/३	१३०५
लों.ता.	३/५	१३०७
जि.ता.	२८६	१३०८
जि.ता.	२७०/१	१३०९
जि.ता.	२७०/५	१३०९

भंडार नाम	ग्रंथांक	ले.संवत
त.ता.	४	१३०९
जि.ता.	१५७/१	१३१०
जि.ता.	१५७/२	१३१०
जि.ता.	१५७/३	१३१०
जि.ता.	१५७/४	१३१०
जि.ता.	१५७/५	१३१०
जि.ता.	३५७/१	१३१४
जि.ता.	३५७/२	१३१८
जि.ता.	२३९	१३१९
जि.ता.	२३९	१३१९
जि.का.	२७२	१३२३
जि.ता.	२५४	१३२७
जि.ता.	२०७	१३२९
त.ता.	२	१३३०
त.ता.	३	१३३०
जि.का.	१३१६/३	१३३४
जि.ता.	२५०	१३३९
जि.ता.	३४६/७	१३४३
जि.ता.	४०४	१३४३
जि.ता.	१५९/१	१३४५
जि.ता.	१५९/२	१३४५
जि.ता.	१५९/३	१३४५
जि.ता.	१५९/४	१३४५
जि.ता.	१५९/५	१३४५
जि.ता.	१५९/६	१३४५
जि.ता.	१५९/७	१३४५
जि.ता.	१५९/८	१३४५
जि.ता.	१५९/९	१३४५

भंडार नाम	ग्रंथांक	ले.संवत
जि.ता.	१५९/१०	१३४५
जि.ता.	१५९/११	१३४५
जि.ता.	१५९/१२	१३४५
जि.ता.	४०३/४	१३४८
जि.ता.	९८	१३५४
जि.ता.	१६८	१३५४
जि.ता.	१८७	१३५४
डूं.का.	४७८	१३६४
जि.का.	२५३	१३७५
जि.ता.	३२/१	१३७८
जि.ता.	५५	१३७८
जि.ता.	३४१	१३७८
जि.ता.	२७८	१३८०
जि.का.	१२७९	१३८४
जि.का.	१३२६/५१	१३८५
त.का.	३८८	१३८७
जि.ता.	२७	१३८९
जि.ता.	५०	१३८९
जि.का.	१३२६/४८	१३८९
जि.का.	१२९१	१३९२
डूं.का.	७०४	१३९४
जि.ता.	२८	१४००
जि.ता.	३१/२	१४००
जि.ता.	३५	१४००
जि.ता.	४२/२	१४००
जि.ता.	४३/३	१४००
जि.ता.	७४/२	१४००
जि.ता.	७५	१४००

भंडार नाम	ग्रंथांक	ले.संवत
जि.ता.	८०	१४००
जि.ता.	८२/६	१४००
जि.ता.	८७/२	१४००
जि.ता.	९२	१४००
जि.ता.	१०२	१४००
जि.ता.	१०३	१४००
जि.ता.	११४	१४००
जि.ता.	१२०	१४००
जि.ता.	१२१	१४००
जि.ता.	१३३	१४००
जि.ता.	१३४	१४००
जि.ता.	१३७	१४००
जि.ता.	१३९/३	१४००
जि.ता.	१४१/४	१४००
जि.ता.	१४२	१४००
जि.ता.	१४४	१४००
जि.ता.	१५१/१	१४००
जि.ता.	१५१/२	१४००
जि.ता.	१५१/३	१४००
जि.ता.	१५१/४	१४००
जि.ता.	१५१/५	१४००
जि.ता.	१५१/६	१४००
जि.ता.	१५१/७	१४००
जि.ता.	१५१/८	१४००
जि.ता.	१५१/९	१४००
जि.ता.	१५१/१०	१४००
जि.ता.	१५१/११	१४००
जि.ता.	१५१/१२	१४००

भंडार नाम	ग्रंथांक	ले.संवत
जि.ता.	१५१/१३	१४००
जि.ता.	१५१/१४	१४००
जि.ता.	१५१/१५	१४००
जि.ता.	१५१/१६	१४००
जि.ता.	१५१/१७	१४००
जि.ता.	१५१/१८	१४००
जि.ता.	१५१/१९	१४००
जि.ता.	१५१/२०	१४००
जि.ता.	१५१/२१	१४००
जि.ता.	१५१/२२	१४००
जि.ता.	१५१/२३	१४००
जि.ता.	१५१/२४	१४००
जि.ता.	१५२	१४००
जि.ता.	१५८/१	१४००
जि.ता.	१५८/२	१४००
जि.ता.	१५८/३	१४००
जि.ता.	१५८/४	१४००
जि.ता.	१५८/५	१४००
जि.ता.	१५८/६	१४००
जि.ता.	१५८/७	१४००
जि.ता.	१५८/८	१४००
जि.ता.	१५८/९	१४००
जि.ता.	१५८/१०	१४००
जि.ता.	१५८/११	१४००
जि.ता.	१५८/१२	१४००
जि.ता.	१५८/१३	१४००
जि.ता.	१५८/१४	१४००
जि.ता.	१५८/१५	१४००

भंडार नाम	ग्रंथांक	ले.संवत
जि.ता.	१५८/१६	१४००
जि.ता.	१५८/१७	१४००
जि.ता.	१५८/१८	१४००
जि.ता.	१६१/२	१४००
जि.ता.	१६५	१४००
जि.ता.	१६७	१४००
जि.ता.	१७४	१४००
जि.ता.	१७६/३	१४००
जि.ता.	१८३	१४००
जि.ता.	१८६	१४००
जि.ता.	१९१/१	१४००
जि.ता.	१९१/२	१४००
जि.ता.	१९१/३	१४००
जि.ता.	१९१/४	१४००
जि.ता.	१९१/५	१४००
जि.ता.	१९१/६	१४००
जि.ता.	१९१/७	१४००
जि.ता.	१९१/८	१४००
जि.ता.	१९१/९	१४००
जि.ता.	१९१/१०	१४००
जि.ता.	१९१/११	१४००
जि.ता.	१९१/१२	१४००
जि.ता.	१९४	१४००
जि.ता.	१९६	१४००
जि.ता.	१९७	१४००
जि.ता.	२०३	१४००
जि.ता.	२०४	१४००
जि.ता.	२०५	१४००

भंडार नाम	ग्रंथांक	ले.संवत
जि.ता.	२१०	१४००
जि.ता.	२१३	१४००
जि.ता.	२१७	१४००
जि.ता.	२१८	१४००
जि.ता.	२१९	१४००
जि.ता.	२२२	१४००
जि.ता.	२२३	१४००
जि.ता.	२३०	१४००
जि.ता.	२३४	१४००
जि.ता.	२३८	१४००
जि.ता.	२४२	१४००
जि.ता.	२४४	१४००
जि.ता.	२४५	१४००
जि.ता.	२४६	१४००
जि.ता.	२५१	१४००
जि.ता.	२५७	१४००
जि.ता.	२५८	१४००
जि.ता.	२६७	१४००
जि.ता.	२६८	१४००
जि.ता.	२६९	१४००
जि.ता.	२७२	१४००
जि.ता.	२७९/२	१४००
जि.ता.	२८०	१४००
जि.ता.	२८१	१४००
जि.ता.	२८२	१४००
जि.ता.	२८५	१४००
जि.ता.	२८८/२	१४००
जि.ता.	२८९	१४००

भंडार नाम	ग्रंथांक	ले.संवत
जि.ता.	२९१	१४००
जि.ता.	२९३	१४००
जि.ता.	२९४	१४००
जि.ता.	२९५	१४००
जि.ता.	२९८	१४००
जि.ता.	२९९	१४००
जि.ता.	३०५	१४००
जि.ता.	३०६	१४००
जि.ता.	३०७	१४००
जि.ता.	३०९	१४००
जि.ता.	३११	१४००
जि.ता.	३१४/६	१४००
जि.ता.	३१९	१४००
जि.ता.	३२१	१४००
जि.ता.	३२३	१४००
जि.ता.	३२४	१४००
जि.ता.	३२८	१४००
जि.ता.	३३०	१४००
जि.ता.	३३१	१४००
जि.ता.	३३५	१४००
जि.ता.	३३६	१४००
जि.ता.	३३८	१४००
जि.ता.	३४०	१४००
जि.ता.	३४२	१४००
जि.ता.	३४३	१४००
जि.ता.	३४४	१४००
जि.ता.	३४५	१४००
जि.ता.	३४९	१४००

भंडार नाम	ग्रंथांक	ले.संवत
जि.ता.	३५०	१४००
जि.ता.	३५१	१४००
जि.ता.	३५३/२	१४००
जि.ता.	३५५	१४००
जि.ता.	३५६	१४००
जि.ता.	३५८	१४००
जि.ता.	३७९	१४००
जि.ता.	३८२	१४००
जि.ता.	३९७/३	१४००
जि.ता.	३९७/४	१४००
जि.ता.	३९७/५	१४००
जि.ता.	३९८	१४००
जि.ता.	४०१	१४००
जि.ता.	४१४	१४००
जि.ता.	४१६	१४००
जि.ता.	४१८/२	१४००
जि.ता.	४२३	१४००
जि.का.	१२७७	१४००
जि.का.	१२८३	१४००
जि.का.	१२८४	१४००
जि.का.	१२८६	१४००
जि.का.	१२८९	१४००
जि.का.	१२९०	१४००
जि.का.	१२९४	१४००
जि.का.	१२९५	१४००
जि.का.	१२९६	१४००
जि.का.	१२९८	१४००
जि.का.	१२९९/१	१४००

भंडार नाम	ग्रंथांक	ले.संवत
जि.का.	१२९९/२	१४००
जि.का.	१२९९/३	१४००
जि.का.	१३०२	१४००
जि.का.	१३०३	१४००
जि.का.	१३०४	१४००
जि.का.	१३०६	१४००
जि.का.	१३११	१४००
जि.का.	१३१२	१४००
जि.का.	१३१३	१४००
जि.का.	१३१५	१४००
जि.का.	१३१७/२८	१४००
जि.का.	१३१९	१४००
जि.का.	१३२०	१४००
जि.का.	१३२१	१४००
त.ता.	५	१४००
त.ता.	६	१४००
जि.ता.	९/२	१४०१
जि.ता.	५८/२	१४०३
जि.ता.	४०/४	१४०४
जि.ता.	१०६	१४०७
जि.ता.	२१६	१४०७
जि.ता.	२७५	१४०९
जि.ता.	२८७	१४११
त.ता.	७	१४१५
आ.का.	६४	१४२६
डूं.का.	३६५	१४२७
डूं.का.	७९३	१४२७
जि.ता.	४१९	१४२९

भंडार नाम	ग्रंथांक	ले.संवत
जि.का.	२०१	१४४८
जि.का.	४४६	१४५४
डूं.का.	५५५	१४५४
लों.का.	६४८	१४७०
लों.का.	६४९	१४७०
जि.का.	७८२	१४७३
जि.का.	२९०	१४७४
जि.का.	१२२९	१४७६
जि.का.	२४८	१४७८
जि.का.	२३१	१४८०
जि.का.	९०	१४८१
डूं.का.	२६६	१४८३
डूं.का.	१००६	१४८३
जि.का.	१०७९/१	१४८४
जि.ता.	१/३	१४८५
जि.का.	३१८	१४८५
जि.ता.	७/२	१४८६
जि.का.	१४८०	१४८६
जि.ता.	८/२	१४८७
जि.ता.	९४/२	१४८७
जि.ता.	१२३/२	१४८७
जि.का.	३५	१४८७
जि.का.	३७	१४८७
जि.का.	४५	१४८७
जि.का.	५८	१४८७
जि.ता.	११	१४८८
जि.ता.	१६	१४८८
जि.ता.	४७/२	१४८८

भंडार नाम	ग्रंथांक	ले.संवत
जि.ता.	५२	१४८८
जि.ता.	७७/२	१४८८
जि.ता.	८८/२	१४८८
जि.ता.	१०१	१४८८
जि.ता.	१०५	१४८८
जि.ता.	११९	१४८८
जि.ता.	१२७	१४८८
जि.ता.	१४९	१४८८
जि.का.	३	१४८८
जि.का.	४	१४८८
जि.का.	१४	१४८८
जि.का.	३२	१४८८
जि.का.	३४	१४८८
जि.का.	३६	१४८८
जि.का.	३९	१४८८
जि.का.	४२	१४८८
जि.का.	४६	१४८८
जि.का.	५६	१४८८
जि.का.	६०	१४८८
जि.का.	६१	१४८८
जि.का.	६२	१४८८
डूं.का.	१३२३	१४८८
जि.ता.	२४/४	१४८९
जि.ता.	२५/३	१४८९
जि.ता.	२६	१४८९
जि.ता.	२९/२	१४८९
जि.ता.	३०	१४८९
जि.ता.	३४/४	१४८९

भंडार नाम	ग्रंथांक	ले.संवत
जि.ता.	३६	१४८९
जि.ता.	३७	१४८९
जि.ता.	५४	१४८९
जि.ता.	६२	१४८९
जि.ता.	८९/१	१४८९
जि.ता.	९०/३	१४८९
जि.ता.	९५	१४८९
जि.ता.	१०४/१	१४८९
जि.ता.	१४८	१४८९
जि.ता.	१९२	१४८९
जि.ता.	३८१/२	१४८९
जि.ता.	२५/४	१४८९
जि.का.	७	१४८९
जि.का.	८	१४८९
जि.का.	१३	१४८९
जि.का.	१६	१४८९
जि.का.	२०	१४८९
जि.का.	२२	१४८९
जि.का.	२४	१४८९
जि.का.	२५	१४८९
जि.का.	२६	१४८९
जि.का.	२८	१४८९
जि.का.	३०	१४८९
जि.का.	४०	१४८९
जि.का.	४७	१४८९
जि.का.	५१	१४८९
जि.का.	६५	१४८९
जि.ता.	४९	१४९०

भंडार नाम	ग्रंथांक	ले.संवत
जि.ता.	५३	१४९०
जि.ता.	६०/२	१४९०
जि.ता.	६१/४	१४९०
जि.ता.	६३	१४९०
जि.ता.	६४	१४९०
जि.ता.	११०	१४९०
जि.ता.	३१५	१४९०
जि.ता.	३६४/५	१४९०
जि.का.	१२७६	१४९०
जि.ता.	९७	१४९१
जि.ता.	९९	१४९१
जि.ता.	१११	१४९१
जि.ता.	१२२	१४९१
जि.ता.	१४७	१४९३
डूं.का.	२७	१४९५
था.का.	२३	१४९६
जि.ता.	४२६	१४९७
जि.का.	१०७१	१४९७
जि.का.	१२३१	१४९७
जि.का.	७४	१४९९
जि.का.	७८	१४९९
डूं.का.	३८	१४९९
आ.का.	४४/B	१४९९
जि.ता.	५/१	१५००
जि.ता.	१८/२	१५००
जि.ता.	२०/५	१५००
जि.ता.	३८/३	१५००
जि.ता.	३९/२	१५००

भंडार नाम	ग्रंथांक	ले.संवत
जि.ता.	४४/२	१५००
जि.ता.	४५	१५००
जि.ता.	४८	१५००
जि.ता.	५१	१५००
जि.ता.	५६	१५००
जि.ता.	५७	१५००
जि.ता.	६६	१५००
जि.ता.	६८/२	१५००
जि.ता.	६९	१५००
जि.ता.	७२	१५००
जि.ता.	७८	१५००
जि.ता.	७९/२	१५००
जि.ता.	८१	१५००
जि.ता.	१०७	१५००
जि.ता.	१०९	१५००
जि.ता.	११५	१५००
जि.ता.	११७	१५००
जि.ता.	११८	१५००
जि.ता.	१२८	१५००
जि.ता.	१२९	१५००
जि.ता.	१३५	१५००
जि.ता.	१४३	१५००
जि.ता.	१४६/९	१५००
जि.ता.	२२६	१५००
जि.ता.	२४९/३	१५००
जि.ता.	२६२	१५००
जि.ता.	२७३	१५००
जि.ता.	२७४	१५००

भंडार नाम	ग्रंथांक	ले.संवत
जि.ता.	२७६	१५००
जि.ता.	२७७	१५००
जि.ता.	३३४	१५००
जि.ता.	३६७/३	१५००
जि.ता.	३९७/१२	१५००
जि.ता.	४१७/२	१५००
जि.ता.	४१८/४	१५००
जि.का.	२१	१५००
जि.का.	२७	१५००
जि.का.	१२८०	१५००
जि.का.	१२८१	१५००
जि.का.	१२८२	१५००
जि.का.	१२८५/२	१५००
जि.का.	१२८७	१५००
जि.का.	१२८८/५	१५००
जि.का.	१२९२	१५००
जि.का.	१२९३	१५००
जि.का.	१२९७	१५००
जि.का.	१३०९	१५००
जि.का.	१३१०/६	१५००
जि.का.	१३१८	१५००
जि.का.	१३२२	१५००
जि.का.	१०६७	१५०१
जि.का.	१६७९	१५०१
जि.का.	१६७९	१५०१
आ.का.	१८५	१५०२
जि.का.	१६६५	१५०३
डूं.का.	६३८	१५०३

भंडार नाम	ग्रंथांक	ले.संवत
जि.का.	९२३	१५०४
जि.का.	२९६	१५०५
डूं.का.	९४२	१५०६
था.का.	४८	१५०७
जि.का.	५८४	१५११
जि.का.	२१२	१५१६
लों.का.	२८७	१५१७
जि.का.	७७३	१५१८
जि.का.	१३२३	१५१८
डूं.का.	९४५	१५१८
लों.का.	७०	१५२०
आ.का.	१५६	१५२०
आ.का.	१२३	१५२२
जि.का.	५९७	१५२५
जि.का.	९४४	१५२५
जि.का.	११५२	१५२५
डूं.का.	७८२	१५२५
डूं.का.	१११४	१५२५
जि.का.	२४९	१५२६
जि.का.	४६७	१५२६
जि.का.	९९४	१५२८
डूं.का.	११५३	१५२८
आ.का.	१२२	१५२८
जि.का.	२४१	१५३२
जि.का.	२६३	१५३२
डूं.का.	३०१	१५३२
जि.का.	१३४८	१५३३
डूं.का.	८३	१५३३

भंडार नाम	ग्रंथांक	ले.संवत
जि.का.	२१०	१५३५
जि.का.	२५२	१५३५
जि.का.	२२८	१५३६
जि.का.	१९८	१५३८
जि.का.	२४६	१५३८
जि.का.	२४७	१५३८
जि.का.	१२३८	१५३९
जि.का.	२३७	१५४१
जि.का.	३६४	१५४१
जि.का.	३८६	१५४१
जि.का.	२११	१५४२
जि.का.	२३३	१५४३
जि.का.	२३५	१५४३
जि.का.	२२०	१५४४
जि.का.	१०६३	१५४४
जि.का.	१०६४/१	१५४४
जि.का.	५६९	१५४५
जि.का.	२०३	१५४६
जि.का.	११९२	१५४६
डूं.का.	२३७	१५४६
जि.का.	३८८	१५४७
जि.का.	८२७	१५४७
आ.का.	१५७	१५४७
जि.का.	२१४	१५४८
लों.का.	५०४	१५४८
आ.का.	८८	१५४८
जि.का.	१०११	१५५०
डूं.का.	६३७	१५५०

भंडार नाम	ग्रंथांक	ले.संवत
डूं.का.	६४०	१५५०
जि.का.	३९५	१५५२
जि.का.	२९५	१५५३
जि.का.	२१७	१५५४
जि.का.	५२९	१५५४
आ.का.	२५	१५५४
जि.का.	१८९	१५५५
जि.का.	१०८०	१५५५
जि.का.	२२७/१	१५५६
जि.का.	२०६८	१५५७
जि.का.	६६१	१५५९
जि.ता.	४२०	१५६२
जि.का.	१८५	१५६२
था.का.	१९६	१५६२
लों.का.	१७६	१५६२
जि.का.	१६७८	१५६४
जि.का.	५९२	१५६५
आ.का.	४८	१५६७
जि.का.	१७५	१५६८
जि.का.	२४०	१५६८
जि.का.	३०४	१५६८
जि.का.	५६५	१५६८
डूं.का.	४५३	१५६८
डूं.का.	५६२	१५६९
जि.का.	४७३	१५७०
डूं.का.	१०२२	१५७१
डूं.का.	२१०	१५७२
डूं.का.	७९५	१५७२

भंडार नाम	ग्रंथांक	ले.संवत
लों.का.	१५९	१५७२
लों.का.	१७५	१५७२
लों.का.	१८२	१५७२
जि.का.	३३०/१	१५७३
जि.का.	५१२	१५७४
जि.का.	२७९	१५७५
जि.का.	६०५	१५७५
डूं.का.	३२५	१५७६
डूं.का.	३२६	१५७६
डूं.का.	९७३	१५७६
डूं.का.	१२६७	१५७६
जि.का.	३७४	१५७८
जि.का.	२७६	१५७९
जि.का.	४५८	१५८२
जि.का.	७२१	१५८२
लों.का.	९४	१५८२
डूं.का.	१०४३	१५८५
डूं.का.	२५३	१५८६
आ.का.	१४६	१५८७
आ.का.	१४३	१५८९
आ.का.	४२	१५९०
जि.का.	२४२	१५९१
डूं.का.	१९३	१५९३
जि.का.	२३९	१५९५
आ.का.	१५४	१५९५
जि.का.	८६५	१५९६
जि.का.	८७१	१५९६
जि.का.	६६९	१५९८

भंडार नाम	ग्रंथांक	ले.संवत
था.का.	४३२	१५९८
लों.का.	६९१	१५९९
आ.का.	१५३	१५९९
जि.ता.	२८४/२	१६००
जि.का.	६८३	१६००
लों.का.	९	१६००
जि.का.	५९१	१६०१
लों.का.	१३१	१६०१
जि.का.	८५६	१६०२
डूं.का.	५९	१६०२
डूं.का.	१०९६	१६०२
जि.का.	७२८	१६०४
आ.का.	९४	१६०५
आ.का.	५३	१६०८
जि.का.	९५०	१६११
लों.का.	२४	१६११
त.का.	३३	१६१४
जि.का.	२३२	१६१५
जि.का.	३५३	१६१७
जि.का.	३५४	१६१७
जि.का.	४२३	१६१७
जि.का.	४६४	१६१७
डूं.का.	३६	१६१७
जि.का.	२६४	१६१८
जि.का.	३११	१६२१
डूं.का.	३७	१६२१
जि.का.	६६०	१६२२
लों.का.	३२१	१६२२

भंडार नाम	ग्रंथांक	ले.संवत
आ.का.	१३९	१६२२
लों.का.	१२७	१६२३
जि.का.	१४७६	१६२४
आ.का.	१६५	१६२४
डूं.का.	३३०	१६२५
डूं.का.	९२४	१६२५
डूं.का.	१०५१	१६२५
लों.का.	५	१६२५
था.का.	१२२	१६२६
डूं.का.	१०९७	१६२७
जि.का.	१७२	१६२९
जि.का.	४४७	१६२९
था.का.	४५९	१६२९
था.का.	४८१	१६२९
लों.का.	६५२	१६२९
आ.का.	९८	१६२९
डूं.का.	३१३	१६३०
डूं.का.	१०२१	१६३०
जि.का.	२०४	१६३१
जि.का.	२९९	१६३१
डूं.का.	७०८	१६३१
डूं.का.	८५३	१६३२
आ.का.	१७३	१६३३
जि.का.	८६९	१६३४
जि.का.	११५६	१६३४
डूं.का.	२३	१६३५
लों.का.	६५२	१६३५
आ.का.	१२४	१६३५

भंडार नाम	ग्रंथांक	ले.संवत
आ.का.	१६२	१६३५
डूं.का.	९८८	१६३६
डूं.का.	७०	१६३७
डूं.का.	२१८	१६३७
डूं.का.	१०२५	१६३९
लों.का.	२६१	१६३९
जि.का.	५४७	१६४२
जि.का.	५४८	१६४२
था.का.	३९५	१६४२
डूं.का.	१११७	१६४३
डूं.का.	१३८/B	१६४४
डूं.का.	१०४७/२	१६४४
था.का.	३५१	१६४४
जि.का.	३६५	१६४५
जि.का.	१०१४	१६४५
डूं.का.	३०३	१६४६
डूं.का.	३०३	१६४६
डूं.का.	५५३	१६४६
डूं.का.	१३१६	१६४६
लों.का.	५८	१६४६
आ.का.	१६९	१६४६
डूं.का.	११०३	१६४७
लों.का.	३५०	१६४७
लों.का.	५९८	१६४७
डूं.का.	६६८	१६४९
था.का.	४८०	१६४९
आ.का.	२०	१६४९
डूं.का.	८४८	१६५०

भंडार नाम	ग्रंथांक	ले.संवत
डूं.का.	११६५	१६५०
जि.का.	४५०	१६५१
डूं.का.	६६९	१६५१
जि.का.	१२६५	१६५२
लों.का.	१४६	१६५२
आ.का.	१८१	१६५३
आ.का.	३९	१६५५
था.का.	२३२	१६५६
आ.का.	१७५	१६५६
जि.का.	३२४	१६५७
डूं.का.	११७३	१६५७
था.का.	३१	१६५७
था.का.	३११	१६५७
जि.का.	४१४	१६५९
जि.का.	८५०	१६५९
डूं.का.	३३८	१६५९
डूं.का.	४५७	१६५९
डूं.का.	८२८	१६५९
आ.का.	१३३	१६६०
डूं.का.	७१२	१६६१
आ.का.	९७	१६६१
जि.का.	३१०	१६६२
जि.का.	४४९	१६६२
आ.का.	१७७	१६६२
डूं.का.	६६३	१६६३
लों.का.	१९	१६६३
जि.का.	२८९	१६६४
जि.का.	२७४	१६६५

भंडार नाम	ग्रंथांक	ले.संवत
लों.का.	२२	१६६५
लों.का.	४४८	१६६५
डूं.का.	२५४	१६६६
डूं.का.	७००	१६६६
डूं.का.	८८३	१६६६
जि.का.	३३४	१६६७
जि.का.	६४०	१६६७
डूं.का.	६५०	१६६७
डूं.का.	९४८	१६६७
डूं.का.	११४४	१६६७
लों.का.	९५	१६६७
जि.का.	६४९	१६६८
डूं.का.	२६	१६६८
डूं.का.	८२६	१६६८
लों.का.	२२६	१६६८
डूं.का.	२८६	१६६९
था.का.	४४	१६६९
था.का.	४५	१६६९
था.का.	६४	१६६९
था.का.	७१	१६६९
था.का.	७८	१६६९
था.का.	२४९	१६६९
था.का.	२६३	१६६९
आ.का.	१७९	१६६९
डूं.का.	७९१	१६७०
था.का.	२५३	१६७०
था.का.	२५४	१६७०
था.का.	२५९	१६७०

भंडार नाम	ग्रंथांक	ले.संवत
था.का.	२६४	१६७०
लों.का.	१६१	१६७०
डूं.का.	७४४	१६७१
था.का.	११	१६७१
था.का.	१२	१६७१
था.का.	९५	१६७१
था.का.	१६३	१६७१
था.का.	१६७	१६७१
था.का.	१६९	१६७१
था.का.	१७०	१६७१
था.का.	१७६	१६७१
था.का.	१७७	१६७१
था.का.	१८१	१६७१
था.का.	२५०	१६७१
था.का.	२६०	१६७१
लों.का.	५१	१६७१
डूं.का.	१६२	१६७२
डूं.का.	१०१६	१६७२
था.का.	१५०	१६७२
था.का.	१५२	१६७२
था.का.	१६०	१६७२
था.का.	१६२	१६७२
था.का.	१६४	१६७२
था.का.	१७३	१६७२
था.का.	१७४	१६७२
था.का.	२४२	१६७२
था.का.	२६७	१६७२
था.का.	२६९	१६७२

भंडार नाम	ग्रंथांक	ले.संवत
था.का.	२७४	१६७२
था.का.	२७९	१६७२
लों.का.	५४	१६७२
लों.का.	१७१	१६७२
जि.का.	८११	१६७३
था.का.	८	१६७३
था.का.	६५	१६७३
था.का.	६६	१६७३
था.का.	९४	१६७३
था.का.	१५१	१६७३
था.का.	१५४	१६७३
था.का.	१५५	१६७३
था.का.	२७८	१६७३
था.का.	२८५	१६७३
जि.का.	१५८७	१६७४
जि.का.	१५८७	१६७४
डूं.का.	३०२	१६७४
डूं.का.	११५१	१६७४
था.का.	७३	१६७४
था.का.	७९	१६७४
था.का.	४२०	१६७४
लों.का.	७६	१६७४
था.का.	२८४	१६७५
लों.का.	३१७	१६७५
लों.का.	५९२	१६७५
था.का.	७२	१६७६
था.का.	२३६	१६७६
था.का.	३०८	१६७६

भंडार नाम	ग्रंथांक	ले.संवत
डूं.का.	६७५	१६७७
डूं.का.	११७९	१६७७
जि.का.	४३२	१६७८
था.का.	१	१६७९
था.का.	१४७	१६७९
था.का.	३२१	१६७९
जि.का.	१५८१	१६८०
था.का.	९०	१६८०
जि.का.	७२७	१६८१
डूं.का.	९०९	१६८१
लों.का.	१३०	१६८२
जि.का.	३७०	१६८३
था.का.	४	१६८३
था.का.	१७९	१६८३
डूं.का.	९२७	१६८४
था.का.	३०७	१६८४
आ.का.	१६७	१६८४
जि.का.	३२७	१६८५
डूं.का.	६९४	१६८५
डूं.का.	१०६१	१६८५
था.का.	२३१	१६८५
डूं.का.	११३७	१६८६
लों.का.	४५१	१६८६
डूं.का.	११४५	१६८७
जि.का.	३३६	१६८८
डूं.का.	१२१६	१६८८
जि.का.	३५५	१६८९
लों.का.	२४२	१६८९

भंडार नाम	ग्रंथांक	ले.संवत
लों.का.	९२	१६९०
डूं.का.	९२६	१६९१
था.का.	३०३	१६९१
लों.का.	२९५	१६९१
जि.का.	८५५	१६९२
डूं.का.	४०	१६९२
था.का.	३८१	१६९२
जि.का.	४३५	१६९३
जि.का.	४५७	१६९३
था.का.	१९०	१६९३
था.का.	१९७	१६९३
आ.का.	१९	१६९३
आ.का.	७६	१६९३
था.का.	१८९	१६९४
था.का.	१९१	१६९४
था.का.	२२७	१६९४
आ.का.	५९	१६९४
आ.का.	१०८	१६९४
जि.का.	८२१/२	१६९५
लों.का.	४४९	१६९५
जि.का.	७३३	१६९६
था.का.	२२६	१६९६
था.का.	४३६	१६९६
लों.का.	१७०	१६९६
डूं.का.	२३८	१६९७
था.का.	१९	१६९७
था.का.	१९२	१६९७
जि.का.	८०६	१६९८

भंडार नाम	ग्रंथांक	ले.संवत
डूं.का.	४८	१६९८
जि.का.	४०४	१६९९
जि.का.	७०२	१६९९
डूं.का.	९५८	१६९९
था.का.	२३०	१६९९
था.का.	४२३	१६९९
था.का.	४२४	१६९९
जि.का.	९०९	१७००
डूं.का.	२५५	१७००
लों.का.	३०	१७००
जि.का.	७००	१७०१
जि.का.	७०६	१७०१
जि.का.	९१२	१७०१
जि.का.	१०५०	१७०१
था.का.	४२	१७०१
था.का.	१२६	१७०१
था.का.	१८६	१७०१
था.का.	४७२	१७०१
लों.का.	३४९	१७०१
आ.का.	११५	१७०१
जि.का.	५३२	१७०२
जि.का.	८४१	१७०२
जि.का.	११२२	१७०२
था.का.	३७०	१७०२
लों.का.	११४	१७०२
आ.का.	६०	१७०२
आ.का.	१४०	१७०२
जि.का.	८३७	१७०३

भंडार नाम	ग्रंथांक	ले.संवत
जि.का.	११३३	१७०३
डूं.का.	५४९	१७०३
जि.का.	४८३	१७०४
लों.का.	३२६	१७०४
था.का.	३७१	१७०५
जि.का.	५९४	१७०६
जि.का.	५९५	१७०६
जि.का.	१०१३	१७०७
जि.का.	७८०	१७०८
जि.का.	११४०	१७०८
जि.का.	११७४	१७०८
जि.का.	४४८	१७०९
जि.का.	६७३	१७०९
जि.का.	७५६	१७०९
डूं.का.	६१	१७०९
जि.का.	३७१	१७११
जि.का.	४२२	१७११
जि.का.	५०९	१७११
जि.का.	९२८	१७११
जि.का.	१२०२	१७११
डूं.का.	११७७	१७११
जि.का.	११४३	१७१२
था.का.	३०९	१७१३
जि.का.	९९३	१७१५
आ.का.	३८	१७१६
जि.का.	४३४	१७१७
लों.का.	४३५	१७१७
डूं.का.	२६९	१७१८

भंडार नाम	ग्रंथांक	ले.संवत	भंडार नाम	ग्रंथांक	ले.संवत	भंडार नाम	ग्रंथांक	ले.संवत	भंडार नाम	ग्रंथांक	ले.संवत	भंडार नाम	ग्रंथांक	ले.संवत	भंडार नाम	ग्रंथांक	ले.संवत	भंडार नाम	ग्रंथांक	ले.संवत
जि.का.	१०३४	१७१९	जि.का.	११३६	१७२८	डूं.का.	२३९	१७३७	डूं.का.	११५७	१७५१	लों.का.	४४५	१७६५	जि.का.	४०९	१७७३	लों.का.	३३२	१७८२
जि.का.	१०७७	१७१९	जि.का.	२१२३	१७२९	लों.का.	४९८	१७३७	आ.का.	१४८	१७५१	लों.का.	५७९	१७६५	जि.का.	९९०	१७७३	जि.का.	११०७	१७८३
डूं.का.	१०८६	१७१९	डूं.का.	३३४	१७२९	जि.का.	४०१	१७३८	आ.का.	५२	१७५२	जि.का.	४००	१७६६	जि.का.	९९६	१७७३	जि.का.	११०८	१७८३
था.का.	३९६	१७१९	डूं.का.	७६२	१७२९	आ.का.	१०५	१७३८	आ.का.	५६	१७५२	डूं.का.	१०८२	१७६६	लों.का.	५१२	१७७३	डूं.का.	५५९	१७८३
जि.का.	६५८	१७२१	डूं.का.	१३३१	१७२९	जि.का.	१०२३	१७३९	जि.का.	३६९	१७५३	लों.का.	३७०	१७६६	लों.का.	५६६	१७७३	डूं.का.	७९८	१७८३
डूं.का.	४२	१७२१	लों.का.	२०६	१७२९	डूं.का.	१३१४	१७३९	जि.का.	१२११	१७५३	लों.का.	५७१	१७६६	डूं.का.	१७०	१७७४	डूं.का.	११७८	१७८३
जि.का.	११४१	१७२२	जि.का.	६९४	१७३०	जि.का.	९८७	१७४०	डूं.का.	६१४	१७५३	जि.का.	४४०	१७६७	डूं.का.	८५२	१७७४	लों.का.	५०९/A	१७८३
जि.का.	२६५	१७२३	जि.का.	२०८०	१७३०	डूं.का.	८२४	१७४०	डूं.का.	८४९	१७५३	डूं.का.	९१७	१७६७	जि.का.	१२१८	१७७५	जि.का.	७६२	१७८४
जि.का.	६१५	१७२३	डूं.का.	१०७७	१७३०	डूं.का.	९२०	१७४०	डूं.का.	११३५	१७५३	लों.का.	७३३/B	१७६७	डूं.का.	२२८	१७७५	जि.का.	११०६	१७८४
जि.का.	८०२	१७२३	जि.का.	३०५	१७३१	जि.का.	९०५	१७४२	डूं.का.	६७०	१७५५	डूं.का.	५३२	१७६८	डूं.का.	१३७३	१७७६	जि.का.	१९१९	१७८४
जि.का.	१९९९	१७२३	जि.का.	५८०	१७३१	डूं.का.	४३९	१७४३	जि.का.	८८४	१७५६	लों.का.	४८३	१७६८	जि.का.	५६३	१७७७	डूं.का.	११४७	१७८४
डूं.का.	६२१	१७२३	जि.का.	९८८	१७३१	जि.का.	२५९	१७४५	डूं.का.	३४२	१७५८	डूं.का.	२१९	१७६९	जि.का.	११०४	१७७७	आ.का.	५७	१७८४
डूं.का.	९८९	१७२३	जि.का.	२६१/१	१७३२	डूं.का.	१३७	१७४५	डूं.का.	७	१७५९	डूं.का.	९५३	१७६९	डूं.का.	१०८७	१७७७	जि.का.	१६७३	१७८५
जि.का.	४३०	१७२४	लों.का.	६२	१७३२	डूं.का.	२२१	१७४५	डूं.का.	३७३	१७५९	लों.का.	८१	१७६९	जि.का.	७०५	१७७८	लों.का.	४०	१७८५
डूं.का.	९४६	१७२४	जि.का.	४९६	१७३३	जि.का.	११८७	१७४६	लों.का.	५९५	१७५९	लों.का.	३३१	१७६९	डूं.का.	१२५९	१७७८	आ.का.	७२	१७८५
था.का.	३२०	१७२४	जि.का.	५१८	१७३३	डूं.का.	५२१	१७४६	जि.का.	१०९८	१७६०	जि.का.	७४२	१७७०	लों.का.	६३२	१७७८	जि.का.	७२२	१७८६
लों.का.	३३८	१७२४	डूं.का.	२७५	१७३३	डूं.का.	१०७३	१७४६	डूं.का.	१२०२	१७६०	जि.का.	१२१२	१७७०	जि.का.	४५२	१७७९	डूं.का.	४२०	१७८६
आ.का.	५५	१७२४	डूं.का.	११०५	१७३३	जि.का.	१११३	१७४७	डूं.का.	११२५	१७६१	जि.का.	६३०	१७७१	जि.का.	८६३	१७७९	लों.का.	३५८	१७८६
जि.का.	४७८	१७२५	डूं.का.	११७४	१७३३	डूं.का.	६२३	१७४७	लों.का.	९३	१७६१	जि.का.	१९८७	१७७१	जि.का.	८८२	१७७९	डूं.का.	१०७६	१७८७
डूं.का.	४३५	१७२५	जि.का.	११७२	१७३४	डूं.का.	१०७०	१७४७	लों.का.	३९३	१७६१	जि.का.	१३९६	१७७१	जि.का.	९९१	१७७९	डूं.का.	६८३	१७८८
डूं.का.	१०८५	१७२५	डूं.का.	११७५	१७३४	जि.का.	६९०	१७४८	डूं.का.	११७२	१७६३	डूं.का.	१४९	१७७१	जि.का.	१५९३	१७७९	डूं.का.	५५७	१७८९
जि.का.	६६७	१७२६	जि.का.	२६६	१७३५	जि.का.	१२१४	१७४८	लों.का.	४६६	१७६३	डूं.का.	८५५	१७७१	डूं.का.	३०५	१७७९	डूं.का.	६३६	१७९०
जि.का.	१०१५	१७२६	जि.का.	६०९	१७३५	डूं.का.	२८३	१७४८	जि.का.	६८६	१७६४	लों.का.	२१०	१७७१	लों.का.	२०१	१७७९	जि.का.	५९८	१७९१
डूं.का.	३०४	१७२६	लों.का.	८३	१७३५	डूं.का.	११९२	१७४८	जि.का.	१२४४	१७६४	लों.का.	४२५	१७७१	लों.का.	२५२	१७८०	डूं.का.	७९७	१७९३
डूं.का.	१३२८	१७२७	डूं.का.	२८८	१७३६	जि.का.	३४२/५	१७४९	डूं.का.	८४०	१७६४	लों.का.	५४५	१७७१	जि.का.	५२६	१७८१	आ.का.	११०	१७९३
लों.का.	३१४	१७२७	लों.का.	२७८	१७३६	जि.का.	८५१	१७४९	डूं.का.	६१२	१७६५	जि.का.	७१७	१७७२	जि.का.	९८९	१७८१	डूं.का.	३४०	१७९४
लों.का.	६०५	१७२७	जि.का.	३१३	१७३७	डूं.का.	१०८४	१७४९	डूं.का.	९१३	१७६५	लों.का.	६६	१७७२	डूं.का.	६८२	१७८२	डूं.का.	५०२	१७९४
जि.का.	११३१	१७२८	जि.का.	११३०	१७३७	लों.का.	६००	१७४९	लों.का.	१३४	१७६५	लों.का.	३६०	१७७२	डूं.का.	१०५८	१७८२	डूं.का.	१०७४	१७९४

भंडार नाम	ग्रंथांक	ले.संवत	भंडार नाम	ग्रंथांक	ले.संवत	भंडार नाम	ग्रंथांक	ले.संवत	भंडार नाम	ग्रंथांक	ले.संवत	भंडार नाम	ग्रंथांक	ले.संवत	भंडार नाम	ग्रंथांक	ले.संवत	भंडार नाम	ग्रंथांक	ले.संवत
आ.का.	६७	१७९४	डूं.का.	१०५५	१८११	डूं.का.	१०१७	१८२२	डूं.का.	४३२	१८२८	डूं.का.	६८०	१८३७	डूं.का.	९५१	१८४३	लों.का.	३१२	१८४८
जि.का.	७२५	१७९५	था.का.	२१०	१८११	लों.का.	४१	१८२२	डूं.का.	९१८	१८२८	डूं.का.	११४०	१८३७	डूं.का.	९८४	१८४३	जि.का.	८९२	१८४९
डूं.का.	५३	१७९५	डूं.का.	९९२	१८१२	लों.का.	३६२	१८२२	डूं.का.	११५९	१८२८	जि.का.	१०२९	१८३८	लों.का.	३३४	१८४३	डूं.का.	४८७	१८४९
लों.का.	४१७/१	१७९५	डूं.का.	९९५	१८१२	लों.का.	३७२	१८२३	लों.का.	३९६	१८२८	डूं.का.	४४०	१८३८	लों.का.	३६५	१८४३	डूं.का.	५०५	१८४९
लों.का.	४१७/२	१७९५	डूं.का.	८४२	१८१४	डूं.का.	१०७	१८२४	जि.का.	१८३३	१८२९	लों.का.	१९७	१८३८	लों.का.	४६७	१८४३	लों.का.	२२४	१८४९
आ.का.	१४९	१७९५	लों.का.	३२९	१८१४	डूं.का.	१०८	१८२४	डूं.का.	४६९	१८२९	लों.का.	२९९	१८३८	लों.का.	५९९	१८४३	लों.का.	३८८	१८४९
डूं.का.	३४१	१७९६	लों.का.	६२८	१८१४	डूं.का.	१००१	१८२४	डूं.का.	७८४	१८२९	लों.का.	४६२	१८३८	जि.का.	१८७८	१८४४	डूं.का.	१२७	१८५०
डूं.का.	५०३	१७९८	डूं.का.	५७	१८१५	डूं.का.	११७६	१८२४	डूं.का.	१०८१	१८२९	जि.का.	२२३९	१८३९	डूं.का.	८	१८४४	डूं.का.	९२१	१८५०
डूं.का.	१०४०	१७९८	डूं.का.	१००३	१८१५	डूं.का.	८७	१८२५	डूं.का.	८३६	१८३०	डूं.का.	३१०	१८३९	डूं.का.	२६८	१८४४	डूं.का.	९३६	१८५०
लों.का.	५४८	१७९८	जि.का.	७२९	१८१६	डूं.का.	२८४	१८२५	डूं.का.	८५१	१८३०	डूं.का.	३७२	१८३९	डूं.का.	३७५	१८४४	डूं.का.	९७६	१८५०
डूं.का.	३८१	१७९९	डूं.का.	१४	१८१६	डूं.का.	४४८	१८२५	लों.का.	२८१	१८३०	डूं.का.	३८५	१८३९	डूं.का.	९३९	१८४४	डूं.का.	१२१२	१८५०
जि.का.	१०६८	१८००	डूं.का.	१००४	१८१६	डूं.का.	८८९	१८२५	डूं.का.	५००	१८३१	था.का.	४७	१८४०	डूं.का.	१०७१	१८४४	जि.का.	८७२	१८५१
लों.का.	५९७	१८००	डूं.का.	१०५६	१८१६	डूं.का.	११२७	१८२५	आ.का.	१०२	१८३१	था.का.	१८५	१८४०	लों.का.	४२६	१८४४	जि.का.	८७४	१८५१
डूं.का.	१२	१८०२	लों.का.	१३३	१८१६	था.का.	८७	१८२५	जि.का.	१०९४	१८३२	लों.का.	५२७	१८४०	डूं.का.	८१४	१८४५	डूं.का.	९९७	१८५१
डूं.का.	६२	१८०२	लों.का.	४८५	१८१६	लों.का.	३५४	१८२५	जि.का.	११११	१८३२	आ.का.	२४	१८४०	लों.का.	४६	१८४५	डूं.का.	१०७८	१८५१
डूं.का.	७६०	१८०२	जि.का.	११८४	१८१७	आ.का.	१२	१८२५	डूं.का.	१८१	१८३२	डूं.का.	६२०	१८४१	लों.का.	४७	१८४५	था.का.	२४४	१८५१
डूं.का.	४३३	१८०३	जि.का.	११९७	१८१७	डूं.का.	२०	१८२६	डूं.का.	४३६	१८३२	डूं.का.	८२७	१८४१	लों.का.	४९३	१८४५	डूं.का.	७५८	१८५२
डूं.का.	९३०	१८०३	जि.का.	१८४०	१८१८	डूं.का.	६२९	१८२६	डूं.का.	८८१	१८३२	डूं.का.	८४७	१८४१	डूं.का.	३७९	१८४६	डूं.का.	८२२	१८५२
डूं.का.	११३१	१८०३	डूं.का.	१०४८	१८१८	डूं.का.	६३५	१८२६	डूं.का.	९३१	१८३२	डूं.का.	१०२९	१८४१	डूं.का.	५०८	१८४६	डूं.का.	९६८	१८५२
लों.का.	६४०	१८०४	लों.का.	५१४	१८१९	डूं.का.	६४३	१८२६	डूं.का.	१०४४	१८३२	डूं.का.	१२६५	१८४१	डूं.का.	५१८	१८४६	डूं.का.	१०५२	१८५२
आ.का.	१२८	१८०४	डूं.का.	१६३	१८२०	डूं.का.	८१९	१८२६	डूं.का.	११०२	१८३२	डूं.का.	६८८	१८४२	डूं.का.	११४८	१८४६	लों.का.	४००	१८५२
डूं.का.	१२१८	१८०६	डूं.का.	४४१	१८२०	डूं.का.	१०३९	१८२६	डूं.का.	११३४	१८३२	डूं.का.	१३५२	१८४२	लों.का.	३४०	१८४६	जि.का.	१७१०	१८५३
डूं.का.	१२२५	१८०६	डूं.का.	११६९	१८२०	डूं.का.	१०९९	१८२६	जि.का.	१६६२	१८३३	डूं.का.	२८/१	१८४३	लों.का.	४८४	१८४६	डूं.का.	१३	१८५३
डूं.का.	६७८	१८०८	जि.का.	१०१६	१८२१	डूं.का.	११३३	१८२६	डूं.का.	१००	१८३४	डूं.का.	२८/२	१८४३	डूं.का.	२०९	१८४७	डूं.का.	३०	१८५३
आ.का.	१५	१८०९	डूं.का.	९११	१८२१	लों.का.	५१७	१८२६	डूं.का.	१२७८	१८३५	डूं.का.	२८/३	१८४३	लों.का.	४९७	१८४७	डूं.का.	६४६	१८५३
डूं.का.	९५४	१८१०	जि.का.	१२०८	१८२२	डूं.का.	८७७	१८२७	लों.का.	६३७	१८३५	डूं.का.	२८/४	१८४३	डूं.का.	५१५	१८४८	डूं.का.	७४७	१८५३
जि.का.	१९९४	१८११	जि.का.	१८०४	१८२२	डूं.का.	१२१९	१८२७	जि.का.	७४८	१८३६	डूं.का.	२८/५	१८४३	डूं.का.	६७७	१८४८	डूं.का.	७७३	१८५३
जि.का.	२११३	१८११	डूं.का.	७२१	१८२२	लों.का.	९८	१८२७	जि.का.	१०११	१८३६	डूं.का.	२११	१८४३	डूं.का.	१३५४	१८४८	डूं.का.	८२३	१८५३

भंडार नाम	ग्रंथांक	ले.संवत
डूं.का.	९५७	१८५३
लों.का.	२६८	१८५३
डूं.का.	३४६	१८५४
डूं.का.	९९१	१८५४
डूं.का.	१०६७	१८५४
था.का.	१००	१८५४
डूं.का.	६०	१८५५
डूं.का.	७२९	१८५५
डूं.का.	७६६	१८५५
डूं.का.	१०४९	१८५५
लों.का.	१९०	१८५५
डूं.का.	२	१८५६
डूं.का.	७५	१८५६
डूं.का.	३२३	१८५६
डूं.का.	६४४	१८५६
लों.का.	३४३	१८५६
डूं.का.	१४८	१८५७
डूं.का.	४७०	१८५७
डूं.का.	६०७	१८५७
डूं.का.	८१८	१८५७
लों.का.	२१५	१८५७
लों.का.	२४४	१८५७
लों.का.	३८५	१८५७
लों.का.	३९९	१८५७
डूं.का.	६०८	१८५८
लों.का.	८४	१८५८
जि.का.	१६५५	१८५९
जि.का.	१७०८	१८५९

भंडार नाम	ग्रंथांक	ले.संवत
डूं.का.	७६	१८५९
डूं.का.	६०३	१८५९
लों.का.	३०७	१८५९
डूं.का.	११०	१८६०
डूं.का.	७९२	१८६०
डूं.का.	९४३	१८६०
था.का.	१८	१८६०
था.का.	२२	१८६०
लों.का.	१३७	१८६०
लों.का.	१९१	१८६०
लों.का.	१८८	१८६१
लों.का.	३१०	१८६१
डूं.का.	११८	१८६२
डूं.का.	५९९	१८६२
डूं.का.	१००७	१८६२
डूं.का.	१००८	१८६२
लों.का.	३८३	१८६२
डूं.का.	८९५	१८६४
डूं.का.	१०६०	१८६४
डूं.का.	२४८	१८६५
डूं.का.	८९३	१८६५
लों.का.	३२३	१८६५
लों.का.	४२१	१८६५
डूं.का.	१३२९	१८६६
लों.का.	३१३	१८६६
लों.का.	१५४	१८६८
लों.का.	२२१	१८६८
जि.का.	९७८	१८६९

भंडार नाम	ग्रंथांक	ले.संवत
जि.का.	६१४	१८७०
जि.का.	७२६	१८७०
डूं.का.	४०५	१८७०
डूं.का.	७६४	१८७०
डूं.का.	१३६६	१८७०
लों.का.	२३१/१	१८७०
डूं.का.	३७८	१८७१
डूं.का.	५९०	१८७१
डूं.का.	७०१	१८७१
डूं.का.	७७१	१८७१
डूं.का.	८७६	१८७१
डूं.का.	११००	१८७१
लों.का.	४०६/१	१८७१
डूं.का.	४७५	१८७२
डूं.का.	६९६	१८७२
डूं.का.	७७७	१८७२
डूं.का.	७९०	१८७२
डूं.का.	८०३	१८७२
डूं.का.	१०१४	१८७२
डूं.का.	१०१८	१८७२
लों.का.	४४४	१८७२
डूं.का.	४३१	१८७३
डूं.का.	४४४	१८७३
डूं.का.	५४६	१८७३
डूं.का.	५८९	१८७३
डूं.का.	६४१	१८७३
डूं.का.	६६०	१८७३
डूं.का.	८८७	१८७३

भंडार नाम	ग्रंथांक	ले.संवत
डूं.का.	११०७	१८७३
लों.का.	२३	१८७३
लों.का.	६१६	१८७३
डूं.का.	२१७	१८७४
डूं.का.	३३६	१८७४
डूं.का.	११८६	१८७४
लों.का.	३८१	१८७४
लों.का.	४१०	१८७४
लों.का.	५८८	१८७४
डूं.का.	५५	१८७५
डूं.का.	१७३	१८७५
डूं.का.	४७४	१८७५
डूं.का.	४८०	१८७५
डूं.का.	७१८	१८७५
डूं.का.	९५२	१८७५
डूं.का.	१०६४	१८७५
डूं.का.	११४१	१८७५
डूं.का.	१२०३	१८७५
डूं.का.	१२७०	१८७५
था.का.	३८७	१८७५
लों.का.	१३९	१८७५
डूं.का.	२३६	१८७६
डूं.का.	३३२	१८७६
लों.का.	४३८	१८७६
जि.का.	८९४	१८७७
डूं.का.	८०	१८७७
डूं.का.	२६३	१८७७
डूं.का.	६९९	१८७७

भंडार नाम	ग्रंथांक	ले.संवत
डूं.का.	८०८	१८७७
डूं.का.	१०३३	१८७७
डूं.का.	११२६	१८७७
लों.का.	४१३	१८७७
लों.का.	५८५	१८७७
जि.का.	९६६	१८७८
डूं.का.	७७९	१८७८
डूं.का.	९६०	१८७८
डूं.का.	९९६	१८७९
डूं.का.	१०१५	१८७९
डूं.का.	११८९	१८७९
डूं.का.	१२७२	१८७९
डूं.का.	१३३३	१८७९
लों.का.	१७२	१८७९
डूं.का.	७२३	१८८०
डूं.का.	५९८	१८८१
डूं.का.	११०९	१८८१
डूं.का.	१२२९	१८८१
डूं.का.	१२५५	१८८१
लों.का.	१४१	१८८१
जि.का.	१६८५	१८८२
डूं.का.	१९४	१८८२
डूं.का.	६११	१८८२
डूं.का.	१०७२	१८८२
लों.का.	३३९	१८८२
लों.का.	५१६	१८८२
डूं.का.	२४९	१८८३
डूं.का.	५१६	१८८३

भंडार नाम	ग्रंथांक	ले.संवत
डूं.का.	८९६	१८८३
डूं.का.	९२३	१८८३
डूं.का.	९९३	१८८३
लों.का.	४१८	१८८३
डूं.का.	९३	१८८४
डूं.का.	२५८	१८८४
डूं.का.	४३०	१८८४
लों.का.	२५०	१८८४
जि.का.	२१२०	१८८५
जि.का.	२१२०/१७	१८८५
डूं.का.	३४९	१८८५
डूं.का.	३७७	१८८५
डूं.का.	६९०	१८८५
डूं.का.	८२१	१८८५
डूं.का.	८९८	१८८५
जि.का.	८९१	१८८६
डूं.का.	७१७	१८८६
डूं.का.	११७१	१८८६
डूं.का.	१८५	१८८७
लों.का.	३७५	१८८७
डूं.का.	१२९४	१८८८
डूं.का.	२३०	१८८९
डूं.का.	२७३	१८८९
डूं.का.	३५८	१८८९
डूं.का.	७८९	१८८९
डूं.का.	९२२	१८८९
डूं.का.	१३१०	१८८९
डूं.का.	२७४	१८९०

भंडार नाम	ग्रंथांक	ले.संवत
डूं.का.	७१९	१८९०
डूं.का.	७४६	१८९१
था.का.	९९	१८९१
डूं.का.	४३७	१८९३
डूं.का.	७४८	१८९३
डूं.का.	३१	१८९४
डूं.का.	१२८	१८९४
डूं.का.	३२४	१८९४
डूं.का.	७५७	१८९४
लों.का.	१४९	१८९४
जि.का.	९०८	१८९५
डूं.का.	३९६	१८९६
डूं.का.	११६०	१८९६
लों.का.	४७०	१८९६
डूं.का.	१०४	१८९७
डूं.का.	५५८	१८९७
डूं.का.	७२०	१८९७
लों.का.	४११	१८९८
डूं.का.	२९५	१८९९
डूं.का.	५०४	१८९९
डूं.का.	७५१	१८९९
डूं.का.	८४३	१८९९
डूं.का.	९६७	१८९९
लों.का.	३७८	१८९९
डूं.का.	२९६	१९००
डूं.का.	३१४/१	१९००
डूं.का.	११६४	१९००
जि.का.	९८२	१९०१

भंडार नाम	ग्रंथांक	ले.संवत
डूं.का.	९४	१९०१
डूं.का.	९७	१९०१
डूं.का.	४७१	१९०१
डूं.का.	१३३६	१९०१
जि.का.	९७९	१९०२
जि.का.	१११८	१९०२
डूं.का.	२७८	१९०३
डूं.का.	२८९	१९०३
डूं.का.	३३१	१९०३
डूं.का.	७५३	१९०३
डूं.का.	८३२	१९०३
डूं.का.	९६९	१९०३
डूं.का.	१०५३	१९०३
डूं.का.	११८७	१९०३
लों.का.	१८६	१९०३
डूं.का.	४२६	१९०४
लों.का.	४२८	१९०४
डूं.का.	१३९	१९०५
डूं.का.	१७५	१९०५
डूं.का.	१७८	१९०५
डूं.का.	२७२	१९०५
डूं.का.	३५५	१९०५
डूं.का.	७८८	१९०५
लों.का.	६४३	१९०५
डूं.का.	८३९	१९०६
डूं.का.	१३८/A	१९०७
डूं.का.	२८१	१९०७
डूं.का.	४२८	१९०७
लों.का.	३८७	१९०७
जि.का.	९८५	१९०८
जि.का.	१००६	१९०८
लों.का.	५९६	१९०८
जि.का.	७४३	१९०९
जि.का.	७४६	१९०९
जि.का.	९०६	१९०९
डूं.का.	४८१	१९०९
डूं.का.	६३२	१९०९
जि.ता.	४१३/१	१९१०
जि.ता.	४१३/२	१९१०
डूं.का.	१२२३	१९१०
लों.का.	३६७	१९१०
लों.का.	५८४	१९१०
जि.का.	९८६	१९११
जि.का.	१०९६	१९११
डूं.का.	४८९	१९११
लों.का.	२८९	१९११
डूं.का.	८९५	१९१२
लों.का.	६१	१९१२
लों.का.	३६८	१९१३
डूं.का.	७६५	१९१४
जि.का.	८९६	१९१५
डूं.का.	३४५	१९१५
डूं.का.	७४५	१९१७
डूं.का.	५९६	१९१८
डूं.का.	२१४	१९१९
लों.का.	४७४	१९१९
डूं.का.	७२७	१९२०
लों.का.	४५६	१९२०
डूं.का.	९६६	१९२१
डूं.का.	१३६	१९२२
डूं.का.	४२९	१९२३
डूं.का.	४८८	१९२३
जि.का.	९८३	१९२४
डूं.का.	९३८	१९२४
डूं.का.	४२५	१९२५
डूं.का.	११३९	१९२५
जि.का.	११८१	१९२७
डूं.का.	१२१७	१९२८
डूं.का.	२४५	१९२९
डूं.का.	६	१९३०
डूं.का.	२६५	१९३०
डूं.का.	६०५	१९३०
डूं.का.	१२९२	१९३०
लों.का.	३८२	१९३०
लों.का.	४५८	१९३०
डूं.का.	३५४	१९३१
लों.का.	४३१	१९३२
डूं.का.	२२४	१९३३
लों.का.	५९४	१९३५
डूं.का.	१०१२	१९३८
लों.का.	२१७	१९४०
लों.का.	४७२	१९४१
डूं.का.	४३८	१९४२
लों.का.	१९२	१९४२
लों.का.	४२२	१९४३
लों.का.	६४५	१९४३
लों.का.	४०३	१९४७
जि.का.	८९८	१९४८
लों.का.	६२४	१९५०
जि.का.	१०९५	१९५१
जि.का.	१२१९	१९५१
जि.का.	१२२०	१९५१
डूं.का.	७५४	१९५१
लों.का.	५२९	१९५८
डूं.का.	१२३६	१९६४
लों.का.	५३३/C	१९६८
लों.का.	५३४/D	१९६८
लों.का.	५३४/C	१९७०
जि.का.	९६/१	१९८२
जि.का.	९३/२	१९८२
जि.का.	९६/३	१९८२
जि.का.	१६१/२	१९८२
डूं.का.	८३०	१९८२
जि.का.	८१	१९८३
जि.का.	८२/१	१९८३
जि.का.	८२/३	१९८३
जि.का.	८२/३	१९८३
जि.का.	८२/४	१९८३
जि.का.	८२/५	१९८३
जि.का.	८३	१९८३
जि.का.	८४	१९८३
जि.का.	८६	१९८३
जि.का.	९५	१९८३
जि.का.	१००	१९८३
जि.का.	१०२	१९८३
जि.का.	१०३	१९८३
जि.का.	१०५	१९८३
जि.का.	१०६	१९८३
जि.का.	१०८	१९८३
जि.का.	१०९	१९८३
जि.का.	१११	१९८३
जि.का.	११३/२	१९८३
जि.का.	११४	१९८३
जि.का.	११५	१९८३
जि.का.	११६	१९८३
जि.का.	११७	१९८३
जि.का.	११८	१९८३
जि.का.	११९	१९८३
जि.का.	१२०	१९८३
जि.का.	१२१	१९८३
जि.का.	१२२	१९८३
जि.का.	१२३	१९८३
जि.का.	१२४	१९८३
जि.का.	१२६	१९८३
जि.का.	१२७/२	१९८३
जि.का.	१२८	१९८३
जि.का.	१२९	१९८३
जि.का.	१३०	१९८३
जि.का.	१३२	१९८३
जि.का.	१३३/२१	१९८३
जि.का.	१३४/२२	१९८३
जि.का.	१३५	१९८३
जि.का.	१३७	१९८३
जि.का.	१३८	१९८३
जि.का.	१३९	१९८३
जि.का.	१४३	१९८३
जि.का.	१४४/७	१९८३
जि.का.	१४७	१९८३
जि.का.	१४८	१९८३
जि.का.	१४९	१९८३
जि.का.	१५६	१९८३
जि.का.	१५७	१९८३
जि.का.	१५८	१९८३
जि.का.	१५९	१९८३
जि.का.	१६४	१९८३
जि.का.	३८१	१९८३
जि.का.	३८२	१९८३
जि.का.	३८३	१९८३
जि.का.	१३६/६	१९८३
जि.का.	११८८	१९८३
जि.का.	११८९	१९८३
जि.का.	९७	१९८४
जि.का.	९८	१९८४
जि.का.	९९	१९८४
जि.का.	१०१	१९८४
जि.का.	१०४	१९८४
जि.का.	१०७	१९८४
जि.का.	११०	१९८४
जि.का.	११२/२	१९८४
जि.का.	१४०	१९८४
जि.का.	१४५	१९८४
जि.का.	१४६	१९८४
जि.का.	१५०	१९८४
जि.का.	१५१	१९८४
जि.का.	१५४	१९८४
जि.का.	१५५	१९८४
जि.का.	३७९	१९८४
जि.का.	९६७	१९८४
जि.का.	९६८	१९८४
जि.का.	९७४	१९८४
जि.का.	९७५	१९८४
जि.का.	९७७	१९८४
डूं.का.	११६	१९८४
डूं.का.	२०५	१९८४
डूं.का.	२३४/१	१९८४
डूं.का.	२३४/२	१९८४
जि.का.	८५	१९८५
जि.का.	९१	१९८५
जि.का.	९३	१९८५
जि.का.	९४	१९८५
जि.का.	९२	१९८६
था.का.	४२७	१९९२
डूं.का.	६८१	१९९४
जि.ता.	१२	१९९५
था.का.	२९३	१९९९
था.का.	२९४	१९९९
था.का.	२९५	१९९९

भंडार नाम	ग्रंथांक	र.संवत	भंडार नाम	ग्रंथांक	र.संवत	भंडार नाम	ग्रंथांक	र.संवत	भंडार नाम	ग्रंथांक	र.संवत	भंडार नाम	ग्रंथांक	र.संवत	भंडार नाम	ग्रंथांक	र.संवत	भंडार नाम	ग्रंथांक	र.संवत
जि.ता.	४१०/२	५१८	था.का.	२५२	११२०	जि.ता.	२३१	११७०	जि.ता.	२३६	११९०	त.का.	४३३	१२६४	जि.ता.	२४९/३	१३०५	जि.का.	२१२०/६	१३६५
जि.ता.	२६४	५३०	था.का.	२८५	११२०	जि.ता.	२३२	११७०	जि.ता.	१९५	११९२	जि.ता.	४१८/२	१२७४	जि.ता.	२७०/२	१३०५	त.का.	१०५०	१३६८
जि.ता.	२६६	७००	लों.ता.	२	११२०	जि.ता.	२३३	११७०	जि.ता.	१५६	११९२	जि.ता.	२७०/४२	१२७५	जि.का.	१६३	१३०५	जि.का.	४३२	१३७८
जि.का.	३	७७२	जि.ता.	१३६/१	११२२	जि.ता.	२६०	११७०	जि.ता.	४०६	११९३	जि.का.	१२७/१	१२७५	जि.ता.	१५७	१३१०	जि.का.	१९६६	१३८१
जि.का.	४	७७२	जि.ता.	१३७	११२२	जि.का.	२३९	११७०	जि.ता.	४	१२००	जि.का.	१३४/२	१२७८	जि.ता.	२७२	१३११	त.का.	२८९/B	१३८९
जि.का.	८१	७९८	जि.ता.	२६७	११२३	जि.ता.	१८६	११७१	जि.ता.	१५४/२	१२१०	जि.का.	१२७४/३	१२७९	जि.ता.	२७६	१३१२	जि.का.	९२५	१३९७
जि.ता.	३७९	९१३	जि.ता.	२६८	११२३	जि.ता.	१७६/३	११७२	जि.ता.	१५४	१२१०	जि.ता.	२४९/१	१२८२	जि.ता.	३३५	१३१२	जि.ता.	३३/४	१४००
जि.ता.	३८०	९१३	जि.ता.	२३५	११२५	जि.ता.	१७८/१	११७२	जि.ता.	१५५/८	१२१३	जि.ता.	२७०/३	१२८२	जि.ता.	३३६	१३१२	जि.ता.	१५१	१४००
जि.ता.	३८३/२	९१३	जि.ता.	१२	११२८	जि.ता.	१७८/२	११७२	जि.ता.	२५९	१२१६	जि.ता.	२४९/२	१२८५	जि.ता.	३४०	१३१२	जि.ता.	१५८	१४००
जि.का.	१६६५	१०१५	जि.ता.	१३	११२८	जि.ता.	१८८	११७२	जि.ता.	८८/२	१२२०	जि.ता.	२७०/१	१२८५	जि.ता.	१६१/२	१३१३	जि.ता.	१९१	१४००
जि.ता.	१५८/१५	१०४२	जि.ता.	१५	११२८	था.का.	१	११७२	जि.ता.	१४१/४	१२२२	जि.का.	१६४	१२८५	जि.का.	९७६	१३१३	जि.का.	१३०५/३	१४००
जि.का.	१८३/२	१०४२	जि.ता.	१६	११२८	जि.ता.	१३९/१	११७४	जि.ता.	१५५	१२२२	जि.ता.	८३/२	१२८९	जि.का.	२१२०/७	१३२२	जि.का.	१२७८	१४०७
जि.का.	११७	१०५०	जि.का	१४	११२८	जि.ता.	१४०/१	११७४	जि.ता.	२१७	१२२३	जि.ता.	२५६	१२९४	जि.ता.	२८९	१३२८	जि.का.	९८१	१४१२
जि.का.	११८	१०५०	था.का.	२६७	११२८	जि.का.	७४	११७४	जि.ता.	७६	१२२६	जि.ता.	२५७	१२९४	जि.ता.	५४	१३३२	जि.का.	२१२३	१४१२
जि.ता.	२१४/१	१०५५	था.का.	२६९	११२८	था.का.	४	११७४	जि.ता.	४१७/२	१२२७	जि.ता.	२५८	१२९४	जि.का.	३२	१३३२	जि.का.	१६७९	१४२२
जि.ता.	२१५	१०५५	था.का.	८२	११२९	जि.ता.	११९	११७५	लों.ता.	३/२	१२२८	जि.ता.	३५३/१	१२९४	जि.का.	३३	१३३२	जि.का.	३६८	१४२६
था.का.	१०	१०७०	था.का.	२३४	११२९	जि.ता.	१२१	११७५	जि.का.	९६४	१२३२	जि.का.	१३०५/१	१२९४	जि.का.	९९	१३३२	जि.का.	१२३७	१४२८
जि.ता.	२९२	१०८०	था.का.	२४२	११२९	था.का.	७०	११७५	जि.ता.	५९/३	१२३६	जि.का.	१३०५/२	१२९४	जि.का.	१००	१३३२	जि.का.	२४१	१४४४
जि.ता.	६	११२०	जि.ता.	२००	११३९	जि.ता.	२०५	११७६	जि.का.	९०	१२३८	जि.ता.	२८१	१२९५	जि.का.	१०१	१३३२	त.का.	५८८	१४५३
जि.ता.	७/२	११२०	जि.ता.	२०१	११३९	जि.ता.	२१०	११७६	जि.ता.	२०६	१२४२	जि.का.	१२८	१२९५	जि.का.	१०९५	१३३४	त.का.	१०३४	१४६६
जि.ता.	८/२	११२०	जि.ता.	२०२	११३९	जि.ता.	२५२	११७८	जि.ता.	१५१/२	१२४८	जि.का.	१२९	१२९५	जि.का.	६०२	१३३६	त.का.	६८०	१४६८
जि.ता.	९/२	११२०	जि.ता.	२६३	११३९	जि.ता.	१२७	११८०	जि.ता.	१५८/३	१२४८	जि.का.	३६	१२९६	जि.ता.	३५१	१३४१	लों.का.	६४२	१४७२
जि.ता.	१८/२	११२०	जि.ता.	२४८	११४१	जि.ता.	१२८	११८०	जि.ता.	१५९/११	१२४८	जि.ता.	२५४	१२९९	जि.ता.	१५९	१३४५	त.का.	५३६	१४७८
जि.ता.	१९/१	११२०	जि.ता.	२५०	११६०	जि.ता.	१२९	११८०	जि.का.	१९४/७	१२४८	जि.का.	१६६	१२९९	जि.का.	२४८	१३५२	जि.का.	९८७	१४८३
जि.का.	१०	११२०	जि.ता.	२५५	११६०	जि.ता.	१४५	११८०	जि.का.	३३०/४	१२४८	जि.ता.	१५०	१३००	जि.का.	१३०	१३६३	जि.का.	८१३	१४८५
जि.का.	१६	११२०	जि.ता.	२७१	११६१	जि.ता.	४१६	११८०	जि.का.	२६८	१२४८	जि.ता.	१६०	१३००	जि.का.	६६१	१३६३	त.का.	६४९	१४८५
जि.का.	२२७/१	११२०	जि.का	११६	११६५	जि.का.	१४४५	११८०	जि.का.	१३२६/१५	१२४८	जि.ता.	२२४	१३००	जि.ता.	४२६	१३६४	त.का.	६०८	१४८८
जि.का.	१३६७	११२०	जि.ता.	१७१	११६९	जि.ता.	२२२	११८२	जि.का.	८८४	१२५२	जि.ता.	८२/१	१३०४	जि.का.	२६९	१३६४	जि.ता.	३	१४८९

भंडार नाम	ग्रंथांक	र.संवत	भंडार नाम	ग्रंथांक	र.संवत	भंडार नाम	ग्रंथांक	र.संवत	भंडार नाम	ग्रंथांक	र.संवत	भंडार नाम	ग्रंथांक	र.संवत	भंडार नाम	ग्रंथांक	र.संवत	भंडार नाम	ग्रंथांक	र.संवत
जि.ता.	२१/५	१४९०	जि.का.	१९४८	१५३५	जि.का.	८१६	१५८२	जि.का.	३५२	१६२०	था.का.	२७५	१६४५	त.का.	१२७६/A	१६५६	जि.का.	१३७४	१६६३
जि.ता.	६१/१	१४९०	जि.का.	१४५९	१५३८	त.का.	४१८	१५८२	त.का.	५६२	१६२०	त.का.	१०५२	१६४५	जि.का.	१४४९	१६५७	त.का.	१७८	१६६३
जि.ता.	८९/१	१४९१	त.का.	४३१	१५३९	जि.का.	१५३६	१५८५	त.का.	५५६	१६२१	जि.का.	८२१/२	१६४६	त.का.	९२	१६५७	जि.का.	४८२	१६६४
जि.का.	३९९/२	१४९२	त.का.	३१६	१५४२	जि.का.	१३९८	१५८६	त.का.	१६०	१६२३	लों.का.	३६०	१६४६	त.का.	३२१	१६५७	त.का.	३२२	१६६४
त.का.	१५६	१४९२	जि.का.	२२०८	१५४६	जि.का.	१३८७	१५९०	जि.का.	४४७	१६२७	त.का.	८३	१६४६	त.का.	४१७	१६५७	त.का.	३२३	१६६४
जि.का.	१२३१	१४९३	त.का.	७०९	१५४९	जि.का.	१४५०	१५९०	जि.का.	३७६	१६२८	त.का.	५३७	१६४६	जि.का.	१८५९	१६५८	त.का.	१५३	१६६५
जि.का.	५१२	१४९५	जि.का.	३१७	१५५१	त.का.	४३५	१५९०	लों.का.	६३७	१६२८	जि.का.	५११/१	१६४७	जि.का.	१७८९	१६५९	त.का.	५६३	१६६५
जि.का.	५५५	१४९६	जि.का.	१०७५/१	१५५२	जि.का.	३१४	१५९४	त.का.	११८९	१६३२	जि.का.	८०८/३	१६४७	त.का.	२२८	१६५९	त.का.	१०३७	१६६५
जि.का.	५५६	१४९६	जि.का.	३६५	१५५३	त.का.	६५८	१५९६	जि.का.	२१७३	१६३५	जि.का.	१९९३	१६४७	त.का.	६८१	१६५९	जि.का.	१९११	१६६६
जि.का.	२१९१	१४९६	था.का.	१६	१५५६	त.का.	८७	१६००	लों.का.	४६८	१६३६	लों.का.	५१८	१६४७	त.का.	१७७	१६६०	त.का.	१२७१/A	१६६६
जि.का.	८२७	१४९९	त.का.	४०३	१५५७	जि.का.	२९९	१६०३	त.का.	२८१	१६३७	त.का.	२२०	१६४८	त.का.	२७६	१६६०	जि.का.	३७०	१६६७
जि.का.	१५५८	१५०२	त.का.	६९०	१५५८	जि.का.	१७०७	१६०६	त.का.	३१४	१६३७	त.का.	३८१/B	१६४८	त.का.	३३०	१६६०	त.का.	४३०/A	१६६७
जि.का.	१४३७	१५०३	जि.का.	८१९	१५६०	त.का.	४८२	१६०८	जि.का.	८३८	१६३८	त.का.	४०५	१६४९	त.का.	४१२	१६६०	त.का.	४३०/B	१६६७
त.का.	७२	१५०३	त.का.	३७३	१५६५	त.का.	९०१	१६०९	जि.का.	२००९	१६३८	त.का.	५०	१६५०	त.का.	५०३	१६६०	जि.का.	६०९	१६६८
जि.का.	२६३	१५०६	त.का.	५८३	१५६५	त.का.	८४	१६१०	त.का.	९३७/B	१६३८	त.का.	१४५	१६५०	त.का.	७२१	१६६०	जि.का.	१६५४	१६६८
जि.का.	६०५	१५१४	जि.का.	१४०२	१५६६	त.का.	१०७	१६१०	त.का.	६११	१६४०	त.का.	१२९	१६५१	त.का.	८०३	१६६०	त.का.	४०९	१६६८
जि.का.	३६४	१५१६	त.का.	२८३	१५६८	जि.का.	२६४	१६११	त.का.	१०४१	१६४१	त.का.	१५४	१६५१	त.का.	१००९	१६६०	त.का.	७०८	१६६८
त.का.	३८२	१५१६	त.का.	३१२	१५७०	जि.का.	८३१	१६१२	त.का.	६०९	१६४२	त.का.	१००२	१६५१	जि.का.	१४०५	१६६१	त.का.	१०८८	१६६८
जि.का.	८१७/१०	१५२१	जि.का.	३१२	१५७१	त.का.	११८६	१६१२	त.का.	९७८	१६४२	त.का.	४८७	१६५२	जि.का.	१५३७	१६६१	त.का.	३३१	१६६९
था.का.	५	१५२५	जि.का.	८४९	१५७१	त.का.	९३६/A	१६१३	जि.का.	४१३	१६४३	त.का.	१२७४	१६५४	त.का.	६४	१६६१	त.का.	१६७	१६७०
त.का.	२८	१५२६	जि.का.	२१६९	१५७१	त.का.	५५	१६१५	जि.का.	४८३	१६४३	जि.का.	५७८	१६५५	त.का.	६६	१६६१	त.का.	९८९	१६७०
जि.का.	१५३८	१५२९	जि.का.	३४०	१५७३	त.का.	६३	१६१५	जि.का.	२००८	१६४३	जि.का.	१५२५	१६५५	त.का.	८२	१६६१	जि.का.	१५८७	१६७२
जि.का.	११०९	१५३०	जि.का.	१०६८	१५७६	जि.का.	६४०	१६१६	त.का.	७७	१६४३	त.का.	२१७	१६५५	जि.का.	१७४१	१६६२	लों.का.	४३९	१६७२
त.का.	६६७	१५३०	त.का.	१२४९	१५७६	जि.का.	२०४४	१६१६	त.का.	१४७	१६४३	त.का.	३९३	१६५५	लों.का.	५१५	१६६२	लों.का.	४८३	१६७२
त.का.	२२२	१५३२	त.का.	६२	१५७८	त.का.	९०	१६१८	जि.का.	१०१३	१६४४	जि.का.	१३७२	१६५६	त.का.	२६९	१६६२	त.का.	९४	१६७२
त.का.	२७२	१५३२	त.का.	५७९	१५७८	त.का.	२०५	१६१८	त.का.	६४५	१६४४	जि.का.	१६४९	१६५६	त.का.	४३७	१६६२	लों.का.	६०५	१६७३
त.का.	२८८	१५३२	जि.का.	३१०	१५८२	जि.का.	२२०४	१६१९	जि.का.	८५	१६४५	लों.का.	३७२	१६५६	त.का.	५३८	१६६२	जि.का.	७७२	१६७४
जि.का.	१४३५	१५३३	जि.का.	३११	१५८२	त.का.	४९९	१६१९	जि.का.	१०१४	१६४५	त.का.	७९३	१६५६	त.का.	५४१	१६६२	जि.का.	८०८/४	१६७४

भंडार नाम	ग्रथांक	र.संवत
त.का.	१०१०	१६७४
त.का.	१०११	१६७४
जि.का.	१५६२	१६७५
त.का.	३१९	१६७५
जि.का.	३००	१६७६
जि.का.	८०८/१	१६७६
जि.का.	८५८/३	१६७६
लों.का.	१८६	१६७६
लों.का.	४२९	१६७६
त.का.	२३६	१६७६
त.का.	१७	१६७७
त.का.	२०	१६७७
त.का.	२३	१६७७
त.का.	२४	१६७७
जि.का.	४९०	१६७८
जि.का.	६३०	१६७८
जि.का.	११५५	१६७८
जि.का.	१८९२	१६७८
जि.का.	१९९९	१६७८
लों.का.	३५९	१६७८
त.का.	१८	१६७८
त.का.	३८८	१६७९
त.का.	११७२	१६७९
जि.का.	२०५९	१६८०
जि.का.	९८८	१६८१
जि.का.	३९९/१	१६८२
जि.का.	८९०	१६८२
लों.का.	३७४	१६८२

भंडार नाम	ग्रथांक	र.संवत
लों.का.	४६६	१६८२
त.का.	४९७	१६८२
त.का.	५३९	१६८२
जि.का.	८९६	१६८३
लों.का.	४९८	१६८३
त.का.	६१२	१६८३
त.का.	७०१	१६८४
जि.का.	२०२७	१६८५
जि.का.	१३९६	१६८५
त.का.	१२१३	१६८५
त.का.	१७५	१६८६
त.का.	३९६	१६८६
त.का.	४२४	१६८६
जि.का.	१०२५	१६८७
त.का.	८८५	१६८७
त.का.	९३२	१६८८
त.का.	११३७	१६८८
त.का.	८२०	१६९१
जि.का.	७८१	१६९२
जि.का.	११४२	१६९२
जि.का.	६७०	१६९३
जि.का.	१८७४	१६९३
जि.का.	५७४	१६९४
जि.का.	१४४८	१६९४
त.का.	१७६	१६९५
त.का.	९५१	१६९६
जि.का.	४१२	१६९७
त.का.	२८९/A	१६९७

भंडार नाम	ग्रथांक	र.संवत
जि.का.	४००	१६९८
जि.का.	६७३	१६९८
त.का.	११८५	१६९८
त.का.	७२६	१६९९
त.का.	१०४९	१६९९
त.का.	२३३	१७००
त.का.	२५२	१७००
जि.का.	१६४८	१७०१
त.का.	२३८	१७०१
त.का.	११२६	१७०१
त.का.	९८	१७०२
त.का.	८२८	१७०२
लों.का.	६०६	१७०३
जि.का.	६३१	१७०६
जि.का.	१०१७	१७०८
जि.का.	१५५५	१७०८
त.का.	४८	१७०८
त.का.	१०३९	१७०८
लों.का.	३५३	१७०९
जि.का.	२०८६	१७१२
त.का.	३९९	१७१३
त.का.	५९१	१७१३
जि.का.	१८१४	१७१४
त.का.	७५३	१७१४
त.का.	१०७८	१७१४
जि.का.	२०४८	१७१५
त.का.	१७२	१७१५
त.का.	१०२०/C	१७१५

भंडार नाम	ग्रथांक	र.संवत
जि.का.	४२०/५	१७१६
जि.का.	१७३५	१७१६
जि.का.	७४६	१७१७
जि.का.	४१०/१	१७१८
जि.का.	१७८५	१७१८
त.का.	११९	१७२०
जि.का.	२०४९	१७२१
जि.का.	२१०४	१७२१
त.का.	७२८	१७२३
जि.का.	४८९	१७२४
जि.का.	१९९४	१७२४
त.का.	२४४	१७२४
जि.का.	३४८	१७२५
त.का.	४०८	१७२५
त.का.	९४२	१७२५
जि.का.	१४२७	१७२६
जि.का.	२२३२	१७२७
लों.का.	१८९	१७२८
लों.का.	४१३	१७२८
लों.का.	४३८	१७२८
लों.का.	३६२	१७२९
त.का.	७१५	१७२९
जि.का.	६९४	१७३०
जि.का.	४२०/२	१७३१
जि.का.	४२०/१३	१७३१
जि.का.	३४३/१	१७३२
जि.का.	२००३	१७३२
त.का.	३३२	१७३२

भंडार नाम	ग्रथांक	र.संवत
त.का.	४१३	१७३४
लों.का.	६३२	१७३५
जि.का.	४२०/३	१७३६
त.का.	५२	१७३६
जि.का.	९६६	१७३८
जि.का.	४२०/१८	१७४०
जि.का.	४२०/१९	१७४०
जि.का.	४२०/२०	१७४०
जि.का.	७१५	१७४०
जि.का.	१४००	१७४०
त.का.	५४२	१७४०
जि.का.	३४२/३	१७४१
जि.का.	४२०/२२	१७४१
जि.का.	४२०/२५	१७४१
त.का.	१०६५	१७४१
जि.का.	१११३	१७४२
त.का.	२७७	१७४२
त.का.	६८८	१७४२
जि.का.	४२०/३१	१७४५
त.का.	१०४५	१७४५
त.का.	४९४	१७४६
त.का.	४५८	१७४८
त.का.	९९०	१७४८
जि.का.	३४२/५	१७४९
त.का.	४०७	१७४९
जि.का.	४२०/४१	१७५०
जि.का.	४२०/४२	१७५०
जि.का.	४२०/४३	१७५०

भंडार नाम	ग्रथांक	र.संवत
जि.का.	४२०/४६	१७५०
जि.का.	४२०/४७	१७५०
जि.का.	४२०/४८	१७५०
जि.का.	४२०/५०	१७५०
जि.का.	४२०/५२	१७५१
जि.का.	४२०/५४	१७५१
जि.का.	४२१	१७५१
लों.का.	१८८	१७५१
त.का.	६३४	१७५१
जि.का.	४२०/५५	१७५२
त.का.	१०८	१७५२
त.का.	७३१	१७५२
जि.का.	३५१	१७५३
जि.का.	४२०/५८	१७५३
त.का.	१०२३/A	१७५३
त.का.	६८६	१७५४
जि.का.	६४३	१७५५
जि.का.	४२०	१७५५
जि.का.	१६२७	१७५५
जि.का.	१९६२	१७५५
त.का.	३८३	१७५७
त.का.	४९	१७५९
त.का.	२१८	१७५९
त.का.	५४९	१७५९
लों.का.	२२१	१७६०
त.का.	२३२	१७६१
त.का.	४१०	१७६१
त.का.	७१७	१७६१

भंडार नाम	ग्रथांक	र.संवत
जि.का.	१८७२	१७६२
त.का.	३९१	१७६२
त.का.	५६१	१७६२
त.का.	७७६	१७६२
जि.का.	१९२८	१७६३
त.का.	९५	१७६३
त.का.	७४६	१७६३
जि.का.	१८४३	१७६४
त.का.	११५	१७६४
जि.का.	२०२४	१७६६
लों.का.	३५८	१७६६
त.का.	२९५	१७६६
त.का.	७१६	१७६६
जि.का.	७६२	१७६७
त.का.	२४७	१७६७
त.का.	४५३	१७६७
त.का.	५६०	१७६८
त.का.	७१	१७६९
त.का.	४७३	१७६९
त.का.	६३८	१७६९
त.का.	४६७	१७७१
त.का.	१८९	१७७२
त.का.	६३३	१७७२
त.का.	१२६५	१७७२
जि.का.	४०९	१७७३
त.का.	२१०	१७७३
त.का.	७१४	१७७५
जि.का.	७४५	१७७६

भंडार नाम	ग्रंथांक	र.संवत	भंडार नाम	ग्रंथांक	र.संवत	भंडार नाम	ग्रंथांक	र.संवत	भंडार नाम	ग्रंथांक	र.संवत	भंडार नाम	ग्रंथांक	र.संवत	भंडार नाम	ग्रंथांक	र.संवत	भंडार नाम	ग्रंथांक	र.संवत
जि.का.	१४२१	१७७६	त.का.	३६२	१७९५	जि.का.	१९१६	१८०९	त.का.	११३४	१८२५	जि.का.	१८२९	१८४४	त.का.	८६०	१८५३	जि.का.	१६८७	१८६५
जि.का.	१९७३	१७७६	त.का.	६९९	१७९५	त.का.	१०३३	१८०९	जि.का.	२१६६	१८२६	त.का.	२३९	१८४४	त.का.	९८१	१८५३	त.का.	३८६	१८६५
त.का.	१०००	१७७६	त.का.	९९९	१७९५	जि.का.	१४६६	१८१०	लों.का.	५१७	१८२६	त.का.	४४३	१८४४	त.का.	१०४०	१८५४	त.का.	४९०	१८६६
त.का.	८०७	१७७७	जि.का.	२०५६	१७९६	जि.का.	२०६४	१८१०	त.का.	४६२	१८२६	जि.का.	१८५०	१८४५	त.का.	८५९	१८५५	त.का.	५३०	१८६६
त.का.	१४३	१७७८	त.का.	८३४	१७९६	त.का.	१३९	१८१०	त.का.	४७०	१८२७	जि.का.	१९६७	१८४५	त.का.	१०२३/B	१८५६	त.का.	१२१०	१८६६
त.का.	१२१७	१७७८	त.का.	५१३	१७९७	जि.का.	१७३४	१८११	त.का.	६२३	१८२७	त.का.	५५४	१८४५	त.का.	२६४	१८५७	त.का.	१२११	१८६६
त.का.	४०२	१७७९	जि.का.	१४०४	१७९८	त.का.	८६९	१८११	त.का.	७८	१८२८	त.का.	९१६	१८४५	त.का.	८५४	१८५७	त.का.	५९२	१८६७
जि.का.	१५४५	१७८१	त.का.	८२७	१७९८	त.का.	७८३	१८१२	त.का.	८१	१८२८	जि.का.	१८५४	१८४६	जि.का.	१४९८	१८५८	त.का.	६२५	१८६७
त.का.	७३	१७८१	त.का.	८५५	१७९८	जि.का.	२०००	१८१३	त.का.	७३७	१८२८	लों.का.	३६८	१८४७	त.का.	४७९	१८५८	त.का.	८४०	१८६७
जि.का.	१५०१	१७८३	त.का.	११२३	१७९८	जि.का.	२००४	१८१३	जि.का.	१८३४	१८२९	जि.का.	१८४६	१८४८	त.का.	११५८	१८५८	त.का.	१७०	१८६९
त.का.	१४०	१७८३	त.का.	११४९	१७९८	त.का.	४७१	१८१३	लों.का.	३५१	१८३०	लों.का.	३८८	१८४८	जि.का.	१७३६	१८५९	त.का.	३३७	१८६९
त.का.	३७६	१७८३	त.का.	४५६	१७९९	जि.का.	१८६५	१८१७	जि.का.	१७२९	१८३१	त.का.	४११	१८४८	त.का.	२५०	१८५९	त.का.	४९३	१८६९
त.का.	६७८	१७८४	त.का.	११७०	१७९९	त.का.	८५	१८१७	जि.का.	२२५१	१८३१	त.का.	८६२	१८४८	त.का.	५२३	१८५९	त.का.	९९६	१८६९
त.का.	९०८	१७८५	त.का.	९१३	१८००	जि.का.	८९४	१८१८	त.का.	१४८	१८३१	जि.का.	१४९७	१८४९	त.का.	९६३	१८५९	जि.का.	१९८८	१८७०
जि.का.	१९५६	१७८६	त.का.	१९२	१८०१	त.का.	२०९	१८१८	त.का.	७३०	१८३३	त.का.	१०३८	१८४९	जि.का.	१६८०	१८६०	त.का.	१००	१८७०
त.का.	३६३	१७८६	त.का.	३६८	१८०२	त.का.	३४	१८१८	त.का.	५११	१८३४	जि.का.	१४९०	१८५०	जि.का.	१७३१	१८६०	त.का.	४९५	१८७०
त.का.	४९६	१७८६	त.का.	४६८	१८०२	त.का.	७१८	१८१९	लों.का.	४१८	१८३६	जि.का.	१८९५	१८५०	त.का.	९७५	१८६०	त.का.	७७८	१८७०
त.का.	३२	१७८६	त.का.	१९०	१८०३	जि.का.	१९०१	१८२०	जि.का.	७४३	१८३८	त.का.	१८२	१८५०	जि.का.	१८९१	१८६१	जि.का.	९०८	१८७१
जि.का.	१३९९	१७८७	त.का.	२७४	१८०३	त.का.	१२७०	१८२०	जि.का.	२२४१	१८३८	त.का.	३९७	१८५०	त.का.	१६४	१८६२	त.का.	३३६	१८७१
त.का.	२३५	१७८७	जि.का.	१८९४	१८०४	जि.का.	१५५०	१८२२	जि.का.	१९०३	१८३९	त.का.	७४०	१८५०	त.का.	२३०	१८६२	त.का.	३८७	१८७३
त.का.	५४४	१७८७	त.का.	४१९	१८०५	जि.का.	१९८०	१८२२	त.का.	७१३	१८३९	त.का.	१०८६	१८५०	त.का.	१८५	१८६३	त.का.	६३६	१८७३
त.का.	२२६	१७८९	त.का.	९५५	१८०५	त.का.	५३२	१८२२	त.का.	७९४	१८३९	त.का.	९५८	१८५१	त.का.	३६९	१८६३	जि.का.	२०१९	१८७४
त.का.	९४०	१७८९	त.का.	१३५	१८०६	त.का.	३७१	१८२४	त.का.	७३६	१८४०	त.का.	१७१	१८५२	त.का.	७०२	१८६३	त.का.	४२५	१८७४
त.का.	९४१	१७८९	त.का.	३१०	१८०६	त.का.	४५७	१८२४	जि.का.	१९७२	१८४२	त.का.	८२३	१८५२	त.का.	७५	१८६४	त.का.	८९२	१८७४
त.का.	३९	१७९०	त.का.	५९०	१८०७	त.का.	७३४	१८२४	त.का.	४४२	१८४२	त.का.	९४६	१८५२	त.का.	३१५	१८६४	त.का.	५१७	१८७५
त.का.	१९१	१७९४	त.का.	७६१	१८०७	लों.का.	३९६	१८२५	त.का.	११८४	१८४२	त.का.	१३७	१८५३	त.का.	३५७	१८६४	त.का.	८५७	१८७५
लों.का.	३८२	१७९५	त.का.	९२५	१८०८	त.का.	५६५	१८२५	जि.का.	१८२७	१८४३	त.का.	२६५	१८५३	त.का.	४६४	१८६४	जि.का.	१६४०	१८७६
त.का.	२०३	१७९५	जि.का.	१८५१	१८०९	त.का.	६४०	१८२५	जि.का.	२१०७	१८४३	त.का.	७६६	१८५३	त.का.	५८१	१८६४	त.का.	३८४	१८७६

भंडार नाम	ग्रंथांक	र.संवत	भंडार नाम	ग्रंथांक	र.संवत	भंडार नाम	ग्रंथांक	र.संवत	भंडार नाम	ग्रंथांक	र.संवत	भंडार नाम	ग्रंथांक	र.संवत	भंडार नाम	ग्रंथांक	र.संवत	भंडार नाम	ग्रंथांक	र.संवत
त.का.	७७९	१८७६	त.का.	८८१	१८८५	त.का.	३७४	१८९४	त.का.	४६६	१८९९	त.का.	३७५	१९०५	त.का.	५२८	१९१०	त.का.	३६५	१९१८
त.का.	९९५	१८७६	त.का.	४१६	१८८७	त.का.	४२३	१८९४	त.का.	७७७	१८९९	त.का.	४४९	१९०५	त.का.	८४९	१९१०	त.का.	६१९	१९२१
त.का.	१०२५	१८७६	त.का.	५१	१८८९	त.का.	२७५	१८९५	त.का.	८६७	१८९९	त.का.	४७६	१९०५	त.का.	३४१	१९११	त.का.	४३६	१९२२
त.का.	८६	१८७७	त.का.	४६३	१८८९	त.का.	३८५	१८९५	त.का.	११५०	१८९९	त.का.	१८७	१९०६	त.का.	३५५	१९११	त.का.	८११	१९२२
त.का.	१०२३/H	१८७७	त.का.	५३१	१८८९	त.का.	५२४	१८९५	त.का.	६७	१९००	त.का.	३४३	१९०६	त.का.	७४१	१९११	त.का.	३५०	१९२५
त.का.	१२४४	१८७७	त.का.	२६७	१८९१	त.का.	७७३	१८९५	त.का.	६२६	१९००	त.का.	३१३	१९०७	त.का.	८७७	१९१२	त.का.	८४७	१९३१
जि.का.	१९३२	१८७८	त.का.	४७८	१८९१	त.का.	८१३	१८९५	त.का.	६३९	१९००	त.का.	३६७	१९०७	त.का.	१२३५	१९१३	त.का.	७५८	१९३२
त.का.	२९१	१८७८	त.का.	९७०	१८९१	त.का.	६१७	१८९६	त.का.	९४४	१९००	त.का.	४८५	१९०७	त.का.	५१६	१९१४	त.का.	८२१	१९३४
त.का.	३८	१८८०	त.का.	३३४	१८९२	त.का.	९१४	१८९६	त.का.	३७२	१९०२	त.का.	६४१	१९०७	त.का.	५१८	१९१५	त.का.	१२७८	१९३४
त.का.	६४३	१८८३	त.का.	५१२	१८९३	त.का.	१०८९/A	१८९६	त.का.	९७७	१९०३	त.का.	२२७	१९०८	त.का.	९८५	१९१५	जि.का.	३७८	१९८३
जि.का.	२१६८	१८८४	त.का.	१८३	१८९४	त.का.	५८६	१८९७	त.का.	१३८	१९०४	त.का.	४०	१९०८	त.का.	७२०	१९१७			
त.का.	७६२	१८८५	त.का.	३६६	१८९४	त.का.	२६८	१८९९	त.का.	१०२६	१९०४	त.का.	५२५	१९१०	त.का.	८७१	१९१७			

परिशिष्ट ४ : कागज की मूल हस्तलिखित प्रतियों के पेटी क्रमांक तथा ग्रंथ क्रमांकों की सूची

पेटीनं.	ग्रंथांक	अप्राप्त ग्रंथांक
जिनभद्रसूरि कागज का ज्ञानभंडार		
१	१ से ३५	
२	३६ से ६७	४४
३	६८ से ७१	
४	७२ से ८१	
५	८२ से ९८	
६	९९ से ११३	
७	११४ से १३९	
८	१४० से १७३	
९	१७४ से २२७	
१०	२२८ से २६३	
११	२६४ से ३१७	
१२	३१८ से ३७७	
१३	३७८ से ४२७	
१४	४२८ से ४६१	
१५	४६२ से ५७५	४७६, ५१३
१६	५७६ से ६७८	
१७	६७९ से ७३२	७०३, ७२५
१८	७३३ से ८१०	७६६
१९	८११ से ८९२	८४८
२०	८९३ से ९६७	९४५
२१	९६८ से १०२०	९९१
२२	१०२१ से १०७१	१०३२
२३	१०७२ से ११४३	
२४	११४४ से ११९८	११६३, ११८८, ११९५
२५	११९९ से १२१८, १२२२ से १२२७, १२३७ से १२४०, १२४३ से १२७३	
२६	१२८३ से १२९०	
२७	१२१९ से १२२१, १२२८ से १२२६, १२४२, १२७४ से १२७८, १२९१ से १२९६	
२८	१२९७ से १३११	
२९	१३१२ से १३२५	
३०	१३२६ से १३५०	१३२८, १३२९, १३३०, १३४५
३१	१३५१ से १३६५	
३२	१३६६ से १३७४	
३३	१३७५ से १३९८	
३४	१३९९ से १४३६	
३५	१४३७ से १४७६	
३६	१४७७ से १५०७	
३७	१५०८ से १५६३	
३८	१५६४ से १६४६	१५६५
३९	१६४७ से १६८८	
४०	१६८९ से १७२०	
४१	१७२१ से १७७५	
४२	१७७६ से १८१३	
४३	१८१४ से १८८९	
४४	१८९० से १९४७	
४५	१९४८ से २०३०	
४६	२०३१ से २१५२	२०३५
४७	२१५३ से २२१९	२१८२
४८	२१६०, २१६३, २१६४	
	२२२० से २२५३	
डुंगरजीयति कागज का ज्ञानभंडार		
१	१ से २९	
२	३० से ५६	
३	५७ से १००	८२, ८६
४	१०१ से १५०	१०१, १०२, ११६, १४४
५	१५१ से १८१	१७७
६	१८२ से २४५	२२०
७	२४६ से २८०	२५७, २७१
८	२८१ से ३३४	३१९
९	३३५ से ३९४	३८७
१०	३९५ से ४४१	४२२, ४२३, ४२४
११	४४२ से ४७९ (४४६ और ४८२ एक साथमें रखा है)	४७२
१२	४८० से ५२२	५२२
१३	५२३ से ५६१	५३४, ५३६, ५३८, ५५८
१४	५६२ से ६२०	५८४, ६०५
१५	६२१ से ६३९	
१६	६४० से ६८८	६६७
१७	६८९ से ७११	
१८	७१२ से ७४४	७२४
१९	७४५ से ७८१	७६४, ७७६A
२०	७८२ से ८११	७९३, ८०४
२१	८१२ से ८३२	८२९
२२	८३३ से ८७१	८३४
२३	८७२ से ८९७	८९६
२४	८९८ से ९२७ (९१० और ९१३ एक साथमें रखा है)	९०५, ९१४
२५	९२८ से ९६४	
२६	९६५ से १०१८	९९८, १००५, १०००
२७	१०१९ से १०४६ (१०२६ और १०२९ एक साथमें रखा है)	
२८	१०४७ से १०७७	
२९	१०७८ से ११११	
३०	१११२ से ११५१	१११३
३१	११५२ से ११९४	११७२, ११८३, ११९३
३२	११९५ से १२७८	१२०५ से १२१५, १२३३, १२३७ से १२४१

पेटीनं.	ग्रंथांक	अप्राप्त ग्रंथांक
३३	१२७९ से १३८८	१३०७, १३११, १३१२, १३१९, १३३५, १३३९, १३७०, १३७२, १३७४ से १३७७, १३८१
३४	१३८९ से १३९३	

लौंकागच्छ कागजका ज्ञानभंडार

पेटीनं.	ग्रंथांक	अप्राप्त ग्रंथांक
१	१ से २२	-
२	२३ से २९	-
३	३० से ५३	-
४	५४ से ६३	-
५	६४ से ८८	-
६	८९ से ११३	-
७	११४ से १४२	१२४
८	१४३ से १९१	-
९	१९२ से २५०	-
१०	२५१A से ३०६	२६३,२९६
११	३०७ से ३८४	३२५,३३४,३४९,३७१
१२	३८५ से ४५४	३८६,४३४,४३६
१३	४५५ से ५१५	४६४,४७४थी ४७६, ४९३,४९९
१४	५१६ से ५५६	५२२,५२६,५२९, ५३०,५४६
१५	५५७ से ६३४	५६२,६१०,६२३
१६	६३५ से ६९०	६५४ से ६८४
१७	६९१ से ७३७	७११ से ७२१, ७२३ से ७३२

थाहरुशाह कागज का ज्ञानभंडार

पेटीनं.	ग्रंथांक	अप्राप्त ग्रंथांक
१	१ से ४५ व ४५ से ६२	
२	६३ से ७० व ७१ से ८५	
३	८६ से ११७ व ११८ से १६१	१५८
४	१६२ से १९४ व १९५ से २४९	२२४, २३३
५	२४६ से २६३	
६	२६४ से २७२	
७	२७२ से २९५	
८	२९६ से ४८४	३००,३०४ से ३१०, ३३०,३३५,३४४,३४५, ३६२,३७४,४०८,४३७, ४४२,४४६,४५३,४५४, ४५७,४६६,४७५,४८२
९	२३४ से २४५	

आचार्यगच्छ कागज का ज्ञानभंडार

पेटीनं.	ग्रंथांक	अप्राप्त ग्रंथांक
१	४ से ३८	
२	३९ से ६३	
३	६४ से १२०	८९, १०४
४	१२१ से १९४	१८६, १९१
५	१९५ से २४९	
६	२५० से ३२६	
७	३२७ से ३७१	

तपागच्छ कागज का ज्ञानभंडार

पेटीनं.	ग्रंथांक	अप्राप्त ग्रंथांक
१	१ से १६	
२	१७ से २८	
३	२९ से ५४	
४	५५ से ६१	
५	६२ से ८१	६८
६	८२ से ११२	
७	११३ से १३६	१३२
८	१३७ से १६९	
९	१७० से २८५	१९६, २००, २४३, २४४, २५१, २५३
१०	२८६ से ३३२	२८६, २८७, २९४,
११	३३३ से ४१४	३३८, ३५१, ३५६
१२	४१५ से ४७९	४२६
१३	४८० से ५३३	४८०, ५०१
१४	५३४ से ५८७	५४५
१५	५८८ से ६१७	
१६	६१८ से ६६२	६४८
१७	६६३ से ६९१	६६८,६८२
१८	६९२ से ७३०	६९५, ७१६, ७२९
१९	७३१ से ८७७	७३८, ७५३, ७५५, ७५७, ७७६, ७८५, ७८८, ८०२, ८०४, ८०५, ८०८, ८१०, ८१५, ८१७, ८४३, ८५८, ८६५, ८७२
२०	८७८ से १०१७	८८१, ८८३, ८८६, ८९१, ९०१, ९०४, ९२१, ९२५, ९२६, ९५९, ९६२, ९६८, ९६९, ९७३, ९७४, १०१४
२१	१०१८ से १०६७	१०१९, १०२१, १०५५, १०६०, १०६७
२२	१०७३ से ११११	१०८०, १०८३, १०९०, १०९८, ११०६
२३	१११२ से ११८५	१११३, ११२१, ११४२, ११४८
२४	११८६ से १२६७	१२१८, १२१९, १२२२, १२२८, १२५५, १२६४
२५	१२६८A से १३३२	१२७५, १२७७

ता.क. : इस भंडारकी प्रतें सुपार्श्वनाथ जैन मंदिर जैसलमेरमें रखी है ।

परिशिष्ट ५ : सी.डी. तथा झेरोक्ष (फोटोस्टेट) किये गये ग्रंथों की सूची

जिनभद्रसूरि कागज का ज्ञानभंडार*

सिर्फ झेरोक्ष(फोटोस्टेट) किये गये ग्रंथों की सूचि

८० से ८५, ८८, ९३ से ११६, १२० से १२६, १२८ से १३४, १३६, १६५, १६९, १८६, १९६, १९७, २०० से २०४, २१८ से २२७, २२९, २३०, २३३ से २३८, २४२, २४४ से २४७, २५४ से २५७, २६०, २६३, २६५ से २६८, २७० से २७७, २७९, २८०, २८३ से २८९, २९१ से ३२८, ३३१ से ३३९, ३४१ से ३५२, ३५६ से ३७५, ३७८ से ३८५, ३८७ से ३९२, ३९९, ४०१ से ४०९, ४२३, ४२५, ४३४, ४३८, ४४१, ४४४, ४४८, ४६२ से ४६४, ४६६, ४६७, ४६९, ४७०, ४७३, ४७४, ४७७, ४८०, ४८१, ४८७, ४९५ से ४९९, ५०१, ५०३, ५०७, ५१४, ५१५, ५२४, ५२५, ५४१ से ५४६, ५५२, ५५४, ५५५, ५६२ से ५६५, ५६७, ५६८, ५७५ से ५७९, ५८८, ५९१ से ५९४, ५९७, ६०२, ६०३, ६०६, ६०७, ६०९, ६१०, ६१७, ६२०, ६२३, ६३१, ६३३, ६३७, ६३८, ६४५, ६४६, ६४८, ६५०, ६५१, ६५४, ६६०, ६६९, ६८२, ६८६, ६९५, ६९९, ७०१, ७०२, ७०६, ७०८, ७११, ७१२, ७१६, ७३६, ७३७, ७५३ से ७५५, ७६७, ७७८, ८०६, ८०८, ८१२, ८१६, ८१७, ८२६, ८२७, ८३०, ८४१, ८५०, ८५४, ८६१, ८६५, ८६६, ८६८, ८७२, ८७४, ८७८, ८८४, ८९०, ९००, ९०४, ९०८, ९१०, ९२१, ९२२, ९३२, ९५४, ९५५, ९५७, ९६३, ९६७, ९६८, ९६९, ९७३, ९७४, ९७७, ९८२, ९८८, ९८९, ९९२, ९९३, ९९४, ९९७, १००१, १००२, १००४, १००५, १०१२, १०१५, १०१८, १०४६, १०४९, १०५०, १०५१, १०५३, १०५५, १०६०, १०६६, १०६७, १०७४, १०७६, १०७७, १०८१, १०८२, १०८६, ११०८, ११०९, १११०, १११६, ११५४, ११८९, ११९२, , ११९३, १२०७, १२११, १२१९, १२२०, १२२४, १२२८, १२२९, १२३१, १२३३ से १२३७, १२३९, १२४०, १२४६, १२५५, १२६३, १२६७, १२६८, १२७७, १२७८, १२८०, १२८१, १२८७, १२९५, १२९६, १२९९, १३००, १३१५, १३२५, १३३५, १३४०, १३४४, १४१७, १६५१ से १६५३, १६५८, १६६८, १६७०, १७११, १७२२ से १७२४, १७५०, १७५२, १७८८, १७९३ से १७९६, १८०९, १८१९, २०१३, २०१५, २०८०, २०८२, २१२२ से २१२४, २१२६, २१२८, २१३१, २१३२, २१३४, २१३६, २१३९, २१४०, २१४२ से २१४४, २१४६, २१५१, २१५३, २१५७, २१५८, २१६७, २१७२, २१७८, २२२३, २२२६, २२२८, २२४०, २२४१, २२४५, २२४६, २२४८

* जिनभद्रसूरि, तपागच्छ, लोंकागच्छ और आचार्यगच्छके सभी ताडपत्रीय ग्रंथोंकी सी.डी. तथा झेरोक्ष की है सिर्फ जिनभद्रसूरि ताडपत्रीय ज्ञान भंडारका ४५ क्रमांक का ग्रंथ नहिं मिलनेसे उसकी सी.डी. या झेरोक्ष नहीं की गई ।

झेरोक्ष (फोटोस्टेट) तथा सी.डी. दोनों किये गये ग्रंथो की सूचि

१ से ४३, ४५ से ६४, ६६ से ७३, ७५, ८६ से ८७, ८९, ९०, , ११७ से ११९, १३५, १३७ से १३९, १४३ से १६४, १६६ से १६८, १७० से १७७, १७९ से १८३, १८५, १८७ से १९५, १९८, १९९, २०५ से २१७, २२८, २३१, २३२, २४०, २४१, २४३, २४८ से २५३, २५८, २५९, २६१, २६२, २६४, २६९, २७८, २८१, २८२, २९०, ३२९, ३४०, ३५३ से ३५५, ३७६, ३७७, ३८६, ३९३ से ३९५, ४२६, ४२९, ४३७, ४४३, ४४६, ४४७, ४९३, ४९४, ५०४ से ५०६, ५१२, ५१६, ५२१, ५२३, ५२६, ५२९ से ५३१, ५४७ से ५४९, ५८२ से ५८४, ५८६, ५९०, ६०४, ६०५, ६२५, ६३३, ६५२, ६५८, ६६१, ६६८, , ६७६, ६८०, ६८८, ६९३, ७१५, ७२७, ७४१, ८३७, ८३९, ८४५, ८४६, ८५३, ८५५, ८५६, ८६२, ८६९, ८७१, ८८६, ८९४, ९०१, ९११, ९२५, ९२६, ९२८, ९४४, ९४८, ९६५, ९८७, १००३, १०२०, १०२१, १०४२, १०४७, १०४८, १०६३, १०७१, १०७५, १०७८, १०७९, १०८०, १०८३, ११२६, ११९४, १२१०, १२७४, १२७५, १२७९, १२८२, १२८३, १२८४, १२८५, १२८६, १२९२, १२९३, १३०१, १३०३ से १३०५, १३०७, १३११ से १३१४, १३१७, १३१८, १३२४, १३२६, १३३१ से १३३४, १३३६ से १३३८, १३४७ से १३५७, १३६० से १३६५, १३६७, १३६९, १३७६ से १३८२, १३८५, १३८६, १३८८ से १३९१, १३९५, १३९६, १४२३ से १४२५, १४२८, १४३० से १४३३, १४३८ से १४४२, १४५२, १४५३, १४६७, १४६९, १४७०, १४७८, १४८३, १४९२, १५०५, १५१६, १५१७, १५३० से १५३२, १५३४, १५५१ से १५५३, १५६०, १५६३, १५६४, १५६६ से १५६८, १५७१, १५७२, १५८७, १५८९, १५९४, १५९७, , १५९९, १६००, १६११, १६१३ से १६१६, १६२१ से १६२३, १६२५, १६३५, १६३६, १६४४, १६४७, १६५९, १६६३, १६६६, १६६७, १६८९, १६९१, १६९३, १६९७, १७१२ से १७२१, १७२५, १७४४ से १७४९, १७५१, १७५३ से १७६०, १७६८ से १७७१, १७७५ से १७७९, १७८६, १७८७, १७९१, १७९२, १७९८ से १८०३, १८२३ से १८२५, १८७७, १८९८ से १९००, १९२९, १९३१, १९४६, १९५५, १९५७ से १९६१, १९६५, १९६९, १९९१, १९९६, , २०३४, २०३६, २०७९, २०९०, २०९४, २०९८, २११९, २१२०, २१२५, २१२७, २१३०, २१३३, २१३५, २१३७, २१४१, २१४५, २१७१, २१७५, २१८३, २१८७, २१८९, २१९०, २१९३, २१९७, २२०३, २२०५, २२०७, २२१२, २२१७, २२२१, २२२४, २२३३, २२४३, २२४४, २२४७, २२५०, २२५२, २२५३

सिर्फ सी.डी. में लिये गये ग्रंथोंकी सूचि

६५, ७४, ७६, ७७, ७८, २३९, ८६४, १३४३, १३४५, १३७१, २२२५, २२५८

डुंगरजीयति कागज का ज्ञानभंडार

सिर्फ झेरोक्ष (फोटोस्टेट) किये गये ग्रंथों की सूचि

१५, १६, ३४, ३९, ४१, ४२, ४३/२ से ४५, ४९ से ५४, ६१, ६२, ७०, ८३ से ८५, १४३, १६१, १७३, १७९, १९७, २२८, ३१५, ३३१, ४५३, ४७८, ५३३, ५४६, ५४८, ५६४, ५८८, ५९९, ६१२, ६१४, ६४९, ६७४, ७२७, ७३३, ७८३, ७९५, ८३६, ८३८, ८४१, ८४८, ८५१, ८८०, ८९०, ८९७, ९००, ९१५, ९१७, ९२२, ९२४, ९२५, ९२६, ९४५, ९५९, ९६३, ११११९, १२६२, १३७९

झेरोक्ष (फोटोस्टेट) तथा सी.डी. दोनों किये गये ग्रंथो की सूचि

१, २, ६, १०/१, ११, २५ से ३३, ३५, ३७, ३८, ४०, ४७, ४८, ५७ से ६०, ६५, ६८, ६९, ७१, ७२, ७४ से ७६, ७९, ८१, १०४, १३८A, १३८B, १४५, १४९, १५२, १५५, १५९, १६०, १७८, १९२, १९६, २०४, २२३, २३४/१ से २, २३९, २५०, २५३, २५९, २६८, २८१, २८२, २८५, २८८, २९०, ३१०, ३३८, ३५९, ३८५, ३९३, ३९४, ३९८, ४१६, ४२७, ४३१, ४५५, ४९८, ५१२, ५५३, ६०७, ६४१, ६६९, ६७०, ६९९, ७०३ से ७०५, ७०९ से ७१३, ७३१, ७७८, ७८० से ७८२, ७८५, ७८६, ७९०, ७९२, ८०८, ८१३, ८२५ से ८२७, ८३३, ८७६, ८८१, ९२९, ९३०, ९८७, ९९०, १०२३, १०३६, १०४३, १०५१, ११०३, ११४५, ११४७, ११७०, १२३१, १२५६, १२८७, १३०५, १३६०, १३८६

सिर्फ सी.डी. में लिये गये ग्रंथोंकी सूचि

१०/२

आचार्यगच्छ कागज का ज्ञानभंडार

झेरोक्ष (फोटोस्टेट) तथा सी.डी. दोनों किये गये ग्रंथों की सूचि

७८, ७९, ११४, १२१, १५६, १८२, १८४, १९४, १९६

लोंकागच्छ कागज का ज्ञानभंडार

सिर्फ झेरोक्ष (फोटोस्टेट) किये गये ग्रंथों की सूचि

५, ९, १८, १४२, १८०, १८९, ५००-A, ६४९

झेरोक्ष (फोटोस्टेट) तथा सी.डी. दोनों किये गये ग्रंथो की सूचि

८, १४, १५, १२७, १३१, १३२, १८२, २४२, २६७, २७६, २७७, २८१, २८५, २८६, २८७, ३१६, ३१७, ३३५, ३५४, ३७२, ४५९, ५०४, ५०५, ५१६, ५४०, ५४१, ५४२, ५५८, ६४८, ६५१, ६९१, ६९२, ७०६, ७०७

सिर्फ सी.डी. में लिये गये ग्रंथोंकी सूचि

६८

थाहरुशाह कागज का ज्ञानभंडार

सिर्फ झेरोक्ष (फोटोस्टेट) किये गये ग्रंथों की सूचि

५, १६ से १८, २१ से से २३, २६, ४२, ४८, ५०, ७८, १४७, १५७, १६०, १६२, १७६, १७८, १९४, १९८, २०९ से २११, २१४, २१८, २१९, २३७, २४१, २५१, २५९, २६३, २८२ से २८४

झेरोक्ष (फोटोस्टेट) तथा सी.डी. दोनों किये गये ग्रंथो की सूचि

१ से ४, ६, ८ से १४, १९, २०, २४, २५, ४३ से ४६, ४९, ५१ से ६०, ६३ से ७०, ७२, ७६, ७७, ८१, ८२, ८३, ८४, ८५, ८७, ८८, ९० से ९९, १३४ से १३६, १३८, १४१, १४६, १४८, १५०, १५१, १५४, १५५, १५९, १६१, १६३, १६७, १६९, १७१ से १७३, १७७, १७९, १८१ से १८४, १९६, २०२, २०५ से २०८, २१२, २१३, २१६, २१७, २२२, २२३, २२५, २२७, २३४, २३६, २३८ से २४०, २४४, २४७, २५२ से २५४, २६०, २६४ से २६७, २७० से २७३, २७५ से २८१, २८५, २८८, २९४ से २९६, ३६३, ३६६

सिर्फ सी.डी. में लिये गये ग्रंथोंकी सूचि

२७४, २८९ से २९१

तपागच्छ कागज का ज्ञानभंडार

सिर्फ झेरोक्ष (फोटोस्टेट) किये गये ग्रंथों की सूचि

४८, ५०, ५३, ५९, ८५, १३६, १५१ से १५४, १५६, १६२, १६३, १७२, २०४, २१७, २१९, २२३, २२५, २६६, २८३, २८४, ३१६ से ३२२, ३३०, ३३९, ३५४, ३५९, ३६१, ३८८, , ३८९, ४०३, ५००/B, ५०६, ५२४, ५७४, ५७६, ५७९, ५८३, ६०८, ६१६, ६६४, ६९४, ७०३, ७०७, ८२५, ८५२/B, १०६२, १०७९, १०८७, ११११, १२५०, १२७०

झेरोक्ष (फोटोस्टेट) तथा सी.डी. दोनों किये गये ग्रंथो की सूचि

१, २, ७, १३-१५, १७-२८, ४२, ५४, ५८, ६६, ६९, ८४, ११३, ११४, १२१, १२७, १३०, १७०, १७८,३१२, ४५४, ४५५, ४७२, ४९८, ४९९, ५०४, ५०७, ५०८, ५४०, ५५०, ५६८, ५७०, ५७८, ५८०, ५८२, ५८४, ५८८, ६०७, ६१३, ६२०, ६२३, ६६०, ६६१, ६६२, ६६६, ६६७, ६७१, ६८०, ६८१, ६९०, ६९२, ६९९, ७१४, ७३६, ७८०, ८४५, ८५३, ८६०, ८६९, ८७१, ८७६, ९०६, ९२९, ९४६, ९५४-९५६, १००१, १०११, १०५०, १०७७, १०८८, १०९३, १११०, ११३१, ११४१, ११६२, १२२५, १२३७, १२५६, १२६६

सिर्फ सी.डी. में लिये गये ग्रंथोंकी सूचि

११, २९, ३०, ५५, ५६, ५७, १०७, १३३७

परिशिष्ट ६ : C. D. - No. - WISE LIST OF THE PALM-LEAF & PAPER Mss.

सी.डी. क्रमांक	ग्रंथांक	
1	GRN	1
2	GRN	2
3	GRN	3
3	GRN	4 A
4	GRN	4 +
5	GRN	5
5	GRN	6 A
6	GRN	6 +
7	GRN	7
8	GRN	8
8	GRN	9
9	GRN	10 +
10	GRN	10 A
10	GRN	11

सी.डी. क्रमांक	ग्रंथांक	
11	GRN	12
12	GRN	13
13	GRN	14 +
14	GRN	14 A
15	GRN	15 +
16	GRN	15 A
17	GRN	16 +
18	GRN	16 A
18	GRN	17 A
19	GRN	17 +
20	GRN	18
21	GRN	19 +

सी.डी. क्रमांक	ग्रंथांक	
22	GRN	19 A
22	GRN	20
23	GRN	21
23	GRN	22 A
24	GRN	22 +
24	GRN	23
25	GRN	24 +
26	GRN	24 A
26	GRN	25
27	GRN	26
28	GRN	27
28	GRN	28 A
29	GRN	28 +
30	GRN	29
31	GRN	30 +

सी.डी. क्रमांक	ग्रंथांक	
32	GRN	30 A
32	GRN	31
33	GRN	32 +
33	GRN	32 A
34	GRN	33
34	GRN	34 +
34	GRN	34 A
35	GRN	35
36	GRN	36
37	GRN	37
37	GRN	38
37	GRN	39
37	GRN	40
38	GRN	41
39	GRN	42
39	GRN	43
39	GRN	44
39	GRN	46 +

सी.डी. क्रमांक	ग्रंथांक	
40	GRN	47
40	GRN	48 +
41	GRN	48 A
41	GRN	49
42	GRN	50 +
43	GRN	50 A
43	GRN	51
44	GRN	52 +
45	GRN	52 A
45	GRN	53
46	GRN	54
47	GRN	55
48	GRN	56
49	GRN	57

सी.डी. क्रमांक	ग्रंथांक	
50	GRN	58
51	GRN	59 +
52	GRN	59 A
53	GRN	60
54	GRN	61
54	GRN	62 +
55	GRN	62 A
56	GRN	63
57	GRN	64
58	GRN	65
59	GRN	66
60	GRN	67
61	GRN	68 +

सी.डी. क्रमांक	ग्रंथांक	
62	GRN	68 A
63	GRN	69
63	GRN	70 A
64	GRN	70 +
65	GRN	71 +
66	GRN	71 A
66	GRN	72
67	GRN	73
67	GRN	74
67	GRN	75
67	GRN	76
67	GRN	77
67	GRN	78
68	GRN	79
68	GRN	80
69	GRN	81
70	GRN	82

NOTE :
- ❖ + Sign Indicates the Granth is not completed in the same CD
- ❖ A Sign indicates the IInd part of the Granth. ❖ GRN indicates Jinbhadrasuri Palm-Leaf Mss. Bhandar. ❖ PGR/PGRN indicates Jinbhadrasuri Paper Mss. Bhandar.
- ❖ TGR/TGRN indicates Tapagachha Palm-Leaf Mss. & Paper Mss. Bhandar. ❖ THGR/THGRN indicates Thaharushah Paper Mss. Bhandar.
- ❖ LGR/LGRN indicates Lonkagachha Palm-Leaf Mss. & Paper Mss. Bhandar. ❖ AGR/AGRN indicates Acharyagachha Palm-Leaf Mss. & Paper Mss. Bhandar.
- ❖ DGR/DGRN indicates Yati Dungarshi Paper Mss. Bhandar. ❖ 99/1, 99/2, 132/1, 132/2, 173/1, 173/2 These numbers of CD's contains two-two CD's each. CD Nos. 201 & 202 are given to a single CD. 216 to 219 Nos. & 259 to 264 Nos. are kept blank in CD's. There for total no of CD's is 334.
- ❖ After the Granth nò I,II indicate that the Granth originaly has two parts like A, B.

सी.डी. क्रमांक	ग्रंथांक
71	GRN 83
72	GRN 84
73	GRN 85
74	GRN 86
74	GRN 87
75	GRN 88
76	GRN 89
77	GRN 90
78	GRN 91
78	GRN 92
79	GRN 93
79	GRN 94 +
80	GRN 94 A
80	GRN 95
81	GRN 96
82	GRN 97
82	GRN 98 A
83	GRN 98 +

सी.डी. क्रमांक	ग्रंथांक
84	GRN 99
85	GRN 100
85	GRN 101 A
86	GRN 101 +
87	GRN 102
88	GRN 103
89	GRN 104 +
90	GRN 104 A
90	GRN 105
91	GRN 106
92	GRN 107
92	GRN 108
93	GRN 109
93	GRN 110
94	GRN 111
95	GRN 112
95	GRN 113 A
96	GRN 113 +

सी.डी. क्रमांक	ग्रंथांक
97	GRN 114
98	GRN 115
99/ 1	GRN 116
99/ 2	GRN 117
100	GRN 118 +
101	GRN 118 A
102	GRN 119
103	GRN 120 +
104	GRN 120 A
105	GRN 121
106	GRN 122
106	GRN 123
107	GRN 124
108	GRN 125
109	GRN 126
109	GRN 127

सी.डी. क्रमांक	ग्रंथांक
110	GRN 128
110	GRN 129
110	GRN 130
110	GRN 131
111	GRN 132
111	GRN 133
111	GRN 134
111	GRN 135
112	GRN 136
112	GRN 137
112	GRN 138
112	GRN 139
112	GRN 140
112	GRN 141
112	GRN 142
112	GRN 143
112	GRN 144
113	GRN 145
113	GRN 146
113	GRN 147
113	GRN 148
114	GRN 149
114	GRN 150
114	GRN 151

सी.डी. क्रमांक	ग्रंथांक
115	GRN 152
115	GRN 153
115	GRN 154
115	GRN 155
116	GRN 156
116	GRN 157
116	GRN 158
116	GRN 159
117	GRN 160
117	GRN 161
117	GRN 162
117	GRN 163
117	GRN 164
117	GRN 165
117	GRN 166
117	GRN 167
118	GRN 168
118	GRN 169
118	GRN 170
118	GRN 171
118	GRN 172
119	GRN 173
119	GRN 174
120	GRN 175
120	GRN 176
120	GRN 177

सी.डी. क्रमांक	ग्रंथांक
120	GRN 178
120	GRN 179
120	GRN 180
121	GRN 181
121	GRN 182
121	GRN 183
121	GRN 184
121	GRN 185
122	GRN 186
122	GRN 187
122	GRN 188
122	GRN 189
122	GRN 190
122	GRN 191
123	GRN 192
124	GRN 193
124	GRN 194
125	GRN 195
125	GRN 196
125	GRN 197
125	GRN 198
125	GRN 199
126	GRN 200
126	GRN 201

सी.डी. क्रमांक	ग्रंथांक
126	GRN 202
126	GRN 203
126	GRN 204
127	GRN 205
127	GRN 206 +
128	GRN 206 A
128	GRN 207
129	GRN 208
129	GRN 209
130	GRN 210
130	GRN 211
130	GRN 212
130	GRN 213
131	GRN 214
132/ 1	GRN 216 A
132/ 2	GRN 215
132/ 2	GRN 216 +
133	GRN 217
133	GRN 218
133	GRN 219
133	GRN 220

सी.डी. क्रमांक		ग्रंथांक	सी.डी. क्रमांक		ग्रंथांक	सी.डी. क्रमांक		ग्रंथांक	सी.डी. क्रमांक		ग्रंथांक	सी.डी. क्रमांक		ग्रंथांक	सी.डी. क्रमांक		ग्रंथांक	सी.डी. क्रमांक		ग्रंथांक
134	GRN	221	148	GRN	238	157	GRN	258	168	GRN	277	174	GRN	300	181	GRN	323	188	GRN	345
						157	GRN	259 A	168	GRN	278	174	GRN	301	181	GRN	324	188	GRN	346
135	GRN	222	149	GRN	239				168	GRN	279	174	GRN	302				188	GRN	347
135	GRN	223	149	GRN	240	158	GRN	259 +	168	GRN	280	174	GRN	303	182	GRN	325	188	GRN	348
135	GRN	224				158	GRN	260							182	GRN	326	188	GRN	349
			150	GRN	241				169	GRN	281	175	GRN	304	182	GRN	327	188	GRN	350
136	GRN	225	150	GRN	242	159	GRN	261	169	GRN	282	175	GRN	305	182	GRN	328			
136	GRN	226	150	GRN	243				169	GRN	283	175	GRN	306	182	GRN	329	189	GRN	351
			150	GRN	244	160	GRN	262	169	GRN	284	175	GRN	307	182	GRN	330	189	GRN	352
137	GRN	227							169	GRN	285				182	GRN	331	189	GRN	353
			151	GRN	245	161	GRN	263				176	GRN	308	182	GRN	332	189	GRN	354
138	GRN	228	151	GRN	246				170	GRN	286	176	GRN	309						
			151	GRN	247	162	GRN	264	170	GRN	287				183	GRN	333	190	GRN	355
139	GRN	229	151	GRN	248				170	GRN	288	177	GRN	310	183	GRN	334	190	GRN	356
			151	GRN	249	163	GRN	265				177	GRN	311	183	GRN	335	190	GRN	357
140	GRN	230							171	GRN	289	177	GRN	312	183	GRN	336			
			152	GRN	250	164	GRN	266	171	GRN	290				183	GRN	337	191	GRN	358
141	GRN	231				164	GRN	267				178	GRN	313				191	GRN	359
			153	GRN	251				172	GRN	291	178	GRN	314	184	GRN	338	191	GRN	360
142	GRN	232	153	GRN	252	165	GRN	268	172	GRN	292	178	GRN	315	184	GRN	339	191	GRN	361
						165	GRN	269										191	GRN	362
143	GRN	233	154	GRN	253	165	GRN	270	173 1	GRN	293	179	GRN	316	185	GRN	340	191	GRN	363
			154	GRN	254				173 1	GRN	294									
144	GRN	234				166	GRN	271	173 1	GRN	296	180	GRN	317	186	GRN	341	192	GRN	364
			155	GRN	255 +	166	GRN	272							186	GRN	342	192	GRN	365
145	GRN	235							173 2	GRN	295	181	GRN	318				192	GRN	366
			156	GRN	255 A	167	GRN	273				181	GRN	319	187	GRN	343			
146	GRN	236	156	GRN	256	167	GRN	274	174	GRN	297	181	GRN	320	187	GRN	344	193	GRN	367
			156	GRN	257	167	GRN	275	174	GRN	298	181	GRN	321				193	GRN	368
147	GRN	237				167	GRN	276	174	GRN	299	181	GRN	322				193	GRN	369

सी.डी. क्रमांक	ग्रंथांक
193	GRN 370
193	GRN 371
193	GRN 372
193	GRN 373
193	GRN 374
194	GRN 377
194	GRN 378
195	GRN 379
195	GRN 380
196	GRN 381
196	GRN 382
196	GRN 383
196	GRN 384
196	GRN 385
197	GRN 386
197	GRN 387
197	GRN 388
197	GRN 389
198	GRN 46 A
198	GRN 104 B
198	GRN 255 A
198	GRN 375
198	GRN 376
198	GRN 390

सी.डी. क्रमांक	ग्रंथांक
199	GRN 391
199	GRN 392
199	GRN 393
199	GRN 394
200	GRN 395
200	GRN 396
200	GRN 397
200	GRN 398
200	GRN 399
200	GRN 400
200	GRN 401
* 201	GRN 402
202	GRN 403
203	GRN 404
204	GRN 405
205	GRN 406
206	GRN 407 +
206	GRN 408 +
206	GRN 409
207	GRN 407 A
207	GRN 408 A
207	GRN 410
208	GRN 411

सी.डी. क्रमांक	ग्रंथांक
209	GRN 412
209	GRN 413
209	GRN 414
210	GRN 415
210	GRN 416
210	GRN 417
210	GRN 418
210	GRN 419 A
211	GRN 419 +
212	GRN 308
212	GRN 347
213	GRN 423
213	GRN 424
213	GRN 426
214	LGR 68
214	PGR 1345
214	THGR 289
214	THGR 290
214	GRN 420
214	GRN 421
215	PGR 2258
215	THGR 291
215	GRN 422
215	GRN 425
215	Chitra Pattika

सी.डी. क्रमांक	ग्रंथांक
220	PGR 1274A +
221	PGR 1
221	PGR 2
221	PGR 3
221	PGR 4
221	PGR 5
222	PGR 6
222	PGR 7
222	PGR 8
223	PGR 11
223	PGR 12
223	PGR 13
223	PGR 14
224	PGR 15
224	PGR 16
224	PGR 17
224	PGR 19
224	PGR 20
224	PGR 21
224	PGR 22
224	PGR 23
225	PGR 24
225	PGR 26
225	PGR 27
225	PGR 28

सी.डी. क्रमांक	ग्रंथांक
226	PGR 29
226	PGR 30
226	PGR 31
226	PGR 32
227	PGR 33
227	PGR 34
227	PGR 35
227	PGR 36
228	PGR 37
228	PGR 38
228	PGR 39
228	PGR 42
228	PGR 43
229	PGR 45
229	PGR 46
229	PGR 47
229	PGR 48
229	PGR 49
230	PGR 50
230	PGR 51
230	PGR 52
230	PGR 53
230	PGR 54
230	PGR 55
230	PGR 56
230	PGR 57

सी.डी. क्रमांक	ग्रंथांक
231	PGR 58
231	PGR 59
231	PGR 60
231	PGR 61
231	PGR 62
232	PGR 63
232	PGR 65
232	PGR 66
232	PGR 67
233	PGR 68
233	PGR 69
233	PGR 70
234	PGR 71
234	PGR 72
234	PGR 73
234	PGR 74
234	PGR 76
234	PGR 77
235	PGR 78
235	PGR 86
235	PGR 87
235	PGR 89
235	PGR 117
235	PGR 144 A
236	PGR 118
236	PGR 119

सी.डी. क्रमांक	ग्रंथांक
236	PGR 135
236	PGR 137
236	PGR 138
236	PGR 139
236	PGR 143
236	PGR 144 +
236	PGR 145
236	PGR 146
236	PGR 147
236	PGR 148
236	PGR 149
236	PGR 150
236	PGR 151
237	PGR 152
237	PGR 153
237	PGR 154
237	PGR 155
237	PGR 156
237	PGR 157
237	PGR 158
237	PGR 159
238	PGR 160
238	PGR 161
238	PGR 162
238	PGR 163
238	PGR 164
238	PGR 167
238	PGR 168

* C. D. No. 201 & 202 are given to one CD only.

सी.डी. क्रमांक	ग्रंथांक	
238	PGR	170
238	PGR	171
238	PGR	172
238	PGR	173
238	PGR	174
238	PGR	175
239	PGR	177
239	PGR	179
239	PGR	180
239	PGR	181
239	PGR	182
239	PGR	183
239	PGR	185
239	PGR	187
239	PGR	188
239	PGR	189
239	PGR	190
239	PGR	191
239	PGR	192
239	PGR	193
239	PGR	258
239	PGR	259
239	PGR	261
239	PGR	262
239	PGR	264
239	PGR	426
239	PGR	629
239	PGR	864

सी.डी. क्रमांक	ग्रंथांक	
240	PGR	90
240	PGR	1274 A
241	PGR	1275 +
241	PGR	1275 A
242	PGR	1307
242	PGR	1343
242	PGR	1551
242	PGR	1786
242	PGR	1787
242	PGR	1792
242	PGR	2205
243	TGR	1
244	TGR	7
244	TGR	11
244	TGR	13
244	TGR	14
244	TGR	15
244	TGR	17
244	TGR	18
244	TGR	19
245	TGR	20
245	TGR	21
245	TGR	22
245	TGR	23
245	TGR	24

सी.डी. क्रमांक	ग्रंथांक	
246	TGR	25
246	TGR	26
246	TGR	27
246	TGR	28
246	TGR	29
246	TGR	30
247	TGR	42
247	TGR	54
247	TGR	55
247	TGR	56
247	TGR	57
247	TGR	1337
248	TGR	58
249	*TGR/T	1
249	*TGR/T	2
249	*TGR/T	3
249	*TGR/T	4
249	*TGR/T	5
250	*TGR/T	6
250	*TGR/T	7
251	THGR	1
251	THGR	11
251	THGR	14

सी.डी. क्रमांक	ग्रंथांक	
252	THGR	46
252	THGR	49
252	THGR	51
252	THGR	60
253	THGR	63
254	THGR	67
254	THGR	68
255	*LGR/T	1
255	*LGR/T	2
255	*LGR/T	3
256	*LGR/T	4
257	*AGR/T	1
257	*AGR/T	2
257	*AGR/T	3
258	PGR	64
258	PGR	75
265	PGR	9
265	PGR	10
265	PGR	18
265	PGR	25
265	PGR	40
265	PGR	41
265	PGR	46
265	PGR	47
265	PGR	194
265	PGR	195
265	PGR	198

सी.डी. क्रमांक	ग्रंथांक	
266	PGR	166
266	PGR	199
266	PGR	205
266	PGR	206
266	PGR	207
266	PGR	208
266	PGR	209
266	PGR	210
266	PGR	211
266	PGR	212
266	PGR	213
266	PGR	214
266	PGR	215
267	PGR	216
267	PGR	217
267	PGR	231
267	PGR	232
267	PGR	240
267	PGR	241
267	PGR	243
267	PGR	248
267	PGR	249
267	PGR	251
267	PGR	252
267	PGR	253
267	PGR	290
268	PGR	228
268	PGR	238

सी.डी. क्रमांक	ग्रंथांक	
268	PGR	239
268	PGR	250
268	PGR	269
268	PGR	278
268	PGR	281
268	PGR	282
268	PGR	340
268	PGR	353
268	PGR	354
269	PGR	269
269	PGR	329
269	PGR	355
269	PGR	376
269	PGR	377
269	PGR	386
269	PGR	393
269	PGR	394
269	PGR	395
269	PGR	398
270	PGR	429
270	PGR	437
270	PGR	443
270	PGR	446
270	PGR	447
270	PGR	493
270	PGR	494
270	PGR	504
270	PGR	505
270	PGR	506

सी.डी. क्रमांक	ग्रंथांक	
271	PGR	512
271	PGR	516
271	PGR	521
271	PGR	523
271	PGR	526
271	PGR	529
271	PGR	530
271	PGR	531
271	PGR	547
271	PGR	548
271	PGR	549
271	PGR	582
271	PGR	583
271	PGR	584
271	PGR	586
271	PGR	590
271	PGR	604
271	PGR	605
271	PGR	625
271	PGR	642
271	PGR	652
271	PGR	658
271	PGR	693
272	PGR	661
272	PGR	668
272	PGR	673
272	PGR	680
272	PGR	688
272	PGR	715

* TGR/T, LGR/T and AGR/T in all there cases oblic T (/T) indicates that particular granthank is of the palm leaf MSS.

सी.डी. क्रमांक	ग्रंथांक	सी.डी. क्रमांक	ग्रंथांक	सी.डी. क्रमांक	ग्रंथांक	सी.डी. क्रमांक	ग्रंथांक	सी.डी. क्रमांक	ग्रंथांक	सी.डी. क्रमांक	ग्रंथांक	सी.डी. क्रमांक	ग्रंथांक
272	PGR 727	273	PGR 1042	275	PGR 1318	278	PGR 1364	281	PGR 1438	284	PGR 1568	286	PGR 1659
272	PGR 737	273	PGR 1047	275	PGR 1324	278	PGR 1365	281	PGR 1440	284	PGR 1571	286	PGR 1712
272	PGR 741	273	PGR 1048	275	PGR 1326	278	PGR 1376	281	PGR 1442	284	PGR 1572	286	PGR 1713
272	PGR 755	273	PGR 1063	275	PGR 1331					284	PGR 1587	286	PGR 1714
272	PGR 808	273	PGR 1071	275	PGR 1332	279	PGR 1367	282	PGR 1439	284	PGR 1589	286	PGR 1715
272	PGR 837	273	PGR 1075	275	PGR 1333	279	PGR 1369	282	PGR 1441	284	PGR 1594	286	PGR 1716
272	PGR 839	273	PGR 1078	275	PGR 1334	279	PGR 1371	282	PGR 1452	284	PGR 1597	286	PGR 1717
272	PGR 845	273	PGR 1079	275	PGR 1336			282	PGR 1467	284	PGR 1599	286	PGR 1718
272	PGR 846	273	PGR 1080	275	PGR 1337	280	PGR 1377	282	PGR 1469	284	PGR 1600	286	PGR 1719
272	PGR 853	273	PGR 1083	275	PGR 1338	280	PGR 1378	282	PGR 1470	284	PGR 1611	286	PGR 1720
272	PGR 855	273	PGR 1126	275	PGR 1340	280	PGR 1380	282	PGR 1478	284	PGR 1613	286	PGR 1721
272	PGR 856	273	PGR 1194	275	PGR 1347	280	PGR 1381			284	PGR 1614	286	PGR 1725
272	PGR 862	273	PGR 1210	275	PGR 1348	280	PGR 1382	283	PGR 1453	284	PGR 1615	286	PGR 1744
272	PGR 869	273	PGR 1279	275	PGR 1349	280	PGR 1385	283	PGR 1483	284	PGR 1616	286	PGR 1745
272	PGR 871	273	PGR 1286			280	PGR 1386	283	PGR 1492	284	PGR 1621	286	PGR 1746
272	PGR 886	273	PGR 1293	276	PGR 1350	280	PGR 1388	283	PGR 1516	284	PGR 1622	286	PGR 1747
272	PGR 894			276	PGR 1351	280	PGR 1389	283	PGR 1517	284	PGR 1623	286	PGR 1748
272	PGR 901	274	PGR 1282	276	PGR 1352	280	PGR 1390	283	PGR 1530	284	PGR 1635	286	PGR 1749
272	PGR 911	274	PGR 1283	276	PGR 1353	280	PGR 1391	283	PGR 1531	284	PGR 1636	286	PGR 1751
272	PGR 925	274	PGR 1284	276	PGR 1354			283	PGR 1532	284	PGR 1644	286	PGR 1753
272	PGR 926	274	PGR 1285	276	PGR 1355	281	PGR 1395			284	PGR 1663	286	PGR 1754
272	PGR 928	274	PGR 1303	276	PGR 1356	281	PGR 1396	284	PGR 1534			286	PGR 1755
272	PGR 944	274	PGR 1304	276	PGR 1361	281	PGR 1423	284	PGR 1551	285	PGR 1625	286	PGR 1756
272	PGR 948	274	PGR 1305			281	PGR 1424	284	PGR 1552	285	PGR 1647	286	PGR 1757
272	PGR 965	274	PGR 1311	277	PGR 1357	281	PGR 1425	284	PGR 1553	285	PGR 1666	286	PGR 1758
272	PGR 987	274	PGR 1312	277	PGR 1360	281	PGR 1428	284	PGR 1560	285	PGR 1667	286	PGR 1759
		274	PGR 1313	277	PGR 1362	281	PGR 1430	284	PGR 1563	285	PGR 1689	286	PGR 1760
273	PGR 1003	274	PGR 1314	277	PGR 1363	281	PGR 1431	284	PGR 1564	285	PGR 1693	286	PGR 1768
273	PGR 1020					281	PGR 1432	284	PGR 1566	285	PGR 1697	286	PGR 1770
273	PGR 1021	275	PGR 1317			281	PGR 1433	284	PGR 1567			286	PGR 1771

सी.डी. क्रमांक	ग्रंथांक	सी.डी. क्रमांक	ग्रंथांक	सी.डी. क्रमांक	ग्रंथांक	सी.डी. क्रमांक	ग्रंथांक	सी.डी. क्रमांक	ग्रंथांक	सी.डी. क्रमांक	ग्रंथांक	सी.डी. क्रमांक	ग्रंथांक
287	PGR 1769	288	PGR 1959	289	PGR 2212	292	THGR 10	297	THGR 76	302	THGR 151	306	THGR 222
287	PGR 1775	288	PGR 1960	289	PGR 2217	292	THGR 12	297	THGR 77	302	THGR 154	306	THGR 223
287	PGR 1776	288	PGR 1961	289	PGR 2221			297	THGR 81	302	THGR 155		
287	PGR 1777	288	PGR 1965	289	PGR 2224	293	THGR 13	297	THGR 83	302	THGR 159	307	THGR 216
287	PGR 1778	288	PGR 1969	289	PGR 2233	293	THGR 14			302	THGR 161	307	THGR 225
287	PGR 1779	288	PGR 1991	289	PGR 2243	293	THGR 19	298	THGR 82	302	THGR 163	307	THGR 227
		288	PGR 1996	289	PGR 2244	293	THGR 20	298	THGR 84	302	THGR 167	307	THGR 234
288	PGR 1080			289	PGR 2250	293	THGR 43	298	THGR 88	302	THGR 169		
288	PGR 1379	289	PGR 2034	289	PGR 2252	293	THGR 44	298	THGR 90	302	THGR 171	308	THGR 236
288	PGR 1505	289	PGR 2036			293	THGR 45	298	THGR 91			308	THGR 238
288	PGR 1791	289	PGR 2079	290	PGR 1292	293	THGR 52			303	THGR 172	308	THGR 239
288	PGR 1798	289	PGR 2090	290	PGR 1301	293	THGR 53	299	THGR 87	303	THGR 173		
288	PGR 1799	289	PGR 2094	290	PGR 2079			299	THGR 96	303	THGR 177	309	THGR 240
288	PGR 1800	289	PGR 2098	290	PGR 2119	294	THGR 54			303	THGR 179	309	THGR 244
288	PGR 1801	289	PGR 2120	290	PGR 2141	294	THGR 55	300	THGR 92	303	THGR 181	309	THGR 247
288	PGR 1802	289	PGR 2125	290	PGR 2145	294	THGR 56	300	THGR 93	303	THGR 184	309	THGR 252
288	PGR 1803	289	PGR 2127	290	PGR 2175	294	THGR 57	300	THGR 95	303	THGR 196	309	THGR 253
288	PGR 1823	289	PGR 2130	290	PGR 2205	294	THGR 58	300	THGR 97			309	THGR 260
288	PGR 1824	289	PGR 2133	290	PGR 2243	294	THGR 59	300	THGR 98	304	THGR 182		
288	PGR 1825	289	PGR 2135	290	PGR 2247	294	THGR 60	300	THGR 99	304	THGR 183	310	THGR 254
288	PGR 1877	289	PGR 2137	290	PGR 2253	294	THGR 64					310	THGR 264
288	PGR 1898	289	PGR 2171					301	THGR 134	305	THGR 205	310	THGR 265
288	PGR 1899	289	PGR 2183	291	PGR 394	295	THGR 65	301	THGR 135	305	THGR 206	310	THGR 270
288	PGR 1900	289	PGR 2187			295	THGR 69	301	THGR 136	305	THGR 207		
288	PGR 1929	289	PGR 2189	292	THGR 2	295	THGR 70	301	THGR 138			311	THGR 266
288	PGR 1931	289	PGR 2190	292	THGR 3			301	THGR 141	306	THGR 202	311	THGR 275
288	PGR 1946	289	PGR 2193	292	THGR 4	296	THGR 66	301	THGR 146	306	THGR 208	311	THGR 276
288	PGR 1955	289	PGR 2197	292	THGR 6	296	THGR 70	301	THGR 148	306	THGR 212		
288	PGR 1957	289	PGR 2203	292	THGR 8			301	THGR 150	306	THGR 213	312	THGR 267
288	PGR 1958	289	PGR 2207	292	THGR 9					306	THGR 217	312	THGR 277

सी.डी. क्रमांक	ग्रंथांक	
312	THGR	278
312	THGR	285
313	THGR	271
313	THGR	280
314	THGR	272
314	THGR	281
315	THGR	273
315	THGR	274
315	THGR	294
315	THGR	295
315	THGR	296
315	THGR	363
315	THGR	366
316	THGR	279
316	THGR	288
317	THGR	72
317	THGR	94
318	AGR	78
318	AGR	79
318	AGR	114
318	AGR	121
318	AGR	156
318	AGR	182
318	AGR	184
318	AGR	194
318	AGR	196
319	LGR	8
319	LGR	14
319	LGR	15
319	LGR	127
319	LGR	131
319	LGR	132
319	LGR	182
320	LGR	242
320	LGR	267
320	LGR	276
320	LGR	277
320	LGR	281
320	LGR	285
320	LGR	286
320	LGR	287
320	LGR	316
320	LGR	317
320	LGR	335
320	LGR	354
320	LGR	372
320	LGR	459
320	LGR	504
320	LGR	505
320	LGR	516
320	LGR	540
320	LGR	542
320	LGR	707
321	LGR	541
321	LGR	558
321	LGR	648
321	LGR	651
321	LGR	691
321	LGR	692
321	LGR	706
322	TGR	2
322	TGR	66
323	TGR	69
323	TGR	84
323	TGR	107
323	TGR	113
324	TGR	114
324	TGR	121
324	TGR	127
324	TGR	130
324	TGR	170
324	TGR	178
324	TGR	454
324	TGR	455
324	TGR	472
324	TGR	499
325	TGR	498
325	TGR	504
325	TGR	507
325	TGR	508
325	TGR	540
325	TGR	550
325	TGR	568
325	TGR	570
325	TGR	578
325	TGR	580
326	TGR	582
326	TGR	584
326	TGR	588
326	TGR	607
326	TGR	613
326	TGR	620
326	TGR	623
326	TGR	660
326	TGR	661
326	TGR	662
327	TGR	666
327	TGR	667
327	TGR	680
327	TGR	681
327	TGR	690
327	TGR	699
328	TGR	671
328	TGR	692
328	TGR	714
328	TGR	736
328	TGR	782
328	TGR	845
328	TGR	853
328	TGR	860
328	TGR	869
328	TGR	871
328	TGR	876
328	TGR	906
328	TGR	929
328	TGR	946
328	TGR	954
328	TGR	955
328	TGR	956
328	TGR	1001
328	TGR	1050
328	TGR	1077
328	TGR	1088
328	TGR	1093
328	TGR	1110
328	TGR	1131
329	TGR	1141
329	TGR	1162
329	TGR	1225
329	TGR	1237
329	TGR	1256
329	TGR	1266
330	DGR	455
330	PGR	394
330	PGR	1691
330	TGR	312
330	TGR	780
330	TGR	1011
330	THGR	85
331	DGR	1
331	DGR	2
331	DGR	6
331	DGR	10 I
331	DGR	11
331	DGR	25
331	DGR	26
331	DGR	27
331	DGR	28
331	DGR	29
331	DGR	30
331	DGR	31
331	DGR	32
331	DGR	33
331	DGR	35
331	DGR	37
331	DGR	38
331	DGR	40
331	DGR	47
331	DGR	58
332	DGR	48
332	DGR	57
332	DGR	59
332	DGR	60
332	DGR	65
332	DGR	68
332	DGR	69
332	DGR	71
332	DGR	72
332	DGR	74
332	DGR	75
332	DGR	76
332	DGR	79
332	DGR	81
332	DGR	104
332	DGR	138 I
332	DGR	138 II
332	DGR	145
332	DGR	149
332	DGR	152
332	DGR	155
332	DGR	159
332	DGR	160
332	DGR	178
332	DGR	192
332	DGR	196
332	DGR	204
332	DGR	223
332	DGR	234 I
332	DGR	234 II

सी.डी. क्रमांक	ग्रंथांक		सी.डी. क्रमांक	ग्रंथांक		सी.डी. क्रमांक	ग्रंथांक	
333	DGR	239	334	DGR	705	339	DGR	876
333	DGR	250	334	DGR	709	339	DGR	881
333	DGR	253	334	DGR	711	339	DGR	930
333	DGR	259	334	DGR	731	339	DGR	987
333	DGR	268	334	DGR	778	339	DGR	990
333	DGR	281	335	DGR	553	339	DGR	1023
333	DGR	282	335	DGR	710	339	DGR	1036
333	DGR	285	335	DGR	713			
333	DGR	288	335	DGR	782	340	DGR	498
333	DGR	290				340	DGR	1043
333	DGR	310	336	DGR	712	340	DGR	1051
333	DGR	338	336	DGR	780	340	DGR	1103
333	DGR	359	336	DGR	785	340	DGR	1145
333	DGR	385	336	DGR	786	340	DGR	1147
333	DGR	393				340	DGR	1170
333	DGR	394	337	DGR	781	340	DGR	1231
			337	DGR	790	340	DGR	1256
334	DGR	398	337	DGR	792	340	DGR	1287
334	DGR	416	338	DGR	808	340	DGR	1305
334	DGR	427	338	DGR	813	340	DGR	1360
334	DGR	431	338	DGR	825	340	DGR	1386
334	DGR	512	338	DGR	826			
334	DGR	607	338	DGR	827			
334	DGR	641	338	DGR	833			
334	DGR	669	338	DGR	929			
334	DGR	670						
334	DGR	699						
334	DGR	703						
334	DGR	704						

परिशिष्ट ७ : GRANTH NO.-WISE LIST OF THE CDs OF THE PALM-LEAF MSS.

GRN ग्रंथांक	सी.डी. क्रमांक	GRN ग्रंथांक	सी.डी. क्रमांक	GRN ग्रंथांक	सी.डी. क्रमांक	PGR ग्रंथांक	सी.डी. क्रमांक	GRN ग्रंथांक	सी.डी. क्रमांक	GRN ग्रंथांक	सी.डी. क्रमांक	GRN ग्रंथांक	सी.डी. क्रमांक	GRN ग्रंथांक	सी.डी. क्रमांक
JINABHADRASURI BHANDAR :- GRN		21	23	46 A	198	70 A	63	98 A	82	123	106	154	115	185	121
		22 +	24	47	40	71 +	65	99	84	124	107	155	115	186	122
1	1	22 A	23	48 +	40	71 A	66	100	85	125	108	156	116	187	122
2	2	23	24	48 A	41	72	66	101 +	86	126	109	157	116	188	122
3	3	24 +	25	49	41	73	67	101 A	85	127	109	158	116	189	122
4 +	4	24 A	26	50 +	42	74	67	102	87	128	110	159	116	190	122
4 A	3	25	26	50 A	43	75	67	103	88	129	110	160	117	191	122
5	5	26	27	51	43	76	67	104 +	89	130	110	161	117	192	123
6 +	6	27	28	52 +	44	77	67	104 A	90	131	110	162	117	193	124
6 A	5	28 +	29	52 A	45	78	67	104 B	198	132	111	163	117	194	124
7	7	28 A	28	53	45	79	68	105	90	133	111	164	117	195	125
8	8	29	30	54	46	80	68	106	91	134	111	165	117	196	125
9	8	30 +	31	55	47	81	69	107	92	135	111	166	117	197	125
10 +	9	30 A	32	56	48	82	70	108	92	136	112	167	117	198	125
10 A	10	31	32	57	49	83	71	109	93	137	112	168	118	199	125
11	10	32 +	33	58	50	84	72	110	93	138	112	169	118	200	126
12	11	32 A	33	59 +	51	85	73	111	94	139	112	170	118	201	126
13	12	33	34	59 A	52	86	74	112	95	140	112	171	118	202	126
14 +	13	34 +	34	60	53	87	74	113 +	96	141	112	172	118	203	126
14 A	14	34 A	34	61	54	88	75	113 A	95	142	112	173	119	204	126
15 +	15	35	35	62 +	54	89	76	114	97	143	112	174	119	205	127
15 A	16	36	36	62 A	55	90	77	115	98	144	112	175	120	206 +	127
16 +	17	37	37	63	56	91	78	116	99/ 1	145	113	176	120	206 A	128
16 A	18	38	37	64	57	92	78	117	99/ 2	146	113	177	120	207	128
17 +	19	39	37	65	58	93	79	118 +	100	147	113	178	120	208	129
17 A	18	40	37	66	59	94 +	79	118 A	101	148	113	179	120	209	129
18	20	41	38	67	60	94 A	80	119	102	149	114	180	120	210	130
19 +	21	42	39	68 +	61	95	80	120 +	103	150	114	181	121	211	130
19 A	22	43	39	68 A	62	96	81	120 A	104	151	114	182	121	212	130
20	22	44	39	69	63	97	82	121	105	152	115	183	121	213	130
		46 +	39	70 +	64	98 +	83	122	106	153	115	184	121	214	131
														215	132/ 2

GRN ग्रंथांक	सी.डी. क्रमांक	GRN ग्रंथांक	सी.डी. क्रमांक	GRN ग्रंथांक	सी.डी. क्रमांक	GRN ग्रंथांक	सी.डी. क्रमांक	GRN ग्रंथांक	सी.डी. क्रमांक	GRN ग्रंथांक	सी.डी. क्रमांक	GRN ग्रंथांक	सी.डी. क्रमांक	TGR/LGR/AGR ग्रंथांक	सी.डी. क्रमांक
216 +	132/ 2	247	151	276	167	308	176	339	184	370	193	402	201	TAPAGACHHA	
216 A	132/ 1	248	151	277	168	308	212	340	185	371	193	403	202	BHANDAR :- TGR	
217	133	249	151	278	168	309	176	341	186	372	193	404	203		
218	133	250	152	279	168	310	177	342	186	373	193	405	204	1	249
219	133	251	153	280	168	311	177	343	187	374	193	406	205	2	249
220	133	252	153	281	169	312	177	344	187	375	198	407 +	206	3	249
221	134	253	154	282	169	313	178	345	188	376	198	407 A	207	4	249
222	135	254	154	283	169	314	178	346	188	377	194	408 +	206	5	249
223	135	255 +	155	284	169	315	178	347	188	378	194	408 A	207	6	250
224	135	255 A	156	285	169	316	179	347	212	379	195	409	206	7	250
225	136	255 A	198	286	170	317	180	348	188	380	195	410	207		
226	136	256	156	287	170	318	181	349	188	381	196	411	208		
227	137	257	156	288	170	319	181	350	188	382	196	412	209		
228	138	258	157	289	171	320	181	351	189	383	196	413	209		
229	139	259 +	158	290	171	321	181	352	189	384	196	414	209		
230	140	259 A	157	291	172	322	181	353	189	385	196	415	210	LOKAGACHHA	
231	141	260	158	292	172	323	181	354	189	386	197	416	210	BHANDAR :- LGR	
232	142	261	159	293	173/ 1	324	181	355	190	387	197	417	210		
233	143	262	160	294	173/ 1	325	182	356	190	388	197	418	210	1	255
234	144	263	161	295	173/ 2	326	182	357	190	389	197	419 +	211	2	255
235	145	264	162	296	173/ 1	327	182	358	191	390	198	419 A	210	3	255
236	146	265	163	297	174	328	182	359	191	391	199	420	214	4	256
237	147	266	164	298	174	329	182	360	191	392	199	421	214		
238	148	267	164	299	174	330	182	361	191	393	199	422	215		
239	149	268	165	300	174	331	182	362	191	394	199	423	213		
240	149	269	165	301	174	332	182	363	191	395	200	424	213		
241	150	270	165	302	174	333	183	364	192	396	200	425	215	ACHARYAGACHHA	
242	150	271	166	303	174	334	183	365	192	397	200	426	213	BHANDAR :- AGR	
243	150	272	166	304	175	335	183	366	192	398	200				
244	150	273	167	305	175	336	183	367	193	399	200			1	257
245	151	274	167	306	175	337	183	368	193	400	200			2	257
246	151	275	167	307	175	338	184	369	193	401	200			3	257

PGR ग्रंथांक	सी.डी. क्रमांक	PGR ग्रंथांक	सी.डी. क्रमांक	PGR ग्रंथांक	सी.डी. क्रमांक	PGR ग्रंथांक	सी.डी. क्रमांक	PGR ग्रंथांक	सी.डी. क्रमांक	PGR ग्रंथांक	सी.डी. क्रमांक	PGR ग्रंथांक	सी.डी. क्रमांक	PGR ग्रंथांक	सी.डी. क्रमांक
JINBHADRASURI BHANDAR :- PGR		29	226	58	231	143	236	175	238	216	267	354	268	547	271
1	221	30	226	59	231	144 +	236	177	239	217	267	355	269	548	271
2	221	31	226	60	231	144 A	235	179	239	228	268	376	269	549	271
3	221	32	226	61	231	145	236	180	239	231	267	377	269	582	271
4	221	33	227	62	231	146	236	181	239	232	267	386	269	583	271
5	221	34	227	63	232	147	236	182	239	238	268	393	269	584	271
6	222	35	227	64	258	148	236	183	239	239	268	394	269	586	271
7	222	36	227	65	232	149	236	185	239	240	267	394	291	590	271
8	222	37	228	66	232	150	236	187	239	241	267	394	330	604	271
9	265	38	228	67	232	151	236	188	239	243	267	395	269	605	271
10	265	39	228	68	233	152	237	189	239	248	267	398	269	625	271
11	223	40	265	69	233	153	237	190	239	249	267	426	239	629	239
12	223	41	265	70	233	154	237	191	239	250	268	429	270	642	271
13	223	42	228	71	234	155	237	192	239	251	267	437	270	652	271
14	223	43	228	72	234	156	237	193	239	252	267	443	270	658	271
15	224	45	229	73	234	157	237	194	265	253	267	446	270	661	272
16	224	46	229	74	234	158	237	195	265	258	239	447	270	668	272
17	224	46	265	75	258	159	237	198	265	259	239	493	270	673	272
18	265	47	229	76	234	160	238	199	266	261	239	494	270	680	272
19	224	47	265	77	234	161	238	205	266	262	239	504	270	688	272
20	224	48	229	78	235	162	238	206	266	264	239	505	270	693	271
21	224	49	229	86	235	163	238	207	266	269	268	506	270	715	272
22	224	50	230	87	235	164	238	208	266	269	269	512	271	727	272
23	224	51	230	89	235	166	266	209	266	278	268	516	271	737	272
24	225	52	230	90	240	167	238	210	266	281	268	521	271	741	272
25	265	53	230	117	235	168	238	211	266	282	268	523	271	755	272
26	225	54	230	118	236	170	238	212	266	290	267	526	271	808	272
27	225	55	230	119	236	171	238	213	266	329	269	529	271	837	272
28	225	56	230	135	236	172	238	214	266	340	268	530	271	839	272
		57	230	137	236	173	238	215	266	353	268	531	271	845	272
				138	236	174	238							846	272
				139	236										

PGR ग्रंथांक	सी.डी. क्रमांक	PGR ग्रंथांक	सी.डी. क्रमांक	PGR ग्रंथांक	सी.डी. क्रमांक	PGR ग्रंथांक	सी.डी. क्रमांक	PGR ग्रंथांक	सी.डी. क्रमांक	PGR ग्रंथांक	सी.डी. क्रमांक	PGR ग्रंथांक	सी.डी. क्रमांक	PGR ग्रंथांक	सी.डी. क्रमांक
853	272	1080	288	1333	275	1379	288	1483	283	1616	284	1747	286	1824	288
855	272	1083	273	1334	275	1380	280	1492	283	1621	284	1748	286	1825	288
856	272	1126	273	1336	275	1381	280	1505	288	1622	284	1749	286	1877	288
862	272	1194	273	1337	275	1382	280	1516	283	1623	284	1751	286	1898	288
864	239	1210	273	1338	275	1385	280	1517	283	1625	285	1753	286	1899	288
869	272	1274* A	240	1340	275	1386	280	1530	283	1635	284	1754	286	1900	288
871	272	1274 A+	220	1343	242	1388	280	1531	283	1636	284	1755	286	1929	288
886	272	1275 +	241	1345	214	1389	280	1532	283	1644	284	1756	286	1931	288
894	272	1275 A	241	1347	275	1390	280	1534	284	1647	285	1757	286	1946	288
901	272	1279	273	1348	275	1391	280	1551	242	1659	286	1758	286	1955	288
911	272	1282	274	1349	275	1395	281	1551	284	1663	284	1759	286	1957	288
925	272	1283	274	1350	276	1396	281	1552	284	1666	285	1760	286	1958	288
926	272	1284	274	1351	276	1423	281	1553	284	1667	285	1768	286	1959	288
928	272	1285	274	1352	276	1424	281	1560	284	1689	285	1769	287	1960	288
944	272	1286	273	1353	276	1425	281	1563	284	1691	330	1770	286	1961	288
948	272	1292	290	1354	276	1428	281	1564	284	1693	285	1771	286	1965	288
965	272	1293	273	1355	276	1430	281	1566	284	1697	285	1775	287	1969	288
987	272	1301	290	1356	276	1431	281	1567	284	1712	286	1776	287	1991	288
1003	273	1303	274	1357	277	1432	281	1568	284	1713	286	1777	287	1996	288
1020	273	1304	274	1360	277	1433	281	1571	284	1714	286	1778	287	2034	289
1021	273	1305	274	1361	276	1438	281	1572	284	1715	286	1779	287	2036	289
1042	273	1307	242	1362	277	1439	282	1587	284	1716	286	1786	242	2079	289
1047	273	1311	274	1363	277	1440	281	1589	284	1717	286	1787	242	2079	290
1048	273	1312	274	1364	278	1441	282	1594	284	1718	286	1791	288	2090	289
1063	273	1313	274	1365	278	1442	281	1597	284	1719	286	1792	242	2094	289
1071	273	1314	274	1367	279	1452	282	1599	284	1720	286	1798	288	2098	289
1075	273	1317	275	1369	279	1453	283	1600	284	1721	286	1799	288	2119	290
1078	273	1318	275	1371	279	1467	282	1611	284	1725	286	1800	288	2120	289
1079	273	1324	275	1376	278	1469	282	1613	284	1744	286	1801	288	2125	289
1080	273	1326	275	1377	280	1470	282	1614	284	1745	286	1802	288	2127	289
		1331	275	1378	280	1478	282	1615	284	1746	286	1803	288	2130	289
		1332	275									1823	288		

* Only a part of Granth No. PGR 1274 is scaned in CD No. 240 but the whole Granth No. PGR 1274 is scaned in one CD No. 220.

PGR ग्रंथांक	सी.डी. क्रमांक	DGR ग्रंथांक	सी.डी. क्रमांक	DGR ग्रंथांक	सी.डी. क्रमांक	DGR ग्रंथांक	सी.डी. क्रमांक	DGR ग्रंथांक	सी.डी. क्रमांक	THGR ग्रंथांक	सी.डी. क्रमांक	THGR ग्रंथांक	सी.डी. क्रमांक	THGR ग्रंथांक	सी.डी. क्रमांक
2133	289	DUNGARSHIYATI BHANDAR :- DGR		72	332	290	333	782	335	THAHARUSHAH BHANDAR :- THGR		58	294	98	300
2135	289	1	331	74	332	310	333	785	336	1	251	59	294	99	300
2137	289	2	331	75	332	338	333	786	336	2	292	60	252	134	301
2141	290	6	331	76	332	359	333	790	337	3	292	60	294	135	301
2145	290	10 I	331	79	332	385	333	792	337	4	292	63	253	136	301
2171	289	11	331	81	332	393	333	808	338	6	292	64	294	138	301
2175	290	25	331	104	332	394	333	813	338	8	292	65	295	141	301
2183	289	26	331	138 I	332	398	334	825	338	9	292	66	296	146	301
2187	289	27	331	138 II	332	416	334	826	338	10	292	67	254	148	301
2189	289	28	331	145	332	427	334	827	338	11	251	68	254	150	301
2190	289	29	331	149	332	431	334	833	338	12	292	69	295	151	302
2193	289	30	331	152	332	455	330	876	339	13	293	70	295	154	302
2197	289	31	331	155	332	498	340	881	339	14	251	70	296	155	302
2203	289	32	331	159	332	512	334	929	338	14	293	72	317	159	302
2205	242	33	331	160	332	553	335	930	339	19	293	76	297	161	302
2205	290	35	331	178	332	607	334	987	339	20	293	77	297	163	302
2207	289	37	331	192	332	641	334	990	339	43	293	81	297	167	302
2212	289	38	331	196	332	669	334	1023	339	44	293	82	298	169	302
2217	289	40	331	204	332	670	334	1036	339	45	293	83	297	171	302
2221	289	47	331	223	332	699	334	1043	340	46	252	84	298	172	303
2224	289	48	332	234 I	332	703	334	1051	340	49	252	85	330	173	303
2233	289	57	332	234 II	332	704	334	1103	340	51	252	87	299	177	303
2243	289	58	331	239	333	705	334	1145	340	52	293	88	298	179	303
2243	290	59	332	250	333	709	334	1147	340	53	293	90	298	181	303
2244	289	60	332	253	333	710	335	1170	340	54	294	91	298	182	304
2247	290	65	332	259	333	711	334	1231	340	55	294	92	300	183	304
2250	289	68	332	268	333	712	336	1256	340	56	294	93	300	184	303
2252	289	69	332	281	333	713	335	1287	340	57	294	94	317	196	303
2253	290	71	332	282	333	731	334	1305	340			95	300	202	306
2258	215			285	333	778	334	1360	340			96	299	205	305
				288	333	780	336	1386	340			97	300		
						781	337								

THGR ग्रंथांक	सी.डी. क्रमांक	THGR ग्रंथांक	सी.डी. क्रमांक	LGR ग्रंथांक	सी.डी. क्रमांक	LGR/AGR ग्रंथांक	सी.डी. क्रमांक	TGR ग्रंथांक	सी.डी. क्रमांक	TGR ग्रंथांक	सी.डी. क्रमांक	TGR ग्रंथांक	सी.डी. क्रमांक	TGR ग्रंथांक	सी.डी. क्रमांक
206	305	274	315	**LOKAGACHHA**		558	321	**TAPAGACHHA**		66	322	613	326	1001	328
207	305	275	311	**BHANDAR :- LGR**		648	321	**BHANDAR :- TGR**		69	323	620	326	1011	330
208	306	276	311	8	319	651	321	1	243	84	323	623	326	1050	328
212	306	277	312	14	319	691	321	2	322	107	323	660	326	1077	328
213	306	278	312	15	319	692	321	7	244	113	323	661	326	1088	328
216	307	279	316	68	214	706	321	11	244	114	324	662	326	1093	328
217	306	280	313	127	319	707	320	13	244	121	324	666	327	1110	328
222	306	281	314	131	319			14	244	127	324	667	327	1131	328
223	306	285	312	132	319			15	244	130	324	671	328	1141	329
225	307	288	316	182	319			17	244	170	324	680	327	1162	329
227	307	289	214	242	320			18	244	178	324	681	327	1225	329
234	307	290	214	267	320	**ACHARYAGACHHA**		19	244	312	330	690	327	1237	329
236	308	291	215	276	320	**BHANDAR :- AGR**		20	245	454	324	692	328	1256	329
238	308	294	315	277	320	78	318	21	245	455	324	699	327	1266	329
239	308	295	315	281	320	79	318	22	245	472	324	714	328	1337	247
240	309	296	315	285	320	114	318	23	245	498	325	736	328		
244	309	363	315	286	320	121	318	24	245	499	324	780	330		
247	309	366	315	287	320	156	318	25	246	504	325	782	328		
252	309			316	320	182	318	26	246	507	325	845	328		
253	309			317	320	184	318	27	246	508	325	853	328		
254	310			335	320	194	318	28	246	540	325	860	328		
260	309			354	320	196	318	29	246	550	325	869	328		
264	310			372	320			30	246	568	325	871	328		
265	310			459	320			42	247	570	325	876	328		
266	311			504	320			54	247	578	325	906	328		
267	312			505	320			55	247	580	325	929	328		
270	310			516	320			56	247	582	326	946	328		
271	313			540	320			57	247	584	326	954	328		
272	314			541	321			58	248	588	326	955	328		
273	315			542	320					607	326	956	328		

APPENDIX : 8

SCANNING AND REPRODUCTION & OPERATION OF MANUSCRIPTS IN THE JINABHADRA JÑĀNABHĀNDĀRA, JAISALMER

(*3 August-Dec. 1998 - Śrāvaṇa 2054-Pauṣa 2055 saṁvat)

PROJECT CARRIED OUT UNDER THE GUIDANCE OF

Pūjyapādācāryadevaśrīmadvijaya-Siddhisūrīśvarapaṭṭālaṅkāra-
Pūjyapādācāryadevaśrīmad-Vijayameghasurīśvara śiṣyaratna-
Pūjyapāda Gurudevamunirājaśrī Bhuvanavijayāntevāsī
Munirājaśrī Jambūvijayajī Mahārāja

BRIEF GUIDE

1. INTRODUCTION

All the palm-leaf manuscripts held in the Jnanabhandara were scanned and the images recorded on compact disks. The original palm-leaf manuscripts range in length from 6-38 inches with the text written from left to right across the entire length of the page. Page-numbers however are traditionally written only on the second side. The first side is known as the recto or 'A' side, while the second side is the verso or 'B' side.

2. HOW THE IMAGES WERE MADE

The largest scanners available were only able to make images 11 x 17 inches. For manuscripts written on short palm-leaves there was no problem for scanning. The first pages were placed on the scanner, a complete image was made of all the A-sides, and then each leaf was turned over and all the B-sides scanned together. Then the next few pages were placed on the scanner and the process repeated for the entire manuscripts, i.e. in two scans the A-sides and B-sides could be scanned.

* The work was started a little bit only on the August 3, because it was an auspicious day Really it was started From August 15.

However for the longer palm-leaves (which are longer than the bed of the scanner) it was necessary to scan each side twice, first one end then the other, a total of four scans. Several leaves were placed on the scanner and the text on the left of the page was scanned first, i.e. the start of the A-side. Then all the palm-leaves were slide horizontally to scan the text on the left of the page, ie. the remaining part of the A-side. An overlapping area in the middle of each left was scanned twice to provide continuity of text (see Figure 1 overleaf). Next the leaves were all turned over and the process repeated to make two images of the B-side. A total of four images to scan all parts of the longer palm-leaves (in one case it was necessary to take three images of each side).

Because of the possibility of confusion all the palm-leaves were renumbered before scanning to ensure that every scanned image contained page numbers and an indication of whether the images were of the A-side or B-side.

3. HARDWARE USED TO CREATE IMAGES

Processor Pentium P-II 266 MHz
Physical memory 262 Mb
Scanner Umax Mirage IIse
CD writer Yamaha CRW4260tx
Printer HP Laserjet 5000

(Any similar IBM compatible should also be able to access the CDs.)

4. SOFTWARE USED TO CREATE THE IMAGES

Operating system Windows 95 (version 4)
Windows 98 was also tested and worked well
Scanner software Magic Scan 4.01
CD writer CeQuadrat WInOnCD 3.50.273(OEM)
Image processing Adobe PhotoShop 4.0

There are a number of options in Adobe PhotoShop which allow the production of extremely high quality prints from the scanned images: Greyscale (to reduce the colour images to black and white), Brightness, Contrast, Blur, Noise, Sharpen, Texture etc. can optimize the image before attempting to print.

5. VIEWING FROM CD

We recommend the use of ThumbsPlus 3.0 (or later version) which allows processing and printing of the scanned images, this has fewer options than Adobe PhotoShop 4.0 but can produce adequate results. ThumbsPlus 3.0 is provided on many of the CDs.

1. Choose File icon or press Enter key.
2. There you can rotate the image, zoom, fit on screen etc.

6. PRINTING FROM CD

We recommend using ThumbsPlus 3.0 (or later version)

1. Load CD into CD drive.
   The first time you use the software you will need to make the following settings:

   1.1 From the menu bar choose PICTURE, then page setup, from the page setup window clear the tick mark from the maintain aspect ration line. Then clear the tick mark from the border line. Choose OK.

2. To print all pages, Choose edit menu. Then choose select all, Hit enter, From the picture menu, select print, Choose OK.

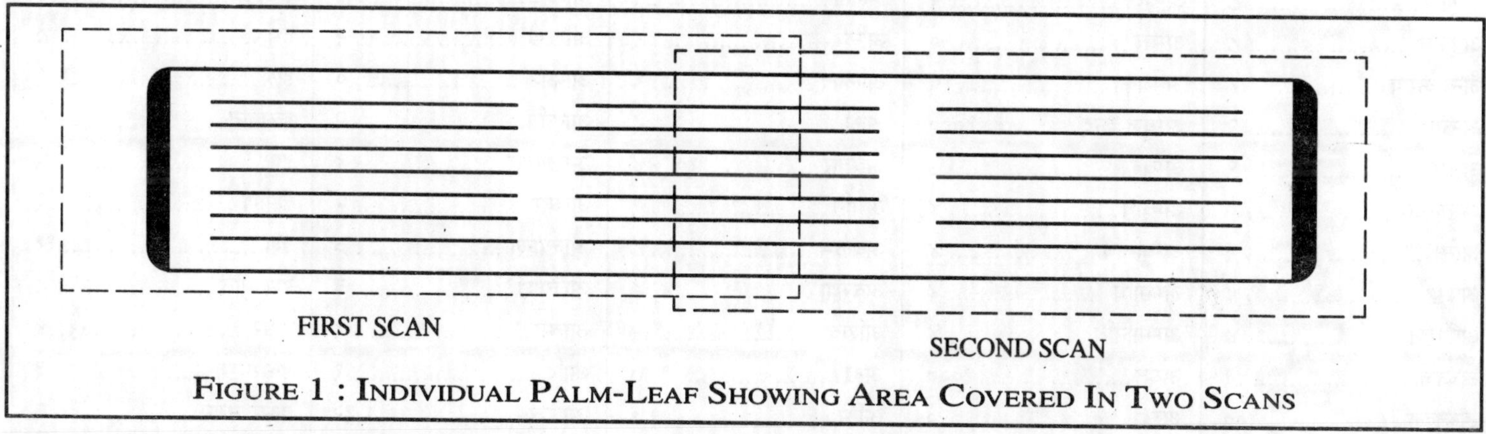

FIGURE 1 : INDIVIDUAL PALM-LEAF SHOWING AREA COVERED IN TWO SCANS

परिशिष्ट ९ : संख्या सूचक शब्द संकेत

यह सूचि इसवी सन् १९८८ में सेवामंदिर-रावटी-जोधपुर राजस्थान की ओर से श्रीमान् जौहरीमलजी पारख द्वारा संपादित व प्रकाशित 'जैसलमेर (राजस्थान) हस्तलिखित ग्रंथोंका सूचिपत्र द्वितीयखंड' इस नाम के सूचिपत्र के परिशिष्ट से उद्घृत है । शब्दों द्वारा सूचित अंक (साल) को जानने का तरीका - उदा० 'विक्रमादष्टाष्टाब्धीन्दु' ऐसा लिखा हो तो दायीं ओर से पहला अंक इन्दु याने १, अब्धी याने ४, अष्ट याने ८, अष्ट याने ८ इस तरह यह साल होगी विक्रमकी १४८८ संवत् इसी तरह शब्दोंसे अंकोको दायीं ओर से पढें ।

अंशु १	अभि ७	अब्जिनीपति १२	अरि ६	अश्विनि १४	आप ४	उडु २७
अंशुमाली १२	अदीश्वर ७	अब्दबीज ४	अरुण १२	अश्वी २	आशा १०	उडुपति १
अंघ्रि २	अद्रि ७	अब्दल १००	अर्क १, १२	अष्ट ८	आश्रम ४	उत्कृति २१, २६
अक्ष ५	अद्वैतवाद १	अब्धि ४, ७	अर्चि ३, ७	अष्टादश १८	आहर्य ७	उदधि ४, ७
अक्षि २	उपाध्याय १८	अब्रह्म १८	अर्जुन बाण १०००	अष्टि १६	इन १२	उदन्वन्त ४
अक्षौहिणी ११, २३	अनन्त ०	अभिनय २, ४	अर्जुनभुज १०००	असिधारा २	इन्दु १	उदन्वान ४
अग्नि ३	अनन्त चक्षु २०	अभ्र ०	अर्जुनसुत १००	असु ५	इन्दुकला १६	उदय १
अग्र ७	अनल १,३,७	अमर ३३	अर्णव ४, ७	अस्त्रक १००	इन्दुवाजि १०	उदर्चिम् ३
अ ९	अनिल ५, ४९	अमरलोक २१	अर्थ ३, ५	अहन् १५	इन्द्र १४, १०००, १, २४	उपचार १६
अङ्ग २,४,५,६,७,८	अनीक ८	अमरालय २१	अर्थि ३	अहस्कर १२	इन्द्र चक्षु १०००	उपाङ्ग १२
अङ्गद्वार १०	अनुत्तर ५	अमाङ्गल ८	अर्बुद ..... १० करोड	अहि ८	इन्द्र दृष्टि १०००	उपाय ४
अङ्गिरस ९, ११	अनुप्रेक्षा १२	अमृतद्युति १	अर्यमा १२	अहिकुल ८	इन्द्र नेत्र १०००	उभ २
अंङ्गुलि १०	अनुयोग ४	अमृत रुचि १	अर्हत् २४	अहिपति मुख १०००	इन्द्र १४	उभय २
अङ्गुष्ट १	अनुष्टुभ् ८	अम्बक २	अलख १	आँख २	इन्द्री १४	उर्वरा १
अङ्गोपांग ११	अनेकप ८	अम्बर ०	अलि ८	आँखडी २	इभ ८	उर्वी १
अघोष १३	अन्तःकरण ४	अम्बिका १६	अलिपद ६	आकाश ०	इला १	उष्णांशु १२
अचल ७	अन्तक २	अम्बुज छन्द १०००	अली ८	आकृति २	इलापति ६	उष्णरश्मि १२
अज १	अन्तर ९	अम्बुद १७	अवतार १०, २४	आखण्डल १४	इषु ५	ऋक्ष २१
अजमुख ४	अन्तरिक्ष ०	अम्बुधि ४	अवनि १	आचार ५	ईक्षीण २	ऋतु ६
अणु ९	अन्घ्रि २	अम्बुनिधि ४	अवलेभ ८	आज्यान्श ३	ईश ११	ऋद्धि ७
अति जगति १३	अप ४	अम्भोधि ४	अवस्था ४, ८	आज्याश ३	ईश मूर्ति ८	ऋषि १
अति घृति १९	अपापत्ति ४	अम्भोनिधि ४	अशिव २	आत्मा १	ईश्वर ११, ४	
अतीत १	अब्जज १	अयुत १०००	अश्व १, ७	आदि १	ईश्वर दृग ३	एक १
अत्यिष्टि १७	अब्जदल १००	अर २०	अश्वि ७	आदित्य १,१२	ईश्वर नयन ३	एक विंशति २१

- एकादश १ (११)
- एकोनो विंशति १९
- एणभूत १
- एणाक १
- ऐशवर्य ८
- ओषषीश १
- ककुभ १०
- कथा ४
- कन्या ५
- कपर्दि ११
- कपार ४
- कपालभूत् ११
- कबुग्रीव रेखा ३
- कमल दल १००,१०००
- कर २
- करणीय ५
- करभ (करभ) ६
- करटी ८
- कराङ्गुली ४५, २०
- करिवासक ८
- करी ८
- कर्ण २
- कर्म ८, १०, १२
- कर्मदेव १२
- कलत्र ७
- कलम ८
- कलश १
- कला १६
- कलाधर १
- कलानिधि १
- कलि १
- कषाय ४
- काम १३
- कामगुण ५
- कामदेव १२
- काय ६
- कारक ६
- कार्त्तवीर्यशर १०००
- कार्त्ति के नेत्र १२
- कार्त्ति केय ६
- काल ३, ६
- कालिदास काव्य ३
- काशयपि १
- काष्ठा १०
- कास्य ४
- किरण १३
- कीचक १००
- कु १
- कुच २
- कुञ्जर ८
- कुटुम्ब २
- कुन्थु १७
- कुभन्त ७
- कुभारवदन ६
- कुमुद १
- कुमुदनि पित १
- कुमुदबान्धव १
- कुम्भ ११
- कुम्भी ८
- कुम्भीपाल ८
- कुरुभूपति सैना ११
- कुल ७
- कुलगिरि ७
- कुलपति ८
- कुल पर्वत ७
- कुलाकार १४
- कुलाचल ७
- कुलादि ७
- कृष्ट ४
- कृत ४
- कृत रावण मुण्ड ९
- कृता ४
- कृतान्त २
- कृति २, २०, २२
- कृशानु ३
- केन्द्र ४
- कोष्ठ ४
- क्रतु ९
- क्रम ३
- क्रिया स्थान १३
- क्रौञ्चारी ६
- क्षपाकार १
- क्षमा १
- क्षमाखण्ड ६
- क्षमाधर ७
- क्षमापति मंडल १२
- क्षिति १
- क्षेत्र ७
- क्षोणी १
- क्षोणीश १६
- क्ष्मा १
- ख ०, ९
- खग् ०, ९
- खग ९
- खड्ग १
- खड्ग धारा २
- खण्ड ९
- खर ६, ७
- खानि ४
- खेचर ९
- खेट ९
- गगन ०
- गङ्गा गौरी २
- गङ्गा मार्ग ३
- गङ्गा मुख १०००
- गज ३, ८
- गज जाति ४
- गज दन्त २
- गजस्य १
- गणपति रदन १
- गति ४, ५
- गन्धर्व ७
- गयवर ८
- गवांध्रि ४
- गव्य ५
- गायत्री २४
- गिरि ७, ५
- गिरी ६, ८
- गिरीश ११
- गुण ३, ६, ९
- गुणमणि १४
- गुण स्थान १४
- गुप्ति ३, ९
- गुल्फ २
- गुह ९
- गुहक ६
- गुह नेत्र १२
- गुह बाहु १२
- गुह मुख ६
- गुह वक्त ६
- गुहाक्षि १२
- गुहास्य ६
- गृहाधीश १२
- गुहानल ६
- गो १, ९
- गोचर ४
- गोचरण ४
- गोत्र १, ७
- गोदावर्य ७
- गोस्तन ४
- गौ ९
- गौरव ३
- ग्रह ९
- ग्रीवा रेखा ३
- ग्रैवयक ९
- ग्लौं १
- ग्वांषि ४
- घन १७
- घस्र २, १५
- घोटक ७
- घोषा १३
- चक्ररथ १
- चक्रवर्ती ६
- चक्रवर्तिन १२
- चक्रबाल ७
- चक्रिन १२
- चक्रिराजन १२
- चक्री ६
- चक्षु २, २०
- चत्तुर ४
- चत्तुरिका स्तम्भ ४
- चतुर्दश १४
- चर्तुविशति २४
- चतुष्टय ४
- चत्वारि ४
- चन्द्र १
- चन्द्रकला १५, १६
- चन्द्रकी १६
- चन्द्रयति ४
- चन्द्रवाह १०
- चन्द्रशेखर १
- चन्द्राश्ध १०
- चर ५
- चरण २,४
- चार ४
- चित्रभानु १२, १६, ३
- छन्द ७
- छाया १, १०
- छिद्र ०, ९
- जग ३
- जग चक्षु १२
- जगतः ३
- जगती १२, ४८
- जंघा २
- जट १८
- जपमाला १००
- जम १४
- जरान्ध्रि ३
- जरासन्ध २३
- जल ४
- जलद १७
- जलधि ४, ७
- जलधि भोजन १००
- जलनिधि ४, ७
- जलाश्य ४
- जाति २२
- जानु २
- जास्यस्य ६
- जाह्नवी १०००
- जिन २४
- जिनोपासक प्रतिमा ११
- जिष्णु ०
- जीभूत १७

जीव १, ६
जीवाजीवोपकरण १४
जुग १४
जैनपदम ९
जैवातृक १
जोघार ४
ज्वर ३
ज्वारसुर ६
ज्वलन ३
ज्ञाताध्याय १९
ज्ञान ५
ज्ञेय १
तक्ष ८
तक्षक ८
तत्व ३,५,७,९,२४,२५
तनु १, ८
तनुवात ५
तनूनपात ३
तन्तुसायक ५
तपन १,३, १२
तपस्वी ७
तपोधा ७
तरणी १२
तरुवर १३
तर्क ६
तर्ण ६
तान ४
ताप ३
ताम्बुल गुण १३

तारक २७
तारण १८
तारा २७
ताल ७
तिथि १५
तिथि संख्या १५
तिसु ३
तीक्ष्णाशु १२
तीनलोक ३
तीर्थ ६८
तुरग ७
तुर्ग ७
तुर्य ४
तुला ७
तूड ७
तैतिल ६
तोयधि ७
त्रय ३
त्रयत्रिंशत् ३३
त्रयोविंशति ३३
त्रि ३
त्रिकटु ३
त्रिकाल ३
त्रिकूट ३, ७
त्रिकूटकूट ३
त्रिक्षेप ३
त्रिगुण ३
त्रिजगत ३
त्रिदश ३३

त्रिदशा ३
त्रिदशालय २१
त्रिदिव १४
त्रिनयन १
त्रिनेत्र ३
त्रिपदी ३
त्रिफला ३
त्रिमौलि ३
त्रियम्बक ११
त्रियामायाम ३
त्रियदश १३
त्रिरत्न ३
त्रिवस्ति ३
त्रिविष्टप ३३
त्रिशरानेत्र नाराणी ६
त्रिशिरा ३
त्रिशूल ३
त्रेत ३
दंश २
दण्ड १, ३
दण्डधर २
दधि ४
दन्त ८, ३२
दन्तावल ८
दन्ती ८
दर्शन ६
दल २, ३०
दश १०
दशकन्धरनेत्र २०

दशकन्धर भुजा २०
दशन ३२
दशरथ पुत्र ४
दशा ३, १०
दस्र २
दहन ३
दाक्षायणी प्राणेश १
दानवारि ३३
दिक् १०
दिक्कुम्भी २८
दिक्पति १
दिक्पाल ८
दिग् ४
दिग्गज ८
दिग्दुरित ८
दिन ५
दिनकर १२
दिनकृत १२
दिननायक १२
दिनमणि १२
दिनेश १
दिव् ०
दिव १, २१
दिवस १५
दिवाकर १२
दिवौकस ३३
दिश ४
दिशा ४, १०, ८
दिशापति १

दिशि ४
दीप १
दुःख ७
दुर्ग ९, १०
दुर्गति ७
ध्युमणि १२
दुहृद ६
दृग् २
दृश २
दृष्टि २
देव १४, ३३
देवता ३३
देवालय २१
देवीतरा १
देश ८
देह ६
दोः २
दो २
दोर २
दोष १०
दोस् १०
द्युमणि १२
द्रव्य ६
द्वन्द २
द्वत्रिंशत् ३२
द्वादश १२
द्वार ९
द्वाविंशति २२
द्वि २

द्विज १, २, ३२
द्विजय १
द्विजराज १
द्विप ८, १८
द्विरद् ८
द्विष ६
द्वीप ७, १८
द्वेषण ६
द्वै २
द्वैत २
द्वै ० २
धन्या १९
धरणी १
धरती १
धरा १
धाता १, १०
धातु ७
धात्री १
धान्य ७
धान्यक १२
धामनिधि १२
धिष्णाय २७
धी ७, ८
धीगुण ८
धुति १०
धूर्जटी ११
धृतराष्ट्र पुत्र १००
धृतराष्ट्र सुत १००
धुति १८

धौ ०
ध्यान ४
ध्रुवतारा ४
नक्षत्र २७
नक्षत्रेश १
नख २०
नखर २०
नखत्र २०
नदीकूल २
नदी तट २
नदो द्वार १३
नदी नाथ ४
नन्द ९
नन्देषु तिथि ५९
नभ ०
नय २, ७
नयन २
नयस सन्तान ७
नर २०
नरक ७, ४०
नरपति १६
नरलक्षण ३२
नव ९
नाग ७, ८
नाग जिह्वा २
नागेन्द्र ८
नाडि ९
नाथ ९
नाभि १०

नाम ... ९
नायक ... १
नारद ... ९
नाराच ... ५
नारायण (वासुदेव) ... ९
नासत्य ... ८
नासावन्श ... १
निधान ... ९
निधि ... ९
नियम ... १४
निरात्मा ... ५
निर्जर ... ४, ३३
निर्जरालय ... २१
निशाकर ... १
निशानाथ ... १
निशापति ... १
निशिपति ... १
निशेष ... १
नीति ... ४
नीरधि ... ४
नीरनिधि ... ४
नृप ... १६
नेत्र ... २
नेम ... १२
पक्ष ... २, १५
पंकज दल ... १०००
पंक्ति ... ०, १०
पञ्च ... ५
पञ्चक ... ५

पञ्चकुल ... ५
पञ्चदश ... १५
पञ्चविशन्ति ... २५
पञ्चोत्तरविभान ... ५
पताका ... १
पत्ररी ... ५
पद ... ६
पद्म ... १०
पद्मी ... ८
पदार्थ ... ४, ९
पद्य ... ३
पन्तग ... १२
पन्थ ... १२
पन्नग ... १,८
पयोद ... १७
पयोधर ... २
पयोधि ... ४
पयोनिधि ... ४
परमधार्मिक ... १५
परमेष्ठि ... ५
परियुत ... १०००००
परिषह ... २२
पर्व ... ५
पर्वत ... ७८
पलाशदल ... ३
पवन ... ५,९,४९
पवमान ... ४९
पशुपति ... ११
पाकशासन ... १२

पाठक ... ४
पाणि ... २
पाण्डव ... ५
पाताल ... ७
पतिशाही सेना ... २२
पाद ... २
पाप ... ५
पाप स्थानक ... १८
पयोनिधि ... ४
पारावार ... ४
पार्थिव ... १९
पार्शव चिन्ह ... ७
पार्षद ... १०
पाल ... ३
पावक ... ३
पिण्ड स्थान ... १९
पितामह ... १
पिनाकी ... ११
पीयूष दीधिति ... १
पुणातर दृष्टचन्द्र ... १०००
पुर ... ३, ७
पुरन्दर ... १४
पुराण ... १८
पुरी ... ७
पुरुष ... ३
पुरुषकला ... ७२
पुरुषान्वय ... १४
पुरुषायु ... १००
पुरुहूत ... १४

पुष्कर ... ८, ३०
पूर ... ७
पूरण ... ०, ३
पूर्ण ... ०
पूर्व ... १४
पूषा ... १२
पृथ्वीपति ... १,१६
पृथ्वी ... १
प्रकृति ... २१, २५, १४
प्रजापति ... ५
प्रणाम ... ५
प्रतिनारायण (प्रतिवासुदेव) ... ९
प्रथम जिनभव ... १३
प्रभजन ... ४९
प्रभव ... १
प्रभाकर ... १२
प्रसावक ... ८
प्रभुनेत्र ... ३
प्रमत्तपति ... ११
प्रमाण ... २
प्रमाथी ... १३
प्रवचनमाय ... १३
प्रवराम ... १८
प्राण ... ५,१०
प्राणेश ... १
प्रालेय ... १
प्रालेयान्शु ... १
प्रासाद ... १

प्रियशतक ... ५
प्रीति रति ... २
फणि ... ७,८
बन्ध ... ४
बन्धु ... ४
बहुमाता ... १२
बाईसी ... २२
बाजि ... ७
बाण (बाणी) ... ५
बाणी ... ४
बाहु ... २
बाहू ... २
बिन्दू ... ०
बुद्धि ... ४
बुद्धिगुण ... ८
बुध ... ३३
ब्रह्म ... ८,१,३
ब्रह्मगुप्ति ... ९
ब्रह्ममुख ... ४
ब्रह्मवृत्ति ... ९
ब्रह्मा ... १
ब्रह्मास्य ... ४
ब्राह्म ... ३
भक्त ... १२
भक्ति ... ९
भक्ष (भोजन) ... १७
भग ... ११
भय ... ७
भर ... १४

भरत-शत्रुघ्न ... २
भर्वी ... ८
भव ... ११
भवन ... ३
भवमार्ग ... ३
भवानिसुत ... ६
भानु ... १२
भार ... १८
भाव ... १२
भावना ... १२
भाषा ... ६
भास्कर ... १२
भास्वत् ... १२
भास्वन्त ... १२
भिक्षु प्रतिमा ... १२
भीम ... ११
भुजग ... ८
भुजा ... २, १०
भुवन ... ३,७,१४
भुवि ... १
भू ... १
भूखण्ड ... ६, ९
भूत ग्राम ... १४
भूति ... ८
भूतेश ... ११
भूधर ... ७
भूप ... १६
भूपति ... १६
भूपाल ... १६

भूभृत ... ७
भूमि ... १
भांगी ... ८
भोजक ... ८
भोजन ... १७
भ्रङ्ग पद ... ६
भ्रमर चरण ... ६
मकराकर ... ७
मङ्गल ... ८, ९
मणि ... ७
मणिहार ... १००
मद ... ८
मदकल ... ८
मधवा ... १४
मनस् ... १
मनु ... १४
मरुत् ... ४९
महाकाव्य ... ५
महादेव ... ११
महापाप ... ५
महाभूत ... ५
महामथ ... ५
महायज्ञ ... ५
महाव्रत ... ५
महासेन वदन ... ६
महिधर ... ७
मही ... १, ७
महीभृत ... १
महेश ... ११

शब्द	संख्या
महेश्वर	११
मातङ्ग	८
माता	५
मातृक	७
मात्रक	७
मारुत	५
मार्गण	५, १४
मार्तण्ड	१२
माला	४
मास	१२
मासार्ध	६
मित्र	१७
मिथुन	२
मिहिर	१२
मीन	१२
मुक्ति	४
मुख	१
मुद्रा	१०
मुनि	३,७
मृगशिर	५
मृगाङ्क	१
मृगादन	५
मेदिनि	१
मेदिनीपति	१६
मेघ	१७
मेघाण्य	१७
मेरु	१,५
मेष	१
यक्ष	१३
यज्ञ	५
यज्ञोपवित्र सूत्र	३
यति	६, ७
यति धर्म	१०
यतिप्रतिमा	१२
यन्त्र	१
यम	२, १२, १४
यमक	१२
यमराज	२
यमल	२
यादः पति	४
याम	४, ८
युग	४, २
युगल	२
युनक	२
युथप	८
युथपनाथ	८
युवा	९
योग	८
योगङ्ग	८
योगेश्वर	९
योजन (कोश)	४
रजनीकर	१
रजनीनाथ	१
रजनीश	१
रजसूत्र	४
रज्जु	१४
रति	६
रत्न	३,५,९,१४,१३
रत्नाकर	७
रथ धुर्य	२
रद	१, ३२
रदन	३२
रद्द	३२
रन्ध्र	०,९
रमा	०,१
रवि	१२
रविकर	१०००
रविचन्द्र	२
रविवाह	७
रशिम	१,०
रस	६,९
रसातल	७
राग	६
रागिनो	३६
राजमण्डल	१२
राजा	१६
राज्याङ्ग	७
रात्रिपति	१
राम	३
रामनन्दन	२
राम-लक्ष्मण	२
रामसुत	२
रामा	६
रावणचक्षु	२०
रावण भुजा	२०
रावण मस्तक	१०
रावण मुख	१०
रावण शिस्त्र	१०
रावण श्रुति	२०
रावणांगुलि	१००
राशि	१, ९,१२
रिपु	६
रीति	४
रुद्र	१
रूप	१
रोहिणी	४
रोहिणीपति	१
रोहिताश्व	३
लब्धि	९,२८
लेश्या	६
लोक	७,१४,३
लोकपाल	४,८
लोक बन्धु	१२
लोचन	२
वक्त	१
वक्र	१२
वक्षोज	२
वचन	३
वज्रकोण	६
वज्रिन	१४
वदन	६
वनधि	४
वयरम्भा	१६
वर्ग	५
वर्ग मूल	३६
वर्ण	३,४,५,६
वर्त्म	५
वर्ष	१०००
वर्षधर	६
वर्हि	३
वलय	३
वलि	३
वह्नि	३, ५
वह्नि शिखा	७
वसु	८,७
वसुधा	१
वसुन्धरा	१
वाडव	७
वाजि	७
वाजी	३,७
वाणिग	०,४
वात	५,४९
वामदेव	११
वायु	५,१०,४९
वायुसख	३
वार	७
वारण	८
वारणरद	४
वारि	१७
वारिद	१७
वरिधि	४,-१७
वारिनिधि	४
वारिराशि	४
वार्धि	४
वास्रव	१४
वाह	७
विशंति	२०
विकर्त्तन	१२
विकृति	२३,६
विक्रम	३,१४
विडौजा	१४
विद्या	३,१४,१८
विद्यादेवी	१६
विद्यास्थान	१४
विधि	४,८
विधिमुख	४
विधु	१,४
विनायक दन्त	१
विनायक स्कन्ध	२
विबुध	३३
विबुधालय	२१
विभव	२
विभाकर	१२
वियत्	०
विशिख	५
विशेष	१९
विशोपक	२०
विश्व	३,१३,१४
विश्वमित्र आश्रम	१०००
विश्वे	२०
विश्वेदेव	१०
विश्वेदेवा	१३
विषधि	४
विषय	५,१४
विष्टप	३
विष्णुपाद्	०
विष्णुभुजा	४
विहायस्	०
व्रीहि	७
वृष	२,१५
वृहस्पति	१२
वृहस्पति हस्ता	१२
वेद	३,४
वेदाङ्ग	६
वैवस्वत	२
वैश्वदेवाहा	१३
वैश्वानर	३
व्यय	१२,२०
व्यसन	७
व्याकरण	८
व्याध्री स्तन	९
व्याल	८
व्योम	०
व्रध्न	७,१२
व्रत	५
व्रीहि	७
शक्ति	३
शक्र	१४
शक्र यज्ञ	१००
शक्रवाह	७
शक्वरी	१
शंकर	११

शंकर लोचन ३
शंख १
शतपत्र पत्र १००
शतमिषा १००
शतमन्यु १४
शतमुख १००
शमन २
शम्भव ११
शम्भुवाहु १०
शम्भु मुख ५
शम्भुमूर्ति ८
शम्भू ११
शर ५,६
शरद १
शरीर ५
शर्व ११
शर्वरी १
शर्वरीकान्त १
शशधर १
शशमृत १
शशांक १
शशि १,१२
शशिकला १६
शस्त्र ५
शिखर ७
शिखी ३
शिनिकण्ठ ११

शिर ३
शिलि मुख ...., ५,६,७
शिव १०,११,३०
शिव नेत्र ३
शिव मार्ग ३
शिव वदन ५
शिव सूली ११
शिवाक्ष ३
शिशिर १
शीतकर १
शीतगु १
शीत दधि १
शीतरश्मि् १
शीतांषु १
शीता १
शुक्रदृष्टि १
शुक्र नेत्र १
शुक्रार्चिष १६
शून्य ०
शूभेतरा लेश्या ३
शूल ३
शेवधि ९
शेष-शीर्ष १०००
शैल ७
श्रम ५
श्रमण धर्म १०
श्रवण ३

श्री कण्ठ ११
श्री भर्तृकर शाखा २०
श्रीमुख ७
श्रुति २,४,८,२०
श्रृङ्ग २
श्रृंगार १६
श्वेत १
श्वेत ज्योति १
षट ६
षट्क ६
षट्पद ६
षोडश १६
संयम १७
संयमभेद १७
संस्कार १६
संक्रांति १२
संख्या ९
संघ ४
संघात ४
सञ्ज्ञा ४, १९
सदल ३०
सनकादि ४
सन्ध्या ३
सपतन ६
सप्त ७
सप्तदश १७
सप्त पर्व ७

सप्ताचल ७
सप्तार्थि ३
सप्ताश्व ७
सफर १२
समासद १२
समय ३
समाय ६
समास ६
समिति ५
समीर ४९
समीरण ५
समुद्र ४,७
सम्पति ६
सम्प्रदाय ४
सरिकोष्ट १२
सरित्पति ४
सरोवर १३
सर्प ८
सर्वजित २१
सलिलाकार ४
सविता १२
सहस्र १०००
सहस्र किरण १२
सहास्रांशु १२
सहोदरा ३
सागर ४,७
सामवेद शाखा १०००

सायक ५
सारि १५
सिद्ध २४
सिद्धि ८
सिद्धिगुण ८
सिन्धु १,४
सिन्धुर ८
सुकृति २४
सुख ७
सुधांशु १
सुधाकुण्ड ९
सुधांक १
सुधा रुचिकला १६
सुनासिर १४
सुपार्श्वफणि ५
सुमति ५
सुर ५,७,८,१६,३३
सुरगजरद ४
सुरपति १४,१६
सुरभवन १४
सुरभेद ४
सुरलोक २१
सुरवृक्ष ५
सुरालय २१
सुरेश १४
सूत्र १४
सूर १२

सूरवर्तम ०
सूर्य १२
सेनाङ्ग ४
सेनानी नेत्र १२
सेना भारत १८
सोम १
स्तन २
स्तवक ४
स्तवेरम ८
स्त्रीकला ६४
स्थानक ५
स्थानु ११
स्पर्श ११
स्मर ५
स्मरवाण ५
स्मृति १८
स्रज १००
स्रोत १४
स्रोत स्विनी १४
स्वप्न १४
स्वर ५,६,७,८
स्वर्ग २१
स्वर्ग व्रताग्नि ५
स्वर्दण्ड ....
स्वाध्याय ५
हय ७,८
हरचक्षु ३

हरनयन ३
हरनेत्र १,३
हरमुख ५
हरहतपुर ३
हरि १०,१२
हरित १०
हरिदेव १२
हरिभुज ४
हरिवसु ४
हव्यवाहन ३
हस्त २
हस्तागुंलि १०
हस्ति २,८
हस्तिकर १
हिमकर १
हिमकरकला १६
हिमगु १
हिमज्योति १
हिमरुच १
हिरण्यरेता ३
हुताशय ३
हृदय कमल १२
होतृ ३

परिशिष्ट १० : जैसलमेर तपागच्छ भंडार की पुरानी सूची

यह सूचि ईसवी सन् १९८८ में सेवामंदिर-रावटी-जोधपुर-राजस्थान की ओर से जौहरीमलजी पारख द्वारा संपादित व प्रकाशित **'जैसलमेर (राजस्थान) हस्तलिखित ग्रंथोंका सूचिपत्र - द्वितीयखंड'** इस नामसे प्रकाशित सूचिपत्र में से उद्धृत है ।

सम्वत् १८६४ वर्षे शक १७४२ प्रवर्तमाने मिति भादरवा सुद ५ दिने सुरतितराम लिखते यां मुनि श्री गुलाब विजयना श्री चिंतामणि पार्श्व प्रभोप्रसादात्

श्री जैसलमेर नगरे तपागच्छे उपासरारे भंडार री टीप छै

डबो १

आचाराङ्ग सूत्र ४९
आचाराङ्ग वृत्ति २३३
सूत्रकृताङ्ग वृत्ति २१५
ठाणांग वृत्ति................. ३०४
ठाणांग सूत्र.................... ७४
समवायाङ्ग वृत्ति ६८
समवायाङ्ग सूत्र ३४
ज्ञाताधर्म कथाङ्ग सूत्र ९९
उपाशकदशाङ्ग सूत्र.......... १६
अंतकृत सूत्र १६
अनुत्तरोपपातिक सूत्र ५
प्रश्न व्याकरण सूत्र.......... २७
विपाक सूत्र २५
विपाक सूत्र वृत्ति १७
दशवैकालिक वृत्त १३१
श्राद्ध जीतशल्प सूत्र ६०
तर्क भाषा २८

डबो २ बीगत

राजप्रश्नीय सूत्र ५५
जीवाभिगमं सूत्र ९६
प्रज्ञापना सूत्र २८६
जंबूद्वीपपन्नति वृत्ति......... ४५५
चन्द्र पन्नति सूत्र ५२
सूर्य पन्नति वृत्ति............. १६४
जंबूद्वीपपन्नति................. १००
प्रज्ञापना सूत्र १५८
जंबूद्वीपपन्नति ८०

डब्बो ३ बीगत

कर्म प्रकृति सूत्र ११
कर्म प्रकृति वृत्ति १५५
सूत्रकृताङ्ग वृत्ति २४२
पंचाशक वृत्ति............... १४३
नवपद प्रकरण ११६
पंचाशक सूत्र.................. १६
जीवसमास वृत्ति १२८
सूर्य पन्नति..................... ७१
नंदीसूत्र......................... १४
नंदीसूत्र वृत्ति ११८
प्रश्न व्याकरण १२८
शांतिनाथ चरित्र.............. ५७
योगशास्त्र वृत्ति १९७
दशवैकालिक वृत्ति ५२
जीव समास ८

डब्बा ४ बीगत

उत्तराध्ययन वृत्ति......... ४४५
श्राद्ध प्रतिक्रमण २८६
शांतिनाथ चरित्र लोक १५१
पदावली १८
कल्प-किरणावली.......... १९५
आवश्यक सूत्र ८६
कल्प सूत्र बारे सौ १२८
ज्ञाताधर्मकथांग............ १५४
गौतमपृछा ५७
श्रीपाल सूत्र ४६, ११८
कल्प सूत्र बालबोध १०६

डब्बा ५ री बीगत

निशीथ सूत्र ८
निशीथ चूर्णि २७५
निशीथ चूर्णि विंशक १२
व्यवहारवृत्ति................ ३२७
निशीथ भाष्य १७२
बृहत् कल्प
वृत्ति खण्ड ४ .... १००२
बृहत् कल्प वृत्ति त्रूटक ... ३८५
उत्तराध्ययन कथा १६१
कथाकोष (द्वितीय खण्ड) .. १५०

डब्बा ६ री बीगत

ऋषिमंडल वृत्ति............ १२०
उपदेशमाला वृत्ति............ २७
दिनकृत्य वृत्ति २८१
ठाणांग वृत्ति................ २८५
यतिदिनचर्या वृत्ति........... ४०
यतिदिनचर्या सूत्र ५०
वृंदारु वृत्त ६६
श्रावक दिनचर्या सूत्र १४
मंडल विचार.................. १६
उत्तराध्ययन वृत्ति........... ३२३
उत्तराध्ययन सूत्र ४१

डब्बा ७ री बीगत

पांडव चरित्र २३३
मृगावती चरित्र ५६
नेमी चरित्र.................. १०९
उपमिति भव चरित्र
(प्रपंच कथा) २८६
मलयसुन्दरी कथा ३६
श्री महावीर चरित्र
प्राकृत ५४४
शत्रुञ्जय महात्म्य
लघु (८८) ८८
शत्रुञ्जय महात्म्य वृद्ध २१४
परिशिष्ट पर्व ८६
भवन भानु केवली चरित्र ... ३३

डब्बा ८ री बीगत

आवश्यक प्रथम खंड
(वृत्ति)...................... २०४
आवश्यक द्वितीय खंड
(वृत्ति)...................... २८२
आवश्यक बृहदवृत्ति
(२२ सहस्री)................ ५६०
आवश्यक चूर्णि............ ३९८
विशेषाविशेष लघु वृत्ति ... ४२५
गणधर सार्द्धशतक
सटीक २४०

डब्बा ९ री बीगत

श्राद्ध दिन कृत्य तिवृत्ति २८१
उपदेश पद सूत्र ३१
उपदेश पद वृत्ति २४४
कर्म प्रकृति सूत्र १४
कर्म प्रकृति वृत्ति १७०
नाममाला सूत्र ४०
नाममाला वृत्ति............. २४५
सारस्वत व्याकरण ३७
छंदानुशासन वृत्ति............ ९४
दर्शनसत्तरी टीका ४०
सत्तरिसयसट्ठाण १७
अनयउच ६
अंगचूलिया सूत्र............... २०

डब्बा १० री बीगत

उत्तराध्ययन वृत्ति.......... २७६
श्राद्धविधि वृत्तिसह २०४
विचारामृत संग्रह ५६
प्रतिक्रमण हेतु गर्भ २३
ललित विस्तरा वृत्ति २८
ललित विस्तरा पंजिका ४५
प्रश्नोत्तर समुच्चय ३३
अंबार प्रदीप.................... २३
ओघनिर्युक्ति सूत्र............. २६
तिलोयपन्नति ४०
प्रतिक्रमण हेतु गर्भ १८
आराधना पत्रिका पद्धति २४
चैत्यवन्दन बृहत
वृत्ति भाष्य २४
प्रवचन सारोद्धार ९४
वंदनक चूर्णि २४
उपदेश माला.................... २०
दशवैकालिक सूत्र १०
उत्तराध्ययन निर्युक्ति १७
दशवैकालिक अवचूरि ३४
पंचनिग्रैन्थ संग्रहणी अवचूरी .. ६
हेतु विभांगियावचूरी १३
प्रश्नरति सूत्र ७
श्राद्धविधि वृत्ति १५५
आत्मकल्पद्रुम वृत्ति ५८
विशेषणवती ११
क्षेत्रसमास वृत्ति २३

डब्बा ११ री बीगत

निशीथ सूत्र १२
ज्ञाता धर्म कथांग वृत्ति ५६
निरियावलिका सूत्र २९
औपपातिक वृत्ति ७३
जंबूद्वीपपन्नति चूर्णि ३०
चन्द्रपन्नति वृत्ति १३१

- जीवाभिगम वृत्ति ... १९७
- रायपषेणी वृत्ति (राजप्रश्नीय) ... ६८
- राज प्रश्नीय सूत्र ... ५५
- पिंडविशुद्धि ... ३३
- सूत्रकृतांग निर्युक्ति ... २
- दशाश्रुत स्कंध ... ३

डब्बा १२ री बीगत

- आवश्यक टिप्पणक ... ५७
- काव्य कल्पलता वृत्ति ... ५४
- मुपार्श्व चरित्र ... २२८
- प्रश्नोत्तर रत्नमाला ... १८३
- उत्तराध्ययन सूत्र ... ३५
- सम्यकत्वरत्न वृत्ति ... ३१३
- पंचसंग्रह ... ३३
- कर्मग्रन्थावचूरि ... २७
- विवेक विलास ... २२
- दर्शन शुद्धि प्रकरण ... ७
- नलायन चरित्र ... १३२

डब्बा १३ री बीगत

- भगवती सूत्र ... ३१२
- भगवती वृत्ति ... ५०५
- भगवती बीजक ... १२

डब्बा १४ री बीगत

(सब ताडपत्रीय)

- महानिशीथ ... २१५
- पदार्थ संग्रह -
- उपदेश माला ... २३५
- ऋषभ महावीर चरियं ... ४०७
- रत्न प्रकरण ... १९८
- हरिविक्रम चारित्र ... ३००
- पंचाशक सूत्र ... ७७
- मेघदूत ...
- कुमारसंभव ...
- साधुकुल ...

डब्बा १५ री बीगत

- तत्वार्थ सूत्र ... ५
- प्रज्ञापना टीका ... ४५२

डब्बा १६ री बीगत

- दशवैकालिक चूर्णि ... १७५
- आचारांग चूर्णि ... २०९
- बृहतकल्प चूर्णि ... ३२१
- बृहतकल्प भाष्य ... २०१
- व्यवहार भाष्य ... १५२
- दशाश्रुत स्कन्ध सूत्र ... ४६
- दशाश्रुत स्कन्ध चूर्णि ... ५६
- धर्म संग्रहणी वृत्ति ... २७८
- पंचकल्प बृहत् भाष्य ... ७३
- पंचकल्प चूर्णि ... ७३
- ओघनिर्युक्ति भाष्य ... ६७
- महानिशीथ सूत्र ... ९६
- बृहत् कल्प सूत्र ... ९
- ज्योतिष करंडक टीका ... १२२
- पंचलिंगी विवरण ... १२०
- पंचलिंगी लघुवृत्ति ... ३५

डब्बा १७ री बीगत

- विशेषावश्यक बृहदवृत्ति प्रथम खंड ... ३३०
- विशेषावश्यक बृहदवृत्ति द्वितीय खंड ... ३२५
- पिंडनिर्युक्ति ... १६०
- भवभावना वृत्ति ... ३१७
- प्रश्नोत्तर रत्नमाला ... १५८
- षट्स्थानक वृत्ति ... ३७
- नवतत्व विवरण ... ६७
- विशेषणवती सूत्र ... ११
- यतिजीत कल्प सूत्र ... ४
- यतिजीत कल्प वृत्ति ... ४६
- दर्शन सप्ततिका वृत्ति ... १९९
- श्राद्ध जीतकल्प सूत्र वृत्ति ... ६०
- वसुदेव हिंडी प्रथम खण्ड ... १६७
- समाचारी (विधिप्रपा) ... ३०
- पन्नवणा वृत्ति ... २११
- चउसरसा ... ७
- धर्मोपदेशमाला ... १४३
- योगशास्त्र बालावबोध ... १२६

डब्बा १८ री बीगत

- शीलोपदेशमाला वृत्ति ... १६०
- पुष्पमाला वृत्ति ... १२८
- आचारांग दीपिका (बालावबोध) ... १७४
- सूत्रकृतांग वृत्ति ... २७३
- नाममाला वृत्ति ... १९४
- क... र प्रकरण ... ८
- महिपाल चरित्र ... ६०
- ओघनिर्युक्ति सूत्र ... २३
- ओघनिर्युक्ति वृत्ति ... २०९
- षोडस सूत्र ... १०
- षोडस वृत्ति ... ४४
- संघाचार वृत्ति ... २०६
- भगवती सूत्र ... ३९९

डब्बा १९ री बीगत

- आवश्यक निर्युक्ति स्वर्णाक्षरी ... ११७

डब्बा २०

- त्रुटक पत्रे

डब्बा २१ री बीगत

- अनुयोगद्वार सूत्र ... ३२
- अनुयोग वृत्ति ... १५३
- पच्चकखाण भाष्य ... १२
- आदिनाथ देशना ... ५
- संस्तारक सूत्र ... ४
- पुष्पमाला मूल ... ११
- कालसत्तरी ... २
- शीलोपदेश प्रकरण ... ३
- सप्तस्मरण ... ८
- कर्मग्रन्थ यन्त्र ... १०
- लोकनालि ... २
- आवश्यक सूत्र ... ७२
- ओघनिर्युक्ति वृत्ति ... ७४
- भक्त परिज्ञा ... ७
- भव वैराग्य ... ४
- पाक्षिक विचार ... १२
- उपदेश शतक ... २५
- सप्तति जिन स्तोत्र ... ३
- विचार पत्र ... २

डब्बा २२ री बीगत

- कल्पसूत्र सोनेरी ... २७
- पदावली ... ४

डब्बा २३ री बीगत

- प्रवचन सारोद्धार ... २६
- कल्पान्तरवाच्य ... ३७
- उपासकदशांग ... ३८
- ज्योतिषरा ... ४४
- वाग्भटालंकार ... ४५
- गणधर सूत्र ... ६
- योगशास्त्र ... ६
- औपपातिक वृत्ति ... ५३
- दशवैकालिक सूत्र ... २०
- जंबू चरित्र ... २०
- कालाप व्याकरण ... १६१
- रामकथा ... २२
- मृगांकलेखा चौपई ... ११
- ऋषि मण्डल ... १३
- हीरप्रश्न ... ३२
- अनुयोगद्वार त्रुटक ... ३०
- आवश्यक टिप्पनक ... ८५
- कर्म विपाक वृत्ति ... १६
- षष्ठी शतक ... ११
- दसवैकालिक ... २४
- उपाशकदशांग वृत्ति ... ३१
- खंदक ... १५
- षड् आवश्यक ... ४०
- उपदेशमाला बालावबोध ... २४
- उत्तराध्ययन वृत्ति ... २६७
- सारंगसार काव्य ... ४३
- ओघनिर्युक्ति ... २८
- श्रुकराज कथा ... ११
- दशवैकालिक वृत्ति ... २८
- षडशीति ... ५१
- उत्तराध्ययन टीका ... ४५
- ज्ञाता धर्म कथांग ... ६९
- क्षेत्रसमास ... २३
- कौमुदिय ... ८६
- सम्यक्त्व कौमुदी ... ४९
- आचारांग ... ७१
- कुमारसंभव टीका ... ४२
- उपदेशमाला ... ४०
- अनेकार्थ ... ३४
- ऋषिमंडलसूत्रावचूरि ... ५३
- दशवैकालिक अवचूरी ... ३४

पोथी २५

- षट्पुरुषी विचार ... २०
- षट्दर्शन ... २२
- राजप्रश्नीय सूत्र ... ४३
- प्रश्नव्याकरण वृत्ति ... ९४
- षष्टीशतक टीका ... १७
- कर्मसत्तरी ... १४
- जैनशतक ... २०
- हरिबल चरित्र ... १५
- उपदेशमाला ... २१
- क्षेत्रसमास ... ३१
- श्रीपालरास ... १७
- तेजसार चौपई ... २५

('श्री जौहरीमलजी पारख'[१] के सूचीपत्र से उद्धृत)

परिशिष्ट ११ : देवनागरी वर्णमाला को रोमन लिपि में लिखने की पद्धति

Description	दे०[२]	R.[३]
VOWELS (स्वर)		
Gutturalis Brevis	अ	a
Gutturalis Longa	आ	ā
Palatalis Brevis	इ	i
Palatalis Longa	ई	ī
Libialis Brevis	उ	u
Libialis Longa	ऊ	ū
Lingualis Brevis	ऋ	ṛ
Denalis Brevis	लृ	ḷ
Gutturo-palatalis Longa	ए	e
Gutturo-palatalis Diphthongus	ऐ	ai
Gutturo-Libialis Longa	ओ	o
Gutturo Libialis Diphthongus	औ	au
अनुस्वार	(अं)	ṁ
विसर्ग	(अः)	ḥ
CONSONANTS (व्यंजन)		
Gutturales Tenuis	क्	k
Gutturales Tenuis aspirata	ख्	kh
Gutturales Media	ग्	g

Description	दे०	R.
Gutturales Media aspirata	घ्	gh
Gutturales Nasalis	ङ्	ṅ
Gutturales Modifications Tenuis	च्	c
Gutturales Modifications Tenuis aspirata	छ्	ch
Gutturales modifications Media	ज्	J
Gutturales Modifications Media aspirata	झ्	Jh
Gutturales Modifications Nasalis	ञ्	ñ
Dentales Modificatiosn Tenuis	ट्	ṭ
Dentales Modifications Tenuis aspirata	ठ्	ṭh
Dentales Modifications Media	ड्	ḍ
Dentales Modifications Media aspirata	ढ्	ḍh
Dentales Modifications Naslis	ण्	ṇ
Dentales Tenuis	त्	t
Dentales Tenuis aspirata	थ्	th
Dentales Media	द्	d
Dentales Media aspirata	ध्	dh
Dentales Nasalis	न्	n
Labialis Tenuis	प्	p
Labialis Tenuis aspirata	फ्	ph

Description	दे०	R.
Labialis Media	ब्	b
Labialis Media aspirata	भ्	bh
Labialis Nasalis	म्	m
Semivocalis	य्	y
Semivocalis	र्	r
Semivocalis	ल्	l
Spiritus lenis	व्	v
Spiritus asper assibilatus	श्	ś
Spiritus asper	ष्	ṣ
Spiritus asper 1	स्	s
Spiritus asper	ह्	h
क् + ष्	क्ष्	kṣ
त् + र्	त्र्	tr
ज् + ञ	ज्ञ्	Jñ
अवग्रह	ऽ	ऽ

१. विस्तृत जानकारी संकेत सूची से प्राप्त करें । २. दे० - देवनागरी वर्ण । ३. R - रोमन वर्ण ।

परिशिष्ट १२ : विशिष्ट प्रतियाँ

जिनभद्रसूरि ताडपत्रीय तथा कागज के हस्तलिखित ज्ञानभंडार में विद्यमान विशिष्ट प्रतियोंकी जानकारी पुण्यविजयजी के लालभाई दलपतभाई भारतीय संस्कृति विद्यामंदिर द्वारा सन् १९७२ में प्रकाशित जैसलमेर सूचिपत्र में अमृतलाल भोजक ने लिखि प्रस्तावनासे उद्धृत करके हिंदीमें अनुवाद करके अक्षरशः दी जाती है ।

"इसके अतिरिक्त जिसका अमुक दृष्टिसे वैशिष्ट्य हो वैसी प्रतियों में से कितनीक उदाहरण दाखल यहां दी जाती है ।

(१) भगवतीसूत्रवृत्ति (जि.ता.ग्रंथांक १५) के पत्र अतीव सुकुमार है ।

(२) विक्रम संवत् १२०७ में अजमेर का भंग हुआ था उस समय त्रुटित हुई पंचाशकप्रकरणवृत्ति (जि.ता.ग्रंथांक २०८) को श्री स्थिरचंद्रगणिने त्रुटित भाग पुनः लिखके संपूर्ण किया था । इससे जान सकते है की वि.सं. १२०७ में अजमेर का भंग हुआ था, और उस समय जैन ज्ञानभंडार को भी हानि पहुंची थी ।

(३) विक्रम संवत् ११८० में लिखी पाक्षिकसूत्र सवृत्तिक (जि.ता.ग्रंथांक) की प्रति थोडे ही समयमें दीमक (उधई) लगने से या फट जाने से कीसी कलाकार ने उसे सावधानी से सिलाई करके तैयार की है । **विशिष्ट रुप से सिलाई की गई प्रतियों में** यह प्रति मुल्यवान दर्शनीय नमुने स्वरुप है ।

(४) **चैत्यवंदनभाष्य (जि.ता.ग्रंथांक २०७) पर देवेन्द्रसूरि** रचित संघाचारटीका की प्रति टिकाकार की स्वयं की ही है ।

(५) विक्रम संवत् ११९० के कार्तिक शुदि १ को रचित **धर्मविधिप्रकरण** की वि.सं. ११९० के पौष शुदि तीज के दिन लिखि प्रति का ग्रंथांक जि.ता.२३६ है ।

(६) **श्री** नामकी सेठानी ने लिखवाई **भवभावनावृत्ति** की प्रति उपद्रव से खंडित हो गई थी उसे उन्हींकी प्रपौत्रवधूने समारकाम करके पूर्ण की थी । (देखो पु.सू.में पृष्ठ ८४-८५ श्लोक २५-२६) इस प्रतिका ग्रंथांक जि.ता. २३१ है ।

(७) सिद्धसाधुरचित **न्यायावतारवृत्ति** (ग्रंथांक जि.ता.३६४/१) की टिप्पणीयाँ **ज्ञानश्री** नामकी साध्वीजी महाराज ने की होगी ऐसा संभव है ।

(८) **प्रकरण-स्तोत्रादि के संग्रह** रुप (जि.ता. ग्रंथांक १५४) वि.सं. १२१५ में लिखि प्रति **शांतिमतिगणिनी** की स्वाध्याय की पोथी थी, और सटीक **पिंडविशुद्धिप्रकरण** (जि.ता.ग्रंथांक २१०) की प्रति **प्रभावतिमहत्तरा** की थी ।

(९) कर्मप्रकृतिचूर्णि (जि.ता.ग्रंथांक १६९) की प्रति गच्छादि के दुराग्रह से या मालिकिहक्क के व्यामोह से प्रेरित होकर ग्रंथ लिखवाने वाले की पूष्पिका मिटा देने के नमुने रुप है ।

(१०) जि.ता. ग्रंथांक २३२ भवभावनावृत्ति की प्रति **नन्नी-नानी** श्राविका ने वि.सं. १२४० में लिखवाई और उसका व्याख्यान वि.सं. १२४०, १२४८ तथा १२५३ में **'पादरा'** में करवाया था । इस **नन्नी-नानी** के बाद उनके सुकृत के लिये उनकी पुत्री **जयती** ने वि.सं. १२६५ में **तिमिरपाटक** में और वि.सं. १२८० में पंडित **नेमिकुमार** द्वारा इस ग्रंथ का व्याख्यान करवाया था । उसके बाद **देवपत्तन** से आकर **जयती** ने **अभयकुमारगणि** को यह ग्रंथ **पादरा** में समर्पित कीया। यह ग्रंथ **नानी** श्राविकाने तीन बार पढवाया उसके बारे में नानी श्राविका की प्रशस्ति प्राकृत भाषा में है और उसकी पुत्री जयती की प्रशस्ति संस्कृतभाषा में है ।

लिखवाये ग्रंथों के व्याख्यान की हकीकत और ग्रंथ पढवाने की एवं उनका संशोधन करने की हकीकतों के उदाहरण अन्वेषकों को पू.सू.[1] में से मिल सकेंगे ।

इसके अतिरिक्त इस भंडार की १२ वे शतक से पंद्रहवे शतक तक में लिखि प्रतियाँ लिखवाने वालों की प्रशस्ति-पुष्पिकाओं में तत्तत्कालिय राजवंशो, राजाओं, महामात्यों, पंचकुलों, दंडनायकों, श्रमणों के गणों-शाखाओं-गच्छों-परंपराओं, जैनाचार्यों आदि जैन विद्वानों, जैन गृहस्थ, उनके कुल-वंश-गोत्र और अटकों, अजैन विद्वानों, प्राचीन ग्रंथों और गांव-नगर आदि के नाम मिलते हैं, जिनको उनके सत्ता समय और प्राचीनता के प्रामाणिक आधार स्वरुप स्वीकार कर सकते है । ये महत्त्वपूर्ण बहुत से नाम पू.सू.[1] के तीसरे परिशिष्ट में से देख सकेंगे (ऐतिहासिक आधार के लिये ये बहुत ही महत्त्वपूर्ण है)

प्रशस्ति-पुष्पिका में बताये हुए जिनमंदिरनिर्माण आदि धर्मकृत्य-एवं उक्त तीसरे परिशिष्ट पु.सु.[1] में बताये हुए नामों में से कितनेक गाँव-नगर आदि के नाम वाचकों की जानकारी के लिये नीचे बताये जाते है ।

(१) श्री **जगद्धर** श्रेष्ठी ने जैसलमेर में श्री पार्श्वनाथजिन का मंदिर बनवाया था । जिता. ग्रंथांक ११४, २१७, २७०, २७२ (विस्तृत जानकारी पु.सु.[1]) में से प्राप्त करें ।

(२) श्री **पद्मदेव** श्रेष्ठी ने नागपुर (नागौर) के पास कुडिलुपुरीमें भव्य जिनालय बनवाया था देखो जि.ता.ग्रंथांक २१७ । वहाँ भगवान के नामवाला पन्ने का भाग टूट गया है ।

(३) कुमारपल्ली (गुजरात-पाटण के पास कुणघेर) में श्री पार्श्व नामके श्रेष्ठी ने श्री वीरजिन का चतुर्मुख (चौमुखजी का) प्रासाद (मंदिर) बनवाया था । देखो जि.ता. ग्रंथांक २३५

(४) भीमपल्ली (भीलडी-बनासकांठा) में श्री भुवनपाल नाम के श्रेष्ठी ने मांडलिकविहार नामका श्री

१. पु. सु.- सन् १९७२ में L.D.INSTITUTE OF INDOLOGY, AHMEDABAD-9 द्वारा प्रकाशित JEASALMER COLLECTION संकलयिता मुनिराज श्री पुण्यविजयजी महाराज.

वीरजिन का उत्तुंग मंदिर बनवाया था । देखो जि.ता.ग्रंथांक २१७ उपरोक्त जैसलमेर के पार्श्वजिनमंदिर को बनवाने वाले श्री अगडूर शेठ के ये भुवनपाल शेठ पुत्र थे ।

(५) श्री गोल्ल नामके श्रेष्ठी ने मरुकोट्ट में श्री चन्द्रप्रभजिन का उत्तुंग मंदिर बनवाया था । देखो जि.ता. ग्रंथांक ३१२

(६) लवणखेट में श्री शान्तिनाथजिनमंदिर बनवाने की नोंध मिलती है । देखो जि.ता.ग्रंथांक ११२ और ११४

(७) श्री ब्रह्मदेव नाम के श्रेष्ठी ने श्रीमंट (?) जिनेशमंदिर में श्री वीरदेवगृह करवाया था । देखो जि.ता. ग्रंथांक २३२

(८) क्षेमंधर श्रेष्ठी ने अजमेर में श्री पार्श्वजिनमंदिर में भव्य मंडप बनवाया था । देखो जि.ता. ग्रंथांक ११२, २७० तथा २७२ ।

(९) आवश्यकवृत्ति प्रथमखंड (जि.ता. ग्रंथांक ११२) लिखवाने वाले की प्रशस्ति में भीमदेव नाम के शेठ को कर्मग्रन्थविचार में अतिनिपुण और धर्मक्रियानिष्ठ बताये है ।

(१०) पहले बताये गये श्री उदयराज-बलिराज के दादा हाजी शेठ ने श्री जिनचंद्रसूरि की आचार्यपदवी का महोत्सव कीया था। देखो जि.ता. ग्रंथांक ११९

इसके अतिरिक्त अनेक श्रेष्ठीयों ने तीर्थयात्रा-संघ, आवश्यक-पूजादिकार्य, उपधानतप, उजमणा, साधर्मिकभक्ति आदि धर्मकार्योंकी नोंद भी इन प्रशस्तियों में की गई है ।

ग्रंथ लिखवाने वालों की प्रशस्ति-पुष्पिकाओं में अणहिलपुर पत्तन, स्तम्भतीर्थ, भृगुकच्छ, धवलक्कक (धोळका) वडउद्द (वडोदरा) आदि अनेक सुख्यात प्राचीन नगरों के नाम अनेक स्थानों पर मिलते है और उसके अतिरिक्त अन्य भी गांव नगरों के नाम मिलते है । उसमें से कितनेक नाम जिस संवत् में नोंदे गये है, वे संवत् के साथ बताता हुं ।

कांसा, सं.१२६० (जि.ता. ग्रंथांक २३३) अणहिलपुर पत्तन के विषयपथक में आया हुआ गांव, जो आज भी कांसा नाम से ही पहचाना जाता है ।

कुमारपल्ली, सं. १२०७ - आज से लगभग पांचसौ सालके पहले के रचित रास आदि में जो कुमरगिरि नाम का गांव उल्लिखित हुआ है वही यह कुमारपल्ली होगा ऐसा लगता है ! आज यह गांव पाटण (गुजरात) से पांच मील दूर आया हुआ है और वह **कुणघेर** नाम से पहचाना जाता है । **कुमारपाल** के नाम की स्मृति स्थायी करने के लिये यह गांव बसा था । इ.स. १२०७ में यह प्रति (जि.ता. ग्रंथांक २३५) लिखवाने वाले के पिता ने कुमारपल्ली में श्री वीरजिन का चतुर्मुखप्रासाद बनवाया था, इससे जान सकते है की, कुमारपाल के राज्य के प्रारंभ में ही यह गांव बसा था। कुमारपाल का राज्यारोह वि.सं. ११९९ वे में हुआ था ।

पालउद्र, सं.१२२७ महेसाणा (उ.गु.) के पास का **पालोदर** गांव । इस गांव को विषयदंडराज्य पथक में बताया है । देखो जि.ता. ग्रंथांक २३७

कटुकासन, सं. १२२७ - महेसाणा - विरमगाम के रेलमार्ग पर आया हुआ कटोसण । देखो जि.ता.ग्रंथांक २३७

बदरसिद्धस्थान, चतुरोत्तरमंडलकरणमध्यस्थित सं १३३९ चरोतर प्रदेश में आया हुआ बोरसद । देखो जिता. ग्रं.२५०

आशापल्ली, आशावल्ली - सं. १२२३ -अमदावाद के पास असारवा । देखो जि.ता. ग्रं.२१७

पद्रउर, पद्र, पद्रगाम,.- सं. १२४० वडोदरा के पास पादरा । देखो जिता. ग्रं.२३२

ऊमता, सं. ११९८ विसनगर (उ.गु.) के पास **ऊमता** । देखो जिता. ग्रं.४०६

वासप्पय, वासव - सं. १२४० वडोदरा के पास वासद । देखो जिता. ग्रं.२३२

मंडली - सं. १२१८ और १२२६ वीरमगाम के पास मांडल । देखो जिता. ग्रं.७६ और ३०१

गंभूयपुरी[१] सं. १२१६ गांभू (उत्तर गुजरात) जिता. ग्रं.२५९

पंचासर[२] सं. १२१६ मांडल के पास पंचासर जिताग्रं.२५९

संडथल[३] सं.१२१६ जिता.ग्रं.२५९

चड्डावली[४] सं. १२१६ जिता.ग्रं.२५९

छत्तावल्लिपुरी[५], सं. ११२५ जिता. ग्रं. २३५

छत्रापल्ली[६], सं.१३०४ जिता. ग्रं. २५६

मूलनारायणदेवीयमठ, सं. १२०० जिता.ग्रं.३९१

झेरिंडक, सं. १२२३ जि.ता.ग्रं.२१७

धारापुरी, सं. १२९५ जि.ता.ग्रं.२८१

नलकच्छपुर, सं.१२९५ जि.ता.ग्रं.२८१

मण्डपदुर्ग, सं.१२९५ जि.ता.ग्रं.२८१, सं १३०८, जिता.ग्रं.२८६

बाहुपुर - मठस्थानक, सं.१३८४ जि.का.ग्रं.१२७९

मड्डाहड, सं. १२१३ जिता.ग्रं.१५५/८

उपरोक्त उदाहरण रुप बताये गये गांव-नगरों में से जो नाम लेखक की प्रशस्तियों में से है उनमें से बहुत से नाम गुजरात के है । उससे और खंभात निवासी परीख धरणाशाह एवं उदयराज-बलिराज के ग्रंथो को देखकर यह कहा जा सकता है की जैसलमेर के प्रस्तुत ताडपत्रीय ज्ञानभंडार के स्थापक आचार्यप्रवर का उपासकवर्ग गुजरात में विपुल प्रमाण में था और वह धर्मशील, समृद्ध

१ थी ६. ये छह नाम ग्रंथकार की प्रशस्ति में से लिखे है ।

और दानी था । ग्रंथ लिखने वाले लेखक (लहियों) के भी नाम मिलते है । उन लेखकों में मुनिओं, श्रावकों और ब्राह्मणों के नाम भी शामिल है । इन गृहस्थ लेखकों ने अपने गांव के नाम इस तरह बताये है - स्तंभतीर्थ, अणहिल्लपुरपत्तन, मंडली-मांडल, कांसा, पलोदर, ऊमता और मुंडहटा। उन में एक लेखकने 'स्वयं भव्य अक्षर से भवभावनावृत्ति (जिता.ग्रं.२३३) का पुस्तक लिखा' ऐसा बता के और एक लेखक ने स्वयं के लिये 'विविध लिपि का जानकार' (जिता.ग्रं.४०८) ऐसा विशेषण देकर अपना अपना विशेष परिचय भी दीया है ।

पुरातत्त्वाचार्य मुनि श्री **जिनविजयजी** आदि द्वारा प्राचीन-प्राचीनतम ग्रंथोंको लिखवाने वालों की प्रशस्ति-पुष्पिकायें अलग मुद्रित ग्रंथरुप प्रकाशित हुई है । इससे भी अनेक प्रकार से अधिक उपयुक्त प्राचीनतम सामग्री ग्रंथकारों की प्रशस्तियों में सुरक्षित है, यदि उसका संग्रह करके एक या अधिक ग्रंथ रुप में प्रकाशित किया जाय तो अभ्यासी एवं जिज्ञासुओं को अनेक ऐतिहासिक और धर्मकार्यों की उपयुक्त सामग्री उसमें से प्राप्त हो सके । अस्तु ।

भाग्यवान दानी श्रेष्ठीयों ने अपने अपने श्रद्धेय गुरुवर्यों के उपदेश से लिखवाई प्रतियों की अव्यवस्था भी कभी कभी होती थी । जिसके कारण यह पोथीयां पैसा लेकर बेचनेवाली व्यक्तियों के हाथ में भी जाती थी । प्रस्तुत भंडार की कितनीक प्रतियां के अन्त में मुल्य देकर लेने में आयी हुई प्रति के रुप में उल्लेख मिलते है ।

जैसे -

(१) वि.सं. १३१९ में लिखवाई हुई त्रिषष्टिशलाकापुरुषचरित्र के प्रथम और दशम पर्व की प्रतिको (जिता.ग्रं.२३९) वि.सं. १३४३ में **महण** नाम के श्रेष्ठी ने (?) मूल्य से लेकर श्री जिनचन्द्रसूरिजी को समर्पित की थी ।

(२) उपरोक्त **महण** श्रेष्ठीने वि.सं. १३०४ में लिखि मुनिसुव्रतस्वामिचरित्र की प्रति (जिता.ग्रं.२५६) को वि.सं. १३४३ में मुल्य से खरीदकर श्री जिनचन्द्रसूरिजी को समर्पित की थी ।

(३) '**आना**' नामके श्रेष्ठीने वि.सं. १३७८ में श्री जिनकुशलसूरिजी के उपदेश से **नैषध महाकाव्य** की प्रति (जिता.ग्रं.३४१) खरीदी थी ।

(४) विक्रम के १४ वे शतक में पिण्डविशुद्धिप्रकरण सटीक की प्रति को (जिता.ग्रं.२०५) वि.सं. १३९४ में सेलु नाम के श्रेष्ठी ने खरीदकर श्री जिनपद्मसूरिजी को समर्पित की थी ।

(५) समवायांगसूत्र और समवायांगवृत्ति की प्रति (जि.ता.ग्रं.९) को **राउला** नाम के श्रेष्ठी ने वि.सं. १४०१ में मूल्य से खरीदकर श्री जिनचंद्रसूरिजी को समर्पित की थी ।

(६) वि.सं. १२७४ में लिखि भगवतीसूत्र की प्रति (जि.ता.ग्रं.१५) को **डुसाउ** नामके श्रेष्ठी ने वि.सं. १४०५ में श्री जिनपद्मसूरिजी के उपदेश से छुडवाई । इससे ज्ञात होता है की यह प्रति गीरो रखी थी ।

(७) वि.सं. १२९५ में लिखि प्रवचनसारोद्धार सटीक की प्रति (जिता.ग्रं.२०६) को खंभातनिवासी **बल्लाल** नाम के श्रेष्ठी ने वि.सं. १८८४ में मूल्य से खरीदी थी ।

(८) विक्रम के चौदहवे शतक में **गोपी** नाम की श्राविकाने उपदेशमालाबृहद्वृत्ति की प्रति को मूल्य से खरीदकर श्री जिनेश्वरसूरिजी को समर्पित की थी । (जिता.ग्रं.२३०)

(९) वि.सं. १३३९ में लिखि आदिनाथचरित्र की प्रति (जिता.ग्रं.२५०) को **जावड** नाम के श्रेष्ठी ने खरीदकर खरतरगच्छ को समर्पित की थी ।

उपरोक्त प्रतियों की खरीदनोंद में जिससे खरीदा गया है उसका नाम बताया नहीं गया है । इससे खरीदनेवाला गृहस्थ एवं उसकी प्रेरणा देनेवाले धर्मगुरु की महानुभावता (गंभीरता) प्रगट होती है ।

परिशिष्ट १३ : हस्तलिखित ग्रंथगत ऐतिहासिक विशेष नामों की अकारादि क्रम से सूची

इस परिशिष्ट में जैसलमेर स्थित जिनभद्र ज्ञानभंडार के ताडपत्रीय तथा कागज की हस्तलिखित प्रतियोंमें लिखे कर्ता लेखक आदि की पुष्पिका-प्रशस्ति ग्रंथ, आदि में लिखे गये ऐतिहासिक नामोंकी सूचि पु.सु. में. से उद्धृत करके दी जाती है । यह नाम किस ग्रंथ में आते है वह जानने के लिए पु.सु. के आधार से नाम के सामने ग्रंथांक दीया है । प्रशस्ति पुष्पिका आदि में विशिष्ट नाम कहां आता है उसकी विस्तृत जानाकारी जिज्ञासु वर्ग पु.सु. में से प्राप्त कर लें. । (पु.सु. - सन् १९७२ में आ. प्र. श्री पुण्यविजयमहाराज द्वारा संपादित लालभाई दलपतभाई भारतीय संस्कृति विद्यामंदिर, अहमदाबाद-९, द्वारा प्रकाशित, 'CATALOGUE OF SANSKRIT & PRAKRIT MANUSCRIPTS, JESALMER COLLECTION' से उद्धृत)

विशेषनाम	किम्	ग्रंथांक
अ		
अकबर	पातीसाह	जि.ता.४५०,४६९
अकंपित	गणधर	जि.ता.२७२
अक्षयतृतीया	तिथि	जि.का.१७५९
अग्निभूति	गणधर	जि.ता.२७२
अचल	गणधर	जि.ति.२७२
अच्युत	देवलोक	जि.ता.२५२
अजमेर	नगर	जि.ता.१५६/३७
अजयपुर	नगर	जि.ता.२१७
अजयमेरुदुर्ग	नगर	जि.ता.२१४,३३७
अजयमेरु पुर	नगर	जि.ता.११२,२०८,२७०/४,२७२
अजितनाथ	तीर्थंकर	जि.ता.२५०,३६१,३४८,११३६
अजितसेन	राजा	जि.ता.२५२
अजीमगंज	नगर	जि.का.१९७२
अजेसीह	श्रेष्ठी	जि.ता.२३६
अणल्हपुर	नगर	जि.का.३०,५१
अणहलपुरपत्तन	नगर	जि.का.३
अणहिल	नगर	जि.ता.२३७
अणहिलपाटक	नगर	जि.ता.२२/५,५९/१,२३३,२३५,
		२६०/२,२७१,३२२,४०८,तता.८
अणहिल्लनगर	नगर	जि.ता.२३७
अणहिल्लपट्टण	नगर	जि.ता.२२/१०
अणहिल्लपाटक	नगर	जि.ता.२३७,४०६
अणहिल्लपुर	नगर	जि.का.४६
अणहिल्लपुरपट्टण	नगर	जि.ता.२८७
अणहिल्लपुरपत्तन	नगर	२१६९
अणहिल्लवाड	नगर	जि.ता.२५९
अणहिल्लवाडपुरपट्टण	नगर	जि.ता.२५२
अध्यारु	गोत्र	जि.का.१८२३
अनंग	श्रेष्ठी	थाहरु.का.२९२
अनीश्वर	श्रेष्ठी	जि.ता.२८,५०
अनुपमदेवी	श्रेष्ठीनी	जि.ता. २३९/२
अनुपमादेवी	श्रेष्ठीनी	जि.ता.२३१
अनेकार्थसंग्रह	ग्रंथ	जि.ता.३१०
अनोपचंद्र	लेखकमुनि	जि.ता.१२३
अभय	श्रेष्ठी	जि.ता.२७०/५,जि.ता.२७२
अभयकुमार पं.	मुनि	जि.ता.१६४,जि.ता.१७६,
		जि.ता.२३२,जि.ता.२५२
अभयकुमार	श्रेष्ठी	जि.ता.२३७
अभयचंद्र	श्रेष्ठी	जि.ता.१५,जि.ता.२१७
अभयड	श्रेष्ठी	जि.ता.२५६
अभयतिलक गणि		जि.ता.२३०,जि.ता.३४०
अभयदेवसूरि		जि.ता.१५१/५,१५७/५,२०९,
		२११,२३५,२३७,२५६,२६०/१,
		जि.ता.२७०/१,२७०/२,२७२,
		जि.ता.३४०,३५१,३८१/२,४१९,
		जि.ता.४२६,जि.का.८५,जि.का.७१५,
		जि.का.९२५,जि.का.१६२१,त.ता.८
अभयप्रभगणि		जि.का.८२७
अभयराजगणि		जि.का.१८४०
अभयश्री	श्रेष्ठिनी	जि.ता.१५
अभयसिंह	श्रेष्ठी	जि.ता.२३६
अभयी	श्रेष्ठी	जि.ता.२७०/५
अभिधानकोष	ग्रंथ	जि.ता.३१२
अभिषेक		जि.ता.५०
अमरकीर्ति	मुनि	जि.ता.३४०
अमरगिरि गणि	लेखकमुनि	जि.का.८५६
अमरचंद्र	मुनि	जि.ता.२२२
अमरनंदि उपाध्यायं		जि.का.२९५
अमरप्रभसूरि		जि.का.३१७
अमरमाणिक्यगणि		जि.का.१६२१
अमरसिंह	ग्रंथकार	जि.ता.३१०
अमरा	श्रेष्ठिनी	जि.ता.४२६
अमीझरा पार्श्वनाथ		जि.का.४५८
अमृतदेवी	श्रेष्ठिनी	जि.ता.२३९/२
अमृतधर्मगणि		जि.का.१४९५,१५७३,२२३९

विशेषनाम	किम्	ग्रंथांक
अमृतपाल	श्रेष्ठी	जि.ता.२३९/२
अमृतमूर्ति	मुनि	जि.ता.२८१
अम्मुक	श्रेष्ठी	जि.ता.२३७
अरसिंह	श्रेष्ठी	जि.ता.२३६
अरिसिंह	श्रेष्ठी	जि.ता.२०६
अरिष्टनेमि	तीर्थंकर	जि.ता.२६०
अर्जुनदेव	राजा	जि.ता.२५४
अर्जुनपुर	नगर	जि.का.१५३२
अर्णोराज	राजा	जि.ता.३६२
अर्बुदगिरि	तीर्थ	जि.ता.२५९,जि.का.२१७५,तता.८
अलकपुर	नगर	जि.ता.११७
अलकापुरी	नगरी	जि.का.१६२१
अलवेसर	श्रेष्ठिनी	जि.का.१३६९
अल्ह	श्रेष्ठि	जि.ता.२२/१०
अवलेपचिन्ह आचार्य	ग्रन्थकार	जि.ता.३१४/३/४
अवंकउर	नगर	जि.का.१३१६/३
अविधवदेवी	श्रेष्ठिनी	जि.ता.२३२
अव्ययात्मा आचार्य		जि.ता.३८८/१
अशोकचंद्र	मुनि	जि.ता.२७२
अश्वतर	ग्रन्थकार	जि.ता.३१४/४
अश्वदेव	श्रेष्ठी	जि.ता.२३७
अश्वराज	श्रेष्ठी	जि.ता.३४१
असाढ	श्रेष्ठी	जि.ता.२७२
अहमद	पादशाह	जि.का.३९
अहिपुर	नगर	जि.का.८१०
अंकक	शाखा	जि.ता.४२६
अंचल	गच्छ	जि.का.१८३३
अंचलमत		जि.ता.२८४/२

विशेषनाम	किम्	ग्रंथांक
अंबड	श्रेष्ठी	जि.ता.२३०,जि.ता.२५६
अंबहुंडी	देवी	जि.ता.११
अंबा	देवी	जि.ता.२५९,जि.का.८५

आ

विशेषनाम	किम्	ग्रंथांक
आकाश मंत्री	श्रेष्ठी	जि.का.६०
आगरा	नगर	जि.का.१९४४
आचवाटिक	गोत्र	जि.का.१३६५
आजड	श्रेष्ठी	जि.ता.१५
आणंद जोषी	लेखक	जि.ता.२३७,जि.का.१०८६
आणंदविमलसूरि		जि.का.१३७७
आदित्यवर्द्धनपुर		जि.का.१७९८
आदिनाथ	तीर्थंकर	जि.का.४००,८२७,त.ता.२
आनंदनंदनगणि		जि.का.१५३६
आनंद मन्त्री		जि.ता.२३५,जि.ता.२५९
आनंदमूर्त्ति	लेखकमुनि	जि.का.१३२६/१९
आनंद	श्रेष्ठी	जि.ता.८४/१/२,जि.ता.२३२,जि.ता.२३५
आना	श्रेष्ठी	जि.ता.३४१
आफर पातसाह		जि.का.२१६९
आभड	श्रेष्ठी	लो.ता.३/८
आभचंद्र	श्रेष्ठी	जि.ता.२३१,जि.ता.२३९/२, जि.ता.२५६,जि.ता.४०७/२
आमण	श्रेष्ठी	जि.ता.२५६
आमणाग	श्रेष्ठी	जि.ता.२३६
आमंधर	श्रेष्ठी	जि.ता.२३०
आमाक	श्रेष्ठी	जि.ता.२३२
आमी	श्रेष्ठीनी	जि.ता.२३६
आम्रकुमार	श्रेष्ठी	जि.ता.२३६
आम्रदत्त	श्रेष्ठी	जि.ता.२३६

विशेषनाम	किम्	ग्रंथांक
आम्रदेव	लेखकमुनि	जि.ता.२१४/१
आम्रदेवसूरि		जि.का.८४/१/२,४०७/२
आम्रवीर	श्रेष्ठी	जि.ता.२५६
आम्र	श्रेष्ठी	जि.ता.२३२
आम्रसीह	श्रेष्ठी	जि.ता.२३६,२५६
आम्रेश्वर	श्रेष्ठी	जि.ता.२३६,२५६
आरज्या		जि.का.७२९
आराधनामाला	ग्रंथ	जि.ता.२३५,२३७
आरासण	तीर्थ	जि.ता.४२६
आर्यभद्रगुप्त	स्थविर आचार्य	तता.८
आर्यमनक	स्थविर आचार्य	जि.ता.८५
आर्यमहागिरि	स्थविर आचार्य	तता.८
आर्यमंगु	स्थविर आचार्य	त.ता.८
आर्यरक्षितसूरि	स्थविर आचार्य	त.ता.८
आर्यसंभूत	स्थविरआचार्य	त.ता.८
आर्यसुहस्ति	स्थविर आचार्य	त.ता.८
आलापुर	नगर	जि.का.१३२६/१५/१९
आल्हाक	श्रेष्ठी	जि.ता.२३९/२
आल्ही	श्रेष्ठिनी	जि.ता.४२६
आशाधर	श्रेष्ठी	जि.ता.४०३/४
आशापल्ली	नगर	जि.ता.२१७,जि.ता.२७९/२
आशापाल	श्रेष्ठी	जि.ता.३१२
आशामती	श्रेष्ठिनी	जि.ता.४०३/४
आशावल्लीपुरी	नगर	जि.ता.२५२
आशक	श्रेष्ठी	जि.ता.२३२,जि.ता.२३६
आसदेव	श्रेष्ठी	जि.ता.७६,जि.ता.२३६,जि.ता.३०१
आसनाग	श्रेष्ठी	जि.ता.२८,जि.ता.५०
आसराज	श्रेष्ठी	जि.ता.२३९/२,जि.का.१४५०

विशेषनाम	किम्	ग्रंथांक
आसी	लेखक मंत्री	जि.ता.८९/१,जि.का.१६
आसादित्यमहामात्य	लेखक ठक्कुर	जि.ता.३५७/१/२,जि.ता.८८
आसासाह	श्रेष्ठी	जि.ता.१८३,जि.का.१०८
आसाही संघवाणी	श्रेष्ठिनी	जि.का.१४५०
आसिग	श्रेष्ठी	जि.ता.३१२
आसुरि	महर्षि	जि.ता.३९३
आसुला	श्रेष्ठिनी	जि.ता.२७२
आहड	श्रेष्ठी	जि.ता.३४०
आहडसर	नगर	जि.का.१९४४
आह्लादनसिंह	श्रेष्ठी	जि.ता.४०३/३
आंचलिक	मत	जि.का.१८४०
	ई	
ईटायी	नगर	जि.का.४००
ईश्वर	श्रेष्ठी	जि.ता.२८,जि.ता.५०,जि.ता.२३६
ईश्वरकृष्ममहर्षि		जि.ता.३९३
ईश्वरसाहु	लेखक श्रेष्ठी	जि.ता.२८
ईश्वरसूरि		जि.का.१३९८
ईसमाईलखान देशकोट	नगर	जि.का.४४८
	उ	
उग्रसेन		जि.ता.३४७/१
उच्चानगरी		जि.ता.४२६
उज्जयंत तीर्थ	नगर	जि.ता.१५,जि.ता.१७७/२,
		जि.ता.४२६,त.ता.८
उज्जल	श्रेष्ठी	जि.ता.३१/२
उत्तरायन		जि.का.१८२३
उदयकर्ण	श्रेष्ठी	जि.का.१३५२
उदयचंद्र	वाचक	जि.का.१७६९
उदयन	विहार	जि.ता.२७९/२

विशेषनाम	किम्	ग्रंथांक
उदयनंद गणि		जि.का.८६९
उदयनंदसूरि		जि.का.५९७
उदयमती	श्रेष्ठिनी	जि.ता.२३१
उदयराज	श्रेष्ठी	जि.ता.३७,जि.ता.८८/२,जि.ता.९०/३,
		जि.ता.१०४/१,जि.ता.११९
उदयश्री	श्रेष्ठिनी	जि.ता.२८,जि.ता.५०
उदयसंघ पं.	मुनि	जि.का.१०८,थारुशा.का.६४
उदयसिंह	राजा	जि.ता.३४०
उदयसिंह	श्रेष्ठी	जि.ता.१८३,जि.का.८५०,जि.का.१०८६
उद्दा	श्रेष्ठी	जि.ता.४१५/११
उद्धार		जि.ता.२३१
उद्भट	ग्रंथकार	जि.ता.३१७
उद्यमनक		जि.ता.२३१
उद्यापन		त.ता.८
उद्योतनसूरि		जि.ता.२७२,जि.ता.३८७/२,
		जि.ता.४२६,जि.का.८५,जि.का.७१५,त.ता.८
उपकेशपुर	नगर	जि.ता.२१७
उपकेश	वंश	जि.ता.११४,जि.ता.१७७
उपधानतप	तपः	जि.ता.२३१
उपाध्याय		जि.ता.१४९,जि.ता.३४०,जि.का.५०६,
		जि.का.१०६७,जि.का.१५८१,जि.का.१५८७,
		थाहरुशा.का.६४
उलूक	महर्षि	जि.ता.३९४
उसभदत्त	श्रेष्ठी	जि.ता.४२६
उसहजिणेसर	चैत्य	जि.ता.२५९
	ऊ	
ऊकेश	गच्छ	जि.ता.२२८
ऊकेश	ज्ञाति	जि.का.१५५८

विशेषनाम	किम्	ग्रंथांक
ऊकेशपुर	नगर	जि.ता.२५२
ऊकेशपुरीय	गच्छ	जि.ता.१९५
ऊकेश	वंश	जि.ता.१९/६,जि.ता.२८,जि.ता.५०,
		जि.ता.११२,जि.ता.१५७/५,जि.ता.१९५,
		जि.ता.२१७,जि.ता.२२५,जि.ता.२३०,
		जि.ता.२७०/४,जि.ता.२७२,जि.ता.२८३,
		जि.ता.३४०,जि.ता.४२६,जि.का.८५,
		जि.का.९५५,जि.का.२१६६,त.ता.८
ऊदयश्री	श्रेष्ठिनी	जि.ता.२१७
ऊदल	श्रेष्ठी	जि.ता.२१७,जि.ता.२३६
ऊदा	श्रेष्ठी	लो.ता.८
ऊमता	ग्राम	जि.ता.४०६
	ऋ	
ऋषभदेव	तीर्थंकर	जि.ता.२३६,जि.ता.२५२
ऋषभभवन	चैत्य	जि.ता.२५९
ऋषभवीरस्तव		जि.का.१५८७
ऋषिगुप्त क्षमाश्रमण	स्थविर	जि.ता.८५
ऋषिमुनीन्द्र		जि.ता.३९१
	ओ	
ओसवाल	ज्ञाति	जि.का.२१६९
	औ	
औरंगाबाद	नगर	जि.का.७१५
औष्ट्रिकमत		जि.ता.२७९
	क	
कउतिग	श्रेष्ठिनी	जि.ता.४२६
कउल	श्रेष्ठी	त.ता.८
ककीआ राउल	लेखक	जि.का.२०४४
ककुदसूरि		जि.ता.२२८

विशेषनाम	किम्	ग्रंथांक
कटुकासन	नगर	जि.ता.२३७
कथाकोश	ग्रंथ	जि.ता.२७०/२
कथारत्नकोश	ग्रंथ	जि.ता.२३०
कनककीर्त्ति पं.	मुनि	जि.का.१६७३
कनकचंद्र	मुनि	जि.ता.२८१
कनकप्रभ	राजा	जि.ता.२५२
कनकप्रियगणि	मुनि	जि.का.१७५९
कनकसार	लेखक मुनि	जि.का.१४८३
कनकसोम पं.	मुनि	जि.का.१६२१
कनौज	नगर	जि.का.१९४४
कन्हाई	श्रेष्ठिनी	जि.का.१३५२,जि.का.१३६५
कपरिका (?)		जि.ता.२३७
कपर्द	लेखक	जि.ता.१९
कपर्दि	श्रेष्ठी	जि.ता.२३०
कपिल	महर्षि	जि.ता.३९१,जि.ता.३९३
कमलकलशसूरि		जि.का.५९२
कमलमंदिरगणि	लेखक मुनि	जि.का.१७२-४०३
कमलरत्नगणि	मुनि	जि.का.१७४६,२०४९
कमलराजगणि	मुनि	जि.ता.४२६
कमलसंयम उपाध्याय	मुनि	जि.ता.६८/२,जि.का.९४४
कमलसिंहगणि	मुनि	जि.का.१७४६,जि.का.२०४९
कमलसुंदर	मुनि	जि.का.४५८
कमलसूरि	मुनि	जि.ता.२३६
कमलादे	श्रेष्ठिनी	जि.का.१३७७
कमलोदयगणि	लेखक मुनि	जि.का.१०८,जि.का.१३६३, थारुशा.का.६४
करमचंद	मुनि	थारुशा.का.६४
करेणुगत		जि.ता.२५९
कर्कसूरि	मुनि	जि.ता.१९५,जि.ता.२५२
कर्णदेव	राजा	जि.ता.२५९
कर्णपुर	नगर	जि.का.७१५,७७३
कर्पटवाणिज्य	नगर	जि.का.७०२
कर्पूरदेवी	श्रेष्ठिनी	जि.ता.१५
कर्पूरी	श्रेष्ठिनी	जि.ता.४२६
कर्मग्रंथप्रकरण	ग्रंथ	जि.ता.२७२
कर्मग्रंथविचार	ग्रंथ	जि.ता.११२
कर्मचंद पं.		जि.का.१०८
कर्मण ठ.		जि.ता.४२६
कर्मवाटी		जि.का.१२३१,१३६३,१७३५
कर्मसार पं.	मुनि	जि.का.१४८३
कर्मसिंह	श्रेष्ठी	जि.ता.१५,जि.ता.७६
कलसभवमइंद	स्थविर आचार्य	जि.ता.८५/२
कल्याणकमल पं.		जि.ता.६८/२
कल्याणचंद्रगणि		जि.का.४
कल्याणजी	राजा	जि.का.३७०
कल्याणदास राउल	राजा	जि.का.१०८,थाहरु.का.२८९
कल्याणविजयवाचक		जि.का.१७१८
कल्याणसमुद्रसूरि		जि.का.१८३३
कल्लटभट्ट		जि.ता.३३१
कल्लाणयपंच		जि.ता.२५०
कसरूपजी पं.		जि.का.१७६९
कंबल		जि.ता.३१४/४
कंबोज	कुल	जि.का.९२५
कातंत्रभूषण-न्यास	ग्रंथ	जि.ता.८८
कात्यायन	ग्रंथकार	जि.ता.३१४/४
कानजी	लेखक	जि.का.४०९
कान्ह	महामात्य	जि.ता.२५०
कान्ह	श्रेष्ठी	जि.ता.४२६
काम (देव)	श्रेष्ठी	जि.का.१२७९
कायस्थ	ज्ञाति	जि.का.२४८
कारु सं.	श्रेष्ठी	जि.का.१४५३
कालक	श्रेष्ठी	जि.ता.२५६
कालू		जि.का.२१७५
काव्यतीर्थ	पदवी	जि.का.८५
कासहदीय	गच्छ	जि.का.१७७/२
कांसा	ग्राम	जि.ता.२३३
किरता	श्रेष्ठी	जि.ता.७६
किसना	मुनि	जि.का.१४८३
कीका	श्रेष्ठी	जि.ता.७६,जि.ता.२३१
कीर्त्तिकलशगणि		जि.ता.२७२
कीर्त्तिसागरसूरि		जि.का.२४८
कीर्तिरत्नसूरी		जि.का.४,१४७०,१९४६
कीर्तिसुंदरमुनि		जि.ता.३४०
कीहट	श्रेष्ठी	जि.ता.४२६
कुडिलपुरी	नगर	जि.ता.२१७
कुतबपुर	नगर	जि.का.८२७
कुभमेरगढ	नगर	जि.का.८६९
कुमरपाल	राजा	थाहरुशा.का.६४
कुमरपाल	श्रेष्ठी	जि.ता.२८,जि.ता.५०,जि.ता.५०
कुमरसिंह मंत्री	श्रेष्ठी	जि.ता.२३९/२,जि.ता.२७१
कुमरसिंह ठ.	लेखक	जि.ता.८३/१,जि.ता.९१,जि.ता.१२४
कुमरसिंह	श्रेष्ठी	जि.ता.२८,जि.ता.५०,जि.ता.२०६
कुमरिका	श्रेष्ठिनी	जि.ता.२१७
कुमारपल्ली	नगर	जि.ता.२३५

विशेषनाम	किम्	ग्रंथांक
कुमारपाल	राजा	जि.ता.२३७,जि.ता.२५९,
		जि.ता.२७१,जि.ता.३२२,
		जि.ता.३६१,जि.का.१०८,जि.का.२२८,
		लो.ता.८
कुमारपाल	श्रेष्ठी	जि.ता.५०,जि.ता.२२५
कुमारविहार		जि.ता.३६१
कुमारिल	दार्शनिक	जि.ता.३८७/२
कुलचंद्र	श्रेष्ठी	जि.ता.२३०,जि.ता.३१२
कुलधर	श्रेष्ठी	जि.ता.२३०,जि.ता.२७०/५,जि.ता.३४०
कुलप्रभसूरि		जि.ता.४०३/१,त.ता.२
कुलमंडन	मुनि	जि.का.३१७
कुशलकल्याण पं.	लेखक मुनि	जि.का.१९७२
कुशली	श्रेष्ठिनी	त.ता.८
कुसिकस	गोत्र	जि.का.१८६६
कुंअरी	श्रेष्ठिनी	जि.ता.४२०,त.ता.८
कुंडधर	यक्ष	जि.ता.११
कुंप	श्रेष्ठी	जि.ता.४२६
कुंभकर्णविजय	राजा	जि.का.१६६५
कुंवरजी जोषी	लेखक	जि.का.१०८६
कुंवरपाल	श्रेष्ठी	जि.का.१२७९
कूरला	श्रेष्ठिनी	जि.ता.२५६
कूरी	श्रेष्ठिनी	जि.का.१०८६
कृच्चकल्लाण	वंश	जि.ता.२६७
कृपाचंद्रसूरि		जि.का.८४,जि.का.१०८
कृपारसकोश	ग्रंथ	जि.का.१५८७
कृष्ण	गच्छ	जि.का.१४९२
कृष्णर्षि महेश	गच्छ	जि.का.१७९२
केलिका	श्रेष्ठिनी	जि.ता.२३६

विशेषनाम	किम्	ग्रंथांक
केली	श्रेष्ठी	जि.ता.७६
केल्हण	श्रेष्ठी	जि.ता.२३२
केल्हणदेवी	श्रेष्ठिनी	जि.ता.२३९/२
केल्हा	श्रेष्ठी	जि.का.१९४६
कोचर	गोत्र	जि.का.८५,१३६९
कोटिक	गोत्र	जि.ता.११९
कोटिक	शाखा	जि.का.४४८
कोटीगण		जि.ता.८५/२,जि.ता.२५९,
		जि.ता.२६७,जि.ता.२७२,जि.ता.४१९
कोला	श्रेष्ठी	त.ता.८
कोल्हण	श्रेष्ठी	जि.ता.२२८
कोंकण	देश	जि.ता.३२९
कौशांबी	नगरी	जि.ता.३५१
क्षमाकल्याणगणि		जि.का.१४९५,१५७३,२२३९
क्षमाप्रमोदजी उपा०	लेखक मुनि	जि.ता.४०९,जि.का.२१६६,
		२१६७/२
क्षमामूर्ति		जि.का.४६७
क्षमारत्न		जि.का.२३८
क्षमासुंदर उपा०		जि.का.१८९
क्षेमकलश पं.	लेखक मुनि	जि.का.८३१
क्षेमकीर्ति	मुनि	जि.का.१७५९
क्षेमसिंह	श्रेष्ठी	जि.ता.२१७,जि.ता.३४०
क्षेमंधर	श्रेष्ठी	जि.ता.११२,जि.ता.११४,
		जि.ता.२१७,जि.ता.२७०/४,जि.ता.२७२
ख		
खयर	श्रेष्ठी	जि.ता.२३६
खयरोड	ग्राम	जि.ता.२०७

विशेषनाम	किम्	ग्रंथांक
खरतरगच्छ		जि.ता.३,जि.ता.७,जि.ता.१६,
		जि.ता.९,जि.ता.११,जि.ता.२४,
		जि.ता.२५,२६,२९,३०,३४/४,३६,३७,
		४७,४९,५२,५३,५४,५८,६०,६१/१,
		६२,६३,६४,८८/२,८९/१,९०/३,९४,
		९५,९७,९९,१०४,१०५,११०,१११,
		११९,१२२,१२३,१४७/१८,१४८,१४९,१५६/३७,
		१६८,१८३,१९२,२०९,२५०,२८७,
		३१५,३४०,३६४/५,त.ता.७,जि.का.३४,जि.का.३६,
		जि.का.३९,जि.का.४०,४५,४६,४७,५१,५५,५६,
		५८,६०,६१,६२,६५,७४,८५,१८५,१८९,
		२२८,२३७,२३९,२४६,२४७,२४९,२५२,३८६,
		४००,४०९,४३१,६६१,७०६,७१२,८३१,
		८७१,९४४,९९४,१०६२,१०६७,१२३१,
		१३५२,१३६५,१३६९,१४५०,१४५२,
		१४५३,१५३४,१५३६,१६६५,१६७३,१६७८,
		१७४६,१७५०,१७५४,१७५९,जि.का.१९७२,त.ता.८
खरतर गण		जि.ता.७७/२,जि.ता.२८४/२,जि.ता.४२६,
		जि.का.१८५,१८९,थारुशा.का.६४,२८९
खरतरविधिपक्ष		जि.का.१०८,थारुशा. का.६४,२८९
खरतर वेगडगच्छ		जि.का.२३९,२४७,२७२,
		३७०,३७१,३७४,४२३,४६४,
		५४७,५४८,७०६,८०६,८५०,८६३,
		१०१५,११०८,११३६,१६७३,२१६९
खरहत	श्रेष्ठी	थाहरुशा.का.२८९
खंभात	नगर	जि.ता.२५०
खाती	गोत्र	जि.का.१४७८
खानपुर	ग्राम	जि.का.९५५

विशेषनाम	किम्	ग्रंथांक
खीमसिंह	श्रेष्ठी	जि.ता.२३६,२५६,२७०/४,२७२
खूकचंचलि	महर्षि	जि.ता.३९३
खेतल	श्रेष्ठी	जि.ता.२३६,जि.का.२४८
खेतसिंह	श्रेष्ठी	जि.ता.२३६,जि.ता.३४६/७,जि.का.१२७९
खेतसी	श्रेष्ठी	जि.का.८०६
खेरवा	ग्राम	जि.का.१८४०
खोखून	श्रेष्ठी	जि.ता.२५६
खोतू	श्रेष्ठिनी	जि.का.१२७९
ग		
गइपालदेव	राजा	जि.का.१४८०
गगगय	श्रेष्ठी	जि.ता.२५२
गजराज गणि		जि.का.१३६५
गजसिंह	राजा	जि.का.१८३३
गजू	श्रेष्ठी	जि.ता.४२६
गणदेव	श्रेष्ठी	जि.ता.११४,जि.ता.४२६
गणेश्वर	श्रेष्ठी	जि.का.५५४
गर्ग	महर्षि	जि.ता.३९३
गंगा	श्रेष्ठिनी	जि.ता.२०६
गंगाक	मुनि	जि.का.१३९८
गंगादेवी	श्रेष्ठिनी	जि.का.१०८६
गंधहस्ती कवि	ग्रंथकार	जि.ता.३१४/४
गंधार बंदर	नगर	जि.का.२०६८
गांगदेव	श्रेष्ठी	जि.ता.२५६,जि.का.९०
गांभूपुरी	नगर	जि.ता.२५९
गुजर	श्रेष्ठी	जि.ता.२४/४,२५/४,२६,जि.ता.३४/४, जि.ता.२१/५
गुणचंद्र गणि		जि.ता.२३५
गुणचंद्र	श्रेष्ठी	जि.ता.४०४
गुणदेवी	श्रेष्ठिनी	जि.ता.२०९
गुणधर	श्रेष्ठी	जि.ता.३४०
गुणपाल	श्रेष्ठी	लो.ता.८
गुणप्रभसूरि		जि.ता.२७५,जि.ता.२८४/२
गुणभद्रसूरि		जि.ता.७६
गुणमती	श्रेष्ठिनी	जि.ता.१५
गुणरत्ना टीका	ग्रंथ	जि.का.३७०
गुणराज पं०		जि.का.१०८,थाहरुशा.का.६४
गुणराज	मंत्री	जि.का.१३५२,१३६५
गुणराज	श्रेष्ठी	जि.का.१०८६,२१७५
गुणवल्लभ पं०		जि.ता.३०२
गुणविनय उपाध्याय		जि.का.१०८
गुणशेखरसूरि		जि.का.९२५,१७९८
गुणसमुद्र	लेखक मुनि	जि.का.४०३,४४७
गुणसमुद्राचार्य		थाहरु.का.२९२
गुणसागर पं.		जि.का.४५८
गुणसूरि		जि.ता.१५१/२१
गुणीया	पंडित	जि.का.२४८
गुर्जर	श्रेष्ठी	जि.ता.२४/४,२५/४,२६
गुर्जर	देश	जि.ता.२७०
गूजर	श्रेष्ठी,	जि.ता.१/३,७/२,११,१६,२४/४, २५/४,२६,३४/४,४९,५२,५३, ५४,६०,६२,६३,६४,८९,९५, ९७,९९,११०,१११,१२२, १४७/१८,१४८,१४९,३१५
गूर्जर	ज्ञाति	जि.ता.१६८
गूर्जर	देश	जि.ता.२७९/२,३४०,३५१
गूर्जर	वंश	जि.ता.२५६
गूर्जरवाल	ज्ञाति	जि.ता.२०७
गूर्जर	श्रेष्ठी	जि.ता.३,११४,१९२,३६४/५
गोइंद	श्रेष्ठी	त.ता.८
गोगी	श्रेष्ठिनी	जि.ता.२८,५०
गोडि पार्श्वनाथ		जि.का.११०८,१७५९,१९६९
गोपाचल	संस्थान	जि.का.८६९
गोपाल	लेखक	जि.का.१३७७
गोभद्र	श्रेष्ठी	जि.ता.२७०/१
गोमी	श्रेष्ठिनी	जि.ता.२३०
गोरधन	श्रेष्ठी	जि.ता.२३५
गोरा	श्रेष्ठी	जि.का.१३६९
गोलवत्था	गोत्र	जि.का.२१६६
गोल्ल	श्रेष्ठी	जि.ता.३१२
गोल्हण	श्रेष्ठी	जि.ता.२५६
गोविंदचंद्र	राजा	जि.ता.३४८
गोविंद	श्रेष्ठी	जि.का.१२७९,त.ता.८
गोव्यंद	अध्यारु-लेखक	जि.का.१८२३
गोसाल		लो.ता.८/४
गौतम	गणधर	जि.ता.२३६,जि.ता.२५०, जि.ता.२७२,जि.का.४००,५६२,८२७
ग्रामाध्यक्ष	पद	जि.ता.२३१
ग्वालेर	देश	जि.का.७१५
घ		
घडमल्ल		जि.का.१२३१
घृतघटीपुरी	नगरी	जिका.९२५
घृतलंभनिका	प्राभृत	जि.का.१३६५

विशेषनाम	किम्	ग्रंथांक
च		
चक्रपालभट्ट		जि.ता.३१४/४
चक्रेश्वर	श्रेष्ठी	जि.ता.२३७
चक्रेश्वरसूरि		जि.ता.२३१,३४०,४०३/१
चट्टावल्लिपुर	नगर	जि.ता.२५९
चतुरंगदे	श्रेष्ठिनी	जि.का.१३६९
चतुर्मासी		जि.का.१७३५,१७९५,२०४९
चतुर्मुखधरणविहार	चैत्य	जि.का.८२७,जि.ता.२३५
चगाई	श्रेष्ठिनी	त.ता.८
चंड ठ	लेखक	जि.ता.२०७
चंडप्रसाद	लेखक	जि.ता.१७१/११
चंडसिंह	श्रेष्ठी	जि.ता.२०६
चंदन	श्रेष्ठी	जि.ता.१५७/५
चंद्र	शाखा	जि.ता.२३२
चंद्रकुल		जि.का.८५,४४८,जि.ता.३१,८४/१/२, ११२,११९,२२२,२३०,२३७,२५०,२५२, २५६,२५९,२६७,२७०/१/२,२७२,२८९, ३४०,३६९,४२६,त.ता.४,त.ता.८
चंद्रगच्छ		जि.ता.१४७/८,२३६,२७०/१,लो.ता.४
चंद्रप्रभप्रासाद	चैत्य	जि.ता.३१२
चंद्रप्रभ	श्रेष्ठी	जि.ता.२६४
चंद्रप्रभसूरि		जि.ता.२१७,४०३/१
चंद्रसूरि		जि.का.१७९८,जि.ता.२०५,२५९, ३८१/२,४०६
चंद्रावली	श्रेष्ठिनी	जि.ता.४२६
चंद्रिका	श्रेष्ठिनी	त.ता.८
चंपाई	श्रेष्ठिनी	जि.का.१३६५,त.ता.८
चाचाकराणं	महामात्य	जि.ता.२३३
चामुंड	राजा	जि.ता.२५९
चामुंडी	देवी	जि.का.८५
चारित्रसिंहगणि		जि.ता.२०९
चारित्रसुंदरी	साध्वी	जि.ता.११४
चारित्रोदयगणि		जि.का.१७५०
चाहड पं.	लेखक	जि.ता.१७७/२
चाहिणिदेवी	श्रेष्ठिनी	जि.ता.११९
चाहिणी	श्रेष्ठिनी	जि.ता.२३६,२५६,३४०
चाही	श्रेष्ठिनी	जि.ता.४१५/११
चांदु	श्रेष्ठिनी	जि.ता.२३१
चांपलदे	श्रेष्ठिनी	जि.का.१०८,था.का.६४
चांपला	श्रेष्ठिनी	जि.ता.२०६,२५६
चांपसी	श्रेष्ठी	जि.का.८५०
चांपू	श्रेष्ठी	जि.ता.१८३
चित्कोश		जि.का.१७१८,२१७५
चित्रकुटदुर्ग	नगर	जि.ता.२२/१०,१७७/२,३४६/७
चित्रपट		जि.ता.२५९
चुलुग	कुल	जि.ता.२५९
चैत्यनिवासी		जि.का.८५
चैत्यवंदनमीमांसा	ग्रन्थ	जि.ता.२५२
छ		
छज्जल	श्रेष्ठी	जि.ता.३४१
छड्डुक	श्रेष्ठी	जि.ता.२३५
छत्रापल्ली	नगर	जि.ता.२३२,२३५,२५६
छाजहड	गोत्र	जि.का.८५०
छाहड	श्रेष्ठी	जि.ता.३४६/७
ज		
जइतसी	श्रेष्ठी	जि.का.८५
जगत्सिंह	श्रेष्ठी	जि.ता.२०६,२१७,२३६,२५६
जगद्देविका	श्रेष्ठिनी	जि.ता.४०३/४
जगद्धर	श्रेष्ठी	जि.ता.११४,२१७,२७०/४,२७२
जगधर	श्रेष्ठी	जि.ता.२७२
जगपाल	श्रेष्ठी	जि.ता.४२६,जि.का.१३५२
जगमतगणिनी	साध्वी	जि.ता.२२५
जगमाल	श्रेष्ठी	जि.ता.४२६,त.ता.८
जगसिंह	श्रेष्ठी	जि.ता.२१७,२३६,३४६/७
जजमल संघपति	श्रेष्ठी	जि.का.१४५०
जज्जणाग	श्रेष्ठी	जि.ता.२३५
जज्जय	श्रेष्ठी	जि.ता.२३५
जनादर्न	व्यास	जि.का.१२२९
जनाश्रय पं.		जि.ता.३१४/५
जयचंदसूरि		जि.का.५९७
जयतक	श्रेष्ठी	जि.ता.२३१
जयतमाल	श्रेष्ठी	जि.का.१३६९
जयतसिंह	श्रेष्ठी	जि.ता.२३६,३४१
जयतिपाल	श्रेष्ठी	जि.ता.३१२
जयति	श्रेष्ठिनी	जि.ता.२३२
जयतुग्निदेव	राजा	जि.ता.१७७/२
जयदेव	साधु कवि	जि.ता.३१४/५,३४०
जयदेवसूरि		जि.ता.२३१
जयदेवी	श्रेष्ठिनी	जि.ता.११२
जयनिधानगणि		जि.का.१३८१,१७४६,१७४९,२०४९
जयवर्मदेव	राजा	जि.ता.२८६
जयशीलगणि	मुनि	जि.का.२१७५
जयशीलमेरुपुर	जेसलमेरनगर	जि.का.८५
जयश्री	श्रेष्ठिनी	जि.ता.२३२

विशेषनाम	किम्	ग्रंथांक
जिनपाल	श्रेष्ठी	जि.ता.२७२
जिनप्रबोधसूरि		जि.ता.३१/२,५०,३५१,४०४,४२६,जि.का.८५,त.ता.८
जिनप्रभसूरि		जि.ता.२८४/२,जि.का.२४८
जिनबंधुर	मुनि	जि.ता.५९/१/२
जिनभक्त	श्रेष्ठी	जि.ता.३१/२
जिनभद्रसूरि		जि.ता.१/३,३,७/२,११,१६,२४/४,२५/४,२६,२९/२,३०,३४/४,३५,३७,४७/२,४९,५२,५३,५४,६०/२,६२,६३,६४,७७/२,८८/२,८९/१,९०/३,९४/२,९५,९७,९९,१०४/१,१०५,११०,१११,११९,१२२,१२३/२,१४७/१८,१४८,१४९,१९२,२३७,२५६,२७२,३१५,३६४/५,४०३/४,४२६,जि.का.७,२२,२४,२५,२६,२८,३४,३६,४७,५५,५६,६०,६१,६२,६५,७४,८५,१०८,७२१,१०६७,१५३२,१६६५,त.ता.८,था.का.६४
जिनमतसाधु	लेखक-मुनि	जि.ता.३०२/२
जिनमती	श्रेष्ठिनी	जि.ता.१५
जिनमाणिक्यसूरि		जि.ता.१४१/४,जि.का.८५,१०८,४३१,४५०,७२१,१५३६,१७५४,था.का.६४
जिनमेरु सूरि		जि.का.१७२,१८५,२३९,२७२,३५२,३५३,३७०,४०९,४२३,४५८,४६४,६६१,७१५,२१६९
जिनयुगल		त.ता.२
जिनरक्षितसूरि		जि.ता.५९/२
जिनरत्नसूरि		जि.ता.२७०/२,२७२,३४०,३५१
जिनराजसूरि		जि.ता.७/२,११,१६,२४/४,३४/४,३७,४७/२,४९,५४,६०/२,६३,७७/२,८३/३,८९/१,९०/३,९५,९७,९९,१०४,११०,१११,११९,१२२,१२३/२,१४८,३१५,३६४/५,४२६,जि.का.५५,८५,१३६९,त.ता.८
जिनलब्धिसूरि		जि.ता.४२६,जि.का.८५,त.ता.८
जिनलाभसूरि		जि.का.२१६६/१
जिनवल्लभसूरि	गणि	जि.का.११२,१५६/३१,१७७/२,२३५,२७०/१,२७०/२,२७२,२७९/२,२८९,३४०,३५१,४२६,जि.का.८५,७१५,९४४,१६२१,त.ता.८
जिनशासनपातसाह	बिरुद	जि.का.१०८
जिनशेखरसूरि		जि.का.१७२,१८९,२२८,२३९,२४७,२४९,२५२,२७५,३५२,३५३,३७०,३७४,४०९,४२३,४५८,४६४,४६७,६६१,७१५,१२३१,२१६९
जिनसमुद्रसूरि		जि.ता.६८/२,जि.का.८५,३४८,४००,४०९,४३१,४५८,७१५,जि.का.१०१५,११३६,१४९१
जिनसिंहसूरि		जि.का.८५,१०८,४५०,७१२,१३६९,था.३
जिनसुंदरसूरि		जि.का.४००,४०९
जिनसेनगणि		जि.का.१९४६
जिनहर्षसूरि		जि.का.५७४
जिनहंससूरि		जि.का.१३,८५,१०६२,१३५२,१३६५,१४०२,१४०५,१५३६
जिनागर	श्रेष्ठी	जि.ता.२३०
जिनेश्वरसूरि		जि.ता.२८,३१/२,५०,११२,११७/२,२११,२१७,२२५,२३०,२३५,२३७,२५०,२५६,२७०/१,२७०/२,२७२,२८१,२८९,३४०,३५१,४२६,जि.का.८५,१७२,१८९,२२८,२३९,२४६,२४७,२४९,२५२,२७२,३५२,३५३,३७०,३७४,४०९,४२३,४३१,४४८,४६४,४६७,५५४,६६१,७१५,८०६,९९४,१०१५,१२३१,२१६९,त.ता.८
जिनोदयसूरि		जि.ता.११९,१८३,४२६,जि.का.८५,४०९,१६७३,त.ता.८
जिल्हण	श्रेष्ठी	जि.ता.२२८
जीरापल्ली	तीर्थ	जि.का.२१७५,त.ता.८
जीर्णागमोद्धारिणीसंस्था		जि.का.८४
जीर्णोद्धार		जि.ता.२३१,जि.का.१०८
जीवणजी	लेखक	जि.का.१८४३
जीवणी	श्रेष्ठिनी	त.ता.८
जीवंद	श्रेष्ठी	जि.ता.४२६
जीवंदही	श्रेष्ठिनी	जि.ता.३१/२
जीवा	श्रेष्ठी	जि.का.२९५
जींद	श्रेष्ठी	जि.ता.४२६
जेठमल व्यास	पंडित	जि.का.८५
जेल्लक	श्रेष्ठी	जि.ता.२०९
जेसलपुरी	नगर	जि.ता.२७०/४,२७२
जेसलमेरकोट्ट	नगर	जि.का.१०८
जेसलमेरदुर्ग	नगर	जि.का.१०८,१४९५,२१६६,जि.ता.२७०/१,२७०/२
जेसलमेरनगर	नगर	जि.ता.३४०,जि.का.२७,७४,१०८,१२७८,१५३६,२१७५,२२०८

विशेषनाम	किम्	ग्रंथांक
तेजा	श्रेष्ठी	जि.ता.१५,११९,२१७
तोडरमल्ल	श्रेष्ठी	जि.का.८५०
त्रिभुवनदेवी	श्रेष्ठिनी	जि.ता.२३९/२
त्रिभुवनश्रेष्ठी	श्रेष्ठी	जि.ता.२३०
त्रिभुवनपालधीदा	श्रेष्ठिनी	जि.ता.२१७,२७०/४,२७२
त्रिभुवनमल्लदेव	बिरुद	जि.ता.३४६/१
त्रिभुवनी	श्रेष्ठिनी	जि.ता.३४०
त्रीकम	श्रेष्ठी	जि.ता.२३७
त्रैलोक्यगंड	बिरुद	जि.ता.१३१
त्रैस्तुतः	गच्छ	जि.ता.२८४/२
थ		
थटा	नगर	जि.का.७६२,८२१/२,८६३
थंभणपार्श्वनाथ		जि.ता.११९
थारापद्रपुरीय	गच्छ	जि.ता.२०२
थावर	श्रेष्ठी	जि.का.३६४
थाहरू	श्रेष्ठी	जि.का.१०८,था.का.२८९
थिरराज पं.	लेखक	जि.का.१०८
थिरराज	श्रेष्ठी	जि.का.८५,१०८,था.का.६४
थिराख्यपुर	नगर	जि.का.२६१/१
थिरुक सा.	श्रेष्ठी	था.का.६४
थिरुकभंडारपुस्तिका		जि.ता.१४९
थीदुक	श्रेष्ठी	जि.ता.२३०
द		
दयाकलशगणि		जि.का.१६२१
दयानंदगणि		जि.का.१४५०
दयारतन गणि		जि.का.२०४९
दयासागर गणि		जि.का.१४०२,१४२३,
		१४५२,१४५३,१४८३,१५३४,
		१५५२,१६७८
दल्हुक	श्रेष्ठी	जि.ता.२५६
दशराज	श्रेष्ठी	त.ता.८
दंडधर		जि.ता.२५९
दंडनायक		जि.ता.२३५
दाडिम	श्रेष्ठिनी	जि.का.१०८६
दानचंद्र पं.		जि.का.२०४९
दामोदर	श्रीकृष्णः	जि.ता.३४९
दीक्षादानोत्सव		त.ता.८
दीपचंद्रजी	मुनि	जि.का.११०७,११०८,१२४४
दीपिका	व्याख्या	जि.का.८५
दुर्गदत्त	वंश	जि.ता.४०८
दुर्लभराज	राजा	जि.का.८५,जि.ता.२५९,२७०,
		२७२,३४०,३५१
दुर्लभश्रेष्ठी	श्रेष्ठी	जि.ता.२८,४९
दुलही	श्रेष्ठिनी	जि.ता.२३०
दुलीचंद महात्मा	लेखक	जि.का.८४,१०८,५७४,१९७२
दूअक	श्रेष्ठिनी	जि.ता.२२५
दूदा	श्रेष्ठी	त.ता.८
दूल्हा	श्रेष्ठी	त.ता.८
देगा	श्रेष्ठी	जि.ता.४०३/४
देदा	श्रेष्ठी	जि.ता.१७७/२,२३६,३४१,जि.का.१२७९
देदी	श्रेष्ठिनी	जि.ता.२३२,३४०
देपा	श्रेष्ठी	जि.का.१९४६
देमति	श्रेष्ठी	जि.ता.४०३/४
देमाई	श्रेष्ठिनी	त.ता.८
देयड महं०	श्रेष्ठी	जि.ता.३५७/२
देल्हक	श्रेष्ठी	जि.ता.२५६
देल्हणदेवी	श्रेष्ठिनी	लो.ता.३/८
देल्हा	श्रेष्ठी	जि.ता.४२६
देव	श्रेष्ठी	त.ता.८
देवकर्ण	राजा	जि.का.२२८,२४६,२४९,३८६,
		८५०,२२०८
देवकी	श्रेष्ठिनी	जि.ता.२२८
देवकुलपाटक	नगर	जि.का.१६६५
देवकुलिका		जि.ता.२८,५०
देवकुसल	लेखक-मुनि	जि.का.४०९
देवगिरि	नगर	जि.का.७१५
देवगुप्तसूरि		जि.ता.१९५,२५२
देवचंद्र	मुनि	जि.ता.३१४/१,३६१,१८९
देवचंद्र	श्रेष्ठी	१९/६,२२८,जि.का.९०
देवचंद्रसूरि		जि.ता.१५,२३२
देवड	श्रेष्ठी	जि.ता.१९/६,२८३
देवत	श्रेष्ठिनी	जि.ता.२२८
देवतिलकगणि	लेखक	जि.का.१४०५,१४८३,१५५२,१६७८
देवदत्त	श्रेष्ठी	जि.ता.११९
देवधर	श्रेष्ठी	जि.ता.३४०,४०३/४,लोता.३/८
देवनाग	श्रेष्ठी	जि.ता.२२५
देवपत्तन	नगर	जि.ता.२३२
देवप्रभसूरि		जि.ता.२५६,३५६
देवभद्रगणि	लेखक	जि.का.२२८,२३७,२४६,
		२४७,२४९,२५२,३८६,११४
देवभद्र	मुनि	जि.ता.३८७/२
देवभद्र	श्रेष्ठी	जि.ता.१९/६
देवभद्रसूरि		जि.ता.१५,१५७/५,२५५,२७०/२,१२४४
देवमूर्त्ति उपाध्याय		जि.ता.२१७

विशेषनाम	किम्	ग्रंथांक
देवराज	लेखक	जि.ता.१८१
देवराज	श्रेष्ठी	त.ता.८
देवराजपुर	नगर	जि.का.१२९१,जि.ता.४२६
देवविजयगणि		जि.का.७०२
देवश्री	श्रेष्ठिनी	जि.ता.११२,२२८,२७०/४
देवसार पं.	मुनि	था.का.६४,जि.ता.१०८
देवसिंह	मंत्री	जि.ता.२३६,४०३/३
देवसुंदरसूरि		जि.का.१४८०,१५५८
देवसूरि		जि.ता.२३२,२३३,२३६,२७२,२७९,४२६
देवाउ महं०	श्रेष्ठी	जि.ता.१६८
देवानंद	गच्छ	जि.ता.३८७/२
देवानंदसूरि		जि.ता.२०६,२५६,३५६
देवा भणसाली	श्रेष्ठी	त.ता.८
देविणी	श्रेष्ठिनी	जि.ता.२५६
देवीदास	राजा	जि.का.२४७
देवेन्द्रसूरि		जि.ता.२२२. २३९
देसेल	श्रेष्ठी	जि.ता.४०३/४
दोसी	गोत्र	जि.का.२१६९
	ध	
धणचंड	लेखक	जि.ता.९०
धणदेवी	श्रेष्ठिनी	जि.ता.२२५
धणपति	मंत्री	जि.का.१३५२,१३६५
धनदेव	मुनि	जि.ता.२५२
धनदेव	श्रेष्ठी	जि.ता.३४०
धनपति	श्रेष्ठी	त.ता.८
धनपाल	मंत्री	जि.ता.२०६,३१०
धनपाल	श्रेष्ठी	जि.ता.२३५
धनराज	श्रेष्ठी	जि.ता.४२६,जि.का.१८४०
धनसिंह	श्रेष्ठी	जि.ता.३१,२३६
धनेश्वरसूरि	श्रेष्ठी	जि.ता.७६,लो.ता.४
धन्नाई	श्रेष्ठिनी	त.ता.८
धन्य	श्रेष्ठी	जि.ता.२७०/१,४२६
धन्यराज	श्रेष्ठी	जि.का.१०८६
धन्या	श्रेष्ठिनी	जि.ता.२८,५०
धन्यादेवी	श्रेष्ठिनी	जि.का.१०८६
धरणविहार	प्रासाद	जि.का.८२७
धरणाक	श्रेष्ठी	जि.ता.१/३,३,११,१६,२१/५,
धरणाक	श्रेष्ठी	२४/४,३०,३४,३६,४७/२,४९,५२, ५३,५४,६०,६२,६३,६४,८९,९४, ९५,९७,९९,१०५,११०,१२२,१२३, १४७/१८,१४८,१४९,१९२,३१५,३६४/५
धरणिग	श्रेष्ठी	जि.ता.२५६
धरणिद्धय	विद्याधर	जि.ता.२५२
धरणिंद	श्रेष्ठी	जि.का.८२७
धरणीधरशाला	वसति	जि.ता.११७/२
धरणेन्द्र	देव	जि.ता.२६०
धरसेन	राजा	जि.ता.३३८
धरावास	नगर	जि.ता.४०/२-६,४२/२,४२/२,८५०
धर्कट	कुल	जि.ता.२५६
धर्कट	वंश	जि.ता.१५,८५/२,२२८,३१२,लो.ता.४
धर्म	मुनि	जि.का.९०
धर्मकीर्त्तिगणि		जि.ता.२५६
धर्मघोष	गच्छ	जि.का.८६९
धर्मघोषसूरि		जि.ता.२०७,२१७,४०३/१, लो.ता.३/८
धर्मचंद	लेखक-मुनि	जि.का.८६३,१५३२
धर्मदास	लेखक-मुनि	जि.का.१२७५/१
धर्मदेव उपा०		जि.ता.२११
धर्मदेव उपा०	मंत्री	जि.ता.१७७/२
धर्मधीरगणि		जि.का.४
धर्मनिधान पं.	मुनि	जि.ता.६८/२
धर्मरत्नसूरि		जि.का.१३५२
धर्मराज	मंत्री	जि.का.१३६५
धर्मवर्द्धन गणि		जि.ता.३४०
धर्मशाला	विश्रामस्थान	त.ता.८
धर्मशेखर	लेखक-मुनि	जि.का.२४८
धर्मसूरि	जि.का.८६९	
धर्मिणी	श्रेष्ठिनी	जि.ता.३१/२
धवलक्कपुर	नगर	जि.का.१७५४,त.ता.४
धवलगुणदेवी	श्रेष्ठिनी	जि.ता.८५/२
धवलचंद्रगणिमिश्र	जि.का.१३६५	
धवल	श्रेष्ठी	जी.ता.२३७,२५२,२५९
धंधल	श्रेष्ठी	लो.ता.३/८
धंधिका	श्रेष्ठिनी	जि.ता.२३५
धंधुक्क्यपुर	नगर	जि.ता.२५२
धानी	श्रेष्ठिनी	जि.का.१२७९
धाम	श्रेष्ठी	जि.ता.२३६,४२६
धारसी	श्रेष्ठी	जि.का.२१६६,२२३९
धारादित्य पंडित	लेखक	जि.ता.३९१
धारापुरी	नगर	जि.ता.२८१
धांउका	श्रेष्ठिनी	जि.ता.२३५
धांधलदेवी	श्रेष्ठिनी	जि.ता.२०६
धांधल	श्रेष्ठी	जि.ता.२३६,३४६/७,४२६
धांधी	श्रेष्ठिनी	जि.ता.३४०

विशेषनाम	किम्	ग्रंथांक
धांधुक	श्रेष्ठी	जि.ता.२५६
धीणिग	श्रेष्ठी	जि.ता.२५६
धीदा	श्रेष्ठिनी	जि.ता.२७०/४
धीरा	श्रेष्ठिनी	जि.का.१२७९
धीराक	श्रेष्ठी	जि.का.१२७९
धींगपंचमी	तिथि	जि.का.१०१५
धींध	श्रेष्ठी	जि.ता.२१७,३४०
धींधी	श्रेष्ठिनी	जि.ता.३४०
धेनड	श्रेष्ठी	जि.का.१०८
	न	
नउल	श्रेष्ठी	जि.ता.२५६,त.ता.८
नन्नसूरि		जि.ता.२३६
नन्नुक	श्रेष्ठी	जि.ता.२३५
नयणा	श्रेष्ठिनी	जि.ता.२०५
नयनानंद मुनि पं.		जि.का.१७४६
नयमेरु पं.०		था.का.६४
नयसमुद्र पं.	लेखक-मुनि	जि.का.१८९
नरचंद्रसूरि		जि.ता.३०२,३५६
नरदेव	श्रेष्ठी	जि.ता.१५
नरपति	श्रेष्ठी	जि.का.६८
नरसिंह पं.	लेखक ऋषि	जि.का.१५६४
नलकच्छकपुर	नगर	जि.ता.२८१,२८६
नवफणा पार्श्वनाथ	अजमेर	जि.ता.३७
नवरंगखानकोट्ट	नगर	जि.का.१७४६
नवलखा	कुल	जि.ता.२५०
नवलादे	श्रेष्ठिनी	जि.का.४५०
नवांगवृत्ति		जि.ता.२३७,२७०/१
नसरपुर	नगर	जि.का.११३६

विशेषनाम	किम्	ग्रंथांक
नंदकिशोर	कृष्ण	जि.का.२१३३
नंदरबार	नगर	जि.का.३३७७
नंदिसहजगणि	लेखक	जि.का.५९७,८२७
नंदीश्वर	तीर्थ	जि.ता.२५६
नंदुरबार	नगर	जि.का.२१७५
नाइकि	श्रेष्ठिनी	जि.ता.४०३/४
नाकर	लेखक	जि.का.४५८
नाग	गोत्र	जि.का.१०८६
नाग	श्रेष्ठी	लो.ता.४
नागड महामात्य	श्रेष्ठी	जि.ता.१५७
नागदेव	श्रेष्ठी	जि.ता.२३५,२३६,२३७,जि.का.८५
नागपाल	श्रेष्ठी	जि.ता.८४/२
नागपुर	नगर	जि.ता.२१७,जि.का.४५०,१६२२
नागराज	देवः	जि.का.८५
नागिनी	श्रेष्ठिनी	जि.ता.२०६,२१७
नागेन्द्र	श्रेष्ठी	जि.ता.१५
नाथी	श्रेष्ठिनी	जि.का.१३६९,त.ता.८
नाथू	श्रेष्ठिनी	जि.ता.४२६
नानक	महर्षि	जि.का.२१७३
नानी	श्रेष्ठिनी	जि.ता.२३२,जि.का.१०८६
नानू	श्रेष्ठी	जि.का.१२७९
नाभिसूनु	तीर्थंकर	जि.ता.२३६,जि.ता.२७०,३८७/२, त.ता.२
नाभेयजिन	तीर्थंकर	जि.का.१८३३,जि.ता.२३२
नायक	श्रेष्ठी	त.ता.८
नायका	श्रेष्ठिनी	जि.ता.७६,२३६
नायकदे	श्रेष्ठिनी	जि.ता.४२६,जि.का.८
नायकदेवी	श्रेष्ठिनी	जि.का.८,जि.ता.२०६

विशेषनाम	किम्	ग्रंथांक
नायिका	श्रेष्ठिनी	जि.ता.२३७
नालूदेवी	श्रेष्ठिनी	जि.ता.२०६
नाहट्ट	वंश	जि.ता.५०,२८
निघण्टु	वैद्यकग्रंथ	जि.ता.३१०
निन्नय ठक्कुर		जि.ता.२५९
निर्वृत	कुल	जि.ता.३४६,२३७
नीलकंठ		जि.ता.४१३/२
नींबाक	श्रेष्ठी	जि.ता.३४०
नुरद	राजा	जि.ता.१४
नेढ	मंत्री	जि.ता.२५९
नेमिकुमार	पंडित	जि.ता.२३२
नेमिकुमार	श्रेष्ठी	जि.ता.११४,२३७
नेमिचंद्र	श्रेष्ठी	जि.ता.२७२
नेमिचंद्रसूरि		जि.ता.२७२,जि.का.८
नेमिनाथ	तीर्थंकर	जि.ता.२६०,जि.का.७१५
नैयायिक	सम्प्रदाय	जि.ता.३७३
नीतू	श्रेष्ठिनी	जि.ता.३४०
	प	
पञ्चनदीश		जि.ता.१४
पट्टन	नगर	त.ता.८
पण्ड्या भीदाक	लेखक	जि.का.६६१
पण्डयाइंस	पन्यासपदवी	जि.ता.२९७
पत्तनतिलक	नगर	जि.ता.१३६५
पत्तनपुर	नगर	त.ता.८
पदमचंदजी	मुनि	जि.का.७६२,८६३
पदमसी	श्रेष्ठी	जि.का.१३६०
पद्म	श्रेष्ठी	जि.ता.११२,२२५,२३६,२७०/४
पद्मकेसर	मुनि	जि.ता.३५१

विशेषनाम	किम्	ग्रंथांक
पुण्यवल्लभ उपा.		जि.का.१३५२
पुण्यसागर उपा.		जि.का.८५,जि.का.२७,१३९१
पुण्यसिद्धि गणिनी	साध्वी	जि.का.१५८१
पुण्यिनी	श्रेष्ठिनी	जि.ता.२१७
पुनिणी	श्रेष्ठिनी	लो.ता.८
पुन्नाग	श्रेष्ठिनी	जि.ता.५०,२८
पुन्नी	श्रेष्ठिनी	जि.ता.१५
पुरा आरज्या	साध्वी	जि.का.७२९
पुरी	श्रेष्ठिनी	जि.ता.४२६
पुरुषाक	लेखक	जि.का.२४८
पुरुषोत्तमदास	लेखक	जि.का.१४७८
पुरोहित	ज्ञाति	जि.ता.५४,
		१२२,१४८,१९२,३१५,३६४/५,१४८३
पुंजराज	श्रेष्ठी	जि.का.१०८
पुंजी	श्रेष्ठिनी	जि.ता.४२६
पुंडरीक	गणधर	जि.ता.२५०,जि.का.४००
पूनपाल	श्रेष्ठी	त.ता.८
पूनसिंह	श्रेष्ठी	जि.ता.२०६,२३१
पूनसी	श्रेष्ठी	जि.का.१०८,था.का.६४
पूनाई	श्रेष्ठिनी	त.ता.८
पूनाक	श्रेष्ठी	जि.ता.२०६
पूर्णकलशगणि		जि.ता.२७०/२,जि.ता.३४०
पूर्णतल्ल	गच्छ	जि.ता.३४७/२
पूर्णदेव	श्रेष्ठी	जि.ता.४०३/४
पूर्णदेवी	श्रेष्ठिनी	जि.ता.२३५
पूर्णप्रसाद	श्रेष्ठी	जि.ता.२३५
पूर्णभद्रगणि	लेखक	जि.ता.२०२,२७०/१,
		२७०/२,जि.का.१२९९/२,१३००/२/३
पूर्णभद्र	श्रेष्ठी	जि.ता.८५
पूर्णसिंह		जि.ता.३१/२
पूर्णिमापक्ष	गच्छ	जि.ता.२७५,४१९,जि.का.१०८६
पृथिवीदेवी	श्रेष्ठिनी	जि.ता.२०६
पृथ्वीधर	ग्रंथकार	जि.ता.३८१/१
पृथ्वीपाल	राजा	जि.ता.२८,५०,२५९
पेथड	श्रेष्ठी	जि.ता.२०६
पोरुयाड	वंश	जि.ता.२५९
पौषधालय	धर्मस्थान	त.ता.८
प्रतापदेवी	श्रेष्ठिनी	जि.ता.२०६
प्रतापसिंह	लेखक	जि.ता.२०६
प्रतापसिंह	श्रेष्ठी	जि.ता.२३६
प्रतिपदा	तिथि	जि.का.१८२३
प्रतिमा		जि.ता.२५६,जि.का.१०८
प्रतिष्ठा		जि.ता.३१/२,३४०
प्रत्यागदास		जि.का.१४७८
प्रद्युम्न	श्रेष्ठी	जि.ता.२०९
प्रद्युम्नसूरि		जि.ता.२१७,२४५,२७२,२७९/१
प्रबोधचंद्रगणि		जि.ता.२२५,३४०
प्रभवस्वामि		जि.ता.२३५,२५९,२७२,त.ता.८
प्रभाकरगणि		जि.ता.३६८
प्रभावती महत्तरा	साध्वी	जि.ता.२१०
प्रभास	गणधर	जि.ता.२७२
प्रमोदचंद्र	मुनि	जि.ता.३४०
प्रमोदमाणिक्यगणि		जि.ता.७१२
प्रमोदमूर्ति		जि.ता.२७०/२
प्रयागदास	श्रेष्ठि	जि.का.२४७
प्रश्नवाहन	कुल	जि.ता.२६०/१,४१९
प्रसन्नचंद्रसूरि		जि.ता.२३५,२५६
प्रह्लादनपुर	नगर	जि.ता.१५,१६१,२७०/३,२७२,३४०,
		जि.का.१३००/३,१२७५/१
प्रह्लादन	श्रेष्ठी	जि.ता.२३६
प्राग्वाट	ज्ञाति	जि.ता.२५०
प्राग्वाट	वंश	जि.ता.२०६,२१७,२३१,
		२३९/२,४०३/४,जि.का.८२७,२१७५
प्रियमति	श्रेष्ठिनी	लो.ता.८
प्रेमराज	श्रेष्ठी	जि.का.२४७
प्रेमिका	श्रेष्ठिनी	जि.ता.३१
	फ	
फतूबाई	श्रेष्ठिनी	जि.का.२२३९
फम्मण	श्रेष्ठी	जि.ता.११९
फलवर्द्धिकापुर	नगर	जि.का.१७३५
फूदी	श्रेष्ठिनी	जि.ता.२३२
	ब	
बकुलदेवी	श्रेष्ठिनी	जि.ता.२०६
बकुलश्री	श्रेष्ठिनी	जि.ता.१५
बडुआक जोषी	लेखक	जि.ता.४२०
बप्पभट्टिसूरि		जि.ता.२६७
बलवंश	वंश	जि.का.७१५
बलात्कार	गण	जि.का.१६७०
बलालदेवी	श्रेष्ठिनी	लो.ता.८
बलिराज	राजा	थाहरुशा.का.६४
बलिराज	श्रेष्ठी	जि.ता.२९/२,३७,८८,९०/३,११९
बल्लाल ठ.	श्रेष्ठी	जि.ता.२०६
बहादुरपुर	नगर	जि.का.२९७
बहुदेव	श्रेष्ठी	जि.ता.२३६,३४०

विशेषनाम	किम्	ग्रंथांक
बहुदेवी	श्रेष्ठिनी	जि.ता.८५/२
बहुपाल	श्रेष्ठी	लो.ता.८
बहुरी	श्रेष्ठिनी	जि.ता.४२६
बहुश्री	श्रेष्ठिनी	जि.ता.१५
बंदर		जि.का.३४८
बंदिर		जि.का.१३८१
बंदिराज	लेखक	जि.ता.१३
बंधक	श्रेष्ठी	जि.ता.२३७
बाफणा	गोत्र	जि.का.४३१
बारेजा	ग्राम	जि.का.१८६६
बालचंद	मुनि	जि.ता.७६
बालचंद	श्रेष्ठि	जि.ता.२३१
बालप्रसाद	श्रेष्ठी	जि.ता.२३२
बालबृहस्पति	राजा (?)	जि.ता.४०८
बालोतरा	ग्राम	जि.का.१८३३
बाहड	श्रेष्ठी	जि.ता.३१/२,२३६,२३७
बाहुपुर	नगर	जि.का.१२७९
बाहुबल	अमात्य	जि.ता.२३७
बिकानेर	नगर	८५,१०८
बिल्हण	लेखक	जि.का.१२७५
बिल्हण	श्रेष्ठी	जि.ता.१५७/५
बीकानेर	नगर	जि.का.८४,१४७८
बुद्धिसागरसूरि		जि.ता.२३५,२५०,२५६,२७२,३४०
बूटिक	नगर	जि.का.२१७३
बृहत्खरतरगच्छ		जि.का.४४८,१४०५,१४८३, १५३२,१६२१,१७५९,१७६९,थाहरुशा.का.२८९
बृहत्खरतरं वेगडगच्छ		जि.का.३४८,४५०,६७३
बृहद्गच्छ		जि.ता.२३१,जि.का.१८५९
बोधक	आचार्य	जि.ता.८८/२
बोधिस्थ	श्रेष्ठी	जि.ता.१५,२३२
बोहडि	श्रेष्ठी	जि.ता.२५६
बोहित्थ	श्रेष्ठी	जि.ता.२७२
ब्रह्म	गच्छ	जि.ता.२३२
ब्रह्मचंद्रगणि	लेखक	जि.ता.१५६/३७
ब्रह्मचंद्र पंडित	मुनि	थाहरुशा.का.२९२
ब्रह्मदेव	श्रेष्ठी	जि.ता.२३१
ब्रह्ममूर्ति	उपाधि	जि.का.१२२९
ब्रह्मशांति	यक्ष	जि.ता.११
ब्रह्माण	गच्छ	जि.ता.१६४,२३२,२५२
ब्राह्मण	ज्ञाति	जि.ता.३१२
भ		
भक्तिमंदिर	लेखक-मुनि	जि.का.२७२,३५३, ४२३,४४७,४६४
भणसाली	गोत्र	जि.का.१०८,थाहरुशा.का.६४
भद्रगुप्तसूरि		जि.ता.४०३/४
भद्रबाहुस्वामि		जि.ता.२७२,२८०,४०३/४,त.ता.८
भद्रेश्वरसूरि		जि.ता.३०१
भरद्वाज	कुल	जि.ता.३२०
भरमादेवी	श्रेष्ठिनी	त.ता.८
भर्तृहरि	ऋषि	जि.ता.३८६
भवभावना पद्रे प्रथमवेला व्याख्यान		जि.ता.२३२
भवभावणा पद्रे द्वितीयवार व्याख्यान		जि.ता.२३२
भवभावना पद्रे तृतीयवार व्याख्यान		जि.ता.२३२
भवभावना पद्रे चतुर्थवार व्याख्यान तिमिरपाटके		जि.ता.२३२
भवभावना पद्रे पंचमवार व्याख्यान		जि.ता.२३२
भवविरहसूरि		जि.ता.२११,२१४
भंडशाली	गोत्र	जि.ता.२५२,थाहरु.का.२८९
भंडार		जि.का.२१७५
भंडारी	गोत्र	जि.ता.७६
भाउ	श्रेष्ठिनी	त.ता.८
भागुरि	ग्रंथकार	जि.ता.३१०
भादा	श्रेष्ठी	जि.का.१९४६
भानुविमल गणि		जि.का.१३७७
भारतवर्ष	देश	जि.ता.२३७,२६०
भारती	गच्छ	जि.का.१६७०
भारती	श्रेष्ठिनी	जि.ता.२५६
भार्गव	महर्षि	जि.ता.३९४
भावदेव	श्रेष्ठी	जि.ता.१९/६
भावधर्मवाचक		जि.का.८६९
भावसुंदरयतेः व्रतोत्सव		जि.ता.४२६
भानां श्रेष्ठिनी		जि.का.८५०
भांडकर		जि.ता.८९
भांडशालिक	शाखा	त.ता.८
भांडागार		जि.ता.२९/२,जि.का.८,१२,१३,१४, २२,२४,२५,२६,४०,जि.का.४५,४६,५६, १०८,१५७३,१७६९,थाहरुशा.का.६४
भांडागारिक	गोत्र	जि.ता.७६

विशेषनाम	किम्	ग्रंथांक
महीलण	श्रेष्ठी	जि.ता.१५
महीसमुद्र वाचक		जि.का.२१७५
महेन्द्र	श्रेष्ठी	जि.ता.२२५
महेन्द्रनृप	राजा	जि.ता.२५२
महेन्द्रसूरि		जि.ता.२७२,२७९,३१२, जि.का.१७९२,लो.गच्छ ता.३/८
महेवा	ग्राम	जि.का.१३६९
महेश्वरकवि	ग्रन्थकार	जि.ता.३५०
मंख	ग्रन्थकार	जि.ता.३१०
मंटजिनेशमंदिर		जि.ता.२३१
मंडन	श्रेष्ठी	त.ता.८
मंडप		जि,ता.११२,२५९
मंडपदुर्ग	नगर	जि.ता.२८१,जि.का.१०६७,१४५३
मंडली	ग्राम	जि.ता.७६,३०१
मंडलीक	श्रेष्ठी	जि.ता.२३६
मंडिक	गणधर	जि.ता.२७२
मंडोवरा	ज्ञाति	जि.ता.४२०
मंत्रीदलीय	वंश	जि.का.९०
माऊ	श्रेष्ठिनी	त.ता.८
माणिक	श्रेष्ठी	त.ता.नं.२
माणिकि	श्रेष्ठिनी	जि.ता.२३६
माणिक्यपाटकपुर	नगर	जि.ता.४०३/१,४०३/२
माणिक्यसूरि		जि.ता.२०६
माणेक	श्रेष्ठी	जि.ता.१५७/५
माण्डलिक विहार	प्रासाद	जि.ता.२१७
माण्डव्य पं.		जि.ता.११४/५
माथुर	वंश	जि.का.२४८
माधलदेवी	श्रेष्ठिनी	जि.ता.२०६

विशेषनाम	किम्	ग्रंथांक
मानतुंग	प्रासाद	जि.ता.२८,५०
मानदेव	श्रेष्ठी	जि.ता.३४०
मानदेवसूरि		जि.ता.२३७
मानसिद्धि गणिनी	साध्वी	जि.का.१५८१
मानसिंघ गणि		जि.का.१८४३
मानसिंघ मुनि		जि.का.८०६
मानसिंह	श्रेष्ठी	जि.का.१४५०
मानांक पंडित	ग्रंथकार	जि.ता.३४७/१
मानू	श्रेष्ठिनी	जि.का.३६४
मामल्लदेवी	श्रीहर्षमाता	जि.ता.३४१
मालदेवविजय	राजा	जि.ता.१६८
मालव	देश	जि.ता.३६१,जि.का.९५५,१०६७
मालारोपोत्सव	उत्सव	जि.ता.४२६
माल्हणदे	श्रेष्ठिनी	जि.ता.४२६
माहण	श्रेष्ठी	त.ता.नं.२
माहेश्वर	श्रेष्ठी	जि.ता.२१७,२७२
मांडण जोषी	लेखक	जि.का.५९२,१८५९
मांडलिका	श्रेष्ठिनी	त.ता.८
मांडव्यपुर	नगर	जि.ता.१२
मियावई	प्रवर्तिनी	लोकगच्छ ता.४
मीमांसक	संप्रदाय	जि.ता.३७३
मीरामबीरषश्याह	राजा	जि.का.१३७७
मुकुट		जि.ता.२३२
मुकुलभट्ट पंडित		जि.ता.३१४/२,३२९,३३१
मुणाग	श्रेष्ठी	जि.ता.१३२
मुनिचंद्र उपा.		लो.ता.४
मुनिचंद्रसूरि		जि.ता.८४/१,२०५,२३२,२३६,२६०,२६४
मुनिप्रभगणि		जि.का.८६२

विशेषनाम	किम्	ग्रंथांक
मुनिसिंह गणि	लेखक	जि.का.१३२६/१५
मुनीन्द्रसूरि		जि.ता.३५६
मुरारि पंडित		जि.ता.३२८,३५६
मुलतान	नगर	जि.का.१४४९
मुलासी	लेखक	जि.का.५१
मुंजला	श्रेष्ठिनी	जि.ता.२३६
मुंडहटा	ग्राम	जि.ता.१९/५
मूलदेव	श्रेष्ठी	जि.ता.२३७,२५६
मूलनारायणदेवीय मठ		जि.ता.३९१
मूलराज	राजा	जि.ता.२५९
मूलराज	श्रेष्ठी	जि.ता.२३६,४२६
मूलसंघ		जि.का.१६७०
मूला	श्रेष्ठिनी	त.ता.नं.८
मूंजालदेव	मंत्री	जि.ता.२५६,जि.का.१३६५
मृगाई	श्रेष्ठिनी	जि.का.२९५
मृगादे	श्रेष्ठिनी	जि.का.१३६९
मृगावती	श्रेष्ठिनी	जि.का.१५३६
मेघराज	श्रेष्ठी	जि.का.१०८,थाहरुशाह.का.२८९
मेघविजय गणि		जि.का.१२७५
मेघ	श्रेष्ठी	जि.ता.४२६
मेडता	देश	जि.ता.२३२
मेतार्य	गणधर	जि.ता.२७२
मेदपाट	ग्राम	जि.ता.२७०/५
मेदपाठ	ज्ञाति	जि.का.१८३२
मेया	लेखक-मुनि	जि.का.१३९८
मेरुमुनिवाचक	लेखक-मुनि	जि.ता.६८/२,जि.का.१३,९४४
मेहा	श्रेष्ठी	जि.ता.१८३
मेहाजल पं.	यति	जि.का.१४८३

विशेषनाम	किम्	ग्रंथांक
मोक्षदेव	श्रेष्ठी	जि.ता.२३६,४२६
मोढ	वंश	जि.ता.७६
मोषदेव	श्रेष्ठी	जि.ता.३१
मोषू	श्रेष्ठिनी	जि.ता.२३६
मोहण	श्रेष्ठी	जि.ता.२५९,४२६
मोहिणी	श्रेष्ठिनी	जि.ता.२५६
मोंडपुर	ग्राम	जि.का.१०९८
मौढ	ज्ञाति	जि.का.१८६६
मौर्यपुत्र	गणधर	जि.ता.२७२
यक्षदेव	श्रेष्ठी	जि.ता.४२६
यवन		जि.ता.४२६
यवनधीश		जि.का.१०८
यश:कीर्तिगणि	लेखक	जि.का.१२९१
यशश्चन्द्र	श्रेष्ठी	जि.ता.२३६,२३७
यशश्चन्द्रसूरि		जि.ता.२३६,२३७
यश:पाल	श्रेष्ठी	जि.ता.२५६
यश:सूरि		जि.ता.२३१
यशोघोषसूरि		जि.ता.२१७
यशोदेव	मुनि	जि.ता.३८७/२
यशोदेव	श्रेष्ठी	जि.ता.२३२
यशोदेव	उपा०	जि.ता.१९५
यशोदेवसूरि		जि.ता.८४/२,२०५,२५०,२६७
यशोदेवी	श्रेष्ठिनी	जि.ता.१५,२३५,२७२
यशोधन	श्रेष्ठी	जि.ता.४०३/४
यशोधर भट्ट	लेखक	जि.ता.३४८
यशोधवल पं.	लेखक	जि.ता.३४८
यशोधवन पं	श्रेष्ठी	जि.ता.११४,२१७,२३६,
		२३७,२५६,२७०/४,
		२७२,जि.का.१०८
यशोनाग	श्रेष्ठी	जि.ता.१५,२०९
यशोभट	श्रेष्ठी	जि.ता.१५
यशोभद्र	मुनि	जि.ता.८५/२
यशोभद्रसूरि		जि.ता.२११,२६७,
		२७२,२८०,जि.का.१३९८,त.ता.नं.८
यशोराज	श्रेष्ठी	जि.ता.२३६
यशोवर्धन	श्रेष्ठी	जि.ता.३४०
यशोवर्धनसूरि		जि.ता.३८७
यशोवीर	मुनि-लेखक	जि.ता.१८९
यशोवी	श्रेष्ठी	जि.ता.२३६,२५६
याकिनी महत्तरा	प्रवर्तिनी	जि.ता.८८/२
यात्रा		जि.ता.१७७/२
यात्रोत्सव		जि.ता.४२६
यादव	कुल	जि.का.१४८३,थाहरुशाह का.६४
यादव	ग्रंथकार	जि.ता.३१०
युगप्रधान		जि.का.१२७५
युगादिजिनालय	चैत्य	जि.ता.२५६
युगादिदेवतीर्थ		जि.का.२५२
युगादिदेव	तीर्थंकर	जि.ता.२३९/२,२४५,२५०,त.ता..२
युवराजपद		था.का.२८९
योगिनीपुर	नगर	जि.का.२४८
योद्धपुर	नगर	जि.का.८७१
योधपुर	नगर	जि.का.१५५२
र		
रउला	श्रेष्ठी	जि.ता.९/२
रणसिंह ठक्कुर		जि.ता.४०३/१
रतनसी	श्रेष्ठी	जि.का.८५
रत्ननिधान मुनि पं.		जि.ता. ६८/२
रत्नपाल	श्रेष्ठी	जि.ता.११९
रत्नप्रभसूरि		जि.ता. ४१३/११
रत्नरंग उपा.		जि.का.८५६
रत्नशेखरसूरि		जि.का.७७३
रत्नसमुद्र पं.	मुनि	जि.का.१५३२
रत्नसिंह	श्रेष्ठी	जि.ता.२३६,२५६,३४०,४०८
रत्नसोममुनि	लेखक,ग्रंथकार	जि.का.३४८,३७१,६७३
रत्नदेवी	श्रेष्ठिनी	जि.ता.२३६
रत्नी	श्रेष्ठिनी	जि.ता.१५,२३०,२३६,
		लो.का.ता.२/८
रभस	ग्रंथकार	जि.ता.३१०
रमा	श्रेष्ठिनी	जि.ता.२७२
रमाई	श्रेष्ठिनी	जि.का.२९५
रली	श्रेष्ठिनी	जि.ता.२३६
रंगाई	श्रेष्ठिनी	जि.का.७२१,त.ता.८
राउत	श्रेष्ठी	जि.ता.२५६
राउल		जि.का.३७०,३८६,५४७,१४८३,२०४४
राकापक्ष	गच्छ	जि.ता.२८४/२,जि.का.१०८६
राजदेव	श्रेष्ठी	जि.ता.३४०,३४१
राजनगर	नगर	जि.ता.२५६
राजपाल	श्रेष्ठी	जि.ता.११९,४२०
राजपुर	नगर	जि.का.२०४४
राजशेखर पं.	लेखक-मुनि	जि.का.३७४
राजसिंह	श्रेष्ठी	जि.ता.३१/२
राजसिंहविजय	राजा	जि.का.१५६४
राजहंसगणि		जि.का.८३१
राजा	श्रेष्ठी	जि.का.८५

विशेषनाम	किम्	ग्रंथांक	विशेषनाम	किम्	ग्रंथांक	विशेषनाम	किम्	ग्रंथांक
राजिणी	श्रेष्ठिनी	जि.ता.२६४	रूपल	श्रेष्ठिनी	जि.ता.२५६	लड्डी	श्रेष्ठिनी	जि.ता.२३२
राजिनी	श्रेष्ठिनी	जि.ता.२३५	रूपा	श्रेष्ठिनी	जि.का.२९७	लब्धिनिधान	मुनि	जि.ता.२८,५०
राजीमती	श्रेष्ठिनी	जि.ता.२३७,२६०	रूपाई	श्रेष्ठिनी	त.ता.८	ललतू	श्रेष्ठिनी	जि.ता.२३६
राजुका	श्रेष्ठिनी	जि.ता.२३६	रूपादे	श्रेष्ठिनी	जि.ता.११९	ललितादेवी	श्रेष्ठिनी	जि.का.२१७५
राजू	श्रेष्ठिनी	जि.ता.३४०	रूयड	श्रेष्ठिनी	जि.ता.३४०	लवणखेट	नगर	जि.ता.११२,११४
राडद्रह	नगर	जि.का.४	रेवंतगिरि	तीर्थ-नगर	जि.ता.२५९	लहर ठक्कुर	दंडधर	जि.ता.२५९
राणा		जि.ता.१९९,जि.का.१६६५	रैवताचल	तीर्थ	जि.का.८५,४२६,२१७५	लहूजी व्यास	लेखक	जि.का.१६४७
राणिका	श्रेष्ठिनी	जि.ता.२०६	रोहाइय	ग्राम	जि.ता.२५९	लाखण	श्रेष्ठी	जि.ता.२३६
राणी	श्रेष्ठिनी	जि.ता.२३६,४२६,जि.का.१३६९	रोहिणी	श्रेष्ठिनी	जि.का.१२७९	लाखुका	श्रेष्ठिनी	जि.ता.२०६
राणू	श्रेष्ठिनी	जि.ता.२३६		**ल**		लाखू	श्रेष्ठी	जि.का.१२७९
राम	श्रेष्ठी	जि.ता.२३६	लक्खुका	श्रेष्ठिनी	जि.ता.२३५	लाखू	श्रेष्ठिनी	जि.ता.२३६
रामचंद्रगणि		जि.ता.३५१,३६२	लक्षिका	श्रेष्ठिनी	जि.ता.३४०	लाछू	श्रेष्ठिनी	जि.ता.२५६
रामदासाचार्य		जि.का.२२७३	लक्ष्मण ठ.	लेखक	जि.ता.२०७	लाड	देश	जि.ता.२११
रामदेव	लेखक	जि.ता.२३१,३६२	लक्ष्मण	श्रेष्ठी	जि.ता.२३५	लाडिम	श्रेष्ठिनी	जि.का.१०२८
रायचंद३गणि		जि.का.१७४६,२०४९	लक्ष्मणी	श्रेष्ठिनी	जि.ता.२५६	लाडी	श्रेष्ठिनी	जि.ता.२३२,२५६
राल्हाक	श्रेष्ठी	जि.ता.१७७/२	लक्ष्मसीह	श्रेष्ठी	जि.ता.२३१	लाभपुर	नगर	जि.का.७१२,१७४९
राल्ह	श्रेष्ठिनी	जि.ता.२५६	लक्ष्मिणी	श्रेष्ठिनी	जि.ता.२१७	लालचंदजी वाचक	मुनि	जि.का.१७६९
रासला	श्रेष्ठिनी	जि.ता.२२८	लक्ष्मी	श्रेष्ठिनी	त.ता.नं.२	लालबाई	श्रेष्ठिनी	जि.का.८२१/२
राष्ट्रोढ	वंश	जि.का.१८३३	लक्ष्मीकीर्ति गणि		जि.का.१७५९	लालविजय	मुनि	जि.का.१७१८
रांवदेव	श्रेष्ठी	जि.ता.२६०	लक्ष्मीचंद्रगणि		जि.का.५६२	लावण्यसिंह ब्राह्मण	लेखक	जि.ता.३१२
रिणमल्ल पं.	लेखक-मुनि	जि.का.१४४९,१४८३	लक्ष्मीतिलकगणि		जि.ता.२७२,३४०	लिहवेह	लेखक	जि.ता.१३१
रिसहजिण	तीर्थंकर	जि.ता.२३२,जि.का.१०६२	लक्ष्मीधर पंडित	लेखक	जि.ता.२६७,३२२	लिंबचंद्र	श्रेष्ठी	जि.ता.२३१
रिसासी	ग्राम	जि.का.१३९८	लक्ष्मीधर पंडित	श्रेष्ठी	जि.ता.१२,२३२,२३७,३१२	लिंबार्या	देवी	जि.ता.२८६
रुक्मिणी	श्रेष्ठिनी	जि.ता.२३६	लक्ष्मीरंग पंडित		जि.ता.४०९	लीलादेवी	श्रेष्ठिनी	तता.नं.८
रुद्रजी	लेखक	जि.का.१८२३	लक्ष्मीसागरसूरि		जि.का.७७३	लीलुका	श्रेष्ठिनी	जि.ता.२०६
रुद्रपल्ली	नगर	जि.ता.३४८	लखमाई	श्रेष्ठिनी	जि.का.२१७५	लींबाक पुरोहित	लेखक	जि.का.१४८०
रुद्रपल्लीय	गच्छ	जि.ता.२३३,जि.का.१७९८	लखा	श्रेष्ठी	जि.का.१९४६	लूणकर्ण	राजा	जि.का.१६७८
रुल्हण	श्रेष्ठी	जि.ता.१५७/५	लटकण	मंत्री	जि.का.१३५२,१३६५	लूणदेवी	श्रेष्ठिनी	जि.ता.२०६

विशेषनाम	किम्	ग्रंथांक
विजयसेन	राजा	जि.ता.३५१
विजयहर्षगणि वाचक		जि.ता.३४०
विद्यादेवी		जि.ता.११,२६०
विद्याधर	गच्छ	जि.ता.२५९
विद्याधर	वंश	जि.ता.१७७/२,जि.का.१३६५
विद्याधरी	शाखा	जि.ता.२७२
विद्युत्पुर	नगर	जि.ता.१९९
विधिधर्म		जि.ता.३४०,३५१
विधिपक्ष		जि.का.४७,१०८,२३८
विधिपथ		जि.ता.३१,२१७
विधिमार्ग		जि.ता.२७०
विनयकुमार गणि		जि.का.७२१
विनयप्रमोद गणि		जि.का.१७३५
विनयगेरु गणि	लेखक	जि.का.१२३१
विनयलाभगणि		जि.का.१७३५
विनयसुंदर	लेखक-मुनि	जि.का.४०९,७५६
विनामिका	श्रेष्ठिनी	तता.नं.८
विनीता	नगरी	तता.नं.२
विपुलमती	श्रेष्ठिनी	लोका.नं.३/८
विबुधप्रभ		जि.ता.२५६
विमल	श्रेष्ठी	जि.ता.११९,२३७,४२६
विमलकीर्तिगणि		जि.ता.३४०,७२१
विमलचंद्रगणि	श्रेष्ठी	जि.ता.१५,३४०
विमलचंद्रसूरि		जि.का.१०८६
विमलतिलकगणि		जि.ता.३४०
विमलमती	श्रेष्ठीनी	जि.ता.३४०
विमल	मंत्री	जि.ता.२५९
विमलशैले प्रतिष्ठा		जि.ता.३१/२
विमलसूरि		जि.ता.३५६
विमलेन्द्रसूरि		जि.का.१७८९
विरहलांछन	आचार्य	जि.ता.३१४/४
विल्वक	श्रेष्ठी	जि.ता.१९/६
विशददशमी	तिथि	जि.का.१५८७
विशालसत्यगणि		जि.का.१७५८
विश्रान्त	ग्रंथकार	जि.ता.३६९
विश्वप्रकाश	ग्रंथकार	जि.ता.३१०
विश्वलदेव	राजा	जि.ता.१५७/५
विषयदण्डाराज्यपथक		जि.ता.२३७
विषयपथक		जि.ता.२३३
विष्णुदास	राजा	जि.का.१८४०
विध्यगिरि		जि.ता.२५९
वीजापुर	नगर	जि.का.१३००/२
वीण्हुका	श्रेष्ठिनी	जि.ता.२०६
वीरक	श्रेष्ठी	जि.ता.११९,२३२
वीरकलशगणि		जि.ता.२७२
वीरगणि		जि.ता.२०५
वीरचंद्रमुनि		जि.ता.२७५
वीरजिनचैत्य चड्डावल्ली ग्रामे		जि.ता.२५९
वीरजिनभवन		जि.ता.२३५,२५२
वीरड	श्रेष्ठी	जि.ता.२५६
वीरतीर्थ		जि.ता.११९
वीरतीर्थकर		जि.ता.३४/४,३७,२५९, जि.ता.३६२,जि.का.५६२,७१५, १२७९,१३१६/३,तता.नं.८, लोका.ता.३/८
वीरदेव	मुनि	जि.ता.१६०/१
वीरदेव	श्रेष्ठी	जि.ता.२८,३१२
वीरधवल	श्रेष्ठी	जि.ता.२३६
वीरनाग	श्रेष्ठी	जि.ता.२०९
वीर	पंडित	जि.ता.१७७/२
वीरपाद	देवीस्थानक	जि.का.१०१५
वीरपाल	श्रेष्ठी	जि.ता.३१२,लोका.नं.३/८
वीरभद्रसूरि		जि.ता.२४५
वीरम	श्रेष्ठी	जि.ता.२३६
वीरमगाम	नगर	जि.का.१८९
वीरमदेव	राणा	जि.ता.१९९
वीरमपुर	नगर	जि.का.१५८१
वीर	मंत्री	जि.ता.२५९
वीरवती	श्रेष्ठिनी	जि.ता.१५
वीरश्रेष्ठी	श्रेष्ठी	जि.ता.२३२
वीरसद्म	चैत्य	जि.ता.४०३/२
वीरसिंह उपाध्याय		जि.का.५०६
वीरसूरि		जि.ता.२३१,२३२,२५२
वीराई	श्रेष्ठिनी	जि.का.२१७५
वीरातरा	ग्राम	जि.का.४०९
वीरी	श्रेष्ठिनी	जि.का.९५५
वीरोधी	श्रेष्ठिनी	जि.का.१२७९
वील्ह	श्रेष्ठी	जि.ता.२७२,४२६
वीसल	राजा	जि.का.१२३१
वीसल	श्रेष्ठी	जि.ता.२३२
वूटिक	नगर	जि.का.२१७३
वृद्धखरतरवेगडगच्छ		जि.का.४५८,७१५
वेगडगच्छ		जि.का.१७२,१८५,३४८,८५०,१४११
वेगडविरुद		जि.का.४००,४०९,४३१,७१५

विशेषनाम	किम्	ग्रंथांक
वेजयंत	देवलोक	जि.ता.२५२
वेडू	श्रेष्ठी	जि.ता.४२०
वेणीदास	लेखक	जि.का.१२७५
वेन्नातट	नगर	जि.का.१७५९
वेल(सी)	श्रेष्ठी	जि.का.९५५
वेल्लक	श्रेष्ठी	जि.ता.११९,२३२
वेल्हक	श्रेष्ठी	जि.ता.२८३
वेहक	लेखक	जि.ता.२०९
वैर	श्रेष्ठी	जि.ता.१५
वैरसिंह	श्रेष्ठी	जि.ता.२०६
वैरिसिंह	राजा	जि.ता.४२६
वैरोट्या	देवी	जि.ता.११
वैशेषिक	संप्रदाय	जि.ता.३७३
वैसट	श्रेष्ठी	जि.ता.१५
वोडसिंह	श्रेष्ठी	जि.ता.२५६
वोसरि	श्रेष्ठी	जि.ता.२३१,२३५
वोहडि	श्रेष्ठी	जि.ता.४२/१,२३०
व्यक्त	गणधर	जि.ता.२७२
व्याडि	ग्रंथकार	जि.ता.३१०
व्यास	गोत्र	जि.का.१२३९,१६४७
व्रतोत्सव		जि.ता.४२६
श		
शतपत्रग्रामे नेमिपार्श्वयोर्बिम्बे		जि.ता.२५६
शत्रुंजय	तीर्थ	जि.ता.१५,११७/२,४२६,जि.का.१०६२, १३६९,२१७५,तता.नं.८,थाहरुशाह का.६४
शत्रुंजयदेवदेवकुलिका		जि.ता.२८,५०
शमि	श्रेष्ठी	जि.ता.२३७
शय्यंभवसूरि		जि.ता.८५,२३५,२७२,तता.नं.८
शरणिग	श्रेष्ठी	जि.ता.२३१,२३५
शर्व		जि.ता.२८५
शशधर	कुल	जि.ता.२११
शशांकधर	पंडित	जि.ता.३८६
शंकर भट्ट		जि.ता.३८६
शंखलवाल	गोत्र	जि.का.८५
शंखवाल	गोत्र	जि.का.१३६९
शंखेश्वरापार्श्वनाथ		जि.का.४५८
शंभवनाथदेवगृहस्थापनामहे राजतीं मुद्रां प्रददौ		जि.का.१०८
शंभु		जि.का.१०५१
शाकंभरि		जि.ता.३२२,३६१
शाखा		जि.का.२२८,१४५२,१७५९
शालिग	श्रेष्ठी	जि.ता.२५६
शालिभद्र	श्रेष्ठी	जि.ता.८५,२७०
शालिभद्रसूरि		जि.ता.२०२,२३१,२८१
शाश्वत	ग्रंथकार	जि.ता.३१०
शांतमती गणिनी	साध्वी	जि.ता.१५४/१९
शांति	श्रेष्ठी	जि.ता.२३७
शांतिजिनप्रासाद		जि.का.६७३,८०६
शांतिनाथ	तीर्थंकर	जि.ता.२५२,३४०
शांतिनाथबिम्ब		जि.ता.२३७
शांतिनाथमंदिर		जि.ता.११२,११४
शांतिमती	श्रेष्ठिनी	जि.ता.८५
शांतिरत्नगणि		जि.का.१९४६
शांतिवल्लरी गणिनी	साध्वी	जि.का.१०१८
शांतिसूरि		जि.ता.२०९,२६६,३४९, जी.का.१३९८,१४८०
शांती	श्रेष्ठिनी	जि.ता.२५६
शांब	श्रेष्ठी	जी.ता.२०९
शिवदिनसूरि		जि.ता.१५१/२१
शिवदेवगणि		जि.का.२०४९
शिवनिधानगणि		जि.का.४५०
शिवराज	मंत्री	जि.ता.४२६,जि.का.१३६५
शिवहर्षगणि	लेखक	जि.का.१७५८
शिवादेवी	श्रेष्ठिनी	जि.ता.१५
शीतपुर	नगर	जि.का.८११
शीता	श्रेष्ठिनी	जि.ता.२३५
शीलदेवसूरि		जि.का.१८५९
शीलभद्रसूरि		जि.ता.७६,२०२
शीलमती	श्रेष्ठिनी	जि.ता.२३७
शीलाचार्य		जि.ता.१/३,२३७
शीलांकाचार्य		जि.ता.१/३
शीलुका		जि.ता.२३७
शुभविजय		जि.का.१७१८
शुल्कशाला		जि.ता.२१७
शुषमिणि	श्रेष्ठिनी	जि.ता.३१२
शृंगारदे	श्रेष्ठिनी	जि.ता.११९
शृंगारदेवी	श्रेष्ठिनी	जि.ता.२०६
शेषभट्टारक	पंडित	जि.ता.३६१
शैक्ष		जि.का.१४०२
शोभनदेव	श्रेष्ठी	जि.ता.२६४
शोल्लिका	श्रेष्ठिनी	जि.ता.२५६
श्यामल पं.		जि.ता.३२५
श्रीकृष्ण		जि.ता.४१३/२
श्रीचंद	श्रेष्ठी	जि.ता.२३९/२,जि.का.१३६०
श्रीचंदसूरि		जि.ता.२५९
श्रीदेवी	श्रेष्ठिनी	जि.ता.२३५,२३६,३४०, जि.ता.४०३/३,लो.ता.१/८
श्रीधर	लेखक	जि.ता.३१४
श्रीधर	श्रेष्ठी	जि.ता.८४/१,२७०/४,त.ता.१/८
श्रीधर्ष्य	पंडित	जि.ता.३२५

विशेषनाम	किम्	ग्रंथांक
श्रीध्वजा		जि.ता.३४०
श्रीपती		जि.का.१८४०
श्रीपादपूज्य	ग्रन्थकार	जि.ता.३१४/५
श्रीपाल	श्रेष्ठी	जि.का.१०८६
श्रीमती	श्रेष्ठिनी	जि.ता.४/१५
श्रीमल्ल	श्रेष्ठी	जि.ता.१०८,था.का.६४
श्रीमाल	कुल	जि.ता.३१/२,३४१
श्रीमाल	ज्ञाति	जि.का.१४५३
श्रीमाल	वंश	जि.ता.२२/१०,८३/३,९१, ११९,१२४,४०३/१/३, जि.का.१२७९,तता.२,लो.ता.१/८
श्रीमालपुर	नगर	जि.ता.२५९
श्रीराज	मंत्री	जिका.१३६५
श्रीराटह्द	ग्राम	जि.का.१४७०
श्रीरास	श्रेष्ठी	जि.का.१३६९
श्रीधर		जि.ता.२५९
श्री	श्रेष्ठिनी	जि.ता.२३१
श्रीस्वामि	पंडित	जि.ता.३३८
श्रुतदेवता		जि.ता.२६०,जि.का.७१५
श्रुतदेवी		जि.ता.२५२,३२६/२
श्रेयांसजिन	तीर्थंकर	जि.का.१५८१
श्वेतांबर	संप्रदाय	जि.ता.३७५/३,जि.का.७१५
श्वेतांबर यति		जि.ता.२७९/१
श्वेतांबराचार्य		जि.ता.२११,जि.का.१०१५
स		
सकलचंद्रगणि		जि.का.१७९५,१२७५
सक्तिपुर	नगर	जि.का.७६२
सगणिव		जि.ता.११६
सज्जन	श्रेष्ठी	जि.ता.२३१,२३२,२३७
सज्जन	श्रेष्ठिनी	जि.ता.२३१
सज्जना	श्रेष्ठिनी	जि.ता.२३१
सज्जनी	श्रेष्ठिनी	जि.ता.२३६
सत्यपुर	नगर	जि.ता.७७/२,जि.का.१९४६,त.ता.१/८
सत्यपूः	नगर	जि.का.१०८६
सत्यशील	मुनि	जि.का.१५३२
सदारंग पं.		जि.का.२५१
सदेव	श्रेष्ठी	जि.ता.७६
सद्धर	श्रेष्ठी	जि.ता.४०३/४
सद्भावलांछन	आचार्य	जि.ता.३१४/४
सप्तक्षेत्री		जि.ता.३१/२
सप्तचैत्य		जि.ता.१०८
सप्तफणापार्श्वनाथ		जि.ता.३४०
सभाचंद	श्रेष्ठी	जि.का.७६२
समधर	श्रेष्ठी	जि.का.१/८
समधरधी	श्रेष्ठिनी	जि.का.१२७९
समयकल्लोल	लेखक-मुनि	जि.का.१७५०
समयराज पं.		जि.ता.६८/२
समयसुंदरगणि	लेखक-ग्रंथकार	जि.का.१७९५,१२७५/१
समयहर्षगणि		जि.का.१५३२
समालखानडेरा	नगर	जि.का.११०८
समुद्रमुनि पं.	लेखक-मुनि	जि.का.१०१५
समुद्रोद्यंतसूरि		जि.का.७१५
समुद्धर	श्रेष्ठी	जि.ता.२७०/५,३९२
सरस्वती	देवी	जि.ता.२५०,२६७,३१४/२, ३२६/१,३३७,जि.का.५६२,२०४१
सरस्वती	श्रेष्ठिनी	जि.ता.१५,२८,५०,११४,२३६,४२६
सरस्वतीपत्तन	नगर	जि.का.१८५९
सर्वदेव	श्रेष्ठी	जि.ता.२३६,२३७,लो.ता.१/८
सर्वदेवसूरि		जि.ता.२२२,२३१,२७०/१,२७२, ३१४,३५१,३६४/१,लो.ता.४
सर्वानंदसूरि		जि.ता.२७५
सलक्षणा	श्रेष्ठिनी	जि.ता.२३६,२३७
सलषाक ठ.	लेखक	जि.ता.१८७
सल्लक्षण	श्रेष्ठी	जि.ता.१५
सल्लक्षण	श्रेष्ठिनी	जि.ता.१५
सल्हाण	मुनि	जि.ता.३९१/१
सवाईयुगप्रधान	बिरुद	जि.ता.१०८,जि.का.१०१५
सवाईवेगडविरुद	विरुद	जि.का.४०९
ससिप्रभ		जि.ता.२५२
सहजकीर्तिगणि	लेखक	जि.का.१६२२,२०४९
सहजगति	श्रेष्ठिनी	जि.ता.१५
सहजल	श्रेष्ठि	तता.१/४
सहजलदेवी	श्रेष्ठिनी	जि.का.९५५
सहजला	श्रेष्ठिनी	जि.ता.२०६
सहजिग	लेखक	जि.ता.३६६/२
सहणपाल	श्रेष्ठी	था.का.२९२
सहदेव	श्रेष्ठी	जि.ता.११४,२१७,२३६,२७०/४,२७२
सहसमल्ल	राजा	जि.का.१२३१
सहस्रकिर्ण	श्रेष्ठी	जि.का.१३६५
सहस्रकिरण	श्रेष्ठी	जि.का.२१६९
सहस्रराज	श्रेष्ठी	जि.ता.४२६
सहिगिल	श्रेष्ठी	जि.का.२४७
सहिजला	श्रेष्ठिनी	जि.ता.२३६
संखटक	नगर	जि.का.९५५
संगमखेटक	नगर	जि.ता.२२२
संघ साधु साध्वी श्रावक श्राविकारूप		जि.ता.१७७/२,तता.८
संघतिलकसूरि		जि.का.१७९८
संघपट्टक		जि.ता.२७२
संघपति		जि.का.२१७५,त.ता.८

विशेषनाम	किम्	ग्रंथांक
सिंहबल	राजा	जि.ता.३१२
सिंहसूरि		जि.ता.३५१
सीणि	श्रेष्ठिनी	जि.ता.२५९
सीतादेवी	श्रेष्ठिनी	जि.ता.१५,२०६२३६,२३७,४०३/१
सीतु	श्रेष्ठिनी	जि.ता.२३१
सीधर	श्रेष्ठी	त.ता.८
सीधा	श्रेष्ठी	त.ता.४
सीमंधर	तीर्थंकर	जि.का.४००
सीमिका	श्रेष्ठिनी	७६
सीलादिच्च	राजा	जि.ता.११६
सीलुका	श्रेष्ठिनी	जि.ता.२३५
सीलू	श्रेष्ठिनी	जि.ता.२५५
सीहक	श्रेष्ठी	जि.ता.२०६
सीहड	श्रेष्ठी	जि.ता.२३६
सुजाणविजयगणि	लेखक	जि.का.१७२१
सुधर्म	गणधर	जि.ता.८५,२३५,२५९,२७२,
		३५१,त.ता.८
सुधवा	श्रेष्ठिनी	जि.ता.२३६
सुप्रतिबद्ध	आचार्य	जि.ता.२७२
सुभटादेवी	श्रेष्ठिनी	जि.ता.२३९/२
सुमति	श्रेष्ठी	जि.ता.२२५,२५६
सुमतिधर्म पं.	लेखक-मुनि	जि.का.७५६,१८३३,१८४०
सुमतिविजयगणि		जि.का.१७२१
सुमतिविमलगणि		जि.का.१७३५
सुमतिसिंहसूरि		जि.ता.४०३/१
सुमतिसुंदरगणि		जि.का.१७३५
सुमतिसूरि		जि.ता.८८,१७७/२,जि.का.१३९८
सुमतिसेनगणि		जि.ता.८,४७,६१
सुमतिहर्षगणि		जि.का.१४०
सुमतिहेमगणि	लेखक	जि.का.१७३५
सुयदेवया		जि.ता.११
सुरतिबंदर	नगर	जि.का.३४८,१३८१,१५८७
सुरपति	श्रेष्ठी	त.ता.८
सुशर्म	नगर	जि.ता.३४०
सुस्थित		जि.ता.२७२
सुषमता	श्रेष्ठिनी	जि.ता.२०६
सुहस्ती		जि.ता.२७२
सुंदरी	श्रेष्ठिनी	जि.ता.११४,२३७
सूपट पंडित	लेखक	जि.ता.४०८
सूमिणि	श्रेष्ठिनी	जि.ता.२५६
सूमक	श्रेष्ठी	जि.ता.२३६
सूमणबुध	लेखक	जि.ता.२६३
सूमला	श्रेष्ठिनी	जि.ता.२०६
सूमशाखा	श्रेष्ठिसन्तति	जि.ता.२३६
सूमाक	श्रेष्ठी	जि.ता.२५६
सूर	श्रेष्ठी	जि.ता.२१७
सूरप्रभ वाचक		जि.ता.२७०/१
सूरसुंदरसूरि		जि.का.५९७
सूराचंद	नगर	जि.का.१२३१
सूर्यवंश		जि.का.२४७
सूहवदेवी	श्रेष्ठिनी	जि.ता.२०६
सूहवा	श्रेष्ठिनी	जि.ता.२३७
सेढी	नदी	जि.ता.२७२
सेतव पं०		जि.ता.३१४/५
सेनापुर	नगर	जि.का.५९२
सेरणा	ग्राम	जि.का.८५६
सेलू	श्रेष्ठी	जि.ता.२०५
सेवाक	श्रेष्ठी	जि.ता.२५६
सैतव		जि.ता.३१४/४
सीढल	लेखक	जि.ता.२२/५
सोणला	श्रेष्ठिनी	जि.ता.१५
सोनपाल	श्रेष्ठी	त.ता.८
सोनाइबा	श्रेष्ठिनी	जि.ता.१३७७
सोभना	श्रेष्ठिनी	जि.ता.४०३/३
सोभाक	श्रेष्ठी	त.ता.२
सोभी	श्रेष्ठिनी	जि.ता.१५
सोमकीर्तिगणि		जि.ता.२८७
सोमकुंजरगणि		जि.ता.१/३
सोमगणि साधु		त.ता.८
सोमजयसूरि		जि.का.५९७
सोमटि	श्रेष्ठि	जि.ता.२३०
सोमदेव	श्रेष्ठी	जि.ता.१९/६
सोममुनि		जि.का.७२१
सोमरत्नगणि		जि.का.५९२
सोमसिंह	श्रेष्ठी	जि.ता.२०६,२१७
सोमसुंदर वाचक		जि.का.१२४४
सोमसुंदरसूरि		जि.का.५५६,८२७,१५५८,२०६८
सोमहर्षगणि		जि.का.१७५९
सोमाकर भंडारी		जि.ता.७६
सोहिक	श्रेष्ठी	जि.ता.२३५
सोहिणी	श्रेष्ठी	जि.ता.१५०/१०,२३२,२३६,२५६
सौधर्मगच्छ		जि.का.७१५
सौधर्मगण		जि.का.७१५
सौभाग्यदेवी	श्रेष्ठिनी	जि.ता.१५
सौभाग्यसमुद्र पं.	लेखक-मुनि	जि.का.११३६
सौम्यमूर्तिगणि		जि.ता.३५१
सौम्यसंवच्छर		जि.का.१७२१
सौराष्ट्र	देश	जि.का.१३६५
सौरिपाद	पंडित	जि.ता.३२९
सौवर्णिक	श्रेष्ठी	जि.ता.२३२

विशेषनाम	किम्	ग्रंथांक
स्तंभतीर्थ	नगर	जि.ता.७/२,११,१६,२१/५,२४/४, ३०,३४/४,३७,४९,५३,६०,६३, ८३/१,८८/२,९०/३,९७,१०४/१, ११०,१२२,१२४,१४७/१८,१४९, १९२,२०६,२८१,३१५,३५१,त.ता.७
स्तंभनपार्श्वनाथ		जि.का.८५
स्तंभनपुर	नगर	जि.ता.३४०
स्तुति		जि.ता.२६७
स्तूप		जि.ता.२१७,२७०/४,२७२
स्तोत्र		जि.ता.२६७
स्थाणु		जि.ता.१२५
स्थिरचंद्रगणि		जि.ता.२०८
स्थिरदेव	श्रेष्ठी	जि.ता.२८,५०
स्थिरमती	श्रेष्ठी	जि.ता.४०३/४
स्थूलभद्रस्वामि		जि.ता.२७२,२८०,जि.का.७१५,त.ता.८
स्थेहड	श्रेष्ठी	जि.ता.२२८
स्याणी	श्रेष्ठिनी	जि.ता.४२६
स्वर्णप्रभगणि		जि.का.१०८,थारुशा.का.६४
स्वलू	ग्राम	जि.का.८६९
ष		
षट्कर्म		जि.ता.२८
षट्पत्तन	जनपद	जि.का.४०९,१०१५
षंडेर	गच्छ	जि.ता.२०९
ह		
हमीर	श्रेष्ठी	त.ता.८
हरखो	लेखक	जि.का.१४२८
हरराज	श्रेष्ठी	थाहरुशा.का.६४
हरसिंग	श्रेष्ठी	जि.का.१५५८
हरिकलश	मुनि	जि.का.८१०
हरिणदशमी		जि.का.१३८१

विशेषनाम	किम्	ग्रंथांक
हरिपाटक	गोत्र	जि.ता.२२८
हरिपाल	मंत्री	जि.ता.२१७
हरिभद्र	श्रेष्ठी	जि.ता.८५
हरिभद्रसूरि		जि.ता.८८/२,२०२,२३७,२५९ ३७५/३,त.ता.८
हरियाक पुरोहित	लेखक	जि.ता.३४/४,५४ १२२, १४८,१९२,३१५,३६४/५,जि.का.१३१६/३
हरिराज	राजा	जि.का.१७२,४४७,१४८३
हरिराज	श्रेष्ठी	जि.का.१०८,थाहरुशा.का.२८९
हरिश्चन्द्र	व्यास	जि.का.१२२९
हर्ष	श्रेष्ठी	जि.का.१३६५
हर्षकुसलगणि		जि.का.१२७५/१
हर्षकुंजर	लेखक-मुनि	जि.का.८७१
हर्षट	ग्रंथकार	जि.ता.३१४/२
हर्षति	श्रेष्ठी	जि.का.१५५८
हर्षनंदन पं.	मुनि	जि.का.१७९५,थाहरु.का.२८९
हर्षनिधानगणि		जि.का.१२७५/१
हर्षपुरीय गच्छ		जि.ता.२६०,३५६,३८१/२,४१९
हर्षप्रभ	मुनि	जि.का.८१०
हर्षप्रिय उपा.		जि.का.१७५०
हर्षरत्न गणि		जि.का.१८४०
हर्षसागर वा.		जि.का.१३९८,१२७५
हर्षसार गणि		जि.का.४५०
हस्तू	श्रेष्ठिनी	जि.ता.४२६
हंसरत्नसूरि		जि.का.२९७
हंसराजसूरि		जि.का.२१७३
हंसला	श्रेष्ठिनी	जि.ता.२३१,जि.ता.२३६
हंसाई	श्रेष्ठिनी	त.ता.८
हंसिनी	श्रेष्ठिनी	जि.ता.११२,२७२

विशेषनाम	किम्	ग्रंथांक
हाजीखांनडेरा	ग्राम	जि.का.७५६,२०४९
हाजी	श्रेष्ठी	जि.ता.११९
हायल	श्रेष्ठी	त.ता.८
हारी	लेखक	जि.का.८६९
हारीत	महर्षि	जि.ता.३१४
हालार	देश	जि.का.१०९८
हीडण	श्रेष्ठी	त.ता.८
हीर	कवि	जि.ता.३४१
हीरला	श्रेष्ठिनी	जि.ता.२७२,४१५/११
हीरविजयसूरि		जि.का.७०२,१७५८
हीराई	श्रेष्ठिनी	त.ता.८
हीरा ठक्कुर		जि.ता.२५०
हुंबठ	वंश	जि.ता.२३६
हेमचंद्र	श्रेष्ठी	जि.ता.२५६,३४०,४०४
हेमचंद्रसूरि		जि.ता.७६,२६०/१,३११,३१२, ३६१,३८१/२,४१९,जि.का.२२८
हम ठ.		जि.ता.४२६
हेमप्रभसूरि		जि.ता.२१७,२८१
हेमभद्रसूरि		जि.ता.४०३/४
हेमसमुद्रसूरि		जि.का.२९७
हेमसिंह	श्रेष्ठी	जि.ता.३१/२
हेमसूरि		जि.ता.२३६,२४६
हेमा	श्रेष्ठी	जि.ता.४२/१
हेमा	श्रेष्ठिनी	जि.का.१५३६,१५५८
हेरंब	देव	जि.का.१८३३
हीला	श्रेष्ठी	जि.का.१२७९
होल्ला	श्रेष्ठिनी	जि.ता.२११
हौंबट	कुल	जि.ता.२३७
हौंबट	वंश	जि.ता.२३७

('ज्ञानांजलि'[1] के पृष्ठ ४९ से निम्न तीन प्राचीन वर्णमाला के कोष्टक उद्‌धृत किये है)

परिशिष्ट १४ : प्राचीन अंकमाला के वर्ण

એકમ અંકો (एकम स्थानीय वर्ण)

१ = १, ऊँ, स्व, स्वृ, श्री, श्री
२ = २, न, स्ति, स्ति, श्री, श्री
३ = ३, मः, श्री, श्री, श्री.
४ = क, क्, फ, फ्का, र्फ, फ्र्का, क, क्का, क्र, क्रा, क्ष.
५ = ट, र्ट, ट, र्ट, ट्र, र्ट्र, त्र, र्त्र, न, ना, टा, र्टा, ट्रा, ट्री.
६ = फ, र्फ, फा, र्फा, फ्र, र्फ्र, फ्रा, र्फ्रा, फु, र्फु, फ्रु, र्फ्रु, घ्र.
७ = य, र्य, या, र्या.
८ = ह्र, र्ह्र, ह्रा, र्ह्रा, ह्रु.
९ = उँ, उँ, उँ.

દશક અંકો (दशम स्थानीय वर्ण)

१ = लृ, र्लृ.
२ = घ, घा.
३ = ल, ला.
४ = प्त, र्प्त, प्ता, र्प्ता.
५ = C, ६, ६, ६, ७.
६ = घु, र्घु.
७ = घू, र्घू, घु, र्घु.
८ = ७, ७.
९ = ८३, ८३, ८३, ८३
० = ०

શતક અંકો (शतक स्थानीय वर्ण)

१ = सु, र्सु.
२ = स्त, स्त, स्त.
३ = स्ता, स्ता, स्ता.
४ = स्ता, स्ता, स्ता.
५ = स्तो, स्तो, स्तो.
६ = स्तं, स्तं, स्तं.
७ = स्तः, स्तः, स्तः.

उपरोक्त कोष्टक में एकम अंक, दशक अंक और शतक अंकों को पृथक् पृथक् बताने का कारण इतना ही है की, एक, दो, तीन आदि ९ तक की एकम स्थान की संख्या पढनी हो तो एकम अंकों के कोष्टक में दीये गये १,२,३ आदि लिखें या पढें । दस, बीस, तीस आदि ९९ तक की संख्या पढनी हो तो दशम स्थानीय अंक दशक अंकों के कोष्टक में लिखे हुए एक, दो, तीन आदि का प्रयोग करें या पढें । और १००, २००, ३०० आदि ७९९ तक के अंक पढना हो तो शतक स्थानीय अंक शतक कोष्टक में लिखे गये एक, दो, तीन आदि को लिखें या पढें । हस्तलिखित प्रतियों में बहुधा ८०० से ज्यादा पत्रे नहीं होते इसलिए इस से ज्यादा क्रमांक नहिं दिये ।

प्राचीन ताडपत्री या कागज के ग्रंथों मे सांकेतिक पत्र क्रमांक निम्नोक्त तरीके से (उपरसे नीचे के क्रम से) लिखा जाता था।

प्राचीनलिपि	अर्वाचीन वर्णमाला
... सु	शतक स्थान १
... प्त	दशम स्थान ४
... फ्क	एकम स्थान .... ४ = १४४

१. पू.पं. रमणिकविजयजीमहाराज आदि द्वारा संपादित सागरगच्छ जैन उपाश्रय, वडोदरा द्वारा प्रकाशित '**ज्ञानांजलि** पू. मुनि श्री पुण्यविजयजीमहाराज अभिवादन ग्रंथ' से उद्‌धृत । (प्राप्तिस्थान : श्री महावीर जैन विद्यालय, गोवालिया टेंक रोड, मुंबई-२६.)

उदा० १ - हम प्राचीन वर्णमाला में निम्नोक्त तरीके से लिखे गये सांकेतिक वर्णों को इस तरह पढेंगे —

स्नः............शतक स्थान.........७

ϱ ....दशक स्थान.........५

ष्क ....एकम स्थान.........८ = ७५८

उदा० २ - हम प्राचीन वर्णमाला में निम्नोक्त तरीके से लिखे गये सांकेतिक वर्णों को इस तरह पढेंगे —

घु दशक स्थान ६

ट एकम स्थान ५ = ६५ इस तरह प्राचीन अंक पढ सकते है ।

उदा० ३ - प्राचीन वर्ण सिर्फ 'ष्का' ऐसा लिखा हो तो यह एकम स्थानीय ६ अंक है । इस तरह प्राचीन वर्ण लिख या पढ सकते है ।

जौहरीमलजी पारख[१] के सूचीपत्र से उद्धृत –

प्राचीन वर्णमाला के वर्ण १ से १०० तक

	1	11	21	31	41	51	61	71	81	91	
1	१	ॡ१	ब१	ला१	प्र१	६१	थु१	ष्ट१	८१	६३१	91
2	२	ॡ२	ब२	ला२	प्र२	६२	थु२	ष्ट२	८२	६३२	92
3	३	ॡ३	ब३	ला३	प्र३	६३	थु३	ष्ट३	८३	६३३	93
4	ष्क	ॡष्क	बष्क	लाष्क	प्रष्क	६ष्क	थुष्क	ष्टष्क	८ष्क	६३ष्क	94
5	र्ट	ॡर्ट	बर्ट	लार्ट	प्रर्ट	६र्ट	थुर्ट	ष्टर्ट	८र्ट	६३र्ट	95
6	फ्रं	ॡफ्रं	बफ्रं	लाफ्रं	प्रफ्रं	६फ्रं	थुफ्रं	ष्टफ्रं	८फ्रं	६३फ्रं	96
7	ग्रा	ॡग्रा	बग्रा	लाग्रा	प्रग्रा	६ग्रा	थुग्रा	ष्टग्रा	८ग्रा	६३ग्रा	97
8	र्हा	ॡर्हा	बर्हा	लार्हा	प्रर्हा	६र्हा	थुर्हा	ष्टर्हा	८र्हा	६३र्हा	98
9	उं	ॡउं	बउं	लाउं	प्रउं	६उं	थुउं	ष्टउं	८उं	६३उं	99
10	X	घ॰	ला॰	प्र॰	६॰	थु॰	ष्ट॰	॰	६३॰	सु००	100
	10	20	30	40	50	60	70	80	90	100	

१. विस्तृत जानकारी संकेत सूची से प्राप्त करें ।

मुनिराज श्री जम्बूविजयजी महाराज द्वारा संपादित, संशोधित एवं प्रकाशित ग्रंथ–

प्रकाशित ग्रंथ

१ – **द्वादशार नयचक्र, भाग– १, २, ३**– *आचार्य श्री मल्लवादिक्षमाश्रमण विरचित, आचार्य श्री सिंहसूरिगणिक्षमाश्रमणविरचितवृत्तिसह*

२ – **स्त्रीनिर्वाण केवलिभुक्ति प्रकरण स्वोपज्ञवृत्तिसह**– *यापनीयसंघाग्रणी शाकटायन विरचित, प्रकाशक*–जैन आत्मानंद सभा, खार गेट, भावनगर (गुजरातराज्य), पीन–३६४००१

३ – **योगशास्त्र स्वोपज्ञवृत्तिसह, भाग–१, २, ३** *कलिकालसर्वज्ञ आचार्य श्री हेमचन्द्रसूरि विरचित*

– **सूरिमंत्रकल्पसमुच्चय, भाग–१, २**

– **सर्वसिद्धान्त प्रवेशक,** *प्रकाशक*–जैन साहित्य विकास मंडल, मुंबई, पीन–४०००५६

४ – **आचारांग-सूत्र**

– **सुयगडंग-सूत्र**

– **ठाणंग-समवायंग-सूत्र**

– **ज्ञाताधर्मकथांग-सूत्र**

– **अनुयोगद्वारसूत्र, भाग–१, चूर्णि,** *हारिभद्रीवृत्ति तथा आचार्य महाराज श्री मलधारी हेमचंद्रसूरिविरचितवृत्तिसह, प्रकाशक*–श्री महावीर जैन विद्यालय, ऑगस्ट क्रान्ति मार्ग, मुंबई, पीन–४०००३६

५ – **अणहिलपाटक (पाटण) नगरस्थजैनग्रंथभाण्डागारान्तर्गतानां हस्तलिखितग्रंथानां सूचि: (अकाराद्यनुक्रम सहिता), भाग–१, २, ३, ४**

प्रकाशक–शारदाबेन चिमनलाल एज्युकेशनल रिसर्च सेन्टर, 'दर्शन' राणकपुर सोसायटी के सामने, शाही बाग, अहमदाबाद, पीन–३८०००४

६ – **आचारांगसूत्र तथा सूत्रकृतांगसूत्र**– *शीलांकाचार्यविरचितवृत्तिसहित*

– **स्थानांगसूत्र तथा समवायांगसूत्र**– *आचार्य श्री अभयदेवसूरिविरचितवृत्तिसहित*

मूल संपादक–आगमोद्धारक आचार्य श्री सागरानन्दसूरिजी महाराज

परिशिष्ट कर्ता–मुनिराज श्री जम्बूविजयजी महाराज

प्रकाशक–मोतीलाल बनारसीदास, दिल्ली–११०००७

७ – **पंचसूत्र**– *आचार्य श्रीहरिभद्रसूरि विरचितवृत्तिसहित*

प्रकाशक–भोगीलाल लहेरचंद भारतीय संस्कृति संस्थान, दिल्ली, पीन–११००३६

८ – **धर्मबिन्दुप्रकरण (प्रताकार ग्रंथ)**– *आचार्य श्री मुनिचंद्रसूरिविरचितवृत्तिसहित आचार्य श्री हरिभद्रसूरिविरचित, प्रकाशक*–जिनशासन आराधना ट्रस्ट, मुंबई।

९ – **वैशेषिकसूत्र**– *चद्रानंदविरचितवृत्तिसहित*

प्रकाशक–गायकवाड ओरिएंटल सिरीझ, महाराजा सयाजीराव युनिवर्सिटी, बड़ोदरा (गुजरात), पीन–३९०००१

१०– – **श्री सिद्धहेमचंद्रशब्दानुशासन स्वोपज्ञलघुवृत्तिसहित**

– **श्री सिद्धहेमचंद्रशब्दानुशासन स्वोपज्ञरहस्यवृत्तिसहित**

प्रकाशक–श्री हेमचंद्राचार्य जैन ज्ञानमंदिर, पाटण–३८४२६५

मुद्रणाधीन ग्रंथ

१ – **आवश्यकसूत्र निर्युक्ति** *तथा चूर्णि सहित*

२ – **अनुयोगद्वारसूत्र, भाग–२, चूर्णि,** *हारिभद्रीवृत्ति तथा आ० म० श्री मलधारी हेमचन्द्रसूरिविरचित वृत्तिसह*

३ – **उत्तराध्ययनसूत्र,** *चूर्णि सहित*

४ – **औपपातिकसूत्र**–*आ०म०श्री० अभयदेवसूरिविरचितवृत्तिसहित*

५ – **प्रशस्तिसंग्रह**– *पाटण में श्री हेमचंद्राचार्य जैन ज्ञानमंदिर में एवं भाभा का पाडा के भंडार में रही कागज की पांडुलिपियों में लिखी प्रशस्तिओं का संग्रह।*

पाटण में श्री हेमचंद्राचार्य ज्ञानमंदिर में रहे संघभंडार, संघवीपाडा का भंडार एवं खेतरवासी का पाडा में रहे ताडपत्रीय ग्रंथों की प्रशस्ति आदि सह विस्तृत सूची।

६ – **द्रव्यालंकार, स्वोपज्ञवृत्ति सहित,** *कर्ता–कालिकालसर्वज्ञ आ० म० श्री० हेमचंद्रसूरिजी महाराज के पट्टालंकार आ० म० रामचंद्रसूरिजी तथा गुणचंद्रसूरिजी महाराज।*

७ – **स्थानांगसूत्र**–*आ०म० श्री० अभयदेवसूरिविरचितवृत्तिसहित*

८ – **समवायांगसूत्र**–*आ०म० श्री० अभयदेवसूरिविरचितवृत्तिसहित*